德安县志

DE AN XIAN ZHI

（1985~2008）

德安县志编纂委员会　编

方志出版社
Publishing House of Local Records

图书在版编目(CIP)数据

德安县志 :1985-2008/ 德安县志编纂委员会编.-北京:方志出版社,2018.12

ISBN 978-7-5144-3178-0

Ⅰ. ①德… Ⅱ. ①德… Ⅲ. ①德安县-地方志-1985-2008
Ⅳ ①K295.64

中国版本图书馆 CIP 数据核字(2018)第 178963 号

德安县志(1985~2008)

编　　者:德安县志编纂委员会
责任编辑:张　颢
出 版 人:翼祥德
出 版 者:方志出版社
地址　北京市朝阳区潘家园东里 9 号(国家方志馆 4 层)
邮编　100021
网址　httP/:www.fzph.org
发　　行:方志出版社图书经销中心
电话(010)67110500
经　　销:各地新华书店
印　　刷:南昌市红星印刷有限公司
开　　本:889×1194　1/16
印　　张:68 印张
字　　数:1768 千字
版　　次:2018 年 12 月第 1 版　2018 年 12 月第 1 次印刷
印　　数:3000 册
ISBN 978-7-5144-3178-0
定　　价:560.00

博阳河两岸(戴和智 摄)

生态环境

磨溪万家岭(徐浩儒　陈福东 摄)

吴山太空莲(徐浩儒 摄)

生态环境

绿意塘山(戴和智 摄)

聂桥宝山(宋家清 摄)

林泉黄家畈古银杏(李诗彪 摄)

彭山宋家红豆杉(李诗彪 摄)

宝塔田塘古樟
(岑法满 摄)

聂桥大屋蔡黄连木(县林业局提供)

车桥杨梅王家皂荚(县林业局提供)

国家二级保护动物领鸺鹠
(县林业局提供)

国家二级保护动物白鹇
(县林业局提供)

省级保护动物黑斑蛙
(县林业局提供)

省级保护动物果子狸
(县林业局提供)

隆平广场(徐浩儒　陈福东 摄)

城区风貌(徐浩儒 摄)

城区夜景(晏华 摄)

雁家湖植物园(县电视台提供)

义峰山公园(李诗彪 摄)

金地国际和锦湖华庭商住小区(徐浩儒 陈福东 摄)

县博物馆(孙家骏 摄)

县书画院(李诗彪 摄)

污水处理厂(李诗彪 摄)

河东乡石桥村上畈聂家(晏华 摄)

省生态文明村磨溪乡新田村石门陈家(李诗彪 摄)

县园艺场岑家(县园艺场提供)

105 国道德安大桥(李诗彪 摄)

渊明大桥(李诗彪 摄)

北门大桥(岑法满 摄)

德安火车站(岑法满 摄)

县汽车站(孙家骏 摄)

水利电力

邹桥湖塘水库(县旅游局提供)

林泉水库(县水务局提供)

附城联圩(县水务局提供)

县工业园变电站(岑法满 摄)

河东隆平超级稻示范基地(李诗彪 摄)

车桥食用菌基地(李诗彪 摄)

宝塔杨梅(李诗彪 摄)

聂桥梓坊葡萄(李诗彪 摄)

河东花卉(李诗彪 摄)

高塘早熟梨(李诗彪 摄)

磨溪蚕桑(李诗彪 摄)

爱民蓝孔雀(李诗彪 摄)

丰林蛋鸡养殖(李诗彪 摄)

省优产品矮子板鸭(李诗彪 摄)

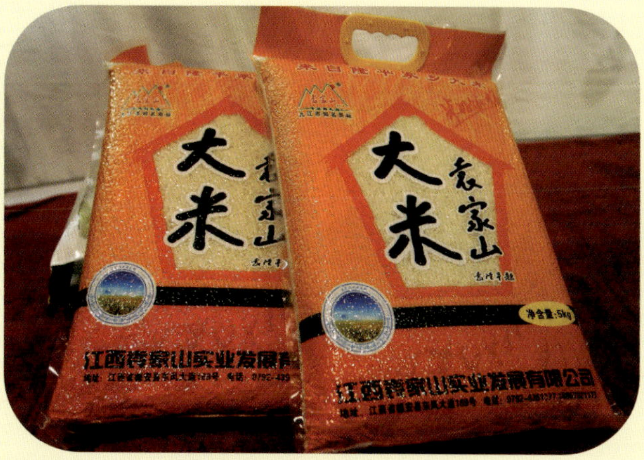

袁家山大米(程勇军 摄)

丰林粉丝(程勇军 摄)

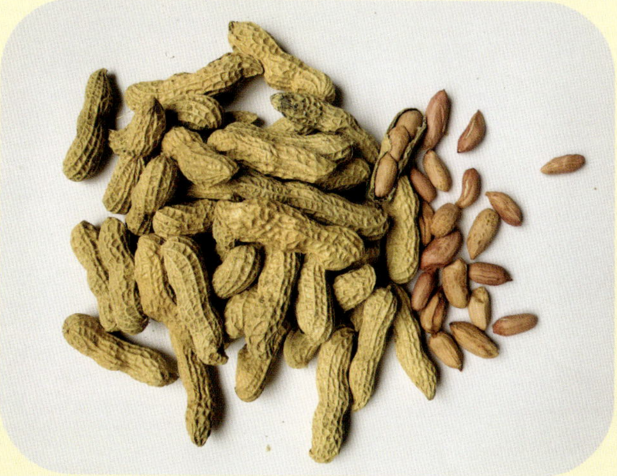

爱民花生(许朦朦 摄)

邹桥莲子(孙家骏 摄)

高塘花卉苗木基地(高塘乡提供)

牛角湾水产场(李诗彪 摄)

吴山大岭公益林区(县电视台提供)

县工业园东区(李诗彪 摄)

江西德鑫纺织有限公司(李诗彪 摄)

江西美宝利医用敷料有限公司生产车间
(李诗彪 摄)

方圆(德安)矿业投资有限公司生产车间
(李诗彪 摄)

江西上好佳食品工业有限公司(岑法满 摄)

德安国际大酒店(岑法满 摄)

奥中大酒店(孙家骏 摄)

雅悦大酒店(孙家骏 摄)

商业贸易

时代凌飞超市(朱德群 摄)

大市场男士精品服饰专卖(孙家骏 摄)

北门集贸市场(葛婧煜 摄)

山宾隆购物广场(孙家骏 摄)

袁家山科普教育基地(徐浩孺 摄)

义门陈文史馆(县义门陈研究会提供)

文华塔(徐浩儒 摄)

红岩明清古村(王俊 摄)

九仙岭森林公园樱花林(李诗彪 摄)

博阳河漂流(县旅游局提供)

乌石门观音阁(县电视台提供　附照李诗彪 摄)

九仙岭阳居寺(李诗彪 摄)

2007 年 1 月,县春节文艺晚会(李诗彪 摄)

2007 年 8 月,
吴山傩舞表演
(李诗彪 摄)

2013 年 10 月,义门陈分庄纪念广场落成典礼(县义门陈研究会提供)

国家一级文物商青铜纺轮(县博物馆提供)

国家一级文物商实木觇标墩(县博物馆提供)

国家一级文物南宋绢地彩绘星宿图(县博物馆提供)

国家一级文物元青花八菱玉壶春瓶
(县博物馆提供)

国家二级文物北宋青白釉石榴粉盒(县博物馆提供)

县级文物保护单位义峰山革命烈士纪念塔
(李诗彪 摄)

聂桥望夫山北宋古墓出土彩绘壁画(县博物馆提供)

东佳山摩崖石刻(宋·朱熹题　县义门陈研究会提供)

省级文物保护单位聂桥石灰山夏商遗址(县博物馆提供)

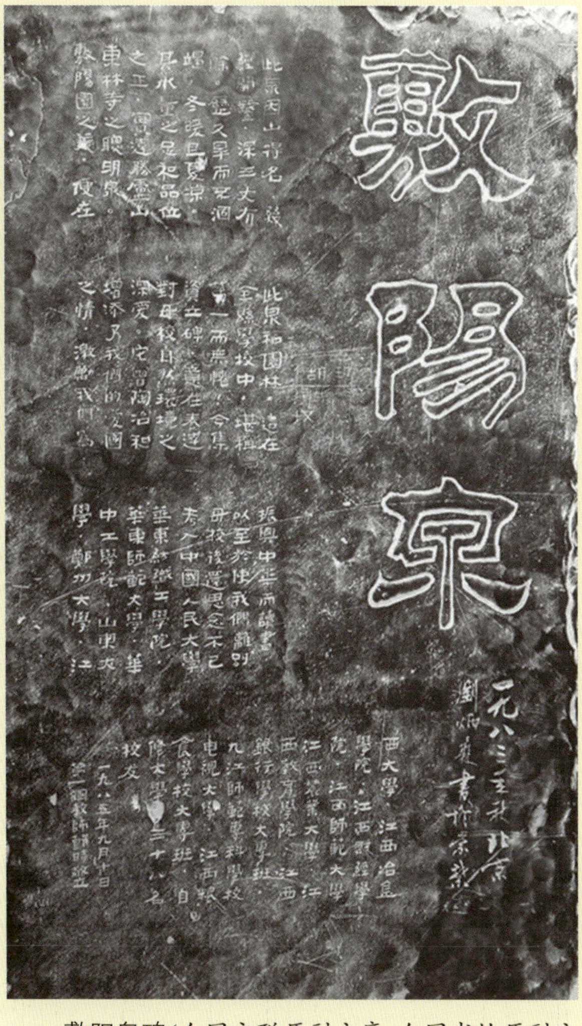

敷阳泉碑(全国文联原副主席、全国书协原副主席、故宫博物院原研究员刘炳森题　县博物馆提供)

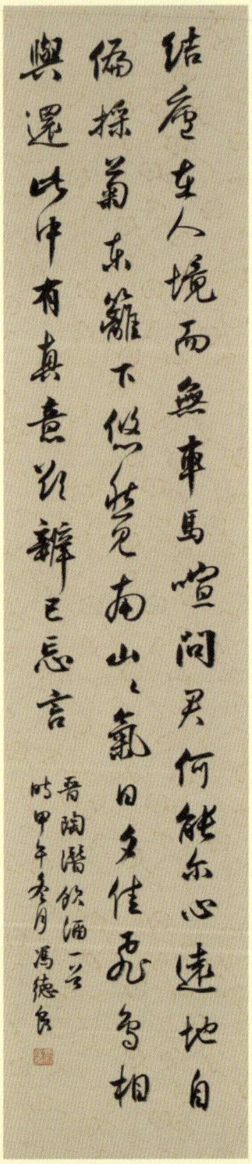

书法：陶渊明《饮酒》 冯德良

书法：《张迁碑》集联 王瑞风

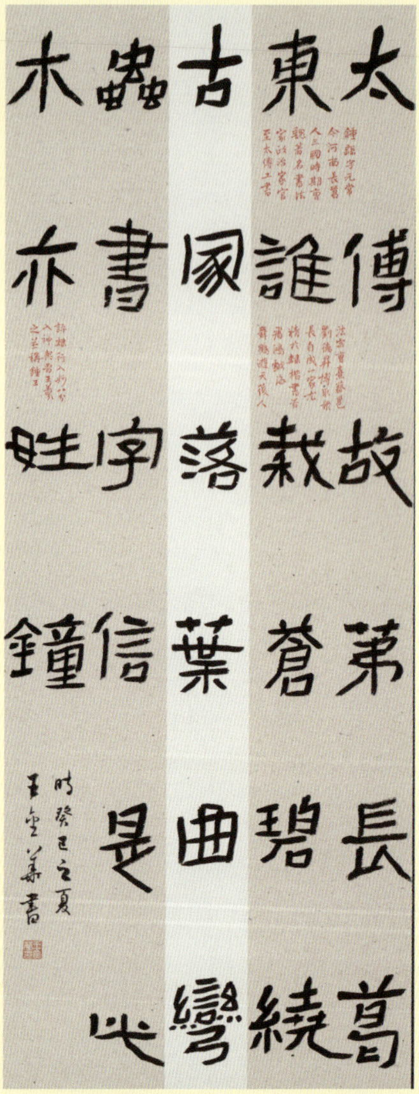

书法：《题钟太傅》 王金华

书法：张若虚《春江花月夜》 帅起涌

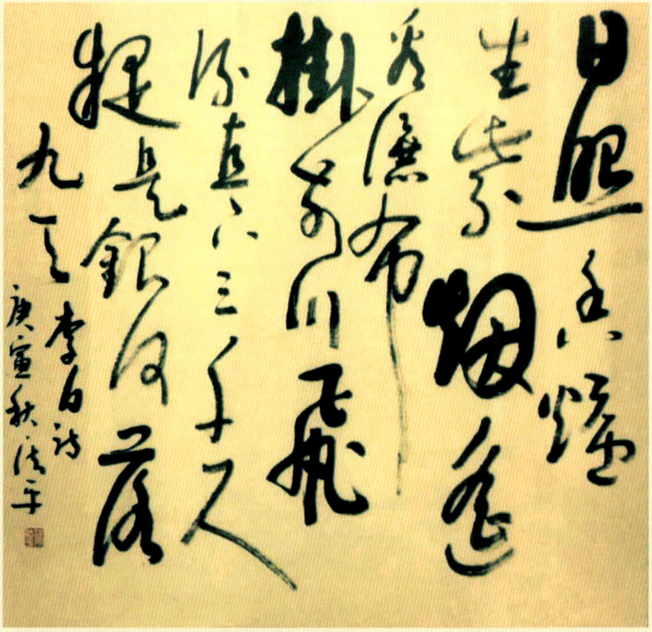

书法：李白《望庐山瀑布》 孙法平

岫玉雕:《三足熏炉》 廖冰

国画:《清风图》 马骁

翡翠玉雕:《九龙浴太子》
罗志东

国画:《踏雪访友图》 冷绪忠

国画:《荷塘幽香》 金静

国画:《清溪泛秋波》 张育西

摄影:《晨雾》 宋家清

摄影:《义峰夕照》 黄伟

摄影:《东佳胜境》　王俊

摄影:老戏开场　李诗彪

县第二中学(县教体局提供)

县第三小学(孙家骏 摄)

县一中运动会(县教体局提供)

农技人员到聂桥梓坊指导葡萄种植(县农业局提供)

县老年门球赛(县教体局提供)

车桥镇农民运动会(李诗彪 摄)

国庆节县职工篮球赛(县教体局提供)

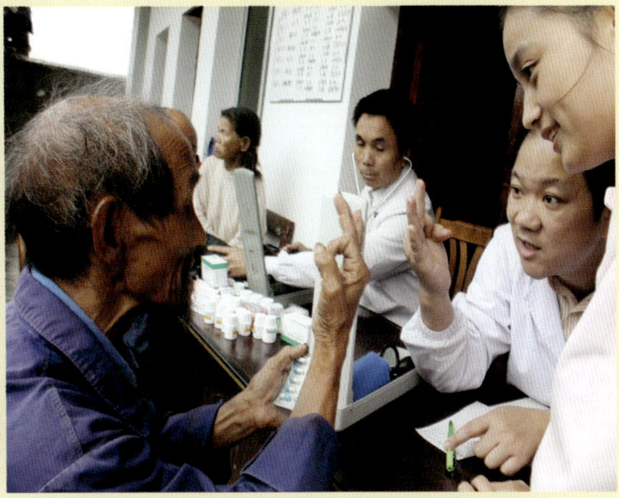
医卫人员为敬老院老人义诊(李诗彪 摄)

县人民医院(县卫计委提供)

县中医院、县妇女儿童医院(县卫计委提供)

邹桥乡畲族少年跳竹竿舞(李诗彪 摄)

春节宗祠祭祀活动(李诗彪 摄)

百岁老人喜领高龄津贴(李诗彪 摄)

民间旱船表演(李诗彪 摄)

1989 年 12 月 29 日，县集贸市场启用(杨丽君 摄)

1997 年 7 月 1 日，全县各界群众举行香港回归大型庆典游行(张祖和 摄)

1998 年 8 月 14 日，解放军 32366 部队完成抗洪抢险任务撤离德安(县水务局提供)

2004 年 9 月，中国工程院院士袁隆平回家乡(李诗彪　摄)

2006年12月，彭山林场龙狮队获市首届龙狮大赛“龙头”奖后回县汇报表演(李诗彪 摄)

2008年2月，供电部门抢修冰雪损毁的供电线路(县供电公司提供)

2008 年 12 月 18 日，省委党史研究室等单位纪念万家岭大捷 70 周年学术座谈会(李诗彪　摄)

2012 年 8 月 27 日，九江市 93 个重大项目集中开工仪式在德安县举行(李诗彪 摄)

2012 年 9 月，共安大桥通车典礼（孙永保 摄）

2017 年 7 月 16 日，丰林工业新区项目开工建设（陈福东 摄）

《德安县志（1985~2008）》复审会在县市民服务中心召开

《德安县志（1985~2008）》终审会在县市民服务中心召开

县志编审

《德安县志(1985~2008)》编纂委员会成员合影　县委书记熊晋喜(前排左五),县委副书记、县政府县长周三连(前排左六),县委常委、县政府常务副县长徐永平(前排左四),县人大常委会党组成员、县总工会主席桂天华(前排左七),县政协副主席洪英(前排左三),县人大常委会原副主任、县志主编邓木林(前排左八),县委办主任张国华(前排左二),县政府党政成员、办公室主任周洁(前排左九),县志办主任郭任初(前排左一)

《德安县志(1985~2008)》编辑部人员(从左至右):李诗彪(图照编辑)、王建华(文字编辑)、朱德群(文字编辑)、邓木林(主编)、岑法满(文字编辑)、祝选君(文字编辑)、孙家骏(图照编辑)、赵冯星(文字编辑)

序　一

位于江西省南昌与九江两市之间，素有“赣北通衢”之称的德安县，是我的祖籍地。年少的我，曾在那里度过一段快乐的时光。虽然，故乡留给我的记忆不是很多，但当我辗转于全国各地求学和工作之际，故土情怀却怎么也挥之不去。随着年龄增长和对家乡情况了解渐多，思乡之情则愈加浓烈。

就人口数量和辖区面积而言，德安只是一个小县。然而，其立县始自西汉，堪称久远，且自五代吴乾贞元年（927）以德安名县始，无论朝代如何更迭，县名一直未曾改易。历史上，德安出现过如夏竦、王韶这样的国家栋梁之材。邑人王寀的一首《浪花》诗，曾经脍炙人口，传扬天下。享誉华夏的义门陈，就是在德安这块土地上萌生绍发的。1938 年 9 月，德安人民和中国军队一道，用万家岭的杀敌捷报，书写了抵抗外来侵略的英雄篇章。

德安气候温和，雨量充沛，土地肥沃，植被繁茂，曾被称为“九江甲邑”，足证物产丰饶，民间富庶，是一个宜耕宜居的地方。新中国成立后，随着经济建设的发展，沉睡在德安地下亿万年的多达二十余种矿藏被逐渐发现和开采利用。加上优越的地理位置和便利的交通条件，德安是一个适宜发展现代工业的宝地。

2004 年，我回了一趟久别的故乡。这里熟悉而又陌生，熟悉的是乡音亲情，陌生的是几十年的沧桑巨变。整齐的街道，漂亮的村庄，欣欣向荣的工业园区，四通八达的交通网络，人们健康的肤色和积极进取的精神风貌，都与往昔形成鲜明对照。听着乡亲们充满深情的叙说，我的心中只有感动和振奋！

此次，德安启动新中国成立后的第二轮修志工作，可谓功莫大焉！此志所限时段，正是我国改革开放风潮迭起，国家面貌日新月异，人民生活不断改善的伟大时代。纪录这一特定历史背景下的德安，具有非比寻常的意义。应该感谢所有参与编写工作的同志，也要感谢家乡父老给我为此志作序的机会。我衷心地祝愿故乡人民幸福安康，与全国人民一道，迈向更加美好的明天！

2017 年 11 月

（袁隆平　全国政协常委、湖南省政协副主席、中国工程院院士）

序　二

适逢《德安县志(1985～2008)》行将付梓,甚感欣慰,可喜可贺。历经十年艰辛结出硕果,这是德安经济社会发展的盛事、续写历史篇章的要事、文化事业进步的喜事。

地方志书,乃地方之全史,纵观古今,横陈百科,集真实性、权威性、可鉴性、实用性于一体,具有很强的存史、资治、教育之功能。德安古称敷浅原,汉朝、三国、晋朝为历陵县,隋唐时先后划归柴桑、浔阳等县,五代置德安县已有千载。德安从明正统八年(1443)创修县志至1984年历经八修,官修制度延续至今,将源远流长的德安历史、浩如烟海的史实资料很好地保存下来,形成极其可贵的文化瑰宝。翻阅县志,看历史画卷舒展,博阳河畔、义峰山下千百年来的沧桑巨变跃然纸上,让我深感德安历史悠久、文化厚重、物华天宝、人杰地灵,更让我深深地爱上这片神奇而美丽的土地。长久以来,人们以志为镜鉴,在读志、用志中知兴替、明得失、谋未来。

盛世修志,志载盛世。此次续修县志断限为1985～2008年。这起止24年,是德安深化改革、扩大开放的24年,是德安革故鼎新、锐意进取的24年,是德安飞速发展、翻天覆地的24年。续修好县志,是客观真实记录历史、厚植历史底蕴的重大使命,是全面提升文化软实力、增强文化自信的重要举措。志书采用述、志、传、图、表、录等体裁,以改革开放为主线,客观、全面、详细地记述了这二十余年德安的发展成就、德安的沧桑巨变、德安的山川物产、德安的人文风貌等,生动地再现了德安人民创造出的辉煌业绩,展示了德安人民百折不挠的奋斗精神,是一部厚重的百科全书、一部光辉的奋斗史诗、一部壮丽的发展篇章,必将服务决策、助推发展,服务当代、惠及后昆,教化人心、培育文明,提升自豪感、增强凝聚力。

2009年,根据组织安排,我来到第二故乡—德安工作,成为县志续修工作的亲历者、见证者、推动者。续修工作十年磨一剑,参与编纂的全体同志不忘初心、牢记使命,尊重历史、秉笔直书,字斟句酌、精益求精,聚沙成塔、集腋成裘,夙兴夜寐、殚精竭虑,铁肩担重责,妙手著文章。值县志告成之际,向参与志书编纂的同志们,以及大力支持志书编纂的上级领导部门、社会各界人士表示崇高的敬意和衷心的感谢!

"治天下者以史为鉴,治郡国者以志为鉴"。我们当以志为鉴,读志、用志,善于汲取历史经验和智慧,善于总结前人思想和做法,凝聚磅礴力量,紧紧围绕德安县第十八次党代会确立的"对接赣江新区、强力决战工业、打造生态城乡、全面建成小康"的战略部署,众志成城,砥砺奋进,为加快建设富裕美丽幸福现代化新德安而努力奋斗!

中共德安县委书记

2017年11月

序　三

九修《德安县志》即将出版，这是一件十分有意义的事情，值得庆贺。我来德安履职时间不算长，但对这片美丽富饶、充满生机的土地已经产生了深厚的感情。

德安历史悠久，文化厚重。很早以前，我们的先人就在这块土地上劳作生息，绵绵不绝。境内诸多商周遗址，是商文化过长江的有力见证。以“爱家”为主题的义门陈，折射出中国姓氏家族文化的源远流长和恢宏气象。西河弹腔、傩戏、龙灯、竹马等民间文化艺术长盛不衰。许多优秀的民歌、民谣和故事代代相传。德安钟灵毓秀，人物俊杰。即如宋代名宦夏竦、王韶，近代哲学大师熊十力，当今著名科学家、“世界杂交水稻之父”袁隆平，世界著名电影导演李安，世界名模吕燕等，都是德安人民的骄傲。以“爱国”为魂的万家岭，长眠着不朽的抗日将士，德安山河以此增辉。德安风光秀美，宜业宜居。历史上有著名的“八景”，围绕这些景点产生的优美传说被列为省非物质文化遗产。德安是江西省 33 个林业重点县之一，森林覆盖率达 40%。境内自然景观与人文景观星罗棋布，交相辉映。漫步德安，人在画中，诗在景中。德安正以清新亮丽、妩媚灵动的魅力吸引世人的目光。德安区位优越，资源丰富。素有“赣北通衢”之称，扼往来之要冲，极舟车之便利，公路、铁路、水路一应俱全，国道、省道、县道密如蛛网。境内自然资源丰富，是赣北矿产资源大县，具有良好的开发前景。总之，德安是一方宝地，我为能在这里工作感到骄傲和幸福。

九修县志以翔实的资料和客观的记述，为我们展现了多姿多彩的德安历史篇章，也为我们了解德安、认识德安提供了多元视角。改革开放以来，特别是在九修县志记叙的二十四年间，德安发生了翻天覆地的变化。2008 年，全县国内生产总值 23.87 亿元，比 1985 年增长 21 倍；县财政收入 2.34 亿元，比 1985 年增长 12 倍；全县城乡居民人均储蓄存款 12885 元，比 1985 年增长 109 倍。县域经济综合实力不断增强，工业化进程持续加速；基础设施日趋完善，城乡面貌日新月异；文化、教育、卫生和社会保障事业全面发展，居民幸福指数不断提升。等等这些，都是全县人民在历届县委、县政府领导下自强不息、奋勇拼搏的结果，值得记录下来以示后人。修志、用志，明得失，知兴替；以史为鉴，审视以往我们所做的一切，总结经验教训，扬长避短，坚持实事求是，科学发展，相信未来的德安一定会更加美好！

德安县人民政府县长　周三连

2017 年 11 月

凡　例

1. 本志为1991年版《德安县志》续志，记述时限为1985～2008年。为保持事物记述的完整性，时限适当上溯，照片延至2017年。

2. 本志以马列主义、毛泽东思想、邓小平理论、“三个代表”重要思想、科学发展观和习近平新时代中国特色社会主义思想为指导，坚持辩证唯物主义和历史唯物主义的立场、观点和方法，遵照《地方志工作条例》要求，全面客观记述德安自然、经济、政治、文化、社会之历史与现状，坚持资料性、文献性，旨在“存史、资政、育人”。

3. 本志遵循事物发展的逻辑顺序，以类系事、事以类从，按照科学分类与社会分工相结合原则，设置篇目结构。力求横不缺要项，纵不断主线。志首设概述、大事记，志末设附录，编后语。

4. 本志采用述、记、志、传、图、表、录7种体裁，以志为主，设卷、章、节、目4个层次。少数目下设子目。

5. 本志人物卷设人物传、人物简介和人物表。人物传坚持“生不立传”原则，收录本籍和长期在德安工作、生活的客籍并有较大贡献和影响者，按卒年先后顺序排列。人物简介和人物表入选标准和排列顺序，于卷下小序中说明。

6. 本志采用规范化现代汉语书面语言，表述力求准确、朴实、简洁、流畅。语言文字、标点符号、数字、计量单位使用，按国家有关规定执行，个别计量单位仍用市制，如“亩 ”等。

7. 本志行文中组织机构、会议文件等名称，首次出现时用全称，以括号注明简称；除已注明行政区划名称外，省、市、县称谓分别指江西省、九江市、德安县，凡未冠属地的乡、镇、场，均为本县境内乡、镇、场，“现”“今”等指下限2008年。

8. 本志统计数据，原则上以县统计部门提供的数据为准；引用未列入县统计部门统计范围的数字时，以业务主管部门统计范围数据为准；业务部门未作统计的，以调查核实数据为依据。

9. 纪年采用方法：中华民国前采用朝代年号加注公元纪年，中华民国采用民国年号加注公元纪年，1949年10月1日后采用公元纪年。中华人民共和国成立后简称新中国成立后。

10. 本志记述地域范围为1985～2008年德安县所辖行政区划。因共青垦殖场1992年设省开放开发区，1998年起经济社会发展数据单列，虽属本志记述范围，根据其特殊性另设单卷集中记述。志文中共青垦殖场或共青开放开发区均简称“共青”。

11. 本志资料来源于各部门和单位报送的资料及有关文献、志书、历史档案、报刊杂志、实地调查、相关著述等，经核实后载入，一般不注明出处。

目 录

卷六 城乡建设

卷七 水利 电力

卷八 环境保护

卷九 体制改革

卷十　农　业

卷十一　林　业

卷十二 工 业

卷十三 商贸 旅游

卷十四 交通 邮电

卷十八 人民代表大会

卷十九 人民政府

卷二十　人民政协

卷二十一　民主党派　社会团体

卷二十二　政　法

概　　述

敷浅原上，孕育千年古县；鄱阳湖滨，矗立魅力新城。

襟山带水、珠联昌九两市、处赣北而居中的德安，山延幕阜之高峻，水汇彭蠡之汪洋。在山灵水秀、丰饶肥沃的土地上，德安人民以其勤劳勇敢、热情智慧，不断书写着开拓前行的豪迈篇章。

一

德安地处江西省北部，鄱阳湖以西，庐山西南隅。东邻星子，南连永修，西接武宁，北毗瑞昌、九江。位于北纬29°16′26″~29°35′15″，东经115°23′31″~115°50′40″。全境东西长42.6千米，南北宽40.8千米。1985年，国土面积937.4平方千米，下辖1镇、18乡、2场、1所，总人口152500人。1992年4月，成立共青开放开发区管理委员会；1998年起，共青开放开发区计划单列；2003年，共青放开放发区党委和管理委员会为市政府正处级派出机构。2008年，德安国土面积863平方千米，下辖4镇、9乡、2场，总人口163060人。

德安历史悠久，建县早远。新石器时代，就有先民在此生息。夏朝即有"敷浅原"地名。春秋时介于吴楚之间，有"吴头楚尾"之称。战国时属楚。秦属九江郡。西汉初年，设历陵县，距今已有2200余年。新莽改蒲亭，东汉复历陵县。两晋间，先后废、立历陵县。自南朝梁天监元年(502)并历陵县入柴桑县始，至唐武德五年(622)为楚城县，其间县域、县名多有变更。武德八年(625)，废楚城县入浔阳县，以历陵故址立蒲塘驿。唐贞元间改蒲塘场，旋废；咸通五年(864)复蒲塘场。五代吴乾贞元年(927)，升蒲塘场为德安县，取"德所绥安"之意，县名沿用至今。宋属江州，元属江州路，明、清属九江府。1914年后，先后属浔阳道和第四、五、九行政区。1949年5月23日，德安解放。同年7月12日，县人民政府成立。新中国成立后，德安县先后属九江专区、九江地区和九江市。

德安三面环山，气候温和。县域大致呈三角形，地势自西北向东南逐渐走低，由山地、丘陵、平原洲地3个不同地貌构成。最高点海拔655.1米，最低处海拔12米。境内山岭重叠绵延，一般海拔高度200~600米，均为幕阜山余脉。西北以山地为主，中部多丘陵岗地，平原洲地多在东南部。境内河流众多，自成体系，母亲河博阳河为直入鄱阳湖一级干流，境内全长78.7千米，流域面积1220平方千米。属亚热带湿润季风气候区，气候温和，日照充足，雨量丰沛，四季分明。1985~2008年，日均气温17℃，1月份均气温4.5℃，7月份均气温28.7℃；最高为1988年7月18日39.7℃，最低为1991年12月29日-11.9℃；年均无霜期252天、日照时数1923.1小时。

德安物种丰富，资源庶饶。2008年，有耕地15723.86公顷，可种植水稻、棉花、薯类、油料等农作物；林地57208.27公顷，占全县土地总面积66.29%，森林覆盖率40.82%，主要树种有松、杉、樟、楮、枫、杨等。有国家一级保护植物银杏、南方红豆杉，二级保护植物金钱松、樟、闽楠、鹅掌楸、厚朴，省级保护植物25种，102棵古树列入县级保护名录。德安是赣北矿产资源富县，已探明金属矿种有锡、铅、锑、锌、铁、铜、银、金等，非金属矿种有萤石、煤炭、石灰石、大理石，白云石、灰绿岩、瓷土等。其中，锡金属储量9万吨，铅锌矿石储量340万吨，石灰石储量5亿吨。年水资源总量6.57亿立方米，其中地表水5.83亿立方米，浅层地下水0.74亿立方米；水能理论蕴藏量8829千瓦，已开发2275千瓦，占可开发量53.4%。境内动物以鱼类居多，有15科110种，主要有青、草、鲢、鳙、鲤、鳜、鲫、鲶、黄颡、鳝等。有国家二级保护动物12种、省级保护动物33种。冬季有白鹤等2万多只候鸟到鄱阳湖畔越冬。

德安区位优越，交通便捷。自古就有京闽、京广大道过境，有"赣北通衢"之称。今天，京九铁路、昌九城际铁路、福银高速公路、105国道、316国道和县乡公路构成四通八达的交通网络。距昌北国际机场63千米、九江机场33千米、九江港59千米,人流、物流、资金流、信息流十分通畅。处于上海6小时、南京4小时、武汉和合肥2小时、南昌1小时经济圈内。

德安文化灿烂,古迹众多。新中国成立后,发现商周文化遗址23处。大量出土文物表明,人类祖先很早就在境内繁衍生息,是夏商文化最早过长江地区之一。《尚书·禹贡》载:禹治水"过九江至于敷浅原"。2004年吴山林居(灵龟)陶村出土的陶潜墓碑,印证了清乾隆钦定《四库全书》所载"君生于浔阳柴桑,今德安县楚城市是"。初建于唐大中四年(850)、重建于清嘉庆十八年(1813)的文华塔,成为德安游子思乡的地理标志。被史学家称为"世界奇观"的"天下第一家"——江州义门陈,开创了一个延续330余年,聚居3900余人口,孝义传家、耕读立世、和谐共处的氏族公有制社会,自唐僖宗亲赐旌表"义门陈氏"至北宋,共有9位君主旌表题赠29次;创办于唐大顺元年(890)、比白鹿洞书院早50余年的义门陈东佳书院,更是人才辈出,俊采星驰。始建于宋神宗熙宁元年(1068)、重建于宋徽宗大观元年(1107)的罗汉桥,集古建筑、书法艺术于一体,结构巧妙,工艺精湛。"德安八景"情景交融,展现了人们向往幸福生活的美好愿望。万家岭战役遗址见证了中国人民抵御日寇侵略的英勇斗争历程,是近现代史上具有重要纪念意义的史迹。

德安人文鼎盛,英才浩瀚。陈旺,唐授江州牧,至宋其后裔受封赠42人,中举120余人,为官者众多,可谓累世簪缨,义风昌著。夏竦,宋真宗景德(1004～1007)年间官至枢密使,晋英国公,仁宗庆历(1041～1048)年间为相;平生勤勉职事,多有建树,尤长于经史,文章典雅藻丽,所著《文庄集》收入《四库全书》。王韶,北宋著名军事家,官至枢密副使,熙宁(1068～1077)年间,守土戍边,功勋卓著,神宗颁敕8道以褒其功;著有《熙河阵法》1卷、《传阵法》3卷。王寀,王韶幼子,聪慧过人,汝州任上,醉心书法研究,搜集历代书法家名帖,按书法发展历程编序,自撰《辅道自跋》,请能工巧匠精雕于石碑,成为流传千古的"汝帖"。王阮,南宋隆兴元年(1163)进士,为官清正,爱国爱民,不事权贵,所著《义丰集》收入《四库全书》《豫章丛书》。吴元,南宋宁宗开禧元年(1205)与其弟宏、愈为同榜进士,传为佳话。赵师尹,明万历探花,国史编修,著有《殿试策》。周振,明永乐进士,官提刑佥事,首修《德安县志》。郭贤操,举反清复明旗帜,集营众八千收复德安,终以兵败被执,慷慨成仁,著有《郭贤操集》。李道生,清道光进士,咸丰四年(1854)任礼部侍郎,诰受资政大夫,著有《吟香馆试帖》,阖家有秀才、贡生40余人。郭沈毅,捐资创办"私立德安郭氏沈毅学校",以"有教无类"为宗旨,民国大总统黎元洪赠"为国储材"匾额。哲学家熊十力,"新唯识论"创始人,在中国近现代哲学领域自成一家,有专著30余种,人言其"未尝一日废学停思"。杨恬,历任中国人民志愿军后勤部副部长,中国人民解放军总后勤部司令部参谋长,国防科委后勤部部长,国防科工委后勤部部长,1964年晋升少将军衔,获二级"八一"勋章、二级独立自由勋章、一级解放勋章、一级红星功勋荣誉章、朝鲜二级独立自由勋章。中国工程院院士袁隆平,在杂交水稻研究中成果丰硕,享誉全球,获"国家最高科学技术奖"、联合国教科文组织"科学奖"等21项,被誉为"世界杂交水稻之父"。

德安英雄辈出,可歌可泣。德安是中共赣北第一个支部诞生地,在这片英雄的土地上,大约每百人就有一名革命烈士。中共德安县委首任书记杨超,1927年12月在南昌就义前高吟:"满天风雪满天愁,革命何须怕断头。留得子胥豪气在,三年归报楚王仇"。1930年1月,毛泽东在《星星之火,可以燎原》一文中,引用前委给中央信中指出的:"以江西论,赣北之德安、修水、铜鼓尚有相当基础"。1938年10月,中国军队在境内万家岭一带阻击进犯日军,歼敌万余,战斗之惨烈、中国官兵之英勇实属空前。新四军军长叶挺致贺电云:"欣闻南浔大捷,尽歼丑类,挽洪都于垂危,作江汉之保障,并平型关、台儿庄鼎足而三,盛名当垂不朽……"。

翻开历史长河的沧桑画卷,厚重的人文历史,秀美的山川田野,丰富的自然资源,优越的地理位置,造就了德安厚德、图强、开放、包容的人文精神,为建设一个文化昌盛、经济繁荣、社会和谐、生活富裕的新德安奠定了坚实的基础。

二

1985～2008年，全县国民经济迅速发展，综合实力明显增强。特别是20世纪90年代后，改革力度逐步加大，发展步伐明显加快，经济结构日趋合理，综合实力显著增强，基础设施渐趋完善，城乡面貌日新月异，民生保障逐步健全，人民生活明显提高。

经济结构日趋合理，综合实力不断增强。1985年，全县国内生产总值1.1亿元，县财政一般预算内收入1334.9万元。从实施"七五计划(1986～1990)"开始，到"十一五计划(2006～2010)"中期的24年间，县委、县政府始终坚持以经济建设为中心，坚持改革开放不动摇，团结带领全县干部群众，克服亚洲金融危机影响、世界经济增速减缓、国内市场需求不足、国有企业改制和重大自然灾害等困难，国民经济得到健康快速发展，综合实力明显增强。非公有制经济快速增长，成为推动经济增长的重要力量，形成多种经济共同发展的多元化经济结构。2008年，全县国内生产总值23.87亿元，比1985年增长20.7倍。一般预算内收入1.54亿元，比1985年增长10.52倍，为历史增长最快期。1993年、2004年、2007年，财政收入先后突破5000万元、1亿元、2亿元大关。1994年实行分税制后，财政改革步伐加快，逐步形成较为完善的财税管理体制。2008年，地税收入8107万元，占地方财政收入52.73%。全县国内生产总值中，第一、二、三产业结构比例从1985年的34.29:63.66:2.05，转变为2008年的12.19:62.09:25.72，一产比重大幅下降，三产比重稳步提高，支柱产业逐步形成，产业结构日趋合理，县域经济基本竞争力不断增强。

农业改革持续深化，生产能力大幅提升。在第一轮土地承包的基础上，承包期限再延长30年，充分调动了农民种粮积极性；落实农村税费改革和各种惠农补贴，切实为农民减负增收；开展林权制度改革，农民造林、营林积极性空前高涨；推行农村土地承包经营权有序流转，扶持农民专业合作社组织；推进农业产业化经营，提升农业综合生产能力和市场竞争力；改革、完善服务体系建设，农业科技推广、良种引进效益明显；加强园田化和农田水利建设，为农业生产奠定良好基础提供可靠保障；推广水改旱种植棉花和多种经营，实现农业增产、农民增收。2008年，全县粮食作物播种面积6469公顷，比1985年减少64.84%；总产量4.07万吨，比1985年减少49.81%；棉花种植面积3345公顷，比1985年增长2.72倍；总产量5240吨，比1985年增长5.64倍。油菜种植面积2114公顷，比1985年减少23.54%；总产量3102吨，比1985年增长96.20%。生猪出栏57773头，家禽存笼182.21万羽，分别比1985年增长33.83%、3.65倍；林地面积53490.7公顷，有林面积34351.7公顷，活立木蓄积量152.57万立方米，森林覆盖率40.82%，分别比1985年减少0.81%，增长58.89%、167.85%和17.82个百分点；养殖水面1469.3公顷，水产品总量5124吨，分别比1985年增长14.34%、6.12倍；有中型水库2座，小(一)型水库6座，小(二)型水库69座，塘堰2995座，总库容1.26亿立方米；引水工程328座，圩堤15座、总长约32千米，排灌站260座。种植业结构进一步优化，蔬菜、瓜果、苗木、花卉等区域特色经济作物面积逐年扩大，经济效益日益显现。

招商引资成果丰硕，工业发展势头强劲。1985年，全县工业总产值1.22亿元(1980年不变价)，县属国营工业占主导地位。"七五"计划开始实施，县委、县政府把"工业强县"作为发展主战略，紧紧抓住改革开放机遇，转换企业机制、推行产权制度改革，激活民间资本，加大非公有制工业特别是三资企业和私营企业的发展，民营企业强势崛起，工业化率大幅提升。利用宝塔开放开发区和宝塔工业园(后更名德安工业园)平台，走出去、请进来，加大招商引资力度，加快工业发展步伐。至2008年，签约合同内资项目1464个，到位资金94.8亿元。其中，亿元以上项目12个；外资项目52个，实际利用外资1.26亿美元。有上好佳食品、达晟纺织、三环水泥、驰耐得轮胎、方圆矿业、海翔钙业、柳林机械等规模以上工业企业56家，有省著名商标7件、省优产品21个、部优产品11个。形成以采矿、机械制造、纺织服装、食品医药为龙头的新兴工业体系，开放型经济成为经济增长的重要支撑和强力引擎。多次被评为"全省经济效益先进单位""全省工业十强县"；宝塔工业园被列为省级民营科技园，连年获"全省先进工业园区"

称号和“全省工业园区发展专项奖”。2008年,全县工业总产值44.92亿元,比1985年增长35.76倍;其中非公有制工业41.92亿元,占93.33%,成为全县工业经济的主导力量。

基础设施渐趋完善,城乡面貌日新月异。交通设施日趋完善,形成铁路、公路、水路为一体的综合交通网络。1996年,京九铁路德安段由南浔铁路改建通车,德安成为京九线江南开通“第一站”,融入全国铁路主干线;2007年开工建设的南九城际铁路是境内第二条铁路,成为更加便利快捷的进出境通道。公路建设快速推进,1993年建成通车的昌九汽车专用公路,1996年改造拓宽为双向四车道高速公路,境内长15.65千米,公路运输进入高速时代;105国道、316国道、德白公路改造和乡村公路建设,形成以高速公路、国道为主骨架,县乡公路为支架,村组公路为脉络的公路交通格局;2008年,境内国道2条总长32.48千米,县道9条总长171.31千米(重点县道1条43.3千米),乡道62条总长300.2千米,村道680条总长566.8千米。水路经博阳河、鄱阳湖可通长江。邮政通信飞跃发展。1986年,首批单机直拨自动电话投入使用;1993年,开通程控电话;1996年,模拟移动电话改为数字机;1998年,邮政、电信分营,1999年成立中国移动德安分公司,2002年成立中国联通德安分公司。2008年,有邮政所5个、代办所2个,办理函件业务11.73万件、包裹业务0.78万件、汇兑业务1.28万张,报刊总期发量156.33万份。有固定电话3.1万户、移动电话7.9万户、互联网用户0.9万户。电力设施建设快速发展。1988年县电网覆盖所有乡、村、组,实现户户通电;1999～2008年,分3期实施农村电网改造工程,农村供电状况从根本上得到改善;2003年,实行城乡供电同网同价;2008年,完成德安、瑞昌市南义110千伏安变电站双电源点建设,形成以5座35千伏变电站为终端的环形供电网络,供电稳定性及可靠性大幅提升。城镇建设进程加快。1986年,县城建设总体规划编制完成,1997年、2008年两度修编,规划控制区71.05平方千米,城镇人口近期8.5万人。至2008年,建成区面积8.16平方千米,改造道路16条总长9.7千米,新修主、次干道44条总长28.5千米,街道绿化和园林美化同步进行;日供水能力3万吨,城区防洪、排水排污、给水管网、公共照明等基础设施日臻完善;医疗、教育、文化、体育、休闲、娱乐设施齐全;小城镇建设、移民建镇、新农村示范点建设分步推进,城镇化水平不断提高,生态环境日益改善。

三

1985～2008年,全县政治、文化、社会各方面发生了深刻变化。党的建设不断加强,社会事业全面发展,民主法制有序推进,社会秩序稳定和谐。

党的建设不断加强,民主政治逐步完善。二十四年间,历届县委、县政府解放思想,实事求是,与时俱进,开拓创新。先后开展学习邓小平理论、“三个代表”重要思想、“科学发展观”教育活动,开展“三讲”、整党、民主评议党员、党员干部民主生活会和加强流动党员管理等工作,党组织先进性和党员模范作用进一步加强;建立党建和党风廉政建设责任制及重大事项报告制度、诫勉谈话制度,加强党风廉政建设和反腐败斗争,坚决查处党员干部违纪、违法案件,有效遏制不正之风;加强干部考核考察、选拔任用工作;全县上下统一思想,形成合力,团结奋进,努力实现科教兴县、工业强县战略目标。2008年,全县设乡(镇、场)党委14个,县直行政、企事业单位党委16个,党组15个,党总支73个,党支部525个;党员人数由1985年的5482人发展到8072人,党员结构进一步优化,文化程度明显提高。民主政治逐步完善。县人民代表大会及其常务委员会履行宪法和法律赋予的职权,认真听取和审议“一府两院”工作报告,审议和批准国民经济计划和财政预决算;通过实行议案、建议、意见办理制度和视察、执法检查制度,保障代表在大会和闭会期间履行职责;1985～2008年,共收到代表议案、建议和意见1310件,全部办理完毕。县政协切实履行政治协商、民主监督、参政议政职能,对全县政治、经济、文化、社会工作提出意见和建议,参与执法监督和行风评议;至2008年,共受理提案1390件,立案1310件,采纳解决650件,列入计划和逐步解决469件。各民主党派和工商联、工会、共青团、妇联等人民团体,在推进民主政治、弘扬先进文化、构建和谐社会、加快经济发展中发挥出不可替代的重要作用。城乡基层组织民主自治日臻完善,通过制定《村民自治章程》《村规民约》和建立公开栏,村民自治、村务公开、民主管理工作进一步规范;城镇社区决策民主、管理有序、服务完善。

法治建设扎实推进,社会秩序稳定和谐。通过开展“一五”至“五五”普法活动,公民学法、守法、用法意识进一步加强,积极性大幅提高。全面推行依法治县,实行社会治安综合治理一票否决制,各部门、各单位“看好自己的门,管好自己的人”。人大常委会强化执法监督,对法律法规执行情况进行监督检查,规范行政执法行为。强化综治机构建设,完善“维稳”属地和归口管理工作机制,严密防范措施,建立四级信息员和调解员队伍,健全群防群治队伍,形成横向到边、纵向到底的矛盾纠纷排查调处网络,推动综治工作规范化建设。加强政法机关建设,提高执法水平。推进侦查、检察、审判制度改革,提高人权保护意识。公安机关先后开展严厉打击刑事犯罪、打击犯罪团伙、严惩车匪路霸、打击拐卖妇女儿童、打黑除恶、查毒禁毒、追捕逃犯等专项斗争。至2008年,公安机关破获刑事案件4521起,刑事拘留3010人;破获经济犯罪案件74起,抓获犯罪嫌疑人75人,挽回经济损失552万元;查处治安案件7589起,治安处罚17846人。检察机关加大经济、贪污受贿和渎职案件查办力度。至2008年,受理批捕案件1422起2237人,经审查批捕1299起2074人;受理起诉案件1443起2337人,审查决定提起公诉案件1118起1768人;受理贪污贿赂案件360起,立案193起244人,侦查终结92起93人,挽回经济损失1491万元。审判机关加强案件审理和判决案件执行。至2008年,受理刑事案件1351起,审结1346起;受理民事案件7699起,审结7601起;受理商事案件3892起,审结3860起。人民调解组织覆盖全县各层次、各领域,1182个调解小组配备调解员1275人。至2008年,调处各类纠纷16879起,调解率100%,调成率95%。县内未发生重大群体事件和突发事件,有效维护了社会稳定和社会主义市场经济秩序,城乡社会和谐,人民安居乐业。

教科文卫齐头并进,社会事业全面发展。二十四年间,教育投入逐步加大,办学条件全面改善。新建校舍6.2万平方米、维修改造校舍3.6万平方米,拆除危房1.25万平方米;完成县一中优质高中和蒲塘小学建设;教师队伍不断壮大,教学水平大幅提高;教育经费逐年增长,九年制义务教育全面普及和免除学杂费政策落实,中小学教师工资实行县财政统一发放;职业教育、成人教育、函授教育协调发展;学前教育以公办幼儿园为骨干和示范,形成以社会力量为主体、公办民办相结合的格局。2008年,全县中小学校园总面积82.59万平方米,校舍建筑面积19.16万平方米,实验室45间,计算机600余台,图书馆(室)28个,运动场地18.8万平方米;有幼儿园43所,幼师173人、入园幼儿4543人;小学21所,教师762人、在校生11843人;初中15所,教师404人、在校生6355人;高中2所,教师205人、在校生3347人;职业高中1所,教师31人,在校生270人;至2008年,共有9609名毕业生升入大专院校。文化事业繁荣昌盛,群众文化日趋活跃。建立以县文化馆为龙头、乡镇文化站为骨干、村组和社区文化室为基础的群众文化阵地,图书馆、文化活动中心、文化广场等群众文化娱乐设施日趋完善;美术、书法、摄影、文学、诗词、音乐舞蹈、戏曲、收藏等文化艺术协(学)会和团体经常开展创作、研究活动,文化部门举办各类节庆和专题文艺演出,民间演出频繁;义门陈文化研究广泛深入开展,德安潘公戏列入省级非物质文化遗产名录;有省级文物保护单位3处;博物馆收藏国家一级文物39件(套)、二级文物62件(套)、三级文物159件(套);1996年,获省政府“社会文化先进县”称号。2008年,有线电视终端用户达1.3万户。群众性体育广泛开展,体育设施逐步完善。学校坚持“两课三操一活动”,每年举办运动会;随着运动场所增设,全民健身活动深入社区和村组,群众性体育组织和活动方兴未艾,少年短式网球、老年门球和木兰拳成为群众体育活动特色项目。2008年,全县有标准塑胶田径场2个、农民健身场地27个、塑胶篮球场和网球场10个。全面实施“科教兴县”战略,科技投入逐年增加,基层科普网络健全。紧紧抓住农业增效和农民增收两大目标,围绕农业科技创新、成果普及,科技部门组织科技“三下乡”,开展科技培训,建立科技示范推广基地,有力促进了农业产业结构调整和农村生产力水平提高。2001年,获中国科协首批“全国科普示范县”称号。医疗卫生事业投入逐年加大,资源总量持续增长。县、乡、村三级医疗卫生网络日趋完善,医疗卫生水平大幅提高,传染病和地方病得到有效控制,妇幼保健水平不断提升。2008年,有县级医院5所,乡镇卫生院12所,村级卫生所62个;医疗业务用房3.86万平方米,床位455

张,医疗设备总值2800余万元;中级以上职称医务人员499人,占医务人员总数54%。通过宣传教育、行政推动、群众自治、经济调节、优质服务、奖励扶持、法律监督等措施,人口控制和优生优育更加规范,人口性别比有所缩小,老年人口比重增大,人口整体素质明显提高。

社会保障逐步健全,人民生活显著改善。基本养老保险实行社会统筹和个人账户相结合,保险面逐步扩大到社会各层面。2008年,参保20140人,收缴基金3828万元,发放养老金5924万元;农村养老保险发放15989人,基金总额437.16万元。医疗保障由公费医疗向医疗保险过渡,从行政、企事业单位向全社会覆盖,农村居民参加新型农村合作医疗保险,并与之配套实施城乡医疗救助。2008年,参加城镇居民医疗保险3.47万人,收缴基金264万元;参加新型农村合作医疗保险9.9万余人,参合率93.5%。工伤保险、失业保险、生育保险、二女(独女)户保险逐步推进,城镇和农村居民最低生活保障制度分步实施,军人及军烈属优待抚恤、残疾人保障、移民扶持、五保老人供养、救灾赈灾、临时救助等逐步制度化,建立起多层次、全覆盖的社会保障体系。社会化生活服务业迅速发展,就业渠道多元化,就业规模不断扩大。至2008年,下岗人员实现再就业11823人,转移农村劳动力就业24200人,劳动用工管理长效机制初步形成。为解决中低收入家庭和住房困难户购房困难,把建设经济适用房和廉租房列入规划重点,2007年,新建经济适用房108套8188平方米,配建廉租房30套1444平方米。随着市场经济发展、农业产业结构调整和各项农村政策实施,城镇职工年均工资和农民纯收入大幅增加,居民生活水平快速提高,住房条件大为改善。2008年,城镇职工人均年工资14730元,比1985年增长22.57倍;抽样调查农民人均年纯收入4560元,比1985年增加10.75倍;城乡居民人均储蓄12885元,比1985年增长109.13倍;农村居民人均住房面积35.97平方米;家庭主要消费品由手表、缝纫机、自行车、收音机"三转一响",经冰箱、彩电、洗衣机、录音机"四大件",过渡到空调、电脑、摩托车、手机等,钢琴、小汽车也逐步走进普通居民家庭。

各项改革全面推进,精神文明蔚然成风。农村继全面推行家庭承包责任制后,又开展了减轻农民负担、农村税费和林权制度改革,推动农业产业化规模经营。工业体制改革经历扩大企业经营自主权、承包和租赁经营、产权制度改革三个阶段。商品流通体制经历了由计划分配到计划与市场调节,再到放开经营两个阶段(国有专营除外)。财税体制改革逐步形成中央与地方事权、财权明确划分、有机结合的管理模式。金融体制改革经历了建立多种金融机构、改革信贷资金管理和银行结算制度、开放资本市场、完善监管体系几个阶段。政治体制改革逐步实行党政分开、政企分开,政府管理职能逐步转变,办事程序简化,行政效能大幅提高。通过机构改革、人事制度改革和工资制度改革,实行分类管理,人事管理更加规范。社会事业单位在管理体制、网点布局、服务方式、人员录用、分配制度等方面进行改革,实行聘用制和专业技术职称评定和管理。通过推行住房公积金制度、出售公有住房、住房商品化和发放低保户住房补贴、建设经济适用房和廉租房,居民住房条件大幅改善。围绕提高人民群众思想道德水平和科学文化素质总目标,扎实开展群众性创建精神文明活动。利用万家岭大捷纪念园、石鼓殿、义峰山革命烈士纪念碑等爱国主义教育基地和重大节日及纪念日,进行爱国主义教育;通过"五讲四美三热爱""学雷锋""讲文明、树新风"等活动,进行社会公德教育;以创建青年文明号、评选职业道德标兵等活动为载体,进行职业道德教育;开展创建"五好(文明)"家庭活动,进行家庭美德教育;对青少年进行革命传统教育与思想品德教育,在学生中开展"一做三创"和"告别不文明言行"活动。精神文明建设整体推进,取得实效,先后获"九江市创建文明城市奖""九江市创建文明城市工作进步奖"和"九江市创建文明城市工作先进县""九江市卫生县城"称号。至2008年,全县有国家文明村镇1个、省文明村镇2个、省创建文明村镇先进村2个、省文明单位7个、市文明单位24个。

回顾已往,德安发展来之不易;展望未来,面临更多机遇与挑战。德安人民决心在县委、县政府领导下,以奋发有为的精神和攻坚克难的勇气,立足当前,着眼长远,锐意进取,开拓创新,围绕"生态立县、工业强县、农业稳县、旅游旺县"战略目标,全面推进物质文明、精神文明、政治文明和生态文明建设,促进经济社会持续健康发展,建设一个生态优美、经济繁荣、社会和谐、人民幸福的新德安!

大事记

1985年

1月1日 德安县国营共青垦殖场更名江西省共青垦殖场。

同月 成立县对外经济技术合作办公室

同月 成立县环境保护办公室，县城乡建设环境保护局更名城乡建设局。

2月 成立县委老干部局，隶属县委组织部。

3月16～22日 云南省政协副主席王启明(抗战时率部坚守德安县城)，到德安搜集万家岭抗战史料。

29日 省政协副主席李华封到德安视察。

4月27日 中共中央书记处候补书记郝建秀到共青视察。

同月 成立县经济体制改革委员会办公室。

5月 县博物馆与省博物馆在德安联合举办“江西明代藩王墓出土文物展”。

6月26日 米粮铺乡郑泗村三、四、五、六村民小组和国营八里园艺场郑泗分场划归共青。

同月 县二轻局与香港荣荣工业有限公司合作成立县内第一家合资企业——德荣拉链有限公司。

7月1日 全县开始整党运动，分批进行思想整顿、组织整顿和作风整顿。

同月 县委党校设脱产干部班，从在职县乡干部中招收学员，学制2年，中专学历。

同月 编制《德安县农业资源调查和农业区划报告、图件记编》《德安县农业区划表集》。全县农业分三大产业区域：东南部滨湖平原和低丘粮、油、渔、果区，中部丘陵粮、林、牧、果区，北部高山丘陵林业与棉花经作区。

9月10日 6时23分，境内发生里氏4.0级地震，震中位于黄婻乡乌石门村。少数建筑物受损，县电影院墙壁裂缝，无人员伤亡。

19日 凌晨1时20分，共青羽绒厂四合院集体宿舍有人诓叫“地震”，数百名职工从宿舍奔出，拥挤至楼梯口发生踩踏事件，死1人，伤4人。

25日 共青羽绒厂与北京东四人民市场在北京民族文化宫东展厅联合举办“鸭鸭”羽绒制品博览会。

同月 成立德安县信用合作联社。

10月18日 “共青垦殖场垦荒30周年新老建设者回忆联欢会”在共青南湖影剧院开幕。

同月 文化部群众文化局领导及参加省文化厅“文化体制改革座谈会”代表到县文化馆参观指导。

12月10日～12日 因积雪较深，县内32班客车仅开2班，全县大部分地区交通中断3天。

25日 米粮铺乡双桥村老屋岭、太公坟山、裤裆山、乌龟山划归共青。

同年 第二次全国文物普查结束。境内发现文物点17处，出土一批重要文物，其中石灰山商代遗址被列为省级文物保护单位。

1986年

1月12日 省委书记万绍芬到共青视察。

同月 塘山乡至瑞昌县范镇公路竣工,并开通直通瑞昌班车。

4月 县人民银行恢复组建。

5月 爱民乡被省政府定为老区特困乡。

6月16日 共青"青年之家"获"全国农村优秀青年之家"称号。

30日 中共中央政治局委员、书记处候补书记邓力群到共青视察。

同月 中国人民解放军德安县人民武装部改为地方建制,更名江西省德安县人民武装部,为副处级单位。

同月 国家卫生部部长陈敏章,视察县中医院、县人民医院,并为县中医院题写院名。

7月6日 湖北省人大常委会主任、原中共江西省委书记黄知真到共青参观。

8月9日 省顾问委员会主任赵增益到彭山锡矿视察,并为该矿题词。

16日 副省长钱家铭到彭山锡矿视察。

同月 成立县土地利用管理局。

9月 成立县老年体育协会。

10月8日 江西大学共青职业学院(大专)建成开学。

31日 省委副书记、省长吴官正到共青视察。

1987年

1月 县委农村工作部更名县政府农业委员会。

3月 杨家桥乡更名宝塔乡;原宝塔乡更名木环乡,所辖附城村、桂林村、田塘村划归宝塔乡。

5月6日 县八届人大常委会第十八次会议审议通过《德安县城总体规划(1987～2000)》。

14～15日 南斯拉夫马其顿共和国文化代表团到共青演出。

25日 省委副书记、省长吴官正到共青视察。

6月15～18日 政协德安县第二届全体委员会第一次会议召开。

16～19日 县第九届人民代表大会第一次会议召开。

19日 县第九届人民代表大会第一次会议审议通过《德安县国民经济和社会发展第七个五年计划》。

22日 全国政协提案工作委员会副主任彭友今到德安视察。

7月15日 匈牙利人民阵线代表团到共青参观访问。

同月 国家农牧渔业部羽绒服装评比会在共青举行,"鸭鸭"牌羽绒服获第一名。

8月12日 省政协主席吴平到德安视察。

9月17日 中华人民共和国居民身份证颁发工作全面铺开。

26～28日 中国共产党德安县第十一次代表大会召开。

同月 县博物馆馆藏国家一级文物"北宋影青堆塑粉盒、青白瓷钵"入选《中国文物精华辞典》。

同月 聂桥中学、邹桥中学高中部由普通高中转为农业高中,设有农学、植保专业。

10月8日 马达加斯加革命先锋代表团到共青参观访问。

9日 "全国明代藩王研究会"在德安召开,23个省、市共60余名专家学者出席会议。

11月 县政府下发《关于公布文物保护单位的通知》,公布县级文物保护单位17个。

12月16日 中国人民解放军空军向共青赠送退役喷气式战斗机,放置"青年之家"供游人参观。

同年 丰林粉丝厂"峰岭"牌粉丝被评为省优产品,获首届中国农业博览会优质奖。

同年 县水泥厂"三环牌"425JHJ普硅水泥被评为"江西省优质新产品"。

1988年

1月21日 21时56分,境内发生里氏2.6级地震,震中位于米粮铺乡;此后2小时内,发生2.0级以上余震 2 次。

同月 成立县监察局。

5 月 成立县红十字会办公室，挂靠县卫生局。

7 月 14 日 全国政协常委、原国民党兵团司令黄维携夫人到德安视察，并题写“纪念万家岭大捷五十周年”。

21 日 匈牙利爱国人民阵线主席卡拉伊·久洛夫妇到德安参观访问。

同月 成立中国银行德安支行。

8 月 11 日 省政协副主席吴永乐到德安视察。

9 月 29 日 义峰羽绒厂在宝塔乡杨桥村挖掘水井时发现南宋周氏墓，出土完整女尸 1 具，陪葬品 400 余件。

10 月 莫斯科国家东方艺术馆副馆长霍罗姆柯·什莫耶娃由副省长孙希岳、陈癸尊陪同，到县博物馆参观并题词。

同月 县图书馆购进上海古籍出版社影印出版的清乾隆《四库全书》。

11 月 磨溪双季板栗被全国供销总社评为“中华名果”。

12 月 12 日 中国农垦信托投资公司出资 1 亿元人民币与共青所属企业资产融合，组成中国鸭鸭羽绒（集团）公司，在北京人民大会堂举行签字仪式。

同年 根据《德安县国有所有制工业企业转换机制实施办法》，推行国有企业第一期承包经营责任制。

同年 县水泥厂被评为“全省先进企业”。

1989 年

4 月 15 日 中国鸭鸭羽绒（集团）公司成立大会、第七届羽绒制品交易大会剪彩仪式在共青垦殖场同时举行。

22 日 县委委员、共青垦殖场党委书记于维忠，副书记刘德夫到北京参加原中共中央总书记胡耀邦追悼会。

同月 县科协被国家科协评为“全国农村科普工作先进集体”。

5 月 2 日 胡耀邦子女胡德平、李恒和中共中央办公厅副主任杨德中、警卫局副局长康海群，到共青为胡耀邦墓地选址。

15 日 “鸭鸭”牌羽绒服作为国礼由国家主席杨尚昆赠给到访的苏联共产党总书记戈尔巴乔夫夫妇及随行人员。

同月 磨溪乡被省政府评为“推广杂交水稻先进乡”。

7 月 全国政协副主席邓兆祥率京外常委视察团到德安视察。

9 月 成立县地质矿产局。

10 月 16 日 共青羽绒厂晋升为国家二级企业。

19～21 日 省农牧渔业厅“柑橘高位嫁接”技术成果鉴定会在县八里园艺场召开。该技术成果被列为“星火计划”和“丰收计划”。

12 月 29 日 县集贸市场启用。

1990 年

3 月 24 日 永修县中南湖 146.7 公顷水域有偿划归共青。

4 月 10 日 民国元老李烈钧后裔，上海市政协副秘书长、民革上海副主委李赣驹和省民革副主委李季仁，国民党原海军中将司令杨西瀚夫人一行，到德安参观。

15～17 日　政协德安县第三届全体委员会第一次会议召开。

15～18 日　县第十届人民代表大会第一次会议召开。

19～21 日　中国共产党德安县第十二次代表大会召开。

5 月　恢复县档案局,与县档案馆合署办公。

6 月　县劳动服务公司更名县劳动就业管理局。

8 月 11 日　龙卷风携暴雨袭击德安,共青禽蛋公司 38 栋禽舍被毁,损失 26 万余元。

同月　成立县残疾人联合会。

10 月　县社会保险事业管理所更名县社会保险事业管理局。

同月　成立县社会哲学科学联合会。

11 月　《中国共产党德安县组织史资料(1925～1987)》出版。

12 月 5 日　原中共中央总书记胡耀邦骨灰安放仪式在共青富华山举行。

同年　县星晨氟化公司被评为省中(二)型企业。

1991 年

3 月 8 日　金茂昇全家在省妇联、省建行、省广播电视厅等单位联合举办的“建行杯家家乐”音乐比赛中,获家庭演唱一等奖。

同月　成立县棉花果木生产办公室。

4 月 28 日　“鸭鸭”牌羽绒制品获“国货精品博览会金奖”。

5 月 31 日　县第十届人民代表大会第二次会议审议通过《德安县国民经济和社会发展十年规划和“八五”计划纲要》。

同月　“德安南宋周氏墓及其陪葬品展览”分别在北京自然博物馆、北京故宫博物院展出,展出文物 88 件。历时 4 个月,接待中外游客 8.5 万人次。

同月　新中国成立后首修《德安县志》由上海古籍出版社出版发行。

同月　县博物馆与省考古研究所对爱民乡红岩村明代熊氏墓发掘的棺木进行开检,清理出一具保存完好的女尸。

6 月 2 日　全国政协秘书长宋德敏到德安视察。

5 日　全国人大常委会副委员长廖汉生到共青视察。

6 日　中共中央顾问委员会常委、全国政协副主席刘澜涛到德安视察。

同月　江西大学共青职业学院更名江西大学共青学院。

同月　开始第一次全县土地利用现状调查。

9 月　德安开通长途直拨电话。

同月　成立县城市信用社。

10 月 19 日　中共中央政治局常委、国务院副总理朱镕基及夫人劳安,在省长吴官正、国务院生产办公室副主任张彦宁陪同下到共青视察。

同月　博阳河牛角湾截弯取直工程开工,次年建牛角湾水产场。

11 月 20 日　中国驻苏联、美国、日本等 28 个国家大使、参赞和驻联合国代表团参赞一行 40 余人到共青参观。

1992 年

3 月　高塘乡花炮厂高空礼花弹被市国际龙舟赛组委会指定为专用产品。

4 月 27 日　成立共青开放开发区管理委员会。

28 日　米粮铺乡和八里园艺场划归共青,面积 29.6 平方千米。

同月 县园艺场在义峰茶场基础上成立，宝塔乡八一、杨桥两村部分村民小组划归园艺场；市果树科学研究所在该场挂牌。

同月 义峰山有线电视差转台建成。

6月17日 撤销聂桥乡、车桥乡，设聂桥镇、车桥镇。

同月 成立县宝塔开放开发区。

8月 省委常委、纪委书记马世昌到德安检查指导工作。

同月 全国政协副主席、复旦大学校长苏步青到德安视察。

9月13~15日 全国政协副主席、著名物理学家钱伟长在省长舒惠国陪同下到共青视察。17日，到共青、县萤石公司视察。

同月 省政府批准建立共青省级开发区。

10月 德安被评为全省县域综合经济实力"十强县"，列第8位。

11月 县政府设立驻海口办事处。

同月 全县3个多月未下一场透雨，70%的农田遭受旱灾，农作物大幅减产，塘山、付山、白水街、车桥等乡人畜饮水困难。

12月8日 国务委员、国家计划生育委员会主任彭佩云为《德安县人口计划生育志》题词："认真总结经验，勇于开拓创新，不断提高计划生育工作水平，为江西省的四化建设做贡献。"

24~26日 中国共产党德安县第十三次代表大会召开。

同年 县内第一座农村电视差转台在聂桥建成。

同年 付山煤矿爱民平井被能源部评为"安全通风甲级井"。

1993年

1月6~8日 政协德安县第四届全体委员会第一次会议召开。

6~9日 县第十一届人民代表大会第一次会议召开。

18日 江西省第一条高等级汽车专用公路——昌九公路建成通车。境内长15.65千米，德安设有出入口。

3月 设立县政府驻上海、厦门、深圳、黑河办事处。

4月15日 中共中央政治局常委、书记处书记胡锦涛在省委书记毛致用、省长吴官正陪同下视察共青，接见共青第一批垦荒队员，勉励共青人"抓住新的机遇，实现新的创业，做出新的成绩，把我们共青城建设成为国内外享有盛誉的社会主义开发区"。

22日 国务委员陈俊生到共青视察。

同月 河东陈湾水小流域被水利部列为长江流域水土保持小流域综合治理试点。

同月 "德安南宋周氏墓出土文物展""德安明代熊氏墓出土文物展"在北京故宫博物院乾清宫和自然博物馆展出，前后共展出10年。

同月 国家教委副主任张孝文到县二中考察。

同月 甘肃省计划生育考察团到德安考察计划生育全程系列服务试点工作。

6月 全国政协副主席杨汝岱到共青视察。

同月 成立县有线电视台。

同月 县监察局与县纪委合署办公。

同月 何建平创作的儿歌《还您一片真情》获全国首届"新儿歌"大奖赛二等奖。

7月1日 永修县江益镇划归共青。区域面积85.21平方千米，人口11609人。

9月6日 新中国成立后首修《德安县志》在全国新编地方志首次评奖中获优秀成果三等奖。

10日 1993年"鸭鸭杯"国际钓鱼邀请赛在共青开幕，20支代表队58名钓手参赛。

15 日 中共中央政治局常委、全国政协主席李瑞环到共青视察。

24 日 全市工业座谈会在德安召开。

同月 开始第二次土地利用现状调查。

10 月 10 日 金湖乡划归共青,面积 34.4 平方千米。

15～16 日 中共中央政治局常委、全国人大常委会委员长乔石,在省委书记毛致用陪同下视察木环乡、河东乡、园艺场。

同月 中共中央顾问委员会常委、解放军上将肖克到共青视察。

12 月 成立县房地产管理局,与县房改办合署办公。同时,县城建局下属的房管所和房地产交易所划入。

同月 制定《德安县住房制度改革实施方案》,县城规划区、建制镇建成区、独立工矿企业(军队、铁路部门除外)公有住房列入房改范围。

同年 德安通过省政府"两基"督导评估验收,成为全省首批"两基"达标县。

同年 德安开通程控电话。

同年 丰林粉丝厂被农业部评为"全国 500 家先进乡镇企业"。

同年 县一中获"全国群众体育先进单位"称号。

1994 年

1 月 11 日 省、市政府分别致电县政府,祝贺德安超额完成棉花定购任务。

2 月 19 日 县内第一部模拟移动电话(大哥大)开通。

24 日 中共中央办公厅主任曾庆红视察共青城。

3 月 12 日 国务院研究室主任袁木在省委常委张逢雨陪同下,先后考察共青和县园艺场、农科所、黄婻乡。

4 月 1～14 日 省委副书记、省长吴官正到聂桥镇蹲点调研。

17 日 全国果业工作会议在德安召开。

28 日 中共中央委员、中组部副部长张全景到聂桥镇考察基层组织建设。

5 月 6 日 县园艺场、牛角湾水产场获全省山江湖"111"计划检查评比先进单位称号。

同月 修建京九铁路时,在高塘乡抢救性发掘商周遗址 4 处、汉至清代墓葬 80 座,出土大批珍贵文物。

7 月 6 日 省委常委、农工委书记张逢雨,召集德安、永修、星子县委书记和部分乡、村干部,在德安座谈讨论加强农村基层组织建设工作。

24 日 共青鸭鸭女子龙舟队获北京中日友好龙舟邀请赛 600 米、800 米直道竞速冠军。

9 月 12 日 县园艺场万亩"四季鲜"果园示范基地列入省科委"星火计划"开发项目。

同月 县税务局分设为县国家税务局和县地方税务局。

12 月 4 日 北京时间零时,全市各县(市、区)电话并网,电话号码由 6 位升至 7 位,德安区号由 07025 改为 0792。

同月 县行政事业单位职工医疗保险管理局划归人事劳动和社会保障局。

同年 县内第一个由开发商投资的商住小区——百家汇一期建成,小区位于义峰路中段。

同年 丰林粉丝厂被省乡镇企业局授予"明星企业"称号。

同年 聂桥镇机关被评为全国优秀公务员集体。

1995 年

1 月 6～9 日 国务委员彭佩云、国务院副秘书长徐志坚、卫生部长陈敏章、国家体改委副主任刘志峰一行，在省委常委、副省长舒圣佑陪同下，到九江视察职工医疗保险制度改革试点工作，先后考察德安等地。

同月 团中央命名共青为“全国青少年教育基地”。

3月10日 成立丰林镇，辖原农科所区域，保留农科所。

19日 中共中央总书记、国家主席、中央军委主席江泽民，中共中央政治局委员、办公厅主任曾庆红视察共青、县园艺场、木环乡德涛特种水产合作社。

4月3日 德安获全省“银花赛”表彰大会一等奖。

10日 原中共中央政治局常委宋平考察共青。

16日 3时53分33.9秒，发生里氏4.9级地震，震中位于瑞昌市、德安县、九江县交界处。有房屋倒塌，无人员伤亡。

5月2日 聂桥镇梓坊村村民刘道荣家一只4斤多重老母鸡生下一个重250克鸡蛋，蛋内包藏一个120克的双黄蛋。

6月5～11日 国家文物鉴定委员会一级文物专家鉴定组，对县博物馆文物进行鉴定，确认一级文物39件，其中南宋周氏墓彩绘图为国宝级文物。

同月 县园艺场果园节水滴灌工程引进以色列滴灌设备，推广面积6.7公顷。

同月 县内出现局地性雷雨冰雹强对流天气，42个行政村9297家农户、2129公顷农田、85公顷果园受灾，损坏房屋7间、鸡场鸡舍8栋，直接经济损失1500多万元。

7月 境内连降暴雨，博阳河水位超警戒线2.65米。东门洲圩堤内侧滑坡50米，牛角湾水产场防洪堤被冲垮，直接经济损失700余万元。

同月 由省农牧渔业厅主办、县园艺场承办的“21世纪中国果业高新技术研讨会”在德安召开。

9月 成立县关心下一代工作委员会。

同月 县内第一家私立幼儿园——小龙人幼儿园创办。

10月1日 县园艺场场长肖茂元在京参加建国46周年国庆观礼。

9日 共青城火车站建成启用，同时撤销米粮铺站、江益站。

同月 中纪委常委傅杰到德安调研。

同月 国家计生委副主任李宏规率各省（市、区）计生委科技处长、科研所长、医学节育专家，考察县计划生育全程服务工作。

同月 组织全县农村文艺会演，有18个代表队、180余名演员参加演出。

12月 国务委员彭佩云到德安督察、指导医疗保险制度改革试点工作。

同月 县园艺场被省山江湖办公室和省科委分别列为“山江湖治理示范基地”和“京九沿线农业科技开发示范点”。

1996年

1月28日 县第十一届人民代表大会第四次会议审议通过《德安县国民经济和社会发展“九五”计划和2010年远景目标纲要》。

同月 昌九高速公路通车，德安设有出入口。

2月 县一中被评为省优秀重点中学。

同月 中国工程院院士袁隆平为德安一中题词：“德智体全面发展，争做四有新人。”

4月24日 全国人大常委会内务司法委主任李瑞山到德安视察。

29日 联合国官员及农业专家到山江湖德安县聂桥可持续农业技术推广站和永丰茶果业生产基地考察。

同月 县人武部收归中国人民解放军建制，为正团级单位。

4月30日～5月1日 中共中央政治局常委、国务院副总理朱镕基在省委书记吴官正、省长舒圣佑陪同下,到县园艺场视察。

7月 中国人民保险公司德安支公司,分设为中国人寿保险股份有限公司德安支公司、中国财产保险股份有限公司德安支公司。

8月 副省长黄懋衡到德安视察,并为县一中题词"深化教育改革,争创一流学校。"

9月1日 京九铁路德安站启用。

10月31日 新西兰国家科委代表团到山江湖德安县聂桥可持续农业技术推广站考察。

同月 《德安县土地利用总体规划(1996～2010)》编制完成。

同月 省第三届民间文学与民俗理论研讨会在德安召开。

11月8～9日 国务院副总理姜春云到县园艺场视察。

12月13日 泰国科技代表团一行16人考察山江湖德安县聂桥可持续农业技术推广站。

同月 县工商局获"全国工商行政管理系统先进集体"称号。

同年 德安被省政府授予"江西省社会文化先进县"称号。

同年 开通数字移动电话,县内所有行政村开通程控电话。

同年 县政府设立教育奖励基金,以奖励业绩突出的学校和教育工作者。

1997年

3月 成立中国农业发展银行德安支行。

5月16日 县十一届人大常委会第二十七会议审议通过《德安县城总体规划(1995～2010)》。

17日 国务院副总理宋健率有关部委负责人到山江湖德安县聂桥可持续农业技术推广站、聂桥镇梓坊村十组视察。

6月 市"庆七一,迎回归"故事创作演讲大赛在德安举行。

7月1日 全县举行庆祝香港回归大型庆典游行,2800余人参加表演,游行队伍由27个方队、22辆彩车和4条彩龙组成。

8月 县内第一条公交线路开通,线路为河东乡后田村至宝塔乡牌楼村。

9月 由爱好文艺活动的退休干部和职工自发组成的"老年艺术团"成立。

10月 县运动队获市第八届运动会田径项目金牌6块,乒乓球女子团体、男子单打第一名,男子篮球、乒乓球男子团体第二名。

11月 县气象局开始发布电视天气预报,并启动12121电话自动答询气象服务系统。

12月19～21日 中国共产党德安县第十四次代表大会召开。

同月 成立县广播电视台。

1998年

2月6～7日 政协德安县第五届全体委员会第一次会议召开。

6～9日 县第十二届人民代表大会第一次会议召开。

同月 位于宝塔大道的县委、县政府办公大楼开工建设。

4月30日 中共中央政治局委员、中宣部部长丁关根到共青视察。

6月24日起 德安遭受特大洪灾,26日晚洪水越过105国道进入县城。导托河桂林、田塘段先后决堤,高水位持续92天,宝塔乡附城村、桂林村部分村民小组长时间受洪水浸泡。全县直接经济损失9.01亿元。

28日 国家水利部部长、防汛抗旱总指挥部副总指挥钮茂生到德安现场指导抗洪抢险。

7月3日 全国政协副主席毛致用和省委常委、农工委书记彭昆生,到德安视察灾情。

4日 中共中央政治局常委、国务院总理朱镕基,国务院副总理、国家防汛抗旱总指挥温家宝,由省委书记舒惠国、省长舒圣佑陪同,到黄婻乡乌石门村、河东乡石桥村视察灾情,慰问受灾群众。

9月 县邮电局分设为邮政局和电信局。

10月 卫生部副部长殷太奎到县中医院视察。

1999年

4月21日 世界城市经济协作组织将“鸭鸭”系列羽绒制品冠以“中国鸭鸭”称号,列为全球城市经济商展会推介产品。

5月19日 全国人大常委会副委员长丁石孙到德安视察。

6月 县博物馆进入英特网,成为全省第一家网上博物馆和全国首家县级网上博物馆。

7月 移动通讯从电信局分离,成立县移动公司。

8月 县内第一所私立中学——敷阳中学创办。

11月 园艺场被中国科协命名为首批“全国科普示范基地”。

12月 国家工商局认定共青羽绒厂“鸭鸭”商标为中国驰名商标。

同月 共青被国家环境保护总局命名国家级生态示范区。

同年 江西水土保持生态科技园落户县园艺场,建设面积80公顷,高标准辐射面积1500公顷。

同年 “移民建镇”工作启动,6个乡镇、10个行政村、26个自然村的1182户4893人受益。

2000年

1月 县安居工程第一期破土动工。

3月 位于宝塔大道新建成的县委、县政府办公大楼启用。

同月 成立县公有资产管理中心。

6月 县棉纺厂租赁给南昌客商,租期11年。

同月 驻县企业江西轮胎厂租赁给天津客商,组建江西驰耐得轮胎有限公司。

9月 县内首次从在编人员中公开选拔副科级干部,当年选拔6人。

同月 县计生委主任戚德勇在北京召开的计划生育基本国策研讨会上作《德安县计划生育全程服务》经验介绍。

12月 县锑矿浮选、冶炼厂租赁给私营业主经管,保留锑矿法人资格。

同年 德安被列为第六期长江中上游水土保护重点防治工程县。

2001年

1月11日 县第十二届人民代表大会第四次会议审议通过《德安县国民经济和社会发展第十个五年计划纲要》。

同月 县水利电力局更名水务局。县建设局水资源管理办公室划入。

5月 县图书馆开办中小学音像电子馆暨少儿阅览室。

6月 德安获中国科协首批“全国科普示范县”称号。

7月 成立宝塔工业园区,后更名德安县工业园。

8月 义峰路降坡改造工程开工。

10月 江州义门陈故居第一期恢复工程竣工暨文史馆开馆庆典在车桥镇义门村举行,来自国内外和港澳台的陈氏后裔以及新闻媒体记者1000余人参加。

同月 启动撤乡并镇工作,2002年1月完成。撤销黄婻乡,与丰林镇合并为丰林镇;撤销付山乡,与邹桥乡合并为邹桥乡;撤销白水街乡,与车桥镇合并为车桥镇;撤销樟树乡,与吴山乡合并为吴山乡;撤销木环乡,与宝塔乡合并为宝塔乡(其中牌楼村、桂林村、附城村划归蒲亭镇)。

2002 年

1 月 设立磨溪、聂桥和附城(后改为与共青交界处)3 个地表水水质监测点。

同月 县乡镇企业局更名民营经济管理服务局。

2 月 中国工程院院士袁隆平向县一中捐资设立"隆平奖学金",并为"隆平图书馆"题写馆名。

3 月 湖塘水库除险加固工程开工,工程项目为:主坝砌石体,帷幕灌浆、砼防渗面板;土坝连接段冲抓套井回填;尾水渠工程,副坝背水面风化代料填筑和草皮护坡;迎水面土方填筑和砼预制块护坡、坝体冲抓套井回填。总投资 1050 万元。

4 月 省委书记孟建柱和副书记彭宏松到河东乡花卉基地视察。

同月 县土地管理局、县地质矿产局合并,更名国土资源局。

5 月 8 日 中国人民解放军德安籍将军杨恬在北京逝世。

同月 县付山煤矿采矿经管权租赁给私营业主经营。保留煤矿法人资格。

同月 中央电视台《新闻联播》栏目播出反映德安花农事迹的新闻报道《鲜花献给党》。

7 月 11 日 省军区司令员、少将郝敬民到县人武部指导工作。

同月 万家岭战役遗址列为省级文物保护单位。

同月 县内第一批出租车投入运营。

同月 县氟化总厂出让给浙江萤石有限公司。

同月 在宝塔开放开发区基础上创办宝塔工业园,成立园区管理委员会。

同月 县公交客运有限公司第一批出租车投入营运,当年投放出租车 77 辆。

9 月 成立县食品药品监督管理局。

10 月 成立县安全生产监督管理局。

同月 拆除县电影院、政府综合办公楼、人民剧院,引进客商兴建时代广场、时代商城和德安宾馆。

11 月 县文化影视艺术中心和文广大楼开工建设,建筑面积 8000 平方米,投资 900 万元。

同月 县人民医院烧伤科医生程伟研制的"宏伟烧伤灵",被列为国家中医药管理局重点科研项目。

12 月 27～29 日 中国共产党德安县第十五次代表大会召开。

同月 撤销县商业局,成立县商业总公司。

同年 丰林镇被国家体育总局授予"亿万农民健身活动先进乡镇"称号。

同年 县内开通宽带互联网。

2003 年

1 月 8～9 日 政协德安县第六届全体委员会第一次会议召开。

8～11 日 县第十三届人民代表大会第一次会议召开。

同月 在德安宾馆和县环保局设立大气环境质量监测采样点。

同月 省林业苗木总站租用县园艺场岑家山地 66.7 公顷,建设省种苗基地。

4 月 县水泥厂出让给江西环宇水泥有限责任公司。

同月 成立县老年科技工作者协会。

5 月 省委书记孟建柱到河东乡鑫盛花卉专业合作社考察调研。

同月 副省长胡振鹏到德安检查指导"非典"预防工作。

6 月 6 日 省政协副主席黄定元到德安视察。

7 月 "江西三环水泥"项目落户县工业园。

同月 磨溪乡大棚蔬菜被省政府列为“江西无公害农产品(蔬菜)基地”。

8月14日 交通部副部长冯正霖到德安视察农村公路建设。

9月14日 全国政协常委、提案委员会副主任宋玉瑞到德安调研。

28日 省委书记孟建柱到德安视察。

10月21日 省人大常委会副主任朱英培到德安进行土地承包法执法检查。

11月9日 共青“米粮铺牌”柑橘、磨溪双季板栗被中华名果评审委员会评为“中华名果”。

同月 中央电视台《新闻联播》栏目以《江西创新农田冬修机制》为题,报道德安采取“民办公助”吸引民间资金兴修水利的做法。

同月 《德安县人民革命史》再版。

同年 德安凯灵制冷离合器有限公司大客车空调电磁离合器项目,被列入国家火炬计划。

2004年

1月26日 3时23分,境内发生里氏4.1级地震,震中位于吴山乡与瑞昌市九源管理区之间,无人员伤亡。

3月 德安获省政府2003年度“计划生育优质服务先进县”称号。

4月 吴山乡林居村冲里陶家村民在白鹤山脚下发现一方“潜公之墓”字样古墓碑。

5月 省人大副主任蒋如铭到县中医院视察。

同月 城西汽车站投入运营。

9月22~26日 中国工程院院士袁隆平携夫人邓哲回乡省亲,出席德安一中“隆平图书馆”揭牌仪式,捐款13万元设立“隆平奖学金”并颁发首届奖学金。

同月 县碳酸钙总厂由县政府委托江西浔城拍卖行拍卖,被台商收购。

10月 经省专家组验收,全县达到血吸虫病传播阻断标准。

11月 江西制动器厂由县政府委托江西浔城拍卖行拍卖,被浙江柳林机械有限公司收购。

12月 驻县企业江西浔阳电子仪表厂(458厂)破产改制,整体搬迁到九江市开发区,组建九江中船消防设备有限公司。

同月 附城圩除险加固工程启动。

同年 并村工作完成。丰林镇白云村并入黄婎村,上胡村并入乌石村,泗溪村并入依塘村,芦塘村并入丰林村。车桥镇茶里村并入城门村。宝塔乡罗岭村并入岳山垅村,徐河村并入九里村。高塘乡黄墩村并入高塘村。吴山乡五台、葛洪村并入红桥村,林居村并入蔡河村,吴山村并入何铺村,竹蓬村并入樟树村。磨溪乡石岩村并入五星村,田铺村并入宝泉村,金山村并入新田村。爱民乡马塘村并入红岩村,西泉村并入柏树村。邹桥乡大泉村并入源口村,岩上村并入付山村,堰头村并入石门村。塘山乡塘山村并入石源村。

2005年

2月25日 省政协副主席黄定元到德安走访慰问困难户。

同月 德安获2004年度省“非农产业发展先进县”称号。

同月 德安获省政府2004年度“计划生育优质服务先进县”称号。

同月 联合国可持续发展实施目标国际研讨会官员和专家到德安参观考察。

6月 受暴雨冲刷,昌九高速公路79千米+200米处(五里墩)发生大规模山体滑坡,崩塌土石3万余立方米,致德白公路和昌九高速公路德安段中断交通12小时。

同月 县政府制定再生纸行业水污染防治实施方案,对再生纸行业进行专项治理。

7月 省委书记孟建柱到县工业园区、河东乡大棚花卉基地视察。

8月16日 《德安新闻网》开通。

同月 成立九江商业银行德安支行。

同月 县一中、二中整合,县一中为高级中学,县二中为初级中学。

同月 中央电视台《新闻联播》栏目报道德安探明储量280万吨巨型铅锌矿。

10月 中央电视台《新闻联播》栏目以《永远的丰碑》为题,报道中共德安第一任县委书记、革命烈士杨超的事迹。

同月 全县城乡有线电视联网工程建设启动。

11月26日 8时49分,九江、瑞昌之间发生5.7级地震,德安震感强烈,造成人员受伤和房屋损毁。

同月 首届德安—东莞招商恳谈会在广东东莞召开。

12月 全县新农村示范村建设启动,以村庄“三清八改五普及”(清垃圾、污泥、路障,改水、厕、路、房、沟、线、桥、环境,普及太阳能、沼气、有线电视、电话、庭院经济)为目标,推进新农村建设。

同年 德安被列为降低孕产妇死亡率、消除新生儿破伤风工作项目县和第三批新型农村合作医疗试点县。

2006年

1月1日 成立县农村合作医疗管理局。

同月 县气象局纳入全国地面大气探测台站网。

同月 宝塔工业园被评为省级民营科技园和2005年度“先进工业园”。

2月 省委常委、常务副省长吴新雄视察县工业园。

3月2日 县第十三届人民代表大会第四次会议审议通过《德安县国民经济和社会发展第十一个五年计划纲要》。

15日 省军区政委、少将王清葆到县人武部指导工作。

同月 宝塔工业园被批准为省级工业园,更名德安工业园。

4月25日 中纪委信访室主任滕尔全到德安检查信访举报、办事公开工作。

同月 省人大常委会副主任彭昆生到德安检查指导水土保持工作。

5月16日 县博物馆与省考古研究所联合对聂桥镇望夫山凤凰嘴北宋古墓进行抢救性发掘,出土彩绘人物壁画和星宿图。

6月25~27日 中国共产党德安县第十六次代表大会召开。

同月 德安潘公戏(傩戏)被列为省级非物质文化遗产。

同月 全省重点工业园区座谈会在县工业园召开。

7月14日 英国剑桥大学常务副校长伊恩·勒斯列,到宝塔乡岳山垅村考察猪—沼—菜生态农业模式。

同月 德安农村合作银行成立暨第一届股东代表大会召开。

8月26日 国家林业局森林公安局局长杜永胜到德安调研。

9月22日 中共中央政治局常委、全国政协主席贾庆林视察岳山垅新农村建设。

同月 撤销县卫生防疫站和县结核病防治所,成立县疾病控制中心和县食品卫生监督所。

10月22日 10时18分,境内发生里氏2.7级地震,震中位于邹桥乡。

同月 《德安县政协志》出版。

12月 县龙狮队获九江第一届龙狮大赛“头龙”奖。

同月 县博物馆被国家文物局评为重点县级博物馆。

同年 启动县一中优质高中建设工程,县财政先后投入1700万元用于配套设施建设。

同年 在省政府教育工作综合督导评估中,德安获“教育工作优秀县”称号。

2007 年

1 月 德安获省政府“计划生育优质服务先进县”称号。

同月 德安首次举办春节晚会。

2 月 26～28 日 县政协第七届全体委员会第一次会议召开。

27 日～3 月 2 日 县第十四届人民代表大会第一次会议召开。

3 月 18 日 省军区副政委、少将石成林到县人武部检查指导工作。

同月 举办德安县首届龙狮大赛,全县 15 支龙狮队参赛,赛后进行踩街巡游。

4 月 2 日 省政协副主席雍忠诚到德安调研。

20～21 日 中共中央政治局常委、国务院总理温家宝到德安考察新农村建设、林权制度改革工作。

同月 建立县古树名木保护名录,录入古树名木 102 棵。

5 月 首期经济适用房、廉租房工程建设启动。

同月 县政府制定地表饮用水水源保护区划定方案,对博阳河沿岸污染企业进行关、停、并、转综合治理。

6 月 15 日 省政协副主席刘运来到德安考察经济适用房和廉租房建设。

同月 昌九城际铁路德安段开工建设。

同月 境内第三次全国文物普查结束,发现古遗址 43 处、古墓葬 57 处、古建筑 95 处、石刻 10 处。

7 月 成立德安县袁隆平研究学会。

8 月 15 日 九江学院“第三届陶渊明国际学术研讨会”在德安设分会场,来自全国各地 40 多位陶学专家到吴山乡冲里陶村考察。

9 月 县民营企业江西柳林机械有限公司“多效多功能联合收割机”被科技部列为国家重点农业科技成果转化项目。

同月 县木兰拳队获新加坡“金航杯”国际木兰拳武术邀请赛一等奖。

10 月 16 日 市爱卫会命名德安县城为“九江市卫生县城”。

同月 磨溪乡石门陈村为树围在 3 米以上的 45 棵古树挂牌保护。

同月 林泉水库除险加固工程开工,工程项目为:新建主坝防渗墙、灌溉隧洞;加固大坝上下游护坡、溢洪道副坝;封堵老涵管。

同月 义门陈文化、西河戏、德安八景民间传说列入市非遗代表名录。

同月 成立德安县书画院。

12 月 3 日 中央电视台中文国际频道《走遍中国》栏目组到德安拍摄制作《义门陈》纪录片。

同月 全县乡村两级公路全面硬化,实现村村通水泥路。

同年 县门球协会获市第二十届“彭蠡杯”老年门球赛第一名。

2008 年

1 月 18 日 省委常委、省纪委书记董君舒到德安走访慰问农村特困户、城市低保户。

27 日 香港凤凰卫视《中国江河水》栏目摄制组专程到林泉实地采访农田用水管理。

同月 境内出现历史罕见低温雨雪冰冻天气,对工农业、交通、电力、通讯以及人民生活造成严重影响。

同月 城镇二小和三小合并,成立蒲塘小学。

同月 德安开始实行购买经济适用房、配租廉租房公开摇号。

2 月 德安获 2007 年度省“新农村建设试点工作先进县”“养殖业发展先进县”称号。

3月 德安获省综治委“平安县”称号。

同月 成立中国邮政储蓄银行德安支行。

4月 中央电视台中文国际频道《走遍中国》栏目首播义门陈文化专题片《九江风云录》。

5月 “义门陈”列为省级非物质文化遗产。

同月 开展第二轮土地承包责任制经营权证换发工作。

7月 “雁家湖植物园”竣工开园。

同月 县十四届人大常委会第九次会议审议通过《德安县城总体规划(2007~2020)》。

同月 县博物馆新馆建设工程启动。

8月8日 省军区司令员、少将彭水根到县人武部检查指导工作。

同月 “义峰山公园”一期工程竣工开园。

同月 成立德安县陶渊明故里文化研究会。

9月17日 中华义门陈文化产业开发暨中华姓氏文化研究基地成立大会在德安举行。

同月 在县城文化广场举办“纪念中国人民抗日战争德安万家岭大捷70周年”抗日题材电影周活动,放映影片7部,观众7000余人次。

10月 驻县国有企业江西彭山锡矿改制后,行政移交县政府管理,职工生活区划归吴山乡管理。

11月22日 4时43分,境内发生里氏1.8级地震,震中位于吴山乡。

12月16~18日 省、市委党史研究室和县委、县政府联合举办的“纪念万家岭大捷70周年学术座谈会”在德安召开。

同月 “桂林创业园”被省中小企业局列为“江西省小企业创业基地”。

同月 德安县获省“农村文化三项活动”优秀组织奖。

同月 除车桥镇自设有线电视前端外,全县乡镇场全部实现城乡电视联网。

同年 江西柳林机械有限公司“同舟”牌系列联合收割机被评为“江西农民最喜爱的联合收割机”。

同年 县二中学生《金色木鼓敲起来》声乐表演获第三届全国校园文艺汇演二等奖。

同年 李云霞获市第二届音乐艺术总决赛京剧专业中年组演唱金奖。

同年 国家文物局领导、专家和美国、瑞典、俄罗斯等国家博物馆(艺术馆)负责人,先后到县博物馆视察指导和参观交流。

同年 县博物馆历史文物陈列展开始免费开放。

同年 全县投资280万元启动农家书屋工程,建成农家书屋90个。

卷一

建置　区划

卷一　建置　区划

新中国成立后，考古工作者在河东焦家滩、高塘长垅、聂桥蒋家垅、宝塔蚌壳山等地相继发现新石器时代石器、夹砂红陶等，证实至迟在新石器时代就有先民在境内繁衍生息。

西汉初年设历陵县，此为建县之始，距今已有2200余年。五代吴睿帝乾贞元年(927)，升蒲塘场为德安县，县名取“德所绥安”之意。此后1000余年，县名未曾改易，辖域、隶属亦相对稳定。

县境位于赣北中部，东濒鄱阳湖，与星子、永修、武宁、九江、瑞昌5县(市)接壤。京九铁路、福银高速公路等5条交通干线过境，距南昌市、九江市和昌北机场、九江机场均不足1小时车程，素称“赣北通衢”。

1985～1993年，先后分4次将米粮铺乡、八里园艺场和金湖乡划归共青。1999年6月，经周边各县共同勘定，德安县界全长216.4千米。2008年，德安行政区划(含共青)面积为937.4平方千米。

24年间，县以下行政区划有过多次调整。2008年，全县设4镇9乡2场。

第一章 建 置

第一节 沿 革

春秋战国

春秋时为吴楚分界之地。战国时属楚。

秦

始皇二十四年(前223),秦灭楚,遂为秦地,属九江郡。

西 汉

高帝初年设历陵县,属豫章郡,为建县之始。新莽始建国元年(9),王莽改革汉制,郡县名多有改易,其中豫章郡更名九江郡,历陵县更名蒲亭(今蒲亭镇名源于此),属九江郡。

东 汉

建武元年(25),刘秀匡复汉室,恢复被王莽所改旧郡县名。蒲亭仍称历陵县,属豫章郡。

三 国

孙吴设鄱阳郡,辖历陵等9县。

西 晋

惠帝元康元年(291),设江州,辖豫章、鄱阳等10郡,历陵县属鄱阳郡。永嘉元年(307)废历陵县。

东 晋

复西晋旧制,设历陵县,属鄱阳郡。

南 朝

宋、齐依前制,均设历陵县,属鄱阳郡。梁武帝天监元年(502)废历陵县,属吴州寻阳郡柴桑县。

隋

文帝开皇九年(589),改柴桑县为寻阳县;开皇十八年(598)改寻阳县为彭蠡县,属江州。炀帝大业二年(606),改彭蠡县为彭城县;大业三年(607),改彭城县为湓城县,属九江郡。

唐

高祖武德四年(621),废郡复州,分湓城县置浔阳县;翌年,分湓城县置楚城县,隶江州;武德八年(625),废楚城县入浔阳县,以历陵故址设蒲塘驿。德宗贞元元年(785),改蒲塘驿为蒲塘场。顺宗永贞元年(805)废蒲塘场。懿宗咸通五年(864),复蒲塘场。

五代

吴睿帝乾贞元年(927),升蒲塘场为德安县,隶浔阳郡。

宋

基本沿袭唐及五代行政区划,置德安县,隶江州。

元

置德安县,隶江西等处行中书省江州路。

明

改江州路为九江府，德安为其属县。

清

置德安县，隶九江府。

中华民国

置德安县，初属浔阳道。民国15年（1926），废道，各县直隶于省。民国21年（1932），实行行政区制度，德安归属江西第四行政区。民国24年（1935），改属第五行政区。民国28年（1939），改属第九行政区。民国38年（1949）5月德安解放；9月6日，江西省人民政府公布省行政区划，德安归属九江专署。

中华人民共和国

1950年，全省划分8个专区，德安归属九江专区。1970年，九江专区更名九江地区，德安归九江地区管辖。1983年7月27日，国务院批准撤销九江地区行政公署，设九江市，将德安等原九江地区所属10县划归九江市管辖。

第二节　县　域

区位与面积

德安县位于北纬29°16′26″～29°35′15″，东经115°23′31″～115°50′40″之间。处江西省北部，九江市中部。东濒鄱阳湖，邻星子县；南部与永修县接壤；西部与武宁县交界；西北部毗连瑞昌市；东北部接九江县。博阳河由西北向东南流经全境，境内山岭为幕阜山东延余脉；京九铁路、昌九城际铁路、福银高速公路、105国道、316国道穿境而过；距南昌市、九江市、昌北机场、九江机场均在1小时车程之内。2008年，国土面积863平方千米（不含共青）。其中，陆地829.34平方千米，占96.1%；水域33.66平方千米，占3.9%。

辖域变迁

1985年6月26日，米粮铺乡郑泗村三、四、五、六村民小组和八里园艺场郑泗分场划归共青。同年12月25日，米粮铺乡双桥村老屋岭、太公坟山、裤裆山、乌龟山划归共青。1992年4月28日，米粮铺乡、八里园艺场划归共青。1993年10月10日，金湖乡划归共青。

县界

1996～1999年，九江、武宁、永修、星子、德安县和瑞昌市共同勘定边界5条，总长216.4千米，埋设界桩9座，其中252627Ⅰ桩点长期被水淹没，故未埋桩。

1999年县界一览表

表1－1－1　　单位：千米

界线编号	界线名称	界线长度	界桩编号
2126	九（江）德（安）线	44.176	212681Ⅰ（三面界桩） 2126001（两面界桩） 212627Ⅰ（三面界桩）
2326	武（宁）德（安）线	6.208	232681Ⅰ（三面界桩） 232526Ⅰ（三面界桩）

续表1-1-1

界线编号	界线名称	界线长度	界桩编号
2526	永(修)德(安)线	75.250	232526Ⅰ(三面界桩) 2526001(两面界桩) 2526002(两面界桩) 252627Ⅰ(三面界桩)
2627	德(安)星(子)线	37.123	212627Ⅰ(三面界桩) 2627001(两面界桩) 252627Ⅰ(三面界桩)
2681	德(安)瑞(昌)线	53.640	232681Ⅰ(三面界桩) 2681001(两面界桩) 212681Ⅰ(三面界桩)

第二章　区　划

第一节　乡镇(场、所)

1985年,设蒲亭镇,宝塔、杨家桥、米粮铺、金湖、河东、黄婻、高塘、林泉、聂桥、吴山、樟树、磨溪、爱民、车桥、白水街、邹桥、付山、塘山18乡,彭山林场,共青垦殖场,农科所。

1987年3月,杨家桥乡更名宝塔乡;原宝塔乡更名木环乡,所辖附城村、桂林村、田塘村划归宝塔乡。

1992年6月,改聂桥乡、车桥乡为聂桥镇、车桥镇。

1994年,设蒲亭、聂桥、车桥3镇,木环、宝塔、河东、黄婻、高塘、林泉、吴山、樟树、磨溪、爱民、白水街、邹桥、塘山、付山14乡,彭山林场,园艺场,农科所,共青垦殖场(开放开发区)。

1995年3月,成立丰林镇(保留农科所)。

2002年1月,撤销木环、黄婻、白水街、付山、樟树5乡,分别划归宝塔、丰林、车桥、邹桥、吴山5乡镇。同时,宝塔乡牌楼、桂林、附城村划归蒲亭镇。

2008年,设蒲亭、丰林、聂桥、车桥4镇,宝塔、河东、高塘、林泉、吴山、磨溪、爱民、邹桥、塘山9乡,彭山林场,园艺场。

第二节　行政村　街道(社区)

1985年,全县有113个行政村、1098个村民小组,7个街道、34个居民小组,6个林业分场。1994年,有151个行政村、1194个村民小组。2008年,有81个行政村、985个村民小组,10个社区、52个居民小组,9个林业分场,2个园艺分场。

1985 年德安县行政区划一览表

表 1－2－1

乡镇场(所)	行政村、街道、分场
蒲亭镇	居委会:桥东(1)、北门(6)、大西门(6)、南门(8)、车站(6)、义峰(5)、五星(2);朝阳村(12)
宝塔乡	附城(12)、桂林(15)、田塘(11)、罗岭(3)、岳山垅(8)、团山(11)、梅桥(13)、九里(10)、东山(12)、徐河(8)
河东乡	上畈(11)、石桥(12)、河东(15)、后田(14)
杨家桥乡	杨桥(10)、八一(8)
米粮铺乡	前山(13)、古塘(10)、欧塘(9)、双桥(7)、郑泗(2)、农业队(1)、林场(1)
金湖乡	五合(8)、固村(5)、凤凰(11)、寨下(3)、江流(4)、黄桥(10)、大塘(8)、张家湾(2)
黄婻乡	乌石门(4)、上胡(8)、泗溪(5)、依塘(5)、紫荆(11)、黄婻(8)、白云(9)、大畈(9)、桥头(9)
高塘乡	高塘(10)、长垅(17)、黄墩(13)、顾田(8)、罗桥(14)、大垅(14)
林泉乡	林泉(11)、清塘(18)、大溪畈(16)、小溪山(13)、屏峰(8)
聂桥乡	柳田(12)、聂桥(10)、宝山(12)、永丰(10)、梓坊(9)、芦溪(8)、农业队(1)
吴山乡	山湾(11)、张塘(10)、何铺(8)、蔡河(8)、林居(7)、吴山(7)、红桥(9)、五台(4)、葛洪(4)
樟树乡	竹蓬(10)、樟树(8)、杨柳(11)、大岭(5)
磨溪乡	石岩(8)、五星(8)、南田(9)、曙光(11)、尖山(17)、磨溪(9)、董家(8)、港口(7)、金山(9)、新田(9)、田铺(8)、宝泉(7)
爱民乡	西泉(9)、柏树(13)、红岩(10)、南山(17)、土塘(13)、农科所(2)
邹桥乡	大泉(9)、源口(8)、杨坊(12)、邹桥(8)、堰头(7)、石门(9)
付山乡	岩上(4)、付山(5)、张坑(5)
塘山乡	岭上(6)、新塘(13)、塘山(5)、郑湖(12)、石源(15)
白水街乡	白水(12)、长庆(9)、昆山(12)、九井(8)
车桥乡	城门(7)、茶里(6)、义门(11)、白羊(9)、车桥(10)、潘坊(10)、农科所(3)
彭山林场	分场:夏家垅、林泉、百家山、望夫山、彭山、横山;白果苗圃;彭山村(7)
农科所	良种场(4)、丰林村(9)、芦塘村(7)
共　青	农业一分场(7)、二分场(3)、三分场(4),林场(3),猪场(3),鸡场(3),水产场(3),机耕队(1)

说明:(1)括号内为居民、村民小组数;(2)县水电局林泉水库有村民小组 2 个,未列表内。

1994年德安县行政村、村民小组一览表

表1－2－2　　单位:个

乡镇场(所)	行政村	村民小组	乡镇场(所)	行政村	村民小组
蒲亭镇	1	14	爱民乡	6	65
聂桥镇	6	64	邹桥乡	6	53
木环乡	7	69	付山乡	3	16
宝塔乡	6	49	塘山乡	5	51
河东乡	4	52	白水街乡	4	41
黄婻乡	9	71	车桥镇	6	55
高塘乡	6	77	彭山林场	1	7
林泉乡	5	66	农科所	3	22
吴山乡	9	72	林泉水库	1	3
樟树乡	4	33	园艺场	3	8
磨溪乡	12	110	共　青	44	196

2008年德安县行政区划一览表

表1－2－3

乡镇场	行政村、社区、分场
蒲亭镇	社区:义峰(8)、东风(9)、曾家洼(10)、雁家湖(8)、北门(8)、大西门(9);村:朝阳(14)、附城(12)、桂林(15)、牌楼(5)
丰林镇	丰林(14)、依塘(10)、畈上王(9)、紫荆(11)、桥头(9)、黄婻(18)、大畈(9)、乌石(15)
聂桥镇	芦溪(8)、宝山(13)、梓坊(10)、永丰(10)、柳田(12)、聂桥(11);夏家铺(社区)
车桥镇	车桥(8)、潘坊(10)、义门(11)、城门(12)、白羊(7)、白水(12)、九井(6)、长庆(9)、昆山(12)
宝塔乡	岳山垅(10)、团山(15)、梅桥(13)、九里(18)、东山(12)、八一(5)、杨桥(5)、田塘(6);浔仪(社区)
河东乡	河东(14)、后田(14)、石桥(12)、上畈(12);桥东(社区)
高塘乡	高塘(24)、罗桥(14)、大垄(14)、长垄(17)、顾田(8)
林泉乡	林泉(13)、清塘(18)、大溪畈(16)、小溪山(13)、屏峰(8)
吴山乡	山湾(11)、张塘(10)、何铺(16)、蔡河(16)、红桥(18)、樟树(17)、杨柳(11)、大岭(4);萤石矿(社区)
磨溪乡	五星(16)、南田(9)、曙光(8)、尖山(17)、磨溪(9)、董家(8)、港口(7)、新田(18)、宝泉(15)
爱民乡	红岩(13)、柏树(22)、南山(17)、土塘(13)
邹桥乡	张坑(5)、付山(12)、石门(16)、源口(17)、邹桥(8)、杨坊(13)
塘山乡	石源(20)、新塘(13)、郑湖(12)、岭上(6)
彭山林场	分场:白果、林泉、彭山、横山、五星、红旗、大金山、燕子山、百家山;彭山村(6)
园艺场	一分场(4)、二分场(5)

说明:括号内为居民、村民小组数。

卷二

乡镇场

卷二　乡 镇 场

1985 年,有蒲亭镇和宝塔、杨家桥、河东、黄埇、高塘、林泉、聂桥、吴山、樟树、磨溪、爱民、车桥、白水街、邹桥、付山、塘山、米粮铺、金湖 18 乡及共青垦殖场、彭山林场、农科所(因共青单独列卷,米粮铺、金湖乡及共青垦殖场本卷未列章节)。各乡镇场工农业总产值 6306.5 万元(不含共青、金湖、米粮铺),农民人均年纯收入 388 元。20 世纪 90 年代起,全县进行大幅度农业产业结构调整:种植业由种水稻改旱地种植棉花为主;畜牧业由家庭散养向家庭散养和专业化、规模化经营相结合发展;林果业由家庭分散经营,转为家庭分散经营与专业户连片承包荒山种植杉树和创办柑橘、板栗、早熟梨等果园相结合。同时,私营企业、股份制企业快速发展。2008 年,全县设蒲亭、丰林、聂桥、车桥 4 镇和宝塔、河东、高塘、林泉、吴山、磨溪、爱民、邹桥、塘山 9 乡及彭山林场、园艺场。各乡镇场工农业总产值 161644.24 万元,农民人均年纯收入 4560 元。

在改革开放的 24 年中,各乡镇场的经济发展有所侧重、各具特色。蒲亭镇以服务业为主,有商业网点 1530 个,从业人员 5355 人;丰林镇有以江西美宝利医用敷料有限公司为代表的工业企业 18 家,养殖业有依塘、丰林、畈上王村 3 个蛋鸡养殖区,专业养殖户 360 户;聂桥镇有果园面积 219 公顷,其中梓坊村大棚葡萄 63 公顷,年产量 1000 吨;车桥镇在连片种植优质稻同时发展食用菌产业;宝塔乡工业以煤矿机械制造为主,特种养殖业以甲鱼养殖为主;河东乡无公害蔬菜和花卉苗木均形成规模种植;高塘乡以法育园艺场为龙头,带动周边早熟梨种植户形成规模;林泉乡工业以私营、股份制企业生产重质和轻质碳酸钙化工原料为主,农业以种植棉花为主;吴山乡园艺场水蜜桃和红桥村大黄李成为县内外市场的畅销产品;磨溪乡双季板栗被国家供销总社定为"中华名果",种植面积 114 公顷;爱民乡特种养殖蓝孔雀基地,有存栏孔雀 4000 余只;邹桥乡石门村"畲香园"蔬菜加工企业生产的辣椒酱、干豆角、萝卜干、霉干菜等产品销往省内外;塘山乡小山竹发展成为当地的特色产业,面积 400 余公顷;彭山林场以造林、营林为主,共植树造林 2272 公顷,萌芽更新造林 623.4 公顷;园艺场以果业种植、科研为主,有果园面积 300 余公顷,同时引进国外名品良种进行育苗推广。

第一章　蒲亭镇

第一节　建置　区划　人口

蒲亭镇为县政治、经济、文化中心。新中国成立初为永兴镇,属一区。1952年,更名城关区。1956年,更名城关镇。同年,成立春光、城关、义峰初级农业社。1957年,转为城关高级农业社。1958年,成立城关镇人民公社,辖城镇、朝阳、义峰3个大队,13个生产队。1968年,更名立新镇公社。1971年,宝塔公社红桥大队并入。1972年,宝塔公社河东、后田大队并入。1980年,更名城关镇。1981年,河东、后田、红桥、石桥4个大队划出。1983年,更名蒲亭镇。1984年,辖朝阳行政村及车站、南门、北门、义峰、五星、大西门、桥东7个街道居委会,12个村民小组、34个居民小组。2002年,宝塔乡牌楼、桂林、附城3个行政村并入。2008年,辖朝阳、桂林、附城、牌楼4个行政村和东风、曾家洼、义峰、北门、大西门、雁家湖工业园7个社区居委会,46个村民小组、58个居民小组、36个自然村。居民17172户47397人,其中非农业人口43249人。人口密度每平方千米2926人。镇政府驻东风路129号。

第二节　地理　环境　资源

地　理

位于县域东南部,为县政府驻地。东邻河东乡,南与共青接壤,西接宝塔乡,北连宝塔乡、河东乡。地理坐标北纬29°13′45″～29°15′00″,东经115°31′52.5″～115°35′37.5″。2008年,境域面积16.2平方千米。

环　境

地形南北狭长,北、东地势平坦。最高处九仙岭主峰海拔200.2米,最低处东门洲海拔12米。金带河发源于木环垅小岷山东麓,与箬山河在溢塘桥下汇合,向东注入博阳河。20世纪70年代,人工开挖导托河,引博阳川水自田塘经桂林、附城注入博阳河,境内全长6.3千米。博阳河自北向南穿境而过,经附城村袁家入共青,境内全长7.9千米。

资　源

2008年,有耕地200.47公顷,其中水田192.2公顷、旱地8.27公顷。林地312.13公顷(含国家公益林66.4公顷、省级公益林1.4公顷)。森林覆盖率63.94%。有塘堰11座;电力排灌站4座,提灌站4座;附城圩5.3千米,导托河堤6.3千米。

第三节　经　济

工农业总产值及农民人均纯收入

1985年,工农业总产值1036.8万元,农民人均纯收入426元。2008年,工农业总产值2.85亿元,农民人均纯收入5375元。

农　业

种植业　1985年,种植水稻1.33公顷,总产6.95吨;油菜0.54公顷,总产0.31吨;蔬菜22公顷

（含大棚蔬菜7公顷、田藕0.67公顷）。2002年，种植水稻214.3公顷，总产1278吨。2008年，种植水稻186.8公顷，总产1206吨；棉花5.47公顷，总产25吨；油菜68.87公顷，总产93吨；蔬菜108公顷（含大棚蔬菜17.4公顷、田藕25公顷）。

养殖业 1985年，生猪出栏56头，存栏148头。1994年，生猪出栏400头，存栏450头。2008年，生猪出栏7513头，存栏4580头；养鸡场4家，饲养蛋鸡98万只；散养鸡2670只；养鸭8600只。

渔业 1985年，有水产养殖面积10.6公顷，以养鱼为主，总产5.9吨。20世纪90年代，开始美国牛蛙、黄鳝、甲鱼、泥鳅、龙虾等特种水产养殖。2008年，水产养殖面积53.2公顷，总产578吨。

林果业 2002年，有集体林场3个，造林面积160公顷，以杉树为主。2008年，有板栗果园2个、柑橘果园1个，面积15公顷，产量17吨。

工 业

1985年，镇办企业主要有絛纶化纤厂、针织内衣厂、纱手套厂、缝纫服装厂、日用杂品厂、塑料包装厂、金钢砂厂、第二棉纺厂和建筑公司等，村办企业有朝阳饭店。2008年，工业企业有附城砖瓦厂、牌楼复兴饲料厂。招商引资入驻县工业园企业有怡富实业有限公司、瑞鑫林化有限公司、通铭铝材有限公司、山里来食品有限公司、四通电器有限公司、邹应该实业有限公司、松安林化有限公司、顺乐塑胶有限公司、凤祥塑胶有限公司、欣祥彩印包装有限公司、立峰纺织有限公司、上好佳有限公司、松泰林产有限公司、上好佳彩印包装有限公司、趣美滋食品有限公司、安立欣电子有限公司等。

商 业

1985年，有商业网点176个。其中，商业系统118个，供销系统38个，粮食系统5个，其他15个；个体工商户350户。2008年，有商业网点1530个，从业人员5355人。县管农贸市场2个，设计固定摊位1258个。

第四节 社会事业

交 通

1985年，境内主要交通线路有南浔铁路、105国道、德白公路。1998年起，先后建成村级水泥公路8千米，村民小组组级水泥公路10.1千米，修建公路桥梁4座。2008年，南有共安大道与共青相连，北有105国道与九江市相通，昌九高速、京九铁路、昌九城际铁路穿境而过，有公交线路3条、公交车18辆，出租车77辆，货车63辆，家庭小汽车260辆。

教 育

1985年，境内有县属第二中学，学生1695人，教职工94人；县属第一小学、第二小学，学生2560人，教职工107人；县幼儿园和单位幼儿园有学生1795人，教职工121人。2002年，城郊有附城、桂林、牌楼3所小学，学生751人，教职工55人；2003年，附城小学、牌楼小学三年级以上班级与桂林小学合并，成立县第三小学，有学生1300人，教职工55人；附城、牌楼设教学点。2005年，撤销附城、牌楼教学点。2008年，县二中学生2657人，教职工170人；民办东佳中学学生157人，教职工32人；民办明珠职高学生270人，教职工10人；县一小学生1612人，教职工77人；县二小、三小合并，成立蒲塘小学，学生3091人，教职工121人；有公办幼儿园1所，学生440人，教职工18人；民办幼儿园20所，学生2073人，教职工167人。

文 化

1985年，境内有县电影院、剧院、广播站、新华书店、博物馆、图书馆。1993年，开通有线电视。2008年，有县广播电视台1个，有线电视终端用户22153户；镇文化站1个，社区图书阅览室5个，书籍6130

册;农家书屋4个,书籍7200册;村组文化活动中心11个。门球场2个;篮球场4个,乒乓球室15个。新农村示范点建有活动场地,配有健身器材。

卫　生

1985年,境内有县医院、中医院、妇幼保健站、卫生防疫站、血吸虫防治站。镇卫生院有显微镜1台、吸引器1台、病床4张,医务人员10人。1998年,镇卫生院迁至县一中附近,更名县红十字医院,建筑面积1300平方米。有200毫安X线机、自动血液细胞分析仪、双目显微镜、全数字多普勒彩色超声诊断仪等医疗设备,医务人员18人。2008年,有计生服务站1个、村卫生所及个体诊所13个、社区卫生服务站6个,医务人员29人。参加农村合作医疗保险3758人,参保率90.59%。

村镇供水

1985年,集镇由县自来水厂供水,水价每吨0.25元。2008年,3个行政村完成改水工程,由县自来水公司供水,居民、村民自来水到户率100%,水价每吨1.3元。

第五节　集镇与新农村建设

蒲亭集镇

位于境域北部。1985年,集镇面积1.8平方千米,主街道13条,人口20586人。2008年,集镇面积16.2平方千米,人口47397人。有主街道18条、支路48条,总长80千米;大小巷弄215条。有中小学3所、幼儿园21所、医疗机构5家、文化场所4处、休闲广场4个,住宅小区110个,休闲公园3个。

社区建设

1985年,有车站、南门、北门、义峰、五星、大西门、桥东7个街道居委会。1997年,增设东风街道居委会。2002年,增设曾家洼、雁家湖2个街道居委会。2003年,街道居委会整合成东风、北门、大西门、义峰、曾家洼、雁家湖6个社区居委会,工作人员18人。2004~2008年,购置曾家洼社区服务用房,新建东风社区、大西门社区、北门社区服务用房。

新农村建设

2006年起,开展新农村建设。2008年,示范点有朝阳村八组西垅杨家,大西门社区五里墩路、五里墩二组,附城村九组背后李、十组坡上李、十一组杨家墩、十二组油榨,牌楼村一组冯家岭。新村区域面积27.5公顷。各级政府投入扶助资金54.5万元,群众自筹资金66万元。受惠居民337户1745人。

第二章　丰林镇

第一节　建置　区划　人口

为原丰林镇与黄婻乡合并而成。

原丰林镇前身为县农科所,新中国成立初属二区白果乡。1956年并入狮子乡乌石高级农业社。1958年分属狮子公社丰林大队、芦塘大队。1964年,县农业局在丰林大队成立县良种试验场,下辖4个试验队。1968年,丰林大队、芦塘大队合并为丰林大队。1971年,在良种场基础上成立县农业科学研究所,实行所、场合署办公,并将狮子公社丰林大队划入农科所管辖。1973年,丰林大队分为丰林、芦塘2个大队。1995年,成立丰林镇,辖丰林、芦塘、畈上王3个行政村,19个村民小组,18个自然村,590户

3085 人,其中非农人口 227 人。镇政府驻畈上王村。

黄婻乡新中国成立初分属狮子、白果、白云、大畈乡,隶属二区。1952 年,分属狮子、白果、白云、凤凰、大畈乡。1955 年,成立白云、大畈、三联、依塘、乌石等初级农业社。1956 年,转为乌石、白云、大畈、凤凰、依塘、狮子等高级农业社,分属狮子乡、黄婻乡(含林泉乡)。1958 年,狮子、黄婻、高塘乡所属高级社合并,成立狮子人民公社,辖乌石、泗溪、依塘、丰林、三角、紫荆、黄墩、大垅、高塘、长垅、顾田、二塘、林泉、凤凰、大畈、白云、黄婻 17 个大队,146 个生产队。1961 年,分为狮子、黄婻、高塘 3 个公社。1968 年,狮子、黄婻、高塘、洞宵公社并为狮子公社。1972 年,分为狮子、高塘、林泉公社。1983 年,狮子公社更名黄婻公社。1984 年,更名黄婻乡,辖桥头、白云、黄婻、大畈、依塘、泗溪、乌石门、上湖、紫荆 9 个行政村,68 个村民小组,77 个自然村,2305 户 9600 人,其中非农业人口 108 人。乡政府驻地黄婻铺,1995 年迁至林白公路依塘水库旁。

2002 年,撤销黄婻乡,并入丰林镇。2004 年,白云村并入黄婻村,上胡村并入乌石村,泗溪村并入依塘村,芦塘村并入丰林村。2008 年,丰林镇辖黄婻、桥头、大畈、依塘、乌石、紫荆、畈上王、丰林 8 个行政村,95 个村民小组,93 个自然村,3700 户,12291 人,其中非农业人口 442 人,人口密度每平千米 213 人。镇政府驻地畈上王村。

第二节　地理　环境　资源

地　理

位于县域东部。东邻高塘乡,南接河东乡、宝塔乡,西连聂桥镇、鼓山林场,北与林泉乡接壤。地理坐标北纬 29°15′30″～29°17′52″,东经 115°31′52″～115°34′02″。2008 年,境域面积 57.8 平方千米。

环　境

境内以丘陵山地为主,西北高,东南低。最高点黄婻村白云岭红花尖主峰海拔 262 米,最低点乌石村河滩海拔 14 米。黄婻河、庐山河在依塘村与博阳河汇合,境内河流长 7 千米。

资　源

2008 年,有耕地 707.27 公顷,其中水田 648.6 公顷、旱地 58.67 公顷。林地 2884.09 公顷(含国家公益林 397.3 公顷、省级公益林 583.1 公顷、中德长防合作造林 397.4 公顷、退耕还林 182.1 公顷),森林覆盖率 30.67%。有小(二)型水库 10 座,塘堰 323 座;电力提灌站 21 座,排灌站 4 座。矿藏资源主要有石灰石。

第三节　经　济

工农业总产值及农民人均纯收入

1985 年,县农科所工农业总产值 270 万元,农民人均纯收入 438 元;黄婻乡工农业总产值 411.8 万元,农民人均纯收入 339 元。2008 年,工农业总产值 3.2 亿元,农民人均纯收入 4720 元。

农　业

种植业　1985 年,县农科所种植水稻 268 公顷,总产 1404.3 吨;棉花 2.8 公顷,总产 2.35 吨;油菜 71.54 公顷,总产 40.78 吨。黄婻乡种植水稻 1150 公顷,总产 5995.8 吨;棉花 49.8 公顷,总产 41.85 吨;油菜 283.18 公顷,总产 161.41 吨。1994 年,县农科所种植水稻 65 公顷,总产 404 吨;棉花 93.33 公顷,总产 153 吨;油菜 112 公顷,总产 45 吨。黄婻乡种植水稻 247 公顷,总产 1787 吨;棉花 546.67 公顷,总产 984 吨;油菜 433.3 公顷,总产 500 吨。2008 年,种植水稻 325.47 公顷,总产 2257 吨;棉花 559.8

公顷,总产882吨;油菜228.73公顷,总产278吨。

养殖业 1985年,县农科所生猪出栏1537头,存栏1442头;黄婻乡生猪出栏3458头,存栏4457头。1994年,县农科所生猪出栏19450头,存栏7600头;黄婻乡生猪出栏9220头,存栏5960头。2008年,生猪出栏10259头,存栏11218头。养兔4500只,羊105头,肉鸽5000只。依塘、丰林、畈上王村3个养殖区有蛋鸡养殖户360户,饲养量230万只。丰林蛋鸡养殖专业合作社为养殖户提供技术指导、鸡苗孵化、饲料供应、防疫销售一条龙服务,有年孵化鸡苗200万只的孵化厂和年产饲料3000吨的饲料加工厂。

渔业 1985年,县农科所、黄婻乡有水产养殖面积99公顷,总产55.8吨。2008年,养殖面积114.67公顷,总产399吨。

林果业 1985年,县农科所、黄婻乡共有乡村集体林场11个,造林面积590公顷。2004年,阳光集团租赁大畈、桥头村山地313公顷,建立林业苗木基地。2008年,有果园种植面积100公顷,主要品种有早熟梨、柑橘等,产量925吨。

工 业

1985年,县农科所以丰林粉丝厂为龙头逐渐形成产业链;同年,成立丰林企业集团公司。黄婻乡有乡办陶器厂、采石场。1995年起,丰林企业集团先后获省乡镇食品工业企业先进单位、乡镇一级企业、"明星企业"称号;产品形成五大系列、20多个品种,其中"峰岭"牌粉丝连续三届获省优产品称号,并获中国农业博览会优质奖。1996年,集团整合为粉丝有限公司、医用敷料有限公司、畜牧有限公司、建材有限公司。2008年,有江西美宝利医用敷料有限公司等企业18家。招商引资入驻县工业园企业有鸿立食品厂等。

商 业

1985年,县农科所、黄婻乡有商店26家,其中供销系统5家。2008年,有商业网点98家,农贸市场2个,固定摊位31个,流动摊位35个。

第四节 社会事业

交 通

1985年,境内有白果至林泉公路,南浔铁路、德白公路穿境而过。2002年起,对集镇街道和村、组公路进行水泥路面硬化。至2008年,新修村组水泥公路30条,总长107.95千米。有过境班车往返县城,候车点11处;货车86辆,家庭小汽车32辆。

邮 电

1985年,黄婻邮电所有手摇电话总机1台,投递员1人,负责黄婻、高塘、林泉邮件投送。1993年,开通程控电话。2008年,有程控电话1386部;邮政网点1个,投递点38个,投递线路单程39千米,投递函件7015余件,汇兑78张,包裹276件;征订报刊86种、560余份。

教 育

1985年,县农科所有小学2所(含初小),学生390人,教职工12人;黄婻乡有中学1所,学生431人,教职工22人;小学9所,学生1680人,教职工64人。2008年,丰林中学学生365人,教职工42人;民办黄婻中学学生145人,教职工12人;民办白果中学学生74人,教职工8人;丰林小学、黄婻小学(含教学点),共有学生769人,教职工54人;民办幼儿园2所,学生180人,教职工12人。

文 化

1985年,县农科所、黄婻乡均有文化站、广播站、电影放映队、大礼堂。有8.75毫米放映机、16毫米放映机各1台,放映员4人;有播音设备各1套,村组装有广播喇叭1460只。1998年,开通有线电视。2005年,成立黄婻村文艺协会。2006年,组建龙狮队和木梓林胡家腰鼓队。2008年,有线电视终端用户2518户;有农家书屋23个,书籍11500册;学校设有田径场、篮球场、乒乓球室等活动场所。新农村示范点配有健身器材和活动场地。

卫 生

1985年,黄婻中心卫生院位于黄婻铺集镇,有医务人员10人。县农科所设有卫生所,医务人员2人。1993年,设立丰林卫生院。2002年,新建丰林中心卫生院,建筑面积3700平方米,黄婻卫生院改为分院。2008年,镇中心卫生院有医务人员27人,其中中级职称2人;配有B超机、心电图机、血液分析仪、X光机等医疗设备,病床10张。有村医疗所10个,医务人员11人。参加农村合作医疗保险11612人,参保率98%。

敬老院

1989年,在黄婻村施家新建乡敬老院,入住五保老人18人。1995年,迁至依塘水库旁,建筑面积600平方米。2008年,原黄婻乡政府办公楼改建镇敬老院,占地面积0.5公顷,建筑面积1200平方米,房间32个,入住五保老人45人,有工作人员5名。

村镇供水

1985年,县农科所在畈上王村修建自来水厂。2008年,镇自来水厂与林泉自来水厂并网。境内有自来水主管道15千米,日供水3000吨,水价每吨1.2元。

第五节 集镇与新农村建设

丰林集镇

位于境域西南部。20世纪80年代,沿德白公路两旁逐渐形成东西向合面街。1995年建镇后,集镇建设快速发展。2001年,被列入国家发改委百家小城镇经济综合示范镇。2002年起,拓宽、改造集镇主街道,同时硬化支街道路面6条,人行道铺设彩砖、栽种风景树,安装路灯42盏。2007年,主街道丰林大道拓宽至24米。2008年,集镇面积18公顷,居民3200人,有人民法庭、财政所、德安农村合作银行丰林支行、地税分局、国税分局、邮政所、供电所、电信所、兽医站、农技站、粮管所、移动公司营业部、中心卫生院,有商店、餐馆、修理店等38家。

黄婻铺集镇

位于境域中心,为丁字形合面街。1985年,集镇面积4.7公顷,居民339人。2008年,集镇面积7.5公顷,居民480人,安装街道路灯16盏,有邮政所、电信所、卫生分院、收购站、人寿保险公司营销部、供电站、民办黄婻中学、中心小学、德安农村合作银行黄婻分理处,有商店、餐馆、修理店11家。

新农村建设

2006年起,开展新农村建设。2008年,示范点有乌石村五组木梓林胡家、七组聂家、八组石灰岭袁家、九至十三组长岭埂和乌石门新村、十四组黄万新村,紫荆村一组吴家榨、四组王家、八至十组咀上袁家,畈上王村四组河勘李家,依塘村五组河里叶家、十组周家,丰林村二组金家、四组下屋王家、十三组河里戴家,大畈村七组新屋邓家,桥头村六组孙家。新村区域面积71公顷。各级政府投入扶助资金190万元,群众自筹资金121.5万元。受惠居民1022户3862人。

第三章　聂桥镇

第一节　建置　区划　人口

新中国成立初分属聂桥、芦溪、永丰、柳田乡,隶属三区。1952 年,分属聂桥、芦溪、永丰、柳田、梓坊乡。1955 年,成立聂桥、永丰、宝山、双峰等初级农业社。1956 年,张塘乡并入,合并为聂桥乡;转为柳田、聂桥、永丰、宝山、梓坊、芦溪、双峰、张塘等高级农业社。1958 年,成立聂桥人民公社,辖聂桥、柳田、宝山、永丰、梓坊、芦溪、双峰 7 个大队,51 个生产队,张塘划出。1984 年,撤乡设镇。辖聂桥、柳田、宝山、永丰、梓坊、芦溪 6 个行政村和 1 个农业队,61 个村民小组。1992 年,撤乡设镇。2008 年,辖柳田、聂桥、宝山、永丰、梓坊、芦溪 6 个行政村、夏家铺社区居委会,64 个村民小组、1 个农业队、77 个自然村。居民 2623 户 9016 人,其中非农业人口 596 人。人口密度每平方千米 173 人。镇政府驻夏家铺。

第二节　地理　环境　资源

地　理

位于县域中部,东与丰林镇交界,南与宝塔乡接壤,西与磨溪乡、爱民乡毗邻,北与吴山乡、彭山林场相连。地理坐标北纬 29°20′27″～29°25′33″,东经 115°36′12′12″～115°40′16″。2008 年,境域面积 52.2 平方千米。

环　境

境内以丘陵山地为主,自西北向东南倾斜。最高点望夫山主峰海拔 476 米,最低处梓坊村老屋戴家海拔 20 米。博阳河从磨溪乡宝泉村流入柳田村,自西向东南流向丰林镇紫荆村,境内长 7.2 千米。

资　源

2008 年,有耕地 568.47 公顷,其中水田 419.67 公顷、旱地 148.8 公顷。林地 3413.89 公顷(含国家公益林 1293.5 公顷、省级公益林 26.2 公顷、中德长防林 322.3 公顷、退耕还林 81.3 公顷),森林覆盖率 29.61%。有小(二)型水库 8 座,塘堰 196 座;电力提灌站 40 座。矿产资源有锑、金、灰绿岩、石灰石。

第三节　经　济

工农业总产值及农民人均纯收入

1985 年,工农业总产值 353.9 万元,农民人均纯收入 408 元。2008 年,工农业总产值 3.05 亿元,农民人均纯收入 4665 元。

农　业

种植业　1985 年,种植水稻 914.03 公顷,总产 4789.5 吨;棉花 38.75 公顷,总产 32.55 吨;油菜 167.21 公顷,总产 95.31 吨。1994 年,种植水稻 111 公顷,总产 600 吨;棉花 506.67 公顷,总产 912 吨;油菜 301.67 公顷,总产 215 吨。2008 年,种植水稻 249.46 公顷,总产 1647 吨;棉花 321.33 公顷,总产 476 吨;油菜 198.47 公顷,总产 258 吨。

养殖业　1985 年,生猪出栏 3215 头,存栏 4670 头。1994 年,生猪出栏 7300 头,存栏 4867 头。20

世纪90年代，引进草鸡饲养，有养殖户近百家，饲养量70余万只。2008年，有蛋鸡养殖场6家，饲养量32万只；生猪出栏2787头，存栏2450头。敷阳、兴隆养鸡合作社有社员37人。

渔业　1985年，水产养殖面积71公顷，总产39.76吨。1996年，逐渐发展甲鱼、美国牛蛙、蛇类等特种养殖。2008年，水产养殖面积62.13公顷，总产235吨。

林果业　1985年，有集体林场7个，造林面积470公顷，以杉、泡桐、湿地松为主。1989年，宝山村获省绿化委员会颁发的金质奖章。2008年，有果园面积219公顷，主要品种有葡萄、板栗、水蜜桃、柑橘等，产量1741吨。

工　业

1985年，镇办企业有砂轮厂、农机厂、综合厂、砖瓦厂、粉丝厂等。1986年，乡政府成立锑管站，群众集资合股开采锑矿，采矿点300多处。1995年，矿山开采基本得到控制。2001年，开采金矿。2008年，私营企业有望夫山造纸厂、江西永泰纸品厂等。招商引资入园企业有永艺金属制品有限公司、新明纺织有限公司、广成羽绒水洗厂。

商　业

1985年，有商店24家，其中供销系统3家。2008年，有商业网点65家，农贸市场1个，固定摊位10个，流动摊位18个。

第四节　社会事业

交　通

境内有聂车公路，德白公路穿境而过。2002年起，对6条村组级公路进行水泥路面硬化，总长20千米。2008年，有往返县城客运中巴车8辆；货车90辆，家庭小汽车24辆。

邮　电

1985年，聂桥邮电所有手摇电话总机1台，投递员1人，负责聂桥、县农科所邮件投送。1993年，开通程控电话。2008年，有程控电话405部；邮政网点1个，投递点36个，投递线路单程15千米，投递函件2450份，汇兑65张，包裹185件；征订报刊78种、752份。

教　育

1985年，有中学1所，学生450人，教职工23人；小学7所（含初小），学生1478人，教职工56人。1986年，新建中心小学，占地2000平方米，建筑面积600平方米。2008年，有中学1所，学生435人，教职工41人；小学（含教学点）学生716人，教职工43人；民办幼儿园2所，学生126人，教职工14人。

文　化

1985年，有乡文化站、广播站、电影放映队、大礼堂。有8.75毫米放映机、16毫米放映机各1台，放映员2人；有播音设备1套，村组装有广播喇叭1023只。1995年，被省政府授予“全省百强文化先进乡镇”。1998年，开通有线电视。2008年，有线电视终端用户800户；农家书屋2个，书籍5000余册；学校设有田径场、篮球场、乒乓球室等活动场所。新农村示范点配有健身器材和活动场地。

卫　生

1985年，乡卫生院位于夏家铺，有医务人员9人。1991年，新建中心卫生院门诊大楼和住院部。2008年，镇中心卫生院有医务人员20人，其中中级职称2人；配有X光机、B超、心电图、半自动生化仪、血液分析仪、尿液分析仪等医疗设备，病床10张。永丰、柳田、芦溪村有村卫生所，共有医务人员3人。2008年，参加农村合作医疗保险7560人，参保率89.59%。

敬老院

1985年,乡敬老院位于夏家铺,入住五保老人14人。2005年,在集镇至大屋周家公路边新建建筑面积920平方米敬老院1栋。2008年,入院集中供养五保老人23人,有工作人员2名。

村镇供水

1985年,乡自来水站在老屋聂家打深井1眼,日供水30吨,供集镇居民生活用水。2008年,自来水站与吴山乡自来水厂联网互通,向集镇及柳田、聂桥、宝山村部分村组供应自来水,水价每吨2元。

第五节　集镇与新农村建设

夏家铺集镇

位于境域中心。沿德白公路形成东西向合面街。1985年,集镇面积4.7公顷,居民500余人。1992年撤乡建镇后,主街道拓宽延长,完成路面硬化,人行道铺设彩砖,修建排水管道,安装路灯,放置垃圾箱。2008年,集镇面积16公顷,居民1200余人。有公安派出所、交警中队、初级中学、中心小学、中心卫生院、财政所、工商分局、地税分局、竹木检查站、国土所、邮政所、电信所、兽医站、收购站、德安农村合作银行聂桥支行、人寿保险公司营销部,有商店、餐馆、修理部等26家。

新农村建设

2006年起,开展新农村建设。2008年,示范点有梓坊村一组钓鱼湾杨家、四组排行地陈家、六组杨家、十组上王,宝山村四组洲上王家、八组坳上祝家,柳田村四组高家,芦溪村一组芦溪滩程家、三组祝家、六组大屋蔡家。新村区域面积35.42公顷。各级政府投入扶助资金102万元,群众自筹资金88万元。受惠居民466户2132人。

第四章　车桥镇

第一节　建置　区划　人口

为原车桥镇与白水街乡合并而成。

原车桥乡新中国成立初分属车桥、义门、杨梅乡,隶属四区。1952年,分属车桥、义门、杨梅、茶里乡,先后隶属四、五区。1956年5月,杨梅乡分别并入车桥、白水乡;同年7月,茶里、义门乡并入车桥乡;农业合作化时,辖大屋、东风、年丰、先锋、红旗、车桥、林下、白羊、合同、红星、卫星11个初级农业社。1957年,转为大屋、东风、年丰、先锋、红旗、车桥、白羊、五星8个高级农业社。1958年,成立车桥人民公社,辖光明、先锋、年丰、白羊、五星5个大队,30个生产队。1968年,白水公社并入。1972年,白水公社划出。1984年,更名车桥乡,辖城门、茶里、义门、白羊、车桥、潘坊6个行政村和1个农科所,56个村民小组。1992年,撤乡设镇。镇政府驻林下。

白水街乡新中国成立初隶属四区,分属白水、长庆、杨梅乡。1952年,隶属五区。1956年,长庆乡、杨梅乡杨梅(后更名九井)合并为白水乡,成立马塘、杨梅、和平、团结等初级农业社。1957年,转为白水、团结、昆山、九井、和平5个高级农业社。1958年,成立白水人民公社,辖红星、团结、昆山3个大队,25个生产队。1968年,并入车桥公社。1972年,恢复白水公社。1984年,更名白水街乡,辖白水、长庆、昆山、九井4个行政村,41个村民小组。乡政府驻夏家。

2002年,撤销白水街乡,并入车桥镇。辖10个行政村、89个村民小组、100个自然村。2004年,茶里村并入城门村。2008 年，辖城门、义门、白羊、潘坊、车桥、白水、长庆、昆山、九井 9 个行政村，87 个村民小组，100 个自然村，居民 3229 户 10470 人，其中非农业人口 495 人。人口密度每平方千米 92 人。镇政府驻林下。

第二节　地理　环境　资源

地　理

位于县域西南部，东邻磨溪乡，南接永修县三溪桥镇、武宁县官莲乡，西与瑞昌市南义镇接壤，北连邹桥乡。地理坐标北纬 29°35′21″～29°43′23″，东经 115°40′20″～115°54′29″。2008 年，境域面积 114.1 平方千米。

环　境

境内以山地、丘陵为主，地势西南高、东北低。最高点昆山麒麟峰海拔 367 米，最低处茶里畈海拔 60 米。车桥水发源于昆山上易自然村和潘坊十八冲山泉水，由西南向东，经磨溪乡流入博阳河，境内全长 16 千米。

资　源

2008 年，有耕地面积 957.73 公顷，其中水田 844.53 公顷、旱地 113.2 公顷。林地面积 8534.83 公顷（含国家公益林 1687 公顷、省级公益林 1431.1 公顷、中德长防林 867.7 公顷、退耕还林 185.1 公顷），森林覆盖率 37.73%。有小（一）型水库 2 座，小（二）型水库 6 座，塘堰 68 座；电力提灌站 5 座。矿产资源主要有灰绿岩、石灰石、大理石、铁矿石。

第三节　经　济

工农业总产值及农民人均纯收入

1985 年，车桥乡工农业总产值 291.6 万元，农民人均纯收入 335 元；白水街乡工农业总产值 194.4 万元，农民人均纯收入 367 元。2008 年，工农业总产值 4136 万元，农民人均纯收入 3636 元。

农　业

种植业　1985 年，车桥乡种植水稻 896.74 公顷，总产 4698.9 吨；棉花 3.1 公顷，总产 2.6 吨；油菜 52.35 公顷，总产 29.84 吨；白水街乡种植水稻 587.29 公顷，总产 3077.4 吨；棉花 4.76 公顷，总产 4 吨；油菜 30.98 公顷，总产 17.66 吨。1994 年，车桥乡种植水稻 215 公顷，总产 1777 吨；棉花 366.67 公顷，总产 468 吨；油菜 226.7 公顷，总产 136 吨；白水街乡种植水稻 141 公顷，总产 1185 吨；棉花 267 公顷，总产 340 吨；油菜 153.9 公顷，总产 147 吨。2008 年，种植水稻 1102.93 公顷，总产 7413 吨；棉花 151.2 公顷，总产 340 吨；油菜 119.13 公顷，总产 179 吨。

养殖业　1985 年，车桥乡生猪出栏 1798 头，存栏 3718 头；白水街乡生猪出栏 1806 头，存栏 3011 头。1994 年，车桥乡生猪出栏 5000 头，存栏 5480 头；白水街乡生猪出栏 2663 头，存栏 2080 头。1998 年，引进成都麻羊养殖。2008 年，有养猪场 5 家，生猪出栏 3945 头，存栏 3620 头；养鸡 2.3 万只；群养肉鸭 5200 只、蛋鸭 4000 只。

渔业　1985 年，车桥乡、白水街乡水产养殖总面积 153 公顷，总产 85.68 吨。2008 年，水产养殖面积 103.6 公顷，总产 194 吨。

林果业　1985 年，车桥、白水街乡共有林场 7 个，造林面积 380 公顷，以杉、酸枣和湿地松为主。1998 年，潘坊村连片种植早熟梨 2 公顷。2008 年，有果园面积 17 公顷，主要品种有板栗、柑橘、桃，产量

289吨。

工　业

1985年,车桥乡办企业有造纸厂、铸锅厂、砖瓦厂、木器家具厂、羽绒洗毛厂等;白水街乡办企业有轧钢厂、大理石厂、石灰厂等。1986年,车桥造纸厂转产"精干麻"产品;1992年,转产卫生纸等产品;2007年关停。2008年,有友春木胶板厂、宏业新型建筑材料厂。招商引资入驻县工业园企业有金盘架畜牧养殖加工厂、义门陈针织有限公司、义门陈酒厂。

商　业

1985年,车桥乡、白水街乡共有商店42家,其中供销系统5家。2008年,有商业网点78个;农贸市场2个,固定摊位19个,流动摊位28个。

第四节　社会事业

交　通

1985年,境内主要道路有德白公路、聂车公路、316国道穿境而过。2001年,德白公路白水街至邹桥段铺设沥青路面。2006年,硬化车桥至磨溪公路水泥路面7千米。至2008年,建成村级公路7条,总长49千米,其中水泥路面14千米;组级砂石公路16条,总长48千米;修建公路桥梁4座。有往返县城班车15辆;货车19辆,家庭小汽车27辆。

邮　电

1985年,车桥、白水街乡各有手摇电话总机1台,邮件由邹桥邮电所派邮递员投送。1993年,开通程控电话。2008年,有程控电话1123部;邮政投递点31个,投递线路单程38千米,投递国内函件2166件,国内汇兑67张,包裹167件;征订报刊76种、869份。

教　育

1985年,车桥乡有中学1所,学生244人,教职工8人;小学7所,学生1146人,教职工45人。白水街乡有中学1所,学生182人,教职工9人;小学5所,学生741人,教职工29人。1991年,白水街中学新建教学大楼。1998年,台胞简群雄捐资20万元、镇政府配套5万元,在城门村修建"及育"小学。2008年,有中学2所,学生333人,教职工28人;小学(含教学点)3所,学生506人,教职工47人;民办幼儿园2所,学生111人,教职工7人。

文　化

1985年,车桥乡、白水街乡均有文化站、广播站、电影放映队、大礼堂。有8.75毫米放映机、16毫米放映机各1台,放映员各2人;有播音设备各1套,村组装有广播喇叭1031只。2006年,开通有线电视。2008年,有线电视终端用户1069户;农家书屋3个,书籍6330余册;学校设有田径场、篮球场、乒乓球室等活动场所。新农村示范点配有健身器材和活动场地。

卫　生

1985年,车桥乡、白水街乡各有卫生院1所。1992年,车桥卫生院新建600平方米门诊和住院楼,白水街卫生院新建500平方米门诊和住院楼。2007年,镇政府投资25万元、美籍华人谢正达捐资15万元,新建车桥中心卫生院综合楼,建筑面积800平方米。2008年,卫生院有医务人员24人(含白水分院6人),配有X光机、B超机和心电图机等医疗设备,有救护车1辆,病床15张;有村卫生所9个,医务人员10人。参加农村合作医疗保险8650人,参保率86.72%。

敬老院

1985年,位于林下的车桥敬老院,入住五保老人6人;位于柏树下的白水街敬老院,入住五保老人6

人。2005 年,原白水街乡政府 2184 平方米办公楼改成镇敬老院,有房屋 49 间、床位 40 张,装有自来水、有线电视、太阳能热水器等设施。2008 年,入院居住五保老人 39 人,有工作人员 3 名。

村镇供水

1985 年,集镇居民打井取水。2007 年,在 316 国道旁林下村打 90 米深水井 1 口,配有污水排放系统和净化水塔。2008 年,集镇扩建,增设供水管道 2678 米,水价每吨 1 元。

第五节　集镇与新农村建设

林下集镇

位于境域中部。1985 年,依托 316 国道,形成东西向合面街,长 500 米,集镇面积 4.7 公顷,居民 403 人。2008 年,完成集镇主街道降坡拓宽和水泥路面硬化 1.3 千米,增设人行道、绿化带,铺设排水管道,安装路灯,建有健身活动场。集镇面积 13 公顷,居民 1820 人。有公安派出所、财政所、德安农村合作银行车桥支行、农业技术推广站、林业工作管理站、兽医站、电管站、粮管所、电信所、中心卫生院、中学、中心小学、幼儿园,有商店、餐馆、修理店等 24 家。

白水街集镇

位于白水夏家。1985 年,集镇面积 4.7 公顷,居民 950 人。2008 年,对集镇街道 500 米排污管道进行改造,铺设彩砖人行道。集镇面积 6 公顷,居民 1100 人。有公安交警中队、卫生分院、粮管所、德安农村合作银行白水分理处、中心敬老院、中学、中心小学、幼儿园、养路班、加油站,有商店、餐馆、修理店等 15 家。

新农村建设

2006 年起,开展新农村建设。2008 年,示范点有义门村六组东塘河、九组樟树塘、十一组义门陈,白水村三组柏树下,城门村一组新港,九井村二组吴家畈,昆山村八组大屋场,车桥村六组堰头、曾家,长庆村三组新屋里、五组木桥上,潘坊村五组周家。新农村区域面积 43.3 公顷。各级政府投入扶助资金 93 万元,群众自筹资金 46.5 万元,受惠人口 387 户 1535 人。

第五章　宝塔乡

第一节　建置　区划　人口

由原宝塔乡(杨家桥乡)与木环乡合并而成。

原木环乡新中国成立初分属宝塔、木环、七里乡,隶属一区。1952 年,分属木环、团结、七里、和平、梓桥乡。1953 年,分属宝塔、木环、义峰(团结)、七里、梓桥乡。1955 年,成立团山、附城、东山等初级农业社。1956 年,合并为宝塔、木环、七里乡;同年合并为宝塔(河东、红桥乡并入)、木环乡,转初级社为附城、东山、徐河、九里、义峰、团山、三联等高级农业社。1958 年,宝塔、木环乡所属高级社合并,成立卫星人民公社,同年秋更名宝塔公社,辖八一、杨桥、附城、陈湾、河东、红桥、上畈、后田、红青、岷山、东山、九里、徐河、七里、李家畈、三桥、田塘、宝塔、团山、桂林 20 个大队,147 个生产队。1963 年,分设宝塔、木环、河东公社。1968 年,复并为宝塔公社。1973 年,原河东公社所辖地划归立新镇公社。1984 年,更名宝塔乡。辖附城、桂林、田塘、岳山垅、罗岭、团山、梅桥、九里、东山、徐河 10 个行政村,103 个村民小组,89 个自然村。1987 年,更名木环乡,所辖附城村、桂林村、田塘村划归更名后的宝塔乡。乡政府驻义峰路383号。

原宝塔乡新中国成立初属永安乡,隶属一区。1952年,属胜利乡。1953年,更名杨桥乡。1955年,成立八一、杨桥、余家等初级农业社。1956年,分属木环、八里乡。1958年,属宝塔公社。1970年,划归米粮铺公社。1974年,划回宝塔公社。同年,境内县商业局下放知青在托盘山县外贸农场基础上成立县义峰茶场。1976年,"五·七"干校并入,场部迁至向阳山,后彭山林场油茶山划入。1979年,成立义峰知青农工商联合公司,宝塔公社八一、杨桥大队划入;辖大队2个、茶场1个。1984年,撤销义峰联合公司,成立杨家桥乡,辖杨桥、八一村和义峰茶场,15个村民小组。1987年,更名宝塔乡,原宝塔乡附城、桂林、田塘村划入。乡政府驻义峰南路。1992年,田塘村分为田塘、牌楼村。同年5月,在义峰茶场基础上新建县园艺场,八一村三、四、五组和杨桥村二、七、八、九、十组划归园艺场。

2002年,撤销木环乡,并入宝塔乡,牌楼村、桂林村、附城村划归蒲亭镇。2004年,罗岭村并入岳山垅村,徐河村并入九里村。2008年,辖岳山垅、团山、梅桥、九里、东山、田塘、杨桥、八一8个行政村和浔仪社区居委会,84个村民小组,81个自然村,居民3861户11395人,非农业人口2262人。人口密度每平方千米170人。乡政府驻义峰路383号。

第二节　地理　环境　资源

地　理

位于县域东南部,东邻蒲亭镇、河东乡,南接县园艺场、共青和永修县梅棠镇,西连磨溪乡,北与丰林镇、聂桥镇交界。地理坐标北纬29°16′25″～29°21′38″,东经115°25′36″～115°31′47″。2008年,境域面积67.1平方千米。

环　境

境内以山地、丘陵为主,西南高、东北低,木环垅横贯中部。最高点梅桥村牛角尖主峰海拔314.3米,最低处团山村万家海拔21米。金带河发源于东山村,经九里、梅桥、团山与从伍家山、岳山垅流出的箬山河交汇,流入博阳河,全长9千米。博阳川发源于县园艺场岑家石潭山,流经县园艺场和八一、杨桥、田塘村,经人工导托河流入博阳河。

资　源

2008年,有耕地670.33公顷,其中水田601.27公顷、旱地69.06公顷。林地面积4796.11公顷(含国家公益林284.6公顷、省级公益林980.3公顷、中德长防林764.7公顷、退耕还林213.4公顷),森林覆盖率26.99%。有小(一)型水库1座,小(二)型水库8座,塘堰323座;电力提灌站7座。矿产资源有瓷土、锑矿、石材。

第三节　经　济

工农业总产值及农民人均纯收入

1985年,宝塔乡工农业总产值670.4万元,农民人均纯收入474元;杨家桥乡工农业总产值279.5万元,农民人均纯收入443元。2008年,工农业总产值1.05亿元,农民人均纯收入4870元。

农　业

种植业　1985年,宝塔乡种植水稻1432.75公顷,总产7507.6吨;棉花2公顷,总产1.7吨;油菜267公顷,总产152.19吨。杨家桥乡种植水稻284.33公顷,总产1489.9吨;棉花0.77公顷,总产0.65吨;油菜40.58公顷,总产23.13吨。1994年,宝塔乡种植水稻587公顷,总产3470吨;油菜166.7公顷，总产240吨。木环乡种植水稻487公顷，总产2829吨；棉花200公顷，总产256吨；油菜306.7公顷，总产330吨。2008年，种植水稻545.8公顷，总产3794吨；棉花89.93公顷，总产132吨；油菜226.67公顷，总产389吨。

养殖业 1985年，宝塔乡生猪出栏3400头，存栏6961头；杨家桥乡生猪出栏503头，存栏1013头。1994年，宝塔乡生猪出栏8200头，存栏4300头；木环乡生猪出栏7530头，存栏4400头。2008年，生猪出栏3453头，存栏2957头。养殖蛋鸡70万只，养群鸭2523只。

渔业 1985年，宝塔乡、杨家桥乡水产养殖总面积80公顷，总产44.8吨。1989年，甲鱼养殖户105户。2008年，水产养殖面积98.06公顷，总产745吨。

林果业 1985年，宝塔乡、杨家桥乡共有集体林场14个，造林面积790公顷，以杉树为主。2008年，有果园93公顷，产量228吨。主要品种有杨梅、柑橘、桃、奈李等，其中岳山垅村民孙楚顺种植杨梅10余公顷。

工　业

1985年，宝塔乡乡办企业主要有煤矿机械厂、保温建材厂、汽车配件厂、建筑公司、运输公司，杨家桥乡乡办企业主要有石粉厂、骨粉厂等；各行政村均有村办企业，主要有采石场、钢球厂、羽绒厂、气门嘴厂、板鸭厂、汽车修配厂、砖瓦厂等。1988年起，煤矿机械厂连续6年被评为省级先进企业，生产的拔柱器、推溜器等5个产品被煤炭部列为定点产品。2008年，境内主要工业企业有矮子板鸭厂。招商引资入驻县工业园企业有盛源门业有限公司、宏源彩印有限公司、志箐玩具厂。

商　业

1985年，宝塔乡、杨家桥乡共有商店53家，其中供销系统7家。2004年，境内建材市场有店面300个。2008年，有商业网点78家，农贸市场摊位88个；境内桂田大道德安陆路物流港有店面571个。

第四节　社会事业

交　通

105国道自东北向西南贯穿全境，长5千米。1985年，乡政府与四五八厂（浔阳电子仪器厂）、爱民厂共同出资23万元，硬化县城至爱民厂公路水泥路面4.5千米。2003～2008年，硬化乡级公路水泥路面27千米。2008年，实现村组通水泥路，长169千米，修建公路桥梁126座。有县汽车站至共青和永修县虬津镇、梅棠镇班车过境；货运汽车26辆，农用车59辆，家庭小汽车32辆。

邮　电

1985年，宝塔乡有手摇电话总机1台，爱民厂有东山邮政所，浔阳电子仪器厂和乡、村邮件由县邮电局派员投送。1993年，开通程控电话。1996年，浔阳电子仪器厂设九里邮政所。二十一世纪初，2个邮政所撤销。2008年，有程控电话1985部；邮政投递点28个，投递线路单程27千米，投递国内函件2807件，汇兑86张，包裹204件；征订报刊89种、836份。

教　育

1985年，宝塔乡有小学11所（含初小），学生1992人，教职工88人；杨家桥乡有小学2所，学生363人，教职工15人。1987年，成立宝塔中学。1995年，成立木环中学。2000年、2005年，宝塔中学、木环中学先后并入县二中。2008年，有小学生594人，教职工56人；民办幼儿园1所，学生132人，教职工7人。

文　化

1985年，宝塔乡有文化站、广播站、电影放映队、大礼堂。有8.75毫米放映机、16毫米放映机各1

台,放映员3人;有播音设备1套,村组装有广播喇叭1544只。杨家桥乡有文化站、广播站;有播音设备1套,村组装有广播喇叭136只。2003年,开通有线电视。2008年,有线电视终端用户425户;农家书屋6个,书籍40000余册;学校设有田径场、篮球场、乒乓球室等活动场所。新农村示范点配有健身器材和活动场地。

卫　生

1985年,乡卫生院位于曾家洼,有砖瓦平房3栋。1993年,新建乡中心卫生院大楼,建筑面积900平方米。2008年,有医务人员19人,其中中级职称4人;配有心电图机、B超机和X光机等医疗设备,病床8张;在义峰南路设有门诊点。有村卫生所8个,医务人员12人。参加农村合作医疗保险8713人,参保率95.40%。

村镇供水

1985年,木环垅公路沿线梅桥、九里、东山村民生活用水由浔阳电子仪器厂、爱民机械厂提供。2008年,田塘、杨桥、岳山垅、团山村村民生活用水,由县自来水厂供应,水价每吨1.3元。

敬老院

1994年,在岳山垅村罗岭新建乡敬老院,建筑面积390平方米,入住五保老人9人。2008年,入院集中供养五保老人13人,有工作人员2名。

第五节　集镇与新农村建设

九里集镇

位于浔阳电子仪器厂与通往爱民机械厂公路交叉口,西起九里庄上,东至十里铺,距县城4千米。1985年,集镇面积10公顷,居民人口1200余人。有九里邮政所、供销社、信用社、粮站、九里小学、卫生所、浔阳仪器厂职工宿舍、职工医院、职工子弟学校和商店、饮食店、理发店、修理店、油榨坊等。2008年,居民600余人,有移动和电信营业厅、教学点、幼儿园、制衣厂,有商店、餐馆、修理店等9家。

新农村建设

2006年起,开展新农村建设。2008年,示范点有田塘村一组垅上嘴,团山村一组猪场、二组王家、六组马家堰刘家,八一村一组砂子岭、四组对门余家,九里村二组郑家,梅桥村二组邓家、十组薛家,岳山垅村十组李家畈,杨桥村二组青山。新村区域面积44.9公顷。各级政府投入扶助资金112万元,群众自筹资金55万元。受惠居民417户1664人。

第六章　河东乡

第一节　建置　区划　人口

新中国成立初分属河东、后田乡,隶属一区。1952年,为河东、民主乡;同年,民主乡更名红桥乡。1955年,成立河东第一至第六和五四、后田等初级农业社。1956年,红桥乡和星子县茅桥乡一部分并入河东乡;同年,河东乡并入宝塔乡。1957年,初级社转为红桥、后田、河东、陈湾、红青5个高级农业社。1958年,属宝塔人民公社。1963年划出,成立河东人民公社。1968年,并入宝塔公社。1971年,红桥大队划归立新镇。1972年,河东、后田大队划归立新镇。1975年,红桥大队分为红桥、石桥两个大队。

1981 年，河东、后田、石桥、红桥 4 个大队划出，恢复河东公社。1984 年，更名河东乡，辖上畈、石桥、河东、后田 4 个行政村，52 个村民小组。2008 年，辖河东、后田、上畈、石桥 4 个行政村和桥东 1 个社区居委会，52 个村民小组，59 个自然村，7 个居民小组，居民 1950 户 6513 人，其中非农业人口 307 人。人口密度每平方千米 198 人。乡政府驻彭家塘。

第二节　地理　环境　资源

地　理

位于县域东部。东连星子县泽泉乡，南抵共青金湖镇，西接蒲亭镇、宝塔乡，北与丰林镇、高塘乡和九江县马回岭镇毗邻。地理坐标北纬 29°18′34.89″～29°22′44.62″，东经 115°44′53.07″～115°48′59.82″。2008 年，境域面积 32.9 平方千米。

环　境

属丘陵滨河地带，东北部多山丘，有石门子、狮子垴山；南部多岗阜；西部滨河地带为冲积小平畈。境内最高点狮子垴主峰海拔 249 米，最低处焦家滩海拔 14 米。博阳河由北向南贯穿全境，境内长 10.2 千米。

资　源

2008 年，有耕地面积 417.8 公顷，其中水田 79.67 公顷、旱地 338.13 公顷。林地面积 1680.13 公顷（含国家公益林 544.4 公顷、省级公益林 299.7 公顷、中德长防合作造林面积 234.7 公顷、退耕还林 99.6 公顷），森林覆盖率 50.20%。有小（二）型水库 3 座，塘堰 108 座；千亩以上圩堤 4 座，千亩以下圩堤 3 座，总长 13 千米；电力排灌站 13 座、提灌站 8 座、水闸 2 个。

第三节　经　济

工农业总产值及农民人均纯收入

1985 年，工农业总产值 331.9 万元，农民人均纯收入 396 元。2008 年，工农业总产值 3486.2 万元，农民人均纯收入 4668 元。

农　业

种植业　1985 年，种植水稻 789.94 公顷，总产 4139.3 吨；棉花 1 公顷，总产 0.8 吨；油菜 171.6 公顷，总产 97.81 吨。1994 年，种植水稻 249 公顷，总产 3993 吨；棉花 100 公顷，总产 132 吨；油菜 280 公顷，总产 232 吨。2001 年，石桥村一至三组连片种植无公害蔬菜 25 公顷。2008 年，种植水稻 410.73 公顷，总产 2834 吨；棉花 77.67 公顷，总产 92 吨；油菜 102.47 公顷，总产 137 吨。蔬菜种植和育苗面积 40 公顷。

养殖业　1985 年，生猪出栏 1419 头，存栏 2119 头。1994 年，生猪出栏 7550 头，存栏 3040 头。2004 年，后田、石桥、河东村建成蛋鸡养殖场 3 个，饲养量 4.5 万只。2008 年，生猪出栏 4180 头，存栏 1960 头；养鸡场 5 个，饲养蛋鸡 7.5 万只。

渔业　1985 年，水产养殖面积 96 公顷，总产 53.76 吨。1988 年，石桥村七组农民孙学金，带动全村 60 户村民养殖美国牛蛙。1995 年，上畈村建起温室甲鱼繁殖和黄鳝养殖基地。2003 年，石桥村七至九组试养翘嘴红鲌 10 公顷。2008 年，水产养殖面积 74.6 公顷，总产 370 吨。

林果业　1985 年，有集体林场 8 个，造林面积 410 公顷，以杉、毛竹为主。1999 年，郑贞福在上畈村七组建非洲菊种植大棚 6 个。2001 年，迁至后田村 2 组、15 组，带动周边农民扩大花卉种植大棚至 120 个，形成较有影响的鲜花基地。2002 年 4 月，省委书记孟建柱到基地视察；6 月 10 日，中央电视台《新闻联播》"'三个代表'在基层"栏目以《鲜花送给党》为题,作专题报道。2004年,基地有花卉、苗木大棚206个。2008年,果园种植面积67公顷,产量225吨。主要品种有梨、葡萄、柑橘、板栗等。

工 业

1985年,乡办企业主要有河东建材厂、农机配件铸造厂、东方羽绒厂、油脂厂、橡胶制品厂和建筑公司等。村办企业有桥东汽配厂、东城面粉厂、金属制品厂、铸件厂。1987年,《中国工业报》以"大篷车开进汽车城"为题,对东方羽绒厂生产的羽绒制品进行专题报道。至2008年,招商引资入驻县工业园区企业有欧亚食品有限公司、宝成氟化有限公司、浩天玻璃纤维有限公司。

商 业

1985年,有商店24家,其中供销系统3家。2008年,有商业网点61个,农贸市场有固定摊位15个,流动摊位7个。

第四节 社会事业

交 通

1985年,南浔铁路、105国道穿境而过。1997年,县城1路公交车直达境内爱民厂。从2002年起,先后修建村、组水泥路8条、长86千米,修建公路桥梁7座。2008年,有县汽车站至星子县班车过境;有货车19辆,家庭小汽车16辆。

邮 电

1985年,乡政府有手摇电话总机1台。邮政投递由县邮政局派员投送。1990年,成立河东邮政所。1993年,新建邮政办公楼。同年,开通程控电话。2008年,有程控电话730门;邮政网点1个,投递点13个,投递线路单程16千米,投递国内函件1456件,汇兑75张,包裹156件;征订报刊72种、683份。

教 育

1985年,境内有县属第一中学,学生2165人,教职工152人;有小学5所(含初小),学生1005人,教职工43人。1987年,石桥小学更名河东中心小学。1997年,河东中学并入县一中。2005年,江西轮胎厂、爱民机械厂子弟小学并入河东中心小学。2006年,全县首个"青少年环境保护教育基地"在上畈村设立。2008年,县一中学生3190人,教职工236人;小学(含教学点)学生656人,教职工52人;民办幼儿园1所,学生150人,教职工12人。

文 化

1985年,有文化站、广播站、电影放映队、大礼堂。有8.75毫米放映机、16毫米放映机各1台,放映员3人;有播音设备1套,村组装有广播喇叭770只。2003年,开通有线电视。2008年,有线电视终端用户1158户;农家书屋4个,图书5000余册;学校设有田径场、篮球场、乒乓球室等活动场所。新农村示范点配有健身器材和活动场地。

卫 生

1998年,境内新建县红十字医院,建筑面积1300平方米。2008年,有医务人员18人,配有200毫安X线机、自动血液细胞分析仪、双目显微镜、全数字多普勒彩色超声诊断仪等医疗设备,病床20张。有村卫生所6个,医务人员8人。参加农村合作医疗保险6020人,参保率97%。

敬老院

2002年,在石桥村六组新建乡敬老院,建筑面积300平方米。2008年,入住五保老人4人,有工作人员2人。

村镇供水

1985 年,集镇由县自来水公司供水。2004 年,后田村在石门水库兴建自来水厂,供全村生活用水。2006 年,石桥村、河东村在陈家湾打 25 米深水井 1 口,建水塔 1 座,供村民生活用水。2008 年,居民基本用上自来水,水价每吨 1.2 元。

第五节　集镇与新农村建设

彭家塘集镇

位于石桥路,西起北门桥头,东至第二加油站,形成东西向合面街。1985 年,改造石桥路,拓宽、加高、硬化街道水泥路面。2002 年,东蓬商住楼河东小区建成。2008 年,集镇面积 23.3 公顷,居民 7500 人。有财保公司德安分公司、国家粮食储备库、县公路分局、县航管所、公安派出所、县看守所、县武警中队、县民兵训练基地、县一中、县职教中心、县博物馆、万家岭大捷纪念园、县福利中心、县红十字医院、邮政所、电信所、供电所、德安农村合作银行河东分理处、爱民机械厂、江西轮胎厂、11 万伏变电站,有商店、餐馆、修理店等 39 家。

新农村建设

2006 年起,开展新农村建设。2008 年,示范点有石桥村九组桥头徐家,后田村六组汪家、十组袁家山、十四组陈家,上畈村二组叶家、四组孙家、八组墩下李家、十组万家,河东村四组大屋刘家。新村区域面积 22.5 公顷。各级政府投入扶助资金 84 万元,群众自筹 42 万元,受惠人口 296 户 1158 人。

第七章　高塘乡

第一节　建置　区划　人口

新中国成立初分属高塘、罗桥、顾田、黄墩乡,隶属二区。1951 年,增设古塘乡。1956 年,并为高塘、黄墩乡,同年并为高塘乡;成立黄墩、二塘、蒲塘等初级农业社。1957 年,转为高塘、黄墩、长垅、顾田、大垅 5 个高级农业社。1958 年,并入狮子人民公社。1962 年,从狮子公社划出,成立高塘人民公社。1968 年,复并入狮子公社。1972 年,恢复高塘公社。1984 年,更名高塘乡,辖高塘、罗桥、大垅、顾田、黄墩、长垅 6 个行政村,76 个村民小组。2004 年,黄墩村并入高塘村。2008 年,辖高塘、罗桥、大垅、顾田、长垅 5 个行政村,77 个村民小组,74 个自然村,居民 2189 户 7106 人,其中非农业人口 450 人。人口密度每平方千米 221 人。乡政府驻尹家畈。

第二节　地理　环境　资源

地　理

位于县域东北部,东邻九江县马回岭镇,南与河东乡、丰林镇接壤,西毗丰林镇,北连林泉乡。地理坐标北纬 29°46′48″～29°56′45″,东经 115°46′26.60″～115°47′26″。2008 年,境域面积 32.1 平方千米。

环　境

属丘陵地貌。最高点八山垴主峰海拔 192.5 米,最低处桥头王村海拔 18.2 米。发源于庐山南麓的庐山河,经九江县马回岭镇流经长垅、高塘、顾田、大垅、罗桥村与黄婳河汇合,流入博阳河,境内全长6千米。

资　源

2008年,有耕地面积538公顷,其中水田153.27公顷、旱地384.73公顷。林地面积1266.95公顷(含国家公益林7.7公顷、省级公益林15.9公顷、中德长防林241.6公顷、退耕还林159.2公顷),森林覆盖率38.72%。小(二)型水库5座,塘堰236座;电力提灌站13座。

第三节　经　济

工农业总产值及农民人均纯收入

1985年,工农业总产值100万元,农民人均纯收入270元。2008年,工农业总产值1.1亿元,农民人均纯收入4093元。

农　业

种植业　1985年,种植水稻911.93公顷,总产4778.5吨;棉花8.7公顷,总产7.45吨;油菜230.26公顷,总产131.25吨。1994年,种植水稻128公顷,总产712吨;棉花493.33公顷,总产807吨;油菜441.33公顷,总产397吨。2008年,种植水稻168.2公顷,总产1041吨;棉花464.27公顷,总产923吨;油菜223公顷,总产288吨。

养殖业　1985年,生猪出栏2115头,存栏3098头。1994年,生猪出栏5800头,存栏3820头。2005年,江西德邦牧业有限公司投资500万元新建种猪场,建成猪舍11栋、建筑面积7330平方米,繁殖母猪462头,哺乳、保育仔猪3439头,待售种猪1237头。2008年,生猪出栏6780头,存栏2770头。养鸭3000只,养鸡4700只。

渔业　1985年,水产养殖面积130公顷,总产72.8吨。2008年,水产养殖面积88.4公顷,总产319吨。

林果业　1985年,有集体林场8个,造林面积460公顷,主要品种为杉树。1987年,创办乡第二林场,栽种湿地松140公顷。2002年,长垅村孙法育创办法育园艺场,有果园面积44公顷,种植优质早熟梨40公顷,带动周边村民形成早熟梨规模种植,并注册"万家岭"无公害绿色食品商标。2004年,江苏阳光集团江西国丰公司租赁山地680公顷,创办种苗繁育基地,主要品种有木兰、含笑、红叶石楠、桂花、红枫、罗汉松等。2006年,国丰公司收购法育园艺场。2007年,成立县早熟梨专业合作社,为省农业厅无公害早熟梨生产基地。2008年,有早熟梨54公顷,产量37吨。

工　业

1985年,乡办企业有花炮厂、熔炼厂、砖瓦厂和采石场等,村办企业主要有大垅酒瓶盖厂、长垅引线厂、罗桥砖厂,个体企业有刺丝厂、地毯厂、舒氏酱菜厂等。1992年,花炮厂进行技术改造,生产高空礼花弹等产品为1996年第六届庐山杯龙舟赛焰火晚会指定产品。2002年,退出花炮生产行业。至2008年,招商引资入驻县工业园企业有九江庆腾五金有限公司、九江有德五金有限公司、江西德億新能源有限公司、九江旭晶玻璃有限公司、三立首饰有限公司。

商　业

1985年,有商店21家,其中供销部门2家。2008年,有商业网点32个,农贸市场有固定摊位12个,流动摊位8个。

第四节　社会事业

交　通

1985年,南浔铁路穿境而过,设有高塘站;有通往县城、九江县马回岭砂石公路。2003年,硬化集镇至黄婳铺水泥路面3.5千米。2004起，硬化村级公路5条，长22.2千米；修建组级水泥路14千米。2008年，有往返县城班车5辆；货车11辆，家庭小汽车22辆。

邮　电

1985年，乡政府有手摇电话总机1台，邮件由黄婳邮电所负责投送。1993年，开通程控电话。2006年，设邮政、电信营业点。2008年，有程控固定电话890部；投递点23个，投递线路单程18.5千米；投递国内函件2055件，汇兑77张，包裹165件；征订各类报刊65种、610份。

教　育

1985年，有中学1所，学生246人，教职工11人；小学6所，学生1252人，教职工37人。2003年，中学与各村小合并为九年制高塘学校，各村设教学点。2006年，修建砖混结构教学楼和宿舍，建筑面积9000平方米。2008年，有中学学生158人，教职工21人；小学（含教学点）学生439人，教职工41人；民办幼儿园2所，学生117人，教职工10人。

文　化

1985年，有文化站、广播站、电影放映队、大礼堂。有8.75毫米放映机、16毫米放映机各1台，放映员3人；有播音设备1套，村组装有广播喇叭831只。有《铭山》油印刊物，刊发15期。2004年，开通有线电视。2008年，有线电视终端用户850户；农家书屋3个，书籍7200余册；有顾田汤家畈西河弹腔剧团；学校设有田径场、篮球场、乒乓球室等活动场所。新农村示范点配有健身器材和活动场地。

卫　生

1985年，乡卫生院有医务人员4人，病床2张。1992年，新建400平方米综合门诊大楼。2008年，美籍华人谢正达慈心慈善基金会捐资15万元，政府配套25万元，新建859平方米3层综合门诊大楼。有医务人员13人，配有彩色B超机、X光机、半自动生化仪、妇科治疗仪、乳腺治疗仪等医疗设备，病床8张。有村卫生所4个，医务人员5人。参加农村合作医疗保险6390人，参保率96%。

敬老院

1985年，乡敬老院位于尹家畈集镇，有平房20间，入住五保老人16人。2008年，入住五保老人15人，有工作人员2人。

村镇供水

1985年，有30米深井1眼，20吨蓄水塔1座，供集镇居民生活用水。2008年，在王子达河边畈兴建无塔自来水厂，打深井2眼，铺设自来水管道16千米，日供水能力40吨，供集镇和周边居民1400余人生活用水，水价每吨1.5元。

第五节　集镇与新农村建设

尹家畈集镇

位于境域中心，有南北向合面街500余米。1985年，集镇面积5.7公顷，居民300余人。2002年，完成集镇500米街道降坡取直和路面硬化。2008年，集镇建成面积10公顷，铺设人行道彩砖600平方米，居民600人。有财政所、粮管所、农业服务站、兽医站、电信所、移动公司营业所、供销社、德安农村合作银行高塘分理处、食品站、江西国丰公司，有商店、餐馆、修理店等13家。

新农村建设

2006年起，开展新农村建设。2008年，示范点有顾田村七组老屋戴、三组鱼背周，大垅村四、五组大垅戴周、八组细屋骆、十三组大屋万、十四组彭家，高塘村六组长岭戴。新村区域面积11.8公顷。各级政府投入扶助资金94万元,群众自筹资金91万元。受惠居民235户1041人。

第八章　林泉乡

第一节　建置　区划　人口

新中国成立初分属洞霄、清塘、金家乡及白云、凤凰乡少部分,隶属二区。1952年,分属洞霄、清塘、林泉、金家乡。1956年,并洞霄、清塘、金家乡为洞霄乡,林泉乡并入黄婻乡;成立屏峰、涌泉、团结、大溪畈、清塘等初级农业社。1957年,转为横山、屏峰、团结、涌泉、清塘、大溪畈、黄家畈、何桥8个高级农业社。1958年,岷山乡并入,成立洞霄人民公社,辖团结、涌泉、大溪畈、清塘、何桥、岷山、金盆7个大队,78个生产队。1961年,岷山划出,设岷山公社。1968年,洞霄公社并入狮子公社,岷山公社划归九江县。1972年,从狮子公社划出,设林泉公社,辖原洞霄公社、狮子公社林泉大队及白云、凤凰大队部分自然村。1984年,更名林泉乡,辖林泉、清塘、大溪畈、小溪山、屏峰5个行政村,66个村民小组。2008年,辖林泉、清塘、大溪畈、小溪山、屏峰5个行政村,68个村民小组(林泉水库实验站、马家湾倒洪吸划入),82个自然村,居民2679户9185人,其中非农业人口396人。人口密度每平方千米138人。乡政府驻港下李。

第二节　地理　环境　资源

地　理

位于县域东北部。东邻九江县马回岭镇,南接丰林镇、高塘乡、彭山林场,西连吴山乡,北与九江县岷山乡接攘。地理坐标北纬29°43′23″～29°50′46″,东经115°67′17″～115°79′26″。2008年,区域面积66.5平方千米。

环　境

境内以山地为主,有清塘畈、涌泉畈、林泉畈、大溪畈小平畈。最高点红花尖主峰海拔486.5米,最低处林泉村摆下刘家海拔30米。清塘、沙溪畈河在清塘10组交汇,涌泉河流经林泉水库在晏家铺与清塘河交汇,经黄婻河汇入博阳河,境内全长7千米。

资　源

2008年,有耕地面积483.27公顷,其中水田447公顷、旱地36.27公顷。林地面积4150.59公顷(含国家公益林209.6公顷、省级公益林155.4公顷、中德长防合作造林905.1公顷、退耕还林145.7公顷),森林覆盖率38.32%。有中型水库1座(林泉水库),小(二)型水库8座,塘堰314座;电力提灌站3座。矿产资源有石灰石、萤石、铅锌矿。

第三节　经　济

工农业总产值及农民人均纯收入

1985年,工农业总产值337.7万元,农民人均纯收入442元。2008年,工农业总产值1.05亿元,农民人均纯收入4312元。

农　业

种植业　1985 年,种植水稻 167.92 公顷,总产 879.9 吨;棉花 451.1 公顷,总产 378.9 吨;油菜 293.86 公顷,总产 167.5 吨。1994 年,种植水稻 119 公顷,总产 838 吨;棉花 386.67 公顷,总产 700 吨;油菜 340 公顷,总产 600 吨。2008 年,种植水稻 257.07 公顷,总产 1694 吨;棉花 371.93 公顷,总产 418 吨;油菜 118.13 公顷,总产 213 吨。

养殖业　1985 年,生猪出栏 2575 头,存栏 5925 头。清塘村村民瞿汉金引进杜洛克种猪 1 头、母猪 8 头,兴办养猪场。1994 年,生猪出栏 8000 头,存栏 7505 头。1995 年,引进成都麻羊、波尔山羊养殖。2008 年,生猪出栏 6700 头,存栏 3216 头。同年,引进贵妃鸡饲养,年出笼 3000 只。

渔业　1985 年,水产养殖面积 58 公顷,总产 32.48 吨。2008 年,水产养殖面积 69.73 公顷,总产 207 吨。

林果业　1985 年,有集体林场 6 个,造林面积 350 公顷,主要品种有杉、湿地松。2008 年,有果园面积 107 公顷,产量 632 吨;主要品种有早熟梨、板栗等。

工　业

1985 年,创办林泉轻质碳酸钙厂。1986 年,以股份形式创办小溪山重质碳酸钙厂。1996 年,县供销社在林泉村创办化工原料厂。1999 年,林泉轻质碳酸钙厂租赁给福建客商,更名九江德乐化工有限公司。2002 年,九江大宇生化公司收购化工原料厂,进行技术改造。至 2008 年,引进海翔实业有限公司、昌达钙业有限公司、文昌钙业有限公司、德安精细化工厂等。招商引资入驻县工业园企业有华东医材有限公司。

商　业

1985 年,有商店 25 家,其中供销系统 4 家。2008 年,有商业网点 42 个,农贸市场有固定摊位 17 个,流动摊位 9 个。

第四节　社会事业

交　通

1985 年,有通往县城林白公路与德白公路相接,另有清塘至马回岭、岷山两条公路。同年,开通小溪山村至县城客运班车。1995 年,拓宽集镇至小溪山村砂石路长 6 千米。1996 年,硬化林白公路沥青路面长 9 千米。2004 年,改为水泥路面。2005 年,硬化集镇至小溪山村水泥路面长 7 千米。2006 年,硬化小溪山至屏峰村水泥路面长 5.7 千米。至 2008 年,硬化村组水泥路 63 条 89 千米,其中当年硬化清塘村至九江县岷山乡水泥路面长 2.5 千米。有往返县城客运班车 8 辆;货车 35 辆,家庭小汽车 20 辆。

邮　电

1985 年,有手摇电话总机 1 台,邮件由黄婳邮电所负责投送。1993 年,开通程控电话。2008 年,有程控电话 956 部;邮政网点 1 个,投递点 28 个,投递线路单程 23 千米;投递国内函件 2116 件,汇兑 79 张,包裹 178 件;订阅各类报刊杂志 52 种、589 份。

教　育

1985 年,有中学 1 所,学生 352 人,教职工 15 人;小学 10 所(含初小),学生 1527 人,教职工 50 人。1988 年,中学新建教学楼 1 栋。2002 年,有中学、中心小学、小溪山村小和清塘、大溪畈、屏峰教学点。2007 年,有中学、中心小学和小溪山教学点。2008 年,有中学学生 375 人,教职工 27 人;小学(含教学点)学生 533 人,教职工 46 人;民办幼儿园 2 所,学生 170 人,教职工 10 人。

文　化

1985 年,有文化站、广播站、电影放映队、大礼堂。有 8.75 毫米放映机、16 毫米放映机各 1 台,放映员 3 人;有播音设备 1 套,村组装有广播喇叭 1250 只。2004 年,开通有线电视。2007 年,新建文化站大楼。2008 年,有线电视终端用户 1967 户;农家书屋 17 个,书籍 20000 余册;学校设有田径场、篮球场、乒乓球室等活动场所。新农村示范点配有健身器材和活动场地。

卫　生

1985 年,乡卫生院位于港下李村集镇,建筑面积 300 平方米。小溪山村有村卫生所,林泉、清塘、大溪畈村有诊所。2008 年,乡卫生院有医务人员 12 人,其中中级职称 2 人,配有 B 超机、X 光机、血液分析仪、尿液分析仪、生化分析仪、心电图仪、洗胃机、吸氧机等医疗设备,床位 13 张、产床 1 张。有村卫生所 5 个,医疗人员 14 人。参加农村合作医疗保险 8100 人,参保率 92.16%。

敬老院

1985 年,有乡敬老院,建筑面积 120 平方米,入住五保老人 5 人。2008 年,入住五保老人 4 人,有工作人员 1 名。

村镇供水

1985 年,海后部队和县萤石矿为附近部分村民提供自来水。2008 年,利用林泉水库修建水厂,铺设供水管道 13 千米,供部分村组居民生活用水,水价每吨 1 元。

第五节　集镇与新农村建设

港下李村集镇

位于境域东南部,沿林白公路形成南北向合面街。1985 年,集镇面积 12 公顷,居民 300 人。1990 年,硬化街道水泥路面 800 米。2006 年,新建休闲广场,占地 0.4 公顷;铺设人行道彩砖,改造排水管道,安装路灯 16 盏,栽种绿化树,铺设草皮。2008 年,集镇面积 35 公顷,居民 925 人,有农技站、德安农村合作银行林泉分理处、林业工作站、中学、中心小学、医院,有商店、餐馆、修理店等 36 家。

新农村建设

2006 年,开展新农村建设。2008 年,示范点有林泉村七组山上王家,大溪畈村一组燕投湾、四组孙帮华、十一组畈上孙家、十四组桂芳坳戴家、十五组桂芳坳刘家、十六组背后孙家。新农村区域面积 21.66 公顷。各级政府投入扶助资金 92 万元,群众自筹资金 46 万元。受惠居民 285 户 1306 人。

第九章　吴山乡

第一节　建置　区划　人口

为原吴山乡与樟树乡合并而成。

原吴山乡新中国成立初分属山湾、西源、张塘、彭山乡,隶属二、三区。1951 年,分属西源、张塘、山湾、葛洪、彭山乡。1952 年,增设贺山乡。1956 年,分属葛洪、山湾、贺山、彭山乡,同年并为山湾、吴山乡;成立葛洪、五台、红桥、山湾等初级农业社。1957 年,转为葛洪、五台、红桥、林居、蔡河、张塘、山湾 7 个高级农业社。1958 年,樟树乡并入,成立山湾人民公社,辖山湾、张塘、吴山、林居、红桥、葛洪、五台、竹蓬、杨柳、樟树、大岭、蔡河、何铺 13 个大队,88 个生产队。1962 年,竹蓬、杨柳、樟树、大岭 4 大队划出。1981 年,更名吴山公社。1984 年,更名吴山乡,辖山湾、张塘、何铺、蔡河、林居、吴山、红桥、五台、葛洪 9 个行政村,68 个村民小组。乡政府驻地吴山杨家。

樟树乡新中国成立初分属互助乡及山湾乡一部分,隶属三、四区。1952 年,分属樟树、竹蓬及柏树乡(原互助乡)一部分。1953 年,分属樟树、竹蓬乡。1956 年,并为樟树乡,成立竹蓬、樟树、蔡家垅、大岭、杨柳等初级农业社。1957 年,转为杨柳、竹蓬、杨家岭 3 个高级农业社。1958 年,并入山湾人民公社。1962 年,从山湾公社划出,成立樟树公社。1984 年,更名樟树乡,辖竹蓬、樟树、杨柳、大岭 4 个行政村,34 个村民小组。乡政府驻地四方桂村。

2002 年,撤销樟树乡,并入吴山乡,辖 13 个行政村、1 个园艺场。2003 年,萤石矿居民 418 户、1185 人划入,设萤石矿社区。2004 年,五台、葛洪村并入红桥村,林居村并入蔡河村,吴山村并入何铺村,竹蓬村并入樟树村。2008 年,辖红桥、蔡河、何铺、张塘、山湾、大岭、杨柳、樟树 8 个行政村,萤石矿 1 个社区居委会,103 个村民小组,118 个自然村,居民 4239 户 13428 人,其中非农业人口 2709 人。人口密度每平方千米 104 人。乡政府驻何铺埂。

第二节　地理　环境　资源

地　理

位于县域西北部。东邻林泉乡、彭山林场,南至聂桥镇,西连爱民乡、塘山乡,北与瑞昌市范镇接壤。地理坐标北纬 29°40′71″ ~ 29°53′68″,东经 115°55′96″ ~ 115°69′91″。2008 年,区域面积 128.8 平方千米。

环　境

境内以丘陵山地为主,地势北高南低。最高点狮牯山主峰海拔 618 米,最低处田家河海拔 30 米。发源于蔡山垅的殿下河,流经杨柳、樟树、山湾村;发源于陈山脚的吴山河,流经红桥、何铺、张塘村,在田家河与殿下河汇合,流入博阳河,境内河流长 22 千米。

资　源

2008 年,有耕地 831.47 公顷,其中水田 764.67 公顷、旱地 66.8 公顷。林地面积 9375.73 公顷(含国家公益林 61.4 公顷、省级公益林 1562.3 公顷、中德长防林 1085.5 公顷、退耕还林 351.1 公顷),森林覆盖率 34.19%。有小(一)型水库 2 座,小(二)型水库 9 座,塘堰 296 座;电力提灌站 5 座。矿产资源有萤石、锡、铅锌、铁、硫、石灰石、大理石。

第三节　经　济

工农业总产值及农民人均纯收入

1985 年,吴山乡工农业总产值 427.7 万元,农民人均纯收入 424 元;樟树乡工农业总产值 121.5 万元,农民人均纯收入 401 元。2008 年,工农业总产值 1.24 亿元,农民人均纯收入 3445 元。

农　业

种植业　1985 年,吴山乡种植水稻 1127.98 公顷,总产 5910.6 吨;棉花 51.49 公顷,总产 43.25 吨;油菜 229.44 公顷,总产 130.78 吨。樟树乡种植水稻 336.44 公顷,总产 1763.2 吨;棉花 11.19 公顷,总产 9.4 吨;油菜 46.33 公顷,总产 26.41 吨。1994 年,吴山乡种植水稻 183 公顷,总产 1030 吨;棉花 546.67 公顷,总产 915 吨;油菜 340 公顷,总产 249 吨。樟树乡种植水稻 33 公顷,总产 277 吨;棉花

166.67公顷,总产306吨;油菜103.9公顷,总产68吨。2008年,种植水稻487.67公顷,总产3371吨;棉花401.87公顷,总产580吨;油菜242.67公顷,总产302吨。

养殖业 1985年,吴山乡生猪出栏3085头,存栏5476头;樟树乡生猪出栏922头,存栏1735头。1994年,吴山乡生猪出栏7015头,存栏6450头;樟树乡生猪出栏1551头,存栏2325头。2006年,樟树村创办土鸡散养基地,年产仔鸡15万只,出售成鸡4.5万只。2008年,生猪出栏2750头,存栏1850头;家禽50000只。

渔业 1985年,吴山乡、樟树乡共有水产养殖面积103公顷,总产57.68吨。2008年,水产养殖面积127.8公顷,总产300吨。

林果业 1985年,吴山乡、樟树乡共有集体林场11个,造林面积690公顷。1992年,吴山乡政府组织劳力,在何铺村大屋垅子坪开荒73公顷,种植湿地松和杉树。1993年,乡园艺场洪有女、邵阿龙等种植水蜜桃、板栗20公顷。2002年,红桥五组48户果农成立大黄李专业合作社。2008年,有果园面积98公顷,产量197吨;主要品种有板栗、水蜜桃、大黄李、梨、枇杷等。

工　业

1985年,吴山乡乡办企业主要有翻砂铸造厂、水泥预制件厂、油脂加工厂、重钙石粉厂、农机厂等,村办企业12家。1987年,樟树乡引进外资在樟树杨家岭开采锡矿。1993年,樟树村赵济勇创办宝石加工厂;2007年,更名三立首饰公司,员工400余人。至2008年,招商引资入驻工业园企业有三立首饰有限公司、江西美好餐具有限公司、江西瑞春电力设备有限公司。

商　业

1985年,吴山乡、樟树乡共有商店26家,其中供销系统4家。2008年,有商业网点65个,农贸市场有固定摊位20个,流动摊位3个。

第四节　社会事业

交　通

1985年,境内有田五公路、萤大公路,德白公路穿境而过。2002年起,新修村、组水泥路5条,长54千米;修建公路桥梁4座。2008年,有往返县城班车8辆;货车18辆,家庭小汽车24辆。

邮　电

1985年,吴山乡、樟树乡各有手摇电话总机1台。1993年,开通程控电话。2008年,有程控电话1390部;邮政网点1个,投递点36个,投递线路单程28千米,投递国内函件3060件;汇兑96张,包裹246件;征订各种报刊87种、876份。

教　育

1985年,吴山乡有中学1所,学生305人,教职工13人;小学9所,学生1327人,教职工48人。樟树乡有中学1所,学生112人,教职工8人;小学4所,学生456人,教师17人。1986年,吴山中学新建教学楼1栋,建筑面积1100平方米,教职工宿舍4栋、学生宿舍、食堂各1幢。1996年,樟树中学新建教学楼1栋,建筑面积800平方米。2008年,有中学1所,学生399人,教职工21人;民办敷阳中学1所,学生72人,教职工15人;小学(含教学点)学生615人,教职工52人;民办幼儿园4所,学生151人,教职工15人。

文　化

1985年,吴山、樟树乡均有文化站、广播站、电影放映队、大礼堂。有8.75毫米放映机、16毫米放映机各1台,放映员5人;有播音设备各1套,村组装有广播喇叭1400只。2004年,开通有线电视。2007

年，新建文化站大楼。2008年，有线电视终端用户1028户；农家书屋4个，书籍15800余册；学校设有田径场、篮球场、乒乓球室等活动场所。新农村示范点配有健身器材和活动场地。

卫　生

1985年，吴山乡卫生院位于吴山杨村，有医务人员15人，病床9张；樟树乡卫生院位于樟树四方桂村，有医务人员9人，病床4张。2003年，樟树卫生院改为樟树村卫生所，有医务人员2人。2007年，在何铺埂集镇新建建筑面积1360平方米中心卫生院综合大楼。2008年，有医务人员24人，其中中级以上职称5人；配有200毫安X光机、乳腺透视仪、妇科治疗仪、B超机、全自动检测仪等医疗设备，病床18张。有村卫生所6个，医务人员12人。参加农村合作医疗保险10183人，参保率95%。

敬老院

1985年，吴山乡敬老院位于何铺郝家湾，入住五保老人13人。2007年，在原址新建建筑面积450平方米敬老院。2008年，入住五保老人15人，有工作人员2名。

村镇供水

1985年，吴山乡有30米深水井1眼、30吨蓄水塔1座，供集镇及附近村民生活用水；樟树乡有深水井一眼，供集镇及附近村民生活用水。2006年，利用红桥、蔡山垅水库水源，修建自来水厂2座，为周边村民提供生活用水。至2008年，境内铺设自来水管道40千米，日供水1200吨，供15000人生活用水，水价每吨1.5元。

第五节　集镇与新农村建设

吴山杨村集镇

为吴山乡政府驻地。1985年，有东西向合面街400米与田五公路相连。面积5.7公顷，居民340人，2008年，有商店2家，居民230人。

四方桂村集镇

1985年，为樟树乡政府驻地，面积2.5公顷，居民212人。2008年，有店铺3家，卫生所1个，居民187人。原乡政府办公楼改作樟树村村部。

何铺埂集镇

2004年，乡集镇在何铺村何铺埂规划新建。2006年，先后建成乡政府办公楼、计划生育和综合服务楼各1幢，建筑面积2803平方米。2007年，新修水泥街道3条，长3.5千米；铺设排污管道，安装路灯。同时，打造生态园林示范区，集镇绿化、亮化得到提升；建造五柳湖休闲公园，安装景观灯60盏。2008年，集镇面积37公顷，居民1692人。有公安派出所、中心卫生院、邮政所、电信所、供电所、德安农村合作银行吴山分理处、财政所、文化站，有商店、餐馆、修理店等20家。

萤石矿集镇

位于红桥村洪溪畈，20世纪60年代，沿田五公路逐渐形成南北向合面街。1985年，集镇面积6公顷，居民人口1200余人。有县萤石矿一、二矿区职工宿舍、县水泥厂石料开采场、红桥小学和商店、饮食店、生资门市部、汽车修理厂。2008年，居民600余人。有永飞矿业有限公司、三环水泥厂石料开采场、幼儿园、商店、餐馆、修理店等。

新农村建设

2006年起，开展新农村建设。2008年，示范点有何铺村三组何铺埂、五组山下张、十一组曾家垅，山湾村三组湾里曾家、九组岭上黄家，张塘村下屋张家，红桥村五组贺山垅魏家、六组大畈陈家，蔡河村十四组新屋陶家,樟树村四组蔡山垅,杨柳村七组塘下山,大岭村大屋孔家。新村区域面积28.2公顷。各级政府投入扶助资金108万元,群众自筹资金111万元。受惠人口371户1520人。

第十章　磨溪乡

第一节　建置　区划　人口

新中国成立初分属磨溪、南田、宝泉、固守乡,隶属三区。1951年,隶属四区。1952年,分属磨溪、南田、尖山、石岩、宝泉、固守、茶里乡。1956年,宝泉并入磨溪乡;尖山和石岩乡火畈社并入南田乡;同年,固守并入磨溪乡,茶里乡部分并入南田乡;成立大塘、双河、源潭、迁秋、五星等初级农业合作社。1957年,并为董家、尖山、南田、新田、宝泉等高级农业社。1958年,磨溪、南田乡合并,成立磨溪人民公社,辖磨溪、港口、宝泉、新田、金山、南田、尖山、曙光、五星9个大队,74个生产队。1961年,南田划出,成立南田公社;1968年,并入磨溪公社。1984年,更名磨溪乡,辖12个行政村、110个村民小组。2004年,石岩村并入五星村,田铺村并入宝泉村,金山村并入新田村。2008年,辖五星、曙光、南田、尖山、磨溪、董家、港口、新田、宝泉9个行政村,107个村民小组,133个自然村,居民3249户11932人,其中非农业人口434人。人口密度每平方千米116人。乡政府驻磨溪头。

第二节　地理　环境　资源

地　理

位于县域中南部,东邻聂桥镇、宝塔乡,南与永修县梅棠镇、三溪桥镇接壤,西毗车桥镇,北连邹桥、爱民乡。地理坐标北纬29°18′48″~29°23′50″,东经115°30′40″~115°37′36″。2008年,境域面积103.2平方千米。

环　境

境内以山地、丘陵为主,地势四周高,中间低。最高点闵山主峰海拔514.5米,最低处王家洲海拔20米。博阳河由北向南,在尖山村与车桥水汇合,向东流入聂桥镇,境内长8千米。

资　源

2008年,有耕地926.67公顷,其中水田773.47公顷、旱地153.2公顷。林地面积6586.73公顷(含国家公益林2311公顷、省级公益林135.3公顷、中德长防林777.2公顷、退耕还林230.9公顷),森林覆盖率52.51%。有小(一)型水库1座,小(二)型水库6座,塘堰392座;电力提灌站13座,柴油机抽水站2座。矿藏资源有锑、铁、金矿及石煤。

第三节　经　济

工农业总产值及农民人均纯收入

1985年,工农业总产值432.9万元,农民人均纯收入407元。2008年,工农业总产值8615.9万元,农民人均纯收入4532元。

农　业

种植业　1985年,种植水稻1556.09公顷,总产8153.9吨;棉花24.58公顷,总产20.65吨;油菜

160.91 公顷,总产 91.72 吨。1994 年,种植水稻 182 公顷,总产 1159 吨;棉花 800 公顷,总产 1260 吨;油菜 530 公顷,总产 426 吨。2001 年,董家、磨溪等村建成大棚蔬菜基地 33 公顷。2005 年,五星村种植桑树 72 公顷。2006 年,全乡扩种桑树 266 公顷。2008 年,种植水稻 546.8 公顷,总产 3741 吨;棉花 452 公顷,总产 651 吨;油菜 220.53 公顷,总产 285 吨。

养殖业 1985 年,生猪出栏 4302 头,存栏 8094 头。1994 年,生猪出栏 12000 头,存栏 11200 头。2006 年,养蚕 2240 张,蚕茧收入 181.4 万元。2008 年,生猪出栏 4229 头,存栏 2962 头;养鸡 61567 只,养鸭 5500 只。

渔业 1985 年,有水产养殖面积 140 公顷,总产 78.4 吨。2008 年,水产养殖面积 145.07 公顷,总产 377 吨。

林果业 1985 年,有集体林场 20 个,造林面积 980 公顷,以杉树为主。2001 年,新田、田铺双季板栗被国家供销总社评为中华名果。2008 年,有果园面积 114 公顷,主要品种有板栗、柑橘、梨、桃,产量 533 吨。

工 业

1985 年,乡办企业主要有水泥预制件厂、板栗竹笋罐头加工厂、造纸厂、轧花厂、油脂加工厂等。至 2008 年,私营企业有玩具厂、砖瓦厂等。招商引资入驻县工业园企业有九江华尔通讯有限公司、恒发电子配件京昌电器有限公司、江西能平电化有限公司、德安贝伦特丝绸有限公司。

商 业

1985 年,有商店 32 家,其中供销系统 4 家。2008 年,有商业网点 63 个,农贸市场有固定摊位 13 个,流动摊位 12 个。

第四节 社会事业

交 通

1985 年,聂车公路贯穿全境。1992 年,集镇街道路面铺设沥青。2006 年,硬化聂车公路水泥路面 13.49 千米。至 2008 年,建成村级水泥路 16 千米,组级水泥路 29 条,修建公路桥梁 11 座。有往返县城班车 9 辆;货车 46 辆,家庭小汽车 27 辆。

邮 电

1985 年,邮电所有手摇电话总机 1 台,投递员 1 名。1993 年,开通程控电话。2008 年,有程控电话 1230 部;邮政网点 1 个,投递点 48 个,投递线路单程 30 千米;投递国内函件 2578 件,汇兑 95 张,包裹 250 件;征订报刊 65 种、729 份。

教 育

1985 年,有中学 1 所,学生 362 人,教职工 18 人;小学 11 所,学生 1872 人,教职工 81 人。1986 年,新建中学教学楼 1 栋,建筑面积 1641 平方米。1996 年,新建中心小学教学楼 1 栋。2003 年,康华集团李岗华先生捐资 15 万元对中心小学进行扩建。2006 年,中学新建学生宿舍楼 2 栋,建筑面积 1920 平方米。2008 年,中学 1 所,学生 506 人,教职工 28 人;小学(含教学点)学生 605 人,教职工 56 人;民办幼儿园 3 所,学生 181 人,教职工 13 人。

文 化

1985 年,有文化站、广播站、电影放映队、大礼堂。有 8.75 毫米放映机、16 毫米放映机各 1 台,放映员 3 人;有播音设备 1 套,村组装有广播喇叭 1137 只。2004 年,开通有线电视。2007 年,新建文化站大楼。2008 年,有线电视终端用户 755 户;农家书屋 3 个,书籍 7750 余册;学校设有田径场、篮球场、乒乓球室等活动场所。新农村示范点配有健身器材和活动场地。

卫　生

1985年,中心卫生院位于磨溪头集镇。1994年,在原址新建卫生院综合大楼。2008年,中心卫生院及南田分院有医务人员15人,配有X光机、B超机和心电图机等医疗设备,病床10张。有村卫生所8个,医务人员12人。参加农村合作医疗保险10396人,参保率90.42%。

敬老院

2005年,新建乡敬老院,入住五保老人20人。2008年,入住五保户22人,有工作人员2名。

村镇供水

1985年,有集镇自来水厂,建有20吨蓄水塔1座,供集镇居民生活用水。2000年,打25米深水井1眼,在曾家后山顶修建40吨蓄水塔1座,供800余人生活用水。2007年,在水沟垅口打深井1眼,用3台高压水泵取水,供集镇和周边居民2000余人生活用水,水价每吨1.5元。

第五节　集镇与新农村建设

磨溪头集镇

位于境域中部,沿聂车公路形成东西向合面街。1985年,集镇面积5公顷,居民456人。2003年,水泥硬化街道3千米,铺设彩砖人行道,安装路灯25盏,栽种行道树百余棵,绿化草地数百平方米。2008年,集镇面积13公顷,居民680人。有中学、中心小学、幼儿园、德安农村合作银行磨溪支行、中心卫生院、林管站、农技站、邮政所、电信所、电管站、财政所,有商店、餐馆、修理店等35家。

新农村建设

2006起,开展新农村建设。2008年,示范点有磨溪村六组水沟垅、二房,五星村五组源潭周家、十四组源潭夏家,港口村一组港口郑家,宝泉村七组康家垅,新田村四、五组石门陈,曙光村一组港下苏家,董家村八组夏家垅,南田村一、二组刘鞔鼓。新村区域面积32.5公顷。各级政府投入扶助资金144万元,群众自筹资金63万元,受惠人口519户2200人。

第十一章　爱民乡

第一节　建置　区划　人口

新中国成立初分属爱民、岩泉乡及互助乡一部分,隶属四区。1952年,分属爱民、岩泉乡及柏树乡(原互助乡)一部分。1956年,并为爱民、岩泉乡,同年并为爱民乡;成立罗家、岩泉等初级农业社。1957年,转为泉水、联合、土塘、红星4个高级农业社。1958年,成立爱民人民公社,辖联合、泉水、红星、土塘4个大队,42个生产队;1968年,杨坊、付山公社并入;1972年,杨坊、付山公社划出。1984年,更名爱民乡,辖5个行政村和1个农科所,64个村民小组。2004年,马塘村并入红岩村,西泉村并入柏树村。2008年,辖红岩、柏树、南山、土塘4个行政村,65个村民小组,78个自然村,居民1812户6593人,其中非农业人口315人。人口密度每平方千米116人。乡政府驻李树桥程村。

第二节　地理　环境　资源

地　理

位于县域西北部。东北邻吴山乡，南连磨溪乡，西北接邹桥乡。地理坐标北纬 29°23′20″～29°29′10″，东经 115°30′57″～115°36′90″。2008 年，境域面积 56.9 平方千米 .

环　境

境内以山地丘陵为主，地势北高南低。最高点甲石尖主峰海拔 267.3 米，最低处下屋桂村海拔 31 米。境内有溪水 2 条，1 条由柏树村铺林口麻石坑泉水洞流出，1 条由红岩村紫岩泉流出，向西南分别流入邹桥乡、磨溪乡汇入博阳河。

资　源

2008 年，有耕地 590.6 公顷，其中水田 475.67 公顷、旱地 114.93 公顷。林地面积 3480.25 公顷（含国家公益林 455.7 公顷、省级公益林 251.8 公顷、中德长防林 115.5 公顷、退耕还林 71.8 公顷），森林覆盖率 42.41%。有小（二）型水库 2 座，塘堰 295 座。矿产资源有煤、锑、铁、石灰石等。

第三节　经　济

工农业总产值及农民人均纯收入

1985 年，工农业总产值 256.3 万元，农民人均纯收入 306 元。2008 年，工农业总产值 2511.7 万元，农民人均纯收入 3853 元。

农　业

种植业　1985 年，种植水稻 823.05 公顷，总产 4312.8 吨；棉花 3.69 公顷，总产 3.1 吨；油菜 70.18 公顷，总产 40 吨。1994 年，种植水稻 228 公顷，总产 1666 吨；棉花 353.33 公顷，总产 461 吨；油菜 230 公顷，总产 177 吨。2008 年，种植水稻 478.8 公顷，总产 3331 吨；棉花 206.7 公顷，总产 303 吨；油菜 19.23 公顷，总产 15 吨；三节米花生 16.6 公顷，总产 23 吨。

养殖业　1985 年，生猪出栏 1907 头，存栏 4322 头。1994 年，生猪出栏 6700 头，存栏 6000 头。2001 年，饲养蛋鸡 1.1 万只、红毛鸭 1 万只。2003 年，红岩村田国平引进蓝孔雀兴办饲养基地。2008 年，蓝孔雀存笼 4000 只，生猪出栏 1730 头，存栏 1200 头。

渔业　1985 年，水产养殖面积 43.3 公顷，总产 24.25 吨。2008 年，水产养殖面积 80.53 公顷，总产 230 吨。

林果业　1985 年，有集体林场 7 个，造林面积 360 公顷；民间造林 453.3 公顷；品种以杉树、湿地松为主。2005 年，唐道财租山造林 53.3 公顷。2007 年，木材蓄积量 2500 立方米。2008 年，有果园面积 32 公顷，产量 14 吨；主要品种有柑橘、板栗、梨等。

工　业

1985 年，乡办企业主要有玻璃纤维拉丝厂、装饰材料厂、地毯厂等。至 2008 年，招商引资入驻县工业园企业有通达电器有限公司、毓英纺织有限公司、彬利斯服饰有限公司、九江惠民纺织有限公司、城绵石材有限公司、南珍涂料有限公司、凤凰彩印包装有限公司。

商　业

1985 年，有商店 6 家，其中供销系统 2 家。2008 年，有商业网点 46 个，农贸市场有固定摊位 12 个，流动摊位 14 个。

第四节　社会事业

交　通

1985年,德白公路贯穿全境。2004年起,修建村组水泥路17条,长28.18千米,修建公路桥梁6座。2008年,有过境班车往返县城;有货车24辆,家庭小汽车12辆。

邮　电

1985年,乡政府有手摇电话总机1台,邮件由邹桥邮电所负责投送。1993年,开通程控电话。2008年,有程控电话815部;邮政投递点28个,投递线路单程10千米;投递各类函件1020件,汇兑62张,包裹173件;征订报刊62种、500余份。

教　育

1985年,有中学1所,学生229人,教职工9人;小学5所,学生1046人,教职工36人。2002年,九年制爱民学校新建教学楼1栋、宿舍6栋,建筑面积3358平方米。2005年,设柏树村教学点。2008年,中学学生332人,教职工11人;小学(含教学点)学生497人,教职工34人;民办幼儿园1所,学生68人,教职工5人。

文　化

1985年,有乡文化站、广播站、电影放映队、大礼堂。有8.75毫米放映机、16毫米放映机各1台,放映员3人;有播音设备1套,村组装有广播喇叭634只。1988年,乡文化站协助县博物馆发掘明朝古墓1座。2004年,开通有线电视。2007年,乡龙狮队参加市龙狮大赛。2008年,新建综合文化站,建筑面积360平方米;有线电视终端用户365户;爱民学校图书室和2个农家书屋书籍9300册;学校设有田径场、篮球场、乒乓球室等活动场所。新农村示范点配有健身器材和活动场地。

卫　生

1985年,乡卫生院位于红岩村李树桥,有医务人员5人。2003年,在集镇新建乡卫生院,建筑面积410平方米。2008年,卫生院配有心电图、B超、尿液分析仪、半自动生心仪、显微镜、胎心监护仪等医疗设备,病床6张,医务人员13人。有村卫生所3个,医务人员3人。参加农村合作医疗保险5368人,参保率85.50%。

敬老院

1992年,在李树桥下程新建乡敬老院,建筑面积625平方米,入住五保老人8人。2008年,入住五保老人10人,有工作人员2名。

村镇供水

1985年,乡自来水厂建有32吨蓄水塔1座,供集镇居民生活用水。1995年,打12米深水井1眼。2008年,自来水管道长2.4千米,日供水28吨,供2100人生活用水,水价每吨1元。

第五节　集镇与新农村建设

李树桥程村集镇

位于境域中部。1985年,集镇面积1.5公顷,居民451人。1997年,在德白公路两侧挖山整地,新建集镇。1998年,平整集镇街道1000米,新建店铺48栋,形成东西向合面街。2007年,修建长1000米、宽9米水泥街道,铺设排水管道和人行道彩砖,栽种行道树。2008年,集镇面积6公顷,居民844人。

有九年制爱民学校、德安农村合作银行爱民分理处、卫生院、财政所、兽医站、电管站、电信所,有商店、餐馆、修理店等25家。

新农村建设

2006年起,开展新农村建设。2008年,示范点有土塘村一组孔岗头李家,红岩村八组张家畈、十组李树桥程村、金家,柏树村十七组百家坝、十九组柏树下。新村区域面积28公顷。各级政府投入扶助资金88万元,群众自筹资金109万元。受惠人口262户1288人。

第十二章 邹桥乡

第一节 建置 区划 人口

为原邹桥乡与付山乡合并而成。

原邹桥乡新中国成立初分属杨坊乡及义门乡一部分,隶属四区。1951年隶属五区,增设邹桥乡。1952年,增设大泉乡。1956年,并为杨坊、大泉乡(含长庆乡一部分);成立共和、大泉、堰头、石门等初级农业社。1957年,转为共和、清泉、长庆、杨坊、联青5个高级农业社。1958年,大泉、杨坊乡合并,成立杨坊人民公社,辖共和、大泉、联青3个大队,45个生产队。1968年,并入爱民公社。1972年,从爱民公社划出,恢复杨坊公社。1981年,更名邹桥公社。1984年,更名邹桥乡,辖6个行政村,53个村民小组。乡政府驻地邹桥王村。

付山乡新中国成立初隶属四区。1956年,隶属五区,由互助组直接转为爱国、爱群、高丰3个高级农业社。1958年,与塘山乡合并,成立付山人民公社,辖袁岭、中塘、大塘、塘山、建设、沿山、和平、张坑、岩上、付山10个大队,59个生产队。1961年,塘山划出,辖爱国、爱群、爱干(高丰)3个大队。1968年,并入爱民公社,更名付山大队。1970年,划归付山煤矿。1979年划出,更名县付山园林场。1984年,更名付山乡,辖3个行政村,14个村民小组。乡政府驻地付山陈村。1985年,定为省老区特困乡。

2002年,撤销付山乡,并入邹桥乡。2004年,大泉村并入源口村,岩上村并入付山村,堰头村并入石门村。2008年,辖石门、邹桥、杨坊、源口、付山、张坑6个行政村,71个村民小组,79个自然村,居民2732户8636人,其中非农业人口699人。人口密度每平方千米111人。乡政府驻地邹桥王村。

第二节 地理 环境 资源

地 理

位于县域西北部。东邻爱民乡,南接磨溪乡、车桥镇,西与瑞昌市横港镇峨嵋管理区接壤,北抵塘山乡。地理坐标北纬29°23′15″~29°28′45″,东经115°24′45″~115°33′05″。2008年,境域面积77.7平方千米。

环 境

境内地貌以山地、丘陵为主。最高点茶子岭主峰海拔655.1米,最低处石门村下程坊何家海拔38米。博阳河自西向东贯穿全境,境内长10.5千米。

资 源

2008年,有耕地475.13公顷,其中水田405.27公顷、旱地69.86公顷。林地面积5340.34公顷(含国有公益林5084.8公顷、省级公益林2.7公顷、中德长防林766.6公顷、退耕还林195.5公顷),森林覆盖率41.74%。有中型水库1座(湖塘水库),塘堰396座,电力提灌站20座。矿产资源有锑、煤、金、铜、石灰石矿等。

第三节 经 济

工农业总产值及农民人均纯收入

1985年,邹桥乡工农业总产值240.1万元,人均纯收入263元;付山乡工农业总产值75.3万元,人均纯收入152元。2008年,工农业总产值2763.8万元,人均纯收入3319元。

农 业

种植业 1985年,邹桥乡种植水稻734.12公顷,总产3846.8吨;棉花28.21公顷,总产23.7吨;油菜69.09公顷,总产39.38吨。付山乡种植水稻106.3公顷,总产557吨;棉花35.71公顷,总产30吨;油菜1.37公顷,总产0.78吨。1994年,邹桥乡种植水稻133公顷,总产887吨;棉花293.33公顷,总产436吨;油菜162公顷,总产119吨。付山乡种植水稻66公顷,总产451吨;棉花26.67公顷,总产45吨;油菜53.4公顷,总产77吨。2007年,江西畲香园食品有限公司在石门村租地39公顷,种植辣椒、豆角、萝卜等,加工成酱制品,销住省内外。2008年,种植水稻473.26公顷,总产3286吨;棉花202公顷,总产305吨;油菜122.47公顷,总产177吨。

养殖业 1985年,邹桥乡生猪出栏1905头,存栏3212头;付山乡生猪出栏624头,存栏1506头。1994年,邹桥乡生猪出栏4530头,存栏4040头;付山乡生猪出栏1902头,存栏1397头。2008年,生猪出栏1464头,存栏2340头,其中规模养猪场4家、饲养生猪1270头;家禽饲养47200只,规模养鸡场4家,养鸡4.1万只。

渔业 1985年,邹桥乡、付山乡共有水产养殖面积79公顷,总产44.24吨。1995年,引进福建客商在杨坊村创办鳗鱼养殖场。2008年,水产养殖面积78.67公顷,总产129吨。

林果业 1985年,邹桥乡、付山乡共有集体林场7个,造林面积350公顷,其中付山园林场造林275公顷,主要品种有杉、湿地松等。2008年,有果园面积9公顷,产量102吨;主要品种有红枣、板栗等。其中,杨坊村邹家垄年产野生板栗2.5吨,传统特产有付山红枣、川芎。

工 业

1985年,邹桥乡、付山乡乡办企业主要有扫把厂、陶缸厂、灯泡厂、砂轮厂、辣椒酱厂、砖瓦厂和小煤窑等。2008年,股份制和私营企业有湖塘锑矿、四号井煤矿、马鞍山煤矿、胶合板厂、家俱厂。招商引资入驻县工业园企业有利和电器有限公司、鑫宝电器有限公司、正通铭金属有限公司、鸿立食品有限公司、航翔门业有限公司、速华汽车检测有限公司。

商 业

1985年,邹桥、付山乡共有商店16家,其中供销系统3家。2008年,有商业网点52个,农贸市场固定摊位15个,流动摊位8个。

第四节 社会事业

交 通

1985年,德白公路从邹桥穿境而过,另有通往付山公路。2000年,邹桥至付山公路铺设沥青路面15千米。2004年,张坑至付山铺设水泥路面。至2007年,硬化村级水泥路面6条,长56千米;修建公路桥梁14座。2008年,有过境班车往返县城;货车10辆,家庭小汽车18辆。

邮　电

1985年,邹桥邮电所、付山乡各有手摇电话总机1台。1993年,开通程控电话。2008年,有程控电话964部;邮政网点1个,投递点39个,投递线路单程18千米;投递函件1607份,汇兑173张,包裹210件;征订各种报刊50余种、230份。

教　育

1985年,邹桥乡有中学1所,学生355人(其中高中53人),教职工21人;小学9所(含初小),学生1165人,教职工47人。付山乡有中学1所,学生81人,教职工6人;小学3所(含初小),学生507人,教职工20人。同年,新建邹桥中学教学楼,建筑面积750平方米。1989年,新建付山中学教学楼,建筑面积180平方米。1992年,香港爱心人士沈炳麟捐资9.6万元,兴建付山中心小学教学楼679平方米。2005年,新建邹桥中心小学教学楼,建筑面积175平方米。2008年,新建中学教学楼、科技电教办公楼,建筑面积1400平方米。全乡有中学1所,学生333人,教职工26人;小学(含教学点)2所,学生629人,教职工39人;民办幼儿园1所,学生70人,教职工2人。

文　化

1985年,邹桥乡、付山乡均有文化站、广播站、电影放映队、大礼堂。有8.75毫米放映机、16毫米放映机各1台,放映员5人;有播音设备各1套,村组装有广播喇叭956只。1988年,杨坊村黄梅戏《慈母泪》获全县文艺会演一等奖。2004年,开通有线电视。2008年,有线电视终端用户755户;农家书屋7个,书籍13000余册;学校设有田径场、篮球场、乒乓球室等活动场所。新农村示范点配有健身器材和活动场地。

卫　生

1985年,邹桥乡、付山乡各有卫生院1所。1998年,邹桥中心卫生院新建医疗综合楼,建筑面积2054平方米。2008年,卫生院有医务人员13人,其中邹桥中心卫生院12人,付山分院1人;配有X光机、B超机、心电图机、半自动生化仪、尿液分析仪、洗胃机、胎心监护仪、显微镜等医疗设备,病床12张。有村卫生所6个,医务人员6人。参加农村合作医疗保险7659人,参保率96.50%。

敬老院

1985年,邹桥敬老院入住五保老人11人。1987年,付山乡新建敬老院,面积180平方米,入住五保老人5人。2008年,在湖塘水库边新建1200平方米敬老院,入住五保老人19人,有工作人员2名。

村镇供水

1985年,邹桥自来水厂有深水井1眼、蓄水塔1座,供集镇居民生活用水。1989年,付山乡在坑里刘村引用山泉水,供集镇居民生活用水。2008年,引用湖塘水库水源,铺设管道13千米,供集镇及周边居民生活用水,日供水150吨,水价每吨1.5元。

第五节　集镇与新农村建设

王村集镇

位于境域中南部。1985年,集镇面积6.9公顷,街道长700米,其中合面街300米,居民416人。2004年,拓宽、硬化主街道水泥路面2千米,铺设排污管道,安装路灯,栽种行道树,新建休闲广场270平方米。2008年,集镇面积15.5公顷,居民1300余人。有中学、中心小学、幼儿园、中心卫生院、林业工作站、农技站、邮政所、电信所、湖塘水库管理站、变电站、林业公安关山派出所、公安派出所、德安农村合作银行邹桥支行、移动公司营业所、法庭、关山林场、国土管理所,有商店、餐馆、修理店等18家。

陈家集镇

位于付山陈家。1985年,为付山乡政府驻地。集镇面积3.9公顷,居民350人。2008年,有供水管理站、商店及农副产品收购点,居民280人。原付山乡政府办公楼改为付山村委会办公楼。

新农村建设

2006年起,开展新农村建设。2008年,示范点有源口村三组源里黄家、四组周家、十组上肖,杨坊村十二组张家岭,石门村十二组下程坊,张坑村二组余家岭,付山村五组斗笠曾家。新村区域面积17.4公顷。各级政府投入扶助资金76万元,群众自筹资金36.5万元。受惠居民281户1051人。

第十三章 塘山乡

第一节 建置 区划 人口

新中国成立初分属塘山、回龙乡,隶属四区。1951年,隶属五区。1952年,回龙乡更名大塘乡。1956年,大塘乡并入塘山乡,成立中塘、新塘、大塘、胜利等初级农业社。1957年,转为和平、建设、袁岭、狮子、五星、大塘、中塘7个高级农业社。1958年,并入付山乡,成立付山人民公社。1961年划出,成立塘山公社。1984年,更名塘山乡,辖5个行政村,51个村民小组。2004年,塘山村并入石源村。2008年,辖石源、新塘、郑湖、岭上4个行政村,51个村民小组,52个自然村,居民1673户6227人,其中非农业人口230人。人口密度每平方千米213人。乡政府驻嘴上钟家。

第二节 地理 环境 资源

地 理

位于县域西北部。东邻吴山乡、爱民乡,南连邹桥乡,西与瑞昌市横港镇峨嵋管理区接壤,北抵瑞昌市范镇。地理坐标北纬29°28′11″~29°30′50″,东经115°28′11″~115°30′23″。2008年,境域面积29.2平方千米。

环 境

境内以山地为主,四面环山,中间为盆地,地势东高西低。最高点茶子山主峰海拔655.1米,最低处张家凹海拔195米。境内多泉水,中部溪水经西部郑湖村“消水洞”注入地下。

资 源

2008年,有耕地320公顷,其中水田195.2公顷、旱地124.8公顷。林地面积2152.09公顷(含国家公益林383公顷、省级公益林604.8公顷、中德长防林125.6公顷、退耕还林84.3公顷),森林覆盖率48.52%。有小(二)型水库3座,塘堰204座;电力提灌站5座。主要矿产资源有煤炭。

第三节 经 济

工农业总产值及农民人均纯收入

1985年,工农业总产值276.7万元,农民人均收入110元。2008年,工农业总产值2363.54万元,农民人均收入3085元。

农　业

种植业　1985 年，种植水稻 203.03 公顷，总产 1063.9 吨；棉花 167.68 公顷，总产 140.85 吨；油菜 34.81 公顷，总产 19.84 吨。1994 年，种植水稻 122 公顷，总产 1082 吨；棉花 166.67 公顷，总产 206 吨；油菜 280 公顷，总产 210 吨。2004 年，成立高山辣椒合作社，种植高山辣椒，出售鲜椒和加工制作塘山辣椒酱，有社员 35 人。2008 年，种植水稻 256.73 公顷，总产 1736 吨；棉花 23.87 公顷，总产 90 吨；油菜 143.53 公顷，总产 431 吨。种植高山辣椒 21 公顷，总产 252 吨。

养殖业　1985 年，生猪出栏 1950 头，存栏 4210 头。20 世纪 90 年代起，饲养肉用黄牛，年养殖规模 800 多头。1994 年，生猪出栏 4250 头，存栏 5150 头。2008 年，生猪出栏 1740 头，存栏 1580 头；家禽饲养 1.02 万只。

渔业　1985 年，水产养殖面积 7.2 公顷，总产 4.03 吨。2008 年，水产养殖面积 17.27 公顷，总产 43 吨。

林业　1985 年，有集体林场 6 个，造林面积 450 公顷，其中有小山竹林 32 公顷。20 世纪 90 年代，小山竹成为特色产业。2008 年，小山竹面积扩大至 400 余公顷；有果园面积 25 公顷，产量 106 吨，主要品种为柑橘等。

工　业

1985 年，境内企业主要为小煤矿。1992 年，煤产量 2 万吨。1994 年，乡政府在塔下邹村开挖煤井 1 口。2004 年，私营企业有辣椒酱厂、板材厂。至 2008 年，招商引资项目有源丰钙业、奥中大酒店；入驻县工业园企业有亚希尔电器有限公司、新旺纺织有限公司、兴鸿五金有限公司、丽庄装饰有限公司、昌九食品有限公司、杰尔塑业有限公司。

商　业

1985 年，有商店 18 家，其中供销系统 2 家。2008 年，商业网点 44 个，农贸市场有固定摊位 6 个，流动摊位 11 个。

第四节　社会事业

交　通

1985 年，有塘山至邹桥沙石公路，长 15 千米，有客运班车往返县城。2002 ~ 2004 年，硬化至邹桥公路水泥路面，是县内第一个修建水泥公路的乡。2004 年，硬化集镇至瑞昌高泉公路水泥路面。2005 年，硬化集镇至瑞昌峨嵋公路水泥路面。至 2008 年，修建村组水泥路 18 条，长 50 千米；修建公路桥梁 8 座。有客运班车 3 辆，货车 20 辆，家庭小汽车 12 辆。

邮　电

1985 年，乡政府有手摇电话总机 1 台，邮件由邹桥邮电所负责投送。1993 年，开通程控电话。2008 年，有程控电话 320 部；投递点 26 个、投递线路单程 46.9 千米；投递函件 1215 件，汇兑 115 张，包裹 107 件；征订报刊 52 种、467 份。

教　育

1985 年，有中学 1 所，学生 186 人，教职工 10 人；小学 8 所（含初小），学生 1091 人，教职工 42 人。1987 年 5 月，《江西日报》以《山区教育拓荒者》为题，报道塘山中学校长蔡泽新先进事迹。1992 年，香港邵逸夫捐款 30 万元，县政府配套 25 万元，在中心小学原址新建 1 栋教学楼，建筑面积 680 平方米。2005 年，新建中学学生公寓楼，建筑面积 640 平方米。2008 年，有中学 1 所，学生 171 人，教职工 12 人；小学（含教学点）学生 392 人，教职工 32 人；民办幼儿园 1 所，学生 35 人，教职工 4 人。

文　化

1985年,有乡文化站、广播站、电影放映队、大礼堂。有8.75毫米放映机1台,后换成16毫米放映机,放影员3名;有播音设备1套,村组装有广播喇叭586只。德安南河戏传承人陈守立,组建南河戏班到各地演出。2004年,开通有线电视。2008年,南河戏列入县非物质文化遗产保护名录;有线电视终端用户1200户;农家书屋5个,书籍3100余册;学校设有田径场、篮球场、乒乓球室等活动场所。新农村示范点配有健身器材和活动场地。

卫　生

1985年,乡卫生院位于权家坡,有医务人员5名。1989年,在冯家社下新建乡卫生院,建筑面积380平方米。2008年,新建220平方米的住院楼;有医务人员10人,配有显微镜、心电图仪、X光机、紫外线治疗灯、血球分析仪、B超机、尿液分析仪等医疗设备,病床4张。有村卫生所2个,医务人员2人。参加农村合作医疗保险5549人,参保率93.28%。

敬老院

1985年,在权家坡新建乡敬老院,建筑面积420平方米,入住五保老人12人。2008年,入住五保老人15人,有工作人员2名。

村镇供水

1985年,在新塘井边周村打深水井1眼,修建水塔1座,供集镇居民生活用水。2003年,对水井扩容,供集镇及周边居民1000人生活用水。2008年,购置抽水设备,修建水塔,抽取山洞泉水,供境内80%村民生活用水,水价每吨1元。

第五节　集镇与新农村建设

嘴上钟村集镇

位于境域中心,为丁字形合面街。1985年,集镇面积4.3公顷,居民570人。2006年,拓宽街道路面,改造集镇供水、供电设施,安装路灯20盏,铺设人行道彩砖,栽种行道树。2008年,集镇面积10公顷,居民1000余人。有财政所、卫生院、中学、中心小学、幼儿园、畜医站、德安农村合作银行塘山分理处、林管站、农技站、电信所、电管站,有商店、餐馆、修理店等12家。

新农村建设

2006年起,开展新农村建设。2008年,示范点有岭上村四组曾家岭、五组江家岭、六组袁家岭,郑湖村二组张家、五组塔下邹家,新塘村八组祠堂边,石源村十三组夏家、十四组枫树陈村。新村区域面积27.06公顷。各级政府投入扶助资金80万元,群众自筹资金81.5万元。受惠居民356户1501人。

第十四章　彭山林场

第一节　建置　区划　人口

1963年9月创建白果林场,以彭山为营林中心。1964年,更名国营江西省彭山林场。1985年,辖夏家垅、林泉、望夫山、百家山、彭山、横山6个林业分场和彭山行政村、白果苗圃,职工200余人,其中事业编12人。1986年,县林业局下属林业公司大金山林场和金山农业队划入。1994年,在吴山乡山湾村设燕子山分场。2003 年,创办建材厂。2007 年,更名县彭山林场。2008 年,辖彭山行政村 6 个村民小组和大金山农业队 6 个自然村,五星、林泉、红旗、百家山、彭山、大金山、燕子山、横山、白果 9 个分场,607 户 1545 人,其中非农业人口 569 人。人口密度每平方千米 88 人。总场部驻白果。

第二节　地理　环境　资源

地　理

总场位于县域中部。东邻丰林镇,南接聂桥镇,西连吴山乡,北毗林泉乡。地理坐标北纬 29°18′30″ ~29°32′30″,东经 115°31′15″ ~ 115°45′30″。分场驻宝塔、丰林、林泉、聂桥、吴山、磨溪、邹桥 7 个乡镇。2008 年,区域面积 17. 5 平方千米。

环　境

地貌为山地、丘陵。最高点彭山主峰海拔 514. 1 米,最低处白果桥海拔 18. 7 米。

资　源

2008 年,有耕地面积 35. 6 公顷,其中水田 10. 73 公顷、旱地面积 24. 87 公顷。林地面积 2753. 43 公顷(含国家公益林 148. 7 公顷、省级公益林 752. 9 公顷),森林覆盖率 65. 11%。有塘堰 22 座。矿产资源有锡、铅、萤石、铁矿。

第三节　经　济

工农业总产值及农民人均纯收入

1985 年,工农业总产值 198 万元,农民人均纯收入 392 元。2008 年,工农业总产值 1142. 6 万元,农民人均纯收入 4397 元。

林　业

营林面积　1985 年,营林面积 5231 公顷。其中,有林地面积 1659 公顷,占林地面积 31. 7%;无立木林地和宜林地面积 2680 公顷,占林地面积 51. 2%;未成林造林面积 627 公顷,占林地面积 12%;疏林地和灌木林地面积 265 公顷,占林地面积 5. 1%。1999 年,营林面积 5705 公顷。其中,有林地面积 4787 公顷,占林地面积 83. 9%,比 1985 年增加 52. 2 个百分点;无立木林地和宜林地面积 689 公顷,占林地面积 12. 1%,比 1985 年减少 39. 1 个百分点;未成林造林面积 209 公顷,占林地面积 3. 7%;疏林地和辅助生产林地面积 20 公顷,占林地面积 0. 3%。2008 年,营林面积 5852 公顷。其中,有林地面积 5422. 2 公顷(含"国乡联营"造林面积),占林地面积 92. 6%,比 1985 年和 1999 年分别增加 60. 9 和 8. 7 个百分点。在有林地面积中,纯林地面积 3575. 4 公顷,占有林地面积 65. 9%,竹林地面积 60 公顷,占有林地面积 1. 1%;疏林地和其他灌木林地面积 1786. 2 公顷,占有林地面积 33%。森林覆盖率 65. 11%,活立木蓄积量 24. 5 万立方米。

植树造林　1985 年,造林面积 280. 2 公顷,其中彭山分场 186. 67 公顷,以杉木为主,少量檫、湿地松。1989 年,列为省速生丰产林基地,开创"国乡联营"造林模式,收益按比例分成。至 1996 年,联营造林 1733 公顷,杉苗培育存活率、保存率 96% 以上。至 2008 年,植树造林 2272 公顷,萌芽更新造林 623. 4 公顷。

林木销售　林木销售规格以 2 ~ 3 米松原木、2 ~ 4 米杉原木和自然长杉原木为主。1985 年,砍伐林木 27. 1 公顷,销售 4200 立方米。至 2008 年,砍伐林木 646. 8 公顷,销售 104400 立方米。

森林防火　2005 年,组建 30 名民兵为骨干力量的扑火应急分队,配备指挥车 2 辆、消防车 2 辆和风力灭火机、割灌机、对讲机等,定期对各分场进行森林防火检查。

农　业

1985年,种植水稻11.74公顷,总产61.5吨;棉花12.01公顷,总产12.44吨;油菜10.68公顷,总产6.09吨;水产养殖4公顷,总产2.24吨;生猪出栏100头,存栏261头。1994年,种植水稻21公顷,总产110吨;棉花13.33公顷,总产10吨;油菜40公顷,总产40吨;生猪出栏310头,存栏450头。2008年,种植水稻28公顷,总产168吨;棉花2.67公顷,总产3吨;油菜6.87公顷,总产10吨;生猪出栏27头,存栏12头;蛋鸡养殖专业户12家,养殖蛋鸡8万只;水产养殖1公顷,总产5吨,果园面积3公顷,产量10吨,主要品种有柑橘等。

工　业

1985年,场办企业有安瓶厂、明胶厂和尖峰坡锡矿。后陆续创办羽绒厂、磨具厂、皮件厂。2003年起,先后创办私营木材加工厂30家。2006年,成立林木加工合作协会,有会员30人。至2008年,招商引资入驻县工业园企业有正威科技有限公司、意达利服装辅料有限公司、建宏化工有限公司,及与林泉乡共同引进的富通化工有限公司。

第四节　社会事业

教　育

1985年,有小学2所,学生135人,教职工8人。2006年,彭山小学并入白果小学。2008年,白果小学有学生218人,教职工13人;民办幼儿园1所,学生98人,教职工6人。

交　通

1985年,场部经德白、林白公路通往县城。2007年,修建彭山村水泥公路8.1千米。2008年,修建连通各村组水泥路3.54千米。

文　化

2004年,开通有线电视。2006年,新建总场办公大楼,原办公楼改建成职工群众文化活动中心,有篮球场和乒乓球室;修建休闲广场1560平方米。2007年,总场龙狮队获全省第三届"西山国际杯"舞龙赛第二名。2008年,有线电视终端用户189户。

卫　生

1985年,林场卫生室设在总场部办公楼,有医务人员2人。2005年,林场卫生院并入丰林镇中心卫生院。

供　水

1985年,总场自来水厂建有100吨蓄水塔1座,供集镇居民生活用水,水价每吨1.3元。

第五节　集镇与新农村建设

白果集镇

位于博阳河畔白果大桥旁。1985年,集镇面积3.5公顷,居民350人,有商店2家,修理店1家。2006年,水泥硬化集镇街道路面1.5千米、支路8条,修建排水沟,种植行道树和草皮,安装路灯18盏。2008年,集镇面积7.5公顷,居民700余人。有丰林派出所、林业公安彭山派出所、丰林工商分局、丰林土管所、农贸市场,有商店、餐饮店等9家。

新农村建设

2006年起,开展新农村建设。2008年,示范点有彭山村四组坝上甘家、五组湾里张家,白果新村,彭山新村。新村区域面积11.93公顷。各级政府投入扶助资金44万元,群众自筹资金21万元,受惠居民157户621人。

第十五章 园艺场

第一节 建置 区划 人口

1974年,县商业局下放知青在托盘山县外贸农场基础上成立县义峰茶场。1976年,“五·七”干校并入,场部迁至向阳山,后彭山林场油茶山划入。1979年,成立义峰知青农工商联合公司,宝塔公社八一大队、杨桥大队划入;辖大队2个、茶场1个。1984年,撤销义峰联合公司,成立杨家桥乡,辖杨桥村、八一村和义峰茶场,15个村民小组。

1992年5月,在义峰茶场基础上新建县园艺场,将八一村三、四、五组和杨桥村二、七、八、九、十组划归园艺场,为副科级事业单位。1996年,为正科级事业单位,与九江市果业科学研究所两块牌子、一套人员,从事果业科研、良种苗木繁育、技术培训与推广工作。有技术人员15人,其中高级职称2人、中级5人。2008年,辖2个分场,9个村民小组、10个自然村和良种果苗场、技术培训中心、果品加工中心,居民397户1326人,其中非农业人口203人。人口密度每平方千米123人。场部驻向阳山。

第二节 地理 环境 资源

地 理

位于县域南部。东与共青甘露镇接壤,南与永修县燕坊镇交界,西与永修县梅棠镇为邻,北连宝塔乡。地理坐标北纬29°27′41″~29°30′13″,东经115°72′71″~115°74′37″。2008年,境域面积10.8平方千米。

环 境

属低山丘陵地区。最高点岑家石潭山海拔239.7米米,最低处瓦子塘海拔28.6米。发源于石潭山的博阳川,过境经宝塔乡八一、杨桥、田塘村,经人工导托河汇入博阳河。

资 源

2008年,有耕地47.47公顷,其中田42.87公顷,旱地4.6公顷。林地面积153.17公顷(含省级公益林16.2公顷)。森林覆盖率45.17%。有塘堰53座。矿产资源有石灰石。

第三节 经 济

工农业产值及农民人均纯收入

1992年,工农业总产值96.7万元,农民人均纯收入1678元。2008年,工农业总产值934万元,农民人均纯收入4918元。

果业生产

1992,按照“优品位、大规模、高科技、重特色”总体思路,统一布局,规划柑橘、奈李、杨梅、梨等品种区。采用等高抽槽做成水平带,按"划片承包、责任到户,定量上缴,全奖全赔"原则,与274户果农签订合同,承包到户经营。1996年,建成果园466.67公顷。其中板栗206.67公顷、柑橘92公顷、奈李53.33公顷、水蜜桃20公顷、梨26.67公顷、葡萄8公顷、杨梅20公顷、枇杷和柿子各6.67公顷、茶叶13.33公顷、果苗培育苗基地13.33公顷。2008年,有果园面积300公顷,鲜果总产222吨。

苗木生产

1992年,有集体林场1个,造林面积20公顷。2003年,省林业厅种苗站租用一分场岑家山地70公顷,创办种苗基地,种植深山含笑、乐昌含笑等14个大规格种苗品种,果园面积逐渐减少。同年,园艺场新建9.33公顷绿化花卉苗木基地,利用扦插技术繁育苗木。2008年,绿化花卉苗木基地扩大至24公顷,培育红花继木、金叶女贞、金边黄杨、金瓜子、杜鹃、栀子、罗汉松、桂花、大叶樟等30多个绿化苗木品种,年产苗木50万余株、花卉10万余株;利用多品种、多规格苗木优势,承接县内绿化工程3公顷,工程造价210万元。

农业生产

1992年,种植水稻73公顷,总产359吨;油菜13公顷,总产8吨;生猪出栏467头,存栏633头。1994年,种植水稻72公顷,总产375吨。2008年,种植水稻87公顷,总产555吨;棉花14.67公顷,总产20吨;油菜33.33公顷,总产47吨;生猪出栏216头,存栏72头;水产养殖17.93公顷,总产43吨。

第四节　果业科研

良种引进和培育

1992年,引进日本白桃幼苗和美国紫李、富有甜柿、丰水梨、麝香葡萄等优良品种,建立标准母本园驯化、培育,采用嫁接技术进行育苗推广。1994年,高位嫁接苗木面积6.67公顷,繁殖商品苗木1.6万株。至1997年,繁育柑橘、桃、梨、李、板栗等果苗600多万株。

科研成果

1994年,承担省山江湖开发治理"111"专项计划"果树高位嫁接技术开发与应用"项目,成功高位嫁接温州蜜橘6.67公顷。1995年,"板栗芽变单系田铺双季板栗生产结果特性及栽培技术研究"课题获市科技进步三等奖。同年,"奈李开发"和"奈李引种示范"课题通过省级鉴定。1996年,获九江市科技进步三等奖。1997年,省科委星火开发项目"万亩四季鲜果园示范基地"获市科技进步三等奖。2001年,省科技创新项目"果园滴灌工程"获九江市科技进步三等奖。2002年,国家"863"计划"百喜草在国土保护'三高'农业中推广及应用"项目通过国家验收,获省科技进步二等奖。2004年,参与实施国家农业科技成果转化项目"百喜草及技术在生态农业中的区域示范",并通过国家验收。

第五节　新农村建设

2006年起,开展新农村建设。2008年,示范点有一分场一组岑家,二分场五组郭家新村、八组上王。新村区域面积8.82公顷。各级政府投入扶助资金55万元,群众自筹资金15万元。受惠居民116户469人。

卷三

自然环境

卷三　自然环境

德安县境处长江中游以南，呈三角形，由西北向东南倾斜。境内最古老基底构造层为新元古代双桥山群，经过澄江—加里东期等发展阶段，构成侵蚀岩溶低山等基本地貌。地质构造形态主要为褶皱构造和断裂构造。岩浆活动显著，岩石种类较多，形成丰富的矿产资源。境内多山，一般山岭海拔高度低于600米，丘陵岗地占全县总面积一半以上。平原洲地多在东南部，土地肥沃，是粮食主产区。河流众多，自成体系。干流博阳河属鄱阳湖一级支流，贯穿全境，上游生态环境良好，生物资源丰富；下游部分河道淤塞，水质较差。全境最高点海拔655米，最低处海拔12米；部分山洞和泉水具有开发利用价值。

县境属中亚热带湿润季风气候区，气候温和湿润，四季特征明显。雨水丰而不调，春夏多雨，秋冬少雨。常见气象灾害有洪涝、干旱、冰雪、冷害、雷电和冰雹，其中洪涝发生频率最高、危害最大。进入21世纪后，天气变暖明显，暖冬及极端天气出现次数增多，降水呈偏少趋势。

县境处九江—靖安地震活动断裂构造带上，地震发生较为频繁。1985～2008年，境内发生ML1.8级以上地震8次，最高为2004年的4.1级。

第一章　地质　地貌

第一节　地　史

元古代弧后盆地发展阶段(距今10亿~5.41亿年)

新元古代双桥山群为境内最古老基底构造层。从横涌、计林、安乐林各组物质成分和接触关系,说明境内是相对稳定的弧后盆地。直至晋宁期,盆地闭合为陆。

澄江—加里东期(距今7.5亿~4.1亿年)

晋宁运动使境内逐渐结束活动的大陆边缘环境,开始震旦纪及其以后的沉积。地体形成初期,地形差异大。由于机械剥蚀作用强烈,粗碎屑砂砾迅速搬至彭庐盆内堆积。澄江运动使海水相继退却,陆地面积逐渐扩大。晚震旦世至早寒武世,境内为一封闭状态的浅海或海湾内侧还原环境。之后,受加里东期强烈造山活动作用,海盆逐渐萎缩闭合上升为陆。

印支期发展阶段(距今2.5亿~2.27亿年)

由于相邻地质块体之间相互挤压缩短、浅层次拆离滑脱和逆冲推覆,使境内结束大规模海侵,并形成一系列不同方向宽缓褶皱和一些北北东向、近东西向断裂。

燕山期(距今2.27亿~0.65亿年)

随着印支碰撞造山作用结束,广海型沉积随之结束,进入大陆边缘活动阶段,逐渐形成山前剥蚀盆地,相继沉积第三系庙岭组。进入燕山期,地壳已抬升至相当高度,发育不同变形层次的脆性断裂及拉伸盆地,并对早期构造形迹进行改造、复活,最终完成境内大规模构造变形过程。

第四纪新构造运动发展阶段(距今约260万年)

境内断块差异活动显著。在陆家湾至九仙岭、蛟塘至响水岭至永修北东向、下香田至蚌湖东西向活动性断裂的控制下,湖口、星子、蚌湖、大湖池一带下降沉陷。鄱阳盆地西部庐山至九仙岭一带,受北北东向活动断裂挟持的断块断续抬升,成为中山区。由于强烈断块差异升降活动,导致上新世夷平面解体,在抬升区形成台面,再经后期侵蚀构成现代一级层状地貌。

第二节　地　层

沉积岩

青白口系双桥山群(距今10亿~8.2亿年)　分布于乌石门—梅岭垄、刘家山—舍里凹、九仙岭—汪家等地。有横涌组、计林组和安乐林组。横涌组是一套槽盆相泥砂质复理石沉积,主要岩性有黄绿色含粉砂质绢云板岩、黄褐色变余不等粒长石岩屑杂砂岩、变粗粉砂岩和砂质绢云板岩,未见底,厚度大于937.58米。计林组是整合于横涌组之上的一套边缘海相红色碎屑岩系,主要岩性有紫红色粉砂质绢云板岩、含粉砂质绢云板岩、变余细粉砂岩及泥质绢云板岩,厚度1090.67米。安乐林组是整合于计林组之上的泥砂质复理石沉积,主要岩性有黄绿色粉砂质绢云板岩、绢云母板岩及灰白色凝灰质板岩,未见顶,厚度大于437.56米。

南华系—震旦系(距今7.8亿~5.41亿年)　分布于宝山、牛角尖—曹鱼洞、刘家山、彭山穹窿核部、乌石门、大金山、聂村、九仙岭、老虎山等地。出露地层有南华系莲沱组、南沱组。主要岩性:莲沱组为石英砾岩、长石石英砂岩、含砾石英砂岩、含砾岩屑石英杂砂岩等;南沱组为粉砂质页岩、含砾凝灰质粉砂质泥岩。震旦系有陡山沱组、皮园村组,主要岩性:陡山沱组为硅质岩、粉砂质泥岩;皮园村组为灰岩、硅质岩等。下与双桥山群呈不整合接触,莲沱组与南沱组为平行不整合接触,其余均为整合接触。

寒武系(距今5.41亿~4.88亿年)　地层发育齐全,分布于九仙岭、金鸡山、老虎山、彭山穹窿四周、乌石门断裂东北侧及梓坊向斜东段两翼等地区。与下伏震旦系及系内各组间均为整合接触。出露有荷塘组、观音堂组、杨柳岗组、华严寺组和西阳山组。荷塘组属潮坪泻湖相,岩性为含炭泥岩、含炭硅质岩等。观音堂组属潮下台坪相,岩性为粉砂质泥岩等。杨柳岗组岩性主要为灰岩、泥质灰岩。华严寺组岩性为泥质条带灰岩,属碳酸盐潮坪相。西阳山组属潮坪相,岩性为泥质条带灰岩。

奥陶系(距今4.88亿~4.43亿年)　主要分布在彭山穹窿周边小溪山、福建垴、杨泉山、寒山等地,梓坊向斜东端核部断续可见。大致以梨树下—土塘王—老山湾—夏家铺—胡家山—新屋邓为界分为南北两区,北区地层发育齐全,以碳酸盐相为主,见仑山组、汤山组及汤头组,岩性主要为灰岩、白云岩。南区仅见夏家铺组,主要由泥质及泥质碳酸盐组成,属潮下泻湖相。

志留系(距今4.43亿~4.16亿年)　主要分布于茶子山、付山断裂南东,老山背斜、彭山穹窿四周、梓坊向斜西段、下程村、岩长凹、鸡公垴、高塘桂家等地。下与奥陶系,上与泥盆系均呈平行不整合接触,系内各组均为整合接触,属浅海—滨海相沉积,厚1996.09米。见下统梨树窝组、殿背组、清水组,主要岩性有:梨树窝组石英细砂岩、粉砂岩、泥岩,殿背组泥岩、粉砂岩,清水组粉砂质泥岩。中统坟头组和茅山组,岩性主要为泥质粉砂岩、泥岩、石英细砂岩。

泥盆系—石炭系(距今4.16亿~2.99亿年)　分布于茶子山背斜及付山向斜翼部,与上下地层均呈平行不整合接触。泥盆系仅发育五通群,岩性为石英砂岩、石英砂砾岩,属山前河流冲积相。石炭系发育有黄龙组,岩性为灰岩、灰质白云岩。

二叠系(距今2.99亿~2.52亿年)　发育齐全,出露较好。主要分布于茶子山背斜、付山向斜及塘山向斜翼部,以浅海相碳酸盐为主伴少量海陆交互相含煤地层。与上下地层及系内茅口组与吴家坪组均为平行不整合接触,系内其他各组为整合接触。见栖霞组、茅口组、吴家坪组和大隆组,岩性主要为含燧石条带灰岩、条带状泥岩、炭质页岩、含煤硅质页岩、含炭硅质页岩。

三叠系(距今2.52亿~1.99亿年)　分布于付山向斜及塘山向斜近核部,仅出露殷坑组、青龙组和周冲村组,主要由白云质灰岩、灰岩及页岩组成,系内各组为整合接触,属浅海相。

第四系(距今2.6亿年)　主要分布于博阳河水系两侧和彭山穹窿四周山前地带。该系地层较发育。岩性主要为网纹状重黏土、砂砾石、细砂、黏土、亚黏土。

岩浆岩

境内岩浆活动较显著,岩石种类较多,基性—酸性均有出露。地表以岩脉形态产出,分布于洞霄、彭山、宝山一带。呈层状产于双桥山群中的变火山岩,地表分布于刘家山一带,岩石类型有变细碧岩、变角斑岩、变石英角斑岩、变火山角砾岩、变凝灰岩等。隐伏分布于曾家垄、团坡山、梁家山、刘家山一带的彭山隐伏岩体,距地表最浅仅50米。岩石种类有:二云母碱厂花岗岩、白岗岩、黑云母二长花岗岩等。呈有限规模成群成带分布的岩脉(墙)带,地表出露面积1.9平方千米。

晋宁期早期基性—中酸性火山岩分布于彭山穹窿核部,刘家山—尖峰坡一带与双桥山群浅变质岩呈互层状产出,分布范围与该地层类似,出露范围1.25平方千米,深部控制15平方千米,近南北展布。岩性为变细碧岩—变石英角斑岩系列。以基性喷溢为主,酸性喷溢次之,间夹火山碎屑物质,并见次火山相基性脉岩。

燕山中期的岩浆岩地表出露面积约1.75平方千米,宝山一带闪斜煌斑岩脉群、彭山隐伏岩体、烂泥坊小岩株及酸性岩脉(墙)为不同阶段岩浆活动的产物。燕山晚期的岩浆岩以中—基性脉岩为特征,岩石类型主要有辉绿岩类、煌斑岩类、闪长岩类,累计出露面积0.15平方千米。

变质岩

区域变质岩 分布于乌石门—梅岭垄及刘家山一带,呈面型分布,主要岩石类型有:板岩类、千枚岩类和变余碎屑岩类等。

接触变质岩 燕山中、晚期由岩浆活动引发的接触变质作用可分为热接触变质作用和接触交代变质作用。前者于彭山隐伏岩体外接触带零星分布,岩石类型有大理岩、角岩等。与彭山岩体有关的接触交代变质作用强烈,蚀变现象繁杂。常见的蚀变类型有发育在隐伏花岗岩内的钾长石化、钠长石化、白云母化等以及发育于外接触带的矽卡岩化、硅化、绿泥石化、绢云母化、碳酸盐化、纤闪石化。与基性、中基性岩浆有关的中低温蚀变及其相伴的锑金矿化分布于宝山—易家湾一带呈线状展布,带宽百至千余米。蚀变类型较少,除分布广泛的硅化外,尚有碳酸盐化、绢云母化、绿泥石化,后三者常与硅化夹杂在一起,相互叠加,分布规律不明显。

动力变质岩 动力变质岩在境内不大发育,仅见少量脆性动力变质岩。该类岩石主要有构造角砾岩及粒化岩二大类。

第三节 构 造

褶皱构造

基底褶皱 由青白口系双桥山群地层组成。中东部为横涌组,组成彭山穹窿核部地层,分布于刘家山—舍里凹一带。南东部为计林组、安乐林组,属单斜构造,产状稳定,为九宫山复背斜北翼的一部分,分布于乌石门—梅岭垄一带。

盖层褶皱 由震旦系至三叠系地层组成,轴迹近东西向、北东向。除彭山穹窿外,其他为一些轴面南倾、枢纽向北东或北西倾伏的线型褶皱,主要有梓坊向斜、付山褶皱带、杨老三向斜。

梓坊向斜 轴迹沿黄婦—梓坊—宝泉—周家尖—夏家一线呈近东西向南凸弧形展布。核部地层由志留系—寒武系地层组成,翼部由志留系—震旦系地层组成。

付山褶皱 有付山向斜、茶子山背斜、塘山向斜。组成地层为三叠系—志留系,轴迹北东向。褶皱南西边界被长溪岩北西向断层切割,南东边界被付山北北东向断层切断,导致付山向斜南东翼变得紧密,茶子山北东向断层和一系列近南北向小断层对褶皱起不同程度的破坏作用。

杨老三向斜 位于彭山穹窿和梓坊向斜东侧。轴迹近东西向,轴面近于直立,枢纽向东倾伏。

彭山穹窿 核部由双桥山群和震旦系地层组成,分布于尖峰坡、舍里凹一带。翼部由震旦系—志留系地层组成。平面呈椭圆状,长轴轴迹北起面前山,经梁家山、曾家垄、尖峰坡至望夫山一线表现清楚。北端梁家山—面前山向35°偏转,南端望夫山呈195°方向偏转延至老屋聂呈北东、南西向"S"形展布。枢纽略有起伏,以尖峰坡为最高点,向北东、南西两端倾伏,倾伏转折端开阔圆滑。短轴近东西向。地层产状由核部倾向四周,倾角转缓10°～35°,并由核部向翼部、浅部向深部变陡。

断裂构造

构造特征 区内断裂构造较发育,不同时代、不同方向、不同规模的断裂构造交错出现,特征各异。多数断层具多期次活动特征,并具明显控岩、控矿作用。按方向可分为北北东向、北西向、北东向、彭山弧形断层、近东西向断层。

北北东向断层 有付山北北东向左行平移断层,沿李家山、下庙、山下村、坳上洪村一线延伸。断面近于直立,产状115°～150°∠85°～90°,与岩层面高角度相交。破碎带宽一般10米,南西端强烈硅化,宽达30米具棱角状角砾。

北西向断层 主要有长溪岩左行平移断层、金山—窑棚右行平移断层、大孤山右行平移断层。长溪岩左行平移断层南东为付山北北东向断层切割,断面陡立,产状200°∠85°,宽10～15米。金山—窑棚右行平移断层斜切梓坊向斜，断面陡立，倾向时南时北，宽 5～10 米。

北东向断层　主要有面前山逆掩断层、源潭潘家—中屋桂右行平移断层、茶子山逆断层、周家墩右行平移逆断层。源潭潘家—中屋桂右行平移断层长 11.5 千米，宽 0.5～3 米，产状 165°～190°＜45°～70°；岩石硅化破碎呈碎裂状，节理成组出现；断层面平整光滑，镜面清晰，擦痕及旁侧次级北东向压性小断层和北西向张性小断层，均反映断层右行平移性质。

彭山弧形断层　分布于彭山穹窿翼部，有萤石矿"S"型硅化带、梁家山—爰泉张家近南北向断层等。萤石矿"S"型硅化带沿焦家垄、金家洞、萤石矿、石鼓坂、上傅家、宋家巷呈"S"型展布，长 17 千米。硅化带沿奥陶系地层发育，产状与地层基本一致，倾向北或北西，倾角 25°～70°，连续性较好，宽度一般 35～60 米，焦家垄与椅子山一带达数百米。梁家山—爰泉张家近南北向断层沿彭山穹窿东翼内侧梁家山、爰泉张家一带呈近南北向展布，南端呈弧形，爰泉张家走向近东西向，长 6.5 千米，宽 3.5 千米，产状与地层走向近于平行，沿倾向斜切地层。

近东西向断层　主要有梓坊逆断层和乌石门断裂束。前者沿钓鱼湾、梓坊余家湾、易家湾一线展布，长 6 千米，宽 2～10 千米。后者沿乌石门、牛角尖、铁石山、马鞍山一线成带展布，长 13 千米，由 3 条平行的左行平移正断层组成，影响宽度几十至几百米。带内地层产状零乱，塑性岩石常形成褶皱，为平卧、倒转，反"S"形态，脆性岩石常形成角砾岩带。断裂束走向与地层近乎一致，主断面产状 300°～343°＜45°～56°，局部斜切地层，造成地层沿走向、倾向重复、缺失，断裂束总体沿元古宙与古生界不整合面分布，控制基底褶皱与盖层褶皱的接触关系，为盖层褶皱的基地滑脱带。

飞来峰　近东西向断续分布在聂村、宝山、大金山、东港畈等地，与乌石门断裂束平行相距 2～3 千米。滑动系统为震旦系与寒武系地层，直接覆盖于梓坊向斜南翼或轴部。

第四节　地形　地貌

地　形

县域总体呈三角形，西北高而东南低，三面环山，中部有彭山展布高耸。地形可分为山地、丘陵、平原洲地三个不同类型。一般山岭海拔高度 200～600 米，低山面积 183.6 平方千米，占总面积 19.6%。丘陵岗地分布于中、东南部广大地区，面积 606.4 平方千米，占总面积 64.7%。平原洲地主要分布在博阳河下游河东、宝塔乡和共青境内，小块散布于磨溪、吴山、聂桥、丰林、高塘、林泉等乡镇河流两岸。最高处为茶子山，海拔 655 米；最低处为共青天南湖郑泗一带，海拔 12 米。

地　貌

低山　绝对高程 500～1000 米，相对高程 500 米左右，境内低山主要有付山、塘山、秦山、彭山、闵山等，主要由寒武系地层及一些岩脉和变质岩组成。

高丘陵　绝对高程 300 米以上，相对高程 200～300 米，境内高丘陵如洪花尖、小溪山、福建垴、杨泉山、黑凹垴、宝山、大金山等，主要由青白口系、震旦系、寒武系、奥陶系地层组成，还分布一些岩脉和变质岩。

低丘陵　绝对高程小于 300 米，相对高程 50～200 米，雷山、老山、小金山、杨梅尖、中石尖、窑棚、鸡公岭、坳上洪、老虎岭、老鸦山、鸡公垴等均为低丘陵地区，主要由志留系和双桥山群地层组成，也分布有少量第四系中性岩脉和变质岩。

岗地　处于相对稳定地带，地貌介于丘陵和平原之间。绝对高程小于 100 米，相对高程 10～50 米。主要分布在蒲亭镇、共青和河东、爱民、高塘乡境内。

堆积地貌　一般绝对高程小于 50 米，以第四系冲积物为主，其次由湖积、湖河混合沉积物组成。河谷阶地沿博阳河和鄱阳湖断续发育一至三级阶地。

第二章　山脉　河流

第一节　山　脉

山脉走向

境内山岭均为市境西部幕阜山东延支脉,由西朝东北走向有小昆仑山、塘山、付山、潘子山、荒山、秦山、小溪山;由西北朝东南走向有五台岭、葛洪山、彭山、望夫山;由西朝东南走向有道颜山、万家岭、大金山、使君山、闵山、牛子岭、石潭山、义峰山、九仙岭、金鸡山;由北朝南走向有明山、峡石岭、孤山、乌石山。

由于开矿、采石、修路、建厂等原因,有些山岭面貌发生改变,如林泉乡境内栅岭(锡岭),因长期开采石灰岩,山顶两个形似碉堡的巨大石崖,已荡然无存;白云岭东面和望夫山南面因采石造成山体大面积裸露、残缺。

主要山脉与山峰

付山　古称东佳山,也称“富山”“附山”“傅山”。在邹桥乡境内,东南面为爱民乡境,西北面与塘山连成一体。主峰茶子山(茶子岭)海拔655米,为境内最高峰。

塘山　旧称长溪山,因山上有盆地似水塘而得名。山上有普严寺。主峰接云峰海拔652米,意喻高可入云,为境内第二高峰。

秦山　相传秦王过此,故名。位于县境北部与瑞昌市境交界处,在吴山、林泉乡境内。主峰海拔637米,为境内第三高峰。

狮牯山　因形若睡狮而得名。在吴山乡境内,东邻陈山,为德安、瑞昌天然分界之一。山体有石灰岩。主峰海拔618米。

陈山　因原住有陈姓而得名。在吴山乡境内。东连秦山,西接狮牯山,为德安、瑞昌天然分界之一。山体有石灰岩。主峰海拔605米。

尖刀塅　因山形得名。位于塘山乡岭上村。山多岩石和茅草。主峰海拔588米。

麻石坑　因山多麻石而得名。在邹桥乡境内,与塘山相连,南北走向,主峰海拔550米。

老风山　因山高风大得名。位于塘山乡石源村,与瑞昌相连。主峰海拔542.8米。

龙毛山　因山多茅草和小山竹,喻为龙毛而得名。在吴山乡四方村北,南连荒山,北接瑞昌羊家尖。主峰海拔531.7米。

刘家包　因原有刘姓住山上而得名。在吴山乡境内。山腰有九节洞,相传通瑞昌白云岩。主峰海拔531米。

茅山头　因山表多茅草而得名。在吴山乡四方村北,西接潘狮山。主峰海拔530米。

太平岩　又称紫岩。相传陈友谅军至,乡人多于此处避匿,因得名。在邹桥乡境内。多石灰岩。主峰海拔521米。

闵山　又称小岷山。因北麓有闵姓村庄而得名。在磨溪乡境内,东至宝塔乡木环垄,南连永修县境。主峰海拔514.5米。

彭山　因山南北有高峰,中间较为平缓若盘状,人称盘山,又称盆山,谐音为彭山。在吴山乡境内,横亘于县境中部,山下分别与聂桥、丰林、林泉三乡镇接壤。山上自古有人居住,西山洞口有云水寺。主峰尖峰坡海拔514.1米。

王英尖坑　因常有老鹰栖息,俗称王鹰,谐音王英,以山势取名。在邹桥乡境内,西接茶子山,北连接云峰。主峰海拔510米。

王英尖 因山形尖耸，称王鹰尖，后演变为王英尖。在吴山乡境内。主峰海拔510米。

碾米塘 因北部山腰有碾盘形盆地而得名。在吴山乡境内，山体有石灰岩和煤。主峰海拔500米。

其他海拔400米以上山峰

红花尖(486.5)、曹台堆(476)、袁福垴(470)、斗笠坡(460)、邵家挡(457)、狮子岩(453)、长溪岩(453)、求子岩(420)、铁门坎(408)、张家垴(406)

境内名山

望夫山 古称敷阳山或博阳山。在聂桥镇境内，北部与彭山连成一体，有溶洞。山上原有一处叶呈撕裂状的小山竹(已枯)和似有人脚印的石头，昔时有野鹿活动。山下有石灰山商代文化遗址和北宋军事家王韶及家人墓葬。登山可望敷浅原，因“敷”与“夫”同音，民间讹传为望夫，并陆续衍生出不同版本的望夫故事。《方舆纪胜》云：“夫行役未归，其妻登山而望，每登山，辄以藤箱盛土，积日累功，渐益高峻，故以名焉。”宋罗泌《路史》：“望夫盖望敷尔。”主峰海拔476米。山上有双峰寺。

道颜山 又名屏风山、道岩山。昔有颜姓于山中修道，故名。在车桥镇境内，为车桥、邹桥交界处。主峰海拔419.2米。

麒麟峰 又称麒麟尖。因山表石头错落杂叠如麒麟肤甲而得名。在车桥镇境内，是小昆仑山主峰，海拔367米。316国道从东麓经过，东南麓有白水街集镇，曾为乡政府驻地。峰下原有宋夏英公(竦)衣冠冢，已无存。为万家岭战役战场之一，中国军队曾在此重创日寇。峰后有元阳寺。

使君山 唐江州刺史李渤曾建书院于此，人尊称刺史为使君，山因得名。在磨溪乡境内，与闵山、玉清山连成一体。山中有“岷峰耸翠”“钵盂拱秀”“鱼山梵响”“文笔插汉”“石洞藏云”“观音岩龛”“龙潭古泉”“晴岩挂夕”八景。山麓有紫辉寺。

宝山 在聂桥镇境内。山中有锑矿，呈鸡窝状分布，1964年开始开采，将罄。主峰海拔338.6米。

小溪山 又名小鸡山。因有溪水沿山麓经过而得名。在林泉乡小溪村境内。山体多石灰岩。日寇侵华期间在山上驻有小分队。主峰海拔321米。

万家岭 因昔有万姓居住而得名。在磨溪乡南田村境内，主峰海拔300米。为抗日战争初期(1938年)万家岭战役主战场。

白云岭 又名白云山、小庐山，山名取白云入座之意。在丰林镇境内。山势若蟠龙，上有宝积寺和田地数十亩。主峰海拔262米。

石潭山 位于园艺场岑家，因山谷有石潭清泉而得名。岭峻谷深，林木茂密。主峰海拔239.7米。

九仙岭 亦称阳居山，相传何氏九兄弟在山上修道升仙而得名。位于县城东南郊，东南麓为共青。京九铁路、昌九高速公路从西麓经过。山上有阳居寺。古今诗人多有题咏。主峰海拔200.2米。

义峰山 古称义丰山，因南唐义门陈氏有良田在山下，屡值丰稔，故名。在蒲亭镇境内，东邻105国道，西有昌九高速公路。古今诗人多有题咏。已辟为城市公园。主峰海拔74.8米。

主要山洞

石头洞 在塘山乡庙下村南山上。洞口高5米，宽1.5米。洞内高5米，宽12米，深约500米，多石灰岩，有钟乳石。

观音洞 在塘山乡塘边吴家牛角湾上，海拔470米处。洞内可容千人，有地下河水自洞中流出。洞中钟乳石千姿百态，有一石形如观世音菩萨，故名。

唐家洞 在塘山乡钟家东，麻石坑北，海拔500米处。洞口高20米，洞深500米，属石灰岩溶洞。因所在原为唐姓山而得名。

风龙里山洞 在塘山袁家岭东侧，有洞口2个，口小腹大，有风口通外，内有天然石碑，似有字样。洞壁有石似灯、盏。

郭家洞 在邹桥乡付山陈西，林家村北，海拔330米处。洞口高7米，深50米，有两个洞口。因所在山原属郭姓而得名。

潭凼洞 在邹桥乡付山陈西,张坑境内。竖洞,口小,高约8米,下平直幽深,可容纳数百人。以洞口有潭凼得名。

紫岩洞 在邹桥乡东佳山腰,紫岩泉西,又名百鸟洞,洞口高5米,深不可测。其下有白石洞。

大观音洞 在车桥镇柏树下西,昆山西北部,海拔190米山腰处。洞口朝东,口小内大,宽约5米,深80米。相传为元阳观道士命名。

小观音洞 在车桥镇柏树下西,昆山中部北面,海拔200米处。洞高2米,深50米,洞内有小块平地。洞口石壁原有清德安县令纪胜题诗。与大观音洞对称得名。

檐老鼠洞 在车桥镇柏树下西南,昆山中南部,海拔200米处。洞高3米,宽2米,深70米。洞多蝙蝠,以其俗称得名。

金家洞 在林泉乡港下李西北,周家尖东麓。洞口高1米,深100米,有钟乳石,形如石桌、石凳、石柱等。因山主原为金姓而得名。

神仙洞 在磨溪乡磨溪头,桃花尖南约200米高处。洞口高2.5米,宽1.5米。洞内高30米,宽40米,有石梯18级。洞内钟乳石多姿多彩,有一石如观世音像。洞顶有石似九龙盘空,洞外有石狮。

龙洞 亦称望夫洞。在聂桥镇老屋聂村北山腰上。洞口高4米,宽8米,深1500米。昔人常至此祈雨济苗。

第二节 河 流

干 流

博阳河为境内干流,旧志称其上游为“西河”,下游为“大河”。发源于瑞昌市南义镇和平山南麓易家垅,河源位于北纬29°33′、东经115°23′,与瑞昌乐园河、横港河河源毗邻;河口位于北纬29°51′、东经115°49′。全长93.5千米,境内长79.7千米;流域面积1016平方千米,境内930.4平方千米。主河道纵降比0.78‰。流域上游多低山谷地,中下游多丘陵平原。自源头至磨溪为西北至东南流向(中有湖塘水库),磨溪至三港口基本为东向,此后大致为东南向,由共青石港注入鄱阳湖。流经邹桥、磨溪、聂桥、丰林、蒲亭、河东、宝塔、共青8个乡镇场。平均河宽上游约7米,中游约30米,下游50米以上,县城河面最宽处约120米。多年平均流量11.8立方米/秒,径流深618毫米,最小流量0.003立方米/秒(1970年8月12日),最大流量1180立方米/秒(1998年6月27日)。境内其他河流从不同方向注入博阳河,自成体系,流域涉及德安、九江、星子县和九江市庐山区、瑞昌市。

主要支流

车桥水 发源于车桥镇境内小昆仑山,在磨溪乡郭家桥从右岸汇入博阳河。全长24.5千米,流域面积130平方千米。下游枯水河面宽约30米。河口一般枯水流量0.053立方米/秒。

田家河 又名吴山河,发源于吴山乡境内潘子山,在聂桥镇柳田村从左岸汇入博阳河。全长19.7千米,流域面积137平方千米,枯水河面宽约20米,河口一般枯水流量0.033立方米/秒。

黄婦河 发源于九江县高良山,向南纳岷山水和洞霄水,在丰林镇依塘村三港口与庐山河合流后从左岸汇入博阳河。境内全长20千米,流域面积25.6平方千米。枯水河面宽约15米,河口一般枯水流量0.38立方米/秒。

庐山河 又名潘溪河、谷帘河。发源庐山康王谷之谷帘、云液泉,合乌龙潭水经康阳畈入境,在丰林镇依塘村三港口与黄婦河合流从左岸汇入博阳河。全长15千米,境内长约6千米。

金带河 发源于县城西木环垅小岷山东麓,流经狮子山后纳箬山河汇入博阳河。2006年,将原南浔铁路小铁桥以东河段北移,沿南浔线路基东南侧另开河道。

博阳川 古称博阳水,发源于园艺场石潭山,流经九仙岭北麓过师古墩汇入博阳河。

主要山泉

大泉 旧称静泉，位于邹桥乡源口村。旧志云："罐田三百余亩，平地源出，寂然无声，非若东佳泉之冲激怒号也。"

紫岩泉 又称东佳泉，位于东佳山腰。旧志云："泉奔流湍激，声潺潺闻数里，山下民田皆资以灌溉。"

白鹤泉 位于邹桥乡泉下胡村，东佳山南麓，可灌田数百亩。

布金泉 位于小昆仑山北，自平地涌出。旧志云："荫注德瑞二邑田数百顷。"

桃大泉 位于小昆仑山西南，与布金泉潜通。

黑山潭 位于吴山乡黑山岩下。旧志云："岩石锋棱峻峭，下有潭，一泓清碧，其深无极。"

吴山泉 位于吴山乡吴山村。旧志云：可"灌田五百余亩。"

使君山泉 位于使君山腰，紫辉寺右。旧志云："僧筧水入厨，最香洌，又名龙泉潭。"

螺蛳泉 位于林泉乡小溪山村，俗称涌泉。从石罅中流出，久旱不竭，为林泉水库水源之一。

栅岭泉 位于林泉乡栅岭（锡岭）山腰。泉从石罅中流出。旧志云："僧筧之入厨。"

宝泉 位于磨溪乡宝泉村百家山西麓。

牛子岭泉 位于宝塔乡团山村大明寺侧。

峡石泉 位于高塘乡与河东乡交界处峡石岭下。旧志云："灌田约三百余亩，每遇大旱其田禾倍于常岁。"

乌石泉 位于丰林镇乌石门村象山东麓。泉址因修德白公路由山崖下移至博阳河边，后因修南九高速公路迁至观音阁石阶旁，泉上盖有小亭。

第三章 气候 水文

第一节 气 候

特 征

季首日 县境处中亚热带湿润季风气候区内。德安气象学意义上的常年平均春季首日为3月20日（连续5天日均气温≥10℃的第1天），夏季首日为5月20日（连续5天日均气温≥22℃的第1天），秋季首日为9月25日（连续5天日均气温<22℃的第1天），冬季首日为11月25日（连续5天日均气温<10℃的第1天）。

春季 暖湿空气逐渐北扩，冷空气仍较活跃，平均7~10天就有一次冷空气侵扰。冷暖空气交会频繁，气温变化大，易形成乍寒乍暖天气。降雨明显增多，有的年份连续低温阴雨长达两个月以上。3月中旬至4月中旬，常出现局部暴雨、大风、强雷电和冰雹等灾害性天气过程。

夏季 初夏温度宜人，雨水充沛。梅雨季节多暴雨，易发洪涝灾害。盛夏高温晴热，常有伏旱。时而受东南沿海登陆台风或热带风暴影响，引发雷雨过程。山区为雷雨多发区。

秋季 北方冷空气逐渐南侵，日温差较大，白昼气温高，夜间凉爽。晴多雨少，有利于农作物后期生长和收获，但易发秋旱。有的年份出现连续阴雨天气，引发秋寒。

冬季 空气干燥，阴冷少雨。最低气温可降至-5℃以下，常伴有雨雪天气和5级以上偏北风，易发冰冻灾害。进入21世纪后，"暖冬"年份增多。

要 素

气温 1985~2008年，年日均气温为17.0℃，年均无霜期252天。2007年日均气温18.0℃为最高,1993年日均气温16.3℃为最低。1月日均气温4.5℃为最冷月,7月日均气温28.7℃为最热月。1991年12月29日极端最低气温－11.9℃,为有资料以来历年最低值。1988年7月18日极端最高气温39.7℃,为最高值。2003年,高于35℃高温日达38天。年均气温呈先稳后升态势,其中20世纪80年代中后期至90年代前期变化较小,90年代后期开始逐年上升。进入21世纪后,变暖趋势明显。

日照 1985～2008年,年均日照时数1923.1小时,占可照时数43%;2004年2069.2小时为最多,1989年1687.1小时为最少;年均每天日照时数5.2小时。各月日照百分率因少雨期和多雨期而有差异,日照时数与年气温变化基本同步。

降水 1985～2008年,年均降水量1451.1毫米,其中4～6月降水量605.4毫米,占全年降水量41.7%;年降水量以1998年2110.7毫米为最大,2006年962.5毫米为最小。各季降水量不均匀,第二季度最多,第四季度最少。县气象站实测日降水量以1998年7月25日176.2毫米为最大。境内20世纪80年代前期降水偏少,80年代末到90年代初降水偏多,90年代中后期降水明显偏多。2003年后,降水量呈偏少趋势。

风向与风速 1985～2008年,境内平均风速1.7米/秒,最多为北风。月平均风速随季节转换无明显变化。风向随季节转换有所变化:冬季受大陆气流影响,多偏北风;夏季受海洋气流影响,多偏南风。年大风日2.9天。

第二节 水 文

境内河道属长江流域鄱阳湖水系,总长553.4千米。博阳河为直入鄱阳湖一级支流,有二级河30条长215千米,三级河48条长175.6千米,四级河22条长83.1千米。流域面积10～30平方千米河流14条、30～100平方千米河流4条、100～300平方千米河流4条、300～1000平方千米和1000平方千米以上河流各1条。河网密度0.656千米/平方千米,多年平均径流总量5.3亿立方米、排涝量0.38亿立方米,最大年排涝量1亿立方米。

博阳河流域(湖塘水库以下)长度70.9千米,平均坡度0.173米/平方千米,形状系数0.24。梓坊水文站实测博阳河历年汛期平均降水971.2毫米,占年均降水量69.3%;最大年径流量9.483亿立方米(1998年),最小年径流量1.329亿立方米(1968年);最大流量1180立方米/秒(1998年6月27日),最小流量0.003立方米/秒(1970年8月12日);历年平均水位17.75米(吴淞高程,后同),最高水位25.82米(1998年6月27日),最低水位16.96米(1970年8月12日)。

第四章 自然灾害

第一节 地质灾害

地 震

县境处九江—靖安地震活动断裂构造带上。该断裂带北起九江,沿庐山西麓经德安、靖安到奉新罗坊西南,全长150余千米。1985年后,境内发生1.8级以上地震8次。1995年4月15日3时53分,九江、瑞昌、德安交界处发生4.9级地震,境内震感明显。2005年11月26日8时49分,九江、瑞昌间发生5.7级地震,境内震感强烈,倒塌房屋4间,受损房屋2700余间,受伤134人。

1985～2008 年德安县 ML1.8 级以上地震一览表

表 3－4－1

年份	月	日	时	分	秒	北纬	东经	震级	震中
1985	09	10	06	23		29.20	115.40	4.0	黄婻乡
1988	01	22	21	56		29.31	115.81	2.6	米粮铺乡
1988	01	22	22	42		29.31	115.81	2.5	米粮铺乡
1988	01	22	23	48		29.31	115.81	2.0	米粮铺乡
2004	01	26	03	23	50	29.52	115.86	4.1	樟树乡
2004	01	26	10	18	58	29.52	115.59	1.9	吴山乡
2006	10	22	00	56	51	29.43	115.50	2.7	邹桥乡
2008	11	22	04	43	23	29.48	115.68	1.8	吴山乡

泥石流、滑坡、崩塌

灾害主要原因为集中强降雨。境内易发区域为塘山乡、邹桥乡、公路和铁路沿线、河岸堤坝、矿山和采石场。2005 年 6 月 1 日，昌九高速公路 79 千米＋200 米处（五里墩）发生大规模山体滑坡，崩塌土石 3 万余立方米，致德白公路和昌九高速公路德安段交通中断 12 小时。

第二节　气象灾害

水　灾

为境内主要自然灾害，局部水灾几乎年年发生，大多在 5～7 月。主要受季风影响，产生连续性降雨，由于强度大、范围广、时间长，导致山洪暴发，河流、水库、塘堰水位急剧上涨。有时鄱阳湖水对博阳河形成顶托，长时不退，造成堤坝溃决，危及城乡居民生命财产安全。1985 年后，发生大水灾 6 次，其中 5 次集中发生在 1992～1999 年间，博阳河灾期水位均达 20 米以上（德安水位监测点数据，吴淞高程），以 1998 年 22.94 米为最高。

1985～2008 年德安县主要水灾一览表

表 3－4－2

年份	最高水位（米）	超警戒水位（米）	最大日降水量（毫米）	直接经济损失（万元）	受灾人口（万人）	农作物受灾面积（公顷）
1992	20.73	1.73	51.3	101	1.7	93
1995	22.08	3.08	114.3	18000	10.6	6961
1996	21.24	2.24	92.4	172	1.2	142
1998	22.94	3.94	176.2	90100	12.5	8000
1999	21.96	2.96	117.7	68000	9.5	7950
2005	21.43	2.43	117.2	6011	9.4	6634

说明：表中水位为德安水位监测点数据（吴淞高程），最大日降水量为县气象站数据。

旱　灾

境内大小旱灾交替，为常见灾害之一。主要发生在秋季和冬春之交，对农业收成影响较大，往往造成局部农田绝收。1992 年 7 月中旬至 11 月，全县大部地区未下一场透雨，70% 农田受灾，粮食、棉花、油料等农作物大幅减产，塘山、付山、白水、车桥等地人畜饮水困难。

1988～2007 年德安县旱灾损失一览表

表 3－4－3

年份	受灾面积(公顷)	成灾面积(公顷)	绝收面积(公顷)	饮水困难		粮食损失(吨)	直接经济损失(万元)
				人口(万人)	大牲畜(万头)		
1988	8700	5500	2500	2.70	0.56	22000	1276
1990	1120	500	110	1.10	0.12	1200	140
1991	1400	1200	100	2.85	0.35	3750	450
1992	3740	1800	800	3.50	0.50	7500	865
1993	2100	800	500	3.12	0.45	5250	726
1994	1240	500	240	1.20	0.25	2800	384
1995	2530	1210	300	3.5	0.47	3600	524
1996	1870	1100	320	2.25	0.40	3840	571
1997	1200	850	300	1.75	0.20	3600	548
2000	1220	600	350	2.65	0.40	6350	1012
2001	1400	1000	800	3.05	0.35	11200	1325
2003	1120	650	450	3.24	0.42	14600	1884
2004	2000	1600	300	3.41	0.45	8000	1324
2006	1530	870	130	1.56	0.20	6270	1130
2007	500	360	300	1.38	0.12	5800	1148

雪　灾

是境内重要灾害之一。1985 年 12 月 10 日～12 日,因积雪较深,全县 32 班客车仅开 2 班,大部地区中断交通 3 天。2008 年 1 月 11 日至 2 月 16 日,境内出现大范围雨雪冰冻天气,过程最低气温 －6.5℃,其中连续雨雪过程长达 23 天,为有气象纪录以来最长,连续 11 天日均气温低于 0℃,对工农业生产、交通、电力、通讯和城乡居民生活造成严重影响。全县受灾 15.9 万人,饮水困难 1.2 万人,被困 6875 人,紧急转移安置 1800 人,因灾伤病 517 人;农作物受灾面积 3045 公顷,绝收面积 1074 公顷;死亡大牲畜 893 头;损坏房屋 519 间,县工业园倒塌厂房 11 间,造成停产经济损失 6200 万元。全县直接经济损失 1.9 亿元,其中农业损失 1.2 亿元。

冷　害

境内由寒潮引起强降温形成的冷害较为常见,主要有冰冻、霜冻和寒露风,往往影响农作物收成。1987 年 3 月 26 日出现霜冻低温天气,全县 300 余公顷苎麻绝大部分冻死。1991 年 12 月 27～28 日,出现冻雨和降雪,29 日最低气温为 －11.9℃,超历年最低值,对县城供水、农作物越冬等造成较大影响。

冰　雹

境内出现冰雹次数较少,范围也较小,多发生于春夏两季,常给农作物造成损害,有时损坏房屋、打伤行人。1995 年 6 月 11 日,出现局地性雷雨冰雹强对流天气,42 个行政村 9297 家农户、2129 公顷农作物、85 公顷果园受灾,损坏房屋 7 间、鸡场鸡舍 8 栋,直接损失 1500 多万元。

雷　电

境内年均雷暴日为 49.5 天,主要出现在 3～8 月。2000 年 6 月,聂桥镇宝山村 3 组一村民雨天在棉田打枝,遭雷击罹难。2002 年 4 月 5 日 14 时 10 分,受雷电袭击,供电、通讯、有线电视线路及电器损毁严重,直接损失 1150 万元,其中农业损失 873 万元。2003 年 5 月,聂桥镇柳田村 5 组一村民雨天在菜园劳动,遭雷击罹难。

龙卷风

境内龙卷风发生次数较少。1990 年 8 月 11 日,遭龙卷风和暴雨袭击,共青禽蛋公司 38 栋禽舍被毁,经济损失 26 万余元。

卷四

自然资源

卷四　自然资源

2008 年,全县土地面积 86300 公顷,其中耕地和林地分别占 18.22%、66.29%。境内以红壤土和水稻土为主,适宜种植多种农作物。主要成土母质为泥质岩类风化物。土壤性状分为 7 个等级,各等级土壤数量较均匀,一等地主要分布在蒲亭镇、聂桥镇和宝塔乡、河东乡、高塘乡境内。

24 年间,全县年水资源总量 5.96 亿立方米。境内水质化学成份简单,呈中性或弱酸性、弱碱性,符合饮用水标准。彭山一带地下水中氟、砷及放射物超标,未经处理,不宜饮用。地下水为良好的灌溉用水。博阳河干、支流水能理论蕴藏量 8829 千瓦,至 2008 年已开发 2275 千瓦,占可开发量 54%。

境内矿产资源丰富,有矿种 20 余个。其中,锡、铅锌、萤石和优质化工建材灰岩构成四大优势矿产。金、银、铜、铁、砷等矿产,具有较好勘探和开采前景。至 2008 年,宝山锑矿和付山煤矿探明储量基本采完。

境内植被茂盛,有各类野生植物 104 科近 300 种,其中国家和省级保护植物 32 种。102 棵古树名木列入县保护名录。野生动物资源以水生动物资源最为丰富,有鱼类 15 科 110 余种。原有的大鲵、胭脂鱼和江豚 20 多年未见。有些外来危险物种相继出现在野生环境中。有国家二级保护动物 12 种和省级保护动物 34 种。

第一章　土地资源

第一节　土地构成

1993年,全县土地利用现状调查结果为:全县土地面积93740公顷。其中,耕地22413.23公顷,占23.91%;园地1049.89公顷,占1.12%;林地55353.47公顷,占59.05%;居民点和工矿用地3121.54公顷,占3.33%;牧草地18.75公顷,占0.02%;交通用地918.65公顷,占0.98%;水域4893.23公顷,占5.22%;未利用土地5971.24公顷,占6.37%。

2008年,全县土地利用现状调查结果为:全县土地面积86300公顷。其中,耕地15723.86公顷,占18.22%;园地897.52公顷,占1.04%;林地57208.27公顷,占66.29%;草地1165.05公顷,占1.35%;城、镇、村及工矿用地4573.90公顷,占5.3%;交通运输用地1208.20公顷,占1.4%;水利及水利设施用地4513.49公顷,占5.23%;其他土地1009.71公顷,占1.17%。

2008年德安县未利用土地分布一览表

表4-1-1　　单位:公顷

乡镇场	荒草地	沼泽地	沙地	裸地	有砾地裸岩	其他未利用地
蒲亭镇	128.03	—	0.08	0.07	—	—
丰林镇	689.13	0.17	—	1.11	2.00	—
聂桥镇	84.29	—	0.20	—	—	11.06
车桥镇	220.36	—	7.30	0.27	0.74	10.91
宝塔乡	135.68	—	2.00	1.20	1.36	3.18
河东乡	178.22	—	—	1.36	—	—
高塘乡	485.22	—	5.87	0.73	0.19	—
林泉乡	332.55	—	0.64	1.69	0.51	—
吴山乡	544.21	—	—	—	2.96	20.52
磨溪乡	154.10	—	0.91	—	0.39	15.52
爱民乡	552.07	—	0.33	49.08	28.24	11.54
邹桥乡	704.92	—	—	10.54	4.13	7.85
塘山乡	199.28	—	—	—	2.38	12.25
彭山林场	16.46	—	—	—	0.50	1.94
园艺场	20.83	—	2.01	—	—	—

第二节　土壤结构

土壤类型

境内有土类7个、土属29个、土种79个,以红壤土和水稻土为多。主要成土母质为泥质岩类、石灰岩类、石英岩类、紫色泥质岩风化物及第四纪红色黏土、河积物、湖积物。

2008 年德安县各类型土壤面积一览表

表 4－1－2　　　　单位：公顷、%

土类	亚类	土属	面积	占总面积比例
红壤土	红壤	泥质岩类红壤	48305.47	51.53
		红黄沙土	82.60	0.09
		第四纪红色黏土红壤	5430.00	5.79
		黄泥土	90.54	0.10
		灰泥土	1504.54	1.61
		石英岩类红壤	5132.40	5.48
		黄泥沙土	34.40	0.04
	红性土壤	泥质岩类红壤性土	360.07	0.38
		石英型类红壤性土	84.74	0.09
水稻土	潴育型	红黄泥田	7861.60	8.39
		黄泥土	2245.94	2.40
		湖沙泥田	391.40	3.46
		泥田	2245.94	2.40
		黄沙泥田	391.40	0.42
		紫泥田	329.60	0.35
	潜育型	红黄泥田	3329.54	3.55
		黄泥田	227.74	0.24
		潮沙泥田	235.60	0.25
		灰泥田	199.87	0.21
		紫泥田	106.40	0.11
		黄沙泥田	15.27	0.02
		湖泥田	511.00	0.55
	淹育型		53.47	0.06
石灰土	红色石灰土		5454.27	5.82
	棕色石灰土		2736.47	2.92
草甸土	壤质草甸土		1603.67	1.71
紫色土			551.74	0.59
潮土	壤质潮土		269.47	0.29
	沙壤质潮土		58.34	0.06

土壤性状

2006～2008 年，在省土壤肥料技术推广站和江西农业大学土地科学研究所指导下，结合国家测土配方施肥项目实施，共采集土样 8000 个，其中 2006 年采集 4000 个，2007 年和 2008 年各采集 2000 个。经化验分析，全县耕地肥力性状为：有机质中等偏下，碱解氮中等，有效磷中等偏上，速效钾中等，pH 值偏酸。土壤性状分为七个等级类型:一等地肥力最高,属高产稳产土壤,可耕性好,宜种性广;二等地肥力较高,可耕性较好,宜种性广,产量也较高;三等地土壤肥力较好,对作物有一定选择性,大部分为高产田,增产潜力较大;四等地属中产田,肥力较低,保肥能力较弱,如改良土壤,提高土壤整体生长力,有较大增产潜力;五等地是农业利用中有一定限制因素的土壤,土壤质量和土体结构均较差,固、液、气三项不协调,保肥能力弱,耕层浅,改良较困难,存在少部分望天丘,受雨水支配,对农作物选择性较强;六等地大部分属低产田,保肥和缓冲能力弱,水土流失较严重,旱涝对收成影响大,对作物有较强选择性;七等地属于低产田,旱地灌溉困难,水田常年积水,养分运行缓慢,土壤整体质量差,固、液、气三项不协调,物理性差,宜耕期短,土壤通透性不好,影响出苗。

1985 年德安县土壤质地比阻一览表

表 4－1－3

土壤类型	比阻	耕地面积(公顷)				耕性		主要分布乡镇
		水田	%	旱地	%	宜耕级次	耕作情况	
潮沙泥田	<0.3	4193	39.2			1	易耕耙	金湖、杨家桥、蒲亭、米粮铺、黄㛚、高塘
黄泥田	0.4－0.6					3	难耕耙	
黄泥土	0.6－0.8			564	5.2	4	难耕耙	
红黄泥土	0.3－0.4					2	易耕耙	
红黄泥田	0.4－0.6	4247	39.3			3	难耕耙	聂桥、磨溪、吴山、爱民、车桥、邹桥
灰泥田	0.3－0.4					2	易耕耙	
黄砂泥田	<0.3			576	5.3	1	易耕耙	
红壤	0.3－0.4					2	易耕耙	
灰泥田	0.3－0.4	389	3.4			2	易耕耙	塘山、付山、彭山、林泉
黄砂泥田	<0.3					1	易耕耙	
黄泥田	0.4－0.6					3	难耕耙	
灰泥土	0.3－0.4			866	8	2	易耕耙	
黄砂泥土	<0.3					1	易耕耙	

2008 年德安县土壤等级类型养分一览表

表 4－1－4

类型		一类	二类	三类	四类	五类	六类	七类
面积(公顷)		1064.24	1288.67	1551.69	1681.39	1481.03	1187.38	960.79
有机质含量(%)	平均	13.80	13.63	11.83	11.43	10.66	9.68	9.19
	最大	26.30	25.60	25.60	25.10	24.00	17.80	18.60
	最小	1.70	1.60	1.50	1.50	1.60	1.50	1.50
有效磷(毫克/千克)	平均	15.49	16.35	15.30	14.75	14.64	13.43	11.77
	最大	32.20	35.20	33.70	36.00	35.60	30.50	32.90
	最小	4.70	6.40	5.40	4.90	4.90	5.60	5.70

续表 4－1－4

类型		一类	二类	三类	四类	五类	六类	七类
速效钾（毫克/千克）	平均	96.31	101.56	102.14	95.38	97.72	97.78	96.14
	最大	18.80	196.00	194.00	200.00	200.00	166.00	155.00
	最小	48.00	43.00	42.00	55.00	57.00	56.00	45.00
pH 值	平均	5.25	5.33	5.38	5.31	5.22	5.23	5.17
	最大	6.50	7.30	7.30	7.20	7.00	6.20	6.30
	最小	4.40	4.40	4.50	4.40	4.40	4.50	4.60

地力分布

1985 年，境内耕地地力评价区域面积为 9041.89 公顷。其中，一等地 1064.24 公顷，占 11.77%，主要分布在蒲亭镇、聂桥乡、高塘乡、宝塔乡（含木环，下表同）、河东乡境内；二等地 1243 公顷，占 13.75%，主要分布在聂桥乡、林泉乡、宝塔乡和共青境内；三等地 1471.43 公顷，占 16.27%，主要分布在磨溪乡、河东乡、黄婻乡（含农科所，下表同）和共青境内；四等地 1634.03 公顷，占 18.07%，主要分布在车桥乡（含白水街，下表同）、磨溪乡和共青境内；五等地 1481.02 公顷，占 16.38%，主要分布在磨溪乡、吴山乡（含樟树，下表同）、黄婻乡境内；六等地 1187.38 公顷，占 13.13%，主要分布在邹桥乡（含付山，下表同）、爱民乡、吴山乡、磨溪乡、车桥乡境内；七等地 960.79 公顷，占 10.63%，主要分布在车桥镇和爱民乡、吴山乡、磨溪乡境内。

1985 年德安县耕地地力等级面积分布一览表

表 4－1－5　　单位：公顷

乡镇场	一等地	二等地	三等地	四等地	五等地	六等地	七等地
蒲亭镇	121.74	26.91	29.34	0	22.61	0	0
河东乡	105.09	36.97	170.97	50.53	71.65	0.00	0.00
宝塔乡	148.35	204.20	107.39	97.25	70.60	34.31	8.14
黄婻乡	37.60	74.34	181.12	118.34	223.20	43.13	32.27
高塘乡	103.61	42.00	60.44	133.35	100.05	72.21	17.23
林泉乡	34.34	136.35	85.16	81.41	88.12	37.56	20.25
聂桥乡	199.71	174.95	39.87	142.38	5.54	0	0
吴山乡	23.97	39.59	137.89	146.71	159.45	176.66	147.54
磨溪乡	57.31	39.89	151.16	143.37	279.77	162.56	96.29
车桥乡	11.30	23.72	17.67	201.57	109.65	211.35	316.85
爱民乡	9.74	10.41	0.84	47.07	54.75	220.66	247.54
邹桥乡	40.54	32.38	65.26	41.93	75.72	157.33	70.96
塘山乡	0	55.28	159.39	102.01	3.81	0	0
彭山林场	0.80	3.00	8.12	16.30	2.79	0.86	3.72
园艺场	3.03	34.42	4.32	4.64	1.06	0	0
共　青	167.11	308.59	252.49	307.17	212.25	70.75	0

第二章　水资源

第一节　水　量

地表水

据《德安县农业资源调查和农业区划报告、图件汇编(1985)》(后同),境内地表水总量5.83亿立方米/年。1985年频率代表年75%,地表水资源量4.42万立方米,其中7、8、9月水资源量1.28万立方米。1999年频率代表年20%,地表水资源量6.03万立方米,7、8、9月水资源量1.32万立方米。

地下水

据《江西省德安县区域水文地质普查报告》,境内地下水储量中等。县城以北一、二阶地孔隙潜水分布面积45平方千米,径流模数5.98升/秒/平方千米;裂隙溶洞水分布面积184.4平方千米,径流模数3.76升/秒/平方千米;基岩裂隙水分布面积396.6平方千米,径流模数1.44升/秒/平方千米;林泉、高塘乡和丰林镇浅层地下水面积150.9平方千米,径流模数2.45升/秒/平方千米,呈富水性贫乏。县城以南浅层地下水面积16.9平方千米,基岩裂隙水面积69.2平方千米,枯水期浅层地下水日资源量16833立方米。全县浅层地下水资源年总量0.74亿立方米。

水能源

博阳河干支流水能理论蕴藏量8829千瓦(境内7800千瓦),其中干流4466千瓦,支流4363千瓦,可供开发量4259千瓦(境内3795千瓦)。1991年装机1120千瓦(含瑞昌幸福水库250千瓦),年发电量116.9万度。至2008年已开发2275千瓦,占可开发量53.4%。

第二节　水　质

水质分析

境内水质属简单型,以碳酸钙镁和碳酸钙镁钾钠型为主,前者属碳酸盐类裂隙溶洞水,后者为基岩裂隙水。局部地区受工业废水和生活废水污染,水中氯离子增多,成为重碳酸氯化物。地下水循环条件好,径流途径短,化学成份简单,矿化度为0.026~0.49克/升,属低矿化度淡水。除碳酸盐岩类裂隙溶洞水外,一般属软水,pH值在6~9之间,呈中性或弱酸性、弱碱性。

水质评价

饮用水　地下水无色、无臭、清晰透明,水温16℃~19℃,总硬度小于15德国度,pH值在6.5~8.2之间,矿化度小于0.5克/升,符合饮用水标准,为良好供水源。彭山一带地下水中有害元素(氟、砷)和放射性物质超标,未经处理不宜饮用。

工业用水　松散岩类孔隙水和基岩裂隙水局部地区沉淀物多,具半起泡到起泡,有一定腐蚀性,不宜作锅炉用水。碳酸盐岩裂隙溶洞水沉淀多且易形成坚硬水垢,属半起泡水,总硬度较大,使用时应作软化处理。

农田灌溉用水　地下水灌溉系数一般大于21.14,钠吸附比例值小于13.42,总固体含量小于510毫克/升,不存在盐碱化问题,为良好灌溉用水。

第三章　矿产资源

第一节　金属矿

锡　矿

据《德安县矿产资源总体规划(2008～2015)》(后同),远景金属储量9万吨,主要分布在吴山、林泉乡及丰林镇一带。其中曾家垅保有金属储量2万吨,尖峰坡金属储量2.7万吨,红花尖金属储量2.4万吨,坡西、舒家、黄金洼三地合有金属储量1.9万吨。

铅锌矿

彭山一带铅锌矿石储量340万吨。彭山张十八矿区4.2平方千米范围内铅锌金属储量91万吨,其中伴生银金属储量804吨,镉金属储量7000吨、铜金属储量30000吨。

锑　矿

锑锌矿锑金属储量0.6万吨。茅山水库、百福垴、康家垄、野鸡垄、易家湾、土塘、湖塘畈、老屋罗家发现矿点。宝山锑矿探明储量基本采完。碾子洼矿区探知333+334级锑金属储量1.43万吨。

金　矿

境内金矿多属伴生矿,宝塔、丰林、聂桥、磨溪、车桥等乡镇境内均有矿点,历年勘查范围85.27平方千米。金金属储量1000千克,平均品位0.5克/吨。

铁　矿

吴山蔡河村黑湾垴磁铁矿,平均品位45.98%～57.87%,储量待查。矿脉裸露地表,属易采选型。聂桥镇永丰村、磨溪乡港口村和宝泉村、爱民乡土塘村、林泉乡大溪畈村等地均发现褐铁矿铁帽露头。全县褐铁矿石储量在600万吨以上,平均品位约40%。

第二节　非金属矿

萤石矿

保有资源储量200万吨,其中洪溪畈60万吨,金家洞40万吨,大屋孙村、梁家山、五台3条矿带储量约100万吨,平均品位35度左右。

砷　矿

梁家山砷矿矿层厚10～15米,矿石品位3%～7%。吴山砷矿位于尖峰坡锡矿西侧,平均厚度1.23米,品位12.06%,远景储量大于2.38万吨。

化工建材灰岩

资源储量5亿吨以上,主要分布在林泉、吴山、邹桥、塘山、车桥等乡镇境内。吴山石灰岩矿,矿层厚80～120米,储量大于1600万吨,氧化钙含量54.36%。林泉石灰岩矿,334级储量212.38万吨,平均氧化钙54.2%。付山、丰林有优质石灰石。

大理石矿

吴山乡五台大理石矿为紫红色龟裂纹大理石化石灰岩,获得334级储量642万立方米,光洁度81.4~87.8,成品成材率23平方米/立方米,剥采比1:2.3。车桥镇白水大理石矿见于白水中学后,露采厚度60米,储量50万立方米。林泉、樟树、付山、山湾等地有大理石矿分布,品质较好。

白云石矿

吴山乡葛洪山有白云石成矿点。

陶瓷土矿

主要分布在宝塔乡田塘畈,属优质陶瓷粘土矿。原矿体积105万立方米,资源储量262.5万吨。

第三节 能源矿

付山煤矿,属乐平煤系,煤层厚5米,煤系地层走向长3500米,斜长500~1500米,333+334级储量103万吨,基本采完。塘山煤矿,属乐平煤系,为高灰分瘦贫煤,333+334级储量374.75万吨。邹桥马鞍山矿区,探明334级储量5.26万吨。樟树大岭煤矿,20世纪90年代中期前有当地农民零星开采,年产1000吨左右,资源近枯竭。

第四章 野生植物资源

第一节 主要植物种类

苔类植物

地钱、石地钱、蛇苔、光萼苔、片叶苔、塔叶苔、脚苔、羽苔。

藓类植物

星星藓、曲尾藓、青藓、小羽藓、葫芦藓、泥炭藓、黑藓。

蕨类植物

蛇足石杉(千层塔)、石松(伸筋草)、垂穗石松(灯笼草)、卷柏、节节草、阴地蕨、瓶尔小草、芒萁、里白、紫萁、海金沙、细毛碗蕨、盖蕨、乌蕨、井栏边草、凤尾蕨、蜈蚣草、江南短肠蕨、华东安蕨、毛蕨、铁角蕨、东方荚果蕨、狗脊蕨、耳蕨、贯众、星蕨、金鸡脚、槲蕨(毛姜)。

裸子植物

苏铁、银杏(白果)、雪松、马尾松、金钱松、南方红豆杉、杉木、池杉、水杉、侧松、罗汉松、柏木、竹柏。

被子植物

鹅掌楸(马褂木)、紫玉兰、玉兰、厚朴、乐东拟单性木兰、含笑、披针叶八角、五味子、樟树、乌药、山胡椒(假死柴)、山苍子、檫木、梅、樱桃、枇杷、闽楠、光叶石楠、杏、桃、李、月季花、桂花、小果蔷薇、玫瑰、山莓、悬钩子、花楸、山腊梅、紫荆、合欢、野百合、黄檀木(不知春)、小槐花、截叶铁扫帚、胡枝子、槐树、龙爪槐、紫藤、中国绣球、野茉莉、旱莲木(喜树)、五加皮、常春藤、枫香、继木、二球悬铃木、紫薇、黄杨、意大利杨、黄连木、柳、杨梅、江南桤木、栗、甜槠、栲树、青冈、栎、核桃、枫杨(蜈蚣柳)、朴树、桑、构树、柘树、杜仲、柞木、海桐花、黄花菜、秋海棠、杜英、薯豆、梧桐、木芙蓉、木槿、重阳木、大戟、算盘子、金樱子(糖罐)、野桐、乌桕、油桐、野茶树、山茶、木荷、猕猴桃、羊奶子(山茄子)、杜鹃花、乌饭树、金丝桃、石榴、冬青、枸骨、南蛇藤、雷公藤、青皮木、枣、牯岭蛇葡萄、爬山虎、野柿、君迁子、柚、橘、臭辣树、吴茱萸、枸橘(枳)、野花椒、臭椿、香椿、楝树、无患子、盐肤木、野漆、槭树、野鸭椿、茉莉花、女贞、夹竹桃、栀子、梓树、马鞭草、黄荆、莲、石竹、雀舌草、马齿苋、鸡冠花、千日红、菱、水芹、艾蒿、野菊、野茼蒿、蒲公英、枸杞、泡桐、天竺葵、实心竹。

第二节　植被类型

常绿阔叶林

树种以壳斗科的槠树、樟科的樟树为主。

常绿与落叶阔叶混交林

主要为常绿树种樟树、槠树与落叶栎类、枫香、酸枣等树种混交。

针阔叶混交林

主要为杉树、马尾松针叶树种与硬叶林、阔叶林混交。

山地丘陵针叶林

主要有马尾松、杉木。

松竹与杉竹混交林

马尾松、杉木纯林中散生着少量毛竹和杂竹。

水生植物群落

挺水与浮水两类组成群落较常见。挺水植物主要有荷、菱、草蒲、香蒲、芦苇等。浮水植物主要有浮萍（破铜钱）、睡莲、水鳖（马尿花）、水葫芦等。沉水植物主要有黑藻、菹草等。

第三节　珍稀植物

国家一级保护植物

银杏、南方红豆杉。

国家二级保护植物

金钱松、樟树、闽楠、鹅掌楸、厚朴。

省级保护植物

罗汉松、杜英、杜仲、紫薇、乐昌含笑、桂花、山茶、野茶树、竹柏、三角槭、鸡爪槭、黄连木、枸骨、江西杜鹃、重阳木、大叶青冈、紫荆、黄檀木、紫藤、紫玉兰、玉兰、深山含笑、乐东拟单性木兰、无患子、实心竹。

第四节　古树名木

古树散见于自然村周边。多且集中的地方为磨溪乡新田村5组石门陈，村民为胸围3米以上的45株古树取名挂牌予以保护；其次为车桥镇义门村义门陈，有千年古柏14株。

2000年开始调查古树名木资源，建立县古树名木保护名录。至2007年，录入古树名木102棵，分布在河东、宝塔、林泉、高塘、丰林5乡镇27个村组；有樟、枫、桂、檀、槐、柳、槠、榆、枣、柏、乌柏、银杏、喜树、黄连木、重阳木15个树种，樟树最多，枫香其次。

2007年德安县古树名木名录

表4－4－1 单位:米

编号	树名	树高	胸围(地围)	冠幅	生长位置	管护单位(人)
4260001	樟	12	3.85	14.0	宝塔乡团山村	李维军
4260002	桂	14	1.98	12.0	宝塔乡团山村大明寺门前	团山林场
4260003	樟	14	2.60	14.5	宝塔乡团山村	团山村
4260004	樟	13	2.80	13.0	宝塔乡九里村四季庄	九里4组
4260005	樟	14	3.20	8.0	宝塔乡桂林村火车站旁	桂林8组
4260006	枫香	12	3.10	13.0	宝塔乡桂林村蒋家湾	桂林1组
4260007	桂	5	1.55	7.0	河东乡上畈村	李小绳
4260008	黄檀	17	4.00	14.0	河东乡上畈村桂家垅	桂家
4260009	樟	9	2.00	7.5	河东乡上畈村桂家垅	桂家
4260010	樟	12	4.10	7.0	河东乡后田村燕湾刘家	后田1组
4260011	樟	16	1.80	8.0	河东乡后田村聂家	聂和荣
4260012	樟	12	3.00	6.0	河东乡后田村汤家	后田12组
4260013	槐	15	2.40	6.0	河东乡后田村石门叶家	刘金才
4260014	槐	15	4.00	20.0	河东乡后田村石门叶家	刘金才
4260015	桂	6	2.00	10.0	河东乡后田村	洪礼财
4260016	苦槠	12	2.80	12.0	河东乡后田村	杨光荣
4260017	黄莲木	20	2.80	12.0	河东乡河东村官塘洼	河东6组
4260018	榆	19	2.20	9.0	宝塔乡梅桥村桥头周家	桥头周家
4260019	黄檀	17	1.40	6.0	宝塔乡梅桥村桥头周家	桥头周家
4260020	樟	12	2.60	14.0	宝塔乡梅桥村	梅桥2组
4260021	垂柳	12	3.10	18.0	宝塔乡梅桥村	梅桥3组
4260022	桂	11	3.00	10.0	宝塔乡东山村新屋郭家	周德金
4260023	槐	14	4.20	13.0	宝塔乡东山村爱民机械厂	爱民机械厂
4260024	樟	13	4.30	13.0	宝塔乡东山村爱民机械厂	爱民机械厂
4260025	苦槠	13	3.00	15.0	宝塔乡东山村李家	东山10组
4260026	樟	16	4.20	9.0	宝塔乡东山村	东山10组
4260027	银杏	15	1.98	10.0	宝塔乡八一村石子岭龙泉寺	八一1组
4260028	银杏	14	1.62	6.0	宝塔乡八一村石子岭龙泉寺	八一1组
4260029	樟	12	2.80	12.0	宝塔乡八一村罗山	八一3组
4260030	樟	17	4.00	20.0	宝塔乡八一村罗山	八一3组
4260031	樟	12	2.50	14.0	宝塔乡八一村罗山	八一3组
4260032	重阳木	16	4.70	16.0	宝塔乡八一村对门余家	八一4组
4260033	樟	12	3.00	7.0	宝塔乡八一村对门余家	八一4组
4260034	黄檀	12	2.00	9.0	林泉乡清塘村何家桥	清塘17组

续表 4－4－1

编号	树名	树高	胸围(地围)	冠幅	生长位置	管护单位(人)
4260035	银杏	24	6.90	16.0	林泉乡清塘村黄家畈	清塘1组
4260036	银杏	14	4.50	8.0	林泉乡清塘村黄家畈	清塘1组
4260037	樟	18	5.05	7.0	林泉乡清塘村黄家畈	清塘1组
4260038	樟	20	5.25	8.0	林泉乡清塘村黄家畈	清塘1组
4260039	枫香	15	3.50	5.0	林泉乡清塘村社屋李家	清塘18组
4260040	黄莲木	15	3.40	8.0	林泉乡清塘村陈校尉	清塘8组
4260041	黄莲木	15	2.40	8.0	林泉乡清塘村陈校尉	清塘8组
4260042	樟	20	3.70	15.0	林泉乡清塘村	清塘3组
4260043	樟	20	4.20	15.0	林泉乡清塘村	清塘3组
4260044	枣	11	3.00	6.0	林泉乡林泉村孙学应宅前	孙学应
4260045	樟	15	3.50	13.0	林泉乡林泉村摆下刘家	林泉10组
4260046	樟	16	4.00	10.0	林泉乡林泉村摆下刘家	林泉10组
4260047	樟	10	2.40	7.0	林泉乡林泉村大屋徐家	林泉村6组
4260048	樟	10	3.50	7.0	林泉乡林泉村舒家垄	林泉村16组
4260049	枫香	14	2.75	8.0	林泉乡大溪畈村桑家	大溪畈3组
4260050	枫香	20	4.60	9.0	林泉乡大溪畈村孙邦华山脚	大溪畈4组
4260051	枫香	19	4.20	10.0	林泉乡大溪畈村孙邦华山脚	大溪畈4组
4260052	樟	9	2.20	10.0	林泉乡大溪畈村邓塘湾	大溪畈6组
4260053	枫香	22	4.00	11.0	林泉乡小溪山村喻家山路边	小溪山13组
4260054	樟	16	5.20	22.0	林泉乡小溪山村台冶孙家	小溪山11组
4260055	樟	17	3.40	15.0	林泉乡小溪山村台冶孙家	小溪山11组
4260056	樟	8	5.60	5.0	林泉乡小溪山村牌楼孙家	小溪山9组
4260057	樟	13	4.00	11.0	丰林镇畈上王村岭上王家	王义发
4260058	榆	12	2.00	9.0	丰林镇畈上王村王义銮宅侧	畈上王1组
4260059	苦槠	9	2.80	5.0	丰林镇畈上王村大婆岭	畈上王1组
4260060	苦槠	10	3.10	8.0	丰林镇畈上王村大婆岭	畈上王1组
4260061	樟	13	3.60	7.0	丰林镇丰林村大屋洪家	丰林村6组
4260062	樟	16	2.60	7.0	丰林镇丰林村大屋洪家	丰林村6组
4260063	喜树	13	2.40	6.0	丰林镇丰林村大屋洪家	丰林村6组
4260064	槐	10	1.70	7.0	丰林镇丰林村大屋洪家	丰林村6组
4260065	樟	15	6.10	25.0	丰林镇丰林村	丰林3组
4260066	樟	14	2.50	20.0	丰林镇丰林村	丰林4组
4260067	黄檀	12	3.10	7.0	丰林镇丰林村	丰林4组
4260068	樟	14	2.60	10.0	丰林镇丰林村山里金家	丰林2组
4260069	樟	15	2.00	8.0	丰林镇丰林村山里金家	丰林2组

续表4－4－1

编号	树名	树高	胸围(地围)	冠幅	生长位置	管护单位(人)
4260070	樟	14	2.20	8.0	丰林镇丰林村山里金家	丰林2组
4260071	樟	18	2.10	9.0	丰林镇丰林村山里金家	丰林2组
4260072	樟	11	4.70	9.0	丰林镇丰林村周永保宅旁	田铺5组
4260073	枫香	18	3.00	8.0	丰林镇丰林公路边100米	杨村5组
4260074	樟	16	3.20	11.0	丰林镇大畈村坳上张家	大畈村5组
4260075	樟	10	5.20	8.0	丰林镇桥头村	桥上孙家
4260076	黄莲木	7	4.30	－	丰林镇桥头村	桥上孙家
4260077	樟	10	3.50	－	丰林镇桥头村	桥上孙家
4260078	樟	20	2.70	22.0	丰林镇黄婻村燕窝孙家	黄婻1组
4260079	樟	12	3.00	8.0	丰林镇黄婻村蔡黄垅李家	黄婻5组
4260080	柏木	11	1.60	5.0	丰林镇黄婻村6组铁匠佘家	黄婻6组
4260081	柏木	11	1.70	5.0	丰林镇黄婻村铁匠佘家	黄婻6组
4260082	樟	6	3.90	5.0	丰林镇黄婻村上屋熊家	黄婻8组
4260083	柏木	10	2.50	7.0	高塘乡大垅村大屋万家	大屋万家
4260084	樟	13	4.70	13.0	高塘乡高塘村长岭戴家	高塘6组
4260085	樟	11	3.35	16.0	高塘乡罗桥村	罗桥13组
4260086	樟	8	3.50	5.0	高塘乡罗桥村封首垅	罗桥13组
4260087	樟	10	3.10	10.0	高塘乡罗桥村燕屋王家	罗桥9组
4260088	枫香	13	3.40	7.0	高塘乡高塘村楼下王家	高塘5组
4260089	樟	12	2.60	10.0	高塘乡高塘村楼上王家	高塘6组
4260090	樟	11	3.30	20.0	高塘乡高塘中学院内	高塘中学
4260091	樟	13	2.20	14.0	高塘乡高塘村岭背王	高塘3组
4260092	樟	14	5.20	15.0	高塘乡高塘村四房王	高塘14组
4260093	乌臼	9	1.70	8.0	高塘乡长垅村	长垅16组
4260094	樟	18	2.20	15.0	高塘乡长垅村樟树铺孙家	长垅4组
4260095	刺柏	8	1.30	6.0	高塘乡长垅村樟树铺孙家	长垅4组
4260096	樟	8	3.80	9.0	高塘乡长垅村古塘李家	长垅5组
4260097	樟	13	2.20	11.0	高塘乡长垅村雷家村	长垅12组
4260098	樟	12	2.40	10.0	高塘乡长垅村柏树孙家	长垅6组
4260099	樟	11	2.20	8.0	高塘乡长垅村柏树孙家	长垅6组
4260100	樟	12	3.30	12.0	高塘乡长垅村柏树孙家	长垅6组
4260101	樟	7	5.00	6.0	高塘乡罗桥村罗家桥	罗桥3组
4260102	樟	16	4.00	12.0	高塘乡罗桥村罗家桥	罗桥3组

第五章　野生动物资源

第一节　主要动物种类

鱼　纲

鲤形目　鲤科：青鱼、草鱼、鲢鱼、鳙鱼、团头鲂、长体鲂、三角鲂、长春鳊、鲤鱼（金丝鲤）、红鲤鱼、岩原鲤、鲫鱼（土鲫）、彭泽鲫、高背鲫、白鲫、麦穗鱼（麻古嫩）、钝吻棒花鱼、棒花鱼（爬虎鱼）、麻鲤、华鳈（花石鲫）、鲮鱼、短臀近红鲌（麻尖）、达氏鲌（青梢）、蒙古鲌（红梢、红尾）、翘嘴鲌（白鱼）、红鳍鲌、拟尖头红鲌（鸭嘴红鲌）、银飘鱼（薄鲹）、寡鳞飘鱼（蓝片）、油鲹、马口鱼（肉婆鲹）、宽鳍鲻（桃花鱼）、光倒刺鲃（青棍）、黄尾鲴（黄尾）、圆吻鲴（青片）、细鳞鲴（黄片）、鳡鱼、赤眼鳟（红眼岔）、鳍（麦杆刁）、吻鮈（棍子鱼）、圆筒吻鮈、似刺鳊鮈、似鮈（马头鱼）、蛇鮈（船钉子）、鳌鲦、中华鳑鲏、高体鳑鲏、大鳍刺鳑鲏、彩鳑鲏、多鳞刺鳑鲏、兴凯刺鳑鲏；鳅科：泥鳅、中华沙鳅、紫薄鳅、大鳞副泥鳅。

鲱形目　鳀科：刀鲚、短颌鲚（毛花鱼）。

颌针鱼目　鱵科：鱵鱼（针弓鱼）。

鲈形目　塘鳢科：沙塘鳢（石头鱼）；鰕虎鱼科：栉鰕虎鱼（石鱼）；鳢科：乌鳢、斑鳢、月鳢（秤星鱼）；刺鳅科：刺鳅（锯鳅）；鮨科：翘嘴鳜、大眼鳜（油鳜）、斑鳜（石鳜）、长体鳜；太阳鱼科：大口黑鲈（加州鲈，引进养殖后天然水域亦有分布）。

合鳃目　合鳃科：黄鳝。

鲑形目　银鱼科：太湖短吻银鱼（小银鱼）、大银鱼。

鳗鲡目　鳗鲡科：鳗鲡（白鳝）。

鲶形目　鲶科：鲶鱼（土鲶）、南方大口鲶（河鲶）；胡子鲶科：革胡子鲶（八角须，外来物种）；鲿科：黄颡鱼（黄丫头）、光泽黄颡鱼（尖嘴黄丫）、岔尾黄颡鱼、江黄颡鱼、长吻鮠、大鳍（石胡子）。

鲻形目　鲻科：青鲻（万年鲹）。

两栖纲

无尾目　蛙科：牛蛙（外来物种）、青蛙（绿蛤蟆）、黑斑蛙（田鸡）、棘胸蛙（石鸡）、泽蛙、沼蛙、虎纹蛙（老蛤）；蟾蜍科：中华大蟾蜍（癞蛤蟆）、黑眶蟾蜍；雨蛙科：中国雨蛙。

有尾目　蝾螈科：东方蝾螈。

爬行纲

龟鳖目　鳖科：中华鳖（甲鱼）；泽龟科：巴西红耳龟（危险入侵物种）；龟科：中华草龟（乌龟）；鳄龟科：鳄龟（外来入侵物种）。

有鳞目　游蛇科：王锦蛇、灰鼠蛇、滑鼠蛇、乌梢蛇、赤链蛇、中国水蛇；眼镜蛇科：眼镜蛇、银环蛇；蝮蛇科：蝮蛇、竹叶青蛇。

蜥蜴目　蜥蜴、壁虎。

甲壳纲

十足目　长臂虾科：日本沼虾（青虾、河虾）、秀丽白虾（太湖白虾）；匙指虾科：米虾；螯虾科：克氏原螯虾（小龙虾，外来入侵物种）；方蟹科：中华绒螯蟹、石蟹（溪蟹）。

双壳纲(瓣鳃纲)

真瓣鳃目 蚌科:三角帆蚌、褶纹冠蚌、背瘤丽蚌;蚬科:河蚬。

腹足纲

中腹足目 盖螺科:钉螺;田螺科:中华圆田螺、铁螺、河螺、福寿螺(外来入侵物种)。

鸟 纲

鹈形目 鸬鹚。

鹳形目 池鹭、白鹭、牛背鹭。

雁形目 绿翅鸭、鸳鸯。

隼形目 苍鹰、雀鹰(鹞鹰)、普通鵟。

鸡形目 鹧鸪、竹鸡、白鹇、长尾雉。

鹤形目 秧鸡。

鸻形目 凤头麦鸡。

鸽形目 山斑鸠。

鹃形目 大杜鹃、四声杜鹃、布谷鸟。

鸮形目 草鸮(猴面鹰)、领角鸮、领鸺鹠、斑头鸺鹠。

佛法僧目 白胸翡翠、普通翠鸟。

裂形目 大斑啄木鸟、大拟啄木鸟。

雀形目 云雀(百灵鸟)、家燕、金腰燕、虎纹伯劳、棕背伯劳、黄鹂(黄莺)、八哥、喜鹊、乌鸦、红嘴相思鸟、大山雀、红嘴蓝鹊、麻雀、画眉、黑卷尾、灰卷尾、树鹨、白头翁、白鹡鸰(点水雀)。

哺乳纲

食虫目 刺猬。

翼手目 普通蝙蝠。

鳞甲目 穿山甲。

兔形目 草兔、华南兔。

啮齿目 豪猪、松鼠、竹鼠、小家鼠、东方田鼠。

食肉目 豺、狼、貉、狐、豹猫、黄鼬、水獭、狗獾、猪獾、鼬獾、果子狸。

偶蹄目 野猪、黄麂。

第二节 珍稀动物

国家二级保护动物

穿山甲、豺、八哥、草鸮、领角鸮、领鸺鹠、斑头鸺鹠、白鹇、虎纹蛙、苍鹰、普通鵟、雀鹰。

省级保护动物

黄鼬、貉、果子狸、豹猫、普通鸬鹚、池鹭、鼬獾、黄麂、大杜鹃、白胸翡翠、普通翠鸟、大斑啄木鸟、大拟啄木鸟、家燕、金腰燕、虎纹伯劳、棕背伯劳、凤头麦鸡、山斑鸠、四声杜鹃、画眉、黑卷尾、灰卷尾、红嘴蓝鹊、灰喜鹊、大山雀、王锦蛇、灰鼠蛇、滑鼠蛇、乌梢蛇、银环蛇、眼镜蛇、黑斑蛙、蟾蜍。

第六章　资源管理

第一节　土地资源管理

管理机构

1996年8月，土地利用管理站从农业畜牧局划出，升为土地管理局(土管局)。1995年，土管局内设土地监察大队和地价评估所。1996年，土地监察大队更名土地执法队。2002年，土管局内设土地储备中心和土地交易中心；土地执法队更名土地执法大队。2003年，土管局与矿产局合并，更名县国土资源局。2005年，撤销各乡镇土地管理所，设城镇、丰林、聂桥、邹桥4个中心土管所和工业园国土所。

土地调查与规划

土地资源调查　1991年6月和1993年9月，两次开展土地利用现状调查。第一次土地利用现状调查，查清辖区内土地类型及数量、分布和利用状况，查实县、乡、村土地权属界限，取得系统的土地资源数据和图件资料。第二次土地利用现状调查，查清基本农田状况、农村各类土地和城镇土地利用现状。受调查数据准确度影响，两次调查结果，全县土地总面积不同。期间，全县耕地面积及其占全县土地面积比例减小，林地面积及其占全县土地面积比例增大，城镇、工矿、交通建设用地增加。

土地利用规划　1996年10月，编制完成《德安县土地利用总体规划(1996～2010)》，主要内容有土地利用现状及利用分析、土地利用潜力分析、土地需求量预测、土地供需分析和结构优化、土地利用总体布局、各功能地类组成要素及用途管制规划、土地利用规划中技术经济论证和土地利用专项规划(含基本农田保护区规划、水利用地规划、交通用地规划等)。明确此次规划目的、任务、依据、基期年和规划年、客体范围及实施主体。提出到2010年土地利用总目标为耕地总量增加，建设用地适量控制，农业利用率、土地产业率和森林覆盖率提高。同时，调整土地利用结构方案，确定对土地利用实行分类管理及八大类用地具体指标。

2002年12月，对县1996～2010年土地利用总体规划作了调整，主要内容是乡镇建设用地、交通建设用地和县工业园建设用地指标。

2006年，编制《德安县土地利用总体规划(2006～2020)》，确定规划期间耕地保有量不低于15040公顷，基本农田保护面积不低于13227公顷，建设用地总量不超过4654公顷，城乡建设用地总量不超过3568公顷，新增建设用地总量不超过744公顷，新增建设占用耕地总量不超过355公顷，整治补充耕地不少于788公顷。

地籍管理

地籍调查　1994年5月，查清县城规划区12平方千米范围内每宗土地位置、权属界线、面积和用途。1995年11月，完成县城平面控制点网图及原始资料收集整理，绘制城镇地籍图，列出城镇土地分类面积统计表。

登记发证　1988年起，实行土地申报登记、发证。至2008年底，对国有建设用地(含商品房、私房、商服用地、工业用地)发证12802宗、农民建房发证1367宗。土地证发放到用地单位或个人。

土地定级估价　1998年起，实行城区基准地价定级工作。2005年，对1999年实行的基准地价进行更新，2006年1月1日起实施。

1999 年城区基准地价一览表

表 4-6-1　　单位:元/平方米

类别	一级	二级	三级	四级
商业用地	1050	615	214	113
住宅用地	270	205	137	89
工业用地	253	196	126	85

2006 年城区基准地价一览表

表 4-6-2　　单位:元/平方米

类别	一级	二级	三级	四级
商业用地	1342	638	288	144
住宅用地	330	258	172	100
工业用地	204	158	105	64

土地保护与开发

耕地保护　1995 年后,共接待来访 6312 人次,业务咨询 2121 人次;查处土地违法案件 626 起,清查违法占用与非法买卖土地 41 起,涉及面积 130 亩,退还耕地 35 亩,罚款 63 万元。对耕地占一补一,确保占补平衡。

1996 年,划定基本农田保护区 475 块,保护面积 13700 公顷,保护率 89.28%。其中,一级保护区 295 块,保护面积 10300 公顷;二级保护区 180 块,保护面积 3400 公顷。建立保护区标志 454 个,保护区实行五有:有标志、示意图、分户耕种表、面积汇总表、分布图。

1996 年德安县基本农田规划保护面积一览表

表 4-6-3　　单位:公顷、%

乡镇场	现有耕地面积	规划期末耕地面积	规划期保护面积	保护率
蒲亭镇	1.99	—	—	—
丰林镇	87.86	88.53	76.61	87.20
聂桥镇	79.98	79.20	70.05	87.58
车桥镇	122.37	122.24	92.76	75.80
宝塔乡	105.43	97.68	90.04	85.40
河东乡	55.20	54.50	48.52	87.90
高塘乡	56.90	58.26	52.23	91.79
林泉乡	64.85	64.49	57.84	89.20
吴山乡	137.72	133.45	119.13	86.50
磨溪乡	130.88	128.49	115.92	88.57
爱民乡	72.46	75.08	64.06	88.41
邹桥乡	70.73	70.36	61.65	87.70

续表 4－6－3

乡镇场	现有耕地面积	规划期末耕地面积	规划期保护面积	保护率
塘山乡	45.12	47.21	38.53	85.37
彭山林场	7.31	7.11	6.60	90.29
园艺场	8.04	7.91	7.20	89.55
其他用地	13.21	13.21	11.93	90.31

说明：保护率为规划期保护面积与现有耕地面积之比。

造地与复垦　2002 年，成立县造地增粮领导小组，办公室设县土管局内。2007 年，实施土地复垦项目 1 个，面积 20 公顷，新增耕地 6.3 公顷。至 2008 年，实施造地增粮项目 3 个，新增耕地 130 余公顷，填补因县城新区和工业园西区建设造成的土地总量缺口。

土地征用　1985 年后，彭山锡矿迁入、米粮铺段铁路改造、南九高等级公路（1996 年改建为高速公路）和京九铁路建设、宝塔开发区启动、德白公路二期改造、环宇水泥厂迁址改建、县城内环路建设、工业园西区建设、县城商住楼建设和大规模道路拓宽建设均形成大宗土地征用。至 2008 年，全县共征用土地 484.9 公顷。

土地交易　2002 年，土地交易（储备）中心成立。以招标、拍卖、挂牌等方式实行国有土地使用权出让，规范国有土地出租、抵押、划拨等行为。至 2008 年，进行招、拍、挂交易土地 136 宗，面积 61.08 公顷，成交金额 22597.89 万元。

第二节　水资源管理

取水许可制度

1989 年起实施取水许可制度。至 2008 年，累计向县供水公司、爱民机械厂、嘉华化工有限公司、驰耐得轮胎有限公司、丰林镇自来水厂、双鹰水泥厂、浔阳电子仪器厂等取水户发放取水许可证 15 份。

水资源管理费征收

1989 年起，对取水单位征收水资源管理费，执行标准 0.05 元/吨（超限量部分加价 2～5 倍）。2001 年执行标准：工业用地表水 0.015 元/吨、地下水 0.025 元/吨，生活用地表水 0.01 元/吨、地下水 0.015 元/吨，其他用地表水 0.01 元/吨、地下水 0.02 元/吨。

城市排水设施使用费征收

1994～2006 年，按实用水量 55% 和现行工业、生产（营业）性水价 20% 计征。对自备水源的个体饮食店按规模收取：小型每月 4 元，中型每月 8 元。2006 年计收标准为：政府机关、团体、部队和企事业单位 0.15 元/吨，工业生产、基建 0.2 元/吨，服务、娱乐行业 0.3 元/吨。

第三节　矿产资源管理

矿产资源勘查

县内地质矿产勘查主要由省地质矿产勘查开发局九一六大队进行。2007 年完成全县矿产资源勘查与开发利用现状调查监测；初步建立矿产资源储量变化、地质灾害动态监测和信息管理系统；完成聂桥、爱民、邹桥、白水一带建筑用石料矿产资源调查评价，提交资源量 1350 万吨；开展丰林、磨溪一带砖瓦用粘土资源调查,提交资源量300万吨。至2008年,完成付山煤矿、塘山煤矿、曾家垅锡矿、宝山锑矿、洪溪畈萤石矿、尖峰坡锡矿、红花尖锡矿、培家垅锡矿、舒家锡矿、梁家山砷矿、金家洞萤石矿、张十八铅锌矿、尖东铅锌矿、葛洪山铅锌矿、黄金洼锡矿、坡西锡矿、垄里甘锡矿、下鞭山锡矿、四方余锑矿、刘家锑矿、百福垴锑矿、周家尖铅锌矿、程头坪金矿、五台萤石矿、大屋孙村—梁家山萤石矿、洪溪畈—小溪山水泥用灰岩等矿区普查、详查和勘探。全县有探矿权23宗,其中铅锌矿7个、伴生金矿8个、锡矿5个、锑矿1个、萤石矿2个、地热水1个,勘查总面积99.99平方千米。

矿产资源开发管理

规划布局　根据矿产资源特点、开发现状及资源环境协调发展要求,划分重点开采区、鼓励开采区、限制开采区、禁止开采区和矿产资源储备保护区。其中,重点开采区1个(张十八铅锌矿,含百福垴锑矿),鼓励开采区5个(尖东铅锌矿、宝山—金山—车桥金多金属矿、葛洪山铅锌矿、洪溪畈—小溪山水泥和化工用灰岩、其他建筑石料石灰岩),限制开采区4个(彭山锡、锑、萤石矿,下鞭山—小溪山锡、萤石矿,塘山煤矿,砖瓦用粘土),禁止开采区3个(林泉—彭山北部、聂桥—胡家山风景区、湖塘水库水源保护区),重要矿产资源储备保护区1个(彭山—宝山锡、锑、萤石矿)。

开发利用　至2007年底,开发利用矿种12个,主要为锡、锑、金、铅(锌)、萤石、煤、水泥用灰岩。建成锡矿山4个、小型铅锌矿山1个、小型锑(金)矿山3个(停产1个)、中小型萤石矿山4个(停产1个)、小型煤矿山5个(停产3个)、中型水泥用灰岩矿山1个、化工用灰岩小型矿山7个(停产1个)、建筑用石料小矿山37个(停采15个)、砖瓦用黏土小矿山18个(停产6个)。年产矿石总量262.8万吨。

卷五　人口

卷五　人　口

1985 年,全县人口 152500 人,人口出生率 15.3‰,自然增长率 10.0‰,男女性别比 107.51(以女性为 100,下同)。通过计划生育政策进一步贯彻落实,全县人口出生率得到有效控制,人口由高出生、高死亡、高增长逐步向低出生、低死亡、低增长转变。“八五”期间,全面推行依法行政和优质服务,将计划生育工作同经济社会发展主要指标同步考核,实现人口计划生育工作跨越式发展,促进人口与经济社会协调和可持续发展。1995 年,全县人口 208515 人,人口出生率 9.4‰,自然增长率 5.5‰,男女性别比 106.44。“九五”期间,随着全程系列服务措施的落实,人口计生工作逐步走上规范化、科学化轨道。2004 年、2005 年、2007 年德安分别获省政府“计划生育优质服务先进县”称号。2008 年,全县人口 163060 人,人口出生率 13.8‰,自然增长率 11.4‰,男女性别比 106.73。60 岁以上人口超过 10%,按联合国标准,已进入老年型社会。

随着经济社会发展,教育环境改善,计划生育工作逐步推进,人口素质明显提高,家庭规模逐渐小型化,劳动就业逐步向二、三产业转移,居民生活进一步改善。

第一章　人口状况

第一节　人口数量

1985 年,全县户籍 31887 户,人口 152500 人。其中,男性 79008 人,占 51.81%;女性 73492 人,占 48.19%。非农业人口 34389 人,占 22.55%。

1990 年 7 月,全国第四次人口普查。全县户籍 40294 户(家庭户 39788 户,集体户 506 户),人口 174193 人。其中,男性 90043 人,占 51.69%;女性 84150 人,占 48.31%。非农业人口 34102 人,占 19.58%。

1997 年,全县户籍 55857 户,人口 210852 人。其中,男性 108427 人,占 51.42%;女性 102425 人,占 48.58%。非农业人口 51955 人,占 24.64%。全县总人口比 1985 年净增 58352 人,年均净增 4863 人。

1998 年,全县户籍 40884 户,人口 155454 人(不含共青)。其中,男性 80274 人,占 51.64%;女性 75180 人,占 48.36%。非农业人口 43253 人,占 27.82%。

2000 年 11 月,全国第五次人口普查。全县户籍 54814 户,人口 196647 人。其中,男性 101547 人,占 51.64%;女性 95100 人,占 48.36%。非农业人口 50906 人,占 25.89%。

2008 年,全县户籍 52112 户,人口 163060 人(不含共青)。其中,男性 84183 人,占 51.63%:女性 78877 人,占 48.37%。非农业人口 53356 人,占 32.72%。全县总人口比 1998 年净增 7606 人,年均净增 761 人。

1985～2008 年德安县户籍人口一览表

表 5－1－1　　　　单位:户、人

年份	总户数	总人口			总人口中非农业人口	年份	总户数	总人口			总人口中非农业人口
		合计	男	女				合计	男	女	
1985	31887	152500	79008	73492	34389	1997	55857	210852	108427	102425	51955
1986	32593	155624	80864	74760	35481	1998	40884	155454	80274	75180	43253
1987	34369	158983	82581	76402	37346	1999	40968	157104	81159	75945	45366
1988	37690	164620	85806	78814	39097	2000	41872	157106	81031	76075	45756
1989	40503	168479	87504	80975	40255	2001	42030	157776	81337	76439	47037
1990	41517	175101	90489	84612	40846	2002	41598	158584	81737	76847	47916
1991	42835	177254	91791	85463	41749	2003	42662	160681	83381	77300	48809
1992	45520	183040	94082	88958	43414	2004	43088	162095	84250	77845	49823
1993	54986	201328	103891	97437	44500	2005	48678	155806	80238	75568	50465
1994	54515	204612	105487	99125	46298	2006	49642	158173	81559	76614	51605
1995	54913	208515	107512	101003	48373	2007	50811	160492	82812	77680	52636
1996	55081	210027	107919	102108	50064	2008	52112	163060	84183	78877	53356

说明:①1993 年,永修县江益镇划归共青,全县人口基数增加。②1998 年起,共青经济社会发展数据单列,全县人口基数减少。

第二节　人口密度

1985 年,全县人口密度每平方千米 163 人。1997 年,每平方千米 225 人,为 1985 ~ 2008 年最高值。2008 年,全县人口密度每平方千米 189 人。

2008 年,各乡镇场人口密度以县城蒲亭镇最高,每平方千米 2926 人;彭山林场最低,每平方千米 88 人。其他乡镇场由高到低依次为:300 ~ 201 人,有高塘乡、丰林镇、塘山乡;200 ~ 101 人,有河东乡、聂桥镇、宝塔乡、林泉乡、园艺场、磨溪乡、爱民乡、邹桥乡、吴山乡;100 人以下有车桥镇。

1985 ~ 2008 年德安县户籍人口密度一览表

表 5 - 1 - 2　　单位:人、平方千米、人/平方千米

年份	总人口	县域面积	人口密度	年份	总人口	县域面积	人口密度
1985	152500	937.4	163	1997	210852	937.4	225
1986	155624	937.4	166	1998	155427	863	180
1987	158983	937.4	170	1999	157104	863	182
1988	164620	937.4	176	2000	157106	863	182
1989	168479	937.4	180	2001	157776	863	183
1990	175101	937.4	187	2002	158584	863	184
1991	177254	937.4	189	2003	160681	863	186
1992	183040	937.4	195	2004	162095	863	188
1993	201328	937.4	215	2005	155806	863	181
1994	204612	937.4	218	2006	158173	863	183
1995	208515	937.4	222	2007	160492	863	186
1996	210027	937.4	224	2008	163060	863	189

2008 年德安县各乡镇场户籍人口密度一览表

表 5 - 1 - 3　　单位:人、平方千米、人/平方千米

单位	总人口	占总人口比重%	区域面积	人口密度
蒲亭镇	47397	29.1	16.2	2926
丰林镇	12291	7.5	57.8	213
聂桥镇	9016	5.5	52.2	173
车桥镇	10470	6.4	114.1	92
宝塔乡	11395	7.0	67.1	170
河东乡	6513	4.0	32.9	198
高塘乡	7106	4.4	32.1	221
林泉乡	9185	5.6	66.5	138
吴山乡	13428	8.2	128.8	104
磨溪乡	11932	7.3	103.2	116
爱民乡	6593	4.1	56.9	116
邹桥乡	8636	5.3	77.7	111
塘山乡	6227	3.8	29.2	213
彭山林场	1545	1.0	17.5	88
园艺场	1326	0.8	10.8	123

第三节 人口变动

自然变动

1985年,全县出生人口2312人,出生率15.3‰;死亡808人,死亡率5.4‰;人口自然增长1504人,自然增长率9.9‰。随着计划生育政策进一步落实,人口自然增长率逐年下降。期间,因1990年第四次、2000年第五次全国人口普查时,对部分超生和已故未及时申报、注销的人口进行补报和登记,致1990年和2000年人口自然增长率出现17.5‰和－1.8‰。2008年,全县出生人口2235人,出生率13.7‰;死亡387人,死亡率2.4‰;人口自然增长1848人,自然增长率11.3‰。

迁移变动

1985年后,人口迁移以外出就学、服兵役、调动工作、婚姻等正常迁移为主。高等学校就学和服兵役者迁出后,大多数在学业期满或服兵役期满后回迁。20世纪90年代初,随着南大共青职业学院开办,迁入人员逐年增加。1993年,全县人口由1985年152500人增加到201328人。至2008年,全县迁入人口86193人,迁出人口69890人,24年间迁移变动人口增长16303人。部分外出打工人员在外地置业定居,但户籍仍在本地,县内实际居住人口少于户籍人口。

1985～2008年德安县户籍人口变动一览表

表5－1－4 单位:人、‰

年份	自然变动						迁移变动	
	出生		死亡		自然增长		迁入	迁出
	人数	出生率	人数	死亡率	人数	增长率		
1985	2312	15.3	808	5.4	1504	10.0	4471	2932
1986	1896	12.3	729	4.7	1167	7.6	3955	2412
1987	1875	11.9	770	4.9	1105	7.0	4663	1105
1988	1904	11.7	692	4.3	1212	7.5	5745	1999
1989	2505	15.0	748	4.5	1757	10.5	4433	2550
1990	3923	22.8	912	5.3	3011	17.5	1793	2449
1991	2740	15.6	972	5.5	1768	10.0	3624	3319
1992	2360	13.1	805	4.4	1555	8.6	8124	4803
1993	2009	10.5	757	3.9	1252	6.5	8100	3524
1994	1829	9.0	679	3.3	1150	5.7	5866	3582
1995	1933	9.4	807	3.9	1126	5.5	3056	2841
1996	1537	7.3	599	2.9	938	4.5	2543	2729
1997	1937	9.2	915	4.3	1022	4.9	3297	3057
1998	1685	9.2	563	3.1	1122	6.1	1832	1884
1999	1563	10.0	323	2.1	1240	7.9	2640	2113
2000	1731	11.0	2011	12.8	－280	－1.8	2049	2070

续表 5－1－4

年份	自然变动						迁移变动	
	出生		死亡		自然增长		迁入	迁出
	人数	出生率	人数	死亡率	人数	增长率		
2001	1542	9.8	188	1.2	1354	8.6	2180	1944
2002	1505	9.5	263	1.7	1242	7.9	2131	2468
2003	1545	9.7	294	1.8	1251	7.8	1847	2055
2004	2284	14.2	357	2.2	1927	11.9	1283	831
2005	3054	19.2	1576	9.9	1478	9.3	3548	11296
2006	2466	15.7	368	2.3	2098	13.4	3016	2807
2007	2455	15.4	370	2.3	2085	13.1	2975	2741
2008	2235	13.8	387	2.4	1848	11.4	3022	2379

第二章　人口构成

第一节　性别构成

1985 年，全县总人口中，男性 79008 人，女性 73492 人。性别比 107。

1990 年 7 月，全国第四次人口普查，全县男性 90043 人，女性 84150 人。性别比 107。

2000 年 11 月，全国第五次人口普查，全县男性 101547 人，女性 95100 人。性别比 106.78。

2008 年，全县总人口中，男性 84183 人，女性 78877 人。性别比 106.73。

1985～2008 年德安县户籍人口男女性别比一览表

表 5－2－1　　单位：人、%

年份	总人口			性别比	年份	总人口			性别比
	合计	男	女			合计	男	女	
1985	152500	79008	73492	107.51	1997	210852	108427	102425	105.86
1986	155624	80864	74760	108.16	1998	155454	80274	75180	106.78
1987	158983	82581	76402	108.09	1999	157104	81159	75945	106.87
1988	164620	85806	78814	108.87	2000	157106	81031	76075	106.52
1989	168479	87504	80975	108.06	2001	157776	81337	76437	106.41
1990	175101	90489	84612	106.95	2002	158584	81737	76847	106.36
1991	177254	91791	85463	107.40	2003	160681	83381	77300	107.87
1992	183040	94082	88958	105.76	2004	162095	84250	77845	108.23
1993	201328	103891	97437	106.62	2005	155806	80238	75568	106.18
1994	204612	105487	99125	106.42	2006	158173	81559	76614	106.45
1995	208515	107512	101003	106.44	2007	160492	82812	77680	106.61
1996	210027	107919	102108	105.69	2008	163060	84183	78877	106.73

第二节 年龄构成

1990年,第四次全国人口普查,全县总人口174193人。其中,少年儿童人口(0～14岁)55792人,占32.03%;成年人口(15～64岁)110047人,占63.18%;老年人口(65岁以上)8354人,占4.79%。总人口平均年龄26.19岁,年龄中位数为22.46岁(即一半人口在22.46岁以下,一半人口在22.46岁以上),人口老少比(老年人口与少年儿童人口的比值)为14.97%。人口年龄结构属成年型初期。

2000年,第五次全国人口普查,全县总人口196647人。其中,少年儿童人口(0～14岁)44757人,占22.76%,比1990年下降9.27个百分点;成年人口(15～64岁)140024人,占72.21%,比1990年上升8.03个百分点;老年人口(65岁以上)11866人,占6.03%,比1990年上升1.24个百分点。总人口平均数30.64岁,比1990年提高4.45岁;年龄中位数28.36岁,比1990年提高5.9岁;人口老少比26.51%,比1990年上升11.54个百分点。人口年龄结构由1990年成年型初期逐步跨入成年型晚期。

2008年,全县总人口163060人。其中,60岁以上18430人,占总人口11.3%。按维也纳老龄问题世界大会标准,60岁以上人口超过10%为老年型社会,德安已进入老年型社会。

1990年与2000年德安县人口普查年龄构成一览表

表5-2-2　　单位:人、%

年龄组	1990年第四次人口普查		2000年第五次人口普查	
	人口数	占总人口	人口数	占总人口
总计	174193	100	196647	100
0～4	19985	11.47	10968	5.58
5～9	15781	9.06	12130	6.17
10～14	20026	11.49	21659	11.01
15～19	19239	11.04	16904	8.60
20～24	19642	11.27	18872	9.60
25～29	16776	9.63	21178	10.77
30～34	12152	6.98	21183	10.77
35～39	11836	6.79	18045	9.18
40～44	8634	4.96	12207	6.21
45～49	6580	3.78	12005	6.10
50～54	5325	3.06	8384	4.26
55～59	5543	3.18	6267	3.19
60～64	4320	2.48	4979	2.53
65～69	4007	2.30	4622	2.35
70～74	2309	1.33	3287	1.67
75～79	1282	0.74	2482	1.26
80～84	555	0.32	1038	0.53
85～89	172	0.10	359	0.18
90～94	27	0.02	57	0.03
95～99	2	0	21	0.01

第三节　文化构成

1990 年,第四次全国人口普查,全县总人口 174193 人。其中,6 岁以上年龄人口 150107 人。小学以上文化人数 118986 人,占总人口 68.31%,占 6 岁以上年龄人口 79.27%;文盲、半文盲 31121 人,占总人口 17.87%,占 6 岁以上年龄人口 20.73%;小学以上文化人数中,大学文化 1599 人,占总人口 0.92%;高中(含中专)15637 人,占 8.98%;初中 39704 人,占 22.79%;小学 62046 人,占 35.62%。

2000 年,第五次全国人口普查,全县总人口 196647 人,其中,6 岁以上年龄人口 183842 人。小学以上文化人数 168617 人,占总人口 85.75%,比 1990 年增加 49631 人、17.44 个百分点;占 6 岁以上年龄人口 91.72%,比 1990 年增加 12.45 个百分点。文盲、半文盲 15225 人,占总人口 7.74%,比 1990 年减少 15896 人、10.13 个百分点;占 6 岁以上年龄人口 8.28%,比 1990 年减少 12.45 个百分点。小学以上文化人数中,大学文化 5957 人,占总人口 3.03%,比 1990 年增加 4358 人、2.11 个百分点;高中(含中专)24595 人,占 12.51%,比 1990 年增加 8958 人、3.53 个百分点;初中 76056 人,占 38.68%,比 1990 个增加 36352 人、15.89 个百分点;小学 62009 人,占 31.53%,比 1990 年减少 37 人、4.09 个百分点。

第四节　婚姻构成

1990 年,第四次全国人口普查,全县总人口 174193 人。未婚 30532 人,占 15 岁以上人口 25.79%;有配偶 80143 人,占 67.69%;丧偶 6765 人,占 5.71%;离婚 961 人,占 0.81%。2000 年,第五次全国人口普查,全县总人口 196647 人。根据 10% 的户登记普查,未婚占 15 岁以上人口 18.92%,比 1990 年下降 6.87 个百分点;有配偶为 74.91%,比 1990 年增加 7.22 个百分点;丧偶为 5.21%,比 1990 年下降 0.5 个百分点;离婚为 0.96%,比 1990 年增加 0.15 个百分点。

第五节　家庭构成

1985 年,全县户籍总户数 31887 户,人口 152500 人,户均 4.78 人。1990 年,第四次全国人口普查,全县总户数 39788 户,人口 174193 人,户均 4.32 人,比 1985 年减少 0.46 人。2000 年,第五次全国人口普查,全县总户数 54814 户,人口 196647 人,户均 3.59 人,比 1990 年减少 0.73 人。2008 年,全县户籍总户数 52112 户,人口 163060 人,户均 3.13 人,比 2000 年减少 0.46 人。家庭人口数量变化较大,趋于小型化,4 人以下家庭所占比重提高,5 人以上家庭比重下降。

1990 年与 2000 年德安县人口普查家庭规模一览表

表 5-2-3　　　　单位:户、%

家庭户规模	1990 年		2000 年		2000 年比 1990 年	
	户数	占比	户数	占比	增减户数	升降百分点
1 人户	2004	5.04	3676	6.89	1672	1.85
2 人户	3473	8.73	7615	14.26	4142	5.53
3 人户	7778	19.55	16786	31.44	9008	11.89
4 人户	9610	24.15	12473	23.36	2863	-0.79
5 人户	8621	21.67	8899	16.67	278	-5.00
6 人户	4573	11.49	2375	4.45	-2198	-7.04

续表5－2－3

家庭户规模	1990年		2000年		2000年比1990年	
	户数	占比	户数	占比	增减户数	升降百分点
7人户	2269	5.70	913	1.71	－1356	－3.99
8人户	889	2.23	392	0.73	－497	－1.50
9人户	335	0.84	150	0.28	－185	－0.56
10人以上户	236	0.59	110	0.21	－126	－0.39

第六节　职业构成

劳动人口

按国家人口普查规定标准,男性16～60岁,女性16～55岁为劳动人口。1990年,全县总人口174193人,劳动人口105727人,占总人口60.7%。其中,男性55006人,占劳动人口52.03%;女性50721人,占47.97%。2000年,全县总人口196647人,劳动人口132189人,占总人口67.22%。其中,男性69496人,占52.57%;女性62693人,占47.43%。

就业人口

1990年,全县就业人口90131人,占劳动人口85.25%。其中,男性48749人,占就业人口54.09%;女性41382人,占45.91%。2000年,全县就业人口104534人,占劳动人口79.08%。其中,男性56985人,占就业人口54.51%;女性47549人,占45.49%。

1990年与2000年德安县劳动人口及就业人口一览表

表5－2－4　　单位:人

年龄段	劳动人口						在业人口					
	1990年			2000年			1990年			2000年		
	合计	男	女	合计	男	女	合计	男	女	合计	男	女
	105727	55006	50721	132189	69496	62693	90131	48749	41382	104534	56985	47549
15～19岁	19239	9866	9373	16904	9002	7902	11439	5459	5980	7515	3935	3580
20～24岁	19642	9817	9825	18872	9427	9445	18231	9152	9079	13666	7268	6398
25～29岁	16776	8448	8328	21178	10686	10492	16171	8340	7831	18436	9769	8667
30～34岁	12152	6248	5904	21183	10753	10430	11820	6206	5614	19156	9858	9298
35～39岁	11836	6225	5611	18045	9152	8893	11478	6141	5337	16262	8460	7802
40～44岁	8634	4714	3920	12207	6188	6019	8193	4643	3550	10973	5757	5216
45～49岁	6580	3629	2951	12005	6324	5681	5856	3553	2303	10111	6012	4099
50～54岁	5325	2953	2372	8384	4553	3831	3890	2714	1176	6269	3780	2489
55～59岁	5543	3106	2437	3411	3411	—	3053	2541	512	2146	2146	—

行业分布

1990年,第四次全国人口普查,从事农林牧渔及水利业人口占就业人口63.75%,从事工业人口占

21.68%，从事商业、公共饮食和仓储业人口占4.33%，国家机关和社会团体占2.54%，从事教育文化事业人口占2.53%，从事交通运输及邮电通信业人口占1.69%，从事建筑业人口占1.46%，从事其他行业人口占2.02%。

2000年，第五次全国人口普查，从事农林牧渔及水利业人口占就业人口55.71%，从事制造业人口占18.21%，从事批发和零售贸易、餐饮业人口占6.78%，国家机关、党政机关和社会团体占3.54%，从事交通运输及邮电通信人口占2.95%，从事教育文化事业人口占2.83%，从事建筑业人口占2.55%，从事社会服务业人口占2.33%，从事其他业人口占5.1%。与1990年相比，从事第一产业人口比重下降8.04个百分点，从事第二、三产业人口比重有所增长。

1990年与2000年德安县就业人口行业构成一览表

表5－2－5　　单位：%

1990年人口普查数据		2000年人口普查抽样数据	
行业	占在业人口	行业	占在业人口
农、林、牧、渔及水利业	63.750	农、林、牧、渔及水利业	55.71
工业	21.680	制造业	18.21
建筑业	1.460	建筑业	2.55
地质勘查和勘探业	0.003	地质勘查、水利管理业	0.02
交通运输、邮电通讯业	1.690	交通运输、邮电通信业	2.95
商业、饮食业、物资供销和仓储业	4.330	批发和零售贸易、餐饮业	6.78
金融、保险业	0.530	金融、保险业	0.75
房地产管理、公共事业、居民服务和咨询服务业	0.640	房地产业	0.11
		社会服务业	2.33
卫生、体育和社会福利事业	0.770	卫生、体育和社会福业	1.26
教育、文化艺术和广播电视事业	2.530	教育、文化艺术和广播电影电视业	2.83
科学研究和综合技术服务业	0.077	科学研究和综合技术服务业	0.15
国家机关、政党机关和社会团体	2.540	国家机关、政党机关和社会团体	3.54
其他行业	0	其他行业	0.45
		采掘业	1.63
		电力、煤气及水的生产供应业	0.73

第七节　民族构成

1990年，第四次全国人口普查，总人口174193人。其中，汉族173892人，占99.83%；少数民族10个、301人，占0.17%。少数民族中，回族114人，苗族2人，蒙古族1人，彝族6人，壮族21人，满族22人，侗族2人，瑶族1人，土家族7人，畲族125人。

2000年，第五次全国人口普查，总人口196647人。其中，汉族196274人，占99.81%；少数民族16个、373人，占0.19%。少数民族中，回族58人，苗族13人，蒙古族91人，彝族7人，壮族35人，满族25人，侗族8人，瑶族9人，土家族4人，畲族84人，维吾尔族11人，藏族5人，布依族6人，朝鲜族11人，佤族2人,土族4人。

2008年,总人口163060人。其中,汉族162524人,占99.67%;少数民族16个、536人,占0.33%。少数民族中,畲族337人,回族87人,满族41人,黎族22人,壮族14人,土家族10人,侗族8人,蒙古族3人,苗族3人,彝族3人,傈僳族2人,布依族2人,瑶族1人,仫佬族1人,东乡族1人,维吾尔族1人。

少数民族人口主要因移民、工作调动、投亲靠友、婚姻等原因迁入,散居在全县13个乡镇中,较为集中居住为畲族,是1969年浙江新安江水库移民,安置在邹桥乡石门村磨盘洲、车桥镇义门村东塘河、吴山乡红桥村贺山垅魏家。

第八节 姓氏构成

2008年,有姓氏396个,其中复姓有:欧阳、上官;人口5000人以上姓氏有:张、王、陈、刘、李。按音序排列如下:

a:艾、安、敖

b:巴、白、柏、邦、包、鲍、贲、毕、闭、卞、滨、卜

c:蔡、藏、操、岑、柴、昌、常、钞、巢、车、陈、谌、成、程、池、宠、仇、储、褚、次、从、崔、翠

d:代、戴、单、但、淡、邓、狄、丁、刁、董、都、窦、堵、杜、端、段、断

f:凡、樊、范、方、房、费、丰、封、冯、扶、洑、符、甫、付、傅

g:干、甘、淦、高、郜、戈、葛、耿、宫、龚、苟、辜、古、谷、顾、关管、广、桂、郭、国、虢、过

h:海、韩、杭、郝、何、河、荷、贺、洪、侯、后、候、胡、户、扈、花、华、化、宦、皇、黄、惠、霍

j:姬、吉、戢、季、郏、贾、江、姜、焦、娇、揭、解、戒、金、晋、靳、经、井、景、居、琚、鞠、瞿、郡

k:堪、阚、康、柯、科、孔、寇、库、匡、邝、况、蒉

l:赖、兰、蓝、郎、朗、劳、乐、雷、冷、黎、李、历、厉、郦、连、练、梁、廖、林、蔺、凌、刘、柳、龙、隆、娄、卢、庐、芦、炉、鲁、陆、路、吕、罗、洛、骆

m:麻、马、麦、满、毛、茅、茆、梅、蒙、孟、梦、米、苗、庙、闵、明、谬、缪、莫、穆

n:南、倪、聂、宁、牛、钮

o:欧、欧阳

p:潘、裴、彭、皮、平、蒲、浦

q:戚、漆、祁、齐、钱、潜、乔、秦、邱、裘、曲、屈、全、权、雀、阙

r:冉、饶、仁、任、戎、容、茹、阮、芮

s:赛、桑、色、沙、商、尚、邵、沈、慎、盛、施、石、时、史、是、舒、束、帅、双、司、宋、苏、粟、眭、隋、随、孙、上官

t:邰、谈、覃、潭、檀、汤、唐、陶、腾、滕、田、童、涂、屠

w:宛、万、汪、王、危、威、韦、卫、魏、温、文、闻、翁、邬、巫、吴、伍、武

x:奚、溪、习、席、夏、咸、相、向、项、萧、肖、谢、忻、辛、信、刑、邢、幸、熊、修、胥、徐、许、宣、薛

y:鄢、严、阎、颜、晏、燕、阳、杨、姚、叶、易、益、殷、尹、印、应、尤、油、游、于、余、俞、虞、禹、郁、喻、原、袁、岳

z:查、臧、仄、曾、翟、詹、展、占、战、湛、张、章、赵、甄、郑、支、钟、衷、仲、周、朱、诸、祝、庄、莊、卓、紫、訾、宗、邹、祖、左、佐

德安县自然村姓氏分布一览表

表5-2-6

乡镇场	行政村	自然村姓氏分布情况
蒲亭镇	附城	**李家垅**:李、于、朱、张、王、蒋、许、陈、娄、熊、周、刘、崔、杜、桂、胡、顾、左、黄、段、邬、魏、柳;**桂家**:桂、夏、潘、王、张、余、石、柯、刘、杨、吴、周、郭、蒋、程;**樟树陶家**:陶、吴、张、王、董、余、周、汪、陈、龙、熊、李、夏、韩、黄、程、江、印、崔、赵、马;**袁家**:袁、梁、陈、张、任、龙、裴、阮、冯、桂、闵、邱;**汝郎周**:周、黄、李、闵、魏、江、赵、裴、朱、钱、程、方、滕、杨、娄、邬、王、凌、张、韩、陈、冯、袁、郝;**榨下黄**:黄、丁、杨、许、陈、戴、吕、马、邹、朱、吴、王、张、牛、施、宋、席、熊、邢、桂、孙;**背后陈**:陈、郭、周、倪、江、黄、程、蔡、姜、李、茹、裴、陶、熊、赵;**背后李**:李、熊、邹、王、杨、肖、何、倪、陆、袁、朱、江、周、胡、邱、邢、成、郭;**坡上李**:李、夏、张、赵、孙、王、陈、姜、邹、周、刘、杜、文、胡、易、黄、熊、杨、方、汪;**杨家墩**:杨、朱、夏、仇、邱、马、向、陈、樊、李、廖、邱、王、周;**油榨**:李、胡、仇、周、娄、徐、宣、陈、张、梅
	朝阳	**西垄杨家**:杨、田、严、曾、张、周、郑、曹、邱、柯、乐、胡、彭、王、方、汪;**南门畈**:熊、肖、吴、邓、杜、李、杨、扶、余、胡、周、黄、高、江、姜、王、陶、辛、骆、曾、凡、赵、金;**老锅炉**:陈、周、凡、姜、王、徐、舒、刘、杜、赵、胡、杨、张、金、黄、向、史、董、吴;**李家墩**:周、陈、凡、魏、江、李、肖;**猪场**:王、闵、安、陶、刁;**东门州**:王、曾、毕、肖、郭、陶、刘、魏、潘、赵、黄、彭、朱;**敬老院**:胡、刘、蔡、周、耿、王、芦、赵、潘、任、董、孔、金、陈
	牌楼	**冯家岭**:冯、卢、李、杨、熊、郭、邹、范、叶、涂、付、陈、戴、丁、方、黄、胡、刘、孙、陶、夏、吴、许、余、赵、张、王、侯、贾、魏、牛、耿、姚、罗、帅、钟、梅、林、郑、肖、殷;**邹家村**:邹、张、汪、吴、李、王、聂、熊、郭、许、夏、陈、龚、桂、黄、马、伍、易、肖、徐、章、钱;**牌楼伍家**:伍;**塘角伍家**:伍、张、黄、郭、刘、王、曹、陈、付、黄、胡、李、鲁、潘、叶、余、唐、郑、谷、倪、徐、范、杨、夏、易;**曾家坳**:张、黄、易、潘、晏、王、邹、赵、陈、刘、郭、盛、钱、杨、周、钟、唐、熊、桂、兰、付、汪、徐、李、涂;**果园场**:黄、余、雷、方、袭、耿、马、燕、宋、徐、张、刘、韩、蒋、牟、涂、夏、叶、王、赵
	桂林	**蒋家湾**:蒋、刘、陈、赵、张、顾、高、胡、王、李、彭、肖、熊、夏、袁、杨、曾、朱、金、徐、余、史、万、秦、周;**周家桥**:周、伍、盛、何、丁、雷、过、柳、施、吴、燕、余、朱、谈、彭、黄、欧阳、徐、平;**邹家村**:胡、余、程、杨、夏、陈、朱、李、林、刘、施、王、吴、张、周、邹、臧、徐、唐、肖、赵、龚、樊、郑;**孔家湾**:岳、杨、赵、刘、施、陈、袁、丁、周;**三桥伍家**:郭、张、赵、陈、朱、冯、施、沙、王、夏、周、黄、杨、卢、蔡、任、丁;**三桥陈家**:杨、卢、陈、顾、胡、周、钟、张、朱、桂、余、丁;**三桥王家**:肖、杨、彭、周、叶、胡、李、邵、王、张、卢、余、孙;**三道门**:陈、彭、龚、余、樊、王、易、张、周、郑、高、江、兰、刘、尹、李、熊;**桂家岭**:戚、徐、李、陈、刘、熊、江、邹、郭、桂、雷、胡、彭、吴、易、袁、曾、张、赵、唐、聂、杜、黄、骆、倪、孙、王、夏、杨、叶、周、郑、干、柳、钟、朱;**腰子塘**:黄、姜、吴、刘、仲、李、曾、洪、罗、易、周、张、朱;**罗汉桥**:杨、扶、赵、袁、李、张、江、王、阳、岳、朱、吴;**雁家湖李家**:刘、李、向、赵、施、曾、丁、陈、汤、尹、杨、成、江、黄、梁、廖、王、秦、万、袁、殷、周、焦、许、张、管、饶
丰林镇	畈上王	**岭上王家**:王、赵、罗、刘、李、龚、甘、潘、孙、高、廖、戴、胡、陈、路、简、袁、张、杨;**河堪李家**:李、徐、张、邹、孟、潘、王、戴、吴、邱、姚;**埠下袁家**:袁、许、孙、李、王、徐、邹;**面前孙家**:孙、徐、詹、袁、陈、王、曹、肖、张;**畈上王家**:王、潘、陈、洪、齐、路、涂;**良种场**:詹、孙、高、梁、张、王、潘、叶、陈、刘、周;**潘家垅**:潘、程、刘、袁、戴、詹
	丰林	**曾家**:曾、戴、洪、孙、李、王、叶;**山里金家**:金、杨、叶、邱、程、陈、洪、贾、赵、孙、王、胡、曾;**上屋王家**:王、尤、叶、聂、董、麦;**下屋王家**:王、宋、闵、曾、李、洪、胡;**大屋洪家**:洪、胡、孙、汪;**上屋洪家**:洪;**细屋洪家**:洪、王、蔡、简、李、何、谢;**塘角刘家**:刘、王、魏;**老屋詹家**:詹、张、聂、李、王、甘、马;**田铺王家**:王、李、张、刘、陈、程、孙、吴、周、徐、熊、吴、周、潘;**芦塘王家**:王、高、金、李、周、熊、罗、胡、刘、芦、徐、杨、阳、董、戴、陈、邵、孙、梅、钟、董、万、姚、黄、张、程、余、詹、洪;**河里戴家**:胡、李、陈、罗、董、高、阳、卢、金、王、熊;**孙家垅**:孙、王、詹、吴、陈、李、金、熊、刘

续表5-2-6

乡镇场	行政村	自然村姓氏分布情况
丰林镇	依塘	**熊家**:熊、蒋、吴、穆、魏、陈、周、刘、袁;**邹家垅**:邹、吴、王、桂、汪、傅、夏;**河下黄家**:黄、骆、桂、吴、王、梅、问、鲁、胡、周、唐、毛、姜;**泗溪渡章家**:章、余、朱、刘、郁、许、王;**河里叶家**:叶、李、余、汤、王、杨、石、柴、鲁、陈;**嘴上刘家**:刘、王、熊、蒋、穆、聂、吴、骆、余、张;**白菓树王家**:王、刘、叶、姜、熊、吴、邹、施、余、戴、赵;**三港口吴家**:吴、桂、贾、王、解、姜、淦、蔡、黄;**凹里桂家**:桂、曹、张、陈;**依塘坂周家**:周、刘、桂、芦、陈、熊、王、涂、章、袁、汤、高、黄、徐
	紫荆	**吴家榨**:吴、李、周、汪、黄、刘、张、龚、魏、陆;**甘家**:甘、易、刘、杨、袁、何、陈、吴、潘;**刘家**:刘、杨、张、黄、胡、兰、蒋、陈、邓;**王家**:王、刘、张、扶、李、陈、黄、金、兰、罗;**杜家**:杜、路、桂、陈、黄、戴、袁、甘;**大屋戴家**:戴、彭、刘、殷、万;**湾里戴家**:戴、王、杜、张;**咀上袁家**:袁、刘、张、尹、黄、顾、宋、朱、郑、文、王、戴、扶、钟、林、杨、梅、毛;**毛家坳**:毛
	桥头	**潘师坂王家**:王、周、李、何、孙、张、方;**铁塘熊家**:熊、吕、张、王;**楼下孙家**:孙、熊、刘、陈、梅;**桂家垅孙家**:孙、李、倪、胡、张、王;**五房孙家**:孙、徐、苏、程、毕、陈、吴;**桥上孙家**:孙、吴、顾、刘、宋、燕、查;**刘水泽刘家**:刘;**孙端士、邓山窍**:孙、邓、杨、贺、梅、张;**潘茶园**:潘、吕、孙、周
	大畈	**沈家塘**:穆、蒋、付、殷、熊、贾、任、罗、贺、毛;**大畈王家**:王、文、杨、李、袁、解、施、张、程、伍;**大畈张家**:张、邓、金、段、刘、贾、施、秦、梅、袁、徐、吴、王、罗、谌、陈、韦、汤;**坳上张家**:张、刘、林、吴、徐、余;**大屋邓家**:邓、倪、熊、张、郁、仉、朱;**岭背邓家**:张、邓、满、吕、梅、蒋、谌、王、乐、冯、徐;**新屋邓家**:邓、孙、詹;**孙万里**:孙;**孙万铭**:孙、唐、姚、何、程、蒋、潘、刘
	黄埇	**新屋詹家**:詹、郑、朱、雷、李、孙、邱、赖、刘、夏、程、徐、王;**凌家**:凌、詹、丁;**磨湾杨家**:杨、刘;**槽门刘家**:刘、胡、周、王、张、潘、梅、孙、程、阚、陈;**杨割庄**:王;**叶家垅**:胡;**江家**:江、王、张、范、付、徐;**闵家**:闵、张、胡、吴、余、梅;**火塘孙家**:孙;**赵家**:刘;**麻垄余家**:余、王;**施家**:施、王、蔡、段、余、何;**黄埇铺**:刘、邓、熊、赵、龚、金、王、陈;**燕窝孙家**:孙、王、赵;**丁家**:丁、孙、杨;**杨私**:杨、阚、秦、许;**容铁**:容、彭;**蔡坊垄李家**:李、周、蔡、余;**铁匠余家**:余、倪、黄;**下屋熊家**:熊、余、宋;**上屋熊家**:熊、高、孙、邓;**坳上余家**:余、龚、金、熊;**邱家**:邱、袁
	乌石	**梅湾戴家**:戴、陶、梅、冯、秦;**古塘王家**:王、黄、陶、罗;**立吾王家**:王、敖;**上胡**:胡、孙;**下胡**:胡、吴、王、张、梅;**中胡**:胡、欧阳、张、汪、雷、冯;**长岭聂家**:聂、吴、张、田、袁;**石灰岭袁家**:袁、沙、汪、甘、赵、杨、聂;**张家**:张、丁;**乌石门**:刘、郑、杨、巫、彭、李、黄、袁、陈、程、曾、涂、徐、尹、吴、邓、丁;**黄家**:黄、张、吴;**万家**:万、肖、王、梅
聂桥镇	聂桥	**蒋家垅祝家**:祝、戴、聂、李;**清水塘朱家**:朱、邓、陈、王;**夏家铺**:夏、徐、苗、柯、罗、郭、张、杜、袁、聂、叶、颜、戴、刘、梅;**大屋周家**:周、张、王、孙、严、胡、贾、欧阳、陈、施、梅、易、蒋;**甘家**:甘、程、任、徐、刘、潘、吕、蔡、晋、宋、周、陈;**姜家山徐家**:徐、刘、吴、孙、李、祝、潘、杨、陶、张;**陈家洼祝家**:祝;**湾里张家**:张、徐、李、赵、吴、扶、刘、潘、殷、彭;**刘家山**:刘、韩、吴、范;**老屋聂家**:聂、吴、王、李、尚、朱、简、洪、程、胡、邹、田、曹、张;**爱泉垅张家**:张
	梓坊	**钓鱼湾杨家**:杨、陶、王、胡;**阁上刘家**:刘、蔡、扶、张、邓、熊、王、黄、胡;**刘家**:刘、陈、李、金、燕、殷;**排行地陈家**:陈、傅、李、汪、黄、席;**徐家**:徐、胡、黄、陈、田;**袁家**:杨、徐、杜、桂、汪;**路家**:路;**杨家**:杨、熊、张、梅、袁;**湾里戴家**:戴、邱、张;**老屋戴家**:戴、周、成、邱、李、张;**下王**:王、孙、管、袁;**大塘角**:刘、李、段、管;**小塘角**:扶、黄;**上王**:王、洪、张、蔡、梅

续表5－2－6

乡镇场	行政村	自然村姓氏分布情况
聂桥镇	芦溪	**芦溪滩程村**：程、徐、夏、陈、高、印、余、王；**田铺蔡家**：袁、熊、蔡、聂；**荷叶塘**：李、袁、戴；**晏家桥**：晏、冯、蔡、袁、朱、胡；**祝家**：祝、江；**邓家**：邓、吴、胡、朱、聂、奚；**胡家山**：胡、徐、刘、程、袁、吴、贾；**大屋蔡家**：蔡、聂、胡、王、刘、金、朱、袁、陈、洪、甘；**山脚吴家**：吴、沈、蔡、王、李；**细屋蔡家**：蔡、徐、王、陈、许、熊、沈、扶
	永丰	**李家**：李、邓、袁、孙；**邓家**：邓、王；**杨家棚**：董；**孙家**：孙、扶、黄、袁、余、胡、汪、向、李、江、刘；**伍家**：钟、沈、周、余、杨、兰；**高桥王家**：扶、罗、王、喻、李、舒、蔡；**箭楼畈**：金、龚、扶、吴、李、陈、胡、叶；**学里王家**：盛、陈、胡、李、余；**老屋叶家**：叶、聂、李；**罗家山**：叶、聂、毛；**雷家**：雷、徐；**州上**：扶、周、陈；**铺里叶家**：叶、闵、沈；**汪家**：汪、孙、周、叶、扶；**桥上王家**：王、杨、孙、汤、姚、袁；**聂家**：聂、杨、曾、周、余、夏、李；**陈家山**：陈、王；**百家山**：王、罗；**万家州叶家**：叶、张、汪、杨；**新屋叶家**：叶、徐
	宝山	**大孤山**：金、胡、周、贾、王、蔡、易、成、黄、杨、扶；**郎昌坂陈村**：陈、丁、易、吴、周、聂、涂、刘、余、宋、洪、金、付、吕、孙；**虞家**：叶、虞、余、张、梅、闵、王、李、聂、徐、潘、陈、唐、杨、胡、吉；**洲上王家**：王、陈、陶、孙、高、涂、张、金、周、李；**大何坂**：何、梅、戴、王、卢、杨、李、夏；**喻家**：金、张、方、刘、徐、胡；**小何坂**：扶、仲、何、汪、杜；**孤山余家**：祝、余、吴、赵、陆、邵；**坳上祝家**：祝、方、陈、李、王、刘、施；**河坎周家**：周、刘；**师屋刘家**：刘、杨、祝、张、葛、周；**四方余家**：汤、金、韩、汪、陈、刘、毕、王；**洲上潭家**：徐、吴、梅、余、詹、胡、扶、金、李、阮；**小孤山**：金、燕、杨
	柳田	**易家**：易、罗、陈、刘、付、叶；**付家**：付、陈、章、肖、吴、张、余、田、李；**杨家**：王、黄、吴、管、杨、蒋、贾、涂、刘、余、杨；**高家**：高、严、谈；**李家**：李、陈、邵；**潘家**：潘、张、杜、魏；**夏家**：夏、成、洪、熊、刘、曾；**野鸡垅**：祝；**谈蒋**：谈、蒋、周、王、管、刘、汤、郑、梅；**王家山**：祝；**涂家**：涂、宋、陈、郑；**广家**：广、洪
车桥镇	长庆	**聂家畈**：黄、江、范、桂；**曾彭家**：曾、彭、李、程、夏、桂；**新屋里**：夏、李、梅、田、范；**田铺里**：夏、周、胡、罗、梁、黄；**木桥上**：夏、吴、陈、汪、张、毛；**木桥下**：夏、汪、程、武、柏、罗、张；**汤山**：聂、陈、王、雷、曹、周、杜；**茅坪**：聂、刘、吴、黄、李、江、胡；**小白水、燕窝里**：刘、朱、陈、芦、蔡、汪
	昆山	**杨家**：杨、张、汪、易；**下易**：易、吴、王、张；**丁坳**：易、黎、周、张；**张家**：张、陈、刘；**杜家**：杜、严、钱、陈；**山上**：刘、周；**但家**：但、周、钱、苏；**大屋场**：张、周、夏、江；**周刘**：汪、姚、严、徐、周；**严家**：严、张；**山下黄家**：黄、谭、王；**上易**：徐、陈、展、江、周
	车桥	**桥上**：李、吴、黄、曾、王、江、何、史、尹、熊、陈；**车坑**：黄、曾、胥、王、杨、陈、雷、凌、邱、夏；**陈家山**：陈、曾、桂、肖、吴、史、夏；**林下**：梅、闽、黄、曾、徐、刘、朱、田、许、周、王、吴、芦；**罗家湾**：吴、曾、刘、柯、胡、方、黄、叶；**刘庄**：熊、刘、金、方、罗、吴、庄、陈、马；**下车桥**：罗、吴、何、殷、周、梅、段、汪；**堰头**：吴、谢、林、曾、魏、张、何、李；**曾家**：曾、郑、吴、张、谢、陈、李；**老车桥**：吴、杨、余、孙、袁、曹、李、程、汪、王、徐、历；**胡桥头**：李、陈、曹、吴、何、杨、冯、张、余、姜
	潘坊	**张家**：张、肖、刘、王、雷、李；**华家**：陈、黄、华；**垅里刘家**：刘、郭、李、付；**刘家**：刘、柯、李、张、黎、邹、曾、袁、戴、王、陈；**李家**：张、蔡、崔、李；**周家**：周、李、罗、朱、梅、袁、吴；**内璜冲**：李、张、董、邹；**外璜冲**：李、郑、梅、陈、熊、丁、邹；**港下**：李、丁、施、曾、余；**五星庙**：吕、李、谢、余；**横山坳**：邹、丁、曾、张、罗、李、高、赵、童、黄、黎；**牌楼下**：刘、张、李、陈、彭、邱；**易家庄**：王、丁、李、张、赵
	义门	**石浆王家**：张、王、何、申、纪；**石浆徐家**：吴、汪、谢、夏、何、罗、岑；**高山下**：黄、刘、沈、方、贺、胡、扶、何；**二房**：黄、郑、肖、唐、刘、何、伍、易；**东塘河**：刘、杨、方、张、兰、雷、仇、谢、邱、尤、吴、何、单、廖、徐、陈、郑、任；**田铺里**：刘、谢、余、何、陈、方、郑、吴；**小泥垅**：周、高、李、黄、曹、付、郑、陈、曾、吉；**樟树塘**：徐、付、任、李、郭、何、冯；**榜上曾家**：陈、左、何、吴、徐、雷、王、刘；**义门陈**：崔、单、刘、陈、肖

续表5-2-6

乡镇场	行政村	自然村姓氏分布情况
车桥镇	城门	**新港**:徐、李、刘、史、洪、余、何、谢、(周)邹、胡、张、向、陈、桂、许、曾、殷、黄、郭、郑、聂;**曾家湾**:曾、刘、向、黄、蔡、史、范、郑、朱、梅、郭、陈、邹;**塘下垅**:何、张、贺、黄、范、包、余、朱、方、汤、陈、曾;**蔡家**:蔡、李、戴、何、丁、谢、徐、张;**塘边周家**:赵、顾、周、宋、胡、王、陈、黄、方、桂、李、林、丁、徐;**坳上**:丁、郭、黄、王、顾、张、蔡、魏、董、余、陈、胡、曾;**大屋郭家**:郭、任、赵、李、方、聂、周、陈、邬、郑、黄、余;**塘家凹**:董、聂、黄、陈、邬、胡、谢、王、肖、杨;**东港**:左、王、翁、谢、林、聂、吴、朱、李;**聂家山里**:聂、谢、朱、李;**排楼邬家**:邬、胡、徐、顾、何、赵、陈、郑、苏、孙;**落塘山**:李、王、顾、喻、扶、邹、易、郑、何、赵、毕、胡、黄、房
	白羊	**新屋下**:魏、王、陈、杨、黄、周、左;**双溪里**:李、郭、盛、朱、曹、邹、王;**田家**:吴、田、舒;**马家**:张、马;**樟树刘家**:刘、张、黎;**白羊墩**:王、刘、吴;**花门**:毛、魏、朱、马、李、刘、何、卢、张、黄、蔡、邓、胡;**田铺里**:谢、李;**雷家塝**:童、单;**夏家**:夏、王、胡、左、雷、林、吴;**余家**:余、黄、戴、彭、周、熊、殷、邬;**陈家**:陈、李、周、谢、柯、万、罗、朱
	白水	**上屋夏家**:夏、邹、柯、郭;**下屋夏家**:夏、江、王、刘、陈、周、梅、黄、姚、郭、汪、袁;**柏树下**:夏、向、李、周、王;**马塘黎家**:黎、方、吴、张、周、李;**罗家**:罗、胡、张;**胡家**:胡、罗、刘、谢、华、方;**道山**:陆、刘、林、王、胡、方、邢、何;**严家畈**:汪、张、刘、何、黄、李、邹、华、严;**排上叶家、油榨夏家**:杨、管、梅、顾、夏、叶、潘、郑、邹;**马家坊曾家、洼里叶家**:胡、梅、倪、黎、张、叶、罗、曾、万;**焕然村**:黎、陈、唐
	九井	**门前胡家**:胡、周、王、万、方、管、张、李;**吴家畈**:周、万、郑、管、戴、易;**王家**:王、余、易、陈、吴、赵、谢、但;**万家**:李、胡、万、但;**肖家**:肖、罗、卢、汪、张、涂、胡、邹;**杨梅王家**:王、管、汪、陈、洪、叶、刘、罗;**杨梅刘家**:刘、王、罗、章、柯、徐、邹、周
宝塔乡	九里	**徐家垅**:徐、史、余、彭、刘、杨、黄、饶、汤、郭;**郑家**:郑、曾、向、方、文、余、刘、黎、蒋、罗、朱、徐、杨、尹、柯、李、龚;**十里铺、港下**:梁、黎、郭、吴、黄、朱、赵、汪、胡、陈、杨、兰、周、刘、龙、高、张、郑、何、廖、任、梅;**庄上**:王、周、胡、付、殷、徐;**蔡家畈**:戈、汤、王、黎、黄、周、郭;**罗家铺**:胡、金、黄、吴、严、刘、陈、江、弋、彭;**陶家垅**:周、任、杨、王、陈、熊、彭、汤;**黄家山**:黄、王、戈、胡、刘、马、鲍;**象湾**:刘、郭、易、吴、陈、熊、李;**舒家**:任、舒、朱、郭、易;**徐河**:徐、汪、吴、杨、刘、梅、伍、郭、陈、邵;**坳上**:汪、张、熊、黄、郭、江;**三房**:丁、陈、江、郭、邵、宋、李;**梓桥**:叶、徐、朱、丁、戈、段、万、郭
	岳山垅	**夏家垅**:刘、胡、朱、王、杨、金、付、桂、邱、徐、任、管、罗;**赵家**:赵、周、卢、陈、宋、兰、刘;**叶家**:兰、叶、黄、谈、张、赵、刘、王、崔、李、罗、江、林;**锅炉**:张、李、闻、吴、周、蓝、程、王、余、杨、崔、陈、胡、赵、刘、寇、江、罗、武、邹、戴;**窑上**:卢、张、徐、蒋、杨、耿、刘、戚、闻、武、陈、何、黄、胡、魏、王、钟、吴、赖、戴、汪;**胡家**:汤、张、胡、汪、王、刘、余、卢;**坳上**:李、胡、张、闵、戴、金、桂、冷、杨、郭、林、张、余;**上刘**:杨、孙、熊、黄、余、周、王、祝;**新村**:蒋、江、王、伍、杨、刘、李、胡、戴、陈、张、赵;**李家畈**:李、赵、张、陈、杨、童、宋、汪、吴、史、阮、邵、焦、廖、董、薛、黄、朱、邱、聂、徐、范、古、林、梁、梅、罗、倪、丁
	杨桥	**青山李家**:李、黄、蔡、魏、高、余、聂、张、潘、徐;**瓦子塘**:李、冯、张、吴、王、陈、欧阳、蒋、刘;**潘家湾**:潘、易、张、杨、黄、文、吴、徐、龚、蔡、沈、徐;**杨家桥**:杨、黄、余、王、徐、刘、施、李、陈、钟、张;**张古岭**:徐、施、沈、张、钟、陈、刘、杨、王、潘、金、郑
	田塘	**龙山嘴**:饶、丁、张、李、余、彭、谭、陈、胡、徐、宣、周、朱、夏、桂、邱、吴;**田塘畈李家**:李、刘、马、熊、余、朱、胡;**丁家**:陈、熊、黄、张、丁、李、王、周、郭;**喻家**:胡、马、张、殷、曾、熊、樊、喻、叶、刘、柳、陶、周、杨、左、黄、温;**枫树刘家、伍家湾**:汪、杨、陈、桂、马、肖、丁、孔、李、吴、邓、胡、伍、王、刘、苏、陶、邹、梅、龚;**胡家湾**:胡、马、余、杨、刘、徐、陈、桂、肖、夏、王、盛、潘、张、黄、郭、卢

续表 5 - 2 - 6

乡镇场	行政村	自然村姓氏分布情况
宝塔乡	东山	**上罗**:罗、袁、熊、扶;**下罗**:罗、郭、张、杨;**下梅**:梅、潘、戚、杨、张;**袁家畈**:袁、季、黄、陈;**上梅**:梅、徐、汤、扶、夏、金;**刘家**:刘、陈、管、雷;**张家塝**:李、汤、戈、王、张;**沙坪郭家**:郭、王、李;**祝家**:祝;**熊家**:熊、申;**汤家畈**:汤、郭、雷、李;**李家**:李、谭、熊、彭、郭、聂;**冲里郭家**:郭;**新屋郭家**:郭、钱、周、段、戈
	团山	**猪场**:王、汪、梅、周、陈;**万家**:万、鄢、郭;**蔡家畈**:蔡、冯、周、杨、徐、李、高、陈、曾、贾、熊、刘、兰、欧阳、甘、肖;**凉亭**:方、陈、邓、卢、胡、杜、杨、毛、刘、晏;**马家堰**:刘、王、李、张、彭;**团山王家**:王、梅、冯、李、刘、杨、苏、骆、郭、张;**排楼周家**:周、苏、李、毛;**刘家咀、窑上**:童、杨、张、陈、胡、贺、曾、宋;**黄家坳**:黄、王、姬、张、燕、熊、胡;**七里坎**:孙、倪、杨、冷、陈、张、徐、胡、罗;**蔡家铺**:杜、马、贺、刘、李、方、彭、张、孙、袁;**游家**:游、刘、李、胡、高、王、何;**施家榜**:施、何、孙、黄、王
	八一	**石子岭**:陈、戴、洪、胡、詹、周、兰、徐、龙、施、张、庞、李、邹;**岗上**:杨、刘、鄢、卢、黄、徐、陈、李、慎、詹、柳、祝;**塘屋李家**:李、陈、刘、方、胡、梁、徐、车、方、何、高、焦、殷、卢、罗、张、岑、闵、冷、熊;**对门余家**:余、陈、朱、查、张、邹、熊、何、黄、申;**沙上**:杨、顾、王、潘、郭、黄、程、扶、冷、何、胡、夏、姚、余、张、朱、陈、桂、邓
	梅桥	**谢家湾**:张、胡、黄、冷、陈、周、潘、施、方;**邓家**:邓、胡、马、郑、刘、吴、江、陈、丁、杨、王、方、戴、周、孙、朱、熊;**孙家榨**:张、胡、杨、左、刘、施、傅、郭、江、周、孔;**郭家**:郭、熊、徐、夏、杨;**桥头周家**:周、王、龚、黄、李、涂;**坳上黄家**:黄、赵、安、夏、王、周、熊;**熊家**:熊、胡、赵、陈、刘、黄、周、夏;**七里铺**:谢、陈、魏、杨、龚、吴、郭、邓;**驼背树**:王、周、陈、贾、马、丁、郭、吴、熊;**薛家**:刘、黄、施、扶、郭、朱、周、张;**夏家**:夏、王、郭、朱、汤、黄;**下港**:谢
河东乡	河东	**二房胡家**:胡、李、刘、林、周;**大房胡家**:胡、李、陆、万、司、熊;**君垅徐家**:王、周、陈、熊、司、况、钱、徐、魏、倪、肖、皇;**石嘴郭家**:郭;**大房刘家**:刘、陈、曹、周、汤;**杨家**:杨、梅、王、黄、李;**官塘坳**:汤、高、雷、刘、李、袁、黄;**茅棚**:宋、熊、梅、李、周、雷;**仇家**:仇、查、周、曹;**高家**:高、陈、缪、周、胡;**竹兰殷家**:殷、魏、孙、赵、徐、胡、司;**竹兰胡家**:胡;**老社下**:熊、谢、况;**陈家湾**:刘、张、郭、黄、袁、宋、雷、高、周、万、胡、陈、罗、汤、熊、廖、冯;**长岭孙家**:熊、郭、查、司、陆;**细房刘家**:刘、周、干、查;下屋李家:李、袁
	石桥	**彭家畈**:熊、张、廖、谢、胡、董、王、赵、陈;**河下张家**:张、周、陈、赵、徐、郑;**山下赵家**:梅、汪、张、王、金、孔、余、叶、黄、肖、查、朱、袁、周、钟、陆、方;**渡口陈家**:陈、查、郭、李、吴、朱、程、梅、袁;**鸡山垅**:张、汪、杨、文、陈、王、李、吴、曾、袁;**大屋杨家**:杨、胡、戚、戴、林、骆、陈;**燕子湾**:王、徐、程、胡、李、刘、朱、陈、潘、曾;**焦家滩**:郭、王、焦、宋、孙、殷、江、冉、袁、熊、陈;**滚子岭**:曾、潘、周;**孙家**:孙、王、陈、殷;**垅里郭家**:郭、孙、熊、史、吴、李、宋、袁、余;**桥头徐家**:徐、卢、毛、郭、肖、程、杨、胡;**细屋杨家**:华、陈、余、施、张、李、胡、熊、叶、刘、孙、杨
	上畈	**万家新村**:万、金、赵、熊、余、张、胡、李、朱;**聂家**:黄、禹、陈、郑、赵、潘、金、谢、余、段;**祝家新村**:岳、孔、王、赵、蒋、葛、张、潘、夏、祝;**孙家**:孙、梅、周、蔡、刘;**墩下李家**:李、桂、赵、徐、夏、陈、黄、易;**西垅王家**:王、黄、吴、朱、林、张、柯、叶;**西垅赵家**:赵、余、李、蒋、江、沈、卢、刘;**白鹭李家**:李、闵、寺、曾;**桂家垅**:桂、胡、汪、蒋、安;**张家**:朱、李、熊、余、万;**上畈林场**:刘、史、李、张;**郑家**:余、金、赵、陆;**江北湾**:张、郭、刁、谢;**三间屋**:郭、赵;**肖家**:祝、赵、郑、王、岳、张
	后田	**燕湾刘家**:刘、赵、蔡、潘、姚、徐、王、樊;**山脚胡家**:胡、钟、陈、袁、孟、刘;**乐家**:乐、陈、曾、殷、姜、欧阳;**仓下刘家**:刘、曾、赵、方、张、胡;**石门叶家**:刘、金、胡、李;**石门汪家**:汪、洪、余、毛;**袁家山**:袁、汤、徐、叶、陈、戴;**汤家、桂家**:汤、杨、李、陈、王、胡、周、袁、熊、张、万、黄;**熊家坳**:熊、周;**聂家**:聂、骆、罗、刘;**官家**:官、吕、凌、李、管、樊、熊、潘;**卢家坳**:熊、张、戴、刘、黄、毛;**陈家**:陈、阳、沈、毛、张、熊、章、蒋、江;**田铺官家**:陈、余、赵、陆、夏

续表5-2-6

乡镇场	行政村	自然村姓氏分布情况
高塘乡	顾田	**老山刘**:刘、万、施;**红花咀**:余、赵;**鱼背周**:周、叶、余;**莲塘角**:汤、余;**黄家山**:黄、戴、曹、周;**湾里戴**:戴、李;**老屋戴**:戴、邬、万;**汤家畈**:汤、缪、许、王
	大垅	**赞钦汤家**:汤;**四塘万家**:万、曹、汤、刘;**背后殷家**:殷;**大垅周家**:周、李;**大垅戴家**:戴、李、殷、王、缪;**大屋骆家**:骆、张、王、朱;**竹林朱家**:朱;**细屋骆家**:骆、詹;**罗桥朱家**:朱、周;**沙湾戴家**:戴;**桥头王家**:王;**马头湾周家**:周、王;**大屋万家**:万、张;彭家:彭、罗
	罗桥	**山下万**:万、张;**封首垅**:王、邓、李、曹、帅、钱、唐;**坂上桂**:王、桂、邓、杨、罗;**湾里叶**:叶、刘;**咀上蔡**:蔡、赵、王;**罗家桥**:罗、郑、邬;**肖管家**:肖、管、罗、沈;**坂上刘**:刘、余;**胡万家**:胡、万、王;**祥万家**:万、解;**金万家**:万、胡;**坂上王**:王、朱、刘;**燕窝王**:王、李、孙、徐
	长垅	**聂家岭汤家**:汤、周、张;**箭楼周家**:周、倪、涂;**筲箕洼**:胡、李、陶、熊、江;**江家**:江;**后湾**:刘、李、崔、熊、陈;**前湾**:殷、杨、孔、桂、夏、王;**王家**:夏、王;**二房王家**:王、胡;**樟树铺孙家**:孙、余、张;**下屋孙家**:孙、卢;**旧屋李**:李;**下屋李**:李、帅;**古塘孙家**:孙、李;**徐家山**:徐、周;**岳塘李家**:李;**柏树孙家**:孙、杨、吴;**吴家**:吴、周、饶、李、凌;**雷家**:雷、曹、卢、陈;**卢家**:卢、张
	高塘	**河里余**:余、张、汤、钱;**王子达**:王;**邬家**:邬、袁;**山下王**:王;**楼下王**:王、胡;**长岭戴**:戴;**楼上王**:王、黄;**新黄墩铺**:王、汤、陈、赵;**细屋王**:王;**中卿王**:王;**四房王**:王、张、汤;**河里刘**:刘、罗、梅;**河里丁**:丁;**胡家**:胡;**欧家**:欧阳、魏;**垅里周**:周、王;**陈家**:陈;**狮子王**:王、丁、赵;**岭上黄**:黄、汪、刘;**山里丁**:丁、倪、邵、汤;**左家**:左、李;**岭背王**:王
林泉乡	小溪山	**赵家桥**:赵、万、孙、周;**麻姑山孙家**:孙、邓、胡、夏;**鲁家**:鲁、陈、商;**金家塘汪家**:汪、胡、张、鲁;**赤石堰陈家**:陈、邱、孙、赵、陶、许、樊、万、汪;**沙溪畈章家**:章、孙、张、刘;**佛祖坳邓家**:邓、鲁、陈、孙、刘、万;**季木樑孙家**:孙、李、冷、龚、陈、张、王、邓、刘、赵;**牌楼孙家**:孙、陈、詹、王;**烂泥山赵家**:赵、熊、高;**台冶孙家**:孙、周、赵、张;**畈上尹家**:尹、姜、郁、李、孙、段;**喻家山刘家**:刘、李、徐、陈、孙、王、张、曾
	屏峰	**大屋邱家**:邱;**杨家湾**:王、黄、邱、罗;**蒋家山**:陈、洪、吴;**黄家山**:黄、万、王;**坳上陈家**:陈、刘;**月亮塝陈家**:陈;**黄家进**:罗、黄、段;**大屋朱家**:朱、夏、田、黄、王
	清塘	**黄家畈**:罗、熊、陈、邵、毛、李、黄;**曹家畈**:沈、梅、蔡、周、朱、王、戴、宋、张、梁、杨;**上屋罗家**:罗、汪、吴、管、梅、胡、刘、张、夏、陈;**熊家畈**:熊、李、刘、汪、王、胡、陈;**红瓦屋**:梁、邓、季、周、李;**新屋熊家**:熊、潘、纪、江、金;**下湾**:金、杨、叶;**中湾**:江、金、夏、张、田、王、李、施;**清塘畈**:魏、杨、刘、罗、黄、查、李、梅、王、邹、游、陈、余、叶、郑、张、殷、江;**桂家湾**:桂、许、樊;**陈校尉**:陈、张;**江家墩**:江;**莲塘畈**:黄、王、杨、万、毛、瞿、熊、黄、施、彭、吕、陈;**洪家咀**:梅、燕、洪、周、夏、涂、张、陈、吴、胡、徐;**窑上**:孙、施、纪、夏、李、梅、刘;**刘家垄**:王、桂、施、周、梅、严、陈、李、刘;**新屋曾家**:曾、郭、赵、蔡、张;**周门子**:吴、周、梅、王、罗、周、解、桂;**港下李**:毛、李、梅、刘;**戴家垅**:孙;**五房咀**:沈、石、黄、李、吴、王、梅、卢、郑、胡、蒋;**梁家山**:梁、李、胡、段、方、邓、刘;**下屋罗**:罗、李、吴、蒋、何、余、汪、王;**刘世模**:黄、熊、刘、游、洪;**社里**:李
	林泉	**上胡、下胡**:李、余、胡、罗、孙、郭、高;**石岭脚**:孙、曹、李、施、余、高;**菲朱铺**:朱、黄、洪;**坳背朱**:朱、梁;**洪家**:洪、余、王;**周家**:黄、桑、朱、刘、王、周;**秀山孙家**:孙、祝、刘;**于家山**:孙、刘、何;**山下黄家**:黄、梅、魏、何;**大屋徐家**:徐、吴、罗、黄、梁、夏、梅、龚、杨、毛、胡、闵、薛、熊、廖、孙、张;**堰头山**:张、陈、周、梅、王、晏、邓;**燕嶂**:邓、刘、王;**晏家**:张、陈、梅、晏、朱;**晏家铺**:陈、黄、何、夏、孙、李、王、晏;**摆下刘家**:刘、涂;**赵垅孙家**:刘、徐、孙、朱;**舒家垅**:邵、李、梅、邓、吴、胡、刘、宋、徐、舒;**试验站**:张、刘、邵、江、叶、周、朱、杨、余、丁、李、吴;**倒虹吸管**:朱、曹、葛、姜、余、孙

续表 5－2－6

乡镇场	行政村	自然村姓氏分布情况
林泉乡	大溪畈	**燕投湾**:邓、涂、陈;**老屋邓**:邓、陈;**桑家**:桑、王;**孙邦华**:孙、文;**冷家畈**:黄、孙、邓、纪、余;**邓塘湾**:邓、陈;**陈牌坊**:陈、刘;**万家山**:万;**麻姑山邓家**:邓、黄、陈;**陈家湾**:陈、张、孙、骆;**畈上孙家**:孙、邓、陈、朱;**文家坎**:孙、张、文;**排脚张家**:熊、张、黄、陈;**桂芳坳戴家**:戴、刘、闵;**桂芳坳刘家**:刘、张;**背后孙家**:孙、陈、汪
吴山乡	山湾	**程头坪刘家**:周、刘、王、高、陈、曹、张、陶、桂、侯、曾;**下程**:程、周、付、管、邓、吴、扶、韩、舒;**湾里曾家**:周、金;**杨家垅**:程、黄、周、张;**上程**:程、刘、徐、罗、林、吴、蔡、戴、邓、李、熊、向、余、郑、王;**汪家桥**:戴、高、董、蔡、陈;**贾家桥**:范、樊、潘、戴、李;**董家**:方、童、余、汪、何、邵、徐、王、郑、张;**敷里畈陈家**:陈、周、张、吴、邵、万、韩、王、杨、肖、余、程、李、罗、刘、鲁、兰、景、黄;**岭上曾家**:彭、汤、曾、陈、高、黄、兰、余、吴、仲、张、周、李;**岭上黄家**:芦、余、贾、黄、刘、张、高、方、陈、何、邱、宁、李、汪、徐;**刘家河**:程、郭、柯、邓、董、吴、汪、赵;**老屋尖**:郭、甘、董、谈、李、邱
	张塘	**楚山垅周家**:周、金、杨、许、扶、江、刘、王、余、张、曾、熊、程、仲、田、彭;**破屋徐家**:徐、贾、邱、扶、陈;**石鼓畈**:邱、洪、扶、梅、徐、陈、熊、张、严;**西山畈**:范、许、华、杨、周、孙、金、邹;**田家河**:田、张、余、桂、宋、付、向、范、华、房、黄、许;**下马山**:周、程、潘、栾、闵、陈、董、田、吴、陈、许、余;**泉城庄**:徐、彭、付、贲、陈、黄、李、颜、周、肖、涂;**下屋张家**:张、吴、陈、仲、徐、贾、段、蔡、胡、熊、赵;**陈家畈**:陈、肖、刘、蔡、彭、吴、张、曾;**莫家**:范、戴、刘、熊、邹、肖
	何铺	**大屋垅**:徐、扶、张、吴、王、陈、谈、黄、汤、席、周、杨;**新屋万家**:万、周、刘、朱、陈、邓、邱、马、吴、赵、白、仝、李;**黎家**:黎、戴、吴、邵、陈、席、孙、王、朱;**何家铺**:余、扶、王、邵、杨、陈、邓、郭、黎、罗、田;**山下张家**:扶、欧、余、陈、胡、李、吴、魏、杨、何、严;**徐家畈**:徐、扶、桂、周、陈、范、虢、林、黄、李、汤、安、高;**余家畈**:黄、张、罗、陈、扶、雷、周、赵、赖;**上屋张家**:张、万、陶、余、杨;**徐家**:徐、李、扶、黄、甘、陈、桂、黎、刘、杨、尹、张、胡、赵;**曾家垅**:曾、段、陆、陈、黎、杨、张、许;**桂家**:桂、张、陈、卢、邵、曾、孙、周、朱、章、徐、袁、蒋、盛、黄、李、杨、程、刘;**高家、杨家**:高、杨、张、陈、桂、郝、房、刘、孙、宋、郑;**刘家畈**:王、李、曾、田;**上屋杨、孙家**:杨、孙、吴、顾、李、周、陶、高;**李家湾**:李、张、陈、杨、吴、扶
	蔡河	**蔡家**:蔡、戴、宋、刘、徐、段、沈、郭、李、张、孔、熊、付、欧、周、吴、杨;**彭家**:彭、徐、郭、金、林、郑、简;**畈上徐**:徐、周、高、黄、陈、余、曾、彭、段;**简家畈**:简、仇、李、王、刘、方、郭、倪、孙、吴、陈;**简家岭**:简、扶、李、戴、化、段、顾、刘、倪、吴、杨、蔡、卢、黄;**柿坪张家**:张、徐、陈、卢、韩、游、邓、谢、吴、冯、雷、宋、彭、梅;**许家垅**:颜、吴、马、王、刘、雷、华、邵、张、蔡、扶;**山脚下**:王、夏、段、范、兰、叶、杨、邓、张;**楚山垅张家**:张、孔、李、陈、丁、徐、缪;**王家垅**:王、马、陈、黄、扶、罗、唐、郑、张、冯、肖、杨、颜、周、丁;**移民队**:邵、余、宋、吴、方、许、林、梅、陈、覃、孙、汪、李、徐;**冲里陶家**:陶、董、张、陈、彭、李、熊、徐、周;**新屋陶家**:陶、王、周、黄、谭、张、杨、朱、田;**枫树下**:杨、金、黄、朱;**榨下陶家**:陶、董、李、芦、张、徐;**项家**:陈、曾、王、邓、徐、段、胡、陶、袁、吴
	红桥	**陈山脚**:陈、符、沈、刘、胡、黄、熊、周、张、曾、孙、邵、林;**刘家、王家、严家**:刘、王、李、吴、杨、张、赵、周、熊、黄、徐、付;**下五台**:黄、周、孙、魏、叶、施、吴、桂、石、彭、沈、曾;**上五台**:黄、熊、周、臧、芦、魏、杨、许、叶、曾、戈;**贺山垅魏家**:邵、方、程、汪、雷、黄、何、姜、许、徐、吴、赵、张、郑、周、王、曾;**大畈陈家**:陈、魏、曾、胡、何、安、张、谢、王、刘、夏、金、姜、华、唐、赵;**洪溪畈、闵家铺**:洪、魏、陈、顾、高、黄、陶、万、喻、杨、王、肖、赵、张、曾、舒;**潭里夏家**:夏、江、唐、燕、叶、高、马、刘、周、吴、熊、黄;**陈家坝**:陈、江、舒、吴、桂、孙、邵、曾、夏、魏、汪、何;**东坑胡家**:胡、谢、吴、方、刘、宋、舒、王;**陈家垅**:陈、徐、朱、常、马、曾、张、赵、王;**林上**:方、潘、邵、舒、曹、杜、刘、李、徐、胡;**西山胡家**:胡、陈、舒;**孙家塝**:孙;**上头曾家**:曾、宋、高、邹;**田铺曾家**:曾、陈、李、袁;**老屋舒家**:舒、蔡;**下头曾家**:曾、汪、邱、王、杨

续表5－2－6

乡镇场	行政村	自然村姓氏分布情况
吴山乡	樟树	**上丁**:王、张、喻、李、赵、熊、蔡;**周家墩**:桂、余、张、王、李、彭、曾;**杨家岭**:张、王、易、严、贾、李;**蔡家垅**:蔡、陈、范、孔、刘、吕、曾、徐、黄余;**樟树下桂家、冲畈、冯家垅、四方村**:桂、冯、陈、张、李、蔡、程、华、金、吉、王;**徐家**:徐、李、徐、杨;**大屋赵家**:赵、曹、刘;**岭下赵家、柏树赵家**:赵、刘、舒;**新屋夏家**:方、余、邵、童、王、金、郑、扶、宋、谢;**杨桥桂家、夏家**:桂、郭、王、钱、金、喻;**竹蓬**:桂、王、韩、叶、张、胡、马、夏、周、贾;**沟下李**:李、桂、吕、方、张;**郭坊**:郭、童、方、吴、吕、祝;**郑家垅**:桂、吉、吴、扶、黄、王、赵;**贾家**:贾、赵、高、温、刘、吉、桂、方、童、张、肖、李、黄
	杨柳	**李家山**:李、余、冯、张、陈、瞿、桂;**杨桥桂**:桂、曾、周、冯、余、徐、邹、朱、刘;**马王塘**:桂、余、文、吉、罗、李、魏;**高塘桂**:桂、金、李、刘、谢、吴;**涂家畈**:桂、李、何、刘、叶、文、谭;**寺前上、坟脚下**:桂、吴、余;**塘下山**:桂、李、吉、刘;**郝家垅**:李、陈;**细屋孔家**:孔、罗、刘、陈、徐、冯;**新屋里**:桂、余、李、刘、杨、邹;**苏湾张家**:冯、刘、陈、金、王、夏;**坳背桂家**:桂、吉、刘、冯、周
	大岭	**下李、坳上李**:李、桂、牟、刘、王、万、孔、章、扶;**高李、垅里桂、坯子上**:李、桂、陈、孔、舒、王、袁、张;**刘家凼、新屋凼**:刘、蒋、李、宋;**刘家坡**:刘、王、周、李、褚、戴;**大屋孔家**:李、刘、桂、孔
磨溪乡	五星	**回马岗**:李、邵、孙、黄、项;**聂家凹**:朱、李、梁;**老虎山**:方、郑、邹、侯、胡、王、朱、陈;**走马畈夏家**:陈、夏、黄、唐;**杨家畈**:付、朱、张、邵、叶、周;**源潭周家**:周、尹、张、潘、柳、孙、何、贺;**湖溪**:付、王、黄、胡、何、谢、张;**陈家坳**:刘、陈、苏、祝、李、郭、吴、冯;**雄黄咀**:王、邓;**梨树下**:刘、尹、熊、徐、李、江;**曾家**:曾、王、钱、陈、徐、周、张、刘;**蔡山坳**:洪、喻、夏、姚、陈、丁、邹、曾;**樟树下**:沈、陈、李、吴、平、苏、刘;**凤凰颈**:朱、尹、郑、徐、刘、李、陈;**夏家**:夏、朱、叶、吴、李、张、吉、邬、方;**千秋畈杨家**:王、李;**寺下头**:叶、李、黄、刘、邬
	南田	**刘鞔鼓但家**:刘、苏、但、邵、张、付、周、陈、贾;**刘鞔鼓**:刘、付、李、梁、赵、邓、马、何、陈、熊;**金家**:王、张、金、余、叶;**洞口潘家**:潘、方、徐、刘、祝、王、李、吴、郭、汪;**田铺苏家**:陈、苏、蔡、王、何、罗、毕、董、陆;**铁铺**:付、胡、顾、张、余、蔡、何;**彭家小湾**:彭、章、陈、聂;**聂家**:方、刘、汪、祝、叶、沈、冯、金、余;**南田铺**:王、熊、刘、吉、方、蔡、郭、余、朱、汪、曾、周、徐、董、李、詹、喻、洪、郑
	曙光	**港下苏家**:余、唐、汪、胡、郑、徐、祝、叶、张、罗;**箭楼苏家**:余、徐、叶、潘、黄;**邵家湾**:李、张、方、邵、朱、汪、钱;**背溪街**:周、叶、方、程、徐、李、黎、郑、段、张;**张古山**:张、万、唐、吴、王;**邢家垅**:邢、郭、李、龚、王、张、袁、赖、冯、余;**郭家墩**:刘、余、金、李、张;**郭家垅**:郭、邵、邢;**黄家**:黄、潘、谢;**林场**:徐、余、邵、方、蒋、王;**曾家垅**:刘、李;**喻家**:喻、王、吕、郑、吴、李、周、祝、叶、徐、汪
	尖山	**付家、付家祠堂**:郭、付、金、胡、臧、王、刘、于、杨、黄、张、方;**桃树湾**:胡、廖、杜、徐、李、倪、赵、喻、刘、董、邵、邱;**柏树下**:喻、付、曾;**蔡家岭**:蔡、严;**熊黄咀**:付;**河背畈、庄屋**:彭、李、付、胡、程、孙;**洲上**:梅、袁、陈;**杨家畈**:宋、梅、袁、熊、周、张、陈、连、付、董、郭、任、杨、葛;**蔡家畈**:陈、彭、蔡;**熊家畈**:李、管、熊、张、潘、汤;**邹家山**:应、沈、杨、刘;**大塘堡**:李、杨、高、管、谢、付、庄、何、龚、沈、黄;**郭家**:郭;**李家桥**:付、庄、韩、周;**岩子冲**:熊、杨、刘、谢、倪、赵、彭、李;**王家畈**:付、余、王、徐、李、程;**沙下**:付;**青龙头**:何
	磨溪	**小街**:魏、张、黄、吕、胡、扶、朱、陈、冯、谢、任、郑;**三棚**:郑、邹、杨、余、柳、吕、刘、黄、邵、方、苏、朱、卢;**宋家塝**:熊、蔡、贺、梅、夏;**仓下付家**:梅、汪、罗、潘、沈、吉、朱、徐、付、熊、宋、蔡、朱、卢、邵、万、宛;**水沟垅**:张、余、李、任、彭、杨、谢、吉、郑、万、刘、方、陈、章;**二房郑家**:梅、沈、闵、程、郑、蒋、许、邓、付、范、甫、王、李、彭、吉;**旱水垅**:郑、张、祝、梅、彭、杨;**洲头**:易、张、柳、章、任、黄、熊、向、罗;**后背曾家**:郑、桂、张、吴、黄、曾、任、付、梅、邹、金、刘、胡、罗

续表5－2－6

乡镇场	行政村	自然村姓氏分布情况
磨溪乡	董家	**王家洲**:余、宋、胡;**宋家巷**:宋、吉、付、杨;**魏家**:邹、陈、王、彭;**下湾**:刘、吉、彭、邹、宋;**余家**:顾、徐;**石灰源付家**:付、徐、丁、吴、吕、谢、廖、曾、方;**仓下付家**:徐、李、刘、陈、付、董、郭;**畈上刘家**:刘、乐、葛、朱、夏、吕;**沙刘家**:刘、罗、何、乐、赵、许;**董家铺**:罗、夏、付、曾、贺、王、何、汤、董、徐、陈、刘;**付家**:付、黄;**罗家**:王、黄、罗、汤、柯、刘;**老屋罗家**:罗;**董家**:王、董、桂、罗、彭;**夏家垅**:夏、李、徐、付、谢、余
	港口	**张家坳**:崔、王、郑、申、徐、方、严;**港口**:刘、吕、严、吴、郑;**余家垅**:郑、赵、王、万、张;**坛上**:刘、唐、郑、张;**潘家**:潘、唐、邵;**三炉畈付家**:付、徐、郑;**张家**:张、程、陈、吴;**金家湾**:王、周、韩、岳、顾、桂、彭;**桂家**:桂、邵;**张塘岸**:付、陈、徐、孟、胡;**黄阁楼**:闵、张、吉;**刘溪畈**:刘、胡、陈、徐、岳、夏
	新田	**陈家**:陈、罗、游、徐、夏、刘、闵、伍;**栗林闵家**:闵、潘、刘、谭、陈;**岷山闵家**:闵、刘、谭、吴、程、郭、余、李、王、何、方、蔡;**石门陈家**:陈、李、翟、唐、彭;**山下闵家、夏家**:夏、闵、方、余、李、施、赵、陈、付;**邹家**:邹、袁、詹、王、吴;**吴家**:吴、郭、余、夏;**鸡公堰**:陈、金、董、黄;**枫树下**:吴、陈、黄、芦、余;**和尧畈郑家**:郑、黄、邹、游、赵、陈、谭、杜、李、徐、聂;**邱家**:李、顾、陈、严、张、唐、吉、杨、聂、万、王、蔡;**堰塘湾**:张、许、丁、胡、宋、万;**堰塘**:闵、胡、董、徐、张、熊;**金山**:闵、王、张、严;**老湾闵家**:闵、万、郭、陈、赵;**三陈屋**:万、王、李
	宝泉	**闵家**:闵、陈;**百家山**:熊、廖、戴、董、金;**杨家畈**:董、杨、邱、王、陈、刘;**夏家垅**:李、罗、梅、余、王、汪、杨;**宝泉畈**:熊、王、梅;**蔡半街**:陈、王、刘、熊;**陈家垅**:沈、王、李、万;**吴家庄**:江、王、吴、陈;**王家冲**:陈、王、邬、胡、张;**康家垅**:康;**泉水**:金、陈、李、胡;**口头王**:王、李;**燕家**:金、卢、申、李;**毛家垅**:毛、王、郭、余、戴、吴、汪;**新屋徐家**:杨、金、叶、任、陈;**庄黄**:张、王、闵、邱、胡、余、陈、黄;**老屋徐家**:胡、闵、杨、郭、周;**戴家湾**:杨、吴、黄、胡、戴;**泉塘湾**:任、胡;**易家湾**:颜、张、刘、王、胡、郭;**罗家湾**:陈、张、王、丁、周、陈、任、余;**陈家**:张、陈、肖、闵、王、周
爱民乡	土塘	**孔岗头李家**:李、葛、罗、桂、房;**鸡公树刘家**:刘、戴、张、石、熊;**锹溪王家**:王、刘、葛、程、罗、周、陈;**走马湾郑家**:郑、叶、盛、戴、孙;**塘边李家**:李;**合水胡家**:胡、冯、于;**中源坳**:黄、徐、李、王、余、汤、曹;**铁坑程家**:程、兰、罗;**下头李家**:李、戴、龚;**白水坑邹家**:邹;**上屋桂家**:桂、梅;**中屋桂家**:桂、余、徐;**下屋桂家**:李、刘、张;**土塘王家**:王、熊、詹、夏、陈;**蔡家**:李、伍、王、张、樊;**大冲垄**:李、匡、邹、刘、张、杨;**石背李**:王、葛
	红岩	**冷家**:冷、桂、詹;**岩泉桂家**:桂、程、吉、邹、陆、吴、朱、熊、田、王;**上、下罗**:罗、曾;**山下洪家**:洪、董、桂、熊、徐、李、周、万;**上潘**:潘、桂、洪、文、周;**下潘**:潘、周、许、李;**太平桥胡家**:胡、桂;**新屋罗家**:罗、高、周、张;**张家畈**:张、吴、李;**老屋罗家**:罗、周;**李树桥下程**:程、金、洪、朱、贾;**郑塘王家**:王、汪、金、胡;**花边曾家**:曾;马塘曾家:曾;**坳上洪家**:洪
	柏树	**倪家、王家**:倪、高、王、汪、陈;**朱林下**:桂、严;**新屋下**:桂、陈、罗、杨、蔡;**周家**:周;**壁上王家**:王、刘、黄;**箭楼下**:桂、王;**西泉桂**:桂、刘、王、朱、张;**垅家周**:陈、周;**石斗里**:桂;**冲里桂家**:桂;**黄家上山**:黄、程;**上程**:程、胡;**坂里陈**:陈;**潘坊陈**:陈、王、黄;**唐家**:唐;**百家塘**:桂、宋、李、张、胡;**上港桂家**:桂、王;**下港桂家**:桂;**柏树下**:桂、程、陈、刘;**曾家店外铺**:邱、陈、李;**邓家**:邓;**曾家店里铺**:曾;**李道士**:李;**夏家**:夏、桂;**嘴上程**:程;**江洼里**:桂
	南山	**竹溪垅上屋、大塘尾**:曾、张;**竹溪垅下屋**:曾、吴、胡、陆;**新屋周家**:周;**肖家垅、西边胡家**:周、朱、汤、胡、江;**黄林树下**:周、桂、尧;**湾里桂家**:桂、何、潘、罗;**五房桂家**:桂、李、徐;**港口付家**:付、曾、潘;**殿下**:王、周、洪、徐、李;**港口陈家、社门口**:陈、杨、匡;**白泥塘**:桂、万、刘;**玄安垅**:桂、刘、范、张、杨;**舒家**:洪、方、吴、巫、徐;**闵坑刘家**:刘、胡、曾、舒、扶;**邹山塘**:刘、桂、倪;**三里周家**:周、陈、潘、胡;**黑林口桂家**:桂、熊、周、夏、卢

续表5－2－6

乡镇场	行政村	自然村姓氏分布情况
邹桥乡	石门	**磨盘洲**:雷、兰、钟、甘、徐、王、张、夏、付;**下程坊**:何、徐、谢、鲁、桂、张、蒋;**熊家嘴**:熊、鲁、王、晏、蔡;**大港下**:曾、蔡、何、刘、王;**洪家坪**:何、蔡、谢、刘、胡;**彭家畈**:王、陈、马、洪、张、童、应、吴、徐;**何家畈**:何、徐、王、谢、桂、熊、左;**圆桥畈**:何、谢、邓、汪、黄;**上程坊**:何、黄、梅、熊、宋、朱、杨、蒋;**班鸡坡**:陈、朱、吴、邹、王、齐;**樟榆**:吴、杨;**垄口郑家**:郑、刘、胡;**周家**:周、黄、邬;**印山下**:熊、曾;**湾里曾家**:曾、程、应、蓝、王
	张坑	**岩下刘家**:刘;**余家岭**:余;**付家**:余;**陈家**:陈;**余家**:余、陈;**林家**:林;**赵家**:赵;**范家**:范
	源口	**罗家**:罗、周;**源里付家**:付;**源里黄家**:黄、刘;**大泉周家**:周、罗、杜、梅;**汪家**:汪、王、仇、罗;**郭万张家**:郭、万、张;**万家**:万;**杨家**:杨;**塝上王家**:王、曾、闫;**汪家垅**:万、黄、黎;**源口付家**:付、邓、苏、徐、甘、李;**邓家**:邓、余、朱;**上肖**:肖、陈、梅、万;**下肖**:肖、梅;**邹家**:邹、高;**颜家**:罗;**源口黄家**:黄、曾;**上郑**:王、黄;**黄莺岗**:黄;**林家**:林、袁、杨、余;**上阳畈**:崔、张、邹、徐、左;**和尚桥**:黄、许、骆、徐、王;**陈家**:陈
	付山	**岩上桂家**:桂;**冷水塘陈家**:陈;**冷水塘余家**:余、陈;**斗笠曾家**:曾、李、洪;**付山陈家**:陈、石、黄、刘;**坑里刘家**:刘、汪;**老屋刘家**:刘;**新屋刘家**:刘;**锅蓬桂家**:桂、刘
	邹桥	**田铺岑家**:岑、刘;**泉下余家**:余、王、范、肖、莫、易、刘;**泉下李家**:李、余、刘、岑;**老屋岑家**:岑、张、周、邢、陈;**罗家**:罗;**新屋岑家**:岑、王、赵、杨、黄、刘、冷、童、陶、倪、何;**垅口陈家**:陈、余、周、左、江、汪、洪、刘;**花树洪家**:洪、周、黄、刘、曾、杨、易、甘、钟、罗、付;**桥头曾家**:曾、许、蒲、郭、杨;**港边王家**:王、周、曾、邓、方;**新塘王家**:王、陈、胡、曾、邹、郭、张、黄、李、董、吴、刘、应
	杨坊	**道岩邹家**:邹、阮、杨、陈、杜、王、李;**马嘴头**:陈、颜、苏、付;**新屋里**:程、黄、李、杨、余、梅、夏、胡;**桥头南边**:黄、陈;**桥头杨家**:杨、胡、邹、陈、徐、刘、黄;**枣树杨家**:杨、田、许、李、徐、余;**田家**:田、潘、黄、程;**廖家**:廖、陈、周;**邓家**:邓;**郑家**:黄、李、葛、张、刘、施、杨、郑、卢、吉、陈、蔡、冷、廖、董;**大冲**:廖、李、甘、付、余、刘;**张家岭**:付、谭、邹、李、姚、王、秦、苏、卢;**李家垅**:李、余;**山里吴家**:吴、苏、陈、杜、何;**亭子李家**:李、徐、王、黄、柯、朱
塘山乡	郑湖	**邓家**:邓;**张家**:张;**万家**:杨、万;**老屋袁家**:袁;**塔下邹家**:邹;**新屋袁家**:袁;**冲里**:万;**桥头倪家**:倪;**老屋里倪家**:倪;**坳背倪家**:倪;**吴家**:吴;**邹家岭**:邹
	石源	**上边陈**:陈;**简家**:简;**叶家**:叶;**郭家**:郭;**杨山里**:杨;**弯地里**:钟;**凼里钟家**:钟;**嘴上钟家**:钟;**新屋权**:权;**山背李**:李;**黄土墩**:钟;**社角里曾家**:曾;**夏家垅**:夏、赵;**下边陈**:陈;**面前**:钟;**港背**:曾;**老屋里**:曾;**大塘岸上**:曾;**下屋**:曾、林、邹;**严家**:曾、黄;**老屋权**:权
	岭上	**塘边吴**:吴;**墩上吴**:吴;**坑里钟**:钟;**曾家岭**:曾;**江家岭**:江;**袁家岭**:袁、黄、王
	新塘	**上边冯**:冯;**邹家**:邹;**罗家**:罗;**庙下李**:李、周;**路下李**:李;**塘背**:钟;**湾里钟**:钟;**祠堂边钟**:钟、李、冯;**井边周**:周;**邵家坂**:邵;**下边冯**:冯、钟;**廖家**:廖;**冯家岭**:冯

续表 5-2-6

乡镇场	行政村	自然村姓氏分布情况
彭山林场	彭山	**张十八**:张、朱、陈、蔡、王、黄、戴;**湾里张家**:张;**垅里甘家**:甘;**坳上甘家**:甘、徐、胡、何;**坳上甘家**:甘;**宋家**:宋、张、余、梁、刘
园艺场	一分场	**岑家**:岑、桂、梅、徐、邹、熊、程、蔡、何、李、范、余、胡、蒋、王、段;**缪家**:缪、柳、陶、周、黄、彭、袁、徐、胡、邵、孙;**燕家**:燕、梅、万、邹、孙、李、缪、徐、唐、谭、余;**垅里**:邹、周、潘、余、徐、苏、杨、陈、付、肖、倪、刘、吴、岑、程
	二分场	**郭家新村**:郭、胡、扶、陈、张、王、徐、袁、殷、左;**马屋李家**:余、施、张、殷、夏、黄、王、汪、熊、陈、卢;**罗家榨**:邱、周、孔、吴、张、肖、王、黄、陈、金、梅、李、刘、蒋;**下王**:王、邹、黄、郝;**上王**:胡、刘、陈、李、徐、唐、谭、余;**茶场**:黄、徐、颜、钱、汪、周、郑、邹、马、王、刘

说明:表中姓氏以户主姓氏为主。

第三章　计划生育

第一节　机构与队伍

机　构

1985年,有县计划生育委员会(主任由县政府分管领导兼任),下设办公室、宣传技术指导站。1986年,计生委与卫生局分署,乡镇场和企、事业单位设有计生办。1987年,计生委设专职主任。1990年,成立县计划生育领导小组,县长任组长,县委、县政府分管领导任副组长,相关单位负责人为成员。1991年,乡、村分别成立计划生育领导小组。

队　伍

1986年,乡计生办每万人配计划生育助理员1人。1991年,成立乡镇场计划生育常年服务队。1994年,行政村配计划生育专干和专(兼)职技术员各1人,村民小组配计生服务员1人,每15户村民配计生中心户长1人。

第二节　政策与措施

计划生育

20世纪70年代末,全面开展计划生育工作,实行"提倡一胎,限制二胎,杜绝三胎"的生育政策。1985年,省政府出台政策规定严格控制二胎生育。1990年,县政府发文,对贯彻落实《江西省计划生育条例》作出具体规定,符合下列情形之一的夫妇,可以再生育一胎:独生子女死亡的;只有1个子女,经鉴定患有非遗传性残疾,不能成长为正常劳动力的;一方为烈士独生子女或者六级以上残疾军人,只生育1个子女的;一方在煤矿井下连续从事采矿作业5年以上,并仍在从事煤矿井下采矿作业,只生育1个女孩的;双方均为少数民族,且居住在县级以上人民政府确定的少数民族聚居地,只生育1个子女的;归侨、侨眷或者在本省定居的香港、澳门、台湾同胞,其子女均在国外或者香港、澳门、台湾等地区定居的;双方均系华侨,一方回国时间在6年以内,只生育1个子女的;再婚夫妻一方再婚前只生育1个子女,另一方未生育的。双方均为农民并具有下列情形之一的:只生育1个女孩的;男方到无兄弟的女方家结婚落户只生育1个子女的(只能准许1人);男方的兄弟均无子女并已丧失生育能力,只生育1个子女的。再生育一胎的间隔期不得少于5周年。

奖励扶助

1985年,继续执行《德安县计划生育奖惩暂行规定》,对独生子女入托、入学、招工、招生、征兵、分房、宅基地分配优先照顾;小学到高中免收学费;发给一次性奖金,发放保健费;对计划生育四项手术的对象给予休假和营养补助。同年“六一”儿童节,对1695名独生子女发放慰问金3.39万元,每人20元。1990年,制定《关于贯彻执行〈江西省计划生育条例〉的具体规定》:从领取“独生子女证”起至独生子女14周岁止,每月发放保健费8元。1991年,为农村独女和二女户办理养老保险。2004年,开展“关爱女孩”捐赠活动,筹措基金6.46万元。2005年起,对实行计划生育的男年满60岁、女年满55岁的农村失独家庭179名老人,每人每年扶助600元,当年发放10.74万元。2006年,落实农村独生子女和二女户家庭医疗“三免四减半”政策(免交挂号费、注射费、换药费,“三大常规”检查费、胸片检查费、床位费、三级护理费各减50%)。2008年,“关爱女孩”基金会为30对主动放弃再生一胎指标的夫妇,每对发放一次性奖金1000元。同年起,为130名进入高中的独生女学生,每人每年提供助学金1000元;办理《计划生育家庭优惠证》2200本,减免各种医疗费20余万元。为独生子女伤残或死亡的困难家庭成员205人,每人每月发放计划生育家庭特别扶助款80~100元,共发放20.8万元。至2008年,领取独生子女证9532人。

第三节　管理与服务

管　理

孕前管理　1985年起,对年内出生人口实行指标管理,推动计划生育工作进入计划控制新阶段。1991年,计划生育工作从人口管理到避孕节育措施落实等方面实行管理方式转变,由孕后补救型管理转向孕前型管理。1992年,县委下发《德安县乡村计划生育孕前型管理方案》,对孕前型管理指导思想、奋斗目标、实施内容作出明确规定。1993年,县委、县政府下发《德安县计划生育全程系列服务实施办法》,提出建立一个体系(全程系列服务体系),把好两个关口(婚前、婚后),实行“三个定期”(新婚定期教育、孕期定期指导、避孕节育定期服务),开展“四期教育”(青少年期、未婚期、新婚期、再婚期),落实“五个指导”(孕期、婴幼儿期、学龄前教育、有孩夫妇节育、无孩夫妇避孕期指导),做好“六期服务”(婚前、新婚、孕期、婴幼儿期、避孕节育、更年期)。同年7月,在宝塔乡田塘村、牌楼村，聂桥镇聂桥村、芦溪村进行计生全程系列服务试点工作。同时，配齐县、乡、村三级计划生育技术队伍，注重环孕检和避孕节育措施的落实，从源头控制计划外怀孕。至2008年，综合节育率93.44%。

自治管理 1989年，成立县计划生育协会，参与计划生育民主管理、民主监督。协会下设办公室，负责日常工作。1990年，成立各乡镇场计划生育协会。1995年，成立村级计生协会109个，会员2.65万人。同年，开展创建计划生育合格村活动，合格村(街道)达30%。2000年，市计生领导小组、计生协会对全县28个计生合格村、街道协会授牌。2008年，有乡级协会15个，村(社区)协会93个，会员小组1357个;民营企业计生协会2个，流动人口协会3个，会员3.2万人。

流动人口计生管理 流入辖区内育龄妇女须出具计划生育情况证明，按常居户管理。对流出县外育龄妇女，外出前落实相应节育措施，办理流动人口计划生育证明，定期接受环孕检。同年，在广东、浙江、福建等沿海地区设计生服务点6个，年提供环孕检服务6000多人次。1999年，成立县流动人口计生管理站。2003年，根据国家"外出务工人员环孕检由属地免费提供服务"规定，取消驻外服务点。2006年，全国流动人口计划生育信息平台建立，实现网上接收、反馈流动人口生育、节育、办证等信息，加快流出地与流入地双向管理。至2008年，全县育龄流动人口16793人，其中流入580人，流出16213人。流出人口执证率95%，流入人口验证率97%。

服 务

技术服务 1985年，县计生宣传技术指导站对避孕药品实行定点发放、定人发放、定期随访效果。1987年初，对县医院、乡卫生院外科医生临床学习满3年、经卫生局考核合格者，下发合格证书;5月，在共青进行避孕药具改革试点工作，与使用药具的妇女1042人签订为期2年的避孕合同书。1990年4月，在县药材公司门市部、乡镇卫生院、县保健所开展避孕药具试点发放工作。1994年，全县有计划生育节育技术人员74人，做到上环、人流不出所，环、孕检不出村。2000年，县计生服务大楼落成，建筑面积980平方米，配有红外线物理治疗仪、阴道镜、彩色B超、乳透仪、生化检验等医疗设备。至2008年，开展育龄妇女妇科病普查3800人次。

行政服务 1985年，各乡镇有计划生育办公室，主管文卫副乡镇长任办公室主任、有专职计生助理员、各村有1名副主任主管计划生育工作;县直各单位挂钩包乡，乡干部蹲点包村，实行村委会干部计划生育工作责任承包制。同时，计生部门公开服务承诺，限时办结受理事项，随时接受群众监督。乡镇计生办对计生工作做到规范化管理，全程跟踪服务，公开接受群众监督。1990年9月，对农村独生子女户和二女户结扎后实行养老保险制度，保费按县、乡村、个人4:3:3比例，为37对农村独女户、二女户结扎后办理1000元计生养老保险。1993年，按照县委文件规定，进一步健全乡、村、组、户"网底工程"建设，对育龄夫妇的管理做到:已生育一孩全部上环，已生二孩和计划外生育的进行全部清理，有禁忌症全部实行药具避孕，并定期进行生育、节育、查环、查孕等检测。2003年起，全县开展争创江西省计划生育优质服务活动，2004年、2005年、2007年分别获省政府"计划生育优质服务先进县"称号。至2008年，进一步实施和完善计划生育家庭优惠政策，定期上门帮助解决生产、生活上的困难，为群众办实事200余件。协助保险部门为407户二女家庭代办养老保险，保费121.8万元;母婴安康保险3078人，保费12.3万元;外出务工人员生育保险

8635 人,保费 17.3 万元;爱心保险 18564 人,保费 55.7 万元。并及时协助参保对象办理理赔事项。

信息化服务 20 世纪 90 年代末,实施计生信息化建设,建立信息平台,实行电脑操作,改变传统手工操作方式,缩短各种证件办理时间,提高工作效率和质量,为计划生育工作实行科学管理提供优质服务。

卷六

城 乡 建 设

卷六　城乡建设

1985 年，德安县城区面积 2.1 平方千米，人口 1.86 万人，街道 13 条（其中外延道路 2 条），总长 9.9 千米。1986 年，县城建设总体规划编制完成，规划控制面积 12 平方千米，城镇人口 5 万。1997 年和 2008 年，城市总体规划两轮修编，建设目标定位为与共青共同形成九江市副中心区域，规划控制区面积 71.05 平方千米，城镇人口近期 8.5 万，远期 17 万。至 2008 年，县城建成区面积 8.16 平方千米，先后改造城区道路 16 条，总长 9.7 千米；新建城市主、次干道 44 条，总长 28.5 千米；城区道路总长 38.4 千米。城区防洪、排水排污、给水管网、公共照明等配套设施完善，医疗、教育、文化、体育、休闲、娱乐等生活设施较为齐全。居民住房条件大幅改善，城市街道绿化和园林美化建设同步进行，成为宜居宜业新兴城镇。

村镇建设快速发展。各乡镇场根据实际编制出集镇总体规划，同时按照新农村建设总体要求，编制村庄建设规划。集镇街道路面硬化、绿化，给排水、公共照明、垃圾处理等公共设施初步完善，部分农户用上自来水和水冲式卫生间。公共社会事业单位和服务机构齐全，居民生活便利。村庄道路、公共照明、娱乐休闲等公共设施逐步完善，村容整洁，环境优良。

第一章 城乡建设规划与管理

第一节 县域总体规划

县域规划

《德安城市总体规划(2007~2025)》根据规划建设控制力度、目标和要求不同,将县域总体规划分为区域协调区、城乡协调区、规划控制区和中心城区4个层次。

区域划分

区域协调区 区域协调区为德安—共青城市群。规划要求德安与共青形成一个有机整体,协调发展,包括区域产业结构、基础设施、环境保护以及资源开发等区域协调,以降低城市建设成本,提高设施利用率。

城乡协调区 城乡协调区包括4镇9乡2场。规划要求协调城乡空间布局,改善人居环境,促进城乡经济社会全面、协调、可持续发展。在用地功能安排(尤其是建设性功能布置)、基础设施(道路、给排水、电力电信等市政工程设施)配置、对接与空间布局上做好与中心城区应对协调,并在规划实施过程中做好与相关规划协调控制工作。

规划控制区 规划控制区以德安县城为中心。东至县域边界(河东乡东部边界),南至九仙岭,西至园艺场一带,北至邹家垄(河东乡北部边界),面积71.05平方千米。规划要求在用地功能和各类建设用地空间管制、道路与其他市政公用设施布局、生态与环境要求以及其他发展与建设指标控制方面,作好协调控制工作。对中心城区总体规划控制区范围内村庄,制定总体建设规划;对居民点逐步实行统一规划、集中建设。

中心城区 德安县城中心城区。东至京九铁路河东乡段,南至九仙岭,西至园艺场,北至邹家垄,面积29.27平方千米(即规划控制区范围扣除生态绿地),其中城市建设用地面积16.80平方千米,为县城总体规划主体建设区域。规划定位德安城市性质为市域副中心、昌九工业走廊中部现代制造业基地、适宜创业发展和生活居住生态型山水园林城市。县城拓展总体思路为“西进、东扩、南移、北抑”,即以向西、东发展为主,适当向南发展。县城空间结构为一河两岸、组团布局、东西拓展、北抑南移,形成“一轴一心、两翼四片”结构布局。

第二节 县城规划

《德安县城总体规划(1987~2000)》

1986年,京九铁路、昌九高速公路在县城过境走向基本确定,省政府要求沿线县城尽快编制县城建设总体规划。在1983年制定的《德安县城建设规划方案》基础上,1987年编制完成《德安县城总体规划(1987~2000)》(以下简称《规划》),经县八届人大常委会第十八次会议审议通过,报市政府批准执行。

根据《规划》,县城范围东至东风锻压机床厂(现爱民厂),南至新火车站,西至高速公路规划线,北至6624仓库,规划控制面积12平方千米,城镇人口5万。规划建成区建设用地近期3.6平方千米,远期6平方千米。城区分为5个区域:老城区(东起北门桥、南至蒲亭镇政府、西至义峰路、北至石桥西路),河东片区(石桥路北门桥以东),南门畈区(蒲亭镇政府至南门畈圩堤),雁家湖片区(南门畈老铁路以西至义峰路一带)。其中南门畈和雁家湖片区属新列入规划区域,也是规划重点区域。《规划》主要包括:各地段街道道路、广场位置、座标标高和建筑红线;规定建筑地段各项建筑、绿地位置和用地范围,街道和小区平面布置;综合安排给排水、电力、通讯管线;街道交叉口设置。

《德安城市总体规划(1995～2010)》

1995年,县城建成区面积4.5平方千米,人口4.06万,部分区域突破原规划规模。昌九高速公路和京九铁路即将建成通车,穿城而过的105国道车流量减少,位于县城中心的火车站迁至桂林村。省政府要求京九沿线县城按照《江西省京九铁路沿线城镇体系规划》同步修编城市规划。1995年,对《规划》进行第一轮修编。1997年5月,《德安城市总体规划(1995～2010)》编制完成,经县十一届人大常委会第二十七次会议审议通过,报市政府批准执行。

根据《规划》,县城和共青列为综合城镇,统一规划布局,实现功能互补,逐步发展为多功能组合的统一中心城市。远期规划控制区东起河东乡后田村后田垅—共青寨下,南至宝塔乡杨桥村张古岭,西至木环乡梅桥村,北至6624仓库,面积32平方千米,城市建设规划区面积16.5平方千米;2010年建成区面积12平方千米,城镇人口近期6万,远期10万。城区划分为4大组团:中心组团包括老城区和开发区,保持原有行政办公、商贸、文化中心功能,在开发区建设高新技术产业群,形成以高新技术产业及流通为核心的主功能区;东南组团包括九仙岭、新火车站和附城村,建成湖滨山水公园,形成环境优美的生活区;西南组团包括宝塔乡牌楼村、田塘村到杨桥村一带,以高新技术产业为依托,形成新型城市工业区;河东组团包括石桥路北门桥东至爱民机械厂,形成以现有工业为基础、功能布局完善的综合性工业、生活区。

《规划》对城市道路交通系统、工业与仓储用地、居住用地、公共设施、园林绿地与景观、市政工程设施、防火、环境保护、郊区、近期建设、远景等11个方面进行具体规划。

《德安城市总体规划(2007～2025)》

2007年进行《规划》第二轮修编。《德安城市总体规划(2007～2025)》于2008年3月形成正式文本,7月经县十四届人大常委会第九次会议审议通过。

《规划》确定县城发展总体思路为"一河两岸、组团布局、东西拓展、北抑南移",形成"一轴一心、两翼四片"结构。"一轴"即以105国道为发展主轴,"一心"即以福银高速、京九铁路、博阳河围合成的老城区为城市中心。"两翼"即依托城市中心、沿发展主轴向东西两翼拓展,福银高速公路以西的西翼以工业发展为主,为城市工业集中区;福银高速以东的东翼以生活居住为主,为城市行政办公、文体休闲、商业金融和生活居住区。"四片":老城片区用地规模5.7平方千米,定位行政、文化、商贸、居住综合功能;宝塔工业园片区用地规模5.7平方千米,定位以工业用地为主,兼顾居住、商业功能;附城居住片区用地规模2.4平方千米,定位高尚居住为主,兼顾景观、商业、文化功能;河东居住片区用地规模3平方千米,定位以居住、文化、休闲功能为主。

第三节　镇村规划

集镇规划

1986年,对村镇建设进行初步规划。1996年,县政府号召"引农造城",鼓励农民到集镇建房置业,将丰林镇、聂桥镇、车桥镇和宝塔乡牌楼村列为小城镇建设重点村镇。1999年,各乡镇集镇规划基本完成。2002年撤乡并镇后,根据新建制对规划进行修编。2007年,《德安城市总体规划(2007～2025)》将县域总体规划分为4个层次,其中城乡协调区即4镇9乡2场。各乡镇根据县域规划总体设计,对规划重新修编,至2008年完成。

村庄规划

2005年,结合农村经济发展实际,配套新农村建设,按照"生产发展、生活宽裕、乡风文明、村容整洁、管理民主”的新农村建设总体要求,进行村庄规划编制。至2008年,全县行政村规划编制完成。

第四节　规划管理

1985年,县建筑材料工程局规划建设股负责管理全县规划、县城规划设计,参与制订城市规划管理规定;核发规划用地许可证、规划建筑工程许可证;负责建筑档案管理;负责对规划区域内建设用地选址、工程管线踏勘,办理选址意见书,审批建设规划,对规划建筑工程放、验线;参与老城改造、新区开发建设项目可行性研究,协调解决城市规划中的矛盾和问题;负责城市雕塑建设、管理工作;参与市政、公用事业建设规划与管理。

1987年,《德安县城总体规划(1987～2000)》规定县城街道建房和改造必须做到规划、设计、建设、施工、管理“五统一”;新建房须达三层以上;保护水塘、河流、林木生态;保护空间,减小房屋密度。1988年,规定任何单位和个人建房,须按县城规划和建房审批程序办理征地、建房手续。

2000年,制定《德安县关于县城建设管理暂行规定》,县城建设必须坚持统一规划、合理布局、配套建设和先规划后建设、先地下后地上的原则,由规划部门提出方案,报县政府批准,统一安排。2005年,下发《关于在全县开展示范村庄建设工作的意见》,成立县示范村庄建设工作领导小组,开展示范村庄建设工作。2006年,制定《德安县城市规划区内农民建房管理暂行规定》,进一步规范规划区内农民建房行为,严禁违反规划建房;提倡节约用地,鼓励各自然村村民到规划安置点建房或联建公寓式住宅;新建、拆迁安置住房统一安排到安置点内建设,安置点以外一律不再审批新建住房,已建住房不再批准改建、扩建。2006年,制定《关于清理县城规划区内城镇居民建私房的实施方案》,遏制规划区内城镇居民购地建房行为。

2008年5月,制定《德安县加强乡镇规划建设管理工作实施方案》,健全管理机构,完善工作机制,完成乡镇和行政村规划。至年底,全县共办理建设项目选址意见书180份、建设用地规划许可证384份、建设工程规划许可证970份、建设工程竣工规划验收合格证970份。

第二章　县城建设

第一节　城区路网

城区道路

五里墩路　从大西门至6624仓库,长约2.5千米。1988年,将大西门至水泥厂965米砂石路面改为水泥路面。1991年,水泥厂至6624仓库路段随德白路改造改为水泥路面。

石桥路　为105国道大西门至爱民厂段,长2.2千米。1989年,路面由沥青改为水泥,路宽由16米增至20米,其中行车道14米(1993年拓宽至20米),两侧人行道各3米。

东风大道　原名东风路,从县人民医院至蒲亭镇政府。1991年,县总工会至南门畈圩堤1.2千米路段改造延伸:建造1.65×1.5米地下排水涵道解决县城排水问题;从蒲亭镇政府延伸段拓宽至25米,改称东风大道。1996年,完成南门畈圩堤至新火车站1.9千米东风大道二期延伸工程,路宽25米。

蒲塘路　从农贸大市场至新火车站货场,长1.5千米。1993年开工,1998年竣工。水泥路面,路宽28米。

朝阳路和一支路　1996年,火车站南迁。老铁路路基改建为朝阳路,1998年建成,长810米,路宽18米。1999年,连接东风大道与蒲塘路的一支路建设完工。

德白路接线工程　北起原县农机厂，南至牌楼村接105 国道，长2.7 千米，1997 年建成，三级公路标准，水泥路面，路宽9 米。

义峰路　为105 国道大西门至工业园东区高速公路涵洞口，长2176 米。1986 年，大西门至原宝塔供销社1216 米路段进行改造，沥青路面改为水泥路面，路宽由9 米拓宽至14 米。2001 年，原宝塔供销社至高速公路涵洞960 米路段降坡、取直，最高处降坡8 米，路宽由16 米拓宽至28 米，其中行车道宽18 米。总投资479 万元，其中公职人员和社会捐款251 万元。2008 年，该路段由单向二车道改为双向四车道。

渊明大道　连接宝塔大道和蒲塘路，2002 年建成，为新老城区互联新通道，长426 米，路宽40 米。同时向东西延伸，东与东风大道连接，西与蒋家湾路相连，长1586 米，路宽43 米，其中人行道14 米。

隆平大道　2008 年开工建设。北接义峰路，南连渊明大道，长1.2 千米，路宽22 米，其中人行道8 米，有多条次干道与之相交。

东佳大道　东接蒲塘路，西连府佑路，长1 千米，路宽22 米，其中人行道8 米。

1985 ~2008 年德安县城区道路改造一览表

表6－2－1　　　　单位：米

道路名称	类别	改造年份	起止地点	长度	路宽	其中		路面（砼、油）
						行车道	人行道	
义峰路	主干	1986	大西门—第一加油站	1216	20	14	6	砼
		2001	第一加油站—高速路涵洞	960	28	18	10	砼
五里墩路	外环	1988	大西门—水泥厂	965	9	9	—	砼
石桥路	主干	1989	大西门—北门桥	2249	20	14	6	砼
		1993			26	20	6	砼
解放路	次干	2003	义峰路—工会、南门路—圩堤	643	14	9	5	砼
	支道	2006	工会—南门路					
大西门路	支道	2006	大西门—建设路	222	7.6	6	1.6	砼
建设路	次干	2006	义峰路—南门路	361	12.8	8.5	4.3	砼
永兴路	次干	2006	解放路—石桥路	435	12.5	8.3	4.2	砼
永兴支路	次干	2006	永兴路—东风路（老政府）	131	16.4	11	5.4	砼
北门路	支道	2006	大西门路—北门桥	543	12	8	4	砼
					7.6	6	1.6	砼
南门路	次干	2006	北门路—老公安局	780	12.7	8	4.7	砼
火车站路	支道	2006	南门路—解放路	442	9.5	6	3.5	砼
地税局支路	支道	2006	朝阳路—蒲塘路	200	13.6	9	4.6	砼
农贸市场支路	支道	2006	朝阳路—义峰路	96	13.7	9	4.7	砼

工业园东区路网

宝塔大道　北起义峰路，南至公安局办公大楼，长1380 米，路宽44 米，其中行车道30 米，为工业园东区主干道。

安居路　北起府佑路，南至渊明大道，长753 米，路宽20 米，其中行车道14 米。

蒋家湾路　北起府前路，跨东佳路、渊明大道，南至敷浅源路，长1500 米，路宽12 米。

金纺路 北起东佳路,南至贝伦特丝绸公司,长1310米,路宽11米。
府佑路 东起安居路,西至宝塔大道,长264米,路宽21米,其中行车道14米。
东佳路 东起隆平大道,西跨宝塔大道至金纺路,长657米,路宽21米,其中行车道14米。
新华路 东起安居路,西至宝塔大道,长285米,路宽15米,其中行车道9米。
兴祥路 东起宝塔大道,西至福银高速公路东侧,长140米,路宽15米,其中行车道9米。
利民路 东起宝塔大道,西至蒋家湾路,长224米,路宽12米,其中行车道6米。
南五支路 东起宝塔大道,西至蒋家湾路,长300米,路宽15米,其中行车道9米。

工业园西区路网

高新大道 东起牌楼村,西至桂田大道,由105国道拓宽改造而成,长1280米,路宽18米。
九岭路 东起上好佳路环岛,西至高峰北路,长1280米,路宽18米。
桂田大道 东起昌九高速公路旁,西至105国道,长1771米,路宽40米,其中行车道25米。
厚德北路 北起高新大道,南至九岭路,长398米,路宽5米。
厚德南路 北起九岭路,长412米,路宽6米。规划向南延伸至桂田大道。
祥宁北路 北起高新大道,南至九岭路,长392米,路宽14米。
祥宁南路 北起九岭路,长297米,路宽14米。规划向南延伸至桂田大道。
上好佳路 北起高新大道,南跨九岭路,长672米,路宽17米。规划向南延伸至桂田大道。
明信北路 北起高新大道,南至九岭路,长374米,路宽12米。
明信南路 北起九岭路,南至田塘龙山嘴新村,长313米,路宽12米。
德邦北路 北起高新大道,南至九岭路,长342米,路宽12米。
高峰北路 北起高新大道,南至九岭路,长334米,路宽11米。规划向南延伸至桂田大道。

1985～2008年德安县城区部分新建道路一览表

表6-2-2 单位:米

道路名称	类别	建设年份	起止地点	长度	路宽	其中		路面
						行车道	人行道	(砼、油)
东风路一期	主干	1985	工会—南门畈	600	18	14	4	砼
蒲塘路	主干	1994～1998	农贸市场—火车站货场	1500	28.4	21	7.4	砼
东风路延伸	主干	1995～1998	南门畈—新火车站	1850	25	19	6	砼
朝阳路	主干	1996	市政公司——支路	810	18	13	5	砼
一支路	次干	1997	圩堤—蒲塘路	448	20	12	8	砼
党校路	支道	2001	义峰路—消防队	166	5.7	5.7	—	砼
渊明大道	主干	2001～2006	东风路—金纺路	1586	43	29	14	砼
广场路	支道	2004～2008	一支路—雁湖路	312	14.6	9	5.6	砼
十力路(西段)	次干	2005	蒲塘路—水厂	188	9	7	2	砼
罗岭路	支道	1985	义峰路—岭下	371	6.5	6.5	—	砼
德白路接线工程	外环	1997	内配厂—牌楼村委会	2700	14	14	—	砼
雁湖路	次干	2007	东风路—蒲塘路	540	20	14	6	砼
十力路	次干	2007	蒲塘路—东风大道	360	14.6	9	5.6	砼
十力南路	支道	2007	十力路—渊明大道	306	15.2	9.2	6	砼

续表 6-2-2

道路名称	类别	建设年份	起止地点	长度	路宽	其中		路面（砼、油）
						行车道	人行道	
蒲塘小学西路	支道	2007	十力路—民居	260	4.5	4.5	—	砼
义峰山公园路	支道	2008	大西门转盘—义峰山	151	6.2	6.2	—	砼
隆平大道	主干	2008	义峰路—渊明大道	1200	22	14	8	砼
东佳大道	主干	2008	蒲塘路—府佑路	1000	22	14	8	砼

第二节　给排水　供气　公用照明

城区供水

1985 年，县城自来水源为井水。南门下、东门洲、河东村和附城村有水井 5 口，水塔 1 座，日制水量 3200 吨，供水量 2200 吨，供水区域约 2 平方千米。1986 年，县自来水厂更名自来水公司。同年，拆除木棚泵站，建造砖混泵房，抽取博阳河水弥补井水不足。1991 年，改造二级泵站、清水库及净化设施。1992 年，南门水厂建成，取博阳河水，日制水能力 1 万吨，实际日用水量 6000 吨，供水区域扩大至 5 平方千米，原机井与水塔弃用。1993 年，宝塔开发区与九江第二发电厂合资，在开发区建宝塔开发区水厂。1995 年，自来水公司买断宝塔开发区水厂，进行技术改造，为公司第二水厂。2002 年，自来水公司更名供水公司。2005 年，雁家湖水厂建成，设计生产能力日产自来水 3 万吨，一级取水泵站迁至五里墩，源水水质改善。一、二级泵站采用 2 条高压供电线路，确保高压输电线路检修不停水。2008 年，县供水公司与南昌供水公司各出资 50%，成立德安（南昌）供水有限责任公司，引用柘林湖水作水源，设计流量 3 万吨/日，管线 10.2 千米，途经永修县燕坊村、县园艺场、共青前山村、宝塔乡杨桥村、县工业园、蒲亭镇桂林村，进入雁家湖水厂。

1985～2008 年德安县城区供水一览表

表 6-2-3

年份	饮用水源	水厂名称	动力设备（千瓦）	日产水量/（万吨）	实供水量（万吨）	供水区域（平方千米）	用户数（户）	入户率（%）	水质综合合格率（%）
1985	机井	南门水厂	208	0.3	0.22	2.9	750	75	80
1990	博阳河	南门水厂	385	0.5	0.46	4.0	1320	88	80
1995	博阳河	第二水厂	697	1.5	0.56	6.5	2090	95	90
2000	博阳河	第二水厂	697	1.5	0.76	7.9	4600	100	95
2001	博阳河	第二水厂	697	1.5	0.83	8.1	5831	100	95
2002	博阳河	第二水厂	697	1.5	0.91	8.2	6207	100	95
2003	博阳河	第二水厂	697	1.5	1.01	8.4	7528	100	95
2004	博阳河	第二水厂	697	1.5	1.10	8.6	9735	100	95
2005	博阳河	雁家湖水厂	1020	3.0	1.18	9.1	12230	100	95
2006	博阳河	雁家湖水厂	1020	3.0	1.27	9.6	14701	100	95
2007	博阳河	雁家湖水厂	1020	3.0	1.37	10.1	16336	100	98
2008	柘林湖	雁家湖水厂	1240	3.0	1.59	11.0	19201	100	98

1985～2008年德安县城区供水主管网分布一览表

表6－2－4　　　　单位:毫米、米

铺设年份	起点位置	止点位置	管径	长度	管材类别
1987	大西门转盘	公路段	200	790	铸铁管
1988	老道口	法院	200	303	铸铁管
1988	南门水厂	用水报装中心	300	280	铸铁管
1994	水厂	看守所	400	274	铸铁管
1994	蒲亭镇门口	铁路涵洞	200	1100	塑料管
1995	县一建	看守所	300	2570	塑料管
1995	朝阳饭店左边	老道口	200	165	铸铁管
1996	看守所	交警队对面	300	485	塑料管
1996	联福超市	妇幼保健院	150	456	铸铁管
1997	水厂	十力路	500	360	铸铁管
1997	雁家湖水厂	菜市场	300	973	铸铁管
1997	第六加油站	嘉华公司	100	1466	塑料管
1998	公路段	第二加油站	150	1718	铸铁管
1999	铁路涵洞	火车站广场	150	219	塑料管
1999	交警队对面	富阳春天	300	916	铸铁管
1999	农贸市场转盘	大市场	150	152	铸铁管
2000	渊明大道西	内环路	150	764	铸铁管
2001	交警对面	高速公路口	200	573	铸铁管
2002	信用社宿舍	东风大道	150	227	铸铁管
2002	高速公路口	园区派出所	300	838	塑料管
2002	怡富公司	105 国道	300	791	塑料管
2002	华彩纺织	105 国道	300	233	塑料管
2003	大西门转盘	第六加油站	200	400	铸铁管
2003	建材市场	老水泥厂	150	601	塑料管
2004	十力路	吴老三门口	300	560	铸铁管
2006	利德家园	宝塔工业园	300	850	塑料管
2006	公路段	东风机械厂	150	2216	塑料管
2006	市政公司	县医院	200	365	铸铁管
2006	中医院	南门下	150	118	铸铁管
2006	县医院	派拉蒙门口	150	102	铸铁管
2006	桂林村部	建设局门口	200	736	塑料管
2006	金环星城	旭晶玻璃厂	200	401	塑料管
2006	旭晶玻璃厂	祥宁北路口	150	872	塑料管
2006	同心堤	北门大桥	100	650	塑料管
2006	一品香饭店	老豆腐社	100	122	塑料管
2006	老林业局	北门大桥	100	260	塑料管
2006	桂林村部	公安局	200	554	塑料管
2006	建材市场一期	建材市场二期	160	144	钢管

续表 6－2－4

铺设年份	起点位置	止点位置	管径	长度	管材类别
2006	大西门转盘	北门桥头	300	426	钢管
2006	北门桥头	同心堤	150	45	钢管
2006	北门桥	爱民厂厂区	160	1879	塑料管
2006	交警大队	熙鸿小区	100	120	钢管
2006	河东乡政府	石桥二组	110	492	塑料管
2006	县医院	派拉蒙超市	200	230	钢管
2006	北门桥	同心堤	110	438	塑料管
2006	香榭名邸小区	新集贸市场	150	69	钢管
2007	北门桥头	石桥三组	110	640	塑料管
2007	交警三队	棉麻宿舍	110	174	塑料管
2007	府前花园小区	欣祥商住楼	110	85	塑料管
2007	工业园四期	京九电器厂	110	90	塑料管
2007	工业园西区	田塘各小组	110	216	塑料管
2007	检察院	祥和商住楼	100	102	钢管
2007	第八加油站	炸药仓库	200	372	塑料管
2007	爱德电磁厂	宏宇服饰厂	160	336	塑料管
2007	绍武金属品厂	许仕床垫对面	110	90	塑料管
2007	轮胎厂	氟里昂厂路边	160	208	塑料管
2007	利德家园	第八加油站	300	912	钢管
2007	金环星城小区	美好餐具厂	200	635	塑料管
2008	建材市场	红庙桥头	100	127	钢管
2008	第一加油站	罗家岭坡顶	100	90	钢管
2008	渊明大道	廉租房小区	150	120	钢管
2008	九州纺织公司	贝伦特丝绸公司	160	420	塑料管
2008	蒲塘路	雁湖天地小区	300	182	塑料管
2008	杨桥商店	加油站桥头	200	48	钢管
2008	金环星城 E 区	金环星城 D 区	100	120	钢管
2008	火车站货场	富贵苑小区	150	334	钢管
2008	渊明大道南	金桂苑小区	300	168	钢管
2008	爱德电磁厂	桂林安置小区	110	252	塑料管
2008	府前花园小区	鸿祥小区	100	138	钢管
2008	宝塔大道	二中转盘	160	120	塑料管
2008	富阳春天小区南门	富阳春天小区北门	300	162	钢管
2008	兴鸿五金厂	通懋电器厂	110	108	塑料管

排水　排污

城区排水管网改造和建设　1985年,老城区大多为路面排水,部分街道有管径30厘米的排水管。1991年,东风路改造,铺设1.65×1.5米主排水涵道。1998年,永兴巷经解放路至东风大道路段,埋设50厘米排水管道。2006年,老城区道路改造,下水道改用50厘米排水管,连通至东风大道主排水涵道。朝阳路排水经东风大道主涵道、义峰路棉纺厂至大西门段排水通过管道和暗渠经蒲塘路主排水管流入朝阳排涝站;义峰路棉纺厂至宝塔大道段、工业园东区道路排水经宝塔大道主排水涵道流入庙前港;工业园西区排水采用雨污分流,其中北采水区通过工业园大道主管道汇入宝塔大道主排水涵道,南采水区通过桂田大道主管道排入庙前港。2008年,县城排水管网总长33829米,基本解决城区排水、排污问题。

1985~2008年德安县城区新、改建排水设施一览表

表6-2-5　　单位:米、毫米

年份	街道名称	长度	排水类型	管径
1989	石桥东路	460	雨、污共排	2600×2800
1992	石桥西路	320	雨、污共排	700×1200
1994	蒲塘路	1500	雨、污共排	1400×2200
1995	东风大道	2450	雨、污共排	1540×2200
1996	朝阳路	1100	雨、污共排	500×750
1998	一支路	448	雨、污共排	1000
2000	宝塔大道	1380	雨、污共排	
1986~2001	义峰路	4124	雨、污共排	800×1200
2001	蒋家湾路	1500	雨、污共排	
2001	金纺路	1318	雨、污共排	
2001	府佑路	264	雨、污共排	
2001	渊明大道	1586	雨、污共排	750
2005	东佳路	675	雨、污共排	400×600
2005	府前路	305	雨、污共排	500
2005	利民路	220	雨、污共排	500
2005	十力路西段	188	雨、污共排	600
2006	建设路	263	雨、污共排	500
2006	解放路	420	雨、污共排	500
2006	永兴路	435	雨、污共排	500
2006	北门路	480	雨、污共排	500
2006	南门路	780	雨、污共排	500
2006	火车站路	442	雨、污共排	400×500
2006	大西门路	221	雨、污共排	500
2006	永兴支路	124	雨、污共排	500
2007	十力路	700	雨、污共排	800×1000
2007	新华路	282	雨、污共排	500
2007	安居路	600	雨、污共排	500
2007	雁湖路	540	雨、污共排	500
2007	十力南路	306	雨、污共排	600
2007	广场路	312	雨、污共排	500

续表6-2-5

年份	街道名称	长度	排水类型	管径
2007	蒲塘小学西支道	260	雨、污共排	500
2002~2008	工业园西区12条道路	6094	雨、污分流	
2008	义峰山公园支路	263	雨、污共排	500
2008	义峰南路	466	雨、污共排	500
2008	隆平大道路网	3000	雨、污共排	

污水处理设施建设 2008年,县污水处理厂开工建设,位于庙前港文华塔东北,污水处理能力近期0.75万吨/日,远期1.5万吨/日,污水收集管网15千米。

家用燃料

1985年,煤为城镇家用主要燃料,县煤炭公司煤球厂供应机制煤球;部分居民用木柴,少量用灌装液化气。1992年,县内第一家液化气供应企业开业,全年供气1240吨,城镇居民逐步改用液化气。1995年,城区居民普遍使用液化气。2008年,有液化气供应站7家,年供气3000吨。同年,重庆计华能源发展有限公司成立德安国发天然气有限公司,与县建设局签订《德安县城市管道天然气特许经营协议》,建设与国家输气管网连接的天然气供应系统,形成新的供气渠道。

公用照明

1985年,街道路灯为安装在电线杆上的单臂支架白炽灯。此后,在东风大道南门畈圩堤、义峰路集贸市场转盘、大西门绿岛、二中转盘建成4座高架灯。2001年,路灯管理由县供电局移交县市政公司。市政公司开始对城区路灯进行改造,淘汰单臂支架灯,安装高6米的专杆灯。在新建和改造道路时,照明设施与道路统一规划、同步建设。至2008年,安装专杆路灯758杆,小街巷安装简易路灯,公共休闲、娱乐场所安装霓虹灯和彩色景观灯。

2008年德安县城区道路照明设施一览表

表6-2-6 单位:杆

路段名称	起点	止点	安装年份	路灯数
解放路	义峰路	圩堤	2003	29
朝阳路	市政公司	雁湖路	2003	42
五里墩路	大西门	建材市场	2003	4
义峰路	大西门	立交桥	2003	79
大西门路	大西门口	建设路	2005	5
建设路	义峰路	南门路	2005	9
永兴路	解放路	石桥路	2001	13
火车站路	南门路	解放路	2001	8
建材市场	建材市场	建材市场	2006	9
蒲塘路	集贸市场	渊明大道	1998	58
宝塔大道	义峰路	公安局	2001	70
水果专卖路	朝阳路	义峰路	1998	2
影视中心路	一支路	雁湖路	2004	7
党校路	义峰路	消防队	2001	4
罗岭路	义峰路	岭下	2001	6

续表 6-2-6

路段名称	起点	止点	安装年份	路灯数
石桥路	大西门口	铁路桥	2005	105
南门路	北门路	老公安局	2005	15
东风路	建设路	火车站	2005	59
桂林大道	东风路	金纺路	2005	70
新华路	宝塔大道	安居路	2005	7
安居路	渊明大道	府佑路	2005	19
府佑路	宝塔大道	安居路	2005	7
东佳路	安居路	金纺路	2005	14
府前路	宝塔大道	金纺路	2005	5
一支路	蒲塘路	圩堤	2006	9
永兴支路	永兴路	东风路	2006	4
移动公司旁	宝塔大道	蒋家湾路	2006	5
老地税局路	朝阳路	义峰路	2006	3
雁家湖路	蒲塘路	雁家湖水厂	2006	6
二支路	东风路	蒲塘路	2008	27
三支路	蒲塘路	东风路	2008	5
蒋家湾路	府前路	渊明大道	2002	14
通达电器路	金纺路	蒋家湾路	2002	5
金纺路	东佳路	欣宁制衣	2002	11
宝塔大道南一路	宝塔大道	高速路边	2002	4
蒋家湾路	渊明大道	高速路边	2002	12
富阳春天后路	宝塔大道	蒋家湾路延伸	2008	10
新绎路	府前路	宝塔大道南一路	2008	10
金纺路	欣宁制衣	贝伦特公司	2008	17
兴祥路	金纺路	蒋家湾路	2008	6

第三节　城区交通

拐　的

1990 年,县政府为部分残疾人配发残疾人三轮代步摩托车。一些残疾人自谋生路,用三轮摩托车载客;后有无业人员购买三轮摩托从事营运,被称为“拐的”,有别于“摩的”。2003 年,政府整顿县城交通秩序,取消“拐的”经营许可,取缔“拐的”300 余辆。

出租车

2002 年,县公交客运有限责任公司成立。7 月,第一批 15 辆“吉利豪情”出租车投入营运,票价每人次 1 元;9 月,投放 20 辆;10~12 月,收编私人“面的”(用于出租的面包车)42 辆,更换为“吉利豪情”出租车。2003 年,县城有“吉利豪情”出租车 77 辆。2006 年,出租车型更新为“捷达”和“东风悦达起亚千里马”,票价为单人上车 2 元,同上同下每增加 1 人加 1 元。

公交车

1997 年,县航运公司筹资购置农用中巴车 3 辆,开通第一条公交线路(1 路公交),起点为河东乡后田村,终点为宝塔乡牌楼村,长7千米。1998年,民间运输管理站(后更名交通运输服务中心)开通2路公交线路,起点为水泥厂,终点为汽车站,长4.5千米。1999年,1路公交车增至5辆。2000年,2路公交有农用中巴车5辆。2002年,1、2路公交整合为县公交出租客运有限责任公司,淘汰农用中巴车,购置中巴车8辆。2004年,开通3路公交线路,投放中巴车4辆,起点为水泥厂,终点为工业园西区。2008年,3条线路有公交车18辆,票价1元/人次(刷卡0.8元,学生0.5元)。

第四节　园林绿化

管理机构

1985年,义峰山园林管理所负责义峰山林区保护和县城13条街道绿化管理工作,隶属于蒲亭镇,属全额拨款事业单位。1986年,县政府向园林管理所颁发山林权属证书,明确义峰山四至范围;明令禁止任何单位和个人取土、采石、种菜、建房、葬坟、打猎,严防火灾和盗伐林木。1991年4月,义峰山园林管理所归口县城建局,更名县园林管理所。

城区园林绿化

1985年,县城街道及单位院场绿化树种主要为法国梧桐,义峰山主要树种为松树,城区无绿岛。1990年起,县城绿化与道路、楼房建设同步进行,种植行道树1200多株,多为樟树;庭院绿化15.6万平方米,园林绿化23.79公顷(含义峰山)。2005年始,宝塔大道、桂林大道、东风大道、蒲塘路、石桥路、九岭路等40多条主、次干道全部按标准栽种和补植行道树,新增银杏、含笑、栾、枫香、合欢、桂花等树种。2007年,《德安县城总体规划》提出再造秀美山川,打造生态德安,建设宜居宜业城市,园林绿化进入新的发展阶段。至2008年,新植行道树3140株,新增园林绿岛和绿化带24.8公顷,新增庭院绿化60.4万平方米,改造、新建广场2个(时代广场和文化中心广场)、城区公园2个(义峰山公园和雁家湖植物园)。

城区公园

义峰山公园　规划面积60公顷,北起义峰山麓,东沿义峰路至老汽车站、桃树洼沿线,南至罗谷岭,西至义峰山下昌九高速公路边。一期工程面积4公顷,2007年开工,2008年竣工。在原有松、杉、樟、枫、楮等树种外,新植杨柳、水杉、毛竹、广玉兰等乔木,桂花、海棠、杜鹃、女贞、小叶黄杨等灌木和花卉草类,形成乔木、小乔木、灌木、绿地4个空间层次。景区道路实行人车分离,山上山下道路连成网络,成为居民休闲场所。

雁家湖植物园　2008年建成,位于县城中心,东接东风大道,南至蒲塘小学,西至蒲塘路,北起雁湖路,面积4.29公顷。植物景观区分为草地带、疏林草地带、疏林灌木带、背景密林带4个空间层次,栽种加拿大红枫、香港紫荆、广玉兰、垂柳、银杏、樱花、紫薇、桃花、女贞等300多种树木、花卉。

1997～2008年德安县城区道路新增行道树一览表

表6－2－7　　单位:株

年份	路段	树种	数量
1997	蒲塘路一期工程	樟树	400
1999	石桥西路	樟树	219
2000	朝阳路、一支路	樟树	167
2001	宝塔大道	樟树	93
2002	渊明大道一期工程	樟树	128

续表6－2－7

年份	路段	树种	数量
2002	蒲塘路二期工程及一期工程（绿化带改种）	樟树	198
2003	义峰路改建工程	樟树	133
2004	宝塔工业园上好佳路	樟树	58
2005	宝塔工业园	樟树	86
2006	东风路二期、渊明大道二期及其他路段（补栽）	樟树	338
2006	城区主干道绿化带	银杏、杜英	1092
2007	城区主干道及广场（苗木补栽）	樟树、合欢、杜英、栾树、含笑	181
2008	渊明大道三期	杜英	47

1985～2008年德安县城区单位庭院绿化一览表

表6－2－8　　单位：平方米

年份	单位	面积	年份	单位	面积
1985	木器厂	27	1993	农业银行	8500
1985	供销社	52	1993	武警中队	130
1985	棉纺厂	1200	1994	电信局	25
1985	棉纺厂	1200	1994	建设银行	520
1985	内配厂	5060	1994	蒲亭镇	20
1985	6624	3000	1994	中医院	35
1985	县委、县政府	280	1994	财政局	70
1985	县人武部	270	1995	交通局	100
1985	粮食局	1250	1995	河东乡政府	600
1985	林业局	210	1995	中国银行	60
1985	食品公司仓库	1800	1995	气象局	7300
1985	工商银行	3000	1995	迎宾楼	130
1985	二小	50	1995	博物馆	2817
1985	汽车站	150	1996	装卸运输公司	160
1985	兴隆饭庄	80	1996	宝塔乡政府	1000
1985	县委党校	31000	1996	消防中队	47900
1985	轮胎厂	24000	1997	公路段	80
1986	农技推广中心	50	1997	一小	120
1986	二中体育场绿化	33600	1997	一建公司	120
1986	一中校园绿化	25000	1997	星辰氟化公司	18000
1986	经贸委	60	1997	人民银行	4150
1988	石油公司	250	1998	教育局	500
1990	水泥厂	8073	1998	劳动人事局	1100
1990	保险公司	300	1998	幼儿园	350
1990	燃料公司	70	1998	爱民机械厂	124040
1990	图书馆	400	1999	盐业公司	618
1991	玉雕厂	50	1999	国土资源局	1276
1991	职业中学	18800	1999	教师进修学校	246
1991	招待所	980	1999	河东完小	2000

续表 6－2－8

年份	单位	面积	年份	单位	面积
1991	公安局	850	1999	邮政局	2100
1992	煤矿机械厂	360	1999	高管局田塘所	13000
2000	县委、县政府（宝塔大道）	34557	2006	华盛医材公司	6890
2000	火车站	12000	2006	宏利大服饰公司	2535
2001	东佳中学	10600	2006	优特格尔医疗用品公司	6983
2001	人寿保险公司	6000	2006	一中校园绿化改造	27800
2001	交警指挥中心	3000	2006	二中校园绿化改造	16156
2002	鑫城棉纺厂	4298	2006	雁家湖水厂	7200
2002	亚希尔电器	3500	2006	丰林医材有限公司	2820
2002	宏源彩印包装公司	2134	2005	森鑫木门厂	1600
2002	邹应该实业	1200	2004	达晟纺织	3180
2003	新明纺织公司	4002	2006	华丰纺织有限公司	3260
2003	开成纸业公司	3615	2006	京昌电器有限公司	2750
2003	中恒自动控制器公司	2668	2006	怡富实业有限公司	3800
2003	江西美好佳餐具公司	3240	2006	福得来家具有限公司	2180
2003	欣宁制衣	8535	2006	优特格尔医疗制品公司	6983
2003	公安局（渊明大道）	3600	2006	林业局（宝塔大道）	1159
2003	检察院（宝塔大道）	3100	2006	建设局	1027
2003	供电公司	3333	2006	鸿立食品	4250
2003	移动公司	398	2006	工业园管委会	1200
2004	农业发展银行	2515	2006	石油公司	49500
2004	武警中队（曾家洼）	6667	2006	岳山垅村委会	1206
2004	环保局	1800	2007	人武部（宝塔大道）	6020
2004	利和电器	1334	2007	交通局（渊明大道）	768
2004	粮食局（渊明大道）	700	2007	达晟纺织（二）	10805
2004	财政局（渊明大道）	1200	2008	稽征所	834
2005	通达电器	3200	2008	烟草公司	1933
2005	工商局	2000	2008	法院	2574
2005	国税局	1584	2008	地税局	2666
2005	农村信用合作银行	4226	2008	食品肉联厂	6000
2005	上好佳公司	20963	2008	蒲塘小学	12800
2005	人民医院	1285			

1996~2008 年德安县城区新增园林、绿岛、绿化带一览表

表 6-2-9　　　　单位:平方米

年份	地点	面积
1997	蒲塘路一期工程	627
1998	东风路一期工程绿化带(改种)	950
1999	菜场绿岛	360
2000	蒲塘路一期工程绿化带(改种)	627
2000	义峰路汽车站路段绿化带	104
2001	大西门中心广场	2578
2001	宝塔大道	4510
2001	市政公司旁绿岛	300
2002	渊明大道一期工程	2792
2002	义峰路改建工程绿化带	2180
2002	蒲塘路二期工程及一期工程绿化带(改种)	1878
2002	时代广场	6300
2003	高速公路东出口	2428
2003	文化中心广场	23310
2004	宝塔工业园入口广场	5500
2005	渊明大道二期工程绿化带	1199
2005	工业园大道绿化带	3808
2005	义峰路改建工程绿化带(改种)	2180
2005	高速公路入口、大西门及菜场三个绿岛(改种)	2417
2005	宝塔工业园中心绿地	12000
2005	东风路一期工程绿化带(改种)	950
2006	东风路二期工程绿化带	990
2007	高速公路口绿化景观带	25000
2007	城区主干道及广场(补栽)	1126
2008	义峰山公园主题广场	40000
2008	雁家湖植物园	90000
2008	金带河绿化长廊	14000

第五节　城市防洪

易涝城区

县城位于博阳河下游,海拔 15.5~19 米(黄海高程,下同)。博阳河十年一遇最高水位 20.33 米,二十年一遇最高水位 20.73 米,1998 年最高水位达 22.94 米。每逢汛期山洪暴发或长江、鄱阳湖水顶托,县城即受洪水威胁,属典型易涝城区。1998 年,受集中降雨山洪暴发和鄱阳湖高水位顶托双重影响,北面洪水从石桥路漫进县城,县城受淹,最深处 2.2 米;南面导托河堤决口,洪水涌入庙前港致使九津圩、齐湖坝漫顶溃决进入附城圩。县城受灾人口 2 万余人,直接经济损失 1.5 亿元。

防洪圩堤

附城联圩主堤　北起北门桥，南至附城村师古墩，长5.17千米，保护总面积12.4平方千米、农田1.01万亩、人口5万余人。2006～2008年，对圩堤进行加高加宽、护坡固堤、堤身堤脚防渗处理、迎水面砼护坡或网格砼草护坡、背水面草皮护坡等处理，堤面宽6米，内外坡比均为1∶3。

导托堤　东起师古墩，西至田塘村，长5.46千米，为人工引水导托渠堤坝。

南门畈堤　东起朝阳排涝站，西至老铁路路基，长1.28千米，1998年为保护主城区修建。

齐湖坝　原为抵御庙前港及博阳河干流洪水圩堤，联圩后变为附城联圩内堤。东起师古墩，西与九津圩相接后折向西北至新火车站东侧桂林村，长1.95千米。

九津圩　东北与齐湖坝相接，西北与宝塔开发区相连，长1.27千米。

排涝设施

宝塔排涝站　位于师古墩下。建于1976年，2008年重建，装机容量440千瓦。排水区为庙前港。

城北排涝站　位于县城北门。建于2006年，装机容量110千瓦。主要排水区为三角洲片区。

朝阳排涝站　位于南门畈圩堤与附城联圩相接处。建于1965年，原装有20ZLB—70轴流泵2台、400HW—5混流泵1台，2003年新增650HBC—7混流泵1台。2007年改建，现装机容量385千瓦。主要担负县城雨、污水及雁家湖一带积水排涝，排涝区集雨面积约2.4平方千米。

东门洲排涝站　位于东门洲。装机容量165千瓦。主要担负东门港区的雨、污水排涝，排涝区集雨面积约0.4平方千米。

宝塔自排闸　位于师古墩下。底板高程13.7米，箱涵孔径2.7×2.7米。在外河水位较低时，实现庙前港水自排。

第六节　其他公共设施

办公楼院

1985年，县直机关、金融机构等办公楼院主要分布在老城区。1985年后，老城区陆续建成一批新办公楼。其中，县土管局和环卫所办公楼2001年因北门大桥复桥建设而拆除。建设较早尚保留的办公楼院有县总工会、供销社、人民银行、中国银行、电信局、迎宾馆（县委招待所）、教育局等。人民医院、疾病控制中心、血防站、一小、民营经济服务局等单位在原址拆旧重建。少数建造年代不久的办公楼由政府作价、调剂安排，如建设局转让给民政局、财政局转让给审计局、交通局转让给老干局。

1985～1999年德安县老城区部分新建办公楼一览表

表6－2－10　　单位：平方米

单位名称	地址	结构	楼层	建筑面积	竣工时间
农业局	石桥西路13号	框架	5	2000	1986
农业银行	石桥西路15号	框架	5	1500	1986
棉麻公司	永兴路43号	框混	5	1448	1991
建设银行	东风大道131号	框架	10	3500	1993
国土资源局	石桥西路255号	框架	5	1138	1997
环卫所	石桥西路186号	砖混	5	680	1997
人事劳动和社会保障局	东风大道185号	框架	6	3024	1997
邮政局	东风大道165号	框混	7	6150	1999

1998~2008年,机关办公楼院建设逐渐转移到新城区,主要分布在宝塔大道和渊明大道两侧。先后有26个单位在新城区建设(或合建)办公楼,建筑面积共9万多平方米。

1998~2008年德安县开发区新建办公楼院一览表

表6-2-11　　　　单位:平方米

单位名称	地址	结构	楼层	建筑面积	竣工时间
县委、县政府	宝塔大道56号	框架	8	5380	1999.8
交警指挥中心	宝塔大道46号	框架	6	2560	2000.1
人保公司	宝塔大道85号	框架	6	1517	2001.7
移动公司	宝塔大道111号	框架	6	2331	2003.6
检察院	宝塔大道88号	砖混	8	3209	2003.7
供电公司	宝塔大道68号	框架	8	4008	2003.10
公安局	宝塔大道100号	框架	7	5300	2003.12
农村合作银行	宝塔大道58号	框架	7	3550	2004.1
农业发展银行	宝塔大道81号	框架	4	1000	2004.2
财政局	渊明大道146号	框架	8	3702	2004.5
环保局	渊明大道123号	框架	3	1600	2004.10
人大、政协	宝塔大道56号	框架	5	2670	2004.12
粮食局	渊明大道125号	砖混	5	1280	2004.12
建设局	渊明大道266号	框架	6	2600	2005.1
工商局	渊明大道121号	框架	5	2015	2005.1
国税局	宝塔大道70号	框架	7	3976	2005.3
林业局	宝塔大道60号	框架	7	4600	2005.7
工业园管委会	工业园西区主干道	框架	6	4425	2006.1
交通局	渊明大道160号	框架	6	2728	2006.2
法　院	渊明大道146号	框架	6	5000	2007.12
人武部	宝塔大道57号	框架	5	1916	2007.12
地税局	渊明大道87号	框架	8	4669	2008.1

公益事业建筑

文化广场和文化影视中心　文化广场位于县城一支路南侧,占地2.3公顷,2004年建成。设有花坛、石雕、景观灯和体育设施,石雕以“德安八景”和“义门陈”为主题。文化影视中心坐落于文化广场西侧,由文化电视大楼和影剧院构成,建筑面积7500平方米。其中文化电视大楼高7层,楼内有县文广局、广播电视台、文化馆、图书馆等单位;影剧院高3层,设座位1000个;两栋大楼由走廊相连。

时代广场　1985年,人民广场为临时农贸市场。1990年,改造成街心花园,占地0.46公顷,建有小桥、水池、雕塑、小亭等景观。2002年,改建成0.63公顷的时代广场,设有长廊、喷泉、林荫小道、景观灯等。

第七节　城市管理

环卫管理

环境卫生管理所　1985年，县环卫所归蒲亭镇管辖，管理城区面积15万平方米，负责清扫街道12条、面积3.78万平方米。1993年，环卫所划归建设局。至2008年，环卫所负责城区清扫、保洁道路增加至56条，面积67.1万平方米。

城区保洁　1985年，街道旁设有水泥垃圾池，居民生活垃圾倒入池内，由环卫所定时清运；街道实行定人定路每天1次清扫、1次保洁。1991年，实行每天1次清扫、2次保洁。1996年，推行生活垃圾袋装化，由居民将垃圾堆放到指定地点由环卫所统一清运；对主次干道实行12小时2次清扫、2次保洁；对全县机关单位和主次干道临街店铺推行卫生达标、绿化美化、市容整洁、车辆停放有序、设施完好“门前五包”责任制。2004年，居民袋装垃圾收集清运和住宅区小巷小道卫生清洁由专业保洁队伍负责，企业宿舍和有物业公司的商住小区由企业或物业公司负责；对主次干道实行24小时2次清扫、3次保洁。

垃圾清运和处理　1985年，县城生活垃圾靠人力板车和1辆小四轮翻斗车清运。1986年，征用河东乡后田村2组破塘凹荒山作垃圾堆放处理场。1991年，新增3辆中四轮翻斗车清运垃圾。1999年，垃圾处理场迁至后田村1组大塘洼。2006年至2007年，先后对垃圾处理场进行改造，实行垃圾填埋，修建水泥路、污水坝、沉淀池、分洪渠，安装沼气管，基本解决垃圾二次污染问题。

垃圾中转站　1985年，在大西门公路桥边建造简易垃圾中转台1座，实行垃圾中转处理。1988年，在大西门建造新型机械化集装箱付费中转站。2007年，宝塔垃圾中转站建成使用。2008年，东风大道建成立式压缩垃圾中转站，配有专门密封翻斗车进行转运。

环卫专用车　1985年，环卫所有解放牌洒水车1台。1989年，购买“130型”吸粪吸污车。1995年，洒水车换成东风牌汽车。2008年，添置12吨大型洒水车1台。

公共厕所　1985年，县城有旱厕56座。1990年，义峰路计量局旁旱厕改造成水冲式公厕，实行收费管理。后将老火车站候车室旁、法院旁、永兴巷公厕承包给个人进行改造和管理。至2008年，县城旱厕全部改造成水冲式。

果壳箱　1989年，老城区安装果壳箱100个。1996年，安装果壳箱300个。2008年，主次干道安装果壳箱497个。

城管执法

1990年，成立县城建管理监察队，隶属城建局。1992年，成立城镇管理队，隶属蒲亭镇。1993年，城管队划归城建局，与城建监察队合并组成城建管理监察队。1995年，更名九江市城建管理监察大队德安县中队。1996年，升格为副科级事业单位。1997年，划归县公安局巡警大队管理。2000年，划归建设局管理，更名城市建设管理大队。2001年，划归公安局管理，更名城管执法大队。2004年，划归创建办管理。2006年，城管执法大队和建设局城建监察大队、环卫所余土管理站合并，组建县城市建设和管理监察执法大队。

城管执法队伍主要职责有：维护城市总体规划实施，规范建筑市场，查处未经审批乱搭乱建和少批多建等违法违规行为；在受委托管理范围内实施行政处罚。至2008年，全县拆除违章建筑1.1万平方米；查处违法违章户外广告375块，车辆带泥上路、沿路泼撒135起，破坏绿化案件79起，随意开挖街道101起；清理“牛皮癣”、黑广告2.7万条，处理674人。

第三章　村镇建设

第一节　集镇建设

建制镇集镇建设

蒲亭镇　位于县域东南部,为县政府驻地。2008 年,有集镇面积 16.2 平方千米,人口 47397 人。主街道 18 条、支道 48 条,总长 80 千米;街道绿化,路面硬化,供电、给排水、公共照明、文体、休闲、环卫等公共设施完善。有中、小学 4 所,公、私立幼儿园 23 所,公办医疗机构 5 家,休闲广场、公园 4 个。

丰林镇　位于县域东北部,距县城 6.5 千米,2001 年列入国家发改委百家小城镇经济综合示范镇。集镇位于境域西南部,现有面积 18 公顷,人口 3200 人,有 24 米宽的东、西主街道,另有街道 6 条,街道绿化,路面硬化,供电、给排水、公共照明、休闲、环卫等公共设施完善。有驻镇单位 13 个,商业网点 38 家。

聂桥镇　位于县域中部,距县城 16 千米。集镇位于境域中心,现有面积 13 公顷,人口 1200 人,主街道长 2 千米,街道绿化,路面硬化,供电、给排水、公共照明、休闲、环卫等公共设施完善。有驻镇单位 16 个,商业网点 26 家。

车桥镇　位于县域西南部,距县城 42 千米。集镇位于境域中部,现有面积 13 公顷,人口 1820 人,主街道长 1.3 千米,街道绿化,路面硬化,供电、给排水、公共照明、休闲、环卫等公共设施完善。有驻镇单位 12 个,商业网点 24 家。

其他集镇建设

除建制镇外,县内有河东、高塘、林泉、吴山、磨溪、爱民、邹桥、塘山 8 个乡政府驻地集镇和彭山林场驻地集镇;宝塔乡政府所在地位于蒲亭镇而未形成单独集镇。此外,原为乡政府驻地、2002 年撤乡并镇时撤销乡级建制,具有集镇规模的有:黄婻(原黄婻乡)、白水街(原白水街乡)、四方桂村(原樟树乡)、陈家集镇(原付山乡);还有吴山乡原乡政府驻地集镇吴山杨村集镇、萤石矿集镇、宝塔乡九里集镇。这些集镇全部实现街道绿化,路面硬化,供电、给排水、公共照明、休闲、环卫等公共设施较为完善,商业网点齐全。

第二节　村庄建设

村庄发展

1985 年,农村住房多为土坯砖瓦结构,有少量红砖机瓦结构,村庄房屋布局凌乱,道路泥泞,卫生状况较差。20 世纪 90 年代,农村住房建设向红砖、预制块、砖混结构发展,逐步建起楼房,村庄布局逐渐规范、整齐。至 2000 年,农村住房基本为两层楼房,部分村庄道路实现硬化。此后,农村住房建设快速发展,结构也从砖混向框混、框架转变,楼层向三层以上发展。2005 年,新农村建设启动,按照有利生产、方便生活、布局合理、节约耕地原则统一规划,控制用地面积;同时,规划村庄道路、生活用水、公共照明、卫生、娱乐休闲等配套公共设施。至 2008 年,村庄基本做到村容整洁、环境优良,所有行政村和大部分村民小组实现道路硬化,部分村民小组实现入户便道硬化。村民基本用上清洁卫生的自来水,部分用上水冲式卫生间。

移民建镇

1998 年特大洪灾后,启动“退田还湖、移民建镇、灾后重建”工作,把沿河沿湖易被洪水淹没的村庄,整体迁移到规定高程的位置，规划建设新型村镇，国家给予资金补贴。补贴资金除部分用于新村公共设施建设外，大部分直接补贴给迁移农户，每户补贴1.5万元。

国家移民建镇分四期进行。县内先后获批前三期项目，涉及丰林、黄婻、高塘、河东、宝塔、木环6乡镇，10个行政村26个自然村，建新村21个，受益农户1182户4893人。新建村庄实行统一规划，房屋统一设计，公共设施统一建设，成为最早的新型村庄。具体分布：丰林镇（含原黄婻乡）涉及坂上王、上胡、依塘、泗溪、乌石门5个行政村的14个自然村，受益农户678户2892人；高塘乡涉及罗桥村2个自然村，受益农户52户223人；河东乡涉及上坂和石桥2个行政村、6个自然村，受益农户390户1567人；宝塔乡（含原宝塔乡现蒲亭镇的附城村）涉及附城、岳山垅两个行政村4个自然村，受益农户62户211人。

示范村建设

2005年，启动新农村示范村建设。按照“生产发展、生活宽裕、乡风文明、村容整洁、管理民主”方针，以村庄“三清八改五普及”（三清：清垃圾、污泥、路障；八改：改水、改厕、改路、改房、改沟、改线、改栏、改环境；五普及：普及太阳能、沼气、有线电视、电话、庭院经济）为目标，推进新农村建设。

2006年，建设示范村19个，涉及1006户4028人，投入资金960万元。硬化道路28.8千米，新修村内便道30.5千米；改水1006户（集中供水917户），改厕872个，新砌排水沟4922米；粉刷外墙28.7万平方米；新建文化活动室9个、体育活动场所17个；种植绿化树木4.5万株。2个示范村获“九江市新农村建设先进单位”。

2007年，新建示范村83个（省级47个，市县共建36个），涉及3002户12775人，投入资金1303万元（省市县三级配套650万元，专项资金305万元，单位帮扶192万元，农民自筹156万元）。硬化道路59.2千米，新修村内便道41.5千米；改水3002户（集中供水2625户）；新建沼气池566个，安装太阳能热水器435户；粉刷外墙17.3万平方米；改建文化活动室18个。4个示范村获省、市“新农村建设工作先进单位”。

2008年，新建示范村60个（省级32个，市县共建28个），涉及农户2008户8132人，投入资金1857万元（省市县三级配套588万元，专项资金308万元，单位帮扶152万元，社会捐资244万元，农民自筹565万元）。硬化道路68.5千米；改水2008户，改厕1041户；改造水塘36口；新建沼气池611个，安装太阳能热水器330户；栽种绿化树木5万株。3个示范村获省、市“新农村建设先进单位”。

第三节　农村饮用水改造

1985年，农村饮用水主要从水井、池塘、河道取水，饮水卫生安全没有保障，遇到干旱年份，部分地方出现人畜饮水困难。1986年后，政府安排财政资金，用于人口集中居住地解决饮水困难，以人工水井、手动压水井为主。1990年起，部分村民打深水井，采用电动抽水。2001～2008年，政府相继实施人畜饮水解困和饮水安全项目，投入资金1000多万元，解决近6万人饮水困难和不安全问题。

2003～2008年德安县农村饮用水改造项目投资一览表

表6-3-1　　单位：万元

年份	项目名称	投资总额	中央资金	省级配套	自筹资金
2003	第三批人畜饮水解困项目	62.50	25.0		37.50
2004	第四批人畜饮水解困项目	47.50	19.0		28.50
2005	第五批人畜饮水解困项目	50.40	20.0	0.4	30.00
2006	2005年农村饮用水安全项目	35.60	16.0		19.60

续表6-3-1

年份	项目名称	投资总额	中央资金	省级配套	自筹资金
2006	2006年国债专项资金投资计划第一批农村饮用水安全项目	66.90	33.5		33.40
2006	2006年国债专项资金投资计划第二批农村饮用水安全项目	54.20	27.1		27.10
2006	2006年国债专项资金投资计划第三批农村饮用水安全项目	39.60	19.8		19.80
2006	2006年农村饮用水安全省级资金投资计划项目	57.02		24.0	33.02
2006	2006年农村饮用水安全项目	69.80		20.8	49.00
2007	2007年国债专项资金投资计划第一批农村饮用水安全项	280.800	126.4		154.400
2007	2007年农村饮用水安全省级配套			60.1	
2007	2007年国债专项资金投资计划第二批农村饮用水安全项	165.90	74.7		91.20
2008	2008年新增预算内专项资金投资计划农村饮用水安全工程				

第四章　房地产

第一节　居民住房

单位职工宿舍

1985~1994年,由单位兴建职工宿舍,按有关政策和单位实际情况进行分配,收取低额租金,属福利性住房,实行自建、自用、自行管理,只能满足部分需求。1994年起,逐步终止福利分房,推行房改,实行住房商品化。

1998~2008年德安县老城区单位宿舍一览表

表6-4-1　　单位:层、栋、平方米

名称	地点	结构	层高	栋数	总面积
高速蒲亭交警大队宿舍	交警大队办公楼后	砖混	5	1	1027
中医院宿舍	东风路	砖混	6	1	1004
财政局宿舍	雁湖路	砖混	5	2	1900
县委招待所宿舍	县委招待所后	砖混	5	2	2000
供电局宿舍	东风大道	砖混	6	1	1198
公安局宿舍	公安局院内	砖混	5	1	1700
民政局宿舍	福利院旁	砖混	4	1	1700
交通局宿舍	交通局旁	砖混		1	842
林业公安分局宿舍	东风大道	砖混	6	1	1114
宝塔乡政府宿舍	乡政府院内	砖混	6	1	1588
检察院宿舍	东风大道	砖混	4	2	1600
法院宿舍	法院办公楼南侧	砖混	6	2	1100

续表 6－4－1

名称	地点	结构	层高	栋数	总面积
地税局宿舍	地税局院内	砖混	7	2	2319
工商局宿舍	水果批发市场后	砖混	3	1	1425
土管局宿舍	财政局宿舍对面	砖混	5	1	1000
农牧局宿舍	种子公司仓库旁	砖混	5	1	2200
邮电局宿舍	东风	砖混	7	2	3630
粮食局宿舍	义峰路	砖混	5	2	2300
二中宿舍	义峰南路	砖混	5	1	730
人行宿舍	东风路	砖混	5	1	1445
爱民厂宿舍	东风机械厂	砖混	2～5	15	27840
县医院河东宿舍	石桥路	砖混	3～4	3	5280
萤石矿宿舍	蒲塘路	砖混	5	1	1800
土管局宿舍	土管局办公楼后	砖混	2	2	1860
物价局宿舍	土管局宿舍后	砖混	2	3	2790
农牧局	农牧局办公楼后	砖混	3～5	2	3175
农行宿舍	农行办公楼后	砖混	4～5	2	2856
水泥厂宿舍	大西门	砖混	6	3	3888
水电局宿舍	农行对面	砖混	6	1	1920
县委政府 60 户	政府老宿舍区	砖混	6	1	5280
人大宿舍	政府老宿舍区	砖混	6	1	2820
木器厂宿舍	木器厂院内	砖混	6	2	3960
房产局宿舍	南门下	砖混	5	1	1600
建设局宿舍	三角洲、义峰路	砖混	5	2	2100
教育局宿舍	朝阳路	砖混	5	1	1800

安居工程

安居工程房是以成本价出售给城镇居民中低收入家庭的住房，无房户、危房户、住房困难户优先。成本价由征地和拆迁补偿费、勘察设计和前期工程费、建筑安装工程费、住宅小区基础设施建设费、1%～3%管理费、贷款利息和税金等 7 项构成。德安县安居工程位于东佳路西侧宝塔大道与安居路之间，占地面积 3.3 万平方米，设计建住宅楼 15 栋，楼高 6 层，建筑面积 5.3 万平方米。首期 6 栋 204 套，建筑面积 2 万平方米，2000 年建成；2002 年启动二、三期，2004 年竣工，共 9 栋，建筑面积 3.3 万平方米。

经济适用房　廉租房

经济适用房是以微利出售给中低收入家庭、具有保障性质的商品房；廉租房是政府以租金补贴或实物配租方式，向符合城镇居民最低生活保障标准且住房困难家庭提供社会保障性质的住房。2007 年，县政府在渊明大道兴建经济适用房 108 套，建筑面积 8188 平方米，单套面积 75 平方米，平均售价 750 元/平方米；配建廉租房 30 套，建筑面积 1444 平方米，单套面积 50 平方米，租金 0.5 元/平方米每月。2008 年 1 月，在全市率先实行购买经济适用房、配租廉租房公开摇号。

第二节 房屋拆迁

拆迁管理

1993年,成立县城镇房屋拆迁领导小组,下设办公室,归口建设局,制定《德安县城镇房屋拆迁管理办法》。2001年,城镇房屋拆迁管理职能划归房管局,根据《城市房屋拆迁管理条例》,修订《德安县城镇房屋拆迁管理办法》,相继制定《拆迁工作人员规范》《拆迁工作人员回避制度》《拆迁补偿资金管理使用办法》,做到公开透明、阳光操作。拆迁前,将拆迁方案、范围、主体、补偿标准、中介机构等信息公开;拆迁中,对每户拆迁面积、补偿金额张榜公布;设立补偿安置资金账户,专户储存,专款专用。明确房管局纪检组为房屋拆迁管理工作监督机构,按照法规和程序办事,接受社会监督。2003年,成立县城镇房屋拆迁管理办公室。至2008年,拆迁面积近30万平方米。

重点拆迁项目

石桥路改造工程拆迁 1989年和1993年,石桥路拓宽改造,拆除83户房屋及附属建筑,其中石桥东路56户,石桥西路27户,拆迁面积18212平方米。

大市场建设拆迁 1996年,拆除老铁路以西建筑22处(公有旧仓储房屋8栋、店面房屋8栋、私房6户),面积11501平方米,将老火车站与农贸市场连通,建设大市场。

原县委、政府大院及副食品仓库区域改造拆迁 1997年,整体出让建设商住区,拆迁面积8771平方米。

大西门改造工程拆迁 1998年,大西门解放路老铁道口至高速路桥涵区域改造,拆迁房屋76栋,面积7066平方米。

义峰路降坡改造拆迁 2001年,义峰路960米路段降坡拓宽改造,拆除棉纺厂、宝塔化工厂、汽车修配厂部分厂房及私房46栋,面积10267平方米。

街心花园区域改造拆迁 2002年,原街心花园区域进行改造,兴建休闲广场;拆除原剧院、电影院、综合办公楼及其他建筑,新建时代商城、德安宾馆和时代广场,拆除面积6000平方米。

县一中建设拆迁 2005～2006年,扩大校区,新建校舍,拆迁周围公私建筑125处,面积9000平方米。

附城圩堤加固和金带河改道工程拆迁 2005～2008年,两项工程拆除沿堤房屋272户,面积20000平方米。

义峰山公园建设拆迁 2007年,拆除粮食局直属仓库库房、宿舍、车队房屋和建设局宿舍,面积15000平方米。

隆平大道与东佳路连网建设拆迁 2007年,建设隆平大道和东佳大道、雁家湖路网,拆除党校、东佳中学、看守所、拘留所、武警中队房屋及私房118栋,面积16000平方米。

昌九城际铁路城区段拆迁 2008年,昌九城际铁路建设,房屋拆迁面积30486平方米,其中城区拆迁面积21000平方米。

县医院、中医院和妇幼保健院建设拆迁 2008年,拆除县二小校舍建设县医院新门诊大楼;拆除宝塔乡政府楼院,建设中医院、妇幼保健院,拆迁面积7500平方米。

县工业园建设拆迁 一期涉及桂林村部分村民小组,拆迁61户,面积11590平方米。二期涉及桂林村和牌楼村部分村民小组,拆迁46户,面积8740平方米。三期涉及桂林村和牌楼村部分村民小组,拆迁15户,面积2850平方米。四期涉及桂林村一、四、五组,拆迁71户,面积13900平方米。五期涉及桂林村二、三组,田塘村一、二、三、四组,拆迁144户,面积25000平方米。六期涉及田塘村四、五、六组,杨桥村一、三、四、五组,园艺场二分场四、八组,拆迁394户,面积63000平方米。

1989～2008 年德安县城区重点工程建设拆迁一览表

表 6－4－2　　单位：平方米、万元

工程项目	拆迁时间	拆迁单位或户数	拆迁面积	补偿金额
石桥路改造一、二期	1989、1993	83	18212	151.46
大市场建设	1996	22	11501	218.8
原县委、政府楼院改造	1997	县委、政府机关	8771	185
大西门改造	1998	76	7066	102.58
义峰路降坡	2001		10267	
金丰城小区建设	2003	燃料公司、生资公司宿舍	4360	
高速路口绿化	2005～2008	272	20000	1900
福满家园小区建设	2005	宝塔液压厂	1000	
县一中扩建	2005～2006	125	9000	300
旧城改造	2006	水务局	2100	
旧城改造	2006	工商局	670	
旧城改造	2006	商业局	1100	
义峰山公园建设	2006～2007	90	15000	800
隆平大道、东佳大道建设	2007	118	2600	
雁家湖改造	2007	3	1200	
人民医院门诊楼建设	2008	14	3500	185
中医院、妇幼保健院建设	2008	21	4000	50
城际铁路建设	2008		21000	

第三节　房地产开发

开发项目

1994 年，县内第一个由开发商投资的商住小区—百家汇一期建成。至 2008 年，新老城区开工建设 1 万平方米以上商品房项目 32 个，建筑面积 132.72 万平方米，投资 127461 万元。其中 10 万平方米以上规模项目有“金环星城”“富阳春天”，商城式项目有“时代商城”，市场式项目有“建材市场”“新城集贸市场”“陆路物流港”，小高层项目 4 个，其他多为 6 层商住楼。共建楼房 201 栋，入住 11909 户，35727 人。

1998～2008 年德安县城区新建住宅小区一览表

表 6－4－3　　单位：平方米

名称	地点	承建单位	启动时间	建成时间	占地面积	栋数	层数	建筑面积	开发商
安居工程	开发区北三支道	县三建公司	1998	2004	33300	15	6	53300	县房地产开发公司

续表6－4－3

名称	地点	承建单位	启动时间	建成时间	占地面积	栋数	层数	建筑面积	开发商
东蓬花苑	县政府对面	景德镇昌江建筑工程公司	2003	2004	6502	4	6	18000	景德镇东蓬置业
建材市场商住楼	德白路南侧	县一、二建公司	2003	2008	22826	8	5	14067	欧亚市场开发公司
博阳御景园	石桥路	县三建公司	2004	2008	28600	8	6	40955	江西兴安房地产公司
祥宁居	义峰路	共青三建	2004	2006	4813	3	6	17277	江西新纪元房地产公司
东蓬怡苑	工业园西区	景德镇东蓬置业	2004	2005	4405	3	6	12000	景德镇东蓬置业
金环鑫城	检察院对面	县水电建筑工程公司	2004	2006	65099	11	6＋1	121283	金环置业有限公司
蓝调沙龙商住楼	工业园西区	江西省国力建筑工程公司	2005	2006	14430	8	6＋1	31976	江西鸿祥房地产公司
熙鸿小区	宝塔大道农行边	县二建公司	2004	2005	1475	3	6	13000	江西鸿祥房地产公司
105佳苑商住楼	工业园西区国道边	县水利水电公司	2005	2006	1500	3	6	10000	红太阳房产公司
府前花园	南二支道西侧	县二建公司	2005	2007	1600	7	6＋1	12000	江西立虹房产公司
兴祥小区二期	南一支路东南侧	县一建公司	2005	2006	3180	8	6	26684	县房地产开发公司
德鑫花园商住楼	开发区	奉新县城镇建筑公司	2005	2007	16903	13	6	5750	江西德鑫置业公司
书香嘉苑商住楼	河东乡政府	景德镇东蓬置业	2005	2006	2980	6	6	24120	景德镇东蓬置业
宝塔新城	高速公路出口边	县二建	2004	2005	11445	6	6～7	33277	县房地产开发公司
鑫鸿商住楼	宝塔大道南侧	县水利水电公司	2006	2007	1365	3	6	10365	鸿祥房地产公司
香榭名邸商住楼	建设局对面	共青建筑总公司	2005	2007	3000	4	6＋1	24652	共青房地产开发公司
瑞景花园	开发区南三支道	共青四建公司	2005	2006	5584	3	6＋1	17962	共青房地产开发公司

续表 6－4－3

名称	地点	承建单位	启动时间	建成时间	占地面积	栋数	层数	建筑面积	开发商
汇龙世纪商贸城	义峰路汽车站对面	江西昌厦工程建设集团	2008	在建	11000	2	16	33398	友源房地产公司
紫荆苑国际花苑	桂林 1 组安置地南侧	县三建公司	2008	在建	15272	7	6	30472	武宁旧城城改造公司
东邻佳苑	东蓬花园西侧	县安三建公司	2006	2007	36000	2	6	10218	九江泉港房地产公司
富贵苑商住楼	内环路二期南北侧	县水电建筑公司	2006	2007	19955	14	6	55000	天下实业公司
富阳春天	公安局对面	一、二建公司临川建筑公司	2007	在建	72062	27	6～16	82598	江西康顺投资公司
汇景华庭商住楼	交通局西侧	县三建公司	2007	2008	4600	4	6	14336	九江雨杏房地产公司
恒欲花园商住楼	交警大队东侧	县水电建筑公司	2007	2008	7975	3	6	16000	江西豪华泰房地产公司
阳光佳苑小区	东佳中学西侧	县水电建筑公司	2007	2008	8479	6	6	14616	友源房地产公司
新城华庭商住楼	宝塔大道西侧	县二建公司	2007	2008	15947	7	6	37825	天下实业公司
新城集贸市场	北三支路南侧	县三建公司水电建筑公司	2006	2009	15900	4	6	29600	江西红太阳房地产公司
鑫苑商住楼	105 国道南侧	县三建公司	2006	2008	5535	3	6	15000	鸿祥房地产公司
福乐家园商住楼	义峰路原玉雕厂	水利水电建筑公司	2006	2008	6610	5	6＋1	15000	江西立虹房产公司
景明花苑小区	财政局旁	水利水电建筑公司	2006	2008	6660	3	6	11000	天下实业公司
利德家苑	义峰路	县三建公司	2007	2008	5300	3	6	10800	

开发企业

1992 年，成立县国有房地产开发公司，三级资质，隶属城建局，2000 年划归房管局；同年，成立县房地产开发有限责任公司。2003 年，成立德安县欧亚市场开发有限公司、江西天下实业有限公司以及德安县鸿翔房地产开发有限公司。2004 年，成立德安县金环置业有限公司。2006 年，县国有房地产开发公司进行股份制改造，2007 年改建为县有源房地产开发有限公司；同年，成立德安新德置业有限公司。

至 2008 年，全县有非公股份制房地产开发企业 7 家。其中三级资质 2 家，四级资质 3 家，暂定级 2 家；注册资本共 5500 万元；从业人员中，高级职称 4 人，中级职称 33 人，初级职称 17 人。

第四节 房地产管理

产权产籍管理

1990年,成立县房地产交易所,与县房地产管理所合署办公,隶属县城乡建设局,负责房屋产权产籍登记管理。1993年,县房管局成立,产权产籍管理、登记发证业务划归房管局。1999年,设产权登记股,负责产权产籍登记发证;同年设档案室,负责房地产权属档案收集、整理和管理。至2008年,库存档案3万余卷。

房屋租赁和产权交易

1995年,制定《德安县城区房屋租赁管理规定》。凡在城区规划范围内从事房屋租赁活动的单位和个人,必须在租赁合同签订后30日内办理登记、备案手续,核发房屋租赁证。2005年后,房屋产权交易量逐年递增。2008年,新建商品房办证857起,面积8.16万平方米;二手房成交219宗,面积4.81万平方米。

物业管理

1985年,按照产权归属,单位住房由各单位自行管理。2004年,成立联众物业服务有限公司。至2008年,有德兴物业服务有限公司、顺昌物业服务有限公司、万盛物业服务有限公司、联众物业服务有限公司4家三级资质物业管理企业,从业人员75人,管理服务小区33个,在建小区13个,建筑面积118.4万平方米,覆盖率70%以上。业主委员会自我管理的小区楼盘6个。

物业维修基金归集和使用

2004年,制定《德安县物业维修基金管理暂行办法》。所有房地产开发项目均须缴纳房屋物业维修基金,按商品房买卖合同中购房总款2%归集,存入维修基金专户,统一管理、统一核算、记账到户,实行四级账户管理。至2008年,归集住宅物业维修基金1298.19万元。

物业维修基金使用程序:业主向业委会报告需维修内容;业委会确认后向房管局物管办申请;物管办核实后,业委会委托物业公司或聘请专业施工人员实地勘察;施工方做出工程预算报业委会审核,受益业主三分之二以上签字,物管办审定;张榜公布维修工程预算;维修完工后业委会凭业主委员会盖章、业主签字的申请报告和工程结算单、发票报物管办结账。至2008年,使用物业维修基金15.38万元,余额1282.81万元。

第五章 建筑业

第一节 建筑设计

工程勘察

县内无工程勘察单位,工程勘察由建设单位委托县外有资质的勘察单位进行。

建筑设计

1985年,县建筑设计室为自收自支、单独核算、实行企业管理的事业单位,隶属建工局,丁级资质,2006年升为丙级,从事6层以下房屋建筑设计。县内高层楼房主要委托县外具备资质的单位设计。至2008年,设计室设计的县内主要建筑项目110余项,面积36.4万平方米。

1985～2007 年德安县建筑设计室设计的县内重点楼房一览表

表 6－4－4　　　　单位：层、平方米

楼房名称	座落地点	结构	竣工时间	层高	建筑总面积
劳动人事局办公楼	东风大道	框架	1997	6	3024
县委政府办公楼	宝塔大道	框架	1999	8	5380
检察院办公楼	宝塔大道	框架	2003	8	3209
供电公司办公楼	宝塔大道	框架	2003	8	4008
农村信合银行办公楼	宝塔大道	框架	2004	7	3550
粮食局办公楼	渊明大道	砖混	2004	5	1280
建设局办公楼	渊明大道	框架	2005	6	2600
交通局办公楼	渊明大道	框架	2006	6	2728
人武部办公楼	宝塔大道	框架	2007	5	1917
新城华庭住宅小区	宝塔大道	框混	2007	6	37835

第二节　建筑施工

建筑施工企业

县一建公司　位于北门路。三级资质，设项目经理部 12 个，有高级工程师 2 名，工程师 9 名，助理工程师 26 名，建造师 14 名，会计师 2 名，助理会计师 2 名，助理经济师 1 名，技术员 7 名。至 2008 年，建筑房屋 34.07 万平方米，其中省优质工程 16 幢。

县二建公司　位于石桥路。三级资质，设项目工程部 6 个，有工程师 15 名，助理工程师 12 名，会计师 1 名，助理会计师 1 名，二级建造师 9 名，技术员 15 名。至 2008 年，建筑房屋 17.7 万平方米，其中县一中实验楼、烟草公司综合楼分别评为 1994 年、1999 年市优质工程。

县三建公司　位于永兴路。三级资质，设项目工程部 4 个，有高级工程师 4 名，工程师 9 名，建造师 10 名，技术员 17 名，助理会计师 1 名。至 2008 年，建筑房屋 18.2 万平方米，县地税局原办公楼获 1997 年市优质工程。

村镇建设发展公司　1987 年，城建局创办农房商品房建筑材料开发公司，1988 年更名村镇建设发展公司。1990 年，政府清理整顿公司，改为村镇建设建材供销经理部。1993 年，经理部创办轧钢厂。1995 年，破产倒闭。

房地产开发公司　1992 年，城建局创办。承担县城规划区内房屋、土地开发和配套改造建设。2000 年，划归房产局。2006 年，进行股份制改造。2007 年，改建为有源房地产开发有限公司。

施工设备与技术

施工设备　1985 年，县内建筑企业资质较低，工具简单，主要从事低层建筑建设。之后，逐步增添搅拌机、升降机、吊篮、钢筋弯曲机、发电机，并采用井字架卷扬机等起重机械吊装建筑材料。各公司均有木工车间，配有锯板机，木工作业以手工为主。20 世纪 90 年代，钢模取代传统木模，钢管脚手架取代毛竹脚手架，塔吊取代龙门架卷扬机，基本实现机械化和半机械化施工。

建筑技术　1985 年，建筑规格以低层为主。主要采用毛石、砖和砼基础；主体多为砖木、砖混结构；内墙均为石灰混合砂浆抹面；外墙以清水墙为主，少数采用矾石子装饰。1990 年后，少量建筑使用桩基础;主体多为砖混结构,少量采用框架结构;部分外墙采用瓷砖贴面;少数住房进行室内装修,以客厅为主。2000年后,高层建筑增多,主要为条形基础、独立基础、桩基础(以人工挖孔桩和预制管桩为主);主体结构以砖混、框混和框架为主;外墙装饰主要有乳胶漆、瓷砖贴面、大理石干挂幕墙装饰等;室内装修向多样化和个性化发展,出现装修设计、施工专业公司和队伍。

第三节 建筑管理

招投标管理

1985～1995年,建筑工程招标方式以议标为主,逐步转变到以邀、招标为主。1995年10月,成立县招投标办公室,负责房屋建筑及配套管线、设备安装项目和市政工程项目招投标活动监督管理,办理招投标资料审查和备案;对招投标代理机构进行审查,办理申报、审批手续;对招标工程施工图进行设审监管;依法查处招投标违法、违纪行为。同年,成立县招投标代理机构建设工程交易中心,负责工程招标标底、投标报价编制和审核,工程概算、预算、结算等咨询和代理。2008年,成立县公共资源交易中心,作为建设工程交易服务场所并提供信息服务。

工程质量管理

县建设工程质量监督站负责建筑工程质量管理,对受监工程建设质量、责任主体及工程实物质量进行监督检查,受理并及时处理建设工程质量投诉,参与建设工程质量事故调查处理,组织开展质量问题技术鉴定,协调处理辖区内重大工程质量事故。监督方式主要采取随机检查和抽查、仪器检测、竣工验收备案等,对建设各方主体、有关机构以及过程实行监督。至2008年,承担质监工程创省优良工程1项、市优良工程5项。

安全生产管理

1985年,建工局协同县劳动安全管理部门对建筑工程安全进行监管。2007年,成立县建设工程安全监督站,负责建设安全生产监督管理。组织开展区域内建筑安全生产检查;对申报文明施工安全达标样板工程、申请安全生产许可证企业进行初审;对安全生产许可证进行跟踪管理;对违章作业拒不整改的各方主体和个人,报上级主管部门提出处理意见;组织和参与县内工程建设人员伤亡事故调查处理。每年定期或不定期对建筑工程安全进行检查。至2008年,创建省级文明施工样板工程1个,市级文明样板工程14个。

卷七

水利　电力

卷七　水利　电力

德安县境内雨量充沛，水资源较为丰富。1985年，有各类蓄水工程2271座，其中，中型水库1座、小(一)型水库6座、小(二)型水库74座、塘堰2190座，总库容6931万立方米。2008年，有各类蓄水工程3072座，其中，中型水库2座、小(一)型水库6座、小(二)型水库69座，总库容12627万立方米，机电排灌站260座，引水工程328座。大小圩堤15座，总长约32千米，其中，万亩圩1座、千亩圩3座、百亩圩11座。2座中型水库除险加固、圩堤加固改造、河道疏浚、平垸行洪、水利血防工程等投资1.38亿元。解决农村1.95万人饮水困难和3.44万人饮水安全问题。群众生产、生活条件得到较大改善，农业抗御自然灾害能力不断增强。

20世纪80年代，有河东35千伏变电站1座，主变压器容量5000千伏安，10千伏出线供县城生产、生活用电。农村主要靠柴油机发电及小水电供电。1986年5月，35千伏聂桥变电站投入运行，架设输电线路15.71千米。1988年后，田塘、丰林、邹桥、彭山锡矿4座35千伏变电站陆续建成；新建河东110千伏变电站，河东35千伏变电站改造成开关站。2005年，聂桥等5座变电站进行综合自动化及开关无油化改造。2006年，德安巨龙水电开发有限公司投资700万元的博阳河邹桥至磨溪段水电梯级开发项目竣工，新建大泉、石门、尖山、磨溪4座小型水电站。2008年，形成110千伏德安河东变电站和110千伏瑞昌市南义变电站双电源点、以境内5座35千伏变电站为终端变电站的环形供电网络。

第一章 水利设施

第一节 蓄水工程

水 库

中型水库 林泉水库位于林泉乡林泉村,始建于1958年,1965年竣工。由粘土心墙大坝、正常溢洪道、非常溢洪道、坝下涵管、坝后式电站组成。控制流域面积25平方千米,总库容1420万立方米,兴利库容806万立方米,灌溉面积1333.3公顷,电站装机100千瓦。以灌溉为主,兼有防洪、发电、养殖功能。

湖塘水库位于邹桥乡杨坊村,始建于1969年,1989年完成主体工程建设,2000年竣工验收。由浆砌石重力主坝、粘土心墙副坝、电站和消力池组成。控制流域面积144平方千米,总库容4700万立方米,兴利库容3220万立方米,电站装机125千瓦。以防洪为主,兼有发电、灌溉、养殖功能。

小(一)型水库 1985~2008年,有小(一)型水库6座,总库容2343.1万立方米,兴利库容1713万立方米,分布在宝塔、磨溪、车桥、吴山4乡镇。

2008年德安县小(一)型水库一览表

表7-1-1

名称	地址	所属河流	集雨面积(平方千米)	库容(万立方米)	兴利库容(万立方米)	坝高(米)	灌溉面积(公顷)
东山水库	宝塔乡东山村	金带河	6.00	377.2	271.0	23.0	666
新田水库	磨溪乡新田村	港口水	9.00	963.7	769.0	25.9	700
城门水库	车桥镇城门村	车桥水	4.10	135.3	98.3	20.2	200
上易水库	车桥镇昆山村	车桥水	2.47	205.3	154.9	17.8	466
红桥水库	吴山乡红桥村	五台水	11.75	530.6	336.8	24.0	1000
蔡山垅水库	吴山乡樟树村	田家河	5.50	131.0	83.0	20.0	333

小(二)型水库 1985年,有小(二)型水库74座。之后,磨溪乡石岩村洪家垄水库,因库容量相差明显,降为山塘。1990年冬,车桥乡新建小(二)型长冲垅水库。1992年,米粮铺小(二)型水库4座划归共青。1995年,聂桥宝山水库被县锑矿作为尾砂库。2008年,有小(二)型水库69座,总库容1320.1万立方米,兴利库容1140.3万立方米。

2008年德安县小(二)型水库一览表

表7-1-2

名称	所在地址	所属河流	集雨面积(平方千米)	总库容(万立方米)	兴利库容(万立方米)	最大坝高(米)	灌溉面积(公顷)
红旗水库	宝塔乡岳山垅村	金带河	0.54	15.0	13.0	11.3	33.3
烂泥塘水库	宝塔乡团山村	金带河	0.33	10.0	9.0	9.7	23.3
蚂蝗塘水库	宝塔乡团山村	金带河	0.21	15.0	13.5	11.4	33.3

续表7－1－2

名称	所在地址	所属河流	集雨面积（平方千米）	总库容（万立方米）	兴利库容（万立方米）	最大坝高（米）	灌溉面积（公顷）
梅岭水库	宝塔乡梅桥村	金带河	1.94	40.0	32.0	11.5	66.7
黄家山水库	宝塔乡九里村	金带河	0.57	10.0	9.0	8.5	18.7
徐河水库	宝塔乡九里村	金带河	1.00	25.0	21.5	12.6	40.0
石子岭水库	宝塔乡八一村	庙前港	0.36	12.0	11.0	10.0	23.3
白蚁洞水库	宝塔乡田塘村	庙前港	0.26	12.0	10.5	9.4	18.7
青山洼水库	河东乡后田村	后田水	0.20	11.0	8.0	10.1	20.0
石门水库	河东乡后田村	后田水	0.40	12.0	10.0	12.0	26.7
夏家垅水库	河东乡后田村	后田水	0.18	10.0	8.0	13.5	66.7
季叉洼水库	丰林镇乌石村	博阳河	0.44	10.0	8.0	8.0	10.7
燕屋孙水库	丰林镇黄婀村	岷山水	1.38	10.0	8.0	6.3	8.0
万家垅水库	丰林镇大畈村	岷山水	0.18	10.0	9.0	5.0	6.7
白云水库	丰林镇黄婀村	岷山水	0.87	10.0	7.0	8.0	13.3
依塘水库	丰林镇依塘村	岷山水	0.86	12.0	10.0	7.0	13.3
南义垅水库	丰林镇依塘村	博阳河	0.37	10.0	8.0	7.0	7.3
大古塘水库	丰林镇黄婀村	岷山水	1.97	12.0	10.0	5.8	20.0
茅山水库	丰林镇丰林村	茅山水	2.00	80.0	70.0	15.0	70.7
山塘水库	丰林镇紫荆村	博阳河	0.69	10.0	9.0	8.6	20.0
骆家垅水库	丰林镇大畈村	岷山水	0.48	10.0	8.0	6.3	33.3
龚家垅水库	林泉乡小溪山村	岷山水	0.42	10.0	9.3	10.0	23.3
范家洼水库	林泉乡清塘村	岷山水	0.45	10.0	9.0	9.5	20.0
邓家垅水库	林泉乡小溪山村	岷山水	1.10	11.3	10.0	16.0	20.0
舒家垅水库	林泉乡林泉村	岷山水	0.62	10.0	8.0	12.0	20.0
项家垅水库	林泉乡清塘村	岷山水	0.34	10.0	9.0	9.0	20.0
三八水库	林泉乡清塘村	岷山水	0.95	28.0	25.0	11.6	46.7
童子岭水库	林泉乡大溪畈村	岷山水	0.97	15.0	13.0	13.0	40.0
赤石堰水库	林泉乡小溪山村	岷山水	10.00	30.0	22.0	12.0	66.7
大垅水库	高塘乡大垅村	庐山河	0.58	20.0	18.0	8.0	20.0
黄家山水库	高塘乡顾田村	庐山河	0.57	25.0	22.0	9.0	26.7
八字垅水库	高塘乡长垅村	庐山河	0.75	45.0	40.0	14.0	26.7
石板塘水库	高塘乡高塘村	庐山河	0.53	13.0	10.0	8.0	13.3
枫树垅水库	高塘乡罗桥村	岷山水	0.89	15.0	14.0	7.3	26.7
蔡家垅水库	聂桥镇芦溪村	博阳河	0.30	11.0	10.5	13.0	26.7
槽泥洞水库	聂桥镇永丰村	博阳河	0.80	18.0	16.0	11.5	36.7
磨山水库	聂桥镇聂桥村	艾泉垅水	4.20	19.0	16.0	12.0	46.7
艾泉垅水库	聂桥镇聂桥村	艾泉垅水	3.59	60.0	60.0	16.2	33.3

续表7－1－2

名称	所在地址	所属河流	集雨面积（平方千米）	总库容（万立方米）	兴利库容（万立方米）	最大坝高（米）	灌溉面积（公顷）
易家垅水库	聂桥镇柳田村	博阳河	1.82	19.0	17.0	11.4	53.3
蒋家垅水库	聂桥镇聂桥村	博阳河	0.80	12.0	10.0	8.0	16.7
胡家山水库	聂桥镇芦溪村	芦溪水	1.40	18.0	16.0	12.5	33.3
三塘水库	聂桥镇梓坊村	博阳河	0.50	15.0	15.0	7.0	26.7
丁山垅水库	吴山乡何铺村	五台水	0.45	11.0	10.0	18.0	20.0
曾山垅水库	吴山乡何铺村	五台水	7.70	70.0	68.0	20.0	46.7
陶山垅水库	吴山乡蔡河村	五台水	0.27	18.0	14.0	16.0	40.0
夏家垅水库	吴山乡红桥村	五台水	1.20	23.0	19.0	11.0	33.3
刺山垅水库	吴山乡张塘村	田家河	0.82	27.0	21.0	11.0	40.0
黄家河水库	吴山乡山湾村	田家河	1.80	48.0	43.0	15.0	53.3
杨桥垅水库	吴山乡杨柳村	田家河	0.90	16.0	13.0	10.0	33.3
大垅水库	吴山乡樟树村	田家河	0.52	17.0	14.0	9.5	40.0
八一水库	吴山乡蔡河村	田家河	0.80	15.8	11.0	10.0	53.3
大志垅水库	爱民乡土塘村	土塘水	0.38	30.0	21.5	9.5	33.3
西泉水库	爱民乡柏树村	爱民水	0.60	70.0	60.0	11.0	100.0
权家垅水库	塘山乡石源村	大泉水	0.17	12.0	11.0	14.0	13.3
牛湾水库	塘山乡石源村	大泉水	0.75	15.0	13.0	19.0	13.3
白沙泉水库	塘山乡郑湖村	博阳河	0.60	20.0	18.0	12.0	22.7
板垅水库	磨溪乡曙光村	南田水	1.40	20.0	15.0	11.0	33.3
铁坑垅水库	磨溪乡董家村	博阳河	0.70	10.0	9.0	11.5	30.0
红卫水库	磨溪乡南田村	南田水	0.60	13.0	10.0	9.3	20.0
沿垅水库	磨溪乡磨溪村	博阳河	1.00	11.0	9.0	9.0	26.7
杨树垅水库	磨溪乡尖山村	车桥水	1.20	10.0	10.0	11.0	24.7
长冲垅水库	车桥镇车桥村	车桥水	0.36	12.0	10.0	11.0	16.7
郭家垅水库	车桥镇城门村	车桥水	0.50	14.0	13.0	12.0	20.0
大冲垅水库	车桥镇白水村	车桥水	0.15	12.0	10.0	10.0	20.0
黄梅垅水库	车桥镇车桥村	车桥水	0.60	12.0	11.0	6.5	13.3
山里垅水库	车桥镇白水村	白水	0.40	14.0	12.0	9.0	26.7
十八冲水库	车桥镇潘坊村	车桥水	1.80	13.0	12.0	11.0	23.3
寨口水库	车桥镇九井村	车桥水	0.40	12.0	8.5	13.0	20.0
杨林水库	车桥镇城门村	车桥水	0.95	14.0	12.0	9.0	43.3

塘 堰

1985年，有塘堰2190座，总蓄水量1912万立方米。2003年9月，县委、县政府制定“每新增1万立方米蓄水量，县财政奖励1500元，不足1万立方米的奖励600元”政策，鼓励民间资金兴建小型水利工程。同年11月，中央电视台新闻联播节目以《江西：创新农田水利冬修机制》为题，报道德安采取“民办公助”吸引民间资金兴修水利做法。至2005年，德安县连续3年获省政府“鄱阳湖杯”水利建设先进县称号。至2008年，新修塘堰1045座，新增蓄水量1142万立方米，新增灌溉面积1400公顷；投入以奖代补资金147.6万元，吸引民间资金830万元。

第二节　引提水工程

引水工程

1985年，有大型灌区1处(柘林灌区八一支渠)，中型灌区2处(林泉灌区、红桥灌区)，灌溉面积13~667公顷小型灌区105处，灌溉面积13公顷以下灌区220处。灌溉渠道总长62千米，分布在林泉、吴山、宝塔等乡。在小农水改造和园田化建设中，将原土质渠道，采用混凝土防渗墙和砌块石水泥充填灌浆，以提高引水效果。2008年，有灌区328处。

提水工程

1985~2001年，有排灌站260座，装机容量5287.5千瓦，灌溉面积2640公顷；排涝站20座，装机容量1313千瓦，其中30千瓦以上14座；灌溉站240座，装机容量2974.5千瓦，其中30千瓦以上17座。2008年，有排涝站21座，提灌站144座。

2001年德安县30千瓦以上排涝站一览表

表7-1-3　　单位：千瓦

站名	地点	建站年份	装机容量	站名	地点	建站年份	装机容量
朝阳电排	蒲亭镇	1965	140	陈湾电排	宝塔附城	1983	110
中圩电排	河东石桥	1974	85	桂家电排	宝塔附城	1987	44
上畈电排	河东上畈	1975	30	下胡电排	黄婻上胡	1987	30
宝塔电排	宝塔附城、桂林	1976	220	上畈电排	河东上畈	1988	30
下圩电排	河东石桥	1978	55	袁家电排	宝塔附城	1990	37
河东电排	河东河东	1978	55	牛角湾电排	水产场	1993	210
乌石电排	黄婻乌石门	1981	55	东门洲电排	蒲亭镇	1999	100

2001年德安县30千瓦以上灌溉站一览表

表7-1-4　　单位：千瓦

站名	地点	建站时间	装机容量	站名	地点	建站时间	装机容量
李家电灌	丰林畈上王	1974	55	杨家坂电灌	聂桥永丰	1986	55
一号桥电灌	宝塔牌楼	1975	75	白果桥电灌	黄婻上胡	1986	40
二级电灌	丰林畈上王	1975	30	徐家岛电灌	黄婻乌石门	1988	30
一级电灌	河东村	1978	55	新田电灌	磨溪新田	1989	45
王家电灌	聂桥梓坊	1979	30	二级电灌	河东村	1990	30
邹家电灌	黄婻泗溪	1982	30	桥头电灌	黄婻桥头	1991	37
邓塘湾电灌	林泉大溪畈	1983	55	二三九电灌	聂桥梓坊	1995	30
一级电灌	宝塔桂林	1983	55	曾家电灌	邹桥村	2000	30
刘村电灌	车桥潘坊	1984	30				

第三节 堤防工程

1985年,全县有堤防工程49千米,保护耕地面积2573公顷,保护人口3.52万人。1991年,县政府实施牛角湾截弯取直工程,防洪堤由原7.9千米缩短为2.8千米。1998年发生百年一遇特大洪灾后,县政府加强县城防洪整体配套工程建设:修筑长500米、宽2米的东门洲二坡台;修建金带河南岸砼挡洪墙;拆除北门闸口处河道内房屋,封堵北门闸,进行外坡培土;对出现泡泉、渗漏堤段,采用冲抓钻套井回填法处理;拆除原东门洲排涝站,站址向南移300米重建,机泵装机由1台套30千瓦增至3台套100千瓦;利用老附城圩与老铁路路基,建成长1.28千米、高程22米二道防线;拆除导托渠内阻水堰坝,清除渠内淤积风化石和淤泥。1999年5月,工程完工。

第二章 水务管理

第一节 水利设施管理与建设

水利设施管理

1985~2008年,全县水利设施由县水务局管理,县水务局在县中型水库,附城圩设有管理所;小(一)、小(二)型水库由乡镇管理,配有管理员1人;山塘、堰渠和机电站由受益村组管理。

水利设施建设

牛角湾截弯取直 1991年10月,成立牛角湾水利综合治理工程指挥部,组织各乡镇场6000多名劳力,对牛角湾河段进行截弯取直。开新河、修联圩、堵河口、建涵闸,总土方量31万立方米,总投资105万元。1992年4月工程竣工,河道由2.5千米缩短为1.1千米,防洪堤由7.9千米缩短为2.8千米,新增水产养殖面积27公顷。1996年,石桥下圩、牛角湾新圩和高家圩按同一标准断面建成牛角湾联圩。

排涝站改造 1993年,新建牛角湾排涝站。1998年,修建东门洲排涝站。2006年,相继改造朝阳、宝塔、陈湾等排涝站,维修进水前池,更新机泵15台套,总装机1180千瓦。

平垸行洪 退田还湖 1999年,实施平垸行洪、退田还湖工程。黄婻乡依塘圩堤实行"双退"(低水、高水都还湖);黄婻乡上胡、泗溪、乌石圩,河东乡上坂、石桥中圩,宝塔乡袁家圩,木环乡岳山垅圩等7座圩堤实行"单退"(低水种粮、高水还湖),新建高、宽各2米的潜孔进出洪闸6座。工程总投资259.3万元。2003年6月完工。增加蓄洪区面积873.3公顷。

病险水库除险加固 2001年7月,湖塘水库列为水利部病险水库除险加固工程。12月,省计委、省水利厅下拨工程款1795万元。2002年3月至2004年10月,完成主坝砌石体充填灌浆、帷幕灌浆、混凝土防渗面板土坝连结段冲抓套井回填及尾水渠工程,副坝背水面风化料填筑和草皮护坡,迎水面土方填筑和混凝土预制块护坡。

2005年11月,林泉水库列为省水利厅病险水库除险加固工程。2006年3月,省发改委、水利厅下拨工程款1253.65万元。2007年10月,除险加固工程开工,至2008年底仍在施工中。

河道疏浚

2003年10月,博阳河下游乌石圩至附城圩长约8千米尾闾区河道疏浚工程开工。项目总投资694.4万元,其中国家投资337.27万元。征用耕地4.2公顷,拆除河道内寺庙1座,疏浚土方量41.09

万立方米,2004 年 4 月完工。

水利血防工程

2003 年,监控发现丰林镇紫荆村戴家垄有残存钉螺。2005 年,申报紫荆排灌渠水利血防建设可行性报告。2007 年 9 月,长江水利委员会批复该项目,投资 448 万元,其中,中央预算内专项资金 134 万元。2008 年 3 月开工,12 月完工。湾里戴家、大屋戴家、毛家凹等 11 个自然村疫情隐患消除,同时 15.5 公顷"望天丘"改造成旱涝保收农田。

附城圩加固改造

2004 年,附城圩加固改造工程经国家发改委批复建设,自义峰山至师姑墩总长 6368 米,工程总投资 6258 万元,按 3 个标段分步实施。工程项目主要有:土堤断面培坡,180 米自嵌式景观挡土墙、土堤段 250 米裁弯取金带河尾段改道,新开河 437 米,新建防洪墙 750 米,1.7 千米迎冲段新建护坡,4.47 千米险段采用灌浆、水平铺盖、射水法造混凝土防渗墙、填塘固基等措施进行防渗处理。2005 年 11 月开工,2006 年 9 月附 1 标段主体工程完工;同年 10 月附 2 标段投入施工;2008 年 2 月附 3 标段投入施工。2008 年底,附 2、附 3 标段工程仍在施工中。

白云渠维修改造

白云渠为林泉水库灌区支渠,引水设计流量 0.98 立方米/秒,灌溉面积 153.3 公顷,受益人口 2581 人。2008 年 2 月,总长 6340 米的白云渠维修改造工程开工,投资 162 万元,同年 8 月完工。

第二节 农田用水管理

管理原则

科学用水、节约用水原则:根据农田灌溉用水量制定分配计划。统一调度、有序用水原则:水库设管理员,实行 1 把锄头放水,蓄、引、提配合,先用流动的水,后用蓄存的水,兼顾上下游,均匀配水。合理负担、有偿使用原则:按实际受益面积分摊费用,统一结算,核定到户。自主管理、自我服务原则:农民用水协会参与农田水利工程建设与用水管理。

农民用水协会

2005 年,林泉乡大溪畈村成立"桑家堰"农民用水协会,遵循用水管理原则,制定用水管理、水利设施维修和水费收支财务制度,调动村民参与冬修水利积极性。此举作为小型农田水利基本建设先进典型在全省推广,水利部、省、市领导和专家多次实地调研。2008 年 1 月,香港凤凰卫视《中国江河水》栏目进行专题报道。至 2008 年底,全县有农民用水协会 30 个,参与农户 1350 户,管理灌溉面积 700 余公顷。

节水灌溉

水改旱 1991 年起,全县除城郊片外,其他乡镇改为以种棉为主。水改旱后,由于棉花需水量远小于水稻,耕地灌溉所需水量明显减少。

滴灌 1993 年,县园艺场柑橘园安装滴灌设施,通过直径约 10 毫米毛管上的孔口或滴头,将水送到作物根部,实行局部灌溉,节水效果显著。

薄露灌溉 1998 年,河东乡河东村推广薄露灌溉技术,稻田灌水层控制在 2 厘米以下,灌水后自然落干露田,一般早稻 12 次、晚稻 16 次。在水稻返青期或遇低、高温,采用深水灌溉保温、降温。落干露田总天数约占水稻生长期 45% 以上,节水率 30%,增产 10% 左右。

第三节　农村饮水工程

1985年,农村生活用水多数取自河、堰、塘、井,少数使用压水井或山泉水。干旱季节,塘山、付山部分农户用废弃煤井水,有的农户挑水距离超过1千米。全县农村饮水不安全人口5.87万人,其中饮水困难人口2.06万人。2001年起,实施人饮解困项目,总投资476.71万元。其中,中央预算内专项资金175.48万元,地方配套(含群众自筹)301.23万元。至2004年,建成塘山乡石源村井边周家、郑湖村张家、吴山乡大岭村刘家等集中供水工程157处,分户压水井169口;新增日供水1700立方米,解决19448人、4058头牲畜饮水问题。2005～2008年,实施农村饮水安全工程,总投资1404.92万元。其中,中央国债资金430.9万元,省专项资金200.9万元,省配套资金16.5万元,地方配套资金856.62万元。建成邹桥乡大泉周家、爱民乡土塘村、磨溪乡南田村刘鞔鼓、聂桥镇永丰村等集中供水工程138处,分散工程77处,解决34353人饮水安全问题;结合新农村建设改水项目,完成改水点53处。2008年,获全国100个"农村饮水安全工程示范县"称号。

第四节　水政执法

执法机构

1985年,县水利电力局工管站兼管水政执法日常工作。1991年,县水电局设水政水资源股。2000年11月,设水保水政执法监察大队。2002年,设圩堤管理所,负责圩堤与河道执法管理。2003年,县防汛办公室改为常设机构,负责防洪法律法规执行管理。2005年,水保站改为水土保持办公室。

法律法规宣传

1988～2008年,利用《中华人民共和国水法》《中华人民共和国水土保持法》《中华人民共和国防洪法》颁布日、3月22日(世界水日)至3月28日《水法》宣传周,采取多种形式开展普法宣传,悬挂、张贴、刷写标语2000多条,分发宣传册1600余册,举办培训班10期,培训650余人次。

违法案件查处与纠纷调处

1991～2008年,共查处昌九高速公路施工侵占博阳河、赣北建材大市场续建工程侵占金带河、通讯光缆铺设造成乌石圩汛期决口等水事违法案件4起,结案4起;调处水事纠纷5起,其中涉及瑞昌市南义镇幸福村1起,即2002年根据1996年11月签订《关于湖塘水库历史遗留问题的协议》,对幸福低坝(堰)网栏工程进行协调和处理。

第三章　防汛　抗旱

第一节　防　汛

汛　情

境内汛期一般在当年4～9月,其中4～6月为主汛期,7～9月为后汛期。博阳河县城河段汛期警戒水位为19米(吴淞高程)。1985～2008年,博阳河有18个年份超警戒水位。

1985～2008 年博阳河超警戒水位一览表

表 7－3－1　　单位：米

年份	最高水位	年份	最高水位	年份	最高水位
1985	19.47	1993	20.44	1999	22.00
1988	20.05	1994	19.98	2001	19.00
1989	20.30	1995	22.08	2002	20.85
1990	19.89	1996	21.24	2003	19.38
1991	20.01	1997	19.41	2004	19.80
1992	20.73	1998	22.94	2005	21.43

汛前准备与汛期管理

汛前准备　1985～2008 年，每年汛期前，县防汛抗旱指挥部研究部署防汛工作，对全县各类水利工程开展汛前大检查，制定全县水库、堤防、排涝站等重点水利工程防洪抢险应急预案和渡汛方案，落实防汛资金筹措和物资准备。

汛期管理　确定各层次防汛责任人，层层签订责任状，落实责任制。对违章操作和违反渡汛方案确定的汛限水位擅自超蓄的水利工程限期整改。坚持汛期定期汇报和 24 小时值班制度，确保雨情、水情、工情、险情及时上传下达。落实防汛工作思想、组织、责任三到位，确保人民生命财产和各类水利工程安全渡汛。

重要抗洪纪实

1992 年抗洪抢险　1992 年 7 月，受长江、鄱阳湖水位顶托和博阳河流域大暴雨影响，县城水位 20.73 米，超警戒线 1.73 米。7 月 8 日，洪水造成金湖乡百亩石咀圩全线漫顶溃决和牛角湾高家圩渗漏、滑坡等险情，博阳河沿河堤外 146.7 公顷水稻和 53.3 公顷棉花受淹。宝塔、河东、木环、黄婻、蒲亭 4 乡 1 镇，组织巡逻队 350 人，抢险队 1400 人，抗洪劳力 7500 人，对圩区进行护堤；协调永修县航运公司等单位 4 艘货船义务运送防汛物资，调集制动器厂、制冷剂厂民兵突击队和县武警中队官兵赴高家圩抢险救灾；确保圩内 5 万余人口和 2133.3 公顷农作物免受洪灾。

1995 年抗洪抢险　1995 年 6 月 11 日至 7 月 5 日，境内降雨 1516.3 毫米，超过正常年份全年降雨量。7 月 2 日 10 时许，县城水位达 1954 年以来最高水位 21.88 米。22 时，洪峰通过县城河段，涨至当年最高水位 22.08 米，致附城圩东门洲防汛仓库处出现管涌，附城圩县计委宿舍处出现裂缝滑坡，20 个乡镇场 104 个行政村 2 万农户 10 万余人受灾，农作物受灾面积 6960 公顷，倒塌房屋 386 间，损坏房屋 129 间，水毁公路 13 处 15 千米，冲毁农田 50 公顷、鱼池 266 公顷、山塘 26 口、堰坝 34 座、河堤护坡 110 处，锑业公司、付山煤矿部分矿井塌陷。县防汛抗旱指挥部科学调度应对险情，组织县直机关、企业抢险突击队和林泉海后部队官兵进行抢险救灾，确保县城居民生命和财产安全。

1998 年抗洪抢险　1998 年 6 月 26 日凌晨 1 时，受连续降雨和鄱阳湖高水位顶托影响，宝塔导托河三桥上陈堤段决堤，驻县武警消防大队和 38574 部队官兵，县委、县政府机关干部和公安干警，水泥厂、棉纺厂、制动器厂突击队及宝塔乡等单位 200 多人火速赶到现场抢险，溃口于当日 17 时合拢。23 时，博阳河县城段水位达 22.94 米，超警戒水位 3.94 米，洪水从城北 105 国道涌进县城，永兴路、义峰路、北门路、东门洲、东风路、蒲塘路等多条街道被淹，最深处 2.2 米，受灾人口 2 万余人，直接经济损失 1.5 亿元，给县城居民工作和生活带来严重影响。27 日，导托河堵口处再次冲决，由宝塔乡组织突击队再次封堵。7 月 25～26 日，连续降雨 177 毫米，水位再次涨至 22.85 米，致导托河三桥上陈堤原堵口处和田塘段圩堤决口，洪水涌入庙前港，造成九津圩、齐湖坝漫顶溃决，洪水再次进入附城圩内。县防汛抗旱指挥部组织近万人苦战5天,在老附城圩经高架灯至腰子塘老铁路路基构筑二道防线,避免洪水再次涌入县城。9月下旬,洪水退出县城,22日,县委、县政府召开“弘扬伟大抗洪精神,重建幸福美好家园”总结表彰大会,表彰抗洪抢险中涌现出的先进单位和先进个人。

2005年抗洪抢险 2005年9月2日,受台风“泰利”影响,境内连降特大暴雨,4日凌晨,县防汛抗洪突击队在105国道石桥路段抢筑450米防洪子堤。至10时,降雨量达226.5毫米;14时,县城河段水位达21.43米,超警戒水位2.43米。致15个乡镇场1.78万人受灾,倒塌房屋45间,农作物受灾面积3520公顷,德白路五里墩段交通中断,农机厂水淹停产,直接经济损失2710万元。

第二节 抗 旱

抗旱准备

1985年后,县防汛抗旱指挥部坚持有灾抗灾、无灾预防原则,对各类水库科学调度,按照汛限水位运行,确保水库安全,加强蓄水,做到防汛抗旱两不误。2004年10月,编制《德安县抗旱预案》,确定旱情等级和应急响应,制定应急保障和灾后重建措施,落实经费和物资准备。

重要抗旱纪实

1988年抗旱 1988年6月下旬,全县初现旱象,至8月中旬,受旱面积5800公顷,绝收面积1666.7公顷。县防汛抗旱指挥部投入抗旱经费90万元,柴油395吨,机具629台(套)6365千瓦。

2003年抗旱 2003年7月,晴热高温天气持续,全县农作物受旱面积7533.3公顷,其中轻旱面积6400公顷、干枯面积1133.3公顷,造成饮水困难人口3.3万,大牲畜1.3万头。全县水利工程蓄水量比正常年份同期少三成多。县防汛抗旱指挥部抽调300余名机关干部组成抗旱工作组,到102个行政村参加抗旱;同时组建提灌设备维修、电力检修、农技服务、卫生防疫服务、供水服务、人工增雨6支专业抗旱小分队;动用抗旱设备260台(套),修复提灌站59座,抢修低压线路10千米,投入资金86.1万元。

2007年抗旱 入夏以来,境内持续晴热高温天气,7月降雨量仅为85.9毫米,较历年同期降雨量少45%;8月降雨量138毫米,较历年同期降雨量少10%。全县农作物受旱面积2933.3公顷,成灾面积1133公顷,其中绝收面积333.3公顷,造成饮水困难人口1.3万。吴山、塘山、爱民、邹桥、车桥等乡镇旱情较严重,其中塘山乡石源、新塘、郑湖、岭上等村和邹桥乡付山村最为严重,人畜用水由消防车和环卫洒水车运送。全县投入资金63万元,劳力3.2万人,泵站、机动抗旱设备2337台(套),浇灌面积3800公顷。修筑小堰坝165座,抢修提灌站60余座。安排资金10万元用于人工降雨,有效缓解旱情,降低灾害损失。

第四章 电 力

第一节 电 网

电网建设

1985年,有35千伏河东变电站1座,主变容量5000千伏安,10千伏出线供县城生产、生活用电。1986年5月,新建35千伏聂桥变电站,架设线路15.71千米。1988年12月,新建35千伏邹桥变电站,主变容量2800千伏安,实现20乡镇场1074个村(组)电网全覆盖。1990年,新建35千伏丰林变电站1座,主变容量2000千伏安;新建河东110千伏变电站,原35千伏变电站改造成开关站。1995年7月,修建10千伏开关站1座。1998年7月,实施农网改造,聂桥、丰林、邹桥3座变电站主变由3台增至6台,主变容量由5800千伏安增至16100千伏安。2003年5月,35千伏田塘变电站投入运行,主变容量8000千伏安。2005年,聂桥、邹桥、丰林等5座变电站进行综合自动化及开关无油化改造。2006年7月,35千伏彭山锡矿变电站进行改造,主变容量增至6300千伏安;博阳河上游4座小型水电站相继建成并网。2008年,110千伏德安河东变电站和110千伏瑞昌市南义变电站实现双电源点,境内5座35千伏变电站为终端变电站环形供电网络形成。

农网改造

1999年起,分3期实施农村电网改造工程。2001年,投资3099万元,完成第一期工程。2003年,投资1759.3万元,完成第2期工程。2007年底,冰冻灾害造成电网严重损坏。2008年,投资126万元,实施灾后电网重建工程。同时,投资801.5万元,完成农村电网改造第3期工程。至2008年底,农网改造工程共投资5785.8万元,架设10千伏输电线路121.7千米,改造10千伏输电线路781.3千米;架设低压输电线路262千米,改造低压输电线路1105千米;新建配电台区23941千伏安/701台,改造配电台区24324千伏安/341台。

1985～2008年德安县变电站建设一览表

表7－4－1　　　　单位:千伏、千伏安

站名	站址	电压等级	投运时间	投运容量	2008年容量	说明
德安变电站	河东乡	110	1985	5000	51500	市供电公司直管
聂桥变电站	聂桥镇	35	1986	2000	6000	1998年新增4000千伏安主变1台
邹桥变电站	邹桥乡	35	1988	1800	51500	1998年新增3150千伏安主变1台;2003年将1800千伏安主变增至200千伏安
丰林变电站	丰林镇	35	1997	2000	7150	1998年新增3150千伏安主变1台;2007年将2000千伏安主变增至4000千伏安
田塘变电站	宝塔乡	35	2003	8000	8000	
彭山锡矿变电站	吴山乡	35	2006	6300	6300	2006年改造新装6300容量主变

第二节　水　电

1985年,林泉水电站装机容量100千瓦,湖塘水电站装机容量125千瓦。2000年,德安巨龙水电开发有限公司投资扩建湖塘水电站,装机容量增至765千瓦。2002～2006年,该公司投资700万元,在博阳河邹桥至磨溪段进行水电梯级开发,新建大泉、石门、尖山、磨溪4座小型水电站,总装机容量1410千瓦,2006年7月投入运营。其中大泉水电站引用地下水发电,无坝基、无库淹地、装机容量250千瓦。至2008年,全县水电装机容量2275千瓦,年发电量620.3万千瓦时。

2008 年德安县小水电站一览表

表 7-4-2

名称	所在河流	所在乡镇	建设时间(年)	集雨面积(平方千米)	装机容量(千瓦)	年发电量(万千瓦·时)	库容(万立方米)	坝高(米)	水头(最大/最小)	流量(立方米/秒)
湖塘	博阳河	邹桥	1973 初建 2000 扩建	144	765	300	4700	25.0	9/2	2.8
石门	博阳河	邹桥	2002	175	320	69	54	2.5	4/2	3.4
尖山	博阳河	磨溪	2003	246	360	81	135	5.0	5/2	4.9
磨溪	博阳河	磨溪	2003	364	480	114	72	5.5	4/2	7.1
林泉	涌泉水	林泉	1978 初建 2004 扩建	20	100	35	1502	27.5	9/2	0.5
大泉	—	邹桥	2005	12	250	20	—	—	48	—

第五章 供电 用电

第一节 供 电

供电机构

1985 年,县供电所负责全县供电管理。1989 年,更名为供电局。1999 年,供电局改制,由省电力公司控股 60%,县国资局控股 40% 组建德安县供电有限责任公司,负责全县电力供应和电网管理。2008 年,县供电公司内设职能部门 11 个,下设分公司 2 个、中心供电所 5 个、营业站 12 个。拥有固定资产 8636 万元。

供电能力

1985 年,境内仅有 1 座变电站,供电能力薄弱。1988 年,全县实现电网全覆盖、户户通电。至 2006 年,有河东 110 千伏安变电站 1 座,聂桥、邹桥、丰林、田塘、锡矿 35 千伏安变电站 5 座,10 千伏安河东开关站相继投运。2008 年,实现德安、瑞昌南义 110 千伏安变电站双电源点,全县供电量 17598 万千瓦时,最大负荷 49.34 兆瓦。

供电价格

1985 年,城区和黄婻、宝塔、金湖等乡及工业企业按国家定价收费;水电站及自主发电供电区由供电方自主定价,各地电价不一。1988~1999 年,农村供电并入电网后,城乡同网不同价,差异较大,有的电价高达 2 元/千瓦时以上。1999 年,开始农村电网改造。2003 年 7 月起,实行城乡供电同网同价。

2001－2008 年德安县电价一览表

表 7－5－1　　　　单位：元/千瓦时

类别	供电对象及登记类别	不同年份电价						
		2002 年	2003 年	2004 年	2005 年	2006 年	2007 年	2008 年
照明用电	农村		0.56	0.56	0.59	0.6	0.6	0.6
	城镇		0.56	0.56	0.59	0.6	0.6	0.6
非普通工业用电	1 千伏以上			0.577	0.627	0.654	0.654	0.767
	1 千伏以下			0.592	0.642	0.669	0.669	0.797
农业生产用电	1 千伏以上			0.434	0.434	0.645	0.645	0.66
	1 千伏以下			0.449	0.449	0.66	0.66	0.66
贫困县农业排灌用电	1 千伏以上			0.285	0.285	0.335	0.335	0.335
	1 千伏以下			0.3	0.3	0.35	0.35	0.35
商业用电	1 千伏以上			0.884	0.934	0.965	0.965	0.96
	1 千伏以下			0.899	0.949	0.98	0.98	0.99
非居民照明以外用电	1 千伏以上			0.738	0.818	0.965	0.965	0.96
	1 千伏以下			0.753	0.833	0.98	0.98	0.99
大工业（基本价）用电	变压器容量（千伏安/月）	16		16	16	20	20	24
	最大需量（千瓦/月）	24		24	24	30	30	36
大工业（电度电价）用电	1～10 千伏			0.485	0.535	0.55	0.55	0.689

第二节　用　电

用电水平

1985 年，全县用电 3988 户，用电量 1662 万千瓦时。其中，工业用电 20 户，用电量 1035.61 万千瓦时；商业用电 289 户，用电量 99.72 万千瓦时；农业用电 46 户，用电量 53 万千瓦时；居民用电 3633 户，用电量 473.67 万千瓦时。

1988 年，电网覆盖全县，供电条件全面改善，供电能力大幅提高，全县用电户增至 5471 户，用电量 1923 万千瓦时。其中，工业用电 27 户，用电量 1189.56 万千瓦时；商业用电 397 户，用电量 115.39 万千瓦时；农业用电 64 户，用电量 70 万千瓦时；居民用电 4983 户，用电量 548.06 万千瓦时。

1995 年，实现“一乡一线”，用电量 4287 万千瓦时。1999 年起，分 3 期实施农网改造，农村电网供电稳定性及可靠性大幅提升。2008 年，全县用电 45015 户，用电量 17598 万千瓦时。其中，工业用电 230 户，用电量 11344.64 万千瓦时；商业用电 3266 户，用电量 1055.93 万千瓦时；农业用电 527 户，用电量 182 万千瓦时；居民用电 40992 户，用电量 5015.43 万千瓦时。

1985～2008 年德安县用电一览表

表7－5－2 单位:户、万千瓦时

年份	用户总数	用电总量	工业		商业		农业排灌、生产		居民生活	
			用户数	用电量	用户数	用电量	用户数	用电量	用户数	用电量
1985	3988	1662	20	1035.61	289	99.72	46	53	3633	473.67
1986	4431	1756	22	1082.18	321	105.36	52	68	4036	500.46
1987	4925	1888	25	1164.64	357	113.28	58	72	4485	538.08
1988	5471	1923	27	1189.56	397	115.39	64	70	4983	548.06
1989	6080	2053	31	1258.71	441	123.19	71	86	5537	585.11
1990	6755	2653	34	1647.71	490	159.19	79	90	6152	756.11
1991	7505	3015	38	1817.83	544	180.91	87	92	6836	859.28
1992	8339	3186	42	1988.83	605	191.16	97	98	7595	908.01
1993	9266	3429	47	2134.99	672	205.75	108	111	8439	977.27
1994	10296	3888	52	2422.64	747	233.28	120	124	9377	1108.08
1995	11440	4287	58	2675.89	830	257.23	133	132	10419	1221.79
1996	12711	4523	64	2826.56	922	271.39	148	136	11577	1289.05
1997	14124	4825	72	3022.37	1024	289.51	165	138	12863	1375.12
1998	15694	5071	80	3182.50	1138	304.27	183	139	14293	1445.23
1999	17439	5211	89	3271.20	1265	312.67	204	142	15881	1485.13
2000	19375	5420	99	3403.10	1405	325.20	226	147	17645	1544.70
2001	21530	5502	110	3453.81	1562	330.12	252	150	19606	1568.07
2002	23921	5614	122	3522.17	1735	336.84	280	155	21784	1599.99
2003	26579	7545	135	4779.98	1928	452.70	311	162	24205	2150.32
2004	29531	10532	150	6733.46	2142	631.92	345	165	26894	3001.62
2005	32815	12157	167	7794.83	2381	729.43	384	168	29883	3464.74
2006	36460	13575	186	8721.63	2645	814.50	426	170	33203	3868.87
2007	40512	15691	207	10102.61	2939	941.46	474	175	36892	4471.93
2008	45015	17598	230	11344.64	3266	1055.93	527	182	40992	5015.43

用电管理

机构 1985 年,县“三电”办公室负责全县用电管理,县供电所指派专人驻“三电”办公室。1997 年,撤销“三电”办公室,由县供电局制定用电方案,县经贸委审批执行。

计划用电 1985 年以来,根据市“三电”办用电指标,实行计划用电。按照先生活、后生产原则,确定全县用电计划控制目标,制定供电方案,高峰期实行错峰用电。1994 年,县水泥厂增设生产线 2 条,总功率 5000 千瓦,占全县计划用电量 30% 左右。供电矛盾突出时,向上级申请追加用电指标。遇旱灾严重,优先农业抗旱用电。农村电网三期改造和“户户通”工程竣工后,取消用电计划。

节约用电 工矿企业采取技术降损、无功补偿、使用新型变压器等节电措施。1999 年起,利用农网改造契机,通过缩短供电距离,减少线损等方式降低电损;用电高峰期实行梯级电价,鼓励居民节约用电。

安全用电 1985 年后,县供电部门为电工普及安全用电知识,坚持持证上岗制度,严格执行安全生产规程,防范用电事故发生。至 2008 年,举办电工安全生产培训班 18 期,参培人员 760 余人次。

卷八

环境保护

卷八　环境保护

进入20世纪80年代后，德安县环境污染问题逐渐显现，环境保护纳入政府重要工作议程。1985年、1986年，两次进行污染源调查。2002年后，在磨溪、聂桥、蒲亭镇附城设立水质监测点，在城区设立空气质量监测点和区域环境噪声监测点，对环境质量进行常态化监测。

至2003年，先后实施爱民乡、高塘乡及共青金湖乡、米粮铺乡小范围水土保持治理，河东乡陈湾水小流域水土保持综合治理，燕沟、高塘、爱民等8条小流域水土保持重点治理等工程，共投资4700余万元，其中县配套300余万元，完成治理面积1.4万公顷。陈湾水小流域被水利部、财政部命名"全国水土保持生态环境建设示范小流域"。

2006年，设立环保投诉中心，开通环保热线，不断加大环保力度。2007年，县政府制定《德安县地表饮用水源保护区划定方案》，对饮用水实行源头保护。至2008年，多次开展专项治理行动，县内废气、废水污染得到有效控制。累计征收排污费1396万元，其中1031万元用于污染治理和环保专项补助。

第一章 环境监测

第一节 监管机构与监测设施

监管机构

1985年,县政府设有环境保护办公室(县环保办);成立县环境监测站。1991年,县环保办更名县环境保护局。1993年12月,成立县环境监理站。2000年2月,成立县环境监理大队,与环境监理站实行两块牌子一套人员,隶属县环保局。2006年5月,站、队合并成立县环境监察大队。2008年10月,县环保局设立县工业园环境监控中心。

监测设施

1985~1990年,环境监测站设县政府综合办公楼,有化验室1间,监测仪器有声级计、大气采样仪。1990~1991年,移至义峰南路环保局宿舍五楼。1999年,移至蒲塘路县环保局办公楼。2005年,在桂林大道新建监测技术大楼。

至2007年,环境监测站仪器设备由环保局自行购置,功能少且不配套。2008年起,仪器设备由上级配发。

2008年德安县主要环境监测仪器设备一览表

表8-1-1　　单位:套、元

名称	规格型号	数量	价格	制造商
1/万分析天平	BS124S	1	7050	赛多利斯(北京)
PH计(实验室)	pHS-3E	1	1860	上海精密
电导仪	DDS-307A	1	1900	上海精密
离子计	PXS-270	1	2510	上海精密
可见光分光光度计	H722	1	2150	天津普瑞斯
BOD培养箱	SPX-150B	1	4050	天津泰斯特
个人防护装备	KF4A-03	1	7050	武汉科发
便携式溶解氧测定仪	JPBJ-608	1	3150	上海精密
便携式流速测量仪	LJD	1	4180	重庆华正
便携式多种气体分析仪	PGM-7800	1	20900	华瑞科力恒(北京)
声级计	AWA6218B	2	9574	杭州爱华
水样自动采样器	HY-6003	1	8825	青岛恒远
实验室纯水设备	FST-HB-20	1	6918	上海富诗特
生物显微镜	BK3300	1	4000	重庆光学
高压灭菌锅	GI54D	1	26000	美国致微(厦门)
多功能水质采样器	2.5L	2	830	武汉中科院
溶解氧测定仪	JPSJ-605	1	3510	上海雷磁
超净工作台	SW-CJ-1FD	1	4648	上海博讯

续表 8－1－1

名称	规格型号	数量	价格	制造商
水上救生设备	HS－BS2	2	712	北京中交海神
大气采样器	崂应 2020	4	8820	青岛崂山
颗粒物采样器	崂应 2050	4	24840	青岛崂山
PM10 切割器	崂应 2050－切割器	4	6840	青岛崂山
智能烟尘采样仪	崂应 3012H－21	1	25650	青岛崂山
烟气采样器	崂应 3022－51	1	22050	青岛崂山
红外测油仪（含软件）	OIL420	1	30380	北京华夏科创
PID 检测仪	ppbRAE3000	1	55000	美国华瑞
应急检测箱	KBC	1	18600	郑州沃特

第二节　监测内容

大气环境监测

2003 年后，在县政府大楼、德安宾馆设立空气质量监测点，监测二氧化硫、二氧化氮、总悬浮颗粒物（2006 年后改称可吸入颗粒物）等项目指标。2007 年，县政府大楼空气质量监测点改设县环保局大楼。历年监测报告显示，各项污染物浓度均符合国家《环境空气质量标准（GB3095－96）》二级标准。

2003～2008 年德安县城大气环境监测数据一览表

表 8－1－2　　单位：毫克/立方米

年份	地点	总悬浮颗粒物（TSP）	可吸入颗粒物（PM_{10}）	二氧化氮（NO_2）	二氧化硫（SO_2）
2003	县政府	0.153	0.096	0.036	—
	德安宾馆	0.229	0.115	0.030	—
2004	县政府	—	0.064	0.040	0.032
	德安宾馆	—	0.078	0.041	0.034
2005	县政府	0.202	—	0.030	0.032
	德安宾馆	0.181	—	0.029	0.035
2006	县政府	—	0.092	0.032	0.028
	德安宾馆		0.120	0.031	0.032
2007	县环保局	—	0.109	0.029	0.033
	德安宾馆	—	0.108	0.031	0.041
2008	县环保局	—	0.103	0.040	0.037
	德安宾馆	—	0.086	0.042	0.046

水环境监测

2002 年后，沿博阳河磨溪、聂桥、附城设水质监测点，每年 2 次定期向市环境监测站送检常规监测项目 8 个。历年监测数据显示，境内地表水环境，除受农业面源使用化肥影响，化学需氧量、总氮有超标现象外，其他指标基本控制在《地表水环境质量标准》（GB3838—2002）Ⅲ类标准内。

2002～2008 年德安县水环境监测点监测数据一览表

表 8－1－3　　单位：毫克/升

年份	地点	pH	化学需氧量	生化需氧量	氨氮	总磷	总氮	氟化物	砷
2002	磨溪	7.30	4.10	—	0.180	0.030	0.900	0.28	0.0010
	聂桥	7.14	5.00	—	0.160	0.040	1.030	1.89	0.0010
	附城	7.70	17.13	—	0.090	0.050	1.850	0.96	0.0040
2003	磨溪	7.66	12.70	6.90	0.070	0.030	3.220	1.94	0.0040
	聂桥	7.98	12.80	6.40	0.075	0.015	7.170	3.26	0.0040
	附城	8.11	15.25	7.00	0.055	0.020	3.145	1.53	0.0040
2004	磨溪	8.09	18.20	1.60	0.205	0.045	1.180	0.49	0.0005
	聂桥	8.33	19.10	1.00	0.205	0.050	0.650	0.37	0.0058
	附城	8.24	16.65	1.00	0.300	0.070	0.900	0.62	0.0280
2005	磨溪	7.73	21.45	9.55	—	0.071	0.150	0.18	0.0005
	聂桥	8.08	19.85	4.65	—	0.074	0.150	0.36	0.0005
	附城	8.00	17.40	3.75	—	0.101	0.180	0.36	0.0005
2006	磨溪	7.78	13.00	1.45	—	0.030	1.710	0.25	0.0005
	聂桥	8.01	12.00	1.50	—	0.110	1.930	0.32	0.0080
	附城	7.95	9.00	1.30	—	0.060	1.700	0.72	0.0020
2007	磨溪	8.18	26.00	6.45	—	0.030	0.900	0.22	0.0007
	聂桥	8.15	18.00	3.25	—	0.035	0.860	0.38	0.0150
	附城	8.14	22.00	4.75	—	0.060	1.280	0.52	0.0040
2008	磨溪	7.48	24.00	4.30	—	0.040	1.020	0.26	0.0005
	聂桥	7.88	5.00	1.40	—	0.040	0.890	0.31	0.0100
	附城	7.78	5.00	1.40	—	0.040	0.910	0.57	0.0100

声环境监测

2005～2008 年，陆续在城区设区域环境噪声监测点 11 个。监测数据显示：城区区域环境噪声等效声级在 60dB(A)范围内变化，均值为 55.8dB(A)，达到《城市区域环境噪声标准》二类昼间标准。至 2008 年，道路交通噪声平均值呈下降趋势，居住、商业、工业混杂区噪声在二类标准范围内。

第三节　污染源调查

乡镇污染源调查

1985 年，县环保办和乡企局联合进行全县乡镇污染源调查。结果表明：乡镇工业污染物排放量增长迅速，主要污染物比重加大。

工业污染源调查

1985 年 11 月至 1986 年 10 月，进行工业污染源调查。全县有工业企业 25 家，锅炉 23 台，燃煤 2.1 万吨/年，工业废气排放量 18417 万标立方米/年(其中：烟尘 555 吨/年、二氧化硫 993 吨/年、氮氧化物 222 吨/年)。工业用水 595.7 万吨/年，废水排放量 323.4 万吨/年(其中：化学需氧量 77 吨/年、生化需氧量31吨/年、悬浮物547吨/年)。

污染源普查

2007年,普查工业企业30家,有锅炉28台,窑炉42座,煤炭消耗量16.58万吨/年,废气排放量443396.55万标立方米/年(其中:烟尘2956.08吨/年、二氧化硫1863.57吨/年、氮氧化物1046.6吨/年);工业用水量696.2万吨/年,废水排放量299.41万吨/年(其中:化学需氧量392.02吨/年、生化需氧量57.04吨/年、氨氮15.01吨/年);工业固体废物产生量38.06万吨/年,排放量0.35万吨/年。

调查生活源223户、农业源1118户(其中:种植业561户、畜禽养殖381户、水产养殖176户)、集中式污染治理设施(垃圾填埋场)1处。

第四节　水土流失调查

程度与分布

1985年,有水土流失面积108.96平方千米,主要分布在爱民、高塘、金湖、米粮铺等乡境内,其中强度流失22.08平方千米、中度流失43.66平方千米、轻度流失43.24平方千米;平均年侵蚀模数为1157吨/平方千米,土壤侵蚀量66.3万吨,流失有机质1.56万吨、速效氮77.16吨、速效磷4.31吨、速效钾41.98吨。1998年,有水土流失面积143平方千米,其中剧烈流失2.33平方千米、强度流失9.93平方千米、中度流失73.73平方千米、轻度流失57平方千米。2003年,有水土流失面积137.07平方千米,其中剧烈流失2.19平方千米、极强流失0.77平方千米、强度流失10.89平方千米、中度流失60.66平方千米、轻度流失62.56平方千米。

1985年德安县水土流失分布一览

表8-1-4　　单位:公顷

乡镇场(所)	流失总面积	轻度流失面积	中度流失面积	强度流失面积
蒲亭镇	—	—	—	—
河东乡	252.74	226.07	26.67	—
宝塔乡	166.47	9.67	146.40	10.40
杨家桥乡	7.00	3.67	—	3.33
米粮铺乡	1211.07	591.27	544.87	74.93
金湖乡	610.87	283.47	304.93	22.47
黄婳乡	251.20	58.33	192.87	—
高塘乡	574.93	209.60	363.33	—
林泉乡	35.33	24.00	3.33	8.00
聂桥乡	20.80	15.13	5.67	—
吴山乡	950.60	18.33	129.67	802.60
樟树乡	21.47	6.00	10.80	4.67
磨溪乡	—	—	—	—
车桥乡	109.80	—	101.80	8.00
白水街乡	657.33	522.33	135.00	—
爱民乡	2861.40	232.47	1672.33	956.60

续表 8－1－4

乡镇场(所)	流失总面积	轻度流失面积	中度流失面积	强度流失面积
邹桥乡	1177.87	875.40	—	302.47
付山乡	722.73	—	722.73	—
塘山乡	1232.47	1232.47	—	—
农科所	21.80	9.33	—	12.47
彭山林场	11.67	6.00	5.67	—
共青垦殖场				

成　因

境内雨量充沛，四季不均，4～6月降雨量约占全年45%，暴雨次数多，强度大。集中降雨形成地表径流，构成土壤侵蚀动力。水土流失主要发生在泥质岩类红壤和第四纪红黏土、红壤土上，该两类土壤抗蚀力弱，易风化侵蚀，是造成水土流失的重要原因。域内山丘坡度一般大于3°，流失区植被覆盖率低，局部地区水土流失较为严重。人类社会经济活动也是水土流失重要原因，如滥伐森林、毁林开荒、开矿、采石、修路、建厂等，都不同程度加剧水土流失。

类　型

境内水土流失以水力侵蚀为主，多为面蚀，少量演变为沟蚀；局部存在崩塌、滑坡、水石流等重力侵蚀和复合侵蚀现象。

危　害

境内水土流失区平均年流失土层厚度5毫米，土壤养分随之流失，加上其他不利因素，植物生长量减少，坡耕地农作物产量难以提高。爱民乡、邹桥乡部分地区，由于多年水土流失，逐步出现沙砾化，十多年生马尾松仅1米多高。水土流失区地表植被稀少，植被群落退化，土壤入渗率低，水分涵养和小气候调节功能差，一遇较大降水，径流迅速汇聚，极易造成洪涝灾害；天气转晴后，土壤中水分快速蒸发，又易形成旱灾。位于吴山乡境内的萤石矿，由于长期露天开采和选矿工艺落后，大量泥沙、尾矿流入田家河，曾形成3千米地上河，部分河段完全淤塞，河水冲毁农田，致使博阳河水含沙量高达23千克/立方米。昌九公路等工程建设，大量泥沙石块倾入博阳河乌石门段和金带河，使河床变窄，在泗溪和陈家渡口形成两块洲地，汛期洪水水位壅高10～20厘米，影响泄洪。水土流失致部分塘堰水库失去蓄水功能。高塘乡黄墩村石板塘水库，由于集雨区大面积开荒种植西瓜等农作物，破坏原始植被，库床年淤高1～3厘米，库容逐年减小。爱民乡为水土流失最严重地区，大雨来时泥沙下泻淤塞排灌沟渠，冲毁田埂、机耕道，形成大量渍害田。

第二章　环境治理

第一节　大气污染治理

1985年后，县内大气污染物排放企业主要有县水泥厂、江西轮胎厂，以排放烟尘、粉尘为主。由于实施总量减排、污染控制、城区工业搬迁等措施，2004年后，空气环境质量逐年好转。2008年，陆续拆除县城内小型锅炉，关停双鹰水泥厂，江西驰耐得轮胎有限公司安装除尘脱硫设施，空气污染物排放得到有效控制，城区环境空气质量明显改善。

1985～2008 年德安县工业废气、粉尘排放一览表

表 8－2－1

年份	废气排放总量（万标立方米）	燃料燃烧废气量（万标立方米）	二氧化硫（吨）	烟尘（吨）	工业粉尘排放量（万吨）
1985	22408	22408	969	1034	0.07
1986	18291	18291	793	397	0.01
1987	30158	19108	1232	398	0.03
1988	41787	31079	1509	1014	0.18
1989	56636	23376	1496	998	0.16
1990	34368	23010	1440	750	0.39
1991	55800	17081	953	379	0.11
1992	46083	18859	716	502	0.05
1993	56376	29152	1182	780	0.05
1994	38347	25658	1478	1475	0.06
1995	41820	21581	1217	1437	0.09
1996	207897	36219	376	116	0.08
1997	196869	35757	1112	753	0.10
1998	24444	6714	377	359	0.08
1999	19685	4332	885	263	0.38
2000	31368	3688	540	189	0.25
2001	70307	6008	818	251	0.19
2002	59756	8928	937	255	0.19
2003	72958	22830	1844	916	0.20
2004	88134	27167	2006	1161	0.20
2005	342599	24249	1824	919	0.09
2006	494794	20455	1713	842	0.20
2007	476661	28194	1779	835	0.20
2008	506347	20896	1564	1150	0.23

第二节　水污染治理

1985 年后，县内水体污染物产生行业主要为化工、造纸和矿业，其中悬浮物和化学需氧量为水体主要污染物。2007 年，划定饮用地表水源一、二级保护区，明确各级保护区地理界线，设立界碑和标识，逐步推动各乡（镇、场）及集中式饮用水源地划分及保护工作。2008 年，江西美宝利医用敷料有限公司投资 230 万元建废水处理站。同年，县政府投资建设县污水处理厂，一期规模日处理污水 7500 立方米，采

用氧化沟生物处理工艺,服务范围为县城,服务人口约5万。

1985~2008年德安县废水排放一览表

表8-2-2　　　　单位:万吨

年份	生活废水排放量	工业废水排放量	工业废水排放达标量	工业废水排放达标率	年份	生活废水排放量	工业废水排放量	工业废水排放达标量	工业废水排放达标率
1985	73	517			1997		199	11	5.5
1986	132	416			1998		104	32	30.7
1987	226	526			1999		163	30	18.4
1988	256	629			2000		140	62	44.3
1989	228	465			2001		115	59	51.3
1990	156	440			2002		110	23	20.9
1991		464	364	78.4	2003		188	42	22.3
1992		422	370	87.7	2004		186	85	45.7
1993		354	170	48.0	2005		159	46	28.9
1994		319	149	46.7	2006	295	164	62	37.8
1995		570	263	46.1	2007	304	167	66	39.5
1996		104	59	56.7	2008	307	159	62	38.9

第三节　专项治理

1988年,县政府拨专款30余万元用于清污分流,解决吴山、聂桥等地群众生产生活用水问题。1993年,对县轻化材料总厂、县医院、江西轮胎厂、林泉轻钙厂、宝塔骨粉厂、新型塑料包装厂,进行废气、废水、烟尘和噪音治理。1995年,对县水泥厂、江西轮胎厂、县棉纺厂、车桥东方造纸厂、聂桥造纸厂、聂桥油脂厂、磨溪油脂厂进行专项治理。2003年,开展打击违法排污、保障群众健康行动。2005年,县政府制定《德安县再生纸行业水污染防治实施方案》,对再生纸行业进行专项治理,要求企业安装进、排水计量表,做好投放和设施运行记录。2007年,制定《德安县绿色生态建设七个专项整治行动实施方案》,对工业园未经处理污水、城市中心区有毒有害气体、二级饮用水保护区内污水、城市设施建设污水、燃煤锅炉(窑炉)、尾矿库开展专项治理行动。

第四节　固体废物管理

1985~2008年,境内工业企业固体废弃物主要为煤渣、粉煤灰、氟石膏、尾矿、矿渣等。对没有利用价值的一般固体废弃物进行无害化填埋。危险废弃物(含医疗垃圾)由有处置资质的企业集中规范处置。双鹰水泥厂淘汰的废旧料位计,交由省固体废物管理中心进行处理。

1985～2008 年德安县工业固体废物产排处置一览表

表 8－2－3　　单位：万吨

年份	产生量	利用量	排放量	年份	产生量	利用量	排放量
1985	3.44	1.19	2.25	1997	0.74	0.64	0.10
1986	0.94	0.41	0.53	1998	4.63	4.20	0.43
1987	6.09	4.91	1.18	1999	5.98	5.98	0
1988	8.00	6.60	1.40	2000	6.45	6.45	0
1989	8.00	6.00	2.00	2001	6.12	6.12	0
1990	10.48	7.98	2.50	2002	6.20	6.20	0
1991	8.98	7.13	1.85	2003	7.17	7.11	0.06
1992	7.00	6.00	1.00	2004	6.12	6.10	0.02
1993	8.77	8.11	0.66	2005	17.26	17.26	0
1994	4.22	3.56	0.66	2006	18.69	18.69	0
1995	4.14	3.48	0.66	2007	31.81	31.81	0
1996	0.50	0.49	0.01	2008	20.38	20.38	0

第三章　生态保护

第一节　水环境保护

博阳河流域保护

2002 年始，在博阳河流域设立水质监测点，及时掌握地表水环境质量状况。湖塘水库、林泉水库等重要水源涵养区，为县生态功能保护重点建设区域。科学编制规划，加快建设步伐，实施河流源头及湖、库区保护工程。对博阳河流域以水源涵养为主导功能的区域，在保护流域和区域生态平衡、减轻自然灾害等方面优先建立生态功能保护区。

饮用水源保护

博阳河是县城居民饮用水源。1991 年 7 月起，要求博阳河上游入境处至乌石门段，水体达到《地面水环境质量标准》中的Ⅲ类标准；乌石门至陈家湾段，为一级保护区，水体达到Ⅱ类标准；陈家湾至下游出境段，水体达到Ⅲ类标准。2007 年 5 月，县政府制定《德安县地表饮用水水源保护区划定方案》，确定自雁家湖水厂取水点起，上游 1000 米至下游 100 米水域和自取水点一侧滩地以及迎水面堤脚向背水面延伸 100 米陆域为一级保护区；自一级保护区上界起上溯 3000 米水域和自取水点一侧滩地以及迎水面堤脚向背水面延伸 100 米陆域为二级保护区。对博阳河沿岸污染企业进行关、停、并、转综合治理。

第二节　水土综合保护

水土流失综合治理

小规模水土保持治理　1985～1992 年，在爱民、高塘、金湖、米粮铺等乡开展小范围治理，营造刺槐、湿地松水保林约20公顷,栽植桃类、板栗经济林3公顷。

小流域水土保持综合治理试点 1993年3月,河东乡陈湾水小流域被水利部列为长江流域水土保持小流域综合治理试点。至1998年底,累计投入资金109.1万元。其中,国家补助28万元,县配套资金11.1万元,人力折款70万元。完成水土流失治理666.3公顷,封禁治理361.2公顷,坡地改梯地45公顷,种植用材林、水保林和薪炭林212.6公顷,疏林补植34.6公顷,改造塘、坝3座,开挖渠道界沟1266米。该试点2000年11月通过验收,同年被列入"十百千"工程,2001年7月被水利部、财政部命名为"全国水土保持生态环境建设示范小流域"。

"长治"工程 2000年,德安被列为第六期长江上中游水土保持重点防治工程县。至2003年春,共启动燕沟、高塘、爱民等8条小流域水土保持重点治理项目,完成开发治理面积3466.7公顷、小型水利水保工程土方25.6万立方米,投入防治资金1195.2万元。其中,国家补助210万元,地方配套84万元,群众筹资191.5万元。投劳66.1万工日。

农业综合开发水土保持项目 2003年,"长治"工程由基建项目转为农业综合开发水土保持项目。至2005年12月,共开工(含续建)燕沟、河东、爱泉垄、赤石堰、土塘、陶家垄等28个小流域治理项目,完成水土流失综合治理面积9177公顷,土石124万立方米,投入资金3443万元。其中,国家补助266万元,地方配套213万元,群众筹资2341万元。投劳56.66万工日。

生态科技园

1999年,江西水土保持生态科技园落户园艺场,建设总面积80公顷,高标准辐射面积1500公顷,建有地下渗漏观测装置等水土保持科研设施,重点开展水土保持基础理论、水土流失面源污染控制和防洪减灾技术研究。2007年,省水土保持科研所"江西水土保持生态科技园的建设与实践""水土流失监测监控指标体系研究"项目分获水利部大禹水利科学技术二等奖和省科学技术进步三等奖。至2008年,科技园在国内外学术期刊发表科技论文30余篇,培养博士、硕士研究生10余名,成为省首批"青少年生态教育基地",被水利部命名为全国第一批"水土保持科技示范园区"。

水土保持方案申报与审批

至2008年,彭山锡矿、环宇水泥有限公司等10个单位开发建设项目及部分房地产项目向环保部门提交水土保持方案报告书或报告表,共报批水土保持方案报告书7份(其中省、市审批各1份)、报告表41份。

水土保持违法案件查处与纠纷调处

1993~2008年,查处京九铁路德安段施工项目未申报水保方案造成水土流失案件;调处磨溪乡董家村5组与港口村砖厂水土流失纠纷,县法院开庭审理后,协调撤诉。

水土保持规费征收

1995年,启动水土保持设备补偿费、水土流失防治费等规费征收。至2008年,累计征收补偿费35万元,用于防治水土流失。

第四章 环境管理

第一节 建设项目管理

县内各类建设项目均实行"环保一票否决制",杜绝国家明令禁止、关停、淘汰的高污染、高能耗、严重浪费资源的建设项目，从源头控制污染。建设项目动工兴建之前，对项目选址、设计和建成使用后可能产生的不良环境影响进行调查、预测和评定，形成环境影响报告书或环境影响报告表，提出防治措施，对建设项目按照法定程序进行报批，严把项目准入关。2007 年，重点对化工、建材、冶炼、造纸、印染等行业建设项目进行执法检查，依法查处未经环保部门审批的违法违规建设项目，并将处理结果向社会进行公告。对未按规定做到"三同时"（同设计、同施工、同投产和使用）、长期以试生产名义违法排污的企业，采取停产整顿。同年，对没有按"三同时"建设的嘉华氟化工业有限公司下达停产整改通知，促使该企业投资 200 余万元完成污染治理。至 2008 年，共审批新、改、扩建项目 192 个，执行"三同时"176 个。

第二节 环境监督执法

1985 年，开征排污费，当年征收 11.34 万元。1991 年，按照功能区划分调整企业布局，分批搬迁棉纺厂针织车间、煤炭转运站等闹市区废弃物、粉尘和噪音污染严重的企业。1996 年后，对居民聚居区餐饮行业油烟排放进行整顿，改为向高空或地下排放。搬迁噪声扰民的武阳金属制品厂、大西门垃圾粪便中转站，治理吴山蔡河污染水毁河段和萤石矿尾砂库。2006 年，为确保县城饮用水安全，双鹰水泥厂排污口往下游迁移 80 米。2008 年，关闭嘉华氟化工业有限公司 5000 吨有水氢氟酸生产线、邹桥 6 号井煤矿、付山煤矿吴家岩井、坪地煤矿、江西开成纸业有限公司、望夫山造纸厂、江西新亚纸制品有限公司、江西三合制品有限公司 4 家造纸企业。2006 年，设立环保投诉中心，开通 12369 环保投诉热线，全年处理环保投诉 80 余件。至 2008 年，累计征收排污费 1396 万元，其中用于污染治理 353 万元、环保专项补助 677 万元。

1985～2008 年德安县排污费征收与使用一览表

表 8－4－1　　　　单位：万元

年份	排污费	治理资金	补助资金	年份	排污费	治理资金	补助资金
1985	11.34	5.86	4.66	1997	33.11	14.61	5.67
1986	24.51	10.60	5.80	1998	30.10	21.66	13.82
1987	27.49	12.45	7.61	1999	30.04	20.15	17.51
1988	24.75	14.75	6.85	2000	38.04	7.03	28.94
1989	19.51	8.07	5.52	2001	21.48	8.00	17.53
1990	17.91	11.90	4.23	2002	39.82	26.67	22.85
1991	18.31	0.54	4.80	2003	50.43	14.00	32.43
1992	18.35	18.92	32.19	2004	92.67	—	24.52
1993	25.44	5.87	11.50	2005	221.74	30.00	104.22
1994	30.37	10.81	16.73	2006	125.12	100.00	58.81
1995	30.17	3.55	33.79	2007	207.58	—	97.56
1996	31.07	2.90	12.72	2008	226.93	5.00	106.66

第三节 环保宣教

1986年“6·5”世界环境日,在县城开展宣教活动,播放广播稿和绘制巨幅宣传画,向小学生赠阅《小歪毛大战噪声怪》等少年环保知识读物。1988年世界环境日,县领导发表广播讲话;环保部门向全县中小学赠送《地球的孩子》《山沟沟》歌曲集140本,开展“环境与我们”主题作文比赛。1991年,县职业高中开办环保专业班。2005年,举办环保知识讲座2期。同年世界环境日,在县城开展环保法律知识现场咨询,参加活动1000余人。

卷九

体制改革

卷九　体制改革

改革开放后，农村全面推行家庭联产承包责任制，开展农村税费、林权制度改革，减轻农民负担，推动农业产业化规模经营。县属国有工业和商贸流通企业体制改革经历三个阶段：简政放权、扩大企业经营自主权，实行承包和租赁经营、自主经营、自负盈亏，股份制改造和产权制度改革、由国有转为民营（少数仍保留国有体制）。商品流通体制改革由计划分配到计划与市场调节“双轨制”，到放开经营。财税体制改革实行“划分税种、核定收支、分级包干”管理体制，形成中央与地方事权与财权明确划分、有机结合的管理模式。金融体制改革经历建立多种金融机构、改革信贷资金管理和银行结算制度、开放资本市场、完善监管体系阶段。

1986 年起，逐步实行党政分开、政企分开，转变政府管理职能，构建适应市场经济体制的行政管理体制；通过机构、人事制度和工资改革，实行分类管理，启动干部选任竞争机制，加大绩效考核力度；健全民主选举、民主决策、民主监督制度，坚持依法行政，民主法制体系逐步完善。

教育、文化、科技、医药等部门，按照国家政策，在管理体制、网点布局、服务方式、人员录用、分配制度等方面进行改革，实行聘用制和专业技术职称评定管理。

1994 年开始，调整住房租金、推行住房公积金制度、出售公有住房，逐步实行住房商品化；发放低保户住房补贴，建设经济适用房、廉租房，解决中、低收入家庭住房困难。

第一章 农村经济体制改革

第一节 家庭联产承包责任制

20世纪80年代初,全县22个公社(场、所)、1107个生产队实行不同形式农业生产承包责任制:260个生产队以常年作业组为单位,在“四定(定劳力、定土地、定耕牛、定农具)”基础上,实行联产计酬承包责任制,对作业组实行“三包一奖赔(包工分、产量、成本,超产全奖、减产全赔)”;432个生产队按农时季节划分临时作业组,实行小段包工责任制,实行“三定(定劳力、任务、时间)、一包(包工分)、一奖赔(奖赔工分)”;415个生产队在农忙季节实行劳动定额包干责任制。随着改革深入,逐步推行家庭联产承包责任制。撤社设乡后,本着“大稳定,小调整”原则,对承包土地进行小范围调整,按人口平均到户,并颁发土地承包经营权证。根据1998年中共中央、国务院关于农村土地承包延长30年不变政策规定,及2002年颁布的《中华人民共和国农村土地承包法》,2006年6月起,开展第二轮土地承包责任制经营权证换发工作。至2008年底,换发土地承包经营权证、签订农村土地承包合同24992份。

第二节 规模经营与土地流转

规模经营

20世纪八十年代中期,调整农业产业结构,因地制宜发展多种经营,推动产品农业向商品农业转型。重点发展棉花、水果、花卉、禽畜和水产养殖,部分农户联合成立新型农业合作组织,并逐步完善。20世纪90年代,宝塔乡附城村、桂林村连片种植莲藕50余公顷。90年代末,宝塔乡60多户蛋鸡养殖户联合成立蛋鸡养殖合作社,养殖蛋鸡30余万只。21世纪初,河东乡后田村花卉种植,丰林镇、聂桥镇蛋鸡养殖,磨溪乡大棚蔬菜、苗木种植都形成规模。2007年,高塘乡102户果农联合成立九江水梨合作社。2008年,全县有农业合作社26个,其中果业9个、蔬菜11个、禽畜6个,入社农户2071户。

土地流转

农村改革后,专业种植大户生产规模不断扩大,富余劳力外出经商务工,出现土地流转双向需求。20世纪90年代初,部分农户采取代耕、转包等方式,自发开始土地流转。2002年,县政府根据《中华人民共和国农村土地承包法》,推动农村土地流转,鼓励种养专业户扩大生产规模,出现一批产业大户。高塘乡孙法育受转40公顷土地使用权,从事果业生产,发展成为赣北早熟梨生产基地;车桥镇种粮大户刘福宝,受转36公顷土地使用权,年产稻谷250余吨,产值66万元,初显家庭农场雏形。

第三节 林权制度改革

20世纪80年代,开展山权、林权确权工作,划定自留山;林业产权以生产队为基础,重新登记发证。2005年,按照国家和省、市林业产权制度改革部署,在1984年登记发证基础上,采取分山到户、联户经营、租赁造林、林场使用费人均分配等多种方式,林业产权落实到户。2006年,全县林改面积53533公顷,发放山林权属证35195份。

第四节　农业补贴

种粮和农资补贴

2004年,对农民实行粮食种植补贴和农资综合补贴。粮食种植补贴:2004～2005年,水稻每季每亩10元;2006～2008年,每季每亩11.8元。农资综合补贴:2006年,每亩9.2元;2007年,每亩19.2元;2008年,每亩46.2元。2004～2008年,共发放粮食种植和农资综合补贴665.34万元,由中央和省级财政负担,按时足额存入种粮户"一卡通"存折。

农机补贴

2004年,对符合补贴条件的农牧渔民和农、林场职工中直接从事农业生产的农机经营者,发放购机补贴。发放方式有直补农民、差价购机、自主议价、定额补贴等。2006～2008年,全县发放各类农机补贴220.305万元。

沼气池补贴

2003年,实行农村沼气池建材和工资补贴,标准为每个沼气池800元。2008年,调整为每个1000～1200元。至2008年,建沼气池7863个,发放补贴款909.32万元。

第二章　工业体制改革

第一节　承包经营责任制

1986年,县属国营企业开始试行承包经营责任制。1987年,进行国营企业承包经营调查和基数测算。1988年,制定《德安县国有所有制工业企业转换经营机制实施办法》,推行第一期(1988～1990年)承包经营责任制,采取"确定基数、递增包干、确保上缴、超收全留、欠收自补、让利企业"承包办法。责任制实行3年,实现利税翻番,预算内工业无亏损。1991年起,实行第二轮承包。1992年制定目标管理奖惩办法,对完成技术改造、销售收入、产销率、上缴利税、安全生产、企业管理等经营项目的企业和主要领导给予奖励。1994年,制定《关于进一步促进工业企业再上新台阶的规定》,就建立激励机制、帮助企业自我发展、科技进步、促进企业上规模、提高管理上水平等作出12条规定。同年,完成各项经济指标居九江10县之首。

第二节　产权制度改革

20世纪90年代后期,根据国务院《关于国有所有制小型工业企业租赁经营暂行规定》,县属国有工业企业分别实行租赁经营和股份制改造。2000年起,对国有企业实行产权制度改革。企业改制、产权变更后,由国有转变为民营。至2008年,实行产权制度改革的县属国有工业企业有:县棉纺厂改制注册为江西鑫城纺织有限公司,县萤石公司改制注册为德安永飞矿业有限公司,江西制动器厂改制注册为江西柳林机械有限公司,县碳酸钙厂改制注册为九江联兴化工有限公司,县氟化总厂改制注册为江西嘉华化工有限公司,县水泥厂改制转让给江西环宇水泥有限公司注册为德安三环水泥厂。县锑矿、付山煤矿相继改制,实行经营权转让。建筑、房地产企业先后改制,转为民营。

第三节　乡镇企业改革

1986年,县政府批转乡镇企业管理局《关于乡镇企业承包经营责任制若干具体规定》,对乡镇企业承包经营实行规范管理。1988年,乡镇企业由承包向租赁经营过渡,逐步转为民营。1992年,县政府制定《德安县发展乡镇企业专项资金管理方案》,以县财政担保方式在干部职工中筹措乡镇企业发展基金,以参股形式投放乡镇企业。1993年,全县有乡镇股份制企业238家,股份816份,股份总金额1581万元。同年,乡镇企业改制。部分小型微利和经营不善企业从租赁经营到评估作价转让。1995年,县财政退还干部职工参股基金。至1997年,881家乡办、村办小型企业和挂靠集体的户办、联户办企业转为私营企业和个体户;33家具有一定规模的乡镇企业改制,改为股份合作制17家,拍卖5家,租赁9家,抵贷还租2家。2001年,丰林企业集团下属医保公司、医材公司、棉织厂实行合并租赁经营,粉丝厂、建材公司和禽蛋场实行招标租赁经营。至2008年,集体性质的乡镇企业全部改制为民营。

第三章　商品流通体制改革

第一节　国营商业企业改革

1985年,县国营商业公司以分配制度改革为突破口,进行经营体制改革,实行"五定一挂钩(定柜组、人员、销售、利润、奖惩,效益与工资挂钩)"分配形式。企业分配向联产、联销、联利、联岗、联责计酬等分配形式转变。1991年,商业系统实行集体承包经营。1992年,对门点实行租赁经营。1994年,公司退出经营活动,从事国有固定资产管理;批发及零售部实行国有民营。1997年,糖酒副食品公司进行股份制改造试点,按先募股再改制方法进行股份制改造。设股权300股,每股1000元,总股本30万元,由职工自愿购买。1999年,开始向职工退股。2003年,县政府制定《关于加快流通部门企业改制的意见》,确定国营商贸企业采取拍卖出售、股份制改造、兼并重组、破产等方式改制,对资产处置、职工身份转换、离退休人员安置、债权债务等问题作出明确规定,商业系统实行产权制度改革,商业局下属企业先后拍卖。国营商业除保留万佳超市、商业购物中心、百货公司三楼、定点屠宰厂、储运公司水产市场和仓库外,其余资产全部作价出售;食品厂宣告破产处置。所得资金一部分用于企业改制后职工身份转换和偿还债务,其余用于县商业资产管理中心日常运行。2005年,县商业总公司更名商业管理办公室,职能转变为服务、监督、协调、指导,以及煤炭、酒类、生猪、食品安全综合执法。

第二节　供销合作企业改革

股份设置与变更

1986年,县供销系统下设专业公司7个,基层供销社18个,分销点76个,代销点104个;有股民4326人,股金118.2万元,其中农民股东3948人。同年10月起,先后撤并基层供销社5个。1996年,进行第二次扩股,吸收股民18816人,扩大资金168.28万元。1998年,本着入股自愿、退股自由原则,对股民实行退股。至2002年,供销社退股金124.98万元。

经营体制改革

1985年起,实行集体承包经营。1991年,转为全员风险抵押承包经营。1992年,基层供销社实行联销计酬和柜组承包。13个基层社和2个工业品专业公司全部实行社有民营。至1996年,基层供销社实现“两无一盈”(无外债,无银行贷款,实现盈利)。1997年,基层供销社由盈转亏。2001年,成立县烟花炮竹专营公司。2002年,基层供销社和专业公司、轧花厂改制。2003年,成立供销社资产管理中心。2005年,棉麻、生资公司实行重组;再生资源公司成立行业协会。至2008年,烟花爆竹专营公司保留经营。

第三节　外贸企业改革

县对外经济贸易公司业务挂靠省外贸畜产品进出口公司。1985年,外贸出口创汇2100万美元。1990年,创汇5000万美元。1991年起,公司连年亏损。1993年,企业享有自主出口权,公司业务基本停止。1998年,公司取消一般纳税人资格。2003年,公司注销,职工参照企业改制置换身份。

第四节　物资企业改革

1985年,县物资局下设金属材料公司和轻化建材机电设备公司。1986年,公司实行目标责任承包,采取基本工资加奖金分配模式。1992年,民用爆炸物品经营从轻化建材机电设备公司分离,成立爆炸物品轻化建材公司。1993年10月,成立县物资总公司,与县物资局合署。1997年,更名县物资有限责任公司,为独立法人单位。金属材料、机电设备、爆炸物品轻化建材公司为下属子公司,由总公司统一管理,统一核算。2002年9月,物资局进行改革,与物资有限责任公司重组为具有法人资格的德安县物资公司,经营民用爆炸物品、危险化学物品和废旧汽车报废等业务。其他物资经营由民营企业替代。

第五节　粮油企业改革

1985年,取消粮食统购统销制度。粮食流通由统一收购调整为合同定购和市场收购,管住一块,放开一块;仍实行统一销售,但计划销售范围和数量逐渐减少,实行计划、市场双轨制。1990年,建立中央储备粮制度,增强政府宏观调控能力。1992年,改革价格倒挂的购销价格体系,实行粮油购销同价。1993年,粮食流通实现价格、市场放开,取消城镇居民粮食定量供应制度。1995年,实行“米袋子省长负责制”,省政府全面负责粮食供求平衡,粮食系统实行政策性业务和商业性经营两条线运行机制。至1996年,先后两次大幅度提高粮食收购价格。同年,实行粮食保护价制度。

1998年,粮食流通体制改革。按照“四分开一完善”(业务、政企、资金、人员分开,完善粮食企业改革)原则,推行“三项政策一项改革”(即敞开收购、顺价销售、资金封闭运行和粮油企业自身改革)。2000年,相继放开粮食收购市场价格,实行粮食购销市场化。2003年6月,11个粮管所、6个粮食企业改制重组,637名职工解除劳动关系;成立县粮食行业资产管理中心;保留粮油购销公司、储备库、7个粮管所,从解除劳动关系职工中返聘98人。

第四章　财政金融体制改革

第一节　财税体制改革

县级财税体制改革

1985年,实行“划分税种、核定收支、分级包干”的“分灶吃饭”财政管理体制;按照第二步利改税设置,将工商税按性质划分为产品税、增值税和营业税,新增资源税、城市维护建设税、房产税、土地使用税和车船使用税,对第一步利改税中设置的国有企业所得税和调节税进行改革。1994年1月,实行《中华人民共和国企业所得税暂行条例》,取消国营企业调节税,征收国家能源交通重点建设基金和国家预算调节基金;取消集市交易税、牲畜交易税、燃油特别税、奖金税和工资调节税;对流转税制、所得税制及资源税、土地增值税、城市维护建设税、集贸市场税等进行改革;实行中央和地方分税制。9月,县税务局分设为县国家税务局和县地方税务局,分别负责征收国家和地方税收。县级财政收入来源为:按省市政策规定划给县级的固定收入,中央与地方共享收入中县级分享部分,以及税收返还收入。县级支出包括:行政管理和公检法等所需经费,事业发展所需支出。县级税收返还额以1993年实际收入及税制改革和收入划分来核定县净上划收入数额。从1994年起税收返还基数逐年递增,超基数部分按1:0.2增加返还。如上划收入达不到基数,扣减返还基数。改革后形成的税种有21个。其中工商税16个:增值税、消费税、营业税、企业所得税、外商投资企业和外国企业所得税、个人所得税、资源税、土地增值税、城市维护建设税、固定资产投资方向调节税、房产税、车船使用税、土地使用税、印花税、屠宰税、筵席税。其他税种5个:关税、农(牧)业税、农业特产税、耕地占用税和契税。设立农业发展基金、粮食风险基金和城市基础设施专项支出制度。1999年11月,对个人储蓄存款利息所得征收个人所得税。2002～2005年,先后取消屠宰税、农业特产税、农业税。

乡级财税体制改革

1986年,乡级财政实行收支基数包干、超收分成、一年一定的财政包干管理体制,根据各乡镇具体情况,分别采取“收支挂钩、总额分成”“收支包干、超收分成”“定额上缴(或补助)、逐年递增(或递减)”等形式,三块资金分别核算,各自平衡收支。1987年,设乡镇财政所。1988年,乡镇财政收入包干基数补充规定:工商各税按1985～1987年收入实际入库数加权平均确定为基数,年递增率为8%～12%;农业税按田亩数量,依率计征确定基数,包干基数一定三年不变,基数不包括农林特产税和耕地占用税(农业特产税参与总额分成,耕地占用税40%参与总额分成);包干期间如税种、税源发生重大变化,可酌情调整收入包干基数。

1994年,乡级财政实行“划分收支,分级管理,定收定支,收入包干,超收分成,欠收自负,一年一定”管理办法。1999年,对乡级财政核定收入基数,中央收入基数以1998年各乡镇完成的增值税75%予以核定,地方收入基数以1998年收入决算数加上农业税未完成部分调整后加增长率予以确定。同时核定支出基数,并制定相应激励机制。

2002年,县级重点建设项目缴纳的税收和各乡镇农林特产税超收部分实行按比例分成。蒲亭镇契税完成基数后,超基数部分全额返还;其他乡镇按50%返还。各乡镇招商引资落户县工业园项目产生的税收归各乡镇。2006年,县财政局设乡镇财政管理局,负责乡镇财政管理工作,实行“乡财县管”;各乡镇成立财务核算中心,实行“村财务乡代理”,村级财务支出实行报账制。

第二节　农村税费综合改革

2002年起,进行以农民负担“三取消(取消乡镇统筹费、屠宰税和劳动积累工、义务工)、两调整(调整农业税、农林特产税)一改革(以一事一议取代村提留)”为主要内容,以“减轻、规范、稳定”为目标的农村税费改革。农业税自重新核定至最终取消,分三步进行。第一步:2002年,重新从轻确定农民负担水平。按照农业税计税面积、当地税率标准、前5年平均常产以及10%减负率,计算农民税改后的实际负担;通过实施“三取消、两调整、一改革”和严格涉农收费项目和标准“公示制”,确保农民负担大幅减轻;同时,规范村内农田水利基本建设、植树造林、修建道路等筹资筹劳项目。第二步:2004年,农业税税率下调3个百分点,取消农业特产税。第三步:2005年,全面取消农业税,农村延续2600多年的“皇粮国税”画上句号,实现农民“零”负担。

为巩固农村税费改革成果，防止农民负担反弹，德安先后采取一系列相关措施：推行乡镇改革，转变行政职能，控制村干职数；规范村内公益事业“一事一议”和“两工”筹资筹劳管理，杜绝违规向农民硬性集资摊派；农村义务教育实行“三个确保”，落实按生均补助公用经费改革；进行林权制度改革，明晰产权；落实粮食补贴政策，促进农民增收，调动种粮积极性；推行财政管理方式改革，实行“乡财县代管”和“村财乡代理”。

第三节　金融体制改革

金融机构改革

1986年，恢复县人民银行，负责县内金融监管工作。2001年起，金融系统精减机构，改革用工制度，收缩网点，减员增效。2003年，成立九江银监分局德安办事处，金融业监管职能由办事处负责。2004年8月起，各专业银行相继实行股份制改造，分别更名中国工商银行股份有限公司德安支行、中国建设银行股份有限公司德安支行、中国银行股份有限公司德安支行、中国农业银行股份有限公司德安县支行。随后，相继成立中国农业发展银行德安县支行、中国储蓄银行股份有限公司德安县支行、九江银行股份有限公司德安支行，金融业务除农发行部分政策性金融业务外，全面形成市场化运作。

黄金管理改革

2001年10月，取消黄金制品零售业务许可证管理制度，工商、税务部门凭人民银行核发的《经营黄金制品核准登记证》办理营业执照、税务登记手续。2002年10月，人民银行停止达标黄金收购和配售业务。2003年，取消黄金制品零售业务经营行政审批制，人民银行不再行使审批、核发经营核准证职能。2004年1月，停止未达标黄金收购业务，结束长达54年的金银统收统配业务。

货币信贷管理改革

1993年，调剂资金业务上收至总行，县级人民银行不再办理调剂资金业务，停办委托专业银行用于中小企业固定资产投资和技术改造建设的中长期固定资产专项贷款业务。1998年，县人民银行不再办理专项贷款，全部划转至农发行；对存款准备金制度进行改革，只对农村信用联社等本地法人机构的准备金考核。在利率管理上严格执行中国人民银行利率政策，加强对辖内金融机构执行国家利率政策监督与管理。2007年，县农合银行通过专项票据兑付考核，获得2.94亿元票据资金支持。

银行结算制度改革

1985年，各专业银行自成联行系统，实行跨行直接通汇，相互发报移卡，及时清算资金。1986年，跨系统汇款项改为“先横后直、相互转汇”办法，资金转移并入当日票据交换立即清算。1988年11月，执行中国人民银行新《银行结算办法》，结算方式以“三票一卡（汇票、本票、支票和信用卡）”为核心，保留汇兑结算和委托收款，废除托收承付、托收无承付、付款委托书、保付支票、国内信用证和省内限额结算等结算方式。1990年，恢复托收承付方式。1995年5月，执行新《中华人民共和国票据法》。1997年，执行中国人民银行新《支付结算办法》。2007年7月，执行中国人民银行《支付结算业务代理办法》《银行汇票业务准入、退出管理规定》。

第五章　经济综合管理体制改革

第一节　计划与投资管理体制改革

计划管理体制改革

1985年，钢材、木材、成品油、煤炭、化肥、水泥等计划分配主要生产资料，由计划委员会监管；大中专毕业生按计划统一分配就业。1986年，实行计划物资双轨制。1992年，取消“双轨制”，国民经济计划由指令性计划改为指导性计划，物资供应实行市场化。1998年，市场管理坚持宏观管好、微观搞活原则，除关系国民经济全局的重要项目和企业，如军工、电力、通讯、盐业、烟草、烟花爆竹和民爆器材外，其余项目和企业全面放开；取消大中专毕业生计划分配就业政策。2005年，取消县级经济指令性计划。计划管理部门职责逐步过渡到拟订并组织实施全县国民经济和社会发展中长期计划、年度计划，提出国民经济发展和优化重大经济结构目标，规划重大建设项目和生产力布局，拟订固定资产投资总规模和投资结构的调控目标，指导推进和综合协调经济体制改革，拟订综合经济体制改革方案和制订第一、二、三产业发展规划。

投资体制改革

20世纪80年代中期，德安县内建设项目由财政拨款逐步向银行贷款或融资等方式过渡。一般生产性建设项目，由企业自主申报，所需贷款由商业银行自主决定，企业和银行自行承担风险。县财政在可用财力充盈的情况下，对工业技改和扩建项目给予资金支持。鼓励和吸收各方投资参与公益性项目和基础性项目建设。经营性固定资产投资项目实行项目法人责任制，由项目法人对项目筹划、筹资和生产经营全程负责。政府部门在产业政策、行业规划、土地管理、城市建设、环境管理等方面行使否决权和建议修改权，引导投资方向，调整投资结构，保证产业政策落到实处。

第二节　价格管理体制改革

1985年起，逐步实行水产品、蔬菜等农副产品购销价格市场自主调节，生猪、鲜蛋等退出统购统销，粮食由统购统销、统一定价改为合同定价，部分工业产品价格逐步放开。1988年，逐步形成国家定价、国家指导价和市场调节价管理形式并存的价格管理体制。1990年，重新实行提价申报制度。1991年，核发企业定价许可证，实行企业产品自主定价。1992年，日用工业消费品除食盐、药品由国家定价外，其余商品价格基本放开。有计划地提高能源、钢铁等重要生产物资计划价格，取消主要生产资料价格双轨制，大部分生产资料价格由市场调节。对具有垄断性质的电力、爆炸物品等产品价格仍实行计划管理。邮政电信资费、自来水等价格由物价部门管理，化肥、汽柴油等少数商品仍实行计划价格与市场调节价格双轨制。农资价格实行差率监督。取消粮食、食用植物油、猪肉、液化石油气4类商品提价申请制度。1994年，取消成品油价格双轨制，实行国家定价。

第六章　机构改革

第一节　机构改革过程

1985 年机构改革

1985 年，改革开放后第一次机构改革结束，县委工作部门有纪律检查委员会、办公室、组织部、宣传部、农村工作部、统战部、政法委员会。县政府工作部门有办公室、计划委员会、劳动人事局、公安局、司法局、财政局、民政局、统计局、经济体制改革委员会、农牧渔业局、林业局、水利电力局、乡镇企业局、经济委员会、对外经济技术合作办公室、交通局、二轻工业局、城乡建设环境保护局、物价局、工商行政管理局、粮食局、商业局、供销社、物资局、计划生育委员会、教育局（与体育局合署办公）、科学技术委员会、文化广播电视局、卫生局、税务局、审计局。

1996 年机构改革

1996 年，进行第二次县级机构改革，县委工作部门有办公室、组织部、宣传部、统战部、政法委员会；县政府工作部门有办公室、计划委员会、经济贸易委员会、教育委员会、科学技术委员会、计划生育委员会、农村工作办公室、民政局、公安局、司法局、监察局、人事劳动局、财政局、地方税务局、审计局、统计局、工商行政管理局、物价局、交通局、建设局、土地管理局、农业局、林业局、水产局、水利电力局、乡镇企业管理局、文化广播电视局、卫生局、商业局、粮食局、地质矿产局。

2002 年机构改革

2002 年，进行第三次县级机构改革，县委工作部门有办公室、组织部、宣传部、统战部、农村工作部、政法委员会。县委农村工作部挂县政府农村工作办公室牌子（正科级）；县机构编制委员会办公室并入县人事劳动和社会保障局，挂事业单位登记管理局牌子（副科级）；县委信访办公室更名县委信访局，挂县政府信访局牌子（正科级）；农村基层组织建设办公室（正科级）改为组织部内设机构；精神文明建设活动办公室挂创建办牌子（正科级）；县委外宣办挂县政府新闻办牌子（副科级）；县委台湾工作办公室挂县政府台湾事务办公室牌子（正科级）；民族宗教事务局（副科级）、外事侨务办公室（副科级）改为统战部内设机构。

县政府工作部门有办公室、发展计划委员会、经济贸易委员会、公安局、民政局、监察局、财政局、人事劳动和社会保障局、建设局、环境保护局、国土资源局、交通局、农业局、林业局、水务局、教育局、卫生局、计划生育委员会、文化广播电视局、审计局、统计局。民营经济服务局与经贸委合署（正科级）；人事劳动局更名人事劳动和社会保障局；计划委员会更名发展计划委员会，与物价局合署；教育委员会更名教育局；体育运动委员会更名体育局，与教育局合署；土地管理局与地质矿产局合并，成立国土资源局（正科级）；成立安全生产监督管理局（正科级），归口经贸委管理；法制局更名政府法制办公室（正科级）；人民防空办公室（正科级）为县政府办公室内设机构；经济体制改革委员会办公室（副科级）并入政府办公室，为内设机构；国有资产管理局（副科级）并入财政局，为内设机构；商业局转为商业总公司（正科级）。

政府派出机构有宝塔工业园管理委员会（正科级）。直属事业机构有科学技术局（科学技术委员会更名）、粮食局、房管局、招商引资局（对外经济技术合作办公室）、档案局（档案馆），均为正科级。

乡镇党政机构一般设置 3 ~ 5 个综合办公室。高塘乡、爱民乡、塘山乡各设 3 个综合办公室；蒲亭镇、丰林镇、聂桥镇、车桥镇、宝塔乡、河东乡、林泉乡、吴山乡、磨溪乡、邹桥乡各设 5 个综合办公室。

第二节 政府职能转变

1996年机构改革后,物资管理权、新产品开发权、新技术推广和新技术改造管理权下放给企业。2001年,县政府在蒲塘路设立办证大厅,按照“办证项目、收费标准、办证(收费)程序公开和承诺服务时限”要求,实行集中办公,一个窗口服务。2002年后,进一步开放市场,降低市场准入门槛,逐步减少行政审批项目。2003年,成立集行政审批、收费办证、经济投诉三位一体的行政服务中心,设立综合服务窗口,所有审批办证事项全部进入行政服务中心集中统一办理。2005年起,逐步建立和完善乡镇、村、组三级便民服务网络,先后建立乡镇便民服务中心15个,设立村代办站81个,村民小组代办点976个。乡镇便民服务中心纳入办证、办照、民政、土管、税收等乡镇所有工作部门的职能,实行“一站式”服务。2008年,下发《关于进一步加强行政服务中心建设的意见》,行政服务中心迁到县工业园管委会办公大楼。行政服务中心坚持依法办事、廉洁高效、公开透明原则,采取“一个中心对外、一个窗口管理、一条龙服务、一站式办结、一次性收费”服务方式,方便企业和群众,提高行政办事效率。

第七章 人事制度改革

第一节 干部任用制度改革

干部选拔

1986年后,不断深化人事制度改革,拓宽干部选拔任用渠道。1990年,推行“逢进必考”制度,公开招考录取县委、县政府办公室文秘干部4人。1990~1999年,政法系统和政府其他部门采用同样方式招考录用干部。2000年起,实行公开选拔和竞聘上岗。同年,面向在编人员公开选拔副科级干部6人。2006~2008年,在行政村党支部书记、村委会主任岗位选拔乡镇事业编制干部3次9人。新选拔的干部试用期为半年或1年,期满考核,合格者予以正式任命和录用,不合格者取消任职资格。

人员聘用

1999年6月,对党政机关、事业单位工勤人员实行聘用制管理。2005年10月,执行国务院《关于在事业单位实行人员聘用制度的意见》及《江西省事业单位实行全员合同聘用制暂行办法》,文化、教育、卫生等事业单位实行全员聘用制,用劳动合同确定被聘人员与单位关系,实现事业单位人事管理向岗位管理转变,由行政任用关系向平等协商聘用关系转变。

第二节 人事分类管理

公务员制度

根据1993年《国家公务员暂行条例》,1997年,完成机关工作人员向国家公务员过渡人员的资格审查、职位分类、组织人员竞争上岗等工作。2006年1月,《中华人民共和国公务员法》实施,公务员范围由原行政机关工作人员扩大为7类机关工作人员,即县委、人大、政府、政协、法院、检察院、民主党派和工商联机关工作人员。2007年,县乡公务员登记工作全面完成,公务员登记单位59个、865人,参照公务员管理单位22个、182人。

专业技术人员管理

1990 年,改革专业技术职务管理方式,实行职务评聘制度。2003 年,实行评聘分开,职称申报不受岗位数额限制,由用人单位自主聘任,实行专业技术职务由身份管理向岗位管理转变。

人事代理制

2004 年,人事代理对象为:2000 年及以后大中专院校毕业生,2004 年及以后事业单位新录用人员,自主择业的军队转业干部,外商投资企业中的中方专业技术和管理人员,应聘到乡镇、集体、私营企业和民办机构的专业技术人员;应聘到外省、外地工作人员;与用人单位解除劳动合同或聘用合同的专业技术和管理人员;企事业单位实行聘用制后所聘用人员。以上人员由县人才交流中心管理人事档案和与人事有关的其他事宜。人事代理主要有:人才流动、招聘、开发,人事政策咨询,人事管理规划与设计,发布人才供求信息,提供咨询服务。至 2008 年,代理人事档案 510 份。

第三节　人员精简与分流

1996 年机构改革,县级机关行政编制由 691 名精简为 524 名,乡镇机关行政编制由 495 名精简为 460 名。政府采取多种办法安置富余人员:走出机关创办生产、经营性实体,到基层锻炼或任职;参加培训或轮训;清退各种临时和借调人员;本人自愿、经组织批准,可提前办理退休手续;也可提前离岗,到退休年龄后再按规定办理离退休手续。

2002 年机构改革,县级机关行政编制由 490 名精简为 396 名,政法专项编制由 221 名精简为 213 名,乡镇机关行政编制由 460 名精简为 348 名。商业、粮食、科技局人员由行政编制改为事业编制,物资、二轻工业局人员由行政事业编制转为企业管理。县委、县政府下发人员分流安置实施办法,对富余人员采取多种分流措施。

第四节　工资制度改革

行政事业单位工资制度改革

1985～1993 年,执行结构工资制。1993 年,实行工资制度改革,国家机关公务员实行职级工资制,由职务、级别、基础、工龄工资组成。同时实行地区津贴、岗位津贴和一次性年终奖励制度。事业单位实行分类管理:专业技术人员实行职务等级工资,管理人员实行职员等级工资,均由固定工资和津贴组成。同时实行正常晋级制度:机关、事业单位工作人员连续两年考核称职以上的,可提高职务工资 1 个档次;机关公务员连续 5 年工作考核为称职或连续 3 年工作考核为优秀的,可晋升一个级别工资档次。2006 年 7 月,按照公务员制度管理和参照公务员制度的单位实行职级工资制,公务员基本工资由职务工资和级别工资组成,实行年终一次性奖金和规范的津贴补贴;事业单位实行岗位绩效工资,由岗位工资、薪级工资、绩效工资和津贴补贴组成,其中岗位工资和薪级工资为基本工资。同年,参加工资制度改革 6432 人。

企业职工工资制度改革

1988 年,试行企业工资总额同经济效益挂钩制度。1990 年,国有企业执行工资基金使用计划。1992 年,推行企业“三项制度”改革,职工固定工资、奖金和各种津贴捆绑,与职工贡献大小挂钩,浮动分配,合理拉开收入差距,工资分配向生产一线艰苦、关键、技术岗位倾斜,实行工效挂钩。在不突破工资总额前提下,企业自定工资分配方式,推行以岗位技能工资为主要方式的基本工资制。2001 年,工资由企业自主决定,劳动保障部门进行监督性审批。国家劳动部制定企业最低工资规定后,企业必须执行最低工资保障制度。

第八章　民主法制建设

第一节　民主制度建设

民主选举

1985年,县党代表侯选人由组织提名或10名以上党员联署提名,县、乡镇人大代表由政党、人民团体联合提名或单独提名,10名以上选民可提名,选民直接投票差额选举产生。县人大常委会主任、县长、法院院长、检察院检察长、乡镇长实行等额选举;县委委员、县委常委委员、人大常委会副主任、副县长、副乡镇长实行差额选举。

民主监督

1985年,通过人民政治协商会议,建立和完善民主协商决策机制。县委作出重大决策前,征求县人大、政府、政协意见;县人大常委会主任、县政协主席列席县委常委会;涉及重要人事安排,事前征询人大、政协意见,经县委常委会讨论,社会公示,再进行任免。县政府、法院、检察院向县人民代表大会作工作报告,广泛征求意见;县政府及有关部门定期向县人大、政协通报工作情况。20世纪90年代起,县委、县政府对职能部门每年开展行风评议1~2次,邀请县人大代表、政协委员及社会各界人士参与。公、检、法、司等部门聘请人大代表、政协委员担任特邀监督员。县政协委员列席县人民代表大会,对县内政治、经济等重大事项建言献策。县政协委员在闭会期间,通过视察、调研、提案等方式,向县委、县政府及有关部门提出建议,反映社情民意,发挥民主监督作用。

政务公开

1999年,在交通、教育、税费等涉及人民群众切身利益的政府部门,开展政务公开试点,将办事程序、服务承诺、执法依据、收费标准等事项向群众公开。2000年起,县、乡两级政府及所属部门全面推行以"政务公示制、服务承诺制、首问责任制"为重点的政务公开。除法律、法规规定不宜公开事项外,凡与人民群众切身利益相关的政务活动,都予以公开;县、乡政府及职能部门设政务公开栏;机关工作人员在办公桌上放置岗位职责牌,公开姓名、职务、职责。成立以县长为组长的政务公开领导小组,各部门、各单位聘请监督员,设立举报箱,公布举报电话,印发征求意见表,广泛接受社会监督。

行政复议

1990年,各行政单位建立行政复议机制,受理行政复议。1999年,《中华人民共和国行政复议法》实施,行政复议逐渐规范,政府加强行政执法监督,维护公民和法人合法权益。2000~2008年,接到行政复议案件48件,内容多为行政处罚;受理28件,其中维持原行政机关具体行政的复议案25件、撤销3件,审结率100%。

村民自治

民主选举　坚持公开、公平、公正原则,由村民直接选举产生村委会班子。除1984年第一届村委会由任命产生外,1993~2008年,选举产生的第二至第七届村委会,都由全体选民直接选举("海选")产生。

民主决策　建立村(居)民会议和村(居)民代表会议制度,凡属建设发展规划、财务管理和关系群众切身利益的重大事项及村(居)民普遍关心的热点、难点问题,须提交村(居)民会议或村(居)民代表会议投票表决,按大多数群众意见作出决定。

民主管理　建立以村（居）务公开、民主评议和村（居）民委员会定期报告工作为主要内容的民主监督制度。制定和完善《村民自治章程》、乡规民约和财务管理办法。2004 年，实行村委会账目乡财政代管。村委会建立村务公开栏，实行财务公开。村委会办理重大事项前，须向村民会议或村民代表会报告。

第二节　司法改革

侦查制度和治安管理改革

1997 年，成立公安局指挥中心和“110”报警台。1998 年，改革刑事案件侦查、预审分设体制，刑事案件从侦查到预审、结案，统一由刑侦部门完成。根据市场经济体制下经济犯罪案件多发态势，成立经济侦查大队，加强经济犯罪案件侦查工作。社会治安实行综合治理，群防群治，预防为主，打防并举。2002 年，户籍资料输入微机系统，实现户口信息化管理。2004 年，110、119、122 报警台融合，建立“三合一”接处警系统。

检察制度改革

1989 年，改变刑事案件“侦、捕、诉”由刑侦部门一统到底的做法，刑侦部门负责案件侦破与结案，检察机关负责批捕和起诉。1993 年 12 月，县检察院经济检察科升格为反贪污贿赂局。2002 年，建立批捕、起诉、反贪、法纪、监所、控申责任制，推动检察工作规范化，将法律监督贯穿于立案、侦查、审判、执行全过程。对依法应予立案而未立案案件，向侦查机关发出“说明不立案理由通知书”及建议书。对刑事、民事、行政案件，发现裁定或判决确有错误，坚持抗诉或提请抗诉。对看守、拘役、拘留所驻所检查，加大减刑、假释、保外就医和超期羁押监督力度，杜绝脱管、失控现象。

审判制度改革

1996 年，执行新修订的《中华人民共和国刑事诉讼法》，刑事案件庭审方式由法官主审讯问被告人，改由检察官、辩护律师讯问被告人，法官居中裁判。1998 年，根据最高人民法院《关于民事经济审判方式改革问题若干规定》，取证方式由法官包揽改为“谁主张，谁举证”。2001 年，根据新修订的《中华人民共和国法官法》，推行以公开举证、质证、辩证、裁判为主要内容的新庭审方式；落实合议庭和独任法官职权，强化法官的主持和居中裁判职责；规范裁判文书；实行法官开庭穿法袍、用法槌制度。改革审判机制，落实主审、审监、审执分立制度，强化内部监督；建立以“一案两卡”为基础的审判流程管理体制；完善刑事、民事、行政三大审判体系；规范再审案件开庭程序，确保再审案件立案标准。改革执行方式，建立统一管理、协调、部署、指挥、调控的“五统一”执行工作体制。

司法行政改革

1985 年，县司法局设有法律顾问处、公证处，22 个乡镇场各配备司法助理员 1 人。1989 年，取消法律顾问处，改设县律师事务所。1998 年，取消县律师事务所，设江西博阳律师事务所。2001 年，成立法律援助中心，为农民工、社会弱势群体和危困企业免费提供法律援助。2008 年，司法局直属机构有博阳律师事务所、公证处、法律援助中心；派出机构有分设在各乡镇的 13 个司法所；代管单位有辰光、城镇、蒲亭 3 个法律服务所和振辉法医司法鉴定所。乡镇场建有乡、村、组三级调解组织网络，有调解组织 1285 个、调解人员 1429 人。

第九章　教育体制改革

第一节　管理体制改革

三级办学两级管理

20世纪80年代后期,基础教育实行“三级办学,两级管理”体制,即县、乡、村三级办学,县、乡两级分工管理。2001年起,实行地方政府负责、分级管理、以县为主的体制。农村学前和小学教育由乡镇中心小学管理,乡镇中心小学和初中教育由县教育局管理。

校长负责制

20世纪90年代起,逐步实行党组织监督、教职工民主参与的校长负责制。普遍建立职工代表大会,参与学校监督管理。2005年,实行校长选任负责制,由教育局推选、县委宣传部任命,任期每届3年,可连任。出现空缺,由干部任免部门和教育主管部门联合组织竞聘(公推公选),符合竞聘条件的人员报名,经审查合格后进行竞聘演讲,由教职工代表及审查小组成员无记名投票,经教育主管部门和干部任免部门审查批准后予以任用。

第二节　办学体制改革与校企剥离

办学体制改革

1995年,县内创办第一所私立幼儿园,企事业单位开办的幼儿园逐渐改由个人经营。1999年,成立私立敷阳中学。此后,陆续开办多家私立中学,形成公办为主、民办为辅的办学局面。至2008年,全县有私立幼儿园30所、民办初中4所、民办高中1所。

校企剥离

1995年起,实施校企剥离,企业不再承办和管理学校,企业子弟学校逐步划归教育系统管理。同年,锑矿子弟小学并入聂桥宝山小学。1996年,付山煤矿小学并入爱民、付山小学。1997年,萤石矿子弟学校并入吴山中、小学。2001年,四五八厂子弟学校并入木环联合学校。2003年,彭山锡矿子弟学校并入吴山中、小学校。2005年,爱民厂子弟学校和轮胎厂小学并入河东小学。

第十章　文化体制改革

第一节　文化机构改革

1985年,撤销县评剧团,成立县文化娱乐中心。1997年,县文化娱乐中心并入县文化馆。同年,县广播站、有线电视台、电视差转台、教育电视台合并,成立县广播电视台。2003年,网台分离,设广电网络公司、广播电视台。2006年,县广电台、文化馆、博物馆、图书馆、电影院等文化事业单位进行改革,实行全员聘任制,建立定岗定编、岗位管理、内部分配制度;负责人实施“能上能下,竞争择优”竞争上岗机制,文化广播电视局内设机构、广电台各部室负责人实施竞争上岗。

第二节　文化市场建设

1985年，有电子游戏厅3家、录像放映厅1家、书刊销售点3个。至1999年，文化经营项目发展到9大类，初步形成以县城为中心，向乡镇辐射的多层次、多门类文化经营网络。2008年，有网吧23家，电子游戏厅16家，音像制品销售门店13家，书刊经营店11家，印刷业（含打字、复印）19家，电影放映队5个，其他文化经营网点72家。

第十一章　科技体制改革

第一节　服务方式转变

1985年起，科技服务由无偿向无偿和有偿相结合转变，科技人员利用业余时间提供技术服务可获得报酬；在科技攻关方面作出突出贡献、取得显著经济和社会效益，由获益单位给予奖励。服务方式有技术指导、技术入股、难题招标等。鼓励科技人员利用业余时间下基层，或停薪保职、保持工作关系，自主创业，职称晋级同等对待。至2008年，有13名科技人员到农村和乡镇企业开展技术承包和服务。

第二节　科技成果市场化

1994年，县政府制定《德安县技术贸易登记管理办法》。从事技术交易的单位或个人，在技术成果购入和转让过程中，经县科技管理部门登记认证，开具技术贸易发票，免所得税、营业税；规范技术交易市场，科技成果的真实性、先进性、合法性由科技管理部门管理，科技成果须在省级科技管理部门登记、公告；技术服务、技术成果转让交易双方，须签订科技转让和科技服务规范合同，并在县级以上科技管理部门登记备案。至1999年，全县认定技术贸易机构6个，合同登记交易额360万元。2000年起，科技交易登记、认定权收归市级以上科技管理部门。

第三节　科技投入多元化

1985年起，科技投入由政府投入转为财政、金融、社会团体和个人多渠道投入。财政资金实行有偿使用和无偿资助相结合；科技贷款由金融单位对借贷单位资产、资信、科技项目先进性、可行性进行评估，并以资产或知识产权质押，财政给予一定比例贴息；鼓励、支持社会团体和个人参与科技开发，科技新产品实行减免税政策，科技主管部门认定的高新技术企业、高新技术产品减征40%企业所得税。

第十二章　医药卫生体制改革

第一节　人事制度改革

1985年，县卫生局及下属单位股级干部由卫生局提出任免意见，报县委组织部审批。1995年，卫生局制定《关于全面实行劳动合同制度签订〈劳动合同书〉的通知》,局机关、医保局、各医疗卫生单位职工编制医务人员,经卫生局批准使用的乡镇卫生院临时工,均签订劳动合同书;未经批准的临时工由用工单位确定。合同期分固定、不固定和以完成一定工作为期限3种。2001年,股级干部试行竞争上岗。至2002年,有40名股级干部竞争上岗。2005年,全面推行人员聘用制。

第二节　管理制度改革

1998年,县卫生局制定《关于深化卫生改革,提高医疗卫生工作质量,强化人员管理若干暂行规定》,对全县院(站、所)长实行任期责任制。完成年度目标管理任务,给予单位正副职物质奖励;未完成任务,给予处罚、换岗、免职。毕业生分配由局长办公会研究拟订初步方案,报分管副县长审核后,会同县计委、人事劳动局、编委讨论,报县政府审批,确定分配方案。分配到边远山区卫生院工作2年内表现较好的,可借调到城郊卫生单位工作;3年内表现较好的,可借调到县直卫生单位工作。计划外自费毕业生,根据专业需要择优录用,但须到基层工作;试用期2个月,见习期1年,期满经考试、考核合格,可签订合同。借调到县直卫生单位工作人员须经"三基"理论和技术考试,借用单位进行德、能、勤、绩考核,经局长办公会研究,报县长办公会同意后办理,名额控制在每年5～6个。晋升中级、副高级职称者,须到乡镇卫生院工作或包村蹲点半年以上。2002年,乡镇卫生院实行院长负责制和综合目标管理责任制,综合目标管理考核结果与院长奖励和卫生院任务分配、经费挂钩。同年,卫生局制定《德安县乡镇卫生院院长管理(暂行)办法》,选聘作风好、懂技术、善管理的人员担任院长。

第三节　分配制度改革

1985年,职工工资由基础工资、职务工资和工龄津贴构成,非农业户口职工有粮食补贴。1987年,卫生局制定《防保任务带经费发放细则》,乡镇院长工资全拨;防疫保健人员经费根据防保范围,5000人以下按1人、5000人以上按2人下拨;乡镇卫生院聘用乡村医生,以合同制形式和任务带经费办法拨付经费,按聘用医生执行防保合同情况给予相应报酬,实行防疫补助与防疫评分挂钩。1993年,职工工资改由基础工资、职务工资、工资津贴、奖金和物价、福利性补贴构成。1997年,工资构成简化为职务、岗位工资和津贴。2007年起,职工工资由岗位、薪级、绩效工资和各项补贴构成。有业务收入的单位,在资金结余情况下,可自行发放奖金。

第四节　药品采购制度改革

1985年,药品供应由县医药公司统一采购和批发,各医疗机构到医药公司进药。20世纪90年代后期,国家放开药品市场,各医疗单位自主选择进货渠道。2008年10月起,县医院和中医院实行网上招标采购。

第十三章　住房制度改革

第一节　房改机构与方案

1985年以来,住房由政府或单位统建、统分,收取低额租金,属福利性住房。1991年,成立县城镇住房改革领导小组,下设办公室。1992 年 12 月,办公室为常设机构,负责房改工作。1993 年 12 月,制定《德安县住房制度改革实施方案》。房改实施地域、单位和范围:除军队、铁路系统外,县城规划区(包括河东乡、木环乡、宝塔乡在规划区内部分),建制镇建成区和县属独立工矿区内党政机关、人民团体、行政事业单位、国有所有制和集体所有制企业,住房范围为县房管部门直管公有住房和单位自管公有住房,约 20 万平方米。

第二节 调整住房租金

1994 年 1 月,按照《德安县住房制度改革实施方案》《德安县深化城镇住房制度改革方案》,对县城规划区内房地产管理部门直管公房和单位自管公房实行提租,不发补贴,使用面积每平方米月租金增加 0.10 元。1998 年、2001 年两次调整住房租金。

1991 ~2001 年德安县城区公有住房租金调整一览表

表 9 -13 -1 单位:元/平方米

调整时间	钢混套房	钢混非成套/砖混成套	砖混非成套/砖木成套	砖木非成套	简易房
1991. 7. 1	0. 15	0. 13	0. 11	0. 10	0. 08
1994. 1. 1	0. 25	0. 23	0. 21	0. 20	0. 18
1998. 1. 1	0. 56	0. 52	0. 48	0. 44	0. 38
2001. 1. 1	1. 10	1. 10	0. 90	0. 75	0. 65

第三节 推行住房公积金制度

1994 年起,对党政机关、人民团体、企事业单位干部职工逐步推行住房公积金制度,由单位和职工个人分别按基本工资一定比例计缴。为简化手续,规定分别按 2 ~5 元逐月缴存。2004 年,单位和个人分别按职工上年度平均工资 5% ~12% 缴纳住房公积金,划归职工个人账户。公积金管理实行“住房管理委员会决策,住房公积金管理中心运作,银行专户存储,财政监督”模式。同年 3 月,成立市公积金管理中心德安办事处,公积金管理由县房管局划归市公积金管理中心。至 2008 年,全县有 216 个独立核算行政和企事业单位、5652 人参加缴纳住房公积金,累计归集住房公积金 3632. 97 万元,提取使用公积金 734. 83 万元,公积金贷款总额 2459. 3 万元。

第四节 出售公有住房

1994 年起,对党政机关和企事业单位公有住房按先售后租和自愿原则出售。县城规划区(包括河东乡、木环乡、宝塔乡在规划区内部分)、建制镇建成区、独立工矿区、驻县单位房管部门直管公房和单位自管公房,按当年售房价格减去房屋折旧再减除购房者应享受的房改补贴,向本单位职工或现住户出售。每户只能购买 1 套次。至 2008 年,有 5203 套、近 400 万平方米成套公有住房,按标准价或成本价出售给本单位干部职工或当时住房户。

第五节 经济适用房 廉租房

2007 年,在渊明大道兴建经济适用房 108 套,建筑面积 8188 平方米,单套面积 75 平方米,平均售价

750元/平方米,公开摇号出售给中低收入家庭。配建廉租房30套,建筑面积1444平方米,单套面积50平方米,租金0.5元/平方米每月,通过公开摇号,出租给符合城镇居民最低生活保障标准且住房困难家庭。

第六节 集资建房与合作建房

1994年起,住房建设投资体制由政府或单位统包转变为集资建房和合作建房。集资建房通过房改领导小组审批、房改办统一管理,集中单位和个人建房资金组织建房(其中个人集资额不得少于总造价40%),享受国家有关税费优惠政策;合作建房由单位提供土地,个人投资住房本体造价加室内水电安装费,享受集资建房同等优惠政策。至2004年,有54个单位经审批集资建房59幢,计10.1万平方米,住户921户。

卷十

农　业

卷十 农 业

1985年,全县耕地面积10752公顷,其中水田9152公顷、旱地1600公顷。农作物以粮食为主,粮食以稻谷为主,占总产90%以上。当年,粮食播种面积16520公顷,总产81093吨;棉花播种面积899公顷,总产789吨;油菜播种面积2765公顷,总产1581吨;水果种植面积297公顷,总产189吨;水产品总产720吨;生猪出栏43170头。随着市场经济建立和发展,经济作物在农业生产中比重逐年提高。1991年起,推广"水改旱",大片农田以种植棉花和油料作物为主。1994年,全县种植棉花6005公顷,占耕地总面积54%。1998年,粮食播种面积8871公顷,总产33319吨;棉花播种面积3915公顷,总产3037吨;油菜播种面积4732公顷,总产4120吨;水果种植面积953公顷,总产1419吨;水产品总产4022吨;生猪出栏53181头。1999年,国家取消棉花指令性计划,种植面积逐渐缩减,转向发展水果、蔬菜、花卉等多种经营。2002年后,种养业向产品区域化、产业规模化方向发展,形成以葡萄、梨、花卉、蛋鸡等为主的"一乡一品""一村一品"特色农业。2008年,粮食播种面积6469公顷,总产40698吨;棉花播种面积3345公顷,总产5240吨;油菜播种面积2114公顷,油菜籽总产1470吨;水果种植面积1215公顷,总产5175吨;水产品总产5124吨;生猪出栏57773头。同时,种养业结构进一步优化,优质稻米、高山蔬菜、梨、葡萄、李、花卉、蛋鸡等特色产业方兴未艾,经济效益不断提高。

第一章 农业资源与产业结构

第一节 农业资源

农用土地资源

境内土壤种类丰富,质地多中壤至重壤,适宜多种农林作物生长。1985 年,全县耕地面积 10752 公顷,其中水田 9152 公顷、旱地 1600 公顷,人均耕地 1.37 亩。1998 年,共青计划单列后,全县耕地面积 8685 公顷,其中水田 4361 公顷、旱地 4324 公顷(含水改旱种植棉花面积),人均耕地 1.16 亩。2008 年,全县耕地面积 7770 公顷,其中水田 6054 公顷、旱地 1716 公顷,人均耕地 1.06 亩。

1985~2008 年德安县农业人口人均耕地面积一览表

表 10-1-1 单位:公顷、人、亩/人

年份	年末实有耕地面积			农业人口	人均占有耕地
	合计	水田	旱地		
1985	10752	9152	1600	118111	1.37
1986	10672	9086	1586	120143	1.33
1987	10664	9085	1579	121637	1.32
1988	10625	9059	1566	125523	1.27
1989	10576	8994	1582	128224	1.24
1990	10576	8990	1586	134255	1.18
1991	10562	8981	1581	135505	1.17
1992	10509	5478	5031	139626	1.13
1993	11562	6157	5405	156828	1.11
1994	11086	5524	5562	158314	1.05
1995	11074	5828	5246	160142	1.04
1996					
1997	11075	6425	4650	158897	1.05
1998	8685	4361	4324	112201	1.16
1999	8657	5005	3652	111738	1.16
2000	8539	5092	3447	111350	1.15
2001	8544	5550	2994	110739	1.16
2002	7713	6099	1614	110668	1.05
2003	7612	6107	1505	111872	1.02
2004	7576	5988	1588	112272	1.01
2005	7614	6022	1592	105341	1.08
2006	7721	6729	992	106568	1.07
2007	7783	6236	1547	107856	1.08
2008	7770	6054	1716	109704	1.06

说明:1996 年无年报数据;1998 年始,耕地面积不含共青。

农用水资源

1985年,全县有水库81座,总库容6931万立方米。其中,中型水库1座,库容1540万立方米;小(一)型水库6座,总库容2319万立方米;小(二)型水库74座,总库容1160万立方米。塘堰2190座,总库容1912万立方米。2008年,有水库77座,总库容9783万立方米。其中,中型水库2座,库容6120万立方米;小(一)型水库6座,总库容2343万立方米;小(二)型水库69座,总库容1320万立方米。塘堰2995座,总库容2844万立方米。

劳动力资源

性别与职业结构　1985年,农村劳动力49423人。其中,男性26962人、占55%,女性22461人、占45%;从事农业44440人,占89.90%。1997年,农村劳动力58160人。其中,男性31240人、占53.7%,女性26920人、占46.3%;从事农业44336人、占76.2%,外出从业5269人、占9.1%。2008年,农村劳动力56228人。其中,男性29628人、占52.7%,女性26600人、占47.3%;从事农业31458人、占55.9%,外出从业20937人、占37.2%。

农技队伍　1985年,各乡镇场有农技服务站、畜牧兽医站。从事农技、植保、农机、兽医等专业技术工作人员274人。1990年起,通过实施"绿色证书工程",对具有初、高中文化程度农民进行岗位培训,培养示范带头作用的农民技术骨干队伍;通过开展农民中等学历教育,培养适应农村经济发展需要的乡村基层管理干部和技术人员队伍。至2008年,全县取得"绿色证书"青年农民1180余人。

第二节　产业结构

产业区域划分

1985年7月,编制《德安县农业资源调查和农业区划报告、图件汇编》《德安县农业区划表集》,全县农业分为三大产业区域。

金湖、米粮铺、河东、宝塔、黄婻、高塘、杨家桥7个乡和蒲亭镇、农科所、共青,为东南部滨湖平原和低丘陵粮、油、渔、果区。含47个行政村和共青8个分场,农业户9114户,49682人,劳动力14287人。土地面积28731公顷,耕地面积4794.8公顷(其中水田4353.9公顷),人均耕地1.45亩,人均水面1.48亩。地势平坦,耕地较集中,土壤较肥,熟化程度较高。年平均温度16.8℃,积温4500℃以上,年日照时数1700~2000小时,年降水量1350毫米左右,无霜期250天左右。发展方向与措施:优先抓好粮、油生产,发展水产、果树、蔬菜等多种经营,建成粮、油、渔、果等商品基地;办好以建材、食品加工、服务行业为主的乡镇企业。以治土改土为中心,开展农田基本建设,扩大稳产高产农田;扩大双季稻田面积,推广三熟制,主攻早、晚稻单产,实现平衡增产。利用水面,发展水产品养殖和河湖捕捞水生动植物;利用低丘缓坡,发展果树蔬菜和小宗经济作物;利用河岸、路旁、河谷及滨湖平原营造农田防护林;利用石灰石、硅质页岩、红黏土资源,办好水泥、砖瓦、石灰窑、陶瓷厂和采石场。

聂桥、吴山、樟树、磨溪、爱民、邹桥、白水、车桥8个乡,为中部丘陵粮、林、牧、果区。含52个行政村。有农业户8569户,45937人,农业劳动力11718个。土地面积52797.7公顷,耕地面积4715.6公顷(其中水田4299.2公顷),人均耕地1.54亩。林地35970公顷,人均山地11.7亩。区内山深垅长沟谷多,用材林面积占全县55.2%,活立木蓄积量占全县69.6%,是林木生产重点产区。年平均气温16.4℃,积温4000~4200℃,日照时数1694~1873小时,年降水量1350毫米左右。发展方向和措施:以粮为主,提高单产水平;搞好农田水利建设,改造低产田;利用山地资源,发展林业生产;利用饲料资源,发展以养猪为主的畜牧业;改良水果品种,大力发展果业;开采铜、锡、锑、萤石、煤、石灰石、大理石等矿藏资源。

塘山、付山、林泉3个乡和彭山林场,为北部高山丘陵林业与棉花经作区。含14个行政村和彭山林场6个分场。农户2817户，16064人，农业劳动力4068个。土地面积12211公顷，耕地面积1246.6公顷（其中水田498.9公顷），旱地876公顷，人均耕地1.16亩。林地面积8810.5公顷，人均8.23亩。区内地势较高。年平均气温15.1℃，积温3500～3800℃，日照时数1687～1745小时，年降水量1350毫米左右。发展方向和措施：以林为主，加强林政管理，实行封山育林，严禁乱砍滥伐；在保护森林资源前提下，发展林副产品加工，提高经济效益；利用山区优势，发展棉花、茶叶、药材、苎麻、水果多种经营，提高经济效益。

产业结构调整

种植业结构调整 1985年，种植业以水稻为主，兼种棉花、油菜、红薯、瓜果等其他经济作物，产值3528.03万元（含副业），占农业总产值4719.38万元的74.75%。1991年，推广水改旱，棉花种植面积由分散种植667公顷，扩大到7个乡镇集中连片种植2800公顷。1994年，棉花种植面积6004.8公顷，占当年种植业面积55.48%；产值1.25亿元。1999年，国家取消棉花指令性计划，棉花播种面积2755公顷。2003年，根据省委、省政府"把江西建成东部沿海优质农产品供应基地"发展思路，县委、县政府制定"城郊一枝花，田里菜当家，山上栽竹梨，规模养鸡鸭"农业产业结构调整方案，在宝塔、河东、聂桥、磨溪等乡镇发展大棚蔬菜、葡萄、花卉。2008年，水稻种植面积5605公顷，棉花种植面积3345公顷，油菜种植面积2114公顷，蔬菜、瓜果种植面积2904公顷。磨溪辣椒、宝塔黄瓜通过农业部无公害农产品认证。当年，种植业产值21840万元，占农林牧副渔业总产值50994万元的42.83%。

1985～2008年德安县种植业结构调整一览表

表10－1－2 单位：公顷、%

年份	农作物总面积	粮食		棉花		油料		果、菜		其他作物	
		面积	占比	面积	占比	面积	占比	面积	占比	面积	占比
1985	24904.87	16520.00	66.33	899.13	3.61	3363.87	13.50	2002.93	8.04	2118.94	8.7
1986	25350.47	16466.00	64.95	816.00	3.22	3527.80	13.92	1242.47	4.90	3298.2	13.0
1987	26431.07	16331.60	61.79	814.00	3.08	4364.33	16.51	1446.33	5.47	3474.81	13.1
1988	24318.13	15534.07	63.88	874.53	3.60	4266.60	17.54	1246.67	5.13	2396.26	9.9
1989	26959.87	16562.40	61.43	905.13	3.36	5566.73	20.65	1300.47	4.82	2625.14	9.7
1990	27145.00	16688.73	61.48	1000.13	3.68	5702.60	21.01	1451.60	5.35	2301.94	8.5
1991	26949.27	13485.73	50.04	2820.00	10.46	6788.53	25.19	1715.00	6.36	2140.01	7.9
1992	25188.07	10643.00	42.25	3811.60	15.13	7270.27	28.86	1784.53	7.08	1678.60	6.7
1993	26536.00	11239.00	42.35	5088.00	19.17	6194.00	23.34	1432.00	5.40	2583.00	9.7
1994	24832.33	9724.93	39.16	6004.80	24.18	6629.00	26.70	1567.33	6.31	906.27	3.7
1995	26018.13	11106.07	42.69	4760.00	18.29	7518.80	28.90	1695.27	6.52	937.99	3.6
1996	26540.60	12748.33	48.03	4272.00	16.10	7219.13	27.20	1833.60	6.91	467.54	1.8
1997	27273.07	13447.60	49.30	3976.87	14.58	7032.33	25.78	1927.33	7.07	888.94	3.3
1998	20678.20	8870.27	42.90	3914.53	18.93	5150.33	24.91	2246.00	10.86	497.07	2.4
1999	19300.33	9422.07	48.82	2755.00	14.27	4589.87	23.78	1723.53	8.93	809.86	4.2
2000	18718.00	8222.53	43.93	2872.53	15.32	4501.33	24.05	1770.07	9.46	1351.54	7.2
2001	17644.60	7236.67	41.01	3186.53	18.06	3672.87	20.82	1900.53	10.77	1648.00	9.3
2002	16061.47	6998.07	43.57	2506.40	15.61	3437.20	21.40	2094.80	13.04	1025.00	6.4

续表 10－1－2

年份	农作物总面积	粮食		棉花		油料		果、菜		其他作物	
		面积	占比	面积	占比	面积	占比	面积	占比	面积	占比
2003	16811.20	6192.73	36.84	3392.60	20.18	3822.20	22.74	2471.13	14.70	932.54	5.6
2004	17319.00	7181.00	41.46	3438.00	19.85	3312.00	19.12	2469.00	14.26	919.00	5.3
2005	17380.00	7091.00	40.80	3361.00	19.34	3471.40	19.97	2363.27	13.63	1093.33	6.3
2006	16316.00	6935.00	42.50	3107.00	19.04	3273.00	20.06	2346.00	14.38	655.00	4.0
2007	14859.00	6155.00	41.42	3268.00	21.99	2559.00	17.22	2305.00	15.51	572.00	3.8
2008	15006.00	6469.00	43.11	3345.00	22.29	2288.00	15.25	2463.00	16.41	441.00	2.9

养殖业结构调整 1985年，畜牧业以农户散养为主，产值875.32万元，占农业总产值18.55%。20世纪90年代起，规模养猪、养鸡专业大户逐渐发展。至2008年，规模养猪专业户139户，其中100头以上118户；规模2000只以上养鸡专业户337户。畜牧业产值占农业总产值比重逐年提高。2007年起，连续两年获全省畜牧产业先进县。2008年，养殖业产值18415万元，占农林牧副渔业总产值36.11%。

渔业结构调整 1985年，全县养殖水面1285公顷，年产量719.85吨，产值90.91万元，占农业总产值1.93%。1991年，建立牛角湾水产场，水面67公顷，形成规模养殖。2008年，全县养殖水面1469.3公顷，年产量5124吨，产值5366万元，占农林牧副渔业总产值10.52%。同年，牛角湾水产场被市农业产业化领导小组授予“农业产业化经营市级龙头企业”。

林业结构调整 1985年，全县林业产值225.12万元，占农业总产值4.77%。1998年起，实施中德合作长防林、退耕还林、“昌九”高速公路绿色通道、生态公益林、造林绿化等一批林业重点工程项目。至2004年，出现一批33公顷以上造林大户。2005年，林权制度改革后，农民造林积极性进一步提高。2008年，林业产值4724万元，占农林牧副渔业总产值9.26%。

第二章 种植业

第一节 耕作制度与复种指数

耕作制度

水田 1985～1990年，垅田、畈田采取早稻—二晚—绿肥“稻稻肥”或早稻—二晚—油菜“稻稻油”三熟制耕作模式；高塝田采取稻—油或稻—菜二熟制。1991年起，大部分转为棉—油二熟制。2000年以后，改为稻—稻、稻—油或棉—油二熟制。2008年，早稻播种面积385公顷，一晚播种面积4794公顷，二晚播种面积423公顷；棉花播种面积3345公顷。

旱地 1985～1991年，主要种植红薯、大豆、花生、玉米、小麦、蚕豌豆、西瓜、油菜等作物。耕作模式主要有花生（大豆）—小麦、西瓜—蚕、豌豆等二熟制。1991年后，大多采用棉花—油菜（蔬菜）、红薯—油菜等二熟制。

复种指数

1985年，农作物播种面积24905公顷，复种指数231.63%。1998年，农作物播种面积20678公顷，复种指数238.09%。2008年，农作物播种面积15006公顷，复种指数193.13%。

第二节 粮食作物

1985年,粮食作物播种面积16520公顷。其中,稻谷15007公顷,占90.84%,总产78241吨。1991年水改旱后,粮食播种面积大幅减少。1993年,粮食作物播种面积11239公顷。其中,稻谷7999公顷,总产47686吨。2000年,粮食播种面积8223公顷。其中,稻谷6330公顷,总产35127吨。2008年,粮食播种面积6469公顷。其中,稻谷5605公顷,总产38074吨。

1985~2008年德安县水稻面积和产量一览表

表10-2-1　　单位:公顷、吨

年份	合计		其中					
			早稻		中稻、一晚		二晚	
	播种面积	总产	播种面积	总产	播种面积	总产	播种面积	总产
1985	15007	78241	6559	30963	2017	13991	6431	33287
1986	15477	78931	6607	33805	2276	11997	6594	33129
1987	15472	81550	6572	33953	2286	12314	6614	35283
1988	14605	70716	6608	29647	1996	9285	6001	31784
1989	15719	82291	6772	32625	2196	11593	6751	38073
1990	15926	84106	6794	34260	2306	10590	6826	39256
1991	11841	67945	5368	27394	1016	7569	5457	32982
1992	9171	53749	4176	21316	837	6523	4158	25910
1993	7999	47686	3206	14510	1250	10425	3543	22751
1994	5983	37103	2253	10246	1164	9780	2566	17077
1995	7745	38306	2699	6306	1569	11445	3477	20555
1996	8819	48703	3839	16613	1358	10453	3622	21637
1997	9448	58025	3939	20609	1487	12189	4022	25227
1998	5733	26777	2170	5786	1626	10470	1937	10521
1999	6278	33788	2007	7563	2281	15379	1990	10846
2000	6330	35127	1559	7011	3062	18670	1709	9446
2001	5590	33455	1124	5262	3268	21253	1198	6940
2002	5482	33314	809	3987	3844	24747	829	4580
2003	4817	27234	584	2812	3472	20918	761	3504
2004	5986	39062	705	4045	4809	32161	472	2856
2005	6436	40718	654	3933	5115	33101	667	3684
2006	5928	37878	527	3268	4917	31770	484	2840
2007	5373	34335	405	2394	4584	29667	384	2274
2008	5605	38074	385	2412	4797	32919	423	2743

1985～2008 年德安县杂粮作物面积和产量一览表

表 10－2－2　　单位：公顷、吨

年份	小麦		红薯		大豆		其他	
	播种面积	总产	播种面积	总产	播种面积	总产	播种面积	总产
1985	495	356	580	2087	149	140	289	269
1986	385	363	632	1370	135	87	302	241
1987	298	244	589	1046	129	120	323	243
1988	250	232	577	1433	110	91	270	219
1989	330	219	603	2149	95	93	447	266
1990	410	324	600	2059	112	101	505	312
1991	477	296	587	2516	126	117	456	330
1992	400	343	466	2024	123	118	483	422
1993	1275	1842	594	2501	252	298	1119	1031
1994	2154	2157	652	2017	918	1708	22	32
1995	1253	1309	557	2162	941	940	610	805
1996	2305	3228	524	2011	287	378	813	1177
1997	2131	3076	503	2126	260	410	1105	1590
1998	1436	1914	380	1403	209	242	1113	2983
1999	1442	1554	468	2013	128	177	1105	1864
2000	640	933	542	2854	123	192	588	989
2001	438	559	539	1974	110	188	559	1073
2002	305	353	523	2369	133	326	556	1079
2003	272	317	495	1718	82	214	526	806
2004	163	195	497	2157	155	133	380	621
2005	194	295	491	1532	135	109	461	893
2006	138	216	286	1526	80	147	503	686
2007	118	265	219	1151	72	154	373	724
2008	191	435	332	1243	100	227	241	719

第三节　经济作物

棉　花

1985 年，全县棉花种植面积 899.1 公顷，总产 789 吨，主要分布在林泉、塘山、付山等乡。1991 年水改旱，种植面积 2820 公顷，总产 2908 吨。1994 年，种植面积 6004.8 公顷，总产 8949 吨，分布在除城郊片外所有乡镇，品种主要有中赣杂 1 号、鄂杂棉 10 号、湘杂棉 8 号、中棉 F1 等。2005 年，基本普及抗虫杂交棉，种植面积 3361 公顷，总产 4642 吨，其中抗虫杂交棉 2600 公顷。同年，全省棉花生产现场会在德安召开。2008 年，种植面积 3345 公顷，总产 5240 吨。

1985~2008年德安县棉花生产一览表

表10-2-3

年份	棉花			占耕地面积比例(%)
	播种面积(公顷)	单产(千克/公顷)	总产(吨)	
1985	899.1	870	789	8.29
1986	816.0	690	561	7.59
1987	814.0	810	638	7.63
1988	874.5	390	338	8.20
1989	905.1	645	579	8.52
1990	1000.1	705	702	9.46
1991	2820.0	1005	2908	26.67
1992	3811.6	1440	5505	36.09
1993	5088.0	1455	7463	43.13
1994	6004.8	1485	8949	53.52
1995	4760.0	1215	5809	42.94
1996	4272.0	1470	6292	38.58
1997	3976.9	1725	6881	35.84
1998	3914.5	780	3037	44.65
1999	2755.0	1080	2967	31.71
2000	2872.5	1020	2912	33.18
2001	3186.5	1410	4488	37.32
2002	2506.4	1410	3525	29.34
2003	3392.6	1245	4244	43.98
2004	3438.0	1470	5077	45.15
2005	3361.0	1380	4642	44.36
2006	3107.0	1485	4601	40.81
2007	3268.0	1455	4767	42.33
2008	3345.0	1560	5240	42.98

1997~2008年德安县稻棉效益对比一览表

表10-2-4　　单位:公顷、元

年度	稻谷		棉花		棉比稻增加值/公顷	
	种植面积	公顷产值	种植面积	公顷产值	金额	±%
1997	9448.7	9231.0	3976.9	24222.0	14991.0	162.40
1998	5732.9	7684.5	3914.5	9309.0	1624.5	21.14
1999	6278.6	6786.0	2755.0	8617.5	1831.5	26.99
2000	6329.5	5769.0	2872.5	11151	5382.0	93.29
2001	5590.2	5985.0	3186.5	11266.5	5281.5	88.25

续表 10－2－4

年度	稻谷		棉花		棉比稻增加值/公顷	
	种植面积	公顷产值	种植面积	公顷产值	金额	±%
2002	5481.5	6076.5	2506.4	14064.0	7987.5	131.49
2003	4817.7	6219.0	3392.6	21343.5	15124.5	243.20
2004	5986.0	9265.5	3438.0	15352.5	6087.0	65.70
2005	6376.0	9661.5	3361.0	20994.0	11332.5	177.30
2006	5928.0	9891.0	3107.0	22507.5	12616.5	127.56
2007	5373.0	9894.0	3268.0	22173.0	12279.0	124.11
2008	5605.0	9896.0	3345.0	22181.0	12285.0	124.14

油 菜

1985 年，全县油菜播种面积 2765 公顷，总产 1581 吨，折油脂 506 吨。1992 年起，利用棉田套种栽培，扩大种植面积。1995 年，播种面积 6464 公顷，总产 6177 吨，折油脂 1977 吨。2008 年，种植 2114 公顷，总产 3102 吨，折油脂 993 吨。

花 生

1985 年，全县花生种植面积 403 公顷，总产 634 吨。1994 年，种植面积 1012.1 公顷，总产 2642 吨。2008 年，种植面积 108 公顷，总产 223 吨。

1985～2008 年德安县油菜、花生种植面积和产量一览表

表 10－2－5

年份	油菜			花生		
	种植面积（公顷）	单产（千克/公顷）	总产（吨）	种植面积（公顷）	单产（千克/公顷）	总产（吨）
1985	2765	570	1581	403	1573	634
1986	2877	540	1568	453	1755	793
1987	3526	480	1699	670	1657	1110
1988	3347	390	1328	785	1170	918
1989	4630	360	1648	782	1563	1222
1990	4860	645	3119	688	1533	1055
1991	5910	645	3792	686	1830	1256
1992	6405	690	4425	684	1665	1142
1993	4880	960	4717	1107	1845	2047
1994	5458	900	4933	1012	2610	2642
1995	6464	960	6177	886	1920	1700
1996	6228	900	5634	855	2100	1791
1997	6118	1005	6110	799	2105	1682
1998	4732	870	4120	360	1485	535
1999	4147	870	3589	298	1500	448

续表 10-2-5

年份	油菜			花生		
	种植面积(公顷)	单产(千克/公顷)	总产(吨)	种植面积(公顷)	单产(千克/公顷)	总产(吨)
2000	4014	960	3854	393	1410	555
2001	3232	1020	3282	374	1425	532
2002	3063	945	2896	295	1530	453
2003	3396	1080	3664	337	1570	529
2004	2964	1215	3611	263	1440	378
2005	3205	1200	3844	210	1590	334
2006	3052	1230	3756	159	1830	291
2007	2402	1245	2999	105	2475	260
2008	2114	1470	3102	108	2070	223

第四节　果　业

果树种类与分布

种类　主要有柑橘、梨、板栗、李、葡萄、桃、杨梅、枣、柿等。

分布　柑橘主要分布在园艺场、宝塔乡、聂桥镇、丰林镇;梨主要分布在高塘乡、磨溪乡、丰林镇;板栗主要分布在磨溪乡、吴山乡、聂桥镇、丰林镇;葡萄主要分布在聂桥镇、蒲亭镇、河东乡、宝塔乡;桃、李主要分布在吴山乡、爱民乡、磨溪乡、车桥镇、园艺场;杨梅主要分布在宝塔乡、高塘乡、邹桥乡、磨溪乡、园艺场;枣主要分布在邹桥乡;柿主要分布在吴山、磨溪乡、园艺场、车桥镇。

1985～2008 年部分年份德安县主要果业面积与产量一览表

表 10-2-6　　单位:公顷、吨

年份	柑橘		梨		板栗		葡萄		桃	
	面积	总产	面积	总产	面积	总产	面积	总产	面积	总产
1985	120	28	13	75	26	24	133	27	5	35
1991	97	1736	2	158	220	42	40	241	51	117
1995	633	257	107	60	366	50	46	205	44	102
1998	484	125	134	44	740	1400	9	1	29	109
2004	254	1023	298	374	245	513	33	109	70	162
2008	389	1144	491	2337	220	460	70	1064	45	170

果树种植

柑橘　1985 年,主要产区在米粮铺乡、八里园艺场,品种有温州蜜柑、金橘等。1990 年,利用高位嫁接技术,成功改造温州蜜橘。1992 年,县园艺场建立蜜橘基地。2008 年,全县柑橘种植面积 389 公顷,总产 1144 吨。

梨　20 世纪末,开始大面积推广种植早熟梨。2006 年,有 2 公顷以上连片梨园 98 个,成为全省 8 个主产县之一。2008 年,全县种植面积 491 公顷,产量 2337 吨。

板栗 1985年，以农户分散种植为主。1992年起，双季板栗成为果业生产主要推广品种之一。1998年，种植面积740公顷，总产1400吨。2008年，全县种植面积220公顷，总产460吨。

葡萄 1985年，全县种植葡萄面积133公顷，主要产区在共青，总产27吨。1998年，聂桥梓坊村引进浙江葡萄品种藤稔、巨峰、亚保、京亚，种植面积3公顷。2008年，全县种植面积70公顷，总产1064吨；其中聂桥镇63公顷，产量1000吨。

桃 1985年，全县种植面积5公顷，总产35吨。1991年，种植面积51公顷，总产117吨。其中，吴山乡园艺场种植水蜜桃19公顷，总产49.5吨。2008年，全县种植面积45公顷，总产170吨。

李 1985年，主要品种为本地红心李，总产18吨。1992年，县园艺场引进种植福建奈李。1995年，奈李产量80吨。1999年，从浙江千岛湖引进大黄李，在吴山乡红桥村建立种植基地面积34公顷。2008年，大黄李总产408吨。

果品销售

1985年，除共青葡萄用于酿酒外，其他果品由农户自产自销。随着果业生产发展，具有地方特色优质果产品吸引了商户上门收购，成批量销往外地。21世纪初，相继成立果业专业合作社，实行统一销售，分户结算。2008年，注册果业合作社有：万家岭早熟梨合作社、博阳葡萄合作社、红桥果业合作社、邹桥源口果业合作社、磨溪五星果业合作社、聂桥益民果业合作社、邹桥张家岭葡萄合作社，共有社员434人。万家岭早熟梨、博阳葡萄、红桥大黄李产品通过农业部无公害认证，产品销往省内及广东、福建、上海等地。

第五节 蔬 菜

品种与面积

品种 传统品种有辣椒、茄子、田藕、芹菜、莴笋、萝卜、青菜、大白菜、西红柿、豆角、黄瓜、南瓜、冬瓜、丝瓜、苦瓜等。20世纪90年代，引进优良品种100多个。其中，辣椒有延汴1号、赣椒8号、春研等，茄子有湘早、早红、紫长茄等，西红柿有早丰、强丰、早魁、圣女樱桃等，白菜有鲁白1号、青杂3号、城青2号等，豆角有之豇28、特长60等，萝卜有白玉春、热抗48、夏抗40、四月白等，南瓜有五月早、三绿早生等，冬瓜有春早1号、巨型冬瓜、黑皮冬瓜，黄瓜有早春2号、津春4号、粤秀1号等。

面积 1985年，蔬菜种植面积1792公顷，蒲亭镇朝阳村为蔬菜专业村。1989年，成立县蔬菜办公室。1991年，宝塔乡牌楼村列为蔬菜专业村。随后，宝塔乡桂林村、田塘村改种蔬菜。1995年，全县蔬菜种植面积1595公顷。2000年，推广大棚返季节蔬菜栽培技术，宝塔乡牌楼村、杨桥村、桂林村，河东乡上畈村、河东村，木环乡团山村和磨溪乡董家村、磨溪村建立大棚蔬菜基地160公顷。2008年，全县蔬菜种植面积2311公顷，总产31217吨。

加 工

1985年，主要是将蔬菜腌制、加工自用，少量出售。品种有萝卜干、泡菜、梅干菜、干豆角、辣椒酱、干辣椒等。20世纪90年代起，逐步出现蔬菜加工个体户，产品内销。2007年，畲族聚居地邹桥石门村投资420万元，租赁土地39公顷，创办畲香园蔬菜生产、加工企业，生产辣椒酱、干豆角、萝卜干、霉干菜等，产品销往九江、南昌、武汉、长沙等地。

第六节 桑蚕 茶叶

桑 蚕

2006年，为适应国家“东桑西移”工程建设，成立县发展桑蚕产业领导小组。磨溪、高塘、林泉、吴山、爱民、邹桥、丰林、聂桥、车桥等乡镇及园艺场,种植桑树273公顷。2007年,引进浙江凯迪丝有限公司,在县工业园创办贝伦特丝绸有限公司,年加工干茧能力2000吨;采取公司+基地+农户模式,按合同收购蚕茧。2008年,蚕桑种植面积660公顷,其中磨溪360公顷、高塘180公顷、丰林65公顷、车桥35公顷、聂桥20公顷;品种有农桑14号、农桑12号、育711、强桑1号等。蚕农3360户,养蚕种12286张,总产430吨,产值860万元。

茶　叶

境内茶叶品种主要是绿毛茶,引进品种有庐山云雾茶。1985年,茶叶种植面积50公顷,总产8.55吨,主要分布在杨家桥、宝塔、聂桥、塘山等乡及共青。其中,杨家桥乡义峰茶场面积24公顷,产量2.8吨。1995年,茶叶种植面积105公顷,总产16吨。2008年,种植面积21公顷,总产5.27吨。

第七节　病虫害防治

水稻病虫害

种类　主要病害有稻瘟病、纹枯病、稻曲病、细菌性条斑病、白叶枯病等,主要虫害有稻象甲、稻蓟马、二化螟、三化螟、稻纵卷叶螟、稻飞虱等。

农业防治　采用冬耕沤田办法消灭二化螟、三化螟越冬虫蛹;实行土地水旱轮作,减少病虫基数生存;推广抗病虫新品种,遏制其有效发生率。

农药防治　稻瘟病用20%三环唑、75%三环唑和稻瘟灵,纹枯病用20%井冈霉素、苯醚甲环唑、丙环唑,细菌性条斑病用20%叶青霜、20%噻菌酮;螟虫用18%的杀虫霜和有机磷农药、35%丙·辛·抗生素杀虫剂、阿维菌素、氯虫苯甲酰胺等,稻飞虱用10%吡虫啉、10%烯啶虫胺、噻嗪酮;在水稻见穗期用农药与磷酸二氢钾混合药剂喷雾,起到防虫、防病和叶面施肥作用。

棉花病虫害

种类　主要病害有苗期立枯病、炭疽病、枯萎病;主要虫害有棉蚜、棉盲蝽、棉铃虫、红铃虫、红蜘蛛、小地老虎、蜗牛、斜纹夜蛾、甜菜夜蛾等。

防治　苗期病害用50%多菌灵、30%噁霉灵及其复配制剂;蚜虫用有机磷、吡虫啉和啶虫脒;棉铃虫、红铃虫、斜纹夜蛾、甜菜夜蛾用有机磷、灭多威,或辛硫磷、丙溴磷、菊酯类复配制剂和氟铃脲、氟啶脲;红蜘蛛用三氯杀螨醇、哒螨灵、阿维菌素。

第三章　畜牧业

第一节　家　畜

牛

1985年,耕牛存栏10304头,其中水牛9545头、黄牛759头。1991年后,随着水改旱和推广农业机械化,耕牛饲养量逐渐减少。2008年,耕牛存栏1498头,以塘山肉用黄牛为主。丰林镇依塘村从山东引进西门塔尔杂交牛30头,磨溪乡新田村引进南阳黄牛30头。

猪

1985年,生猪出栏43170头,存栏75320头。同年,聂桥兽医站引进杜洛克、长白、大约克种猪5头,母猪主要有长大杂交、湖北白猪,肥育猪为杜长大三元杂交。1990 年,县农科所养猪场饲养生猪万余头,母猪 700 头,成为供应香港地区的商品猪基地。1998 年,全县生猪出栏 53181 头,存栏 50948 头。2005 年,德邦牧业有限公司在高塘乡罗桥村创办二元杂交母猪种猪场。2007 年,有存栏种猪 300 头。2008 年,全县生猪出栏 57773 头,存栏 42787 头。

羊

1992 年,引进麻羊、南江黄羊 200 头,投放在聂桥镇、车桥镇、吴山乡饲养、繁殖;后逐步扩大到林泉、高塘、宝塔、河东、黄婻等乡饲养。1998 年,出栏肉羊 606 只。2008 年,出栏肉羊 848 只。

兔

1985 年,引进新西兰、日本大耳兔,集中投放米粮铺、黄婻、高塘等乡饲养。1998 年,出售肉兔 200 只。2008 年,存栏 11172 只。

1986~2008 年德安县家畜养殖一览表

表 10-3-1

年份	年末存栏数					当年出栏数				
	牛(头)	猪(头)		羊(只)	兔(只)	牛肉(吨)	猪		羊肉(吨)	兔肉(吨)
		合计	其中母猪				头	折肉(吨)		
1985	10304	75320	4343	—	—	—	43170	—	—	—
1986	11265	75995	4116	—	1911	12	47530	2900	—	—
1987	11540	80763	4002	—	1452	21	51788	3229	—	—
1988	12204	80076	5282	—	1003	41	55893	3601	—	—
1989	12776	86665	5260	—	573	31	57171	3674	—	—
1990	13157	88154	4769	—	400	38	64009	4349	—	—
1991	12243	92408	4700	—	370	45	68005	4765	—	—
1992	12136	95302	3893	—	1206	26	72083	5225	—	—
1993	13811	108692	5107	188	4700	44	84764	6296	—	—
1994	12901	107264	8234	176	1730	46	135266	14157	—	—
1995	12188	111087	5855	424	980	15	145297	10542	2	2
1996	12449	123876	4502	1615	1385	17	160334	11366	10	
1997	8149	124081	4921	1946	456	9	157534	11105	18	2
1998	6699	50948	2027	1087	350	27	53181	3718	16	1
1999	6630	55810	2072	1025	290	53	54190	3689	12	
2000	6031	49765	1577	1103	274	54	46612	3390	4	5
2001	5839	49765	1458	1927	6060	43	45080	3674	13	5
2002	5287	48377	1825	4292	2300	48	50153	3922	20	6
2003	4673	49779	2419	1568	2270	161	50080	3916	61	5
2004	3421	50116	2196	3447	2048	41	54213	4349	37	10
2005	2837	50584	2532	1360	200	44	58709	4359	25	4
2006	2432	46140	2131	654	900	47	57422	4272	18	2
2007	2003	41911	2927	689	2050	68	52968	4069	28	3
2008	1498	42787	4284	742	11172	52	57773	4417	13	29

第二节　家　禽

养　殖

鸡　1985年,全县养鸡35.28万只,品种以土鸡为主。1986年,引进AA肉鸡和海兰褐、罗曼蛋鸡等。1995年,养鸡72.8万只。20世纪90年代中期,宝塔乡夏复兴带动周边农户发展蛋鸡养殖,规模逐年扩大。1997年,全县养鸡53万只。2000年,有规模养鸡户43户,其中万只以上6户。2002年,丰林镇依塘村创办年孵化鸡苗200万只孵化厂、年产鸡饲料3000吨加工厂。2005年,聂桥镇敷阳综合养殖场养殖蛋鸡6.8万只。2008年,全县养鸡174.96万只,产蛋21856吨。

鸭　1985年,全县养蛋鸭3.92万只,品种以本地麻鸭为主。1995年,养鸭24.4万只。20世纪90年代起,先后引进北京白鸭、丰城麻鸭、江苏麻鸭、康贝尔鸭、福建山麻蛋鸭和樱桃谷肉鸭。1998年,蛋鸭存笼4.03万只,产蛋503吨。2004年,引进吉安红毛鸭。2008年,全县养鸭6.28万只,产蛋778吨。

鹅　数量较少,传统品种有白鹅、麻鹅,引进品种有狮头鹅、四川白鹅和朗德种鹅。1995年,全县养鹅1.05万只。2008年,养鹅0.27万只。

特色禽类　20世纪90年代起,宝塔乡团山村引进七彩山鸡、珍珠鸡各5000只。城郊乡村饲养鹌鹑,产蛋出售。2002年,爱民乡红岩村村民田国平引进蓝孔雀20只,建立养殖场。2008年,蓝孔雀存笼4000只。同年,林泉乡屏峰村村民陈圣忠引进贵妃鸡,年出笼3000只,加工销往省内外。

加　工

20世纪90年代,禽类加工企业以共青板鸭厂为龙头,产品畅销国内外。21世纪起,雁塘板鸭、矮子板鸭成为市场畅销产品。禽蛋加工以皮蛋、咸蛋为主,产品销往县内市场及周边城乡。

第三节　畜禽疫病防控

主要疫病

猪病　主要有猪瘟、猪肺疫、猪丹毒、仔猪白痢、喘气病、肺丝虫病、姜片虫、蛔虫、食盐中毒、流感、亚硝酸盐中毒、猪弓形体病等,其中猪瘟病发病率、死亡率较高。1990年后,出现猪伪狂犬病、猪乙型脑炎、细小病毒病、猪口蹄疫病、猪传染性胸膜肺炎、猪链球菌病。2000年,出现猪圆环病毒病、蓝耳病、猪副嗜血杆菌和多重感染高热病。

牛病　主要有风湿坐栏症、炭疽病、跛行病、瘤胃臌气、肾炎、肺炎、胃肠炎、口蹄疫、流感、中暑、积食、营养不良和血吸虫病。

禽病　主要有新城疫、白痢、球虫病、白血病等,以新城疫最严重。1990年后,出现法氏囊、大肠杆菌病、沙门氏杆菌病、鸭瘟、传染性支气管炎、传染性浆膜炎、病毒性肝炎、小鹅瘟、禽流感等。

防控措施

药物防治　主要防治措施是注射疫苗,疫苗种类有猪瘟苗、丹肺联苗、蓝耳病苗、副伤寒苗、口蹄疫苗、新城疫苗、病毒性肝炎苗、流感苗、狂犬苗、细小病毒病苗、乙脑苗、链球菌苗、法氏囊苗等。鸭病毒性肝炎在发病后紧急注射抗免疫血清。1999~2007年,境内发生生猪口蹄疫和禽流感各4起,染病畜禽进行深埋和消毒处理,对养殖户给予经济补偿。

生态养殖　20世纪90年代起,发展畜禽生态养殖,从源头防控畜禽疫病发生;重大疫病流行期间,严把疫源关,禁止疫区畜禽流入;与境内畜禽规模化养殖户签订防疫责任书,抓好春秋两季畜禽防疫注射。至2008年,建成高塘、林泉、宝塔、丰林等乡镇生猪生态养殖小区5个,蒲亭、聂桥、丰林、林泉等乡镇等蛋鸡生态养殖小区10个。丰林镇依塘村蛋鸡生态养殖小区被评为全省“二十佳生态畜牧小区”。

第四章　水产业

第一节　水产养殖

养殖资源

1985 年，境内养殖、捕捞水面 7453 公顷，其中养殖面积 1285 公顷。1995 年，养殖面积 2101 公顷。2008 年，养殖、捕捞水面 4107 公顷，其中养殖水面 1469 公顷。

渔业种类

鱼类　有 17 科 82 种。主要有青、草、鲢、鳙、鲤、鲫、鳜、翘嘴鲌、鲶、乌、黄颡、长春鳊、团头鲂和黄鳝、泥鳅等，其中青、草、鲢、鳙、鲤、鲫、鳜占产量 60% 以上。

虾类　主要有青虾、米虾、长臂虾等。

贝类　主要有蚌、螺。蚌类主要有三角帆蚌和绉纹冠蚌，多产于博阳河下游，适宜培养珍珠。螺类主要有中华圆田螺和铜锈螺，分布在农田、池塘、沟渠、河流、湖泊。

龟鳖类　主要有中华鳖（甲鱼）和乌龟。

养殖方式

20 世纪 80 年代，主要利用池塘、水库投放鱼苗，自然生长。1992 年，建立牛角湾水产场，形成规模养殖。90 年代中期起，养殖水面逐步由个人承包。21 世纪初，随着配合饲料及自动增氧设备推广，采取轮捕轮放方式养殖，产量和效益不断提高。

养殖规模

1985 年，养殖水面 1285 公顷。其中，池塘 333 公顷，水库 582 公顷，其他 370 公顷。水产品总产 719.85 吨。其中，养殖产量 520.45 吨，占 72.3%。1993 年，养殖水面 1931 公顷。其中，池塘 732 公顷，水库 829 公顷，其他 370 公顷。水产品总产 7275 吨。其中，养殖产量 5835 吨，占 80.2%。2008 年，养殖水面 1469.3 公顷。其中，池塘 538.4 公顷，水库 776 公顷，其他 154.9 公顷。水产品总产 5124 吨。其中，养殖产量 4333 吨，占 84.6%。

2008 年德安县部分规模水产养殖一览表

表 10－4－1　　　　单位：公顷

名称	水面类型	面积	经营性质	兼用功能
牛角湾水产场	连片鱼池、河面	100	国有	—
县鱼苗场	连片鱼池、河面	33.9	国有	—
湖塘水库	中型水库	140	国有	灌溉、发电
林泉水库	中型水库	66.7	国有	灌溉
磨溪新田水库	小（一）型水库	46.7	集体	灌溉
吴山红桥水库	小（一）型水库	26.7	集体	灌溉
林泉赤石堰水库	小（二）型水库	20	集体	灌溉
车桥上易水库	小（一）型水库	13.3	集体	灌溉

续表 10－4－1

名称	水面类型	面积	经营性质	兼用功能
宝塔东山水库	小(一)型水库	13.3	集体	灌溉
吴山黄家河水库	小(二)型水库	13.3	集体	灌溉
吴山蔡山垅水库	小(一)型水库	10	集体	灌溉
车桥城门水库	小(一)型水库	10	集体	灌溉

特种水产

甲鱼 1985 年,宝塔乡岳山垅村民将野生甲鱼放入池塘寄养,年终出售。1990 年,开始人工饲养野生甲鱼,产蛋、孵化,出售种苗,带动周边农户饲养;其中岳山垅村有养殖户 108 户,养殖面积 7 公顷,总产 25 吨。1994 年,全县甲鱼养殖面积 14 公顷,总产 37 吨。1996 年,岳山垅村民黄德涛修建温室 1600 平方米;牛角湾水产场引进宏威公司共同创办甲鱼场,修建温室 4000 平方米,配备供电、供水、增氧、加温等设施。当年,全县总产 47 吨。2008 年,总产 86 吨。

食用蛙 1986 年,河东乡石桥村民孙学金引进美国牛蛙饲养,繁殖种苗出售,带动周边农户养殖。1993 年,全县食用蛙养殖面积 14 公顷,总产 28 吨。1995 年,全县食用蛙总产 18 吨。2003 年,全县养殖户 80 户,面积 7 公顷,总产 100 吨。2008 年,全县总产 85 吨。

黄鳝 1999 年,县水产局、鱼苗场技术人员和宝塔乡、木环乡村民利用网箱养殖黄鳝取得成功。2003 年,养殖面积 2.8 公顷,总产 63 吨。2008 年,养殖面积 8.9 公顷,总产 191 吨。

翘嘴红鲌 2003 年,牛角湾水产场从浙江引进翘嘴红鲌夏花鱼种 8 万尾,养殖成鱼和培育亲鱼种。2006～2008 年,江西省和南昌市水产科学研究所、县水产技术推广站承担省科技厅《规模化育苗关键技术研究开发》课题,连续 3 年成功繁殖和培育翘嘴红鲌种苗水花 1388 万尾、夏花 550 万尾、冬片 330 万尾,养殖商品鱼 180 吨。

中华鲟 1997 年,爱民乡张景荣从湖北引进国家一级保护动物中华鲟幼苗 134 尾养殖。2000 年,在市渔政局组织下,将中华鲟成鱼 60 余尾无偿投放长江九江段。

1985～2008 年德安县水产养殖一览表

表 10－4－2　　单位:吨、万尾、户、人、万元

年份	养殖产量	捕捞产量	鱼苗量	渔业户数	渔业人口	渔业劳力	产值
1985	520.5	199.4	—	75	362	190	—
1986	886.6	229.9	1500	—	—	713	—
1987	965.0	287.0	2100	—	—	618	—
1988	1079.8	291.5	2300	—	—	713	—
1989	1298.0	490.0	2692	133	672	1279	—
1990	1589.0	466.0	2530	171	687	1565	—
1991	2379.0	631.0	3080	257	845	1678	—
1992	4678.1	1413.9	3020	540	1897	3815	—
1993	5835.0	1440.0	5220	997	4738	4176	—
1994	7102.0	1924.0	4610	1013	4060	2327	4295.5
1995	7120.0	2043.0	5500	1039	3741	2196	4839.4

续表 10-4-2

年份	养殖产量	捕捞产量	鱼苗量	渔业户数	渔业人口	渔业劳力	产值
1996	5141.0	2370.0	6000	1172	4086	2324	5287.8
1997	5326.0	2259.0	6000	1121	3833	2123	5247.9
1998	2265.0	1757.0	4050	921	2848	1987	3109.1
1999	2279.0	1005.0		1061	4186	2368	
2000	1514.0	260.0	4800	842	2559	2250	1444.0
2001	1650.5	501.5		855	2790	2077	1859.6
2002	1802.0	409.0		768	2595	888	3192.0
2003	2495.0	461.0	4000	650	2417	2556	1846.7
2004	3123.0	553.0	4000	665	2428	2555	3311.0
2005	3992.0	553.0	4000	534	1831	1868	4580.0
2006	3650.0	609.0	3000	700	2489	2566	4623.0
2007	4090.0	933.0	10000	737	2562	2736	4627.0
2008	4333.0	791.0	10000	724	2690	3144	4960.0

第二节　渔政管理

管理机构

1985 年，渔政由水产局管理。1986 年，设立湖港管理站。1988 年，成立县渔政管理局，与县水产局合署办公，两块牌子一套人员。同年，湖港管理站更名渔政管理站。

渔政执法

1985 年，渔政管理水域 5910 公顷。其中，河流 3153 公顷，湖泊 533 公顷，湖面 2114 公顷，河沟 110 公顷。1994 年，渔政管理水域 2640 公顷，渔政管理站配置执法船 1 艘。1998 年，执法船调配水利局。2000 年，配置执法快艇，编号“中国渔政 36219”。至 2008 年，查处电捕鱼 52 起，炸鱼 25 起，毒鱼 13 起，无证捕捞 69 起；清理拦河罾、迷魂阵等鱼具 21 具；取缔捕鱼鸬鹚 47 只。

第五章　农业机具

第一节　农机种类

耕作机具

1986 年，有农用拖拉机 153 台、3299 千瓦，手扶拖拉机 652 台、5707 千瓦，机耕船 2 艘、18 千瓦，机引犁 19 部、机引耙 585 部，农业机械总动力 3.43 万千瓦。1995 年，有农用大中型拖拉机 3 台、115 千瓦，小型拖拉机 160 台、1459 千瓦，耕整机 77 台、202 千瓦，拖拉机配套农具 211 部。2004 年，大中型拖拉机 121 台、1796 千瓦，小型拖拉机 250 台、2469 千瓦，配套农具 300 部。2008 年，有大中型拖拉机 514

台,小型拖拉机772台,农业机械总动力13.27万千瓦。

收获机具

1986年,水稻收割采用人工收割、脱粒,部分使用脚踏式打谷机脱粒。1998年,有联合收割机1台、20千瓦,机动脱粒机39台、46千瓦。2004年,有联合收割机53台、1961千瓦,机动脱粒机660台、779千瓦。2008年,有联合收割机160台、5920千瓦,机动脱粒机682台、805千瓦。

运输机具

1986年,有载重汽车96辆、5085千瓦,机动运输船9艘、79千瓦,木帆船60艘、97千瓦。1998年,有农用载重汽车115辆、7571千瓦。2004年,有农用运输车500辆、7579千瓦。三轮运输车150辆、1329千瓦,四轮运输车350辆、6250千瓦。2008年,有农用运输机械904辆,其中载重汽车477辆、拖拉机427辆。

农用排灌机具

1986年,有农用排灌动力机械562台,总动力1678千瓦。其中,柴油机382台、4431千瓦,电动机157台、4437千瓦,水泵693台,喷灌机械15套。1998年,有农用排灌机械:柴油机571台、3739千瓦,电动机340台、4368千瓦,农用水泵691台,喷灌机械177套。2004年,有农用排灌机械:柴油机1000台、4516千瓦,电动机400台、5425千瓦,农用水泵1300台,节水灌概类机械350套。2008年,有农用排灌机具5210台、41147.7千瓦,农用水泵4792台。

其他农用机具

20世纪90年代,逐步推广推土机、挖掘机、使用机动喷雾机等农用机械。1998年,有推土机9台,554千瓦。2004年,有推土机10台、552千瓦,挖掘机1台、37千瓦,装载机2台、229千瓦。2008年,农田基本建设机械279台,机动喷雾机2693台。

1986～2008年德安县农业机械一览表

表10－5－1　　单位:千瓦、台

年份	农业机械总动力			拖拉机	运输车	耕作排灌机械
	柴油机	汽油机	电动机			
1986	21780	5082	7429	805	96	1276
1987	22719	5638	8417	799	188	1195
1988	22982	5849	8741	772	248	1168
1989	23314	5730	8784	810	305	1250
1990	22302	5194	10591	791	324	1335
1991	22383	5431	10871	—	215	—
1992	21820	5578	11387	—	229	—
1993	20065	6128	12242	—	298	—
1994	22320	7748	12750	—	370	—
1995	22456	8164	12698	163	378	—
1996	19978	8950	12392	—	—	—
1997	19751	8973	12165	—	—	—
1998	20689	5004	9474	—	115	—
1999	20379	6343	8901	—	—	—
2000	16202	2574	9651	201	278	2185

续表 10-5-1

年份	农业机械总动力			拖拉机	运输车	耕作排灌机械
	柴油机	汽油机	电动机			
2001	18550	2796	9356	230	288	2668
2002	20184	2735	10012	255	369	3133
2003	23207	2726	10215	293	440	4000
2004	26264	2726	10215	371	500	4000
2005	29478	2785	10765	423	530	4400
2006	66902	2998	29002	859	723	4199
2007	74335	3331	32224	954	803	4666
2008	84352	3178	45192	1286	904	6028

第二节 农机销售与服务

销 售

省农机公司德安分公司创建于20世纪70年代。1987年,移交县经贸委管理。2001年,划归县农业局。先后获“全国农机销售优质服务先进单位”“全国农机信息先进单位”称号。至2003年,销售大中型拖拉机119台,小型拖拉机1608台,农用运输车586辆,农用动力机4411台,农用水泵3404台,机动喷雾机2106架,手动喷雾器10143台,内燃发动机组85台,农产品加工机械3250台,销售额6622万元。2004年,公司改制,职工置换身份。至2008年,销售农机1066台,国家实行购机补贴政策,补贴资金243.43万元;有农机供应门市部5个,其中县城3个,聂桥、车桥镇各1个。

2005~2008年德安县农机购机补贴一览表

表 10-5-2　　单位:万元

补贴机种	2005年		2006年		2007年		2008年	
	台数	金额	台数	金额	台数	金额	台数	金额
轮式拖拉机	2	1.2			5	8.0	2	2.8
全喂收割机	30	17.5	19	13.0	6	4.2	27	40.5
半喂收割机	1	3.0			3	15.0	3	15.0
旋耕机							2	0.23
插秧机	2	1.4	1	1.0				
手扶拖拉机					157	31.4	270	81.0
机动喷雾器					240	2.4	200	3.0
增氧机、投饵机							96	2.8

服 务

1985年,县农业局设有农机管理站,各乡镇农技站配1~2名农机员。2001年,农业局增设农机监理站。农机服务部门采取分批次集中轮训与分散辅导相结合方式,至2008年,举办培训班15期,培训人员8500余人次。同年,有县乡两级农机维修点80个,维修技术人员270人。

第六章 农业科技

第一节 科技体系

20世纪80年代,农业局下设有粮油生产、植物保护、水产、农机管理、土壤肥料技术指导站及种子管理局、农业技术推广中心、蔬菜办公室。各乡镇配备农技员、林业员、水利员、科普员、经管员、农机员、水产员、植保员和兽医,设有农业技术推广站。90年代后,各行政村聘请兼职农技干部,建立农技推广示范点;各村民小组树立农业科技示范户。至2008年,县、乡、村、组农业科技服务网络基本形成,为农户提供推广农业科技、新种子、新农药、新化肥等服务。

第二节 科技项目

良种推广

20世纪80年代,推广汕优系列、协优系列等水稻良种,821、中油杂系列等甘蓝型双低油菜品种。90年代,推广泗棉3号和中棉、赣杂棉和湘杂系列等棉花良种。21世纪初,开始推广超级杂交稻两优培九、两优293和Y两优1号。

技术推广

种植技术 水稻推行塑料软盘育秧及抛秧技术。20世纪80年代初,油菜改直播为育苗栽培,推广晚稻板田移栽、苗期喷施多效唑,增强油菜秧苗抗寒能力,改春发为冬发。棉花推行营养钵育苗移栽、苗床喷施“床草净”除草技术。

测土配方施肥 1987年,结合商品粮基地建设、中低产田改造,推广磷肥沾秧根、配方施肥、碳胺深施、化肥与有机肥配合施用技术。1992年水改旱后,推广棉花专用复合肥和BB肥。2006年,德安被列为国家测土配方施肥补贴资金项目县。坚持控氮、稳磷、增钾、补微8字施肥原则,推行“以磷定基、微在基中、补追氮钾”12字增肥技术。

第三节 科技成果

1988~2006年,全县农技工作者先后获农牧渔业“丰收奖”、科技进步、技术改进奖等7项,获奖主要完成者11人次,其中部级2项2人次、市级5项9人次。2006年,德安列为国家测土配方施肥补贴资金项目县。至2008年,共检测土样8000个,代表面积19193公顷;完成“3414”肥效试验20个,建立核心示范区30个,面积3533公顷。通过市农业局专家组测产验收。

1985～2008 年德安县部分年份农技获奖成果一览表

表 10－6－1

奖项等级	科技成果	项目完成单位	获奖者
1988 年九江市科技进步三等奖	综合治理中低产田技术经济效益评价	县农业畜牧局	杜文祥 曾庆亚
1991 年九江市科技进步三等奖	柑橘高位嫁接技术应用推广	县农业畜牧局	陈家政 陈礼柏
1994 年九江市科技进步三等奖	板栗芽变单系，田铺双季栗生长结果特性及栽培技术研究	县农业畜牧局	桂训跃
1994 年九江市科技进步三等奖	草甘磷防除棉田杂草试验示范推广	县农业畜牧局	孙法政 官守学
1994 年九江市科技进步三等奖	泗棉三号新品种大面积推广应用	县农业畜牧局	王泽国 刘贤根
1994 年农业部棉花丰收计划二等奖	棉花丰收计划	县棉果办公室	县棉果办公室
1994 年全国农牧渔业丰收二等奖	江西省 30 万亩棉花高产优质栽培技术推广	县棉果办公室	桂贤国 徐其芳 余林生
1996 年江西省科学技术进步三等奖	棉花全程化调综合栽培技术推广	县棉果办公室	桂贤国
1997 年九江市科技进步三等奖	赣北移栽棉田免耕草甘磷行间除草试验示范	县农业畜牧局	植保站
1997 年九江市科技进步一等奖	赣北棉铃虫综合治理示范	县农业畜牧局	官守学
2006 年全国农牧渔业丰收三等奖	棉花优高效简化栽培技术集成与示范	县农业局	徐从辉

第七章 农业开发

第一节 粮棉基地与园田化建设

粮棉基地

1987 年，德安列为国家商品粮基地县。中央下拨资金 162 万元，省、市、县配套 32 万元、32.8 万元、97.2 万元。其中，用于小型水利建设 134 万元，中低产田改造 30 万元，农技推广体系和良种繁育体系建设 160 万元。1993 年，德安列入国家商品棉基地建设县，投资 180 万元，陆续用于棉田基础设施改造和林泉等 4 个轧花厂投资建设。

园田化

1996 年起，开始实施国家农业综合开发园田化项目，按照“田成方、林成网、路相通、渠相连、涝能排、旱能灌”标准，统一规划、分步实施，分别在聂桥、吴山、磨溪、丰林、高塘、林泉、宝塔、河东、爱民、邹桥、车桥、塘山等乡镇和园艺场进行园田化建设，至 2008 年，共平整土地 1467 公顷，修建提灌站 55 座、渠道 3200 千米，新修机耕道 240 千米。

第二节 农村沼气工程

1990 年，县农业局设农村能源管理站，负责推广沼气池，普及省柴灶。同年，举办推广省柴灶技术培训班 8 期，培训人员 550 人次。20 世纪 90 年代中期，基本普及省柴灶。2003 年，获国债援助农村沼气工程资金 124 万元，利用人畜粪便生产沼气，提供环保清洁能源。2004 年，举办沼气生产工技术培训班,参训学员120名,经考试获沼气工程建设职业资格证书。至2008年,全县修建沼气池7863个,获国债援助资金664.6万元,31.5%农户用上沼气。

第八章　农村经营管理

第一节　农民负担监督管理

1994年,成立县减轻农民负担监督管理领导小组,下设减轻农民负担办公室,实行"谁主管、谁负责"监督管理责任制,监督管理重点是乡统筹与村提留征收标准与使用原则。2005年,农业税取消,乡统筹与村提留随之终止,农民负担监督管理工作重点转向转移支付的使用和村级财务管理。

第二节　村级财务管理

管理模式

1985年,村级财务实行村民委员会主任审批、出纳支付、会计做账管理模式。2002年,制定《德安县人民政府办公室关于进一步规范和加强村级财务管理的通知》。县财政审计部门规范会计科目、会计记账、建档与管理工作,使用统一账簿、单据、记账凭证及报表,会同农业部门不定期对村财会人员进行业务指导。

财务公开

村委会制订民主理财与财务公开制度,村级财务收支定期公布,一事一议财务账目随时公布,每次财务公开内容存档备查。会计和出纳不得兼职,村级主要干部直系亲属不得担任财会人员。2006年,县政府制定《德安县"村财乡代理"实施方案》,要求各乡镇村级财务核算中心对本乡镇村委会、居委会财务进行清理。8月起,全面实行村财政乡代理报销制度。村级财务支出建立一支笔审批制度,村主任审批,村民理财小组成员签字,报乡镇财务核算中心审核。重大支出必须召开村委会或村民代表大会决定,张榜公布。

财务审计

1985年,村级财务由乡镇农村经营管理部门负责管理指导,对村级财务管理情况实行定期与不定期审计;对村民反映较大的财务问题,进行重点审计。1993年起,对离任村干部实行离任审计。2005年11月,对全县14个乡镇场81个行政村干部,进行第五届任期和离任经济责任专项审计,审计金额3755万元。其中,村级收入2035万元,费用开支1720万元。在村级三年总费用开支中,村干部工资323万元,招待费220万元,报刊费12万元,办公费40万元。存在问题:村级收入经济薄弱,"一事一议"工作不够规范,坚持民主理财制度和财务开支审批制度不到位,部分白条子入账,招待费控制不严,现金管理不规范。县委、县政府组织全县村级干部加强财务管理和减轻农民负担政策学习。对村级经济发展提供优惠倾斜政策,解决村级经济薄弱现状;对"一事一议"筹资的超标收费全额退还。

卷十一

林　　业

卷十一　林　　业

德安是江西省33个林业重点县之一。1985年,林地面积53926公顷,其中有林面积21619.8公顷;活立木蓄积量56.96万立方米;森林覆盖率23%。1986年,推广林木种苗繁育和品种改良技术,育苗、种植专业户发展迅速,林业生产步伐加快。1998年,结合中德合作长江中上游生态防护林系统造林工程实施,林果业成为农业产业结构调整重要内容,利用宜林荒山,营造以杉、松、枫、楝、早熟梨、板栗等为主的用材林和经济林,林业生产进入快速发展期。2001年,被省政府列为国家重点生态公益林试点县。2005年,林业产权制度改革,民间投资造林积极性进一步提高。至2007年,中德合作长防林工程造林3904公顷。2008年,林地面积53490.7公顷,其中有林面积34351.7公顷(含国家生态公益林935.3公顷,省级生态公益林6819.1公顷);活立木蓄积量152.56万立方米,比1985年增长95.60万立方米;森林覆盖率40.82%,比1985年增加17.82个百分点。林业行政管理、森林资源保护、林业科技成果等工作得到长足发展。

第一章　山林资源

第一节　林地面积与树种分布

林地面积

1985年,林地面积53926公顷,占全县土地总面积57.53%。其中,有林地21619.8公顷,占林地面积40.09%;无立木林地和宜林地28582公顷,占林地面积53%;疏林地819公顷,灌木林地1723.2公顷,未成林造林地1162公顷;苗圃地20公顷。

1989年,林地面积55932公顷(森林资源二类调查面积),占全县土地总面积59.5%,比1985年增加1.97个百分点。其中,有林地23370公顷,占林地面积41.78%,比1985年增加1.69个百分点;无立木林地和宜林地28209公顷,占林地面积50.43%,比1985年减少2.57个百分点;疏林地2612公顷,未成林造林地1725公顷;苗圃地16公顷。林地和有林地面积呈增长趋势,无立木林地面积逐渐减少。

2003年,林地面积53265.8公顷(森林资源二类调查面积),占全县土地总面积61.54%,比1989年增加2.04个百分点。其中,有林地32817.8公顷,占林地面积61.61%,比1989年增加19.83个百分点;无立木林地451.8公顷,宜林地1795.5公顷,无立木和宜林地占林地面积4.22%;疏林地1963.5公顷,灌木林地11066.5公顷;未成林造林地5151.9公顷;辅助生产林地18.8公顷。

2008年,林地面积53490.7公顷(森林资源二类调查面积),占全县土地面积61.8%,比1985年、2003年分别增加4.27和0.26个百分点。其中,有林地34351.7公顷,占林地面积64.22%,比1985年、2003年分别增加24.13和2.61个百分点;无立木林地278公顷,宜林地641.4公顷,无立木和宜林地占林地面积1.72%,比1985年、2003年分别减少51.28和2.5个百分点;疏林地1589公顷;灌木林地13201.4公顷;未成林造林地3419.8公顷;苗圃9.4公顷。随着国家不断加强生态建设,大力发展林业生产,通过封山育林使疏林地转变为有林地;通过植树造林、退耕还林将无立木林地和宜林地转变为有林地;无林地大幅减少,有林地快速增长。

1985～2008年部分年份德安县森林资源二类调查林地面积一览表

表11-1-1　　单位:公顷

年	土地总面积	林地面积							占土地面积%
		合计	有林地	疏林地	灌木林地	未成林造林地	苗圃	无立木林地	
1989	93999	55932.0	23370.0	2612.0	—	1725.0	16.0	28209.0	59.50
1999	86554	49131.0	42553.0	431.0	4796.0	602.0	15.0	734.0	56.76
2003	86554	53265.8	32817.8	1963.5	11066.5	5151.9	—	2247.3	61.54
2008	86554	53490.7	34351.7	1589.0	13201.4	3419.8	9.4	919.4	61.80

森林覆盖率

1985年,森林覆盖率23%(有林地面积占土地总面积百分比)。1989年,森林覆盖率25%。1999年上升至54.7%(有林地、灌木林地面积之和占土地总面积百分比)。2003年,森林覆盖率降至38.16%(有林地、四旁植树面积之和占土地总面积百分比)。2008年,森林覆盖率40.82%。

树种与分布

针叶林　主要有马尾松、湿地松和杉木，少量散生火炬松、雪松、南方红豆杉、刺柏等。杉木适宜海拔 300 ~ 500 米背阳山坡地，马尾松适宜面阳低山、丘陵。

常绿阔叶林　主要有以青冈栎、苦槠、栲树、细叶青冈栎、樟、枫香等，适宜海拔 400 米以下沟谷地带。

针阔混交林　主要有杉木、马尾松与阔叶树混交。

常绿与落叶混交林　主要有小叶栎、青冈栎、麻栎、苦槠、枫香、锥栗、酸枣、黄檀、檫树等。

竹林　主要有小山竹、毛竹，少量桂竹，淡竹、雷竹等。毛竹适宜山谷地。低丘、村落旁有小片桂竹、淡竹、雷竹等。

灌木矮林　主要分布在贫瘠山地，多为混交林。

2008 年德安县主要树种分布一览表

表 11 - 1 - 2

科名	属名	品种	分布乡镇	科名	属名	品种	分布乡镇
杉	杉木	杉木	各乡镇	山茱萸	山茱萸	山茱萸	吴山
	柳杉	柳杉	吴山、磨溪	桦木	桦木	光皮树	各乡镇
	水杉	水杉	吴山、磨溪		赤杨	拟赤杨	各乡镇
柏	侧柏	侧柏	磨溪			桤木	各乡镇
	柏木	柏木	聂桥、磨溪	椴树	椴树	椴树	吴山、邹桥
	圆柏	圆柏	吴山、磨溪	杜英	猴欢喜	猴欢喜	吴山、磨溪
		龙柏	磨溪		杜英	杜英	各乡镇
松	刺柏	刺柏	磨溪	梧桐	梧桐	梧桐	各乡镇
	松	马尾松	各乡镇	大戟	油桐	油桐	各乡镇
		湿地松	各乡镇		乌桕	乌桕	各乡镇
		火炬松	各乡镇		秋枫	重阳木	吴山、磨溪
	金钱松	雪松	宝塔、河东	茶	茶	山茶	宝塔、磨溪
罗汉松	罗汉松	罗汉松	宝塔、磨溪			油茶	丰林
银杏	银杏	银杏	林泉、蒲亭镇			茶树	宝塔、磨溪
红豆杉	红豆杉	红豆杉	彭山		木荷	木荷	彭山
木兰	鹅掌楸	马褂木	磨溪、高塘	杜鹃花	杜鹃花	杜鹃花	各乡镇
	木兰	厚朴	磨溪、高塘	石榴	石榴	石榴	各乡镇
		白玉兰	磨溪、高塘	鼠李	枣	枣树	各乡镇
		紫玉兰	磨溪、高塘	葡萄	葡萄	南酸枣	各乡镇
		荷叶玉兰	磨溪、高塘	柿树	柿树	葡萄	宝塔、聂桥
蓝果树	喜树	喜树	各乡镇	芸香	柿树	柿树	各乡镇
	蓝果树	蓝果树	丰林等		枸杞	枸杞	河东、宝塔
碟形花	槐	槐树	宝塔、车桥		金橘	金橘	河东、宝塔
		龙爪槐	磨溪、车桥		柚	柚	蒲亭镇、宝塔
	红豆树	花榈木	各乡镇		柑橘	柑橘	蒲亭镇、宝塔

续表11－1－2

科名	属名	品种	分布乡镇
碟形花	香槐	香槐	磨溪、车桥
	紫穗槐	紫穗槐	各乡镇
	刺槐	刺槐	爱民
	胡枝子	胡枝子	各乡镇
	黄檩	黄檩	各乡镇
金缕海	枫香	枫香	各乡镇
		九江三角枫	各乡镇
悬铃木	悬铃木	法国梧桐	各乡镇
杨柳	杨	加杨	丰林
	柳	垂柳	蒲亭镇
		旱柳	丰林
樟	樟	香槟	各乡镇
	檫木	檫木	邹桥、吴山
	楠	光叶石楠	磨溪、高塘
		罗木石楠	磨溪、高塘
	木姜子	山鸡椒	各乡镇
	山胡椒	山胡椒	各乡镇
苏木	紫荆	紫荆	各乡镇
	美蹄甲	美蹄甲	各乡镇
	皂荚	皂荚	吴山、车桥
含羞草	合欢	山合欢	各乡镇
	金合欢	黄荆	各乡镇
		牡荆	各乡镇
壳斗科	水青岗	水青岗	各乡镇
	栗	板栗	各乡镇
		茅栗	吴山、磨溪
		锥栗	吴山、磨溪
	栲	苦槠	各乡镇
	青冈	青冈栎	吴山、磨溪
	栎	麻栎	各乡镇
		栓皮栎	各乡镇
		白栎	各乡镇
		短柄枹栎	各乡镇
胡桃	山核桃	山核桃	吴山、磨溪
	核桃	华东野核桃	吴山、磨溪
	枫杨	枫杨	各乡镇
马鞭草	黄荆	黄荆	各乡镇
蔷薇	石楠	桃叶石楠	高塘、蒲亭镇等
	枇杷	枇杷	各乡镇
	梨	早熟梨	各乡镇
	樱	红心李	各乡镇
		黄心李	各乡镇
		奈李	各乡镇
		桃	各乡镇
		杨梅	园艺场
	山楂	山楂	各乡镇
八角	八角	莽草	各乡镇
苦木	臭椿	臭椿	吴山、邹桥
木犀	白蜡	白蜡	吴山、磨溪
	女贞	女贞	蒲亭镇、宝塔
	桂花	桂花	各乡镇
玄参	泡桐	泡桐	各乡镇
棕榈	棕榈	棕榈	各乡镇
竹亚科	刚竹	毛竹	各乡镇
		桂竹	各乡镇
		淡竹	各乡镇
		雷竹	各乡镇
榆	榆	榔榆	吴山、磨溪
		白榆	吴山、磨溪
	糙叶树	糙叶树	吴山、磨溪
	榉	大叶榉	吴山、磨溪
	扑	扑树	吴山、磨溪
桑	桑	桑	丰桥、磨溪
	构树	构树	各乡镇
	榕	无花果	各乡镇
仲	杜仲	杜仲	林泉
楝	香椿	香椿	各乡镇
	山楝	山楝	各乡镇
无患子	无患子	无患子	吴山、磨溪
漆树	盐肤木	盐肤木	各乡镇
	黄连木	黄连木	吴山、磨溪
槭树	槭树	槭树	吴山、磨溪
茄	枸杞	枸杞	各乡镇

第二节 林 木

主要林木种类

1985年,主要林木种类有松、杉、樟、槠、竹等。2008年,松林面积21337.7公顷,占有林地面积62.11%;蓄积量69.37万立方米,占总蓄积量45.47%。杉林面积3592.8公顷,占有林地面积10.46%;蓄积量24.2万立方米,占总蓄积量15.86%。竹林面积2606.5公顷,占有林地面积7.59%。

活立木蓄积量

1985年,活立木蓄积量56.96万立方米。其中,乔木林蓄积量52.23万立方米,疏林蓄积量3.18万立方米,四旁树蓄积量0.23万立方米,散生木蓄积量1.32万立方米。

1989年,活立木蓄积量67.01万立方米。其中,乔木林蓄积量61.44万立方米,疏林蓄积量3.74万立方米,四旁树蓄积量1.55万立方米,散生木蓄积量0.28万立方米。

2003年,活立木蓄积量112.73万立方米。其中,乔木林蓄积量110.35万立方米,疏林蓄积量0.87万立方米,四旁树蓄积量1.11万立方米,散生木蓄积量0.40万立方米。毛竹78.35万株。

2008年,活立木蓄积量152.57万立方米。其中,乔木林蓄积量146.16万立方米,疏林蓄积量4.21万立方米,四旁树蓄积量1.84万立方米,散生木蓄积量0.36万立方米。毛竹90.89万株。活立木蓄积量比1985年增加95.61万立方米,增幅167.85%,森林资源呈增长态势。

林种结构

防护林 分为水源涵养林、水土保持林、护岸林、护路林4个亚林种。1999年,防护林面积25681公顷,占林地面积52.27%。2008年,防护林面积37574.7公顷,占林地面积63.4%。

特种用途林 分为国防林、实验林、母树林、环境保护林、风景林、名胜古迹林、自然保护区林7个亚林种。2008年,特种用途林面积1634公顷,占林地面积2.8%。其中,环境保护林762公顷,风景林523公顷,国防林319公顷,其他特种用途林30公顷。

用材林 分为一般用材林、短轮伐期工业原料用材林2个亚林种。2008年,用材林17248公顷,占林地面积29.1%。

薪炭林 2008年,薪炭林面积1556公顷,占林地面积2.6%。

经济林 主要为果业林。2008年,各类品种果园面积1251公顷,占林地面积2.1%。

第二章 造林营林

第一节 苗木培育

20世纪80年代,育苗以县林业局森林苗圃为主,每年育苗面积7公顷,为县苗木生产地,主要提供杉、松、油桐、柏树、法国梧桐等苗木,属省重点苗圃之一。20世纪90年代后,育苗方法由单一种子育苗,发展到扦插育苗、容器育苗,育苗品种由单一造林苗木发展到经济林苗木和园林绿化苗木。2003年,省林业厅租用园艺场岑家山地70公顷,建立种苗繁育基地。2004年,江苏阳光集团投资1.6亿元,成立江西国丰生态农林开发有限公司,在丰林镇、林泉乡、高塘乡建立680公顷苗木基地,主要培育园林绿化苗木。此外,各乡镇场个体户育苗面积共306公顷。至2008年,花卉及园林绿化苗木基地总面积

1066 公顷。

第二节 林业科技

品种改良

1987 年,在森林苗圃进行湿地松芽苗切根移栽试验,获得成功。后陆续从庐山植物园和市林科所引进华山松、火炬松、金钱松、罗汉松、柳杉、水杉、落叶杉、广玉兰、香柏、福建柏、龙柏、刺柏、塔柏、花榈木等树种,进行栽培试验。

1988 年,开展乡土树种类型和分布情况调查,确定杉木、马尾松、油茶、毛竹、枫香、香樟、乌桕、苦楝、木荷、刺槐等为优良、速生乡土树种。1990 年,县苗圃开展"杉木优良无性系推广运用"课题研究,进行杉木插播育苗试验,获得成功。

造林技术推广

1986 年,推广开垦水平带整地造林技术,栽植杉木和湿地松,获得成功。1996 年,从浙江临安引进雷竹,栽种 667 公顷。1998 年,结合中德合作长防林造林项目实施,大力推广针阔混交林、乡土树种、穴垦、生物多样性等营林技术。至 2008 年,举办林业科技培训班 50 期,参加培训 2700 人次,送科技下乡活动 20 余次,编印板栗、毛竹、笋用林等林业技术资料 8 万余份。

第三节 造林组织形式

国营林场

县属国营彭山林场,山场分布县内 8 个乡镇 42 个行政村。1985 年,经营面积 5321 公顷,其中有林地 1659 公顷、苗圃 3 公顷,活立木蓄积量 32 万立方米。造林方式主要有林场范围内国家投资造林和租用农户荒山荒地联营造林。1989 年,被列为速生丰产林基地,联营造速生丰产林 1200 公顷。至 2008 年,造林面积 2272 公顷,占全县造林总面积 7. 14%,年产木材 2500 立方米。主要品种有杉、湿地松、酸枣、木荷等。

集体林场

1985 年,有乡办、村办集体林场 119 个,统一组织劳动力造林。至 2008 年,集体林场造林 6460 公顷,占全县造林总面积 20. 29%,主要品种有杉、湿地松、酸枣、苦楝、香椿等。

民间造林

20 世纪 80 年代,随着山林确权及划定自留山工作的落实,户造和联户造林逐渐兴起。2005 年,林权制度改革,进一步调动民间造林积极性,出现一批 33 公顷以上连片造林大户。至 2008 年,民间造林面积 23100 公顷,占全县造林总面积 72. 57%。晨鸣纸业公司在车桥镇、爱民乡和吴山乡建设工业原料林基地 1000 公顷。另有 6940 公顷林地流转,由专业大户造林。

第四节 重点造林

山上再造工程

1990 年,根据省市统一部署,集中领导、集中时间、统一指挥,开展突击垦山整地、植树造林运动。至 1996 年,造林 13372 公顷。

中德合作长防林工程

1994年，县政府与德方签订中德合作长防林项目，1998年开始实施。2003年，德国复兴银行对项目进行中期评估，评估结果列全省第一。至2007年，造林3904公顷，封山育林2700公顷，后续抚育680公顷，封山育林改造面积193公顷。发放劳务费1022.28万元，涉及15个乡镇场、675个村民小组、农户7122户。2008年，顺利通过德国复兴银行终期评估。

退耕还林工程

2002年，启动退耕还林工程。至2008年，国家投资422.5万元，退耕还林2067公顷，荒山造林2267公顷，封山育林667公顷，涉及11个乡镇81个行政村，1.2万农户5万余农业人口。

绿色通道工程

“九五”期间，昌九高速公路绿化列入省重要窗口工程。1995年，公路两侧栽植水杉2.6万株、樟树0.2万株。2004年，沿高速公路两侧1千米内荒山荒地、火烧迹地、采伐迹地及稀疏残次林地造林213.8公顷。

2008年，沿昌九高速公路打造景观带20余处。德白公路、田五公路、聂车公路、林白公路、邹桥至塘山公路两侧进行绿化，栽植苗木13.7万株。沿金带河、博阳河栽植珍稀树种1万余株。其他河岸沟旁栽植杨树8.2万株。

1985～2008年德安县造林面积一览表

表11－2－1　　　　单位：公顷

年份	面积	年份	面积	年份	面积	年份	面积
1985	3620	1991	1283	1997	780	2003	2000
1986	4112	1992	1968	1998	604	2004	1021
1987	327	1993	2160	1999	407	2005	723
1988	420	1994	2776	2000	516	2006	1054
1989	549	1995	2709	2001	1623	2007	734
1990	875	1996	2826	2002	2267	2008	3406

义务植树

每年3月12日植树节，广泛开展义务植树活动。1985～2008年，全县参加义务植树活动人数161万人次，义务植树1690万株，主要品种有杉、湿地松、桂花、香樟、梨、橘及花卉、苗木等。

第三章　森林保护

第一节　封山育林与公益林建设

封山育林

1985年后，各乡镇场制定封山育林村规民约，林场、村、组均设有护林员。至1997年，封山育林26667公顷。1998年后，封山育林列入重点工程项目。其中，中德合作长防林项目封山育林面积2700

公顷,退耕还林封山育林667公顷,长防林封山育林333公顷。

公益林建设

2001年,德安列为省政府国家重点公益林建设县,实施生态公益林项目建设。2006年,实施省级地方生态公益林项目建设。公益林实行全面封禁,聘请专(兼)职护林员83人。至2008年,生态公益林面积19754.4公顷,其中省级公益林6819.1公顷。国家下拨补偿资金453.24万元,省政府下拨补偿资金130万元。

第二节　森林防火

防火宣传

1985年,县、乡两级设有护林防火机构,开展森林防火宣传工作,乡、村配备专(兼)职林管员。每年10月1日至次年4月30日森林防火期,重点林区设有防火岗、卡32个,下发防火宣传资料3500余份。乡镇场组织防火巡逻队经常在林区进行防火巡逻和宣传,杜绝野外用火,防止发生森林火灾。

队伍设备

1990年,县护林防火指挥部更名为县森林防火指挥部。2004年,依托彭山林场组建一支林业职工扑火队,定编30人。配置运兵车2辆,指挥车1辆,无线电基地台1台,无线电车载台2台,背负式电台1台,对讲机6部,GPS卫星定位仪10部,风力灭火机11台,油锯5台,割灌机5台,灭火水枪14支,二号扑火工具31把,点火器5个,阻燃服60套。全县乡镇有半专业扑火队13支,配置运兵车13辆、对讲机39部、GPS卫星定位仪13部、风力灭火机65台、油锯26台、二号扑火工具1300把、砍刀650把。形成县、乡两级森林防护网络,做到上下联动,一处有事,多方支援。2005～2008年,全县森林火灾零事故。

第三节　病虫害防治与检疫

主要病虫害

1987年,境内发现国内检疫对象泡桐丛枝病、枣疯病,面积29.7公顷。2000年,进行第2次森林植物产地检疫和疫情调查,未发现国内检疫对象和省补充检疫对象,仅义峰山马尾松有危险性害虫松天牛,面积0.14公顷。2005年,查出林业有害生物马尾松毛虫、松天牛、马尾松松毒蛾、思茅松毛虫、樟叶蜂、星天牛及豚草等10余种,危害面积66.7公顷。

防治措施

县林业局设森林病虫害防治检疫站,定期进行病虫害预测报。1991～2008年,境内未发生重大林业有害生物灾害,马尾松毛虫每年小面积发生,马尾松松毒蛾、思茅松毛虫等偶有小面积发生,呈低虫口状态。防治人员用白僵菌粉炮、森防丹、绿化威雷、森得保、吡虫啉等药剂进行防治,有效控制林业有害生物大面积发生。

植物检疫

1987年起,对出入县境木材、竹材、苗木及林产品进行检疫。至2005年,检疫调运木材18.5万立方米,毛竹20.7万根,苗木2723.8万株,未发现检疫性病虫害。

第四章　林业管理

第一节　管理机构

1985 年,县绿化委员会办公室、县森林防火办公室设在县林业局。1991 年,设城郊、黄婻、聂桥、磨溪、邹桥、车桥林业工作站 6 个,实施森林资源监管、检查、验收,对破坏森林资源行为进行行政处理。2008 年,林业局内设营林股、林政股、法规股、森林资源监测办、山林纠纷调处办、执法大队、林业产权交易中心、林业技术推广站、种苗站、森防站等。

第二节　森林公安

1985 年,成立县公安彭山林业派出所。1989 年,成立县公安林业分局。2004 年更名县森林公安局。至 2008 年,先后设彭山、关山、杨桥 3 个林业派出所,负责维护林区社会治安秩序,保护森林资源,预防、制止和惩治涉林违法犯罪活动。相继开展"天保行动""猎鹰行动""春雷行动""霹雳行动""绿色旋风行动""绿剑行动""绿盾行动""鄱阳湖越冬候鸟资源保护"等专项行动。办理各类森林案件 4100 余起,其中刑事案件 150 余起、治安案件 80 余起。

第三节　林地管理与林业执法

林地管理

2004 年,县林业局设林地管理办公室,负责征占用林地审批和非法侵占林地案件查处工作,对矿藏勘查、开采和道路、水利、电力、通迅等工程建设,以及公益性项目征占用林地进行调查、登记发证。至 2008 年,办理用地单位占用林地审批手续 74 宗,审批面积 61.95 公顷,上缴森林植被恢复费 224.77 万元。

林业执法

1985～2008 年,查处涉林刑事案件 86 起,治安案件 113 起,林政案件 2240 起,挽回直接经济损失 900 余万元。其中,林业工作站查处盗伐林木案件 121 起,处理 123 人,没收林木 162.5 立方米,补种林木 4.45 万株。处理滥伐林木案件 92 起,补征"两金"94.8 万元,补种林木 3.6 万株。取缔无证加工木材厂 12 处,扣押木材 51.5 立方米。

第四节　采伐与林产品流动管理

采伐管理

1985 年,实行森林限额采伐制度,严格控制森林年采伐量和木材年消耗量;实行森林限额采伐、木材限额销售双总量控制模式。至 2000 年,上级下达采伐指标 40338.1 立方米,实际下发指标 38704 立方米,节余 1634.1 立方米。2001 年,调减采伐指标,实行计划前置审批、管理双线运行、指标分配"二榜公示"管理方式,压缩森林采伐指标 1368.1 立方米。至 2008 年,减少森林采伐量 13775 立方米。

林产品流动管理

1985年,有聂桥、清塘2个竹木柴炭检查站,对外销外运木材及林产品实行凭证放行。2007年,撤销清塘检查站,设车桥检查站。至2008年,查处违规违法木材运输案件913起,没收无证外运木材1162立方米。

第五节　专项基金征收与使用

1986年,育林基金和更新改造基金(简称"两金")改按林木出售价25%缴纳。1988年,"两金"标准按收购后第一次销售价20%收取,同时收取林政管理费、护林防火费每立方米3.5元。2004年,按每立方米360元基价20%征收育林基金。至2008年,征收"两金"8600万元。

林业专项基金列为林区采伐迹地、林间空地、荒山地更新造林和育苗、幼林垦修、封山育林、护林防火、森林病虫害防治,野生动植物保护,林业科研和山区林业基本建设专项资金,实行专户储存,专款专用,年终结余转下年度使用。

卷十二

工　业

卷十二　工　业

1985年，全县有工业企业228家。其中，驻县中央工业企业1家、省属工业企业3家；县属工业企业49家，其中国有30家、集体19家；乡镇集体工业企业73家；村办集体工业企业103家。职工12598人，固定资产原值4261.4万元。总产值1.22亿元（1980年不变价，不含中央、省属企业），占工农业总产值1.69亿元的72.14%。独立核算工业企业利润1778.3万元，税金731.7万元。初步形成以羽绒制品、棉纺、矿产、煤炭为重点的工业结构，有部优产品3个、省优产品6个。当年起，德安连续4年被评为“全省经济效益先进单位”。1992年，被评为全省工业十强县。同年，成立宝塔开放开发区。1996年被评为全省县域综合经济实力十强县。1998年起，共青计划单列。2002年，在宝塔开放开发区基础上，创办宝塔工业园。2004～2005年，连续获全省先进工业园区称号，并获全省工业崛起园区发展专项奖。2006年，宝塔工业园批准为省级民营科技园，纳入全省产业经济“十百千亿工程”；同年批准为省级工业园区，更名德安工业园。

2008年，全县有规模以上工业企业56家，其中国有4家、国有联营1家、有限责任公司9家、股份有限公司2家、私营34家、港澳台及外资6家。从业人员12798人。固定资产49.45亿元，工业总产值44.92亿元。利润21.83亿元，税金1.89亿元。非公有工业经济在全县工业经济中占主导地位，形成以纺织服装、机械制造、食品医药、建材化工和矿产品开采与加工为主的产业结构。有省优产品21个、部优产品11个，著名商标7个。

第一章 工业结构

第一节 所有制结构

国有所有制

1985年,有中央工业企业1家、省属工业企业3家、县属国有工业企业30家。县属工业企业有:锑矿、萤石矿、付山煤矿、内配厂、电机厂、铸造厂、半导体厂、砂轮厂、水泥厂、水管厂、电杆厂、砖瓦厂、食品厂、加工米厂、棉纺厂、印刷厂、自来水厂、石灰石公司、饲料公司、供电所、森工企业、共青企业(9家)。1991年,有中央、省属工业企业4家,县属国有工业企业29家。1997年,有国有工业企业40家,其中中央1家、地方39家(县属32家)。1998年起,共青工业经济指标不再由县经贸委和统计局上报。当年有国有工业企业17家,其中中央1家、地方16家。2000年起,县属国有工业企业先后推行产权制度改革,其中付山煤矿和锑锌矿实行国有民营。2008年,全县有规模以上国有工业企业4家、国有联营工业企业1家。

集体所有制

1985年,有县属集体所有制工业企业18家。其中,二轻系统11家(塑料厂、木器厂、五金鞋模厂、工具厂、棕麻厂、综合厂、竹塑厂、服装厂、玉雕厂、工艺美术厂、二轻供销公司),其他系统8家(砖瓦厂、制面厂、豆腐社、煤球厂、预制厂、磨具厂、百货缝纫组、民政福利厂)。有乡镇工业企业73家,骨干企业有宝塔液压器厂、丰林粉丝厂、义峰石粉厂等。有村办工业企业103家。

1986年,县委、县政府提出乡办、村办、户办、联户办四轮驱动,大力发展乡镇企业。受共青羽绒业示范辐射,全县户办、联户办羽绒企业发展迅速,有100人以上规模羽绒制品企业5家。产品销往全国24个省(市),出口苏联、捷克斯洛伐克、波兰等国。1990年起,乡镇场利用当地资源和地理优势,以骨干企业为龙头,逐步形成产业集群,如第二棉织厂、义峰石粉厂、金湖农机厂、东方羽绒厂、宝塔液压器厂(煤矿机械厂)、林泉轻钙厂、高塘花炮厂、丰林粉丝厂、丰林医保厂、聂桥望夫山造纸厂、吴山采石场、车桥东方造纸厂等,成为乡镇支柱产业和乡镇财政收入重要来源。

1991年,制定《关于加快我县乡镇企业发展若干问题的规定》,建立发展乡镇企业激励机制,对创办企业者和引进的人才解决"农转非",新办企业给予税收优惠,对有突出贡献者转为聘用干部。同年,有县属集体工业企业14家,厂办工业企业2家,乡镇工业企业78家,村办工业企业107家。1997年,有乡及乡以上集体工业企业76家(县属18家),村办企业170家。随着市场经济建立和改革的深入,集体所有制工业企业先后改制,至2008年全部转为民营。

非公有制

1985年,县二轻局与香港荣荣工业有限公司合作成立德荣拉链有限公司;同时,个体私营经济不断形成和发展壮大。1991年,有外商投资工业企业2家。1994年,德安县委、县政府相继制定《关于继续加快个体私营经济发展的规定》《关于发展股份合作制企业个人投资入股的决定》,鼓励创办私营企业。至1995年,引入外商投资工业企业3家,港澳台投资工业企业4家。1997年,有乡及乡以上非公有制工业企业21家,其中股份合作10家、私营2家、联营1家、外资6家、其他2家;有村以下私营企业5234家。2002年,创办宝塔工业园。随后,相继创办丰林工业小区、林泉钙业工业小区、吴山有色金属工业小区。2004年,有规模以上非公有制企业28家,其中有限责任公司7家、股份有限公司2家、私营企业13家、外商投资企业6家。原10家股份合作工业企业分别改制为民营、个体工商户或注销。2008年,有规模以上非公有制工业企业51家。其中,有限责任公司9家,股份有限公司2家,私营企业34家,港澳台投企业4家,外商投资企业2家。形成纺织服装、机械制造、食品医药、建材化工、矿产品开采加工等5大支柱产业。

第二节　行业结构

1985年,30家县属工业企业中,采矿业4家、机械制造业5家、化工建材7家、纺织服装3家、食品工业4家、其他7家。73家乡镇工业企业以羽绒服装、采矿、机械、食品、化工建材业为主,103家村办工业企业以采矿、中小农具、日用品、水泥制品、砖瓦、粮油加工、饲料业为主。1997年,137家乡及乡以上工业企业中,有采掘业18家,制造业109家(其中食品加工10家、食品及饮料制造8家、纺织8家、皮毛及羽绒制造10家、非金属矿制品23家、其他50家),电力、煤气、水制造供应业10家。2008年,56家规模以上工业企业中有采矿业6家,制造业48家(食品医药7家、纺织服装11家、化工建材14家、设备及器材10家、造纸及纸制品3家、家具及金属制品3家),水电气生产和供应2家。

第二章　规模与效益

第一节　规　模

1985年,有工业企业225家(不含中央、省属),其中县属48家(国有30家,二轻10家,其他系统8家),乡镇73家,村办103家,分别占21.8%、32.4%、45.8%。从业人员12598人,其中县属9920人(国有9123人,集体797人),乡镇1954人,村办724人。固定资产原值4261.4万元,其中县属3679万元(国有3484.9万元,集体194.1万元),乡镇464.2万元,村办118.2万元。1992年,共青羽绒厂成为全国“大二型企业”。同年,县萤石公司成为省中二型企业。1995年,县水泥厂成为省第二大水泥企业。

1997年,有乡及乡以上工业企业137家:国有40家,其中中央1家、地方39家(县属32家);集体76家(县属18家);私营2家;联营1家;股份制10家;外商投资6家;其他2家。从业人员22515人:国有17225人,其中中央741人、地方16484人(县属14840人);集体3211人(县属418人);私营68人;联营15人;股份制335人;外商投资1616人;其他45人。固定资产原值90343.3万元:国有64596.2万元,其中中央3571.3万元、地方61024.9万元(县属54922.4万元);集体5477.9万元(县属786.2万元);私营85.5万元;联营28万元;股份制813.5万元;外商投资19307.2万元;其他35万元。

1998年,有独立核算工业企业100家:国有17家,其中中央1家、地方16家;集体63家;股份合作9家;联营3家;有限责任公司2家;股份有限公司1家;私营4家;外商投资1家。从业人员10353人:国有7052人,其中中央713人、地方6339人;集体2418人;股份合作348人;联营88人;有限责任公司187人;股份有限公司100人;私营110人;外商投资50人。固定资产原值31842.9万元:国有26246.4万元,其中中央2448.3万元、地方23798.1万元;集体3860万元;股份合作847.7万元;联营27.9万元;有限责任公司522.6万元;股份有限公司26.6万元;私营302万元;外商投资9.7万元。2003年,县棉纺厂成为市重点纺织企业。

2008年,有规模以上工业企业56家。其中,国有企业4家,国有联营企业1家,有限责任公司9家,股份有限公司2家,私营企业34家,港澳台企业4家,外资企业2家。从业人员12798人。其中,国有企业882人,国有联营企业134人,有限责任公司2226人,股份有限公司538人,私营企业7456人,港澳台企业945人,外资企业617人。固定资产494526.2万元。其中,国有企业35781万元,国有联营企业

5809.6万元,有限责任公司98358.5万元,股份有限公司31749.8万元,私营企业276202.7万元,港澳台企业28570.3万元,外资企业18054.3万元。

第二节 效 益

工业产值和销售收入

1985年,全县工业企业(不含中央、省属)总产值12218.9万元(1980年不变价),其中国有10752.8万元、集体1298.4万元(县属365.9万元、乡办627.8万元、镇办34.4万元、村办270.3万元)。村以下167.7万元。独立核算工业企业产品销售收入13368.8万元,其中国有12429.3万元、集体939.5万元(县属299万元、镇办35.8万元、乡办563.7万元、厂办41万元)。村办企业产品销售收入604.5万元。

1997年,乡及乡以上工业企业总产值150755.8万元(1990年不变价):国有103491.7万元,其中中央1223.2万元、地方102268.5万元(县属95735.5万元);集体32709.4万元(县属9334.5万元);私营837万元;联营481万元;股份制3535万元;外商投资9083.2万元;其他618.5万元。独立核算工业企业产品销售收入72078.3万元(不含村及村以下):国有51632.7万元,其中中央1060.6万元、地方50572.1万元(县属43585.4万元);集体15213.4万元(县属444.7万元);私营215万元;联营384万元;股份制1994.2万元;外商投资2145万元;其他494万元。

1998年,全县独立核算工业企业总产值35898.8万元(1990年不变价):国有17666.5万元,其中中央1654万元、地方16012.5万元;集体13154.9万元;股份合作2808万元;联营740万元;有限责任公司633.4万元;股份有限公司445.6万元;私营414万元;外商投资346.4万元。独立核算工业企业产品销售收入33055.2万元(不含村及村以下):国有16920万元,其中中央1167万元、地方15753万元;集体11602.2万元;股份合作2058.6万元;联营475万元;有限责任公司1085.8万元;股份有限公司445.6万元;私营414万元;外商投资54万元。

2008年,全县规模以上工业企业总产值449195.7万元(当年价)。其中,国有地方企业29951.2万元,国有联营企业810.1万元,有限责任公司101311.6万元,股份有限公司21839.4万元,私营企业254890.7万元,港澳台商投资企业21113.9万元,外商投资企业19278.8万元。销售产值439736万元。其中,国有30243.2万元,国有联营810.1万元,有限责任98413.6万元,股份有限18896.7万元,私营251700万元,港澳台商投资企业21113.9万元,外商投资18558.5万元。

利润和税金

1985年,独立核算工业企业利润1778.3万元:国有1703.1万元(中央40.7万元、省属624万元、县属1018.7万元),集体75.2万元(县属7.1万元、镇办0.6万元、乡办66.7万元、厂办0.8万元)。村办工业企业利润56.1万元。独立核算工业企业税金731.7万元:国有1173.8万元(中央24.7万元、省属458.9万元、县属690.2万元),集体41.5万元(县属14.5万元、镇办3.1万元、乡办21.4万元、厂办2.5万元)。村办工业企业税金28.7万元。

1997年,独立核算工业企业利润-265.7万元:国有-219.3万元,其中中央-369.8万元、地方150.5万元(县属71.7万元);集体466.4万元(县属-23.9万元),私营26.3万元,联营6万元,股份制92.1万元,外资-644.1万元,其他6.9万元。村办工业企业利润426万元。独立核算工业企业税金3123.6万元:国有266.9万元,其中中央68.3万元、地方2600.7万元(县属2409.9万元);集体348.3万元(县属16万元),私营2.7万元,联营5.4万元,股份制53.7万元,外商33.9万元,其他10.6万元。村办工业企业税金120万元。

1998年,独立核算工业企业利润-320.2万元:国有-1117.8万元(中央-346.5万元、地方-771.3万元),集体767万元,股份合作77.1万元,联营3.4万元,有限责任公司-39.6万元,私营9.2

万元,外资-19.5万元。独立核算工业企业税金1510.6万元:国有907.7万元(中央96万元、地方811.7万元),集体444.4万元,股份合作69.2万元,联营5.5万元,有限责任公司53.6万元,股份制2.6万元,私营9.7万元,外资17.9万元。

2008年,规模以上工业企业利润21887.4万元:国有1158.6万元(不含中央),国有联营28.9万元,有限责任公司4724.8万元,股有限公司769.3万元,私营12599万元,港澳台投资814.4万元,外商投资1792.4万元。税金18852.1万元,其中国有1983.5万元,国有联营41.5万元,有限责任公司3499.9万元,股有限公司1493.7万元,私营10004.2万元,港澳台投资791.1万元,外商投资1038.2万元。

第三章 工业园区

第一节 县工业园

管理机构

1992年6月,成立县宝塔开放开发区管理委员会。内设开发局、招商局、办公室、房地产总公司(隶属县建设银行)。管委会负责规划、设计和工程监督,房地产总公司开发经营。1996年,开发区招商局和县对外经济合作办公室合并,成立县招商引资局,两块牌子,一套人员。1997年,机构改革,开发区土地由房地产开发总公司管理经营。2002年7月,在开放开发区基础上创办工业园,成立宝塔工业园管委会,内设服务部、工程部、招商部、开发有限责任公司。2003年4月,机构改革确定管委会为县政府派出机构。2004年3月,成立中共德安县宝塔工业园非公有制经济委员会。2006年3月,省政府批准为省级工业园,更名江西省德安工业园,是全省94家工业园区之一。2007年4月,建成工业园六层综合办公大楼,建筑面积4238平方米。同年6月,成立中共德安县工业园委员会。2008年1月,工业园确定为正科级机构,设有国土所、公安派出所。

园区规划

园区位于县城西南部。以昌九高速公路为轴,分东西两区,总体规划面积500公顷,其中东区77公顷,西区423公顷。园区以纺织、服装、电子、食品为产业定位。

园区建设

土地开发 1992年,征用宝塔乡牌楼村、桂林村土地77公顷。首期开发由县政府注入启动资金,之后采取市场化滚动模式开发。2002~2008年,开发五期,面积300公顷。

拆迁安置 2002~2007年,拆迁采取“县政府统一供地、统一规划设计、拆迁户自行建房”模式进行。2008年,采取“统一规划、统一设计、统一建设”模式,由县政府统建还房。至2008年,拆迁房屋708栋,还房15.7万平方米,占地8.5公顷。

硬化美化 2002年,投资0.4亿元,完成道路硬化1.13万平方米。2003年,投资0.72亿元,完成道路硬化1.67万平方米,绿化0.6万平方米,安装路灯53盏。2004年,投资1.6亿元,完成道路硬化18.6万平方米,绿化2万平方米。2005年,投资2.4亿元,完成道路硬化2.1万平方米,绿化0.7万平方米。2006年,投资2.9亿元,完成道路硬化2.34万平方米,绿化2.2万平方米,安装路灯150盏。2007年,投资0.9亿元,完成道路硬化2.78万平方米,绿化2万平方米,安装路灯80盏。2008年,投资2.3亿元,完成道路硬化10万平方米,绿化3万平方米,安装路灯100盏。

污水处理 2008年8月,污水处理厂一期工程开工建设,占地面积1.8公顷。厂区建设规模为近期日处理0.75万立方米,远期日处理1.5万立方米,管网全长9278米。

用电保障 2007年10月,在工业园西区建设110千伏专用变电站,占地0.67公顷,总投资3050万元。2008年底,主体工程基本完工。

园区土地管理

园区土地及工业项目用地,由管委会统一规划、管理。工业用地依法出让,出让金一次性付清,出让期限50年。企业不得擅自改变土地用途和私自转让土地使用权。出让土地固定资产投资额每亩不少于100万元。厂房建设严格按照园区规划要求,建筑密度不低于42%,容积率不低于0.8;多层厂房用地面积(含办公、生活设施)建筑密度不低于35%,容积率不低于1.4。

园区企业服务

管委会对入园企业开展全方位服务,协助企业办理项目审批、环境评估、安全评价、验资、营业执照、税务登记、土地使用等手续;及时做好项目建设区土地征收、房屋拆迁等工作;协助办理用电、用水等相关手续;协助企业招工、培训,解决用工问题;为企业员工解决子女就近入托、入学问题;完善公共交通等生活服务设施,优化园区交通条件和就业环境。加强银企对接,解决企业融资问题。至2008年,为企业融资贷款7300万元。

园区主要经济指标

2002年,园区开发建设。2003年,开发面积200公顷,完成基础设施投入7226万元。当年,竣工投产企业20个,园区工业总产值21987万元,工业用电量1922万千瓦时,产品销售收入20888万元,利润1500万元,税金1178万元,从业人员12638人。至2008年,累计开发面积300公顷,完成基础设施投入86559万元,入园企业136个,投产企业71个,形成以纺织、服装、电子、食品为主导的园区产业结构。当年,园区工业总产值406156万元,工业用电量24346万千瓦时,产品销售收入398025万元,利润11355万元,税金7771万元,从业人员14426人。

2003～2008年德安县工业园区主要经济指标一览表

表12－3－1

项目	单位	年份					
		2003	2004	2005	2006	2007	2008
实际开发面积(累计数)	公顷	200	220	220	240	240	300
完成基础设施投入	万元	7226	8464	8510	29820	9146	23393
招商签约资金	万元	133800	163910	234120	143700	471850	169000
实际到位资金	万元	8800	93050	128197	120600	156660	90190
投产企业个数(累计数)	个	20	56	60	70	77	71
工业总产值	万元	21987	114750	179810	259560	406365	406156
工业企业用电量	万千瓦时	1922	8009	13790	18980	17368	24346
工业销售产值	万元	21548	112455	176214	254360	400634	397695
出口交货值	万元	250	50000	66650	99160	138184	63376
产品销售(主营业务)收入	万元	20888	109000	170820	246580	387539	398025
固定资产投资额	万元	63000	64100	64860	85950	42867	90633
利润总额	万元	1500	5180	7126	13950	21572	11355
税金总额	万元	1178	3899	5168	7380	6198	7771
从业人员	人	12658	13166	15936	17360	14657	14426

第二节　乡镇工业小区

丰林工业小区

位于丰林镇，是以医用材料、竹木加工、家具制造、非金属矿产品加工为主的综合性工业园区。2008年，有企业18家。其中，美宝利医用敷料有限公司在原企业基础上，引进外来资金，整合资源，发展成为小区骨干企业。

林泉钙业小区

位于林泉乡，是以当地矿产资源为依托建设的工业小区。2008年，有石灰石开采企业6家、加工企业7家，其中引进大型加工企业3家。

吴山矿业小区

位于吴山乡，主产锡、铅、锌有色金属和萤石等矿产品。2008年，有金属矿开采与加工企业10家、非金属矿开采与加工企业5家。其中，国有金属开采企业1家。

第四章　招商引资

第一节　优化投资环境

1992年5月，县委、县政府制定《关于鼓励引进外资，加快建设昌九工业走廊德安经济区的若干规定》，对投资方式、管理办法、优惠政策及奖励措施等作出具体规定。1996年1月，制定《关于鼓励招商引资、促进开放开发的若干规定》，对外来投资者实行税费、土地政策优惠，注册资金20万元以上者及配偶、子女可入城镇户籍，子女上学、就业享受城镇居民同等待遇；对成功引荐外资人员给以奖励。2001年1月，制定《关于进一步鼓励投资办厂若干规定》。2007年3月、2008年1月，先后制定《关于进一步鼓励外商投资的意见》《关于进一步鼓励外商投资的若干规定》，对产业、土地、税费政策和引资鼓励、服务方式等作出具体规定。

第二节　招商活动

1985年5月，引进香港荣荣工业有限公司，合作成立县德荣拉链有限公司。1988年，首次组织有关部门负责人到江苏、浙江学习考察，洽谈招商项目。1992年，两次组织有关部门负责人到福建、广东、海南、江苏、山东、河南、天津、北京等地参观学习、洽谈招商项目。县委宣传部出版《德安走向世界》大型画册和《德安八景》宣传彩页，推介德安。同年11月，设立驻海口办事处。1993年3月，设立驻上海、深圳、厦门、黑河4个办事处。2002年，县政府制定招商引资目标任务，分解到四套班子成员和15个乡镇场、74个县直单位，并签订招商引资责任状，组成26个招商团队外出招商，每个团队由1名县领导带队；同时派招商小分队驻上海松江。2005年起，县政府派出11支专业招商小分队，长年在长三角、珠三角及福建等地开展招商引资活动。当年，县政府在东莞举办招商洽谈会，同年获市政府招商引资先进单位称号。至2006年，引进入园企业100余家。2007～2008年，组团参加东莞招商洽谈会、杭州招商恳谈会、佛山重点产业招商推介会、赣粤经济洽谈会、珠江招商洽谈会、香港招商活动周、赣台经贸合作研讨会。其中，2008年3月，首次采取政府主办、企业协办运作方式，在福建莆田举办招商推介会，50多名福建客商应邀参加。会后,与会客商组团到德安考察。

第三节 招商成果

2003 年,招商引资重点项目 20 个,投资总额 6.31 亿元,美元 410 万元。2004 年,招商引资重点项目 6 个,投资总额 3.05 亿元。2005 年,招商引资重点项目 9 个,投资总额 8.03 亿元。2006 年,招商引资重点项目 15 个,投资总额 13.89 亿元。2007 年,招商引资重点项目 5 个,投资总额 3.9 亿元。2008 年,招商引资重点项目 9 个,投资总额 9.75 亿元。

2003～2008 年德安县招商引资重点项目和服务单位一览表

表 12－4－1　　单位:亿元

项目名称	项目类型	投资方	服务单位	经营范围	注册时间	注册地址	投资总额
通达电器	工业	曾令华	爱民乡	温控器	2003.1	工业园东区	0.12
新明纺织	工业	叶心明	塘山乡	棉纺	2003.1	工业园东区	0.25
三环水泥	工业	杨志明	经贸委	水泥	2003.3	工业园西区	2.40
华尔通讯	工业	鄢和平	磨溪乡	通讯电子零配件	2003.3	工业园西区	0.10
广成羽绒	工业	广大秋	聂桥镇	羽绒制品	2003.3	工业园西区	0.12
建材大市场	商贸	金环置业	河东乡	房地产开发	2003.3	蒲亭镇	0.80
欣祥彩印包装	工业	朱金花	蒲亭镇	产品包装及印刷品	2003.5	工业园东区	0.15
共大锻压	工业	高明朝	司法局	汽车配件	2003.6	工业园西区	0.08
永飞矿业	工业	永飞化工	审计局	AHF	2003.6	吴山乡	0.70
利和电器	工业	王义春	邹桥乡	温控器	2003.6	工业园西区	0.08
中恒控制器	工业	魏海军	文广局	温控器	2003.7	工业园西区	0.10
华达模具	工业	陈招华	房管局	五金模具	2003.7	工业园西区	0.06
华丰纺织	工业	刘彦凡	爱民乡　林泉乡	棉纺	2003.7	工业园西区	0.10
欧路食品	工业	唐江涛		有机农副食品	2003.8	工业园西区	0.10
百胜纺织	工业	王生新	高塘乡、财政局、丰林镇	棉纺	2003.9	工业园西区	0.60
绎新服饰	工业	周金元	民营局	服装	2003.9	工业园东区	0.20
东洋离合器	工业	代大清	卫生局	汽车空调离合器	2003.9	工业园西区	0.05
福得来家具	工业	曾宪晶	教育局	家具	2003.9	工业园西区	0.10
上好佳食品	工业	上好佳	农工部、丰林、聂桥镇	膨化食品	2003.10	工业园西区	410
怡富实业	工业	李浩庆	蒲亭镇	金属货架	2003.12	工业园西区	0.20
宝塔塑业	工业	陈建良	林业局	塑料制品	2004.2	工业园西区	0.10
大宇生化	工业	胡祖显	林泉乡	钙化物	2004.3	林泉乡	0.36
亚希尔电器	工业	徐成东	塘山乡	暖风机等电器	2004.5	工业园西区	0.14
恒丰喷胶棉	工业	洪义峰	财政局	喷胶棉	2004.5	工业园西区	0.15
国丰生态农业	农林	阳光集团	高塘乡	苗木	2004.5	高塘乡	2.00
宏盛机电	工业	王红生	县委办	汽车空调离合器	2004.8	工业园东区	0.30
天下实业	工业	罗时勇	建设局	服装	2005.1	工业园东区	0.50

续表 12－4－1

项目名称	项目类型	投资方	服务单位	经营范围	注册时间	注册地址	投资总额
凯灵制冷	工业	胡水根	宝塔乡	汽车空调离合器	2005.1	工业园西区	0.05
俊宏实业	工业	余维宏	宣传部	服装	2005.3	工业园西区	0.70
杰尔塑化	工业	王红星	塘山乡	PVC 管材	2005.5	工业园西区	0.08
宏源彩印包装	工业	李道泉	宝塔乡	产品包装及印刷品	2005.8	工业园西区	0.80
兴鸿五金	工业	潘平鸿	塘山乡	小金属零配件	2005.8	工业园西区	0.40
美好餐具	工业	吉利餐具	吴山乡	密胺餐具	2005.9	工业园西区	0.30
建宏化工	工业	张平生	彭山林场	氧化钙、轻钙	2005.9	丰林镇	0.20
天宝矿业	工业	天宝矿业	科技局	铅锌矿	2005.12	丰林镇	5.00
鑫宝电器	工业	刘仁宝	邹桥乡	温控器	2006.2	工业园西区	0.10
达晟纺织	工业	丁进武	房管局	棉纺品	2006.4	工业园东区	1.50
立峰纺织	工业	立峰纺织	经贸委	精梳纺品	2006.5	工业园东区	3.00
宝成氟化	工业	王守华	财政局	氢氟酸	2006.6	河东乡	0.35
永立精密钢管	工业	张林生	民政局	金属无缝钢管	2006.7	工业园西区	0.06
山立首饰	工业	赵济勇	高塘乡	五金工艺饰品	2006.9	工业园东区	0.10
鸿立食品	工业	任珍秀	丰林镇、邹桥乡	生姜等食品	2006.10	工业园西区	0.15
鸿立二期	工业	任珍秀	组织部、邹桥乡	生姜等食品	2006.10	工业园西区	0.60
凯发生态	工业	邓文凯	财政局	珍禽养殖	2006.10	工业园西区	0.20
丽庄装饰材料	工业	宋　华	塘山乡	建材涂料	2006.10	工业园西区	0.06
宏宇服饰	工业	黄绪和	政府办	服装	2006.11	工业园东区	0.40
鑫顺服饰	工业	程雪梅	人保局	服装	2006.11	工业园东区	0.05
顺乐塑胶	工业	董乐荣	蒲亭镇	PVC 管材	2006.12	工业园西区	0.02
庆腾电镀	工业	陈茂金	高塘乡	重金属电镀	2006.12	工业园西区	2.30
庆腾五金	工业	庆琏集团	高塘乡	五金制品、园林机械	2006.12	工业园西区	5.00
长丰油脂	工业	左长江	河东乡	食用油脂	2007.7	河东乡	0.12
旭晶玻璃	工业	杨乃渺	高塘乡	特种玻璃	2007.9	工业园东区	1.20
绍成金属	工业	董绍成	宝塔乡	铜制品	2007.9	工业园西区	0.08
海翔钙业	工业	港华集团	林泉乡	氧化钙、轻钙	2007.11	林泉乡	2.00
富通化工	工业	智通化工	林泉乡	涂布级碳酸钙	2007.12	林泉乡	0.50
国发天然气	工业	计发能源	建设局	天然气输配	2008.5	蒲亭镇	1.10
轮将实业	工业	陆伟平	蒲亭镇	摩托车赛服	2008.5	工业园西区	0.70
德旺新能源	工业	李开平	高塘乡	甲醇储运	2008.7	丰林镇	3.00
俞乐玻璃	工业	陈青贤	政法委	特种玻璃	2008.9	工业园西区	0.50
贝伦特丝绸	工业	凯迪丝业	农业局	桑蚕种养	2008.9	工业园西区	1.20
优特格尔医用品	工业	刘伯福	招商局、政府办	医用敷料	2008.10	工业园西区	0.90
海杰实业	工业	胡海峰	农工部	蛋粉及蛋制品	2008.11	工业园西区	1.30
佳和棉纺织	工业	刘　珍	科协	棉纺和纺线	2008.12	工业园西区	0.60
浩天玻璃纤维	工业	徐咸月	河东乡	玻璃纤维制品	2008.12	工业园西区	0.45

说明：表中上好佳食品投资总额为 410 万美元。

第五章 名优产品 著名商标

第一节 名优产品

1985年,部优产品3个,其中服装类2个、矿产品1个;省优产品6个,其中服装2个、矿产品1个、机械2个、食品1个。1986年,省优产品2个,其中服装1个、机械1个。1987年,部优产品6个,其中服装1个、矿产品1个、副食品4个;省优产品4个,其中建材1个、食品1个、副食品2个。1988年,部优产品2个,其中服装类1个、机械1个;省优产品4个,其中服装1个、矿产品1个、机械1个、其他1个。1989年,部优产品1个(副食品);省优产品4个,其中服装2个、机械1个、副食品1个。1991年,部优产品2个,其中矿产品1个、机械1个;省优产品2个,其中建材1个、化工1个。

1985~1991年德安县部优产品一览表

表12-5-1

年份	产品名称	生产企业	批准机关
1985	"鸭鸭牌"羽绒服	共青羽绒厂	农业部
	"鸭鸭牌"羽绒被	共青羽绒厂	农业部
	"庐山牌"萤石精矿	德安萤石矿	冶金部
1987	"庐林牌"中华黄啤酒(10°)	共青酒厂	农业部
	"庐林牌"中华黄啤酒(12°)	共青酒厂	农业部
	"九仙岭牌"甜红葡萄酒	共青酒厂	农业部
	"九仙岭牌"半干红葡萄酒	共青酒厂	农业部
	"庐山牌"萤石精矿(复评)	德安萤石矿	冶金部
	"鸭鸭牌"羽绒服(复评)	共青羽绒厂	农业部
1988	"鸭鸭牌"夹克衫	共青羽绒厂	农业部
	"驼峰牌"HSY-51液压升柱器	德安煤矿机械厂	农业部
1989	"蒲亭牌"三级鲜味酱油	德安副食调料厂	农业部
1991	"庐山牌"萤石精矿(复评)	德安萤石矿	冶金部
	"驼峰牌"DZF-1型液压支柱三用阀	德安煤矿机械厂	农业部

1985~1991年德安县省优产品一览表

表12-5-2

年份	产品名称	生产企业
1985	"庐山牌"萤石精矿粉	德安萤石矿
	"鸭鸭牌"羽绒服(复评)	共青羽绒厂
	"鸭鸭牌"羽绒被(复评)	共青羽绒厂
	"星球牌"95型气门挺杆	德安内配厂
	"星球牌"CA-10C、942Q活塞肖	德安内配厂
	"峰岭牌"绿豆粉丝	德安丰林粉丝厂

续表 12 - 5 - 2

年份	产品名称	生产企业
1986	“鸭鸭牌”羽绒睡袋	共青羽绒厂
	“驼峰牌”YQS - 311、317 型液压升柱器	德安煤矿机械厂
1987	“三环牌”425JHJ 普硅水泥	德安水泥厂
	“九仙岭牌”全汁葡萄酒	共青酒厂
	“九仙岭牌”陈酿白葡萄酒	共青酒厂
	“峰岭牌”纯豆粉丝(复评)	德安丰林粉丝厂
1988	“驼峰牌”HSY - 5 型液压升柱器	德安煤矿机械厂
	“鸭鸭牌”茄克衫	共青羽绒厂
	“庐山牌”萤石精矿(复评)	德安萤石矿
	“DV 牌”树脂拉链	德荣拉链有限公司
1989	“庐林牌”12°中华啤酒	共青酒厂
	“鸭鸭牌”羽绒服(复评)	共青羽绒厂
	“星球牌”S195 气门挺杆(复评)	德安内配厂
	“安秀牌”羽绒被	德安义峰羽绒厂
1991	“三环牌”425JHJ 普硅水泥(复评)	德安水泥厂
	“金钱牌”重质碳酸钙	德安轻工业公司
	“九仙岭牌”葡萄酒(中国红、半干红、半白干)	共青酒厂

第二节 著名商标

1990 年,全县注册商标 46 件。2008 年,使用注册商标 42 件,其中省著名商标 7 件。

1985 ~ 2008 年德安县省级著名商标一览表

表 12 - 5 - 3

注册商标	产品名称	生产企业	品牌
三环	水泥	江西三环水泥有限公司	省名牌
锐驰	轮胎	江西驰耐得轮胎有限公司	省著名商标
弗亚得	轮胎	江西驰耐得轮胎有限公司	省著名商标
峰岭	粉丝	德安县丰林粉丝厂	省著名商标
绮玉	生活用纸	江西开成纸业有限公司	省著名商标
庐景	生活用纸	江西开成纸业有限公司	省著名商标
上好佳	食品	江西上好佳工业有限公司	省著名商标

第六章 企业选介

第一节 县属国有工业企业

萤石公司

原名县萤石矿,位于吴山乡境内,有采矿区 4 个。1985 年,有固定资产 423.7 万元,从业人员 848

人,工业总产值279.3万元,销售收入381.3万元,利润58万元,税金30.9万元,同年7月,与日本丸红株式会社达成补偿贸易协议;10月,完成2号矿井改造。1986年,年产精矿粉2.8万吨。1987年,在河东乡建制冷剂厂,1989年6月试产成功。同年9月,更名萤石公司。1990年5月,更名县星晨氟化公司。1992年4月,扩建日处理400吨选矿厂。同年,公司被评为省中(二)型企业。1993年,复名县萤石公司;有固定资产1976.3万元,从业人员1050人,工业总产值3176.6万元,销售收入2963.3万元,利润150.3万元,税金250.4万元。1997年5月,制冷剂厂从公司分离,成立县氟化总公司。同年,萤石公司进行股份制改造。2000年,有固定资产1798.1万元,从业人员720人,工业总产值1503.6万元,销售收入1237.8万元,利润-21万元,税金72万元。2003年8月,将4个采矿区及生产经营性资产拍卖,由福建邵武永飞矿业有限公司收购。企业改制,职工置换身份。

水泥厂

1969年,系县萤石矿下属分厂,生产普硅325JHJ水泥。1984年,在五里墩路28号原县化肥厂基础上改建成水泥厂,年产5万吨普硅425JHJ水泥。1985年,有固定资产522.1万元,从业人员100人,工业总产值41.3万元,销售收入58.3万元,利润1.1万元,税金2.6万元。1987年,"三环牌"425JHJ普硅水泥评为"江西省优质产品"。1988年,水泥厂评为"省级先进企业"。1990年初,作为省计委、建材局选定的地方水泥节能改造项目样板厂示范点,投入改造资金200万元(国家能源投资公司贷款100万元、县财政和企业各50万元),年产水泥6.5万吨。1991年10月,节能技术改造项目完成,年产水泥8.3万吨。1992年5月,国家建材局在德安召开"全国机立窑节能技术示范线德安水泥厂验收暨现场会"。同年11月,县水管厂并入;12月,投资3535万元,扩建年产12万吨道路水泥生产线。1995年,实现生产能力30万吨。1996年,有固定资产7732万元,从业人员728人,工业总产值4280万元,销售收入4281.4万元,利润500万元,税金336万元。1997年,进行内部重组,实行自主经营、自负盈亏、自我发展。同年,进行股份制改造。2000年,有固定资产7349万元,从业人员837人,工业总产值5122.9万元,销售收入7552.3万元,利润-168万元,税金460万元。2001年7月,租赁给浙江兰溪客商,租期3年,年租金400万元。2003年4月,生产经营权转让江西环宇水泥有限责任公司,转让期6年,转让金800万元,并协定由该公司新建一条年产120万吨新型干法旋窑水泥生产线。同年,企业改制,职工置换身份。

棉纺织厂

位于蒲亭镇义峰路南段。1985年,有固定资产593.6万元,从业人员820人,工业总产值1002.6万元,销售收入977.3万元,利润22.5万元,税金106万元。1987年3月,投资816万元扩建,新增1万纱锭,新、扩建织布车间2800平方米、仓库1000平方米、纺纱车间2500平方米。1993年,引进气流纺生产设备22台(套);年产棉纱2178吨,平布300万米,产值3067万元,销售收入3240万元。1994年3月,投资136万元,新增气相漂白机、高温高压煮纱锅、烘燥机、干洗机等设备,建成纱、布漂白生产线,年产漂白纱800吨、漂白布300万米。1995年,有固定资产1711万元,从业人员1721人,工业总产值4973.3万元,销售收入5842.1万元,利润21.5万元,税金244万元。2000年6月,租赁给南昌客商,租期11年,年租金400万元。2003年3月,出让给福建长乐立峰纺织有限公司,出让金1250万元,土地使用权70年。企业改制,职工置换身份。

江西制动器厂

位于县城北门路东端,前身为县电机厂。1985年,从杭州引进技术,生产轻型汽车制动器配件。1986年,更名县制动器厂。当年,有固定资产34.2万元,从业人员62人,工业总产值41.7万元,销售收入41.8万元,利润7.4万元,税金1.6万元。1987年1月,兼并县半导体厂。1988年,列为省汽车配件定点生产厂,主要产品有"同舟牌"BJ-130、BJ-212、BJ-121、ZQ-6450、NKH五十铃等制动器,产值400万元。1991年,投资280万元,分二期技改。至1992年,形成年产制动器20万只生产能力。1993年,有固定资产366.3万元,从业人员295人,工业总产值1935.3万元,销售收入1400万元,利润89.5

万元,税金72.1万元。1994年3月,与县内燃机配件厂合并成立县汽车零部件制造公司,下设制动器厂、内燃机配件厂、修理厂。同年,列入国家机械工业部农用运输车配套厂。1995年,实现产值3000余万元。1996年5月,更名江西制动器厂,生产能力扩大至30万~40万只。2000年,有固定资产545.3万元,从业人员349人,工业总产值156万元,销售收入695.8万元,利润-34万元,税金26.3万元。2004年11月,以735万元拍卖给浙江柳林机械公司,其中内配厂专用机械设备以117万元另行拍卖。企业改制,职工置换身份。

内燃机配件厂

位于县城五里墩路。主要生产活塞销、钢板销、转向销、推干、挺干等销轴类汽车配件。1985年,有固定资产258.3万元,从业人员367人,工业总产值175万元,销售收入171.2万元,利润17.3万元,税金10.7万元。至1988年,通过技术改造,年生产能力由50万件提高到115万件。1989年,有固定资产419.4万元,从业人员345人,工业总产值281万元,销售收入230.2万元,利润17.1万元,税金15.4万元。1991年,研发生产高铬球。1992年,生产汽车配件200余万件,产值660万元。其中BJ-212、S195挺杆和FCA-10C、492Q活塞销等产品,被评为省优质产品。1994年3月,与制动器厂合并,成立县汽车零部件制造公司,并厂时有资产443万元,负债228万元,职工304人。2003年,有固定资产385.1万元,从业人员363人,工业总产值822万元,销售收入556.6万元,利润25万元,税金32万元。2004年,企业改制,职工置换身份。

付山煤矿

位于邹桥乡付山村,1958年建矿。1985年,35千伏输变电线路投入使用,年产煤3~4万吨。当年,有固定资产88万元,从业人员397人,工业总产值63.8万元,销售部收入117.4万元,利润-4.5万元,税金3.6万元。1988年,签订3年承包经营合同,年产煤4.8万吨,利润25万元。1991年,实行第2轮承包。1992年,爱民平井获能源部"安全通风甲级井"称号,为全省3个甲级井之一。1994年4月,投资60万元,在五里墩路创办石材加工厂。同年8月,投资100万元(省煤炭厅70万元、自筹30万元)开发塘山乡罗家坟煤矿。1997年,有固定资产218万元,从业人员298人,工业总产值374万元,销售收入506.8万元,利润6.7万元,税金42.7万元。1999年,有固定资产199万元,从业人员370人,工业总产值307万元,销售收入335.8万元,利润-15.2万元,税金36.3万元。2002年5月,爱民井、吴家岩井采矿经营权租赁给私人经营,租赁期10年,租金325万元。企业改制,职工置换身份。

锑锌矿

位于聂桥镇宝山村。1964年建矿。1985年,年产锑锭204吨、锑精矿163吨。当年,有固定资产127.5万元,从业人员242人,工业总产值120万元,销售收入175.2万元,利润41.5万元,税金14.2万元。1986年,新建鼓风炉项目列入省节能技改计划。1988年,锑金属产量214吨,产值176.1万元,营业收入306万元,利税87.4万元。1990年,锑金属产量147吨,产值178.6万元,销售收入159.1万元,税金14.8万元。1993年,以租赁方式引进湖南湘中工矿公司资金80万元,对鼓风炉和冷却系统再行改造,产出高纯度三氧化二锑。当年,实现产量170吨,产值468.9万元,销售收入699.1万元,利税124万元。1994年,新建日处理200吨选矿厂,改造日处理100吨选矿厂。1995年,有固定资产406.9万元,从业人员367人,工业总产值374万元,销售收入1614万元,利润44.6万元,税金77万元。1996年,鼓风炉租赁给广州穗中石油发展公司,租期4年,年租金5万元。1999年8月,更名锑锌矿。2000年,有固定资产566.9万元,从业人员352人,工业总产值567万元,销售收入425.4万元,利润-39.9万元,税金68万元。2002年,浮选、冶炼厂租赁给私人经营,租期5年,租金152万元;企业改制,职工置换身份。2006年,第二次租赁,租期11年,租金220万元,保留锑锌矿法人资格。

碳酸钙总厂

位于丰林镇。前身为石灰石公司,年产钙粉4000~5000吨。1985年,贷款20万元,自筹资金5万元,对夏家垅石灰窑进行1万吨生产能力技术改造。同年,有固定资产58.4万元,从业人员146人,工业总产值38.8万元,销售收入57.5万元,利润5.5万元,税金2.5万元。1986年1月,更名非金属矿产公司。1988年6月,兼并县印刷厂,更名县轻工业公司。1992年4月,兼并砂轮厂,更名县轻化材料总厂。利用砂轮厂空地,扩建第3条年产万吨重钙生产线。1993年,投资30万元,扩建35万立方米砂轮窑和烘干车间,年产砂轮500吨。同年,开发活性碳酸钙系列产品,3条生产线年产3.3万吨。1994年,自筹资金60万元,新建日产30吨节能型石灰窑和1万吨磨石粉车间配套。1996年,投资140万元,扩建轻质碳酸钙生产线1条,形成轻质碳酸钙1.2万吨、活性碳酸钙0.4万吨、重质碳酸钙3万吨年生产能力。1997年,更名县碳酸钙总厂,有职工85人。2000年2月,转换经营机制,生产经营权租赁给台商,租期3年,年租金9万元。2003年,有固定资产232.1万元,从业人员189人,工业总产值462万元,销售收入393.4万元,利润19.3万元,税金18.8万元。2004年5月,企业破产;9月,以300万元拍卖给台商。企业改制,职工置换身份。

氟化总厂

位于河东乡,前身为萤石公司制冷剂厂,1987年创建。1997年5月,从萤石公司分离,更名县氟化总厂。同年投资1800余万元,边生产、边扩建,形成年产无水氢氟酸4500吨、有水氢氟酸3000吨、氟苯1000吨、二氯氟苯1000吨、氟化氢铵1500吨生产能力。1999年,停止生产氟利昂,氢氟酸生产线租赁给德安创安化工公司经营。2001年12月,企业改制,职工置换身份。2002年7月,企业破产,生产设备出让给浙江金华客商,出让金额350万元。

第二砖瓦厂

位于河东乡。有红砖燧道窑、禽蛋加工厂、水泥预制件厂。1985年,扩建燧道窑和烘干房,年产红砖3000万块。1988年4月,并入建材工业公司。1990年9月,公司改为事业性质,实行财政经费差额补贴。1991年,下属农房建材成套供应公司划归对外经济技术合作办公室管理。1994年12月,企业破产。1995年6月,租赁给福建客商,安排下岗职工就业57名。

砂轮厂

位于丰林镇。前身为县共大校办工厂,后划归县工业局管理。1985年8月,新增日产150平方米水磨石生产线和φ400mm以下砂轮生产设备,年产能力200余吨。1991年,获机械工业部"中字牌"砂轮油石生产许可证,定点为机械工业部砂轮油石生产厂。1992年4月,并入轻化工业公司。

印刷厂

位于县城建设路。前身为私营联华印刷厂,公私合营后更名德安县印刷厂。1985年,承印彩色商标、书刊杂志、票据等。1988年6月,并入非金属矿产品公司,对外仍保留原厂名。2000年12月,资产由县社保局托管,负责职工养老、医疗保险费用。

铸造厂

位于河东乡。前身为县三机厂铸造车间,三机厂撤销后更名县铸造厂。1985年,引进上海食品生产技术,购置日产1吨糕点生产线和日产1.5吨汽水生产线,创办乐乐食品厂。至1986年,生产各种糕点、饮料449吨。同时,生产铸件398吨,并为九江动力机械厂生产柴油机主机前后盖。1992年11月,并入县水泥厂。

第二节　二轻企业

德荣拉链有限公司

位于宝塔乡托盘山。1985年6月创建,注册资本128万美元,内地86万美元,港方42万美元,为县内第一家内地与香港合资企业。设计生产能力年产树脂拉链500万码、尼龙拉链100万码。同年8月，引进意大利生产设备52台(套)。1986年4月建厂，1987年安装设备，1988年1月投产，产品获省轻工业厅优秀新产品证书。1995年，企业严重亏损，按照合资股份比例清算倒闭。1996年，县财政暂借30万元，重新开发新产品，添置1套人造板生产设备，更名县拉链厂，生产人造板和塑料拉链。2001年，因原合资企业欠九江市中行债务本金和利息2000多万元，市中行向法院起诉，市法院判决除生活区和保留1幢厂房(面积1437平方米)留给80个职工谋生外，其他所有资产和土地全判给市中行抵债。

模具厂

位于宝塔乡。创建于1971年，1985年，有厂房995平方米，车床等设备20余台，主要生产铝合金鞋模。1986年，铸造车间进行技术改造，自制冲天炉1套，增设元钉和塑料彩印车间。1988年，实行承包制。1996年7月，进行股份制改革，全体职工参股，更名县华达模具有限公司，主要生产铸造件产品。2008年，有职工81人，总资产105万元。

玉雕厂

位于义峰路。创建于1973年4月，主要生产紫英玉石雕刻产品。1986年起，新增宫绢扇、旅游扇、陶瓷壁画、水磨石等装饰产品。1987年，开发旅游商品，拓宽销售渠道，紫英玉石雕刻产品送往北京、上海、广东代销，间接出口。至1990年，共生产玉雕产品2万余件，产值150余万元。1993年，工艺美术厂并入。1996年8月，玉雕厂破产，53名职工自谋职业。

塑料厂

位于永兴巷。20世纪80年代，添置各种注塑设备，生产编织袋、打包带等8个产品。1990年后，因经营不善，资不抵债，停产倒闭。调配职工55人到拉链厂，其余人员自谋职业。

第三节 乡镇企业

丰林企业集团

位于丰林镇，前身为丰林企业总公司。产品涉及食品、轻纺、印刷、制鞋、采矿、建材、畜牧、水产、医用敷料等25类，为农工商一体化综合性企业集团。1987年，“峰岭”牌粉丝被评为省优产品，获首届中国农业博览会优质奖。1993年，被农业部评为全国500家先进乡镇企业之一。1994年，被省乡镇企业局授予明星企业称号。有固定资产总值2600万元，完成工业产值3600万元，销售收入2100万元，利润90万元，税金60万元。1995年4月，更名九江市丰林企业集团有限公司，有分公司5个，工厂(场)18个。主要产品有医用敷料系列、瘦肉型生猪、精制粉丝、医用脱脂砂布等，产品出口美国、加拿大、东南亚等国家和香港地区，出口额占总产值60%。1996年，固定资产5600余万元，职工1800余人，完成工业产值1.28亿元，销售收入9800万元，利润305万元，税金160万元。至1997年，企业集团获省部级奖24次。1995年3月，中共中央总书记、国家主席江泽民到企业视察。

德安县煤矿机械厂

位于宝塔乡。1985年，有各类机床等设备70余台(套)，职工140余人。主要产品为矿用升柱器、推溜器、回柱器、三用阀等，产品销往全国22个省市。1990年，获省先进企业称号。至1991年，获部优产品奖2个、省优产品奖2个。1993年，实现产值360余万元，利税60余万元。2000~2003年，实行承包责任制和租赁经营。2004年，实行改制，厂房及土地拍卖所得480万元，由县、乡两级财政分成，其中30万元用于职工养老保险；设备由乡政府另行拍卖，被原厂职工购买。

车桥东方造纸厂

位于车桥镇。原名为车桥造纸厂，主要产品为草纸。1991年，更名车桥东方造纸厂，生产线增至5

条。1997年,生产生活系列用纸,部分产品出口日本。1993～1997年,实现产值600余万元,纳税20余万元,连续5年被评为市先进乡镇企业。2007年,因受市场和环保等因素影响停产。

高塘花炮厂

位于高塘乡。1987年建厂,当年实现产值20万元。1992年,投入240万元进行技改,生产车间面积扩至3000平方米,实现产值270万元。同年,烟花系列产品被指定为全国第6届"屈原杯"龙舟赛、国际"庐山杯"龙舟邀请赛专用产品。1993年,烟花、鞭炮被赣、鄂、皖3省消费者协会评选为最受消费者喜爱产品,烟花产品出口美国。1995年,实现产值380万元,税收23.8万元。2001年,因萍乡鞭炮厂特大爆炸事故影响,花炮行业整顿而关闭。

第四节 非公有制企业

江西驰耐得轮胎有限公司

位于石桥路92号。2000年5月27日成立,注册资本1000万元,法人代表唐树江。公司租赁原江西轮胎厂厂房和设备,投入技改资金800万元、流动资金2600万元。集制造、商贸于一体,主要生产"弗亚得""锐驰"牌重、轻卡和农用车轮胎,有规格品种60个。同年,有从业人员350人,生产轮胎19160条,实现工业总产值343万元,销售收入322万元,利润－213万元,上缴税金9万元。2005年,有从业人员780人,生产轮胎555713条,实现工业总产值1.4亿元,销售收入1.34亿元,利润－91万元,上缴税金810万元。2008年,年生产轮胎能力80万条,实际生产轮胎683131条,从业人员760人,工业总产值1.66亿元,销售产值1.69亿元,利润－484万元,上缴税金777万元。分别被省、市、县授予先进民营企业称号。

江西美宝利医用敷料有限公司

位于丰林镇。2000年7月13日成立,注册资本2000万元,法人代表陈剑璋。2003年,获自营出口权,有固定资产4210万元。主要生产医用敷料,出口东南亚和欧美等地区。2008年,产值8000余万元。

江西天下实业有限责任公司

位于工业园东区。2000年10月17日成立,注册资本900万元,法人代表罗世勇,占地1.18公顷,建筑面积6000平方米。2002年8月投产,主产尼龙TVC面料风雨衣,以出口为主。2008年,生产风雨衣80万件。

九江华尔通讯技术有限公司

位于工业园西区。2002年1月7日成立,注册资本1000万元,法人代表鄢和平,占地0.67公顷。2004年投产,生产MDF、ODF、DDF配线架,19标准机柜、机箱、机房走线槽等通讯产品。年生产各种机柜、机箱1000余台套。

江西达晟纺织有限公司

位于工业园东区。2003年3月4日成立,注册资本2800万元,法人代表丁进武,占地6.67公顷,厂房面积1.2万平方米。固定资产投资1亿元,生产规模8万纱锭。

九江鑫城纺织有限公司

位于工业园西区。2003年3月在县棉纺厂改制基础上成立,注册资本2000万元,法人代表周春燕,占地5.33公顷,厂房面积2万平方米,总投资11.6亿元。主产棉线、纱,年产量2万吨。

江西通达电器有限公司

位于宝塔工业园东区。2003年5月2日成立,注册资本600万元,法人代表曾令华,占地0.67公顷,2004 年 1 月正式投产,主产温度控制器。产品通过 ISO9001 国际标准质量体系认证、CQC 中国质量认质中心产品安全认证。同年,获科龙公司 50% 订单,并销往欧美、东南亚,销售量 260 万只。

江西三环水泥有限公司

位于工业园西区。2003 年 6 月 30 日成立,注册资本 1 亿元,法人代表杨志明,占地 20 公顷,建筑面积 79920 平方米。投资 2.2 亿元,建日产 2500 吨新型干法回转窑熟料水泥生产线 1 条。2004 年 9 月试产成功。主产高标号普通硅酸盐水泥,年生产能力 100 万吨。

德安永飞矿业有限公司

位于吴山乡。2003 年 7 月,福建永飞集团买断县萤石公司采矿经营权,8 月 4 日成立德安县永飞矿业有限公司,注册资本 1.6 亿元,法人代表崔桅龙。有洪溪畈一、二、三矿区和金家洞矿区,主产萤石精粉、萤石颗粒和优质石灰石。

江西上好佳食品工业有限公司

位于工业园西区。2003 年 11 月 20 日成立,注册资本 410 万美元,法人代表施学理,占地 7.73 公顷,厂房面积 2 万平方米,总投资 1.7 亿元。2006 年 9 月投产,有生产线 7 条。主产糖果、饮料、薯类膨化食品。年生产规模 1.5 万吨。

江西亚希尔电器有限公司

位于工业园西区。2004 年 6 月 1 日成立,注册资本 200 万元,法人代表徐成东,占地 1.53 公顷,厂房面积 8200 平米。生产空调器、浴霸、暖风机、干手机、干衣机、电熨斗、散热条等。

江西柳林机械有限公司

位于五里墩路。2004 年 11 月 30 日成立,注册资本 1000 万元,法人代表郑欣,为浙江柳林机械有限公司整体收购原江西制动器厂重新投资组建,占地 3.5 公顷。主产稻、麦、油菜兼用型系列全喂入履带式联合收割机、手扶拖拉机、机动水稻插秧机、变型拖拉机(车)。2006 年,"同舟"柳林系列联合收割机被评为"江西省农民最喜爱的联合收割机"品牌。

九江鸿立食品有限公司

位于工业园西区。2004 年 12 月 3 日成立,注册资本 520 万元,法人代表任珍秀,占地 2 公顷。一期投资 3000 万元,2006 年 1 月投产。以生姜为主要原料,生产"多元乐"牌营养果糕系列产品,其中有机姜系列产品获"江西名牌农产品"称号。2008 年,有固定资产 6271 万元,从业人员 347 人,实现产值 1.16 亿元,主营业务收入 1.07 亿元,利润 1282 万元,税金 315 万元。

江西立峰纺织有限公司

位于工业园东区。2006 年 12 月 25 日成立,注册资本 5000 万元,法人代表周春燕,占地 6.67 公顷,主产高档棉纱。年生产规模 15 万纱锭。

德安贝伦特丝绸有限公司

位于工业园东区。2007 年 1 月 26 日成立,注册资本 1000 万元,法人代表朱炳坤,占地 2.67 公顷。采用"公司 + 基地 + 农户"经营模式,扶持农民种桑养蚕。2008 年 9 月投产,主产白厂丝、丝绵被等,年生产能力 1000 吨,当年生产白厂丝 300 吨。

第五节　驻县企业

江西爱民机械厂

位于宝塔乡。为省国防科工办下属军工企业。前身为国营爱民翻砂厂(9323 厂)。1972 年 3 月,更名国营爱民机械厂。主要承担531、532、533产品设计、定图、试制,同时承担534、536产品总体研制。1983年,江西锻压机床厂更名南方工业锅炉厂,并入爱民机械厂,同年被定为全国锅炉定点生产厂。1987年,获国家一、二类压力容器设计生产许可证。1992年,同二汽合作建设汽车减震器生产线。1993年,开始进行搬迁建设,除保留一区军品生产外,民品生产和生活区迁至二区(河东磙子岭)。一区占地18.67公顷,二区占地39.4公顷,总建筑面积9.98万平方米。1995年,自动燃油不锈钢热水器获国家科委等五部委(局)国家新产品证书。1997年更名江西爱民机械厂。2002年,获B级锅炉生产许可证。2005年底,1677名职工参与改制,置换身份,保留在职职工206人。

江西轮胎厂

位于河东乡。1985年,为省石化厅直属企业,化工部定点专业厂。占地19.03公顷,建筑面积7.2万平方米(其中生产区建筑面积4.14万平方米),固定资产投资4700余万元,主产重、轻卡和农用车斜交轮胎。1986年,生产轮胎外胎12.21万条、内胎10.56万条;实现工业总产值2885.3万元,销售收入3043万元,利润103万元,税金418万元。1992年,生产轮胎外胎22万条、内胎24.3万条;实现工业总产值6172.5万元,销售收入6200万元,利润40万元,税金797万元。1996年,生产轮胎外胎17.53万条、内胎8.3万条;实现工业总产值5755万元,销售收入5420万元,利润-900万元,税金508万元。1997年12月破产,1278名职工由省石化厅昌九化工集团托管。2000年6月,租赁给江西驰耐得轮胎有限公司,租期10年,年租金180万元。2006年12月改制,改制后资产及未置换身份职工划归省国资委托管。

江西浔阳电子仪器厂(458厂)

位于宝塔乡。为中国船舶工业集团公司直属企业。前身为国营浔阳电子仪器厂,占地21.7公顷。1990年3月,更名江西浔阳电子仪器厂。主要生产鱼雷射击指挥仪和炮兵测地车绘计仪等军工产品。改革开放以来,实行军品和民品生产并举,先后开发生产黑白电视机、冰箱空调温控器、舰船消防系统、陆用消防系统、空调微电脑遥控器、高低压功素补偿器、薄板弧焊机、汽车空调电磁离合器等军民两用产品。1996年,年产电磁离合器1474套。2002年,申报破产,温控器和电磁离合器2个产品实行租赁经营。2003年,开展军品、民品生产分离。新军品公司(九江中船消防设备有限公司)搬迁至市开发区,保留军工代号。

彭山锡矿

位于吴山乡。占地85.5公顷,建筑面积5.4万平方米。为省冶金工业厅直属国有所有制企业。1985年,投资3187.7万元,其中上海联合发展公司1300万元,实施赣沪第一个重大经济协作项目。1987年6月,完成第一期工程,生产规模为日处理矿石300吨,年产锡金属量290吨、铜金属量98吨。1989年3月通过验收,投入生产。1990年,生产锡金属235.8吨,产值211.1万元。1994年2月,停止采选生产。2008年10月,移交县政府改制重组。

方圆(德安)矿业投资有限公司

位于吴山乡。2006年1月,江西稀有金属钨业控股集团有限公司收购江西彭山锡矿,成立方圆(德安)矿业投资有限公司。矿区位于尖峰坡,面积1.5平方千米,一期开采面积0.92平方千米,地质资源储量(矿石量)约300万吨,金属量约1.8万吨,主要探明有锡、锌等有色金属。同年2月,对矿山进行改扩建,选厂日处理能力600吨,年产锡金属500吨、锌金属450吨,员工350人。2007年,有从业人员216人,生产锡金属219.6吨、锌金属201.08吨,实现工业产值1521.97万元,销售收入2058.97万元,利润134.37万元,税金113.15万元。2008年,有从业人员234人,生产锡金属379.87吨、锌金属172.48吨,实现工业产值3566.28万元,销售收入2806.59万元,利润560.96万元,税金451.91万元。连续两年被江西钨业集团评为先进单位,省安监局授予"江西省安全标准化地下矿山三级企业单位"称号。

卷十三

商贸　旅游

卷十三 商贸 旅游

20世纪80年代初、中期，部分重要生产、生活资料仍实行计划供应，国营商业和供销合作商业继续发挥市场主渠道作用。随着改革开放力度加大，计划经济逐步向市场经济过渡，多种所有制商业竞争日趋激烈，国营商业和供销合作商业市场份额逐年下降，私营商业和个体工商户经营逐年上升。

1985年，全年实现社会商品零售总额5536.99万元(含县外直销)，其中国营商业2169.39万元，供销合作商业2730.84万元，私营、个体商业636.76万元，分别占全年社会商品零售总额39.18%、49.32%和11.5%。1992年，县委、县政府制定《关于发展个体和私营经济若干规定》，社会消费品市场形成国营商业、供销合作商业和私营商业、个体商业竞争发展格局。1993年起，商业、供销、粮食、物资、外贸、医药系统所属企业陆续采取承包、租赁、入股等方式，实行国有民营改革，自主经营、自负盈亏。1999年，实现社会商品零售总额20208万元。其中国营商业2509.83万元，供销合作商业5733万元，私营、个体商业11965.17万元，分别占全年社会商品零售总额12.42%、28.37%和59.21%。私营商业和个体商业成为社会商品消费市场主力军。

2003年，县政府制定《关于加快流通和部门企业改制的意见》。2007年末，除石油、食盐、烟草、鞭炮、民爆危化物品仍保留国营性质和专卖外，其余企业全面完成改制，并成立相关管理部门，经营和管理企业改制后剩余资产，处理遗留问题。

2008年，县级旅游行政职能划归县文化广播电影电视局管辖，成立县文化旅游广播电影电视局，对全县旅游资源进行统一整合，编制《江西省德安县旅游发展总体规划》。

第一章 商 业

第一节 国营商业

企业设置与改制

设置 20世纪80年代以来,国营商业主要面向城区经营。商业系统设有百货、五交化、副食品、食品、饮食服务、储运、燃料、商业综合、商业建筑等专业公司和食品厂,经营商品批发、零售和加工业务。商品包括百货、文化用品、纺织品、针棉织品、五金、家电、交电、化工、肉食品、糖果、糕点、烟、酒、干菜、调味品、水产品、茶叶、食盐、煤炭、燃油、医药用品21大类5万多个品种。货源主要由省、市上级公司计划调拨,县级公司采取相同方式分配到基层销售网点,销售利润上缴国库。

改制 1985年后,逐步取消商品分配计划,各公司打破专业界限跨行经营,全面推行承包经营责任制,公司、门店、柜组层层承包。1993年,按照批发从严、零售放宽原则经营,形成国营商业、供销合作商业、私营商业和个体商户竞争发展格局。2003年4月,县政府出台《关于加快流通和部门企业改制的意见》,确定以拍卖出售、股份制改造、兼并重组和破产4种形式对国有商业进行改制。同年6月,商业系统所属公司、厂先后进行公开拍卖。2007年,改制全面完成。2008年,除石油、食盐、烟草公司仍保留国营性质和专卖外,其余商业企业全部转为民营。

1985~2003年德安县国营商业系统主要经济指标一览表

表13-1-1　　单位:万元

年份	购进总额	销售总额	实现税利	固定资产
1985	3136.94	3721.54	333.82	276
1986	3446.92	3696.05	370.87	284
1987	3572.31	3075.07	407.36	310
1988	3623.68	3196.60	566.43	328
1989	3249.78	3807.88	331.23	356
1990	2484.60	3748.71	338.01	660
1991	2340.58	3919.12	355.08	725
1992	2231.91	2733.49	359.79	1268
1993	2837.26	2707.77	284.42	1580
1994	2821.55	3271.89	268.78	1689
1995	3307.18	3338.72	220.50	1720
1996	3222.51	3651.66	203.95	1910
1997	3987.38	3669.37	110.64	2080
1998	4103.98	3328.16	241.03	2588
1999	3512.16	2976.63	103.96	2868
2000	2469.27	2689.28	104.00	3120
2001	3235.38	4220.48	122.10	3360
2002	3257.80	3660.47	113.18	3428
2003	1438.83	3477.55	233.93	3577

说明:销售总额含县外直销。

百货经营

1985 年，百货公司内设人秘股、业务股、财务股、统计股、物价股、保卫股、工青妇组织。主营日用生活必需品和文化体育用品。下设大小百货、针纺织品、文化用品、家用电器 4 个批发专区（部），零售门店主要有县城百货大楼、百货商场、综合大楼和其他临街铺面，营业总面积 6210.2 平方米，仓储总面积 3036 平方米，经营品种 20000 余种。2003 年，全年商品销售额 2447.7 万元，实现税利 241.63 万元。有干部 3 人，职工 141 人，退休职工 67 人，国有注册资本 935 万元。2007 年，全面完成企业改制，职工置换身份，实现民营。

1985～2003 年德安县百货公司经营一览表

表 13－1－2　　　　单位：万元

年份	购进总额	销售总额	实现税利
1985	897.52	954.43	132.00
1986	886.75	985.67	141.37
1987	979.86	110.02	181.82
1988	942.58	132.16	192.45
1989	865.84	986.57	136.75
1990	100.38	1267.50	172.97
1991	126.78	1302.14	189.74
1992	124.47	1276.35	167.85
1993	867.35	975.61	152.37
1994	654.57	760.01	40.60
1995	710.70	800.10	40.70
1996	846.40	930.80	43.94
1997	1052.90	1120.10	39.30
1998	784.00	848.00	28.40
1999	579.90	629.60	27.30
2000	579.91	629.57	41.55
2001	1140.33	1930.50	68.71
2002	1103.57	1812.34	65.24
2003		2447.70	241.63

五交化经营

1985 年，五交化公司内设人秘股、业务股、财务股、统计股、物价股、保卫股、工青妇组织。主营五金、交电、化工、家用电器、交通工具，代管玻璃制品店（集体企业）。县城永兴路有综合商场 2 个，营业面积 493.4 平方米；批发兼零售门店 2 个，营业面积 83 平方米；仓库 4 栋，仓储面积 6780.34 平方米；义峰南路有仓库 2 栋，仓储面积 1600 平方米。经营品种 15000 余种。1987 年 7 月前，实行计划销售，元钉、元丝、纯碱、名牌自行车、电视机凭票和搭配商品供应；8 月后，商品全面敞开供应。1993～2002 年，推行"国有民营"，门店柜组由集体或个人承包经营。2003 年，有干部 3 人，职工 64 人，退休职工 16 人，国有注册资本 564 万元。同年，企业改制，职工置换身份。2007 年，国营五交化经营全面退出市场，实现民营。

1985～2003 年德安县五交化公司经营一览表

表 13－1－3　　　　单位:万元

年份	购进总额	销售总额	实现税利
1985	556.35	784.61	56.35
1986	795.74	852.20	56.47
1987	700.97	759.14	58.17
1988	689.72	705.77	53.27
1989	530.99	595.04	44.07
1990	391.89	494.04	55.74
1991	412.60	557.43	45.82
1992	490.12	552.24	62.22
1993	520.05	589.24	44.11
1994	607.57	672.50	52.80
1995	674.35	704.56	56.80
1996	713.26	864.45	63.26
1997	808.35	841.00	28.49
1998	819.30	841.00	172.39
1999	431.40	450.00	33.69
2000	222.27	240.00	17.67
2001	226.18	240.00	13.76
2002	227.24	240.00	13.76
2003	76.93	80.00	13.69

副食品经营

1985 年,副食品公司内设人秘股、业务股、财务股、统计股、物价股、保卫股、工青妇组织。主营糖、烟、酒、糕点、罐头、茶叶、干菜、调味品,代管南杂店(集体企业)。同年 10 月,烟草业务划出,成立专卖公司。1986 年 6 月取消票证供应。1991 年,经营体制放开,门店、柜组、批发部采取分组承包,自愿组合,自负盈亏,上缴管理费。1992 年 3 月,县副食品公司更名糖酒副食品公司。1993 年 5 月,兼并县豆腐社(集体企业)。1994 年后,公司退出商品经营,店面改为个人承包,公司收取店面租赁费,从事固定资产经营管理。1999 年,分别在永兴支路和建设路兴建综合大楼,建筑面积 4172.06 平方米。2003 年,有干部 3 人、职工 128 人、退休职工 61 人,国有注册资本 500 万元。同年,有批发部 2 个,位于公司大楼和义峰路煤炭公司楼下;有零售门店 16 个,营业面积 7137.47 平方米;仓库 5 栋,仓储面积 3967.31 平方米;木耳加工坊 1 处,面积 148.01 平方米。同年底,公司完成改制,职工置换身份,实现民营。

1985～2003 年德安县副食品公司经营一览表

表 13－1－4　　　　单位:万元

年份	购进总额	销售总额	实现税利
1985	884.62	979.09	100.45
1986	823.75	956.43	110.09

续表 13 - 1 - 4

年份	购进总额	销售总额	实现税利
1987	874.21	947.32	89.74
1988	893.14	1007.43	123.00
1989	847.62	989.28	105.61
1990	798.43	867.53	93.48
1991	809.75	925.78	86.17
1992	869.56	968.47	91.28
1993	607.54	782.63	80.05
1994	798.48	915.87	86.27
1995	876.93	904.23	79.05
1996	721.83	857.63	75.03
1997	661.80	700.10	37.20
1998	675.00	700.00	37.20
1999	667.30	700.90	33.30
2000	662.51	701.10	38.18
2001	687.60	720.00	32.07
2002	687.60	720.00	32.07
2003	566.65	689.45	23.51

食品经营

1985 年,食品公司内设人秘股、业务股、财务股、卫生防疫股、工青妇组织。设有肉类加工厂 1 处(食品仓库)、基层食品站 19 个。负责生猪、残牛(菜牛)、家禽、禽蛋购销。1986 年,全县放开生猪及猪肉市场。1993 年,拆除食品仓库大门及沿义峰路围墙,兴建食品综合大楼。同年,分别在义峰路、永兴支路、东门洲路、东风大道等地建营业网点 20 个,总面积 3186 平方米。1995 年 9 月,县商业局成立定点屠宰办公室,对上市生猪实行定点屠宰、集中检疫、统一纳税、分散销售管理制度。1997 年 12 月,成立生猪稽查大队,负责生猪屠宰、批零监管等业务。2002 年,有干部 4 人,职工 80 人,退休职工 42 人,国有注册资本 56 万元。2003 年,公司完成改制,职工置换身份。县城保留定点屠宰厂 1 个,乡镇定点屠宰点 13 个。除生猪定点屠宰和市场稽查外,其余业务全面进入市场。

1985 ~ 2008 年德安县食品公司经营一览表

表 13 - 1 - 5　　单位:万元

年份	购进总额	销售总额	实现税利
1985	333.71	385.79	10.54
1986	429.45	493.62	18.26
1987	507.85	582.39	43.58
1988	560.75	601.70	161.53
1989	460.90	523.75	12.57

续表 13-1-5

年份	购进总额	销售总额	实现税利
1990	402.94	465.83	-0.47
1991	435.91	498.76	-0.27
1992	382.53	439.66	-0.11
1993	399.30	458.97	0.36
1994	372.54	452.75	-0.19
1995	456.03	506.86	0.54
1996	501.02	573.24	0.87
1997	519.09	589.88	-0.31
1998	769.36	793.16	-0.33
1999	734.05	830.73	-0.53
2000	763.26	816.00	-0.60
2001	793.60	895.16	-0.74
2002	855.69	991.45	-2.71
2003	561.39	643.04	-0.81
2004	1452.71	1643.85	0.017
2005	1556.82	1781.98	-2.70
2006	1262.50	1486.46	-6.16
2007	1689.73	1902.82	0.96
2008	2352.34	2645.12	-0.24

燃料经营

1985年,煤炭公司内设人秘股、业务股、财务股、统计股、物价股、工青妇组织。主要负责单位和城镇居民生产、生活煤炭采购供应。1993年1月,更名燃料公司,由单一煤炭经营,扩大到石油、化工类产品,营业网点增加到18个,有大型露天储煤场1个,占地面积11000平方米;煤球厂1个,厂房面积910平方米;综合营业大楼1栋,建筑面积1674平方米;办公楼1栋,建筑面积190.1平方米。2003年,有干部4人、职工46人、退休职工21人,国有注册资本496万元。同年,企业改制,职工置换身份。剩余资产由县商管办统一管理。

1985~2003年德安县燃料公司经营一览表

表 13-1-6　　单位:万元

年份	购进总额	销售总额	实现税利
1985	336.75	468.67	15.88
1986	378.35	483.42	18.68
1987	356.75	498.50	19.43
1988	394.74	586.70	21.30
1989	386.75	475.24	16.44

续表 13－1－6

年份	购进总额	销售总额	实现税利
1990	367.60	468.95	15.89
1991	373.02	436.13	15.00
1992	166.56	218.65	18.67
1993	188.94	252.69	29.16
1994	187.03	240.88	28.59
1995	196.57	260.01	32.71
1996	227.00	301.73	27.75
1997	656.24	86.29	11.96
1998	883.32	125.50	21.57
1999	906.00	128.80	17.20
2000	72.41	109.02	12.96
2001	165.00	400.60	11.68
2002	196.64	403.51	11.75
2003	132.46	188.80	－16.53

饮食服务经营

1985 年，饮食服务公司内设人秘股、业务股、财务股、工青妇组织，代管工人理发店（集体企业），主营城区住宿、餐饮、照相、画像、钟表和自行车维修、刊刻、制秤、洗浴、理发等服务性业务。有营业场所 6 处：德安旅社综合楼、国贸家电综合楼、德安迎宾楼、商业大厦综合楼、德安酒家、人民照相馆，总营业面积 14203 平方米。1985 年后，商业服务性行业全面进入市场，公司历经第一轮经营承包责任制到最后全面实行民营。2003 年，有干部 4 人、职工 119 人、退休职工 74 人，国有注册资本 754 万元。同年，完成企业改制，职工置换身份。剩余资产由县商管办统一管理。

1985～2003 年德安县饮食服务公司经营一览表

表 13－1－7　　　　单位：万元

年份	购进总额	销售总额	实现税利
1985	127.99	148.95	18.60
1986	132.88	151.09	17.09
1987	152.67	177.70	14.62
1988	142.75	162.80	15.79
1989	157.68	168.70	15.79
1990	170.26	188.86	16.35
1991	178.92	198.88	18.62
1992	198.67	213.77	19.88
1993	224.38	241.13	22.48
1994	201.36	229.88	20.11

续表 13-1-7

年份	购进总额	销售总额	实现税利
1995	114.70	162.40	10.70
1996	213.00	275.00	-6.90
1997	291.00	332.00	-6.00
1998	173.00	212.00	-5.00
1999	193.51	237.40	-7.00
2000	168.88	193.59	-5.76
2001	223.17	250.15	-3.38
2002	187.06	212.45	-6.93
2003	101.40	118.00	-.056

烟草经营

1985年10月,烟草经营业务从县副食品公司划出,成立县烟草专卖局和烟草公司,实行两块牌子一套人员。有干部4人、职工24人。负责全县卷烟市场批发零售,依法对卷烟经营户发放经营许可证,查处无证运输、走私、假冒卷烟等违法违章案件。1986年,设车桥、白水、林泉、杨桥、大西门5个烟草检查站(点),有蒲亭、聂桥、车桥(白水)3个基层卷烟批发点,负责向各片区零售商户提供送货上门服务。1996年起,卷烟使用防伪标识。同年7月,撤销全部烟草检查站,设烟草专卖管理所3个。2000年,由坐店经营、下乡设点改为同访同送。2002年,取消聂桥、车桥(白水)批发点,配备专用车辆、设定送货专线,由公司统一经营。同年8月,取消公司法人资格,由市公司统一经营核算。2003年,成立烟草专卖管理监督科,下设烟草专卖稽查中队,负责检查监督《烟草专卖条例》执行情况,查处违反条例行为。2004年,县烟草公司更名为省烟草公司九江分公司德安县销售中心。取消同访同送,实行访销分离,对全县卷烟经营户实行户籍化管理,由市公司电访部统一按客户预订品牌和数量,由县烟草销售中心统一送货,实行"电话订货、网上配货、电子结算"物流模式。2005年,取消县卷烟仓库,市分公司根据电访预订量逐日送货至县,再由县中心配送至卷烟经营户。同年7月,停止使用卷烟防伪标识,改为喷码。1985~2008年,查处各类违法违章案件1874起,查获制售、假冒、伪劣卷烟1661.5箱,案值830.75万元。至2008年,销售卷烟126308箱,销售额79843万元,上缴税收2866.10万元。

1985~2008年德安县烟草公司经营及查处案件一览表

表 13-1-8

年份	销售总量(箱)	销售总额(万元)	上缴税收(万元)	查办案件(起)	涉案金额(万元)
1985	3400	350	4.2	11	1.84
1986	5000	450	6.1	175	83.7
1987	5025	513	3.1	167	60.2
1988	6200	754	16.3	128	64.1
1989	7000	1026	12.0	145	91.60
1990	5400	2639	30.0	87	456
1991	6045	3020	30.0	146	237.44

续表 13－1－8

年份	销售总量(箱)	销售总额(万元)	上缴税收(万元)	查办案件(起)	涉案金额(万元)
1992	8498	6500	74.0	34	33.88
1993	6800	4206	52.0	37	54.90
1994	6200	3035	26.0	73	7.34
1995	5280	2496	66.0	53	12.64
1996	5520	2476	51.4	42	0.87
1997	5643	2901	38.0	37	60.14
1998	5440	3312	38.0	43	10.76
1999	5010	3976	40.0	76	165.40
2000	4100	2330	37.0	261	45.08
2001	4495	2967	75.0	11	68
2002	4300	2715	107.0	148	59.87
2003	3934	3600	110.0	65	32.51
2004	4284	4244	240.0	27	19.62
2005	4624	5208	360.0	7	1.54
2006	4783	6165	410.0	18	6.04
2007	4823	7187	480.0	6	88.05
2008	4504	7773	560.0	77	

食盐经营

1985 年，由盐业公司专营。同年，食用碘盐进入市场。根据省公司经营片区划分，县盐业公司经营范围为德安县，星子县，武宁县 12 个乡镇，修水县 2 个乡镇。经营方式为公司直销和专营批发。1992 年，成立县盐务局，与县公司合署办公。实行“以省为主，省县双重领导”体制，承担食盐管理与经销双重职能。1996 年 5 月起，全县食盐零售商户实行经营许可证制度；非食用盐用户实行用盐许可证制度，凭证供应，严禁工业用盐流入食用盐市场。2003 年“非典”期间，积极组织货源满足市场供应，迅速化解食盐抢购风波。2006 年，取消二级批发，建立 329 个配送网点，其中蒲亭镇 61 个、丰林镇 19 个、聂桥镇 21 个、吴山乡 45 个、爱民乡 15 个、邹桥乡 16 个、塘山乡 27 个、车桥镇 25 个、磨溪乡 27 个、林泉乡 24 个、高塘乡 13 个、河东乡 10 个、宝塔乡 26 个，由公司直接配送至零售点，年配送 1160 吨。2008 年春运期间，昌九高速和 105、316 国道受冰冻堵车，公司多方调运化雪用盐 82 吨。至 2008 年，共购进食盐 86610 吨，销售 87413 吨，销售收入 6638 万元，上缴税收 649 万元。依法查处涉盐案件 430 起，没收各类非法盐产品 360 吨，罚没款 5 万余元；起诉涉盐案件 2 起，判处有期徒刑 2 人，劳教 1 人。

1985～2008 年德安县盐业公司经营一览

表 13－1－9　　单位：万元、吨

年份	购进总量	销售总量	销售总额	上缴税收
1985	4280	4320	134	3
1986	4311	4538	136	3
1987	5471	5627	136	3

续表 13－1－9

年份	购进总量	销售总量	销售总额	上缴税收
1988	5607	7024	180	4
1989	7533	5327	176	6
1990	4165	3578	183	14
1991	3717	3618	187	13
1992	3988	3350	183	14
1993	4611	3672	200	12
1994	2767	2905	185	20
1995	3414	3000	223	24
1996	1644	3013	235	14
1997	2080	3224	251	26
1998	4880	3723	294	23
1999	2624	3613	294	23
2000	3318	3775	321	24
2001	2900	3206	290	20
2002	3139	2616	329	32
2003	3302	3666	453	34
2004	2120	2756	338	31
2005	3202	3394	420	36
2006	4217	4191	583	96
2007	3840	3780	511	82
2008	3760	3817	530	92

石油经营

1985 年，由石油公司经营，实行计划分配。全县有城区加油站、河东加油站和义峰山油库，年销售量 3500 吨，销售额 375 万元。1986 年，油品价格实行双轨制，个体工商户参与成品油经营，加油站增至 9 个，其中石油公司 5 个、年销售量 5500 吨。1992 年，县石油公司更名九江石油分公司德安支公司，为独立法人。1993 年，取消油品价格双轨制。1994 年，成品油市场全面放开，加油站增至 16 个。其中石油公司 7 个，年销售量 6100 吨，占市场份额 75%。2000 年，中国石化股份有限公司重组上市，县公司更名中国石化股份有限公司江西九江德安经营部，取消法人资格。2001 年起，成品油经营实行市场准入制，汽、柴油零售价格由国家发改委统一发布，实行最高限价。2004 年始，按照上级公司统一部署，县公司采取协商方式收购民营加油站 5 个，共青燃料公司加油站 1 个。2008 年，有加油站 15 个，供应油品主要有 93、97 号汽油，0 号和负 10 号柴油，机油、齿轮油、液压油等。同年，销售汽柴油 24186 吨，销售金额 12105 万元，创税利 296 万元。

1985～2008 年德安县石油公司汽、柴油销售一览表

表 13－1－10　　单位:吨、万元

年份	销售量		销售金额	实现税利
	汽油	柴油		
1985	2244	1878	375	10
1986	2110	313	386	10
1987	2116	578	538	10
1988	3472	2472	683	15
1989	4067	3394	1223	30
1990	3314	4913	1156	34
1991	4153	3879	1491	21
1992	3556	4225	1098	26
1993	7069	6248	1973	50
1994	4096	2148	1421	14
1995	3083	1578	1225	15
1996	3135	1832	1174	19
1997	1959	643	622	8
1998	1484	1342	575	16
1999	1996	2459	1857	14
2000	2354	3709	2280	12
2001	2851	4527	2028	32
2002	2796	5092	2004	29
2003	3058	8224	4758	41
2004	3799	10657	5039	53
2005	4500	16509	8235	121
2006	5630	14905	9641	96
2007	6159	16275	11226	126
2008	6916	17270	12105	296

医药经营

1985 年,医药公司内设人秘股、业务股、财会股、质管股、仓储股。1985 年后,医药经营逐年放开,由年度计划改为 5 年计划滚动管理,产、供、销经营向市场放开,个体药店逐渐增多。1993 年,县医药公司有下属敷阳大药房、朝阳药店、宝塔药店、河东药店、邹桥药店、聂桥药店、林泉药店。1998 年,药品销售 306.13 万元,占市场 40%,利润出现负增长。1999 年,国家实施为期 2 年医药流通市场秩序整顿,公司顺势外扩内管。2001 年,实现销售收入 855.23 万元。2002 年 1 月,省公司与上海医药公司联合组建江西南华医药有限公司,县公司部分人、财、物及城区药店全部划归南华公司管理部经营,原县级公司只负责农村医药网点经营。当年销售收入 485 万元。2003 年,国家全面放开医药市场,民营药店迅速增加。2004 年,销售收入 284.67 万元,市场占有率 18%。2006 年 10 月,公司划归地方管理。2008 年,公司资产由安徽亳州客商租赁经营,当年实现销售收入 2991 万元,上缴税收 20 余万元。同年,县医药公司完成企业改制,职工置换身份,实现民营。

1994~2006 年德安县医药公司经营一览表

表 13-1-11　　单位:万元

年份	购进总额	销售总额	上缴税利	实现利润
1994	183.97	238.22	11.98	0.57
1995	201.37	234.97	10.95	2.00
1996	222.56	291.97	17.31	2.91
1997	214.62	295.03	14.10	-10.18
1998	221.13	306.13	16.20	-3.64
1999	395.53	434.66	10.70	-12.79
2000	517.14	662.22	21.80	1.60
2001	676.52	855.23	23.07	4.04
2002	411.28	485.00	8.64	-6.85
2003	376.06	414.27	9.11	-27.35
2004	241.25	284.67	7.38	-23.60
2005	140.52	165.81	4.30	-30.71
2006	58.51	68.92	1.79	-16.12

商业储运

1985 年 8 月,“6624”国家物资储备库划入地方,与九江商业储运公司仓库合并,成立县商业储运公司。公司内设人秘股、业务股、财务股、统计股、物价股、保卫股、工青妇组织。主营大宗商品储存、中转和其他货物代储代运。业务覆盖武宁、修水、永修、星子、瑞昌、湖口、彭泽等地,中转运输以汽车、火车为主。1988 年底,星子驻德安农资中转货场改建为县中心集贸市场。1993 年,有“6624”和桃树洼 2 个仓库群,仓储面积 93420 平方米。同年,公司货场改建为集贸市场水产品贸易区,营业面积 3330 平方米;综合楼 2 栋。2003 年,有干部 4 人,职工 24 人、退休职工 22 人,国有注册资本 92 万元。同年,企业改制,职工置换身份,公司资产划归县商管办管理。

1985~2008 年德安县商业储运公司经营一览

表 13-1-12　　单位:万元

年份	中转金额	实现税利	年份	中转金额	实现税利
1985	198.60	4.47	1997	296.50	0.50
1986	193.50	0.46	1998	346.20	0.20
1987	178.70	0.86	1999	295.80	—
1988	201.70	0.50	2000	369.50	0.20
1989	240.70	2.00	2001	369.50	—
1990	253.10	1.96	2002	326.20	—
1991	249.00	1.78	2003	392.90	14.29
1992	287.50	3.02	2004	35.00	16.27
1993	303.20	2.61	2005	41.39	-11.23
1994	309.70	1.50	2006	33.87	-5.23
1995	277.90	1.50	2007	49.92	0.50
1996	252.50	—	2008	51.68	0.29

附属企业简介

食品加工厂 1985 年,内设人秘股、供销股、财务股、生产技术股、质量检验股、化验室、工青妇组织。有干部 7 人、职工 108 人,其中退休职工 42 人,国有注册资本 180 万元。有糕点、酱油、白酒、冰糖生产车间 4 个,机修车间 1 个。主要产品有 4 大类 120 多个品种。1991 年 5 月停产,生产设备出让、抵债或报废。1998 年,有资产 190.3 万元,经县法院裁定,除用于职工置换身份外,其余资产抵押给县工商银行,厂区 1.73 公顷土地抵押给县社保局,企业破产。

商业综合公司 1993 年成立,为商业局集体所有制企业。公司由“一品香”饭店、“春来”酒家、“工人”理发店、玻璃制品安装店、百货缝纫加工厂、南杂副食店 6 家集体企业合并组成,内设人秘股、业务股、财务股,在册职工 81 人。主营餐饮、理发、南杂副食、日用百货、玻璃制品及安装、缝纫来料加工等。按行业分成 5 个独立核算单位,实行集中管理、分散经营、自负盈亏、统一纳税。2003 年,公司改制,职工置换身份。

商业建筑公司 1993 年 9 月成立,为商业局集体所有制企业,有职工 13 人,其中助理工程师 2 人、技术员 5 人,退休职工 1 人。主要承担商业系统房屋维修、网点改造和新项目工程建设。公司实行自筹资金、自主经营、独立核算、自担风险管理机制。1993 ~ 2001 年,建有永兴路、建设路副食品公司商住楼,义峰路食品公司综合楼、东风路定点屠宰厂及配套用房等 7 栋,建筑面积 45 万平方米。2002 年,被县第二建筑公司兼并。

第二节 供销合作商业

企业设置与改制

设置 1985 年,县供销合作社联合社(简称县联社)内设人秘股、财会股、计统股、多种经营生产股、保卫监察股、工会、供销职工学校等职能机构,有干部职工 44 人。下设农业生产资料、农副土特产品、棉麻、再生资源回收、日用茶果杂品、供销贸易、共青供销贸易公司和金湖、米粮铺、杨桥、宝塔、河东、黄婳、林泉、高塘、聂桥、吴山、樟树、爱民、磨溪、邹桥、车桥、白水、塘山、付山基层供销社,共 25 个独立核算单位、76 个分销店、104 个代销店。全系统有干部职工 1173 人,其中干部 75 人。负责农村商业贸易和管理。1986 年 10 月,杨桥供销社并入宝塔供销社。1989 年 8 月,付山供销社并入邹桥供销社。1992 年 12 月,樟树供销社并入吴山供销社。1994 年 8 月,共青供销贸易公司与县联社脱钩,成立共青供销合作社联合社,隶属共青。原共青供销贸易公司、金湖供销社、米粮铺供销社划归共青联社管理。2001 年 8 月,成立烟花爆竹专营公司。

改制 1986 年末,供销社系统有股东 4326 人,其中农民股东 3948 人,总股金 118.2 万元,股金付息和分红 19.6 万元。1992 年,农资商品经营采取上门服务、送货到户方式,各基层社设有庄稼医院,帮助农民防治病虫害和指导用药施肥。全县有庄稼医院 26 个,坐诊“医生”50 余人。生活资料经营采取联销计酬和柜组承包形式。至 1995 年,13 个基层供销社和 2 个工业品公司实行“社有民营”。1996 年 5 月,在全县进行第二次扩股,吸收新股东 18816 人,扩股金额 168.28 万元。同月,召开第二届社员代表大会,选举产生新一届理事会、监事会。1998 年始,逐年向股东退股,2000 年末全部股金退清。2002 ~ 2004 年,除烟花爆竹专营公司外全面进行改制,1078 人置换身份,改制成本 1316 万元。剩余资产有门面 18 间、仓库 8 栋、办公楼 2 幢,由县联社资产管理中心统一经营和管理。2005 年,成立县联社农业生产资料连锁有限公司,设 17 家连锁分销店,为农民提供生产资料服务。

1985~2000年德安县供销系统经济指标执行一览表

表13-1-13 单位:万元

年份	销售总额	完成纯购进	完成纯销售	实现账面利润	上缴税费总额	固定资产
1985	4685	3560	2520	45	70.60	38
1986	4932	3748	2653	56	80.60	46
1987	5191	3945	2792	68	90.70	55
1988	5465	4153	2940	79	108.00	68
1989	5752	4372	3095	89	112.80	75
1990	6055	4602	3257	93	119.70	85
1991	6374	4844	3428	96	122.80	98
1992	9245	3984	4084	139	145.50	244
1993	13609	4754	5611	204	189.00	565
1994	14291	10070	10209	286	540.00	1235
1995	20805	12484	7030	416	317.40	1650
1996	19489	15440	9511	409	495.50	1970
1997	21005	12696	11021	420	557.00	2410
1998	12184	7610	6248	244	322.40	2430
1999	6799	4588	4876	136	261.70	2480
2000	5307	1389	6495	106	324.70	2490

说明:销售总额含县外直销。

1985~2003年德安县供销系统四大类商品购销一览表

表13-1-14 单位:万元

年份	总购进	生产资料销售额	生活资料销售额	农副产品收购额	废旧物资收购额
1985	4757.00	543.00	874.50	340.30	16.50
1986	4465.00	660.00	921.20	288.40	18.10
1987	4958.00	765.00	984.80	339.00	19.60
1988	4807.00	804.00	1085.00	109.80	20.30
1989	5630.00	850.00	1143.20	272.50	125.80
1990	5805.00	849.00	1080.00	295.50	164.00
1991	6694.00	1098.00	1184.20	1565.20	105.30
1992	9534.00	1153.00	1181.70	3206.90	117.20
1993	10957.00	1296.00	1253.40	3837.50	162.60
1994	17230.00	1839.00	1020.90	6905.40	31.10
1995	20237.90	2258.60	702.90	7446.90	89.90
1996	16305.90	1966.70	951.00	7709.30	45.70
1997	22059.80	2207.20	1102.10	8715.20	70.50
1998	10877.40	1895.70	624.80	2789.40	21.50
1999	5949.80	976.90	482.70	1236.40	33.80
2000	2849.10	974.90	649.60	282.30	60.00
2001	2438.00	864.60	620.40	120.50	32.00
2002	2018.60	843.20	635.50	846.80	30.50
2003	1454.00	632.00	564.00	—	28.00

农业生产资料购销

1985年,化肥、农药、农膜、农药器械、中小农具由县农资公司按国家计划经营,实行统一定价、统一运输、统一销售。尿素、氯化钾、复合肥等供应按计划分配到基层供销社,农户凭票证或名册购买。1989年,有农资供应网点511个,其中中心店17个、分销店109个、代销店385个,年销售额1430.47万元。1990年,国家对化肥销售价格实行双轨制,允许农业植保站、农技站、土肥站参与经营,用于农业技术推广,销量约占农资公司上年度10%。并允许厂家直销一部分,弥补农户计划分配不足。1991年,水田改旱地扩种棉花,农户购买化肥、农药采取定金赊销方式,交售棉花时扣回所欠赊款。1995年,农资年销量达到最高值:化肥23683吨、农药251吨、农膜34吨、中小农具0.67万件,销售额3219.32万元。1998年,乡镇农技站参与农资经营,约占市场份额30%,公司经营逐渐萎缩。同年6月,公司接管县化工原料厂。2000年市场放开,农资经营改由职工承包。2002年6月,化工原料厂拍卖偿贷。同年,企业改制,职工置换身份,公司注销。2005年,成立县联社农业生产资料连锁有限公司,参与市场经营,形成农资部门、农技部门、个体私营企业多家经营格局。2008年,销售化肥18640吨、农药128吨、农膜22.5吨、中小农具0.54万件,销售额1980.86万元。

1985～2000年德安县农业生产资料销售一览表

表13－1－15

年份	销售总额（万元）	化肥（吨）				复合肥（吨）	农药（吨）	农膜（吨）	中小农具（万件）
		合计	氮肥	磷肥	钾肥				
1985	802.83	10348	6415	3140	829	1010	196.10	30.00	0.80
1986	976.43	11900	6714	3570	1616	1109	143.40	29.80	1.90
1987	1334.31	13804	8558	3865	1781	1218	178.50	31.80	0.88
1988	1181.22	15874	8730	4763	2381	1359	135.60	28.46	0.92
1989	1430.47	180377	9940	7133	2401	1438	151.20	32.56	1.20
1990	1700.22	19250	9625	7130	2495	1578	114.90	39.00	1.45
1991	1792.62	14672	9154	4420	1098	1635	152.80	40.40	2.70
1992	1476.77	13162	8227	3578	1357	2315	104.30	36.54	2.29
1993	1895.66	12123	7924	3032	1797	2565	148.00	31.40	1.98
1994	2293.30	20812	15080	3226	2506	6647	193.00	34.00	0.90
1995	3219.32	23683	14328	5731	3624	6439	251.00	34.00	0.67
1996	2308.24	8000	5475	1590	935	3745	178.00	51.08	0.70
1997	1650.32	8164	5664	1218	1282	4072	148.00	34.80	0.74
1998	1621.95	6422	4523	1149	750	4190	228.00	26.40	0.82
1999	1708.51	4313	3362	635	316	2519	121.00	21.43	0.34
2000	857.07	4620	1840	1394	1386	2378	89.00	78.40	0.25

生活资料购销

1985年,有供销贸易公司、日用茶果杂品公司,主营南杂百货、茶果干菜、五金家电、鞋帽针织、服装布匹、文体用品、钟表装饰和陶瓷用品批发、零售业务。经营模式为统购统销,对基层供销社实行联购分销。1989年,销售额5752万元,实现税利181万元。1990年,打破原有经营模式,对内实行联销计酬,职工收入与销售挂钩;对外(基层供销社)实行定额定量,自主采购。1994年,实行柜组承包、铺底自营,公司将库存商品作为铺底资金按进价拨给柜组,不足部分柜组自行采购,根据商品利润高低向公司上缴相应管理费,并定期收回铺底资金。至1998年底,铺底资金全额收回。2001年,公司退出经营,资产出租。2002年,企业改制,职工置换身份,公司注销。

1985~2000年德安县生活资料经营一览表

表13-1-16　　单位:万元

年份	购进总额	销售总额	实现利润	上缴税利
1985	4216	4685	60	81
1986	4438	4932	64	91
1987	4672	5191	68	94
1988	4918	5465	73	98
1989	5176	5752	79	102
1990	5449	6055	82	107
1991	5736	6374	85	120
1992	8320	9245	128	125
1993	12248	13609	189	169
1994	12861	14291	265	510
1995	18424	20805	389	361
1996	17540	19489	400	475
1997	18904	21005	410	508
1998	10965	12184	235	301
1999	6119	6799	125	248
2000	4776	5307	95	303

棉花购销

1985年,由棉麻公司经营。当年收购皮棉1.53万担,苎麻3千担。1990年5月,兴建林泉轧花厂,年加工皮棉1.5万担。1991年,兴建聂桥轧花厂,年加工皮棉6万担。1991~1993年,棉花种植面积由666.67公顷扩大到5088公顷。1994年,兴建黄婻、磨溪2个轧花厂,年加工皮棉8万担。1995年、1996年,收购棉花分别为6181担、6438担,销售额865.31万元、901.29万元。1997年,国家政策规定,棉花收购贷款由农业银行全额提供。同年底,棉花市场由畅转滞,供大于求。1998年,全县遭受特大洪灾,棉花收购不足5万担。1999年,棉花价格由计划改为市场调节,棉花加工实行资格证制度,对1999年8月31日前棉花经营中出现的亏损,由银行作挂账停息待处理,库存棉花拍卖后出现亏损由中央财政负担;8月31日后出现的亏损由企业自行承担。自此,棉花市场全面放开。2000年,收购棉花9万担,销售额630万元。2001年,购销下滑,银行停贷,收棉终止,轧花厂租赁给个体棉花大户经营。2002年,企业改制,职工置换身份。2003年,公司重组,返聘职工10名,采取个人集资开展购销业务。2006年10月,经法院判决破产,所剩资产拍卖或抵押银行偿贷,棉花购销业务由改制后的县土产公司经营。

1985～2000 年德安县棉麻经营一览表

表 13－1－17　　单位:吨、万元

年份	收购总量	销售总额	苎麻收购	年份	收购总量	销售总额	苎麻收购
1985	765	42.84	150	1993	6000	600.00	—
1986	805	45.08	140	1994	7000	840.00	—
1987	800	44.80	135	1995	6181	865.31	—
1988	900	54.00	130	1996	6438	901.29	—
1989	1000	65.00	120	1997	5380	753.20	—
1990	1555	100.95	110	1998	2438	341.28	—
1991	2750	275.00	80	1999	4000	560.00	—
1992	5000	500.00	—	2000	4500	630.00	—

农副土特产品购销

1985 年,由农副土特产公司经营,部分品种按国家计划供应。主营小山竹、柴炭、杂木棍、荆条、芒杆、晒花帘、菜架竹、野生油料、桐油、棕片、蜂蜜、畜产品等,兼营废旧物资回收业务。有 3 层办公楼 1 幢,建筑面积 1018 平方米;仓库 3 幢,面积 1600 平方米;露天货场 4 个,占地 4 公顷;招待所 1 幢,建筑面积 672 平方米。1987 年,柴、炭、桐油等部分商品终止计划供应。1988 年,县政府征用露天货场 3 个。1989 年,公司收购柴炭 5500 吨、杂木棍 740 万根、风蓬竹 2200 万根、小山竹 3500 吨、菜架竹 1200 吨、晒花帘 1.5 万件、芒杆 4000 吨、荆条 1200 吨,收购额 1280.15 万元。所收产品属国家调控定购的,全部上调省对口公司或指定厂家,其余产品由公司自主经营。同年,废旧物资经营从公司剥离。1995 年,农副土特产品购销完全市场化,业务转向棉籽经营。1997 年,收购棉籽 3500 吨。2000 年终止收购。2002 年,企业改制,职工置换身份。剩余资产划归县供销社资产管理中心管理经营。

1985～1993 年德安县农副土特产品经营一览表

表 13－1－18

年份	收购额（万元）	木柴（吨）	木炭（吨）	杂木棍（万根）	风蓬竹（万根）	小山竹（吨）	菜架竹（吨）	晒花帘（万件）	芒杆（吨）	荆条（吨）	蜂蜜（吨）	木梓（吨）	蓖麻籽（吨）
1985	1280.15	3500	2000	740	22000	3500	1200	1.50	4000	1200	2.50	5.00	5.50
1986	1344.15	3000	2540	350	14000	4500	1280	2.50	3500	1100	3.50	3.50	3.00
1987	1438.24	3500	4000	4000	14500	8500	1300	3.00	4100	1000	2.50	4.50	4.00
1988	1553.30	3800	2500	280	1000	1500	1350	4.50	4300	900	3.50	5.50	5.00
1989	1693.00	3300	2600	360	14000	5000	1290	4.00	3500	1050	1.00	4.50	4.50
1990	1760.82	3400	2700	270	14500	6700	1310	4.50	4500	950	4.50	5.50	3.50
1991	1866.47	2800	2900	250	1370	6000	1250	5.00	4800	1080	5.50	4.50	4.00
1992	1922.46	3200	2200	260	13500	7000	1000	4.50	5000	850	5.90	5.60	1.00
1993	1941.68	2300	1800	271	12507	8050	945	5.35	4930	650	6.50	5.71	2.50

再生资源购销

1985 年,废旧物资购销由县农副土特产品公司经营。1989 年 7 月,该业务从土产公司划出,成立县再生资源回收公司。主营全县废旧物资购、销、调、存及加工业务。同年 9 月,成立废旧物资回收专业合作社,发展社员20余户,对全县废旧物资回收实行统一定价、收购、调运、销售、管理。废旧金属回收实行特种经营许可证制度。1990年,收购总额164万元,销售总额351.9万元。1991年,县第三棉纺厂并入公司管理经营,1993年亏损倒闭。同年,废旧物资市场放开,公司经营实行分类承包。1994年,废旧物资回收专业合作社改称再生资源回收工作协会,发展会员32户,公司负责会员监督管理,指导个体户开展收购业务。1997年,废旧物资回收完全市场化,公司放弃部分经营,职能转为协同公安、工商等部门管理废旧物资回收市场。2002年,公司改制、职工置换身份。2005年,成立县再生资源行业协会,有会员150余户,负责行业协会业务指导、信息提供、市场协调等工作,为全县废旧物资行业管理机构。

1985~2000年德安县再生资源经营一览表

表13-1-19　单位:万元

年份	购进总额	销售总额	年份	购进总额	销售总额
1985	16.50	19.00	1993	162.60	258.90
1986	17.10	21.20	1994	31.10	36.40
1987	19.60	23.10	1995	89.90	95.80
1988	20.30	24.40	1996	45.70	52.50
1989	125.80	260.00	1997	70.50	77.50
1990	164.00	351.90	1998	21.50	23.20
1991	105.30	149.80	1999	33.80	39.10
1992	117.20	134.80	2000	60.00	67.20

烟花爆竹专营和管理

1985年,由日用茶果杂品公司经营。2001年8月,烟花爆竹业务从县日用茶果杂品公司分离,成立烟花爆竹专营公司,负责全县乡镇186个销售网点烟花爆竹批发和市场管理。烟花爆竹生产、经营、运输实行许可证制度,销售网点必须持证经营,经营品种由公司配送中心按需送货上门,实行统一价格、调拨、销售。2004年,公司销售额77.19万元,实现税费1.65万元。2005年5月,成立烟花爆竹行业协会,有会员196户。2006年8月,公司加入省供销合作社天禧花炮连锁集团。2007年,公司销售额344.5万元,实现税利10.18万元。至2008年,公司稽查大队共依法查处各类违法违章案件24起,涉案金额20余万元。

2001~2008年德安县烟花爆竹经营一览表

表13-1-20　单位:万元

年份	购进总额	销售总额	上缴税费	销售利润
2001	10.10	16.76	10.18	-2.50
2002	42.09	22.00	1.25	-4.97
2003	77.99	22.30	1.80	-7.43
2004	54.37	77.19	1.65	-
2005	121.30	152.59	1.04	1.96
2006	179.40	203.60	2.47	3.41
2007	241.77	344.50	4.74	5.44
2008	358.01	428.90	5.23	0.63

社办工业

林泉轧花厂　1990年5月，县棉麻公司自筹资金200余万元，兴建林泉轧花厂。占地1.07公顷，年加工皮棉1.5万担，有职工60余人。该厂投产后，结束德安只收皮棉不收籽棉的历史。2002年，企业实行体制改革，公司将该厂以38万元的价格抵给公司职工，作为身份置换的一次性补偿。

聂桥轧花厂　1991年7月，县棉麻公司自筹资金600余万元，兴建聂桥轧花厂。占地2.8公顷，年加工皮棉6万担，有职工150余人，大多为临时工。2002年公司实行改制，工厂停止收购和加工业务。2005年，轧花厂出租经营1年。2006年，公司与武宁棉麻公司共同经营聂桥轧花厂。2008年上半年，因工作失误，导致623万元棉花款不能收回，武宁棉麻公司撤资。为归还银行贷款，2009年，公司将聂桥轧花厂以370万元的成交价格拍卖给武宁棉麻公司。

磨溪轧花厂　1994年5月，县棉麻公司自筹资金300余万元，兴建磨溪轧花厂。占地2公顷，年加工皮棉4万担，有职工100余人。2000年，因棉花市场逐步放开，加之资金紧缺，全县收购量无法满足各轧花厂加工能力，加之磨溪轧花厂又较偏僻，因此关闭该厂，厂房租赁给私人经营。

黄婻轧花厂　1994年7月，县棉麻公司投资280万元，兴建黄婻轧花厂。占地2.13公顷，年加工皮棉4万担，有职工80人。2002年公司改制，工厂停止经营。2004年，返聘部分置换身份职工承包黄婻轧花厂。2008年，因严重亏损停止经营。

德安县化工原料厂　1996年5月，县供销社系统集资650万元，在林泉乡兴建年产1万吨碳酸钙化工原料厂。占地1公顷，聘请南昌技术人员和县供销社系统抽调干部负责管理。1998年，因设备经常出现故障和资金严重不足，无法保证正常运转，县供销社将该厂移交给县农资公司经营和管理。县农资公司接管后，先后投入资金140万元进行技改。2000年，该厂最终因资金问题宣告停产。2001年，经上级有关部门同意，以138万元拍卖给大宇生化有限公司。

县第三棉纺厂　1986年，樟树供销社自筹资金16万元，创办樟树手套厂。同年，又创办蜡烛厂。1988年，创办樟树针织厂。1990年，针织厂迁往县城，更名县第三棉纺厂。1990年底，手套厂和蜡烛厂相继关停。1991年，第三棉纺厂并入再生资源公司。1993年倒闭。

其他集体商业

1985年，县城有公私合作商店5家，从业25人，由县商业局管理，主营日用杂品、针棉织品、文具百货及部分副食品，年营业额34万元，利润1.9万元。经营规模略大的有义峰路（老汽车站对面）南百店、南门路南杂店、外贸公司知青门市部、供电局知青服务部、百货公司知青缝纫组、农机公司知青商店、五交化公司知青家电维修部、农业局知青服务部等，安排待业青年128人。农村商业网点除基层供销社外，各行政村均设有代购代销店，各店经营人员2～3人，所售商品由基层供销社提供，按经营实绩结付经营人员手续费。至2002年，各类集体商业企业陆续注销退出市场，转由个私民营。

第三节　个体私营商业

零售批发业

1985年，有注册个体私营商户867家（其中批零兼营71家），从业1734人，全年社会商品零售总额1642万元，占全县零售总额17.29%。1999年，个体工商户发展到3136家（其中批零兼营132家），从业人员6256人，社会商品零售总额14194.12万元，占全县零售总额59.21%。2000年后，国营商业和供销合作商业逐步退出市场，个体商户、私营商业成为市场经营主体。2005年，有年销售额超百万元超市45家，其中服装5家、家电7家、家具10家、金银珠宝5家、电动车7家、太阳能11家。至2008年，除国家规定专营专卖商品外，个体和私营商业覆盖全县，经营品种近10万个，社会商品零售总额68894万元，占全县社会商品零售总额79.71%。

住宿业

1985年,有个体私营旅社、旅店19家,均为自有住房改造,自办自营,从业35人,大多设施简陋。2000年后,宾馆酒店逐年增多,住宿条件改善。大型酒店附设有音乐茶座、小型超市、保健按摩、美容美发、歌厅舞厅、桑拿足浴等服务项目。2008年,全县有大小宾馆、旅店79家,床位1800余张,从业362人,营业收入3000余万元。

餐饮业

1985年,有个体私营餐饮店151家,从业539人。1990～2006年,宾馆、酒店增加迅速,一次能接待百人用餐有36家,其中规模较大的有:德安宾馆、迎宾楼、九九音乐茶座、假日宾馆、中国城、园中园、美食美客、百味食府、朝阳饭店、九林宾馆、艳阳天大酒店、赣味人家、宝龙河鲜城、味中味、松枝阁等。同时,小吃部、小吃摊和夜宵点大量涌现,临街店面一般30～50平方米,内置小桌5～8张,制作各种风味粉、面、羹、汤、面点等。凡办宴席者均到宾馆、酒楼。2008年,有餐饮店678家,从业3390人,注册资金3735万元,销售收入13132万元。

私营商业企业选介

德安宾馆 位于县城街心花园旁。2002年10月动工兴建,2004年7月竣工投入营业。宾馆投资3000余万元,占地面积0.57公顷,建筑面积1.6万平方米,主楼7层,高32米。设有标准间、单间及套间共120间,床位190个;大、中、小会议室6个。主楼内设KTV包厢、茶吧、足浴及健身中心和商务中心、商品超市。2008年,营业收入800余万元,上缴税费50余万元,安排就业80余人。

德安县时代商贸有限公司(时代商城) 2004年8月成立,位于县城东风路55号。注册资本50万元,营业面积5600平方米,经营类别50大类,品种2万余个。内置中央空调、休闲区,购物环境舒适,为县内首家大型综合性商业超市。年销售收入1亿元以上,上缴税费20余万元,安排就业200余人。2008年,被省政府授予“先进个体工商户”荣誉称号。

九江奥中大酒店有限公司 2007年12月成立,位于县城朝阳路257号。注册资本1036万元,固定资产5000万元,属中外合资企业。2008年竣工营业,楼高13层,经营面积8880平方米,主营住宿、餐饮。设有标准间、单人间、套间154间,床位260个;容纳100人会议室1个;餐饮包厢10个,大厅可容纳300人同时就餐;酒店设有KTV包厢、健身房和小型超市。开业当年上缴税费20余万元,安排就业75人。

九江新凌飞实业有限公司(凌飞连锁超市) 1997年创建,店名凌飞平价超市。2004年,开设凌飞卷烟店,位于义峰路老汽车站旁。2006年,成立九江新凌飞实业有限公司,位于县城义峰南路,注册资金500万元。商业模式以连锁超市经营为主。2007年,成立凌飞连锁配送中心,取得日化产品“立白”系列、肉类制品、“双汇”系列和“拉芳”“大宝”“十三香”等国内知名品牌代理权,配有物流车队。2008年,购买新城区宝塔大道熙鸿小区门面开设第四家连锁店,并建生鲜冷库1座。同年,购进总额4170万元,销售总额4907万元,上缴税费26.3万元,安排就业150余人。

德安山宾隆实业有限公司 1997年成立,位于县城朝阳路与解放路交汇处(老铁道口)。创业初期以零售为主,经营品种主要有小食品小百货、烟酒等,并对部分小超市零食批发。营业面积103平方米,员工6人。年销售收入300万元左右,上缴税费5万余元。2004年12月,开设共青山宾隆大型超市,营业面积2600平方米。2008年,先后在德安、星子县投资数千万元兴建2栋商贸大楼,总营业面积10800平方米,经营品种25000多个,安排就业198人。

1985～2008年德安县个体私营商业社会商品零售一览表

表13－1－21　　　　　　　　　　　　　　　　　　　　　　　　单位：万元、%

年份	全县零售总额	个私商业零售额	比重
1985	5536.99	636.76	11.50
1986	8628.05	1726.00	25.28
1987	8266.07	2100.00	25.41
1988	8661.06	2316.00	26.74
1989	9559.88	2434.00	25.46
1990	9803.71	2622.00	26.75
1991	10293.12	2968.00	28.84
1992	11978.49	5108.00	42.65
1993	16316.77	5626.00	34.48
1994	17562.89	8629.00	49.14
1995	24343.72	10435.00	43.22
1996	23140.66	14138.00	61.10
1997	24674.37	14210.00	57.59
1998	25512.16	15816.00	62.00
1999	23969.75	14194.12	59.21
2000	29996.28	16631.00	55.45
2001	33362.00	18127.00	54.34
2002	39105.00	23567.00	60.27
2003	34216.00	24032.00	70.24
2004	38630.00	24695.00	63.93
2005	46690.00	28001.00	59.98
2006	54420.00	36432.00	66.95
2007	66223.00	49683.00	75.03
2008	86432.00	68894.00	79.71

第四节　集贸市场

市场建设

1985年，在原街心广场建有长廊式人字架棚屋22座，为城区临时集贸市场，占地0.36公顷，营业面积2900平方米，改变此前“马路市场”“街道市场”无序经营和管理松懈状况。1988年初，在星子驻德安农资中转货场和县储运公司货场范围内，建县城中心集贸市场，年底竣工。临时集贸市场整体迁入，划行归市，分类经营。1989年，市场成交额4450万元。2001年，县工商局上划垂直管理，集贸市场管辖移交地方政府。当年，组建市场服务中心（后更名县市场管理办公室），负责经营管理集贸市场。2003年、2007年，先后引进开发商在原县农机厂旧址兴建建材大市场，在安居路与新华路交汇处兴建东佳集贸大市场。至2008年，建有规模较大市场4个，成为县内和辐射周边地区商贸物资集散中心。

集贸市场选介

中心集贸市场　位于义峰路和蒲塘路交汇处。1989年，为1栋2层框架式集市，占地0.39公顷，营业面积7600平方米。1996年扩建,增加占地面积0.61公顷,营业面积11000平方米。有固定摊位658个、临时摊位320个、门面195间,从业1560人。经营品种集肉类、蔬菜、水产品、豆制品、家禽、禽蛋、水果、干货、炒货、百货、南杂、塑料制品、饮食、服装、鞋帽、家具、陶瓷、粮油、灶厨具、卫生洁具20大类,15000多个品种。

2002~2008年德安县城中心集贸市场主要产品交易一览表

表13-1-22

年份	家禽		生猪		水产		蔬菜		禽蛋		水果		干货	
	交易量(万只)	交易额(万元)	交易量(万头)	交易额(万元)	交易量(吨)	交易额(万元)	交易量(吨)	交易额(万元)	交易量(吨)	交易额(万元)	交易量(吨)	交易额(万元)	交易量(吨)	交易额(万元)
2002	129	1742	2.49	3735	1750	1225	12500	2750	449	140	880	278	90	180
2003	130	1800	2.5	3750	1780	1246	12850	3081	450	149	890	302	93	196
2004	131	1965	2.56	4480	1800	1440	12900	3096	470	157	900	306	97	242
2005	135	2430	2.69	5380	1880	1500	13000	3380	480	168	950	380	98	313
2006	136	2450	2.78	5560	1900	1710	13500	3510	500	175	980	410	105	378
2007	140	2940	2.85	6413	1950	1755	13800	4140	510	255	1000	500	108	410
2008	142	3000	2.87	7100	1960	1950	14000	5600	530	265	1050	550	115	460

朝阳路商业街　位于县城朝阳路。1996年5月,引进广东客商开发建设。1997年8月完成第一期工程,建有2~4层连排楼房12栋;第二期工程于1998年12月完成,建有4层楼房8栋。两期工程均沿老铁道路基分列延伸,形成街道,长810米,宽18米,其中车行道13米。有店面186个,营业面积7440平方米。市场形成初期,以餐饮、小吃、装饰材料、水暖器材为主,白天开门营业,夜晚搭棚摆夜宵。1999年始,该路段由部分单位和个人投资向东西两头延伸形成1200米长街道,共有店面718个,营业面积2.8万平方米。2000年后,通过整顿和市场自行优化,形成服装、鞋帽、皮草、箱包和床上用品专业市场,部分国际、国内名优品牌专卖店设有86家。至2008年底,从业1560人,年营业收入1.8亿元。

建材大市场　位于德白公路县农机厂段两侧。2003年6月引进浙江商人投资兴建,一期工程2006年9月竣工;二期工程2006年12月开工,翌年12月竣工。总占地面积2.87公顷,建筑面积45000平方米,有店面253间,营业面积20240平方米。2007年投入营业。主营金属材料、水泥、瓷砖、水暖器材、灯具线缆、玻璃制品、卫生洁具、五金锁具、成品门窗、油漆涂料、地板木料、角线仿瓷、沙石灰浆等建材和装潢装饰材料批发零售,经营种类20大类、13000多个品种,从业594人,年均交易额4.8亿元。

2002~2008年德安县建材市场主要产品交易一览表

表13-1-23

年份	钢筋		水泥		瓷砖		板材		玻璃		油漆		铝材	
	交易量(吨)	交易额(万元)	交易量(万吨)	交易额(万元)	交易量(万平方米)	交易额(万元)	交易量(万平方米)	交易额(万元)	交易量(万平方米)	交易额(万元)	交易量(吨)	交易额(万元)	交易量(吨)	交易额(万元)
2002	2280	6500	330	18200	1020	25.60	450	18.20	240	15.10	180	110	450	262
2003	2910	8100	4800	23700	1470	36.80	570	22.80	270	17.10	230	124	560	328
2004	3890	10500	640	29300	1940	43.20	910	30.10	380	22.30	320	161	930	465

续表 13－1－23

年份	钢筋		水泥		瓷砖		板材		玻璃		油漆		铝材	
	交易量（吨）	交易额（万元）	交易量（万吨）	交易额（万元）	交易量（万平方米）	交易额（万元）	交易量（万平方米）	交易额（万元）	交易量（万平方米）	交易额（万元）	交易量（吨）	交易额（万元）	交易量（吨）	交易额（万元）
2005	5750	13700	710	32100	2340	52.10	1420	37.80	510	27.90	510	215	1210	545
2006	7540	14500	890	34300	3030	55.20	2090	41.90	560	28.10	670	223	1510	601
2007	7560	15100	980	35100	3230	58.90	2160	43.30	680	31.20	780	243	1680	624
2008	7570	16400	1020	36500	3680	61.30	2280	45.60	720	32.90	790	248	1770	657

东佳集贸大市场　位于安居路与新华路交汇处，2007 年 4 月由南昌客商兴建，2008 年 12 月竣工。占地 0.6 公顷，营业面积 12600 平方米，有门面 200 间，标准摊位 600 个。主营肉类、水产品、豆制品、蔬菜、禽、蛋、干货 7 大类 400 余个品种。从业 50 余人。

水果批发市场　位于蒲塘路，1996 年兴建。占地面积 0.25 公顷，建筑面积 6700 平方米，有店面 58 间。主营时鲜瓜果批发零售，辐射星子、共青、永修、武宁、九江县毗邻乡镇。从业 120 余人，年交易额 1600 余万元。

农村集贸市场

1985 年，农村集贸市场仅限于传统地摊和肩挑手提式叫卖，集市零散，没有形成规模。萤石矿、彭山锡矿、四五八厂、爱民厂有小型集市。20 世纪 90 年代中期，乡镇人口比较集中的地方，集市贸易逐步兴起。2000 年，车桥、邹桥、磨溪、吴山、聂桥、丰林、林泉等乡镇农贸市场形成一定规模。2008 年，农村集贸市场从业 500 余人，年交易额 3000 余万元，占全县交易额 11.12%。

第二章　对外贸易

第一节　外贸经营

1985 年，外贸公司主营农副土特产品和矿产品出口贸易。有粮油食品、畜（禽）产品、工矿产品、国内贸易 4 个经营部和大米加工厂，仓库 4 栋、面积 6667 平方米，综合办公大楼和招待所 1 栋、2000 平方米。1985～1992 年，累计出口创汇 29933.3 万美元。1993 年，外贸体制改革。县萤石公司、丰林企业集团公司、群星服装厂相继取消出口经营自主权，县公司供货渠道发生重大变化。1998 年终止对外出口业务。2003 年改制，公司注销。

2008 年，享有出口经营自主权企业有：九江丰林医材有限公司、九江鸿立食品有限公司、江西天下实业有限公司、江西怡富实业有限公司、江西欣宁制衣有限公司、九江福得来家具有限公司、九江东洋电磁离合器有限公司、德安南伟医材有限公司、江西能达电器有限公司、江西亚希尔电器有限公司、德安春龙贸易公司、九江联兴化工有限公司、九江汇丰贸易有限公司。

第二节　出口创汇

1985 年后，外贸出口有萤石精粉、轻质碳酸钙、羽绒制品、家畜、家禽、服装、五金 7 类 28 个品种。

1990 年,出口创汇由 1985 年 2368.5 万美元增至 5000.7 万美元。1998 年,县公司终止外贸出口业务。2003 年后,除传统农副产品和矿产品外,新增医用敷料、绷带、电磁离合器、服装鞋帽、台球桌具、活性碳酸钙、温控器、取暖器、生姜食品、大型超市金属货架等 14 个品种。2003~2008 年,共出口创汇 3858.9 万美元。

1985~2008 德安县部分年份出口创汇一览表

表 13-2-1 单位:万美元

年份	创汇企业数	创汇额	出口产品主要品种
1985	3	2368.5	生猪、板鸭、羽绒制品
1986	3	2709.5	生猪、板鸭、羽绒制品
1987	5	5064.5	生猪、板鸭、羽绒制品、萤石精粉、轻质碳酸钙
1988	5	3575.2	生猪、板鸭、羽绒制品、萤石精粉、轻质碳酸钙
1989	5	4945.2	生猪、板鸭、羽绒制品、萤石精粉、轻质碳酸钙
1990	5	5000.7	生猪、板鸭、羽绒制品、萤石精粉、轻质碳酸钙
1991	5	2916.0	生猪、板鸭、羽绒制品、萤石精粉、轻质碳酸钙
1992	5	3354.0	生猪、板鸭、羽绒制品、萤石精粉、轻质碳酸钙
2003	9	426.0	医用纱布、服装
2004	11	364.4	医用纱布、服装、电磁离合器、家具
2005	11	200.0	医用纱布、服装、电磁离合器、台球桌具、家具
2006	12	493.0	医用纱布、服装、电磁离合器、台球桌具、家具、活性碳酸钙、取暖器、温控器、生姜食品、大型超市金属货架
2007	12	1059.5	医用纱布、服装、电磁离合器、台球桌具、家具、活性碳酸钙、取暖器、温控器、生姜食品、大型超市金属货架
2008	13	1316.0	医用纱布、服装、电磁离合器、台球桌具、家具、活性碳酸钙、取暖器、温控器、生姜食品、大型超市金属货架

第三章 物资流通

第一节 统配物资购销

1985 年,县物资局设有机电设备公司、轻化建材公司、金属材料公司。1986 年起,国家计划分配物资逐年减少,物资流通实行计划分配与市场调节双轨制。1986~1993 年,金属材料公司累计销售计划内钢材 3415 吨,计划外钢材 2100 吨。机电设备公司享有汽车独家经营权,其他机电设备和产品均由市场调节。轻化建材公司代销市公司县内民用爆炸物品,其余轻化建材产品销售价格均随行就市。1997 年后,除民用爆炸物品、化学危险品外,物资市场全面放开。1999 年 12 月,县电子器材公司划归县物资局,主要经营家用电器、五金交电、仪器仪表、电子元件,兼营金属材料。2002 年,除民爆公司外,物资企业全面改制,职工置换身份,销售业务退出市场。

1985～2000 年德安县部分统配物资购销一览

表 13－3－1

年份	钢材(吨)		汽车(辆)		生铁(吨)		机电产品(万元)		水泥(吨)	
	购进	销售	购进	销售	购进	销售	购进	销售	购进	销售
1985	350	310	6	6	10	10	160	158	200	200
1986	460	400	4	4	15	15	180	160	210	210
1987	490	480	6	5	20	20	250	200	230	230
1988	900	805	10	10	—	—	420	400	360	360
1989	720	700	7	6	—	—	250	220	500	500
1990	650	600	4	4	—	—	200	190	560	560
1991	720	700	2	2	—	—	250	220	650	650
1992	800	780	1	1	—	—	245	210	680	680
1993	850	780	1	2	—	—	215	200	750	750
1994	760	700	1	1	—	—	195	190	760	760
1995	700	680	1	1	—	—	190	181	790	790
1996	700	650	1	1	—	—	100	122	820	820
1997	680	600	1	1	—	—	—	17	850	850
1998	650	610	1	1	—	—	—	3.1	910	910
1999	620	600	1	1	—	—	—	—	950	950
2000	600	580	1	1	—	—	—	—	1100	1100

第二节　专营物资购销

1985～1993 年，民用爆炸物资及化学危险品由县轻化建材公司为市轻化建材公司代销。1993 年 10 月，该业务分离，成立县爆炸物品轻化建材公司。1994 年 5 月，实行自主经营。1995 年，市物资局设在县内爆炸物品仓库划归县物资局。2005 年，销售炸药 511 吨、雷管 82 万发、导火线 27 万米。营业收入 483 万元。2006 年，民用爆炸物品生产、销售、购买、运输和爆破作业，实行许可证制度。2007 年 10 月，县爆炸物品轻化建材公司经国家国防科工委评定资质为甲级，民用爆炸物品供货量逐年递增，2008 年，84 号碳铵炸药销量从 1998 年 152 吨上升为 872 吨。化学危险品经营以氰化钠为主，不库存，随进随出，严格按照流程规定办理。

1985～2008 年德安县民用爆炸物资经营一览表

表 13－3－2

年份	炸药(吨)		雷管(万发)		导火线(万米)	
	购进	销售	购进	销售	购进	销售
1985	162	152	26	25	25	22
1986	150	148	27	26	18	16
1987	150	145	25	24	18	15

续表13－3－2

年份	炸药(吨)		雷管(万发)		导火线(万米)	
	购进	销售	购进	销售	购进	销售
1988	142	135	28	25	20	18
1989	148	142	28	26	25	22
1990	152	140	30	28	25	20
1991	155	150	29	30	25	21
1992	152	148	35	32	20	18
1993	155	145	32	30	22	20
1994	170	160	35	32	28	25
1995	160	155	38	36	20	16
1996	152	143	35	29	25	20
1997	155	148	45	35	28	25
1998	156	152	32	30	20	16
1999	170	160	35	32	20	19
2000	175	162	38	34	20	18
2001	176	166	39	34	22	18
2002	178	170	40	34	22	21
2003	305	296	60	56	38	34
2004	400	373	85	79	52	47
2005	550	511	90	82	30	27
2006	560	514	60	52	65	59
2007	690	677	65	60	90	82
2008	950	872	70	61	65	62

第四章　粮油贸易

第一节　粮油收购

粮油定购

1985年4月起，取消粮食统购，改为合同定购和市场收购。合同定购由粮食部门在春播前与产粮农户签订定购合同，双方按合同条款执行，完成定购任务外的粮食允许进入市场。定购粮食为早籼稻、粳稻、糯稻，定购油脂为油菜籽、芝麻、花生、棉籽油。定购粮价30%按统购价、70%按超购价，俗称“倒三七”。1987～1989年，国家连年提高粮食合同定购价格，早籼稻每百千克提高到44.2元，晚籼稻每百千克提高到45.6元，提幅分别为21.1%和21.8%。同时，为鼓励农民完成合同定购任务，粮食合同定购与供应平价化肥、柴油和发放预购定金“三挂钩”，即每50千克稻谷供应平价标准氮肥10.5千克、平价柴油1千克、预付4.42元粮食定金。1992年4月1日，国家同时提高粮食定购和销售价格，基本实现购销同价。后陆续放开粮价，实行经营试点，取消油脂合同定购。至1992年，全县收购定购油脂1771

吨。1993 年,粮食合同收购实行保护价制度,即每 50 千克早稻 21 元、晚稻 28 元。当市场价高于保护价时,收购价同步上浮。粮食“三挂钩”兑现办法实行价外加价,变暗补为明补,即每收购合同数 50 千克稻谷的“三挂钩”物资折出差价 3. 64 元,直接补给农民,同时补贴预购定金利息 2. 2 元。至 1994 年,全县收购定购粮(贸易粮)114024 吨。2001 年,取消早稻粮食定购。2003 年,取消晚稻粮食定购,粮食购销市场全面放开。

粮油议购

1985 年,实行粮食合同定购后,对于非合同定购粮食品种和油脂油料以及完成合同外的粮油,实行“外购内销、外购外销、内购外销、内购内销”方式组织粮油议购议销,用以调节市场、平抑价格、满足市场需求、维持粮食市场稳定。至 2008 年,全县收购议价粮(贸易粮)131761 吨、议价油脂 13172 吨。

专项储备粮收购

1990 年 9 月,国家制定《国务院关于建立专项粮食储备制度》。1993 年 4 月,省粮食购销价全面放开,取消粮票。1994 年,粮食合同定购改为国家定购,由中国农业发展银行对粮食收购资金进行封闭管理。1995 年起,实行保护价敞开收购粮食,建立省级储备。1998 年起,粮食实行“敞开收购、顺价销售、资金封闭运行”三项政策,不准限收、拒收、停收,按照保护价敞开收购。1999 年,国家建立中央储备粮垂直管理体系,德安国家粮食储备库被定为中央储备粮承储单位。

1990～2001 年,全县收购国家专项储备粮(贸易粮)34910 吨。1995～2006 年,全县收购省级储备粮(贸易粮)4380 吨。2004～2007 年,国家实行粮食最低收购价政策,全县收购最低价粮食(贸易粮)10978 吨。2008 年,国家实行临时储备粮收购,全县收购临时储备粮食(贸易粮)1400 吨。

1985～2008 年德安县粮油收购一览表

表 13－4－1　　　　单位:吨

年份	贸易粮					油脂		
	合计	定购计划	实收定购	实收议购	最低保护价(含专储粮)	合计	实收定购	实收议购
1985	28200	17150	21030	7170	—	617	436	189
1986	20723	16640	14454	6269	—	382	250	132
1987	28240	14350	13750	14490	—	384	148	236
1988	16370	13750	12740	3630	—	6603	223	6380
1989	31720	13750	13930	17790	—	207	174	33
1990	14370	13750	14130	240	—	514	250	264
1991	12860	9350	9350	3510	6840	479	240	239
1992	10890	7820	7820	3070	—	261	50	211
1993	9760	6000	6000	3760	—	154	—	154
1994	8220	2280	820	7400	—	1260	—	1260
1995	5220	2600	1200	4020	—	1284	—	1284
1996	5320	2600	2790	2560	2800	505	—	505
1997	8120	2600	2600	5520	—	640	—	640
1998	4900	2600	1630	3270	—	557	—	557
1999	20460	2600	2600	17860	—	340	—	340

续表 13－4－1

年份	贸易粮					油脂		
	合计	定购计划	实收定购	实收议购	最低保护价(含专储粮)	合计	实收定购	实收议购
2000	14090	1560	1560	12530	—	425	—	425
2001	11120	1560	1560	210	9350	300	—	300
2002	8100	—	—	840	7260	34	—	34
2003	4506	—	—	236	4270	—	—	—
2004	3790	—	—	650	3140	—	—	—
2005	8422	—	—	2610	5812	—	—	—
2006	3723	—	—	1697	2026	—	—	—
2007	7133	—	—	7133	—	—	—	—
2008	6726	—	—	5326	1400	—	—	—

第二节　粮油供应与销售

定量定项供应

居民定量供应　1985年,城镇居民口粮实行计划供应,由居民所在地粮管所分户造册核实,凭粮油供应证购买,不足不补,节约归己。1985年底,全县有定量定项供应商品粮城镇人口30431人。粮食供应执行省五类九等口粮定量标准:特重体力劳动者每月23.75千克;重体力劳动者19.75千克;轻体力劳动者16.25千克;脑力劳动者14.4千克;大中学生15.15千克;16岁以上居民13.1千克;6岁以上11.1千克;3岁以上8.5千克;3岁以下4.8千克。食油供应每人每月0.25千克,回族居民每人每月0.35千克,每证每年国庆、春节增供菜油1千克。出差或下乡均使用粮票,县内使用粮票有全国通用粮票、省地方粮票和军用粮票。票面分为壹两、贰两、伍两、壹市斤、贰市斤、叁市斤、伍市斤、壹拾市斤。1992年9月,取消城镇居民凭证定量供应粮食。1995年,恢复粮食定量供应。1996年,除军粮外,取消粮食定量供应。2001年,停办非农户商品粮关系转移手续,城镇居民定量定项商品粮供应规定全面终止。

行业供应　主要是食品加工厂、饮食店、饭店、招待所和旅社等单位用粮用油。1985年,县粮食部门根据市场供应情况,核定各厂店一定数量的周转粮指标,凭回收的粮票一年结算一次。免粮票供应的食品行业用粮油由县粮食局按季下达计划,控制数量。1989年后,对商业行业用粮取消计划供应,改由议价供应。

农村定销供应　1985年,对以林业、茶叶、蔬菜、棉花等经济作物为主及自产口粮年人均225千克以下生产队实行一年一定,分别按人均225千克定销粮补足。对国营林场、茶场、棉农、菜农及家属等,按人定量,归户发证,按月供应;对因定量不足的缺粮生产队,根据灾情程度与自救生产能力,核定指标供应定销粮;对年人均口粮200千克以下缺粮生产队,实行定量供应,一定三年不变;对不属国家统购对象,通过社会调剂仍有困难的临时缺粮生产队,经上级主管部门核定报县政府批准,适当给予借销,待下季或下年收获新粮时如数归还。1989年,按先农村后城镇,先与人民生活关系不密切的、后与人民生活关系密切的原则,开始压缩平价粮油销售,确保部分老、少、边、山、穷地区定销粮和部分救灾粮。1992年,取消定销粮。至1993年,全县销售平价油脂1355吨。至2008年,全县销售平价粮(贸易粮)

147629 吨。

议价顺价销售

议价收购粮油除部分按上级下达计划转为平价收购外，其余按议进议出原则制定议销价格销售，满足市场需求。1991 年，粮食销售价平均每百千克提高 20 元，食油销售购销同价，干部职工每月发放粮价补贴 6 元。1993 年 5 月，全面放开粮食购销，个体粮行、粮店允许进入市场。1994 年起，国有粮食企业实行政策性经营和商业性经营两条线运行。1995 年 3 月，成立县粮油总公司，与县粮食局合署办公，两块牌子，一套人员。同年 4 月，将国家和地方储备粮、中央进出口粮、定购和市场收购粮以及列入国家或地方参与总量平衡的粮油收购、加工、供应、储备、调运等业务归属政策性业务范畴，除此以外的粮油经营活动均属商业性经营范畴。

1996 年 3 月，成立县粮油批发交易市场，下设综合信息部、市场管理稽查队、粮油交易所，隶属县粮食局。1998 年 8 月，粮食系统 19 家企业有干部职工 678 人，下岗分流 148 人。2003 年，留岗人员对系统内企业实行承包经营责任制，粮油购销市场全面放开。当年顺价销售粮食由 2002 年 1160 吨增长到 8890 吨。2005 ~ 2007 年，逐步停止平价售粮。至 2008 年，全县销售议价粮（贸易粮）989029 吨、最低保护价粮（贸易粮）7834 吨、议价油脂 5617 吨。

1985 ~ 2008 年德安县粮油销售一览表

表 13 – 4 – 2　　单位：吨

年份	粮食销售（贸易粮）					油脂		
	销售总量	平价		议价	最低保护价	销售总量	平价	议价
		计划业务	实际销售	实际销售	实际销售		实际销售	实际销售
1985	16280	15000	14925	1355	—	413	294	119
1986	14280	13000	12863	1417	—	277	202	75
1987	13180	12000	11790	1390	—	415	249	166
1988	13540	11000	10730	2810	—	467	144	323
1989	11720	11000	10560	1160	—	203	155	48
1990	12450	11000	11010	1440	—	265	177	88
1991	17450	15000	15160	2290	—	173	126	47
1992	4000	2600	2620	1380	—	197	6	191
1993	13590	150	150	13440	—	403	2	401
1994	14410	9000	8790	5600	—	398	—	398
1995	8550	5500	5160	3390	—	889	—	889
1996	3010	800	720	2290	—	644	—	644
1997	3500	1200	1160	2340	—	645	—	645
1998	9000	8000	7570	1430	—	527	—	527
1999	14860	7000	6980	7880	—	201	—	201
2000	8160	550	550	7610	—	589	—	589
2001	5230	200	170	5060	—	82	—	82
2002	15067	14000	13907	1160	—	184	—	184
2003	20027	11500	11137	8890	—	—	—	—

续表 13-4-2

年份	粮食销售(贸易粮)					油脂		
	销售总量	平价		议价	最低保护价	销售总量	平价	议价
		计划业务	实际销售	实际销售	实际销售		实际销售	实际销售
2004	3994	650	634	3360	—	—	—	—
2005	4730	—	—	4730	—	—	—	—
2006	7106	—	—	3640	3466	—	—	—
2007	11683	—	—	7315	4368	—	—	—
2008	8575	1050	1043	7532	—	—	—	—

第三节　粮油储运

粮油储存

粮油仓储　1985 年,全县有粮食收储点 23 个,粮食仓库 38 座、仓容 31510 吨,当年储粮(贸易粮)12780 吨;有油罐(池)13 座、容量 520 吨,当年储油 305 吨。1986~1998 年,全县各粮管所辖区和县直属库区,新建粮库 39 座、仓容 27263 吨。至此有粮库 77 座,仓容 60680 吨。2003 年,粮食企业改制,原粮食局大院土地整体出让,直属库第一粮库全部拆除,减少仓库 7 座、仓容 6060 吨。2006 年,县政府征用直属库第二粮库建义峰山公园,仓库全部拆除,减少仓库 6 座、仓容 13440 吨。2008 年,全县有仓库 64 座、仓容 41180 吨。

仓储管理　1985 年,全县 38 座粮库实现地面硬化,新装和改善通风设施。1986 年,推行"低氧、低温、低药"三低保粮。仓储主要负责人为第一责任人,与主管部门签订安全保粮责任状;仓储保管实行定人员、仓容、器材、费用、损耗责任制,坚持"三七"检测制,推进无虫害、霉变、鼠雀、事故"四无"仓库建设。至 2008 年,省、市、县历次储粮安全抽查或普查均达标。

1985~2008 年德安县粮油储存一览表

表 13-4-3　　单位:吨

年份	仓库座数	仓库容量	实际储粮(贸易粮)						实际储油			
			总计	平价	议价	国家专储	省级储备	最低保护价	总计	定购油脂	省级储备	议价油脂
1985	38	31510	12780	6650	6130	—	—	—	305	271	—	34
1986	41	32990	8597	2804	5793	—	—	—	353	309	—	44
1987	41	32990	11940	2620	9320	—	—	—	399	191	—	208
1988	41	32990	7370	2540	4830	—	—	—	281	166	—	115
1989	41	32990	19470	540	18930	—	—	—	409	186	—	223
1990	58	42050	40940	110	15630	25200	—	—	181	122	—	59
1991	64	45070	37340	-4750	10050	32040	—	—	309	197	—	112
1992	64	45070	33420	-3490	4870	32040	—	—	257	45	—	212
1993	64	52170	28960	780	1540	26640	—	—	69	43	—	26

续表 13－4－3

年份	仓库座数	仓库容量	实际储粮(贸易粮)						实际储油			
			总计	平价	议价	国家专储	省级储备	最低保护价	总计	定购油脂	省级储备	议价油脂
1994	70	52170	23000	730	630	21640	730	—	856	10	—	846
1995	70	53610	24360	—	490	23140	730	—	1163	10	—	1153
1996	72	56870	30750	1100	1320	27600	730	—	531	—	10	521
1997	74	60680	11410	3670	4360	2650	730	—	144	—	10	134
1998	77	60680	29170	4880	4450	19110	730	—	170	—	10	160
1999	77	60680	33120	5230	14100	13060	730	—	299	—	10	289
2000	77	60680	31630	4900	16940	9060	730	—	13	—	10	3
2001	77	60680	38566	6450	22430	8956	730	—	12	—	10	2
2002	77	60680	14863	—	7150	6983	730	—	12	—	10	2
2003	70	54620	10383	—	2670	6983	730	—	12	—	10	2
2004	70	54620	10823	—	3110	6983	730	—	12	—	10	2
2005	70	54620	15573	—	2050	6983	730	5810	12	—	10	2
2006	64	41180	12084	—	—	6983	730	4371	12	—	10	2
2007	64	41180	8786	—	1750	6983	53	—	2	—	—	2
2008	64	41180	6536	—	127	5009	—	1400	—	—	—	—

粮油调运

调拨　1985年,县外粮食调拨计划由省、市粮食部门下达,县内粮食集并计划由粮食局根据产销和仓容分布情况,向各购销企业下达粮油调拨月度计划。1985～1992年期间,实行粮油“一定三年,包干不变”计划调拨,调出粮食(贸易粮)102944吨,油脂2685吨;调入粮食(贸易粮)47561吨,完成省、市调拨计划,完成短途粮食集并121630吨。1993年,粮油放开经营。至2001年,调入贸易粮22220吨。2002年,终止粮油计划调拨,市场所需粮食和储备粮轮换全部由粮食企业和粮食经营者自主经营。

运输　1985年,由县粮食部门根据调拨计划和运输单位承运能力下达粮油运输任务。如遇夏、秋粮收购时节急需腾仓,组织社会运力,按照“流向一张图,计划一张表”,实行“就厂、就库、就站”办法,及时将粮油运输到位。20世纪80～90年代末期,粮油运输由县粮食局车队承担。2003年6月,粮油运输改由社会车辆承担。

1985～2002年德安县粮油调拨一览表

表 13－4－4　　单位:吨

年份	粮食调拨							油脂调拨	
	调出			调入			县内集并	调出	
	合计	平价	议价	合计	平价	议价		平价	议价
1985	18890	15725	3165	3610	3025	585	13540	180	57
1986	19084	13465	5619	2781	2595	186	11480	49	55

续表13－4－4

年份	粮食调拨							油脂调拨	
	调出			调入			县内集并	调出	
	合计	平价	议价	合计	平价	议价		平价	议价
1987	14250	7510	6740	2960	2670	290	6500	54	101
1988	10130	5900	4230	3520	3330	190	5700	146	27
1989	10390	8750	1640	3070	2880	190	8950	45	—
1990	7790	4890	2900	2920	2910	10	7900	174	340
1991	8130	2490	5640	3340	3330	10	6700	77	136
1992	4230	100	4130	3140	3140	—	4100	7	161
1993	7860	5250	2610	6160	10	6150	6400	—	23
1994	500	—	500	3410	3060	350	3100	—	96
1995	190	—	190	8420	6120	2300	5200	—	1
1996	—	—	—	1330	470	860	1200	—	465
1997	—	—	—	240	—	240	5700	—	389
1998	—	—	—	—	—	—	5100	—	—
1999	—	—	—	—	—	—	6300	—	—
2000	720	—	720	1870	—	1870	8300	—	102
2001	780	—	780	790	—	790	9100	—	—
2002	—	—	—	—	—	—	6360	—	—

第四节　粮油企业

企业简介

粮油工业公司　前身为县粮油加工厂。1985年,主营为执行粮食局粮油加工计划和接受委托加工。内设办公室、业务科、财务科、统计科、质检科。2008年,有管理人员和职工42人,注册资本83.5万元,隶属县粮食局。1992年,粮油加工31600吨,为加工量最高年份。2002年,加工9800吨,为最低年份。2003年,企业改制,职工置换身份。

粮油贸易公司　前身为县粮油贸易货栈。1985年,有管理人员和职工21人,注册资本27.35万元,隶属县粮食局。主要业务粮食和油脂经营。1991年,经销粮食3000吨,为最高年份。2000年,粮食市场全面放开,公司业务量大幅下降。2003年6月,企业改制,职工置换身份。

饲料公司　1985年1月成立。主营饲料加工和销售。内设办公室、加工部、财会部、技术检验部、销售部,有管理人员和职工53人,隶属县粮食局。主要产品有配合饲料和混合饲料两大类,最高年份产量为3300吨。2003年6月,企业改制,职工置换身份。

粮油运输公司　前身为县粮食局汽车队,1995年1月更名县粮油运输公司,主营粮油运输,兼营汽车修理。内设办公室、调度室、财会室、综合部,有管理人员职工31人,注册资本81.1万元,隶属县粮食局。有货运车辆7台,荷载50吨。2001年,粮食市场全面放开,运营逐年减少。2003年6月,企业改制，职工置换身份。

资产管理中心

2003 年，粮食企业改制后，原塘山所并入邹桥所，原白水所并入车桥所，原吴山所并入聂桥所，原林泉所并入白果所，保留县粮油购销公司、德安国家粮食储备库和城郊、白果、聂桥、磨溪、爱民、邹桥、车桥 7 个粮管所，返聘干部职工 98 人，负责粮食收购、储存和军粮供应业务。同时，成立县粮食行业资产管理中心，负责离退休人员管理和剩余资产管理、经营。

第五章　其他服务业

第一节　文化服务

打字　复印

1985～1990 年，县内打字社(店)沿用机械字盘打字机打字，使用手推油印机印刷，少数单位使用传统钢板刻字印刷文件资料。1991 年，小杨复印打字社率先使用电脑录入排版、激光打印、静电复印、数码制版、自动印刷等技术。此后，县城公务、商务陆续使用电脑和激光打印机打字，并不断更新文印设备。2008 年，全县有打字、复印店 69 家(其中县城 49 家)，从业 190 余人。

广告　装潢

1985 年，县城广告装潢业以墙面书写、打印广告四处张贴为主。1991 年，德安县艺术广告装潢公司成立。此后，随着经济发展和市场需求不断扩大，广告装潢业在数量、质量上得到迅速发展和提高。2008 年，全县有广告装潢企业 27 家，从业 138 人，主要从事广告、标牌、门脸设计制作、会场布置、画册印制等业务。

照相　画像

1985 年，县城有人民、群艺、东方等数家照相馆，从业 17 人。其中规模较大的人民照像馆 7 人，1992 年转为个人承包。1995 年后，个体照像馆、影楼和婚纱摄影馆陆续开业，部分乡镇也有专业照相馆。2000 年后，彩色放大扩印机、数码照相机、数码冲印机等设备陆续投入使用，较高档婚纱影楼相继出现。2008 年，有照相和专业摄影店 39 家(其中县城 25 家)，从业 115 人。另义峰路有瓷板画像店 3 家，专门从事人物肖像绘画。

休闲　娱乐

1985 年，县城有电子游戏厅、录像厅、溜冰场、歌舞厅和卡拉 OK 厅。20 世纪 90 年代，县城各大酒店开办歌舞厅或在休闲中心设置卡拉 OK 包厢。电子游戏室陆续增配电脑，设立网吧。2000 年，人民剧院等歌厅购置点歌机，可自选歌曲伴唱。2008 年，公园及休闲广场有广场舞和集体健身活动。

雕刻　丝印

1985 年，有县玉雕厂和图章、碑石雕刻、丝印等多家经营户。2008 年，义峰南路有木雕个体店 3 个，从事楹联、喜匾、祖牌、神像、高档家具和木质工艺品制作。石桥路、义峰北路有石雕个体店 27 家，车桥、邹桥、磨溪、聂桥、林泉、黄婻、高塘、河东等乡镇设有石雕店，以墓碑雕刻为主。县城有丝印店 7 家，从事锦旗、帘幔、奖品、纪念品、日用品图案文字印制及代写对联等业务。

第二节　租赁　中介

汽车出租

1985年,有个体司机自购小车,专职从事个体汽车出租业务。租车费以天计算,200～300元/天。企业包租个体小车以月计算,连车带司机6000～8000元/月,维修费用车主自行负担。2000年,县城有个体汽车租赁企业2家,后因私车增多,租车业务减少而停办。2008年,县城有个体汽车租赁公司1家,备有小、中型货车7辆,小型客车7辆,从事客货运业务。

建筑设备出租

1995年,有个体户从事建筑设备出租。出租设备有搅拌机、挖掘机、塔吊、龙门吊、振动器、水泵、吊机、磨光机、围档、移动脚手架、钢管脚手架等。收费标准:搅拌机6000元/月、振动器(杆式平板)50元/天、磨光机80元/天、潜水泵100元/天、塔吊(悬臂吊)1.2万元/月、龙门吊6000元/月、移动脚手架2元/副·天、钢管脚手架800元/吨·月。

音像图书出租

1992年后,CD、VCD、DVD等音像设备逐渐走进家庭,县城有个人和文化经纪单位开展碟片和光盘出租,按张数和天数计价。2008年,全县有音像出租店31家,其中县城19家,以电视剧、曲艺、歌曲影碟为主。部分小型超市、南百杂货店也有碟片经营;有图书出租、旧书销售店5家,以出租小说、故事书刊为主。

就业中介

1985～1989年,就业介绍以县劳动部门为主,个人介绍及亲友介绍为辅。1990年后,人力市场放开,职业中介机构应运而生,其中县劳动就业局与县台办联合组成中介机构,向县外输出劳务人员4000多人次,并收取一定费用。2003年起,为解决县工业园用工需求。县劳动就业部门定期召开招聘大会,实现劳力供求对接,同时根据市场需求,免费开展技能培训工作。

婚姻中介

1985年,县妇联、团县委采取多种形式和措施,为大龄男女青年牵线搭桥。之后,县城出现民间婚姻中介。2008年,东风大道和蒲塘路各设有1家婚介所,对征婚者年龄、身高、住房、职业等基本情况逐项登记存档,为其寻觅条件相当求婚者。同年,参与征婚314人,婚介成功35对,成功率为11.15%。征婚人员中,男性169人,女性145人;30～40岁136人,41～50岁108人,51岁以上70人。报名登记收费100元/人,婚介成功者收费600～800元/对,由男方支付。

房屋租赁中介

改革开放以来,租房业规模不断扩大,租金不断上涨,城区内租赁中介服务出现。1991年7月起,面向城镇居民的公有住房提高租金,一类地段砖混结构住房月租金0.13元/平方米,砖木结构住房0.11元/平方米,私房月租随之提高。住房制度改革后,商品房逐渐增多,房地产中介同时增多,房屋出租、出售成为中介业主要业务。至2008年,县城有注册房屋租赁中介机构5家,累计发布中介信息7248条,实现租房271套、买房1175套。中介发布信息不收费,成交后,售房中介费为售房款2%,买卖双方各半;租房中介费为半个月或1个月租金额,租介双方议定,一般由承租者交纳。

第三节 居民服务

物业管理

1990 年，居民住宅区与办公楼物业管理逐渐兴起。由户主或单位雇请保洁员打扫公共区间卫生，按月给付工资。2000 年后，县城商品住宅小区增多，专业物业管理机构应时而生。至 2008 年，全县有物业管理公司 6 家，从业 140 多人。物业公司受业主委托，从事小区或单位内部保卫、卫生保洁、公共设施维护及业主车辆看护等服务。

家政服务

1985 年，县劳动就业局组建首家家政服务公司，主要提供家政服务、保姆介绍等。1990 年后，家政服务业范围扩大，包括保姆、房屋清洁、物件清洗、家具搬运、钟点工等。至 2008 年，县城有注册家政公司 3 家，从业 22 人。收费标准为：保姆由 200 元/月逐渐增至 1000 元/月，护理病患或残疾行动不便者 1500 元/月；房屋保洁单次 1.00 元/平方米，包月每周 1 次，80 元/次；家具搬运 100 元/车（城内 5 楼以上加收 10 元）。

理发美容

1985 年，有理发美容厅（店）17 家、从业 62 人，其中县饮食服务公司所属理发店 1 家。农村多为挑担游走剃头匠上门服务。1987 年后，美容美发、按摩、纹眉、新娘化妆等服务项目开始出现。至 2000 年，服务项目扩展到洗面、补发、养发、祛斑、纹身、美甲、仿生植眉等，部分美发店发展成多店连锁经营，配有专业技师。2008 年，全县有理发美容店 70 余家，从业 400 多人。乡镇均设有理发美容店，传统剃头匠上门理发逐渐消失。

休闲保健

1992 年，休闲保健业在县城兴起。1995 年后，服务场所不断增多，1999 年达 42 家，从业 600 余人，服务项目有洗眼、洗牙、肩颈护理、内分泌调理、敲骨、刮痧、减肥、点痣、排毒、胃保养等。

婚礼服务

20 世纪 80 年代后期，婚礼庆典服务兴起。结婚当日清晨，新郎新娘到婚纱店以新娘为主进行头部装饰和面部化妆，新娘穿戴婚纱，新郎、新娘分别佩戴胸花标识。2000 年后，县城陆续有鲜花店开业，提供婚车装饰服务。2005 年，首家婚庆公司成立，提供婚纱摄影、新人化妆、婚车租赁与装饰、婚礼仪式策划与主持、新房布置、婚庆礼品及婚庆录像刻牒等一条龙服务。婚礼仪式引入香槟塔、红烛台等现代婚庆元素，更趋隆重和浪漫。农村也时兴新人化妆、婚礼摄影、婚车装饰等，并租借彩虹门，聘请乐队增添喜庆气氛。

维修保养

1985 年，有手电筒、钟表、收音机、电唱机、自行车、小型家电、雨具、皮具、杆秤、鞋类等维修店和摊点 27 家。随着经济社会发展，传统修理行业逐渐萎缩消失，电机、汽车、摩托车、电瓶车、大型家电、手机、电脑、炊具维修行业兴起。至 2008 年，县城有汽车保养、维修、清洗、美容装潢店 17 家，摩托车、电瓶车维修店 25 家，家电维修店 13 家，机电维修门市部 7 家，手机维修店 10 家，电脑维修店 7 家，炊具维修店 9 家，修补鞋、衣、伞、锁具等店铺与摊点 20 余处。

第六章　旅游业

第一节　景区　景点

景　区

义峰山景区　位于县城义峰路西侧。由革命烈士纪念塔、纪念碑、烈士墓、抗战指挥所(西峰遗址)、防空洞、战壕、山腹防空隧道、南北峰景观亭(义峰亭、耸翠亭)、县电视发射塔基站、市民健身广场、老年门球场、后山休闲长廊、县博物馆(清代侍卫府)、义峰山公园、徽派建筑群、石雕牌楼、县书画院等组成。"义峰耸翠"为德安古八景之一。1987年,县人民政府公布"革命烈士纪念塔""侍卫府"为县级文物保护单位。

九仙岭景区　位于城南3千米。由阳居寺(九仙寺)、六合亭、升仙台、堕郎峰、丹灶遗迹、熊十力读书处等景观组成。和风丽日,伫立峰顶六合亭,北眺庐山,可见峰峦叠嶂;南望鄱湖,依稀云烟蒸腾。相传汉时何氏九兄弟为避战乱,隐居南方阳居山,终年炼丹,一日丹成飞升,有道童从空坠落,至今有升仙台、堕郎峰、丹灶等遗迹。"阳居仙迹"为德安古八景之一。

观音阁景区　位于城北4千米乌石门象山东麓,德白公路、昌九高速公路傍山而过。景区由山门碑廊、清泉亭、观景步道、居士楼群、望庐露台、大雄宝殿、千手观音殿、念佛堂、象狮二山及博阳河七星枕流石景观组成,涵盖乌石门周边景点。景区内,香山寺(亦称观音阁)依岩而建,负山带水。春夏之交,花稠屋角,鸟飞檐下,清趣自然。旧时阶前有古桂一株,经秋盛开,香闻数里。后辟小园,园有古井,水涓涓自罅出。抗战时期,观音阁是万家岭战役中国军队指挥部所在地。2000年后,僧释德心募资新葺香山寺,增建观音殿、念佛堂、居士楼等建筑。"乌石清泉"为德安古八景之一。

小昆仑山元阳寺景区　位于车桥镇白水街西4千米小昆仑山,316国道傍东麓而过,距县城55千米。景区由元阳寺(旧称元阳观)及周边八景(仙人迹、礼斗台、洗剑池、金墩、月窟、观音阁、东西湖、麒麟峰)组成。相传此山有盘石,可坐百人,为后汉王乔礼斗台,石后有月窟、洗剑池,水四时不涸。石罅内有牡丹一株,色如丹砂,鲜妍异常,为王乔手植,根藏石底,移他处则不能活,星转斗移早已无存。1997年,僧释常寿在原址修复扩建元阳寺,并从河南洛阳引种牡丹1株,植于山门台阶花坛内,丰腴肥硕,逢季胜妍,生机盎然。

东佳山一字园景区　位于爱民乡境内东佳山东部,距县城33千米。由一字园寺、古樟修竹、紫岩峰、紫岩洞(白石洞)、百鸟洞、紫岩泉、摩崖石刻、龙潭、东佳书院遗址、岩前桂家古村及万羽孔雀养殖园等组成,涵盖东佳山东麓周边景点。一字园因宋代大学士苏东坡督学东佳书院题留《吟东佳书院》"寄咏舒中朝对奕,一字园里夜含杯。八方亭外五株桂,岁岁秋风一度开"诗句而得名,明僧人在紫岩峰紫岩泉旁建寺承袭诗意取名"一字园"至今。1987年,县人民政府公布为县级文物保护单位。

义门陈景区　位于车桥镇义门村委会东南1千米,距县城40千米,316国道4千米。景区由义门陈文史馆、义门陈五祖祠、古墙遗存、千年古柏、义泉古井、旺公陵园、"天下第一家"文化广场、分庄纪念广场旌表台、纪念碑、纪念亭群组及义门陈森林公园组成,总面积1050公顷。江州义门陈自唐文宗太和六年(832),陈旺因官置庄于蒲塘场太平乡常乐里艾草坪开基以来,累世15代同堂,义居3900余口。至北宋嘉祐七年(1062)奉旨分庄,历时230年。江州义门陈以忠孝节义为本,勤俭耕读传家,演绎出中国惟一古代家族“乌托邦”“桃花源”式不朽传奇。

磨溪石门陈景区　位于磨溪乡石门陈村，距县城30千米。由石门屏障、双塘映日、千年古树、一莌四樟、使马争荣、马口清泉、照天琦石、巨石狮口、太子古庙、宝莲灵庵、古代箭楼、百家名山、清水龙带、桂花飘香、铁岩古寺、神仙洞府16景组成，涵盖石门陈村第5、6村民小组。石门陈为北宋年间江州义门陈分庄迁徙至此，因村后有一天然石门而得名。景区内古树名木为建庄时种植，树龄近千年，高大繁茂，尤以古樟群蔚为壮观。2007年，新农村建设改造后，自然景观与人文景观和谐统一，成为县内农村一处胜景。

吴山陶里冲景区　位于吴山乡蔡河村，距县城21千米。由白鹤山渊明古墓、婆婆地（陶母孟太夫人墓）、陶氏先祖墓园（1717座墓茔）、牛眠地、洼里陶遗址（渊明出生地、陶家垅水库水淹区）、陶里冲（渊明居住地）、渊明醉石、灵龟石、古驿道、丁家桥、靖节祠、修书堂遗址、桃源洞、官保堰及陶渊明文化展示馆组成。涵盖蔡河村老屋陶（栗里陶）、榨下陶、塝上陶、路边陶、冲里陶、新屋陶6个陶氏自然村周边景点。2004年，村民陶相红寻牛时，无意间发现“故潜公之墓”古碑，后陆续发现诸多与史志记载相吻景物。2007年，成立县陶渊明文化研究会，将所收集实物与新辟景点推介给陶学研究机构、学者和游人，以待破解陶公故里千年之谜。

万家岭战役遗址　位于磨溪乡集镇西南4千米，距县城32千米。涵盖大金山、小金山、扁担山、张古山、杨家岭、哔叽街、刘鞔鼓、南田铺、城门山、麒麟峰、白水街一带。万家岭周边区域为战役主战场，涉及面积50余平方千米。万家岭战役是抗战初期中国军队抗击日寇取得辉煌战绩三大战役（平型关大捷、台儿庄战役）之一。2000年，省政府公布为省级文物保护单位，为省级爱国主义教育基地。

湖塘水库　位于邹桥乡杨坊村，距县城45千米。是集防洪、灌溉、发电、养殖、旅游观光于一体的中型水库。坝区绿草茵茵，果木成行，百花扶疏，蝉鸣鸟唱。库区内绿水如蓝，碧波涟漪，小岛连绵，苍松滴翠，可泛舟、可垂钓、可野炊、可露宿。库区周边5千米内，东有东佳山一字园景区，南有道颜山古道观遗迹，西有小昆仑山元阳寺景区，北有千年静泉和樱桃山古庙遗址，景区资源得天独厚。

林泉水库　位于林泉乡林泉村红花尖下，距县城18千米。水库自大坝向西南、西北方向呈大V字型伸展，沿岸崇山峻岭，巉岩峭壁，青藤匍石，松杉倒映，泛舟水面如入画廊。水库坝前依山建有农家乐休闲设施，有葡萄、柑橘、向日葵、猕猴桃种植园，供适时采摘；有散放土鸡、豚鸭、贵妃鸡、野生黄鳝、石蛙、有机菜蔬，供四季品尝。库区水清林幽，物候宜人，是消暑纳凉、读书品茗的好地方。

景　点

县苏维埃政府旧址（石鼓殿）　位于吴山乡张塘村，德白公路旁，距县城19千米。旧址为一栋仿清砖木结构建筑，坐西北、朝东南，面阔12.55米、进深23.4米，前设东西门厅两间，中有一院落，殿屋上下两层，总建筑面积587.34平方米。1930年4月6日，德安县苏维埃第一次代表大会在此召开，成立县苏维埃政府。该遗址辟为德安县人民革命史陈列馆，为县爱国主义教育基地。1987年，县政府公布为县级文物保护单位。

文华塔　位于城南4千米师古墩。始建于唐大中四年（850），清嘉庆十八年（1813）从县城无相院迁建现址。塔身坐北朝南，高31.7米，六角七层，层高1.7米。砖木石结构，塔顶由砖层层叠收，塔尖为铁制宝葫芦状，塔心中空，有木梯拾级而上。塔旁有宝塔寺，香火甚旺，信众游人络绎不绝。1987年，县政府公布为县级文物保护单位。

清静庵　位于宝塔乡岳山垅村小港山背。1985年，比丘尼宽修将该场所从伍家山迁建于此。占地0.3公顷，建筑规范严整，园林清新典雅。新庵开光后，居士信众络绎不绝，游人往返频繁，是城郊较为兴盛的礼佛和游览场所。

弘法寺 位于城西金带河畔。唐天祐元年(904),僧普硕建,初名涨溪院。宋治平二年(1065)改普勋院。元毁。明洪武间,僧性澄重建,置有山场,改为涨塘寺。清顺治十七年(1660),僧德浩新葺。咸丰四年(1854)太平军毁,僧誓愿修复。因外墙涂有红色,俗称“红庙”。民国15年(1926),北伐战争时被炮弹轰毁,后复建。民国27年(1938),又毁于日寇。1998年,僧释一如募资重建。2006年改弘法寺。“涨塘晓钟”为德安古八景之一。

云水寺 位于吴山乡彭山腹地,距县城25千米。清初建,康熙年间,僧通微修。乾隆年间,僧悟悔重葺。峰峦嵯峨,云烟苍霭,古称西乡胜境。土地革命时期,共产党人常在寺内开会。民国17年(1928),被国民党焚毁,后幢尚存。被焚毁殿宇庭院遗留大片瓦砾残垣,墙基础柱依稀可见,过火后古枫古栎再度萌生,枝繁叶茂。该寺依山而建,对面山体前凸,林木繁茂,下临沟壑,溪水潺潺。寺后山梁有天然红豆杉与毛竹混交林,一片生机。周边山峰耸峙,冬暖夏凉,是县内不可多得的休闲避暑胜地。

金山寺 位于磨溪乡正南4千米大金山中段,距县城26千米。民国27年(1938)9月,侵华日军在万家岭战役中,向中国军队设在金山寺内的前线指挥所投掷航弹,落在指挥部前20余米,将山门外空地炸出1个百余平方米大坑,后形成水凼,至今尚在。轰炸震坏殿宇,后坍塌。20世纪50年代,修复后殿。2000年,僧妙田在寺东南侧建僧房与居士楼10余间。该寺隐匿在大金山中部,四周修林茂竹,遮天蔽日,寺后有一眼山泉,清甘凛冽,山下有水库,水碧如玉。相传金山寺签卦灵验,信众香客常年往返,礼佛占卦络绎不绝。因处深山腹地,酷暑常有人租房消暑度假。

罗汉桥 位于蒲亭镇朝阳村4组。始建于宋神宗熙宁十年(1077)。宋徽宗大观四年(1110)重建。历元、明、清,至今保存完好。该桥东西向,跨罗汉港(早年淤塞),长13米,宽4.2米,单孔石拱,花岗岩银锭型榫卯衔接,铁线塞缝,券拱顶端有铭文,记载建桥执事名及纪年等事项。罗汉桥是省内有绝对纪年石拱桥之一,结构巧妙合理,石刻书体古朴遒劲,是集古代建筑、书法艺术于一体的杰作。2000年12月,省政府公布为省级文物保护单位。

芦溪廊桥 位于聂桥镇芦溪程村,距县城11千米。始建于元代。为石木结构,东北西南走向,长10.1米,宽4.1米,高3.1米,由上下两部分构成,上部为圆木支撑横梁、三角架构成顶面,形成一字亭廊;下部为石砌拱桥,石木相衔,浑然一体。是研究古桥艺术的实物见证。

张果老炼丹处 位于车桥镇城门村茶里,距县城35千米。茶里因有古茶园,盛产“云香茶”而得名,有紫霞峰又称果老山,传说八仙之一张果老在此修炼。据《太平广记》载:“果常乘一白驴,日行数万里,休则重叠之,其厚如纸,置于巾箱中,乘则以水噀之,还成驴矣。”张果老每天骑驴在山中转悠,下驴就在紫霞峰石头上打坐炼丹,后人称此石为果老石。石高8尺,横阔各7尺,面如舒展荷叶,十分规整。旁有石盘,可坐百人,为弟子听经石。明朝里人邬瑞撰有《城门山记》。

聂桥溶洞(龙洞) 位于聂桥镇老屋聂村后半山腰,距县城15千米。洞深约3千米,洞口高5米,阔3米,腹如葫芦。洞内两壁裂隙相间,洞洞相套,大小各异,廊道迂回,互连互通。甘冽清泉自石罅流出,潺潺有声;翠玉冰珠自穹顶滴落,咚咚作响。主要景观有:海底世界珊瑚璀璨,石钟扁磬声清悦耳;莲花观音宝座生辉,玉池仙女香霭氤氲;石笋似剑指苍穹,石蕈当伞比华盖。尤如仙境瑶池,是县境中部1处溶洞胜境。

紫岩溶洞 位于爱民紫岩峰一字园寺古樟旁,距县城33千米。洞口高7米,阔6米。入内30米,有一可容百人大厅,大厅左侧有岩隙呈三角型石门,可弓身入内及远。沿大厅深入300米,黝黑莫辨,水流淙淙,冷风扑面。若借以照明可蹚过暗河,沿洞前行,可见两壁洞口相毗,石柱相倚,尤如街市铺面。洞中有湖,水清如镜,深处可荡舟,经年不涸。此洞深邃莫估,延绵10余千米,洞中景观千姿百态。自唐至今,游人垂青,留有众多诗赋文章和摩岩石刻。

义峰山公园　位于县城义峰路北端，义峰山下。主题广场景观区依托义峰山独特区位优势和繁茂植被条件，采用现代景观设计手法引水入园，山水呼应，自然景观与人文景观相得益彰。公园内，沿水系设置滨水广场，建有小溪，溪边分别建有溪水岸、亲水岸、涉水岸，并有多条人行栈道伸向水面，形成亲水平台。主体建筑“义峰楼”为典型徽派风格。“怡心阁”为园内重点景观，沉稳庄重，隽秀典雅。北麓建有高大巍峨花岗岩牌坊，题有端秀俊逸“义峰公园”四个大字。园内门额、楹联均为知名书法家题写。县书画院设于园内。

雁家湖植物园　位于县城东风路二支路中段。占地9公顷，其中湖面4.71公顷，园林4.29公顷。园区主题突出，设有草地带、疏林草地带、疏林灌木带、背景密林带四层空间。栽有加拿大红枫、香港紫荆、紫玉兰、广玉兰、银杏、樱花、紫薇、桃花、女贞、垂柳等近百种树木、花卉。临水栈道、卧波廊桥造就游人亲水平台；“情侣”天鹅、列阵大雁象征市民和谐相处，奋发向上，共建美好家园精神风貌。

县博物馆　位于县城义峰山南坡。主体建筑为仿清道光二十五年(1845)钦点二等蓝翎、御前侍卫夏炽南故居“侍卫府”原样复建。砖、石、木混合结构。面阔28米，高8米，进深24米，设有前堂、中堂、后堂，有天井四重。建有前门亭、接官厅、松厅和后花园，东侧为花岗岩仿古护栏，西侧为马头墙徽派库房。整座建筑青砖黛瓦，直柱曲梁，高槛阔门，花窗连廊。馆舍依山而建，错落有致，苍松翠柏掩映其间，为典型清代官邸庭院式建筑，有较高文物价值和观赏性。馆藏文物有石器、玉器、木器、角器、青铜器、金银器、陶瓷器、壁画、墓碑、丝稠、棉麻织物、宋代女尸及其他杂项近万件，其中国家一级文物39件、二级62件、三级159件。充分展示德安先民辛勤劳作，推动社会发展的历史脉络和深厚文化底蕴。2006年，被国家文物局评为国家重点县级博物馆，列为省爱国主义教育基地。

第二节　旅行社

九江中国国际旅行社

2004年，在县城设立门市部，是县内首家旅游服务企业。2004～2008年，年均接待游客3000余人次，营业额450万元左右。

九江中国旅行社

2007年，在县城设立门市部。至2008年，年均接待游客3500余人次，营业额530万元。2008年，九江天马国际旅行社有限公司、九江春秋国际旅行社有限公司均在县城设有门市部。

第三节　旅游酒店

2006年11月，德安宾馆经省旅游局评定为三星级旅游酒店，是县内最早的一家星级酒店。2008年，奥中大酒店、德安国际大酒店建成投入运营，并申报四星级旅游饭店。

第四节　规划与开发

旅游规划

2008年5月，县级旅游行政职能划归县文化广播电影电视局管辖，成立县文化旅游广播电影电视局。同年10月，编制《江西省德安县旅游发展总体规划》，创办“德安旅游网站”，编印《德安旅游招商项目资料》，推介德安旅游。组织参加第二届省旅游产品交易会，多形式、全方位展示德安旅游特色。

旅游产品开发

2008年5月,相继出台《德安县旅游开发若干规定》《关于进一步加快旅游发展的若干意见》,加大“环鄱阳湖旅游建设”“乡村旅游发展”“红色旅游开发”建设力度。确定义门陈文化园、万家岭大捷纪念园、陶渊明故里、义门陈森林公园、湖塘水库水上运动项目、聂桥漂流、聂桥溶洞、一字园景区、农家乐休闲山庄为首批重点旅游项目进行开发,逐步建成德安精品旅游景区景点。义门陈和万家岭作为特色旅游项目,向省和国家主管部门申报确认。

旅游商品开发

2008年10月,有旅游商品生产企业8家,主要产品50多个:高塘法育园艺场“万家岭”牌无公害早熟梨(九江水梨)、丰林粉丝厂“峰岭”牌绿豆粉丝、九江鸿立食品有限公司“多元乐”牌系列产品、九江海杰贸易有限公司德安分公司“海杰”牌禽蛋系列产品、德安畲香园食品有限公司“畲香园”牌畲族风味酱腌菜系列产品、德安大地红有限公司“健珑”牌黄酒、德安矮子板鸭厂“矮子”牌系列产品、德安土特产销售中心“袁家山”牌系列产品。

2008年10月,德安畲香园食品有限公司、九江海杰贸易有限公司德安分公司、九江鸿立食品有限公司产品参加商务部、省政府在南昌联合举办的中国旅游食品博览会,被分别授予市级龙头企业、省级龙头企业荣誉称号和博览会铜奖。

卷十四

交通　邮电

卷十四　交通　邮电

1985 年，境内有南浔铁路。公路有国道 2 条，均为沥青路面；县道 7 条，均为砂石路面；乡道大多为砂石路面，村道为泥路。水路博阳河航道可通鄱阳湖、长江。随着经济社会发展，全县交通运输迅速发展，路网分布日趋完善。2008 年，有京九铁路、昌九城际铁路穿境而过，设有德安站，年运送旅客近 80 万人次，货运年吞吐量 50 万吨。公路形成以高速、国道为主架，县、乡公路为支架，村、组道路为脉络的交通网络，通车总里程 1086.44 千米。其中高速公路 1 条（福银高速昌九段），境内里程 15.65 千米，在县城宝塔大道与 105 国道交汇处设有出入口；国道 2 条，境内总长 32.48 千米，其中 105 国道 15.8 千米，316 国道 16.68 千米；县道 9 条，总长 171.31 千米，其中重点县道 1 条（德白线），长 43.3 千米；乡道 62 条，总长 300.2 千米；村道 680 条，总长 566.8 千米。国道、县道和乡村道路均改造为水泥路面。公路客运有通往湖北武汉和省内南昌、九江等城市及周边县、乡中长途客运线路 13 条，短途客运线路 7 条，县内各乡镇及部分行政村均通客运班车；城区公共交通有公交线路 3 条；公路货运年周转量 26395 万吨千米。水路经博阳河、鄱阳湖可通长江。

1985 年，县邮电局负责境内邮政和电信业务，部分乡镇设有邮电所或代办所。1998 年，邮电局分设为邮政局和电信局，邮政局经营函件、包裹、汇兑、报刊发行等业务，电信局经营电报、电话和网络等业务。1999 年，移动通信从电信局分离，成立移动通信德安分公司，经营移动通信和网络业务。2002 年，成立联通德安分公司。至 2008 年，累计办理邮政函件 2499.6 万件、包裹 34.4 万件、汇兑 67.8 万张，报刊期发量 6232.5 万份、流转额 1614.6 万元。同年，电信装机容量 42448 门，实占容量 31250 门；移动、联通建设基站 133 个，放号 79524 个；互联网业务总量 15000 端口，用户 9537 户。

第一章　交通设施

第一节　铁　路

线　路

京九铁路　1985年,境内有南浔铁路(南昌至九江),南起米粮铺乡,经宝塔乡、蒲亭镇、河东乡、黄婻乡、高塘乡,全长23.4千米。1996年,京九铁路建成通车,南浔铁路改造为京九铁路一段,过境里程15.436千米(不含共青)。

昌九城际铁路　2007年6月,昌九城际铁路开工建设。与京九铁路并行,境内经蒲亭镇、河东乡、丰林镇、高塘乡,过境里程12.908千米。

车　站

德安站　1985年,德安站位于蒲亭镇车站路。1996年9月,随着南浔线改造为京九线,车站迁至桂林村。2007年,昌九城际铁路开工建设,车站再次南移100余米重建。

高塘站　位于高塘乡大垅村,为客货两用站。京九铁路通车后,2008年10月撤销。

共青城站　最初为米粮铺乘降所,位于米粮铺乡,后两次移址重建。1991年3月,设米粮铺站。1997年10月,更名共青城站。

第二节　公　路

高速公路

福银高速德安段　南起K649(蒲亭镇桂林村),北至K664(高塘乡黄墩村),长15.65千米。1993年建成通车,为无隔离带双向两车道汽车专用线。1996年,改造拓宽为双向四车道高速公路。后相继改称赣粤高速、福银高速。2007年,进行全面技术改造。县城宝塔大道与105国道交汇处设有出入口。

国　道

105国道德安段　系北京—珠海国家干线公路,德安段北起K1590+413(河东乡后田村),经蒲亭镇、宝塔乡,南至K1606+218(园艺场),长15.8千米。1985年为柏油路面,路面宽7米。2000~2007年,县工业园区路段(县城至永修分水岭)先后改造为水泥路面,路面宽18米,双向四车道。

316国道德安段　系福州—兰州国家干线公路,德安段在车桥镇境内,北起K828+418(长庆村),南至K845+101(刘家窝),长17.63千米,1985年为三级公路,砂石路面,路面宽6米。2007年,开工改建为二级公路,部分地段改线,路程缩短为16.68千米。2008年7月,完成砂石路基改造。

县　道

德白线　东起县城,经蒲亭镇、宝塔乡、丰林镇、聂桥镇、吴山乡、爱民乡、邹桥乡,西至车桥镇白水街。1985年为砂石路面,长45.4千米,路面宽3~5米。1992年,改造成沥青路面,宽7米。1997年,田家河至白水段改造为三级公路,改造后里程25.5千米,比原来缩短2.2千米。2001年起,先后对丰林、聂桥、邹桥、爱民等乡镇集镇路段,按二级公路标准改造为水泥路面。改造后丰林镇街道行车道宽14米、其他3乡镇街道行车道宽9米。2007年起,对县城至田家河17.8千米路段进行水泥路面改造,其中县城至观音阁段3.6千米,路面宽8.5米;观音阁至田家河路段14.2千米、路面宽9米。2008年,德白线全长43.2千米。

岷山至白果　起于九江县岷山乡，境内起点林泉乡清塘村（桩号K3+508），终点丰林镇乌石村梅湾戴家（桩号K20+035），长16.52千米，水泥路面，路面宽6米。

范镇至车桥　起于瑞昌市范镇，境内起点塘山乡新塘村罗家（桩号K11+461），终点车桥镇义门陈关山桥（桩号K40+462），长29千米，四级公路，水泥路面，路面宽4.5米。

高丰至塘山　起于瑞昌市高丰镇，境内起点塘山乡郑湖村（桩号K30+737），终点塘山乡集镇（桩号K35+272），境内里程4.54千米，四级公路，水泥路面，路面宽4.5米。

萤石矿至范镇　起于吴山乡红桥村（桩号K0+000），境内终点吴山乡大岭村（桩号K14+590），长14.59千米，终点瑞昌市范镇。水泥路面，路面宽4.5米。

黄婻至金湖　起于丰林镇桥头村（桩号K0+000），境内终点河东乡竹篮胡家（桩号K23+768），长23.768千米；终点共青城金湖乡。水泥路面，路面宽4.5米。

杨桥至共青　起于105国道宝塔乡杨桥村（桩号K0+000），境内终点宝塔乡杨桥村棋盘岭（桩号K0+500），长0.5千米，终点共青。二级公路，水泥路面，路面宽9米。

聂桥至车桥　起于聂桥镇刘家山（桩号K0+000），终点车桥镇集镇（桩号K27+994），长27.99千米。水泥路面，路面宽4.5千米。

田家河至五台岭　起于吴山乡田家河（接德白路，桩号K0+000），终点吴山乡五台岭（桩号K11+198），长11.2千米。其中，田家河至红桥村路段7.66千米为三级公路，路面宽9米；其余路面宽4.5米，均为水泥路面。

乡村道路

1995年起，新建、改造乡镇道路215千米，新修、改造村道536.2千米。2008年，县内共有乡道62条，总长300.2千米，均为水泥路面或油路；村道680条，总长566.8千米，均为水泥路面。

车　站

1985年，德安汽车站位于义峰路321号，属赣北汽车运输公司德安分公司。1988年11月，在汽车站原址新建5层框架结构站房。20世纪90年代，客运逐步转为民营，汽车站负责民营客运车票销售和运营服务。2008年，有中、长途客运线路13条、县内短途客运线路7条，车桥镇、聂桥镇设有车站，林泉、邹桥、萤石矿有临时车站。

第三节　水　路

航　线

博阳河是境内水运唯一航道。县城至博阳河上游河段，可通行小木船；县城向下游经共青、星子县青山咀入鄱阳湖，至湖口75千米进入长江；至赣江口44千米，溯江而上经永修县吴城至南昌105千米。

港　口

德安港　位于博阳河西岸，北门桥南侧。1990年，建有站房1幢，25米浆砌块石直立式码头1座，30米斜坡踏步式码头1座，300平方米简易货场1个，无仓库和装卸机械，最大靠泊吨位100吨。2000年7月，在博阳河东岸、北门桥南侧100米新建重力式（直立）码头，设计能力年装卸量10万吨，靠泊吨位100吨。码头岸线77米，有泊位2个：上游为直立式泊位，装有3吨吊机1台；下游为斜坡式泊位，有40.5米斜坡道1条。货场3619平方米，综合楼1幢，建筑面积5200平方米。

共青港　位于共青东郊，博阳河西岸，利用堤坝自然岸坡泊船和装卸作业，有简易便道相通，港口无设施和管理人员。主要用于共青进出货物装卸，由县港航管理所管理。

渡　口

金湖乡渡口　位于金湖乡集镇,为五合村、固村村民到县城和星子县的水上通道。是20世纪县内最大渡口,日往返200余人次。1996年划归共青管辖。

陈家湾渡口　位于牛角湾,后因牛角湾河道取直,渡口改在附城村陈家湾,有钢质渡船1艘。2008年改渡为桥。

南门渡口　位于县城南门港,有钢质渡船1艘,日渡运30余人次。2000年后,渡运量逐渐减少。

第四节　桥梁　隧道

铁路桥梁

南浔铁路德安大桥　县城郊有桥梁2座:1座位于博阳河上,长120米;1座位于金带河上,长50米。建于1912年,钢质结构,桥头建有碉堡。京九铁路开通后,南浔铁路德安段改道,铁路桥停用,并和桥头碉堡列为文物,受到保护。

京九铁路德安大桥　横跨博阳河,中心位置K1363+600,桥长508米,双道四轨。

昌九城际铁路博阳河大桥　横跨博阳河,中心位置K51+500,桥长1826米,双道四轨。

公路桥梁

北门大桥　位于105国道K1599+720。全长132.3米,净宽7米,两侧各悬出1米设置人行道,设计通行载重汽车13吨、拖车60吨。为3孔34米跨径实腹式乱石拱桥,矢跨比1/4,拱轴采用悬链线型。

白果大桥(胜利大桥)　位于德白线K6+386,为3孔双曲拱桥,全长82米。20世纪90年代后期,经检测鉴定为危桥。2006年4月,在老桥上游50米处建设新桥,跨径总长105米,上部结构为5×20米预应力铪空心板桥梁,下部为桩柱式水泥桥墩、桥台。

2008年德安县主要公路桥梁一览表

表14-1-1　　单位:米、吨

名称	线路	中心桩号	结构类型	桥长		桥高	桥宽		设计载重		建成年份
				全长	孔数/孔径		行车道	人行道	汽	挂拖履	
新车桥	G316	717.632	预制空心板	50.68	2.0/16	8.05	9	2～1.5	20	挂100	2008
汪家桥	德白线	22+685	石拱	41.3	2.0/14	6	7	2～0.25	15	挂80	1976
杨坊桥	德白线	38+955	石拱	40	1.0/24	8	8.1	2～0.25	15	挂80	1979
依塘桥	熊家树—白果树	4.209	U型拱桥	47	1/37	8	5.3	0	15	挂80	1978
高塘桥	黄金线	9.593	空腹式石拱	60	2/42	7	7.1	0	10	履50	1974
易家桥	聂车线	4.652	实腹式石拱	30	2/22	2.5	6	1	10	履50	1966
郭家桥	聂车线	15.688	实腹式石拱	35	3/32	3.5	6	0.5	10	履50	1972
金带河Ⅱ桥	红岳线	1.648	钢筋混凝土	683	3/20	5.5	6	1	10	履50	1995
清塘桥	新村—清塘	1.986	石拱	28.7	2/18	4.5	8	0	10	履50	1974
新河桥	新村—清塘	2.268	石拱	50.7	3/37.4	4.5	7.5	0.5	10	履50	1977

续表 14－1－1

名称	线路	中心桩号	结构类型	桥长		桥高	桥宽		设计载重		建成年份
				全长	孔数/孔径		行车道	人行道	汽	挂拖履	
锑矿桥	聂桥—永丰	0.073	钢筋混凝土	31.97	8/38.3	4.2	4.45	3.55	10	履 50	1976
1 号桥	德安—东山	1.392	石拱	24	3/17.3	2	4.2	0.8	10	履 50	1964
星港桥	董家—大金山	0.307	石拱	34	2/31.2	7.2	4.65	0.6	10	履 50	1977
石岩桥	凤凰颈—刘家约	3.805	石拱	40	5/34.7	5.05	3	0.4	10	履 50	1951
樟树五桥	樟树—山湾	6.599	钢筋混凝土	40	3/12	2.4	4	0.4	10	履 50	1995
连心桥	樟树—竹蓬	4.765	钢筋混凝土	40	3/12	2.4	4	0.4	10	履 50	2004

隧　道

昌九城际铁路袁家山 2 号隧道　从河东乡后田村袁家山穿越大波垴山，到高塘乡顾田村。全长 501 米，中心位置 K44＋365，为昌九城际铁路最长隧道。

昌九城际铁路宝塔 3 号隧道　从宝塔乡桂林村穿越九仙岭，到共青甘露镇肖家村。全长 190 米，中心位置 K55＋500。

第二章　交通运输

第一节　铁路运输

客　运

1985～1995 年，南浔铁路境内有德安、米粮铺、高塘 3 个客运站。1996 年，京九铁路建成，设有德安站。

2000～2008 年德安站客运量一览表

表 14－2－1　　单位：万人次

年份	发送人数	到达人数	年份	发送人数	到达人数
2000	27.8	29.3	2005	28.4	31.7
2001	25.7	30.1	2006	29.1	32.5
2002	28.7	30.5	2007	33.7	35.7
2003	26.2	29.4	2008	38.9	39.6
2004	26.4	30.5			

货　运

1985年,货运站位于客运站北端,货场位于土产、储运公司货场东面和托盘山东麓敬老院旁。1996年,火车站迁建桂林村,新货运站货场随迁,年吞吐能力50万吨。

2000~2008年德安站货运量一览表

表14-2-2

年份	装车数(节)	发送量(万吨)	卸车数(个)	卸车重量(万吨)	运输收入(万元)
2000	1975	12.0	2313	13.9	249.6
2001	1833	11.0	2137	12.6	583.6
2002	1868	11.0	2266	13.5	601.3
2003	1300	7.6	2228	13.4	405.6
2004	1396	8.3	3089	18.6	431.8
2005	702	54	2337	14.3	303.4
2006	709	4.3	2554	15.7	257.4
2007	605	3.6	3243	20.2	219.5
2008	578	3.5	3761	23.7	257.8

第二节　公路运输

客　运

客运体制　1985年,赣北汽车运输公司德安分公司经营中长途客运,有客车71辆。1995年起,农村客运业务有个体户合伙参与经营,有农用中巴客车27辆。1996年后,汽运公司退出乡村客运市场,主要从事客运站管理和跨县客运业务;乡村客运业务由民营客运联合体承担。

中长途客运线路　2008年,有中长途客运线路13条:德安至南昌(客车8辆)、德安至星子(客车7辆)、德安至九江(客车6辆)、德安至武宁(客车2辆)、德安至修水(客车2辆)、德安至永修(客车3辆)、德安至虬津(客车4辆)、德安至梅棠(客车2辆)、德安至庐山(客车1辆)、德安至武汉(客车1辆)、德安至沙河(客车1辆)、德安至共青(客车6辆)、德安至柘林(客车2辆)。

县乡客运线路　县城至各乡、镇(场)有客运班车运营。2008年,有中型客车57辆。主要线路有:县城至车桥、塘山、萤石矿、磨溪、聂桥、林泉、高塘。

城区客运　1997年,县航运公司改制后成立县公交客运服务中心,筹资购置农用中巴车3辆,开通第一条公交线路—1路公交。1998年,民间运输管理站(后更名交通运输服务中心)开通2路公交线路。1999年,1路公交增加到5辆。2000年,2路公交有农用中巴车5辆。2002年,公交客运服务中心、交通运输服务中心整合,组建县公交出租客运有限责任公司,先后3次投放出租车共77辆;淘汰农用中巴车,购置8辆中巴车。2004年,开通3路公交线路,投放4辆中巴车。2008年,3条公交线路有公交车12辆。

货　运

1985年,货物运输企业有九江汽车运输公司602车队和德安县汽车运输公司。同年,两公司联合组建赣北汽车运输公司德安分公司。2008年,有私营货车1617辆,货运量221万吨,货运周转量26395万吨千米;物流企业16家,货运车32辆160吨位,年运量5.76万吨,周转量5760万吨千米。

1985－2008 年德安县公路客、货运一览表

表 14－2－3

年份	客车数(辆)	客运量(万人次)	货车数(辆)	货运量(万吨)	周转量(万吨千米)
1985	36	121.6	302	101.8	930.2
1986	36	121.6	310	112.0	1030.2
1987	37	123.8	367	145.3	1273.5
1988	38	126.1	410	151.4	1304.5
1989	38	126.3	426	161.7	1327.2
1990	39	128.4	456	162.8	1333.1
1991	40	130.7	404	85.0	5271.5
1992	37	105.1	427	51.3	4098.6
1993	69	181.2	519	53.1	4238.7
1994	71	175.6	547	90.4	5596.8
1995	98	193.4	577	128.6	8884.9
1996	103	228.0	577	126.0	8849.0
1997	110	206.0	501	95.0	7485.0
1998	119	149.1	535	62.5	7087.9
1999	119	182.7	469	79.7	7947.0
2000	112	96.0	321	62.0	5364.0
2001	112	76.0	337	65.0	5547.0
2002	112	92.0	229	35.0	3135.0
2003	112	142.0	217	33.0	3192.0
2004	176	165.0	226	27.0	2677.0
2005	183	126.4	208	56.0	3388.0
2006	229	159.0	490	44.0	3167.0
2007	237	229.0	1123	60.0	9956.0
2008	242	270.0	1617	221.0	26395.0

运输企业简介

九江长途汽车运输集团有限公司德安公司　1985 年,德安汽车站和九江汽车运输公司 602 车队联合组建的赣北汽车运输公司德安分公司,经营境内中长途客货运输。1987 年,602 车队与德安汽车运输站合并,成立德安作业区,属省汽车运输管理局,办公地点设德安汽车站内。1989 年,作业区撤销,站、队分设;设片区调度站,负责德安、星子、永修县汽车运力调度工作。1990 年 11 月,恢复赣北汽车运输公司德安分公司建制。1997 年,更名九江长运总公司德安公司(后更名九江长途汽车运输集团有限公司德安公司),保留德安汽车站建制。2006 年 12 月,德安公司修理厂挂牌竞标。2007 年 9 月,汽车站拆迁。

德安县汽车运输公司　成立于 1958 年,原名德安县汽车队,1983 年更名县汽车运输公司,属国有交通运输企业,主要经营汽车修理、配件销售、客货运输、门点出租等业务。1985 年,有职工 50 余人,货车 13 辆,核载 80 余吨,固定资产 43 万余元,年产值 60 余万元。1990 年后,受道路运输市场开放、个体运输业壮大冲击,业务量大幅下降,连年亏损。2004 年改制,职工置换身份,企业注销。

第三节 水路运输

机 构

港航管理所 1985年,航运管理站负责港口、水路客货运输、船舶安全、码头建设、航道改造及征费管理。1990年5月,更名港航管理所,属市交通局,负责辖区内水路运输和港口经营管理,核发水路运输经营许可证、船舶营运证。

地方海事处 1985年,有德安港航监理站。2002年,更名德安县地方海事处。负责水上交通安全监管,管理范围为博阳河水域。

县航运公司 主要从事长江中下游和鄱阳湖沿岸城市间水路运输,货物以萤石、萤石粉、木材、毛竹、粮食、水泥、化肥、黄沙为主,其中黄沙量最大,设有沙场。1991年后,水路运输业务逐年下降,木帆船全部停航。1997年,机驳船停运。

客 运

1985年,县城至星子西庙客货班航线已停航;至金湖、共青每天有往返机动帆船运行;洪水季节,视汛期水情,至白果有机动小木船往返运行,由县航运公司经营。1991年后,洪水期间由民营船舶经营水路客运。

货 运

运力 1985年,有机动船16艘、核载703吨,其中县航运公司11艘、核载600吨,社会船舶5艘、核载103吨;另有帆船26艘。1990年,有机动船7艘、核载554吨。1995年,有机动船5艘、核载419吨。1996年,有机动船6艘、核载572吨。1997年,有机动船5艘、核载502吨。1998~2000年,有机动船2艘、核载303吨。2001年后,无登记营运船舶。

货运吞吐量 德安港属季节性通航港口。1999年,港口货物吞吐量2.8万吨,其中出口1.5万吨,此后逐年减少。2004年后,无港口吞吐量记载。

第三章 交通运输管理

第一节 公路养护

高速公路养护

2008年,境内有高速公路收费与管护单位田塘收费所,辖德安、共青城、星子收费站,设收费岗亭5个,负责高速公路永修、共青城、德安、星子境内33.98千米(K627+040~K661+020)路段日常管理、工程养护、产权维护和通行费征收。2008年,日均过境车辆1822辆。

国道 县道养护

1985年,九江公路分局德安公路段负责县内国道和县道养护,有12吨光轮压路机1台和货车2辆。2003年,更名市公路管理局德安分局,设政工股、生产技术股、路政大队、办公室,有养护公司、机械工程公司、机务站和城郊、聂桥、爱民、白水4个基层养路道班。2008年,有职工63人,其中养护工43人(含临时工);各种车辆10辆、机械设备12台(套)。管养公路有:G105国道(北京—珠海)、G316国道(福州—兰州),重点县道X230(德白线),其他县道X234(萤大线)、X235(范车线)。总里程88.185千米。

乡村公路养护

1985 年，乡村公路按“乡道乡管、村道村管”原则，分级负责养护。1991 年，有长年代表工 74 人，养路道班 10 个，常年养护里程 135.96 千米。代表工工资由县交通局补贴一部分，乡镇承担一部分。1996 年起，乡镇自聘养路工，县财政拨付代表工工资补贴。2008 年，养护里程 566.8 千米。

第二节　公路改造与建设

20 世纪 80 年代改造公路主要有：县城—东山四级水泥公路，长 12.9 千米；车桥—瑞昌范镇四级水泥公路，长 40.4 千米；张十八—吴山等外级公路，长 8.2 千米；樟树—山湾四级砂石公路，长 7.5 千米；蔡河—林居四级水泥公路，长 8.6 千米；河铺—王母殿四级砂石公路，长 3.1 千米。

1991 年，聂车线磨溪乡政府路段 1 千米油路改造，三级公路标准，路面宽 6 米，投资 15 万元。1992 年，林白线林泉乡政府路段 0.5 千米水泥路改造，路面宽 6 米，投资 11 万元。1993～1994 年，德白线 45 千米路基改造，路基宽 8.5 米。1995 年，新修 105 国道县内配厂—牌楼村公路，长 2.7 千米，二级公路标准，油路，路面宽 9 米，投资 400 万元。1996 年，德白线油路改造，长 45 千米，三级公路标准，路面宽 7 米，投资 3500 万元；林白线油路改造，四级公路标准，长 10 千米，路面宽 5 米，投资 155 万元。1997 年，聂车线南田—孙家巷段路基改造，长 8 千米，投资 40 万元。1998 年，聂车线孙家巷—东风粮站段油路改造，长 6.3 千米，四级公路标准，路面宽 5 米，投资 130 万元。1999 年，杨棋线杨桥—米粮铺中学段油路改造，长 2.8 千米，二级公路标准，路面宽 9 米，投资 90 万元。

2000 年，范车线塘山—邹桥段 11 千米路基改造，四级公路标准。2001 年，德安—塘山一期 5 千米水泥路改造，四级公路标准，路面宽 4.5 米，投资 200 万元；磨溪东风粮站—南田四级水泥路面改造，长 3 千米，路面宽 4.5 米，投资 80 万元。2002 年 4 月 8 日，县政府在塘山乡召开全县农村公路建设现场会，推动全县农村公路建设。同年，改造公路有：聂车线柳田段 3 千米油路改造，四级公路标准，路面宽 5 米，投资 45 万元；范车线付山段 6.53 千米油路改造，四级公路标准，路面宽 4 米，投资 110 万元；战备公路、田五线等路基改造。2003 年，完成农村水泥公路建设 48.11 千米，投入 5208 万元，包括：战备公路（白果—林泉海后）长 29.11 千米，投资 4448 万元；德安—塘山二期工程，长 5 千米，投资 250 万元；德安—高塘公路，长 5 千米，投资 240 万元；德安—东山公路，长 5 千米，投资 150 万元；大溪畈—小溪山公路，长 4 千米，投资 120 万元。2004 年，建设改造农村公路硬化项目 29 个，总里程 112 千米，总投资 4002.24 万元。主要有聂车线 10.5 千米四级水泥路面硬化、田五线 10 千米三级水泥路等。同年 6 月 14 日，县政府在磨溪乡召开全县农村公路建设现场会；12 月 9 日，市政府在德安召开全市农村公路建设现场会。2005 年，改造农村公路硬化项目 23 个，总里程 141.52 千米，总投资 4915 万元，主要有聂车线 8 千米四级水泥路面改造、杨坊—大泉 10 千米公路四级水泥路面改造。

2006～2008 年，建设改造公路重点有 5 项：105 国道杨桥段水泥路面改造，长 4.6 千米，投资 718 万元；建材大市场—高速公路口水泥路面改造，长 2.7 千米，投资 230 万元；聂桥—柳田路面改造，长 3.8 千米，投资 120 万元；战备路改造，2.1 千米，投资 87 万元；县工业园五期桂田公路建设，长 3 千米，投资 2300 万元。

2008 年，新修共安大道德安段基本完工，长 2.5 千米，路面宽 100 米，投资 3000 万元。立项待建重点工程项目有：陈家湾渡改桥工程，桥长 247 米，投资 452 万元。

第三节　公路运输管理

管理机构

1985年,有交通运输管理站,属县交通局下属单位。1990年3月,收归市交通局公路运输管理处,更名公路运输管理所,负责公路旅客运输、货物运输、机动车维修、驾驶员培训、城市公交出租客运、运输服务等行业经营许可审批和道路运输市场监管。

公路运输市场监管

20世纪80年代中后期,随着运输市场放开,私营运输企业和个体运输经营户进入运输市场。运输管理部门加强监管,客运班车做到"车进站、人归点",统一票证、运价、线路牌、发车时间,个体客车全部进站售票、发车。2002年,取缔"拐的"400余辆,陆续投放出租车77辆。2003～2008年,每年两次向城乡居民发放遵守道路运输市场秩序相关宣传材料,在旅客集散地悬挂大幅宣传条幅,开展"关爱生命,拒绝黑车"活动,采取固定值守和出动稽查相结合的办法,打击违犯道路运输法规、无证经营、不按线路经营、不正当竞争等行为,查扣客运"黑车"300余台次,强制报废"黑车"30辆,查处未经许可营运货车200余台次、国家明令禁止擅自改装货车300余台次、未经许可"黑驾校"1家,取缔未经许可非法从事机动车维修专业户18家。

运价管理

客运价格　客运票价执行省汽车客运费率。1985年,客运基本价每人千米0.025元;1992年,调整为0.088元;1998年,调整为0.15元,票价尾数四舍五入,保留到5角。春运期间票价上浮不超过20%,时间为40天。2008年,客运票价调整为0.22元。县城公交车每人每次1元,出租车县城内每人每次2元,同行每增1人增加1元;春节期间价格上浮。

货运运价　1985年,执行省定运价价目及比差,按长途与短途、整车与零担、普通与特种、货物不同等级与类别定价。2008年,按县物价局相关规定执行。

第四节　其他交通运输行业

装卸运输

1985年,有县装卸运输公司,归口交通局,主要从事德安火车站货物装卸和运输业务。有DC装载机3台、农用运输车16辆、交通宾馆1幢(4层1360平方米),资产近200万元,职工近100人。1990～1994年,年装卸量和货物周转量达历史最高记录,年产值超百万元,税利15万元。1995年,德安火车站货场南迁,公司装卸量和货物周转量逐年下降。

汽车维修

1985年,602车队和县汽运公司设有修理厂,配备专业维修人员。1987年,由县运管所负责汽车维修行业监管,对汽车维修企业(业主)经营资格、资质及经营行为实行监督检查。1990年,对县内汽车维修点逐一进行考核、审查、划类定级、发证。2008年,年审机动车维修企业50家,从业人员280人。其中,一类维修企业1家,二类维修企业11家,三类维修企业38家。

第五节　规费征收

汽车养路费

1987年,设县交通稽查征费站,负责车辆稽查和规费征收。1990年,更名交通稽查征费所,征收项目为汽车养路费、车辆购置附加费、客运基金。汽车和 1 吨以上柴油车养路费征收标准 105 元/吨/月。1992 年,增加机动车附加费和重点建设基金。1995 年,养路费征收标准调整为客车 180 元/吨/月,货车为 170 元/吨/月,1 吨以上农用车比照汽车标准计征。至 1996 年,共征收养路费 2919.23 万元、客运基金 307.42 万元、重点建设基金 847 万元、机动车附加费 1440.17 万元。2005 年,养路费征收改革,稽征所撤销。

农用车养路费

拖拉机、手扶拖拉机、1 吨以下农用车及摩托车养路费由县交通局养路费征收站征收。标准为拖拉机按汽车标准 1/2、手扶拖拉机按汽车标准 1/4 征收,非营业性拖拉机免征。1995 年调整为拖拉机 120 元/吨/月,手扶拖拉机 99 元/吨/月,二轮摩托车 15 元/月,三轮摩托车 18 元/月。

1985～2008 年德安县农用车养路费一览表

表 14－3－4　　单位:万元

年度	养路费	年度	养路费
1985	8.8720	1997	30.4673
1986	8.9843	1998	43.4780
1987	9.4656	1999	33.8808
1988	12.7640	2000	30.6378
1989	16.2072	2001	29.1332
1990	14.4572	2002	27.6738
1991	14.6889	2003	43.7301
1992	13.8320	2004	49.5079
1993	18.8127	2005	64.2070
1994	23.1958	2006	61.9345
1995	21.3765	2007	52.7123
1996	25.4738	2008	41.5565

运管费

运管费由县公路运输管理所负责征收。1986 年,按营运收入 1% 标准计征。1998 年,调整为 0.8%。实际操作中,6 座以上客车按座位计征,6 座以下按车计征,货车按 16 元/吨/月计征。

1987～2008 年德安县运管费收费一览表

表 14－3－5　　单位:辆、元

年份	车辆数	收费数	年份	车辆数	收费数
1987	245	92644	1998	890	339900
1988	317	121900	1999	989	376736
1989	397	152377	2000	1064	405093
1990	468	179268	2001	1132	430950
1991	532	203714	2002	1244	468424
1992	591	226349	2003	1368	514752
1993	665	254325	2004	1425	536201
1994	731	279479	2005	1501	553896
1995	795	303782	2006	1687	622358
1996	828	316440	2007	1795	662083
1997	872	333100	2008	1870	689670

第四章 邮 政

第一节 邮政网络

网点布局

县城网点 1985年,邮电局营业厅位于建设路18号。1998年,邮政和电信分设,原营业厅归电信局使用。2001年,邮政局在东风大道新建办公大楼和业务用房。

农村网点 1985年,邮电局下设共青、米粮铺、邹桥、聂桥、吴山、磨溪、黄婻、东山8个邮电所和金湖代办所。1990年,增设河东邮电所。1995年,市邮电局设共青邮电分局,撤销共青邮电所。1997年,增设丰林邮电所。1998年邮政、电信分设。2007年,撤销东山邮政所、九里邮政所,丰林邮政所改为代办所。2008年,设有邹桥、聂桥、吴山、磨溪、黄婻、河东6个邮政所和丰林代办所。

信筒 信箱 报刊亭 1985年,县城设信筒5个、信箱4个,农村设信箱6个。1999年,县城设置第一座邮政报刊零售亭。2001年起,在县城居民小区设立用户信报箱群。2008年,城乡共有信筒15个,信箱18个,报刊亭4个,信报箱群36处458个。

邮 路

1985年,县邮电局自办邮路主要有:县城至后田、木环、宝塔、金湖、米粮铺前山邮路,行程54.5千米;黄婻、高塘、林泉邮路,行程39千米;聂桥、县农科所邮路,行程7.75千米;磨溪、南田邮路,行程39千米;吴山、山湾、樟树邮路,行程25千米;邹桥、爱民、付山、高塘、白水、车桥邮路,行程34千米,均为自行车和步班邮路。另有县邮电局直达黄婻、聂桥、磨溪、车桥、白水街委办汽车邮路。1987年,自办县城至九里、东山、共青汽车邮路。1995年,自办邮车邮路7条:河东、黄婻、丰林、聂桥、磨溪、吴山、邹桥,单程总长114千米;农村投递增至16条邮路,总长510千米,其中15条为自行车班,1条为步班。1995年4月,开办其他乡镇自办汽车邮路,路线总长116千米。

投递路网

县局投递路网 1985年,城区路网分4段设置投递线路;河东乡后田村投递路网含乡政府1个、行政事业单位11个、村委会3个、村民小组37个,行程16.5千米;桂林村投递路网含村委会8个、村民小组71个,行程42.5千米;经金湖至河东村委会路网含乡政府1个、村委会9个、村民小组25个,行程34.4千米;黄婻乡乌石村路网含县直单位8个、村委会6个、村民小组12个,行程33.4千米。1995年,经金湖乡至河东乡河东村路网中金湖路段不再由县邮政局负责投递。

乡镇投递路网 1985年,乡镇投递路网有:黄婻邮电所至高塘乡路网,含乡政府2个、村委会6个、村民小组23个,行程36.9千米;黄婻邮电所至林泉乡路网,含乡政府1个、村委会8个、村民小组78个,行程95千米;聂桥邮电所至各村委会路网,含镇政府1个、村委会6个、村民小组63个、矿山1个、学校1所,行程31.3千米;磨溪邮电所至曙光村路网,含乡政府1个、村委会6个、村民小组19个,行程29.5千米;磨溪邮电所至港口村路网,含村委会4个、村民小组12个、学校3所,行程20千米;吴山邮电所至各村路网,含乡政府1个、村委会6个、村民小组11个、厂矿5个、学校6所,行程33.5千米;邹桥邮电所至爱民乡西泉村路网,含乡政府1个、村委会7个、村民小组26个、学校7所,行程56.9千米;邹桥邮电所至车桥镇义门村路网,含镇政府1个、村委会6个、村民小组24个、厂矿2个、学校6所,行程59.8千米;邹桥邮电所至车桥镇九井村路网,含乡政府1个、村委会5个、村民小组44个,行程46.9千米;邹桥邮电所至塘山乡石源村路网,含乡政府1个、村委会8个、村民小组51个,行程45.5千米;共青邮电所至共青垦殖场各单位路网，总行程35.9千米。1995年，原共青邮电所路网不再由县邮政局负责投递。

第二节　邮政设施

邮政通信用房

1985年，有邮电公务用房2155平方米。基层邮电所办公用房总面积1050平方米。1990年，增设邮电所1个，新增办公用房660平方米。1997年，增设邮电所1个，新增办公用房750平方米。1998年，邮政和电信分设，邮政局新建办公大楼和业务用房，面积6667平方米。2008年，邮政局下设邮政所6个、代办所1个，有办公用房7幢、面积2775平方米，由邮政、电信共同使用。

邮政通讯用车

1985～1993年，有东风牌4吨卡车1辆，邮电专用自行车14辆。1994～1998年，有邮政储蓄押款专用车1辆、双排座邮车1辆、小汽车1辆、邮政专用自行车8辆。1999～2008年，有邮政储蓄押款专用车1辆、邮车1辆、小汽车1辆、邮政专用自行车8辆。

其他设施

1996年起，邮政储蓄业务使用计算机。1998年，有计算机6台，邮政通信业务普遍使用计算机。1999年，有包裹捆扎机1台、信函过戳机1台。2000年，有邮资机1台。2006年，增加邮件分拣推式悬挂输送机1台。2008年，基层邮政所有计算机12台。

第三节　邮政编码

1985年，有邮政编码，采用四级六位编码制，前两位表示省、市、自治区，江西省区码为33或34；第三位代表邮区，第四位代表县、市，德安县邮区和县码为04；最后两位代表投递邮局，德安属南昌邮区，城区邮政编码为330400。

2008年德安县邮政编码与投递范围一览表

表14－4－1

投递单位	邮政编码	投递范围
县局投递班	330400	县直各单位、蒲亭镇、木环乡、宝塔乡、河东乡各单位及村委会，彭山林场五星林区、白果林区，苗圃
共青	330401	共青垦殖场，金湖乡各单位及村委会
黄婻	330402	黄婻乡、林泉乡各单位及村委会
聂桥	330403	聂桥乡、丰林各单位及村委会，红旗林区、百家山林区
磨溪	330404	磨溪乡各单位及村委会、大金山林区
邹桥	330405	邹桥乡、爱民乡、塘山乡、付山乡、白水街乡、车桥乡各单位及村村委会、关山林场
米粮铺	330406	米粮铺乡各单位及村委会
吴山	330408	吴山乡、樟树乡各单位及村委会
九里	330409	四五八厂、爱民厂

第四节　邮政业务

函　件

1985年,函件业务有信函、明信片、邮简、印刷品、盲人读物、商务传单、挂号邮件、保价信函、航空信函、特种挂号、大宗挂号(邮资总付)、挂号回执、欠资、退回、查询等,盲人读物及义务兵平函免费。1987年11月,开办快递邮件业务。1991年,开办法院诉讼公文和回执邮寄业务。1992年,开办代售有奖贺年卡(明信片)业务。2007年,开办邮政DM广告业务。2008年,函件业务量11.73万件。

明信片

2007年11月,制作发行德安现代名人袁隆平、李安、吕燕邮政明信片及义门陈历史文化、万家岭大捷70周年纪念等内容为主题贺卡、贺年明信片5000套、2万枚。2008年,制作发行"2008中国德安贺年有奖明信片""2008中国德安贺卡",共1万套4万枚。

包　裹

1985年,包裹业务种类有民用、商品、纸质品、保价、航空、国际包裹和小包。1989年,开办快件、大件商品包裹业务。2000年,包裹业务达历史最高量28899件。2008年,包裹业务量7779件。

储蓄　汇兑

邮政储蓄　1986年起,邮电局代办邮政储蓄业务。1990年改为自办,设储蓄专柜,开办代缴电信资费、汇款转储蓄等业务。2008年2月,开办小额抵押贷款业务。2008年3月,成立中国邮政储蓄银行九江市德安县支行,与邮政业务分离。

邮政汇兑　1985年,邮政汇兑业务有普通汇票、电报汇票、私人汇款和小额汇款,每张汇票最高限额5000元,1996年高到1万元,1999年提高到5万元。1999年,开办邮政入账汇款和礼仪汇款业务;同年8月,开办特快汇款业务,同时取消邮政快件汇款业务。20世纪90年代初,邮电局开办代理业务,主要品种有代理保险、代理国债和基金、代收代付(代发工资、代发养老金、代收电话费)等。代理其他中间业务有:代售彩票、长城卡,代收移动电话费、固定电话费、学杂费、书本费、农电费、水电费和交通罚款等,代发养老金、工资、下岗职工解困金、失业保险金等。1999年,汇兑业务达历史最高量56207张。2008年,汇兑业务量12760张。

报刊发行

1985年,发行报刊149种、总期发量3577900份。其中,《人民日报》318份,《江西日报》1650份,《九江日报》2340份,《红旗》杂志418份,党报党刊发行量占75%。1986年起,县城机关、学校、厂矿建立报刊发行站13个。1995年,部分党报党刊相继自办发行,党报党刊发行量占邮发报刊总量比重逐年下降。2000年,要求科级以上干部订阅《九江日报》,人手1份;《人民日报》《求是》《江西日报》《九江日报》等党报党刊发行量稳中有升。2008年,报刊总期发量156.33万份。

集　邮

1986年,成立县集邮协会。邮政局设集邮门市部,开办集邮业务,出售集邮票品,包括各种普通票、纪念票、编号票、特种票、小型张、小全张、小本票、小版票、连印票、全年本票、首日封、邮资封、纪念封、邮折、邮册、册卡、邮资明信片、有奖明信片、有奖贺年片等。1992年,为庆祝九江市举办"庐山杯""屈原杯”国际龙舟邀请赛,县邮电局与共青共同设计发行以“鸭鸭”吉祥物为主图的纪念封 1 套 2 枚。2008 年,县集邮协会有会员 230 人。

1985 ~2008 年德安县邮政业务一览表

表 14 -4 -2

年份	函件(万件)	包裹(件)	汇兑(张)	报刊发行量(万份)	报刊流转额(万元)
1985	89.3090	8385	36306	357.7900	38.1280
1986	95.8468	9540	37356	370.6761	38.3823
1987	91.2769	11586	35636	406.7800	38.4126
1988	8.5258	13600	36603	339.1204	39.4890
1989	80.8763	14586	30468	241.1938	39.4563
1990	74.6855	9011	30169	247.1113	41.2896
1991	64.2560	7314	7314	292.0618	42.3893
1992	64.3387	7946	7946	319.8319	45.6489
1993	71.0700	8495	8495	309.7000	46.3821
1994	81.6000	10700	10700	285.8500	47.3864
1995	80.9000	10600	10600	225.8300	50.4286
1996	80.4000	13200	18090	229.9200	54.3869
1997	79.8200	14445	20480	239.7200	63.4564
1998	398.0200	42490	19462	298.8800	70.4801
1999	315.9200	19884	56207	306.4100	78.4356
2000	131.1300	28899	51494	337.9200	81.3215
2001	141.5900	21489	47300	276.4200	86.4321
2002	157.1400	21932	42390	199.3000	91.2867
2003	153.4200	24208	40661	195.7800	95.3841
2004	67.7700	12479	31218	206.3400	98.4865
2005	24.8300	8400	25868	130.0400	100.8456
2006	84.5700	9143	24806	126.0600	103.1158
2007	50.5700	7956	35834	133.4800	105.3804
2008	11.7300	7779	12760	156.3300	118.1540

第五章 电 信

第一节 机 构

中国电信股份有限责任公司德安分公司

1985年,由县邮电局电信股、农话股、基层邮电所承办电信业务。1998年11月,邮政、电信分营,设德安县电信局,下设支局7个、网点17个。1999年7月,移动通信业务分离,电信局更名江西省电信公司德安县电信局。2002年11月,成立江西省电信公司德安电信分公司,与县电信局两块牌子,一套人员;下设客户中心3个、农村电信所10个;无线寻呼、卫星通信业务剥离。2003年,中国电信集团改制上市后改为中国电信股份有限责任公司德安分公司。2008年,业务收入2000万元。

江西移动通信有限责任公司德安分公司

1999年7月,移动通信从电信局分离,成立德安县移动通信公司。2000年10月,更名江西省移动通信公司九江分公司德安县营业部。2002年7月改为江西移动通讯有限责任公司德安分公司。主要经营移动通信(包括语音、数据、多媒体通信)、IP电话和互联网接入业务。2008年,设营业厅1个、指定专营店44个、村级服务站76个、社区便民服务网点15个,客户6万余户,业务收入4362万元。

中国联合网络通信有限责任公司德安分公司

1997年,国信寻呼从电信部门划出。2000年10月,寻呼业务划入联通公司九江分公司德安经营部。2002年,成立中国联通德安分公司。2008年10月,中国联通德安分公司、中国网通德安分公司合并,成立中国联合网络通信有限公司德安县分公司,下设营业厅1个、指定专营店13个、村级便利店46个。2008年,客户15130户,营业收入1017万元。

中国铁通集团有限公司九江分公司德安营业厅

2003年4月,铁道通信信息有限责任公司九江分公司德安营业厅开业。2008年,中国铁通集团有限公司为中国移动旗下独立运营子公司,德安营业厅有1500多个固定电话和宽带业务客户。

第二节 电 报

1985年4月,电报电路进入全国自动转报网,开办特急、加急、邮送三种电报特别业务。1986年,开办天气、水情、公益、政务、新闻、汇款业务。1990年,开办送妥电知特别业务,用户拍发政务、普通、汇款电报均可使用。1991年,开办相片、真迹、文件、报纸传真电报业务,同时开办庆贺、请柬、吊唁礼仪电报业务。1993年,先后开办公众真迹传真、用户电报、礼仪电报新业务。2008年,除少量传真电报外,电报业务基本为其他通讯方式取代。

第三节　固定电话

市内电话

1985年,市内电话交换机总容量1000门,市话用户405户,为4位拨号单机。1986年,首批单机直拨自动电话HJ921型1000门纵横制市话交换机投入使用,号码为4位数。1991年,交换机扩容至3000门,电话号码升至5位。1993年,实现电话交换程控化、传输数字化,电话号码升至6位。1994年,电话号码升至7位,长途区号由07025改为0792。1995年1月,完成6000门电话扩容,县邮电局成为万门程控局。2008年,固定电话用户31250户,营业收入1231万元。

长途电话

1986年,开通长、市、农三合一HJ921型1000门自动电话,除113人工台办理国内人工长途电话业务外,开办国内国际长途半自动电话业务。1991年9月,开通9104长途自动交换机,电路为15条去话、10条来话;开放国内长途有权用户135部,有长途电路42条,实开40条;长途人工交换机为JI2A,有接续台4台、记录台2台。1994年,进入九江地区本地电话网,开放国内国际长途电话直拨。2008年,长话营业收入35万元。

农村电话

1985年,农村电话线路616杆千米,明线线路302对千米,农话用户35户。1993年,黄婻、聂桥、邹桥容量各为4000门程控电话相继开通,农村电话进入全国长途自动网,15个乡镇场全部开通程控电话,交换机容量240门。1995年,实施"村村通"工程。至1996年,所有行政村开通程控电话,交换机总容量3240门,总用户2158户。

公用电话

1990年,县城建有公用电话亭7个。1995年,城乡共有公用电话亭98个。2008年,为方便群众拨打110、119、120等特种电话,仍保留26个公用电话亭。

特种电话

1993年3月,在114(查号)、119(火警)、110(匪警)、120(急救)等特种电话台基础上,新增117(报时)、123(音乐)、168(信息)等特种服务电话台,其中168信息台电话资费由九江市邮电局鸿雁信息公司结算。

1985～2008年德安县电信装机容量一览表

表14－5－1　　　　单位:门

建网时间	交接机名	装机容量	实占容量
1985	HJ921	1000	405
1986	HJ921	2000	683
1989	HJ921	2000	933
1991	HJ922	3550	1466
1992	HJ922	3530	2282

续表 14-5-1

建网时间	交接机名	装机容量	实占容量
1993	S1240	4720	3445
1995	C&C08 S1240 E	10720	6223
1998	C&C08 S1240 E	20472	14020
1999	C&C08 S1240 E	22218	17758
2000	C&C08 S1240 E	25366	22972
2001	C&C08 S1240 E	31232	26648
2003	C&C08 S1240 E	34176	29097
2004	C&C08 S1240 E	35824	30649
2005	C&C08 S1240 J	38384	31849
2006	C&C08 S1240 J	38592	32090
2007	C&C08 S1240 J	41288	31168
2008	C&C08 S1240 J	42448	31250

第四节　移动通信

无线寻呼

1993 年,县邮电局开设 126 寻呼台,开办国内公众寻呼业务,容量 12000 门,用户 860 户。1994 年,进入九江自动寻呼网“127”台,用户 1750 户。1995 年,无线寻呼用户 2455 户。1998 年,无线寻呼用户增加到 5830 户。1999 年,随着移动电话普及,无线寻呼业务逐渐减少。2000 年后,逐步退出通信市场。

小灵通

2003 年,县电信局设无线基站 77 个,建成 PAS(无线市话)系统,容量 5500 门,开通“小灵通”业务,当年放号 1111 部。2005 年,基站增至 107 个,容量增至 12400 门,用户 5678 户,相继开发灵通秘书、呼叫转移、超级无绳、七彩铃音、灵通短信等服务。2008 年,小灵通用户 7000 余户。

移动电话

1994 年,县邮电局开通模拟移动电话(“大哥大”),用户 38 户。1995 年,用户 355 户。1996 年,移动通信设备由模拟机改为 GSM 全向数字机,移动通信逐步向农村发展。1999 年 7 月,移动电话业务从电信局分离,成立德安移动通信公司,有移动基站 5 个,移动手机用户 5960 户。2001 年,新建移动基站 20 个,乡、镇、场开通移动电话,实现“乡乡通”。2002 年,成立中国联通德安分公司,经营联运通信(GSM/130、131、133 和 CDMA/133、153)、长途数据通信(长途电话 193、IP 电话、电话会议、宽带互联网)和移动增值(联通无限、掌中宽带、炫铃、如意邮箱)等业务。2005 年,移动公司 GSM 网络全面升级。2006 年,启动信息化新农村工程建设,移动公司共有基站 50 个,移动通信网络覆盖率 90% 以上,实现移动电话“村村通”。2008 年,移动公司有基站 96 个,网络覆盖所有乡镇和国道、铁路沿线,县城实现无缝隙覆盖,网号为“135、136、137、138、139”,基本业务有国际漫游、国际长途、国内漫游、国内长途、本地通话,增值业务主要有来电显示、短信、彩信、彩铃、手机银行、手机证券、手机上网、手机导航、手机动漫、手机报、飞信、139 邮箱、信息管家、航信通、百宝箱、网上营业厅、移动梦网、动感地带、会议会话等,用户 64394 户。同年 9 月,电信公司接管联通 CDMA 网络,基础业务有国际及港澳台互通、国内长途、国际长途、本地通话、来电显示、呼叫等待、呼叫保持、呼叫转移、国际漫游、三方通话、短信等,增值业务有 WAP 业务、彩信、手机 QQ、手机炒股、手机彩票、手机报、手机下载、移动全球眼等,用户 4000 余户。同年,联通公司用户 15130 户。

1995～2008 年德安移动通信分公司业务一览表

表 14－5－2

年份	基站(个)	当年放号(部)	累计数(部)	增长率(%)	业务收入(万元)
1995	2	96	96		
1996	2	110	206	214	
1997	2	130	336	163	
1998	2	2190	3682	1095	
1999	5	4920	5960	161	60
2000	5	11608	15902	266	160
2001	5	13068	16950	106	270
2002	25	14030	19620	116	510
2003	27	16890	21960	111	1140
2004	28	19002	24360	111	1647
2005	32	20328	27080	111	2198
2006	50	21790	35021	130	2734
2007	64	36212	52199	149	3187
2008	96	43312	64394	123	4362

2005～2008 年德安联通分公司业务一览

表 14－5－3

年份	基站(个)	当年放号(部)	累计数(部)	增长率(%)	业务收入(万元)
2005	22	2000	2000		47
2006	28	3120	5120	256	49
2007	33	4370	9490	185	53
2008	37	5640	15130	159	71

第五节　互联网

互联网

1997 年,电信局开通窄带互联网,用电话线加窄带终端拨打“163”和“169”账号上网,用户 332 户。

2001 年,用户 632 户。2002 年,接入宽带,开办 ADSL 数据通信业务,有端口 1240 个,新增用户 35 户。2003 年,宽带端口 2480 个,用户 1145 户。2004 年,用户 1587 户。2005 年,端口 5000 个,用户 2347 户。2006 年,端口 6800 个,用户 4195 户。2007 年,端口 15000 个,用户 7986 户。2008 年,电信分公司有 ADSL 总容量 15000 端口,互联网用户 9067 户;联通公司开办互联网业务,用户 470 户。

政务网

2003 年 9 月,县信息化服务中心开通县政府网站(www. dean. gov. cn),设走进德安、政务公开、网上办事、公众交流、招商引资 5 大栏目,140 个小栏目。2005 年 8 月,中纪委办公厅政务公开督促检查组到县信息化服务中心检查指导工作,对县政务公开工作给予充分肯定。2007 年,九江(县、市、区)政务信息网横向联网建设现场工作会在德安召开。2008 年 5 月,正式启用网络办公系统,政府部门之间公文交换、交流和资源共享信息化,政府非涉密公文以电子文档形式发送,全县 80% 以上行政机构、事业单位和企业使用政务网办理公务。

卷十五

财税　金融

卷十五　财税　金融

1985年，县财政实行“分灶吃饭”、分级管理、税务机关统一管理工商税收征管工作，财政部门负责征收农业税。同年，县财政一般预算内收入1334.9万元，人均财政收入名列全省前茅，为财政贡献县；有银行4家、营业网点48个，银行存款余额4173万元，贷款余额3177万元；有保险公司1家，保费收入440万元，净利润150余万元。

1994年，按照分税制要求，分设县国家税务局和地方税务局。国家税务局征收和管理中央税，地方税务局征收和管理地方税及共享税。实行“分税制”后，特别是经过国有企业产权制度改革、县域经济结构调整、工业园区建设、招商引资，财政收入成倍增长。2004年，财政总收入首次突破亿元大关（本卷所记财政收入为县级地方一般预算内收入即县级地方财力）。2005年，银行业在改革开放中不断发展壮大，有中国人民银行德安县支行、中国工商银行德安支行、中国农业银行德安县支行、中国银行德安支行、中国建设银行德安支行、中国农业发展银行德安县支行、德安农村合作银行、九江银行德安支行。2008年3月，成立中国储蓄银行德安县支行。保险业有中国人民保险公司德安县支公司、中国人民财产保险股份有限公司德安县支公司。

2008年，一般预算内收入1.54亿元。全县有银行9家，营业网点66个，存款余额293676万元，贷款余额88351万元。保险公司7家，财保德安支公司、人保德安支公司保费收入5134.95万元。

第一章 财政管理

第一节 收入管理

分级包干时期管理

1985年起，市对县实行“划分税种、核定收支、分级包干”财政管理体制，县财政一般预算内收入主要来自税务、财政部门依法征缴的税收，财政收缴的国有企业利润、罚没收入等。县级财政收入基数以1983年决算数为基础，按收入划分范围和第二步利改税后的收入转移情况，以及企业隶属关系变化，分别计算确定固定收入基数和共享收入基数。支出基数按1983年决算数和当年财政体制确定的分成比例计算出地方应得财力确定，县财政收入总额留成比例为74.4%，上解比例为25.6%。同年，县财政一般预算内收入1334.9万元。1988年，国家开征土地使用税和印花税，50%列入县预算收入，参与体制分成。1990年，县财政收入4150万元。同年起，每年向中央财政上解10万元，名列全市第一。1993年，财政收入5320万元。其中，乡镇财政收入1125.6万元，占县级财政收入21.2%，木环、宝塔、河东、金湖、蒲亭镇5乡镇均超过100万元。实行分级包干财政管理体制后，县财政收入和向国家上解逐年增加。至1993年，财政收入合计27448.3万元，体制上解8019万元。

分税制时期管理

1994年，实行“分税制”财政管理体制，把原财政收入分成中央级收入、省级收入和县级收入三大块。中央财政以税收返还形式在保证省以下各级地方财政上年既得利益前提下，将增值税75%、消费税100%上缴中央级财政，并以1993年增值税、消费税入库数为基数滚动增长，超基数部分按1:0.2返还，欠收扣抵税收返还；省级财政将个人所得税、资源税、房产税、印花税、土地增值税、土地使用税、证券交易税、筵席税8个税种40%划入省级财政，并以1993年实际入库数为基数滚动增长，超基数比照中央规定返还。1994年9月，共青实行财政单列，以共青单列财政收入基数抵顶原体制上缴市财政数，相抵差额部分由市财政给予补贴。同年，全县财政一般预算内收入2671万元。1995年，一般预算内收入3158万元，比1994年增长18.2%。1996年，一般预算内收入3913万元，比1995年增长12.39%。1997年起，受国家治理经济环境、整顿经济秩序、银根紧缩和连续两年特大洪灾影响，县内主要预算内企业资金周转困难，生产滑坡，上缴税金大幅下滑。1998年、1999年，一般预算内收入分别为2626万元、2988万元，与1994年基本持平。2001年后，国有企业产权制度改革，县域经济所有制结构调整基本完成，逐步形成以民营经济为主体，交通运输、房地产开发为新增长点的财源体系，特别是通过打造工业园建设，发展招商引资开放型经济，财政收入成倍增长。2005年，一般预算内收入9196万元，是2001年3181万元的近3倍。2008年，一般预算内收入15375万元，是2005年的1.6倍。同年，财政收入过200万元的乡镇由2005年6个增至7个。

1985～1996年德安县县级地方财政一般预算内收入一览表

表15－1－1　　单位：万元

预算科目	1985	1986	1987	1988	1989	1990	1991	1992	1993	1994	1995	1996
工商税收类	1298.8	1676	2005.8	2486.6	2592	2771.8	3054	3504.4	4596.6	1871	1935	2306
农业四税类	50	50.7	57.5	57.3	95	96	100.4	120.3	110	197	187	302

续表 15－1－1

预算科目	1985	1986	1987	1988	1989	1990	1991	1992	1993	1994	1995	1996
国营企业所得税类	—	61.7	73.9	84.7	100.5	105.3	131.9	122.2	74	329	340	409
国营企业上缴利润类	51.6	64.5	65.6	76.1	104.2	58.7	52.5	162.7	416.8	1	100	—
国营企业计划亏损补贴类	－88.2	－65.3	－71.4	－17.5	－7.5	－8.1	－12.2	－103.3	－101.2	—	—	—
专款收入类	1.5	17.8	23.9	24.3	19	42	51.6	76.2	100	116	187	285
专项收入类	—	—	—	—	—	—	—	—	—	—	136	104
国家预算调节基金类	—	—	—	—	—	35.5	39.4	34.5	25.9	21	17	—
其他收入类	21.2	26.6	21.1	21.9	61.9	96.3	484	88.4	79.9	136	256	507
收入合计	1334.9	1832	2176.4	2733.4	2965.1	3197.5	3901.6	4005.4	5302	2671	3158	3913
年初预算数	1096.1	1403.4	2109.5	2634.3	3411.1	3294	3486	3771	4600	3800	2860	3600

1997～2008 年德安县县级地方财政一般预算内收入一览表

表 15－1－2　　单位：万元

预算科目收入数	1997	1998	1999	2000	2001	2002	2003	2004	2005	2006	2007	2008
工商税收类	1901	1656	1924	1865	1905	2143	2624	3692	4014	4570	6051	7329
农业四税类	266	166	265	295	192	501	718	615	681	1311	998	3770
国营企业所得税类	375	116	113	81	123	65	91	236	390	587	721	931
专款收入类	516	412	477	474	588	482	1054	881	1189	1037	1083	1343
专项收入类	—	81	108	102	109	134	175	216	331	323	336	553
行政性收费收入类	—	160	46	104	262	438	341	463	935	1498	1157	1216
国有资产经营收益类	—	—	—	20	—	—	—	100	880	2320	3220	233
其他收入类	313	35	55	64	2	143	7	153	776	13	—	—
收入合计	3371	2626	2988	3005	3181	3906	5010	6356	9196	11659	13566	15375
年初预算数	3818	2382	2935	3601	3051	3084	4518	5044	6957	10668	13529	15077

第二节　支出管理

分级包干时期

1985 年，县本级支出项目 21 个，年度支出 1312.7 万元。其中，行政事业费支出 197.8 万元，占同期财政支出 15.1%；文教卫生事业费支出 378.3 万元，占 28.8%；经济建设费 676.6 万元，占 51.5%；抚恤和社会救济费 41.1 万元，占 3.1%；其他支出 18.9 万元，占 1.4%。1986 年起，坚持“保工资、保重点、保改革”原则，实行紧缩财政政策，提倡过紧日子，公用经费压缩 10%，在确保工资发放、保证支工支农资金和各项事业经费支出的基础上，加大基础建设支出。1991 年，调度和筹集资金 391 万元，投入德白公路改造、街心花园等重点工程建设。1992～1993 年，随着改革进一步深化，刚性增支因素增多，行政事业费压缩5%。本着量入为出、收支平衡原则,对行政事业单位增人或超编人员一律不安排公用经费,机关经费和事业发展经费实行分开拨款。期间,县政府为推动行政事业单位创办经济实体,缓拨事业费30%;待单位经济实体创收后,年底财政予以拨足,未办经济实体的单位原则不拨。1993年,预算内支出4407.8万元,为1985年3.4倍。其中,行政事业费支出860.6万元,占同期预算内支出19.5%;文教科学卫生费1106.2万元,占25.1%;经济建设费支出2185.6万元,占49.6%,抚恤和社会救助事业费83.2万元,占1.9%;其他财政支出172.2万元,占3.9%。分别是1985年4.4倍、2.9倍、3.2倍、2倍、9.1倍。同年投入企业挖潜改造资金571.4万元,占同期预算内支出13%,是1985年3.9倍。

分税制时期

1994年,实行财税改革。县财政本着重点保工资及调资增支、坚持收支平衡原则安排支出,实行有保有压,当年预算内支出5012万元。其中,行政事业费支出1074万元,占预算内支出21.4%;文教科技卫生事业费支出1644万元,占32.8%;经济建设支出2057万元,占41.1%;抚恤和社会救济费91万元,占1.8%;其他支出146万元,占2.9%。2001年,行政事业单位实行财政综合预算,按照"核定收支、结余调控、少收自负、超收分成、不足不补、自求平衡"原则运行,凡有行政事业性收费的单位都纳入编制综合预算范围。清理和压缩人员机构编制,减轻财政负担。2003年始,县属行政事业单位及乡镇干部人员工资实行统一发放。由编制部门核准人员编制,人事部门核定人员工资,财政部门核拨金额,银行代发,确保及时、足额到位。

2007年始,按照建立公共型财政框架要求,确保行政事业单位国家标准工资按月定额发放,确保国家政权建设需求,确保社会保障资金落实到位,确保维护社会稳定支出,确保教育、支农、科技支出的法定增长。新增财力主要用于增资及调资、工业园区建设、重点工程建设、兑现招商引资优惠政策、乡村公路建设、社会保障、新农村建设等。2008年,财政预算内支出46682万元,比上年增长43.2%。其中,一般公共服务支出4754万元,比上年增8.8%;公共安全支出2759万元,比上年增长20.5%;国防支出198万元,比上年减少35.5%;文化、教育、科学、卫生支出10789万元,比上年增长32%;社会保障支出6960万元,比上年增长59.6%;农林水事务支出9216万元,比上年增长78.9%;城乡社区事务支出3217万元,比上年减少28.1%;交通运输支出227万元,比上年减少86.33%;工商业经营支出673万元,比上年增长37.6%;环境保护支出2015万元,比上年增长545.8%;其他支出574万元,比上年增长483.3%。

1985~1996年德安县财政预算内支出一览表

表15-1-3 单位:万元

项目	1985	1986	1987	1988	1989	1990	1991	1992	1993	1994	1995	1996
基本建设支出类	—	—	—	—	—	—	—	—	—	—	17	86
企业挖潜改造资金类	146	125.9	208.2	219.1	231.3	151.9	124.4	120.3	571.4	282	302	200
简易建筑费类	—	—	—	—	11	14.4	—	—	6	—	—	3
科技三项费用类	2.9	7.6	12.6	0.4	3.8	2.8	5	10	3.6	2	—	4
支援农村生产支出类	87.1	190.6	217.1	339.3	368.2	301.3	341.8	380	560.6	618	519	563
农业综合开发类	—	—	—	—	—	—	—	—	—	—	151	200
农林水利气象等部门事业费类	76.4	87.4	105.3	101	124.7	161	173	193	223.5	273	335	386
工交商等部门事业费类	10.5	12.7	9.5	7.7	14.3	31.3	25.6	39.1	41	53	56	65
城市维护费类	64.7	78	59.5	194.6	131.2	163	201.6	257.3	424.1	38	686	766
城镇青年就业经费类	5.7	4.6	7.5	3.7	3.4	2.5	9	—	2.4	—	—	—

续表 15－1－3

项目	1985	1986	1987	1988	1989	1990	1991	1992	1993	1994	1995	1996
文教卫生事业费类	378.3	474.4	534.8	642	690.5	741.6	830.5	966.6	1085.6	1390	1441	1609
科学事业费类	3	3.5	6.3	17.7	16.5	15.3	16.5	23.5	20.6	27	27	32
其他部门事业费类	37.2	81.5	64.2	19.4	64.2	75.6	83.3	106.2	148.4	227	294	350
抚恤和社会福利救济费	41.1	38	49.1	65	58.9	51.1	60.2	86.3	73	81	211	130
行政管理费类	150.5	171.1	190.7	276	309	403	476.9	627.9	671.2	846	1002	1181
公检法支出类	36.8	45.1	52.3	84.5	94.5	107.7	117.5	149.2	148.4	177	195	296
价格补贴支出类	253.2	477	431	578.4	397.2	432.4	514.8	517	180.8	364	16	163
支援不发达地区支出类	—	—	100.9	—	14.4	11.5	10	6.5	10.2	10	6	17
其他支出类	18.9	44	3.4	95.4	96.6	108.4	436.9	127.9	172.2	146	157	199
专款支出类(含专项支出)	1.4	12	13.8	28.3	26.1	38.1	50.7	41.8	64.8	130	128	115
支出合计数	1312.7	1853.4	2066.2	2674.5	2655.8	2812.9	3477.7	3640.7	4407.8	5012	5543	6365
年初预算数	1158.4	1075.3	1245	2342.2	2395.4	2043.5	2425.5	2629.1	3019.8	4500	4800	4850
本年滚存结余	138	310.1	465.4	413.6	336	310.5	363.4	289.1	405.2	510	412	318
净结余	41	128.3	206.3	192.6	146.1	132.5	167.8	112.9	93.8	204	111	24

1997～2008 年德安县财政预算内支出一览表

表 15－1－4　　单位：万元

项目	1997	1998	1999	2000	2001	2002	2003	2004	2005	2006	项目	2007	2008
基本建设支出类	86	110	990	779	1450	1630	1920	971	869	236	一般公共服务	4371	4754
企业挖潜改造资金类	188	128	39	76	48	80	171	3	—	28	国防	307	198
简易建筑费类	9	7	—	—	—	—	—	—	—	—	公共安全	2289	2759
科技三项费用类	9	6	8	7	5	13	16	17	20	11	教育	5078	6411
社会保障补助支出类		130	197	562	861	1583	1367	1538	1759	2365	科学技术	175	165
支援农村生产支出类	304	200	144	59	91	51	—	—	—	—	文化体育与传媒	348	711
农业综合开发类	343	304	244	199	664	255	—	—	—	—	社会保障和就业	4361	6960
农林水气部门事业费类	365	703	472	463	602	799	1496	1709	3081	2892	医疗卫生	2571	3502
工交商等部门事业费类	63	75	78	96	103	144	261	265	495	724	环境保护	312	2015
城市维护费类	591	494	294	360	264	294	277	284	489	1149	城乡社区事务	4473	3217
文教卫生事业费类	1531	1724	2165	2072	2609	2986	3235	3832	4613	5640	农林水事务	5151	9216
科学事业费类	30	22	25	28	33	37	44	52	58	67	交通运输	1661	227
其他部门事业费类	363	305	345	363	403	505	722	930	1068	869	工商金融等事务	489	673

续表 15－1－4

项目	1997	1998	1999	2000	2001	2002	2003	2004	2005	2006	项目	2007	2008
抚恤和社会福利救济费	113	378	267	110	174	378	578	520	988	1019	其他支出	1007	5874
行政管理费类	829	913	1067	1088	1421	1510	2080	2529	3035	2910	支出合计数	32593	46682
公检法支出类	341	340	439	473	822	943	1280	1387	1407	1635	年初预算数	15000	23000
价格补贴支出类	51	2	5	473	128	97	70	—	—	129	本年滚存结余	4549	2644
支援不发达地区支出类	17	35	23	75	118	28	76	91	117	232	净结余	－1443	－1425
其他支出类	208	187	236	124	146	503	640	1514	2528	3824			
专款支出类	—	194	144	56	130	133	170	129	355	432			
支出合计数	5441	6257	7182	7463	10072	11969	14403	15771	20882	24162			
年初预算数	5954	4608	7546	8406	13757	14577	16303	18765	23816	26631			
本年滚存结余	533	480	－304	－356	1715	917	348	1313	1384	3221			
净结余	22	－120	－688	－1659	－1980	－1711	－1572	－1566	－1550	－1458			

第三节　预算外资金管理

1985～1987 年，预算外资金基本由各单位自行管理。1988 年起，预算外资金管理逐步规范化、法制化。同年，预算外资金收入 13 万元。1991～1995 年，全县预算外收入 3439 万元。1995 年 8 月，县政府印发《德安县行政事业单位预算外资金管理办法》，进一步明确管理对象和范围。1997 年 7 月，成立县预算外资金管理局，为副科级事业单位，定事业编 8 个，归口县财政局；明确物价、审计、监察、银行、计划等部门按照职责分工，配合预算外资金管理局做好预算外资金监督管理。2000 年 4 月，县政府把财政预算内资金和单位预算资金结合起来安排使用，支出安排分个人经费、公用经费、专项经费，由财政部门会同单位做好预算，经县政府批准后，严格按预算执行。年终结算时，对超收超支均按 30% 实行再调控。2005 年，按财政部《关于加强政府非税收入管理的通知》，将行政事业性收费、政府性基金和罚没收入等“预算外收入”改为“非税收入”，纳入预算管理，不再在预算外财政专户中支出。2006 年 9 月，德安县预算外资金管理局更名德安县非税收入征收管理局。2007 年，开展行政事业单位非税收入和国有资产清查，对县属党政机关、人民团体、事业单位及其所属各种经济实体的国有资产和各项政府非税收入进行清理。之后，对行政事业单位经营性资产由国有资产管理局统一管理，经常性收入纳入县财政统一管理；配合机关事业单位工资制度改革和规范公务员津补贴，把各单位用非税收入发放的补贴、津贴纳入工资发放，公职人员实行“阳光工资”，全部收入公开化、透明化。

2008 年，制定《德安县政府非税收入管理暂行办法》，全县非税收入 16192 万元，其中国有资产收入和土地出让收入 3770 万元；支出 12101 万元。

1999～2008 年德安县预算外收支一览表

表 15－1－5　　　　单位:万元

年份	一般预算外收入	专项预算外收入	政府调剂资金	一般预算外支出	上缴金库支出	政府调剂支出	专项预算外支出
1999	3207	303	34	2366	402	34	284
2000	4515	433	88	3718	592	87	444
2001	5294	515	183	4267	671	174	633
2002	5944	1192	173	4816	802	167	841
2003	7631	5045	201	6075	1421	194	4909
2004	9073	4780	276	7271	1464	173	4474
2005	10974	5356	280	7594	2503	238	4913
2006	11835		374	9179	2911	334	
2007	17491		350	11649	8405	311	
2008	16192		374	12101	3290	305	

说明:2006～2008 年专项预算外收入和支出,分别并入一般预算外收入和支出。

第四节　国有资产管理

1992 年,成立县国有资产管理局,副科级,归口县财政局。1993 年,按照财政部制定的《清产核资办法》,对全县行政事业单位开展资产清查登记和验收确认工作,确认资产 8348 万元,(截止 1993 年 6 月底)固定资产比 1992 年增加 5420 万元,改变了长期以来全县行政事业单位有物无账局面。1993～1995 年,对全县 79 个企事业单位进行清产核资,资产为 32872 万元,其中固定资产重估值 1191 万元、土地估价升值 1155 万元。清查出各种潜亏 2135 万元,各项资金挂账 2326 万元,土地面积 557.5 平方米。1997 年,对 35 户城镇集体企业清产核资,资产 24272 万元,各种亏损挂账 6036 万元,资产损失 1394 万元,不良资产 752 万元,企业负债 25650 万元,资产负债率 103%。1999 年 6 月,对 50 个行政单位、20 个事业单位进行财产清查登记,确认固定资产 8970 万元,盘盈 794 万元。同年底,全县行政单位流动资产账面 2989 万元,确认资产 17256 万元,净资产 10991 万元。至此,国有资产家底全部摸清,总额为 77010 万元,其中,国有企业资产 59754 万元,行政事业单位资产 17256 万元。2001 年,成立国资委、国资办、国有资产经营公司。国有资产管理体制以资产所有权、经营权、使用权分离为基点,从调整职能、理顺关系入手,分决策、营运、生产经营 3 个层次,建立上下衔接、相互配合的国有资产管理运行体系。2002 年,成立县公有资产管理中心(后更名县公有资产管理办公室,正科级),主要管理国有工业改制企业,监管企业国有资产保值增值,处理改制企业劳动纠纷、债权债务,对下岗和离退休职工实行管理与服务。2003 年,采取协议转让和公开拍卖方式,共处置 15 家国有企业资产,价值 6573.65 万元,用于解除政府与企业职工劳动关系的补偿和养老保险支出。2007 年 3 月,对 2006 年 12 月 31 日前与财政部门有经费缴拨关系的单位实行资产清查,确认资产总额 35700 万元,负债总额 9900 万元,净资产 25800 万元。同时,对行政事业单位国有资产实行分类管理,非经营性资产统一由县国资局备案,委托资产占有单位管理;经营性资产由县国资经营责任有限公司经营管理。

1995~2008 年德安县国有资产一览表

表 15-1-6 单位:万元

年份	国有企业	行政事业单位	年份	国有企业	行政事业单位
1995	32876	9551	2002	39628	19751
1996	44523	10135	2003	37521	19813
1997	32502	10991	2004	27289	20640
1998	55173	15310	2005	21183	21890
1999	59754	17256	2006	21137	26225
2000	55946	18990	2007	29574	26648
2001	50962	19234	2008	28646	29009

第五节 财政监督管理

预决算监管

通过实行财政预决算制度对全县财政运行实施监督管理,在每年县人民代表大会上报告上年度财政预算执行情况和当年财政预算,提交人大代表审议,接受人大监督。

专项资金监管

2002 年起,县政府制定相应管理办法,遵循“项目申报—项目审批—项目论证—集体决策—资金拨付—专项稽查—组织验收”程序。凡投资项目,由项目单位向主管项目部门提供可行性报告,主管部门按照现行法规审查;项目确定后,组织有关领导、专家和技术人员进行论证,集体决策。投资 100 万元以上项目由县政府常务会审批,特大项目由县委常务会审批。项目资金由财政和项目主管部门联合行文,财政局长、分管县长、常务副县长分别审核,县长批准下拨,实施过程中稽查人员跟踪监督。竣工后,主管部门牵头,组织相关单位验收,资金认定以审计报告为准。

预算资金监管

2001 年起,对有预算外收入的 68 个县直行政事业单位实行综合预算。2003 年起,县财政拨付实行“单位申报—股室审查—分管副局长审核—局长审批”程序。2007 年起,强农惠农资金实行受惠农户个人存款账户“一卡通”,涵盖民政、农业、林业、教育、计划生育、移民扶贫等 42 个惠农项目补助资金,专项补助资金张榜公示。农村低保对象由村民小组推荐、村委会审查、乡镇政府审核、县民政局审批后张榜公布。贫困大学生助学补助对象由学校推荐,村(居)委会、乡镇政府审查,民政局、教育局审核,财政局批准后张榜公布。

单位财务监管

2004 年,成立县国库支付中心。选择县委办、政府办、纪委办、财政局、交通局、建设局、科技局及教育系统为试点单位,改由单位自行支付为财政集中支付。2005 年,推广到所有财政拨款行政事业单位,取消单位银行账户 124 个,年归集资金 1521.78 万元。支付管理财政性资金包括财政预算内资金、纳入财政专户管理预算外资金、财政预算管理政府性基金及其他财政资金,会计凭证由单位领导预审、国库集中核算中心核算会计初审、业务股长复核、中心主任稽核;基建工程项目实行提前预算审核;公共财物购置实行政府采购。对违规操作实行责任追究,单位收支状况实行逐月反馈。2006 年,集中支付资金 6384 笔,金额 8816 万元;拒付违规支出 252 笔,金额 384 万元。

第六节　其他管理与服务

财税物价检查与清理

1985～1997年，每年10月至次年3～4月开展财税物价检查。检查一般分3个阶段：第一阶段为单位自查，检查面100%；第二阶段为实施单位检查，检查面不低于30%；第三阶段为整顿建制。期间，清查预算外收入1902万元，预算外支出1736万元，取消银行多头开户136个，转存财政专户资金339万元。至1997年，查处违纪金额2179万元，应入库1832万元，已入库1636万元，入库率89.3%（不含预算外资金检查、"三乱"治理、专项资金检查）。1999年3月，改年度突击检查为经常性和专项检查，改企业财务收支检查为财政预算收支检查。2000～2006年，每年选择4～6户企业、行政事单位进行会计信息质量检查。多次开展清理"小金库"工作，查处各类违纪问题36个，涉及违纪金额150万元。对资产不实、利润不实、违反财务规定的予以处理和纠正，对拨付到乡镇扶贫救灾资金、移民建镇资金、农业税减免款、粮棉补贴等专项资金进行全程监管。

会计事务管理

业务培训　1988年，设立江西中华会计函授站德安函授站。1989年，对全县会计人员德、能、勤、绩进行考核。1994年，按照新修改的《中华人民共和国会计法》《江西省会计管理条例》要求，举办全县行政、企事业单位新财务制度培训班。在加强会计业务基础建设方面，采取与企业上等级、评先评优、财会人员技术职称"三挂钩"。同年6月，成立县会计事务所。至1995年，培训会计225人。2003年，对全县行政、企事业财务人员进行"会计道德""内部会计控制规范"培训，年度审查财会人员从业资格证书200个。至2008年，参加会计人员继续教育培训380人。

职称考核　1992年，县财政局会同县职改办组织财会人员参加首次全国财会职称考试，参考671人。其中，会计师121人，助理会计师317人，会计员233人。1994年6月，参加全国会计专业技术资格乙种考试，考取会计师3人、助理会计师6人。1996～1997年，参加全国会计职称资格考试578人，考取会计师11人、助理会计师92人。至2008年，从事会计业务260人，其中会计师30人、初级会计人员62人。

第二章　税　务

第一节　税种　税率

中央税

增值税　1994年1月1日，对商品生产、批发、零售和进口全面开征增值税，实行购进或进口货物、提供加工、修理修配劳务凭增值税专用发票注明税额进行扣税。一般纳税人设17%基本税率、13%优惠税率和零税率三种，小规模纳税人设4%和6%征收率。2002年1月1日起，对生产企业出口货物由原来的先征后退改为以免抵退。

消费税　1994年，设税目11个。2006年，设税目14个。采用从价定率或从量定额办法计算应纳税额。税率3%～45%不等。

车辆购置税　实行从价定率计征，税率10%。

中央地方共享税

营业税 交通运输业、建筑业、邮电通信业、文化体育业税率为3%,服务业、转让无形资产、销售不动产5%,娱乐业5%~20%,由地税局征收。金融、保险企业缴纳的营业税中按照提高3%税率征收的部分,由国税局征收。2001年,因金融、保险业营业税率每年下调一个百分点,分三年税率从8%降至5%。营业税税率降低而减少的营业税收入,为国家税务局负责征收的中央财政收入;其余营业税为地方税,由县地税局征收。

企业所得税 县国税局负责征收的企业所得税有:中央企业所得税,中央与地方所属企事业单位组成的联合企业、股份制企业所得税,外商投资企业、外国企业所得税;及2002年1月1日后新办工商登记、领取许可证的企事业单位、社会团体缴纳的企业所得税。其余企业所得税由地税局征收。基本税率为33%(利润小于等于3万元为18%,小于等于10万元且大于3万元为27%,大于10万元为33%)。2008年1月1日起,基本税率调减为25%。

个人所得税 对个人在国内存储人民币、外币取得的利息征收的个人所得税,属中央税,由国税局征收,税率为20%。2007年8月调整为5%,2008年10月起暂时免征。其余个人所得税为地方税,由地税局征收,税率采用超额累进税率,幅度为5%~45%;偶然所得、劳务报酬、财产转让、股息红利、移酬等所得税采用比例税率,税率为20%。

城市维护建设税 随营业税、增值税带征,税率5%。

地方税

房产税 按房产原值一次减除10%~30%后余值计征的,税率为1.2%;按房产出租租金收入计征的,税率为12%。

城镇土地使用税 在县城、建制镇、工矿区范围征收。一类地区适用税额标准4元/平方米,二类地区适用税额标准2.5/平方米,三类地区适用税额标准2元/平方米。

土地增值税 按土地增值额征收,实行四级超率累进税率,增值率50%以下税率30%,增值率在50%~100%间税率40%,增值率在100%~200%间税率50%,增值率在200%以上税率60%。2008年6月起,对土地增值税征收根据不同核算方式,采取不同政策。查账征收的企业采取先预征再清算的办法,预征率分别为:普通住房1%,商铺5%,其他3%。对于账目不健全的采取核定征收,征收率分别为:普通住房1.1%,非普通住房3.1%,商铺5.8%,其他3.8%。

印花税 采用比例税率和额定税率。对不能提供印花税应税合同的采取核定征收,商业购销核定比例为40%,工业购销核定比例为70%;其他各类合同,核定比例均为100%。适用税率分别为0.3‰~0.5‰、1‰。

资源税 根据资源开采纳税人在开采过程中炸药使用量,实行"炸药控税"办法控管资源税。针对不同价值矿种,采取不同征收标准,每吨炸药征收40~200元不等标准税收。

车船税 车船使用税分载客、载货征收。载客每年每辆240~480元、载货按自重每吨每年80元计税,摩托车每年每辆60元,机动船按净吨位每吨每年3元计税。

屠宰税 1986年4月始,对经营生猪、牛、羊的单位和个人在收购环节征收产品税,每头生猪4元。1996年,改征每头12元。2002年1月1日起,取消征收。

固定资产投资方向调节税 为比例税率,税率为0、5%、10%、15%、30%五个档次。2000年1月1日起暂停征收。

农业四税

农业税 从1985年至2004年,根据土地计税面积和粮食价格的变化,应征税额也相应发生变化,按粮食作物常年产量计征。全县最高年份平均税率11.61%,最低年份平均税率3.94%。2005年起免征。

农林特产税　按农林特产品成交价计征，根据不同农林特产品，税率5%～33%。1988年开征，2003年起免征。

耕地占用税　按占用耕地面积计征，根据不同地域和土地性质，税率每平方米5～5.5元，1987年开征。

契税　按买卖成交总额计征，税率2%～4%（普通住宅2%，豪华住宅和铺面4%）。1990年开征。

第二节　税收征管

专责管理

1985年，设税收专管员，实行一人进厂、各税统管，征、管、查集于一身的税收管理方式。全县设税务所7个，乡镇设税务协管员，帮助督促纳税户缴税。1990年起，实行税收征、管、查分离模式，强化岗位间监控和制约，确保税款足额及时入库。

纳税申报

1997年起，实行“以纳税申报和优化服务为基础，以计算机网络为依托，集中征收，重点稽查”征管模式，国、地税均设办税大厅，纳税人主动申报纳税。2003年后，基本建立信息化、专业化、集约化、标准化的现代税收征管体系，形成纳税人、税务、银行、国库“四位一体”的实时在线申纳税格局。纳税人可通过远程电子、电话语音、银行网点、办税服务厅等多种方式报、纳税。

税票印制

1995～2004年，县地税局自制发票为手工发票，发票种类有通用发票、服务业通用发票、汽车运输业定额发票等。2005年起，发票印制权上收到市地税局。2008年起，发票印制权上收到省地税局，简并发票种类，加强发票防伪措施，鼓励消费者在消费时索取发票。通过“以票控税”手段，有效堵塞税收“跑、冒、滴、漏”。

以票控税

1985～1993年，规定不同行业使用不同发票，严格执行发票印制、领发、缴销手续。1994年，国家对工商税制进行改革，商品生产、批发、零售和进口征收增值税，实行根据发票注明税金进行抵扣制度。1998年，个体工商户、加油站等商业企业一律使用剪裁发票，遏制纳税人利用“大头小尾”开具发票偷逃税收现象。2001年7月，全面取消手写增值税发票，全部纳入防伪税控系统管理。

税务登记

1985年，凡经国家工商行政管理部门批准，从事生产经营的纳税人都须办理税务登记。具体范围是各类企业、企业在外地设立的分支机构和从事生产经营的场所、个体工商户、从事生产经营的事业单位、依法负有纳税义务的非从事生产经营的单位和个人。1986年4月，国务院颁发《中华人民共和国税收征收管理暂行条例》，对应税企事业单位和个人依法登记和管理。1992年，依照国家税收征管法进行税务登记。1994年国、地税分设后，按各自征管范围划分税户。1996年，国、地税对纳税户全面清理，分别逐户核发税务登记证。1998年，国家税务总局颁发《税务登记证管理办法》，对开业、变更、停业复业、外出经营登记和核查作出规定，开展税务登记证查验和漏征漏管户清查核对，税务登记逐步规范，每3年更换一次登记证。2008年，国税有纳税登记户1469户（个体经营户1190户），地税纳税登记户1663户（个体经营户1232户）。

2001～2008 年德安县国税纳税登记一览表

表 15－2－1　　　　单位:户

年份	合计	国有	集体	股份合作	有限责任公司	股份有限公司	私营企业	其他企业	港澳台投资企业	外商投资企业	个体经营
2001	1004	55	48	1	9	2	28		2		859
2002	1365	67	48		11	2	47		3		1186
2003	1453	64	49	1	21	5	76		7		1230
2004	1489	66	52	2	44	18	88	1	21	2	1195
2005	1528	45	40	2	66	16	90	1	21	6	1241
2006	1510	35	36	1	87	17	89		17	9	1219
2007	1406	33	20	2	107	14	96		9	9	1116
2008	1469	32	11	2	113	14	95		8	4	1190

1994～2008 年德安县地税纳税登记一览表

表 15－2－2　　　　单位:户

年份	国有企业	集体企业	私营企业	有限责任公司	港澳台投资企业	外商投资企业	股份企业	其他企业	个体工商户	其他未列明经济形式	合计
1994	164	249	65								478
1995	170	255	67								492
1996	186	248	45						2254		2733
1997	212	233	21				4		2366		2836
1998	226	233	37				14		2898		3408
1999	137	162	6				4	23	2645		3977
2000	146	174	19				4	3	2399	399	3144
2001	154	170	24				3		2020	32	2406
2002	156	160	37	41				5	2003		2402
2003	24	76	3	20			1		1880	547	2551
2004	47	44	68	18			12	9	1942		2140
2005	160	40	41		13		33	3	1894		2184
2006	147	41	161		12		31	19	1951		2362
2007	102	44	161		11	4	45	18	1925		2310
2008	101	39	160	56	16	4	18	37	1232		1663

第三节　各税收入

国、地税收入

1985～1994 年,县税务局征收税款 32022.6 万元。1995～2008 年,县国税局征收税款 54627.5 万元,县地税局征收税款 45398.7 万元。

1985～1994 年德安县税务收入一览表

15－2－3　　　　单位：万元

年份	数额	年份	数额
1985	1470.4	1990	3060
1986	1812.1	1991	3251.2
1987	2234.3	1992	3749.6
1988	2723	1993	4798.4
1989	2841.1	1994	6082.5

1995～2008 年德安县国税税收一览表

表 15－2－4　　　　单位：万元

年份	1995	1996	1997	1998	1999	2000	2001	2002	2003	2004	2005	2006	2007	2008
增值税	2226.3	2680.4	2329.5	1664.9	1829.4	1791.2	1924.7	2156.6	3073.3	5140.5	4860.0	4400.8	5840.2	7137.2
消费税	96.5	9.4	1.3	3.0	1.5	10.7	126.2	118.2	214.5	246.8	182.0	116.3	65.1	83.6
营业税	160.0		86.9	128.6	130.7	92.9	86.1	0.8	5.9					
集体企业所得税				7.1	6.9									
个人所得税	108.2								254.9	290.8	299.9	388.4	412.8	239.2
储蓄存款利息个人所得税					0.7	130.9	222.8	241.7						
外商和外国企业所得税								0.6	1.1	5.5	5.5		0.4	
城建税	10.1													
车船使用税	14.1													
资源税	4.5													
房产税	0.4													
企业所得税	17.0	19.0	11.9			36.9	57.1	52.0	51.1	109.7	305.4	466.9	563.7	933.7
车辆购置税											51.2	57.0	57.6	59.2
国营企业所得税				8.2	31.5									
能源交通建设基金	1.1	0.3												
国家预算调节基金	33.6	0.2												
屠宰税	7.7													
税款滞纳金税罚款收入	11.6	11.4	4.0											
合　计	2691.1	2720.7	2433.6	1811.8	2000.7	2062.6	2416.9	2569.9	3600.8	5793.3	5704	5429.4	6939.8	8452.9

1995~2008年德安县地方税税收一览表

表15-2-5　　单位:万元

年份	营业税	企业所得税	个人所得税	城市建设维护税	房产税	城镇土地使用税	土地增值税	印花税	资源税	车船税	屠宰税	固定资产投资方向调节税	全年税收合计
1995	648.2	342.0	56.7	131.3	77.2	30.3	0.7	5.7	67.4	0.6	20.2	224.4	1606.0
1996	103.1	455.5	222.6	110.3	88.2	58.2	0.1	13.1	73.0	13.1	34.0	175.7	2277.8
1997	771.2	374.8	252.5	102.1	100.1	58.5	1.0	12.1	43.1	13.1	34.6	120.8	1887.9
1998	750.4	115.8	262.4	106.8	100.5	46.8	1.0	14.5	36.2	13.9	34.8	68.2	1551.3
1999	805.2	113.2	353.8	103.0	124.9	53.5	0.5	12.8	45.3	16.6	38.4	175.0	1842.2
2000	818.8	81.6	344.6	114.1	142.4	58.6	2.3	14.2	86.1	13.0	68.9	17.2	1761.8
2001	954.0	114.7	346.4	107.2	117.6	35.7	2.0	14.2	21.5	13.8	33.5	2.0	1762.6
2002	1089.1	78.6	413.4	129.2	126.1	50.6	8.5	26.1	52.6	8.9	13.6	0.5	1997.2
2003	1244.0	175.7	567.8	168.7	112.3	78.1	11.7	29.9	125.8	10.8			2524.8
2004	1607.3	473.7	909.4	210.7	97.0	61.4	48.5	57.0	181.1	12.9			3659.0
2005	1877.9	663.9	889.9	238.1	118.9	54.7	73.4	78.8	173.0	14.4			4183.0
2006	2433.8	999.2	987.7	280.5	89.3	67.7	166.7	63.6	255.7	8.4			5352.6
2007	3158.6	1239.2	982.7	330.8	110.7	82.7	459.2	83.5	428.2	9.9			6885.5
2008	3866.0	1395.9	1017.1	412.1	107.6	173.6	381.8	139.2	590.5	23.2			8107.0

农业四税收入

1985年,有农业税。1987年,开征耕地占用税。1988年,开征农业特产税。1990年,开征契税。至2002年,征收农业特产税894万元;2003年起免征。至2004年,征收农业税3000万元;2005年起免征。至2008年,征收耕地占用税4432万元、契税3371万元。

第四节　稽查与检查

国税稽查与检查

1985年,县税务局成立稽查队,查处重点纳税单位偷抗税案件。1989年,增设县人民检察院驻县税务局税务检查室,打击涉税犯罪。1993年2月,直属检查分局更名县税务局稽查分局。1994年10月,更名县国家税务局稽查分局。1994~1996年,查补服装行业税款2196.25万元、矿山行业302.87万元、纺织行业286.65万元、水泥行业86.88万元、电子行业40.55万元、建材行业20.37万元。1997年,查处车桥铸锅厂重大偷税案,查补增值税59.51万元,罚款20.1万元。1998年5月,更名县国家税务局稽查局。2005年,协助市局查处"12.6"案,涉案企业虚开增值税专用发票603份,价税合计约1.84亿元,查补增值税2160.36万元,罚款2160.36万元。查处某公司偷税案,查补入库增值税20万元、企业所得税1.87万元,罚款21.75万元。

地税稽查与检查

1994年10月,成立县地方税务局稽查分局,建立稽查网络。2002年,地税系统推行一级稽查模式,分局不再担负稽查职责。选案部门平时注意收集案源,建立案源库,确定稽查对象,编制月度计划,呈上级分管领导批准。稽查部门在接到《税务稽查任务通知书》后，对被查单位确定主查1人、协查1～2人，采取询问、查账、账外调查、异地协查等方式进行。稽查中发现违法违规行为达到立案标准时，进行立案查处。2002～2008年，县地税局累计稽查户数467户，查补金额969.44万元，入缴国库金额977.7万元。

第五节　税源培植

1985年起，税务部门根据规定，对符合一般纳税人标准的企业及时给予认定。2004年，有国税征收纳税户763户。同时，对个体工商业户上调增值税起征点。2005年，减免残疾人增值税额127万元。2006年7月1日起，增值税将销售货物起征点由2000～3000元提高到5000元，销售应税劳务起征点由1500～3000元提高到3000元，按次纳税起征点由每次150元提高到200元。2007年，扩大增值税抵扣范围，为22户企业办理增值税增量退税累计207万元；办理森工企业资源利用减免增值税52万元。2008年，有国税征收纳税户1392户，比2004年增长82%；减免下岗再就业人员办理税务登记证工本费11户。企业办理出口退税372万元。

第三章　银　行

第一节　机　构

中国人民银行德安县支行

位于东风路123号。1986年4月恢复组建，设人事秘书、会计发行、金融管理、计划研究4个股。同年10月，设立县纪委驻金融系统纪检组。2007年4月，内设机构有办公室、货币信贷统计股、综合业务股。主要职能：依据有关规定，在上级行授权下，贯彻执行国家货币政策，发行人民币和管理人民币流通，按照规定监督管理经营机构和经营市场，负责辖区内经营业的统计、调查、分析预测，履行上级授权的其他职能。

中国银行业监督管理委员会九江监管分局德安办事处

位于东风路123号。2004年4月成立，有干部3人，履行对德安、共青13家金融机构及其业务监督管理职能。

中国工商银行股份有限公司德安支行

位于解放路71号。1984年，从中国人民银行划出独立行使业务职能。内设办公室、政工科、储蓄科、信贷科、计划科、稽核科、会计科、保卫科和工会。至1999年底，有胜利路、东风路、永兴路、义峰路、集市贸易、棉纺厂等储蓄所和四五八厂、锡矿、萤石矿、火车站、北门、石桥路、五里墩等分理处。2005年，进行股份制改造，精简机构及人员。2006年10月，更名中国工商银行股份有限公司德安支行。主要职能：为当地中小型企业和行政事业单位提供配套的流动资金贷款和项目贷款，提供各类产品销售，个人存贷业务及各类信用中介服务。当年末存款余额1.6亿元，有效贷款3500万元。

中国农业银行德安县支行

位于石桥路15号，1979年恢复设立。1985年，内设人事股、秘书股、监察室、会计股、工商信贷股、农业信贷股、审计股、信用合作股、保卫股、工会，除彭山林场、付山乡外，各乡镇均有营业所。主要职能：办理存款、贷款结算业务，从事同业拆借，代理收付款项目及保险业务代理和经监管理机构批准的其他业务。1996年,“一分一脱”后,由于业务量缩减,乡镇营业所逐年撤销。2008年,内设职能部门3个、城区营业网点3个,在职员工56人。当年,按政策剔除和剥离不良资产,实现净投放3574万元,新增存款5929万元,存贷比60%。

中国银行股份有限公司德安支行

位于永兴支路80号。1988年7月,成立中国银行德安支行。内设业务科、财务科、储蓄专柜、保卫股,有广场储蓄所、大楼分理处、萤石矿分理处。主要职能:经营外汇业务,吸收单位和个人存款,发放贷款,为居民提供各类财产品销售,经营中国银监会批准的其他业务。20世纪90年代末,获中国银行总行“先进单位”称号。2004年8月,更名中国银行股份有限公司德安支行。2008年,存款余额44619万元,贷款余额14070万元。

中国建设银行股份有限公司德安支行

位于永兴路126号。1987年,成立中国人民建设银行德安支行,内设办公室、业务股、会计股、储蓄股,有储蓄所5个和房贷部1个。1994年,在东风大道新建11层办公楼1幢。1996年3月,更名中国建设银行德安县支行。至1998年,先后撤并桥东储蓄所、南门路储蓄所、共青支行江益分理处和新村储蓄所,共青支行降格为分理处,划归德安支行管理。2006年,更名中国建设银行股份有限公司德安支行。主要职能:承担国家基本建设投资拨款和监督工作,开展房贷业务及单位和个人存、贷业务。2008年,存款余额1.8亿元,贷款余额7900万元。

中国农业发展银行德安县支行

位于宝塔大道81号。1997年,成立中国农业发展银行德安县支行。内设办公室、客户服务部、营业结算部。主要职能:承担粮、棉、油贷款,拓展企业、城市基础建设、农业小型企业等贷款。2003~2008年,发放贷款1.42亿元。其中,农村基础设施建设贷款5000万元,产业化龙头企业贷款7900万元,农业小企业贷款1295万元。银行总资产1.9亿元。

德安农村合作银行

位于南门路59号。1985年9月,成立县农村信用合作联社,挂靠县农行,设综合科、业务科,有县城和乡镇营业网点20个。1995年后,成立共青城信用合作联社,甘露(米粮铺)、金湖信用社划归共青联社。1996年,县信用联社从县农行划出。1999年,共青联社撤销,下辖共青、甘露、金湖、江益信用社和双桥分社划归县信用联社,网点增至23个。2005年,县联社被省联社定为全省首批7家农村合作银行改革试点单位之一。同年6月,县联社迁入宝塔大道58号。2006年12月,成立德安农村合作银行。设办公室和人力资源、信贷、财务、科技、稽核、客户、资产保全、保卫8个部。主要职能:承担农民生产、生活小额贷款,涉农小型企业生产周转贷款,涉农惠农补贴发放,居民存贷业务等。2008年,县农合银行下辖支行9个、分理处18个,存款余额9.3亿元,贷款6亿元。

1985~2008年德安县农村合作银行业务经营一览表

表15-3-1　　　　单位:个、人、万元

年度	网点	人员	存款余额	贷款	其中	收入	支出	利润	备注
					农业贷款				
1985	20	81	803	435	324	21	20	1	
1986	20	79	1078	591	365	37	33	4	
1987	19	80	1652	655	395	57	60	-3	撤销杨桥信用社
1988	19	82	1654	815	559	81	86	-5	

续表 15－3－1

年度	网点	人员	存款余额	贷款	其中	收入	支出	利润	备注
					农业贷款				
1989	19	84	1752	845	525	113	128	－15	
1990	20	81	2039	1763	719	172	153	19	成立丰林信用社
1991	20	87	2782	2424	1269	348	331	17	
1992	20	89	3322	2023	868	406	398	8	
1993	19	92	4478	2297	592	489	477	12	划出米粮铺(甘露)信用社
1994	18	93	7301	2897	1197	926	913	13	划出金湖信用社
1995	18	94	8917	4088	1274	1365	1357	8	
1996	18	100	8930	5562	2207	1321	1455	－134	
1997	19	96	10567	6188	2469	1685	1704	－19	成立宝塔信用社
1998	19	98	10297	7273	3653	1272	1396	－124	
1999	23	113	13466	11865	7167	1127	1422	－295	并入4家共青农村信用社
2000	24	111	16357	13010	7150	1089	1400	－311	并入城市信用社
2001	23	154	19216	14703	6676	1335	1458	－123	付山信用社撤销
2002	23	167	22966	16205	10959	1580	1526	54	
2003	23	162	29195	19410	14974	1963	1870	93	
2004	23	167	37643	25301	23341	2095	1889	206	
2005	23	169	47739	32354	29363	3078	2552	526	
2006	23	171	58708	41858	25396	3501	3095	406	
2007	27	176	70903	48854	33729	4257	3754	503	双桥、大市场、朝阳、南田分社改为分理处
2008	27	186	93305	60114	42175	5742	5377	365	

九江银行股份有限公司德安支行

位于宝塔大道135号。2005年8月,成立九江市商业银行德安支行。内设营业部、信贷部。2008年10月,更名九江银行股份有限公司德安支行。主要职能:开展企业和个人存贷业务。同年,存款余额2.6亿元,发放个人贷款3.69亿元,集体股份制企业贷款4.15亿元。

中国邮政储蓄银行德安县支行

位于开发区渊明大道。前身为县邮政局储汇中心。2008年3月17日,成立中国邮政储蓄银行德安县支行。内设综合办公室、综合业务室、会计核算室、信贷部及营业部。有一类网点2个、二类支行1个、代理网点5个。主要职能:开展小额信贷和个人存、贷业务。同年,发放贷款187笔1630.9万元,贷款结余180笔1517万元。

第二节　货币发行与流通

货币发行

中国人民银行德安县支行为中央银行分支机构,负责全县货币发行、调拨和流通管理。1987年4月27日,中国人民银行发行流通第四套人民币,德安金融机构同时发行。1988年5月10日起,发行100元、2元、1元和2角券,其他面值券陆续发行。1999年10月1日,中国人民银行发行第五套人民币,首发票币面值100元,其他面值票币以后陆续发行,德安金融机构同时发行。至2008年,中国人民银行先后发行金属纪念币和纸质纪念钞60余种(套),德安金融机构同时发行。

货币流通

1985年,投放人民币9332万元,回笼8373万元,净投放959万元。1993年投放1.6亿元,回笼10.7亿元,净投放1.9亿元。1998年,投放15.6亿元,回笼14.6亿元,净投放9887万元。2008年,投放87.9亿元,回笼86.9亿元,净投放1亿元。至2008年,累计投放货币(现金)5091861万元,回笼货币(现金)5364431万元。净投放(现金)127429万元。

1985～2008年德安县人民币投放回笼一览表

表15－3－2　　单位:万元

年份	投放金额	回笼金额	净投放
1985	9332	8373	959
1986	11420	10128	1292
1987	14595	13681	914
1988	21938	19595	2343
1989	23628	20916	2712
1990	24170	20797	3373
1991	3816	2655	1161
1992	6512	4515	1997
1993	26405	107277	19128
1994	23313	10918	12395
1995	10496	10061	435
1996	163630	149294	14336
1997	177685	163462	14223
1998	155729	145842	9887
1999	20098	19419	679
2000	223834	225852	－2018
2001	250551	249870	680
2002	321243	316089	5154
2003	428612	423694	4918
2004	175012	473729	1283
2005	555374	543840	11534
2006	693710	687332	6378
2007	871418	867986	3432
2008	879340	869106	10234

第三节　存款　贷款

存　款

企业存款　1985年,企业存款余额1804万元。2008年,企业存款余额5.79亿元。

农业存款　1985年,农业存款余额454万元。2008年,农业存款余额8573万元。

储蓄存款　1985 年,储蓄存款余额 1572 万元。1992 年,储蓄存款余额 1. 2 亿元,首次突破亿元大关,比 1985 年净增 1. 07 亿元,增长 7. 8 倍。2008 年,储蓄存款余额 21 亿元,突破 20 亿元大关,比 1985 年净增 20. 9 亿元。

财政性存款　1985 ~ 1990 年,财政性存款余额每年在 340 ~ 510 万元之间徘徊。2008 年,财政存款余额 1. 7 亿元。

1985 ~ 2008 年德安县银行存款余额一览表

表 15 - 3 - 3　　　　单位:万元

年度	企业存款	财政性存款	农业存款	储蓄存款
1985	1804	343	454	1572
1986	2015	612	561	2181
1987	1945	442	1052	3109
1988	2684	380	898	4181
1989	2931	446	1330	5100
1990	4111	504	1070	7058
1991	4424	- 215	1055	9640
1992	4433	- 61	2432	12267
1993	6201	- 438	3099	17728
1994	10462	- 457	645	31610
1995	9610	- 411	309	46676
1996	13244	- 355	38	47286
1997	9079	83	291	50618
1998	5590		1484	48525
1999	11832	1012	1155	66574
2000	8868	898	1417	67690
2001	9834	1762	1710	76281
2002	12929	2114	1991	86877
2003	12010	1537	2127	102134
2004	15614	4505	2318	116254
2005	21489	6992	2834	137239
2006	35605	6375	3248	154210
2007	45169	17333	6169	168881
2008	57908	17093	8573	210102

说明:1998 年,因洪灾至财政性存款余额资料遗失。

贷　款

1986 年,各商业银行恢复对个体工商业者贷款业务。对贷额小、期限短、经营好、守信用的个体工商业户,不硬性规定自有资金比例,当年发放贷款 29 万元。1995 年底,工业放贷 2. 6 亿元,比 1985 年 2494 万元增加 2. 4 亿元,增长 9. 44 倍,主要用于新上项目和技术改造;农业放贷 3. 03 亿元,比 1985 年

645万元增加2.97亿元,增长4.7倍,主要用于发展乡镇企业和购买农用汽车、拖拉机、农具、化肥、农药、种籽。2008年,工业贷款2.4亿元,农业贷款5.8亿元,个私企业贷款0.6亿元。

1985~2008年德安县银行贷款余额一览表

表15-3-4　　单位:万元

年度	贷款余额			
	工业贷款	农业贷款	乡镇企业贷款	个私企业贷款
1985	2494	645		38
1986	3049	8816		29
1987	3628	11265		21
1988	4676	11402	787	20
1989	5074	13070	773	17
1990	6468	15374	782	15
1991	6975	17071	893	15
1992	8345	20876	959	11
1993	10904	27914	1520	11
1994	17507	27559	1460	
1995	26047	30265	1820	
1996	30667	31582	2590	123
1997	36725	39487	2777	149
1998	33139	50452	6374	286
1999	34509	55993	6561	242
2000	30770	30643	5087	522
2001	17532	30651	5042	1686
2002	11984	28504	4955	1915
2003	16883	32370	4531	3975
2004	15460	36457	8568	6380
2005	8078	48724	1457	8891
2006	49524	42972		3077
2007	52588	50606		541
2008	23915	58479		5957

第四节　中间业务

同城结算与异地结算方式

1986年,县人民银行执行国家规定,机关、企事业单位、部队、乡镇以及个人与企业间款项往来,除按照现金管理制度规定使用现金外,其余均通过银行办理转账结算。转账分异地与同城两类,其余结算均实行商业承兑汇票和银行承兑汇票。1989年4月1日,根据中国人民银行《银行结算办法》,废止托收承付、承托付款、托收无承付结算方式。8月1日起,停止使用同城托收承付结算办法,改用以支票、银行本票、商业汇票、承托收款方式结算。1990年4月1日,恢复同城托收承付结算方式。2008年末,结算方式主要有支票(现金、转账)、汇兑(电汇、信汇)、银行汇票(全国银行汇票、华东“三省一市”汇票、省辖汇票)、委托收款、托收收款、托收承付、银行卡结算。

其他结算方式

银行卡 1987 年,工行德安支行发行牡丹信用卡。1991 年起,中行德安支行、农行德安县支行、建行德安支行相继推出长城信用卡、金穗信用卡、龙卡准贷记卡、生肖卡等银行卡业务。1998 年,中行德安支行推出美元和港币国际信用卡。2000 年起,银行卡品种增多,按支付方式分为借记卡、贷记卡 2 类,按币种分为人民币信用卡、外币信用卡(美元等国际信用卡)和本外币双币种信用卡 3 类。银行卡功能逐步扩大到存款、取款、汇款、消费、结算、代收代付业务。银行卡使用设施包括销售终端机设备、自助存取款机、电话银行、网上银行、手机银行等。

电子银行 1997 年,工行德安支行推出电话银行,客户服务号码为 95588。1998 年起,农行德安县支行、中行德安支行、建行德安支行先后开通电话银行 95599、95566、95533。2001 年,建行德安支行开通网上银行和手机银行,网上银行实现银证转账、外汇、证券买卖、还贷、代收工资等业务。2005 年末,各商业银行均开通网上银行。

银行代理 20 世纪 80 年代中期,开展代理业务,主要为托收、代收水电费等。20 世纪 90 年代,代理业务发展到代销国债、代理证券、代收话费和代发工资、养老金、救济金等。2000 年后,代理业务从普通代发、代收、代扣向多个领域拓展,先后推出代理保险、代理基金、代理公积金贷款、代理外汇理财、代理移动电话收费等业务,代理业务日趋多样化。

第五节 外汇业务

1988 年 8 月起,中国人民银行德安县支行行使外汇银行职能,中行德安支行开办外汇存贷款业务。随后,工行德安支行、建行德安支行、农行德安县支行陆续开办外汇业务。县内银行业在外汇业务开办之初,均为代理各自上级行外汇存、贷业务,实行外汇留成及上缴制度。2001 年起,外汇存贷数据从市数据中划出单独统计。2005 年 5 月,外汇管理局市中心支局委托人行德安县支行代理辖内企业进出口收汇核销单发放业务。同年 7 月起,实行以市场供求为基础的汇率制度;11 月,人行德安县支行开始办理进出口收汇核销业务。2008 年 5 月,县内有 2 家企业开办贷款贸易进出口自动核销业务。

2001 ~ 2008 年德安县外汇业务一览表

表 15 - 3 - 5 单位:万元

年度	外汇存款		储蓄存款		外汇贷款	
	余额	比年初	余额	比年初	余额	比年初
2001	637	637	137	137	693	693
2002	167	-470	155	18	693	0
2003	162	-5	162	7	551	-142
2004	130	-32	130	-32	398	-143
2005	107	-23	107	-23	398	0
2006	117	10	117	10	398	0
2007	88	-29	61	-56	398	0
2008	67	-21	63	2	0	-398

第六节　金融监管

行政许可管理

1986年4月,中国人民银行德安县支行恢复组建,承担县内金融业监管工作。2003年,设立九江银监分局德安监管办事处。至2008年底,审核上报银行金融机构行政许可重要事项变更28个,其中银行营业网点迁址15个、歇业1个、分理处升格为支行网点2个、撤销营业网点4个、设立ATM机5处、新业务开办1项。对34名银行业金融机构高管人员进行任职资格初审和上报,否定2名高管人员任职资格,对11名银行业金融机构高管人员离任出具任职期间监管意见,对19名高管人员开展任职前谈话。

非现场监管

2004年,德安银监办事处对辖区各银行业机构按月进行经营分析,按季报送法人机构风险分析报告、不良资产分析报告,按年报送监管报告和年度监管评级、内控、风险状况评价报告。实施高管履职评价和审慎监管会谈。对银行大额贷款实施报备制度,对异常波动大的贷款及时调查、排查风险。对所辖23家信用社实行风险评价和预警指标管理。2006年,实施风险分类,做好评价和预警,当年非现场监管发现问题12条,下发风险预警25份。2008年,根据非现场监管数据准确分析非现场监管动态,按时按质报送风险分析报告、不良资产分析报告、机构监管报告等,及时提出风险预警及监管措施。

现场监管

2004年,开展邮政储蓄安全状况现场检查、商业银行部分行业(水泥)贷款检查、辖内网点安全防范检查、共青信用社信贷业务专项检查,发现问题12类30条,提出整改意见31条。2007年,开展辖内邮储金库业务及安全保卫后续检查、县农发行新业务开展后续检查,以调查形式开展现场检查4项,检查发现问题20余个,提出整改意见30余条。2008年4~11月,开展对县内5家银行高管评价、房贷新政策落实情况、县农合行贷款偏离度、邮储银行案件风险排查等7项现场检查,开展对县农发行库贷核查、银行业金融机构安全保卫现场检查以及对金融许可管理情况现场检查。

第四章　保险　证券

第一节　保险机构与业务

中国人民保险公司德安县支公司

1985年,有中国人民保险公司德安县支公司,隶属九江保险中心支公司。按照“保护国家财产,保障生产安全,促进物资交流,增进人民福利”的保险工作方针,开办火灾险、水陆运输险、国营企业财产险、人身险、家庭财产险等业务。1996年8月,拆分为中国财产保险公司德安县支公司、中国人寿保险公司德安县支公司。

中国人民财产保险股份有限公司德安县支公司

位于石桥路169号。1996年8月,成立中国财产保险公司德安县支公司,隶属九江市支公司。2003

年,更名中国人民财产保险股份有限公司德安县支公司。主要经营车险、企财险、工程险、货运险、责任保证险、农业险、意外险、健康险。车险是公司主要经营险种,保费收入占公司总收入的60%以上。公司保费收入从成立时年收入44万元,发展到2008年782.5万元。

1985~2008年德安财保公司收支一览表

表15-4-1 单位:元

年度	收入部分		支出部分				净利润
	保费收入	转回准备金	赔付支出	提取准备金	各项费用支出		
					总金额	营业税及附加	
1985	440005.00	99001.00	186091.00	154001.00	31822.00	18,015.00	150488.00
1986	561357.00	154001.00	214438.00	280678.00	48733.00	25607.00	143616.00
1987	937599.00	299170.00	283674.00	468799.00	83873.00	41754.00	370513.00
1988	1141428.00	375039.00	1216345.00	456651.00	132089.00	47830.00	303936.00
1989	1564432.00	399570.00	867089.00	547554.00	154025.00	80062.00	180577.00
1990	2492717.00	547551.00	1229975.00	431323.00	264518.00	95463.00	160394.00
1991	2171458.00	695353.00	1236403.00	760019.00	243473.00	103976.00	421698.00
1992	1612910.00	760010.00	1591083.00	564518.00	222158.00	75316.00	45911.00
1993	2240770.00	564518.00	1048806.00	896308.00	176520.00	69928.00	339735.00
1994	4343281.00	466853.00	3224977.00	375000.00	531352.00	210250.00	-1400759.00
1995	4336250.00	608090.00	2383126.00	433625.00	757010.00	213718.00	187120.00
1996	4128774.00	399316.00	1820032.00	708177.00	770888.00	246204.00	729253.00
1997	4704339.00	627162.00	2725936.00	564520.00	812515.00	408640.00	657274.00
1998	5211864.00	564520.00	4874336.00	408000.00	444029.00	359657.00	-675069.00
1999	5661461.00	2596318.29	2471771.00	3123934.37	1364041.67	510755.31	682289.48
2000	4196445.68	3123934.37	2949393.25	1837272.60	1223214.96	457839.00	941655.59
2001	4766053.68	1837272.60	2776765.33	2256492.93	1556702.80	321193.20	-396388.94
2002	6160618.28	2256492.93	2800332.96	3136662.10	1389030.58	338040.53	407339.30
2003	7344416.60	3136662.10	5444959.24	4328819.89	1357388.51	417134.72	-509940.22
2004	5899309.92	9266145.17	6652682.89	8291220.47	1457083.26	410404.79	-839986.29
2005	5260399.07	4908198.56	6659154.53	5403198.38	1225355.49	277614.06	-3169422.96
2006	6586361.98	5149687.63	6425059.14	4971028.45	1383232.64	353993.27	-1192073.99
2007	6974014.39		4890168.96	-982994.78	1530818.60	337136.22	1304472.83
2008	7824677.36		7372823.99	912376.55	1787322.87	404355.81	-1920264.46

中国人寿保险股份有限公司德安县支公司

位于永兴路1号。1996年8月,成立中国人寿保险公司德安县支公司。2003年,更名中国人寿保险股份有限公司德安县支公司。2004年,迁至宝塔大道85号,设综合部、团险部、销保部、网点部、收展部和农村服务网点。主要开展人寿保险、健康保险、个人年金保险和意外伤害险等业务。2006年,获总公司颁发的全国人寿保险系统先进称号。2007年,全国保险系统农网会议在德安召开。公司保费收入从成立时年收入200余万元,发展到2008年4400万元。

1996～2008年中国人寿德安县支公司部分年份收支一览表

表15－4－2　　单位:元

年度	收入部分		支出部分				净利润
	保费收入	转回准备金	赔付支出	提取准备金	各项费用支出		
					总金额	营业税及附加	
1996年	3346615.50	—	1562597.01	—	432784.58	24653.07	—
1997年	3910083.53	—	2410794.47	—	910637.41	31284.26	—
1998年	4812494.28	—	2754431.09	—	1412078.82	16346.88	—
1999年	7264119.40	—	1166020.43	—	1699203.92	9311.77	—
2007年	35964412.06	—	6078204.47	—	5135317.41	15791.52	—
2008年	44005054.51	—	11614956.47	—	5782597.02	33894.44	—

说明:2000～2006年资料缺失。

大地财产保险公司德安销售部

位于宝塔大道71号。2005年8月成立。主要经营企业、家庭财产、货物运输、机动车辆保险。

中国太平保险公司九江中心支公司德安销售服务部

位于宝塔大道94号。2007年6月成立。主要经营财产损失险、短期人身意外险、责任险等险种。

中国太平洋财产保险股份有限公司德安支公司

位于宝塔大道金环星城A2－1层108、109号。2008年9月成立。主要从事财产保险业务。

中国人寿财产保险股份有限公司德安支公司

位于宝塔大道85号。2008年9月成立。设客户服务部、销售部、综合部,主要经营机动车、企业和家庭财产保险。

中国太平洋人寿保险股份有限公司德安支公司

位于东风路266号。2008年10月成立。主要经营意外伤害险、个人两全险、个人年金险、个人长期健康险、团体终身险、团体年金险、团体短、长期健康险等业务。

第二节　理赔案例

财产保险理赔

1998 年，境内遭受百年一遇特大洪水灾害。财保德安支公司经过 4 个多月审核，向 30 家企业、3900 户赔付水灾损失款 326.85 万元。2008 年，境内遭受罕见冰雪灾害，经审核，财保德安支公司向县供电公司和塘山乡受灾群众赔付 180 万元；大地财产保险公司德安营业部向福得来有限公司赔付受灾款 104 万元。

人寿保险理赔

2007 年 8 月，居民钟某在家中猝死，所投保“鸿寿养老保险(97 版)”赔付 10 万元；10 月，居民胡某在家中被人杀害，所投保“国寿鸿馨两全保险”，赔付 0.5 万元。2008 年 8 月，居民张某在家中死亡，所投保“康宁终身保险”，赔付 3 万元。至 2008 年，县寿保公司经办理赔案 1500 件，理赔金额 306 万元。

第三节　证　券

债　券

国债发行与兑付　1989 年起，县财政局承办特种国债发行和兑付，商业银行经办国库券发行。当年发行特种国债 41 万元，发行对象为行政事业单位、县属企业和个人，为记名式五年期债券。1995 年后，县财政局停止国债发行工作，只办理国债兑付。1996 年 3 月，放开国债转让市场。同年 7 月 1 日，县财政局接受国库券兑付工作任务，全年兑付本息 12 万元。1997 年 11 月 10 日，县财政局将兑付的国库券上解市财政局后，不再办理国债兑付工作。

1989～1997 年德安县财政局发行兑付国债一览表

表 15－4－3　　单位：万元

年份	发行额	兑付金额	年份	发行额	兑付金额
1989	41		1994	245	176
1990	41		1995		139
1991	31	12	1996		524
1992	65	132	1997		139
1993	339	48			

地方债券　1993 年，县委、县政府号召全县行政事业单位干部、职工为乡镇企业筹集资金，由县财政担保到期还本付息。1993 年、1994 年筹集 83.24 万元。1999 年起，由县财政支付干部职工集资款项，付本免息。

1993～2008年德安县财政局为乡镇企业筹资一览表

表15－4－4　　单位:万元

年份	发行本金	兑付本息	年份	发行本金	兑付本息
1993	27.29	—	2003	—	15.22
1994	55.95	—	2004	—	0.97
1999	—	0.18	2005	—	0.20
2000	—	0.02	2006	—	0.00
2001	—	9.99	2007	—	0.10
2002	—	28.01	2008	—	0.04

股　票

2000年11月14日,设立江西证券有限责任公司九江德安东风路证券营业部,经营证券经纪交易、证券代管鉴证、代理开户登记。

卷十六

经济管理

卷十六　经济管理

1985 年,全县地区生产总值 10971 万元。其中,第一产业 3762 万元,占 34.29%;第二产业 6984 万元,占 63.66%;第三产业 225 万元,占 2.05%。

20 世纪 80 年代中后期,指令性计划逐步向指导性计划过渡,计划经济逐渐向市场经济转变。政府管理经济职能不断调整和完善。1996 年后,按照建立社会主义市场经济体制和计划体制改革要求,基本取消指令性计划。计划管理部门主要在发展战略、措施上提出主要指标预期调控目标,不再对乡镇和部门下达指令性计划。行政审批和行政事业性收费项目随之逐年减少。经济管理工作重点逐步转向经济战略发展研究、经济运行监测及政府投资项目管理,抓好国民经济和社会发展中长期计划的编制与实施。统计、审计、工商、物价、安全生产、质量计量监督、食品药品监督等工作都有较大发展。

2008 年,全县地区生产总值 23.87 亿元。其中,第一产业 2.91 亿元,占 12.19%;第二产业 14.82 亿元,占 62.09%;第三产业 6.14 亿元,占 25.72%。

第一章 经济总情

第一节 经济总量

1985年,地区生产总值10791万元,财政收入1796万元。1997年,地区生产总值137968万元,财政收入7418万元。1998年起,共青单列。当年,地区生产总值65623万元,财政收入4032万元。2004年,地区生产总值115283万元;财政收入11448万元,首次突破亿元大关。2008年,地区生产总值238739万元,财政收入23377万元。

1985 ~ 2008年德安县主要经济指标一览表

表16-1-1　　单位:万元、%、元

年份	地区生产总值(当年价)	第一产业	第二产业	第三产业	地区生产总值指数(上年=100)	第一产业	第二产业	第三产业	财政收入	全社会固定资产投资	社会消费品零售总额	农村居民人均年纯收入
1985	10971	3762	6984	225	124.5	116.3	139.9	120.8	1796	2895	5537	388
1986	15181	4534	7857	2790	—	—	—	—	2626	2577	5444	416
1987	18507	5098	9998	3411	—	—	—	—	3213	1011	5828	449
1988	25559	5008	16176	4375	—	—	—	—	3968	2414	7305	468
1989	29286	6388	14754	8144	—	—	—	—	3962	404	9014	569
1990	28488	7213	13931	7344	97.3	112.9	94.4	90.0	4150	685	9802	708
1991	37113	7763	19451	9899	—	—	—	—	3902	693	11210	810
1992	46963	10952	24428	11583	—	—	—	—	4005	239	12771	900
1993	63480	18976	29323	15181	125.2	114.3	116.6	124.2	5320	4492	15011	1020
1994	84986	26280	40470	18236	119.9	104.0	133.9	110.4	7020	6577	18992	1425
1995	111084	26640	62255	22189	120.4	101.4	130.4	116.9	7837	2328	22181	1646
1996	132323	34202	72674	25447	119.1	128.3	116.7	114.6	8885	3832	25135	2002
1997	138068	39652	69148	29268	104.2	115.9	99.8	112.2	7418	3335	27636	2348
1998	65623	19163	31894	14566	83.7	77.8	83.9	107.2	4032	2921	19181	1768
1999	67462	17195	33234	17033	102.1	88.3	103.9	110.6	4522	3910	20208	2010
2000	66595	17755	31788	17052	98.9	100.4	97.4	100.9	4605	3482	20670	2014
2001	72068	19001	35724	17343	108.2	107.2	111.8	102.4	4948	4943	21708	2070
2002	79947	20163	40721	19063	110.9	106.1	114.0	109.9	6010	10992	23250	2222
2003	96447	21585	52213	22649	120.4	105.3	128.4	119.3	8120	38073	26826	2479
2004	115283	22104	65146	28033	119.0	104.2	124.8	119.4	11448	55477	31966	2980
2005	137121	24650	79011	33460	116.5	106.5	120.6	118.0	14381	111373	38019	3345
2006	170689	26140	103320	41229	116.7	103.7	121.9	113.4	16706	122143	44064	3546
2007	205540	26708	135512	43320	116.9	101.3	125.2	106.5	20149	164177	50178	3988
2008	238739	29117	148208	61414	114.1	104.5	113.2	121.6	23377	203380	62688	4560

第二节 产业结构

第一产业

1985 年,全县工农业总产值 16938.28 万元(1980 年不变价)。其中,农业总产值 4719.38 万元,占 27.86%。农业总产值中,农业 3180.4 万元,林业 225.12 万元,畜牧业 875.32 万元,副业 347.63 万元,渔业 90.91 万元,分别占农业总产值 67.39%、4.77%、18.55%、7.37%、1.92%。此后,不断调整农业产业结构。1991 年起,棉花由分散种植扩大为连片种植,当年种植面积 2820 公顷。同年,农业总产值 15044 万元(1990 年不变价),占工农业总产值 16.4%。其中,种植业 8696 万元,林业 779 万元,畜牧业 3081 万元万元,副业 1161 万元,渔业 1327 万元,分别占农业总产值 57.80%、5.18%、20.48%、7.72%、8.82%。1994 年,棉花种植面积 6005 公顷。同时,林果、畜牧、渔业和其他副业得到较快发展。

1997 年,全县工农业总产值 234564.8 万元(1990 年不变价)。其中,农业总产值 32909 万元,占 14.03%。农业总产值中,农业 15778 万元,林业 3260 万元,畜牧业 8039 万元,渔业 5832 万元,分别占农业总产值 47.94%、9.91%、24.43%、17.72%。

1998 年,全县工农业总产值 125434 万元(1990 年不变价)。其中,农业总产值 17833 万元,占 14.22%。农业总产值中,农业 9928 万元,林业 2363 万元,畜牧业 2775 万元,渔业 2767 万元,分别占农业总产值 55.67%、13.25%、15.56%、15.52%。

2008 年,农业总产值 50994 万元(现行价)。其中,农业 21840 万元,林业 4724 万元,畜牧业 18415 万元,渔业 5366 万元,服务业 649 万元,分别占农业总产值 42.83%、9.27%、36.11%、10.52%、1.27%。

第二产业

1985 年,乡及乡以上工业企业总产值 11780.9 万元(1980 年不变价),占工农业总产值 69.55%。其中,冶金、煤炭、电力业 285.4 万元,占工业总产值 2.42%;机械制造业 468.7 万元,占 3.98%;化工、建材业 1090 万元,占 9.25%;食品业 1158 万元,占 9.83%;纺织、缝纫、皮革业 8281.4 万元,占 70.30%;造纸业 123.1 万元,占 1.04%;其他 374.3 万元,占 3.18%。

1997 年,乡及乡以上工业企业总产值 150755.8 万元(1990 年不变价),占工农业总产值 64.27%。其中,采掘业 8238.9 万元,占工业总产值 5.47%;食品加工业 4012 万元,占 2.66%;食品、饮料业 18162.3 万元,占 12.05%;纺织、皮革、羽绒制品业 84486.8 万元,占 56.04%;木材加工、家具制造业 5868.9 万元,占 3.89%;造纸及纸制品业 2482.9 万元,占 1.65%;化工、建材业 11203.1 万元,占 7.43%;橡胶、塑料制品业 846.7 万元,占 0.56%;金属冶炼及制品业 1766.6 万元,占 1.17%;机械制造业 9548.5 万元,占 6.33%;电力、煤气、水制造供应业 576.9 万元,占 0.39%;其他 3562.2 万元,占 2.36%。

2008 年,规模以上工业企业总产值 449195.7 万元。其中,采矿业 30254.9 万元,占工业总产值 6.74%;食品业 14401.4 万元,占 3.21%;纺织、服装业 124714.4 万元,占 27.76%;家具制造业 16273.6 万元,占 3.62%;造纸及纸制品业 20472 万元,占 4.56%;化工、建材业 52295.8 万元,占 11.64%;橡胶、塑料制品业 30155.3 万元,占 6.71%;医药业 44359.6 万元,占 9.87%;机械制造业 79333.5 万元,占 17.66%;电力、燃气、水生产和供应业 12152.1 万元,占 2.71%;其他 24783.1 万元,占 5.52%。

第三产业

1985 年,第三产业总产值 5311.56 万元,占社会总产值 16.95%。其中,建筑业 3195.99 万元,占第三产业 60.17%;运输邮电业 857.8 万元,占 16.15%;商业、餐饮业 1257.68 万元,占 23.68%。

1997 年,第三产业国内生产总值 29268 万元,占国内生产总值 21.21%。其中,运输、邮电、仓储业

6708万元,占第三产业22.92%;批发、零售、餐饮业10261万元,占35.06%;金融、保险业5490万元,占18.76%;房地产业1460万元,占4.99%;其他服务业5349万元,占18.27%。

1998年,第三产业国内生产总值14566万元,占国内生产总值22.20%。其中,运输、邮电、仓储业5210万元,占第三产业35.77%;批发、零售、餐饮业4372万元,占30.01%;金融、保险业－1782万元,占－12.23%;房地产业1500万元,占10.30%;其他服务业5266万元,占36.15%。

2008年,第三产业地区生产总值61414万元,占地区生产总值25.72%。其中,运输、邮电、仓储业12335万元,占第三产业20.09%;批发、零售业12309万元,占20.04%;住宿和餐饮业4492万元,占7.31%;金融业4992万元,占8.13%;房地产业6027万元,占9.81%;其他服务业21259万元,占34.62%。

第三节　所有制结构

农业所有制结构

20世纪80年代,实行家庭土地联产承包责任制,开展山、林确权工作,划定自留山。1998年,实行第二轮土地承包责任制,向农户发放经营权证。2005年,实行林权制度改革,至2006年发放山林权属证35195份。当年6月,开展第二轮土地承包经营权证换发工作,至2008年换发土地承包经营权证和签订农村土地承包合同24992份。其间,部分乡镇建立土地流转机制,形成农民家庭、集体、个私业主多元开发的混合型经济结构。

工业所有制结构

县属工业　1985年,县属工业以国有、集体所有制为主。1986年,县属工业企业试行一年一轮的经营责任制。1988年,推行为期3年的承包经营责任制。1991～1993年,实行第二轮经营承包。1992年,实行《目标管理奖惩办法》,对完成技改、产值、销售收入、产销率、利税、安全生产、企业管理等经营目标的单位和主要领导给予奖励。1994～1996年,实行第三轮经营承包。2000年始,县属工业实行产权制度改革。2003年后,除少数企业外,大多改为民营。

乡镇企业　1985年,有乡镇工业企业73家。1988年,对亏损严重的乡镇企业采取租赁经营或拍卖。1992年,全县干部职工筹措乡镇企业发展基金,以参股形式投放乡镇企业。1993年,有乡镇工业企业78家;同年,乡镇企业开始改制。至1997年,乡办、村办和挂靠集体户办、联户办企业,大多先后转为私营和个体工商户。2008年,乡镇企业全部改为民营。

非公有制企业　1985年后,非公有制企业逐渐发展壮大。1991年,有外商投资工业企业2家。至1995年,引入外商投资工业企业3家,港澳台投资工业企业4家。1997年,有乡及乡以上非公有制工业企业21家,村以下私营企业5234家。2004年,有规模以上非公有制企业28家。2008年,有规模以上非公有制工业企业51家。形成纺织服装、机械制造、食品医药、建材化工、矿产品开采加工等5大支柱产业。

商贸业所有制结构

1985年,国有、集体商贸企业内部分配由基本工资加奖金,向联产、联销、联利、联岗计酬等多种分配形式转换。1991年,实行集体承包经营。1995年后,公司逐步退出经营。2003年,商贸企业除少数外,基本完成改制,职工置换身份;企业退出市场,以固定资产经营为主。个私、民营商业成为市场主体。2008年,商贸流通中除烟草、食油、盐业、民爆危化物资、鞭炮为国有专营外,均为个体私营或民营。

第四节　固定资产投资

投资规模

1985 年,完成基本建设投资和新增固定资产额 925 万元。1989 ~ 1992 年,社会固定资产投资分别为 404 万元、685 万元、693 万元、239 万元,随着企业体制改革和机制创新,固定资产投资规模进入新一轮扩张,1993 年、1994 年,投资总额分别为 4492 万元、6577 万元。1995 ~ 1998 年,投资进入低位徘徊期,在 1000 万元 ~ 3000 万元间波动。2001 年起,恢复新一轮扩张,当年投资 4943 万元。2002 年,固定资产投资总额 1.1 亿元,突破亿元大关。2003 年 3.8 亿元。2006 年 12.2 亿元。2008 年 20.34 亿元。

1985 ~ 2008 年德安县固定资产投资一览表

表 16 - 1 - 2　　单位:万元

年份	计划数	实际完成数	年份	计划数	实际完成数
1985		925	1997	7352	3335
1986		1766	1998	4887	2921
1987		615	1999	3949	3910
1988		99	2000	9037	3482
1989		153	2001	8221	4943
1990		685	2002	13263	10992
1991		693	2003	84410	38073
1992		239	2004	88265	55477
1993		4492	2005	138162	111373
1994		6577	2006	297128	122143
1995		1005	2007	441094	164177
1996	5714	3862	2008	474692	203380

说明:表中部分年份计划数为跨年度计划。

投资结构

1985 年,完成固定资产投资 925 万元,资金来源:国家投资 64 万元,贷款 202 万元,自筹 659 万元。按投资构成分:建筑安装 644 万元,设备器具 281 万元。按投资用途分:生产性 802 万元,非生产性 123 万元。按投资行业分:工交、邮电 718 万元,农林水利 37 万元,商贸 33 万元,金融 21 万元,文教卫生 40 万元,其他 76 万元。

1991 年,基本建设投资 326 万元,资金来源:上年结余 7 万元,国家预算内投资 16 万元,贷款 20 万元,自筹 270 万元,其他 13 万元。按投资构成分:建筑 293 万元,安装 4 万元,其他 29 万元。更新改造投资 367 万元,资金来源:国家预算内投资 100 万,贷款 50 万,自筹 217 万。按投资构成分:建设 113 万元,安装 20 万元,设备、工器具 230 万元,其他 4 万元。

1997 年,完成固定资产投资 3335 万元,资金来源:国家预算内资金 70 万元,自筹 3265 万元。按投资构成分:建筑 3017 万元,设备、工器具 318 万元。按投资用途分:工业、建筑业 2110 万元,商业、运输、邮电业 1000 万元,住宅 125 万元,其他 100 万元。按投资行业分:农、林、牧、渔业 150 万元,采掘业 420 万元,制造业 1540 万元,党政机关、社会团体 1225 万元。

2008年,完成固定资产投资203380万元。按投资构成分:建筑122409万元,安装11333万元,设备、工具52255万元,其他17383万元。按投资用途分:工业、建筑业2110万元,商业、运输、邮电业1000万元,住宅125万元,其他100万元。按投资行业分:农、林、牧、渔业3917万元,采矿业14590万元,制造业133780万元,交通运输、仓储和邮政业4731万元,房地产10264万元,其他36098万元。

第五节　消费品市场

1985年,有社会零售商业、餐饮业、服务业机构415个,从业人员3022人。其中,商业系统143个(零售70个、饮食9个、服务8个、其他56个),从业人员990人;供销系统236个(零售133个、饮食服务78个、其他25个),从业人员1583人;粮油系统26个,从业人员381人;其他系统10个,从业人员68人。此外,有代购代销及个体户555个,从业人员793人。社会商品销售额5104万元(不含境外销售)。按行业分:商业零售额4222万元,饮食业零售额229万元,工业零售额509万元,其他行业零售额144万元。按经济类型分:全民所有制2318万元,集体所有制2059万元,个体727万元。此外,农民对非农业居民零售额433万元。

1991年,有批发、零售、餐饮贸易机构3932个,从业人员11894人。其中,批发1703个,从业人员5631人;零售1539个,从业人员4648人;餐饮690个,从业人员1615人。社会消费品零售总额11210万元。按行业分:批发零售贸易业6924万元,餐饮业964万元,制造业1467万元,其他1855万元。按经济类型分:国有经济5117万元,集体经济610万元,个体经济3628万元,其他经济1855万元。此外,农民对非农业居民零售额1284万元。

1997年,社会消费品零售总额27636万元。按经济类型分:国有6985.6万元,集体1330.4万元,私营3511万元,个体9315万元,其他6494万元。按行业分:批发、零售贸易业14675万元,餐饮业1684万元,制造业4101万元,其他7176万元(其中农民对城镇居民零售6369万元)。

2008年,社会消费品零售总额62688万元。按销售单位所在地分:县城36190万元,县以下26498万元。按行业分:批发、零售贸易业55485万元,餐饮业6931万元,其他272万元。

第二章　计划管理

第一节　计划编制与实施

年度计划

1985～1994年,计划主要指标为工农业生产总值、社会商品零售总额、财政收入、农民人均收入、物资供应指标、固定资产投资以及交通运输、外贸、教育、卫生、人口等。1995～2000年,计划主要指标为地区生产总值、农业主要产品产量、工业经济效益、固定资产投资、财政收入、外经外贸、社会消费品零售总额、农民人均收入、文教卫生、计划生育等。2001～2008年,计划主要指标增加利用外资水平、招商引资金额、城镇化率等内容。

中长期计划

"七五"计划(1986～1990年)　1987年6月19日,县第九届人民代表大会第一次会议审议通过《德安县国民经济和社会发展第七个五年计划》。确定"七五"期末,全县地区生产总值2.24亿元,比1985年增长76.2%,年递增12%。其中,第一产业5500万元,增长46.2%;第二产业1.25亿万元,增长

79%；第三产业4400万元，增长94.9%。财政收入2400万元，比1985年增长79.8%，年递增12.4%。农民人均纯收入600元/年，比1985年增长54.6%，年递增9.1%。1990年，实际完成地区生产总值2.85亿元，比计划增长27.23%。其中，第一产业7213万元，比计划增长31.15%；第二产业1.39亿元，比计划增长11.2%；第三产业7344万元，比计划增长66.91%。财政收入4150万元，比计划增长72.92%。农民人均纯收入708元，比计划增长18%。

“八五”计划（1991～1995年）和十年规划（1991～2000年）　1991年5月31日，县第十届人民代表大会第二次会议审议通过《德安县国民经济和社会发展十年规划及“八五”计划纲要》。确立“八五”期末，全县地区生产总值4.2亿元，比1990年增长47.37%，年均递增8.1%；工农业总产值10.78亿元，比1990年增长55.32%，年均递增9.2%；财政收入5000万元，比1990年增长20.48%，年均递增3.8%；农民人均纯收入1000元，比1990年增长41.24%，年均递增7.1%。十年规划提出：到2000年，地区生产总值6亿元，在1995年基础上年均递增7.4%；工农业总产值16.7亿元，年均递增9%；财政收入8000万元，年均递增9.9%；农民人均纯收入1400元。1995年，实际完成全县地区生产总值11.11亿元，比计划增长164.52%；农民人均纯收入1646元，比计划增长64.6%；财政收入7837万元，比计划增长56.74%。

“九五”计划（1996～2000年）和2010年远景目标　1996年1月28日，县第十一届人大四次会议审议通过《德安县国民经济和社会发展“九五”计划及2010年远景目标纲要》。确立“九五”期末，地区生产总值22.8亿元，年均递增24.6%。其中，第一产业2.2亿元，第二产业14.4亿元，第三产业6.2亿元。工农业总产值52.86亿元，年均递增27.3%。地方财政收入1.25亿元，年均递增20%。农民人均收入4000元，年均递增19.4%。远景目标：到2010年，全县地区生产总值182.4亿元，10年平均递增23.1%；工农业总产值474.32亿元，10年平均递增24.6%；地方财政收入3.3亿元，10年平均递增15.5%；农民人均纯收入1.5万元，10年平均递增14.1%。

1998年，受特大洪灾影响，国民经济计划作适当调整，全县实际完成地区生产总值6.56亿元。其中，第一产业1.92亿元，第二产业3.19亿元，第三产业1.45亿元。完成财政收入4032万元。农民人均纯收入1768元。“九五”期末主要经济指标调整为：全县地区生产总值4.7亿元（第一产业1.28亿元，第二产业2.29亿元，第三产业1.13亿元），年均递减6%；农民纯收入1866元，年均递增2.54%。实际完成地区生产总值6.66亿元。其中，第一产业1.78亿元，第二产业3.18亿元，第三产业1.70亿元。完成财政收入4605万元。农民人均纯收入2014元。

“十五”计划（2001～2005年）　2001年1月11日，县十二届人民代表大会四次会议审议通过《德安县国民经济和社会发展“十五”计划纲要》。确立“十五”期末，地区生产总值达8亿元，年均递增11.2%。其中，第一产业1.6亿元，年均递增4.56%；第二产业4亿元，年均递增11.8%；第三产业2.4亿元，年均递增16.2%。工农业总产值15亿元，年均递增12.3%。财政总收入年均递增11.7%，到2005年，确保实现0.8亿元，力争达1亿元。其中，地方财政收入确保实现0.5亿元，力争达到0.6亿元。农民人均纯收入2630元，年均递增6%。“十五”期末，实现地区生产总值13.71亿元，比计划增长71.38%。其中，第一产业2.47亿元，比计划增长54.38%；第二产业7.9亿元，比计划增长97.5%；第三产业3.35亿元，比计划增长39.58%。财政收入1.44亿元，比计划增长80%。农民人均收入3345元，比计划增长27.19%。

“十一五”计划（2006～2010年）　2006年3月2日，县第十三届人民代表大会四次会议审议通过《德安县国民经济和社会发展“十一五”计划纲要》。确立“十一五”计划期末，全县地区生产总值30亿元，年均递增17%。其中，第一产业3亿元，年均递增4%；第二产业19.50亿元，年均递增19.8%；第三产业7.5亿元，年均递增17.5%。规模以上工业增加值16.8亿元，年均递增20%。地方财政收入2.15亿元，年均递增18.5%。农民人均收入5385元，年均递增10%。2008年，全县完成地区生产总值23.87亿元，其中，第一产业2.91亿元、第二产业14.82亿元、第三产业6.14亿元。地方财政收入2.34亿元。农民人均纯收入4560元。

计划调整

1998 年 12 月 30 日,县十二届人大常委会第六次会议,审议通过《关于批准县人民政府〈关于调整德安县 1998 年国民经济计划主要经济指标的报告〉的决议》。1999 年 7 月 16 日,县十二届人民代表大会常委会第十次会议,审议通过《关于批准县人民政府〈关于调整德安县 1999 年国民经济计划主要经济指标的报告〉的决议》。2000 年 12 月 19 日,县政府向县人大常委会提出《关于调整德安县国民经济和社会发展第九个五年计划和 2000 年年度计划主要经济指标建议的报告》建议:调整地区生产总值,由原计划的 22.8 亿元调整为 4.7 亿元。其中,第一产业由 2.2 亿元调整为 1.28 亿元,第二产业由 14.4 亿元调整为 2.29 亿元,第三产业由 6.2 亿元调整为 1.13 亿元。农民人均纯收入由 4000 元/年调整为 1866 元/年,年均增长 2.54%。县人大第十二届常委会第二十一次会议审议通过,批准该报告。

1998~2000 年度德安县计划主要指标调整一览表

表 16-2-1　　单位:亿元

项目	1998 年		1999 年		2000 年	
	年初计划数	调整数	年初计划数	调整数	年初计划数	调整数
地区生产总值	7.20	6.56	8.10	6.65	7.00	4.70
第一产业	2.20	1.92	2.70	1.70	1.78	1.28
第二产业	3.10	3.19	3.35	3.25	3.42	2.29
第三产业	1.90	1.45	2.05	1.70	1.80	1.13
财政总收入	0.60	0.40	0.45	0.45	0.48	0.46

第二节　专项计划管理

农业发展计划

1985 年,对主要农产品单产、总产等指标和粮、棉、油种植面积下达指导性计划。1994 年起,主要农产品产量计划改为生产指导性计划和粮食收储任务。1999 年起,不再编制农业生产主要产品产量计划。

工业生产计划

工业生产计划主要为工业总产值和主要产品产量。1985 年,除转达国家和省市指令性计划外,县政府不再下达指令性计划。2000 年后,不再编制工业产品指导性计划。

能源物资分配计划

1985 年,能源和物资分配品种和数量逐步减少,物资价格实行"双轨制",计划内物资供应价格逐年上调,物资计划管理实行指令性、指导性和市场调节 3 种形式,计划分配方法在实行基数法基础上向生产和建设重点倾斜,逐年减少计划分配数额。1986 年起,编制资源综合利用和节约计划,不再编制能源物资供应计划。

国内贸易计划

1985 年,在以往逐年减少主要工农业产品收购调拨指令性计划基础上,一部分商品仍执行合同订购,大部分商品实行市场调节。1993 年起,除国家专营商品外,其他商品由市场调节,不再编制国内贸易计划。

社会事业发展计划

1985 年,人口、教育、科技、劳动力发展和就业分配、卫生、文化、体育、广播电视、城乡建设、环境保护、社会保障等逐步纳入县国民经济和社会发展年度计划及中长期发展规划。2000 年,全面取消大中专毕业生分配,实行双向选择,考试招录。

第三节　项目管理与实施

项目管理

1985 年,生产性项目固定资产投资,只审批建议书和设计任务书。1986 年,实行“统一计划,分级管理”方法:5 万元以下项目,由县计委审批决定;5 万元以上至 100 万元项目,报市计委审批;100 万元以上项目,报省计委审批。1992 年,县级可审批 20 万元以下非生产性项目。1993 年,县级审批权限提高到 50 万元。2000 年,除国家规定项目外,固定资产投资项目审批权下放县计委;对投资 3000 万美元以下国家《外商投资产业指导目录》中鼓励类和允许类招商引资项目实行备案登记制,不再审批可行性研究报告,只需填报投资项目备案表。对非生产性项目,包括各类楼堂馆所及房地产开发项目,比照生产性项目,实行严格审批手续和管理制度。2001 年,非生产性项目县级审批权限,放宽至 500 万元以下。2002 年起,县级可审批 1000 万元以下非生产性项目。

项目实施

工业项目　“七五”至“八五”计划中期,加速企业技术改造,开发新产品,主要有县水泥厂机立窑节能技改等项目 11 个。“八五”计划后期至“九五”计划前期,围绕策应昌九工业走廊建设,启动县锑矿第二选矿厂建设等项目 6 个。“九五”计划后期至“十一五”计划中期,国有工业企业改制全面完成,通过招商引资,发展民营企业,主要项目有三环水泥、达晟纺织、上好佳食品、永飞矿业、驰耐得轮胎等,入园企业 121 家。

农业项目　“七五”至“十一五”计划中期,先后有一批国家投资及省扶助项目实施。重大项目有:商品粮基地建设、商品棉基地建设、长江中下游重点治理、退耕还林、农村引水解困、农技推广体系和良种繁殖体系建设、小型水利建设、扶贫开发、节水灌溉、沼气建设。

商贸住宅项目　“八五”至“十一五”计划中期,建成主要商贸住宅项目有朝阳大市场、水果批发市场、建材大市场、德安宾馆、时代商城、奥中大酒店、新世纪住宅小区、安居工程小区、富阳春天住宅小区、金环新城住宅小区等。

交通建设项目　“七五”至“十一五”计划中期,主要交通项目有:316 国道和 105 国道改造,德白公路、高塘至丰林公路及战备公路改造,陈家湾渡改桥,乡村公路建设与改造。主要街道项目有东风路延伸、蒲塘路、宝塔大道、高新大道、渊明大道、隆平大道等。

社会事业项目　“七五”至“十一五”计划中期,新建项目主要有蒲塘小学、中医院、红十字医院、妇保院、文化广播电视大楼、影视中心、时代广场、文化广场、义峰山公园、雁家湖植物园、殡仪馆等,改造项目主要有:乡镇中小学、县一中、县人民医院、县自来水工程等。

第三章　统计管理

第一节　统计调查

专项普查

产业普查　1986 年,第二次全国工业普查,标准时间 1985 年 12 月 31 日 24 时。结果显示:1985 年末,全县工业企业 100 个(不含中央、省属企业),其中,全民所有制 28 个、集体所有制 72 个。职工

10732人,工业总产值1.19亿元(不变价),产品销售收入1.33亿元。

1993年,全国首次第三产业普查。结果显示:1992年底,全县第三产业单位5194个(企事业单位906个、个体户4288个),比1991年增长41.4%;从业人数20538人(企事业单位13644人、个体户6894人),比与1991年增长20.8%;营业收入13833.6万元(企事业单位8735.5万元、个体户5098.1万元),比1991年增长34.64%;税金1133.2万元(企事业单位560.7万元、个体户572.5万元),比1991年增长34.72%;第三产业增加值11563.6万元(国有经济6637.6万元、集体经济1065.9万元、个体经济3359.7万元、其他经济500.4万元),比与1991年增长33.16%。

1995年,第三次全国工业普查,标准时间1995年12月31日24时。结果显示:1995年,全县乡及乡以上工业企业169个。其中,国有经济54个,集体经济90个,私营经济3个,联营经济3个,股份制经济11个,外商投资经济3个,港澳台投资经济4个,其他经济1个。乡及乡以上独立核算工业企业从业人员28720人,固定资产总额9.19亿元,工业总产值(1990年不变价)9.6亿元,销售收入8.86亿元,利税总额6993.8万元,工业增加值3.91亿元。

人口普查 1990年,第四次全国人口普查,标准时间1990年7月1日零时。结果显示:全县总户数40294户,其中家庭户39788户、集体户506户。总人口174193人。其中:汉族173892人,少数民族301人;男性90043人、占51.69%,女性84150人、占48.31%,性别比107∶100;家庭户169823人,集体户4370人。平均每户4.27人。

2000年,第五次全国人口普查,标准时间2000年11月1日零时。结果显示:全县总户数54814户,其中家庭户53389户、集体户1425户。总人口196647人。其中,汉族196274人,少数民族373人;男性101547人、女性95100人,性别比106.78∶100;家庭户190065人,集体户6582人。县内(不含共青)总人口152495人,其中男性78933人、女性73562人;比1990年人口普查数145650人增加6845人,增长4.7%。

基本单位普查 1996年,第一次全国基本单位普查,标准时间为1996年12月31日24时。结果显示:全县(不含共青)有法人单位665个,其中单产业法人单位612个、多产业法人单位53个。产业活动单位956个,其中多产业法人产业活动单位344个。全县共有法人单位和产业活动单位1621个。

2001年,第二次全国基本单位普查,标准时间2001年12月31日24时。结果显示:全县有法人单位747个,比第一次基本单位普查增加82个。其中:单产业法人单位667个,比"一普"增加55个;多产业法人单位80个,比"一普"增加27个;产业活动单位1100个,比"一普"增加144个。全县共有法人单位和产业活动单位1847个。

农业普查 1997年,第一次全国农业普查,标准时间1996年12月31日24时。结果显示:全县有乡镇18个,行政村106个,户数24015户,人口102343人(不含蒲亭镇、工矿企业所属居委会及户数、人口)。全社会农业生产经营单位农业用地耕地面积11540.25公顷,其中,有效灌溉面积5457.2公顷、占47.29%;农作物种植面积17438.29公顷,其中大棚面积2.75公顷;林地面积37974.61公顷,牧草地面积118.93公顷,渔业养殖面积700.65公顷;耕牛9237头,羊1047只,生猪62272头,家禽566548只;大中型拖拉机18台,小型拖拉机322台,拖拉机配套农具71部,农用电动机627部,农用柴油机331部,机动脱粒机217部,农用水泵798个,农用载重汽车276辆,农用运输车602辆,渔用机动船6艘,机电井41眼,泵站280个,小水电站23个;文化站16个,影剧院7个,广播站16个,电视差转台3个,小学96所,中学17所,职业技术学校3所,幼儿园13所,敬老院11个,卫生院15个。

2006年,第二次全国农业普查,标准时间2006年12月31日24时。结果显示:全县有乡镇场15个,行政村83个、居委会8个、农场2个(鱼苗场、牛角湾水产场),常住户数22725户,人口93418人。耕地面积9358.95公顷(其中水田6684.07公顷),园地面积915.79公顷,林地面积42333.62公顷(其中有林地41061.62公顷),水产养殖面积1130.62公顷,退耕还林还草面积2803.37公顷,农作物播种面积14414.6公顷,温室、大棚种植面积76.59公顷;养牛2115头,养猪46088头,养羊582只,家禽养殖129.14万只;农产品销售收入1.52亿元;有大中型拖拉机5台,小型拖拉机234台,拖拉机配套农具

294 台，排灌动力机械 481 台，联合收割机 71 台，机动脱粒机 607 台，农用运输车 193 辆，排灌站 127 个，机电井 43 眼；农村中学 16 所、教师 748 人、在校生 8412 人，小学 54 所、教师 778 人、在校生 9951 人，职业技校 1 所、教师 23 人、在校生 230 人；农技推广服务机构 13 个、从业人员 93 人；乡镇医院、卫生院 26 个，床位 413 张，医务人员 586 人；敬老院 13 个，收养老人 166 人。

经济普查　2004 年，第一次全国经济普查。标准时间 2004 年 12 月 31 日 24 时。结果显示：全县法人单位 587 个，从业人员 24836 人。其中，企业法人单位 255 个，从业 19043 人，资产总计 23.79 亿元，年营业收入 18.14 亿元；事业法人单位 117 个，从业人员 3300 人；机关法人单位 75 个，从业人员 1867 人；社团法人单位 31 个，从业人员 128 人；其他法人单位 109 个，从业 498 人。产业活动单位 792 个。2008 年，第二次全国经济普查，标准时间 2008 年 12 月 31 日 24 时。主要内容包括基本属性、从业人员、财务状况、生产经营情况、生产能力、能源消耗、科技活动等情况。

抽样调查

农村住户　1985 年，调查农村住户点 7 个，每个点按好、中、差抽选 10 户，进行农村住户和农产品产量抽样调查，调查点样本每 3～5 年进行轮换。调查结果显示：70 户家庭常住人口 388 人，整、半劳动力 201 人；人均耕地面积 1.6 亩，人均山地面积 1.08 亩，人均住房面积 21.59 平方米；人均总收入 503.08 元（集体经营收入 16.55 元、家庭经营收入 474.07 元、其他收入 12.46 元），人均纯收入 387.67 元（集体经营收入 16.55 元，家庭经营收入 361.57 元、其他收入 9.55 元）；人均总支出 466.03 元（家庭经营费用支出 92.3 元，生活消费支出 346.38 元，其他消费 27.35 元）。2008 年，农村住户调查结果显示：70 户家庭常住人口 298 人，劳动力 227 人；人均住房面积 35.97 平方米，其中钢筋混泥土结构 9.43 平方米，砖木结构 24.68 平方米，其他 1.86 平方米；人均总收入 6203 元（工资性收入 2192 元，家庭经营收入 3619 元，其他收入 392 元），其中现金收入 4172 元（工资性收入 2192 元，家庭经营收入 1588 元，其他收入 392 元）；人均总支出 5041 元。其中家庭经营费用支出 1547 元、生活消费支出 3411 元（食品消费 1292 元）、其他消费 83 元。

人口变动　1987 年、1992 年、1993 年、1997 年、2003 年，共进行 5 次 1% 人口变动情况调查。2005 年起，1% 人口变动抽样调查改为每年进行。2007 年，德安被定为第六次全国人口普查外出人口调查试点县，调查时点为 2007 年 11 月 1 日零时。涉及 7 个乡镇 22 个调查小区，调查样本 5000 余人。至 2008 年，多批次进行劳动力资源、投入产出和畜禽监测等抽样调查。

第二节　统计执法与服务

统计执法

1985 年后，每年进行《统计法》执法检查 1～2 次。2001 年，省、市统计局把统计执法检查纳入对县级统计部门考核重要内容。2001～2008 年，全县统计法执法检查抽检单位 98 个，其中报表数据不实单位 24 个，对 27 家统计违法单位和部门处罚金 4.9 万元，下达“责令改正书”25 份。

统计服务

统计资料汇编　1986 年 6 月，整理、编印《德安县（1949～1985）国民经济统计资料》。此后，每年 3 月前编印上年度《德安县国民经济统计资料》，每年 1 册。1989 年 6 月，整理、编印《奋进的四十年（1949～1988）资料》，汇集 40 年德安县国民经济和社会发展各项主要统计数据。1991 年 7 月，整理、编印《“七五”时期（1986～1990）德安县国民经济统计资料》。1996 年起，每年编印《德安县国民经济统计资料》。同年 6 月，整理、编印《“八五”时期（1991～1995）德安县国民经济统计资料》。2001 年，将提要本改为《德安统计月报》。

统计资料分析　1985～2008 年，每年进行统计分析、进度分析、专题调查分析，撰写分析资料 504

篇,其中获省、市部门优秀统计分析资料36篇。《对中小企业融资难的问题的思考》被省统计局《统计信息》刊物采用。

第四章　物价管理

第一节　价格管理

1985年,取消生猪统一购销,自行车、缝纫机、纺织品价格逐步放开,消费品市场及物价由计划调配逐步向市场调节过渡,市场资源配置作用日渐显现。1987年6月,《中华人民共和国价格管理条例》颁布实施,明确国家对价格采取直接和间接相结合的管理原则,逐步放开定价权,分别实行国家指导价和市场调节价。生产资料超计划外生产的产品,实行双轨制价格,对部分商品改统一定价为差率作价。1989年,省政府出台加强物价管理、控制物价上涨文件,收回部分定价权,稳定市场物价。1990年,实行商品明码标价、提价审批制度。1991年,放开流通领域物价,核发"企业定价许可证",大部分商品价格放开。1996年,棉花价格放开。1997年,农资市场价格放开,实行差率监管。2002年,城乡电价统一调整为0.59元/度。2003年3月,电价调整为0.56元/度;预防"非典"期间,药材、口罩、食盐等商品实行限价和提价申报制度;8月,供水定价权下放,由县物价部门管理。2004年8月,全县工业用电同价。2008年2月,市场出现价格波动,对成品粮、食用植物油、猪肉、液化石油气实行提价申报制度;6月,物价指数下降,撤销对上述商品提价申报制度;10月,县工业园与全省大电网同价。至2008年,物价部门召开经营性收费价格听证会8次,供水部门自来水价格调整3次。

1985～2008年德安县自来水价格一览表

表16－4－1　　　　单位:元/立方米

年份	居民生活用水	工业用水	行政事业单位用水	经营及基建用水	特种行业用水	工业园用水
1985～1989	0.25	0.25	0.25	0.25	0.25	—
1990～1992	0.29	0.29	0.29	0.29	0.29	—
1993	0.34	0.34	0.34	0.34	0.34	—
1994	0.48	0.48	0.48	0.48	0.48	—
1995～1997	0.60	0.70	0.70	0.70	0.70	—
1998～2001	1.00	1.10	1.10	1.10	1.10	—
2002～2005	1.10	1.20	1.20	1.50	3.00	—
2006	1.10	1.20	1.60	2.10	6.00	1.06
2007	1.30	1.40	1.60	2.10	6.00	1.06
2008	1.30	1.40	2.05	2.65	6.00	1.20

第二节　收费管理

经营性收费

1985年,经营性收费项目管理权限集中在省、市两级,县级主要按照上级规定收费项目和标准监督执行。1995年,制定生猪定点手工屠宰服务费。1996年,批复首家物业管理公司服务费。1997年,制定公交票价。1998年,审定县停车场收费。2002年,批准城内出租车收费标准。2004年,制定机械屠宰服务费。2006年,规范城区临时停车收费价格。

行政事业性收费

许可证制度　1989年9月,根据《江西省收费许可证管理办法》,实行收费许可证制度。1999年,对有收费职能的国家机关、事业单位、非企业组织核发新版"收费许可证",三年一换,每年年审。同年发证240本,2002年发证229本,2005年发证201本,2008年发证197本。

目录管理　1996年起,根据省定收费目录,结合实际,先后6次编印收费管理目录。1996年8月,编印《德安县收费项目及标准汇编》。1999年9月,编印《德安县涉及个体工商户、私营企业的行政事业性收费目录》。2003年5月,编印《德安县行政事业性及部分经营性收费项目标准汇编》。2004年10月、2006年6月,2次编印《德安县行政事业性收费项目及标准汇编》。2008年12月,编印《德安县现行行政事业性收费项目(标准)及取消(停收)收费项目目录》。

资费登记卡制度　1998年5月,实行企业缴费登记卡制度,发放企业缴费登记卡700本。

收费公示牌(栏)　2002年10月,县政府出台农村主要收费项目和标准公示规定。各乡镇派出所、工商所、卫生院、中小学校、计生服务站、土管站等单位,在办公或收费场所醒目位置设立收费公示牌(栏)。县物价局制作下发主要收费项目和标准公示牌1000份。

"一证一册一票"制　1996年6月,实行"一证一册一票"制度(收费许可证、收费明细册、财政统一票据)。对各部门自立收费项目进行全面清理。1998年4月,取消16个单位23项行政事业性收费。2008年,全县行政事业性收费项目减至166项。

第三节　物价监督

1985年,县物价检查所负责对全县钢铁、化肥、石油等双轨制商品价格实行重点监督;同年6月,成立价格监督站,对"米袋子""菜篮子""煤炉子"等人民群众基本生活必需品价格进行监督。1988年起,开展两年一次的"物价、计量信得过"评比活动;在企业内部设立物价员,建立调价申报制度。1989年,重点对家用电器、纺织服装、糖、酒、煤炭、面粉、大米、食用油、棉花、农业生产资料等商品价格进行检查。2003年防"非典"期间,对醋、84消毒液、板蓝根等商品加大价格检查力度,稳定市场。2008年5月,四川汶川地震抢险期间,对粮、油、盐、奶制品等商品,实行价格调定申报备案,严防擅自调价。

第四节　价格信息

1985年,每月2次向上级物价部门报送38种相关国计民生商品价格。1999年,增报价格指数报表。2004年,取消价格指数报表。2007年,成立价格监测中心,建立居民生活品、粮食、日用品、家电等消费品价格监测点5个,分别由集贸市场办、供销社、粮食局等单位负责信息采集,其中居民生活必需品价格信息以每月5、15、30日为采集日,其他价格信息每周一、周四前采集,报县物价管理部门汇总,上报市价格监测局。

第五节　价格认证

1991年5月,成立价格事务所,从事价格鉴定、咨询和服务。1994年,增加从事涉案物品价格鉴定工作。1997年,规范涉案物品价格鉴定工作方法和程序。2000年4月,5人获首批价格鉴证师资格。2001年,价格事务所更名价格认证中心。同年,价格认证中心和价格鉴证师在国家计委注册。至2008年,办理涉案物品价格鉴定837起,为企业资产注册、抵押贷款价格评估320次,总金额6.5亿元。

第五章　审计监督

第一节　国家审计

本级财政预算执行情况审计

1996年,首次开展本级财政预算执行情况审计。发现问题有:预算收入中,地方工商税未完成计划,相差137万元;预算支出中,行政管理费超预算支出248万元;预备费支出不合规;预算约束职能不到位等。1997年,对上年度财政预算执行、财政预算外资金收支、财政专项资金管理和使用情况进行就地审计,同时对商贸周转金、行文周转金部分使用单位进行延伸审计。发现问题有:预算执行中实际支出超预算397万元,预算账户设置和核算不够规范,预算外资金未办理手续借出80万元给国债服务部无偿使用,财政有偿使用周转金投放点多面广及投放对象和使用方向不合规,违规借出住房基金挪作他用等。1998~2003年,每年对上年度财政预算执行情况进行就地审计。发现问题有:地方收入结构不合理,教育附加未足额征收,财政有偿使用资金投入点多面广,部门预算收入未全部纳入总账管理,挤占挪用专项经费,公务接待费严重超标支出,少数单位收费票据不合规,白条列支入账现象屡禁不止等。提出审计意见和建议16条。2004~2008年,每年对上年度财政预算执行情况和其他财政收支进行审计。发现问题有:部分单位违反预算外资金管理规定,未实行收支两条线;疏于固定资产管理,建账不规范;漏缴有关税费,多数单位未履行代征代缴职责,漏缴或少缴个人所得税;企业历年欠税较多;部分预算执行单位存在不合规行为;财政收入总量偏小,收入结构不合理等。提出审计意见和建议17条。

乡镇财政决算及财政收支审计

财政收支审计　1988年,对蒲亭镇、河东乡、木环乡政府上年度财政收支进行审计。1989年,对蒲亭镇、宝塔乡、木环乡、河东乡政府1988年上半年财政收支和预算外资金使用情况进行定期审计,共查出违纪金额4.42万元,上缴县财政0.21万元。1990年,对蒲亭镇、宝塔乡、木环乡、河东乡政府1988年度下半年财政收支情况继续进行就地审计,共查出违纪金额2.28万元,上缴县财政0.21万元;对车桥乡、米粮铺乡、樟树乡、林泉乡政府1990年上半年财政收支情况进行就地审计,共查出违纪金额1.84万元,上缴县财政0.18万元。

财政决算及其他财政收支审计　1993年,对蒲亭镇、金湖乡政府上年度财政决算及其他财政收支进行就地审计,发现乡镇行政经费开支较大,支农周转金投向不合规、管理不到位、使用效益差。1994年,对蒲亭镇、木环乡、林泉乡政府上年度财政决算及其他财政收支审计,查出违纪违规金额10.1万元,上缴县财政1.01万元。1995年,对宝塔乡、黄婻乡政府1994年度财政决算及其他财政收支审计,发现存在虚列支出、漏缴税费、支农周转金投放到期难以收回等问题,查出违纪违规金额3.92万元,上缴县财政0.86万元。1996年,对磨溪乡、聂桥镇政府1995年度财政决算及其他财政收支审计,发现存在支农周转金本金逾期未收回,乡镇企业上缴积累及管理费以现金结算、坐收坐支,预算外收入漏缴“两金”等问题,查出违纪违规资金0.89万元,上缴县财政0.47万元。1997年,对蒲亭镇、丰林镇、高塘乡、邹桥乡政府1996年度财政决算及其他财政收支审计,发现支农周转金未按规定收取占用费、白条列支入账、门面出租漏缴税费、乡镇财务核算不够规范等问题,查出违纪违规金额4.01万元,上缴县财政0.5万元。1998年,对吴山乡、樟树乡政府1997年度财政决算及其他财政收支审计,查出违纪违规金额2.39万元,上缴县财政0.13万元。2000~2002年,对11个乡镇上年度财政决算及其他财务收支审计,查出违纪违规金额4.19万元,上缴县财政1.74万元。2003~2005年,对10个乡镇上年度财政决算及财务收支审计，查出违纪违规金额9.64万元，上缴县财政金额3.8万元。2006～2008年，对13个乡镇上年度财政决算及财务收支审计。发现部分乡镇年接待费用占公务经费总额35%至50%，严重超标；资金管理使用不合规，漏缴税费现象较为普遍。查出违纪违规金额89.73万元，上缴县财政3.2万元。

金融审计

银行审计　1987年，对县建行、工行、农行上两年度进行审计。查出县建行违纪金额1.16万元，上缴县财政0.88万元；县工行违纪金额1.63万元，上缴县财政0.92万元；县农行违纪金额5.89万元，上缴县财政4.45万元。1989年，对县人行1988年度财务收支情况进行就地审计，查出违纪金额0.48万元，上缴县财政0.11万元。1990年，对县建行、工行、农行上年度财务收支情况进行就地审计，共查出违纪金额20.51万元，上缴县财政0.82万元。1991～1995年，对县人行、建行、中行、工行、农行（含共青支行和办事处）上年度财务收支进行审计，共查出违纪违规资金310.43万元，上缴县财政31.11万元，冲转调账124.46万元。1996～1997年，对县农行、中行（含共青支行）1995年度资产负债损益及财务收支进行审计，查出违纪违规金额19.95万元，上缴县财政2.39万元，调账10.63万元。1999年，对县工行、共青工行上年度固定资产投资情况进行审计，上缴县财政4.14万元。2002年，对县农发行上年度资产、负债、损益情况进行就地审计，上缴县财政2.20万元。至2002年，对县信用社及所属基层信用社年度财务收支审计8次，查出违纪违规金额17.57万元，上缴县财政5.13万元，调账6.48万元。

保险审计　1987年，对县保险公司上两年度财务收支情况进行审计，查出违纪金额0.33万元，上缴县财政0.12万元。1994年，对县保险公司1993年财务收支进行审计，查出违纪违规金额3.04万元，上缴县财政3.04万元。1996年，对县保险公司和共青保险公司上年度资产、负债、损益及财务收支进行审计，查出违纪违规金额12.44万元，上缴县财政1.69万元，调账1.38万元。1998～2001年，对县人保公司和财保公司年度资产负债损益及财务收支进行审计，查出违纪违规金额17.49万元，上缴县财政8.24万元，调账0.26万元。

行政事业单位财务审计

1986年，对县行政事业单位财务收支实行定期报送审计，查出县交通局、水产局违纪金额1.9万元，上缴县财政0.8万元；对县供销社、商业局进行就地审计，查出违纪金额0.84万元，上缴县财政0.55万元。1987年，对全县35个行政事业单位财务收支情况实行报送和就地审计相结合，查出违纪金额24.61万元，上缴县财政2.51万元。1988年，安排被审计单位36个，查出违纪金额4.21万元，上缴县财政2.16万元；对税务部门财务收支、集贸税收和执行税收政策进行审计，查出违规多得分成0.82万元，违纪金额0.82万元，上缴县财政0.60万元。1989年，安排季审单位16个，半年审单位20个，年审单位9个，查出违纪金额17.21万元，上缴县财政0.67万元。1990年，对41个行政事业单位和4个乡镇政府1988年、1989年度财务收支进行审计，查出违纪金额8.99万元，上缴县财政1.39万元；7月，对25个行政事业单位1990年上半年财务收支情况进行就地审计，查出违纪金额6.84万元，上缴县财政0.96万元；9月，对13个行政事业单位财务收支情况进行就地审计，查出违纪金额3.42万元，上缴县财政1.03万元。1991年，对34个行政事业单位经费进行定期审计，查出违纪违规金额9.23万元，上缴县财政2.76万元。1992～2008年，对部分行政事业单位财务收支进行审计，查出违纪违规金额362.69万元，上缴县财政183.23万元，调账8.42万元。

专项资金审计及审计调查

专项审计　1985年，对7个有罚没款和规费收入单位进行专项审计，查出违规违纪金额12.36万元，上缴县财政1.05万元。1986年，对县电影公司1984年、1985年奖金发放情况进行专项审计，查出超发奖金0.25万元，全额追缴县财政。1987年，对卫生局卫生经费进行专项审计，查出违纪金额4.94万元，上缴县财政0.22万元。1989年，对县一中、二中上年度教育经费收支情况进行专项审计，查出违纪金额7.4万元，上缴县财政0.8万元；对16个有罚没收入部门及其下属单位罚没收入上缴、使用情况进行专项就地审计,查出坐支罚款1.56万元,全部上缴县财政。1990年,对教育局及下属9所学校1989年和1990年一季度教育经费使用情况进行专项审计,查出违纪金额4.28万元,上缴县财政0.44万元;对1988年、1989年防汛岁修经费和农业事业费进行专项审计,查出违纪金额8.37万元,上缴县财政0.51万元。1992年,对1990~1991年水利资金进行专项审计,抽查12个乡镇和两项水利工程水利资金使用及效益情况,查出违纪金额7.83万元,应调账归还原资金渠道7.27万元。1994年,对行政机关和司法机关行政性收费及罚没收入进行专项审计,查出违规违纪金额3.14万元,上缴县财政1.69万元。1997年,对林业局1995~1996年"一金三费"征收管理与使用情况进行专项审计,发现欠缴1.6万元,挤占挪用6.94万元,已提未缴育林基金6.29万元,维简费5.43万元,林保建设费0.87万元,护林防火费0.3万元,建议对应上缴的"一金三费"要及时足额上缴;对县计生委计划生育经费收支情况进行专项审计,延伸审计计生服务站、5个乡镇计生办及4个行政村,审计资金总额157.05万元,查出违规使用资金1.52万元,上缴县财政0.52万元,归还原渠道资金1万元。2000年,对上年度农业局农业专项资金和农业事业费及其他资金财务收支情况、水利局水利专项资金和水利事业费管理使用情况及财务收支、土管局土地管理专项资金和土管事业费及其他资金财务收支进行专项审计,查出违纪违规金额6.96万元,上缴县财政2.54万元;对环保局1997~2000年环境保护收费情况进行专项审计,查出违纪违规金额21.33万元,上缴县财政4.19万元。2001年,对民政局1999~2000年救灾资金管理和使用情况进行专项审计,延伸审计2个乡救灾资金使用情况,审计调查4个村,走访农户31户。发现救灾资金未单独设账、挤占救灾资金列支敬老院、福利院工程7.37万元,挤占救灾资金8.78万元建救灾仓库和职工宿舍一体综合大楼,处理调账16.15万元,罚款0.8万元上缴县财政。1995~2008年,对林业竹木收费、希望工程财务收支、水利经费、农村税收转移资金拨付、人口和计划生育经费管理使用、防洪保安资金、社会保险基金征缴等16个专项情况进行审计,未发现较大违规违纪问题。

审计调查 1988年,对县农资公司上年度农资供应和管理情况进行专项审计调查,并抽查2个基层供销社,发现林泉供销社清塘分店负责人将2吨碳铵销售到九江县马回岭镇,违反计划供应、控制外流原则,及时作出处理。1989年,对农牧局、种子公司上年度早稻种子调销情况和在海南三亚制种经费开支情况进行专题审计调查,查出违纪金额3.69万元,在财政拨补总额中扣抵。1992年,对粮食局上年度亏损情况进行就地审计调查,发现应反映而未反映亏损金额61.75万元,实际亏损金额155.96万元;库存商品粮存在潜亏,总金额1934.7万元。1993年,对10个县直单位固定资产情况进行审计调查,发现环保局以建造监测用房名义,挪用环保补助资金17.65万元。1997年,对邹桥乡、高塘乡1996年度减轻农民负担情况进行审计调查,发现农村养老保险存在行政强制现象,中小学存在乱收费问题。2000年,对环保局1998~1999年度环保资金、排污费征收使用和管理情况进行审计调查,查出截留未入账资金6.4万元,作出上缴县财政2.95万元处罚。2001年,对地税局上年度代征代扣手续费提退情况进行专题审计调查,查出不合规多提退手续费11.12万元,作出在年终结算时抵扣该局业务费处理。2002年,对县政府外债借、用、管、还情况进行审计调查,发现县政府偿还三次世界银行贷款("卫Ⅲ""卫Ⅴ""贫Ⅱ")未纳入县财政预算安排,影响正常预算支出,造成县财政资金运转困难。2006年,对上年度基础教育经费、农村中小学危房改造工程和专项资金使用情况进行审计调查,发现预算安排资金不足,已作预算安排的尚未及时拨付,县级配套资金未到位。2007年,对上年度车辆购置税用于一般公路建设项目支出情况进行审计调查,发现专项资金未完全按工程进度拨付,少数项目进展迟缓,已改造完毕路面存在质量问题。

固定资产投资审计

1989年,对水电局和共青开放开发区固定资产停、缓建情况进行跟踪审计,均未发现问题。1991年,实施自筹资金基建项目事前审计6个,基建预决算项目审计4个,审计投资总额201万元,完成投资总额151万元,核减工程结算金额12万元。1993年,对3项重点工程进行决算审计,核减基建费用25.4万元,占报送决算金额11.62%。1994年,开展基建决算审计项目13个,核减工程款31万元。

1995年，开展基建工程决算审计项目13个，核减工程资金126万元；对开发区水厂建设工程造价进行审计验证，核减工程资金69.1万元，占决算总报价16.39%。1996～2005年，对全县132个基建工程竣工决算实施审计，审计项目投资总额9689万元，查出多计工程价款1076万元，少缴税费7万元。2006～2008年，审计基建工程项目397个，审计项目投资19894万元，核减工程结算造价1283万元。

经济责任审计

企业领导人经济责任审计　1989年，对付山煤矿矿长任职期间经济责任进行审计，查出违纪金额15.1万元，上缴县财政8.1万元。1990～2002年，对12个厂、矿、公司单位法人离任经济责任进行审计，发现企业普遍亏损，资产负债率150%左右，查出违纪违规应上缴县财政金额14.03万元。

承包经营审计　1988年，对制动器厂上年度承包合同执行情况进行审计，查出违纪金额0.42万元，上缴县财政0.19万元。1989年，对内燃机配件厂承包期间经济责任进行就地审计。查出违纪金额11.2万元，上缴县财政7.4万元。

行政事业单位主要负责人经济责任审计　1996年，对物资局、体委原主要负责人任职期内经济责任进行审计。1999年，首次对18个乡镇开展主要负责人经济责任审计，发现部分乡镇财政预算外收入未完全纳入专户管理，债权债务清理不及时，支农周转金使用效益较差，白条列支入账，账务处理不规范，固定资产大都未建立明细账等问题。2002年，对二轻局原主要负责人进行经济责任审计，查出漏缴税费3.7万元，作出审计处理。2003年，对林业、地质矿产、民政、司法局和交警大队主要负责人任期内经济责任进行审计，发现部分单位预算外资金管理不规范，招待费开支严重超标，个别单位经费开支挤占专项资金，提出审计意见和建议19条。2005年，对司法、民营经济服务局和公有资产经营管理中心、蒲亭镇、聂桥镇、爱民乡主要负责人任期内经济责任进行审计。查出违纪违规应上缴县财政金额5.15万元。2006年，对邹桥乡、塘山乡、林泉乡、高塘乡、磨溪乡、丰林镇、车桥镇主要负责人任期内经济责任进行就地审计，查出违纪违规应上缴县财政金额5.64万元。2007年，对公有资产中心、工业园管委会、计生委、商管办、招商局、社保局、交警大队原主要负责人任期内经济责任进行就地审计，查出违纪违规应上缴县财政金额12.04万元。2008年，对民政局、粮食局、人社局、民营局、发改委、经贸委和聂桥镇、丰林镇、林泉乡、河东乡主要领导任期内经济责任进行就地审计，查出应上缴县财政金额14.88万元。

第二节　内部审计

1985年，全县有部分单位建立内审机构或配备专（兼）职审计人员。1991年起，全县各部门、单位均设置内部审计机构，配备专（兼）职内部审计人员。至2003年，完成审计项目801个，其中财务审计404个，企业承包经营审计42个，效益审计42个，经济责任审计109个，基本建设项目审计143个，其他事项审计61个；查出损失、浪费金额894万元，纠正违纪金额115万元，促进增收节支963万元；提出审计整改意见40多条。

第三节　社会审计

1988～1999年，审计事务所开展社会审计工作，实施收支审计（报表审计）117户，专项资金审计查证88户，经济责任审计13户，企事业单位注册资本验证、年检1280户，基本建设决算审计97户；实现业务收入167.20万元；面向社会和企业，提供会计咨询、培训等服务，共培训会计人员215人次。

1999年11月，县国有资产管理局对审计局《关于对德安县审计事务所清产核资报告》及资产处置进行批复。1999年12月，省财政厅撤销德安审计事务所，批准成立九江德信会计事务所。

1988~1999年德安县审计事务所审计一览表

表16-5-1 单位:个(户)、元

年份	企业年检(注册资金验证)	财务收支(报表审计)	审计查证	经济责任审计	基建决算审计	审计咨询	业务收入
1988	254						38408.88
1989	172			1			41141.92
1990	18	2					12045.90
1991	56	9			1		40995.99
1992	91	4	2				46865.59
1993	113	4	2	2			139478.18
1994	42	2	14	1			180966.83
1995	54	5	11		2		203702.09
1996	211	1	11	5	9		202617.63
1997	186	16	0		26	25	232425.00
1998	30	34	18	2	27	2	171407.50
1999	53	40	30	2	32		334930.00

第六章 工商行政管理

第一节 注册登记与管理

注册登记

企业注册登记 1985年,换发工商企业营业执照811户,其中国营企业286户、集体企业498户、私营企业27户,注册资金分别为2.15亿元、2147万元、75万元。1993年,《中华人民共和国公司法》颁布实施,企业登记管理制度以直接登记为主、审批设立为辅,当年登记有限责任公司8家,注册资金415万元。1998年底,对654户企业按规定时限进行年检和非公司法人换照。2000年,办理租赁、合资、买断企业登记注册18户。2005年,民营经济注册登记条件放宽,开业登记实行"一审一核"制,减少登记审批环节,当年新增私营企业137户。2008年,有注册登记企业703户,注册资金10.67亿元。

个体工商户注册登记 1985年,有个体工商户840户,注册资金215万元。2001年,有个体工商户2659户,注册资金3663万元。2008年,有个体工商户2530户,注册资金8670万元。

证照管理

1985年10月,遵照国务院《关于进一步清理整顿公司的通知》,对100户公司降格,改名27户,注销执照22户,未定1户,对其中未经登记擅自开业、涂改营业执照、提供假资信证明、超越经营范围的4家公司,分别进行批评教育和罚款处理。1990年9月,列入清理整顿公司64家,撤销1家、降格12家、保留51家。1994年3月,开展农资经营店证照检查,共检查78户,取缔无照经营5户、超范围经营6户。1998年,清理"三无"企业5户、假集体户4户,吊销营业执照18户。2002年初,开展"红盾护农保春耕"专项行动,检查农资经营店21户,取缔无照经营3户。2005年10月,开展查处取缔无照经营专项整治活动,取缔无照经营80户,补办手续22户,立案查处26户,罚没款1.12万元。2006年,查处企业注册登记违规案件19起,其中擅自改变登记事项3起,登记中虚假出资案1起、未按规定时限年检案15起;罚款金额6万元,下达企业整改通知书18份。

1985～2008年德安县企业与个体工商户注册一览表

表16－6－1　　单位：户、万元

年份	国营		集体		私营		个体	
	户数	注册资金	户数	注册资金	户数	注册资金	户数	注册资金
1985	286	21506	498	2147	27	75	840	215
1986	220	31236	462	2355	53	98	802	312
1987	248	29251	253	4026	134	210	1002	292
1988	258	39374	512	14254	63	207	1280	393
1989	290	44259	259	14566	60	276	2238	687
1990	297	44850	390	14955	33	310	2261	1448
1991	329	45686	401	29003	39	421	2322	1588
1992	389	47455	431	29876	31	450	2517	1643
1993	471	41850	512	23100	48	555	2747	2204
1994	438	42133	498	21089	57	1010	2722	2387
1995	416	41325	437	20135	49	1280	2681	2489
1996	376	38862	403	18007	56	1495	2698	3097
1997	333	37651	359	16888	62	1743	2615	3248
1998	321	36261	345	13149	67	1985	2676	3343
1999	334	35867	244	12347	82	2019	3054	3692
2000	308	33303	214	10176	69	3313	2639	3047
2001	288	31735	168	8789	52	2794	2659	3663
2002	259	28902	151	7981	90	5024	2500	3589
2003	233	25078	93	5886	186	17392	2294	3273
2004	201	20167	71	4576	182	20712	2448	3563
2005	163	16888	56	4043	319	54969	2809	6467
2006	151	15863	53	3941	368	56140	2895	6615
2007	143	14440	44	3581	422	65002	2808	7883
2008	138	14561	43	4246	522	87858	2530	8670

第二节　市场监督管理

市场秩序整顿

1986年，开展市场秩序整顿活动，查处案件174起，罚没款14万元。其中，粮食案件40起，农资化肥30起，建材31起，其他73起。1987年，对集贸市场进行集中整治，重点打击欺行霸市、掺杂使假、以次充好、短尺少秤、哄抬物价等不法行为，查处无证经营154户，哄抬物价10起，偷漏税收17起，假冒伪劣商品54起。1989年，对200余家羽绒制品生产厂家进行检查，查处违规案件15起，罚没款6.6万元。1990年，开展大规模“打假”行动2次，查获、收缴各类伪劣商品1.15万件价值25万元及不合格衡器310件。其中，霉变、劣质糕点842千克，糖果816千克，罐头5196瓶，香槟酒1080瓶，啤酒4291瓶，走私旧服装86件，劣质棉絮92床，所有收缴物品予以销毁。1992年，开展3次“打假”专项斗争，查获酒、烟、罐头、饼干、饮料、糕点、果冻等过期变质食品，及违法广告单、黄色书刊、音像制品等1.5万件，价值28万元。2008年，查处销售“南昌8度”啤酒贿赂案，罚款10万元。

涉农市场整治

1985年起,对伪劣农用物资和违规贩卖行为进行打击,查处违规案件47起,罚款11.8万元,收缴劣质化肥67吨、掺有50%砂子的红花籽0.26吨。1994年,查获假冒伪劣农资商品4.8吨,立案4件,罚款2.8万元。2002年,检查农资经营店21户,查处假冒伪劣农资案3件,案值1.8万元,受理解决农资投诉5件。2006年,开展农资市场专项整治,查获假冒伪劣化肥21吨、农药75箱、种子1500千克,立案6件,涉案金额6万元。至2008年,查处各类涉农经济案件123起。其中,非法收购棉花案20起,没收棉花50吨,案值10万余元;非法收购粮食案2起,查扣玉米66吨、稻谷12吨、大米1.6吨,罚款3.27万元。

打击传销活动

2005年,县工商局在火车站、汽车站设立反传销宣传点,分发宣传资料5000余份,并在县电视台播放《禁止传销条例》。2006年4月,工商局、公安局在蒲塘路一支道私人住宅内查处传销案件1起,遣散传销人员40名。2008年8月,河东工商分局在开发区西区巡查时,在村民家中发现30多名外地人员从事传销活动,工商、公安部门采取联合行动,捣毁窝点,将传销人员全部遣送回家。

食品安全检查

1988年,查处伪劣食品案件5起,其中劣质酒11000瓶、霉变点心130千克。1990年,对41户食品经营户进行检查,查处伪劣假冒和三无糕点113千克、可乐60瓶、糖果255千克、味精3.5千克、面条85千克、罐头2603瓶、话梅800袋、啤酒2500瓶。2003年,查处出售病死猪肉、注水鸡鸭案件8起,罚款3万元,其中销售种猪肉1起、罚款2万元;取缔食品无照经营店4家。2008年9月,县工商局出动车辆9台,执法人员48人,对含三聚氰胺婴幼儿配方奶粉22个品种、69个批次进行清查。检查奶制品经营户362户,查封问题奶粉413包,对受检后合格产品加贴标识,对不合格产品,责令下架封存。

第三节　广告与商标管理

广告管理

1989年3月,对从事广告行业经营户进行清理整顿,统一核发广告经营证照,取缔违规广告经营户1家,查处违法广告3条。2001年,取缔无照广告经营户1家,拆除不符合标准广告设施3处,收缴各类虚假和内容不健康广告印刷品2000余份。2004年,对某医疗部门发布虚假医疗广告进行查处,罚款1万元。2005年,对县电视台发布广告进行监管,制止发布虚假广告2条,罚款1.5万元。2006年,查办广告违规案7件,罚没款2.95万元。2007年,以医疗、药品广告为重点,进行专项整治,检查广告经营单位20家,查处违法广告30条、未经登记广告4条,责令停止发布违法广告6条,立案查处9件,罚款2.1万元。2008年,有广告经营户15家,通过年检12家,取缔1家,注销2家,从业人员88人。

商标管理

1990年,全县有注册商标46件。其中,部优产品商标有"蒲亭"牌酱油、"庐山"牌萤石粉、"庐林"牌中华啤酒、"九仙岭"牌甜红葡萄酒、"鸭鸭"牌羽绒服装;省优产品商标有"三环"牌水泥、"峰岭"牌粉丝、"驼峰"牌液压升柱器、"星球"牌活塞销及挺杆、"安秀"牌羽绒制品、"九仙岭"牌陈酿白葡萄酒。2004年,查处销售假冒注册商标"红蜻蜓"皮鞋案,没收冒牌皮鞋308双,罚款1.5万元。2006年,开展"讲诚信、反侵权、保名牌、打击假冒"专营专卖整治行动,检查专卖店16户,查处侵权商标案件4起,罚款2.75万元。其中,假冒"大众"牌商标机油136桶,罚款2万元。查处"种子"酒、"鸭鸭"牌羽绒被、"正味"麦片、"泸州老窖"酒和"峰岭"粉丝等商标被侵权案11起,罚没款1.5万元。在开展商标法规宣传中,印制商标宣传资料2000余份;协助企业(个人)申请查询商标30次,协助申报省著名商标2个、注册商标16个。2008年,有注册商标42个,其中省著名商标有"琦玉"纸品、"峰岭"粉丝、"弗亚得"和"锐驰"轮胎,市知名商标有"菲彩"羽绒服等。

1999~2008年德安县注册商标一览表

表16-6-2

注册单位(个人)	商标	注册号	商品种类	核准日期
丰林企业集团有限公司	峰岭	1248299	医用敷料	1999.2.21
江西南方工业锅炉厂	高科	1302121	锅炉等	1999.8.7
江西达晟纺织有限公司	佩思利	1315751	羽绒服等	1999.9.21
德安县东城制衣有限公司	思骞	1328301	服装	1999.10.27
德安许仕家具床垫厂	许仕	1410771	家具、床垫	2000.6.22
德安县牌楼复兴饲料厂	牌楼复兴	1427249	饲料	2000.7.28
江西浔阳电子仪器厂	图形	1475180	车辆用空调器 空气调节器	2000.11.14
德安县精制米厂	博阳	551238	大米	2001.4.28
德安县义门工贸有限公司	义门陈	1567624	米酒、料酒、葡萄酒、含酒精液体	2001.5.7
江西驰耐得轮胎有限公司	弗亚得	1641983	汽车轮胎	2001.9.28
江西驰耐得轮胎有限公司	锐驰	1641984	汽车轮胎	2001.9.28
江西驰耐得轮胎有限公司	耐维特	3473116	汽车轮胎	2001.9.28
江西达晟纺织有限公司	菲彩	1645198	羽绒服	2001.10.7
德安凯灵制冷离合器有限公司	凯立	1762329	陆地车辆离合器	2002.5.7
江西德安县世宇服饰制品厂	世宇	1940358	服装	2003.8.27
朱忠安	东佳	3247818	学校名称	2003.10.7
江西新亚纸品有限公司	庐山	3132184	卫生纸	2003.11.14
刘和平	绿欢	3393643	肥料	2004.2.26
德安县永飞矿业有限公司	庐山	206895	萤石精矿	2004.4.15
江西爱民机械厂	爱民	690583	汽车防震器	2004.5.20
曾令华	德安通达	3446789	温度控制器	2004.7.14
陈火林	爵士鹰	3467653	服装	2005.2.13
赵小琴	晓清	3705725	矿泉水、啤酒等	2005.4.28
九江联兴化工有限公司	联泰	4574123	碳酸钙	2005.6.17
江西开成纸业有限公司	庐景	3338223	卫生纸、餐巾纸	2005.6.26
罗来洪	罗佳	3876134	大米	2005.11.28
吴利民	绿欢	3894682	谷类制品、米等	2005.12.21
九江大宇生化有限公司	白鹿	3897321	碳酸钙	2006.6.28
九江大地工贸有限公司	群川源	4251560	纯净水	2007.2.7
江西利和电器有限公司	REAHO	4263006	恒温器等	2007.2.14
陈国友	塘山记	4442964	辣椒酱	2007.6.28
江西柳林机械有限公司	同舟	4434343	农业机械等	2007.8.28
郭小平	雁塘	4562410	板鸭	2007.11.14
何耀湖	万家岭	4837684	蛋、肉	2008.5.14

第四节 经济合同管理

合同鉴证

1985 年 8 月,国家工商总局制定《关于经济合同鉴证的暂行规定》。至 1990 年,鉴证合同 1683 份、金额 2726 万元,接受备案合同 54 份、金额 124 万元。1994 年,鉴证合同 530 份、金额 3300 万元,其中建筑工程合同 51 份,订货合同 4 份、用工合同 180 份;经鉴定不合格合同 2 份,协助经济合同当事人挽回损失 7.5 万元。此后,终止经济合同鉴证。

合同调解仲裁

1985 年,经济合同仲裁委员会受理经济合同仲裁 11 份、争议金额 39 万元;结案 2 起,达成违约赔偿金 0.26 万元。1986 年,处理经济合同纠纷案 8 起,争议金额 29.15 万元。其中,调解 4 起,争议金额 14.07 万元;裁决 4 起;查处无效经济合同 2 起,返还货款 3 万元。1987 年,受理经济合同仲裁案 4 起,争议金额 4.43 万元。1988 年,受理经济合同仲裁案 9 起,争议金额 3 万元。1989 年,受理经济合同仲裁案 9 起,为企业追回货款 12.18 万元。1990 年,受理经济合同仲裁案 598 起,争议金额 55.8 万元。1994 年,仲裁经济纠纷案件 7 件。1995 年,终止受理经济仲裁。

信用等级管理

1987 年,县水泥厂被授予“重合同守信用”单位。1994 年,评出市级“重合同守信用”企业 8 家,县级“重合同守信用”38 家。1997 年,开展市级“重合同守信用”企业检查评比,3 户市级“重合同守信用”企业被取消资格。2008 年,江西美宝利医用敷料有限公司、德安际光农资经营部、江西达晟纺织有限公司、德安县第三建筑公司 4 家单位被认定为 AA 级(市级)重合同守信用企业。

抵押、拍卖监管

1995 年起,开展企业动产抵押物登记工作。1996 年起,开展拍卖企业登记工作。1997 年,登记动产抵押企业 15 家,总抵押物金额 5630 万元,实际抵押 3881 万元。2007 年,办理动产抵押 72 笔,融资金额 1.46 亿元。2008 年,为 35 家企业办理动产抵押 56 笔,融资金额 1.07 亿元。

第五节 消费者权益保护

1985 年,在人员密集场所设立投诉亭、维权点,接受消费者投诉。1990 年 12 月,县工商局成立消费者协会,工商所设监督站。1997 年 1 月,监督站更名消协分会。至 1997 年,受理消费者投诉 626 起,挽回经济损失 5.8 万元,调解成功率 95%。1999 年,成立 12315 投诉举报中心,开通举报电话,设举报点 6 个。同年 7 月,消费者刘某因啤酒瓶自爆致面部及右眼球受伤,经消协调解,厂家一次性赔偿刘某 1.66 万元。至年底,受理电话咨询 102 人次、投诉 48 起,为消费者挽回经济损失 3.2 万元。2008 年 9 月,受理三聚氰胺婴幼儿配方奶粉相关咨询 105 人次,办理三鹿奶粉退货 223 袋 89.3 千克,发放患儿赔偿金 35.8 万元。

第七章　质量技术监督管理

第一节　计量管理

推行使用法定计量单位

1985 年，计量器具管理由县计量所负责。对全县范围内市秤、市尺等计量工具进行改制，在规定期限内逐步淘汰旧的计量器具和仪器、仪表，商贸计量器具全部实行公制，取缔市秤、市尺。1987 年，不再生产非法定计量器具。1994 年，农村和民间使用的市秤、市尺改革工作基本完成。1996 年，全县各商店、门市部、集贸市场的固定摊贩均改用性能稳定、显示清晰、不易作弊的电子秤、双面度盘秤等法定计量器具。

计量器具检测与监管

1985 年，开展杆秤、台秤、地秤、案秤检定 1927 件，合格率分别为 73%、85%、100%、86%。1987～1989 年，先后取得压力表、加油机、车速里程表检定权。1989 年，检定血压计 32 件，合格率 65%；车速里程表 221 件，合格率 85%；加油机 14 件，合格率 80%。1990 年，对计量器具实行强制检测、登记造册，建立计量器具档案 106 份。1992 年，检验杆秤 2186 件、台秤 398 件、地秤 13 件、天平 18 件，合格率 90%；加油机 21 台，合格率 95%。1993 年，对粮食制品定量包装净含量进行执法检查，抽查商品 206 批，合格率 96%。1999 年，对集贸市场进行计量专项执法检查，查处违法案件 6 起，处罚金 2600 元。2008 年，检定计量器具杆秤 213 件，合格率 99%；台秤 240 件，合格率 99%；电子秤 288 件，合格率 100%；地秤 22 件，合格率 98%；天平 14 件，合格率 98%；压力表 202 件，合格率 96%；加油机 112 件，合格率 96%。

1985～2008 年德安县计量器具检定一览表

表 16－7－1

年份	杆秤		台秤		案秤		电子秤		地秤		天平		压力表		血压计		车速里程表		加油机	
	数量（杆）	合格率（%）	数量（台）	合格率（%）	数量（台）	合格率（%）	数量（台）	合格率（%）	数量（台）	合格率（%）	数量（台）	合格率（%）	数量（副）	合格率（%）	数量（副）	合格率（%）	数量（个）	合格率（%）	数量（台）	合格率（%）
1985	1563	73	253	85	108	86			3	100										
1986	1754	75	282	87	122	88			5	80										
1987	1865	77	301	90	138	90			6	80	12	90			29	54				
1988	1905	80	353	92	162	92			8	90	14	92			31	60			12	60
1989	1965	81	367	92	178	93			9	92	15	93			32	65	221	85	14	80
1990	1996	83	378	93	192	95			10	93	18	95					245	90	16	88
1991	2105	85	392	95	203	95			12	95	18	95					280	95	18	90
1992	2186	90	398	95	406	95			13	95	18	95							21	95
1993	1325	95	479	95	568	95			12	95	19	95							23	95
1994	1034	95	564	95	602	95	12	100	12	95	19	95							28	95
1995	834	91	579	95	626	95	33	100	12	95	22	98							33	90

续表16－7－1

年份	杆秤		台秤		案秤		电子秤		地秤		天平		压力表		血压计		车速里程表		加油机	
	数量(杆)	合格率(%)	数量(台)	合格率(%)	数量(台)	合格率(%)	数量(台)	合格率(%)	数量(台)	合格率(%)	数量(台)	合格率(%)	数量(副)	合格率(%)	数量(副)	合格率(%)	数量(个)	合格率(%)	数量(台)	合格率(%)
1996	512	95	656	96	688	95	52	100	13	96	20	98							35	95
1997	382	96	675	96	556	96	68	100	12	96	18	98							38	95
1998	366	97	683	97	579	96	72	100	10	97	16	98							40	96
1999	344	98	455	98	437	97	82	100	10	97	12	98	48	90					42	95
2000	877	99	184	95	322	98	87	100	9	95	11	98	52	95					86	95
2001	565	99	226	98	383	95	136	100	12	96	12	98	58	96					88	95
2002	432	99	217	98	452	98	187	100	14	96	13	98	88	96					94	95
2003	360	99	238	99	502	98	203	100	16	96	14	98	108	95					96	95
2004	248	99	245	99	534	99	234	100	17	96	16	98	123	95					99	96
2005	240	99	248	99	538	99	256	100	18	97	15	98	146	95					102	96
2006	228	99	242	99	555	99	259	100	19	98	13	98	165	95					106	96
2007	220	99	246	99	560	99	276	100	20	98	15	98	187	96					110	96
2008	213	99	240	99	575	99	288	100	22	98	14	98	202	96					112	96

第二节　标准化管理

推行标准化管理

1985年，全县工业企业相继制定产品优质标准。1994年，对189家县直企业、驻县企业、二轻和乡镇企业209个产品执行标准进行普查登记；为当年开工企业查找国家、部颁标准、企业标准67个，产品生产标准使用率100%。同年，举办“国家标准化知识”函授班3期，取得结业证书154人。至2008年，协助企业制订工作标准1536个，管理标准1821个，建立各类产品执行标准档案2056份。

组织机构代码登记

1990年1月，对党政机关、社会团体、企事业单位发放代码证4963份，废止代码证126份。2008年，登记在册组织机构代码证基本信息动态数据5770份，其中企业法人4685个、企业非法人156个、事业法人46个、社会团体26个、机关非法人16个、民办非企业267个、个体工商户562个、其他机构12个。

商品条码应用

1995年，为县水泥厂产品办理商品条码。至2008年，全县有28家企业产品办理12种持续备注使用的商品条码注册。

第三节　特种设备安全监察

1985～2001年，特种设备管理由县劳动部门负责登记，市劳动部门负责检测。2001年7月，特种设备安全监察由质监局负责，对锅炉、压力容器(气瓶)、压力管道、电梯、起重机械、厂内机动车辆进行调查摸底，建立特种设备档案。2008年，特种设备使用单位83家，特种设备304台，其中锅炉61台、压力容器135台、起重机械68台、电梯22台、厂内机动车辆18台；在用268台，其中锅炉54台、压力容器

124 台、电梯 18 台、起重机械 56 台、厂内车辆 16 台。有作业人员 135 人,监察人员 3 人。至 2008 年,根据档案和实际使用数量情况,对全县承压设备、厂内车辆每年检测 1 次;对起重、压力容器,每 2 年检测 1 次。对球罐、液化气容器等设备,由上级专业人员检测。对检测不合格设备下达指令书,限期整改。共查处违规使用特种设备事件 194 起,均通过限期整改得以纠正。

第四节　产品质量监督

1985 ~ 1986 年,产品质量监督由各级主管部门自行抽查。1987 年,企业产品质量由标准计量局定期抽查。当年,抽查食品类 22 批次,合格率 85%;建材类 24 批次,合格率 80%;羽绒类 32 批次,合格率 56%;五金家电类 16 批次,合格率 53%;服装、鞋帽类 10 批次,合格率 60%;化肥、农药类 12 批次,合格率 58%。1998 年,开展 ISO 质量体系标准认证活动,举办培训班进行专题辅导。1999 年,抽查食品类 182 批次,合格率 80%;建材类 70 批次,合格率 95%;羽绒类 65 批次,合格率 93%;五金家电类 84 批次,合格率 95%;服装、鞋帽类 48 批次,合格率 92%;化肥、农药类 46 批次,合格率 94%。2007 年,抽查食品类 282 批次,合格率 89%;建材类 136 批次,合格率 97%;羽绒类 36 批次,合格率 97%;五金家电类 148 批次,合格率 98%;服装、鞋帽类 132 批次,合格率 98%;化肥、农药类 68 批次,合格率 98%。2008 年,通过 ISO 质量体系认证工业企业 22 家。开展执法活动 12568 起,查处案件 5689 起,没收非法计量器具 226 件,处罚金额 415 万元。

1987 ~ 2008 年德安县抽检产品质量一览表

表 16 - 7 - 2　　　　单位:%

年份	食品类		建材类		羽绒类		五金家电类		服装鞋帽类		农资类	
	批次	合格率	批次	合格率	批次	合格率	批次	合格率	批次	合格率	批次	合格率
1987	22	58	24	80	32	56	16	53	10	60	12	58
1988	28	60	28	82	38	58	26	59	12	62	14	60
1989	42	62	32	84	52	60	30	65	12	65	15	65
1990	48	65	35	85	66	63	34	70	22	75	18	73
1991	53	65	36	85	68	66	36	74	26	78	19	80
1992	58	65	38	86	76	68	40	76	28	78	20	82
1993	66	66	40	87	82	65	44	75	30	78	20	80
1994	84	60	42	85	108	65	48	85	32	80	22	82
1995	106	65	46	92	90	88	53	89	34	85	20	85
1996	128	68	50	93	92	90	66	92	38	88	36	90
1997	142	75	66	94	84	92	68	94	42	90	38	92
1998	166	78	72	95	76	93	76	94	50	90	40	93
1999	182	80	70	95	65	93	84	95	48	92	46	94
2000	196	82	78	96	62	64	96	96	66	94	48	95
2001	212	84	89	95	60	94	108	96	68	94	50	95
2002	234	85	93	95	54	95	122	96	106	95	54	96
2003	238	86	98	95	52	95	128	96	112	95	52	96
2004	246	87	104	96	48	95	134	98	108	95	58	98
2005	255	87	112	97	46	96	136	98	112	96	60	98
2006	268	88	124	97	40	97	142	98	124	97	66	98
2005	282	89	136	97	36	97	148	98	132	98	68	98
2008	302	92	140	98	32	97	152	98	136	98	82	99

第八章　安全生产监督管理

第一节　煤矿安全生产监管

1985年,有国营煤矿1家,乡办、股份制、个体私营煤矿19家。1987年9月,县政府制定立足煤炭、清理整顿、以煤养煤等系列政策,采取征收煤炭开发基金和维简费办法,进行新井建设、设备更新和安全技术提升。1990年,组织开展"学规程、反三违""百日安全竞赛""安全合格班组建设"和每月1次安全专项检查活动,督促煤矿企业进行通风质量标准化建设,国营付山煤矿获全省首批4家地方煤矿通风安全质量标准化甲级矿井,保持连续7年未发生安全生产事故。1995年,开始对乡办、股份制、个体私营煤矿核发煤矿生产许可证。1998年,根据全国范围内小矿事故频发、煤炭生产严重过剩情况,国务院要求关闭浪费资源、采掘技术落后、质量低劣、污染严重、安全状况不好的小煤矿,解决煤炭总量过剩问题,全县强制关停安全生产条件差、不符合申办生产许可证的乡办和个体私营煤矿12家。2001年,付山煤矿白水街杜家井、塘山罗家坟井和袁家岭井、樟树大岭井4对矿井自行先后关停。2003年,开展煤矿"一通三防"(通风、防尘、防瓦斯、防灭火)专项整治和安全程度评估,所有煤矿企业被评估为C类矿井。2006年,付山煤矿爱民井、吴家岩井、邹桥六号井、坪地井、马鞍山井5对矿井办理"安全生产许可证",启动煤矿瓦斯综合治理工作。2007年,邹桥坪地井、六号井和付山吴家岩井相继关停。2008年,仅有付山煤矿爱民井和邹桥马鞍山井生产。

第二节　非煤矿山安全生产监管

1987年,有非煤矿山55家,其中国营3家、乡镇办5家、私营33家,砖瓦窑粘土场14家,从业人员760余人。1993～2001年,开展安全整治,取缔23家,关闭不具备安全生产条件2家。2002年,有非煤矿山107家,其中地下开采5家、露采80家(石灰石8家、建筑用灰岩69家、金属矿3家)、砖瓦窑粘土场22家。2005年,开展集中整治,强制关停未办理"非煤矿山安全生产许可证"66家。2008年,推广非煤露天矿山中深孔爆破、机械二次破碎、非电导爆管爆破技术,矿山安全生产条件和企业安全管理得到提升。年末,有非煤矿山67家,其中露天采石场36家、露天金属矿2家、非煤地下矿10家、尾矿库6座、砖瓦粘土场13家。

第三节　危险爆炸物与化学品安全监管

民用爆炸物安全监管

1985年,县内没有独立经营民用爆炸物品部门,有危爆仓库1家,属市物资局管理。1993年,成立县民用爆炸物品轻化建材公司。1994年5月,民爆公司取得民爆物品独立经营资格。1995年,市物资局民爆物品仓库划归县公司管理,购买、储存和使用民爆物品须经县公安局批准,民爆公司专人配送,专业爆破人员实施作业。2007年,民爆公司成立专业爆破队,负责统一实施生产单位爆破作业。同年10月,民爆公司经国防科工委安全现状综合评估,资质等级为甲级。至2008年,全县未发生民用爆炸物品、运输、储存和使用方面安全事故。

危险化学品安全监管

2002年,成立县危险化学品安全管理专项整治工作领导小组,对72家危险化学品生产、储存、经营、使用单位开展摸底排查。2003 年,进行普查登记,分类、分组建立监管档案。2004 年,江西嘉华氟化工业有限公司等 45 家企业取得“安全生产许可证”。2005 年,开展危险化学品生产储存建设项目安全审查和安全设施“三同时”(同时设计、同时施工、同时投入生产和使用)监督管理工作。2007 年,依法取缔非法经营单位 7 家。2008 年,有危险化学品生产、经营、储存和使用单位 94 家。其中,生产单位 2 家、加油站 14 家、液化气站 7 家、气体经营单位 2 家、剧毒化学品(氰化钠)经营单位 1 家和使用单位 2 家、液氯使用单位 1 家、农药经营户 65 家。

烟花鞭炮安全监管

2005 年,县安监、公安、供销等部门联合对全县烟花爆竹经营户进行摸底,核发“烟花爆竹经营(零售)许可证(临时)”186 份。2007 年,颁发“烟花爆竹经营(零售)许可证”196 家,烟花爆竹批发企业 1 家。至 2008 年,共查处非法经营烟花爆竹 240 余起,收缴非法烟花爆竹 3000 余件。

第四节　其他行业安全生产监管执法

1985 ~ 2002 年,每年对道路交通、建筑施工和消防等重点行业领域开展专项整治。2003 年,对不符合国家和行业标准的设施、设备、器材及违法生产、储存、使用、经营、运输的危险物品予以查封或扣押,对违法生产、储存、使用、经营、运输的危险物品作业场所予以查封,并依法作出处理。县安监局先后 5 年被市安委会评为“安全生产工作先进单位”“非煤矿山安全监管工作先进单位”“危险化学品安全监管先进单位”。2005 年,建立安全生产信息网,并与省、市安监局联网,开展安监资讯服务。至 2008 年,排查安全生产隐患 760 条,并依规整改到位。

2003 ~ 2008 年德安县安全生产监管执法一览表

表 16 - 8 - 1　　单位:次、万元

年份	执法内容	执法次数	罚没情况
2003	非煤露天矿山许可评估	30	
	专项安全督查	260	
	行政处罚	13	3.1
2004	非煤露天矿山许可评估	52	
	专项安全督查	375	
	行政处罚	23	4.6
	事故调查处理	1	1.0
2005	农药油漆经营许可评估	52	
	烟花爆竹零售许可评估	150	
	专项安全督查	520	
	行政处罚	35	5.8
	事故调查处理	2	4.0
2006	农药油漆经营许可评估	28	
	烟花爆竹零售许可评估	75	
	专项安全督查	570	
	行政处罚	32	7.5
	事故调查处理	1	1.5

续表 16-8-1

年份	执法内容	执法次数	罚没情况
2007	专项安全督查	560	
	行政处罚	30	9.2
	事故调查处理	1	3.0
2008	农药油漆经营许可评估	54	
	烟花爆竹零售许可评估	160	
	专项安全督查	610	
	行政处罚	31	11.6
	事故调查处理	1	3.0

第五节 安全生产宣传教育与培训

宣传教育

1991~2001 年,每年组织开展“安全生产周”主题宣传教育活动。2002~2008 年,改为“安全生产月”主题宣传教育活动,时间为每年 6 月,采取分发安全生产法律法规宣传单、播放安全生产宣传教育片、开展咨询服务等形式,大力宣传安全生产知识。同时,县安委会组织大规模安全生产大检查活动。

培 训

1985~2001 年,组织安全生产管理和特种作业人员,定期参加上级部门业务知识轮训;企业负责人及特种作业人员做到持“安全资格证”“特殊工种资格证”上岗。2005 年 9 月,成立安全生产培训中心。至 2008 年,对煤矿、非煤矿山、危化品企业从业人员 3280 人次进行岗前培训,培训率 100%。

第六节 安全事故救援与查处

1985~2008 年,共发生生产安全事故 12 起,死亡 16 人(非煤矿山 7 起,死亡 10 人)。其中,2007 年 8 月 5 日,吴山乡林居采石场发生一起 3 名作业人员当场被打压致死的重大责任事故。经调查,对 5 名国家公职人员分别给予行政警告、记过处分,6 名相关责任人予以经济处罚,依法追究正、副矿长刑事责任。

1985~2008 年期间德安县煤矿安全生产事故一览表

表 16-8-2　　单位:人

发生时间	发生单位	事故类别	死亡人数
1988.10.1	付山煤矿吴家岩井	中毒窒息	3
1993.08	塘山乡盐山里煤矿	中毒窒息	1
2000.07	付山煤矿爱民井	透水	3
2005.01.13	付山煤矿爱民井	顶板坍塌	1
2006.09.18	邹桥乡马鞍山煤矿	顶板坍塌	1

卷十七

中国共产党地方组织

卷十七　中国共产党地方组织

1985～2008年，为中国共产党德安县委员会（县委）第十届至第十六届任期，其中第十届在本志时段内任期2年9个月，第十一届3年7个月，第十二届2年8个月。第十三届起，每届任期由3年改为5年。历届县委认真贯彻执行党的路线、方针、政策，坚持解放思想、实事求是、与时俱进，加强纪检、组织、宣传、统一战线、政法、信访、党校和精神文明建设等工作；开展"讲学习、讲政治、讲正气"和"三个代表"重要思想学习教育，开展保持党组织先进性和共产党员模范带头作用等系列教育活动；建立县管干部个人重大事项报告、诫勉谈话等制度和党建工作责任制、党风廉政建设责任制；制定实施改革开放、科教兴县、工业强县、服务"三农"等强县富民战略，带领全县人民加快经济社会建设，迈向小康之路，取得显著成效。

第一章　党代表大会

第一节　县党代表大会

代表产生

党代会代表由县委按全县党员总数确定名额，并按一定比例将名额分配到各基层党委(含代管党组织)，由基层党委召开党员代表大会(党代会)或党员大会，采取无记名投票差额选举办法产生。代表产生后报县委代表资格审查委员会审查，符合党章规定者，代表资格有效；不符合党章规定者，当选资格无效，由原基层党委补选。

代表大会

第十次代表大会　1984年12月13～15日，在县城举行。出席大会正式代表254人，列席12人。大会审议通过《中共德安县第九届委员会工作报告》《中共德安县纪律检查委员会工作报告》，选举产生县第十届委员会委员29人，候补委员4人。大会中心议题：加快以城市为重点的经济体制改革步伐，大力推进社会主义物质文明建设，健全社会主义民主和法制，进一步落实党的各项政策，带领全县党员和群众为实现翻番规划，开创各项工作新局面而努力奋斗。

第十一次代表大会　1987年9月26～28日，在县城举行。出席大会正式代表259人，列席11人。大会审议通过《中共德安县第十届委员会工作报告》《中共德安县纪律检查委员会工作报告》，选举产生县第十一届委员会委员25人，候补委员2人。大会提出今后三年工作指导思想：继续坚持四项基本原则，反对资产阶级自由化；继续坚持以经济建设为中心，集中力量发展社会生产力；继续坚持全面改革开放，制定和用足用活政策；继续坚持两个文明一起抓，发扬社会主义民主，完善社会主义法制；动员组织全体共产党员和全县人民振奋精神，开拓进取，提前和超额完成“七五”计划提出的各项奋斗目标。

第十二次代表大会　1990年4月19～21日，在县城举行。出席大会正式代表201人，列席13人。大会审议通过《中共德安县第十一届委员会工作报告》《中共德安县纪律检查委员会工作报告》，选举产生县第十二届委员会委员27人，候补委员2人。大会提出：坚定不移地贯彻执行党的基本路线，推进治理整顿和深化改革，立足稳定大局，致力发展经济；加强党的建设，坚持两个文明建设一起抓，进一步密切同人民群众的联系，带领全县党员和人民群众艰苦奋斗，争取各项工作新胜利。

第十三次代表大会　1992年12月24～26日，在县城举行。出席大会正式代表211人，列席12人。大会审议通过《中共德安县第十二届委员会工作报告》《中共德安县纪律检查委员会工作报告》，选举产生县第十三届委员会委员29人，候补委员3人。大会确定今后发展思路：借助“走廊”(昌九工业走廊)，呼应沿江，依据“三线”(昌汉、昌九、京九)、崛起“三镇”(蒲亭、聂桥、车桥镇)，发展“三区”(宝塔、河东、丰林工业小区)，建设“三带”(沿河水产带、沿线水果带、沿路农副产品加工工业带)；坚持开放开发并举，外引内联并举，扩展开拓并举；到本世纪末，把德安建设成“三地一市一中心”，即以六大支柱为主干的工业基地、地域特色鲜明的“三高”农业生产基地、繁华活跃的工业和农副产品集散地，科技含量较高的县级工业城市，昌九工业走廊中段的商业贸易中心。

第十四次代表大会　1997年12月19～21日，在县城举行。出席大会正式代表222人，列席13人。大会审议通过《中共德安县第十三届委员会工作报告》《中共德安县纪律检查委员会工作报告》，选举产生县第十四届委员会委员28人，候补委员4人。大会确定今后发展总体构想：以建立市场经济体制为目标，以实现两个转变为重点，依托大京九，推进大开放，致力大发展，实现大进位，到下世纪初将德安建设成京九中段现代新兴工业城市，昌九走廊中率先崛起的支柱城市，赣北腹地繁荣活跃的商贸城市。

第十五次代表大会　2002年12月27～29日，在县城举行。出席大会正式代表245人，列席15人。大会审议通过《中共德安县第十四届委员会工作报告》《中共德安县纪律检查委员会工作报告》，选举产生县第十五届委员会委员27人，候补委员5人。大会提出：以“三个代表”重要思想为指导，全面贯彻党的十六大精神，坚持把发展作为第一要务，解放思想，与时俱进，改革创新，团结拼搏，加快全面建设小康社会步伐，为铸造德安发展新辉煌而努力奋斗。

第十六次代表大会　2006年6月25～27日，在县城举行。出席大会正式代表259人，列席15人。大会审议通过《中共德安县第十五届委员会工作报告》《中共德安县纪律检查委员会工作报告》。选举产生县第十六届委员会委员33人，候补委员6人。大会提出：以科学发展为先，以富民强国为本，建设和谐富裕新德安。

第二节　乡镇党代表大会

乡镇党委换届与县委换届同步进行。1985年后每3年一届，2006年后每5年一届。出席大会正式代表由县委提出指导意见，乡镇党委根据党员总数确定名额并按一定比例分配到各党支部，由党支部召开党员大会选举产生。乡镇党代表大会职权是：听取和审议上届乡镇党委工作报告和乡镇纪律检查委员会工作报告，讨论乡镇党委职权范围内重大问题并作出决议，选举本届乡镇党的委员会和纪律检查委员会，选举出席县党代表大会代表。

乡镇党委委员采取无记名投票、差额选举办法产生，一般设7～9人，个别乡镇设11人。1985年，乡镇党委委员和书记、副书记人选年龄一般控制在45岁以下，要求有更多20～35岁年轻干部；2004年前，学历一般要求高中、大专以上；2004年后，学历一般要求大专、大学本科。强调乡镇主要领导干部乡镇间交流，书记、副书记连选连任不超过2届。

第二章　组织机构

第一节　县委员会

县委员会产生

县委员会由县党代表大会以无记名投票方式差额选举产生，由委员和候补委员组成。

县委员会组成

第十届委员会　委员29人（按姓氏笔画为序，下同）：于维忠、万联迟、巴业松、毛春莲（女）、王景悦、叶彬生、刘述开、许福源、陈广福、陈庆勋、陈绍铨、肖永政、闵期才、余修金、张久祥、张友才、张文卿、张世儒、武廷干、罗嗣恒、胡茂倩（女）、姚镇才、陶自应、徐志荣、黄纪球、蔡茂宗、蔡毓荣、熊崇涛、黎焕新

候补委员4人：万吉昌、杨运淼、潘东辉、葛光璐

第十一届委员会　委员25人：于维忠、万联迟、巴业松、王景悦、代进贵、宋才火、陈广福、肖永政、闵长泉、邹建飞、吴柏麟、张久祥、张友才、张世民、张宜卿、武廷干、郑远馥、罗嗣恒、周雍强、胡茂倩（女）、黄成相、黄凌安、蔡茂宗、蔡毓荣、熊崇涛

候补委员2人：杨运淼、潘东辉

第十二届委员会　委员27人：干学文、于维忠、万联迟、门国光、巴业松、史之汉、乐普生、刘来荪、宋

为民、闵长泉、吴柏麟、邹建飞、张久祥、张友才、张世民、张启元、张文卿、张绪佑、郑远馥、武廷干、岳永香(女)、徐志荣、黄成相、黄松如、葛光璐、熊崇涛、潘东辉

候补委员2人:杨运淼、张学英(女)

第十三届委员会 委员29人:干学文、万联迟、门国光、王华强、王贤俊、邓太火、史之汉、李屏璋、杨运淼、杨忠发、余宝泉、邹建飞、闵长泉、张久祥、张世民、张学英(女)、陈士球、陈友才、陈妙雍、岳永香(女)、胡元斌、钟延恺、袁有福、徐志荣、徐祖发、黄松如、梅松、熊崇涛、潘东辉

候补委员3人:祝迎春、张玉成、袁隆环

第十四届委员会 委员28人:万斌、万联迟、王文根、王忠贵、王修民、王德声、邓太火、刘克贵、杨忠发、李秀木、李莉安(女)、闵长泉、张久祥、张世民、张学英(女)、陈友才、陈妙雍、罗嗣恒、岳永香(女)、胡元斌、钟延恺、袁有福、徐志宏(女)、徐祖发、梅松、戚德勇、魏建忠

候补委员4人:祝迎春、胡向前、战斗、袁隆环

第十五届委员会 委员27人:王忠贵、王德声、巴惠萍(女)、石勇、吴汉峰、吴青寿、吴明霖、张久祥、张学英(女)、张依群、陈林、陈立忠、陈德淼、罗时荣、岳永香(女)、胡向前、胡茂席、袁有福、徐李全、徐祖发、徐耀纯、高茂木、郭小云、黄崇喜、董学煌、熊永强、戴毅卿

候补委员5人:刘晓云(女)、严由华、严茂国、欧阳林、夏修武

第十六届委员会 委员33人:王干彬、王金华、巴惠萍(女)、甘姝(女)、叶心林、江昌英、严由华、李冬生、李润金、李清凤(女)、杨国兴、杨金平、杨益云、肖军、张学英(女)、陈林、罗颖(女)、罗时荣、赵伟、赵和平、胡茂席、钟第文、洪碧霞(女)、费从军、袁有福、桂天华、徐卫、徐礼云、高茂木、黄崇喜、曹欣、窦鸣、戴开明

候补委员6人:徐琳、徐伟坚、张华东、周洁(女)、程福良、薛磊

第二节　县委常务委员会

县委常务委员会由县委常务委员(常委)组成。常委由全委会委员以无记名投票方式,采取差额选举在委员中选举产生。历届常委包括正、副书记在第一次全委会选出,常委会组成人员因届中人事变动而有所变动。

从1984年12月第十届委员会第一次会议选举产生第十届常委起,至2008年,常委会共进行7次换届选举,共有由全委会选举产生常委会成员64人次(第十届9人、第十一届8人、第十二届9人、第十三届9人、第十四届9人、第十五届9人、第十六届11人),届中增补常委会成员15人次(第十届1人、第十二届3人、第十三届1人、第十四届3人、第十五届2人、第十六届5人)。

全委会在选举产生常委会基础上,选举产生书记1人,副书记若干人。自第十至第十六届委员会共有由全委会选举产生书记7人次,届中增补书记4人次(第十二届1人、第十三届1人、第十四届2人);选举产生副书记19人次(第十届2人、第十一届2人、第十二届4人、第十三届3人、第十四届3人、第十五届3人、第十六届2人),届中增补副书记6人次(第十四届4人、第十五届1人、第十六届1人),省派挂职锻炼担任副书记4人(第十三届1人、第十四届2人、第十五届1人)。

1985～2008年历届县委书记、副书记、常委名录

表17-2-1

届次	职务	姓名	任职时间	籍贯	备注
第十届	书记	陈绍铨	1984.3～1987.5	浙江绍兴	
	副书记	陶自应	1984.3～1987.5	安徽枞阳	
	副书记	肖永政	1984.3～1987.6	江西南昌	

续表 17－2－1

届次	职务	姓名	任职时间	籍贯	备注
第十届	常委	武廷干	1984.3～1987.5	上海卢湾	
	常委	陈庆勋	1984.3～1987.5	广东潮阳	
	常委	罗嗣恒	1984.3～1987.5	江西都昌	
	常委	黄纪球	1984.6～1986.7	江西都昌	
	常委	万联迟	1984.12～1987.5	德安高塘	
	常委	张久祥	1984.12～1987.12	德安磨溪	
	常委	黄凌安	1986.7～1987.12	江西都昌	增补
第十一届	书记	肖永政	1987.6～1990.2	江西南昌	
	副书记	周雍强	1987.6～1990.2	江西湖口	
	副书记	万联迟	1987.5～1990.2	德安高塘	
	常委	宋才火	1987.5～1990.1	江西星子	
	常委	罗嗣恒	1987.5～1990.4	江西都昌	
	常委	黄凌安	1987.12～1988.5	江西都昌	
	常委	张久祥	1987.12～1990.4	德安磨溪	
	常委	张宜卿	1987.5～1990.4	江西樟树	
第十二届	书记	张绪佑	1990.2～1991.6	江西武宁	
	副书记	史之汉	1990.2～1991.6	江西彭泽	
	书记		1991.6～1993.1		增补
	副书记	于维忠	1990.4～1992.7	江苏邗江	
	副书记	万联迟	1990.2～1993.1	德安高塘	
	副书记	张启元	1990.4～1991.6	江西星子	
	副书记	胡元斌	1991.6～1993.1	江西九江县	
	常委	张宜卿	1990.4～1991.6	江西樟树	
	副书记		1991.6～1993.1		增补
	副书记	邓太火	1992.10～1993.1	江西星子	增补
	常委	闵长泉	1990.4～1993.1	德安磨溪	
	常委	邹建飞	1990.4～1993.1	江西南昌	
	常委	黄松如	1990.1～1993.1	江西樟树	
	常委	陈友才	1992.10～1993.1	德安磨溪	增补
	常委	徐祖发	1992.8～1993.1	湖北新洲	增补
	常委	宋为民	1991.3～1992.10	江西永修	增补
第十三届	书记	史之汉	1993.1～1994.1	江西彭泽	
	副书记	邓太火	1993.1～1994.5	江西星子	
	书记		1994.5～1997.12		增补
	副书记	万联迟	1993.1～1997.12	德安高塘	
	副书记	胡元斌	1993.1～1997.12	江西九江县	
	副书记	朱　浔	1993.3～1995.4	江西南昌	下派
	常委	陈友才	1993.1～1995.12	德安磨溪	
	副书记		1995.12～1997.12		增补
	常委	胡贤金	1996.5～1997.12	江西武宁	增补
	常委	邹建飞	1993.1～1997.12	江西南昌	
	常委	闵长泉	1993.1～1997.12	德安磨溪	
	常委	徐祖发	1993.1～1997.12	湖北新洲	
	常委	黄松如	1993.1～1997.12	江西樟树	

续表 17 -2 -1

届次	职务	姓名	任职时间	籍贯	备注
第十四届	书记	邓太火	1997. 12 ~1999. 3	江西星子	
	书记	华金国	1999. 3 ~2002. 6	江西瑞昌	增补
	副书记	熊永强	1999. 3 ~2002. 6	江西永修	增补
	书记		2002. 6 ~2002. 12		增补
	副书记	胡元斌	1997. 12 ~1999. 3	江西九江县	
	副书记	陈友才	1997. 12 ~2000. 8	德安磨溪	
	副书记	徐志宏(女)	1997. 10 ~2002. 1	江苏启东	
	副书记	周毛春	2000. 12 ~2002. 12	江西临川	增补
	副书记	王成饶	1999. 5 ~2002. 12	江西抚州	下派
	副书记	周　冰	2000. 8 ~2002. 12	江西彭泽	增补
	常委	陈德森	1997. 10 ~2002. 8	江西永修	
	副书记		2000. 8 ~2002. 12		增补
	副书记	王晓鸣(女)	2000. 8 ~2004. 8	江苏南京	下派
	常委	闵长泉	1997. 12 ~1998. 2	德安磨溪	
	常委	徐祖发	1997. 12 ~2002. 12	湖北新洲	
	常委	岳永香(女)	1997. 12 ~2002. 12	河南新县	
	常委	袁有福	1997. 12 ~2002. 12	德安河东	
	常委	张理国	1998. 4 ~2000. 3	江西星子	增补
	常委	熊建国	2000. 3 ~2001. 3	江西永修	增补
	常委	李甫勇	200. 8 ~2002. 12	江西永修	增补
	常委	陈立忠	2001. 9 ~2002. 12	吉林辽源	增补
第十五届	书记	熊永强	2002. 12 ~2006. 6	江西永修	
	副书记	董学煌	2002. 12 ~2006. 6	江西星子	
	副书记	徐耀纯	2002. 12 ~2006. 6	江西湖口	
	副书记	陈德森	2002. 12 ~2003. 11	江西永修	
	副书记	李润金	2004. 7 ~2006. 6	江西星子	增补
	副书记	彭小云	2004. 8 ~2006. 6	江西寻乌	下派
	常委	袁有福	2002. 12 ~2006. 6	德安河东	
	常委	吴青寿	2002. 12 ~2005. 3	江西都昌	
	常委	张学英(女)	2002. 12 ~2006. 5	德安塘山	
	常委	陈立忠	2002. 12 ~2005. 12	吉林辽源	
	常委	郭小云	2002. 12 ~2006. 5	德安河东	
	常委	黄　浩	2005. 12 ~2006. 6	江西九江县	增补
	常委	李冬生	2005. 4 ~2006. 6	江西永修	增补
第十六届	书记	赵　伟	2006. 6 ~	江西湖口	
	副书记	叶心林	2006. 1 ~	江西武宁	
	副书记	李润金	2006. 6 ~2006. 11	江西星子	
	副书记	张云角	2007. 6 ~	江西星子	
	常委	袁有福	2006. 6 ~	德安河东	
	常委	费从军	2006. 5 ~	江苏宿迁	
	常委	高茂木	2006. 6 ~	江西九江县	
	常委	罗时荣	2006. 6 ~	德安磨溪	
	常委	李冬生	2006. 6 ~2008. 6	江西永修	
	常委	赵和平	2006. 5 ~2008. 10	江西星子	
	常委	洪碧霞(女)	2006. 5 ~	江西都昌	
	常委	杨益云	2006. 6 ~	江西永修	
	常委	徐昭国	2008. 5 ~	江西都昌	增补
	常委	欧阳存凤	2008. 10 ~	江西萍乡	增补

第三节　县委工作机构

县委办公室

1985年11月,成立机要科。1987年12月,成立目标考评管理办公室。1988年1月,对台办划入统战部。1989年8月,成立政策研究室(正科级),与县档案馆合署办公。目标管理办公室为常设机构(正科级)。同年12月,成立县保密局(副科级)挂靠县公安局。1996年机构改革,保密局、台办并入县委办,党史办转为县委直属事业单位。同年11月,信访办归口县委办,党史办、台办、机要科合署更名机要局,保密局并入县委办,为内设机构,对外保留名称。12月,档案局转为县委、县政府直属事业单位。1997年4月,县委办与政研室合署,两块牌子一套人员。同年6月,党史办、台办单设,与机要局同为正科级,督查室、保密局为副科级。2002年,信访办更名为信访局。2003年,台办、民族宗教局、外侨办职能划入县委统战部。信访局归口县委办管理。档案局与档案馆合署,为县委、县政府直属事业机构。2005年1月,县台办归口县委办管理,正科级。同年8月,成立县国家密码管理局,与县委机要局合署,两块牌子一套人员。2007年1月,成立县委、县政府接待办公室,归口县委办管理,为副科级事业单位。2008年5月,县委、县政府机关后勤服务中心整合组建为机关事务管理局,为副科级事业单位,同年12月,升格正科级。

组织部

1987年11月,组织部老干部科更名县委老干部局,下设老干部活动中心。1990年12月,成立县委组织员办公室,正科级,挂靠组织部。1995年机构改革,撤销县委组织员办公室,成立农村组织建设领导小组办公室,副科级。2003年,老干局内设关心下一代工作委员会办公室,副科级。2004年9月,恢复组织员办公室,为组织部内设机构,正科级。2005年4月,农村组织建设领导小组办公室更名为农村基层组织建设办公室,正科级。

宣传部

1985年10月,设立"五讲四美三热爱"办公室。1990年9月,爱国卫生委员会与精神文明办合署。同年12月,成立县哲学社会科学学会联合会,正科级,挂靠宣传部。1996年11月,爱国卫生运动委员会划归卫生局。2003年,县哲学社会科学学会联合会、县文学艺术联合会归口宣传部。2007年4月,设立新闻报道中心,与新闻宣传室合署,副科级;设立互联网宣传管理办公室,事业单位。

统一战线工作部

1988年1月,对台工作办公室划入管理。1990年12月,侨务工作职能划入政府外事办公室。1991年9月,对台办更名台湾事务办公室。1995年机构改革,台办并入县委办。2003年,台办,民宗局,外侨办职能划入统战部。2005年1月,台办复归县委办,外侨办复归政府办。

政法委员会

1988年1月,政法委员会更名政法工作领导小组。1990年6月,复名政法委员会。1991年6月,成立社会治安综合治理委员会。1997年2月,设政法办、综治办,正科级。2001年4月,设610办,正科级。2006年1月,设维稳办,正科级。2008年合署、下设及归口管理的副科级以上单位有:政法办、综治办、610办、维稳办、矛盾纠纷排查调处工作室。

农村工作部

1985年12月,成立县政府农业委员会,与县委农村工作部合署,两块牌子一套人员。1989年8月,撤销县委农村工作部,农业委员会更名农业经济委员会。1996年11月,设农村工作委员会,列县委议事协调机构序列,日常工作由县政府农村工作办公室承担。2000年2月,县农业综合开发办公室与县农村工作办公室合署。2002年,恢复农村工作部,与县政府农村工作办公室合署。2005年3月,农业综合开发办公室与县农村工作办公室分设,正科级机构。2006年10月,成立社会主义新农村建设领导小组,下设办公室,归口农工部,为副科级事业单位。

党校(行政学校)

县委直属事业机构,1993年,农业干部学校撤销并入。同年,增挂行政学校牌子。1994年起,县委分管党群工作副书记兼党校校长,县政府常务副县长兼行政学校校长,配备常务副校长管理日常工作。

县直机关工委

1985年,有直属机关党委。1997年,撤销直属机关党委,成立直属机关工作委员会。2000年,成立国有企业工作委员会。2003年,撤销国有企业工作委员会。2004年,国有企业改制完成后,成立非公有制经济组织工作委员会,与直属机关工作委员会合署。

第四节　基层委员会

乡镇党委

1985年,有乡镇场党委19个。1992年5月和1993年11月,米粮铺、金湖乡党委分别随行政区划变更,划入中共共青开放开发区委员会管辖。2002年撤乡建镇后,全县有乡镇场党委14个,其中乡党委9个,镇党委4个,场党委1个。

行政企事业单位党委

1985年,有县直属机关、事业单位、县人武部机关党委23个,企业党委6个。1991年,增设企业党委3个。1997年,县直属机关党委改设县直机关工作委员会。2004年,成立民营企业党委、非公有制经济组织党委,撤销县棉纺厂党委、县萤石矿党委。2005年,成立县教育局党委、县卫生局党委、县公有资产中心党委。2008年,有公安局、教育局、卫生局、公有资产中心、宝塔工业园、民营企业、工业园非公有制企业7个党委。有县直机关、流动党员工作委员会2个。另有垂直管理单位县国税局机关党委、彭山锡矿党委,由县委代管。

第五节　党支部

机关、事业单位党支部

1985年,有党总支部18个,其中党政机关、人民团体3个,事业单位12个。有党支部230个。其中,机关事业213个,乡镇机关17,村级104个。2008年,有党总支部57个,其中乡镇场16个,有党支部367个。

企业党支部

1985年,有国有企业党总支部3个,党支部67个。1999年后,国有企业和大集体企业相继改制,有党总支部2个,党支部55个。2005年起,民营企业和新经济组织重新建立和恢复党组织,成立党总支部3个,党支部79个。2008年,企业党支部发展到90个。

农村党支部

1985年,有行政村102个,设党支部102个。1989年,有行政村119个,设党支部119个。1993年,有行政村102个,设党支部102个。2002年,有行政村81个,设党支部81个。2008年,有15个行政村设党总支部,66个行政村设党支部。

第六节　党　组

1985年,由市委批准的党组有县人大常务委员会、政府、政协,由县委批准的党组有县法院、检察院、公安局、经贸委。1993年,公安局撤销党组,成立党委。2008年,有15个机构和单位成立党组。

1985～2008年全县党组织分布一览表

表17－2－2　　单位:个

年份	类别	机关	企业	事业	金融流通	其他	乡镇	行政村	园林场
1985	党委	20	6	2	—	1	17	—	2
	总支	3	3	12	2	—	—	—	1
	支部	70	67	127	12	4	17	102	2
	党组	7	—	—	—	—	—	—	—
1986	党委	20	6	2	—	1	17	—	2
	总支	4	3	12	2	—	—	—	1
	支部	83	79	131	12	5	17	102	2
	党组	6	—	—	—	—	—	—	—
1987	党委	20	8	3	—	—	19	—	2
	总支	4	3	11	2	—	—	—	—
	支部	86	90	133	15	—	19	107	2
	党组	7	—	—	—	—	—	—	—
1988	党委	22	8	1	—	—	19	—	2
	总支	4	2	11	3	—	—	—	—
	支部	83	94	126	16	10	19	108	2
	党组	7	—	—	—	—	—	—	—
1989	党委	22	8	1	—	—	19	—	2
	总支	6	3	10	2	—	—	—	—
	支部	95	89	126	9	9	19	119	2
	党组	7	—	—	—	—	—	—	—
	党委	21	8	1	—	—	19	—	2
1990	总支	5	3	10	2	—	—	—	—
	支部	97	96	141	11	11	19	109	2
	党组	7	—	—	—	—	—	—	—
1991	党委	21	9	2	—	—	19	—	2
	总支	6	5	11	2	—	—	—	—
	支部	90	99	149	11	5	19	113	2
	党组	7	—	—	—	—	—	—	—

续表 17-2-2

年份	类别	机关	企业	事业	金融流通	其他	乡镇	行政村	园林场
1992	党委	22	9	2	—	—	18	—	2
	总支	7	6	11	2	—	—	—	1
	支部	101	94	140	10	7	18	109	2
	党组	7	—	—	—	—	—	—	—
1993	党委	18	8	5	—	1	17	—	2
	总支	9	8	13	2	—	—	—	1
	支部	105	105	183	12	4	17	102	1
	党组	6	—	—	—	—	—	—	—
1994	党委	18	6	2	—	—	17	—	1
	总支	7	3	13	2	—	—	—	1
	支部	83	70	126	11	4	17	99	2
	党组	6	—	—	—	—	—	—	—
1995	党委	21	6	1	—	—	18	—	1
	总支	7	3	14	2	1	—	—	1
	支部	85	41	161	14	7	18	102	1
	党组	6	—	—	—	—	—	—	—
1996	党委	20	6	1	—	—	18	—	1
	总支	8	3	13	2	1	—	—	1
	支部	84	67	144	15	8	18	102	2
	党组	6	—	—	—	—	—	—	—
1997	党委	20	6	1	—	—	18	—	1
	总支	9	2	12	2	1	—	—	1
	支部	84	68	150	19	8	18	103	2
	党组	6	—	—	—	—	—	—	—
1998	党委	20	6	1	—	—	18	—	1
	总支	9	2	13	2	1	—	—	1
	支部	108	55	123	14	22	18	103	2
	党组	6	—	—	—	—	—	—	—
1999	党委	20	6	1	—	—	18	—	1
	总支	9	2	13	2	1		—	1
	支部	108	55	121	14	26	18	103	2
	党组	6	—	—	—	—	—	—	—
2000	党委	20	6	1	—	—	18	v	1
	总支	9	2	14	2	1	—	—	1
	支部	102	56	129	12	19	18	103	2
	党组	6	—	—	—	—	—	—	—

续表 17－2－2

年份	类别	机关	企业	事业	金融流通	其他	乡镇	行政村	园林场
2001	党委	20	6	1	—	—	18	—	1
	总支	17	1	8	2	—	—	—	1
	支部	105	44	141	9	16	18	103	2
	党组	6	—	—	—	—	—	—	—
2002	党委	15	4	1	—	—	13	—	1
	总支	17	3	5	2	1	—	—	1
	支部	103	36	138	8	21	13	81	2
	党组	9	—	—	—	—	—	—	—
2003	党委		4	1	—	13	13	—	1
	总支	22	3	4	2	—	—	—	1
	支部	94	94	79	—	116	13	81	2
	党组	12	—	—	—	—	—	—	—
2004	党委		4	1	—	13	13	—	1
	总支	21	3	4	12	—	—	—	1
	支部	95	90	79	12	112	13	81	2
	党组	12	—	—	—	—	—	—	—
2005	党委		4	3	—	13	13	—	1
	总支	18	3	7	10	—	—	—	1
	支部	99	79	87	12	105	13	81	2
	党组	13	—	—	—	—	—	—	—
2006	党委		4	3	—	13	13	—	1
	总支	19	1	8	10	—	—	—	1
	支部	99	73	92	12	105	13	81	2
	党组	15	—	—	—	—	—	—	—
2007	党委	1	—	2	—	13	13	—	1
	总支	18	—	11	12	3	—	3	1
	支部	91	89	99	12	128	—	78	2
	党组	15	—	—	—	—	—	—	—
2008	党委	1	—	2	—	13	13	—	1
	总支	19	—	11	12	15	—	15	1
	支部	91	90	99	12	152	13	66	2
	党组	15	—	—	—	—	—	—	—

第三章 重要会议与决策

第一节 全体委员会议

县委第十届全体会议

十届一次全体会议 1984年12月13~15日召开,会议选举产生第十届县委常务委员会和书记、副书记。

十届二次全体(扩大)会议 1985年5月23~25日召开,会议传达市全委(扩大)会议精神,部署当前工作。

十届三次全体(扩大)会议 1985年11月19~22日召开,会议传达学习省委八届二次全会精神,通报整党工作进展情况,提出县"七五"规划建议,部署加强精神文明建设和其他工作。

十届四次全体(扩大)会议 1986年12月15~17日召开,会议总结1986年工作,部署1987年全县精神文明建设工作,听取1987年县委、县政府工作要点。

县委第十一届全体会议

十一届一次全体会议 1987年9月28~31日召开,会议选举产生第十一届县委常务委员会和书记、副书记。

十一届二次全体(扩大)会议 1987年12月25~28日召开,会议传达贯彻省委八届五次全委(扩大)会议精神,研究如何进一步解放思想、加快深化改革步伐、振兴德安经济总体构想及各条战线改革措施。

十一届三次全体(扩大)会议 1988年10月5~8日召开,会议传达、学习、贯彻党的十三届三中全会、中央工作会议、省委八届七次全体(扩大)会议精神,部署农业总体开发和当前主要工作。

十一届四次全体(扩大)会议 1989年2月15~18日召开,会议以党的十三届三中全会精神为指导,认真总结1988年工作,研究和部署1989年经济工作和党建工作。

十一届五次全体(扩大)会议 1989年7月6~9日召开,会议传达中央及省、市委会议精神,部署农业综合开发工作和党风廉政建设工作。

十一届六次全体(扩大)会议 1989年12月26~29日召开,会议学习贯彻党的十三届五中全会和省、市委(扩大)会议精神,研究进一步治理整顿和扩大改革开放,促进经济持续稳定发展方略。

县委第十二届全体会议

十二届一次全体会议 1990年4月21~24日召开,会议选举产生第十二届县委常务委员会和书记、副书记。

十二届二次全体(扩大)会议 1991年5月7~9日召开,会议根据党的十三届七中全会、七届全国人大四次会议精神和省委九届二次全会、市委六届二次全会精神,集中讨论《德安县国民经济和社会发展十年规划和"八五"计划纲要草案》。

十二届三次全体(扩大)会议 1992年3月18~21日召开,会议传达中央2号文件精神,学习邓小平中国特色社会主义理论,动员和组织全县党员干部积极行动起来,振奋精神,投入到经济建设中去。

县委第十三届全体会议

十三届一次全体会议 1992年12月26~29日召开,会议选举产生第十三届县委常务委员会和书记、副书记。

十三届二次全体(扩大)会议 1993年8月15~18日召开,会议学习、传达、贯彻中央6号文件精神，分析上半年经济形势，部署后 5 个月工作。

十三届三次全体（扩大）会议　1994 年 6 月 14 ~ 17 日召开，会议针对全县乡镇企业面临的严峻形势，动员全县党员干部奋战下半年，力保全年总产值实现 10 个亿，乡镇企业发展再上新台阶。

十三届四次全体（扩大）会议　1994 年 10 月 20 ~ 21 日召开，会议传达市委六届十一次全委会议精神，部署冬季农业开发和党的基层组织建设工作。

十三届五次全体（扩大）会议　1995 年 3 月 26 ~ 28 日召开，会议通报江泽民总书记视察德安农业生产情况，号召全县党员以总书记视察为动力，努力做好各项工作。

十三届六次全体（扩大）会议　1995 年 9 月 10 ~ 12 日召开，会议传达省第十次党代会精神，部署基层组织建设工作，研究出台扶贫包村工作目标考评方案。

十三届七次全体（扩大）会议　1996 年 6 月 28 ~ 31 日召开，会议动员全县党员干部认真开展“三讲”活动，切实整顿机关作风，出台实施方案，成立“三讲”活动领导小组，强调三个重点：正面教育为主，增强使命感、责任感，解决群众反映强烈问题。

十三届八次全体（扩大）会议　1996 年 9 月 9 ~ 12 日召开，会议贯彻市委七届三次会议精神，总结回顾前 8 个月工作，分析形势，强化措施，抓住后 4 个月，为圆满完成全年各项任务而奋斗。

县委第十四届全体会议

十四届一次全体会议　1997 年 12 月 21 ~ 24 日召开，会议选举产生第十四届县委常务委员会和书记、副书记。

十四届二次全体（扩大）会议　1998 年 3 月 9 ~ 10 日召开，会议主要传达市委书记刘上洋视察德安时的讲话，部署当前工作。

十四届三次全体（扩大）会议　1998 年 9 月 22 ~ 25 日召开，会议听取县委书记邓太火关于全县抗洪抢险表彰与生产自救工作的讲话，传达全市抗洪抢险表彰及生产自救动员大会精神，部署灾后重建工作。

十四届四次全体（扩大）会议　1999 年 4 月 6 ~ 8 日召开，会议传达市经济工作会议、市纪委全委（扩大）会议、市组织（村建）工作会议、市宣传工作会议、市政法工作会议精神，部署庆祝建国五十周年和喜迎澳门回归系列活动。

十四届五次全体（扩大）会议　1999 年 8 月 31 ~ 9 月 2 日召开，会议传达贯彻省委文件和市委七届十次全委（扩大）会议精神。总结 1 ~ 8 月份工作，进一步部署“四大主攻”工作，对全面完成年度任务进行再动员。

十四届六次全体（扩大）会议　2000 年 12 月 20 ~ 22 日召开，会议传达贯彻党的十五届五中全会和省委十届十二次、市委七届十三次会议精神。审议和通过县委《关于制定德安县国民经济和社会发展第十个五年计划的建议》。

十四届七次全体（扩大）会议　2001 年 8 月 16 ~ 18 日召开，会议传达贯彻省委十届十三次全体（扩大）会议精神，总结前 7 个月工作，部署后 5 个月工作，确保全年目标任务全面完成，打好“十五”计划第一仗。

十四届八次全体（扩大）会议　2002 年 7 月 8 ~ 10 日召开，会议总结上半年工作，贯彻落实省、市党代会精神，动员各级组织和党员干部认真学习浙江经验，进一步解放思想，用更开放的观念，更有效的措施，更务实的作风推动经济发展。

县委第十五届全体会议

十五届一次全体会议　2002 年 12 月 29 ~ 31 日召开，会议选举产生第十五届县委常务委员会和书记、副书记。

十五届二次全体（扩大）会议　2004 年 6 月 8 ~ 11 日召开，会议总结一次会议以来，特别是确定“三项创建"以来的工作,强调树立科学发展观,进一步解放思想,抓住机遇,扎实苦干,全面完成年初确立的各项任务。

十五届三次全体(扩大)会议 2005年1月30~31日召开,会议听取县委书记熊永强关于开展"保持共产党员先进性"教育活动动员讲话,出台先进性教育实施方案,部署先进性教育相关工作。

十五届四次全体(扩大)会议 2006年2月14~16日召开,传达贯彻市委八届八次全体(扩大)会议精神,明确市委确立的建设"美丽、富裕、和谐、强盛"的社会主义新九江奋斗目标,通报2005年度全县目标管理考评情况。

县委第十六届全体会议

十六届一次全体会议 2006年6月27~29日召开,会议选举产生第十六届县委常务委员会和书记、副书记。

十六届二次全体(扩大)会议 2007年7月20~22日召开,会议传达全市经济工作现场调度会议精神,部署全县招商引资工作。

十六届三次全体(扩大)会议 2008年1月25~27日召开,会议总结2007年工作,部署新一年工作任务和组织抗击当前百年未遇的冰冻雪灾。

第二节 县委常务委员会议

县委常务委员会在县委全体会议闭会期间行使县委全委会职权。

常委会议主要研究决定:全县经济社会发展战略,中长期规划,财政预决算,重点建设项目,经济体制改革重要部署,经济运行重大调控措施,工作总体思路和重大部署,重大举措,县管干部任免,干部人事制度改革,领导班子和干部队伍建设规划,干部培训规划,党风廉政建设,县管干部违纪违法重大案件立案及处理决定,精神文明建设重大部署,宣传工作重大举措,重大敏感新闻发布,事关群众切身利益和社会稳定重大事项,民主法制建设重大措施,重大敌情、社情和重大群众事件处置,县人大常委会党组、县政府党组、县政协党组、人武部党委、县纪委及县法院、检察院党组提请决定的重大问题,副科级及以上机构设置与变动,村级以上行政区划调整方案,以县委、县政府名义表彰事项,财政增收重大措施,支出重要原则和重大经费支出,必须由常委会决定的其他重大、全局和原则性问题。

常委会议一般每月召开1~2次,遇有重要情况可随时召开。1985~2008年,召开常委会400余次。每次会议视内容秘级印发《会议纪要》。

第三节 县委工作会议

三级干部大会

为年度工作会议,由县委、县政府召开。一般年初举行,会议对象有县4套班子成员、县直单位副科级以上干部、乡镇主要负责人、村支部书记。会议总结过去一年工作,部署当年工作;对评选的上年度先进集体和先进个人进行表彰;签订责任状(责任书)。

领导干部会议

为阶段性工作会议,由县委、县政府召开。每年2~3次,会期半天或1天。参加会议对象为县4套班子成员、县直单位和乡镇主要负责人。一般于省市召开领导干部会议后相应召开。会议议题为贯彻省、市领导干部会议精神,总结前期工作,对当前和今后工作进行部署、安排。

县委下属机关工作会议

由县委主持召开。每年1次或多次,会期一般半天。视机关工作属性,主要内容有:全县党风廉政建设会议(县纪委)、全县党建工作会议(县委组织部)、全县思想和宣传工作会议(县委宣传部)、全县政法工作或综合治理工作会议(县政法委)、全县统战工作会议(县委统战部)、全县报刊发行工作会议(县委宣传部)、县直机关负责人会议(县直机关工委)。会议一般由职能机关负责人传达上级文件或会议精神,报告年度或当前工作,县委分管领导讲话。对当前和今后工作作出部署、安排,有时进行年度先进集体和先进个人表彰。

全县乡镇党委书记、乡镇长会议

全县乡镇党委书记会议由县委召开;全县乡镇党委书记、乡镇长会议由县委、县政府召开,有时县直部门、单位负责人参加。根据工作需要,不定期召开。会议议题主要是对重要工作进行汇报、检查、总结,对后续工作进行部署、安排、督促。

中心工作会议

视工作性质由县委召开,或由县委、县政府共同召开。这类会议有任务重要、时效性强、会议议题集中的特点,一般每年召开3~4次。1985~2008年,召开80余次。会议主要内容有:农业开发总体战,农业产业重大调整,垦荒造林,林业生产,林业体制改革,农村税费配套改革,新农村建设,经济体制改革,企业改制,发展个私经济,招商引资,实施“双基”教育,普及九年义务教育,校园六配套建设,创建省级文明城、卫生城和生态园林城,机构改革,目标管理考评和机关效能建设,部署整党工作,党的基本路线教育活动,“三讲”教育,“三个代表”重要思想教育和共产党员保持先进性教育活动等。

第四章　组织建设

第一节　党员队伍建设

发展对象和程序

1985~1990年,按照革命化、年轻化、知识化、专业化要求,重点在知识分子中发展党员。共发展党员1137人,新党员中,高中以上文化程度占67.82%,专业技术人才占25.28%。

1991~1994年,发展党员工作重点向生产一线倾斜,实行数量上宏观控制,质量上严格把关。共发展党员911人,其中生产第一线693人,占76.07%。

1995~2000年,发展党员工作重点继续放在生产第一线,并着重在青年、妇女中发展,实行全面质量管理。共发展党员2146人,其中生产第一线1792人,35岁以下1578人,女性782人,分别占83.5%、73.53%和36.44%。

2001~2006年,重点改善农村党员知识、年龄结构,共发展党员783人,其中35岁以下568人,初中文化以上669人,女性297人,分别占72.54%、85.44%和37.93%。

2007~2008年,发展党员总体要求是:确保发展党员质量,强化工作生产一线,改善党员队伍结构,保持党员队伍合理分布和适度规模,使党员发展工作均衡进行。侧重党员比例薄弱的地方以及专业大户、致富能手等。共发展党员224人,其中女性46人,占20.54%;35岁以下129人,占57.59%;高中以上文化156人,占69.64%;产业大户和专业技术人员32人,占14.29%。

党员结构

年龄结构　年龄35岁以下党员所占比例,1985年为28.95%,2008年降至15.82%;年龄60岁以上党员所占比例,1985年为8.63%,2008年升至26.05%。党员年龄总体偏大。

文化结构　初中以上文化程度党员所占比例,1985年为81.92%,2008年降至46.21%;高中(中专)文化程度党员,1985 年为 15.01% ,2008 年上升为 27.55% ;大学(大专)以上文化程度党员,1985 年为 3.06% ,2008 年上升至 26.23% 。文化程度总体上升。

行业分布　农村一线党员所占比例,1985 年为 69.12% ,2008 年为 57.33% ;机关团体、事业单位、工矿企业中党员所占比例,1985 年为 18.21% ,2008 年为 30.56% 。

党龄构成　2008 年党员中,1966 年以前入党的党员占总数的 21.54% ,1967～1976 年间入党的党员占 33.84% ,1976 年以后入党的党员占 44.62% 。

1985～1994 年全县党员性别、民族、年龄结构一览表

表 17－4－1　　单位:人

年份	党员	其中							
		女性	少数民族	25 岁以下	26～35 岁	36～45 岁	46～55 岁	56～60 岁	60 岁以上
1985	5482	671	3	187	1400	1456	1468	496	473
1986	5748	719	3	209	1435	1579	1446	560	519
1987	5954	763	6	214	1431	1719	1393	627	570
1988	6030	759	8	267	1274	1770	1455	636	628
1989	6160	778	8	151	1112	1950	1317	822	808
1990	6276	780	8	146	1141	2061	1379	716	833
1991	6410	807	8	130	1118	2130	1401	709	922
1992	6568	853	9	143	1108	2217	1363	739	998
1993	7177	725	8	251	1165	2368	1469	783	1141
1994	6022	814	9	179	954	1832	1349	684	1024

2007～2008 年全县党员性别、民族、年龄结构一览表

表 17－4－2　　单位:人

年份	党员	其中						
		女性	少数民族	35 岁以下	36～45 岁	46～55 岁	56～60 岁	60 岁以上
2007	7928	1208	18	1317	1957	1760	979	1915
2008	8072	1256	16	1277	1812	1781	1099	2103

1985～1994 年全县党员行业分布一览表

表 17－4－3　　单位:人

年份	党员	其中							
		农林水	工业	建筑	交通邮电	商业金融	房地产及公共事业	机关团体	其他
1985	5482	2662	589	40	174	538	8	1034	127
1986	5748	2661	734	40	162	539	8	1149	85
1987	5954	2614	803	48	176	579	3	1193	
1988	6030	2617	892	49	168	577	4	1150	153
1989	6160	2604	920	42	178	540	4	1296	144
1990	6276	2628	921	49	164	583		1313	161
1991	6410	2837	1011	42	173	608		1272	116
1992	6568	2632	1032	47	201	636		1408	125
1993	7177	2858	1161	80	190	643	3	1495	174
1994	6072	2437	841	75	159	589	12	1298	118

2007～2008 年全县党员行业分布一览表

表 17－4－4　　单位：人

年份	党员	其中					
		农林水	公有制控股企业	非公有制企业	科教文卫广播电视	党政机关人民团体	其他
2007	7928	3000	457	311	1046	1735	1379
2008	8072	3057	441	315	1240	1748	1361

1985～1994 年全县党员文化结构一览表

表 17－4－5　　单位：人

年份	党员	其中					
		大学	中专	高中	初中	小学	文盲
1985	5482	168	237	586	1556	2234	701
1986	5748	206	282	696	1661	2189	714
1987	5954	247	362	776	1734	2170	665
1988	6030	272	389	801	1798	2187	583
1989	6160	321	430	802	1823	2254	530
1990	6276	365	448	856	1839	2256	521
1991	6410	458	473	905	1860	2151	563
1992	6568	512	496	961	1931	2125	543
1993	7177	602	540	1197	1935	2345	558
1994	6022	608	484	1048	1661	1803	448

2007～2008 年全县党员文化结构一览表

表 17－4－6　　单位：人

年份	党员	其中					
		研究生	本科	大专	中专	高中	初中以下
2007	7928	9	514	1498	724	1474	3709
2008	8072	9	566	1543	735	1489	3730

第二节　党员教育

教育网络建设

1991 年始，建立县、乡、村三级党员教育网络。1992 年，建乡镇党校 19 所，配有专兼职教员 176 人；机关、企业业余党校 13 所，配有专兼职教员 36 人。乡镇党校和机关、企业业余党校主要负责干部、党员和入党积极分子教育、培训。2002 年起，实施党员电教科技致富工程，下发农村实用技术科教片，建立覆盖各乡镇的农经网，电视台设置“农村直通车”专栏，为农村“党员科技致富示范基地”提供信息平台。依托乡镇党校，建立科普技校和党员科技图书室，组织农业技术协会对党员进行科技培训。2006 年，县委组织部拍摄电教片《夕阳为什么这样红》。2007 年，在党员中开展“和谐创业当表率，提升形象展风采”主题活动。2008 年，深入开展“科学发展促崛起，电教引领奔小康”党员电教主题实践活动。

重要教育活动

“三讲”教育　2000 年 3 月 15 日～5 月 15 日，在县领导班子和领导干部中开展“讲学习、讲政治、讲正气”教育活动,分为思想发动、学习提高,自我剖析、听取意见,交流思想、开展批评,认真整改、巩固成果4个阶段进行。

“三个代表”重要思想学习教育活动 2001~2002年,在全体党员和领导干部中开展“三个代表”重要思想学习教育活动。2001年2~11月底,在乡镇和县直部门进行;2001年12月至2002年12月,在全县村(街道)、乡镇站所和企业全面展开。期间,开展“实践三个代表,争当时代先锋”争先创优活动,组织万名干部“一帮一”关爱困难群体,创新开展“农民贷款,干部担保”活动,参与担保735人,担保金额487万元。

保持共产党员先进性教育活动 2005年1月至2006年6月,按照集中学习、分析评议、整改提高三个阶段,在全体党员中开展以“三个代表”重要思想为主要内容的保持共产党员先进性教育活动。参加活动党组织417个,党员7805人,举办党员学习班56期,发放征求意见表2万份,归纳整改意见和建议2153条,为群众解决实际问题400余个,办实事1200余件。

第三节 党员管理

三级整党

1985年6月至1987年1月,开展县、乡、村三级整党。围绕统一思想、整顿作风、加强纪律、纯洁组织4项任务,分学习文件、提高认识,开展批评与自我批评,党员登记3个阶段进行。通过整党,登记党员5712人,不予登记36人,其中处分党员35人,分别为开除党籍8人、警告7人、严重警告6人、撤销党内职务4人、留党察看7人、取消预备资格3人,另有1人拒绝参加整党不予登记。调整软弱涣散班子38个,发展新党员547人。

民主评议党员

1989年,开展民主评议党员活动,通过党员自评、党内互评、党外群众评议,评出合格、基本合格、基本不合格、不合格4个等次党员。对不合格和基本不合格的党员分别作出除名、劝退、限期整改等处理。全县参评党员6160人,经过民主评议和组织审查,评出合格党员5803人,占94.2%;基本合格党员296人,占4.8%;基本不合格和不合格党员61人,占1%。

党员干部民主生活会

1985~1999年,县委常委会和县级单位党委、党组每半年召开一次民主生活会。乡镇和部门党委、党组每季度召开一次民主生活会,领导班子成员参加民主生活会。所有党员均参加所在支部党员大会和党小组会议过党员民主生活。党员领导干部要求过双重组织生活。2000年后,乡镇和部门党委、党组民主生活会改为每半年召开1次,党小组会议一般每月1~2次,支部大会每季度召开1次,县级单位党委党组班子成员民主生活会每年至少召开2次。

流动党员管理

2000年,外出经商或自谋职业6个月以内的党员,可持《流动党员活动证》参与当地党组织生活,并应主动与原单位党组织联系汇报思想、缴纳党费。6个月以上应将组织关系转到所在地方单位党组织,6个月以上相对集中的党员可建立临时支部或党小组。对部队转业或大中专毕业待分配的党员,居住单位党委、支部可组织开展党组织生活,缴纳党费。2005年,对全县外出和外来党员进行登记造册,在他们中配备带头致富的信息员、为村办事的联络员、党员培养的工作员。按“县内联点、县外联管、属地主管、原地协管”模式,实现流动党员双向互动管理。各乡镇、县直单位党组织签订流动党员管理责任状,在广东、福建、浙江等地建立流动党员支部19个,向327名流动党员发放《流动党员活动证》。林泉乡4个流动党支部在外务工党员实施“回归工程”,通过流动党支部给家乡提供信息,带领乡亲共同致富。

企业改制后党员管理

2003年，企业改制基本完成后，规范企业改制后党员管理，扩大党组织覆盖面。对有3名以上党员的民营企业建立党组织，3名以上党员集体外出且时间半年以上的建立临时党组织。对改制企业党员和退休党员及时将组织关系转入居住村(社区)或新的就业单位。对3名以下党员的非公有制企业不宜建支部的，建立联合党支部。通过调整组织设置，理清组织关系，把每个党员纳入组织管理，健全党内生活。

第四节　党费收缴与管理

党费收缴

按中组部规定标准，对有固定工资收入党员，在工资变动后，及时核对党费基数。2008年4月前，党费收缴划分为5个档次5种比例，即税后月固定工资收入400元以下的按0.5%，400～600元的按1%，600～800元的按1.5%，800～1500元的按2%，1500元以上的按3%的比例缴纳党费。2008年4月起，调整为4个档次4种比例，即税后月固定工资收入3000元以下的按0.5%，3000～5000元的按1%，5000～10000元的按1.5%，10000元以上的按2%的比例缴纳党费。农民党员视收入状况每月缴纳0.2～1元；学生党员和下岗失业，依靠抚恤、救助生活，领取最低生活保障金的党员每月缴纳0.2元；困难党员经支部研究报上一级党委批准，可少缴或免缴党费。

党费使用

2001～2002年，全县党费收入77.78万元。其中，上年结存党费9.02万元，党员上缴58.23万元，省、市组织部下拨10.35万元，党费利息0.18万元。同期党费支出68.01万元，其中，“七一”表彰2.34万元，电化教育5.56万元，党员培训2.63万元，党员慰问资助5.71万元，订阅党刊资料3.86万元，打印文件材料6.37万元；其他党费支出(含村建经费)1.68万元，上交市委组织部28.60万元，下拨基层11.26万元，账面结余9.77万元。

2006年始，党费使用情况实行党代会报告制度，同年6月，在县第十六次党代会上报告十五届县委党费收缴使用情况。

2008年4月后，离退休党员缴纳党费按50%返还支部，用于购买学习材料、开展活动和救助病重与家庭生活困难离退休党员。

党费管理

各级党组织普遍建立健全党费收缴使用公布制度、收缴人员移接交制度和收据领用、登记、销号制度。党费在指定银行设立专户储存，各支部收缴的党费一律开具由组织部统一印制党费专用收据，由组织委员领取登记，使用后到组织部核对销号。党费收支情况定期在党员大会或党代会上向大会报告(或书面报告)，基层党支部每年在党员大会公布党费收缴情况，接受审议和监督。县委每年组织人员进行专项检查，及时纠正问题，防止贪污、挪用、截留党费。

第五节　基层组织建设

机关党建

1991年来，县直机关党委注重加强机关党建工作和机关干部思想教育。1993年，组织9个总支和105个直属支部参加“我身边的共产党员”和“我为党旗添光彩”演讲比赛。1997年，机关工委坚持每季度召开1次委员会，研究县直机关党组织机构设置、人员调整、发展党员、处置违纪党员和开展党内及其他社会活动等事项，围绕县委确定的党建主题，开展“争先创优”活动。1998年，千余名机关干部开展与贫困村结对帮扶、和贫困农户“一帮一”扶贫脱困活动。2004年,在“三项创建”活动中,有5个基层党支部受到市委表彰。同年,省委组织部、省科协在德安召开全省21世纪党员科普示范现场会,受表彰项目9个。

企业党建

1985年以来,企业党支部由本系统党委或党总支管理。2001年,成立国有资产管理中心党支部。2003年,对关闭、停产、破产、改制企业,根据党员多少,采取单独设立党支部、建立联合党支部或介绍党员进社区、回原籍等办法,落实党员归属。针对非公有制经济迅速发展情况,成立非公有制经济组织党委。同年,成立宝塔工业园非公有制经济组织党委和民营企业党委。工业园非公有制经济党委负责园区内的民营企业党建工作,民营企业党委负责园区外规模以上民营企业党建工作。根据非公有制新经济组织特点,要求对拥有3名以上正式党员企业设立党支部,对正式党员不足3名企业与就近企业一起设立联合党支部。2004年,工业园区内共成立党支部8个,其中联合党支部3个,园区外规模以上企业成立党支部9个。2006年,推进党建工作,强化制度管理。各企业党组织做到“五有”,即有名称标牌、党员活动室、规章制度、组织生活和学习纪录、党员模范岗和青年先锋岗。对党员实行动态管理,及时接转组织关系,开展多种形式教育培训和组织活动,发挥非公有制企业党员先锋模范作用,扩大党组织影响和号召力。

乡镇党建

1985～1988年,先后制定完善6项党建制度:“三会一课”制度,党员联系农户制度,党员活动日制度,争先创优制度,党员民主监督制度,民主评议制度。1990～1997年,加强党员队伍建设和组织活动硬件设施建设,党委会议室、村级党员活动室建设得到进一步完善。2003年起,县委连续3年选派三批次乡镇干部到沿海发达地区挂职锻炼,对新提拔科级干部推荐外出学习和培训,鼓励学历教育,提高政治素养和文化水平。2004年,开展创建“三民”(亲民、为民、富民)班子和“六下乡”(科技、文化、卫生、党课、法律、扶贫)送温暖活动,林泉乡、吴山乡、磨溪乡被评为“三民”乡镇好班子,爱民、丰林、蒲亭3乡镇党委被评为红旗党委。2005～2006年,乡镇建立健全“民情书记”和“民情恳谈日”制度。至2008年,13个乡镇健全和完善便民服务中心。

村级党建

1991年,村级党建纳入社教工作,对后进村党支部进行整顿,加强村级组织建设。1992年,整顿后进村党支部18个,调配党支部书记13人。1994年,10个行政村改变落后面貌,5个村跨入先进行列。1995～1997年,按照上级统一部署,开展第一轮农村基层组织建设工作,县委抽调100多名机关干部驻村蹲点,重点抓好后进村和经济薄弱村转化提高。1998～2000年,开展第二轮农村基层组织建设工作,继续组织县直部门配合省市部门开展抓乡带村创建“六好”活动:建设一个好的领导班子、带出一支好的干部队伍、选准一条好的发展路子、健全一套好的管理制度、保持一种好的工作作风、形成一个好的工作格局。1999年,组织村级党组织开展“三级联创”活动,推进“五好村党支部”建设。2001年,开展农村“三个代表”学教活动,实行乡镇政务、村务公开,推进基层组织自治建设。2001～2003年,开展第三轮农村基层组织建设工作,选派县直部门“挂乡包村”,加强农村基础设施建设,改善农民生产生活条件。2002年,试行农村村落社区党建工作,建立党支部领导下社区“一会六站”:志愿者协会、社会互助救助站、公益事业服务站、环境卫生监督站、文化网络站、民间纠纷调解站、科技信息传播站。2003年,中组部《情况通报》刊载德安农村基层组织党建工作经验介绍。2004年,第四轮农村基层组织建设工作中,首创“三保五化”工作模式:抓领导提供组织保障、抓制度提供机制保障、抓载体提供措施保障,公开内容规范化、程序严格化、时间时效化、形式多样化、资料档案化。2006年,开展农村党员先进性教育活动,实施村级组织活动场所项目建设。2007～2008年,开展第五轮农村基层组织建设工作,坚持县级党员领导干部建立村级联系点、县直部门包村工作制度。2008年,开展选聘高校毕业生到村任职,共选聘6名大学生,分配到6个行政村任村党支部书记助理或村委会主任助理。

第六节　干部选用与管理

干部考核考察

干部考核　1994年起,全县行政事业单位推行年度考核办法,公务员考核内容主要为"德、能、勤、绩"4个方面,考核办法包括个人述职、民主评议、分管领导提出等级意见、班子评鉴并确定等级。考核结果纳入个人档案,作评先评优和提拔任用依据。2004年以后考核增加"廉"的内容。

干部考察　1995年始,推进科级干部考察经常化、制度化建设,加强动态化管理。除换届考察,还增加届中考察。考察内容为:德、能、勤、绩,考察办法增加民主测评、专项调查等社会评价指标。对现任科级干部,由考察组形成考察材料,报县委作为调整或晋升职务依据;对后备科级干部人选,则通过留足差额的办法,超出拟任职数报送考察材料备选。2001年起,对新提拔对象实行考察预告和任职公示。2002年起,分类对部门和单位班子、班子成员之间进行排队,实行末位淘汰制度。对拟调整部门单位正职进行离任审计。2004年,对科级干部考察出台工作细则,对参与考察人员特别强调纪律与责任,在具有干部管理职能的部门建立干部考察工作常设队伍,由县委组织部统一培训发给"干部考察资格证"。2005年,对公开选拔干部实行试用期制,试用期满再行考察,试用期不能胜任者延长或取消试用期。对乡镇党政正职人选增加县委全委会和四套班子民主推荐程序,实行差额考察。2008年开始扩大考察内容,对现任或拟任科级干部既考察其工作圈,也考察其8小时以外生活圈和社交圈。

科级领导干部选用

1985年以来,科级干部选用按常规考察方法进行。1992年3月,县委对干部选拔任用出台八项规定:严格按照规定程序办理,坚持标准和条件,建立编制职数审检制度,坚持干部下基层锻炼制度,建立人事"回避"和干部调整中双向交流制度,坚持退休制度,坚持干部学习制度,兼备较强政治水平和业务能力。1999年起,逐渐推进公开考任、公推公选、挂职锻炼等科级干部产生办法。同年4月,首次在全县范围内公开竞聘副科级干部,选拔县科委副主任1人、县计生委副主任1人、县农业局副局长1人、县司法局副局长1人、县招商局副局长1人,经笔试、面试、考察、考核、公示程序,招录5人。2000年,按照上述方法,选拔副科级干部4人。2006年起,县委对乡镇党委、政府正职任命,实行全委会票决制。同年5月,在全县范围内公推公选正科级干部担任县政府办副主任兼法治办主任,副科级干部担任县妇联副主任、县卫生局副局长(党外)、县招商局副局长、县城管监察大队大队长。经笔试、面试、演讲、考察、考核、公示程序,招录5人。2008年,在选拔任用中实行差额推荐、差额考察、差额提名和差额票决方式。同年5月,全面推行"两公开、四差额"选任干部机制,将3个乡镇党委书记、园艺场场长、县委政研室主任、县信访局局长6个正科级领导职位在全县公开选任。

后备干部队伍建设

2000年后,后备干部推荐工作,坚持面向基层原则,制定后备干部条件、标准,对各级党组织推荐的对象,加强考察,确定名单,建立档案。2003年,出台《后备干部定向培养和流动管理责任制》。2004年出台《德安县公开选拔党政领导干部后备人才实施方案》,对后备干部范围、条件、资格、选拔程序、培养方向作出具体规定。2004~2006年,先后3次对党外后备干部队伍调整充实,新补充21人,淘汰3人。开办3期后备干部培训班,选派31人次参与信访、招商、下派乡镇进行多岗锻炼。2006年,乡镇换届提拔后备干部9人。同年,县委出台《关于加强女干部培养、选拔、使用的实施意见》,做好"二要":建立好女干部选用工作责任制,强化女干部"上"的保障;引导竞争机制,拓宽女干部"上"的渠道。2008年,出台科技后备干部推荐工作五项原则:坚持党管干部原则,任人唯贤、德才兼备原则,群众公认、注重实绩原则,公开、平等、竞争、择优原则,注重发展潜力、重视培养提高原则。

干部档案管理

1985年,先后建立在职干部档案花名册、退休干部档案花名册、死亡干部档案花名册、档案转递登记簿、查阅档案登记簿。1999年,组织人员重新填写和审查全县干部履历表。1999、2003年,在职干部两次填写中组部修订的干部履历表。对800余名副科级以上干部档案进行整理。至2008年,存有干部人事档案2293份,其中在职干部1292份,退休干部1001份。

第七节　人才工作

人才培养与选拔

1992年,县委制定《关于选拔和管理县级优秀专业技术人才的试行意见》,规定选拔对象6个条件,对批准的县管拔尖人才,县委、县政府颁发荣誉证书,每人每月发给专业技术津贴20元,在专业对口调动,农转非、工作经费、晋升、医疗保险方面给予优先照顾。2001年,县委、县政府批转县知识分子领导小组《关于选拔、管理优秀专业技术拔尖人才工作的意见》,建立县委组织部牵头、10家单位参与的拔尖人才管理工作联席会议制度,负责协调、解决拔尖人才管理工作中重大问题。2004年,县委县政府制定《关于大力推进人才队伍建设的意见》,对享有中、高级职称,理论和经验丰富的专业技术人才,适当安排一定数量的非领导职务,鼓励为德安经济发展多立新功。建立完善人才奖励制度,设立"德安县突出贡献人才奖",每3年评选1次,每次5名,每名奖金3000元。2008年,按照"引培并举、紧缺先行、优化环境、整体推进"工作思路,统筹推进各类人才队伍建设,共建立党政人才、企业经营管理人才、农业技术人才、医卫工作人才、师资教育人才、文化艺术人才6支队伍,共3000余人。

人才引进和推荐

2004年,县委成立人才工作领导小组,对硕士学位以上人才实施"绿色通道"工程。2006年,着力做好为人才服务工作,坚持"用感情留人,用事业留人,用适当待遇留人",妥善安排外来务工人才子女就学和解决住房问题。加大对大学生村干部和"三支一扶"人员联系帮带服务工作。2008年,推进"科技—人才—项目"对接工作,促进中小企业技术创新,促进科技成果转化,成功对接"姜山红复合饮料"新产品项目研发。利用德安籍在外人才和在德安挂职工作过的高等院校负责人的资源优势,推进与国家发改委、农业部、省农大、师大、航天学院、科技学院、九江学院、省水利水电科研所等部委和大专院校、科研单位的科技对接。至年底,有10余家企业和事业单位与联姻单位建立良好互动关系,形成产学研联合体。

人才库建立

1990年,根据工作需要,县委组织部建立德安县人才库,对有组织领导才能、取得显著成就的专业技术人员和能工巧匠,经过考核,及时录入人才库,建立人才卡片进行管理。2004年,建立健全德安籍在外工作优秀专业技术人才库、乡土人才库,共4000余人。在北京、上海、厦门、东莞等城市建立德安同乡会,印制通讯录。2005年,制定《关于建设领导干部联系人才的暂行办法》。2006年,建立中、高级专业技术人才库和农村优秀实用人才信息库。2007年,首次使用软件采集、审核、录入人才资料,人才库建设进一步完善。

第八节　老干部工作

老干部构成

1987年,成立县老干部局。有离退休老干部148人,其中离休50人(含老红军遗孀),副县以上退休干部98人。2008年,有离休干部50人,其中行政事业单位29人、企业21人。行政事业单位中,享受副厅级待遇1人、享受正县级待遇7人、副县级和享受副县级待遇17人,抗日战争时期参加革命的4人。

待遇落实

政治待遇　包括阅读文件、听取重要报告、参加部分重要会议和重要政治活动，经常性组织老干部集中学习，传达中央和省、市、县重要文件及重大会议精神。坚持形势通报会制度，通过老干部座谈会等形式，通报全县经济和社会各项事业发展情况，征求老干部意见和建议。每年"两会"、三级干部会均邀请老干部代表参加，不定期组织老干部到重点工程、工业园区、红色景点、人文景区、新农村建设示范点视察。每年四家班子领导在春节、"七一""八一"、中秋节、重阳节期间走访慰问离休干部和副县级以上退休干部。组织离退休干部为德安经济发展建言献策。2008 年 8 月，县老年科协调查组编写《合理性开发、多元化发展—德安县石灰石资源开发利用情况的调查报告》，被九江市老干部局《老干部之声—九江市退休干部建言献策文集》收录。

生活待遇　建立离休干部生活费、医药费财政支持保障机制，确保离休干部生活费按时足额发放，医疗费实报实销。1990 年后，离休干部特需经费由 20 世纪 80 年代每人每年 150 元提高到 500 元，公用经费提高到 400 元，烤火费、降温费与在职人员同等待遇，生活补贴按规定标准发放。

学习娱乐活动

1985 年以来，组织老干部开展有自身特点的文体活动，多项体育健身赛事在全国、省、市获得好成绩。每年重阳节组织全县性老年运动会，如：门球、钓鱼、棋牌类等项目，参赛老同志均在 500 人以上。1990 年，县财政投资 200 多万元，建成 2000 余平方米老干部活动中心，设有阅览室、棋牌室、乒乓球室、健身房、会议室等功能区。1991 年后，建有义峰山老年门球场 2 座。1996 年 10 月，县老干部局开办《德安晚霞》期刊，帮助老干部了解县内最新工作动态、国家对老干部工作方针政策，为老干部搭建讴歌祖国、赞美家园、表述心声的文化平台。创刊以来，老干部以诗歌、短篇小说、回忆录等文学形式投稿 600 余篇，丰富和活跃精神生活。2003 年、2006 年分别在义峰山公园南面和南门路公安局旧址建有标准门球场。2008 年，有离退休干部发挥作用协会、老年科学工作者协会、老年体育协会和各单位老年团体分支机构 20 多个，各分支机构根据自身条件均设有活动场地（室）。

关心下一代工作

1990 年，成立县关心下一代工作协会。1995 年，更名关心下一代工作委员会（关工委）。2004 年，调整关工委组成人员，由县委副书记任主任，县直 13 个有关职能部门为成员单位。下设办公室，归口县委组织部。2007 年，建立县关爱工作团，内设思想道德、家庭、科技、法制、健康教育和宣传报道 6 个工作组，有成员 39 名。同年数次到学校、机关、工厂、劳教所开展科普、法制、革命传统和爱国主义教育，与工、青、妇共同开展爱心助学"一日捐"和关爱留守儿童活动，资助贫困学生 112 名，发放助学款 8 万余元。2008 年初，关工委组织逐步延伸到县直部门、单位和乡镇、村（社区），直至自然村，建各级关工委 286 个，其中县直 46 个、乡镇（场）15 个、村级 126 个、学校 99 个，108 个自然村建有关爱工作站。动员一批有特长、愿奉献的老战士、老教师、老专家、老模范、老干部参与关心下一代工作，参与"五老"人员 1128 人次。至 2008 年，县关工委主持召开心灵沟通座谈会和各类报告会 120 场次，募集社会捐款 100 多万元，设立爱心助学基金 33 万余元，资助贫困学生 130 余人，受助学生、留守儿童 1100 余人。

第五章　宣传工作

第一节　干部理论学习

县委中心组理论学习

1994 年，成立县委理论学习中心组，委托县委宣传部组织协调，以四家班子成员为主体，根据学习内容吸收相关部门、单位负责人参加。之后坚持每年5次以上学习活动,每次1～3天。采取集体学、自学、调查研究方式进行,请上级专家学者、县内思想理论(宣传部、党校等)和经济管理部门(县经委、财政局、审计局等)负责人、资深教员作辅导讲座,与"走出去"学习考察相结合。内容涉及政治、经济、社会、民生等领域。1996年,县委中心组学习在九江各县(市、区)中心组学习检查评比中获一等奖。

机关干部理论学习

1985年,机关、事业单位干部理论学习以会议学习为主。1988年,在县委党校集中办班,系统学习党的十三大关于社会主义初级阶段理论,收集学习心得体会120余篇,编辑成册。1989年"六四"事件后,在干部群众中开展反对资产阶级自由化大学习、大讨论活动。1990年,组织1820名干部参加《社会主义初级阶段概论》读本知识考试。同年9月,围绕纪念鸦片战争150周年,开展"近代史知识竞赛""爱我中华演讲比赛"等爱国主义教育活动。1994～1997年,在机关干部中开展"国旗在我心中"和《中国母亲》读书活动。以"十五大"精神为主题,组织理论学习和相关知识竞赛。开展"学理论、学党章"双学活动,举办县级读书会、报告会、培训会56场次。各机关、乡镇场共举办培训班500多期,培训党员干部2万余人次,参学率96%。征订新党章7000本,《邓小平文选》1万套。1999年,开展学习唯物论反对唯心论、学习科技知识反对封建迷信"两学习两反对"活动,统一印制干部读书笔记本,不定期抽查副科级以上干部读书笔记。2002年,县委制定《关于建设学习型城市的决定》,成立以县委书记为主任的建设学习型城市指导委员会,组织县委宣讲团宣讲党的十六大会议精神,在全县巡回作报告50余场。2005～2008年,开展"保持共产党员先进性教育活动",活动分学习动员、分析评议、整改提高3阶段,全县党员分批集中学习教育,每批3个月。活动期间举办各类培训班、学习讲座和召开分析评议会380多场次,接受学习教育党员8600多人次,参学率100%。

第二节 党校教育

干部理论培训

县委党校负责培训、轮训副科级以上干部、村级干部及培养后备干部。1990年,举办1985年以来入党的新党员轮训班和学习党的十三大文献轮训班。1991年,先后举办社会理论问题专题培训班、社教工作队员短训班。1992年,举办组织委员、副科级干部、农村支部书记轮训班4期,举办学习《邓小平文选》第三卷理论骨干培训班、学习中共十四大报告科级干部轮训班。1993年,县纪委党员廉政教育、县司法局普法教育均在党校建立教学联系点,开展教学活动。1996年,举办新任科级干部轮训班2期、县直机关第12期入党积极分子培训班。1997年,举办学习中共十五大报告科级干部及农村党支部书记轮训班、工业企业知识分子理论学习班。2002年,举办学习中共十六大精神科级干部轮训班3期。2007年,举办学习中共十七大精神科级干部轮训班4期。2008年,举办县直机关新党员和入党积极分子培训班。至2008年,举办各类主体班次275期,参训18972人次。

公务员培训与专业技术人员继续教育

1991年起,先后开办棉花栽培技术、企业厂长(经理)、财会人员培训班43期,受训2150人次。1997年,进行国家机关工作人员向国家公务员过度考核培训。1999年,对上岗大中专毕业生进行初任培训。2000年,进行新录用公务员初任培训、国家公务员计算机应用更新知识教学。至2003年,对各类专业技术人员分期分批开展继续教育,学习经济知识和电脑操作,参培1900余人次。至2007年,先后对公务员进行WTO(世贸组织)知识、《行政机关公务员处分条例》和创新能力培训,受训4858人次。

学历教育

1985年,举办一期两年制党政干部中专班。1991年,与县财政局协办中华会计函授中专班。2008年,省农大成人教育学院、经贸学院与县委党校联合办学,学员68人。至2008年,干部成人教育大专以上毕业 631 人，中央党校函授学院、省委党校函授学院干部成人本科、专科函授班毕业 437 人。

理论研究

党校根据党在各时期路线、方针、政策，围绕县委、政府中心工作，结合县域经济和社会发展实际，开展教学研究。1985～2008 年，在市级以上刊物发表论文 18 篇，获奖 13 篇。

第三节　时政宣传

中心工作宣传

1985 年，响应县委、县政府“农业要翻番，着眼水和山”号召，宣传报道山区乡镇积极垦荒造林，实行坡改旱、种植经济作物，蓄水养鱼、扩大水产养殖，发展多种经营。宣传整党运动，为开展机关党员干部思想作风、组织整顿营造良好氛围。1990～1992 年，宣传报道县委、县政府“大战百日”劳动竞赛活动；报道德安荣获省工业经济“十强县”典型经验和做法，助推工业经济不断发展。1996 年，以昌九汽车专用公路和京九铁路德安段建设为契机，宣传县工业化和城镇化建设大好形势。2000 年后，宣传国有企业改制和非公经济及宝塔工业园发展；围绕农业产业结构调整，组织县广电台开展 1 个月《解放思想、加快发展》《致富带头人》专项新闻宣传报道。2001 年，配合县义峰路降坡工程，在县电视台开辟《建设德安、爱我家园》专栏；组织开展农村税费改革宣传工作。2003 年起，连续 6 次开展“我看新德安”新闻采访活动，每次活动 15 天，优秀稿件结集成册。2004 年，开展新型农村合作医疗和新农村建设宣传。2006 年，配合创建省卫生城市和省园林城市，成立专门报道组，在县新闻网、电视台开设“双创”专栏，每天播出“双创”新闻 2 条以上。2007 年，围绕“建设中心城市，我们准备好了吗?”“建设新九江，德安怎么干?”大讨论活动，以“谈思想、论发展、促和谐、谱新篇”为主题，举办新型工业、新型农业、新型城市、创新创业德安、绿色生态德安、和谐平安德安、文明文化德安 7 期专题论坛，参加论坛活动有行业负责人 54 人，人大代表、政协委员 90 人，社会人士 270 人。

先进典型宣传

1990 年，开展向带领橘农发家致富的高级园艺师肖茂元学习活动。1991 年，组织观看影片《焦裕禄》，召开“学习焦裕禄，做人民公仆”座谈会，组织中小学生开展学习赖宁活动。1995 年，开展向水产养殖能手、全国劳动模范黄德涛学习活动。1994 年，开展向民警徐洪刚学习活动。1995 年，开展向孔繁森学习活动。1997 年，开展向民警邱娥国学习活动。1999 年，开展向在南海执行任务牺牲的程先万、杨海滚烈士学习活动。2000 年，开展向艰苦创业、免费提供果苗带领农民脱贫致富的全国“双学双比”女能手洪有女学习活动。2005 年，开展向公务员郑培民学习活动。2006 年，开展向赡养 6 位老人的“中华孝亲敬老之星”曾金水学习活动。2007 年，开展向任长霞学习活动。2007 年，开展向“全国优秀人民警察”聂辉学习活动。2008 年，宣传身残志坚、创办蛋鸡养殖场的自强模范何耀湖先进事迹。

特色文化宣传

1985 年后，以土地革命时期赣北第一个县级苏维埃政府旧址石鼓殿为基地，开展弘扬革命传统、爱党爱国红色文化宣传。每年清明、“七一”，组织部分新老党员、机关干部和中小学生到革命旧址、烈士纪念塔、烈士墓前开展传统教育，缅怀英烈。1995 年纪念抗战胜利 50 周年，县文联编辑出版《万家岭大捷》内部文史资料。以万家岭大捷抗战遗址为基地，开展民族抗战主题爱国文化宣传。1997 年，组织发动全县党员缴纳特殊党费，对石鼓殿旧址进行修缮保护，成立德安人民革命史陈列馆。2002 年，万家岭战役遗址被省人民政府列为省级文物保护单位。2005 年，纪念抗日战争胜利 60 周年，县政协出版史料更加详实、内容更加丰富的《万家岭大捷》精装本。2008 年，省委党史研究室、市委党史研究室、县委、县政府联合举办纪念万家岭大捷 70 周年学术座谈会。

名人文化宣传

2004年4月,吴山镇林居村村民放牛时发现刻有“潜公之墓”字样古墓碑,自此,德安陶渊明故里文化研究逐渐升温。同年9月25日,袁隆平院士时隔26年回家乡德安,县委宣传部订铸中华万寿鼎1尊,内盛德安水土和在德安种植的杂交水稻,恭祝袁老健康长寿、造福天下。中央和省市媒体全程跟踪采访,报道袁隆平院士回德安盛况。2007年,成立陶渊明故里文化研究会。

主题教育活动

2001年始,按照省委要求,每年确定一个主题,在县内开展系列教育活动。同年,开展“解放思想学习教育”主题教育活动。2002年,开展“塑造江西人新形象”主题教育活动。2003年,开展“弘扬井冈山精神,兴我美好江西”主题教育活动。2004年,开展“树立科学发展观,建设美好新江西”主题教育活动。2005年,开展“建设和谐平安江西,共创富民兴赣大业”主题教育活动。2006年,开展“科学发展,和谐创业”主题教育活动,被省委宣传部评为全省主题教育活动先进单位。2007年,开展“创新创业,共建和谐”主题教育活动,鼓励外出务工人员返乡创业,为全民创业搭建平台。丰林镇蛋鸡养殖带头人程福良入选九江市“全市创业先进典型事迹报告团”,被市委宣传部推荐为江西省“十大井岗之子”候选人。同年,被省委宣传部评为全省主题教育活动先进单位。2008年,开展“求科学发展之真,务项目建设之实”和“继续解放思想,推动科学发展”主题教育活动。

大型庆典　纪念活动

1990年,开展喜迎第十一届亚运会系列活动,开展“亚运会给我们带来什么”征文活动,播发稿件136篇。1991年,开展建党70周年纪念活动,举办党的知识竞赛、党建理论研讨会、文艺晚会等系列活动。1997年,举办迎香港回归歌咏比赛、文艺会演。1999年,开展中华人民共和国成立50周年系列庆祝活动和喜迎澳门回归活动。2001年,围绕建党80周年开展《我为党旗添光彩》广播征文活动。2005年,庆祝建国55周年,举办“千人歌咏比赛”“千人万米环城跑”和“焰火晚会”等系列活动。2008年,县委宣传部制定《德安县纪念万家岭大捷70周年活动方案》,举办诗词、书法、美术、摄影作品展览等活动,组织开展纪念改革开放30周年系列活动。

第四节　新闻报道

机构和队伍建设

1985年,九江日报、九江广播电台在德安设立记者站,有县、乡两级新闻报道通讯员网络,由县广播站、电视台记者、编辑,乡镇宣传委员或通讯员,县直相关单位通讯员组成。每年组织通讯员集中培训1次,培训内容主要为新闻采编业务、上稿技巧、新闻摄影等。2008年,成立县新闻报道中心,负责新闻报道和管理工作,拟定新闻宣传工作计划,下达上稿任务,对宣传工作进行考评,与上级媒体进行业务沟通和协调,策划采写重大新闻报道,应对媒体负面报道,建立通讯员联络及业务培训机制。建立新闻用稿奖励制度,每年评出10名优秀通讯员在全县党务工作会上进行表彰,对在市级以上主流媒体上刊发稿件,视版面或栏目给予相应奖励。至2008年,有通讯员110人,其中,被聘为新华社签约摄影师1人,江西日报特约通讯员2人、九江日报特约记者5人。

经济社会发展报道

1986~1999年,围绕改革开放、调整产业结构、抓好山水开发、抗击自然灾害、推进企业改制、促进市场繁荣、推动社会事业全面进步、加快基础设施建设和务实服务型政府进行报道。此间,有大批新闻稿件、图片、专题报道在全国、省、市报刊上刊登发表,并有部分稿件在主要新闻单位获奖,如《美蛙热在德安》获《中华城乡》杂志社中国科技新闻三等奖,《孙膑百代传人—孙自诚》获中央电视台七套《军事》

栏目优秀作品奖，《夺标》获《当代》杂志社全国纪实文学大奖赛优秀奖等。

2000~2008年，围绕城乡统筹发展、招商引资、新农村建设、农村基础设施建设、全民创业、工业园建设、民生持续改善等主题进行报道。其中较为重要的有：《为了朱总理的嘱托》《古邑德安再度辉煌》《崛起中的宝塔工业园》《京九线上的璀璨明珠—德安》《民间资金介入小水利兴建的几点做法》《贾庆林主席视察德安》《温家宝总理视察袁家山》《走遍中国·千古义门陈》《九江风云录·万家岭大捷》等新闻稿和纪实性文学报道。

党报党刊发行

1985年，全县党报党刊发行1886份。1990年，抓住农村和自费订阅两个重点，每个村委会有两级党报和两份党刊，村民小组有1~2份党报，要求党员自费订阅1份党报或党刊。1991年始，整顿过多过滥报刊及强行摊派发行现象。2001年，在重点保证“三报一刊”征订同时，新增《光明日报》《经济日报》《半月谈》《瞭望》等报刊，其他各级各类公开发行的专业、行业报刊，坚持征订自愿原则。2003年10月，限定省级贫困和经济状况一般的村征订不突破400~600元，经济状况富裕的村不突破800元。同时保证一定比例的党费用于“三报一刊”征订，扩大“私订公助”范围。2008年，全县《人民日报》发行236份，《经济日报》发行110份，《光明日报》发行70份，《江西日报》发行987份，《九江日报》发行1628份，《求是》杂志发行215份。

第六章　统战工作

第一节　理论学习与政策落实

理论学习与宣传

1985年以来，每年开办1期统一战线工作培训班，举办统战理论讲座，编印统战理论宣传资料，宣传党的统战理论与政策。组织党外代表人士（非公有制经济代表人士、民族宗教代表人士、民主党派及无党派代表人士）学习中共十三至十七大会议精神，召开座谈会，加深对党在各个阶段不同路线、方针、政策理解和认识。2000年，按照上级党委要求，进一步加强和巩固新世纪党外代表人士队伍建设，将党外干部纳入干部队伍培训总体规划，县委组织部、统战部、党校共同组织举办党外干部培训班。至2008年，举办各类党外人士培训班15期，受训党外干部672人次，其中推荐外出学习培训23人。开展统战理论研究，先后有《“大统战”格局在德安的形成》《如何利用海外关系为经济建设服务》《齐力建家园、畲乡换新颜》《强基固本、激发活力，全面提高宗教界人士整体素质》《磨盘洲上创新业、畲乡园里看“三农”》多篇理论调研文章在市级以上统战系统报刊刊登发表。

政策落实

中共十一届三中全会后，落实政策平反“文化大革命”期间在统战系统造成的冤假错案。至1988年，平反落实冤案对象1人，恢复公职和各项待遇；摘除右派分子帽子71人（其中本县45人、外地迁入26人），均按政策恢复政治生活待遇；撤销原国民党起义投诚人员和有历史重大问题人员错误判决5人，均恢复工作和待遇；纠正原工商业者错误改划家庭成份75人，全部按政策恢复原定成份，下放农村的恢复城镇户口和工作，补发工资和股息。对“文化大革命”期间被占用的统战对象3户13间243平方米私房，整修后全部退还。落实台胞、台属政策17户。清理19名党外人士档案，由组织负责集中销毁不实材料267份，退还本人材料69份。

第二节 党外人士联络与举荐

党外人士联络

1985年,进一步加强与民主党派、工商联政治协商和党外人士对口联系。健全完善4项工作制度,分别为“德安县统战系统工作联席会议制度”“德安县港澳台胞联席会议制度”“德安县新社会阶层联系制度”“德安县党政领导干部联系党外代表人士制度”。县委、县政府班子成员每人负责联系1～3名党外代表人士(含非公有制经济代表人士、民族宗教代表人士、民主党派及无党派代表人士),做好4项制度落实工作。2007年,县委、县政府领导联系党外人士代表44人。县人大、政协、统战部在历年“两会”召开前夕,召集党外人士中人大代表、政协委员交流和收集社情民意,为写好建议、提案创造条件,提高他们参政议政水平。至2008年,组织和安排党外人士代表参加社会各届迎春茶话会、中秋座谈会8次400余人次,走访慰问党外人士中高龄老人和病患120余人次。

党外人士举荐

1985年,按照“政治上充分信任,工作上放手使用,生活上关心照顾”原则,加大对党外干部培养、推荐、选拔使用。至2008年,推荐副科级以上党外干部64人,其中,担任副处级领导实职11人(县人大2人、县政府4人、县政协5人),正科级实职6人,副科级实职47人。19个县政府组成部门、13个乡镇和学校、医院均有党外副科级干部。中国民主促进会德安会员担任市人大代表2人、县人大代表5人(其中县人大常委2人),市政协委员4人、县政协委员12人(其中县政协常委5人)。非公有制经济组织中,担任省人大代表1人、市人大代表8人、县人大代表22人,市政协委员5人、县政协委员57人。2008年,全县有党外科级后备干部68人,自由择业人才库党外知识分子17人,党外知识分子联谊会会员32人。

第三节 非公有制经济服务

1985年,非公有制经济发展尚处于初始阶段,占社会经济总量极少部分。随着改革开放不断深化和国有企业改制完成,非公有制经济上升为社会经济主导地位,成为县域经济发展主力军,涌现出一大批经济人才。2003年,加强县工商联领导,由统战部副部长兼任县工商联(总商会)党组书记。2004年3月,成立中共德安县非公有制经济委员会和中共德安县民营经济委员会,分别承担工业园区内外民营企业党建和服务工作。2007年,非公有制经济党委更名中共德安县工业园委员会,职能不变。至2008年底,工业园党委下辖党支部97个、党员298人、发展新党员2人,民营企业党委下辖党支部20个、党员151人。建立非公有经济人才库,登记收录各类经济人才962人。

第四节 民族宗教事务

民族宗教干部培训与政策宣传

1985年后,先后举办统战、宗教干部培训班15期,培训县直、乡镇统战专(兼)职干部550余人次。选送11名统战专干参加省、市宗教干部学习班学习。每年召开全县统战工作会议,传达、贯彻上级统战工作会议精神,学习有关文件。2005年10月,举办以宣讲《宗教事务条例》为主要内容培训班,县直、各乡镇分管领导和宗教界代表人士58人参加。2007年11月,举办《江西省宗教事务条例》培训班,参培79人。通过各种形式,向少数民族人士、宗教教职人员和信教群众宣传党的民族宗教政策,推进民族团结,引导宗教与社会相适应。同年,开展民族宗教宣传月活动,发放民族宗教法规宣传资料、反邪教宣传单及科普挂画800余份。深入各民族村、宗教活动场所召开座读会，教育和引导少数民族群众和信教群众遵纪守法，自觉维护民族宗教和睦、社会和谐。

民族事务管理

1990年，第四次全国人口普查，有少数民族10个，301人。其中，回族114人、壮族21人、土家族7人、满族22人、苗族2人、蒙古族1人、彝族6人、侗族2人、瑶族1人、土家族7人、畲族125人。1998年起，建立全县少数民族工作网络。2008年，有少数民族16个，536人。少数民族自然村2个，为邹桥乡石门行政村磨盘洲畲族自然村和车桥镇义门行政村东塘河畲族自然村（均为浙江移民）。其他少数民族群众均分散居住在县城和部分乡镇及厂矿企业。

宗教事务管理

1985年，有佛教、道教、伊斯兰教、天主教、基督教，信众2200多人，教职人员59人，有寺观教堂12座，活动点8处。回族群众宗教活动主要集中在九江清真寺。1986年，按照"宗教信仰自由"政策，对改革开放后当地群众自发恢复重建的寺观教堂实行粗放型管理。1996年，统一进行登记管理，协助制定宗教场所和宗教活动管理规章制度，主要有《德安县宗教活动场所管理办法》《宗教活动场所财务管理制度》《寺庙安全管理制度》《客堂规约》等。1998年，建立县、乡镇、村三级民族宗教工作网络，县直单位和乡镇分别成立民族宗教工作领导小组，村（街道）委会指定人员分管民族宗教工作。基层领导小组与县委统战部签订民族、宗教工作责任状，对宗教活动场所和信教人员制发"信教人员登记表"，分类别逐项登记。民族、宗教工作列入年终精神文明建设考核内容。2004年8月26日，成立德安县基督教协会和基督教"三自"爱国运动委员会。2005年12月19日，成立德安县佛教协会，实现宗教自律自理。2008年，有宗教团体2个、宗教活动场所43个、教职人员63人、信众8000余人。

第五节　台湾事务

台胞分布

2008年，有在台人员1800余人，其中旅台1578人。在台人员第二代、第三代遍布日本、马来西亚、新加坡、澳大利亚、新西三、菲律宾、加拿大、美国、英国和中国香港、澳门等19个国家和地区，有台属侨眷16000余人。

台胞接待

1985～2008年，先后接待前台湾"交通部副部长"、国政基金会永续发展组召集人陈世圮一行5人，清明回乡祭祖团8个，回乡探亲台胞6269人。为加强两岸经贸文化合作交流，县相关部门先后组织20余批次赴台交流考察，受到在台乡亲热情接待。

台胞安置

1985～2008年，有56名台胞回德安暂住，11名台胞回乡定居，有30名男女青年与台胞通婚。热情为台属提供出国出境、户籍登记、公证认证、寻亲访友、入学就业、经商办厂、贫困救济、医疗保健、落实政策、来信来访等相关服务，激发台胞爱祖国、爱家乡热情。

台侨属参政

1985～2008年，历届政协设有台侨属界别，先后有47人次担任县政协委员。其中，一届2人、二届8人、三届5人、四届8人、五届11人、六届7人、七届6人。

台资引进

至2008年，引进台资企业主要有佑固风雨衣有限公司、九江联兴化工有限公司、九江庆腾五金工业有限公司、九江有德五金有限公司、九江昰富科技有限公司，投资总额2.8亿元。

第七章　纪检工作

第一节　纪律检查机构

县纪律检查委员会

县纪律检查委员会(县纪委)由县党代会选举产生,其常务委员会委员及书记、副书记由县纪律检查委员会选举产生,报县委通过,并报市委批准。1984年4月,中共德安县委纪律检查委员会更名为中共德安县纪律检查委员会。1993年6月,县纪律检查委员会与县监察局合署办公。履行党的纪律检查和政府行政监察职能。2008年,县纪委机关设办公室、信访室(举报中心)、纪检监察室、案件审理室、宣教调研室、党风廉政室、执法监察室、纠风室、申诉复查室9个工作机构。

县第十届纪律检查委员会

1984年12月13～15日召开县第十届党代会选出县纪委委员13人。12月15日,第十届县纪委一次全委会选出常委5人,选举武廷干为书记,周乃启、闵长泉为副书记。

县第十一届纪律检查委员会

1987年9月26～28日召开县第十一届党代会选出县纪委委员11人。9月28日,第十一届县纪委一次全委会选出常委4人,选举宋才火为书记,周乃启为副书记。1990年2月任命胡训隆为副书记。

县第十二届纪律检查委员会

1990年4月19～21日召开县第十二届党代会选出县纪委委员13人,4月21日,第十二届县纪委一次全委会选出常委5人,选举黄松如为书记,周乃启、胡训隆为副书记。1990年12月周乃启调离。1992年11月任命伍建平为副书记。

县第十三届纪律检查委员会

1992年12月24～26日召开县第十三届党代会选出县纪委委员13人。12月26日,第十三届县纪委一次全委会选出常委6人,选举黄松如为书记,胡训隆、伍建平为副书记。1993年6月任命万联贵为副书记。

县第十四届纪律检查委员会

1997年12月19～21日召开县第十四届党代会选出县纪委委员15人。12月21日,第十四届县纪委一次全委会选出常委7人,选举岳永香为书记,万联贵、伍建平为副书记。2000年3月任命祝迎春为副书记。2001年1月任命黄崇喜、黄岗为副书记。2001年2月万联贵、伍建平调离。

县第十五届纪律检查委员会

2002年12月27～29日召开县十五届党代会选出县纪委委员15人。12月29日,第十五届县纪委一次全委会选出常委7人,选举徐耀纯为书记,黄岗、洪勤勇为副书记。2004年7月徐耀纯调离,李润金调任书记。2006年3月任命罗琼夷为副书记。

县第十六届纪律检查委员会

2006年6月25～27日召开县第十六届党代会选出县纪委委员19人。6月27日,县第十六届纪委一次全委会选出常委7人,选举费从军为书记,黄岗、罗琼夷为副书记。

1984～2008 年德安县历届县纪委书记名录

表 17－8－1

届次	姓名	任职时间	籍贯
第十届	武廷干	1984.12～1987.05	上海卢湾
第十一届	宋才火	1987.05～1990.01	江西星子
第十二届	黄松如	1990.01～1992.12	江西樟树
第十三届	黄松如	1992.12～1997.12	江西樟树
第十四届	岳永香	1997.12～2002.12	河南新县
第十五届	徐耀纯	2002.12～2004.07	江西湖口
	李润金	2004.07～2006.06	江西星子
第十六届	费从军	2006.06～2008.12	江苏宿迁

第二节　县纪律检查委员会会议

全体委员会会议

主要职责：选举产生纪委常委、书记、副书记，听取和审议纪委常委会工作报告，研究纪委常委会提请研究决定的问题或必须由纪委全体委员会决定的其他重大问题。纪委全体委员会会议一般每年召开 1 次，必要时可随时召开。

常务委员会会议

在纪委全委会闭会期间，常委会行使全委会职权。常委会会议主要职责：研究对党员进行党风党纪党规教育，制订关于维护党纪党规有关规章制度；对党员干部行使监督权利，审查研究党员干部违法违纪案件，受理党员控告和申诉；讨论纪委下一届党代会纪委工作报告；研究落实县委交办的其他工作。纪委常委会议一般每月召开 1 次，遇有重要事情可随时召开。

第三节　党风廉政建设

党风党纪教育

1985 年以来，宣传贯彻中纪委《关于坚决纠正新形势下出现的不正之风的通知》精神，在机关单位和全体党员中开展教育活动，组织党员干部开展学党章、规则和理想纪律教育。1987 年，开展坚持四项基本原则、反对资产阶级自由化教育。1988 年，组织纪检干部开展《党的纪律检查工作概论》《纪律教程》、党在社会主义初级阶段基本路线和党的基础知识学习，开办纪检干部培训班 5 期。协助共青举办纪检干部培训班 1 期。1990 年，在纪检干部和全体党员中开展“发扬党的优良传统，全心全意为人民服务”大讨论，开展党内条规普及教育。1991～1992 年，先后组织开展党风党纪教育月、党风党纪大检查、党风廉政建设先进事迹巡回报告会等活动和党规条例知识考试，党员受教育面 98%。1993～1994 年，开展邓小平建设有中国特色社会主义理论教育、党纪政纪条规教育、反腐倡廉和党的优良传统教育。1995 年，开展“学习孔繁森、促廉政勤政建设”百日演讲活动。1997 年，开展“讲学习、讲政治、讲正气”三讲活动，举办“反腐倡廉”漫画展 9 场次。至 1999 年，放映党风廉政建设教育录像片 1014 场，举办政治理论和业务培训班 506 期，轮训党员干部 24000 余人次。2003 年，开展“廉政勤政促发展”主题教育活动，召开反腐倡廉座谈会、讨论会、党风廉政形势报告会，开办纪检监察干部培训班 5 期，举办“廉政之歌”专场文艺晚会，开展廉政之歌大家唱活动，面向社会公开征集反腐倡廉文艺小品。2005 年，开展“牢记两个务必,做廉勤好公仆”“保持先进性,牢记五不许 ”“求真务实,廉政为民”等党风廉政主题教育活动。县电视台开辟“党风廉政建设”专栏,开展评选“廉内助”和“读书思廉”教育活动,弘扬“以廉为荣、以贪为耻”廉政文化。开展廉政文化进机关、农村、社区、家庭、校园、企业“六进”活动。同年10月,全省纪检监察宣传教育工作会、全市廉政文化推进会相继在德安召开。至2006年,县电视台先后播放《行政监察法知识讲座》《公仆本色》《党风廉政建设责任制案例》《中国共产党纪律处分条列》等10余部电视系列片。开辟“党风廉政窗口”“博河警示”专栏节目。在市级以上媒体发表各类稿件1405篇,其中中央、省级以上127篇。2007年,开展以“八荣八耻”为主要内容的社会主义荣辱观教育,利用网络平台开设反腐倡廉网页和廉政文化宣教专栏,开展“高唱廉政歌、共奏和谐曲”廉政歌曲大家唱、书记讲党课“十佳党课”评比、“党员干部好作风”评比、“反腐倡廉警示教育月”系列活动,营造风清气正氛围。2008年,开展“扬廉勤清风正气,促德安科学发展”党风廉政主题教育月活动,举办廉政签名承诺、廉政文艺演出、党风廉政建设成果展、廉政专题书画作品比赛系列活动。同年11月,组织全县科级单位主要领导赴省豫章监狱接受警示教育。利用网络信息平台,节日期间向广大党员干部发布廉政警示短信4000多条。

领导干部廉洁自律管理

1989年,县委、县政府制定《关于严禁赌博的决定》。1990～1992年,县委、县政府相继制定《德安县党风廉政建设责任制》《党政领导干部廉政制度》《党内民主生活会制度》,“两公开一监督”办事制度等系列党风廉政制度,规范党员领导干部廉洁从政行为。1995～1997年,认真执行《中国共产党党员领导干部廉洁从政若干准则》《关于实行党风廉政建设责任制的规定》,制定《关于贯彻中共中央[1997]13号文件的有关规定》《关于制止公款吃喝玩乐的有关规定》《关于禁止领导干部无证驾驶小汽车和未经批准用公款学习驾驶技术的有关规定》《关于严禁用公款、公车钓鱼和侵害性钓鱼的有关规定》《关于禁止用公车操办婚事、丧事的有关规定》等系列文件。1999～2002年,根据党风廉政建设责任制规定,对用公车迎亲或扫墓、公款点歌点剧的16个单位、18名违纪人员在全县进行责任通报和点名批评,对上班时间打扑克、打麻将7起11人的违纪行为进行严肃处理。2003～2005年,县委、县政府制定《关于实行提拔、重用、交流的科级领导干部任前廉政谈话的规定》《单位主要负责人在任期间的经济责任审计的规定》。县纪委制定《关于重申禁止利用庆典活动收受钱物的通知》《关于禁止用公款购买代币券(卡)有关事项的通知》。2006年,县委、县政府制定《关于元旦、春节期间严格遵守廉洁自律规定,坚决禁止奢侈浪费行为的通知》,严禁收受与行使职权有关的单位和个人礼品、有价证券和支付凭证,严禁参与任何形式赌博活动,到国(境)外赌博的从严惩处,坚决制止用公款大吃大喝和进行高消费娱乐活动6项规定。同年,进一步重申在重大问题决策、重要干部任免、重大项目投资决策、大额资金使用四项工作中廉洁规定。2007年,贯彻落实《中共中央纪委关于严格禁止利用职务上的便利谋取不正当利益的若干规定》,纠正党员领导干部在公司兼职和驾驶公车的违规违纪行为。县纪委制定《全县纪检监察干部作风建设若干规定》。2008年,县委制定《关于开展党风廉政建设责任制公开承诺活动的通知》。同年3月中旬,组织县工商局等10个县直、驻县单位和7个乡镇场第一责任人到县有线电视台录制党风廉政建设专题节目,向全县人民进行公开承诺;5月,县纪委制定《关于开展制止党政机关干部公款出国(境)旅游专项工作的实施方案》。

规章制度建设

1987年起,县纪委建立参加党委民主生活会制度,领导和干部分片包干,参加乡镇(场)、厂矿和县直单位党委民主生活会。1995～1999年,按照《中共德安县委关于落实党风廉政建设责任制的规定》,每年在纪检监察工作大会上,县委书记、纪委书记分别同乡镇场、厂矿党委书记、纪委书记,县委各部门、县直各单位主要负责人、纪委书记(纪检组长)签订党风廉政建设责任状(书),实行目标管理。1995年,县纪委制定《关于在全县开展党风廉政考察工作的通知》,对县工商局、建设局、民政局、环保局、文广局、物价局、乡企局、供销社等16个单位党组织及57名副科级以上干部进行党风廉政考察。考察中发现案件线索21条，查处党员干部2人，通报批评19人，提出整改意见93条；对收受礼金给予党纪政纪处分3人。1999年，县委、县政府制定《关于德安县预算外资金管理的规定》《关于进一步加强预算外资金管理的补充规定》，查处违反预算外资金管理和私设小金库单位责任人10人，其中科级干部5人。2002～2006年，县委、县纪委先后制定《关于禁止公款点歌点剧的有关规定》《关于进一步规范和加强村级财务管理的通知》《德安县科级领导干部勤政务实服务承诺制》《建立健全教育、制度、监督并重的惩治和预防腐败体系实施纲要》《关于加强全县农村基层党风廉政建设的工作意见》等系列文件，建立经营性土地使用权、建筑工程、产权交易、政府采购4项管理制度。按照党风廉政建设要求，对党员领导干部进行述职述廉评议工作。严格实行责任追究，先后有27名干部受到责任追究，58名干部被诫免谈话。清理违纪违规收送"红包"3.8万元。2007年，制定《关于落实2007年党风廉政建设和反腐败工作任务分工的通知》《关于建立县委、县政府、县纪委负责人同乡镇场和县直单位党政主要负责人谈话制度的实施意见》，在各乡镇场81个行政村全面铺开基层党风廉政建设，制定《关于在全县农村基层实施"双创"工程意见》《关于在全县实施党务公开制度的通知》。

第四节　违纪案件查处

1986年，开展对纠风过程中党员违纪案件查处，查处违纪案件21起，处分21人。其中，开除党籍10人，留党察看5人，党内警告6人。开展打击党员在经济领域犯罪活动，查处各类案件33起。其中，贪污15起、投机倒把4起、盗窃6起、受贿3起、诈骗3起、偷税2起；处分10人，移送司法机关依法判处有期徒刑29人，收缴赃款赃物折合人民币15.3万余元。1987～1990年，查处违纪案件45起，处分45人。其中，开除党籍14人，留党察看8人，撤销党内职务5人，党内严重警告8人，警告10人。1993～1997年，县纪委牵头，加强与公检法司部门协作，建立联席会议制度，合力查办大案要案。立案查处各类违纪案件139起，查处违规党员139人(科级干部18人)。其中，开除党籍19人，留党察看19人，撤销党内职务11人，党内严重警告51人，警告39人。1998～2002年，立案查处违纪案件220起，处分217人(科级干部54人)，免于处分1人，书面结论2人。其中，开除党籍20人，留党察看9人，撤销党内职务21人，党内严重警告71人，警告96人。挽回经济损失1008万元。2003～2006年，组建以县委副书记为组长的县反腐败工作协调小组，加强对党内违纪违法腐败案件查处力度。查处违纪违法案件167起，处分167人(科级干部32人)。被处分党员中，开除党籍3人，留党察看20人，撤销党内职务6人，党内严重警告48人，警告70人。2007年，立案查处违纪案件73起，处分73人(科级干部19人)。其中，开除党籍9人，留党察看12人，党内严重警告12人，警告40人。至2008年，立案查处党员违纪案件698起，处分701人(科级干部123人)，免于处分1人，书面结论2人。

第五节　专项治理

清理干部拖欠公款

1985年，县委、县政府制定《关于清收干部、职工借欠公款的通知》，成立清理借支办公室，在机关、事业单位开展清欠工作。至12月底，收回欠款14.7万元，占应收欠款67%。1987年3～6月，再次收回欠款26万元。1989年3月，根据市委《关于清收干部职工拖欠和侵占公款的意见》，清收工作扩大到乡镇场和厂矿。当年统计有1237人拖欠公款50.1万元，其中党员干部欠款4.3万元。年底清理收回欠款37.4万元，占应收欠款74.65%；尚未收回部分因欠款人调离或亡故等原因无法清收。1995年，根据市"两办"《关于在全市范围内开展清收国家干部、职工拖欠公款工作的通知》要求，5～10月，查实622名干部职工拖欠公款92.1万元，清收回81.9万元，回收率88.9%。

清理干部建私房和多占公房

1985年,开展清房工作。对查实的36名副科级以上干部和43名一般干部违纪建房作出处理,对35人多占公房面积708平方米,采取提高租金按每平方米每月3元计租,补交超面积租金2.55万元;对违纪多占土地建私房罚款3.5万元。1998年10月,对52名副科级以上干部建私房实行"三退",退出超占土地面积1370.26平方米,收缴违规款9.4万元。2001年1月,县廉政办接管清房办工作,对全县125户科级干部多占住房或超标准住房实施退房或补款,退出房屋19套(间)1045平方米,收缴补款和违规款120多万元。

清理干部投资入股煤矿

2005年9月,根据市纪委《关于转发省纪委等七委(厅)〈关于清理纠正国家机关工作人员和国有企业负责人投资入股煤矿问题的通知〉的通知》要求,县纪委牵头,县监察局、安监局、国土局、工商局、国资局、经委单位主要负责人组成县清理干部投资入股煤矿问题工作组。清理出参与煤矿投资入股公务人员3人,涉及股金25万余元,收缴分红收益5万余元。

清理公费配置通讯工具

1997年9~12月,对全县公费配置通讯工具开展清理工作,清理公费住宅电话391部,其中229部转为个人自费,162部限额使用;清理公费配置移动电话69部,其中52部转为个人自费,17部停用上缴。同时,规范领导干部住宅电话和移动电话费用报销标准。2002年5月,县委、县政府制定《关于清理公费配置通讯工具、用公款支付通讯话费的通知》,县廉政办牵头组成清理工作组,至10月底,清理公费配置住宅电话498部,其中个人自费买断496部,调为公用2部,上缴县财政住宅电话买断款24.8万元;清理移动电话116部,其中按规定上缴条块部门5部、调为公用16部、公开拍卖77部、销户处理8部、退回(外商)10部,上缴财政拍卖款5.1万元。当年减少公费支付话费64.8万元。2008年,县纪委、监察局开展纠正个人"小灵通"捆绑办公电话清理工作,取得实效。

清理公路检查站

1996年,成立县清理公路检查站工作小组,由县纪委、经委、监察局、林业局、交通局、工商局、财政局、安监局、公安局组成。清理公路道口检查站55个;对40个进行财务核查,查实收缴违纪违规收取金额50余万元;撤销非法设立检查站47个。1998~1999年,针对"乱设卡、乱收费、乱罚款"私设检查站抬头现象,县清理工作小组加大打击力度,实行部门领导和乡镇分管领导联合负责制,建立快速反应机制,取缔违法私设检查站11个,收缴违法金额14.3万元。

整治公款吃喝风

1989年,按照市"两办"《关于严禁用公款吃喝送礼的通知》要求,党政机关和事业单位接待来客及会议用餐实行分餐制,招待费用大幅下降。1996~1998年,严格执行县委、县政府《关于制止公款吃喝玩乐的有关规定》,各单位招待费财务支出单列,实行定点接待,单位经办人、分管领导、主要领导联合签字审批,严格控制招待费总额和接待标准,由县监察局、财政局联合不定期进行抽查。12月,抽查发现有一单位招待费超限额66.6%,报县委批准给予单位负责人免职处理。2004年,县纪委、监察局继续加大对公款吃喝问题的查处力度,按照党风廉政责任制规定进行责任追究,查处违反规定2人,给予纪律处分2人。

整治公车私用

1996年,根据市委、市政府制定的《关于制止违反控购买小汽车和超标准使用小汽车的规定》,对县领导干部超标准使用车辆进行更换,确保领导干部所乘工作用车都在规定标准内。同年6月,县委、县政府制定《关于严禁领导干部无证驾驶小汽车和未经批准用公款学习驾驶技术的有关规定》《严禁用公款、公车钓鱼和侵害性钓鱼的有关规定》,各部门认真开展自查自纠,县纪委、监察局会同县交警大队不定时开展上路明查和实地暗查，对违规违纪问题进行严肃处理。2002 年 3 月，查实违反规定单位 19 个，在县电视台曝光；通报批评 18 个，经济处罚 3 人，纪律处分 1 人。

治理党员干部赌博

1996 年，县委、县政府制定《关于严禁党员干部参与赌博的有关规定》，县纪委、监察局设立举报电话 6 门、举报箱 25 个，实行县、乡两级联动，发起“禁赌千人签名”活动。县纪委、监察局多次组织人员开展明察暗访，对党员干部在工作时间参与赌博行为进行重点打击。2000～2005 年，查处党员干部赌博案件 25 起，给予党纪政纪处分 25 人。对原县政协党员干部方某挪用基建款 59 万元参与赌博，作出严肃党纪政纪处分，移送司法机关依法审理。

第八章　综合党务

第一节　政策研究

专题调研

1989 年 8 月，成立县委政研室。坚持围绕县委中心工作和重大决策，采取超前调研与跟踪调研结合，经常性调研与专题调研结合，典型性调研与问题性调研结合方式，深入基层，开展课题调查研究。至 1995 年，课题调研 95 项，撰写调查报告 96 篇。其中《关于我县农科所体制改革调研报告》《关于加速我县农村经济发展的调查》《关于兴建万家岭大捷纪念馆（园）的构想》《把大力发展养殖业作为农业产业结构调整的突破口》《关于我县公路建设的几点思考》等 30 余篇调研报告，为县委决策提供重要依据。1996 年后，撰写《深化企业改革，振兴工业经济》《全力推进企业改制，努力实现资产经营向资本经营的转轨》《适应新形势，全面推进非公有制经济组织党建工作》为县委领导提供决策依据。参与农业区域布局、农业产业结构调整、农业产业化经营、惠农政策落实、林业产权制度改革、农村产业发展规划、社会主义新农村建设、移民扶贫等课题和工业、商贸、粮油、供销、丰林企业改制调研，成果先后转化为县委工作预案和工作措施。

拟稿辑刊

1990 年 9 月，创办县委机关刊物《政研通讯》，每季出刊 1 期，后改半年刊。2000 年更名《通报与交流》，每年出刊 12 期。整合全县调研力量，发挥基层人员调研作用，聘请 15 名特约调研员，按约定要求开展调研工作，为刊物撰写调研文章。至 2008 年，县委政研室完成县党代会、县委常委会、县委其他重要会议文稿及县委、县政府重要文件起草、审核 2700 余篇。其中，县委领导署名文章及向市、省、中央汇报材料 300 多篇，党代会、县委文件 720 篇，起草修改其他重要文稿 800 多篇，社评、调研、分析文章 500 多篇。主动收集国内外、省内外、县内外重要信息 1700 多条，为县委领导决策提供参考。《政研通讯》《通报与交流》共出刊 128 期，刊发稿件 1700 余篇。

第二节　党务督查

1997 年，成立县委督查室，建立全县督察员与信息员队伍。开展对中央、省、市有关会议精神在县落实情况督查调研，为领导决策提供参考依据。2000 年，开通连接省、市督查室和民生通道工作室共享内部网络，督查及时传送文件、收集信息、融合信息，开展专题调研，形成大督查格局；做到围绕县委中心工作，开展不定期专项督查工作，推进党委工作进度；每年组织专（兼）职督查干部集中学习省、市领导督查工作讲话精神,学习规章纪律,掌握工作方法。至2008年,编写《德安督查》70余期、《督查专报》100余期、《督查调研》7期。

第三节 保密 机要

1985年后,及时、准确、安全地完成密码电报发报550余份,收电7000余份;明码电报发报190余份,收电9700余份。准确无误地完成中央、省、市下发文件的接收、登记、抄送与密级文件回收工作,没有出现1例失泄密事故。严格落实中央、省委关于密码、密码设备管理规定,没有出现1例损坏密码设备事故。指导全县乡镇及县直单位商用密码、内网通信使用管理工作。长期坚持24小时值守及重大事件报告工作。1990年7月后,采取多种形式开展《中华人民共和国保密法》宣传教育活动,增强广大党员干部、公务人员保密意识,有计划、有重点逐步在党政机关和涉密企事业单位开展涉密载体防护体系建设,为全县社会经济提供安全保障。

第四节 信访工作

1985年,有县人民来信来访办公室,归口县委办。成立之初主要工作是落实上山下乡知识青年回城政策。之后,工作重点转为落实"文化大革命"期间冤假错案。至1990年,受理各类来信来访3649件次,其中来信1626件,来访2023人次。1991年,根据上级要求,开展创信访工作"三无"目标活动,即无集体上访、无越级上访、无积累信访。1992～1993年,信访工作以调处农村山林、水利纠纷为重点,县委、县政府主要领导亲阅群众来信797件,接访1078人次。1994年,推行"逐级上访"制度,杜绝越级上访。1995年始,县、乡镇领导接访日由每月1次改为2次(15和30日),并建立县、乡镇和部门信访工作责任制,层层签订责任状。1997年起,实行党政领导信访包案制和部门联系乡镇制度。至2000年,信访热点转换为旧城改造、农村减负和学校乱收费问题,受理群众来信来访4723件次,其中来信537件、来访4186人次,来访中集体访462批2361人次。2001年,领导接待日改为每月3次(5日、15日、25日)。2002年,增加县领导下访日制度,来访接待日增加为每周1次(周四),完善政府工作部门负责人轮流参与接待制度。12月,县信访办公室更名县信访局,挂县政府信访局牌子,归口县委办公室,属县委、县政府双重工作机构,为正科级单位。2003年,建立健全系列信访工作制度和信访网络,各乡镇、部门建立信访机构,实行信访保证金制度。2004年,制定信访网络领导包案责任制,按照领导分工和包乡挂点相结合原则,对应调处疑难信访问题。2005年,政府信息网络设县长电子信箱、开通县长热线电话和社情民意电话,开辟群众来信"绿色通道107"免费邮箱。统一制作《德安县群众信访事项(转)交办函》《德安县群众信访督办建议书》《德安县群众信访不予受理情况告知单》等文书格式和信访事项办理流程图,实现信访工作行为和信访人信访行为"双向规范"。2006年,县委制定《关于进一步做好信访工作意见》,为信访工作提供保障。进一步落实信访工作保证金制度,信访工作纳入经济目标管理和综治工作目标管理及公务员绩效考核,实行一票否决制。2007年,按照"属地管理、分级负责、谁主管、谁负责"原则,实行信访工作党政主要领导负总责、分管领导具体抓"一岗双责"领导责任制。制定《德安县应对来县集体上访现场处置工作方案》《德安县处理信访突出问题及群众性事件联席会议七个专项工作协调小组责任分工》《德安县信访工作巡视制度》《德安县信访工作领导小组关于对信访工作被动单位实行重点管理的暂行办法》等文件。2008年,制定《德安县信访工作责任追究暂行规定》,明确信访工作无小事,把信访工作当作特事大事抓好。至2008年,受理群众来信来访6270件次,其中,来信501件,来访5769批31860人次,来访中集体访1451批25050人次。

卷十八

人民代表大会

卷十八　人民代表大会

1985～2008年，为第八届至第十四届县人民代表大会（县人大）任期，其中第八届在本志时段内任期2年2个月，第九届2年10个月，第十届2年9个月，自第十一届起，每届由3年改为5年。

历届县人大及其常委会认真行使宪法和法律赋予的职权，发挥地方国家权力机关作用。24年中，县人民代表大会常务委员会（县人大常委会）设立县选举委员会，组织县人大代表换届选举6次，指导乡（镇）人大代表换届选举7次。召开县人民代表大会会议（人代会）27次，审议县人民政府、县人民法院、县人民检察院（"一府二院"）工作报告，并通过相应决议；选举产生相应届次县人大常委会、县人民政府领导成员、人民法院院长、人民检察院检察长；选举产生相应届次市人大代表，依法对"一府二院"履行法律监督和工作监督，对国民经济和社会发展计划指标制定调整、财政预算指标制定调整和决算、普法教育、依法治县等重大事项进行审议，依法任免国家机关工作人员，受理和督促办理议案、建议、批评和意见，促进全县经济社会健康发展。

第一章 县人民代表大会

第一节 人大代表

代表产生

选举机构与选举部署 1984~2008年,进行过7届(第八届至第十四届)县人大代表选举。由县选举委员会主持县人大代表选举工作,受县人大常务委员会领导。选举委员会由13~20人组成,其中主任1人,副主任2~4人,委员9~15人,成员有县委、县人大常委会领导及有关部门、单位负责人。选举委员会下设办公室,同时成立秘书、组织、宣传、指导等工作组,研究制订工作方案,开展宣传动员,培训工作人员,部署和检查指导选举各阶段工作。

选区划分与名额分配 按《中华人民共和国选举法》规定,每届县人大代表分别以100名、120名、140名为基数,按全县人口每5000人递增1名代表为原则,确定代表数。农村每名代表代表人口数4倍于城镇代表。按照生产单位、事业单位、行政单位、居住状况和能足以产生1~3名代表的原则,综合考虑划分选区,一般以乡(镇)或几个村联合划分。代表名额分配到选区,分选区选举代表。

选举情况和选举结果 选区划分后,开展选民登记,审查选民资格,公布选民名单;组织各选区提名推荐代表候选人,确定和公布正式代表候选人;介绍代表候选人情况,组织投票选举,确定选举结果,公布当选代表名单。第八至第十四届县人代会选出代表数分别为151人、131人、174人、175人、169人、168人、169人。

代表异动

每届人大期限内均产生代表异动:调离本行政区域人大代表,自行终止代表资格;亡故人大代表,代表资格自然消失;代表失去选区选民或选举单位信任,有违法犯罪行为,违反纪律和道德行为或本职工作严重失误,未能很好地履行代表职责,或其他原因不再适合代表职务的应当辞去代表职务,没有辞职的可被罢免。

1984~2007年德安县第八至第十四届人大代表选举一览表

表18-1-1　　单位:人、%

届次	选举时间	全县人口	选民数	占总人口%	投票人数	参选率	县代表		
							选区数	候选人数	正式代表
第八届	1984.4~1984.6	146216	80646	55.16	72863	90.35	75	173	151
第九届	1987.1~1987.5	153624	90271	58.76	79496	87.9	72	209	131
第十届	1989.12~1990.3	165349	100268	60.64	92761	92.51	97	232	174
第十一届	1992.10~1993.1	177254	109336	61.68	101600	92.92	95	276	175
第十二届	1997.11~1998.2	208000	127135	61.12	122280	96.18	102	271	169
第十三届	2002.10~2003.1	216091	138828	64.25	131459	94.69	102	270	168
第十四届	2006.11~2007.3	225618	126691	56.15	121398	95.82	102	271	169

代表构成

县第八届至第九届人大代表由工人、农民、军人、干部、知识分子、民主党派及无党派爱国人士组成。

自第十届起，增加居民、私营企业和个体劳动者代表名额。

1984～2007年德安县第八至第十四届人大代表构成一览表

表18－1－2　　　　　　　　　　　　　　　　　　　　　　　　　　单位：人、%

<table>
<tr><th>类别</th><th>构成</th><th colspan="2">第八届</th><th colspan="2">第九届</th><th colspan="2">第十届</th><th colspan="2">第十一届</th><th colspan="2">第十二届</th><th colspan="2">第十三届</th><th colspan="2">第十四届</th></tr>
<tr><td rowspan="6">职业</td><td>合计</td><td>151</td><td>占比</td><td>131</td><td>占比</td><td>174</td><td>占比</td><td>175</td><td>占比</td><td>169</td><td>占比</td><td>168</td><td>占比</td><td>169</td><td>占比</td></tr>
<tr><td>工人、农民</td><td>66</td><td>43.71</td><td>58</td><td>44.28</td><td>76</td><td>43.60</td><td>71</td><td>40.59</td><td>59</td><td>34.90</td><td>78</td><td>46.40</td><td>113</td><td>66.90</td></tr>
<tr><td>军人</td><td>3</td><td>1.89</td><td>2</td><td>1.53</td><td>1</td><td>0.60</td><td>2</td><td>1.14</td><td>2</td><td>1.18</td><td>2</td><td>1.20</td><td>2</td><td>1.20</td></tr>
<tr><td>干部</td><td>49</td><td>32.45</td><td>58</td><td>44.28</td><td>98</td><td>56.30</td><td rowspan="2">102</td><td rowspan="2">58.28</td><td rowspan="2">108</td><td rowspan="2">63.91</td><td rowspan="2">90</td><td rowspan="2">53.57</td><td rowspan="2">54</td><td rowspan="2">31.90</td></tr>
<tr><td>知识分子</td><td>29</td><td>19.20</td><td>7</td><td>5.34</td><td>41</td><td>23.00</td></tr>
<tr><td>其他</td><td>4</td><td>2.65</td><td>6</td><td>4.58</td><td></td><td></td><td></td><td></td><td></td><td></td><td></td><td></td><td></td><td></td></tr>
<tr><td rowspan="2">性别</td><td>女性</td><td>35</td><td>23.17</td><td>18</td><td>13.80</td><td>37</td><td>21.30</td><td>36</td><td>20.60</td><td>39</td><td>23.08</td><td>36</td><td>21.40</td><td>39</td><td>23.10</td></tr>
<tr><td>男性</td><td>116</td><td>76.83</td><td>113</td><td>86.20</td><td>137</td><td>78.70</td><td>139</td><td>79.40</td><td>130</td><td>76.92</td><td>142</td><td>78.60</td><td>130</td><td>76.90</td></tr>
<tr><td rowspan="2">党派</td><td>中共党员</td><td>99</td><td>65.57</td><td>88</td><td>67.18</td><td>121</td><td>69.50</td><td>122</td><td>69.70</td><td>125</td><td>73.96</td><td>131</td><td>78.00</td><td>122</td><td>72.20</td></tr>
<tr><td>非中共党员</td><td>52</td><td>34.43</td><td>43</td><td>32.82</td><td>53</td><td>30.50</td><td>53</td><td>30.30</td><td>44</td><td>26.04</td><td>37</td><td>22.00</td><td>47</td><td>27.80</td></tr>
<tr><td rowspan="3">文化</td><td>大专及以上</td><td rowspan="2">129</td><td rowspan="2">85.53</td><td>14</td><td>10.69</td><td>24</td><td>13.80</td><td rowspan="2">120</td><td rowspan="2">68.60</td><td>77</td><td>45.56</td><td>110</td><td>65.50</td><td>116</td><td>68.64</td></tr>
<tr><td>中专及中学</td><td>93</td><td>72.99</td><td>122</td><td>70.10</td><td rowspan="2">92</td><td rowspan="2">54.44</td><td rowspan="2">58</td><td rowspan="2">34.52</td><td rowspan="2">53</td><td rowspan="2">31.36</td></tr>
<tr><td>初中以下</td><td>22</td><td>14.47</td><td></td><td>18.32</td><td>28</td><td>16.10</td><td>55</td><td>31.40</td></tr>
<tr><td rowspan="3">年龄</td><td>35岁以下</td><td>52</td><td>34.43</td><td>36</td><td>27.48</td><td>31</td><td>17.80</td><td>37</td><td>21.14</td><td>41</td><td>24.26</td><td>33</td><td>19.60</td><td>38</td><td>22.50</td></tr>
<tr><td>36－55岁</td><td rowspan="2">99</td><td rowspan="2">65.57</td><td>91</td><td>69.47</td><td>138</td><td>79.31</td><td>137</td><td>78.30</td><td>126</td><td>74.56</td><td>133</td><td>79.17</td><td>128</td><td>76.34</td></tr>
<tr><td>56岁以上</td><td>4</td><td>3.05</td><td>5</td><td>2.87</td><td>1</td><td>0.57</td><td>2</td><td>1.18</td><td>2</td><td>1.19</td><td>2</td><td></td></tr>
</table>

第二节　代表大会

县第八届人民代表大会（1984.6～1987.6）

第二次会议　1985年4月1日～3日在县城举行。出席会议代表142人，在县省、市人大代表和政协委员及相关领导受邀参会，县直各单位主要负责人列席。会议收到代表议案8件（其中4件为代表建议、批评和意见改为代表议案），建议、批评和意见105件（其中46件为代表议案改为代表建议、批评和意见）。会议要求，县乡政府要坚持“两个文明”建设一齐抓，有领导、有计划、有步骤开展城乡经济体制改革，积极慎重抓好物价和工资改革，努力调整农村产业结构，更大胆对内搞活，对外开放，促进社会事业与经济建设协调发展。

第三次会议　1986年3月25日～28日在县城举行。出席会议代表151人，在县省、市人大代表和政协委员及相关领导受邀参会，县直各单位主要负责人列席。会议收到代表议案4件，建议、批评和意见87件（其中46件为代表议案改为代表建议、批评和意见）。会议要求，县乡政府和全县人民在县委正确领导下，坚持推进全面改革，更加大胆开放搞活；大力发展农村经济，切实提高企业素质；大力加强审计监督；努力振兴科技教育事业，实现速度和效益、经济和社会事业协调发展。

县第九届人民代表大会（1987.6～1990.4）

第一次会议　1987年6月16日～19日在县城举行。出席会议代表131人，列席88人。会议批准《德安县国民经济和社会发展第七个五年计划》。会议选举武廷干为县人大常委会主任，叶彬生、李铁铮、张文卿、周象流为副主任,选举县人大常委会委员10人;选举周雍强为县长,罗嗣恒、巴业松、吴柏麟、郑远馥为副县长;选举张世民为县法院院长,蔡茂宗为县检察院检察长。会议收到代表议案3件,建议、批评和意见82件(其中22件为代表议案改为代表建议、批评和意见)。会议要求,全县必须集中力量发展社会生产力,深入持久开展“双增双节”运动,保持全县经济持续稳定协调发展;深入进行坚持四项基本原则宣传教育,坚决反对资产阶级自由化,加强民主与法制建设,加强社会主义精神文明建设,促进各项社会事业不断进步;在努力发展生产基础上,继续改善人民群众物质文化生活。

第二次会议 1988年3月26日~28日在县城举行。出席会议代表130人,列席89人。会议收到代表议案3件,建议、批评和意见35件(其中7件为代表议案改为代表建议、批评和意见)。会议要求,全县要以改革促开放,以开放促开发,全面发展农业经济,努力提高工商企业经济效益,进一步搞活商品流通,更好地促进经济持续稳定协调发展;进一步加强民主法制建设,加强精神文明建设,改进工作作风,提高服务意识、办事效率,推动各项事业不断进步和人民生活不断改善。

第三次会议 1988年10月20日在县城举行。出席会议代表112人,列席92人。会议选举出席市第九届人民代表大会代表18人。

第四次会议 1989年3月29日~31日在县城举行。出席会议代表131人,列席78人。会议收到代表议案1件,建议、批评和意见26件(其中4件为代表议案改为代表建议、批评和意见)。会议要求,全县各级领导和各部门要按照“廉洁、高效、务实”原则,全心全意为人民服务,团结和带领全县人民,努力工作,为完成和超额完成大会确定的各项任务而奋斗。

县第十届人民代表大会(1990.4~1993.1)

第一次会议 1990年4月15日~18日在县城举行,出席会议代表173人,列席108人。会议选举武廷干为县人大常委会主任,刘圣玺、张文卿、胡俊、蔡茂宗为副主任,选举县人大常委会委员12人;选举史之汉为县长,张宜卿、吴柏麟、门国光、岳永香、郑远馥为副县长;选举张世民为县法院院长,乐普生为县检察院检察长。会议收到代表议案1件,建议、批评和意见89件(其中26件为代表议案改为代表建议、批评和意见)。会议要求,全县各级领导和各单位,要牢固树立群众观点,密切联系群众,团结和依靠全县人民,为圆满完成和超额完成大会确定的各项任务而奋斗。

第二次会议 1991年5月28日~31日在县城举行。出席会议代表163人,列席124人。会议批准《德安县国民经济和社会发展十年规划和第八个五年计划纲要》。会议补选张宜卿为县长、谌赞兴为县人大常委会副主任。会议收到代表建议、批评和意见72件(其中13件为代表议案改为代表建议、批评和意见)。会议认为,1990年和“七五”期间,全县经济和社会事业迅速发展,改革开放迈出较大步伐,人民生活显著改善。会议号召,全县人民进一步振奋精神,同心同德,开拓进取,为全面完成国民经济和社会发展任务,为把全县社会主义现代化建设事业不断推向前进而努力奋斗。

第三次会议 1992年3月25日~28日在县城举行。出席会议代表169人,列席133人。会议收到代表议案1件,建议、批评和意见52件(其中9件为代表议案改为代表建议、批评和意见)。会议要求,按照省委“思想更解放一点,胆子更大一点,放得更开一点,发展更快一点”要求,更大胆地推进改革开放,使全县国民经济更快发展,各项社会事业更大进步;坚持物质文明建设同精神文明建设协调发展,加强民主法制建设,加强廉政建设。

县第十一届人民代表大会(1993.1~1997.2)

第一次会议 1993年1月6日~9日在县城举行。出席会议代表173人,列席135人。会议选举史之汉为县人大常委会主任,张文卿、吴柏麟、乐普生、周乃启为副主任,选举县人大常委员会委员12人;选举邓太火为县长,门国光、岳永香、邹建飞、徐志荣、熊崇涛为副县长;选举张世民为县法院院长,陈妙雍为县检察院检察长。会议收到代表建议、批评和意见57件(其中19件为代表议案改为代表建议、批评和意见)。会议要求,今后五年,要以党的十四大精神为指针,以邓小平南巡讲话为动力,按照县第十三次党代会的部署,进一步解放思想,加快改革开放步伐,逐步建立和发展社会主义市场经济,努力实现全县国民经济跳跃式增长和社会各项事业全面发展。

第二次会议　1994 年 1 月 11 日 ~14 日在县城举行。出席会议代表 166 人,列席 149 人。会议选举出席市第十届人民代表大会代表 23 名。会议收到代表建议、批评和意见 54 件(其中 14 件为代表议案改为代表建议、批评和意见)。

第三次会议　1995 年 1 月 10 日 ~13 日在县城举行,出席会议代表 168 人,列席 150 人。会议补选张文卿为县人大常委会主任,补选罗嗣恒、杨运森为县人大常委会副主任,补选县人大常委会委员 2 名;补选胡元斌为县人民政府县长,增选出席市第十届人民代表大会代表 1 名。会议收到代表建议、批评和意见 46 件(其中 5 件为代表议案改为代表建议、批评和意见)。

第四次会议　1996 年 1 月 25 日 ~28 日在县城举行。出席会议代表 175 人,列席 142 人。会议审议通过《德安县国民经济和社会发展“九五”计划和 2010 年远景目标纲要》。会议补选张安民为县人大常委会副主任。会议收到代表建议、批评和意见 42 件(其中 10 件为代表议案改为代表建议、批评和意见)。

第五次会议　1997 年 2 月 24 日 ~27 日在县城举行。出席会议代表 169 人,列席 145 人。会议补选罗嗣恒为县人大常委会主任,补选县人大常委会委员 2 名。会议收到代表建议、批评和意见 14 件。

县第十二届人民代表大会(1998.2 ~2003.1)

第一次会议　1998 年 2 月 6 日 ~9 日在县城举行。出席会议代表 162 人,列席会议 158 人。会议选举罗嗣恒为县人大常委会主任,黄松如、吴柏麟、乐普生、胡训隆为副主任,选举县人大常委会委员 11 人;选举胡元斌为县长,闵长泉、魏建忠、王小军、万斌、张学英为副县长;选举张世民为县法院院长,陈妙雍为县检察院检察长。会议收到代表建议、批评和意见 49 件(其中 11 件为代表议案改为代表建议、批评和意见)。会议强调,未来 5 年,要继续加强农业,坚持把农业放在经济工作首位不动摇,夺取农业上台阶,农民奔小康攻坚战新成绩;着力主攻工业,深化改革、开拓市场、调整结构、提高效益,提升县域工业整体素质;大力发展非公有制经济,高质量建设一批重点基础设施,全面繁荣第三产业,大胆探索,在深化国有体制改革、建立和完善社会保障制度上取得新突破。

第二次会议　1999 年 1 月 11 日 ~14 日在县城举行。出席会议代表 165 人,列席 186 人。会议补选张安民为县人大常委会副主任,选举出席市第十一届人民代表大会代表 23 人。会议收到代表建议、批评和意见 28 件(其中 6 件为代表议案改为代表建议、批评和意见)。会议要求,全县各级政府各部门围绕经济建设中心,把握改革、发展、稳定大局,立足县情,发挥优势,强化服务,团结一致,奋发图强,确保实现“一年恢复,两年变样,三年上新台阶”的总体目标。

第三次会议　2000 年 1 月 17 日 ~20 日在县城举行。出席会议代表 165 人,列席 189 人。会议补选熊永强为县长,补选出席市第十一届人民代表大会代表 1 人。会议收到代表议案 1 件,建议、批评和意见 31 件(其中 9 件为代表议案改为代表建议、批评和意见)。会议要求,新的一年,要加大“四大主攻”力度,不断推进国有企业改革,合理调整农业产业结构和加快农业产业化步伐,着力提高科技对经济发展贡献率,把发展个体私营经济和招商引资作为经济主要增长点来抓,精心营造良好发展环境,全面完成当年各项目标任务。

第四次会议　2001 年 1 月 8 日 ~11 日在县城举行。出席会议代表 164 人,列席 189 人。会议批准《德安县国民经济和社会发展“十五”计划纲要》。会议补选陈林为县法院院长、高茂木为县检察院检察长。会议收到代表建议、批评和意见 19 件(其中 5 件为代表议案改为代表建议、批评和意见)。会议号召全县人民认真贯彻落实党的十五届五中全会精神,矢志不渝坚持邓小平理论,同心同德,励精图治,勇于创新,为把德安建设成为京九中段新兴轻化工业县、开创德安 21 世纪新辉煌不懈努力。

第五次会议　2002 年 1 月 16 日 ~18 日在县城举行。出席会议代表 167 人,列席 139 人。会议收到代表建议、批评、意见 37 件(其中 9 件为代表议案改为代表建议、批评和意见)。会议强调,2002 年是中国加入世贸组织第 1 年,要牢牢掌握新一轮经济发展主动权,把招商引资和加快民营经济发展作为重中之重工作来抓，力争多上项目，扩张总量；坚持以体制创新和科技创新为动力，大力推进工业化；以农民增收为目标，加快农业产业化步伐；以提升城市品位为重点，加强基础设施建设。

县第十三届人民代表大会（2003.1～2007.2）

第一次会议 2003年1月8日～11日在县城举行。出席会议代表165人，列席132人。会议选举徐祖发为县人大常委会主任，胡训隆、李秀木、梅松、桑明辉为副主任，选举县人大常委会委员15人；选举董学煌为县长，袁有福、徐李全、王德声、罗时荣、程玲香为副县长；选举陈林为县法院院长，高茂木为县检察院检察长。会议收到代表建议、批评和意见43件（其中18件为代表议案改为代表建议、批评和意见）。会议指出，今后5年，要紧紧围绕县第十五次党代会、"十五"计划要求和奋斗目标，坚定不移实施"两个跨越"战略，强力抓好招商引资，激活民资上项目，努力实现体制创新、科技创先、环境创优，进一步加快工业化、城市化、农业产业化进程，保持国民经济持续、快速、健康发展。

第二次会议 2004年1月16日～18日在县城举行。出席会议代表163人，列席141人。会议选举出席市第十二届人民代表大会代表23人。会议收到代表建议、批评和意见45件（其中8件为代表议案改为代表建议、批评和意见）。

第三次会议 2005年1月13日～15日在县城举行。出席会议代表166人，列席161人。会议收到代表建议、批评和意见35件（其中11件为代表议案改为代表建议、批评和意见）。会议要求，全力提升开放型经济水平，强力推进招商引资平台建设，着力扶强扶优支柱产业，合力推进公共财政体系建设，竭力推进城镇基础设施建设，尽力拓宽农民增收渠道，努力推进社会事业全面进步，倾力推进政府自身建设。

第四次会议 2006年2月28日至3月2日在县城举行。出席会议代表163人，列席186人。会议批准《德安县国民经济和社会发展第十一个五年规划纲要》；补选叶心林为县长。会议收到代表建议、批评和意见51件（其中14件为代表议案改为代表建议、批评和意见）。会议强调，坚持发展为先、开放为纲、与时俱进、富裕人民，紧紧围绕"十一五"规划，以坚定不移的信心、锲而不舍的精神、坚强有力的举措，义无反顾，奋力前行。

第五次会议 2006年9月11日～12日在县城举行。出席代表159人，列席14人。会议选举出席市第十三届人民代表大会代表23人。

县第十四届人民代表大会（2007.2～）

第一次会议 2007年2月27日至3月2日在县城举行。出席会议代表164人，列席171人。会议选举王金华为县人大常委会主任，李秀木、桑明辉、戴毅卿、王忠贵、邓木林为副主任，选举县人大常委会委员19人；选举叶心林为县长，袁有福、洪碧霞、徐礼云、程玲香、窦鸣、徐卫为副县长；选举陈林为县法院院长，肖军为县检察院检察长。会议收到代表建议、批评、意见54件（其中15件为代表议案改为代表建议、批评和意见）。会议强调，要全面落实科学发展观，紧紧围绕主攻工业，强力推进招商引资，突出发展矿业经济，着力培育支柱产业，争创省级卫生园林城市，加快社会主义新农村建设，大力构建和谐社会，推进经济和社会事业又好又快发展。

第二次会议 2008年1月16日～18日在县城举行。出席会议代表157人，列席171人。会议补选县人大常委会委员1人。会议收到代表建议、批评和意见43件（其中3件为代表议案改为代表建议、批评和意见）。会议强调，要全面贯彻落实党的十七大和中央经济工作会议精神，高举中国特色社会主义伟大旗帜，以科学发展观为统领，大力实施"工业强县"主战略，强化招商引资，主攻园区、矿业、民营经济；统筹城乡建设和社会事业发展，注重民生，促进社会和谐，努力开创县域经济又好又快发展新局面。

第二章　县人大常委会

第一节　组成人员与内设机构

组成人员

县人大常委会由主任、副主任、委员组成。1985～2008年，常务委员会组成人员15～20人，其中主任1人，副主任4～5人，委员10～15人。

1985～2008年历届县人大常委会主任、副主任名录

表18－2－1

届次	职务	姓名	任职时间	籍贯
第八届 1984.6～1987.6	主任	余修金	1984.6～1987.6	德安宝塔
	副主任	周时福	1984.6～1987.6	安徽宿松
	副主任	叶彬生	1984.6～1987.6	江西遂川
	副主任	张成山	1984.6～1987.6	辽宁盖州
	副主任	李铁铮	1984.6～1987.6	浙江温州
第九届 1987.6～1990.4	主任	武廷干	1987.6～1990.4	上海卢湾
	副主任	叶彬生	1987.6～1990.4	江西遂川
	副主任	李铁铮	1987.6～1990.4	浙江温州
	副主任	张文卿	1987.6～1990.4	德安县城
	副主任	周象流	1987.6～1990.4	德安木环
第十届 1990.4～1993.1	主任	武廷干	1990.4～1993.1	上海卢湾
	副主任	刘圣玺	1990.4～1993.1	江西泰和
	副主任	张文卿	1990.4～1993.1	德安县城
	副主任	胡　俊	1990.4～1993.1	德安丰林
	副主任	蔡茂宗	1990.4～1993.1	德安聂桥
	副主任	谌赞兴	1991.5～1993.1	江西南昌
第十一届 1993.1～1998.2	主任	史之汉	1993.1～1994.12	江西彭泽
	主任	张文卿	1995.1～1997.2	德安县城
	主任	罗嗣恒	1997.2～1998.2	江西都昌
	副主任	张文卿	1993.1～1995.1	德安县城
	副主任	吴柏麟	1993.1～1998.2	江西星子
	副主任	乐普生	1993.1～1998.2	湖北黄梅
	副主任	周乃启	1993.1～1998.2	江西吉安
	副主任	罗嗣恒	1995.1～1997.2	江西都昌
	副主任	杨运森	1995.1～1998.2	德安林泉
	副主任	张安民	1996.1～1998.2	湖北黄梅

续表 18－2－1

届次	职务	姓名	任职时间	籍贯
第十二届 1998.2～2003.1	主任	罗嗣恒	1998.2～2003.1	江西都昌
	副主任	黄松如	1998.2～2003.1	江西樟树
	副主任	吴柏麟	1998.2～2003.1	江西星子
	副主任	胡训隆	1998.2～2003.1	德安县城
	副主任	乐普生	1998.2～2003.1	湖北黄梅
	副主任	张安民	1999.1～2003.1	湖北黄梅
第十三届 2003.1～2007.2	主任	徐祖发	2003.1～2007.2	湖北新州
	副主任	胡训隆	2003.1～2007.2	德安县城
	副主任	李秀木	2003.1～2007.2	德安丰林
	副主任	梅　松	2003.1～2007.2	湖北黄梅
	副主任	桑明辉	2003.1～2007.2	德安林泉
第十四届 2007.2～	主任	王金华	2007.2～	河南商城
	副主任	李秀木	2007.2～	德安丰林
	副主任	桑明辉	2007.2～	德安林泉
	副主任	戴毅卿	2007.2～	德安高塘
	副主任	王忠贵	2007.2～	德安爱民
	副主任	邓木林	2007.2～	德安林泉

内设机构

1985 年，县人大常委会设：常委会办公室、财政经济办公室、政法办公室、教科文卫办公室等办事机构和工作机构。1987 年 1 月，增设选举任免联络办公室。2005 年 8 月，财政经济办公室、政法办公室、教科文卫办公室、选举任免联络办公室分别更名财政经济委员会、内务司法委员会、教科文卫委员会、选举任免联络工作委员会。2006 年 6 月，增设农业和农村工作委员会。

第二节　常委会会议

县人大常委会依法每 2 个月至少举行 1 次会议。会议由主任召集并主持，也可由主任委托副主任主持。县政府、法院、检察院，人大常委会各工作机构，与议程有关的县政府工作部门和县直(驻县)单位负责人列席会议。会议主要听取和审议“一府两院”重大事项报告和专项工作报告，审议职权范围内议案、质询案、人事任免议案等。

1985～2008 年，县人大常委会在县人民代表大会闭会期间举行会议 163 次，其中第八届 16 次、第九届 18 次、第十届 19 次、第十一届 32 次、第十二届 36 次、第十三届 29 次、第十四届 13 次。

第三节　主任会议

主任会议由县人大常委会主任、副主任组成，主任召集主持，或由主任委托副主任召集主持。根据工作需要，常委会工作机构负责人列席会议。主要讨论和研究人民代表大会会议筹备工作、“一府两院”工作报告、地方规范性文件、拟提请审议人事任免议案和其他议案草案；组织视察、调研和走访人大代表，审查人大代表建议、批评和意见办理情况，研究人大代表和人民群众对国家机关及其工作人员重大申诉和批评意见处理情况、对“一府两院”工作评议和对其主要负责人进行述职评议事项，拟订常委会工作制度和年度工作要点，协调常委会办公室和工作委员会工作，安排和处理常委会机关人事、基本建设等重要事项。

第三章 县人大常委会工作

第一节 法律监督

1986年8月，县八届人大常委会开展《关于县法院、检察院、公安局、司法行政机关执行宪法和法律重大事项的决定》执法检查和调查。1987～1990年，县九届人大常委会对《中华人民共和国矿产资源法》《中华人民共和国文物保护法》等法律执法检查和调查，针对存在问题提出改进意见和措施。1991～1992年，县十届人大常委会对《中华人民共和国土地管理法》《中华人民共和国婚姻法》《江西省计划生育条例》等法律法规贯彻实施情况进行检查。1993～1997年，县十一届人大常委会组织开展《中华人民共和国农业法》《中华人民共和国农业技术推广法》《中华人民共和国妇女权益保护法》《中华人民共和国环境保护法》《中华人民共和国矿产资源法》《中华人民共和国预算法》《中华人民共和国预算法实施条例》等法律法规执法检查。针对存在不足，提出整改意见和建议。1998～2002年，县十二届人大常委会先后开展《中华人民共和国森林法》《中华人民共和国水土保持法》《江西省农业机械管理条例》《江西省种畜种禽管理条例》《中华人民共和国义务教育法》《中华人民共和国统计法》《中华人民共和国农村土地承包法》等法律法规执法检查。2003～2006年，县十三届人大常委会先后开展《中华人民共和国民办教育促进法》《中华人民共和国税收征收管理法》《中华人民共和国税收征收管理法实施细则》《中华人民共和国安全生产法》《中华人民共和国统计法》《江西省统计管理条例》《中华人民共和国会计法》《中华人民共和国计量法》《中华人民共和国防震减灾法》《江西省防震减灾条例》《中华人民共和国地震安全性评价管理条例》《中华人民共和国城市规划法》等法律法规执法检查。2007～2008年，县十四届人大常委会先后开展《中华人民共和国森林法》《中华人民共和国农产品质量安全法》《中华人民共和国行政许可法》《中华人民共和国统计法》《江西省统计管理条例》《中华人民共和国水污染防治法》等法律法规执法检查。至2008年，县人大常委会开展执法检查34次，检查38部法律法规贯彻实施情况，听取和审议执法检查报告，针对检查中发现的问题，提出审议意见，作出决议决定，促进法律法规正确实施。

第二节 工作监督

听取和审议专项工作报告

1985年后，县人大常委会听取和审议专项工作报告主要有：关于财政预算具体安排、财政预算及部门预算执行、财政预算调整、财政决算、其他财政收支审计、预算外资金收支及管理、驻外办事处资金清理、国税和地税征收管理、税收财务物价大检查、审计等工作情况报告，年度国民经济和社会发展计划及调整情况报告，关于城市总体规划修编、城镇建设与管理、环境保护、博阳河流域污染防治工作情况报告，关于推进重大工业项目建设、市政重点工程建设、村镇公路建设、农村和城市电网改造工程实施情况、整合矿产资源开发利用及发展矿业经济等方面工作情况报告，关于经济体制、国有企业、林业产业、教育体制、机构改革情况报告，关于招商引资、整治投资环境、开展乱设卡乱收费乱罚款清理工作情况报告，关于春耕备耕、果业和养殖业发展、水利冬修、移民建镇、农业产业结构调整、第二轮土地承包、农业综合项目实施、防汛抗旱、抗洪救灾、发展粮食生产和促进农民增收、农业产业化发展、新农村建设、农村安全饮水、农业新科技推广应用等工作情况报告，关于义务教育双基达标、优质高中建设、素质教育、九年制义务教育方案实施情况、集资办学情况及创建文化先进县工作进展情况报告,关于《中华人民共和国企业法》《中华人民共和国技术合同法》《中华人民共和国矿产资源法》《中华人民共和国消费者权益保护法》《中华人民共和国税收征管法》《中华人民共和国义务教育法》《中华人民共和国教师法》《中华人民共和国文物保护法》《中华人民共和国土地管理法》《中华人民共和国工会法》及《江西省技术市场条例》《江西省农民负担管理条例》《江西省计划生育条例》等法律法规实施情况报告,关于农村医院卫生、防治血吸虫病、初级卫生保健和推广合作医疗、灾后防疫、防治高致病性禽流感、预防"非典"、新型农村合作医疗、食品药品安全管理工作情况报告,关于下岗职工再就业、城乡低保、企业职工养老保险和医疗保险金征缴管理工作情况报告,关于审判工作、检察工作、公安工作、城管执法队伍建设及外事和侨务工作情况报告。至2008年,县人大常委会听取和审议"一府两院"工作报告和县政府有关部门工作报告424项,对重大事项做出相应决议决定。

开展评议工作

1994年起,县人大常委会组织县人大代表开展评议工作。同年,对县司法局、城建局、交通局、水利局局长开展述职评议。1995年,对县工商局、土管局、文化广播电视局、民政局、物资局局长开展述职评议。1996年,对县卫生局、林业局、环保局局长开展述职评议。1999年,对县土管局、农业局局长开展述职评议。2000年,对县招商局开展工作评议,听取副县长2名、法院副院长1名、检察院副检察长1名述职并进行测评,对县民政局、卫生局局长开展述职评议。2001年,对县计生委、农业局开展工作评议,听取副县长2名、法院副院长1名、检察院副检察长1名述职并进行测评,对政府组成部门主要负责人4名开展述职评议。2003年,对县物价局、民营经济服务局开展工作评议,对县交通局、国土资源局局长开展述职评议。2004年,对县计生委、林业局开展工作评议,对副县长2名、县民政局局长、经贸委主任开展述职评议。2005年,对县农业局、审计局、统计局局长和法制办主任开展述职评议。2006年,对县政府7个工作部门开展工作评议,对检察院27名国家机关工作人员和县人大及其常委会选任的国家机关工作人员开展述职评议、测评38人次。2007年1月《中华人民共和国各级人民代表大会常务委员会监督法》实施后,评议工作不属于监督法规定法定方式,县人大常委会不再开展评议工作。

第三节 人事任免

1985~1987年6月,县八届人大常委会人事任免6次,任命国家工作人员26人次。其中,副县长1人,县人大常委会各办正副主任6人,政府组成单位正职10人,法院副院长、正副庭长、审判员6人,检察院副检察长、检察委员会委员、检察员3人;免去县政府组成单位正职5人。1987年7月至1990年4月,县九届人大常委会人事任免13次,任命国家工作人员91人次。其中,代县长1人、副县长2人,县人大常委会各办正副主任10人,政府组成单位正职36人,法院代院长、副院长、审判委员会委员、正副庭长,审判员32人,检察院副检察长、检察委员会委员、检察员10人;免去县政府组成单位正职、人大常委会各办正副主任、法院审判委员会委员及正副庭长共14人;接受县长辞职1人。1990年5月至1993年1月,县十届人大常委会人事任免14次,任命国家工作人员92人。其中,代县长1人、副县长2人,县人大常委会各办正副主任10人,政府组成单位正职49人,法院副院长、审判委员会委员、正副庭长、审判员20人,检察院代理检察长、副检察长、检察委员会委员、检察员10人;免去县人大常委会各办正副主任,政府组成单位正职,法院审判委员会委员、副庭长,检察院副检察长、检察委员会委员、检察员共29人;接受县长、检察长、县人大常委会委员辞职各1人。1993年2月至1998年2月,县十一届人大常委会人事任免23次,任命国家工作人员154人。其中代县长1人、副县长7人,县人大常委会各办正副主任14人,政府组成单位正职69人,法院副院长、审判委员会委员、正副庭长、审判员48人,检察院副检察长、检察委员会委员、检察员15人;免去县人大常委会各办正副主任,政府组成单位正职,法院副院长、审判委员会委员、正副庭长、审判员及检察院检察委员会委员、检察员共44人;接受县人大常委会主任1人、县长1人、副县长辞职2人。1998年3月至2003年1月,县十二届人大常委会人事任免23次,任命国家工作人员111人。其中,代县长2人、副县长2人,县人大常委会各办正副主任14人,政府组成单位正职61人,法院审判委员会委员、正副庭长、审判员20人,检察院副检察长、检察委员会委员、检察员12人;免去县人大常委会政法办主任,政府组成单位正职,法院副院长、正副庭长及人民检察院副检察长、检察委员会委员、检察员共41人;接受县长辞职2人、副县长辞职3人,撤销政府组成单位正职1人。2003年2月至2007年3月,县十三届人大常委会人事任免14次,任命国家工作人员110人。其中,代县长1人、副县长6人,县人大常委会各办正副主任10人,政府组成单位正职49人,法院副院长、审判委员会委员、正副庭长、执行局副局长30人,检察院代理检察长1人、检察委员会委员、检察员13人;免去县人大常委会各办正副主任,政府组成单位正职,法院副院长、审判委员会委员、正副庭长、审判员,检察院副检察长、检察委员会委员、检察员共45人;接受县长辞职1人、副县长辞职2人、检察长辞职1人。2007年4月后,县十四届人大第一次常委会至第十三次常委会期间人事任免6次,任命国家工作人员46人;其中,副县长2人,县人大常委会办公室正副主任2人,政府组成单位正职36人,法院审判委员会委员、庭长6人。免去副县长1人,人大常委会办公室主任1人,政府组成单位正职7人,法院庭长3人,检察院副检察长、检察委员会委员、检察员4人;接受副县长辞职1人。

第四节　代表联络

县代表列席常委会议制度

1987年起,建立县代表列席常委会会议制度,为代表参与管理国家事务、履行职务创造条件。历次县人大常委会例会会议均安排2乡镇各2名县代表列席,促进代表熟悉人大业务工作和法律程序,提高依法履职能力和水平。至2008年,县代表列席常委会会议584人次。

县代表联络与组织活动

1985年,县人大常委会制订《县代表联系工作制度》,以乡镇为单位成立县代表小组,帮助和促进代表闭会期间执行职务。1987年,成立选任联办后,与县代表开展经常性联络活动;1990年,组建代表议政室。1993年起,开展“创先进人大主席团,争当优秀县代表和人大干部”活动。2003年起,建立常委会委员联系人大代表制度,加强常委会组成人员与代表和选民联系。至2008年,县人大常委会不定期召开代表联络工作会、代表小组负责人会和代表座谈会79次,印发常委会会刊24期、人大会会刊11期、《代表通讯》44期。

收集代表建议批评和意见

1985~1987年5月,县八届人大常委会走访县代表及驻县省、市代表892人次,听取代表对各方面工作建议、批评和意见。1987年6月至1990年4月,县九届人大常委会走访代表825人次,收到建议、意见180余条。1990年5月至1993年1月,县十届人大常委会对县内省、市、县三级人大代表进行普访,走访率90%以上。1993年2月至1998年2月,县十一届人大常委会每年9~10月定期走访县代表,收集代表建议、意见205条。1998年3月至2003年1月,县十二届人大常委会走访代表767人次,收集代表建议、意见266件。2003年2月至2007年3月,县十三届人大常委会走访代表615人次,收集代表建议、意见258件。2007年4月至2008年12月,县十四届人大常委会走访代表308人次,收集代表建议、意见148件。历年走访座谈中收集代表建议、意见,由县人大常委会及时归纳整理,转交“一府两院”及有关部门办理。

第五节　议案与建议办理

1984~2008年,收到代表议案49件,建议、批评和意见1261件。议案办理,由县人大常委会相关工作机构组织相关部门走访座谈,进行调查研究,提出审议意见,做出书面答复。对代表建议、批评和意见,县人大常委会按农林水、教科文卫、工业交通、城建环保、财政经济、政法等方面进行整理分类后,分别转县政府及法院、检察院办理。办理过程中,县人大常委会、县政府联合召开办理工作会议,专门研究落实办理事宜。承办单位根据办理要求,必须在规定时间内全部办理答复完毕。对少数办理不满意的退回重办,直到代表满意。县八届人大三次会议《关于调整杨家桥乡行政区划》议案,县政府认真办理,经提请县委常委会研究决定,对行政区划进行调整:杨家桥乡更名宝塔乡;原宝塔乡更名木环乡,部分村划归新宝塔乡。县九届人大四次会议《关于加强社会治安综合治理》议案,县人大常委会转县公安局办理,该局深入调查研究,讨论制定社会治安综合治理方案,严厉开展打击截车、拦路抢劫和盗窃、诈骗活动,指导有关部门建立群防群治、自防自治组织,加强对违法青少年帮教,开展整警纪、正警容、廉洁奉公、秉公执法教育,有效促进地方社会秩序和治安情况好转。

德安县第八至第十四届人大议案建议办理一览表

表 18－3－1　　单位:件、%

届次	年份	议案	建议	办理情况					
				已解决	占比	待解决	占比	难以解决	占比
八	1984	27	65						
	1985	8	105						
	1986	4	87						
九	1987	3	82						
	1988	3	35	22	58.0	8	21.0	8	21.0
	1989	1	26	11	40.1	8	29.6	9	33.3
十	1990	1	89	46	51.0	27	30.0	17	19.0
	1991		72	22	30.6	21	29.1	29	40.3
	1992	1	52	14	26.0	24	46.0	15	30.0
十一	1993		57	9	15.8	24	42.1	15	26.3
	1994		54	14	24.7	23	43.2	17	31.9
	1995		46	18	39.1	8	17.4	9	19.5
	1996		42	13	30.1	9	21.4	20	47.6
	1997		14	6	42.8	4	28.6	4	28.6
十二	1998		49	22	44.8	13	26.6	14	28.6
	1999		28	9	32.0	7	25.0	12	43.0
	2000	1	31	12	37.5	6	18.8	14	43.7
	2001		19	9	47.4	5	26.3	5	26.3
	2002		37	13	35.1	13	35.1	11	29.8
十三	2003		43	16	37.2	17	39.5	10	23.3
	2004		45	15	33.3	18	40.0	12	26.7
	2005		35	13	37.1	12	34.3	10	28.6
	2006		51	16	31.4	17	33.3	18	35.3
十四	2007		54	21	39.0	22	41.0	11	20.0
	2008		43	24	55.8	14	32.6	5	11.6

第六节　调查　视察

1985～1987年，县八届人大常委会组织代表视察11次。主要内容有县城建设规划方案执行、县城建设与环境保护、工业生产、杂交水稻制种、林业生产和绿化工作、政府工作报告提出15件大事落实情况、农业生产等。对教育体制改革、博阳河流域综合治理与开发利用、国民经济计划执行、公路建设、《中华人民共和国森林法》贯彻执行情况、旱稻病虫害防治、乡办企业扭亏增盈等进行13次专项调查。1987～1990年，县九届人大常委会组织代表视察8次，主要内容有整顿农贸市场秩序和加强物价管理、看守所和拘留所工作、工业生产、春耕备耕、植树造林、粮食生产等。对《中华人民共和国土地管理法》《中华人民共和国义务教育法》《中共中央关于教育体制改革的决定》贯彻落实情况进行检查。对《中华人民共和国渔业法》《江西省经济合同管理条例》《江西省野生动物资源保护条例》进行立法调研。对《江西省人大常委会关于在全省范围内进行执法大检查的决定》《中华人民共和国矿产资源法》《中华人民共和国文物保护法》贯彻执行情况和社会治安状况、农村科普工作进行调查9次。1990～1993年，县十届人大常委会组织代表视察10次，主要内容有清理乱设卡乱收费乱罚款、九年制义务教育、农村医疗卫生、城镇建设、工业生产、农村水利建设、农业生产工作等。对环境保护、《江西省计划生育条例》《中华人民共和国食品卫生法》《中华人民共和国药品管理法》《中华人民共和国婚姻法》贯彻执行情况等进行专题工作调查8次。1993～1998年，县十一届人大常委会组织代表视察17次，主要内容有《全民所有制工业企业转换经营机制条例》《江西省农民负担管理条例》贯彻落实情况、乡镇企业翻番、油菜籽收购、城市规划建设与管理、蔬菜生产、附城联圩除险保安、县城总体规划、县医院创乙级甲等、聂桥和丰林镇科技开发、乡镇企业发展、东门港和义峰山建设与管理情况等。对职业教育、农民减负、社会治安、水资源综合利用、老年人合法权益、申诉案件处理、铁路沿线社会治安综合治理、环境保护、矿产资源保护、落实企业自主权和增强企业活力、科技兴农、初等义务教育、城镇卫生管理、预防未成年人犯罪、计划生育、公路征费、爱国卫生、代表建议意见落实情况等，进行专项工作调查和立法调研21次。1998～2003年，县十二届人大常委会组织代表视察13次，主要内容有冬修水利、移民建镇、农民减负、附城圩二坡台工程建设、聂桥镇科技兴镇、浔阳电子仪器厂深化企业改革、中德合作造林和水土保持工程项目实施、国家农业综合开发项目实施等。对《中华人民共和国土地管理法》修订和《中华人民共和国电力法》《中华人民共和国农资管理条例》执行情况、财政预算执行审计工作、兴建老年门球场、兴建机械化生猪屠宰线、农民减负、灾后重建、农业科技成果转化、《中华人民共和国矿产资源开采管理条例》《江西省人大常委会关于个案监督的若干规定》《江西省县级以上人民代表大会常务委员会监督条例》立法、民事行政案件检查工作、下岗职工再就业及基本生活保障、《江西省档案管理条例》立法、法院和检察院工作、公安工作等进行专题立法调研和工作调查17次。2003～2006年，县十三届人大常委会组织代表视察18次，主要内容有乡村公路建设、农业产业结构调整和退耕还林、林权制度改革、发展粮食生产和增加农民收入、招商引资，工业园区和城市、垃圾处理场、饮用水取水口、农村小水利建设，民营企业发展，附城圩堤改造工程等。对环境污染、反贪污贿赂、社会治安、矿产资源保护与开发利用、义峰山风景区保护与建设管理、落实中央惠农政策和促进农民增收、优质高中和实验小学建设、房地产开发与建设管理、保护母亲河—博阳河、《中华人民共和国职业教育法》《中华人民共和国城市规划法》《中华人民共和国农业法》《中华人民共和国水污染防治法》《中华人民共和国民办教育促进法》《中华人民共和国防震减灾法》《中华人民共和国消防法》《中华人民共和国会计法》《中华人民共和国农村土地承包法》《中华人民共和国工会法》《中华人民共和国土地管理法》《中华人民共和国环境影响评价法》贯彻执行情况等进行26次专项工作调研和执法调查。2007～2008年，县十四届人大常委会组织代表视察9次，主要内容有工业园第四期开发、园区企业生产、新农村建设、经济适用房建设、抗冻救灾、城市规划，优质高中建设等。对农业产业化经营、附城圩堤改造工程、安全度汛、环保赣江行、博阳河生态环境保护、城市污水与垃圾处理、节能减排、《中华人民共和国种子法》《中华人民共和国农作物种子管理条例》《中华人民共和国林木种子管理条例》贯彻执行情况、农业机械化推广、经济适用房建设、民生工程、道路交通安全、新型农村合作医疗、强农惠农政策落实、企业污水处理、财政预决算执行等情况,进行21次专项工作调研和执法调查。至2008年,组织和参与省、市人大代表视察49次。乡镇人大不定期组织辖区内县乡两级代表视察、调查,关注和促进解决群众关心的热点、难点问题。

第七节　来信来访处理

1985~1987年6月,县八届人大常委会共受理代表和群众来信173件,接待来访539人次。实行常委会副主任分管信访工作、重大疑难问题提交主任会议研究处理工作机制。1987年7月至1990年4月,县九届人大常委会共受理代表和群众来信107件,接待来访72人次。成立专门信访接待室,对群众来信实行常委会分管副主任阅批制度。1990年5月至1993年1月,县第十届人大常委会受理信访156件,接待群众来访63人次。1993年2月至1998年2月,县十一届人大常委会受理信访176件,接待群众来访157人次,对受理信访件和来访事项按"分级负责、归口办理"原则,及时转交有关部门办理。对其中重要信访件,实行常委会主任或分管副主任批转和督办。1998年3月至2003年1月,县十二届人大常委会受理信访90件,接待群众来访178人次。对重要来信来访的申诉、控告,由常委会主任或副主任批办,督促有关部门依法处理。如1999年上半年,县教委根据全县教育布局和生源情况,对部分学校进行撤并,决定撤销邹桥中学高中部,为此,邹桥片区人大代表联名上访,要求保留邹桥中学高中部。县人大常委会根据代表意见召开主任会议,抽调人员会同政府及有关部门实地调查,在邹桥片区召开部分人大代表、乡领导和群众代表座谈会,在充分听取意见基础上,县政府同意继续保留邹桥中学高中部。2003年2月至2007年3月,县十三届人大常委会贯彻全国人大常委会委员长吴邦国和副委员长盛华仁有关信访工作指示精神,加大信访工作力度,调配具有一定工作经验和法律知识专业人员负责办理信访工作,修订《德安县人大常委会信访工作办法》。接待群众来访265人次,受理群众信访141件。2007年4月至2008年,县十四届人大常委会完善人大信访各项规章制度,坚持"四个原则":信访件拆阅和接访一个不漏,件件有人管;来信来访登记一个不掉,件件有案可查;求诉类信访事项交办一件不丢,件件有去向;要求反馈信访件回复一个不忘,件件有结果。把握"三个工作重点":办理好群体访、越级访、重复访、异常访,促进社会稳定;注重办理好与社会经济发展、广大群众切身利益密切相关、特别是弱势群体信访事项,维护好群众合法权益,促进地方经济发展;认真办理好上级人大常委会交办信访事项。受理群众信访47件,接待来访75人次。

第八节　乡镇人大工作指导

1985年以来,县人大常委会加强对乡镇人大工作指导。每年至少专门研究乡镇人大工作1次,组织召开乡镇人大干部会议1次,组织县人大常委会成员和乡镇人大干部参加法律、法规讲座1次,提高乡镇人大干部政治素质、业务水平。县人大常委会开展视察、调查、执法检查、调研、评议工作等重大活动,均安排相关乡镇人大干部参加,多次组织乡镇人大干部赴陕西、云南、青岛、大连等地学习考察。指导和帮助乡镇人大搞好制度建设,使乡镇人大工作规范化,制度化。根据《江西省乡(镇)人民代表大会工作条例》规定,1995年,制定《德安县乡(镇)人大主席团十项制度》。为系统指导乡镇人大工作,常委会成员及委办干部实行分乡分片联系制度,帮助和指导乡镇依法开好人大会议,开展执法检查、视察和评议活动,落实代表建议议案办理等工作。

第四章　乡镇人民代表大会

第一节　人大代表

选举机构与选举部署

历次换届，在县人大常委会指导下，制定选举工作方案，成立选举委员会，设相应选举机构，组成秘书、组织、宣传、指导等工作组，负责日常工作。选举工作依法分步进行，分配代表名额，划分选区，宣传动员，登记选民，公布名单，提名推荐、酝酿协商候选人，组织选举，产生代表。

选区划分与名额分配按“每一代表所代表的人口大体相等”和“每一选区选举1～3名代表”原则划分选区。1987年换届选举，乡镇人大代表基数为30名，按每增加1500人递增1个名额原则核定代表数；1990年、1993年换届选举，代表基数为50名，按每增加1500人递增1个名额原则核定代表数；1996年、1999年、2002年、2007年换届选举，代表基数为40名，按每增加1500人递增1个名额原则核定代表数。

代表产生

1985～2008年，举行乡镇人大代表换届选举7次，分别为1987年、1990年、1993年、1996年、1999年、2002年、2007年，其中1987年、1990年、1993年、2007年与县人大代表换届选举同步进行。乡镇人大代表由选民差额选举产生。

代表构成

历届乡镇人大代表选举，在提名协商酝酿候选人时，保证工人、农民、知识分子、党外人士在代表中占有适当比例。各政党、人民团休和选民10人以上联合提名的代表候选人中，中共党员一般不超过65%，妇女代表一般不低于20%。

第二节　代表大会

乡镇人民代表大会会议是乡镇人大行使职权的基本形式，每年至少举行1次。会议召开前，举行预备会议，由主席团主持，通过会议议程及议案审查委员会、财政预决算委员会名单。会议召开时，听取和审议乡镇政府、人大主席团工作报告和财政决、预算报告，通过各项决议，收集和处理人大代表议案、建议、批评和意见。历届第一次会议选举产生乡镇人大主席、副主席和乡镇政府正、副乡镇长。1987年1～5月，19个乡镇换届选举，选出乡镇人大代表658人，分别召开乡镇人民代表大会第一次会议，选举产生乡镇人大主席、乡镇政府正、副乡镇长，完成会议各项议程。1989年12月至1990年3月，19个乡镇换届选举，选出乡镇人大代表828人，分别召开乡镇人民代表大会第一次会议，选举产生乡镇人大主席团主席和正、副乡镇长，完成会议各项议程。1992年10月至1993年1月，18个乡镇换届选举，选出乡镇人大代表991人，分别召开乡镇人民代表大会第一次会议，选举产生乡镇人大主席和正副乡镇长，完成会议各项议程。1995年11月至1996年2月，18个乡镇换届选举，选出乡镇人大代表991人，分别召开乡镇人民代表大会第一次会议，选举产生乡镇人大主席和正、副乡镇长，完成会议各项议程。1998年遭受严重洪涝灾害，省人大常委会统一部署，乡镇人大换届可适当推迟。1999年11月至2000年2月，18个乡镇换届选举，选出乡镇人大代表992人，分别召开乡镇人民代表大会第一次会议，选举产生乡镇人大主席和正、副乡镇长，完成会议各项议程。2001年12月至2002年3月，13个乡镇换届选举，选出乡镇人大代表816人,分别召开乡镇人民代表大会第一次会议,选举产生乡镇人大主席和正、副乡镇长,完成会议各项议程。2006年11月至2007年4月,13个乡镇换届选举,选出乡镇人大代表709人,分别召开乡镇人民代表大会第一次会议,选举产生乡镇人大主席和正、副乡镇长,完成会议各项议程。

第三节　主要工作

1986～2008年,依照《中华人民共和国地方组织法》和《江西省乡(镇)人民代表大会工作条例》规定,乡镇人大组织召开代表大会会议和主席团会议,研究工作,听取乡镇政府工作报告,讨论决定重大事项;组织代表联系选民,开展代表小组活动,向选民述职,接受选民监督;组织检查《中华人民共和国环境保护法》《中华人民共和国义务教育法》《中华人民共和国人口和计划生育法》《中华人民共和国土地管理法》《中华人民共和国水污染防治法》等法律法规和有关决议、决定在本乡镇内实施和执行情况。对农村基础设施建设、农村经济发展、教育、科学、文化、卫生、计划生育、社会治安、社会保障等工作开展视察调查,提出建议意见;组织人大代表对乡镇政府及基层站所开展工作评议。督促乡镇政府及时办理人大代表议案、建议和意见。各乡镇人大制订和完善规章制度和议事办法有:乡镇人民代表大会会议制度、主席团会议制度、主席团联系代表制度、代表联系选民制度、代表视察制度、代表小组活动制度、办理代表议案和建议、意见制度、接待来信来访制度、代表评议制度、代表创先争优制度等。

卷十九

人民政府

卷十九　人民政府

1985～2008年，为第八届至第十四届德安县人民政府（县政府）任期，其中第八届在本志时段内任期2年2个月，第九届2年10个月，第十届2年9个月，自第十一届起，每届由3年改为5年。历届县政府贯彻执行中共十一届三中全会以后的路线、方针、政策，按照省、市统一部署和工作具体要求，坚持以经济建设为中心，坚持改革开放，走以农业为基础，工业为主导，各业协调发展路子。先后制定实施5个“五年计划”，深化经济体制改革、工业强县、科教兴县，推进城区和农村城镇化建设，实施可持续发展战略，做好外事、侨务、台港澳事务。加强和改进政府自身建设，不断提升政府形象和服务功能，促进全县现代化建设，城乡居民收入稳步增长，社会和谐发展。

第一章　县政府组成

第一节　机构设置

组成部门

1985年,县政府组成部门有:政府办公室、计划委员会、经济委员会、科学技术委员会、财政局、城乡建设局、交通局、粮食局、商业局、工商行政管理局、物价局、教育局、文化广播电视局、司法局、公安局、水利电力局、乡镇企业管理局、卫生局、统计局、劳动人事局、民政局、国有土地管理局、计划生育办公室、环境保护办公室、对外经济合作办公室。

2008年,县政府组成部门有:政府办公室、发展和改革委员会、经济贸易委员会、财政局、审计局、城乡建设局、民政局、监察局、司法局、公安局、劳动和社会保障局、统计局、教育局、科学技术局、文化广播电视局、卫生局、计划生育委员会、交通局、国土资源局、农业局、林业局、水务局、环境保护局、粮食局、安全生产监督管理局、扶贫开发办公室。

工作部门

1985年,改革开放后第一次机构改革结束,县政府设置工作部门31个。1995年增至43个。1996年,第二次机构改革,设置工作部门31个。2002年,第三次机构改革,设置工作部门20个。

直属事业单位

2008年,设置直属事业单位5个。县政府部分工作部门、直属事业单位、合署分设和内部机构设置演变情况,在相关卷章中随事记录。

派出机构

1994年、1995年,先后设置驻海南、深圳、上海、厦门、黑河办事处。2002年,撤销驻外机构。2008年,派驻宝塔工业园管理委员会。

条块共管单位

2008年,县内条块共管单位有国税局、地税局、工商局、质监局、银监局、供电局、邮政局、药监局、烟草局、盐务局、运管局、气象局、人行、中行、工行、农行、建行、农发行、农合行、人保公司、财保公司、电信公司、移动公司、联通公司、网络公司、石油公司、长运公司、医药公司、公路运输分局、港航所、田塘收费站、新华书店等。

直属工业企业

1985年,有水泥厂、棉纺厂、内配厂、制动器厂、铸造厂、砂轮厂、第二砖瓦厂、印刷厂、碳酸钙总厂、萤石矿、锑矿、付山煤矿、供电公司、电子器材公司等。

20世纪90年代,根据经济形势发展和工业结构调整,先后兼并、关闭部分企业。2000年后,随着企业产权制度改革推进,除供电公司上划外,县直企业相继改制或破产、拍卖。

第二节　人员组成

历届县政府由县长、副县长和政府组成部门主要负责人组成。1985~2008年,县政府换届7次,由县人民代表大会及其常委会选举产生县长、代县长11人次,副县长48人次。政府组成部门正职由县人大常委会任命，副职由政府任命。政府办事机构正职由县委任命，副职由政府任命。至2008年，县人大常委会任免政府组成部门主要负责人361人次。

1985～2008年历届县政府县长、副县长名录

表19－1－1

届次	职务	姓名	任职时间	籍贯
第八届	县长	肖永政	1984.6～1987.6	江西南昌县
	常务副县长	陈庆勋	1984.3～1987.5	广东潮阳
	副县长	巴业松	1984.6～1987.6	江西都昌
	副县长	郑远馥	1984.6～1987.6	江西九江市
	副县长、代县长	周雍强	1987.6～1987.6	江西湖口
第九届	县长	周雍强	1987.6～1990.4	江西湖口
	常务副县长	罗嗣恒	1987.6～1990.4	江西都昌
	副县长	巴业松	1987.6～1990.4	江西都昌
	副县长	吴柏麟	1987.6～1990.4	江西星子
	副县长	郑远馥	1987.6～1990.4	江西九江市
	副县长	史之汉	1990.2～1990.3	江西彭泽
	代县长		1990.3～1990.4	
	副县长	张宜卿	1990.2～1991.5	江西樟树
第十届	县长	史之汉	1990.4～1991.5	江西彭泽
	常务副县长	张宜卿	1990.4～1991.5	江西樟树
	县长		1991.5～1993.1	
	副县长	吴柏麟	1990.4～1993.1	江西星子
	副县长	门国光	1990.4～1993.1	山东广饶
	副县长	岳永香（女）	1990.4～1993.1	河南新县
	副县长	郑远馥	1990.4～1993.1	江西九江市
	副县长	李铁铮	1991.4～1993.1	浙江温州
	副县长（挂职）	张玉印	1991.5～1993.1	江西彭泽
	副县长	邓太火	1992.10～1992.10	江西星子
	代县长		1992.10～1993.1	
第十一届	县长	邓太火	1993.1～1994.5	江西星子
	常务副县长	邹建飞	1993.1～1998.2	江西南昌市
	副县长	岳永香（女）	1993.1～1998.2	河南新县
	副县长	门国光	1993.1～1994.8	山东广饶
	副县长	徐志荣	1993.1～1998.2	江苏启东
	副县长	熊崇涛	1993.1～1997.11	德安米粮铺
	副县长	刘圣玺	1993.8～1998.2	江西泰和
	副县长	胡元斌	1994.5～1994.5	江西九江县
	代县长		1994.5～1995.1	
	县长		1995.1～1998.2	
	副县长	魏建忠	1994.12～1998.2	德安磨溪
	副县长（挂职）	李素华（女）	1995.6～1997.7	江西新余
	副县长（挂职）	彭月朋	1996.12～1998.2	江西南昌市
	副县长（挂职）	王贤春	1997.7～1998.2	江西瑞昌
	副县长（挂职）	许祥云	1997.7～1998.2	江西临川

续表 19－1－1

届次	职务	姓名	任职时间	籍贯
第十二届	县长	胡元斌	1998.2~1999.1	江西九江县
	常务副县长	闵长泉	1998.2~2003.1	德安磨溪
	副县长	魏建忠	1998.2~2003.1	德安磨溪
	副县长	王小军	1998.2~2003.1	浙江淳安
	副县长	万　斌	1998.2~2003.1	江西星子
	副县长	张学英(女)	1998.2~2003.1	德安塘山
	副县长	李秀木	1999.1~2003.1	德安丰林
	副县长	熊永强	1999.3~1999.3	江西南昌县
	代县长	熊永强	1999.3~2000.1	江西南昌县
	县长	熊永强	2000.1~2003.1	江西南昌县
	副县长(挂职)	郑建良	2001.1~2003.1	江西新干
	副县长	董学煌	2002.6~2002.6	江西星子
	代县长	董学煌	2002.6~2003.1	江西星子
第十三届	县长	董学煌	2003.1~2006.3	江西星子
	常务副县长	袁有福	2003.1~2007.3	德安河东
	副县长	王德声	2003.1~2007.3	安徽和县
	副县长	罗时荣	2003.1~2007.3	德安磨溪
	副县长	徐李全	2003.1~2004.3	江西龙南
	副县长	程玲香(女)	2003.1~2007.3	德安聂桥
	副县长(挂职)	郑建良		江西新干
	副县长	窦　鸣	2005.2~2007.3	河北肃宁
	副县长、代县长	叶心林	2006.2~2007.3	江西武宁
	副县长	洪碧霞(女)	2006.6~2007.3	江西都昌
	副县长	徐礼云	2006.6~2007.3	江西九江县
	副县长	徐　卫	2006.6~2007.3	江西瑞昌
	副县长(挂职)	彭　琦(女)	2006.10~2007.3	湖南澧县
第十四届	县长	叶心林	2007.3~	江西武宁
	常务副县长	袁有福	2007.3~	德安河东
	副县长	洪碧霞(女)	2007.3~	江西都昌
	副县长	徐礼云	2007.3~2008.12	江西九江县
	副县长	程玲香(女)	2007.3~	德安聂桥
	副县长	窦　鸣	2007.3~	河北肃宁
	副县长	徐　卫	2007.3~2007.7	江西瑞昌
	副县长	朱发炳	2007.7~	江西修水
	副县长	江昌英	2008.12~	德安塘山

第二章　政务管理

第一节　政务会议

会议制度

全体会议　县政府全体会议由县长、副县长、调研员、县长助理和县政府组成部门主要负责人组成，由县长或县长委托常务副县长召集。必要时，吸收县政府工作部门、县直单位、乡镇政府正职或副职，或有关部门和单位人员列席。会议主要议题包括：传达贯彻上级和县委指示、决定和工作部署，讨论通过提请县人民代表大会审议的政府工作报告草案等，决定和部署县政府重要工作，讨论通过按法律规定需要由县政府全体会议决定的事项，通报全县政治经济情况，协调各部门工作。全体会议一般每半年召开1次。至2008年，召开县政府全体会议53次。

常务会议　县政府常务会议由县长、副县长、调研员、县长助理、县政府办公室主任及政府党组成员组成。1996年后，吸收县人大、政协副职1人、人武部主官1人为会议组成人员。根据会议内容，可吸收有关部门、单位主要负责人列席，未涉及本部门工作时，该部门负责同志可退出会议。会议由县长或县长委托常务副县长召集，一般情况下，须有县长和副县长半数以上出席。会议主要议题包括：传达和研究贯彻上级指示、决定及重要会议精神；讨论报请上级和县委审定的事项；研究贯彻县人民代表大会的决议、决定，讨论提请县人民代表大会或县人大常委会审议的议案；分析形势、互通情况、总结工作、讨论研究县政府工作部署和全局性重大问题；筹备县政府全体会议；讨论县政府重要文件、部门和乡镇政府报告的重要事项；听取县政府各部门工作重要情况报告，讨论决定其请示的涉及方针、政策，带全面性的重要事项；讨论其他按规定需要县政府常务会议决议的有关事项。1985～2003年，实行不定期召开，2004年规定原则上每月1次，2006年规定每月2～3次。至2008年，召开县政府常务会议356次。

办公会议　县长办公会议是县政府处理日常工作的行政例会，由县长、分管与会议研究内容有关的副县长、调研员、县长助理、县政府党组成员组成，由县长或由县长委托常务副县长及其他副县长召集。根据会议内容吸收有关部门、单位主要负责人参加。会议主要议题包括：讨论决定政府工作的重要事项，协调处理乡镇之间、部门之间重要事项和需要县长办公会议决定的其他事项。

会议审批

1987年，县政府规定：凡以县政府名义召开的会议，一般由县长碰头审批，重大会议由县长办公会议决定，各部门召开的全县性业务会议由分管副县长或办公室主任审批。凡涉及乡镇长、副乡镇长参加的会议，需经县政府批准。2003年县政府重新明确：凡以县政府召开的会议，一般会议由县长或常务副县长审批，重大会议由县政府常务会议决定。各部门召开的全县性会议，一般不邀请乡镇长参加，确需参加的，须报县长或常务副县长审批。

第二节　政务公开

部门政务公开

1987年以来，实行办事制度、办事程序和办事结果公开，逐步建立和完善政务（厂务、校务、院务、村务）公开制度。2000年后，县直各部门推行“政务公示制、服务承诺制、首问责任制”等制度，凡与人民群众切身利益相关事项,除法律法规明确不宜公开的都予公开,如:民政优抚政策、居民低保政策及享受群体相关规定、水务部门专项水利资金安排使用情况、教育部门民办教师转编、组织人事部门干部选拔聘用,医疗卫生部门收费、土地征收规定及补偿、房屋拆迁补偿、林政部门木竹采伐、学杂费收费标准等。县政府聘请政务公开监督员,设立举报箱和电话,对违法违纪违规、行政不作为、行政过错行为等典型事例,通过新闻媒体公开曝光。

乡镇政务公开

1990年后,乡镇推行政务公开制度并逐年完善,在政府办公楼前或群众相对集中场所设公开栏。公开内容主要有:乡镇财政收支、计划生育、农村各项政策和有关规定落实(如山林权属落实)、各项经济发展目标完成、农村土地征用和宅基地审批使用、企业经营承包及基建项目招投标、乡镇干部蹲点和扶村帮户责任落实、义务工和积累工使用情况等。

第三节　行政审批

公文处理

凡以县政府名义发文,先经分管副县长审核,由县长签发。属于规范性文件,由法制办审核或组织起草,规范性文件的解释工作由法制办承办。属于法律文书,须先由法制办会同县政府法律顾问审核。凡以县政府办名义发文属县政府工作范畴的,一般事项由分管副县长签发;需要与县政府其他领导协商会签的,协商会签后由分管副县长签发;事关全局和涉及机构、编制、人事、财税、经费等方面和主送省、市政府及其部门的重要文件,由分管副县长核报常务副县长,由县长签发。部门报送县政府审批的公文或要求县政府、政府办发文,涉及其他部门职权范围的,主办部门应事先与相关部门协商一致,并经有关部门负责人会签后报县政府;部门间如有分歧意见,主办部门应将相关部门意见及依据列明,提出倾向性意见,并将相关部门提出的意见或协调会议纪要作为附件,经相关部门负责人会签后,上报县政府协调或裁定。部门、乡镇政府报送县政府审批的公文,由主要负责人签发。除紧急、重要事项外,部门、乡镇政府请示、报告一般不能同时主送多个领导机关,也不能直接送县领导审批,均应经政府办归口报分管领导。凡经县政府领导审批的文件,政府办逐件登记,按领导指示办理。属政府部门职权范围内的事务,由部门自行发文,涉及多个部门职责的,必须事先征得相关部门同意,由相关部门联合发文,相关部门事先没有协商一致的,不得自行发文,更不得要求县政府批转或政府办转发。须经县政府审批的事项,经县政府同意可由部门行文,文中须注明经县政府同意。

请示报告

县政府向市政府请示报告事项有:贯彻执行党和国家方针政策所采取的重大决定和措施,经济体制和政治体制的重大改革,政府组成部门的设立和乡镇以上行政区的调整、合并、撤销及名称更改,重大事故的发生和重大涉外事项;按照有关规定需要报请市政府备案的人事任免,市政府规定需要请示报告的事项。

县政府向县委请示报告的事项有:贯彻执行党和国家方针政策新制订的重要政策性规定;全县性经济、政治和科技、教育、文化、卫生、金融、劳动等体制改革及对外进行经济、技术、文化等方面合作交流的重大方案和重大措施;全县国民经济和社会发展规划(计划)、财政预决算及重大调整、大额专项资金使用情况;由中央或地方财政投资的重大基本建设项目,城乡建设总体规划、布局、方针、原则;上级政府及有关部门召开的涉及重大方针、政策的会议情况和贯彻意见;副科级以上行政机构设置、调整、合并、撤销、更名及编制等重大问题;法制方面的重大问题,含颁布全县性贯彻有关法规的实施办法或措施;涉及全县性和人民群众切身利益的其他重大行政措施和工作部署;县政府常务会议、党组会议决定报请县委审定的事项;县委规定须请示报告的事项。

县政府向县人民代表大会及其常务委员会报告的事项有:县政府工作报告,全县国民经济和社会发展年度计划、长远规划,财政预决算的制定及重大调整,涉及县政府工作全局性的重大问题,根据县情拟定的执行国家法律、法令的地方行政措施,县政府组成人员的任免,按地方组织法有关规定须报告的工作和报请审议的事项。

部门、乡镇政府必须向县政府请示报告事项有:制定和出台全县性的重大政策和改革措施,各类专项经费和政府性基金的安排和使用,添置和处置大宗国有资产(房产、地产、汽车等)和用国有资产提供担保,由财政出资的建设项目,涉及全县性的机构、编制、人事问题,向中央、省、市政府部门报告的重大项目和重大事项,涉及人民群众切身利益和社会稳定的问题,县政府规定必须请示报告的事项。同时,下列事项须及时报告:突发性事件、群体事件、重大事故;副厅级以上领导或上级重要部门负责人及重要客商来县;上级部门重要来文、来电和重要会议情况;经济运行中的重要情况;主要负责人离县外出,事先向县长报告。

第三章　重要施政

第一节　第八届政府重要施政(1984～1986)

稳农业促进农村经济发展

新建、改造农田基础设施267项,完成土石方192万立方米,农田水利基本建设和土地利用得到加强和保护,农业生产力得到提升。1986年,农业总产值493万元,比1985年增长4.6%;粮食总产81082吨,创历史较高水平。林、牧、副、渔及多种经营在农业总产值中占比为52.8%,各业协调发展,比例日趋合理。

强工业提升企业经济效益

全县工业总产值年均递增25.7%,高于省、市年均增长水平。1986年,完成工业总产值1.75亿元,超计划20.2%,比上年增长42.8%。上交利税1227.2万元,占财政收入1832万元的66.99%。工业生产连续3年被评为全省经济效益先进县。

增投资加强基础设施建设

投入1100余万元,建成110千伏变电站1座,35千伏变电站2座,在建35千伏变电站1座。1986年,全县供电量1920万度。交通、邮电、环保基础设施和城乡市政配套建设有很大发展。

改体制顺应经济社会发展

学习、宣传、贯彻执行中共中央关于经济体制改革的决定,积极推进城乡经济体制改革,工交财贸战线普遍建立和健全经济承包责任制。开展工业普查。大力开展和推进技术革新和改造,提升企业等级,经济效益明显提高。

第二节　第九届政府重要施政(1987～1989)

深化改革扩大开放

进一步稳定和完善农村家庭联产承包责任制,推行以扩大乡级权限为主要内容的农村综合改革试点,农、林、牧、副、渔、茶、果等得到全面发展。全县国有、集体企业实行厂长(经理)负责制和承包经营责任制。

加强农林水基础建设

1988年,完成农业总产值5365万元,比上年增长13.2%,上缴农业税380万元。完成水利工程158项,土石方80.7万方,东门洲圩堤北门桥至公安局段标准化加固。池塘改造330余公顷,造林2000公顷,分别为1987年的3倍和2倍。

加快工业企业技术改造

1987年,实施工业企业技术改造,至1989年,投入资金867万元,完成技改项目21项。其中致冷剂厂冷却塔、水泥厂机立窑、棉纺厂1万锭纱生产线、制动器厂汽车配件生产线、锑锌矿鼓风炉等项目均取得良好效益。1989年末,完成工业总产值5030万元,比上年增长11%,其中全民所有制企业4147.5万元,比上年增长5%。完成销售收入9934.5万元,比上年增长33.5%。实现利税2353万元,比上年增长71.5%。

促进商贸流通

1989年,完成社会商品零售总额10821万元,比上年增长26.9%。新建农贸市场4404平方米,集贸成交额2400万元,比上年增长40.3%。财政收入2989.5万元,比上年增长9.4%;支出2655.8万元,比上年增长7.86%,收支基本平衡。

维护社会稳定

加强治安管理,防止治安事件发生,保持社会稳定。强化法制建设,开展坚持四项基本原则,反对资产阶级自由化教育活动,开展扫黄打黑活动,扫除"六害"滋扰,确保全县政治、经济稳步发展。

第三节　第十届政府重要施政(1990～1992)

调整农业产业结构

1990年,制定"实现8个突破、完成8项建设、办好8件实事"工作目标。至1992年,实施"粮棉果三分天下"战略,稳粮扩棉,发展水果,抓好良种优化。引进扩种特优稻267公顷,棉花扩种至3800公顷,新辟果园1787公顷。新建县园艺场,开发果园133公顷。完成水利工程232处,土石方82万方,实施牛角湾截弯取直工程和配套设施建设,成立牛角湾水产养殖场。林业、水产、畜禽和其他经济作物全面完成生产计划。

推进国企二轮承包

1991年,进一步深化财政管理体制改革,推行"定收定支、收支挂钩、超收分成、短收自负、超支不补、节余自用"财政管理体制。推进国有企业第二轮经营承包。

加强招商引资

1992年,制定《昌九工业走廊德安经济区规划要点》《关于鼓励引进、加快建设昌九工业走廊德安经济区的若干规定》,出台14条招商引资优惠政策。启动宝塔开放开发区建设。完成德白公路一期改造。建成4000门程控电话、360—390门长话自动交换平台。建成日处理5000吨自来水净化装置。设立县政府驻海南办事处,成立海南博阳实业开发公司。新办合资企业3个,投资4700万美元;签订经济技术协作合同项目32项,引进资金1120.5万美元。

开展严打整治

开展"严打整治",打击车匪路霸和卖淫嫖娼,查禁赌博,反盗窃等专项斗争,加强社会治安综合治理。以316国道和105国道沿线、县城、共青城区为重点开展整治,取得明显效果。

第四节　第十一届政府重要施政(1993~1997)

推动农村特色经济发展

依托乡镇经济优势,推动企业滚动发展。扶持丰林镇成立九江市丰林企业集团有限公司。开发园艺场荒山荒坡,采取基地+农户方式,建成"赣北第一果园"。开发牛角湾荒洲,采取公司+农户方式,建成特种水产养殖基地。发掘能人效应,带动农户建成岳山垅"江南甲鱼第一村"。棉花种植面积扩大至6000公顷。

推进工业强县

1997年,全县乡以上工业总产值5.45亿元,为1992年的3.69倍,年递增29.8%;县属国有工业上交税收1105万元,为1992年的2.3倍,年递增18.5%。乡镇企业总产值13.8亿元,为1992的7.5倍,年递增49.6%;全县乡镇企业实现税利1660万元,为1992年的5.4倍,年递增40.1%。5年来,县属工业累计投入1.4亿元,建成水泥厂二期工程等34个新扩改项目,乡镇企业累计投入2.69亿元,新上829个项目,逐步实现工业强县目标。

改变城乡面貌

实施国家和地方重点工程项目16个,总投资3.3亿元,协助国家和省完成京九铁路、南九公路县境内工程项目。完成德白公路、林白公路改造升级;完成义峰路百家汇、东风大道南延、农民街(蒲塘路)、德安大市场二期、赣北水果市场和开发区东区等项目建设。劳动就业培训中心、共茂大厦、县医院门诊大楼、防疫大楼、幼教大楼等一批社会公益项目相继建成投入使用,进一步改变城乡面貌和增强城市功能。

推行企业承包经营责任制

因地制宜,因企施策,积极稳妥推进企业经营改革。完成第二轮企业经营承包后,全面实行第三轮(1994~1996)承包经营责任制。全县股份制企业入股人数5269人,占在岗职工人数71.86%,认购股金额1751万元。

第五节　第十二届政府重要施政(1998~2002)

调整经济结构

本届政府面向市场加快经济结构调整,经济增长不断提速。一、二、三产业比重由1998年的29.2∶48.6∶22.2调整为2002年的25∶51∶24。农业结构调整为:粮棉面积从1997年13600公顷调整为2002年9467公顷,蔬菜等经济作物种植面积扩大到3330余公顷,蛋鸡等特色养殖业发展迅速。"两改一扩"推动工业实力不断增强,工业增加值占国内生产总值比重由1998年44.9%增加为46.4%,提高1.5个百分点。第三产业发展势头强劲,民营企业发展到285家,比1998年增长59%,对税收贡献由1998年27.36%提高到2002年42.6%。

加快工业园建设

2002年8月,启动宝塔工业园建设,征地73公顷,拆迁房屋1.1万平方米,迁移企业2家,动迁各类管线7条累计27千米,完成土石方60万立方米。4千米长40米宽两纵一横主干道和35千伏变电站在建中。丰林工业园建设不断拓展。

扩大招商引资

1998～2002年,制定招商引资、扩大开放、优化环境等一系列政策性文件8份;取消行政审批事项196项。引进县外资金13.81亿元,年均增长38.2%;新上项目442个,其中1000万元以上的18个。不断拓宽经济发展路子和对外交流渠道。

完善企业改制

企业改制不断向纵深推进,对15家国有、集体工业企业和23家流通企业实行整体改制,改制面分别达80%和44%,盘活存量资产9000万元和2560万元。以“两个置换”为主要内容,坚持“成熟一个,改制一个”原则,通过依法破产、出售、转换职工身份等措施推进改制,妥善安置职工1912人,帮助1319名下岗职工实现再就业。

优化城乡交通环境

1998年来,完成重点工程项目20个。1～3期移民建镇全面完工,其中第3期投资2879.8万元,受益群众1729户6560人。宝塔大道、桂林大道建成使用,义峰路降坡改造完成新老城区对接,形成城区道路大循环,城区框架由7.9平方千米增至16平方千米,绿化、亮化工程全面推开。投资5300万元和360万元进行城区电网和水厂制水工艺改造。完成磨溪至聂桥、塘山至付山公路水泥路面铺设工程,实施田五公路、高塘至丰林公路改造及林德战备公路建设工程。5年来,共改造公路15条101千米,交通基础设施建设总投资5195万元,城乡交通环境得到提升。

抗击洪灾

1998年全力抗击百年一遇特大洪灾,灾后全面恢复重建。

第六节　第十三届政府重要施政(2003～2006)

启动新农村建设

实施以农村公路为重点的基础设施建设,4年新修和改造农村公路367千米。田家河至五台、磨溪至车桥公路,丰林胜利大桥等重点工程先后竣工投入使用。岳山垅、袁家山、曾家垅、咀上袁等20个试点村庄实施新农村建设。

持续推进各项改革

农村税改及配套改革成效明显,取消征收农业税、农业特产税、屠宰税,取消农民承包土地的“三提五统”,农民实现合同内零负担。开展乡镇“乡财县代管”和行政村“村财乡代理”改革试点,规范财务收支管理。机构和人事制度改革有序推进,开展清理“吃空饷”专项行动,核减各类“吃空饷”人员数十人。乡镇设便民服务中心,对各类行政审批事项实行“一条龙”集中办理。

协调发展各项事业

至2006年,科教兴县战略列入市级以上科技项目45个;“两基”工作通过省级验收,教学网点更趋合理;文化市场健康有序,群众文体生活丰富多彩,农民体育健身工程试点项目基本完成;新型农村合作医疗试点全面铺开,参合率87%;低生育水平保持稳定,人口自然增长率控制在7.8‰;养老、医疗、失业保险覆盖面不断扩大;首创的城乡特困群众医疗救助体系在全国推广,农村低保率先在全省启动;就业和再就业工作继续加强。

第七节　第十四届政府重要施政(2007～　)

实施工业强县

确立“矿产、纺织、服装、电子、食品、建材”为6大主导产业,扶大扶强,增产增效,提高企业核心竞争力。县工业园区列入全省产业经济“十百千亿工程”,县域经济发展跻身全省经济发展大平台。稳步推进工业园区第五期开发建设。

打造城市亮点

完成昌九高速义峰路南端涵洞、105国道杨桥段和德白公路2.7千米接线路面改造,完成义峰山公园、雁家湖植物园、赣北建材大市场、蒲塘小学、人武部办公大楼、青山陵园等重点工程建设。实施附城圩一期硬化、绿化、亮化工程。推进城区道路改造、园林绿化、城区照明、垃圾处理等工程实施,进一步完善城市功能。成功创建省级卫生园林城市。

推进新农村建设

持续推进新农村建设,完成41个自然村环境综合治理。实施1座中型水库、5座小(一)型水库、12座小(二)型水库水源保护和水质改造,解决3168户村民饮水困难和安全饮水问题。新修村级公路70千米,开通自然村互通车行道路29条116千米,方便村民出行。强化三农服务,实施“阳光培训工程”,引导农户建立各类协会和专业合作组织,完善乡村管理机制和村民自治,培育有文化、懂技术、会经营新型农民。

深入改革开放

深化人事制度改革,全县行政事业单位新增人员“凡进必考”。县乡财政实行“乡财县代管、村财乡代理”和国库集中收付。实施林权制度改革,依法流转山林1.12万公顷。把招商引资作为“一号工程”,2007年,引进内资11亿元,新上亿元项目2个;引进外资2400万美元,在迎接沿海产业梯度转移项目上取得较好成果。

第四章　行政监察

第一节　执法监察

1989～1995年,开展对中共中央关于厉行节约、制止奢侈浪费“八条规定”贯彻情况的监督检查,开展对公款吃喝、征兵、学生平安保险、“农转非”、公职人员招考、养老保险、村级财务管理、救灾款发放使用、计划生育、建设工程招投标等39项热点问题执法检查。查处违纪违法案件31起,政纪处分37人,挽回经济损失662.5万元。提出改进工作意见和下发监察建议书44份。1996～2000年,会同县城乡建设局、工商局等有关部门先后对全县建筑市场和16个重点建设项目进行监督检查,协助制定《德安县工程建设招投标工作程序》《开标会议程序》。对全县33个30万元以上的工程项目招投标进行跟踪监督,开展决算审计,核减工程款297万元,核减率9.73%。1998年,面对百年一遇洪涝灾害,加强防汛纪律监督,查处防汛责任制不落实,及值班打牌、饮酒、睡岗、脱岗、有险不报等渎职失职违纪问题。开展对抗洪救灾物资、国有企业改制、粮棉油入库、农村税费改革、农网改造等重点工作的执法监察。发现案件线索53条,立案查处33起,政纪处分41人,通报批评5人。2001～2005年,开展对救灾捐赠款物管理发放、移民建镇资金管理使用、国债资金管理使用、社保基金、住房公积金、扶贫资金、建筑市场、国土开发等45项重点、热点问题进行执法监察。发现案件线索57条,立案查处49起,政纪处分53人,挽回经济损失463.3万元。其中,房地产开发项目9个,违规超土地面积、超容积率补交规费278万元。下发监察建议书23份,协助建章立制28项。2006~2008年,开展对环境保护、节能减排、土地调控政策落实、矿产资源开发秩序、建筑工程招投标、建筑市场管理、重大安全事项等31项重点项目执法监察。依法依规关停小煤矿3家、造纸厂6家,取缔小型炼油加工厂3家,督促2家企业共投资66万元进行污染治理。在土地拍卖和采矿权审批监察中,发现线索2条,政纪处分2人。2008年,全县建设工程招投标项目43个,工程总造价3.28亿元,向监察机关告知率100%,进场交易率100%,实现监察机关的有效监督,推进公共资源依法交易。

第二节　纠风监察

纠正部门不正之风

1997年,依照上级关于开展纠风工作要求,督促相关部门取消德白公路2.7千米接线通车、县碳酸钙总厂建成投产、聂桥镇成立5周年庆典、车桥镇成立5周年庆典等剪彩活动,停建办公楼项目1个,节约资金150万元。2000年,县政府成立纠正部门和行业不正之风办公室,与县纪委纠风室合署办公,两块牌子,一套人员。同年,开展对职能部门民主评议工作,通报批评和要求整改留评单位7个,职能部门工作作风、服务意识、管理水平得到提高。2005~2006年,按照市监察局统一部署,把政务环境评议评价作为加强政风行风建设突破口,利用媒体开办"政风行风热线",接受群众监督,县电视台先后两次开播新闻直播间,由县政府领导和相关部门负责人现场接听群众热线,释疑解惑,郑重承诺。

纠正行业不正之风

治理教育乱收费　1995年,县监察机关会同有关部门检查21所中小学收费情况,查出违纪金额72.1万元,退回58万元,收缴14.1万元,查办案件1起,政纪处分1人。1997年,会同物价、财政、审计、教育部门对全县中小学校收费情况进行检查,清理、取消不合理收费项目67项,查处不合理收费52.3万元,退回40.7万元,收缴11.6万元,查办案件2起,政纪处分2人。1998年,会同县物价、教育部门对14个灾区中小学校收费情况进行专项检查,取消乱收费项目5个,查出违纪金额5.73万元,全额退回,处分校长2名。2002~2004年,进一步规范全县中小学校收费管理,加大对不合理收费查处力度,查出不合理收费170余万元,清理和取消不合理收费项目37个。2005年,全面落实"一费制"政策,查处6起乱收费行为,查出违纪金额154万余元,全额退回,行政处理6人。2007~2008年,继续深入开展教育乱收费专项整治,查处违规收费行为3起,清退违规金额10.52万元。对个别学校违规开办"兴趣班"进行制止和处理。

治理医药购销中不正之风　1996年,会同县工商、卫生、物价、药监、公安部门,组成药品回扣专项检查组,对22家经销企业和医药机构进行重点检查,查出违规案件3起,采购单位收受药品让利回扣费28万元,销货单位给予回扣费11.5万元,全部收缴国库,行政处分3人。1999年,开展县级医院药品集中议价招标采购,议标采购金额326万元,平均费用下降7%,节省采购成本22.82万元。2002年,按照市监察局、卫生局《关于纠正医药购销中不正之风工作的实施意见》,县医院、中医院常规药品纳入市级集中招标采购,药品采购价格平均下降20%。2005年,开展创建"群众满意医院"和"医院管理年"活动。县监察局协同卫生主管部门组织开展乡镇卫生院和县级医院药品集中招标采购工作,集中招标采购药品金额1520万元,占全县医院用药金额72.3%。查处取缔非法行医13起。2006年,在治理和查处医药购销不正之风中,促成医院人员主动上缴回扣、红包、开药提成12人次1.2万元,查处收受红包、私得回扣、开药提成3起4.2万元,收缴国库4.2万元,政纪处分2人。2007~2008年,整顿和规范医药购销和医疗服务秩序,全县集中招标采购药品金额2020.5万元,占药品采购金额71.02%。整治和纠正医疗器械购销中不正之风,医疗器械纳入县公共交易中心招标采购,2年共节约采购成本近200万元。开展和加强医德医风教育,医务人员主动上缴回扣、红包、开药提成38人次,金额1.75万元,促成各医疗单位上缴违纪款10.38万元,行政处分3人。

治理公路"三乱"　1995年,县政府成立治理公路"三乱"工作领导小组,组建县公路执法联合巡查组,开展治理公路"三乱"巡查工作。同年10月,制止和取缔煤炭、盐业、烟草、动物检疫、鞭炮、棉花等行业上路拦车和设卡违规检查行为,查处车桥乡联防队在316国道拦车检查罚款的违规问题,收缴违规金额5.7万余元,政纪处分3人。1997年,贯彻执行市政府《关于严禁在公路上乱设卡、乱罚款的通知》精神,加强对国、省、县、乡四级道路的巡查和暗访,至12月底,取缔和撤除擅自设立的各类检查站或工作站61个,收缴违纪罚金23万余元,政纪处分5人。2003年"非典"期间,加大巡查力度,会同有关部门开展集中巡查3次,明察暗访1次,确保防治"非典"相关物资和蔬菜运输畅通。同年,按照上级纠风办工作安排,把治理公路"三乱"向水路延伸,县巡查组在博阳河实施巡查未发现违规违纪问题。2006年,县监察局协助省纠风办查处县交警大队在105国道上拦车检查罚款违规违纪问题,收缴违纪金额12.9万元,政纪处分2人。2007~2008年,巩固和扩大治理公路"三乱"成果,会同相关部门采取上路突击检查和临时设点检查方式,对主要站点、路段进行监控和明察暗访。查处公路"三乱"违规案件7起,收缴违纪金额2.7万元,政纪处分3人。

减轻农民负担　1993年,贯彻省政府《关于坚决制止农民负担反弹的紧急通知》精神,在各乡镇设立举报箱55个,开展减轻农民负担问题专项举报活动。查处坑农害农案件2起,政纪处分4人。1996年4月,依照市监察局、农业局《开展对全市减轻农民负担工作执法监察实施方案的通知》要求,会同县农业局、财政局、物价局、审计局对涉农收费项目及乡村财务进行专项检查。在19个乡镇推行农民负担监督卡、预决算、专项审计3项制度试点工作。至12月底,通过专项检查和群众举报,查出违纪违规金额112.9万元,取消、废止收费项目30个。1998、1999年,连续2年遭遇特大洪水灾害,县委、县政府对重灾户实施减免措施,严格控制审批涉农收费项目,组织开展惠农政策落实情况专项检查,减轻农民负担170万元。2000年,对各乡镇和涉农部门收费项目进行监督检查,查出违纪违规金额19.39万元,退回农民16.39万元,收缴违纪金额3万元。向农民发放"农民负担监督卡"25600份。2002年,农村实行税费改革,县政府制定《关于做好我县农村主要收费项目和标准公示工作的通知》《进一步规范加强村级财务管理的通知》。县监察机关配合县财政、物价部门,对村级财务开展专项审计活动,下发"德安县农村主要收费项目和标准公示牌"1000份,悬挂于各乡镇派出所、工商所、卫生院、中小学校、计生站、土管站等办事单位和群众过往的显目场所,并对公示和悬挂情况进行检查监督。2005年,开展对种粮补贴资金发放情况进行专项检查,发现案件线索2条,立案查处1起。同年,为农民工追讨工资129.3万元。2007年,贯彻中共中央1号文件精神,落实惠农政策,查出坑农违纪行为3起,涉及金额2万元,退还农民1.2万元,收缴违纪金额0.8万元。同年10月,各乡镇健全和完善便民服务中心,试行开通惠农资金"一卡通"。2008年,对村级财务状况进行全面检查,纠正违规使用资金1330.69万元,立案查处2人。同年,全面推开惠农资金"一卡通"工作,发放涉农补贴资金933.25万元。

第三节　效能监察

企业效能监察

1996~2000年,开展县属国有工业企业负担和乡镇企业生产经营状况调查,制定《减轻企业负担的若干规定》,支持企业抵制索、拿、卡、要等不良行为。给8家国有企业颁发《维护企业承包合法权益重点服务单位》牌匾,治理党政机关无偿占用企业财物不良行为。贯彻市委、市政府《关于认真贯彻〈中共中央国务院关于治理向企业乱收费、乱罚款和各种摊派等问题的决定〉的实施意见》,对重点企业实行收费登记卡制度,取消涉及企业收费项目23项。1998年底,县属8家国有企业减少收费支出395万元。2000年,全面推行企业收费许可证和企业负担登记卡制度,对纳税5万元以上私营企业和个体经营户开展合法权益保护专项执法监察,立案查处群众反映强烈的违规违纪案件6起,行政处罚9人。2001～2008年,开展为引进企业和民营企业服务活动,对维护改制企业职工合法权益进行执法监察,对亏损企业、破产企业进行效能监察,查处危害企业行为,优化企业发展内外环境。

行政效能监察

2000年,推行厂务公开、政务公开、村务公开及行政机关依法行政为内容的执法监察,把政务公开作为转变职能、优化投资环境的重要内容。成立推进"三务"公开工作领导小组,选定"三务"公开试点单位,把办事制度、办事秩序、办事结果置于群众监督之下。开展"整治经济发展环境年"活动,设立县办证收费服务大厅,规范纳税缴费行为。同年12月,首次开展群众评议评价行政职能部门和服务行业活动,促进行政效能建设和提高服务质量。2003年,开展整治"三风"、解决机关存在的"三突出"问题和促进党员、干部、职工、"三提高"活动。实行首问责任制、服务承诺制、限时办结制、行政不作为责任追究制。同年,对10名上班脱岗、3名上班迟到、2名工作时间打乒乓球的工作人员依纪依规进行通报批评和处罚。2005年,县委、县政府成立县效能监察中心,制定《开展机关效能建设实施意见》《德安县机关效能监察若干意见(试行)》,明确岗位责任制、AB岗工作制、首问责任制、办事时限制、服务承诺制、一次性告知制、否定报备制、失职追究制、绩效考评制、机关效能建设工作制10项制度。同年,处理违规违纪工作人员174人次,其中145人次因开会缺席被通报批评;工作时间上网聊天被效能告诫2人;科级干部7人、一般干部6人在公务接待时违反饮酒规定,受到诫勉谈话被责令写出书面检讨;被扣发当月考勤奖12人;待岗3个月1人;受到行政警告后被调离工作岗位1人。同年8月,德安代表九江市接受国务院政务公开检查组检查,受到好评;政务公开的先进做法和典型事例在《中国纪检监察报》刊载。2006年进一步规范"四项制度"建设。2007年,成立县招投标交易中心,规范出让经营性土地使用权招标80宗、建设工程招投标73个,政府集中采购招标金额930.98万元,节约资金102.4万元,房地产交易、工程项目招投标、政府大宗采购项目,向监察机关告知率100%。2007年,县委、县政府制定《关于在全县深入开展党风廉政建设工作实施意见》,将效能建设列为党风廉政建设责任制重要内容。同年3月,15个重点单位在县电视台、网络开展公开承诺活动;6月,开展机关效能建设典型电视展播活动,县工商局等6个效能建设先进典型被拍成电视专题片。同年,通过机关效能督查和群众投诉,查处违规违纪98人次。其中通报批评82人,诫勉教育8人,效能告诫5人,行政处分3人。2008年,制定《德安县2008年开展优化发展环境和机关效能建设"活动的实施意见》《德安县落实"首问责任制"等制度的实施办法》《关于进一步加强机关效能建设,提高公务能力的实施意见》,组织县工商局、质监局、安监局、交通局等17个行政执法单位在县电视台就如何加强机关效能建设、优化经济发展环境进行公开承诺。同年,建立机关效能建设监督点15个,聘请人大代表、政协委员和社会群众55人为监督员。全年受理群众投诉43件,办结43件,查处违反机关效能建设的人和事68人次,通报批评39人,诫勉教育7人,效能告诫6人,政纪处分6人。

第五章　外事　侨务　港澳事务

第一节　侨情调查

2008 年，全县有定居美国、澳大利亚、马来西亚、日本等 9 个国家的华人华侨 40 户 43 人，有定居香港、澳门的德安籍人 35 户 65 人，有县内侨务工作对象 113 人，其中华侨眷属 33 人，华人眷属和港澳同胞眷属 80 人。

第二节　港澳侨事务服务

1985 年来，县外事侨务部门每年邀请侨界人士参加全县各界代表迎春茶话会、中秋座谈会，安排侨界代表作会议发言。县四套班子领导、有关部门负责人和侨界人士一起欢度佳节，通报县域经济社会发展情况，推介招商引资项目和优惠政策，为侨胞及港澳同胞投身县域经济建设搭建平台。1990 年，根据工作需要，县政协成立社团“三胞”联谊委员会，专事台港澳同胞及眷属相关工作。1997 年，组织开展发放归侨身份证、港澳回归同胞身份证、归侨眷属证、华侨（华人）眷属证、港澳（回归）同胞眷属证。2004 年，建立与县政法委和县公、检、法、司部门的涉侨案件通报协作机制。至 2008 年，侨务工作对象中有 15 人担任县政协第一至第七届委员、常委。

每年组织侨属、港澳眷属开展学习、讲座、调研、参观、联谊、走访等活动。1997 年、1999 年，分别举办侨界庆祝香港、澳门回归祖国活动。高度重视华人华侨、侨眷和港澳同胞及眷属信访工作，建立健全涉侨信访工作机制。维侨护侨，深入侨资企业了解情况，帮助侨企解决生产经营中实际困难。高度重视散居农村侨民眷属，切实帮助解决生产、生活中实际问题。每年春节、中秋节或遇有特殊情况，及时走访慰问困难和重点归侨眷属。至 2008 年，走访慰问 120 余人次，办理涉侨涉外信访 150 余人次，妥善解决侨胞、归侨和侨眷的落实政策、工作、住房、受灾、就医和就学等困难 270 余件次。

第三节　引进资金

多次组织参加海外侨胞九江经贸恳谈会、南昌或九江中国“五会”（中华海外联谊会、中华全国工商业联合会、中华全国归国华侨联合会、中华全国台胞联合会、中国光彩事业促进会）经贸恳谈会和省政府香港招商引资周等活动，着力开展引进资金、技术、设备和人才工作。至 2008 年，引进外侨援建项目 17 个，其中捐建希望小学等教育项目 7 个，医疗卫生项目 3 个，其他项目 7 个，捐资人民币 133.9 万元、美元 2.7 万元，受益群众 3 万余人；引进侨商、港澳客商投资项目 6 个，投资人民币 1.56 亿元。

第四节　对外交往

1985 年起，接待英国、德国、荷兰、日本、美国、澳大利亚、加拿大、马尔他、斯里兰卡、泰国、菲律宾等国外宾和海外侨胞、港澳同胞 218 批 336 人次。县领导及有关公职人员因公出访 21 批 117 人次。2006 年 3 月，马耳他共和国工党领袖、前国家总理桑特率工党代表一行 7 人到德安考察农业项目。同年 5 月，菲律宾保和省省长艾力乔·奥门塔多一行 5 人到德安参观考察工业园上好佳食品工业有限公司；荷兰环保专家瑞杰特·哈利德夫妇到德安提供技术援助,调试改进大气污染控制设备,帮助解决轮胎厂排烟除尘方面技术难题。同年7~9月,英国剑桥大学常务副校长伊恩·勒斯烈一行2人、泰国驻华领事伟萨努夫妇一行5人、英国剑桥大学波莉·科迪斯博士与剑桥大学南非办事处主任彼得·威利斯一行3人,分别到宝塔乡岳山垅村参观,考察"猪—沼—菜"项目和可持续发展生态农业生产模式。同年9月20日,江西农业大学在德安举办"一村一品"农业产业化讲座,邀请日本大分县"大分一村一品国际交流推进协会"专务理事安东忠先生授课,介绍日本"一村一品"帮助日本农民致富发挥的作用。2007年2月,美国驻华使馆经济处二等秘书莫雷到县考察新农村建设情况。同年3月,美国新墨西哥大学医学院副校长考夫曼到德安考察县医院卫生服务情况,并到林泉乡卫生院、小溪山卫生所考察农村基层卫生服务工作;日本青木株式会会长青木平七郎一行2人到德安考察工业园区。同年5月,外交部政研司马朝旭司长率外交部国情学习考察团及部分外宾一行23人到德安考察新农村建设。

第六章 事务管理

第一节 办公自动化与信息化建设

办公自动化建设

1985~1990年,县政府打印材料使用字盘打字机和油墨滚筒印刷。1991年改用四通打字机。1994年更新为一体化印刷机,实现打字、印刷计算机操作。其后,经多次更新设备,文件材料打印速度和质量得到提升。

信息化建设

2001年启动政府上网工程。2003年9月,县政府网站(www.dean.gov.cn)正式开通,成立德安县信息化服务中心,承担全省政务信息网县级网络平台运行、维护和管理。2004年,建成网络机房与视频会议室,县政务信息网与省、市联网。此后,每年召开视频会议100次以上,接入政务信息网统一平台单位60余家,开通政务公开、办事程序、民生通道等栏目。同年,荣获全市政务信息网建设先进单位。2005年,中纪委、中组部政务公开督促检查组到县检查工作,对县政务信息网站建设和栏目设置给予较高评价。2006年,逐步整合建成包含乡镇网站、党群网站、部门网站在内的站群系统,共87家单位。联网后网站成为县委、县政府门户网站,是全县政务公开、在线办事、政民互动网络主平台。2007年1月,市信息办、市电信公司利用VPN技术横向联网120家单位,在县联合召开现场会,推广德安利用VPN方式横向联网工作经验。县政务信息中心被授予全市政务信息网网络应用先进单位。同年10月,开展"百件实事网上办"活动,设置专栏,让政府网站走入寻常百姓家。2008年1月,德安县信息化服务中心更名德安县政府信息化工作办公室,由县发改委划归县政府办公室管理,为正科级事业单位。同年,信息办被授予全市政务信息网网络应用先进单位。

第二节 机关环境管理

1985年,县政府机关位于东风路32号,县委、人大、政协机关及部分工作部门同在一个大院办公,办公用房均为20世纪50~60年代所建,陈旧老化,几成危房。此间,机关大院卫生、绿化、安保等管理工作均由县委办牵头,政府办协助实施。1996年,县委、县政府决定对老城区实施改造,将办公大院土地、房产整体出让，转换为商业和商住小区用地，在开发区宝塔大道中段建设新的机关办公区。新大楼1998年2月开工建设，位于宝塔大道56号，占地3.33公顷，大楼8层，建筑面积5380平方米，1999年8月竣工，2000年3月投入使用。大院管理工作随之改革，成立机关后勤服务中心，承担环境和事务管理。

第三节　公务接待

1985年以来，公务接待主要由县委招待所和共青茶山宾馆承担。1992年后，由县委招待所独立承担。2005年，县委招待所升级改造，对外挂牌德安县迎宾馆，单位性质、经营方式、行政级别不变（副科），仍负责重要公务接待。

1984～2008年，先后接待的党和国家领导人有：1984年12月12日，中共中央总书记胡耀邦一行；1989年5月15日，国家主席杨尚昆一行；7月，全国政协副主席邓兆祥一行；1991年6月5日，全国人大常委会副委员长廖汉生一行；6日，全国政协副主席刘澜涛一行；10月19日，中共中央政治局常委、国务院副总理朱镕基一行；1992年8月，全国政协副主席苏步青一行；9月13日，全国政协副主席钱伟长一行；1993年4月15日，中共中央政治局常委、书记处书记胡锦涛一行；4月22日，国务委员陈俊生一行；6月，全国政协副主席杨汝岱一行；9月15日，中共中央政治局常委、全国政协主席李瑞环一行；10月16日，中共中央政治局常委、全国人大常委会委员长乔石一行；1995年3月19日，中共中央总书记、国家主席、中央军委主席江泽民和政治局委员曾庆红一行；12月，国务委员彭佩云一行；1996年4月30日，中共中央政治局常委、国务院副总理朱镕基一行；11月8日，中共中央政治局委员、国务院副总理姜春云一行；1997年5月17日，国务院副总理宋健一行；1998年7月3日，全国政协副主席毛致用一行；7月4日，中共中央政治局常委、国务院总理朱镕基和国务院副总理温家宝一行；1999年5月19日，全国人大常委会副委员长丁石孙一行；2000年，中共中央政治局常委、国家副主席曾庆红一行；全国人大常委会副委员长丁关根一行；2006年9月22日，中共中央政治局常委、全国政协主席贾庆林一行；2007年4月20日，中共中央政治局常委、国务院总理温家宝一行。接待省部级正职领导33批次35人，外国和地区领导人、专家学者、友好人士118批次472人。

第七章　乡镇人民政府

第一节　机构设置

乡镇设置

1985年，有乡镇人民政府19个。2008年，有河东、宝塔、高塘、林泉、吴山、磨溪、爱民、邹桥、塘山9个乡人民政府，蒲亭、丰林、聂桥、车桥4个镇人民政府。乡镇人民政府设乡镇长1人，副乡镇长2～3人。

内设机构

1985～1994年，各乡镇根据工作需要，一般设党政办公室、计划生育办公室、政法办公室3～5个工作机构。1995年，增设财经办公室、社会事务办公室。2003年，县乡机构改革，设党政综合办公室（含社会治安综合治理）、社会事务综合办公室（含计生、民政）、农村经济办公室（含财税）。2007年，乡镇机构改革,统一设党政综合办公室和新农村建设办公室。

事业站所

各乡镇按照区域布局和专业特点,设置站所种类。2003年,一般设财政所(农税所合署),计生服务所(计生办合署)、农业综合服务中心(含农技站、畜牧兽医站、经管站、农机站、水利水管站、统计站)和文化广播电视站、林业工作站、水保工作站。中心土管所按片区设立。2007年,事业站所统一设农业综合服务中心、计划生育服务所、社会保障事务所、文化广播站、财政所、林业和水保工作站。公安派出所、人民法庭、司法所、国土矿产资源管理所等派驻机构实行垂直管理,党组织关系实行属地管理,人事任命等事项须征得当地党委同意。

第二节　人员组成

政府班子职数配备按乡镇大小而异,原则不超过5名,一般为4名。1984年起,按照“革命化、年轻化、知识化、专业化”配备要求,年龄控制在45周岁以下,要求有更多20～35周岁年轻干部入选领导班子,学历要求高中、大专以上,同时吸纳妇女代表、党外人士任职。2004年后,学历要求在大专、本科以上,年龄更趋年轻化。任期原则上连选连任不超过2届,且注重乡镇间交流。1985～2008年,乡镇政府进行7次换届选举,分别在1987年、1990年、1993年、1996年、2000年、2002年、2007年乡镇人民代表大会上,选举产生本届乡镇政府乡镇长、副乡镇长。

卷二十

人民政协

卷二十　人民政协

1985～2008年,为第一届至第七届中国人民政治协商会议德安县委员会(县政协)任期。第一届在本志时段内任期2年2个月,第二届2年10个月,第三届2年9个月,自第四届起,每届由3年改为5年。

历届县政协认真履行政治协商、民主监督、参政议政职能,组织委员围绕全县经济、政治、文化、社会等专题进行协商讨论,提出意见和建议。24年中,组织委员换届选举6次;召开县政协全体委员会会议24次、常务委员会(常委会)会议106次、主席办公会议201次;组织政协委员视察、考察、调研372次,形成考察报告和调研文章298篇;受理提案1390件,立案1310件,采纳解决650件,列入计划和逐步解决469件;参与执法监督和行风评议,向政府执法部门、法院、检察院推荐政协委员担任执法廉政行风监督员78名。征集文史资料2165篇582万字,采用498篇144万字,编辑发行《德安文史资料》5期。

第一章 组织机构

第一节 全体委员会

委员会产生

1984年第一届一次会议至2008年第七届二次会议,县政协进行换届选举6次。历次换届,委员会产生和委员构成都本着"基本稳定、适当调整、注重素质、统筹兼顾"原则,对委员总人数和各界别人数进行数量确定。

政协委员界别设置和各界别委员名额分配经上届政协主席会议审议后,由常务委员会协商决定。

委员产生由乡镇场党委、各民主党派、各人民团体、各有关部门和单位举荐提名,听取各界别牵头单位意见,经县委统战部、县政协党组协商,征求县纪委、政法委、计生委意见后,由上届政协常务委员会协商确定。被推荐委员,必须具有一定代表性,在单位和社会有较大影响力。委员数量逐届有所增长,第一届75名,第七届增至162名。届中,委员根据工作需要和人事变动情况有少数调整。

委员构成

为体现爱国统一战线广泛性,推动各界妇女参与社会政治生活,委员人数分配比例总体作如下控制:中共党员不超过40%,非中共人士不低于60%,妇女委员不低于16%。第一届委员会委员中,中共党员26名,占委员总数34.7%;非中共人士49名,占委员总数65.3%;妇女15名,占委员总数20%。第七届委员会委员中,中共党员62名,占委员总数38.3%;非中共人士100名,占委员总数61.7%;妇女委员35名,占委员总数21.6%。

委员构成取决于界别划分。第一届委员会由15个界别和特邀人士组成,第七届委员会由14个界别和特邀人士组成。推荐委员要求年轻化、知识化、专业化。第一届委员会委员中,平均年龄46.4岁。有大专以上学历14名,占18.2%;中专、高中以上2名,占2.7%;有技术职称25人,占33%。第七届委员会委员中,45岁以下委员139名,占85.8%,中青年成为委员主体;具有大专以上学历119名,占73.5%,委员中出现研究生学历。

1985~2008年历届县政协委员会各界别组成一览表

表20-1-1　　单位:人

界别	第一届	第二届	第三届	第四届	第五届	第六届	第七届
中国共产党	6	6	13	12	14	13	14
无党派	1	1	1	2	3	5	6
工会	4	7	9	7	10	12	10
共青团(青联)	5	5	5	6	11	9	10
妇联	6	7	6	7	11	10	10
农林水界	8	9	9	11	13	12	12
经济界(企业)	3	7	10	15	13	16	17
工商联界	10	11	11	6	10	13	16
文教体育界	12	14	14	11	13	10	15
医药卫生界	10	9	10	8	1	10	10
科学技术界	7	13	13	13	14	14	10

续表 20－1－1

界别	第一届	第二届	第三届	第四届	第五届	第六届	第七届
民族宗教界	3	3	3	5	6	7	9
台侨界	2	8	5	8	11	7	6
特别邀请人士	10	11	11	18	19	15	18
离退休干部	2	—	—	—	—	—	—

第二节　常务委员会

1985年，县政协设立常务委员会，由主席、副主席、秘书长和常务委员组成。常务委员候选人由各党派、人民团体、各民族和各界人士协商提名，经全体委员会议选举产生。历届第一次全体委员会议，选举产生新一届县政协主席、副主席、秘书长和常务委员。届中由于工作需要和人事变动，常委会成员相应变动，一般在届中2～5次全委会进行调整。

1984～2008年历届县政协主席、副主席名录

表 20－1－2

届别	职务	姓名	任职时间	籍贯
第一届 1984.6～1987.6	主　席	王景悦	1985.6～1987.6	内蒙古赤峰
	副主席	高启东	1985.1～1987.6	德安聂桥
	副主席	张世儒	1985.1～1987.6	辽宁庄河
	副主席	赵世荣	1985.1～1987.6	山东胶南
	副主席	余天墀	1985.1～1987.6	河南新县
第二届 1987.6～1990.4	主　席	王景悦	1987.6～1990.4	内蒙古赤峰
	副主席	张世儒	1987.6～1990.4	辽宁庄河
	副主席	赵世荣	1987.6～1990.4	山东胶南
	副主席	余天墀	1987.6～1990.4	河南新县
	副主席	许福源	1987.6～1990.4	江西高安
	副主席	刘圣玺	1987.6～1990.4	江西泰和
第三届 1990.4～1993.1	主　席	巴业松	1990.4～1993.1	江西都昌
	副主席	张久祥	1990.4～1993.1	湖北大悟
	副主席	余天墀	1990.4～1993.1	河南新县
	副主席	许福源	1990.4～1993.1	江西高安
	副主席	陈广福	1990.4～1993.1	江西南昌
	副主席	吴先桢	1990.4～1993.1	河南新县
	副主席	刘　鑫	1990.4～1993.1	湖北武穴
第四届 1993.1～1998.2	主　席	万联迟	1993.1～1998.2	德安高塘
	副主席	郑远馥	1993.1～1998.2	江西九江
	副主席	张久祥	1993.1～1998.2	湖北大悟
	副主席	刘　鑫	1993.1～1998.2	湖北武穴
	副主席	李铁铮	1993.1～1998.2	浙江温州
	副主席	熊克来	1993.1～1998.2	德安木环
	副主席	肖茂元	1994.1～1998.2	湖南浏阳
	副主席	娇恒仁	1997.1～1998.2	山东莱阳

续表 20－1－2

届别	职务	姓名	任职时间	籍贯
第五届 1998.2～2003.1	主　席	万联迟	1998.2～2003.1	德安高塘
	副主席	张久祥	1998.2～2003.1	湖北大悟
	副主席	刘圣玺	1998.2～2003.1	江西泰和
	副主席	杨运淼	1998.2～2003.1	德安林泉
	副主席	熊克来	1998.2～2003.1	德安木环
	副主席	肖茂元	1998.2～2003.1	湖北浏阳
	副主席	顾新宽	1998.2～2003.1	湖北大悟
第六届 2003.1～2007.2	主　席	岳永香(女)	2003.1～2007.2	河南新县
	副主席	张久祥	2003.1～2007.2	湖北大悟
	副主席	顾新宽	2003.1～2007.2	湖北大悟
	副主席	万吉昌	2003.1～2007.2	江西南昌
	副主席	许海东	2003.1～2007.2	江西高安
	副主席	杨金平	2003.1～2007.2	江西安义
	副主席	王　勇	2006.9～2007.2	德安高塘
第七届 2007.2～	主　席	张学英(女)	2007.2～	德安塘山
	副主席	万吉昌	2007.2～	江西南昌
	副主席	杨金平	2007.2～	江西安义
	副主席	胡海昆	2007.2～	共青金湖
	副主席	王　勇	2007.2～	德安高塘
	副主席	洪　英(女)	2007.2～	德安丰林

第三节　专门委员会和基层委员小组

专委会(工作组)

1985年,第一届县政协有学习、文史资料2个研究委员会和科学技术、文化教育、医药卫生、城建环保、祖国统一5个工作组。1987年6月,第二届增设提案工作委员会和工业、农业、工商财贸3个工作组,撤销科学技术、城建环保2个工作组。1990年4月,第三届将学习、文史资料委员会合并学习文史委员会,增设科技经济、文教卫体法制和社团三胞联谊委员会,撤销工作组。1997年4月,社团三胞联谊委员会更名社团三胞文史委员会,撤销学习文史委员会。2007年2月,第七届增设人口与环境资源委员会。

1985～2008年历届县政协专门委员会一览表

表 20－1－3

届别	专门委员会
第一届	学习、文史资料研究委员会,科学技术、文化教育、医药卫生、城乡建设环境保护、祖国统一工作组
第二届	学习、提案、文史资料研究委员会,祖国统一、工业、农业、文化教育、医药卫生、工商财贸工作组
第三届	学习文史、提案、经济科技、文教卫体法制、社团三胞联谊委员会
第四届	学习文史、提案、经济科技、文教卫体法制、社团三胞联谊委员会
第五届	提案、经济科技、文教卫生法制、社团三胞文史委员会
第六届	提案、经济科技、文教卫生法制、社团三胞文史委员会
第七届	提案、经济科技、文教卫生法制、社团三胞文史、人口与环境资源委员会

界别活动组

1985～2007 年,第一至第七届县政协除例会和统一组织活动外,还以界别为单位,组织经常性活动。2007 年 2 月,第七届县政协第一次常委会将各界别按相关就近和人数相当原则,组建委员界别活动组 8 个,分别为中共、工会组,青联、妇联组,文教体育、医药卫生组,台侨、工商联组,农林水、科学技术组,经济组,无党派、民族宗教组,特邀人士、离退休老干部组。界别活动组在政协主席会和常委会领导下开展工作。界别活动组设组长 1 人,副组长若干人,负责组织和安排本小组活动,搞好与本界别委员联系沟通,了解反映意见和建议,做好本界别委员履职和参加界别活动考核等工作。县政协主席、副主席、秘书长、专委组成员按照分工联系界别,参加相关活动,指导和推动活动开展。政协各专委会和办公室为界别组活动做相关组织、协调工作。

第四节　工作机构

1985～2008 年,第一届委员会设行政办公室,第二届设行政办公室、文史资料委员会、工作组办公室,第三届设办公室(兼管提案、社团三胞联谊委员会)和经济科技、学习文史、文教卫体法制委员会,第四届设秘书处、办公室和专门委员会办公室,第五、六届设秘书处、办公室和提案、经济科技、文教卫体法制、社团三胞文史委员会,第七届设秘书处、办公室和提案、经济科技、文教卫体法制、社团三胞文史、人口与环境资源委员会。

第二章　政协会议

第一节　全体委员会议

第一届全体委员会

第二次会议　1985 年 3 月 31 日至 4 月 2 日在县城召开。出席会议委员 69 人,应邀列席省、市政协委员 6 人。会议听取和审议县政协常务委员会工作报告、提案办理情况报告;学习全国政协六届三次会议文件、《中共中央关于经济体制改革的决定》;列席第八届县人民代表大会第二次会议,听取和讨论县政府工作报告;听取和通过提案审查情况报告,通过政协县第一届委员会第二次会议决议。

第三次会议　1986 年 3 月 24 日～27 日在县城召开。出席会议委员 95 人,应邀列席会议省、市政协委员 8 人。会议通报县直机关整党和全县国民经济发展情况;听取和审议县政协常务委员会工作报告、提案办理情况报告;列席县第八届人民代表大会第三次会议,听取和讨论县政府工作报告;举手表决增补常委会委员 3 人;听取和通过提案审查情况报告,通过政协县第一届委员会第三次会议决议。

第二届全体委员会

第一次会议　1987 年 6 月 15 日～18 日在县城召开。出席会议委员 97 人,邀请列席省、市政协委员 8 人。会议听取和审议县政协第一届委员会常务委员会工作报告、提案办理情况报告;列席县第九届人民代表大会第一次会议,听取和审议县政府工作报告,协商县人民政府正、副县长,县人民法院院长,县检察院检察长候选人;传达省、市政协会议精神。会议选出新一届政协常务委员会委员 13 人,选举王景悦为主席,张世儒、赵世荣、余天墀、许福源、刘圣玺为副主席,许福源兼秘书长。

第二次会议　1988年3月25日~27日在县城召开。出席会议委员93人,邀请列席省、市政协委员7人。会议听取和审议县政协常务委员会工作报告、提案办理情况报告;列席县第九届人民代表大会第二次会议,听取和审议县政府工作报告;听取7位委员大会发言;举手表决增补政协常委会委员1人、政协委员2人;听取和通过提案审查情况报告,通过政协县第二届委员会第二次会议决议。

第三次会议　1989年3月28日~30日在县城召开。出席会议委员98人,邀请列席省、市政协委员8人。会议听取和审议县政协常务委员会工作报告、提案办理情况报告;学习《政协全国委员会关于政治协商、民主监督的暂行规定》;列席县第九届人民代表大会第三次会议,听取和审议县政府工作报告;听取11位委员大会发言;听取和通过提案审查情况报告,通过政协县第二届委员会第三次会议决议。

第三届全体会议

第一次会议　1990年4月15日~17日在县城召开。出席会议委员97人,邀请列席省、市政协委员6人。会议听取和审议县政协第二届委员会常务委员会工作报告、提案办理情况报告;列席县第十届人民代表大会第一次会议,听取和审议县政府工作报告;协商县人民政府县长、副县长,县人民法院院长、县人民检察院检察长候选人。会议选出新一届政协常务委员会委员14人,选举巴业松为主席,张久祥、余天墀、许福源、陈广福、吴先桢、刘鑫为副主席,许福源兼秘书长。

第二次会议　1991年5月28日~30日在县城召开。出席会议委员98人,邀请列席省、市政协委员6人。会议听取和审议县政协常委会工作报告、提案办理情况报告;列席县第十届人民代表大会第二次会议,听取和审议县政府工作报告《德安县国民经济和社会发展十年规划和"八五"计划纲要(草案)》;表彰1990年度"为稳定发展建言献计作贡献"先进委员25人;听取11位委员大会发言;听取和通过提案审查情况报告,通过政协县第三届委员会第二次会议决议。

第三次会议　1992年3月25日~27日在县城召开。出席会议委员98人,邀请列席省、市政协委员7人。会议听取和审议县政协常务委员会工作报告、提案办理情况报告;列席县第十届人民代表大会第三次会议,听取和审议县政府工作报告;学习中共中央(1992)2号文件和邓小平同志南巡重要讲话;表彰先进;听取11位委员大会发言;听取和通过提案审查情况报告,通过政协县第三届委员会第三次会议决议。

第四届全体委员会

第一次会议　1993年1月6日~8日在县城召开。出席会议委员98人,邀请列席省、市政协委员5人。会议听取和审议县政协常务委员会工作报告、提案办理情况报告;列席县第十一届人民代表大会第一次会议,听取和审议县政府工作报告;协商县人民政府县长、副县长,县人民法院院长,县人民检察院检察长候选人;学习中共十四大文件。会议选出新一届县政协委员会常务委员15人,选举万联迟为主席,郑远馥、张久祥、刘鑫、李铁铮、熊克来、矫恒仁为副主席,郑远馥兼秘书长。

第二次会议　1994年1月11日~13日在县城召开。出席会议委员99人,邀请列席省、市政协委员5人。会议听取和审议县政协常务委员会工作报告、提案办理情况报告;列席县第十一届人民代表大会第二次会议,听取和审议县政府工作报告;听取6位委员大会发言;会议补选肖茂元为第四届委员会副主席,补选常委2人;听取和通过提案审查情况报告,通过政协县第四届委员会第二次会议决议。

第三次会议　1995年1月7日~9日在县城召开。出席会议委员111人,邀请省、市政协委员5人。会议听取和审议县政协常务委员会工作报告、提案办理情况报告;听取代县长胡元斌介绍政府工作(此次全委会先于县第十一届人大第三次会议4天召开,故未列席人大会议听取政府工作报告);听取11位委员大会发言;听取和通过提案审查情况报告,通过政协县第四届委员会第三次会议决议。

第四次会议　1996年1月22日~24日在县城召开。出席会议委员108人,邀请列席省、市政协委员5人。会议听取和审议县政协常务委员会工作报告、提案办理情况报告；听取和讨论县政府工作情况通报和计划、财政报告；听取9位委员大会发言。会议补选乔恒仁为第四届委员会副主席；审议通过关于提案收集审查、现场办理情况报告，通过政协县第四届委员会第四次会议决议。

第五次会议　1997年1月17日~19日在县城召开。出席会议委员101人，邀请列席省、市政协委员6人。会议听取和审议县政协常务委员会工作报告、提案工作情况报告；听取和讨论县人民政府工作通报；听取15位委员大会发言；听取和通过提案审查情况报告，通过政协县第四届委员会第五次会议决议。

第五届全体会议

第一次会议　1998年2月6日~7日在县城召开。出席会议委员112人，邀请列席省、市政协委员6人。会议听取和审议县政协第四届常务委员会工作报告、提案办理情况报告；列席县第十二届人民代表大会第一次会议，听取审议政府工作报告；协商县人民政府县长、副县长，县人民法院院长、县人民检察院检察长候选人；学习中共十五大文件。会议选出新一届县政协常务委员会委员15人，选举万联迟为主席，张久祥、刘圣玺、杨运淼、熊克来、肖茂元、顾新宽为副主席，万吉昌为秘书长。会议审议通过县政协第五届一次会议提案收集审查报告和政协县第五届委员会第一次会议决议。

第二次会议　1999年1月7日~8日在县城召开。出席会议委员114人，邀请列席省、市政协委员6人。会议听取和审议县政协常务会工作报告、提案办理情况报告；列席县第十二届人民代表大会第二次会议，听取和审议县政府工作报告；听取8位委员大会发言。会议审查通过提案收集审查情况报告和政协县第五届委员会第二次会议决议。

第三次会议　2000年1月17日~18日在县城召开。出席会议委员140人，邀请列席省、市政协委员7人。会议听取和审议县政协常务委员会工作报告、提案办理情况报告；听取和讨论县政府工作报告；听取5位委员大会发言；补选常务委员会委员。会议审查通过提案收集审查情况报告和政协县第五届委员会第三次会议决议。

第四次会议　2001年1月8日~9日在县城召开。出席会议委员138人，邀请列席省、市政协委员7人。会议听取和审议县政协常务委员会工作报告、提案办理情况报告；听取和讨论县政府工作报告；听取5位委员大会发言。会议审查通过提案收集审查情况报告和政协县第五届委员会第四次会议决议。

第五次会议　2002年1月16日~17日在县城召开。出席会议委员141人，邀请列席省、市政协委员7人。会议听取和审议县政协常务委员会工作报告、提案办理情况报告；听取讨论县政府工作报告；听取7位委员大会发言。会议审议通过提案收集审理情况报告和政协县第五届委员会第五次会议决议。

第六届全体委员会

第一次会议　2003年1月8日~9日在县城召开。出席会议委员145人，邀请列席省、市政协委员4人。会议听取和审议县政协第五届常务委员会工作报告、提案办理情况报告；列席县第十三届人民代表大会第一次会议，听取和讨论县政府工作报告；协商县人民政府县长、副县长，县人民法院院长，县人民检察院检察长候选人；学习中共十六大文件。会议选出新一届县政协常务委员会委员20人，选举岳永香为主席，张久祥、顾新宽、万吉昌、许海东、杨金平为副主席，张炳华为秘书长。会议审议通过提案收集审理情况报告和政协县第六届委员会第一次会议决议。

第二次会议　2004年1月16日~17日在县城召开。出席会议委员142人，邀请列席市政协委员6人。会议听取和审议县政协常务委员会工作报告、提案办理情况报告；列席县第十三届人民代表大会第二次会议，听取和讨论县政府工作报告。会议审议通过提案收集审查情况报告和政协县第六届委员会第二次会议决议。

第三次会议 2005年1月13日～14日在县城召开。出席会议委员141人,邀请列席市政协委员7人。会议听取和审议县政协常委会工作报告、提案办理情况报告;列席县第十三届人民代表大会第三次会议,听取和讨论县政府工作报告;听取5位委员大会发言。会议补选第六届委员会秘书长1人、常务委员会委员4人,同意2位常务委员会委员辞去常务职务。会议审议通过提案收集审查情况报告和政协县第六届委员会第三次会议决议。

第四次会议 2006年2月27日～3月1日在县城召开。出席会议委员132人,邀请列席市政协委员7人。会议听取和审议县政协常务委员会工作报告、提案办理情况报告;列席县第十三届人民代表大会第四次会议,听取和讨论县政府工作报告;听取6位委员大会发言。会议补选王勇为第六届委员会副主席。会议审议通过提案收集审查情况报告和政协县第六届委员会第四次会议决议。

第五次会议 2006年9月10日～11日在县城召开。出席会议委员141人,邀请列席市政协委员7人。会议听取和审议县政协常委会工作报告、提案办理情况报告;列席县第十三届人民代表大会第五次会议,听取和讨论县政府工作报告;听取7位委员大会发言。会议审议通过提案收集审查情况报告和政协县第六届委员会第五次会议决议。

第七届全体委员会

第一次会议 2007年2月26日～28日在县城召开。出席会议委员162人,邀请列席省、市政协委员9人。会议听取和审议县政协第六届常务委员会工作报告、提案办理情况报告;列席县第十四届人民代表大会第一次会议,听取和讨论县政府工作报告;协商县人民政府县长、副县长,县人民法院院长,县人民检察院院检察长候选人;学习中共十七大文件。会议选出新一届县政协常务委员会委员26人,选举张学英为主席,万吉昌、杨金平、胡海昆、王勇、洪英为副主席,谈远荣为秘书长。

第二次会议 2008年1月15日～17日在县城召开。出席会议委员158人,邀请列席省、市政协委员8人。会议听取和审议县政协常委会工作报告、提案办理情况报告;列席县第十四届人民代表大会第二次会议,听取和讨论县政府工作报告;听取7位委员大会发言。会议审议通过提案收集审查情况报告和政协县第七届委员会第二次会议决议。

第二节 常务委员会议

常务委员会议由主席或主席委托副主席主持,政协办公室和专委会负责人及涉及议题的有关党政领导、部门负责人和界别活动组组长列席会议。第一届委员会期间,每2个月召开1次常务委员会议,第二届委员会改为每3个月召开1次。自1984年第一届一次常委会至2008年第七届二次常委会,共召开常务委员会议106次。会议主要讨论决定县政协全委会会务和工作中重大问题,协商讨论全县重大方针、政策及经济、政治、文化、社会发展中重大问题,听取县委、县政府及有关部门负责人对有关工作或问题的通报和说明,审议提交县政协全体会议讨论的文件;审查重要建议、提案、视察报告、调查报告、出访报告和其他报告;协商决定政协内设机构设置及人事任免。

第三节 主席会议

由主席或主席委托副主席主持,秘书长参加。必要时办公室和专委会办公室负责人及与议程有关的政协委员和人士列席。一般1～2个月举行1次。自1985年第一届二次会议至2008年第七届二次会议,共召开主席会议201次。会议主要学习贯彻党的路线方针政策,中央、省、市重要文件,上级政协会议精神；处理常委会重要日常工作；协商讨论全县重大方针政策及对经济、政治、文化和社会发展中重大问题提出意见和建议；审查以县政协常委会、主席会议名义向县委、县政府提出的议案；执行县委、县政府中心工作部署；拟订常务委员会会议议程、日程；审议提交常务委员会议文件和需要常务委员会决定的问题及人事任免等事项；审议县政协及常务委员会工作计划、报告和重要活动方案，组织安排县政协重要活动；审议办公室、专委会年度工作计划和工作总结，并对其工作进行督促检查。

第三章　主要工作

第一节　提案办理

1984～1987 年，第一届县政协未设立专职提案工作委员会，由各次全委会组建大会提案审查委员会，收集受理委员提案，进行审查、分类，向大会作提案收集审查报告。全委会闭幕后，将受理提案交由办公室送有关部门办理。1987 年，第二届县政协始，增设提案工作委员会为常设机构，负责受理全委会和闭会期间委员提案，按相关程序交有关部门办理，做好督促催办、跟踪调查、组织协商、答复委员等工作，并在下次全委会期间向大会提交提案办理情况报告。

1985 年，在第一届二次全委会上，委员倪寿初、刘华成、胥世荣、李洪淮等提交《正视学校教室危房改造》提案，受到县政府重视，多次召开相关会议，与政协委员一起视察了解情况，由县财政拨款 500 万元，社会各界募集资金 506 万元，维修校舍 11379 平方米，改造和新建校舍 8572 平方米，全县校舍面积比提案前增加 4.74%。1986 年，委员胡克祯等针对县城人口增长、菜价过高、需扩大蔬菜种植面积提交提案，得到县政府重视，成立县蔬菜办公室，配备专职干部，加强对蔬菜工作领导，并在蒲亭镇原有 26 公顷菜地基础上扩大种植面积至 33 公顷。1990 年，委员杨应生就某些干部下乡蹲点搞特殊化问题，提出《防微杜渐，纠正干部下乡蹲点生活特殊化》提案，引起县委重视，就此事下发相关会议纪要，责成县纪委查处违规人员，及时纠正违规违纪行为。1991 年，委员刘鑫、胡克祯、闻炳照、古庆佑等联名提出《江西轮胎厂生产烟囱黑烟污染严重应予以治理》提案，得到县政府重视，责成环保局及时派人检查督促整改，促成该厂投资 200 余万元购进 2 台 10 吨沸腾锅炉，淘汰老旧锅炉，使烟尘浓度达到国家排放标准。2004 年，委员廖桂莲针对下岗特困职工问题，提出《关于救助弱势困难群体》提案，县委、政府领导及时批转民政、就业、社保等部门，妥善解决下岗职工生活困难，对尚未享受低保的下岗困难职工，通过户籍地再行申报，享受低保待遇。2005 年，委员曾金水针对社会老龄化问题，提出《给城市老年公寓和福利院规划地皮》提案，受到建设局重视，由于在选址上的分歧，承办单位反复邀请提案人协商 5 次，最终得以圆满解决。2006 年，委员盛跃平、郑由勇在第六届四次全委会大会提案《关于认真做好县城环境卫生和交通秩序的维护和管理工作》，得到县长当场批示："发言颇有见解，望县城建局、县交警大队认真研究，狠抓落实，确保县城环境卫生、交通秩序近期有明显改观"。会后，县长带领相关部门实地检查，召开全县市容市貌整治工作会议。

1984～2008年历届政协委员提案立案与办复一览表

表20－1－4　　单位:件

届次	年份	提案总数	立案数	采纳解决	列入计划逐步解决	条件有限暂不解决	办复率
一届	1984	25	25	17	7	1	100
	1985	32	28	16	11	1	100
	1986	40	40	25	13	32	100
	1987	60	60	20	26	14	100
二届	1988	40	40	12	17	11	100
	1989	48	48	15	23	10	100
三届	1990	65	62	23	28	11	100
	1991	63	61	22	29	10	100
	1992	106	106	39	49	18	100
四届	1993	78	73	34	26	13	100
	1994	49	47	22	17	8	100
	1995	61	61	28	22	11	100
	1996	59	59	27	22	10	100
	1997	50	48	22	17	9	100
五届	1998	53	49	27	15	7	100
	1999	42	39	26	8	5	100
	2000	53	51	27	18	6	100
	2001	52	50	36	11	3	100
	2002	50	46	23	17	6	100
六届	2003	70	62	34	21	7	100
	2004	52	44	24	15	5	100
	2005	58	50	27	17	6	100
	2006	48	46	25	16	5	100
七届	2007	64	53	35	11	7	100
	2008	72	62	44	13	5	100

第二节　视察　调研

1986年,针对部分中学生出现政治、道德观念淡化,求知欲下降,盲目追求奢靡生活方式现象,政协教育界别活动组组织委员深入县一中、吴山中学开展视察调研活动。写出《德安县一中思想政治工作调查报告》《吴山乡中学以"五个结合"的方法进行思想教育》调查材料,引起县委重视。当年暑期,在党校开办学校思想政治工作培训班。省委办公厅《通报与交流》增刊第14期刊登《德安一中思想政治工作调查报告》发至全省各县,并配发编者按:"德安县这份调查报告提出的一些看法和意见可供各地研究参考"。《江西政协》第8期、《赣北教育》第4期,均刊登这2篇调查报告。1987年,为配合全县第七个“五年计划”制订，县政协组织工业、农业、文教、医卫、财贸等7个界别活动组委员深入调研，对《德安县国民经济和社会发展第七个五年计划》（讨论稿）提出修改意见13条，被政府部门采纳。1989年5～6月，对国有工业企业开展系列调研，写出《如何加强企业的思想政治工作》《持续增长的潜力何在》《解决资金短缺的几点建议》等调研文章，并在市政协常委扩大会议上发言；《企业资金短缺的原因》《企业资金管理混乱的原因》调研文章2篇，被省《政协情况摘报》刊登。同年10月，在省政协专门委员会会议作《搞好调查研究，发挥职能作用》工作经验介绍。1990年，组织不同界别活动组委员扩大视察、考察活动面，先后形成调查报告和经验介绍文章18篇。其中《化肥专营中存在问题亟待解决》《国营、供销合作商业四放开面临的难题及建议》《关于发展生猪生产的四点建议》《乡镇企业资金为何短缺》《解决乡镇企业资金问题管见》等调研报告，分别被省政协《情况摘报》《江西政协信息》《江西政协报》采用。1994年5月，针对个体私营经济发展状况，县政协组织工商经济界委员开展考察调研，写出《强管理、重服务、创条件、促发展》调研报告，深刻剖析个体私营经济发展现状及存在问题，提出一些建议，县政府编加按语下发，并制定《关于继续加快个体私营经济发展的决定》。1998年，县政协社团“三胞”文史委组织部分委员，邀请统战、民族宗教等部门负责人参观考察邹桥石门村畲族聚居地，促进民族村脱贫工作，争取到民族村专项扶贫资金10余万元。同年10月，特大洪水消退后，县政协即时组织专家委员和水利干部对灾后重建开展视察调研，提出争晴抢早，兴修水利设施；抓住时机，调整产业结构；加强领导，加速移民建村；夯实基础，强化基层组织等建议，推动灾后重建工作。2003年，组织部分委员对城区各街道居委会状况，人口居住分布等情况进行调研。形成“关于社区建设规划的建议”“关于城区拓展后学校、医院网点布局的几点建议”“关于居委会干部待遇分步提高的意见”等专题调研报告，受到县政府重视和采纳。2005年，围绕工业园和民营经济发展开展调研，形成《关于增添工业园发展后劲的调研报告》《加快园区建设促发展》《德安工业园区存在问题与发展分析》《关于我县用工作环境建设的几点意见》《持续发展工业园的几点思考》《关于提高德安县经济发展后劲和综合实力的探讨》等调研文章10余篇。2007年，开展江州义门陈文化、陶渊明故里文化调研，撰写出《江州义门陈族学对后世教育的影响》和《揭开千古之谜，再现陶里古风》文章，引起学术界关注，促成第三届陶渊明国际学术研讨会、省政协文史委和省社科院联合举办的陶渊明文化学术论辩会相继在德安召开。针对全球金融危机造成企业生产经营陷入困境现状开展调研，形成《应对金融危机，服务中小企业》报告。县委主要领导作出批示：“提出了许多建设性意见和建议，有很强的操作性和指导性”。同年，开展“环鄱阳湖生态经济区”“优化经济发展环境”等专题调研。

至2008年，县政协第一至第七届委员会，组织委员视察、考察、调研372次，形成考察报告和调研文章298篇，委员意见、建议1278条，为县委、县政府科学决策、造福社会提供基础依据。

第三节　社情民意反映

1985年，《政协简讯》刊物开辟社情民意专栏。1987年6月，更名《政协通讯》，扩大版面，由4页码增至8页码。1990年4月，更名《德安政协》。

1994年1月，第四届县政协根据全国政协主席李瑞环提出的“把了解和反映社情民意作为政协和政协委员一项重点的经常性的工作”要求，将反映社情民意工作列入每年工作计划，要求每个委员用书面形式反映1～2条有价值的社情民意信息。必要时召集部分委员进行社情民意交流座谈，把社会上带有普遍性、突出性的重点、难点问题，及时、如实地向党政有关部门反映，协助县委、县政府全面掌握实际情况，推进决策民主化、科学化进程。1996年在社情民意座谈会上，委员整理归纳出“建议重视生态肥推广,促进无公害蔬菜生产”“实施人才工程、建立人才库”“关于加快职业教育,服务社会建设的思考”“加强安全生产,在全县开展锅炉、老厂房等安全检查”等社情民意,受到县政府的重视。2000年,召集部分委员举行社情民意座谈会2次。委员们反映下岗职工要求再就业培训和参加社会养老保险诉求,受到县政府重视,在就业和社会保障部门统筹安排下得到妥善解决。2003年,召开部分委员座谈会,征询对全市大旅游推广项目意见和建议。会后形成《打好庐山牌,带动九江旅游业》意见稿,受到市政协和市旅游局关注。该文先后在《人民政协》《光华时报》社情民意专栏发表。2005年,县委主要领导在县政协第五期社情民意专辑上批示:“政协委员关心德安发展精神可嘉,其反映的情况可信度高。请各分管领导、职能部门,切实加大工作力度,提高工作水平,齐心协力促进德安更快更好地发展。”

至2008年,编发《德安政协》简报144期,《社情民意》专辑48期。委员书面反映社情民意1519条。

第四章　专项工作

第一节　学习　宣传　考察

学习活动

1984年6月,成立县政协学习委员会,负责组织委员学习。根据政协组织特点采取10种学习方式:各种例会结合学、集中听课辅导学、党校培训专门学、组织座谈深入学、学习日里重点学、宣读论文交流学、分发资料自己学、参与单位分散学、调研考察实践学、节庆纪念日针对学。1990年,县政协《运用十种方式,组织委员学习》在市政协学习工作会议上作经验介绍,省政协当年第十七期《政协情况摘报》刊登此文。委员学习内容主要有邓小平理论、“三个代表”重要思想、科学发展观、时事政策、法律法规、市场经济、科学知识、政协理论等方面,尤其重视组织新当选委员学习政协有关知识,包括如何写好提案等。

宣传活动

1988年10月,在县城举办纪念抗战“万家岭大捷”50周年图片展;1995年,举办纪念抗日战争和世界反法西斯战争胜利50周年图片展。2004年,举办“故园情深、心系德安”袁隆平院士图片展。2008年,参与全县纪念万家岭大捷70周年诗词创作、书画、摄影展等活动。

参观考察活动

1985年5～6月,组织常委、委员21人,赴广东、福建参观考察,学习中山市、三明市政协工作先进经验;1995年12月,县政协主要领导参与市组团赴美国考察农业;2005年8～9月,组织部分常委、委员赴广西、海南等地考察政协工作;2006年5月,组织部分委员赴安徽及上饶等地考察县域经济发展和城市规划修编工作。至2008年,组团赴外地参观考察学习25次。

第二节　文史征编

1985年9月,纪念抗战胜利40周年,整理《德安县文史选辑》(第一辑),录用稿件39篇13万字,成书1000册。1988年10月,整理《德安县文史资料选辑》(第二辑),录用稿件28篇12万字,成书1000

册。1989年9月，整理《德安县文史资料选辑》（第三辑），录用稿件24篇12万字，成书1000册。1992年2月，编辑《德安县文史资料选辑》（第四辑），即报刊文章选编之一、之二、之三共3本。本辑收录建国后德安籍或在德安工作人员发表在人民日报、江西日报、九江日报等70余种报刊杂志文章327篇67万余字，成书700册。1993年3月，成立《德安县政协志》编纂委员会，辑成初稿，2005年9月，纪念抗日战争和世界反法西斯战争胜利60周年，整理《德安县文史资料选辑》（第五辑），录用文稿78篇48万字，成书3000册。2006年4月，调整《德安县政协志》编纂委员会；10月，出版《德安县政协志》，38万字，成书800册。至2008年，发出征集史料信函1600多封，走访、接访老干部、老同志78人；造访省、市、大专院校档案馆、图书馆23个，查阅资料456份。征集资料336篇142万字，资料涉及第一、二次国内革命战争、抗日战争、解放战争、抗美援朝至1966年“文化大革命”初始。

第三节　咨询服务

1985～1990年，科学技术组、农业工作组发挥自身优势，组织有专长委员和邀请专业技术人员下农村、入农户，推广新型农业种植、养殖技术，传授水改旱棉花种植技术。举办农技讲座45次，开办培训班29次，听课、受训、咨询7800余人。1991～1999年，利用机关中心工作组下乡蹲点机会，每年组织教育、医卫、农林水界别委员，分别到蹲点所在乡、村、组开展送医送药和各种咨询服务。2000～2005年，经济科技、文教卫体法制委员会和机关中心工作组，先后组织农业技术、医疗卫生、果树栽培技术服务队对口开展业务指导和技术咨询服务。2001年，举办棉花防虫抗虫技术讲座21次，田头技术指导200余次。2003～2004年，开展预防“非典”咨询和灭杀技术指导活动100余次；深入车桥、塘山、付山、樟树边远山区为群众防病治病、健康咨询9次，治病2000余人次，培训基层医务人员187人；组织和邀请省内医疗专家到磨溪、聂桥、丰林等乡镇义诊2000余人次，免费送药价值1万余元、保健养身资料1200余册；组织农林委员和邀请林果专家开办果树栽培技术讲座、咨询30余次，向全县25个“空壳村”赠送果树高产技术、奈李病虫害防治技术资料400余份，2700余人受益。至2008年，有17名各界委员受聘于县政府任咨询委员会委员。

第四节　联谊活动

横向交往

1988年5月，参加全国13城市在九江举行的政协工作第三次联谊会。1989年5月，在广东湛江参加7省26城区（县）政协联谊会第二次会议。1990年10月，在安徽屯溪参加7省26城区政协联谊会第三次会议，县政协领导在会上作县情介绍和《处理四个关系，搞好协商监督》经验介绍。1993年11月，在四川綦县参加7省26城区（县）政协联谊会第五次会议，县政协领导在大会作《摆正位置，发挥优势，积极履职》发言。1996年10月，在景德镇市参加华东6省26城区县（市）政协联谊会第八次会议，作《提高认识重舆论，抓重点求实效》发言。2005年9月，在安徽芜湖新芜区参加华东7省（市）部分区县（市）政协工作理论研讨会第十四次会议，作《服务第一要务，倾力五点切入》经验发言。

至2008年，参加省内毗邻市、县（区）政协工作联谊会27次，其中德安主持召开3次。先后接待全国政协、外省区（市）政协考察团、参访团160余批次，1800余人；省内政协来宾13000余人次。

各界人士交往

1986年、1987年、1990年，接待台胞医学博士郭国吉回乡探亲。1991年，接待原台中港务局局长沈霖。1995年,县政协委员罗世勇引进台资创办祐固风雨衣有限公司,安置就业300人。2001年,委员张平生邀请台商到德安参观考察,促成收购德安县碳酸钙总厂,成立九江联兴化工有限公司,安置就业130人。通过开展与社会各界人士广泛联谊交往,德安知名度不断提升,经贸交流与合作得到广泛开展。至2008年,各界政协委员通过联谊交往引进外商资金590万美元,劳务输出300人。

老委员联谊会

1990年8月22日,县政协老委员联谊会第一届第一次会议召开,成立县政协老委员联谊会,推选出理事会。至2008年,召开老委员会议7次、理事会议14次、老委员座谈会3次,走访老委员3次。历届政协委员会每年组织活动1~2次,安排老委员到相邻县区和县工业园、开发新区、乡镇,参观学习、考察调研。

卷二十一

民主党派　社会团体

卷二十一　民主党派　社会团体

2008 年,有中国民主促进会(民进会),会员 10 人,编入共青支部参与组织生活,和县工商业联合会(工商联)一道遵循与中国共产党“长期共存、互相监督、肝胆相照、荣辱与共”合作方针,通过参政议政形式,自觉履行政治协商、民主监督职能,贯彻执行县委、县政府各项决策和工作部署,在参与本区域政治、文化各项社会事业建设中发挥积极作用。

县人民团体主要有:县总工会、中国共产主义青年团德安县委员会(团县委)、县妇女联合会(县妇联)、县文学艺术界联合会(县文联)、县科学技术协会(县科协)、县哲学社会科学联合会(县社科联)、县残疾人联合会(县残联)、县红十字会。各人民团体充分发挥党和政府联系各界群众的桥梁纽带作用,团结和组织各界群众积极参加建设和改革,在各领域中,涌现出一大批劳动模范、青年文明号、三八红旗手等先进集体和优秀个人,为全县各项社会事业繁荣发展做出了贡献。

第一章　中国民主促进会德安县组织

第一节　会员与组织发展

1996年12月9日,成立中国民主促进会共青城支部,县民进会员2人编入参与组织生活。1997~2008年,有会员21人,其中县会员10人。

第二节　支部大会

第一届支部大会

1996年12月30日在共青召开。实有会员7人,出席会议7人。会议听取和审议通过“关于召开中国民主促进会共青支部大会筹备工作报告”;民主选举产生第一届民进共青支部委员会,韦国柱当选主任委员。

第二届支部大会

2000年6月在共青召开。实有会员12人,出席会议12人。会议听取和审议通过第一届民进共青支部委员会工作报告,部署下一届民进工作;选举产生第二届民进共青支部委员会,韦国柱当选主任委员。

第三届支部大会

2005年12月在共青召开。实有会员20人,出席会议20人。会议听取和审议通过第二届民进共青支部委员会工作报告,部署下一届民进工作;选举产生第三届民进共青支部委员会,陈保平当选主任委员。

第三节　主要活动

参政议政

1997~2008年,民进县人大代表、政协委员在“两会”期间提交议案和提案50余件,采纳15件。1998年,民进主任委员韦国柱《端正党风、挽救信仰危机,加强党建、落实两个文明》提案获优秀提案奖,《加强法律监督,查处违法办案,追究冤假错案责任人员》提案列为重点提案督办,并获年度“建言献策先进个人”奖。2000年,支部委员张绍荣《目前企业改制中存在的问题与对策》提案,在企业改制中被部分采用。2002年,第十二届五次县人大会议期间,县代表会员郑裕水和共青其他县代表联名提交《尽快治理博阳河上游严重污染》议案,促成共青改造官塘垅水库,解决饮用水质问题。2008年,主任委员陈保平《加强共青农村公路养护与管理》《进一步加强残疾人保障金征收工作》提案被相关部门采纳。

服务社会

1996~2008年,依托耀邦陵园、鸭鸭羽绒服、共青“名人、名牌、名城”效应,先后接待许嘉璐率领的民进中央“京九沿线社会经济发展研讨会”代表团及其他省、市以上民进组织参访团20余批次,200余人。1999年,民进支部组队参加民进市委迎澳门回归歌咏比赛,获二等奖。2007年10月,与民进省委直属一支部联合送书下乡,为甘露镇岭背熊家农家书屋送图书3000余册。2008年5月,2次组织全体会员为“5.12”汶川地震灾区捐款1万余元。

第二章　总工会

第一节　组织机构

1985年,有基层工会112个,工会小组500个,会员11068人。2000年,有基层工会196个,会员11324人。2008年,有基层工会269个,其中非公企业工会71个;会员19842人,其中农民工会员4651人。

2008年,县总工会内设办公室、财务室、组织宣传部、生产生活部、女职工委员会、经费审查委员会、工人文化宫、职工学校,有干部职工25人。

第二节　代表大会

第十一次代表大会

1985年11月28日在县城召开,出席会议代表161人,列席10人,特邀24人。会议回顾县总工会第十次代表大会以来工作情况,部署今后工作,选举产生第十一届工作委员会委员21人、常务委员9人、候补委员2人,张友才当选主席。

第十二次代表大会

1993年12月2日在县城召开,应出席会议代表220人,实出席代表204人,列席35人,特邀28人。大会听取和审议通过第十一届工会委员会工作报告;听取和审议通过工会会费收缴和开支情况报告;选举产生第十二届工作委员会委员17人、常务委员7人、候补委员3人,王贤俊当选主席。

第三节　主要活动

劳模管理

1985~2008年,有全国劳模3人、全国“五一劳动奖章”获得者1人、省劳模12人、市劳模15人。每年“五一”劳动节期间,组织部分劳模召开座谈会,听取工作介绍,征询合理诉求,帮助解决工作和生活中实际问题。为劳模免费体检,年终慰问走访劳模。争取上级指标和自行安排劳模外出休、疗养58人次,资助帮扶困难劳模62人次。

劳动竞赛

1985年6月,与县经委、财政局、人劳局联合发文,组织全县各级工会开展“三二一”和“创先进、学先进”劳动竞赛,企、事业单位万余人参加活动。同年9月,组织各基层工会在本单位发动“三师”(工程、经济、会计师)、“三员”(技术、管理、决策员)、“三手”(优质、节约、革新能手)为重点的“提建议、搞革新、创效益、作贡献”群众性生产技术竞赛活动。1987年4月,制定《关于在全县工业战线开展“增产节约、增收节支"社会主义劳动竞赛实施方案》,开展劳动竞赛。至1990年底,全县预算内企业新增产值8000余万元,节约生产成本1800余万元。1991～1999年,组织全县工矿企业先后开展"万名职工大练兵、献计策、比贡献""经济技术创新工程""五个一主人杯""创业杯主力军跨世纪创业立功竞赛"活动。2006年,开展"当好主力军、建功'十一五'、和谐奔小康"劳动竞赛。

女工工作

1993年12月,成立县女职工委员会。1994～2000年,先后组织开展"四自"(自尊、自信、自立、自强)、"四有"(有理想、有文化、有道德、有纪律)、"女职工成才自我达标"系列教育,组织818人参加省总工会女职工合法权益知识和全国总工会女职工"迪康杯"知识竞赛。1996年起,在全县女职工中开展"巾帼双文明建功立业"活动,评出岗位创新女标兵88人、创新标兵岗36个。1999年,实施援助困难女职工"38111"工程,开展为下岗特困单亲母亲"六送"献爱心活动,举办下岗女职工再就业培训700多人次,创造就业岗位1000多个。2004年起,开展女职工安宁互助保险,参保女职工1500余人。每年均组织女职工妇科健康普查2000余人。至2008年,全县26个系统先后建立女职工委员会,发展基层女职工组织136个,专兼职女工委干部143人,培训基层女工委干部2100人。

送温暖工程

1989年,县总工会、劳动人事局、财政局、经贸委联合下发《关于给生活困难的产业职工一次性补助的通知》,各工矿企业在福利费中给予一次性补助300～500元,共发放困难补助金88万元。1996年,成立县送温暖基金委员会,筹集资金10余万元,走访慰问困难职工。春节期间走访特困职工,发放慰问金9.6万元。2004年6月,成立县总工会困难职工帮扶中心,为困难职工提供生活救助、医疗帮助、子女上学资助、就业扶助、法律援助"一站式"服务。至2008年,筹集困难职工帮扶资金10万元,解决困难职工子女就学60人。同年,走访困难职工710户,发放慰问金142万元;走访劳模64人,发放慰问金3.578万元;资助困难职工子女上学108人,金额43万元。建立和完善困难职工档案2722户。

职工互助保险

1996年,开展职工互助保险工作。2007年2月,职工互助保险"安康储蓄型"险种完成金额38.8万元。同年3月,互保业务由储蓄型向保费型险种过渡,拓展"团体人身意外伤害""女职工幸福""特种重病"等险种业务。2008年,全县参加互助保险职工2685人,其中女职工1258人,保费2.7万元。当年获得理赔7人,金额3100元。

维护职工合法权益

1986～1995年,建立健全基层工会劳动保护监督检查组织78个,举办劳动保护业务培训班12期,参训368人,其中专职干部36人。2004年,成立县厂务(政务)公开领导小组,办公室设县总工会,县委副书记、县政府分管副县长分别担任组长、副组长。全县有132家行政、企事业单位推行厂务(政务)公开。同年,国有企事业单位职代会建制率达100%,非公企业建立厂务公开制度96家,成立职代会59家。55家企业建立集体合同制度(包括女职工专项集体合同),签订率为58%,并与人事劳动和社会保障局、工商联、经贸委联合建立三方协商机制。2005年,联合城建局、人保局开展农民工工资支付情况专项检查。至2008年,建立基层劳动争议调解委员会138个,其中非公企业116个,为职工提供法律援助28起,接待来信来访86件次,成功调处56件次,印发农民工维权资料6000余份。

文体活动

1985年,县工人文化宫竣工,占地0.03公顷,建筑面积1273.19平方米,内设棋牌室、台球室、乒乓球室、报刊阅览室、图书馆和职工夜校。1990年,全县有职工图书馆23个,藏书27100册(其中县总工会图书馆13050册)。职工夜校在校学员178人。1992年4月29日,在县人民剧院举办庆"五一"大型文艺晚会,参演单位68个,观众逾千人。1993年12月,举办纪念毛泽东诞辰100周年大型文艺晚会。1997年9月,参加省委宣传部、省文明办、省总工会等6家单位联合举办的"江玲杯"职工文艺调演,舞蹈《珠穆朗玛》获二等奖。至2008年,自办和联合举办"三八""五一""十一"及其他特定纪念日大型文体活动68场次,参加活动2万余人次。

第三章　共产主义青年团

第一节　组织机构

1985年,有基层团委32个、团总支15个、团支部356个,团员3916人。2008年,有基层团委41个、团总支17个、团支部124个,团员6978人,其中农村团员3700人。团县委机关内设办公室、组织宣传部、学校少儿工作部,有干部6人。

第二节　代表大会

第十五次代表大会

1992年10月在县城召开,出席代表113人。会议听取、审议并通过共青团第十四届委员会工作报告,讨论、研究今后工作任务;选举产生共青团第十五届委员会委员21人,常务委员7人,祝迎春当选为书记。

第十六次代表大会

1999年12月在县城召开,出席代表125人。会议听取、审议并通过共青团第十五届委员会工作报告,讨论研究今后工作任务;选举产生共青团第十五届委员会委员21人,常务委员7人,黄涛当选书记。

第十七次代表大会

2007年6月24~26日在县城召开,出席代表128人。会议听取、审议并通过共青团第十六届委员会工作报告,讨论研究今后工作任务;选举产生共青团第十七届委员会委员25人,候补委员5人,常务委员7人,周洁当选书记。

第三节　主要活动

青年建功创业竞赛

1987~1997年,组织团员、青年在农村开展"植万株树、造千亩林""种养能手""农村青年状元"创业竞赛,在城镇企业开展"青年全面质量管理小组成果""青春在岗位上闪光""双增双节"等劳动生产竞赛。1999年,县、乡团委在各行业中开展"青年文明号"创建和"农村青年科技兴农有奖知识竞赛"。2007~2008年,组织团员、青年参与团市委组织的"千秋伟业在于创,九江巨变在于干"演讲比赛,开展"青年在项目中闪光"等主题活动。至2007年,在各项建功创业竞赛中,被评为市级青年岗位能手8人,市级优秀团干16人,市级优秀团员32人。

青年文明号创建

1994 年,开展"青年文明号"创建工作。至 2007 年,有 98 家青年较集中的窗口单位和部门参加"青年文明号"创建活动。2008 年底,创评省级"青年文明号"3 家、市级"青年文明号"11 家,县级"青年文明号"89 家。

希望工程

1992～1993 年,启动"希望工程",资助 400 余名失学儿童复读,完成义务教育阶段学业。2002～2006 年,募集社会资金 34 万余元,用于救助贫困学生 89 人。接受社会捐赠教学桌椅和其他学习用具,价值近 7 万元。2007 年,引进资金 291.78 万元,其中救助资金 40 万元,建校资金 251.78 万元。救助中、小学失学学生、贫困生 127 人,大学生 29 人;建希望中、小学校 9 所;希望书库 1 个,藏书 1500 余册。设立"凌飞""时代商城"助学基金。

少先队工作

1985～2008 年,县、乡团组织每年 3 月组织青少年开展"雷锋活动月"主题活动,参与中小学少先队员清明祭扫烈士墓和入队宣誓活动,帮助军烈属、五保户、残疾困难户和敬老院打扫卫生,做好人好事。1991 年,全县中小学校开展"学赖宁、学十佳,争做好少先队员"活动,团县委表彰"学赖宁先进集体"10 个和"学赖宁好少年"30 人。2005 年,县少年工作委员会在全县开展"手拉手关爱留守儿童"活动。至 2007 年,结成"手拉手"小伙伴 188 对,"大手拉小手"关爱者 107 对,"知心哥哥姐姐"97 人。

"青年志愿者"活动

1996 年,成立志愿者协会,有乡镇青年志愿者服务协会 19 个,青年志愿者服务队 100 余个,有队员 400 余人。志愿者与孤残儿童、鳏寡老人、军烈属订立长期服务计划。志愿者上街道、进社区,清扫垃圾、铲除积垢。专业技能志愿者服务队不定期开展摆摊设点专业维修和上门服务,医卫系统青年志愿者经常进村入户为患者送医送药。县供电公司"小红帽"志愿者服务队坚持志愿服务 12 年,得到社会赞誉。至 2008 年底,县志愿者协会会员注册人数达到 13000 余人。

预防青少年违法犯罪

团县委和基层团组织配合党政部门,建立和完善青少年违法犯罪社区预防机制,开展青少年心理咨询服务;加快对校园周边环境整治、实施全县中小学"校园净化工程";加强对城乡网吧监督、整顿,规范经营,实施"阳光网吧"工程;开展"珍爱生命、远离毒品"禁毒宣传,利用宣传标语、图片展览等形式进行针对性教育;到拘留所、拘役所对失足青少年进行法制教育,对没有家长陪同的失足未成年人进行陪审。

第四章　妇女联合会

第一节　组织机构

1985 年,有乡镇场妇联 21 个,行政村妇代会 136 个,县直单位妇委会 19 个。2008 年,有乡镇场妇联 15 个,村妇代会 81 个,县直单位妇委会 26 个,民营企业妇委会 7 个。县妇联内设办公室、组织宣传部、维权发展部、儿童工作部和妇儿工作委员会办公室,有干部 5 人。

第二节　代表大会

1987年12月10～11日，德安县第十三次妇女联合会代表大会在县城召开，出席代表156人，特邀25人。大会选举产生第十三届妇女联合会委员会委员13人，胡茂倩当选主任委员。

第三节　主要活动

“五好文明家庭”创建

1985～1986年，通过多种形式开展“五好”家庭、“十佳文明”家庭、“好儿媳”和“家庭助廉”系列主题评选活动。1987年，开展“勤俭新婚夫妻”评选活动，教育妇女移风易俗，婚事新办。1990年，评出“五好”文明家庭10049户，占全县总户数45%。2004年3月，建立县级“学习型家庭”“美德在农家”示范点6个。2005年4月，在县直学校举办“欣祥杯·我的母亲”征文比赛，收集征文300余篇，获奖作品汇编成册。2006年，开展“文明新德安，孝顺好儿女”评选活动。县民政局曾金水先后被评为“文明新九江，孝顺好儿女”和省首届“十佳孝顺好儿女”。2007年，聂桥镇梓坊村被评为全国“美德在农家”活动示范点。

维护妇女合法权益

1985年，县妇联通过举办培训班、法律知识竞赛等多种形式学习宣传《中华人民共和国婚姻法》。1990年，组织开展《江西省保护妇女儿童合法权益若干规定》学习宣传和法律咨询活动。2004年，成立县妇女法律援助中心站，无偿为妇女维权提供法律咨询和援助。2005年，县妇联1名干部被聘为人民陪审员，参与妇女、儿童权益案件审理。2006年起，开展妇女妇科病普查活动，每年近千名妇女得到免费检查。同年8月，成立县“平安家庭”创建活动领导小组，开展和谐平安家庭创建活动。2007年8月，县妇联提请将家庭暴力报警纳入“110”出警范围，派出所均建立妇女维权站，对家庭暴力事件有警必出。2008年，宝塔乡八一村石子岭自然村被评为县“平安家庭”示范村。

“巾帼建功”竞赛

1985～1987年，开展“五花赛”“百花赛”“十大养殖能手竞赛”等活动，组织动员妇女学习掌握科学生产技术，共有855名优秀典型受到县级以上表彰；举办各类科学实用技术培训班168期，参加学习妇女5644人次。1991年，成立县“巾帼建功”竞赛活动领导小组，组织城镇妇女开展以五学（学政治、学文化、学科学、学技术、学管理）、五比（比思想、比质量、比服务、比成绩、比贡献）为主要内容的“巾帼建功”竞赛活动。2005年8月，举办“新阶段、新发展、新女性、新创业”先进事迹报告会。2006年5月，号召全县妇女参与新农村建设。8月，市新农村建设“巾帼示范村”揭牌仪式在丰林镇紫荆村举行。2007年3月，开展以“争做新女性、建设新农村”为主题的“六八工程”（建设8个新农村建设巾帼示范村、创建8个“三八”绿色基地，创评8户新农村建设和谐家庭、组织8支巾帼文体宣传队、评选8名“双学双比”女能手和培训8个农民合作组织女会员）活动。制定下发新“巾帼文明岗”管理办法，对全县已授牌“巾帼文明岗”实行动态管理。同年5月，全国妇联办公厅等10部门领导到丰林镇嘴上袁家、河东乡袁家山，调研妇代会在新农村建设中发挥作用情况。至2008年，有4万余人参加各类培训，掌握2～3门实用技术；评出县级以上“三八”红旗手、“巾帼建功”标兵400余人，巾帼文明岗23个。欣祥彩印包装厂董事长朱金花被评为全国妇女“三八”红旗手，县二小教师张瑞珍当选全国第十次妇代会代表。

“双学双比”竞赛

1989年5月至1990年,在全县农村妇女中开展“双学双比”(学文化、学科技、比成绩、比贡献)竞赛活动,参赛妇女14192人,评选出“双学双比”优秀女能手238人。2002年,吴山乡果业种植能手洪有女被评为全国“双学双比”优秀女能手。2006年,磨溪乡董家村妇代会主任徐树英被评为全国“双学双比”优秀女能手。2007年,高塘乡党委书记罗颖被评为全国“双学双比”先进工作者。

少年儿童工作

1985年1月,成立县少年儿童工作协调委员会。同年,开展优生、优育、优教家庭教育活动。1986年,幼儿教育由县妇联进行管理。1987年,入托入园入学少儿4570余人,城镇3岁以上幼儿入园率98%。1988年5月,举办全县幼师培训班。1993年,成立县妇女儿童工作委员会。1994年起,实施农村贫困家庭失学辍学女童求学“春蕾”计划,开展10元捐活动,当年收到捐款7万余元。1997年,幼教工作移交县教育局管理。至1999年,“春蕾”10元捐活动收到捐款36万元,救助女童1200人次。2004年11月,在磨溪中心小学建立县内第一个“春蕾班”。2006年5月,在全县开展春蕾妈妈结对认亲活动。2007年母亲节,省妇联与江西日报社在德安联合举办“温暖民生,共建和谐—2007江报新闻行动之‘春蕾妈妈’情暖童心”活动,全县共结成48对“春蕾母女”。2007年9月,设立5万元“德安县春蕾助学基金”,10名贫困学生受资助至高中毕业。同年4月,开展“留守儿童致外出务工父母一封信”征文比赛。2008年9月,召开全县关爱农村留守儿童工作推进会。同年,县妇联被评为“江西省儿童工作先进集体”“全国家庭教育工作先进集体”。

第五章　科学技术协会

第一节　组织机构

1984年3月,县科协与县科委分署,机构单设。1997年,设立下属事业单位江西省农村致富技术函授大学德安分校。2003年,县科协由事业单位转划行政单位,配主席、副主席、秘书长等职。内设办公室、普及部、学会部、省农函大德安分校。至2008年,全县有各类县级科技协会(学会、研究会)23个,农村专业协会26个,会员4000余人。

1982～2003年全县部分科技协会(学会、研究会)一览表

表21－6－1　　　　单位:人

名称	成立时间	会员	名称	成立时间	会员
农学会	1982.10	120	新闻学会	1985.9	40
水利学会	1983.5	70	甲鱼研究会	1996.4	35
医学会	1983.5	90	老年科协	2003.10	90
教育学会	1983.6	80			

1985～2008 年德安县农村部分专业技术协会一览表

表 21－6－1　　单位:人

名称	成立时间	会员	名称	成立时间	会员
养鸭协会	1995.6	160	聂桥葡萄协会	2007.3	116
东城花卉苗木协会	1997.4	100	磨溪蚕桑协会	2007.3	175
草鸡协会	1999.8	90	早熟梨协会	2007.8	210
特色养殖协会	2000.2	80	吴山果业协会	2007.9	120
反季节蔬菜协会	2000.4	150	丰林养兔协会	2008.1	40
园林绿化协会	2000.8	28	塘山高山辣椒协会	2008.6	176
麻羊协会	2000.10	40	林泉棉花协会	2008.8	200
丰林蛋鸡养殖协会	2003.2	110	爱民花生协会	2008.8	100
生态牧业协会	2004.4	50	苗木协会	2008.10	176
养猪协会	2005.4	35			

第二节　代表大会

第三次代表大会

1987 年 11 月在县城召开。大会听取、审议和通过县科协第二次会议以来工作报告;选举产生第三届县科学技术协会理事会,杨运淼当选主席。

第四次代表大会

1997 年 6 月 18 日在县城召开。参加代表 150 人,特邀人员 50 人。会议听取、审议和通过第三届县科协工作报告;选举产生第四届县科学技术协会理事会,袁隆环当选主席。

第三节　主要活动

1985 年 5 月,县科协创办《科技通讯》《信息窗》刊物。同年 8 月,与县教育局联合举办气象科技夏令营活动,参观参观九江、星子两县科普教育基地,组织县第二小学气象小组到南京紫金山天文台学习参观。同年,科协领导 2 次出席中国科协在京召开的全国科协系统农村科普工作“双先”表彰大会和地方科技工作经验交流会。聂桥镇科普员卢赣生获中国科协“科普工作先进个人”称号。1986 年 3 月,县科协加入湘、鄂、赣边区 10 县科技协作网。同年 5 月,全国第二次地方科协工作研讨会在德安召开,北京、上海、四川等 11 个省、市 40 余名县级科协负责人出席会议。1987 年 5 月,县领导受邀参加中国科协在四川召开的第三次地方科协工作研讨会。同年 10 月,科协组织网络延伸到村,配备科普员。1990 年,开展农民技术职称评定工作,评定农技员 334 人。其中,农民会计师 18 人、助理会计师 42 人、会计员 40 人、助理会计员 16 人,农民技师 48 人,技术员 84 人。至 1991 年初,举办各类培训班 500 余期,培训干部和农民 9 万余人次;有科普学校 11 所,办班 35 期,入校学员 1230 人次。1996 年 4～5 月,组织基层科普员和农民 2169 人,分批赴九江参观“九江市首届科学技术普及展览”。1997 年 4 月,省委组织部、省科协在德安县召开全省农村党员、基层干部实用技术培训工作交流会。同月,省农业大学和市科普服务团专家、教授38人在林泉乡、聂桥镇、邹桥乡开展送科技下乡活动。同年12月,中组部、中科协授予县科协“全国农村党员、基层干部实用技术培训工作先进集体”称号。1998年,岳山垅甲鱼研究会被中国科协授予“星级农研会”称号。1999年2月4日,省科协、省教委、南昌大学、省农业大学、省医学院、省中医学院和市科协科普下乡服务团专家、教授及县有关部门科技人员140余人在邹桥乡、聂桥镇举行大型送科技下乡活动。2001年6月25日,县委书记华金国到北京参加中科协第六次全国代表大会,接受中央领导颁发“全国科普示范县”牌匾。2003年4月8日,省21世纪科普示范村现场经验交流会在德安县召开。同年10月23日,县老年科协第一次代表大会召开,选举产生第一届县老年科协理事会,万联迟当选会长。2003~2008年,河东乡石桥村、宝塔乡杨桥村、园艺场科普示范基地、丰林蛋鸡养殖协会、磨溪乡五星村、爱民乡柏树村,分别被中科协、财政部、省科协、省财政厅、市委组织部、市科协授予“优秀科普示范基地”“优秀农村专业技术协会”“省科普示范村”“市科普示范村”称号,并获相应物质奖励。

第六章 工商业联合会

第一节 组织机构

1988年3月,县工商业联合会第八届会员代表大会召开,恢复县工商业联合会。1995年3月,与县总商会合署办公,两块牌子,一套人员。2004年12月,成立县总商会浙江商会和福建商会。2008年9月,成立县经济发展促进会广东分会。至2008年12月,县工商联有企业团体会员96家,个体会员84人。

第二节 代表大会

第八次会员代表大会

1988年3月在县城召开。会议听取《关于恢复德安县工商联筹备工作报告》,部署新时期工商联工作。会议选举产生县工商联第八届执行委员会委员17人,常务委员会委员6人。周庆珠当选主任委员。

第九次会员代表大会

1997年3月27日在县城召开。出席大会代表60人,特邀13人。会议听取和审议通过工商联第八届执行委员会工作报告,总结交流经验,表彰先进单位和优秀个人。会议选举产生第九届工商联和总商会执行委员会委员17人,常务委员会委员9人,张诚祥当选主任委员。

第十次会员代表大会

2002年3月15日在县城召开。出席大会代表60人,特邀15人。会议听取和审议通过县工商联第九届执行委员会工作报告,选举产生第十届县工商联和总商会执行委员会委员35人,常务委员会委员17人,张诚祥当选主任委员。

第十一次会员代表大会

2007年4月29日在县城召开。出席大会代表90人，特邀33人。会议听取和审议通过工商联第十届执行委员会工作报告，选举产生第十一届县工商联和总商会执行委员会委员37人，常务委员会委员21人。王勇当选主任委员。

第三节　主要活动

参政议政

1993年，工商联会员中有全国人大代表1人、省人大代表1人、市人大代表1人、县人大代表8人、县政协委员9人（其中常委4人），经组织推荐当选县政协副主席1人。1998年，工商联会员中有全国人大代表1人，省人大代表1人，市人大代表3人，县人大代表9人，县政协委员11人（其中常委4人）。2008年，会员被推选县政协委员42人，占委员数25.13%；提交提案36件，占提案数50%，所有提案都被采用，被评优秀提案5件。2005～2008年，共有会员27人被聘担任行风监督员。

招商引资

2004～2008年，县工商联（总商会）协助政府，依托浙江商会、福建商会和县经济发展促进会广东分会，先后12次到广东、上海、江苏、浙江、福建、香港等地招商，召开项目推介会，扩大德安在外影响，推进县域经济发展。

回馈社会

2007年、2008年，组织商会和部分会员企业参与“千企带千村”活动，助力农村经济发展。利用公司＋农户＋基地模式，让农民在参与企业工作中获得劳动报酬。鸿立食品有限公司在河东、高塘乡发展胖姜种植；凯利丝业有限公司在磨溪、邹桥乡发展蚕桑养殖；阳光集团有限公司在高塘乡、丰林镇发展苗木种植。

光彩事业

2000～2005年，组织、引导会员中矿山企业积极参与矿山周边新农村建设，帮助农民建桥修路、疏浚山塘水库、绿化村庄和改造饮用水，共投入资金200余万元。2008年，会员李国新在重阳节向县敬老院捐款20万元；观音阁水厂捐助贫困学生1万元；“5·12”汶川地震期间，组织会员向灾区捐款20余万元。同年，工商联会员单位和个人捐助农村修桥铺路、维修学校、扶助贫困学生、捐赠灾区、资助新农村建设、帮扶农民致富，共投入资金和物资近500万元，提供就业岗位近千个。

第七章　文学艺术界联合会

第一节　组织机构

1985年，县文联有文学工作者协会、音乐舞蹈工作者协会、戏剧工作者协会、书法美术摄影工作者协会，会员218人。至1989年，新增敷阳诗词学会、书法工作者协会、共青飞牛文学社，7个团体会员单位有会员358人。1993年,县文联并入县委宣传部。1996年6月恢复,与县委宣传部合署,下辖文学工作者协会、美术书法工作者协会、诗词学会、音乐舞蹈工作者协会、戏剧工作者协会、摄影工作者协会、共青飞牛文学社7个团体会员单位,会员438人。2006年10月,有文学创作协会、诗词联学会、美术书法协会、摄影协会、音乐舞蹈戏剧协会、收藏协会、新闻学会7个团体会员单位,会员496人。2007年12月,成立县书画院,隶属县文联,后归属县文广局。至2008年,会员中有中华诗词学会会员8人(孙自诚、杨宗海、甘尚文、吴先桢、钟希逵、蒋惠莲、周明忠、朱德群),中国书法家协会会员1人(冯德良),中国工艺美术学会会员2人(廖冰、罗志东),中国作家协会会员1人(徐太行);省书法家协会会员8人,省美术家协会会员2人,省作家协会会员2人,省民间文学研究会会员1人,省摄影家协会会员3人,省新闻摄影协会会员2人,省音乐家协会会员1人,省诗词学会会员10人。

第二节　代表大会

第二次代表大会

1988年4月在县城召开。选举产生德安县第二届文学艺术界联合会委员15人,常务委员7人,威晓云当选主席。

第三次代表大会

2006年10月在县城召开。会议听取、审议和通过县文联工作报告,审议和通过文联章程,选举产生德安县第三届文学艺术联合会委员22人,常务委员9人,王瑞风当选主席。

第三节　主要活动

文艺活动

1985年,参与举办纪念红军长征胜利五十周年系列庆祝活动。1986年,《博阳河》创刊。1990年,《敷阳诗词》创刊号发行。1997年,开展"庆七一·迎香港回归"系列活动,县书法协会在文化馆举办书法作品展,诗词学会在《敷阳诗词》辟有庆祝专栏。1999年,参与举办"喜庆澳门回归"文艺晚会。同年10月,中国文联和文化部艺术科研所组织全国业余书法美术等级考试评估,设立德安考务工作站,考试评估项目7个,全县获得定级42人。2003年4月,参与举办庆"五一"、促"和谐创建"激情广场文艺演出。2004年12月,举办庆"元旦"戏曲专场文艺晚会。2006年7月,摄影协会举办首次优秀作品展;8月,书画协会举办庆祝建党85周年暨纪念长征胜利70周年书画展;9月,诗词联学会举行《德安旅游诗词大观》首发式。2007年7月8日,县委宣传部、县文联、市美术家协会、市书法家协会联合主办"九江、德安书画精品拍卖会",现场对100件书画精品进行拍卖,55件拍卖成功,总价值5万余元。2008年10月,举办"人文德安,和谐家园"经典吟诵大赛。

文学创作

1985～2008年,出版和发行各类文艺丛书156册,中短篇小说256篇,报告文学79篇,诗词3100首,散文132篇,《博阳河》内部文艺刊物36期,《敷阳诗词》10期,《博河文学》4期。1995年,出版纪实图书《万家岭大捷》,被部分大学、地方和国家图书馆收藏。

第八章　哲学社会科学联合会

第一节　组织机构

1990 年 12 月，成立德安县哲学社会科学联合会，设主席 1 人。1994 年，县级机构改革调整，与县委宣传部合署。2007 年增设专职副主席 1 人。同年，县社科联作为团体会员加入市社科联。

第二节　主要活动

组织发展

1985 年，县社科联有农学会、水利学会、医学会、教育学会 4 个团体。2002 年，成立江州义门陈文化研究会。2003 年 3 月，经省民政厅批复更名江西省江州义门陈文化研究会。2006 年 12 月，成立中华义门陈联谊总会。2007 年 3 月，成立德安县文化发展促进会；7 月，成立袁隆平研究学会；8 月，成立陶渊明文化研究会、陶渊明故里联谊会、中华陶氏联谊总会。2008 年 7 月，成立德安县万家岭大捷研究会；9 月，成立德安县经济发展促进会广东分会、德安县中国特色社会主义理论研究会。至 2008 年，全县有各类哲学、社科学会或研究团体 21 个，会员 700 余人。2006 ~ 2008 年，连续 3 年被评为全省社科先进单位。

科考调研

义门陈文化研究　2007 年 5 月，德安江州义门陈文化研究会提供史料和遗址，配合中央电视台四套国际频道《走遍中国》栏目组，在德安县拍摄《义门传奇》专题片。该片播出后，在华人世界引起热烈反响。2008 年 9 月，中华义门陈文化产业开发暨中华文化研究基地成立大会在德安县城召开。大会邀请来自全国各地百余知名专家学者和陈氏宗亲共万余人参加，共商义门陈文化发展大计。翌日，举行中华文化研究基地和全省非物质文化遗产揭牌仪式。

陶渊明故里探考　2007 年 8 月 15 日，德安县陶渊明文化研究会协同九江学院陶渊明学术研究会，在县城召开“九江第三届陶渊明国际学术研讨会”。与会 40 余名陶学专家、学者到吴山乡蔡河村林居社区参观考察并进行座谈。12 月，省政协文史委、省社科院在德安县联合举办“江西省陶渊明学术调研论辩会”，与会专家、学者参访了吴山林居社区。

万家岭大捷研讨　2008 年 12 月，省委党史研究室、市委党史研究室联合主办，县委宣传部、县社联承办“纪念万家岭大捷 70 周年学术座谈会”在县召开，新华社发布配图稿件予以报道。2000 ~ 2008 年，县社科联会员共撰写和发表万家岭大捷研讨性、纪念性文章 200 余篇，诗词 100 余首。

第九章　残疾人联合会

第一节　组织机构

1990年8月,成立德安县残疾人联合会,副科级事业单位,由县民政局代管。1999年1月,县残联计划单列,正科级。全县有基层残联21个,基层残协132个。各乡镇场残联均配有专职委员,村(社区)残疾人协会会长由村委会主任兼任,形成县、乡、村三级组织网络体系。县残联内设办公室、就业服务站、康复股,有理事长1人、工作人员5人。2002年,县政府被国务院残工委等部委授予"全国残疾人康复工作先进县"。2004~2005年度,县残联获"全国文明单位"称号。2008年,全县有肢残人协会、盲人协会、聋哑人协会、智残人亲友协会、精神病人亲友协会。

第二节　代表大会

第一次代表大会

1990年11月24日在县城召开。出(列)席大会176人。会议明确今后工作任务:逐步建立健全残疾人组织,搞好残疾人抽样调查,创造条件,为残疾人办实事。会议选举县残联第一届理事会执行委员11人,余香火当选理事长(民政局长兼)。

第二次代表大会

1994年9月29日在县城召开。出(列)席大会159人。会议听取、审议和通过县残联第一届理事会工作报告,号召全体残疾人工作者抓住机遇,深化改革,加快发展县残疾人事业。选举第二届理事会执行委员11人,熊泽恩当选理事长(民政局副局长兼)。

第三次代表大会

2007年9月14日在县城召开。出(列)席大会101人。大会听取、审议和通过县残联第二届理事会工作报告,明确今后5年主要工作目标。选举出席市残联第三次代表大会代表11人。选举第三届理事会执行委员13人,黄印平当选理事长。

第三节　主要活动

残疾人统计

2008年底,全县有残疾人11096人,占总人口6.64%。其中肢体残疾5559人,占50.10%;智力残疾1120人,占10.09%;视力残疾1420人,占12.80%;听力残疾598人,占5.39%;精神残疾1053人,占9.49%;言语残疾210人,占1.89%;多重残疾1136人,占10.24%。

康复助残

1988年,首次免费为贫困白内障患者实施复明手术,之后每年在全县进行一次白内障筛查。1990

年起，介绍、推荐、扶助残疾儿童（视盲、聋哑、弱智）和少年到省、市特教学校接受教育，每学年给予适当特殊教育补助费。至2008年，共补助4.85万元送37名聋儿、12名智残儿童到南昌、九江特教学校接受语音等训练；资助5.6万元帮助33名贫困残疾学生进入大中专院校学习，其中16人取得特教中等学历，2人取得特教大专学历。共实施白内障复明手术1345人，装配假肢66人，矫治儿麻30人，为精神病患者无偿提供药品115人。募捐25.4万余元，用于购买轮椅、拐杖、盲杖、助听器、助视器等残疾人用品用具1558件套，价值15.5万余元，余额用于重残和特困残疾人生活补贴。

就业扶贫

1991年8月，创建国营残疾人福利企业"德安县国营群星服装厂"，隶属县民政局，有职工80人，其中残疾人39人。1993年8月，成立县残疾人就业服务站，负责残疾人就业招聘、推介、安置。1998年，推介8名语障青年到聂桥造纸厂就业。2002～2003年，推介53名残疾人到奥华塑胶有限公司等外地企业就业。2004年，推介56名残疾人到民营福利企业江西能平电化有限公司就业；为2名特困残疾人协调到县农贸市场租赁摊位经营。2007年始，每年财政代扣和地税代征残疾人就业保障金30～40万元，全部用于残疾人事业。至2008年，完成85户农村贫困残疾人家庭危房改造，帮扶资金63.75万元。同时，城市经济适用房、廉租房政策向残疾人家庭倾斜。举办各类实用技能就业培训38期，免费培训1100人次。为2名盲人到南昌进行专业按摩培训和回德安县开办按摩店提供帮助。县内机关、团体、企事业单位和其他经济组织，在没有达到按比例安排残疾人就业情况下，均按规定交纳残疾人就业保障金。

文体娱乐

2000年以来，每年开展钓鱼、象棋、扑克、唱歌比赛等形式多样、健康有益的残疾人文化娱乐活动，注重发现推荐优秀残疾人才，激励残疾人自强不息，自信上进信念和意志。2005年，制定《德安县残疾人优惠政策若干规定》，倡导、动员全社会公共文化机构为残疾人提供服务。至2008年，为各乡镇场残疾人专职委员和农家书屋残疾人管理员订阅《中国残疾人》《三月风》等报刊100余份，开展评选县"十佳"残疾人自强模范活动2次，与县总工会共同举办评选自强之星、技术能手活动。

维护权益

2006年9月，成立德安县残疾人法律援助中心。至2008年，接待残疾人来信来访260余人次，免费为残疾人提供法律服务25人次，法律援助10件次，依法调处各类纠纷9起，挽回经济损失16万余元。在城市和集镇新建、改建人行道时，按规定铺设盲道，为残疾人出行提供便利。

第十章　红十字会

第一节　组织机构

1988年8月，成立德安县红十字会，副科级单位，挂靠县卫生局。有基层红十字会28个，会员529人。历届名誉会长由县长担任，会长由分管副县长担任，副会长由县委办、政府办、县卫生局、民政局、教育局负责人担任。

第二节 主要活动

1998年6~8月,全县发生特大洪涝灾害。红十字会深入抗洪救灾一线,了解灾情,及时报灾,得到省、市红十字会、香港红十字会大力援助,共获得消毒药品、棉被、大米等赈灾物资折合人民币370余万元,缓解宝塔乡、黄婻乡重灾区群众医疗和生活困难。2002年,县政府成立献血工作协调小组,红十字会发挥积极作用,全县无偿献血工作名列全市前列,临床用血100%来自无偿献血。2008年1月,组织红十字会医务人员在昌九高速公路德安段为因冰雪天气滞留的过往人员送医问诊,发放药品价值6万余元。2月23日,县红十字会负责人陪同中国红十字会总会秘书长王海京一行到邹桥乡慰问抗击冰灾一线人员和受灾群众。5月12日,汶川大地震,县红十字会在县电视台、德安新闻网、政府网发布捐赠救灾倡议书。24日,在县文化广场举行赈灾募捐活动,接受捐赠1.7万元。至26日累计接受捐赠9.17万元,全部通过上级红十字会捐往灾区。1998年,争取上级红十字会支持和香港红十字会援助,获水毁医院改造项目资金24.8万元,将蒲亭镇卫生院改建成"德安县红十字医院"(2000年10月省红十字会批复冠名)。同年5月,香港红十字会捐款5万元兴建邹桥石门村卫生所。

1988~2008年,县红十字会于每年5月8日世界红十字日前后和一些特定日子,组织医疗专家团队开展以《中华人民共和国红十字会法》为重点宣传咨询活动和形式多样的义诊及应急救护培训,下乡为村民检查身体、送医送药、宣传防病知识、倡导健康生活方式。共发放药品价值30余万元,医治病患2000余人次。

卷二十二 政法

卷二十二 政 法

1985年，有县政法委员会和县公安、检察、审判、司法机关，各政法机关坚持党的领导，维护国家安全和社会稳定，依法打击违法犯罪活动，保障人民生命财产安全，在打击犯罪，履行刑事、民事、行政诉讼监督、依法审判和普法宣教工作中，维护法律公正性和权威性，充分发挥自身职能作用，为社会经济发展做出积极贡献。

至2008年，公安机关侦破刑事案件4521件，刑事拘留犯罪嫌疑人3010人；办理经济案件74件，刑事拘留75人，挽回经济损失552万元；查处治安案件7589件，刑事拘留7334人、移送劳教189人、警告933人、处罚17657人、罚款9390人次。检察机关受理公安机关、自侦部门提请批捕案件1299起2074人；起诉案件1118起1768人；查办贪污贿赂案件193起244人，挽回经济损失1491.4万元；查办渎职侵权案51起55人；办理控告申诉案707起，移送其他检察机关和其他机关40起。审判机关审结刑事案件1346起，民商事案件11461起；执结案件5606起，执结率81.37%，标的额16107.15万元。司法调解各类纠纷16879起；实施律师刑事辩护959次、诉讼代理2096次、非诉讼代理2394次；安置帮教、刑满释放和解除教养人员1055人。

第一章　社会治安综合治理

第一节　综合治理责任制

1990年始,实施社会治安综合治理。1991年,县委、县政府制定《德安县1991～1995年社会治安综合治理五年规划》,同年10月,成立德安县社会治安综合治理委员会(县综治委),与县政法委合署办公。乡镇设立社会治安综合治理办公室(综治办),村设立综治工作室,村民小组设综治小组,实行社会治安综合治理目标责任制,目标任务细化分解,层层落实,责任到人。1992年初,制定《德安县社会治安综合治理委员会成员单位职责任务》,实行联席会议制度和部门工作责任制度,确定司法、工会、共青团、妇联等25个部门为成员单位,明确职责范围和任务,层层签订责任状,纳入年终检查、考核。1993年,实行综合治理领导责任制,部门、单位一把手为综治工作第一责任人,将治安责任同责任人政治荣誉、政绩考核、职级提升和经济利益挂钩,同评选文明单位、综合性先进单位挂钩,对不重视社会治安综合治理工作、治安混乱的单位及责任人实行一票否决。1993、1994年,全县综治工作连续两年被市委、市政府评为综治目标责任制年终考评第一名。1995年,开展社会治安综合治理达标活动,实行分类分项打分。1997年,乡镇综治办实行标准化管理,建立4档8簿5制度,编制治安形势图、工作网络图,做到工作有目标,管理有制度,打击有重点,联防有队伍,信息有网络。1998年2月,乡镇成立社会治安综合治理委员会,由党委主要领导、公安员、民政助理员组成,下设办公室。1999年12月,开展村治保会、调委会达标验收工作。2004年制发《关于综治工作进园区、进民企的实施意见》。2006年,全县乡镇、县直部门和驻县单位均配备2名以上专(兼)职综治干部,坚持一月一汇报、一季一例会、一年两考评。乡镇综治办按照"四有(机构、人员、经费、职权)"标准配置,辖区治安防范示意图、综合组织网络图、综治工作基本一览表、综治人员岗位监督栏、综治办职责任务、工作制度"六上墙"规范管理,实现规范化建设。

第二节　群防群治

1991年12月,按照县综治五年规划"打防结合,以防为主"方针,组建县城治安巡逻队,购置巡逻车辆,定员30人,实行24小时巡防。1992年,各乡镇(场)、厂矿组建护村队、护厂队、护矿队。铁路和105国道、316国道沿线组建路段治安联防队。1995年,建立健全重大情况报告制度和安全检查制度,加强情报信息收集和反馈。1998年,县城部分重点单位和重点部位安装电视监控设施和防盗设备。2004年,有社区保安队18支183人,治安巡逻队15支111人,治安志愿者队伍15支598人,看林护院队27支268人,护校护商队15支171人。2005年4月,德安、星子、永修、共青三县一区召开治安联防协作会,成立联防工作领导小组,制订联防工作方案。本着"睦邻友好、相互协作、积极防控、维护稳定、共促发展"原则,开展联谊、联防、联调、联治、联动、联网工作,建立治安联防轮值制、例会制、互访制、信息互报制,开展多层次、广领域边际协作联防活动。河东乡、宝塔乡、塘山乡、车桥镇开展和加强毗邻星子、永修、武宁、瑞昌接壤乡镇的边界联防活动。2005年下半年,县财政投入110余万元在县公安局安装4组矩阵32个监控屏幕的城区监控系统,与110报警台对接,监控探头遍布各重点部位和交通要道口。落实党政机关、金融网点、危化物品仓库的人防、物防、技防措施。2006年,进一步建立和健全治安信息网络,在干部、群众中选聘治安信息员1131人,工作面覆盖各乡镇村组、机关厂矿、社区。

第三节 专项整治

1986年始,根据各时期社会治安情况和突出的治安问题,有针对性重点进行专项整治。1988～1989年,集中开展对县城和城乡结合部频发的抢劫抢夺、敲诈勒索、聚众斗殴、流氓滋事犯罪的打击和整治,破获各类案件232起,摧毁犯罪团伙38个,抓获犯罪嫌疑人103人。1992年3月,在全县开展查禁赌博专项整治,抓获参赌人员1200多人,治安处罚800多人。6月,对大金山林场抢劫、敲诈勒索、盗伐林木案开展专项整治,破获案件20起,收审违法犯罪嫌疑人3人,追缴被盗伐木材28立方米。1995年,开展对邪教组织"被立王"和台湾渗透的"布道团"专项整治,查封活动场所,依法处理邪教为首分子,拘留1人、收审6人。1996年,开展"收枪治暴"专项整治,收缴非法持有枪支826支、子弹287发、炸药400余千克、管制刀具96把。1997年5月15日至7月15日,开展迎回归、护京九"双月整治活动",集中打击危害铁路运输安全、破坏铁路运输违法犯罪。2000年3月,首次发现并破获贩毒案1起,捕获贩毒嫌疑人2人。同年6月、9月,2次对学校周边环境和文化市场进行专项整治,清理校园周边"三室两厅"9家,查缴黄色言情小说147本(套),收缴赌博机48台,查封违规经营电子游戏厅12家;10～12月,对公路交通秩序连续4次进行集中专项治理,纠正违章2377起,治安拘留6人。2001～2003年,集中开展6次反盗窃斗争,侦破盗窃案件454起,摧毁盗窃团伙51个,逮捕犯罪嫌疑人218人。开展打击拐卖妇女儿童专项斗争,解救被拐妇女7人,儿童5人,协助外地公安机关解救被拐儿童4人。2004年,开展追捕在册逃犯"百日行动",抓捕在逃犯89人,其中公安部督捕逃犯1人。2005～2007年,严打和专项整治并重,3年侦破刑事案件1233起,捕获犯罪嫌疑人1479人。查处治安案件922起,处理违法人员1383人。2008年,开展以打黑除恶、打击"两抢一盗"、侦破命案、追逃、打击毒品违法犯罪、打击赌博违法犯罪为主要内容的6项严打专项斗争。县政法委成立严打专项斗争领导小组,制定实施方案,统一指挥,统一行动。在打黑行动中搜集线索2条,破获"9.18"恶性蒙面伤人案,逮捕恶势力团伙成员4人。在打击"两抢一盗"行动中,破获省公安厅督办的"4.12"特大入室盗窃案,并协助外省刑侦部门抓获负案逃犯1人。2008年10月,破获黄某贩卖毒品案,查获冰毒1008克、麻古105克。

第四节 基层安全创建活动

1990年来,组织群众开展基层安全创建活动。1995年,全县有治保会156个。10月,开展创评"五好"治保主任、优秀治保会活动,被评为"五好"治保主任58人、优秀治保会39个。同年,标准化调委会由原来68个增至96个,占全县148个的64.87%;民间纠纷413起,调解401件,调成率94%。1996年3月,把创建安全楼院作为工作重点之一,纳入目标管理。城镇和机关事业单位以创"四无单位"和安全楼院活动为重点,农村以创"三无村组"活动为重点。城镇、机关事业单位创"四无单位"和安全楼院达标率分别为95%和85%,农村创"三无村组"达标率为81%。1997年,进一步加大创安工作力度,制定《关于开展和规范全县安全文明小区(楼院、村镇)创建工作的意见》,成立创安工作领导小组,把创安工作和文明城市创建工作相结合,齐抓共管。2000年3月,在蒲亭镇开展基层创安工程试点,进一步健全和完善村民自治章程、村规民约,健全治保会、村民议事会、调委会,建立治安中心户长负责制。同年5月,6家金融机构报警系统与公安联网。同年底,创建达标安全小区10个、安全乡镇7个、安全文明村54个,安全小区(村镇)创建覆盖率68%;5个行政村被省综治委命名为安全文明村。2001年,基层创安工程在乡镇(场)全面铺开。至2008年,创建安全小区37个,安全楼院585个,安全乡镇(场)14个,安全村组266个,安全单位162个,边际安全走廊11个,选出中心户长2100余人,人口覆盖率100%。

第二章 公 安

第一节 接警处置

接 警

1985年,各类案件、事故、事件和纠纷,由辖区派出所或业务主管部门受理报警,公安局通讯科实施统一指挥、协调,调动警力处置。1996年8月,开通110报警服务台。1997年7月,通讯科更名指挥室,组建巡逻警察大队110处警中队,配备警车、警棍、手铐等器械,24小时受理报警和求助。接警后快速作出反应,做到"有警必接、有难必帮、有险必救、有求必应"。城区警情由处警中队出警,农村由就近派出所出警。2003年,指挥室更名指挥中心,负责接报警和指挥处警。2004年,整合指挥资源,实现110、119、122三台合一。2008年,接各类报警7027次,出动警力7846人次。

处 置

1985年以来,对报警案件,按刑事、治安、火灾、交通事故、纠纷、求助等类别,交由业务部门或辖区派出所处理。对供电、供水、供气等公共设施险情,及时了解现场情况,向上级报告,疏散群众,设置警戒线,通知相关部门到现场处置。对民事纠纷以调解为主,一般现场解决。至2008年,110报警服务台接到有效报警33856次。其中,刑事案件1153起,占3.41%;治安案件7443起,占21.99%;火灾112起,占0.33%;交通事故3148起,占9.3%;群众救助1613起,占4.76%;纠纷2550起,占7.54%;其他17837起,占52.69%。接处警案件7027起,其中刑事案件90起、治安案件1996起、火灾34起、交通事故835起、救助与纠纷468起、其他警情3604起。

1998～2008年全县"110"接处警一览表

表22-1-1　　　　单位:起、人次

年份	其中							出动警力
	刑事案件	治安案件	火灾	交通事故	纠纷	群众求助	其他	
1998	13	96	5	62	155	49	217	1394
1999	39	123	1	13	304	15	275	1814
2000	37	131	1	12	184	35	345	1791
2001	29	203	2	23	270	139	640	2912
2002	48	583	3	151	160	45	500	2630
2003	115	239	3	37	275	41	699	2356
2004	263	683	29	233	176	700	2844	5001
2005	196	861	3	618	127	145	1834	4123
2006	183	1087	16	477	169	106	3172	6193
2007	140	1441	15	687	399	201	3707	7656
2008	90	1996	34	835	331	137	3604	7846

第二节 刑事案件侦查

开展“严打”斗争

1985～1986年，组织开展“严打”第二、三战役，收押犯罪嫌疑人219人，逮捕83人，破获刑事案件128起，其中重大案件46起，缴获财物折款23万余元。1990年5月起，开展严打总体战，侦破各类刑事案件179起，抓获违法犯罪嫌疑人140人，侦破盗窃通讯线路案件70起。2001年4月，开展严打整治统一搜捕行动，破案23起，抓获违法犯罪嫌疑人42人。2003年6月，开展“两打一反”活动，破获各类案件52起，抓获违法犯罪嫌疑人20人，打掉盗窃团伙2个，涉案价值10万余元。同年12月，县公安局被市委、市政府授予全市“严打先进单位”称号。

侦破现行案件

1985年8月，破获付山乡刘某强奸杀人案。1990年5月，破获丰林镇邹某爆炸杀人案。2003年4月，破获丰林镇孙某投毒杀人案。2005年3月，破获冯某故意杀人案。同年9月，破获开发区邬某故意杀人案。至2008年，破获各类刑事案件4521起，其中现行大案重案711起。

打击犯罪团伙

1990年，开展严打整治总体战，摧毁违法犯罪团伙13个，抓获63人。1991年，开展打击违法犯罪团伙专项行动，摧毁违法犯罪团伙38个，抓获163人。1993年，摧毁违法犯罪团伙34个，抓获139人。1996年，打掉违法犯罪团伙8个，抓获34人。1997年，查获违法犯罪团伙10个，抓获45人。2002～2006年2月，在惩治恶势力专项斗争中，先后摧毁违法犯罪团伙8个，抓获34人。至2008年，摧毁各类违法犯罪团伙408个，抓获1946人。

严惩车匪路霸

1990年后，车匪路霸案件呈上升趋势。1996年4月，破获以熊某为首9人犯罪团伙。该团伙在昌九高速公路德安段，连续结伙持刀抢劫过往司机15起，涉案金额7千余元。至1998年，县公安局多次组织开展打击车匪路霸专项行动，破获案件65起，摧毁违法犯罪团伙7个，抓获33人。

打击拐卖妇女儿童犯罪

2000年3～12月，根据上级公安机关统一部署，开展打拐专项行动，侦破拐卖妇女儿童案件1起，抓获犯罪嫌疑人1人，解救妇女2人。

打黑除恶

2000年始，根据国家、省、市公安部门统一部署，建立“打黑除恶”专业分队，集中开展“打黑除恶”专项斗争。2002年，先后铲除易某、罗某、袁某为首的7个恶势力犯罪团伙。2006年2月，摧毁以杨某为首的恶势力犯罪团伙，破获刑事案件12起，抓获犯罪嫌疑人4人。至2006年底，破获各类刑事案件58起，摧毁恶势力犯罪团伙15个，抓获团伙成员64人。2008年，建立“打黑除恶”长效机制，县、乡（镇）、村层层签订责任状，保障社会稳定和长治久安。

查毒禁毒

20世纪90年代后，吸毒人数呈逐年上升趋势，涉毒案件增多，县公安局组织查毒禁毒专项行动11次。2005年，县公安局在县城时代广场开展禁毒教育宣传活动，制作图片、展板80余幅（块），发放禁毒传单5400余份。2006年，开展创建无毒社区、村镇活动。民警不定期到街道、学校、社区、乡村举办讲座，宣传毒品预防常识，提高对毒品危害性和禁毒重要性认识，教育公民和青少年远离毒品，参与禁毒斗争。将吸贩毒人员帮教管理工作落实到家庭、单位、社区和公安派出所。2007 年,在县城文化广场开展“依法禁毒、构建和谐”为主题万人签名活动。至 2008 年,查获涉毒案件 51 起,查处吸贩毒人员 158 人,其中逮捕 2 人、强戒 10 人、限戒 2 人,缴获海洛因 9.7 克、冰毒 1128 克、K 粉 18.2 克、麻古 105 克。其中,2008 年 10 月查获黄某运输、贩卖毒品案,缴获海洛因 1008 克、麻古 105 克。该案为新中国成立以来,全市县级公安机关查获的一起最大涉毒案件。

追捕逃犯

1995 年,对历年在逃人员进行梳理,建立追逃工作责任制,发挥网上追逃优势,内捕外追。对负案外逃犯罪份子,通过广播、电视、报纸等媒体悬赏通缉,采取主动上门规劝和张贴通告形式,做好逃犯家属思想工作,敦促逃犯投案自首。

1996 年,先后抓获在歌舞厅流氓斗殴打人致死(1 人)、打伤多人的逃犯方某,在 316 国道车桥段拦车抢劫逃跑 3 年之久的徐某,在昌九高速公路德安段持刀系列抢劫案主犯熊某及同案犯 2 人。2001 年 9 月至 2002 年 3 月,开展统一追逃专项行动,抓获网上在逃故意伤害案犯夏某、盗窃古墓案犯汤某等 57 人。至 2008 年,抓获各类在逃案犯 814 人,其中协助省公安机关抓获命案逃犯 3 人。

1985～2008 年德安县刑事案件侦破一览表

表 22－1－2　　　　单位:起、人

年份	立案	破案	刑拘	年份	立案	破案	刑拘
1985	81	67	62	1997	91	76	133
1986	50	45	72	1998	84	72	131
1987	103	90	66	1999	250	108	113
1988	142	125	96	2000	464	148	139
1989	901	357	209	2001	426	163	260
1990	314	94	47	2002	378	186	41
1991	415	346	144	2003	367	270	145
1992	147	103	36	2004	363	309	163
1993	176	149	139	2005	307	320	117
1994	93	76	42	2006	507	407	190
1995	83	66	44	2007	499	476	245
1996	94	72	47	2008	490	396	329

第三节　经济案件侦查

1997 年,县公安局内保科更名经济犯罪侦查大队。1999 年,受理经济案件 2 起,抓获犯罪嫌疑人 3 人,挽回经济损失 100 余万元。2000 年,受理重大经济案件 5 起,抓获犯罪嫌疑人 9 人。查处肉联厂承包人梁某偷税案,追回税款 22 万元;破获信用社章某贷款诈骗案,追回贷款 10.2 万元。2001 年,破获经济案件 11 起,挽回经济损失 30 余万元。2004 年,破获经济案件 3 起,涉案总价值 70 余万元,挽回经济损失 30 余万元,追回税款 20 万元。2005 年,受理经济案件 23 起,抓获犯罪嫌疑人 8 人,挽回经济损失 93 万余元。2006 年,县公安局会同有关部门开展“山鹰”二号行动,破获经济案件 10 起,挽回经济损失

72 万余元。2007 年,破获江某、沈某、苏某集资诈骗案,涉案金额 90 余万元。

至 2008 年,破获经济犯罪案件 74 起,抓获犯罪嫌疑人 75 人,挽回经济损失 552 万元。

1999～2008 年德安县经济案件侦破一览表

表 22－1－3　　单位:起、人、万元

年份	立案	破案	刑拘	逮捕	起诉	劳教	挽回经济损失
1999	2	2	1	2	0	0	100
2000	5	5	9	1	1	0	43
2001	11	11	19	1	3	0	30
2002	14	13	10	2	1	0	30
2003	6	6	3	2	4	0	15
2004	3	3	2	1	0	0	43
2005	6	5	6	1	1	0	93
2006	11	10	8	1	1	0	73
2007	12	10	10	3	3	0	101
2008	11	9	7	3	3	0	24

第四节　治安管理

案件查处

1985～2008 年,查处治安案件 7589 起,行政拘留 7334 人次,警告 933 人次,罚款 9390 人次,劳动教养 189 人次。

1985～2008 年德安县治安案件查处一览表

表 22－1－4　　单位:件、人次

年份	受理案件	查处案件	行拘人数	罚款人次	警告人数	劳教人数
1985	126	126	192	71	0	4
1986	223	223	316	83	3	5
1987	188	188	201	136	33	
1988	229	229	301	75	1	2
1989	329	329	372	101	2	21
1990	305	297	277	197	26	
1991	369	366	298	352	64	3
1992	420	420	509	636	28	6
1993	414	413	475	341	21	8
1994	398	397	514	501	15	10
1995	417	417	601	433	41	12

续表22-1-4

年份	受理案件	查处案件	行拘人数	罚款人次	警告人数	劳教人数
1996	228	228	268	553	54	1
1997	252	252	158	340	62	5
1998	276	276	211	434	48	9
1999	443	403	282	686	67	7
2000	504	326	285	438	54	15
2001	385	385	291	597	58	8
2002	524	341	173	478	99	11
2003	477	322	165	632	72	1
2004	463	337	212	479	104	10
2005	328	217	247	220	25	17
2006	485	377	320	641	32	19
2007	518	335	308	654	22	
2008	558	325	358	312	2	15
合计	9519	7589	7334	9390	933	189

特种行业及公共场所管理

1985年起,旅店、刻字、印刷、废品收购、洗浴按摩业和机动车修理、营业性娱乐场所被列为特种行业,由公安机关管理,核发特种行业许可证。1990年,协助火车站、汽车站建立护路、护站队,协助集贸市场维护治安秩序。1992年,开展特种行业清理整顿,核发经营许可证227个,取缔非法经营企业8家,签订治安管理责任状224份,举办从业人员培训班3期。1995~2001年,每年对休闲娱乐场所开展1次集中整治,监督规范从业人员合法依规经营。2002年12月,改娱乐场所等4个特种行业经营许可证制度为备案制,保留旅店、印章、典当业经营许可证制度。当年,全县有特种行业经营户19家(旅店业18家、印章业1家)。2003年,开展娱乐场所集中整治,查封2家,停业整顿3家,关闭网吧、游戏厅2家。2004~2006年,建立印章业治安管理信息化系统,行政、企事业单位统一更换防伪印章。城区旅店业实行信息化管理并向全县推行。2008年,全县实行信息化管理的酒店、宾馆、旅店47家。

民用爆炸物品及危化物品管理

民用爆炸物品管理 1985年起,按照《中华人民共和国民用爆炸物品管理条例》,对储存、运输、销售、使用过程实行规范管理,责任到人;会同物资局等部门每年进行3~5次安全大检查。1991年,查获黄婳乡紫荆村石粉厂张某非法购买炸药2736千克、雷管2619枚、导火索750米。2000年始,对散落社会爆炸物品实行强制收缴。2001年,有民爆物品公司1家、仓库1座、储供点18个,有爆破员156人、保管员20人,使用单位57个。同年,在开展治爆缉枪专项行动中,收缴非法持有炸药323千克。为规范民用爆炸物品管理,自2001年起,每年举办从业人员业务培训班,考核上岗,并与相关单位签订责任状。2007年,实行民用爆炸物品信息化管理,对使用爆炸物品单位的爆炸物品流向实行跟踪管理。2008年初,实行爆破服务"一体化"作业。全县有营业性爆破作业单位1家、非营业性爆破作业单位5家。至2008年,共收缴散落社会爆炸物品有炸药3419千克、雷管2908枚、导火索1211米、火药804千克。

烟花鞭炮及危化物品管理 1991年,查获黄婳乡桥头村王某、李某非法生产鞭炮,查封鞭炮43箱。1997年,对全县烟花鞭炮生产进行安全大检查,取缔非法生产鞭炮厂(作坊)2家,同时,对仓储、批发、运输、零售各环节安全措施进行规范化管理。2002 年，市政府决定鞭炮生产企业停止生产，退出市场。2003 年，县内鞭炮生产完全终止。至 2005 年，连续 8 年收缴在市场非法销售的毒鼠剂（毒鼠强），打击非法销售毒鼠剂行为。同时加强氰化物等剧毒化学物品的管理，做到日进日出，不存库过夜。至 2008 年，全县未发生危化物品伤害案件。

枪支弹药与管制刀具管理

1985 年，公务用枪单位按照国家配枪资格规定和工作岗位需要配发枪支，做到持证佩枪，枪随人走，枪不离人。对持枪单位和持枪人开展不定期核验，实行人、枪、证三对口管理。金融部门枪支由各部门统一保管、使用，签订责任书。狩猎持枪人员须向县公安局申领持枪证。运动枪由体育局（体委）管理使用，每年定期检查。1992 年始，对散落社会的枪支弹药强制收缴。1995 年起，除人武部和武警枪支外，对公、检、法、司公务枪支实行集中保管，单设监控，24 小时专人值班，实行双人双锁、枪弹分离、定期保养、领用登记制度。全面收缴猎枪、土铳。运动枪由体育局管理使用。2001 年，破获一起非法制造枪支案，抓获犯罪嫌疑人 1 人。2003 年 1 月，成立县狩猎队，购买猎枪 13 支和弹药一批，对持枪人进行培训，签订责任状，进行定期和不定期验枪。2004 年底，金融系统使用的军用枪支由上级金融部门收回，统一换发防爆枪。

至 2008 年，在散落社会枪支收缴和历次治爆缉枪专项行动中，共收缴各类枪支 1456 支，其中仿真枪 90 支；子弹 805 发；猎枪子弹 300 发，手榴弹及废旧手雷、炮弹、地雷等 80 枚；收缴管制刀具 135 把。

扫黄禁赌

1989 年 11 月，县公安局下发《关于在全县开展扫除“六害”统一行动实施方案》和《关于严禁赌博的决定》，开展扫除“六害”（卖淫嫖娼、制作贩卖传播淫秽物品、拐卖妇女儿童、聚众赌博、私种吸食贩运毒品、利用封建迷信骗财）统一行动，重点打击境内 316 国道两旁旅社饭店及城区旅店和娱乐场所卖淫嫖娼、赌博、涉毒活动，对涉案旅店、娱乐场所依法责令停业整顿或关闭。至 1990 年，查封车桥、白水 316 国道路边店 31 家，遣散违法嫌疑人 127 人，处罚过往违法司乘人员 189 人。1991 年 6 月，摧毁北门路 26 号卖淫团伙 1 个，查处违法人员 11 人。1992 年，开展禁赌专项行动，查获赌博团伙 56 个，抓获参赌人员 821 人，治安处罚 481 人，教育 340 人。1999 年，按照上级公安机关统一部署，在禁娼禁赌专项斗争行动中，查处赌博案件 109 起、卖淫嫖娼案件 66 起，处理违法人员 612 人。2005 年 4 月，开展“利剑”专项行动，查获涉赌案件 4 起，处罚 22 人，捣毁赌博机 8 台，收缴赌具麻将 10 副。

内部安全保卫

1988 年，根据上级公安机关要求，在 36 个单位开展创无刑事案件、无违法犯罪人员、无治安灾害事故“三无”评比活动。1989 年，全县设经济民警中队 5 个，护厂（矿、站）队 26 个，与列管单位内保部门签订治安责任书，落实“谁主管、谁负责”和一票否决制。2005 年，对 44 个治安保卫重点单位进行定期与不定期安全检查，确保人防、物防、技防等安全责任制和安全保卫措施落实到位。2008 年，内保工作建立健全长效机制，列常态化管理。

第五节　户政管理

户籍管理

1985 年，非农业人口户籍由派出所管辖，农业人口户籍由乡镇管辖。1987～1995 年，对城镇人口实行常住、暂住、出生、死亡、迁出、迁入、变更、更正 8 项登记，对农村常住人口实行出生、死亡、迁出、迁入 4 项登记。1989 年 7 月，启用公安部制作的新式迁移证和准迁证。1992～1993 年，聂桥、黄埇、车桥、河东、邹桥派出所先后接管辖内乡(镇)农村户籍登记工作。1995年,换发统一的城镇和农村居民户口簿和常住人口登记簿。1996～1997年,改革农村户籍管理制度,农村户口收归派出所实行城市化管理,规范办理程序,建立健全档案、簿册和户籍管理、变更更正登记、公开收费监督、村牌门牌管理制度,实现1户1牌、1村1图标的城市化管理。1998年7月,实施国务院批转公安部《关于解决当前户口管理工作中几个突出问题的意见》,对新生儿随父落户、夫妻分居、老人投靠子女、县城兴办实业、购买商品房及共同生活的直系亲属和已在县城居住一定年限且符合县政府有关规定的公民,准予落户。1999年,全县完成换发全国统一新户口簿工作。2001年,实行新户口管理制度,取消"农转非"计划指标管理,全面实现政策调控。2003年,户口实现微机管理,建立人口管理信息网,并入全国人口网络。因工作调动、参军、升学、毕业分配、退伍军人安置、嫁娶等产生的户口迁移,按国家有关规定办理手续。

暂住人口管理

1997年4～5月,对暂住人口、出租私房全面清理整顿,健全出租房屋管理制度,明确出租房屋业主责任,签订治安管理责任书,实行流动人口证件化管理。2004年,制定流动人口管理工作责任倒查制度,对涉嫌犯罪的流动人口登记管理部门和管理人员进行问责。2005年,对暂住人口实行微机管理。至2008年,每年对暂住人口、出租私房进行定期与不定期清理整顿,共查出暂住人口16635人,登记发放暂住证11749本,签发出租房屋安全许可证2753户,与房屋业主签订治安管理责任书2753份。

居民身份证管理

1987年5月,居民身份证颁发工作在蒲亭镇、共青垦殖场、四五八厂、爱民机械厂试点。1988年3月,在全县铺开。对16～25周岁人员发给10年期居民身份证,26～46周岁人员发给20年期居民身份证,46周岁以上人员发给长期有效居民身份证。至1990年1月,核发居民身份证96404人,发证率88.4%。2005年11月起,换发第二代居民身份证。至2008年,换发居民身份证76938人。

1989～2008年德安县户政管理一览表

表22－1－5　　单位:人

年份	办理身份证		办理临时身份证	签发边境证	办理准迁证	办理农转非户口	办理小城镇户口
	完成制证	储存底卡					
1989	101124	113214	7021	1360	549	397	322
1990	98990	102110	6298	1277	782	683	410
1991	102340	104320	5968	1407	690	231	210
1992	89790	96327	6347	1329	2108	1036	281
1993	97240	102665	6090	1298	8100	733	396
1994	109810	112256	9004	1502	1008	238	422
1995	102430	109864	8130	1398	417	1612	598
1996	96820	100821	7024	1420	568	1139	550
1997	140689	141729	6969	1350	710	1046	200
1998	153788	154636	8039	1361	608	232	196
1999	68724	80432	7931	1290	742	1079	220
2000	11387	15276	1547	1310	629	184	80
2001	10643	12428	1321	1278	598	877	180

续表 22－1－5

年份	办理身份证		办理临时身份证	签发边境证	办理准迁证	办理农转非户口	办理小城镇户口
	完成制证	储存底卡					
2002	10834	12120	1652	1401	763	632	321
2003	11002	13087	1368	1332	1011	262	578
2004	10213	11342	1725	1378	982	250	10
2005	19827	21980	2031	1506	1421	280	210
2006	20112	23210	2258	1499	1296	100	173
2007	18978	19872	1996	1339	1118	300	280
2008	18021	20187	2021	1420	1089	100	105
合计	1292762	1367876	94740	27455	25189	11411	5733

第六节　出入境管理

按照《中华人民共和国公民出入境管理法》《中华人民共和国公民出入境管理法实施细则》《中国公民因私往来香港地区或澳门地区的暂行管理办法》规定，1985～2008 年，全县获准出国探亲、定居、商务、留学、培训、旅游等人员 1422 人；赴香港、澳门和台湾地区探亲、定居、奔丧、领取给养金等人员 1668 人；获准入县探亲访友、参观旅游、洽谈贸易、文化技术交流和投资兴业的港、澳、台胞 628 人，外国友人 684 人。

1985～2008 年德安县出入境人员一览表

表 22－1－6　　单位：人

年份	出境人员				入境人员		
	申报	获准出国	获准赴港澳台	合计	外国人入境	港澳台胞入境	合计
1985	9		3	3	5	12	17
1986	8	2	6	8	217	127	344
1987	11	2	9	11	95	115	210
1988	9	6	3	9		46	46
1989	15	4	11	15		4	4
1990	14	9	5	14	7	24	31
1991	22	14	8	22	104	44	148
1992	45	5	40	45	188	125	313
1993	22	8	14	22	2		2
1994	15	7	8	15		3	3
1995	11	4	7	11	2	4	6
1996	12	3	9	12		4	4
1997	13	3	10	13	5	22	27
1998	28	8	20	28	2	4	6
1999	46	16	30	46	3	10	13
2000	62	20	42	62	4	7	11

续表 22－1－6

年份	出境人员				入境人员		
	申报	获准出国	获准赴港澳台	合计	外国人入境	港澳台胞入境	合计
2001	73	26	47	73	5	16	21
2002	151	45	106	151	8	16	24
2003	171	68	103	171	7	7	14
2004	299	143	156	299	7	10	17
2005	337	144	233	337	8	11	19
2006	378	216	162	378	5	5	10
2007	569	287	282	569	2	3	5
2008	736	382	354	736	8	9	17

第七节 安全警卫

1985 年，修订《德安县公路、铁路安全警卫工作方案》，对境内主要公路、铁路涵洞、制高点等进行标注，根据不同警卫任务采取不同警卫措施，保障党和国家领导人及重要外宾过境安全。至 2008 年，县公安部门为党和国家领导人及来访的外国元首、贵宾，到境内视察、考察、访问或过境进行现场警卫 65 次。

第八节 监所管理

1985 年，县看守所、拘留所常规情况下日均人犯在押量 200 人以上，最多时达 400 人。1999 年 9 月始，民警实行 24 小时双人双岗在监区巡逻执勤，武警在外监区站岗巡逻，并设有瞭望塔。同年 10 月，安装电视监控及脉冲电网安全防范设备。2000 年 7 月，拘留所、拘役所合并管理，称拘留所。同年 9 月，拘留所与看守所合署办公，实行两块牌子一套人员运行体制。

1994 年，县看守所被省公安厅授予“10 年安全无事故看守所”。2004～2007 年，连续 4 年被省公安厅评为二级看守所。2008 年，被市公安局授予“13 年安全无事故监所”。

第九节 道路交通安全管理

机 构

1987 年 6 月，根据国务院《关于改革道路交通管理体制的决定》，交通局车辆监理站划归县公安局，设立县公安车辆管理站。1989 年 9 月 10 日，成立县公安局交通警察队。1990 年，成立白水分队。1993 年，县交通警察队更名县公安局交通警察大队(交警大队)，下设办公室、秩序股、车管股。1997 年 6 月，白水分队升格为中队。10 月 18 日，成立县公安局公路巡逻大队，与县交警大队实行两块牌子一套人员。2001 年 3 月，成立县交通指挥中心。同年 10 月，成立蒲亭中队。2004 年，成立聂桥中队。2008 年 1 月，秩序股设事故处理中队。

管辖范围与设施

管辖范围 2008 年，县交警大队直接管理的公路有过境国道 2 条，长 32.47 千米，其中，北珠线(105 国道)15.80 千米，福兰线(316 国道)16.68 千米；县道 9 条，长 157.50 千米；乡道 36 条，长 215.23 千米；城区主干道 14 条，长 19.49 千米。配合管理福银高速公路德安境内段。

交通安全设施　20世纪80年代至90年代中期，县城东风大道中央先后设置隔离栅栏、绿化隔离带，90年代后期撤除，改划交通标线。2006年初，有停车泊位60个。4月，老铁道口、总工会十字路口、农贸市场“Y”型路口首次设置红绿灯电子监控。2007年有停车泊位122个。2008年，县城共施划停车泊位216个，设置红绿灯电子监控8处，实行车辆有序停放和道路交通秩序智能化管理。

机动车管理

机动车登记　1985年，有登记机动车2874辆，其中大型汽车67辆、小型汽车15辆、农用车62辆、摩托车2730辆。1985～1990年，汽车、摩托车（不含轻便摩托车）、方向盘式拖拉机、轮式专用机械注册登记、检验、核（换、补）号牌和行车执照，由市公安局交警支队车管所办理。1991年，拖拉机及驾驶员委托农机部门管理。1994年，摩托车管理权下放县交警大队。2001年，农用运输车及驾驶员由县交通局管理。同年8月，农用车驾驶证管理权下放到县交警大队车管所，摩托车、农用车驾驶证由县车管所制发。2004年3月，机动车申领牌号实行电脑自动选号。至2008年，全县有机动车7636辆，其中大型汽车201辆、小型汽车264辆、农用车184辆、摩托车6987辆。

机动车年检　1985年，机动车辆年检由市公安局交警支队车管所负责，县内车辆一律到市或指定地点年检。每年对大小客车和春运机动车辆开展安全技术检验，杜绝病车、报废车、非法拼装车、非法改装车、来路不明的黑车上路行驶，预防因机械原因引发重特大事故。对登记注册营运载客、货车和大、中型非营运载客车辆10年以内每年检验1次，11年以上每6个月检验1次；小型、微型非营运载客车6年以内每2年检验1次，7年以上每年检验1次，16年以上每6个月检验1次；摩托车4年以内每2年检验1次，5年以上每年检验1次；其他机动车辆每年检验1次。

1985～2008年德安县机动车保有量一览表

表22－1－8　　单位：辆

年份	汽车	农用车	摩托车	年份	汽车	农用车	摩托车
1985	82	62	2730	1997	280	150	3305
1986	95	75	2770	1998	285	152	3310
1987	112	101	2810	1999	290	153	3320
1988	138	106	2850	2000	299	153	3340
1989	150	118	2900	2001	300	155	3350
1990	160	122	3010	2002	310	156	3380
1991	198	126	3200	2003	332	158	3400
1992	201	130	3240	2004	350	160	3430
1993	260	138	3260	2005	370	165	3440
1994	265	140	3280	2006	400	171	5297
1995	270	145	3290	2007	445	177	6854
1996	275	148	3300	2008	465	184	6987

驾驶员管理

驾驶员培训　1985年，驾驶员培训以师傅带徒弟形式为主，掌握基本技能后到市交管所参加考试。1989年后，有县一中驾驶员培训学校等多所驾校。至2008年，培训各类车型驾驶员15288名。

驾驶证年审　机动车驾驶证实行两级管理。汽车、摩托车、方向盘式拖拉机、轮式专用机动车驾驶证照年审由市公安局交警支队车管所办理，其他类型车辆由县级车管部门办理并报市车管所备案。

1996年始,按照驾驶证档案编号尾数相应月份进行年度审验。摩托车驾驶证审验由每年1次改为每2年1次,由县车管所负责。2004年起,取消驾驶证年审,改为C证以上每年提交1次身体健康证明,由县交警大队车管所负责。

1989~2008年德安县驾驶员培训一览表

表22-1-9 单位:人

年份	培训人数	年份	培训人数
1989	292	1999	839
1990	579	2000	643
1991	563	2001	824
1992	682	2002	876
1993	763	2003	863
1994	785	2004	915
1995	657	2005	751
1996	847	2006	867
1997	923	2007	879
1998	875	2008	865

交通安全宣传与秩序管理

交通安全宣传 1985年,县交通管理部门通过悬挂宣传横幅、张贴宣传标语、举办培训班等形式,开展交通法规和交通安全知识宣传教育。1996~2003年,每年在县城开展1次交通安全宣传周活动。2004年起,交通安全宣传周活动延伸至乡镇,当年活动主题为“珍爱生命、安全出行”,印发交通安全知识传单1000余份。2005年5月,开展以交通安全进农村、企业、学校、社区、机关为主题的“五进”活动,出动警力500余人次,发放宣传册和宣传品10000余份。2006年5月,开展城市道路交通秩序整治活动,发放《致全县居民的一封信》10000份、《温馨提示》5000份,制作宣传横幅30条。6月5日,在县城时代广场召开“彬彬有礼过马路”城区交通秩序整治动员大会,数千人参加。2008年4~10月,开展“迎奥运、文明出行”为主题交通安全宣传活动,组织机关、学校、企业、社区干部群众参与交通安全知识竞赛,印发倡议书10000份,受教育群众达30000余人。

秩序管理 1987年起,县公安车辆管理站民警在县城街道执勤,对各种车辆和驾驶员查验证照,查处违章违法行为。1996年,开展对农用车、摩托车专项整治,检查农用车200余辆次,摩托车700余辆次,依法扣留无证照行驶摩托车80辆。2000年5~7月,结合创建“平安大道”和“畅通工程”,开展对机动车违章超载专项整治,查扣各类“三无”和手续不全车辆58辆,报废切割18辆。2005年,县交警部门会同教育部门,对接送学生的校车、园车交通秩序混乱现象开展专项整治,取缔安全隐患车辆16辆,查处违法驾驶员3人。2007年8月20日起,开展为期70天道路交通安全秩序集中整治、出动警力2858人次、警车609车次,查处各类交通违法行为2056次。2008年,开展“奥运”道路交通安全攻坚战,刷新城区道路标线50千米,新划标线2600米,增设停车标志、指路标志58个。查处不按规定停放车辆行为8000多起、无证驾驶98起、无牌上路308起、闯禁行驶320起、其他违法行为1000余起,教育处理2000余人次。

交通事故处理

1985年,道路交通事故处理由县交通局车辆管理所负责。1987年,改由公安车辆管理站负责。至

1992 年,处理交通事故 139 起。1993 年,县交警大队设立秩序股,开通交通事故免费报警电话“122”。2005 年 3 月 3 日,司机毕某驾驶拖拉机严重超载,在塘山乡石源村 16 组下坡路段,刹车失灵,冲撞正常停靠公路边的中巴车,造成 3 人死亡、5 人受伤,被判处有期徒刑 2 年,附带民事赔偿。2008 年 1 月,秩序股成立事故处理中队,配备交通事故处理专用车和施救专用车。至 2008 年,发生重大交通事故 698 起,死亡 214 人,受伤 609 人,直接经济损失 203.94 万元。

1989 ~ 2008 年德安县重大交通事故一览表

表 22 - 1 - 10

年份	事故起数(起)	死亡人数(人)	受伤人数(人)	直接经济损失(万元)	年份	事故起数(起)	死亡人数(人)	受伤人数(人)	直接经济损失(万元)
1989	26	19	16	8.97	1999	28	12	24	6.96
1990	17	7	7	1.19	2000	65	13	59	41.66
1991	35	12	17	7.38	2001	99	9	88	12.76
1992	61	14	31	40.43	2002	80	8	95	6.43
1993	29	9	13	21.85	2003	33	9	95	7.10
1994	39	22	22	13.60	2004	29	17	19	2.96
1995	28	12	21	6.48	2005	14	5	16	1.50
1996	31	5	22	6.63	2006	10	7	8	0.75
1997	31	12	26	7.91	2007	8	6	4	0.74
1998	27	11	23	6.42	2008	4	5	3	2.22

第十节　消防管理

消防装备

1985 年,武警消防中队有消防车 1 辆、机动水泵 1 台、消防水带 400 米、水枪 5 支。2008 年,有消防车 3 辆、手抬式机动水泵 2 台、液压剪 2 具、金属切割机 2 具、多功能水枪 10 套及其他常规器材和个人防护装备。城区主要街道装有技术消防给水线 3000 米、消防栓 76 个;规模较大的工厂、机关、学校、商城、超市、大型娱乐场所和商住小区装有室内消火栓;工业园区装有消防给水线、消防应急电气设施,建有消防蓄水池。

消防工作社会化

1989 年,实行各部门、各单位消防工作领导责任制,建立健全消防工作领导机构,完善防火安全制度和设施,加强防火知识宣传,提高全民防火安全意识。驻县江西爱民机械厂配有专职消防队,其他有条件的厂矿(场)也配有专职或兼职消防队伍。

1998 年 9 月 1 日,《中华人民共和国消防法》实施。按照“预防为主、防消结合”方针和专门机关与群众结合原则,进一步实行防火安全责任制,利用广播、电视、宣传单、宣传画、培训班等多种形式宣传消防知识。消防规划纳入城市总体规划,县消防大队对新建、改扩建、新装修建筑工程,按国家工程建筑消防技术标准进行审核,未经审核不准施工,未经消防验收或验收不合格不准投入使用。公众聚集场所均须经县消防大队检查合格并核发《消防安全检查意见书》后,方可使用或开业。举办大型集会、焰火晚会、灯会等群众性活动,必须经县消防大队对活动现场进行消防安全检查,确认合格后方可举办。

2002 年 5 月 1 日起,实施公安部《机关、团体、企业、事业单位消防安全管理规定》,消防工作实行“安全自查、隐患自除、责任自负、接受监督”管理机制,进一步明确社会各单位在消防工作中的主体地位。全县有公众聚集场所、医院、养老院、国家机关以及广播、电视、邮政通信、电力供应、金融服务等部门和易燃易爆行业、劳动密集型企业、高层建筑、大型仓库等重点消防安全单位40家。消防工作全部实行自我管理、自我负责,县消防大队进行督促检查、指导,形成消防工作依法管理、政府负责、齐抓共管格局。

消防安全检查

1985年后,贯彻“预防为主,防消结合”方针,每年对重点单位、重点行业及易产生火灾隐患的单位检查1～2次,指出存在问题和火灾隐患,敦促有关单位进行整改。1987年,对建筑设计实行防火设计审核制度。1990年始,按照《中华人民共和国消防条例》和《江西省消防条例》,每年元旦、春节、“五一”劳动节、国庆节、全国“两会”期间、火灾多发季节,对人口聚集场所、易燃易爆物品存储场所开展安全检查。

1998年起,按照消防工作社会化要求,消防、公安、文化、工商、经贸、技术监督、旅游、教育等执法及行政管理部门每年开展联合检查。对不符合《中华人民共和国消防法》有关规定的单位依法下达“责令限期改正通知书”,对复查不合格或逾期未改正的,责令停产停业,并处罚款。2008年,县消防大队共检查单位468家,发现火灾隐患126处,下达限期改正通知书110份,临时查封6家,关停无证经营场所1家。

火灾扑救

1985年,发生火灾30起,经济损失35万元。1990年,发生火灾26起,经济损失24万元。2000年8月18日零时30分,宝塔大道东莞吉田鞋业有限公司发生火灾,经县消防大队官兵近2小时奋力扑救,将大火扑灭,保住了鞋厂仓库和职工宿舍安全,减少损失5万余元。2005年8月2日15时10分,工业园西区江西宏源彩印包装有限公司车间和部分仓库突发大火,县消防大队出动48名官兵,经15小时奋力扑救将大火扑灭,保住了车间数万元生产设备和其他厂房安全。至2008年,全县发生大小火灾628起,未发生重特大火灾;从火场救出被困人员59人,未出现死亡事故。

1985～2008年德安县火灾损失一览表

表22－1－11

年份	火灾(次)		死亡人数(人)	受伤人数(人)	损失折款(万元)	年份	火灾(次)		死亡人数(人)	受伤人数(人)	损失折款(万元)
	合计	其中:大火灾					合计	其中:大火灾			
1985	30	2	0	0	35.0	1997	28	0	0	0	35.0
1986	24	0	0	0	35.2	1998	24	0	0	0	37.0
1987	21	0	0	0	40.5	1999	25	0	0	0	49.5
1988	39	0	0	0	21.0	2000	12	0	0	3	56.9
1989	30	1	0	1	35.5	2001	36	0	0	0	41.9
1990	26	0	0	0	24.0	2002	23	0	0	0	5.8
1991	32	0	0	0	28.5	2003	22	0	0	0	32.0
1992	33	0	0	0	33.0	2004	49	0	0	0	10.0
1993	22	0	0	0	19.0	2005	20	0	0	0	64.5
1994	26	0	0	0	35.0	2006	23	0	0	2	15.3
1995	20	0	0	2	38.8	2007	20	0	0	0	36.0
1996	21	0	0	0	29.0	2008	22	0	0	0	47.3

抢险救援

2002 年 8 月，根据《公安消防部队抢险救援勤务规程》，社会性抢险救援工作纳入消防勤务范围。2006 年 1 月 4 日 18 时 53 分，福银高速公路德安至九江方向 8 千米处发生卧铺大客车与大货车追尾事故，大客车上 10 名乘客受伤，副驾驶员被困。县消防大队官兵接报后火速赶往事故现场，经近 3 小时营救，被困副驾驶员脱险，伤者送往医院救治。2008 年 8 月 9 日，暴雨致吴山乡樟树村山洪迸发，村庄道路被淹，民房进水，大批村民被洪水围困。县消防大队接到救援命令后，火速赶到灾害现场，解救被困村民 100 余人，转移村民财产价值 20 余万元。

第三章 检 察

第一节 机构 建制

机 构

1985 年，县检察院设办公室、刑事检察科、经济检察科、法纪检察科、监所检察科。1991 年 4 月，增设控告申诉检察科。1993 年 8 月，增设举报中心(与控申科合署)；11 月，增设民事行政检察科；12 月，经济检察科更名反贪污贿赂工作局。1996 年 11 月，设立档案室，隶属办公室。1997 年 1 月，刑事检察科分设审查逮捕科和审查起诉科。2001 年，增设政工科。2005 年 8 月，审查起诉科更名公诉科，审查逮捕科更名侦查监督科，法纪检察科更名渎职侵权检察科。2007 年 6 月，增设技术检察科、职务犯罪预防科和司法警察大队。2008 年，设政工科、办公室、控告申诉检察科、监所检察科、民事行政检察科、公诉科、侦查监督科、渎职侵权检察科、技术检察科、犯罪预防科、反贪污贿赂工作局和司法警察大队。

建 制

1985 年，有工作人员 23 人，其中检察员 12 人，助理检察员 2 人，法警 2 人，其他 7 人。2008 年，有工作人员 41 人，其中检察员 26 人，助理检察员 5 人，法警 3 人，其他 7 人。

1985～2008 年历届县人民检察院检察长名录

表 22－2－1

年份	性别	任职时间	籍贯	姓名	性别	任职时间	籍贯
蔡茂宗	男	1980.7～1990.4	江西德安	高茂木	男	2001.1～2006.3	江西九江
乐普生	男	1990.4～1993.1	湖北黄梅	肖军	男	2006.3～2008.12	江西全南
陈妙雍	男	1993.1～2000.12	河南遂平				

第二节 刑事检察

批捕审查

1985 年，全国统一开展严厉打击严重刑事犯罪活动，检察院对公安机关移送的刑事案件 52 起，及时进行审查批捕，重大案件在 24 小时内作出批捕决定。1989 年，保持“严打”高压态势，从重从快依法审查批捕，对大案要案提前介入公安机关侦查与预审，对需要补充侦查案件及时退回补充侦查。1993

年,与公安、法院协同打击“车匪路霸”和开展反盗窃专项斗争。同年7月,开展刑事立案监督工作。1997年,实施修改后的《中华人民共和国刑事诉讼法》,对不具备条件的一律不批准逮捕,疑难案件一律交检察委员会讨论决定。2003年,余某故意杀人案在全县造成较大影响,为尽早侦破此案,检察院主动介入公安侦查,提请逮捕当日,检察委员会即作出批捕决定,及时有力打击犯罪。至2008年,受理公安机关提请批捕和自侦部门提请批捕案件1422起2237人,经审查批准逮捕1299起2074人,不批准逮捕181起299人,撤回案件10起11人,退回补查7人,追捕35起37人。

1985～2008年德安县刑事案件批捕一览表

表22－2－2　　　　单位:起、人

年份	受理		批捕		不捕		追捕	
	起数	人数	起数	人数	起数	人数	起数	人数
1985	52	64	45	67	5	5	1	1
1986	45	72	43	68	2	4	1	1
1987	52	75	49	71	2	2	1	1
1988	86	186	78	177	3	6	4	5
1989	101	192	96	180	4	12	1	1
1990	71	111	64	103	5	5		
1991	68	127	65	120	3	7		
1992	61	103	57	98	4	5		
1993	50	50	88	49	87	1	1	1
1994	78	123	72	117	3	3	1	1
1995	34	46	30	41	3	4		
1996	34	44	31	41	2	2	1	1
1997	41	57	36	50	5	7		
1998	41	54	38	51	3	3		
1999	49	66	36	50	13	16		
2000	49	74	42	65	7	9		
2001	71	102	65	93	6	9		
2002	61	71	60	69	1	2		
2003	66	112	61	97	5	15		
2004	56	73	50	67	6	6		
2005	51	96	47	89	4	7		
2006	61	99	53	88	8	11	7	17
2007	67	91	63	85	4	6	8	11
2008	77	111	69	100	82	150	10	18

侦查监督

1997年始,根据修改后的《中华人民共和国刑事诉讼法》,加强对侦查机关刑事立案监督。对侦查机关依法应予立案而未立案,或依法不应立案而已立案的刑事案件,及时发出有关通知书,依法纠正侦查机关执法中不当行为。至2008年,向公安机关发出“通知立案书”“说明不立案理由通知书”“建议撤案意见书”“纠正违法通知书”32份;向侦查部门发出“提请立案监督报告”“建议立案侦查意见书”6

份；在决定批准前介入侦查重大案件93起，在提起公诉前介入侦查案件14起；追加逮捕侦查机关漏捕犯罪嫌疑人22人；追加起诉漏诉被告人7人；改变定性定罪案件11起。

起诉审查

1985～1996年，审查起诉实行“个人阅卷、集体讨论、检察长或检察委员会决定”制度。对证据不够充分的案件，或自行补充侦查，或与公安机关联合补充侦查，或退回公安机关补充侦查。期间，受理移送起诉案件724起1268人，审查决定提起公诉案件590起995人，免予起诉案件79起160人，移送市院35起78人。1997年1月始，根据修改后的刑诉法和实施细则，对移送起诉（或免诉）的被告人，不再作出免予起诉决定，而是扩大不起诉范围。2000年，开始实行主诉检察官办案制度。1997～2008年，受理公安机关和自侦部门移送起诉案件719起1069人，审查决定提起公诉案件528起773人，免予起诉案件32起86人，移送市院12起22人。

1985～2008年德安县起诉案件审查一览表

表22-2-3　　单位：起、人

年份	受理		起诉		免诉或不诉		移送市院	
	起数	人数	起数	人数	起数	人数	起数	人数
1985	46	62	39	52	3	7	2	2
1986	47	74	39	63	1	3		
1987	55	79	48	71	4	6	2	3
1988	79	176	62	125	1	4		
1989	102	203	105	208	6	27	5	18
1990	72	124	55	98	11	21	3	3
1991	75	133	67	109	4	14	1	1
1992	59	91	39	58	6	14	3	5
1993	58	104	35	62	18	33	4	5
1994	66	122	52	81	6	13	7	18
1995	31	52	24	39	5	7	3	11
1996	34	48	25	29	5	11	7	12
1997	35	46	31	40	3	5		
1998	35	48	31	41	2	2		
1999	43	63	33	50	2	2		
2000	47	74	35	55		2		
2001	66	96	42	60	10	11		
2002	72	84	57	69	8	15		
2003	72	110	46	71	8	20	2	2
2004	67	87	44	59	4	11		
2005	54	107	36	74		5	4	5
2006	63	101	49	71	2	9	2	6
2007	76	119	53	83		4	2	9
2008	89	134	71	100				10

审判监督

1985年后,对使用简易程序之外的所有提起公诉的刑事案件,均派员出庭公诉,事先制作“公诉词”和“答辩提纲”。对法院适用法律不当、定性不准、判决有误的案件,经检察委员会决定,依法提出抗诉。2000年后,实行庭前证据开示制度,对犯罪定性有争议的案件进行庭前证据开示,执行无罪推定原则,避免错案及办案期限延长;对重大复杂案件进行庭前证据开示,提高庭审效率,维护审判公正性。2005年,对起诉案件建议适用简易程序审理13起19人,建议适用普通程序简化审理案件2起8人,占公诉案件41%。严把“事实、证据、适用法律”三大关口,起诉准确率持续保持100%。2006年,继续探索完善简易程序、普通程序简化审理适用机制。适用简易程序审理26起29人,普通程序简化审理2起12人,占公诉案件40%。同年,办理被告人陈某盗窃变压器一案,涉案8人流窜多个县市,盗窃28次且交叉作案。此案案卷多达11卷,由于采用简化审理程序,庭审仅用3小时,分别判处8名被告人有期徒刑8～14年不等。

第三节　反贪污贿赂

1985年,反贪污贿赂工作由经济检察科受理。同年,受理案件11起,立案查处6起,挽回经济损失40万元。1990年,立案侦查各类经济案件35起36人,其中万元以上大案6起6人,要案1起1人,副处级干部1人,正科级4人,副科级2人,挽回经济损失20余万元。1993年,成立反贪污贿赂局。1994年,以查办“一机关三部门”贪污贿赂案件为重点,查处驻县彭山锡矿副矿长邹某(副处级)挪用12万元公款案。2001年,查办一批有影响案件。全年共立案10起,查处县人民银行、人寿保险公司、土管局、“南九办”“京九办”、驻县爱民机械厂等单位负责人及工作人员共12人。2004年,查办县棉纺厂财务科长利用企业改制之机侵吞公款10余万元贪污案。2006年,围绕服务新农村建设,把群众反映强烈的退耕还林中职务犯罪列为工作重点,查处邹桥乡付山村支部书记和磨溪乡曙光村支部书记贪污退耕还林补助款案。2008年,立案侦查案件7起11人,挽回经济损失200余万元。

1985～2008年德安县查办贪污贿赂案件一览表

表22－2－4

年份	受理		立案								侦查终结						挽回经济损失
			合计		贪污		贿赂		挪用		合计		移送起诉		不诉或免诉		
	起	人	起	人	起	人	起	人	起	人	起	人	起	人	起	人	万元
1985	11		6	7	6	7											40
1986	14	18	9	12	4	4	3	6					5	7	2	3	4
1987	7	9			5	5							3	4	3	4	2.50
1988	6	6	4	4			2	2									11
1989	20	26	10	16	7	11	2	4			7	10	4	6	1	2	9.40
1990	56	57	35	36	11	21											20
1991	33	37	16	20	8	12	3	3	5	5	12	15	6	7	5	7	22
1992	21	22	7	8	3	4	1	1	1	1	9	11					28
1993	25	28	17	20	5	7	9	9	1	1							30
1994	23		9	14	3	6	1	1	5	7	11	15	3	4	5	7	74.50

续表 22－2－4

年份	受理		立案								侦查终结						挽回经济损失
			合计		贪污		贿赂		挪用		合计		移送起诉		不诉或免诉		
	起	人	起	人	起	人	起	人	起	人	起	人	起	人	起	人	万元
1995	23		9	9	5	5			4	4	8	10	6	8	2	2	67
1996	2	2	2	2	1	1			1	1							50
1997	12		4	4	2	2			2	2							30
1998	18		4		1		1		2		2		2				
1999	15		5	6	3	3	1	1	1	1	4	5	3	3	1	2	130
2000	15	20	6	10	3	7	3	3									
2001	24	26	10	12													100
2002	12	14	9	11	4	5	2	2	2	2	8	10	3	3			93
2003			11	17	5	10	4	4	1	2	11	17	11	17			120
2004	12	12	6	6	4	4	2	2									100
2005	12	18	4	10	2	8	1	1									70
2006		15		5		2		3									140
2007		20	4	5													150
2008	10	14	6	10	4	7	1	1	1	2							200

第四节 渎职侵权检察

1987 年，加强对玩忽职守、重大责任事故、非法拘禁等案件查处力度，立案 6 起 6 人，其中非法拘禁案 2 起 3 人。2005 年，查处国家工作人员利用职权侵犯人权犯罪案件 3 起，其中起诉玩忽职守 1 起 1 人。2008 年，重点查处重大安全事故渎职犯罪。同年 5 月，吴山乡蔡河村林居采石场发生坍塌，致 3 名作业工人死亡，乡政府分管领导陶某玩忽职守被查处。

1985～2008 年德安县查办渎职侵权案一览表

表 22－2－5

年份	受理		立案										侦查终结					
			侵权		玩忽职守		重大责任事故		徇私舞弊		滥用职权		起诉		免诉或不诉		其他处理	
	起	人	起	人	起	人	起	人	起	人	起	人	起	人	起	人	起	人
1985	1	1	1	1									1	1				
1986	2	2	1	1			1	1					1	1			1	1
1987	6	6	2	3											2	2	4	4
1988	9	9	5	6									3	3	2	3		
1989	2	2	2	2									2	2				

续表22－2－5

年份	受理		立案										侦查终结					
			侵权		玩忽职守		重大责任事故		徇私舞弊		滥用职权		起诉		免诉或不诉		其他处理	
	起	人	起	人	起	人	起	人	起	人	起	人	起	人	起	人	起	人
1990	9	9	8	8			1	1							4	4	5	5
1991	13	15	3	5			1	1					4	6				
1992	2	2	2	2									2	2				
1993	3	3	1	1	1	1	1	1					2	2	1	1		
1994	1	1					1	1					1	1				
1995	3	3	1	1			1	1					1	1	1	1		
1996	9	9			3	3	1	1					4	4				
1997	3	3			1	1							1	1				
1998	5	5	1	1									1	1				
1999	2	2			1	1							1	1				
2000	2	3			1	1			1	2			1	1	1	2		
2001	4	4																
2002	5	5	1	1	1	1							2	2				
2003	8	8			3	3					1	1	4	4				
2004	8	8	1	1									1	1				
2005	3	3			1	1							1	1				
2006	2	2																
2007	8	8																
2008	5	5			1	1							1	1				

第五节　民事行政检察

1993年11月,设立民事行政检察科,检察县法院判决后已发生法律效力的民事及行政判决、裁定,发现确有错误或者违反法定程序,可能影响案件正确判决、裁定的依法提出抗诉。1998年,开展民事行政案件检察受案范围宣传,接待人民群众法律咨询40余人次,提请抗诉2起。2001年,按照"敢抗、会抗、抗准"原则,对判决、裁定明显不公的民事、经济、行政案件提请抗诉,受理案件9起,立案8起,提请抗诉7起。2005年,受理案件9起,立案6起,提请抗诉1起。2008年,将执法办案与化解社会矛盾相结合,对不服法院正确裁判的民事行政申诉案件当事人做好息诉服判工作。

1995～2008年德安县民事行政案办理一览表

表22－2－6　　　　单位:起、件

年份	受理	立案	提请抗诉	建议提请抗诉	个案再审	发检察建议	和解息诉
1995	4	2	—	1	—	—	—
1996	6	3	1	2	—	—	—
1997	9	5	1	3	1	—	—
1998	9	3	2	—	—	—	6
1999	5	2	—	1	—	—	4
2000	10	8	6	—	1	1	3
2001	9	8	7	—	3	—	1
2002	9	6	1	1	—	—	5
2003	12	7	3	1	—	—	5
2004	9	8	2	1	2	6	6
2005	9	6	1	—	—	1	6
2006	6	3	1	—	2	—	4
2007	6	3	—	2	—	—	3
2008	6	3	1	1	1	—	—

第六节　控告申诉检察

1985年至1990年,控告申诉工作由各专门科室按对应内容分别接待。1991年,设立控告申诉检察科。1993年,建立健全举报接待、控告申诉、工作保密等制度。1998年,首次开展主题为“激民众举报热情,促举报工作发展,推动查办大要案”举报宣传周活动。此后,将每年6月最后一个星期定为举报宣传周,进行张贴宣传挂图、散发宣传资料、接受群众咨询活动。2000年,集中开展清理涉检信访积案,查办和预防职务犯罪。2001年,受理刑事申诉3起,立案复查2起,改变原处理决定1起,填补控申科成立以来刑事申诉案件立案复查空白。2005年,开通集电话录音举报、传真举报、举报常识咨询等功能于一体的举报自动受理系统。设立举报奖励机制,奖励举报有功人员。2007年,开展“下访巡访”活动,及时掌握群众关注的热点问题,从中获取有价值的案件线索。至2008年,控告申诉工作接待群众来访592人次,来信1090件,初查案件707起,控申接待室连续6年被省院授予“全省检察机关文明接待室”荣誉称号。

1985～2008年德安县控告申诉案办理一览表

表22－2－7　　　　单位:起、次

年份	受理案件					审查处理		
	合计	控告		申诉		本院处理	移送其他检察机关	转其他机关
		来信	来访	来信	来访			
1985	100	53	47	0	0	0	0	
1986	134	79	55	0	5	32	0	0
1987	144	85	59	0	0	41	0	0

续表 22－2－7

年份	受理案件					审查处理		
	合计	控告		申诉		本院处理	移送其他检察机关	转其他机关
		来信	来访	来信	来访			
1988	68	38	30	0	0	27	0	0
1989	112	62	38	0	0	34	0	0
1990	107	57	50	0	0	31	0	0
1991	85	43	39	0	3	27	0	0
1992	84	43	39	0	2	25	0	0
1993	74	55	19	0	0	55	0	20
1994	71	50	21	0	0	34	0	0
1995	63	39	24	0	0	33	1	0
1996	76	41	35	0	0	46	0	0
1997	71	53	18	0	0	45	2	0
1998	71	50	19	0	2	46	0	0
1999	56	46	10	0	0	42	0	7
2000	48	33	15	0	0	10	0	0
2001	60	45	12	0	3	28	0	0
2002	64	43	16	0	5	33	0	0
2003	52	35	14	0	3	20	0	0
2004	59	37	19	0	3	25	0	0
2005	59	46	13	0	0	13	0	0
2006	19	19	0	0	0	5	0	3
2007	17	17	0	0	0	12	0	5
2008	21	21	0	0	0	18	0	0

第七节　监所检察

1986 年，建立健全监所检察制度，对原有的《考勤登记簿》《来信登记卡》《监所检察记事簿》《申诉案件处理情况登记簿》等卡、表、簿进行重新设计整理，修改补充，完善要件和充实项目。配合看守所、武警中队，加强对监所在押犯监管，同时对有关司法的执法情况实行法律监督。1991 年，进一步加强监所检察规范化建设，至 1995 年，监所检察规范化建设实现 5 项制度和 18 种表、卡、簿管理模式。1999 年，开展整顿监号秩序，打击“牢头狱霸”活动。2003 年实现无超期羁押。2004 年，驻所检察室通过省院“二级规范化驻所检察室”考评验收，并连续保持 5 年。至 2008 年，对在押人员进行法制教育 150 余次，安全防范检查 260 余次，消除重大事故隐患 13 起，检查超期羁押 100 余人次，提出口头检察建议 100 多次，书面检察建议 150 余份。

第八节　职务犯罪预防

1985 年以来，预防犯罪工作由全院统一安排。2002 年，成立县检察院预防职务犯罪领导小组。

2004 年,根据《江西省预防职务犯罪工作条例》,成立由县委副书记任组长的县预防职务犯罪工作领导小组,建立联席会议制度。2006 年,在发案单位开展个案预防,在重大工程建设中开展专项预防,在重点行业和领域开展系统预防,从源头预防腐败。2007 年,预防职务犯罪工作纳入县委干部教育总体规划,建立以县委党校为依托的党员干部预防职务犯罪教育基地。2008 年,推行行贿犯罪档案查询,建立工程招标准入制度,参加工程建设招投标现场监督 10 余次。至 2008 年,开展预防职务犯罪专题宣传 21 次,编发宣传材料 6000 余份;举办法制讲座 6 次,听讲 386 人次;撰写调研文章 5 篇、动态信息 19 篇,制作警示教育片 2 部;走访相关单位调研 600 余人次,受理行贿档案查询 134 次。

第四章 法 院

第一节 机构 建制

机 构

1985 年,县法院设办公室、刑事审判庭、民事审判庭、经济审判庭。下设邹桥、共青(企业)法庭。1989 年,增设执行庭、黄婳法庭。1990 年,增设行政审判庭、江轮(企业)法庭。1991 年,增设纪检组。1992 年,增设法警中队、法医室。1993 年,增设政工科。1994 年,增设告诉申诉庭,撤销共青法庭。1996 年,增设聂桥法庭。1997 年,增设监察室,法警中队升格法警大队,撤销江轮法庭,设城郊法庭。2000 年,撤销城郊法庭。2001 年,撤销告诉申诉庭,设立案庭和审判监督庭。2003 年,执行庭更名执行局,民事审判庭更名民事审判一庭,经济审判庭更名民事审判二庭,法医室更名司法技术科。2008 年,审判业务机构(包括执行机构)有:立案庭、刑事审判庭、民事审判一庭、民事审判二庭、行政审判庭、审判监督庭、执行局;非审判业务机构有:办公室、政工科、纪检组、监察室、法警大队、司法技术科;下设邹桥、聂桥、黄婳人民法庭。

建 制

1998 年,首评法官等级,县法院 39 人取得法官资格。其中,三级高级法官 1 人,四级高级法官 5 人,一级法官 14 人,二级法官 6 人,三级法官 7 人,四级法官 6 人。2008 年,全院在编法官及其他工作人员共 59 人。其中,三级高级法官 1 人,四级高级法官 19 人,一级法官 11 人,二级法官 7 人,三级法官 1 人,四级法官 2 人。法官中具有法律专科以上学历者占 97.58%,法律本科学历者占 53.50%,通过国家统一司法考试者占 20.58%。3 所基层法庭 6 名干警中通过国家统一司法考试 4 人,均具大专以上学历。

1985 ~ 2008 年全县历届县人民法院院长名录

表 22 - 3 - 1

姓名	性别	任职时间	籍贯
闵期才	男	1977.12 ~ 1987.6	德安磨溪
张世民	男	1987.6 ~ 2001.1	黑龙江延寿
陈 林	男	2001.1 ~ 2008.12	江西永修

第二节 刑事审判

1985 年,依据全国人大常委会《关于严惩严重破坏经济的罪犯的决定》,重点打击经济犯罪,审理经济犯罪案件4起,判处罪犯6人。1996年,对重、特大犯罪活动依法从重从严从快打击,审理杀人、伤害、放火、抢劫、强奸等案件38起,判处罪犯55人。2002年,按照省、市政法委统一部署,开展严厉打击“两抢一盗”(抢劫、抢夺、盗窃)集中整治。全年审理相关案件25起,判处罪犯37人。2006～2007年,参与全省“绿箭行动”,对涉林犯罪进行重点打击,审理涉林案件9起,判处罪犯12人。2008年,审理“两抢一盗”案件47起,占当年审理数63.60%,判处罪犯70人,占判处罪犯人数65.4%。至2008年,依法打击各类刑事犯罪、审理刑事案件1351起(含刑事自诉案件)1792人。

1985～2008年德安县刑事案件审理一览表

表22－3－2　　　　单位:起、人

年份	受理数	审结数(含积案)	其中							
			10年以上	5～10年	5年以下	拘役	管制	缓刑	无罪	其他处理
1985	40	40	3	14	30					
1986	51	51	3	16	33	7				3
1987	52	50	5	18	27	5				4
1988	55	57	1	24	57	3				8
1989	123	123	3	47	115	3				13
1990	93	93	10	29	54	3				18
1991	85	85	5	31	65	1				16
1992	62	62	1	21	35					23
1993	57	57	3	21	27	2				16
1994	63	63	3	22	44	1				15
1995	31	31	3	9	22					4
1996	45	45	5	12	26					15
1997	31	31	1	8	17		1			9
1998	43	43	4	7	22	1	2			9
1999	50	50	4	10	30	5	4			14
2000	40	40	2	2	34	10	4		1	6
2001	54	54		11	46	4	3			8
2002	66	66	3	2	47	7	4	8	3	1
2003	50	49	2	3	37	13	1	11		2
2004	47	43	7	2	38	2	2	7	2	2
2005	45	48	4	6	38	4	7	20	1	5
2006	49	39	3	4	11	12	1	11		2
2007	45	51	3	7	34	16		9	4	1
2008	74	75	6	11	53	15		8		5

第三节　民商事审判

1996年起,民商事审判方式改革,由传统纠问式改为控辩式。2001年,进一步明确当事人举证责任和举证不能的法律后果,法官包揽调查取证“一竿子插到底”习惯做法得到改善。同时,裁决文书除应当由院长或主管副院长签发的外，一律由庭长或审判长签发。审判业务以“坐堂问案”为主要形式或兼顾巡回审判，基层人民法庭以巡回审判为主，采取将审判法庭设在乡、村、组、社区街道、案发地、田间地头、群众家里的方式，开庭审理案件，方便群众诉讼，减轻当事人经济负担。1994～2006年，民事审判二庭审结江西轮胎厂、县萤石公司、棉纺织厂等12家驻县和县属企业破产案件。2008年，审理婚姻家庭案件166起，比1985年增长4倍，婚姻家庭案件历年均排民事案件首位；审理权属、侵权案件102起，比1985年增长52%；合同类案件236起，比1985年增长180.3%。

至2008年，开展巡回审判7546次，受理民商事案件11591起。其中，婚姻家庭案件3058起，占26.4%；权属、侵权案件3100起，占26.75%；合同类案件1541起，占13.3%，其他案件3892起。审结民商事案件11461起。其中，以判决方式结案2846起，占24.84%；以裁定方式结案828起，占7.23%；以调解方式结案3931起，占34.3%；以交付令方式结案5起，占0.05%。基层法庭审理民商事案件2109起，占受案数18.41%。

1985～2008年德安县民事案件审理一览表

表22-3-3 单位:起

年份	受理数				审结数(含积案)				
	合计	婚姻家庭继承	权属侵权	合同类	合计	判决	裁定	调解	交付令
1985	110	41	67	2	112	8	2	102	
1986	147	71	72	4	151	18		133	
1987	140	78	61	1	130	29	1	110	
1988	192	95	94	3	187	42	1	144	
1989	223	118	105		224	63	5	156	
1990	315	128	186	1	319	97	1	221	
1991	263	126	136	1	262	95	1	167	
1992	370	112	244	14	354	107	3	244	
1993	305	139	153	13	305	103	10	192	
1994	328	136	190	2	323	114	2	203	4
1995	324	143	178	3	328	126		202	
1996	316	141	174	1	318	119	1	197	1
1997	314	160	153	1	313	105	1	207	
1998	342	152	187	3	342	132		210	
1999	439	182	249	8	439	164	1	274	
2000	365	165	188	12	366	172	3	191	
2001	373	159	173	41	372	164	6	202	
2002	509	125	98	286	462	205	119	138	
2003	403	135	41	227	395	164	126	105	
2004	381	123	70	188	385	158	129	98	
2005	308	115	55	138	305	140	79	86	
2006	310	95	50	165	291	115	94	82	
2007	423	153	74	196	394	179	102	113	
2008	499	166	102	231	524	227	142	154	

1985～2008年德安县商事案件审理一览表

表22－3－4

年份	受理数(起)								审结数(含积案)(起)	审结率(%)	审结标的(万元)
	合计	买卖纠纷	购销合同纠纷	承包合同纠纷	借款纠纷	货运纠纷	债务纠纷	其他纠纷			
1985	21	1	8	3			1	8	21	100	
1986	35	2	15	3			1	14	35	100	
1987	37	1		3				33	37	100	
1988	124	2	7	13	4			36	126	100	
1989	201		8	9	44	4	26	110	205	100	
1990	184	2	14	12	64	6	3	80	189	102.72	
1991	118	6	43	15	25	8	1	23	118	100	
1992	153	4	24	19	5		62	39	153	100	
1993	131	3	38	15	14	2	55	4	131	100	
1994	142	5	24	19	9	1	80	4	142	100	
1995	152	4	3	11	32	2	97	3	152	100	
1996	143	8	2	8	30	2	87	6	143	100	
1997	189	5	29	14	19	2	99	21	189	100	
1998	165	3	14	9	11	2	117	9	165	100	
1999	242	69	28	27	61	3	39	15	242	100	
2000	206	71	6	30	12	2	69	16	206	100	
2001	218	104	1	16	39	4	32	22	218	100	
2002	286	101			83				259	90.56	1579.75
2003	227	89			78				235	103.59	823.40
2004	188	65			59				191	101.60	669.94
2005	138	39			30				128	92.76	518.85
2006	165	38			53				151	91.52	1058.24
2007	196	29			92				190	94.54	765.14
2008	231	62			114				236	102.17	1698.91

第四节　行政审判

1990年起,开展行政案件审判工作。1991～2008年,审理涉及治安、土地、林权及其他行政诉讼案件129起。受理以征收社会抚养费、稽征、质监为主要案由非诉行政案件385起。

1990～2008 年全县行政案件审理一览表

表 22－3－5　　单位：起、%

年份	受理	审结	审结率	年份	受理	审结	审结率
1990	3	3	100	1993	6	6	100
1991	22	22	100	1994	10	10	100
1992	17	17	100	1995	5	5	100
1996	8	8	100	2003	2	2	100
1997	10	10	100	2004	4	4	100
1998	10	10	100	2005	2	2	100
1999	7	7	100	2006	0	0	0
2000	8	8	100	2007	4	4	100
2001	8	8	100	2008	1	1	100
2002	5	5	100				

第五节　案件执行

1985～1988 年，案件执行以各业务庭自执为主，必要时从各部门抽调人员集中执行。1989 年，设立执行庭，实行立、审、执分离。2003 年，执行庭更名执行局，建立公安、金融、房管、土管、工商、税务等相关部门共同参与的执行联动机制。建立财产申报、执行举报、执行听证、执行审计和异地法院交叉执行等制度。当年受理案件 425 起，执结 379 起，执结率 89.18%，执结标的额 2698.71 万元，列全市县区法院首位，执行局获集体三等功 1 次。2008 年，落实中央政法委、最高人民法院关于在全国范围内集中清理积案会议精神，集中力量开展为期近 1 年的"清积活动"，清积执行案件 129 起；执结当年受理案 128 起，执结率 100%，执结标的额 434.31 万元。至 2008 年，共执结案件 5606 起，到位标的 1.611 亿元。

1985～2008 年全县案件执行一览表

表 22－3－6

年份	受理数（起）	结案数（起）	执行率（%）	执行标的额（万元）	年份	受理数（起）	结案数（起）	执行率（%）	执行标的额（万元）
1985	80	80	100.00	36.00	1997	245	245	100.00	450.00
1986	136	136	100.00	80.00	1998	103	103	100.00	216.00
1987	140	140	100.00	150.00	1999	325	123	37.85	160.00
1988	66	66	100.00	190.00	2000	356	286	80.34	160.50
1989	142	100	70.43	32.37	2001	628	182	28.98	1651.00
1990	267	262	98.13	46.38	2002	251	251	100.00	1079.37
1991	386	190	49.23	88.00	2003	425	379	89.18	2698.70
1992	493	493	100.00	272.50	2004	186	186	100.00	5055.09
1993	569	528	92.80	352.37	2005	226	226	100.00	511.03
1994	633	484	76.47	374.00	2006	218	187	85.78	526.13
1995	491	435	88.60	229.60	2007	191	191	100.00	1065.80
1996	205	205	100.00	248.00	2008	128	128	100.00	434.31

第六节　审判监督

1985~1993年,审判案件由各办案部门自行或交叉进行监督检查。1994年,告诉申诉庭担负审判监督职责。2001年,设立审判监督庭,实行立审分离,完善审判流程管理秩序。至2006年,依法再审各类案件65起,维持原判47起,改判18起,分别占73.21%和27.70%。2007年,申请再审案件管辖上提一级,县法院不再审理再审案件。2008年,实行立案到案件归档全程监督、动态管理、及时纠错、量化评估运行模式。对有问题案件发现1起,纠正1起,防止裁判不公。

第七节　人民陪审员制度

1985~2004年,人民陪审员由法院提请县人大常委会任命产生,依法参与民商事案件和部分刑事案件审理。2005年,县人大常委会任命人民陪审员18人。人民陪审员经过岗前专业培训,当年参与陪审案件38起,其中,民商事案件审理28起,刑理案件审理10起。至2008年,人民陪审员参与陪审案件162起,占县法院普通程序审理案件25.8%。

第五章　司法行政

第一节　普法教育

“一五”普法

1985年1月,县八届人大常委会第六次会议作出《关于进一步做好普法教育工作的决定》。1986年3月,县委下发《德安县五年普法规划》,成立县普及法律常识工作领导小组,下设办公室,县委宣传部和县司法局负责日常工作。自是年起至1990年为“一五”普法期,重点普及法律基本常识,开展宪法、刑法、刑事诉讼法、经济合同法、兵役法、森林法、治安管理处罚条例宣传教育。对象为工人、农民、知识分子、学生、军人、其他劳动者和城镇居民中一切有接受能力的公民,重点是干部和青少年。

“二五”普法

1991~1995年,为“二五”普法期,重点学习掌握专业法律法规,开展全民所有制工业企业法、环境保护法、矿产资源法、商标法、专利法、会计法、计量法、统计法、破产法、产品质量法、物价管理条例、广告管理条例宣传教育。普及方法以各业务部门为主,实行“统一管理、分别实施、条块结合、以块为主、分类指导”的原则,县普法办负责组织、协调和指导。

“三五”普法

1996~2000年,为“三五”普法期,重点增强公民法律意识,开展土地管理法、国家赔偿法、行政诉讼法、民法通则、水法、农业法、水污染防治法、环境保护法、森林法、食品卫生法宣传教育。普及方法是条块结合、以块为主、集中学习与自学相结合。

“四五”普法

2001~2005年,为“四五”普法期,重点提高公民法律素质,开展法律法规宣传教育。把普及法律常识向提高公民法律素质转变,注重普法形式、方法、效果相统一,注重发挥新闻媒体在法律宣传教育中地位和作用,将普法教育工作责任制列入精神文明建设年度目标考评。

“五五”普法

2006～2010年，为“五五”普法期，重点树立社会主义法治理念、弘扬法治精神、增强公民意识、培育法治文化，开展刑法（修订版）、公务员法、治安处罚法、公司法、个人所得税法、公证法、妇女权益保护法宣传教育。组建普法讲师团到乡镇和县直单位举办法律专题讲座，中小学校配备法制教育副校长和法制教育员。县城文化广场设置法制宣传长廊，各乡镇（场）开辟法制宣传栏。普及方法以上法制课为主，自学与其他形式为辅。学法时数，干部不得少于220课时，职工不得少于120课时，城镇居民、个体工商户不得少于100课时，农民不得少于80课时。“五五”期间，共出动宣传车172次，配备法律宣传员1390人，上法制课380次，参与考试2.2万人，开办法律宣传橱窗940期，印发法律宣传资料9.5万份，举办法律图片展410场。

1986～2008年全县普法工作一览表

表22－4－1

时期	普法对象（万人）	学法人数（万人）	普及率（%）	宣讲员（人）	宣讲（次）	宣传车辆（次）	印发资料（份）	宣传橱窗（期）	图片展（场）	上法制课		法律知识考试	
										（次）	（万人）	（场）	（万人）
一五	49	46.5	95	980	2940	85	50000	620	250	210	1.2	0	
二五	49.85	47.5	96	998	2994	110	60000	730	280	240	1.4	0	
三五	55.6	53.3	96	1123	3369	125	71000	820	330	300	1.8	90	1.8
四五	68.5	66.4	97	1379	4137	140	83000	870	370	340	2	100	2
五五	69.5	68.1	98	1390	4170	165	95000	940	410	380	2.2	100	2.2

第二节　人民调解

1986年，根据《中华人民共和国人民调解委员会组织条例》，在县城以居民委员会、农村以村民委员会、企业以厂矿为单位设立人民调解委员会（调委会）。全县有151个基层调委会，其中村级110个，街道12个，企业29个，有调解员332人。2005年起，根据《中共中央办公厅、国务院办公厅关于转发〈最高人民法院、司法部关于进一步加强新时期人民调解工作意见〉的通知》，规范工作程序，巩固、健全、发展多种形式的人民调解组织，村（居）调委会主任由村（居）支部书记担任；村民小组建立调解小组，由村民小组长兼任调解组长；聘请老党员、退休干部、教师担任调解信息员。在村民较多的自然村配置屋场调解员、楼院调解员、纠纷信息员，调解组织网络覆盖各层次、各领域。2008年，各乡镇场设置调解中心，共组建93个村（居）调委会，1182个村民小组调解组，配备调解员1275人。至2008年，全县各级调解组织调处各类纠纷16879起，制止289起可能激化的民事案件，控止群众性械斗事件31起，说服劝阻群众越级上访事件59起，民间纠纷调解率100%，调成率95%。

1985～2008年全县各类纠纷调解一览表

表22－4－2　　单位：起

年份	婚姻	继承	赡抚养	房屋宅基	损害赔偿	债务	家庭	邻里	防止恶性案件	其他
1985	152	12	14	185	56	35	121	105	9	167
1986	213	15	17	189	63	28	152	126	12	72

续表 22-4-2

年份	婚姻	继承	赡抚养	房屋宅基	损害赔偿	债务	家庭	邻里	防止恶性案件	其他
1987	264	17	19	201	74	32	168	137	14	330
1988	187	21	12	176	53	25	172	105	7	81
1989	272	19	21	183	75	35	191	38	13	70
1990	253	17	18	175	69	27	173	151	19	56
1991	198	14	13	192	65	34	132	115	32	79
1992	163	12	17	186	61	37	131	120	31	66
1993	85	8	9	63	54	23	89	47	39	33
1994	89	11	12	58	55	31	101	72	2	90
1995	76	11	10	53	46	22	75	62	1	57
1996	54	7	4	42	35	12	61	55	12	86
1997	83	12	15	51	54	29	95	61	11	71
1998	39	5	7	32	24	18	36	31	8	12
1999	36	8	4	31	25	17	34	29	13	5
2000	41	6	8	31	26	19	18	30	31	14
2001	95	15	23	61	54	42	103	84	27	158
2002	121	14	32	71	46	35	115	76	23	126
2003	243	19	16	176	53	28	182	132	73	23
2004	356	35	47	256	107	72	256	213	77	293
2005	252	25	21	173	86	34	191	128	42	30
2006	214	16	18	186	65	32	157	129	17	37
2007	98	13	25	64	58	45	107	86	17	111
2008	21	7	3	25	13	8	21	10	27	10

第三节　律师服务

1985年,按照《中华人民共和国律师暂行条例》规定,律师业务除辩护、代理、提供法律咨询和代写诉讼状外,增加接受国家机关、企事业单位、社会团体聘请担任法律顾问、接受非诉讼案件当事人委托参加调解和仲裁活动。1990年,实施《中华人民共和国行政诉讼法》,律师作为行政案件代理人,参与行政诉讼活动。1996年,《中华人民共和国刑事诉讼法》修正后,律师可在侦查阶段接受犯罪嫌疑人聘请,为其提供法律服务。至2008年,全县法律顾问处和律师事务所办理刑事案辩护959起,诉讼案代理2096起,非诉讼案代理2394起。聘请常年法律顾问单位年均31家,为顾问单位避免和挽回经济损失4058万元。

1985～2008 年全县律师服务一览表

表 22－4－3 单位:起、人、份

年份	刑事辩护	诉讼代理	非诉讼代理	法律顾问	代写文书
1985	6	32	7	2	24
1986	21	41	14	5	93
1987	8	48	11	13	10
1988	40	93	6	13	132
1989	83	97	16	26	124
1990	45	76	44	26	141
1991	37	53	484	25	56
1992	41	131	152	28	75
1993	49	138	188	33	126
1994	62	96	99	39	65
1995	58	118	192	46	83
1996	61	115	180	48	80
1997	66	118	89	46	160
1998	40	120	145	51	185
1999	52	133	162	49	122
2000	50	240	102	48	90
2001	42	64	60	40	49
2002	45	65	78	38	76
2003	48	72	75	45	94
2004	31	65	56	32	152
2005	26	36	68	26	115
2006	12	48	65	28	147
2007	17	46	48	21	97
2008	19	51	53	21	85

第四节　公证服务

民事公证

1985～2008 年,办理民事公证 1381 件。其中,遗嘱 48 件,委托收养 17 件,分家析产 33 件,房屋买卖 1245 件,婚姻状况 13 件,婚前财产 25 件。

经济公证

1985～2008 年,办理经济公证 9670 件。其中,农业种植、养殖 2758 件;房地产、建筑施工 5870 件,单位、个人借贷 1042 件。

涉台公证

1993 年,开办涉台公证业务。至 2008 年,办理涉及台湾同胞、法人公证 149 起。

1985~2008 年全县公证业务一览表

表 22-4-4 单位:件

年份	经济公证	民事公证	涉台公证	年份	经济公证	民事公证	涉台公证
1985	3	32		1997	305	75	10
1986	7	45		1998	359	27	10
1987	21	47		1999	970	54	12
1989	27	65		2001	387	44	6
1990	26	59		2002	549	65	12
1991	46	39		2003	966	60	10
1992	67	56		2004	1021	65	5
1993	98	54	10	2005	933	76	14
1994	111	38	12	2006	994	105	10
1995	459	21	9	2007	878	112	4
1996	129	19	17	2008	958	103	3

第五节 法律援助与司法鉴定

法律援助

2001 年 8 月,成立德安县法律援助中心,负责指导、管理、监督全县法律援助,提供免费法律咨询、"12348"电话法律咨询服务,提供县法院指定的刑事辩护和公安、检察机关转送的刑事法律援助,提供民事、行政诉讼和劳动争议仲裁等案件法律援助。2004 年,各乡镇场建立法律援助站。2005 年,县残联、妇联、人武部、老龄委、总工会、劳动和社会保障局组建法律援助工作站。至 2008 年,办理法律援助案件 849 件。其中,民事案件 280 件,刑事案件 138 件,非诉讼法律事务 431 件。提供法律咨询 3 万余人次,为 4716 位受援当事人获得权益保护金额 2990 多万元。

2001~2008 年全县法律援助一览表

表 22-4-5

年份	民事诉讼			刑事辩护		非诉讼事务		
	件数(件)	人数(人)	涉及金额(万元)	件数(件)	人数(人)	件数(件)	人数(人)	涉及金额(万元)
2001	11	47	67	8	8	20	101	78
2002	21	110	92	12	12	34	240	110
2003	27	161	101	16	16	41	301	123
2004	34	204	167	19	19	53	374	171
2005	38	247	193	20	20	63	395	201
2006	47	341	243	20	20	71	414	271
2007	49	353	274	21	21	73	416	289
2008	53	401	301	22	22	76	473	309

司法鉴定

2004 年 3 月，成立德安县振辉法医学司法鉴定所，属社会中介组织，归县司法局管理，人员由县中医院配备，接受法院、检察院、公安局、司法局和全县各级组织委托，开展临床法医学鉴定。2005 年，制定《司法医学鉴定工作程序》，订立《服务承诺》，实行鉴定人负责制。2007 年，根据司法部《司法鉴定程序通则》，制作《司法鉴定委托与协议书》范本，发至各律师事务所、法律服务所和各乡镇（场）司法所。至 2008 年，办理司法鉴定案件 340 起，鉴定结论采信率 98.2%。

第六节　刑释解教人员安置与帮教

安　置

1985～1999 年，刑满释放和解除劳动教养人员安置帮教由公安机关负责。2000 年，成立县安置帮教工作领导小组，乡镇设安置帮教工作站，村（居委会）设帮教小组，具体工作转由司法局负责。安置对象为刑满释放 5 年内、解除劳动教养 3 年内，没有生活出路（无家可归、无亲可投、无业可就）和有重新犯罪倾向人员，民政部门将其纳入当地最低社会保障范围，劳动和社会保障部门开展就业指导和技能培训，工商行政管理部门对依法从事个体工商经营或开办其他经济实体人员一视同仁，保护其合法权益。对农村籍刑释解教人员分给责任田（山、地），有困难的给予临时救助。2006 年，建立安置帮教基地，安置回县刑释解教人员 22 人，安置率 100%，重新犯罪率控制在 3% 以内。至 2008 年，司法行政部门安置刑释解教人员 680 人，安置率 64.46%。通过单位安置就业 32 人，安置率 3.03%。

帮　教

依靠单位、村（居）委会、社团组织等，对刑释解教人员进行帮助教育，制订帮教措施，落实帮教人员，建立信息管理台账，开展排查登记和回访。组织帮教干部对送劳改或服刑人员进行超前帮教，利用春节、中秋节等节日到劳改农场、监狱、劳教所进行跟踪帮教。

1985～2008 年，刑释解教 1055 人，帮教 1045 人。其中，1985～1999 年刑释解教 777 人，帮教 777 人，占 100%；2000～2008 年，刑释解教 278 人，帮教 268 人，占 96.4%。

1985～2008 年德安县刑释解教人员安置帮教一览表

表 22－4－6　　　　单位：人、%

年份	刑释解教		帮教		安置	
	刑释	解教	人数	占比	人数	占比
1985	34	9	43	100	19	44.19
1986	36	8	44	100	20	45.46
1987	40	11	51	100	25	49.02
1988	27	8	35	100	15	42.86
1989	28	7	35	100	17	48.58
1990	38	10	48	100	22	45.84
1991	36	16	52	100	25	48.08
1992	48	15	63	100	30	47.62
1993	41	17	58	100	25	43.11
1994	42	15	57	100	35	61.41

续表 22－4－6

年份	刑释解教		帮教		安置	
	刑释	解教	人数	占比	人数	占比
1995	48	18	66	100	37	56.06
1996	37	13	50	100	31	62.00
1997	40	16	56	100	36	64.29
1998	38	21	59	100	40	67.80
1999	39	21	60	100	45	75.00
2000	18	5	22	95.66	21	91.31
2001	21	11	30	93.75	30	93.75
2002	30	7	36	97.30	35	94.60
2003	39	7	44	95.66	42	91.31
2004	23	6	28	96.56	27	93.11
2005	19	4	23	100	22	95.66
2006	18	4	22	100	22	100
2007	27	7	32	94.12	30	88.24
2008	19	13	31	96.88	29	90.63

卷二十三

军　事

卷二十三 军 事

1985年，有县人民武装委员会（武委会）、中国人民解放军德安县人民武装部和基层人武部，海、空军驻军，中国人民武装警察部队（武警）和驻厂军代表室。1986年6月，县人武部由部队建制改为地方建制，实行地方为主的军地双重领导。1993年，成立德安县国防教育委员会。1996年4月，县人武部由地方建制改为军队建制，下辖民兵训练基地、武器装备仓库。1997年8月，成立德安县国防教育动员委员会，负责国防动员、战时兵员及物资保障。1999年，组建江西陆军预备役步兵师第三团第二营。2005年，成立县人民防空办公室。24年间，县人武部加强自身军政建设，做好兵员征集、拥政爱民和民兵、预备役等工作；驻县部队开展各项军事训练，做好执勤、保卫等工作，为国防建设和全县经济社会发展做出贡献。

第一章　军事机关

第一节　领导机构

县人民武装委员会

县人民武装委员会简称“武委会”是县委领导地方武装的常设机构。主要职责:根据中央军委对人民武装工作建设方针和任务,结合本县实情拟定实施计划,协调同级政府、人民团体和有关部门关系,指导和支持县人武部开展工作,保证人民武装建设各项任务完成。武委会主任由县委书记担任,副主任由县政府县长、县人武部部长和政委担任。其他成员为县委、县政府有关部门主要负责人和县总工会、团县委、县妇联主要领导。下设办公室,办公室主任由县人武部军事科长担任,负责武委会日常工作。

1985~2008年,根据县委和县政府人事变动,武委会组成人员作适时调整。

1985~2008年德安县武委会主任、副主任名录

表23-1-1

职务	姓名	任职时间	籍贯
主任	陈绍全	1984.12~1987.5	浙江绍兴
主任	肖永政	1987.5~1990.2	江西南昌
主任	张绪佑	1990.2~1991.6	江西武宁
主任	史之汉	1991.6~1994.5	江西彭泽
主任	邓太火	1994.5~1999.3	江西星子
主任	华金国	1999.3~2002.6	江西瑞昌
主任	熊永强	2002.6~2006.6	江西南昌
主任	赵　伟	2006.6~2008.12	江西湖口
副主任	肖永政	1984.6~1987.6	江西南昌
副主任	周雍强	1987.6~1990.4	江西湖口
副主任	史之汉	1990.4~1991.5	江西彭泽
副主任	张宜卿	1991.5~1993.1	江西樟树
副主任	邓太火	1993.1~1995.1	江西星子
副主任	胡元斌	1995.1~1999.3	江西九江
副主任	熊永强	1999.3~2002.6	江西永修
副主任	董学煌	2002.6~2006.1	江西星子
副主任	叶心林	2006.1~2008.12	江西武宁
副主任	刘述开	1983.1~1986.4	湖北武汉
副主任	宋为民	1986.4~1992.10	安徽无为
副主任	陈友才	1992.10~1995.12	江苏盐城
副主任	范定坤	1996.9~1999.3	江西永修
副主任	熊建国	1999.3~2001.3	江西永修
副主任	邓新生	2001.3~2003.3	江西修水
副主任	黄　浩	2003.3~2005.12	江西九江
副主任	蔡济南	2006.3~2008.3	江西九江
副主任	柯　毅	2008.3~2008.12	江西武宁

县国防动员委员会

1997年8月,成立县国防动员委员会。主要职责:贯彻积极防御军事战略方针,组织全县国防动员工作;协调国防动员工作中经济与军事、军队与政府、人力与物力之间关系,提高平战转换能力;根据上级国动委指示,结合实际,处置国防动员工作中重大问题。

国动委第一主任、主任分别由县委书记、县长担任,常务副主任由县人武部部长担任,副主任分别由常务副县长、县人武部政委担任,其他成员为县委、县政府有关部门主要负责人和县总工会、团县委、县妇联主要领导。国动委下设秘书组、人民武装动员办公室、组织动员办公室、交通战备办公室。秘书组由县政府和县人武部派员组成,负责国动委日常工作。其他三办主任分别由县人武部军事科长、县发改委主任、交通局局长担任。2003年增设综合办公室、政治动员办公室、人民防空办公室、信息动员办公室、科技动员办公室,五办主任分别由县政府办公室主任、人武部政委、建设局局长、电信局局长、科技局局长担任。国动委在县人武部设指挥中心,建立工作网络,做到平战、军民、软件与硬件、普通与专业4个结合,做到与省军区远程教学网、军分区作战指挥网、县"110"指挥中心、县森林防火指挥网、县防汛抗旱指挥部5网连接,实现战时可指挥作战,平时可指挥救灾。

1997~2008年县国动委领导名录

表23-1-2

职务	姓名	任职时间	籍贯
第一主任	邓太火	1997.8~1999.3	江西星子
	华金国	1999.3~2002.6	江西瑞昌
	熊永强	2002.6~2006.6	江西南昌
	赵　伟	2006.6~	江西湖口
主任	胡元斌	1997.8~1999.3	江西九江
	熊永强	1999.3~2002.6	江西南昌
	董学煌	2002.6~2006.1	江西星子
	叶心林	2006.1~	江西武宁
常务副主任	范定坤	1997.8~1999.3	江西永修
	熊建国	1999.3~2001.3	江西永修
	邓新生	2001.3~2003.3	江西修水
	黄　浩	2003.3~2006.3	江西九江
	蔡济南	2006.3~2008.3	江西九江
	柯　毅	2008.3~	江西武宁

第二节　工作部门

县人民武装部

1985年,县人武部属中国人民解放军序列,正团级单位,接受军队与地方党委双重领导。1986年6月,县人武部由军队序列改为地方建制,副县级单位。1994年、1995年,获省委、省政府、省军区"先进人武部"称号。1996年4月,县人武部复归军队建制,隶属九江军分区,正团级单位。内设军事科、政工科、后勤科。主要负责本区域内民兵、兵役、动员工作,同时协同有关部门做好退伍军人安置、预备役军官和士兵登记、军烈属优抚工作。1998年,获省军区司令部、政治部“军事训练先进单位”称号。2005年,获国防部“征兵工作先进单位”称号。2007年,获省军区政治部“对台宣传先进单位”称号。2008年,获南京军区“征兵工作先进单位”称号。至2008年,14次被省政府、省军区授予“征兵工作先进单位”称号。

基层人民武装部

1985年,各乡镇场、驻县厂矿、县属正科级企业和部分局、人行设有人武部,干部由县委组织部和县人武部共同考核任免,部长为同级党委、政府或行政班子成员。至2005年,随着企业改制完成和行政区划调整,有基层人武部的乡镇场和单位共29个:蒲亭镇、丰林镇、聂桥镇、车桥镇、江益镇、甘露镇、宝塔乡、河东乡、高塘乡、林泉乡、吴山乡、磨溪乡、爱民乡、邹桥乡、塘山乡、金湖乡、彭山林场、园艺场、共青垦殖场、国税局、地税局、教育局、卫生局、交通局、邮政局(电信、移动)、城建局、人民银行、供电公司、爱民机械厂。

第二章 民 兵

第一节 组织建设

1985年,各乡镇场、县直机关、企事业单位均建有民兵营或民兵连,分为基干民兵和普通民兵。1990年,按照上级指示,建立民兵应急分队,组建应急分队独立排14个。1996年,围绕“适应战场、适应市场”,加强应急分队建设,组建应急分队独立排3个、军械修理分队1个,编配基干营3个、连30个、排113个,普通连156个。1998年,加强民兵专业技术分队建设,专业分队由5种增加到8种,分别为60迫击炮连、高机连、侦察连、通讯连、运输保障分队、道桥抢修分队、医疗救护分队、军械修理分队;专业技术民兵占基干民兵比例由1997年的26.2%增加到44.4%。1999年8月,组建江西陆军预备役步兵师步兵第三团第二营。2000年,增加空军预编专业分队。2003年,按照上级国动委和上级军事机关指示,开展民兵整组试点工作。组建护路、护线分队8个540人,海军勤务分队1个66人,民兵对口专业分队13个540人。2008年,设民兵营24个、连158个;应急分队3个,专业技术分队5个,海军勤务分队1个,民兵对口专业分队6个。专业技术分队建设向正规化集约化推进。

第二节 军事训练

1985年,基干民兵训练多以乡镇为单位组织进行。1986年,对民兵干部和基干民兵进行分批集中训练,训练时间由30天改为20天。1988年1月,九江军分区在德安民兵训练基地进行基干民兵实战训练试点,参训基干民兵150人,时间20天,主训课目有轻重武器实弹射击、高机对空气球射击、侦察分队擒拿格斗。训练结业时,进行实战训练表演。1990年,训练基干民兵134人。其中专业分队50人,步兵分队84人。主训课目有射击、战术基础、通讯、侦察、擒敌技能;对民兵应急分队进行集结、开进、设卡、围捕等综合模拟演练训练,制定维护治安,支援重点目标防护预案。1999年,训练基干民兵40人,其中步、冲锋枪手20人,无线报话员20人,训期15天。2003年,分4期训练基干民兵235人,其中应急分队80人、专业技术兵及对口专业分队75人、专武干部及民兵干部80人,训期60天。2005年,分3期共训民兵345人,其中基干民兵80人、民兵应急分队80人、民兵专业分队65人;乡镇人武部结合实际对民兵应急分队进行对口训练120人,训期90天。2008年,分4期训练基干民兵412人,其中应急分队120人、专业分队50人、乡镇对口训练135人,训期60天。

第三节　政治教育

1985年,全县民兵政治教育由每月1课改为每季1课。民兵政治教育主要内容有党的基本路线、国防、法制和形势教育。利用“八一”、征兵、整组、训练等时机,落实基干民兵季课教育和普通民兵2课教育。随着改革开放城乡形势的变化,政治教育模式不断创新,教育方法灵活多样。针对民兵外出务工人员多、人口变动大的情况,教育形式由集中授课改为函授教育。利用春节外出务工民兵返乡时机,以村为单位组织民兵进行政治教育。1989年,鼓励民兵订阅《中国国防报》《中国民兵》《东海民兵》等报刊,丰富民兵政治学习资料。1993~1995年,把人生观、价值观和爱国主义教育作为政治教育主题,结合民兵思想实际,有针对性解决现实思想问题。以抗战胜利50周年纪念活动为契机,组织开展爱国奉献政治教育。1999~2002年,开展学习邓小平理论和“三个代表”重要思想宣传教育,进行“顾全大局,服从组织,正确对待个人得失”和“我军根本职能”专题教育及讲政治、讲奉献、讲理想的“三讲”教育。2003~2005年,开展学习中共十六届三中全会、五中全会精神,学习胡锦涛关于树立科学发展观讲话精神,在民兵党员中开展党员先进性教育活动,以民兵连为单位,对照“三个代表”重要思想进行自查和相互评议活动。2006~2008年,组织机关、企事业单位民兵开展“争创省级卫生城市、园林城市”活动,参与县城卫生清理和巡逻执勤,组织乡镇民兵参与新农村建设活动。

第三章　兵　役

第一节　兵役登记

按照《中华人民共和国兵役法》规定,在当年12月31日前年满18~22周岁,未服现役的男性公民,都应进行兵役登记。年满17周岁应届高中毕业生,本人自愿申请,也予以登记,登记时间为7~9月。登记完成后进行初步审查,合格者确定为预征对象。除被征集服现役以外,其余编入民兵组织或经过登记服预备役。1987年,有适龄公民5362人,确定兵役登记5101人,免服兵役177人,不得服兵役21人;17岁应届高中毕业生自愿登记38人;确定当年预征对象340人,占应征公民6.7%。1989年,有适龄公民5507人,确定兵役登记5477人,免服兵役15人,不得服兵役19人;17岁应届高中毕业生自愿登记82人;确定当年预征对象270人,占应征公民4.9%。1995年,有适龄公民6103人,确定兵役登记6097人,免服兵役2人,不得服兵役23人;确定当年预征对象483人。1997年后,实行兵役证制度,各基层人武部组织年满18~22周岁男性公民到所在地兵役登记站办理登记手续,县兵役机关审查后发给兵役证,列为预征对象。凡领取兵役证的适龄公民,每年在规定期限内携带兵役证到兵役站履行复核、变更或补发手续。确定应征的公民,由兵役机关同意安排参加应征。至2008年,兵役登记工作开展顺利,无遗漏错乱和逃避现象。

第二节　兵员征集

1985年以来,每年兵员征集期间,均成立县征兵领导小组,常务副县长任组长,县人武部部长任副组长,卫生、监察、公安、人事劳动、教育、交通、财政、宣传和共青团等部门主要领导任成员。主要职责为:贯彻执行上级征兵命令和有关规定,抽调人员组成征兵办公室,及时解决征兵中重大问题。各乡镇相应成立征兵领导小组和征兵办公室,负责辖区内征兵工作的宣传发动、兵役登记和对应征青年体格、政治条件进行初检、初审等。1990年冬季征兵,适龄青年报名应征1310人,报名率92.3%,征集新兵

148 人。1999 年冬季征兵,以确保兵员质量为重点,以廉洁征兵规定为标准,全方位宣传发动,全岗位责任承包,全过程跟踪管理,全社会公开监督,完成新兵征集任务。

进入 21 世纪后,受高校扩招和大批农村青年外出打工影响,部分乡镇出现征兵难现象。针对新情况,各级征兵机构采取书信、电话、短信等多种方式与在外适龄青年取得联系;同时,发动亲朋协助工作,进行宣传动员,确保征兵任务完成。2003 年,县人武部被南京军区授予征兵工作先进单位。2005 年,被国防部授予全国征兵工作先进单位。至 2008 年,征兵 24 次 3000 多人,所征兵员无一例因体检、政审不合格责任性退兵,实现连续 23 年无退兵。

第三节　预备役

1985 年来,县人武部每年在老兵退伍期间,指定专人参加退伍军人安置工作,办理预备役登记手续。每年结合民兵整组工作,对退伍军人预备役登记进行核对,分别办理转卡或注销登记。1996 年起,国家施行《中华人民共和国预备役军官法》,全面开展预备役军官登记和军衔评授工作。1997 年,为县预备役军官 10 人授衔。1999 年 8 月,按照上级要求,组建江西陆军预备役步兵师第三团第二营,下辖 5 个连。

第四章　国防教育与人民防空

第一节　国防教育

1988 年 9 月,县人武部与县委宣传部联合制定《关于开展国防教育意见》。月底,县委第 17 次常委会决定,成立以县委书记为组长的国防教育领导小组。当年起,每年 10 月定为县国防教育宣传月。活动期间,召开千人国防教育动员大会,县武委会和县人武部机关牵头,组织县四家班子成员和县直部分单位负责人开展“习武”活动 1 次,组织县一、二中高一年级学生进行军事训练 1 周。1993 年,成立县国防教育委员会,主任、副主任、委员由县武委会主任、副主任、委员兼任;各乡镇场、县直机关、厂矿分别成立国防教育领导小组。1998 年,结合民兵整组,利用电视、广播、板报、标语和印发学习材料、集体授课等宣传方式,通过民兵之家活动平台进行宣传教育,收看国防电教片 58 次、编辑简报 83 期、张贴悬挂标语 756 条(幅)、印发学习材料 3000 余册、集体授课 22 次。2005 年,结合纪念抗战胜利 60 周年和世界反法西斯战争胜利 60 周年,开展系列国防教育活动。利用召开军事工作会议、征兵工作会议和其他有关会议,对各级领导干部进行形势战备教育、战斗精神教育,增强国防观念,提高党管武装责任感。

第二节　人民防空

2002 年 10 月,县国动委设人民防空办公室,受县政府和国动委双重领导。2005 年,成立县人民防空办公室,属县政府办内设机构,组建和完善人防专业队伍 5 支。主要任务:负责本级指挥通信和警报通信保障;城区内医疗救护、防化防疫、交通运输、治安保卫与交通管制、消防灭火;城区内重点目标和城市基础设施抢修;按照属地管理原则,负责对辖区内省、市、县级重要经济目标进行防护和抢修。至 2008 年,全县有防空警报设置点 8 处、人防设施 21 处、紧急避难场所 13 处。

第五章 拥政爱民

第一节 拥政爱民活动

1985～1989 年，组织专武干部、退伍军人、民兵、预备役人员参加文明城镇军民共建活动，以共建点的示范作用，影响群众、教育部队。1990 年，县人武部组织有专长的民兵开展便民服务，上街为群众修理家用电器和自行车；组织机关工作人员到火车站等公共场所打扫卫生。1999 年，县人武部机关在全县民兵中开展"一连扶一户，同走致富路"扶贫帮困活动，共帮扶 167 户。2005 年，县人武部发动机关干部、民兵和预备役官兵向困难群众、县城道路改造工程捐款 10 万余元。2006～2008 年，县人武部参与县政府开展"争创省级卫生城市、园林城市"活动，制定责任区卫生清理和巡防值勤制度。响应军分区号召，继续做好"三建两扶一发挥"工作，参与新农村建设，开展送书下乡活动，为农家书屋赠书 2000 余册。

第二节 抢险救灾

1985～2000 年，县人武部和基层人武部组织民兵、预备役官兵参与扑救山火 27 次，投入兵力 3000 余人次；抗击特大洪灾 2 次，投入兵力 50000 余人次。1992 年，博阳河流域发生洪涝灾害，县武警部队官兵、致冷剂厂民兵突击队参与高家圩抢险救灾，圩内 21.333 公顷早稻免受损失。1995 年 6 月，组织民兵、预备役官兵 10000 余人战胜历史罕见的特大洪水，林泉海后部队官兵参加县内抗洪抢险。1998 年 6 月，组织民兵、预备役官兵 40000 余人次，车辆 3000 余台次，与全县各单位干部、群众一道抗击百年一遇的特大洪水，完成筑堤土石 16.7 万立方米，修筑二道防线 1700 米。2001 年 12 月 29 日，林泉乡人武部组织民兵 58 人，会同海后官兵和彭山林场干部职工扑灭山火。2003 年 2 月 5 日，县人武部组织应急分队 18 人参与河东后田 3 组、9 组山火扑救。2004 年 1 月 26 日，樟树乡发生 4.1 级地震，县人武部及时组织民兵应急分队 370 余人参与抗震救灾。同年，2 月 20 日，吴山乡、樟树乡、爱民乡、塘山乡多地同时发生山火，4 乡人武部组织当地民兵应急分队参与扑灭山火。2005 年 5 月 31 日，因连日大雨，昌九高速公路 79 公桩 200 米处发生大面积山体滑坡，县人武部组织民兵应急分队 150 人参与抢修。同年 11 月 26 日，九江县、瑞昌市交界处发生 5.3 级地震，德安震感强烈，部分乡村受到影响，县人武部就近组织民兵应急分队 1400 余人参与抗震救灾。2006 年，组织吴山乡基干民兵扑救山火 2 次，保护山林面积 1100 公顷。2007 年 6 月，组织林泉乡民兵应急分队抢修林白公路水毁路段，保障战备公路畅通。2008 年 8 月，县人武部率领民兵应急分队 29 人扑救磨溪山火，保护毛竹林、松树林 770 公顷。

第六章 驻 军

第一节 武警德安县中队

1985～2008 年，中国人民武装警察部队九江市支队德安县中队驻守德安，主要负责县看守所外围武装警戒和处置突发事件。

第二节　武警德安县公安消防大队

1985～1996年,中国人民武装警察部队德安县消防中队驻守德安。1996年8月,更名中国人民武装警察部队德安县公安消防大队,接受中国人民武装警察部队九江市公安消防支队和县公安局双重领导,主要担负全县防火、灭火和社会救援等任务。

第三节　海军后勤保障部队

1985～2008年,中国人民解放军海军91337部队(团级)驻德安,主要担负海军部队后勤保障任务。

1985～2008年91337部队历任主任、政委名录

表23－6－1

职务	姓名	任职时间	籍贯
主任	石俊宏	1985.1～1986.10	江苏海门
主任	郭建林	1986.10～1995.3	山西左权
主任	赵永林	1995.3～1997.2	江苏海门
主任	张建利	1997.3～2000.3	陕西西安
主任	李亦军	2000.3～2003.4	辽宁锦县
主任	翟建新	2003.4～2005.7	江苏武进
主任	钱炎如	2005.8～2008.12	湖北黄梅
政治委员	陈金明	1984.12～1987.4	河南驻马店
政治委员	谢少武	1987.5～1990.3	安徽安庆
政治委员	顾汝林	1990.4～1993.3	江苏盐城
政治委员	谭顺畅	1993.4～1998.4	湖南娄底
政治委员	范建华	1998.4～2000.4	安徽无为
政治委员	贺世成	2000.4～2001.4	陕西城固
政治委员	杨启才	2001.4～2004.4	湖北汉川
政治委员	姜　民	2004.4～2004.10	山东乳山
政治委员	徐守彬	2004.10～2008.1	江苏如东
政治委员	吴素成	2008.2～12	江苏响水

第四节　空军导航站　军代表室

1985～2008年,中国人民解放军空军某部在德安境内驻有导航站。

1985～2005年,德安爱民机械厂设有中国人民解放军军代表室,2005年12月撤销。

卷二十四

教育　体育

卷二十四 教育 体育

1985年后，基础教育快速发展，职业、成人、函授教育相继出现，各阶段教育形成公办和社会力量兴办相结合格局。1993年，全县小学和初中适龄人口入学率、残疾儿童入学率、15周岁人口初等教育完成率、文盲率均达“两基”要求，在全市首批通过省和国家级“普九”验收。1996年、2003年，分获省“两基”工作先进县称号。

教育投入不断加大，办学条件逐渐改善。先后实施“农村中小学危房改造工程”“农村中小学基础设施改造工程”等项目，中小学拆除危房1.25万平方米，新、改建校舍1.3万平方米。县财政投入资金近亿元，完成县一中优质高中工程和蒲塘小学建设。

教师待遇不断改善，师资水平及教学质量持续提升。在教师队伍中评优评模逐渐形成制度与传统，县委、县政府每年表彰一批优秀教师。20余名教师分别当选省市县党代会代表、人大代表和被推选为市县政协委员。农村中小学教师工资实行县财政统一发放，拖欠现象不复存在。县委、县政府和教育主管部门相继制定《关于发展教育事业、提高教育质量的办法》等文件和教学质量奖励措施。经常组织教师、教研人员赴外地学习和参加学历进修，教师学历合格率不断提高。2008年，全县有专任教师1452人，中级以上职称1308人。至2008年，基本形成县、乡、校三级教研网络；完成国家级、省级教研课题各2个，获省以上教研成果奖励3次；2008年，获省教育工作优秀等次，受省政府通报表扬。

体育事业不断发展，运动条件逐渐改善。群众体育协会相继成立，城乡居民参加体育锻炼的热情和自觉性越来越高。全县中小学按体育教学大纲要求和国家体育锻炼标准开展活动。1993年，县一中荣获“全国体育先进单位”称号。短式网球运动成为县内小学特色体育项目。2002年，丰林镇被国家体育总局授予“亿万农民健身活动先进乡镇”称号。至2008年，全县有农民健身工程27个、塑胶篮球场和网球场10个、塑胶标准田径场2个，摘掉了“四无县”帽子。

第一章　教育结构

第一节　学前教育

1985年,除公办县幼儿园外,有条件的企事业单位建有幼儿园。全县有幼儿园33所,在园幼儿1795人,教师121人。20世纪90年代中期,企事业单位开办的幼儿园陆续转为个人经营。1995年,第一家私立幼儿园(小龙人)兴办。此后,城乡民办幼儿园不断增加。2008年,全县有幼儿园43所,在园幼儿4543人,教师173人。县教育局负责幼儿园教师资格审定和教学技能培训。公办幼儿园按照县物价、财政、教育部门制定的项目和标准收费。民办幼儿园收费项目及标准按国家有关规定,根据成本自行制定,报物价局和教育行政部门备案后实行。

1985～2008年德安县学前教育一览表

表24－1－1

年份	幼儿园(所)	班级(个)	入园幼儿(人)	离园幼儿(人)	在园幼儿(人)	教师(人)	师生比例(%)
1985	33				1795	121	1:14.83
1986	37	71	1292	938	1951	108	1:18.06
1987	40	74	1333	1040	2134	47	1:45.40
1988	40	71	1096	1038	2013	46	1:43.76
1989	40	74	1129	960	2182	59	1:36.98
1990	40	75	1240	940	2211	59	1:37.47
1991	26	65	1888	1725	2303	47	1:49.00
1992	26	69	2009	1766	2391	48	1:49.81
1993	26	68	2003	1611	2317	45	1:51.46
1994	19	58			2399	69	1:34.77
1995	34	97	3225		3399	122	1:27.86
1996	20	62			2744	82	1:33.46
1997	20	62	400	380	2744	82	1:33.46
1998	20	62	2570		2744	82	1:33.46
1999	15	52	854		1332	80	1:16.65
2000	38	136	1820		2355	164	1:14.36
2001	15	84	1491	193	1852	117	1:15.83
2002	14	113	1476	264	2217	79	1:28.06
2003	14	88	1573	492	2280	77	1:29.61
2004	13	84	1255	419	2286	78	1:29.30
2005	28	154	1760	972	3678	120	1:30.65
2006	39	200	2277	1178	4503	147	1:30.63
2007	43	203	1989	966	4450	169	1:26.33
2008	43	187	1992	1089	4543	173	1:26.26

第二节　小学教育

1985 年,全县有小学(教学点)146 所(个),教学班 748 个,在校生 26925 人,教师 1034 人。1992 年,有小学(教学点)134 所(个),教学班 678 个,在校学生 21943 人,教师 1132 人;生均校舍面积 4.5 平方米。县城、农村小学毕业生"双科"(语文、数学)合格率分别为 95%、80%,体育达标、行为规范合格率均为 100%,学生视力合格率比 1986 年下降 6.6%。1994 年,适龄儿童入学率 100%,巩固率 99.7%;小升初升学率 100%,在校生辍学率为零;三类适龄残疾儿童平均入学率 92.5%。2003 年 9 月起,学制由 5 年制向 6 年制过渡。2004 年,全县小学实行 6 年制。2008 年,有完全小学 21 所,全县在校生 11843 人,教师 762 人。

1985～2008 年德安县小学教育一览表

表 24－1－2

年份	学校(教学点)(所)	班级(个)	毕业生(人)	招生(人)	在校生(人)	教师(人)	师生比例(%)
1985	146	748	3760	5063	26925	1034	1:26.04
1986	140	713	3606	4387	26433	489	1:54.06
1987	140	719	3911	4660	26904	518	1:51.94
1988	138	710	4413	3842	25473	391	1:65.15
1989	133	714	4560	3827	24641	374	1:65.89
1990	135	719	4524	4048	23516	374	1:62.88
1991	134	712	4451	4197	22759	1169	1:19.47
1992	134	678	4230	4103	21943	1132	1:19.38
1993	127	688	3525	4011	20529	1126	1:18.23
1994	136	761	3713	5311	23365	1300	1:17.97
1995	134	772	4149	4482	23323	1340	1:17.40
1996	112	599	2982	2901	16585	1373	1:12.08
1997	108	583	3043	2809	16213	974	1:16.65
1998	108	567	3269	2531	15752	993	1:15.86
1999	99	540	3454	2023	14463	956	1:15.13
2000	102	541	3354	1556	12795	985	1:12.99
2001	70	498	3249	1463	11576	969	1:11.95
2002	33	472	2592	1496	10629	915	1:11.62
2003	29	417	1668	1442	10229	914	1:11.19
2004	27	385	1992	1437	9689	903	1:10.72
2005	25	347	2171	1382	9018	856	1:10.54
2006	23	324	1576	1809	9397	813	1:26.03
2007	22	378	1405	1991	12825	797	1:16.09
2008	21	353	1404	2476	11843	762	1:15.54

说明:2002 年以后学校数为完全小学数;在校生、教师数含村小和教学点学生、教师数。

第三节 初中教育

1985年,全县有县直完全中学2所,初级中学19所,教学班142个,在校生7753人。1992年,生均校舍面积6.6平方米;有专任教师469人。1993年,在全市首批达到国家级"普九"验收标准。2005年,有民办初中4所,教学班19个,教师59人,在校生896人。2008年,全县有初中15所,教学班126个,在校生6355人,专任教师404人。

1985～2008年德安县初中教育一览表

表24-1-3

年份	学校(所)	班级(个)	毕业生(人)	招生(人)	在校生(人)	专任教师(人)	师生比例(%)
1985	19	142	1691	2769	7753	618(含高中)	
1986	18	155	1918	2971	8823	501(含高中)	
1987	20	165	2366	3146	9406	536(含高中)	
1988	20	170	2478	3234	9290	576(含高中)	
1989	21	179	2439	3478	9768	618(含高中)	
1990	21	180	2581	3411	10225	439	1:23.29
1991	21	183	2611	3312	9932	442	1:22.47
1992	20	179	2838	3129	9313	469	1:19.86
1993	21	182	2946	3355	9551	448	1:21.32
1994	22	176	3061	3422	10187	375	1:27.17
1995	20	171	3509	3358	10401	413	1:25.18
1996	22	150	2423	2939	8092	610(含高中)	
1997	20	157	2493	3033	8552	478	1:17.89
1998	20	163	2522	3224	9067	515	1:17.67
1999	15	164	2638	3369	9225	488	1:18.90
2000	14	170	2728	3305	9651	494	1:19.54
2001	15	177	2959	3247	9507	491	1:19.36
2002	15	168	2953	2567	8858	490	1:18.08
2003	13	142	2808	2700	7285	479	1:15.21
2004	14	124	2936	1904	6042	499	1:12.11
2005	15	115	2278	2131	5772	472	1:12.23
2006	15	109	1606	1617	5620	447	1:12.57
2007	15	155	1555	1611	7277	420	1:17.33
2008	15	126	1681	1487	6355	404	1:15.73

第四节 高中教育

1985年,全县有普通高中6所,教学班34个,在校生1788人,教师98人。2000年后,高中教育资源整合,乡镇完全中学高中部先后停办或并入县城中学。2005年,县二中由完全中学改为初级中学,全县有公办、民办高中各1所。2008年,全县有高中2所,教学班69个,在校生3347人,专任教师205人。

1985～2008 年德安县普通高中教育一览表

表 24－1－4

年份	学校(所)	班级(个)	毕业生(人)	招生(人)	在校生(人)	专任教师(人)	师生比例(%)
1985	6	34	428	584	1788	618(含初中)	
1986	6	37	558	584	1961	501(含初中)	
1987	5	40	511	686	2110	536(含初中)	
1988	5	41	630	694	2246	576(含初中)	
1989	5	46	666	750	2282	618(含初中)	
1990	5	47	672	690	2029	173	1∶11.73
1991	5	46	693	732	2239	157	1∶14.26
1992	6	48	590	692	2341	196	1∶11.94
1993	6	45	717	665	1952	190	1∶10.27
1994	6	30	602	720	2058	136	1∶15.13
1995	7	26	682	722	1950	102	1∶19.12
1996	3	31	421	472	1502	610(含初中)	
1997	3	31	454	500	1514	152	1∶9.96
1998	3	30	271	492	1447	135	1∶10.72
1999	3	35	443	900	1815	118	1∶15.38
2000	3	42	462	1149	2449	138	1∶17.75
2001	3	46	407	848	2538	139	1∶18.26
2002	3	60	680	1383	3482	154	1∶22.61
2003	3	64	1212	1273	3586	197	1∶18.20
2004	3	71	1085	1209	1295	210	1∶6.17
2005	2	72	1225	1234	3842	217	1∶17.71
2006	2	68	1218	1106	3544	226	1∶15.68
2007	2	63	1142	1231	3467	204	1∶17
2008	2	69	1111	1197	3347	205	1∶16.33

第五节　中等职业教育

1987 年 9 月，聂桥、邹桥 2 所中学高中部由普通高中转为农业高中，设有农学、植保专业。1988 年 9 月，黄婻中学高中部由普通高中转为农业高中；创办县职业中学，占地 1.5 公顷，建筑面积 4400 平方米。1995 年，黄婻农业高中停办。1996 年，邹桥中学高中部由农业高中恢复为普通高中。2000 年，聂桥农业高中停办。2004 年，浙江淳安广聚人力资源开发有限公司投资 100 余万元，对职高进行维修改造，改公办为公办民助，更名"明珠中等职业技术学校"。学校有微机操作、家电维修、财会模拟等专用教室；开设车工、服装工艺、环境保护、家电维修、粮油储藏、微机应用、电脑财会、文秘、电子电器和工商企业管理等专业；有服装工艺实习工厂，实行产教结合和"订单"培养模式。办校以来，与杭州等地 30 多家外资企业签订"人事代理"业务，为企业输送各类人才。

第六节　成人教育

农民教育

1985 年，针对农民脱盲后复盲现象，各地开展扫盲巩固工作。1986 年，农村成人教育转向高一层次的文化教育和实用技术教育,乡镇举办农民技术学校,村级举办农民文化技术班,开设文化知识及种植、养殖、加工等课程,学习时间长短不一。同年,有乡镇农民文化技术学校22所,村级文化技术班139个。至2008年,培训学员近2万人次。

职工教育

1986年,有县总工会职工学校、卫生局职工学校、粮食局职工学校、供销社职工学校、商业局职工学校、爱民机械厂职工学校,对进入企事业单位未经专业技术培训的青壮年工人分期分批进行培训和高中文化教育,开设语文、数学、历史、地理、政治等课程,教材统一,学制2年。20世纪90年代后,随着经营体制改革、改制,企业职工学校逐渐停办。

电大教育

1985年,有广播电视大学文科语文类教学班。1995年,成立德安电大工作站,在县教师进修学校设教学点,有教育管理、汉语言文学、法律、护理、英语、行政管理、会计学、数学、临床医学等专业的大专、本科函授班。至2004年,工作站分别与九江电大、省自学考试委员会、湖北师范学院、南昌科技师范学院、九江学院继续教育学院联合办班19期,培养本、专科生693人。至2008年,有电大本科毕业生350人,大专毕业生563人。

成人高考

1997~2006年,全县有1908人次参加成人高考,录取1025人,录取率54%。

高等教育自学考试

1993~2006年,有7585人次参加高等自学考试,单科合格5276科次,毕业289人。

1993~2006年德安县成人高考、高等教育自学考试一览表

表24-1-5　　单位:人次、人

年份	成人高考		高等自学考试		
	报考人数	录取人数	报考人数	单科合格人次	毕业人数
1993			718	417	
1994			603	389	
1995			604	461	
1996			596	307	20
1997	116	39	568	370	18
1998	169	68	556	308	22
1999	179	84	640	406	23
2000	220	100	733	471	12
2001	270	133	492	593	21
2002	342	217	675	487	29
2003	231	105	491	389	30
2004	98	83	427	356	40
2005	186	128	301	240	49
2006	97	68	181	82	25

第七节　民办教育

1999年8月,成立私立敷阳中学。2002年,成立民营东佳高级中学,学校实行董事会领导下的校长负责制。2008 年,有民办中学 5 所,其中高中 1 所、初中 4 所,教学班 15 个,在校教师 47 人,学生 551 人。

2005～2008 年德安县民办教育一览表

表 24－1－6　　单位:个、人

年份	校名	班级	学生	教师
2005	白果初级中学	5	261	15
	黄婻初级中学	6	295	19
	敷阳初级中学	4	183	13
	白水初级中学	4	157	12
	东佳高级中学	7	408	22
2006	白果初级中学	4	158	13
	黄婻初级中学	6	331	18
	敷阳初级中学	3	130	12
	白水初级中学	4	162	13
	东佳高级中学	7	364	21
2007	白果初级中学	3	114	11
	黄婻初级中学	4	193	12
	敷阳初级中学	3	118	12
	白水初级中学	3	116	10
	东佳高级中学	6	287	19
2008	白果初级中学	3	74	9
	黄婻初级中学	3	145	11
	敷阳初级中学	3	72	9
	白水初级中学	3	103	8
	东佳高级中学	3	157	10

第八节　园校选介

县中心幼儿园

位于蒲亭镇朝阳路,占地 0.4 公顷,园舍建筑面积 3000 余平方米。2008 年,有 10 个教学班,每班配有“两教一保”人员,有教职工 35 人,其中具有大学本科学历 11 人、大专学历 6 人,小学高级教师 15 人;在园幼儿 440 名。至 2008 年,教师辅导幼儿参加各类国家级文化知识技艺竞赛,获“双龙杯”全国少儿书画竞赛集体奖 1 次、钻石奖 12 人次、金奖 25 人次、铜奖 46 人次;先后被评为市幼教工作先进集体、巾帼文明示范岗、德育工作先进集体、三八红旗集体和示范幼儿园。

蒲塘小学

位于蒲亭镇蒲塘路与十力路之间。2008 年,由城镇二小和三小撤并而成,为县内规模最大、教学设施最完备的小学。校名由第五届中国书协副主席邵秉仁题写。校园占地 4.45 公顷,分教学区、运动区、景观区;有校舍1.65万平方米,其中专用教室11间、可容纳600多人的阶梯教室1间;体育场地2.4万平方米,绿地覆盖率45%;图书室藏书6.3万册,电子阅览室有电子图书13.8万册。有教职工140人,其中大专以上学历91人、小学特高级教师6人、高级教师97人。

县一中

位于石桥路东段。占地6.67公顷,建筑面积3.23万平方米。拥有多媒体投影教室、计算机教室、语音室、电子备课室、音乐教室、实验电教室、图书馆、三大球球场和标准塑胶跑道等设施。3栋学生公寓有标准房252间,可容纳2000余名学生住宿。1995年,通过省级重点中学评估,并获“省优秀重点中学”称号。2003年起,连续6年获“九江市(重点中学)高考教学质量优胜单位”称号。2006年,有副高级教师84人,中级教师107人。2008年,有教学班55个,教职工236人,在校生3020人。至2008年,教师在各类竞赛中获奖近百项,著作10余部,发表论文500余篇,完成市级以上科研课题23个,其中国家级课题5个。先后获国家体委“全国群众体育先进单位”、省教育厅“人民群众满意学校”“现代教育技术示范学校”“校务公开工作先进单位”和市教育局“德育示范学校”“安全文明校园”等称号。

县二中

位于蒲亭镇义峰路西端。2000年,宝塔乡中学并入。2005年,县职业高中和木环乡中学并入。8月,实行初、高中剥离,由完全中学改为初级中学。2008年,校园占地4.7公顷,建筑面积1.83万平方米。有教室48间,均配有多媒体教学设施。有2100平方米实验楼1座、微机教室2个、教师电子备课室1间、90座录像室2间、64座语音室2间、高标准塑胶运动场1个和学生公寓2162平方米。有校园电视台和卫星接收系统1套,可同时向教室输送6套自制节目。有教职工166人,其中高级教师92人、中级教师48人,研究生学历1人、本科学历108人;教学班43个,在校生2577人。至2008年,先后被授予市电化教学示范学校、德育教育示范学校、文化系统保卫工作优秀单位、爱国卫生先进单位、高中教学质量目标管理(文科)优胜单位和省师德师风先进集体、中小学实验工作先进学校等荣誉称号。

第二章　教师队伍

第一节　来源与结构

教师来源

1985~1999年,公办学校教师主要来自师范院校。2000年,国家取消大、中专院校毕业生统一分配政策,县制定《关于全面推进事业单位人员聘用制度的实施意见》,教育部门开始面向社会公开选聘教师,根据岗位需要确定名额,向社会公布录用条件,组织报名,审查合格后进行笔试,合格者由人事部门办理相关手续录用上岗。2000~2008年,全县中小学通过考试、考核,向社会招录大、中专院校毕业生78人任教。

教师结构

编制结构　1985年,公办教师与民办教师并存。1995年,全县有教师1729人。其中,公办1334人,民办226人,合同民办、代课169人。1998年起,对民办教师分步实行“招、转、辞、退”。至2003年,有257名民办教师转为公办教师,48名民办教师考入中等师范学校,辞退临时教师35人,为年龄偏大或因病不能工作的民办教师办理离岗退养手续。

学历结构　1985年后,组织教师参加合格学历和高层次学历进修,教师学历合格率不断提高。1990年后,鼓励在职教师参加函授、自修,教师素质和学历层次显著提高。2007年,全县有高中专任教师187人，其中本科以上学历161人，学历达标率86.1%；初中专任教师390人，其中大专以上学历383人，学历达标率98.2%；小学专任教师800人，其中中专以上学历750人，学历达标率93.8%。

第二节 资格认定与职称评聘

资格认定

1985年后，学校根据政策规定的师生比例申报教师职数，教育局按程序对教师资格予以认定。1990年，要求高中教师逐步达到大学本科学历。同时，制订教师调动、辞职、辞退等人事管理制度。对民办教师按政策规定实行逐年选招、转编。1997年，对1993年12月31日前参加工作的在岗教师进行过渡性资格认定，为1173名教师办理教师资格证书，其中高中120人、初中368人、小学662人、幼儿园23人。2002年，取得教师资格证书691人，其中高中30人、初中192人、小学456人、幼儿园13人。从2003年起，对新任教师实行逐年资格认定。2005年，组建教师资格专家审查委员会和专家评议组，对全县教师资格情况进行检查，全面认定教师资格。至2008年，办理教师资格证书224人。

职称评聘

1985年起，实施教师职称评聘。1990年，进行过渡性职称评审，评聘工作逐步进入制度化、常态化。1995年，全县有专任教师1272人，其中副高26人、中级205人、初级1041人。2004年起，中小学实行全员竞聘上岗，用人单位试行动态聘任，建立续聘、辞聘、解聘制度。2008年，全县有专任教师1452人，其中副高329人、中级979人、初级和未获职称144人，分别占22.7%、67.4%、9.9%。

第三节 进修与培训

1985年后，县教师进修学校负责全县中小学教师业务进修与培训，先后与九江师范学校、九江学院、湖北师范学院、江西科技师范学院等“三沟通”联合办学，培训在岗教师。根据不同时期教学需要，开办新教材(新课标)、计算机培训班。同时，各中小学组织教师开展集体备课、听课、观摩教学、专题讲座和经验交流活动，提高执教能力。1991年起，全县有600余名教师参加九江教育学院组织的“专业合格证”培训。1997年，有1100余名45岁以下中小学教师参加县教委举办的“三字一画(话)”(毛笔字、钢笔字、粉笔字、简笔画、普通话)教学基本功训练。2000年后，根据职称评聘要求，开展计算机技能培训，使教师掌握一定的信息技术知识。2006年，成立师资培训领导机构，制定师资培训规划，开办远程教育工程教师应用培训班和形式多样的短训班，对中小学校长(幼儿园长)、骨干教师、新教师、幼师进行重点培训。至2008年，通过各种途径培训中小学校长480人次、中小学教师2870人次、幼师842人次。

第四节 教师待遇

政治待遇

1985年起，每年教师节期间，县领导走访学校慰问教职工，召开会议表彰优秀教师。1986年，对中小学教师在新中国成立以来及“文化大革命”中的冤、假、错案给予平反。至2008年，有21名教师当选省市县党代会代表、人大代表和被推选为政协委员，3名教师分别当选县人大副主任、县政府副县长、县政协副主席。

经济待遇

1987年10月，中小学教师工资在基础工资和职务工资之和的基础上提高10%。1990年，97.6%教师升工资一级,同时提高工资标准。民办教师工资,参照新工资标准作相应调整:国拨部分每月提高30~50元;民助部分因各乡镇财力状况不同而有差异,每月平均增加10~20元,以乡镇为单位按月发放。1992年,比照行政机关和部分事业单位人员工资等次,调整教师奖励工资标准,工龄津贴标准由每年0.5元增至1元。同时,相应提高离退休教师补助费。1993年10月,教师实行专业技术职务工资制,由专业技术职务工资和津贴组成,津贴占30%。1993~1995年,连续2年考核合格的教师,在本职务(技术等级)对应工资标准内晋升一个档次。2001年,调整教师技术等级工资标准。同年起,每年末增发1个月工资作为年终奖励。2006年,学校实行岗位绩效工资制,教师工资由岗位、薪级、绩效工资和津贴、补贴组成。教龄满30年办理退休的教师,享受全额退休金待遇。2008年,为304名教师发放特殊津贴34万元。

1993年德安县中小学教师技术职务工资一览表

表24-2-1　　单位:元/月

职务等级	工资等级									
	1	2	3	4	5	6	7	8	9	10
中学高级	275	305	335	365	395	435	475	515	555	
中学一级 小学高级	205	225	245	265	285	315	345	375	405	435
中学二级 小学一级	165	179	193	213	233	253	273	293	313	333
中学三级 小学二级	150	162	174	192	210	228	246	264		
小学三级	145	156	167	183	199	215	231			

教学奖励

1995年,县委、县政府制定《关于发展教育事业、提高教育质量的决定》及实施细则,决定从1996年起设立教育奖励基金,用于奖励教育工作中业绩突出的学校、校领导和教师。1998年,县教委制定《德安县教学质量奖励办法》,设立竞赛辅导奖和教研成果奖,为指导学生在各级各类竞赛和各级教育部门举办的教学竞赛评比活动中获奖的教师,颁发荣誉证书和奖金;为在教育方法、学习方法等专题研究和教学改革实验中成绩突出的教师,颁发教学成果奖。凡经县级以上教育部门认定的,均给予物质奖励。此后,县委、县政府每年表彰一批优秀教师。2001~2002年,在全市开展3年1届的"一二三"(一、学科带头人;二、特级教师;三、骨干教师)优秀园丁评选活动中,全县有178名教师获得该项荣誉称号。

第三章　经费与设施

第一节　教育经费

经费来源

财政拨款　1985年,由中央和地方财政分别划拨教育经费,包括教育行政费、教职工工资(含福利)、民办教师补助、预算内生均公用费、学生助学金、校园建设维修费等。同年,全县教育经费219.6万元,人均14.4元。1995年起,实施《中华人民共和国教育法》,每年教育预算内财政拨款与财政经常性收入同步增长。1997年,全县教育经费855万元,人均55.3元。2001年,全县教育经费1721万元,人均109.46元。2005年,县财政筹措44.96万元,为学校配置课桌椅。同年,争取上级资金163万元,县财政配套41万元,完成农村中小学远程教育工程。2006年,启动优质高中建设,县财政投入1700万元用于配套设施建设,并将县一中1500万元贷款偿还列入年度预算。2008年,中央下拨48万元,省市下拨20.4万元,县财政配套22.6万元,用于6个校舍维修改造项目。同年,县财政划拨教育经费5509万元,全县人均337.85元,分别为1985年25.1倍、23.5倍和1997年的6.4倍、6.1倍。至2008年,省核定全县中小学免教科书费1.96万人次计204.53万元;1000名寄宿生获生活补助71.48万元,其中中央财政35.74万元、省财政30.23万元、县财政5.51万元,补助标准为小学每生每年500元、初中每生每年750元。

1985～2008年部分年份德安县教育经费财政拨款一览表

表24-3-1　　　　单位:万元、元/年

年份	教育事业费	生均公用经费		
		小学	初中	高中
1985	219.6	0.5	6.0	6.0
1997	855.0	2.0	8.0	8.0
2001	1732.3	2.0	8.0	8.0
2002	1995.6	2.0	8.0	8.0
2003	2285.2	20.0	30.0	8.0
2004	2544.1	25.0	40.0	10.0
2005	3108.1	40.0	60.0	10.0
2006	3313.8	60.0	80.0	10.0
2007	4426.6	74.5	94.5	10.0
2008	5509.0	300.0	500.0	10.0

征收教育费附加　1986年起,按增值税、营业税、消费税3%计征城市教育费附加,按上一年农民人均纯收入1.5%(5%的总提留范围之内)计征农村教育费附加;城市教育费附加由税务部门征收,农村教育费附加由乡镇政府征收。2001～2008年,征收教育费附加1060.3万元。

学校收费　1985年,学校收费标准为:学杂费小学每生每学期2.50元、初中3.50元、高中4.50元。1993年,调整学杂费项目及标准,收费项目有:学杂、书本、讲义资料、实验设备、住宿、水电、搭膳、保险、卫生防疫、复读费。收费标准视不同年级而定,并随社会物价指数上升逐步调高。1994年秋季起,根据《中华人民共和国义务教育法》规定,小学、初中只收杂费,不收学费。2000年秋季起,重点与非重点学校、县城与农村学校实行不同收费标准。2002年,义务教育阶段学校收费实行"一费制"。农村贫困地区每生每学期收费标准:小学综合费95元,住校生住宿费30元、搭膳费10元;初中综合费155元,住校生住宿费和搭膳费均与小学相同。非贫困地区收费标准:杂费小学75元、初中90元,课本费实收,作业本费小学8元、初中14元,住校生住宿费小学、初中均为40元,搭膳费均为10元;县城学校课本费实收,每生每学期作业本费小学9元、初中15元,水电费20元;全县借读生每生每学期借读费小学300元、初中600元;幼儿园保育费25～50元/月,教育费15～40元/月;学前班保育费15～23元/月,教育费5～7元/月。2005年,县内义务教育阶段学校收费调整为每生:农村小学214～308元/学期,县城小

学 287 ~ 382 元/学期;农村初中 396 ~ 453 元/学期,县城初中 492 ~ 546 元/学期。

社会捐资 1991 ~ 2008 年,接受社会各界助学资金 729.3 万元、港币 15 万元,全部用于改善办学条件。

1991 ~ 2008 年德安县中小学接受社会捐资助学一览表

表 24 - 3 - 2　　　　单位:万元、平方米

年份	捐赠单位(个人)	金额	受赠学校	建筑面积
1991	香港大业制造厂(沈炳麟)	9.6	付山乡小学	679
1998	福州鼓楼区政府	35.0	宝塔乡附城小学	510
1998	天津商工委	29.8	黄婻乡乌石门小学	1138
1999		10.0		
1999	解放军广州某部	30.0	高塘乡中心小学	900
1999	上海及幼希望工程基金会	23.1	车桥镇及幼小学	585
1999	社会捐赠	15.0	林泉乡中学	500
1999	邵氏基金会	30.0	塘山乡中心小学	696
2001	厦门海岸建设房地产公司(何东海)	15.0	吴山乡山湾小学	511
2002	福慧基金会、香港龙山基金会	30.0/20.0	邹桥乡邹桥学校	1423
2003	南昌康华集团	17.5	磨溪乡中心小学	403
2003	香港佛光协会(林作念)	10.0	蒲亭镇桂林小学	1200
2003	香港福慧基金会	20.0	邹桥乡邹桥学校	1500
2003	香港龙山基金会	10.0	邹桥乡邹桥学校	
2005	台湾明德基金会	75.0	林泉乡中心小学	1300
2005	台湾台塑集团	40.0	林泉乡中心小学	
2005	中国石化公司	68.8	宝塔乡杨桥小学	893
2006	中国石化公司	30.0	高塘乡中学	1119
2006	中国石化公司	30.0	高塘乡罗桥小学	660
2006	江西蓝天学院	10.0	高塘乡罗桥小学	
2007	香港佛光协会(陈汉斌)	15 万港元	高塘乡中学	1200
2008	台湾明德基金会	98.0	吴山乡中学	1200
2008	台湾台塑集团	45.0	吴山乡中心小学	1600
2008	美国刘氏教育基金会(刘国烈)	17.5	丰林镇乌石门小学	380
2008	上好佳集团	10.0	吴山乡大岭小学	138

教育集资 1988 年,提倡学生带资入学和单位捐资助学。1990 年按农业人均收入 1 ~ 1.5% 筹集校建资金(投工可抵)。县内农村教育集资有乡镇和村民集资两种形式,集资款主要用于学校危房改造和校园“六配套”建设。1994 年按行政事业单位干部职工年工资总额 1%、企业干部职工 20 元/年、个体工商户 30 元/年标准交纳教育集资。教育集资和投工于 20 世纪末停止。

勤工俭学 1986 年,县教育局设立勤工俭学办公室,组织指导全县中小学开展勤工俭学活动。1987 年 2 月,德安一中成立校汽车队。1990 年更名远安实业公司,下有中外合资永安电器公司、机动车

修配厂、汽车运输队、驾驶员培训班、九江远安无纺布厂。当年被评为全省“勤工俭学先进单位”。1991年被评为省教育系统经济效益先进单位。1993年获省教委“科技开发校办产业优秀企业”称号。2007年,县教育局被省教育厅授予“勤工俭学工作先进集体”称号。

经费支出

1985年,教育经费支出分个人、公用部分。个人部分主要为工资、补助工资、职工福利、困难职工补助、助学金、副食品补贴和社会保障费;公用部分主要为公务、业务、设备购置、修缮、基建费。自教育经费支出持续增长。2001年,教育经费支出1721万元,其中个人部分1649.8万元,公用部分71.2万元;2008年,教育经费支出增至5509万元,其中个人部分4559.7万元,公用部分949.3万元。

2001~2008年德安县教育经费支出一览表

表24-3-3　　　　单位:万元

年份	个人部分		公用部分		
	工资福利	个人补助	商品与服务	资本性支出	基建费
2001	1412.8	237.0	50.1	21.1	11.3
2002	1521.9	319.7	28.5	125.5	
2003	1655.0	339.3	52.5	91.2	147.2
2004	1949.8	417.7	69.1	38.0	69.5
2005	2314.7	376.4	61.2	193.7	162.1
2006	2245.5	613.5	147.0	260.5	47.3
2007	3160.0	924.6	255.6	86.4	
2008	3239.0	1320.7	455.9	115.4	378

经费管理

教育经费预算编制　1994年,全市开始建立教育经费年度需求计划编制制度。县教育经费年度需求计划由县教育行政部门编制,交县财政部门审核,由县政府与其他部门财政预算一并报县人大批准后执行。

“收支两条线”管理　1985年,农村教育经费实行乡镇财政包干。1999年9月开始,按《九江市预算外资金管理细则》,对全县教育经费实行“收支两条线”管理。2003年后,农村教育经费由县集中管理和调配,监督使用。中央、省、市财政转移支付用于教育的经费,由县财政部门及时足额划入教育拨款账户,经教育主管部门与财政部门会商提出安排意见,报批后下拨给各中小学;城乡教育费附加、城市维护建设税用于教育的部分划入教育拨款专户,实行专项管理,由教育部门会同财政部门提出安排意见,报批后下拨到相关学校。财政部门根据批准的预算和教育部门提出的用款计划,对经常性经费按月拨付,对专项经费按进度拨付。农村教育事业费由县政府统筹管理。

学校收费管理　全县中小学按规定收取的学杂费、择校费、借读费均纳入县财政预算外资金专户管理,由学校支配,主要用于校舍修缮、基建补助、设备添置和改善办学条件,部分经费用于教职工津贴和福利补助。

乱收费治理　1996年,建立收费公示与通报制度。1999年,制定《德安县学校收费管理监督办法》。至2008年,开展学校收费督查26次。

第二节　教学设施

农村学校标准化实验室工程

1991年,德安被省教委列为实验教学普及县试点单位,启动装配中小学实验室。1992年,通过省教委验收,成为全省首批4个“实验普及县”之一,实现全县学校按不同类别建立实验室和仪器室,配齐各科教学仪器和实验人员,按照教学大纲规定开出演示和分组实验。2008年,全县中小学有实验室45间,面积2750平方米。

农村远程教育工程

2005年,德安被列为农村中小学现代远程教育工程项目县。全县装配教学光盘播放点(模式一)64个,卫星教学收视点(模式二)13个,计算机教室(模式三)11间。至2008年,全县中小学配置计算机600余台,有多媒体教室6个、语音室7个、电子备课室4个;常规电教(3机1幕)示范学校配备齐全。

教学仪器

1985年,全县中学均有实验室和仪器室。进入20世纪90年代后,乡镇小学和教学点配有教学仪器。2007年,按省颁教学仪器新标准,投入资金78万元,补充部分学校教学仪器。至2008年,全县中小学教学仪器设备价值1280万元,教师自制教具360件。

第三节　校园建设

“六配套”工程

1988年,全县中小学开始实施教学与行政用房、生活用房、卫生设施、运动场地、围墙校门、道路和绿化环境“六配套”工程。2007年,德安被列为农村初中校舍改造工程项目县,获资金65万元,用于改善农村中学办学条件。2008年,全县中小学校园面积82.59公顷,其中小学31.68公顷,初中39.25公顷,高中11.66公顷;校舍建筑面积19.16万平方米,其中小学8.96万平方米,初中(含九年一贯制学校)6.5万平方米,高中3.7万平方米;运动场地18.8万平方米,其中新建0.35万平方米;绿地9.2万平方米,其中新建0.8万平方米。

危房改建

1991年后,逐渐加大教育投入,先后实施“农村中小学危房改造工程”“国家贫困地区义务教育工程”,新建、改建中小学校舍1.3万平方米,拆除危房1.25万平方米。至2008年,农村中小学教学用房全部为砖混结构。

优质高中建设工程

2004年,县一中被纳入省优质高中建设工程实施范围。2006年,在原址新建校舍3.39万平方米、运动场地3.2万平方米,耗资4788万元,其中省优质高中建设工程银行贷款3000万元,县自筹资金1788万元。

农村中小学基础设施改造工程

2006年,启动农村中小学基础设施改造工程,投资165万元配置课桌椅6910套,购置、维修讲台37个,新建、改造厕所15个,建设、改造饮水设施5个。至2007年末,工程所有项目完成并交付使用。

新农村卫生新校园建设工程

2007年,德安被省教育厅、财政厅、农业厅列为新农村卫生新校园建设工程试点项目县,获资金75

万元,用于中小学建厕所、配套沼气池和购置食堂灶具等。同年底,项目竣工交付使用,改建厕所9个,建筑面积750平方米;建配套沼气池9个,容积136立方米;购置食堂灶具20套。

1990～2008年德安县校舍建设一览表

表24-3-4

年份	学校(所)	新建面积(平方米)	维修面积(平方米)	使用资金(万元)
1990	8	3568	1650	64.90
1991	6	2045	2360	37.40
1992	6	4196	2070	39.95
1993	11	5093	2560	118.11
1994	5	1369	1570	29.92
1995	6	3206	2080	187.45
1996	16	12448	1994	470.49
1997	10	3992	594	98.65
1998	4	1800	1000	44.10
1999	5	1629	380	75.65
2000	4	1023	1370	23.36
2001	5	3121	2060	83.40
2002	7	1153	2659	76.30
2003	2	844	1207	50.00
2004	4	974	957	59.00
2005	5	4091	1071	147.70
2006	7	2714	1109	123.70
2007	8	3550	939	221.20
2008	13	4918	8303	452.40

第四章　教学研改与招生考试

第一节　教学研改

教学方法改革

1985年,县内教学方法改革采取学习和实验同时进行的做法。同年,县一中初中语文写作训练进行“多读、多思、多写”实验。至2000年,先后组织部分中学教师和教育局中层干部到湖北武穴一中、上饶玉山中学、南昌十中、河北衡水中学、吉安白鹭洲中学、江苏洋思中学,学习课题研究、教学改革、课改模式、组织学生高考复习等方面的做法和经验。2001年,县二中课改实验队伍实施以学促改“示标、导学、质疑、训练、拓展”的“五步教学法”,先期在语文学科组展开,一年后推广到其他学科。2002～2005年,组织部分教师和教育局教研室人员先后赴湖南汨罗中学、山东杜郎口中学、江西乐平二中、江苏扬州教育学院附中、广西玉林高中、广州大学附中、上海建平中学和江苏洋思中学,学习"开放式课堂教学模式""高效课堂""同课异构""优化教学策略,构建快乐有效课堂""班级管理模式""课程设置与课后辅导"等教学经验。2006年,县一中实施新授课"自学、合作、展示、反馈",复习课"自补、合作、展示、反馈",讲评课"自纠、合作、展示、反馈"的教学流程模式和高效课堂教学模式。2007年,在全县中小学推广江苏洋思中学课改经验。2008年,县一中运用"隆平班"设班模式,在高中阶段实施分层教学。

教学课题研究

20世纪90年代,课题研究以引进国家、省级实验项目为主,自创教改实验项目为辅,内容以教材研究居多。进入21世纪后,教研活动由经验型向科研型转变,注重教育教学课题研究。2005年,基本形成县、乡、校三级教研网络。2008年,有国家级课题1个、省级课题2个、市级课题12个。至2008年,完成国家级课题和省级课题各2个,获省以上教育科研成果奖励3次。

新课程设置

2004年秋季,德安被列为新课程改革实验县,在小学和初中起始年级启动新课程、新教材实验。小学设置品德与生活、品德与社会、语文、数学、英语、科学、体育、音乐、美术、综合实践活动、地方与学校课程。周课时数一、二年级为26节,三至六年级为30节。学年课时数一、二年级为910节,三至六年级为1050节。同时,注重校本课程开发利用和地方课程建设管理,在小学阶段先后使用《廉政文化进校园》(县编地方教材)《心系祖国健康成长》《山水家园》(市统编地方课)《知荣辱、树新风》《法制教育》《红色之旅》《迎奥运,促和谐》《我与奥运同行》《传染性知识读本》《改革开放30年》《辉煌六十年》《人杰地灵》等教材。

2007年秋季,德安作为市第二批课改实验县,正式进入新课程实验改革。中学新课程主要开设思想品德、语文、数学、英语、历史与社会、地理、科学(物理、化学、生物)、艺术(音乐、美术)、综合实践活动、体育与健康、地方与学校课程等学科。七、八、九年级周课时均为34节,七、八年级学年课时为1190节,九年级为1122节。2008年秋季,德安进入省普通高中新课程实验县行列,课程设置分必修和选修两部分,实行学分制,学生在3年内完成必修科目116个学分和选修科目18个学分方可毕业。

第二节　招生考试

小学招生

1985～1993年,小学入学年龄县城为6.5周岁、农村为7周岁。1993年后,县城小学入学年龄为6周岁。1998年后,城乡小学入学年龄均为6周岁。各乡、镇、场、街道按就近划片入学原则,书面通知家长或法定监护人送适龄儿童办理入学手续。各小学不得拒收学区内符合入学条件儿童,未达规定年龄儿童不得提前入学,超过规定入学年龄儿童不能迟于7周岁入学。至2008年,全县小学招收适龄儿童73247人入学,年均3052人,占在校生17.2%。

初中招生

1985年,初中入学考试由县教育局统一命题,考试科目为语文、数学和思想品德,考试后各乡镇场根据本地初中容量划定录取分数线进行招生。1994年,全县取消小升初考试,小学毕业生全部升入所在地初中就读。县教育局与各乡镇场开展"控流保学"工作,确保义务教育达标率。义务教育阶段,学校不招择校生,不设重点班。2001年后,凡愿意就读私立学校的本县户口学生,由学生家长向学校递交书面申请,到县中招办备案后方能入学。2004年后,就读初中的进城务工农民子女,城区学校按规定予以接收。至2008年,全县初中招收新生68719人,年均2863人,占在校生33.4%。

高中招生

1985年,应、往届初中毕业生报考高中,要在规定时间内,由学生所在学校集体到县中考招生办办公室报名(中招办),交验《小升初报名登记表》《初中学籍表》;往届初中毕业生凭毕业证和往年参加中考有关材料报名。1991～1997年,为鼓励优质生员报考本县高中,县一中开办择优招生班,每年从农村初中择优招生50人到校就读,1998年停招。2002年,为确保县城高中招生规模,农村高中停止招生。2005年起,县一、二中实行初、高中剥离,一中招高中生,二中招初中生。同时,凡符合省招生简章报名条件的应、往届初中毕业生均可报考县内普高和职高。择优录取时,各学校要尊重考生第一志愿,如有改录,须经本人同意。择校生总量不超过当年招生计划30%,统招生和择校生录取分数线根据当年招生计划比例分别划定。县中招办根据招生计划和考试成绩,按小中专(师范)、重点高中、普通高中顺序分别划定分数线,再根据学生填报的志愿,从高分到低分录取。职高录取实行注册制,不受考分限制。至2008年,全县普通高中招收新生20513人,年均855人,占在校生36.1%。

高中(小中专、职业高中)招生考试

命题与评卷 1985年,由市统一命题,县统一评卷。1998年,中考阅卷实行计算机编班,部分学科和试卷实行与外县交叉评卷。2001年起,实行全部试卷与外县交叉评卷。2002年后,由省统一命题,县统一评卷。2003年,初中毕业与升学两考合一,考试时间为每年6月17～19日。

考场设置 1985年,农村以规模较大的初中设置考点,城区单独设点。1996年起,集中在县城设置考点。2003年,因预防非典型肺炎,中考在各校进行,取消体育加试和英语听力测试。

考试科目 1985年,考试科目为政治、语文、数学、英语、物理、化学、生理卫生。1995年起加考体育科目。1997年起取消生理卫生科目。2003年起加考历史地理生物(合卷)科目,政治科目实行开卷考试。2005年起,政治、历史两科合卷。2007年,德安被定为中招改革实验区,各科考试成绩均以等级形式呈现,体育成绩作为优先录取条件之一。

高中毕业会考

1992年,县内开始实行高中毕业会考,考试科目为普通高中必修课程,由县会考办组织实施。1995年起,职业高中二年级进行文化课会考,三年级进行专业技术等级考核。2001年起,毕业会考增加高三"理化生"实验和"信息技术"操作。会考采取考试和考查两种方式,考试和考查科目随普通高中课程计划变更而调整。2002年,开始对思想政治科目实行开卷考试。2006年起,对历史、地理科目实行开卷考试。毕业会考成绩作为颁发毕业证主要依据,分为A、B、C、D四等,C等以上为合格,D等为不合格,必须补考。

高等学校招生考试

1985年,县教育局高考招生办公室负责高考考务,主要是组织考生参加报名、体检、考试和录取,为考生建档,对考生进行政治思想品德考核和设置考场。2000年,首次在外语考试中增加听力内容。2001年,全省于7月7、8、9日同时进行考试。2002年考试时间为7月7、8日。2003年,报名时间为3月底至4月初,为避开炎热天气,考试时间提前至6月7、8日。2004年,报名时间为1月4～10日。2007年,报名时间为上年12月25～31日,并开始实行网上报名。考生提交的资料主要有本人居民身份证和相关学历证件,应届考生持高中毕业证和毕业会考证等。政治思想品德考核和体检结果作为高校录取新生的重要依据。普通高考分为文、理、艺兼文、艺兼理、体兼文、体兼理、人武7种。同年起,分为文史、理工两大类。考生可兼报艺术、体育、人武。"三校生"报考类别可并为"三校生文理"一类,考生可兼报"三校生"艺术、体育。至2008年,全县报考高校22415人,录取9609人,录取率42.9%;录取到清华大学2人、北京大学4人;获市文史类考分第一名2人;获"殷氏奖"4人。

1985~2008年德安县普通高考录取一览表

表24-4-1　　单位:人、%

年份	报考数	录取数	录取率	年份	报考数	录取数	录取率
1985	656	167	25.5	1997	534	175	32.8
1986	757	167	22.1	1998	579	174	30.1
1987	1010	154	15.2	1999	610	166	27.2
1988	1060	177	16.7	2000	627	303	48.3
1989	930	174	18.7	2001	718	516	71.9
1990	1010	174	17.2	2002	843	553	65.6
1991	1291	173	13.4	2003	1179	920	78.0
1992	1171	215	18.4	2004	1127	731	64.9
1993	902	287	31.8	2005	1469	1074	73.1
1994	576	202	35.1	2006	1313	745	56.7
1995	705	226	32.1	2007	1400	952	68.0
1996	541	182	33.6	2008	1407	1002	71.2

1985~2008年德安县高考第一名名录

表24-4-2

年份	文科			理科		
	姓名	性别	毕业学校	姓名	性别	毕业学校
1985	简芬茜	女	县一中	查亚兵	男	县一中
1986	余水勇	男	县一中	陈　健	男	县一中
1987	石忠献	男	县二中	刘振亭	男	县一中
1988	陈　嵘	女	县一中	夏　宁	男	县一中
1989	薛　晶	女	县一中			
1990	熊小明	男	县二中	谢　凡	男	县一中
1991	吕良勇	男	县一中	孙　辉	男	县二中
1992	魏德才	男	县二中	龚　伟	男	县一中
1993	欧先明	男	县二中	万似梧	男	县二中
1994	程　宏	男	县二中	王利华	男	县一中
1995	曾和平	男	县一中	陈强华	男	县一中
1996	葛　刚	男	县二中	陈华蕾	男	县一中
1997	黄荣荣	女	县一中	戴长勇	男	县一中
1998	冯明亮	男	县一中	林　玲	女	县一中
1999	黄晓敏	女	县一中	周　全	男	县一中
2000	熊　辉	男	县二中	易呈文	男	县二中
2001	劳　婕	女	县一中	曾晓明	男	县二中
2002	高雅楠	女	县二中	李　闻	女	县一中
2003	胡　伟	男	县二中	桂训龙	男	县一中
2004	梅秋莉	女	东佳中学	陈　伟	男	县一中
2005	曾　宇	男	东佳中学	徐先锋	男	县一中
2006	鲁　杰	女	县一中	郭则飞	男	县一中
2007	李　媛	女	县一中	余冰洁	女	县一中
2008	杨　丹	女	县一中	王　婕	女	县一中

第五章　教育管理

第一节　队伍管理

教师考核

1996 年起,按照《事业单位工作人员考核暂行规定》对教师进行考核。2005 年,县教育局制定《关于进一步加强教师队伍管理的意见》,规定教师考核每学期进行 1 次,以年度确定考核等次,优秀比例控制在 12% 以内。教师年度考核结果经教育局确认后报人事部门备案,作为续聘、工资和职务晋升、奖惩的重要依据。

干部考核与任免

考核　1985 年,乡中学、中心小学以上校长由县教育局考核。1996 年起,学校干部由县教育局考核,考核内容包括政治思想、业务水平、工作态度和业绩;考核方法是当地党政领导评议和群众评议相结合,平时考核和定期考核相结合,一般在每学年末进行。2008 年,在县教育系统开展师德年度考核。考核分优秀、良好、合格、不合格等次,优秀比例控制在考核总人数 15% 内。考核结果登记在册,为教师评奖、聘职重要依据。

任免　1985 年,县直学校校长由县委、县政府任免,副校长由县委组织部任免。1995 年,乡镇中小学副校长、县直学校和乡镇中小学中层干部由教育局任免。1996 年起,乡镇中心小学、乡镇中学、县直小学正副校长、县中心幼儿园正副园长和县直中学副校长、处室主任由教育局报县委宣传部批复后任免。2002 年起,除县一中、二中、职高、教师进修学校外,各校校长由教育部门提名,县委宣传部任命,任期 3 年,可连任。如职位空缺,干部任免部门和教育部门联合组织竞聘(公推公选),符合竞聘条件人员报名,经审查后安排合格者进行竞聘演讲,受听教职员工及审查小组成员以无记名方式投票,得票多者经教育主管部门和干部任免部门审查批准后,由教育行政部门聘任。

教师调配

1985 年,中小学教师乡镇内调配由乡镇政府负责,县内调配由县教育部门负责。分配到教育系统的大、中专(中师)毕业生,由县毕业生分配办公室派遣到乡镇或县直学校,派遣到乡镇的由乡镇进行再次分配到校。2000 年后,如需新增教师,由学校提出要求,县教育部门向社会公开招聘,择优录用。县直学校新增教师采取相同办法在农村学校教师中选调;或设“绿色通道”,直接到大专院校招聘应届毕业生。2001 ~2008 年,选聘大专院校和中师毕业生 78 名任教,选调农村教师 56 名进城任教。

岗位管理

管理岗位　管理岗位最高等级和结构比例根据事业单位规格、规模、隶属关系,按照干部人事管理有关规定和权限确定。

技术岗位　专业技术岗位分为高级、中级、初级岗位,共设置 13 个等级,高级岗位 7 个等级,其中正高 1 ~4 级、副高 5 ~7 级;中级岗位 3 个等级,为 8 ~10 级;初级岗位 3 个等级,为 11 ~13 级。至 2008 年,有 448 人获中学副高以上技术职称,20 人获小学特高技术职称。

第二节　学籍管理

1984 年起,中学学籍建档。1987 年始,小学学籍建档,由县教育局和各校实行两级管理。学生取得学籍后,无特殊情况,学籍号和考试注册号固定不变。义务教育阶段学生入学时,原则上在户口所在地入学,户口必须与法定监护人(或公证监护人)户口同册,学校为学生建学籍卡,作成长记录;初中学校根据学生在校实际表现,填写综合素质发展记录册。2002 年起,每年 11 月开展一次全县中小学学籍管理专项检查。

第三节　校区与学生安全管理

校园安全管理

1985 年 9 月,成立县学校安全工作领导小组,乡镇、县直学校均成立相应机构。此后,每年层层签订责任状,年终考评实行校园安全一票否决制。1990 年,开展学生团体平安保险投保工作。2002 ~ 2004 年,市教育系统开展校园管理创优活动,县一中、二中、林泉中学被评为示范学校。2008 年,在全市校园管理星级评选活动中,县一中、蒲塘小学被评为四星学校,县二中、河东小学、宝塔中心小学、林泉中心小学被评为三星学校。

校舍安全管理

1991 年 3 月,启动学校"六配套"工程,新建一批农村中小学校舍及配套设施。1993 年 9 月,开展校舍安全大检查。1998 年特大洪灾后,及时开展校舍修复工作。2005 年 9 月,对民办幼儿园园舍进行摸底,对没有取得房屋质检证、消防合格证及食品卫生许可证的幼儿园责令整改,不达标的予以取缔。

饮食卫生安全监管

1987 年 5 月,开展学校食堂安全检查,督促和指导学校加强食堂安全管理。1997 年,邹桥中学学生在校外用餐,20 余人中毒,经卫生防疫部门确认,公安部门对涉事业主作出拘留和罚款 6000 元处罚,并责令停业整顿。2003 年"非典"期间,开展"三化八有"建设,加强学校卫生防疫工作。2004 年 4 月,对县城学校周边小摊贩进行集中清理整治,清除摊贩 60 余个。

交通及治安管理

1996 年 6 月,县综治委成立学校综合治理工作领导小组,开展学校周边环境治理,清理整顿周边娱乐场所,打击涉校治安犯罪。2001 年,各学校聘请法制副校长,经常对学生进行法制宣传教育。2002 年 9 月,健全学校安全工作机构,制订校舍安全、饮食卫生安全、消防安全、校园活动安全及校园周边环境安全系列管理制度。2003 年起,在上、放学时段,县交警大队安排警员在校园门口及城区重要路段值班,维持交通秩序。2007 年 3 月,县交警大队到各校举办交通安全知识讲座,对学生进行交通安全教育。县交警大队对校车进行经常性检查,对超载超速行为予以处罚。2008 年,各学校开展应急疏散演练;打造教育行业风险管理体系,将防风险阵地前移。

净化校园及周边环境

2006 年 5 月,开展学校及周边环境整治,打击和取缔贩卖淫秽书刊、音像制品,取缔校园周边 200 米内电子游戏室等娱乐场所 2 家,下达整改意见书 6 份。2007、2008 年,县一中和宝塔小学先后获"江西省平安和谐校园"称号。

第四节　"两基"工作

1990 年,全县有文盲 29186 人,占总人口 16.4%,其中青壮年文盲 3327 人,占青壮年总数 11.4%。1993 年,成立县实施两基工作领导小组。教育局把"两基"工作作为中小学考评项目。"两基"攻坚期间，全县利用乡镇农民文化技术学校和村级文化技术班开展扫盲工作。同年，通过省政府“两基”督导评估验收，成为全省首批“两基”达标县：小学适龄人口入学率98.9%，初中适龄人口入学率96.8%，残疾儿童入学率81.6%；15周岁人口初等教育完成率97.8%、文盲率0.43%；小学、初中专任教师合格率分别为95.6%、86.3%，小学、初中校长学历合格率100%；小学、初中生均占地面积分别为16.9平方米、24.6平方米，小学、初中生均校舍面积分别为4.9平方米、5.4平方米。1996年、2003年，在全省“两基”工作复查年检中均获先进县称号，2003年获全省第二名。复查显示，全县2002～2003学年小升初升学率100%；初中入学三年保留率97.8%，农村小学生巩固率100%，农村初中生巩固率98.6%。2004年，制定《德安县进城务工就业农民工子女接受义务教育工作的规定》，将（含外来）进城农民工子女接受义务教育纳入全县普及九年义务教育工作范畴。

第五节　教育督导

督导机构

1992年3月，成立县教育督导室，有专职督导员3人，兼职督导员6人。2003年4月，成立县政府教育督导室，编制3人，任命首批专职督学3人，兼职督学5人。

督导活动

1992年，开展“两基”工作专项督导，重点督导农村中小学“保学控流”和农民文化技术学校。1993年4月，对乡镇“普及程度、师资水平、办学条件、教育经费、校园管理、教育质量、扫除青壮年文盲”工作进行综合督导。2003年，制订《德安县中小学年度目标管理综合考评方案》。此后，每年年终对全县中小学进行目标管理考评。2005年制订《德安县人民政府关于对乡（镇）人民政府教育工作评估实施意见》，签订教育工作责任状，把教育工作列入全县经济和社会发展目标管理考评。2006年4月，对乡镇及中小学“领导职责、经费投入和使用、办学条件、教育发展水平”进行检查督导。同年，在省政府教育工作综合督导评估中，获“教育工作优秀县”称号。2007～2008年，在市政府教育工作综合督导评估中，连续获“先进单位”称号。2008年，获省教育工作优秀等次，被省政府通报表扬。

1991～2008年德安县教育工作获省级以上荣誉一览表

表24－5－1

<table>
<tr><th>获奖单位</th><th>年份</th><th>荣誉称号</th><th>颁奖单位</th></tr>
<tr><td>县政府</td><td>2008</td><td>“两基”工作先进集体</td><td>省政府</td></tr>
<tr><td rowspan="3">教育局</td><td>2007</td><td>勤工俭学工作先进集体</td><td rowspan="3">省教育厅</td></tr>
<tr><td>2007</td><td>家长函授学校办学工作先进集体</td></tr>
<tr><td>2008</td><td>家长函授学校办学工作先进集体</td></tr>
<tr><td rowspan="4">县一中</td><td>2001</td><td>现代教育技术示范学校</td><td rowspan="2">省教育厅</td></tr>
<tr><td>2007</td><td>人民群众满意学校</td></tr>
<tr><td>2007</td><td>教育系统先进集体</td><td>省人事厅、教育厅</td></tr>
<tr><td>2007</td><td>国家优质教育资源建设重点示范校</td><td>中教决策中心教育质量管理委员会
中国教育科学研究院</td></tr>
</table>

续表 24－5－1

获奖单位	年份	荣誉称号	颁奖单位
县二中	2001	现代教育技术示范学校	省教育厅
	2004	省首届学生网页设计大赛组织奖	
	2007	家长函授学校办学工作先进集体	
	2008	魅力校园二等奖	国家关工委、教育部
	2008	教育系统先进集体	省人保厅、教育厅
蒲塘小学	2007	人民群众满意学校	省教育厅
磨溪中学	2007	人民群众满意学校	省教育厅

第六章　体　育

第一节　机构与设施

机构与团体

1985年,县体委与教育局合署。1986年,县体委经费单列,党组织关系仍属教育局支部。同时,成立老年人体育协会(老年体协)。1987～1995年,先后成立门球、木兰拳和太极拳协会。2002年,县体委更名体育局。1987～2007年,相继成立信鸽、武术和气功、棋牌、网球、足球、乒乓球、篮球、羽毛球、健身操、街舞等协会。至2008年,各乡镇场相继成立老年体协。

1987～2008年县城健身队一览表

表 24－6－1

队伍名称	组建年份	人数	负责人
木兰拳健身队	1987	130	刘彩水
太极拳健身队	1997	300	赵铁英
柔力球健身队	2004	15	王金香
开发区健身队	2005	60	廖美林
百花苑健身队	2005	20	陈大妹
蒲塘健身队	2006	120	余金枝
曾家洼社区健身队	2007	140	熊荣香
文化广场健身队	2007	300	江玉珍
雁家湖健身队	2008	50	李志红
喜洋洋健身队	2008	30	万林香
爱民社区健身队	2008	28	唐小燕
宝塔健身队	2008	35	万联信
春风健身队	2008	60	孔淑珍

场地与设施

1985年，有灯光篮球场4个，400米和300米田径场各1个，足球场2个。学校和规模较大的厂矿均有篮球场和乒乓球室。20世纪90年代末，在义峰山修建门球场2个。2002年，县城有健身广场1个、健身路径2处。2008年，有标准篮球场37个、门球场3个、农民健身场所27处、户外乒乓球桌54张、塑胶网球场2个、塑胶篮球场8个、标准塑胶田径场2个、非标准塑胶田径场1个、游泳场1个、健身房2个。摘掉了“四无县”（无标准塑胶田径场、无看台带灯光塑胶篮球场、无游泳场、无健身房）帽子。

第二节　学校体育

1985年，中小学按国家《学校体育工作条例》《十二年制中小学体育教学大纲》要求，把体育教学和训练列入教学计划，坚持“两课、三操、一活动”（每周2节体育课；每天做一次广播体操、两次眼保健操；每天25～30分钟课外、课间活动）。蒲塘小学把短式网球课纳入教学计划，学生每天有1小时体育锻炼时间。10余所小学开展“雏鹰起飞”活动，参加学生13000余人，占总数92%。中小学课外体育活动以武术、棋类、田径、球类、体操等为主，辅以跳绳、踢毽子、游泳等。多数学校有课外活动安排及评分办法，经常参加体育锻炼学生在半数以上。中学有篮球队、足球队、田径队，常开展校内、校际间友谊比赛。1992年，县一中在市中学生运动会上获冠军9项、亚军8项。1993年，县一中获“全国群众体育先进单位”称号。1995年，县一中田径队代表九江市学校参加省中学生田径运动会，取得较好成绩。1996年，县一中田径队获市第五届中学生田径运动会总分第二名。同年，成立县少年儿童体校，每年暑假开办短式网球训练班，先后培训学员1000余人。至2008年，全县中小学每年至少举办一届田径运动会，有比赛项目10余个。

第三节　群众体育

城区体育

1985年后，市民健康幸福观念发生变化，体育健身成为日常生活重要内容和自觉行动。县直机关、企事业单位配有专兼职体育干部，经常性开展单位内部体育活动。县委宣传部、总工会、团委、妇联、体育局（体委）每年定期或不定期组织全县性篮球、网球、乒乓球、象棋、围棋、长跑、拔河比赛和登山活动。

农村体育

1985年，农村体育健身活动，多在农闲或节庆期间开展。各乡镇先后成立农民体育协会，经常开展活动项目有：篮球、棋类、拔河、龙舟、秧歌、舞龙等。春节期间，舞龙灯传统项目尤为盛行。2002年，丰林镇被国家体育总局授予“亿万农民健身活动先进乡镇”称号。2006年，各乡镇场成立龙狮队，参加县体育局、文化局联合组织的舞龙、舞狮表演和比赛。12月，县龙狮队参加市首届龙狮赛获第一名，市领导为县龙狮队龙头点睛，市电视台直播比赛实况。

老年人体育

1985年，老年人体育活动项目主要有：走路、跑步、气功、拳剑、游泳、门球、钓鱼、登山等。县老年体协每年重阳节举办老年运动会，比赛项目有门球、棋类、扑克、麻将、钓鱼等。社会老年人参加较多的项目有木兰拳、太极拳、门球、柔力球、广场舞。2004年，县委办、县政府办联合发文，对老年体协组织建设、经费保障、场地建设、活动开展提出明确要求。2007年9月，县木兰拳协会组队参加由新加坡木兰拳、武术协会主办的“金航杯”国际木兰拳武术邀请赛，获一等奖。同年，县门球队获市第20届“彭蠡杯”老年门球赛第一名,2008年获第三名。至2008年,县老年体协有会员3258人,活动场地25个,活动室31个。

武术传承

1997年,藏武门武术传承人、聂桥镇聂桥村村民徐金德,南下广州等地开设武馆,传授技艺。2007～2008年,在广东省体育局、广州市武术馆、澳门国际传统武术搏击联合会等单位举办的武术赛事中,获男子成年组拳术、剑术、长器械项目一等奖6个和散打第一名1次。至2008年,有亲传弟子近千人。

第四节　竞技体育

1985～2007年,每届市运动会,县体育部门均组队参加。在市“八运会”上,取得乒乓球女子团体、男子单打第一名和田径项目6块金牌,男子篮球、乒乓球男子团体第二名。2007年,获省短式网球赛男子团体、女子团体、男子单打、女子单打、男子双打、女子双打6个第一名。

第五节　体育彩票发行与受益

1993年,开始发行即开型体育彩票。2000年,开始发行电脑体育彩票。2008年,有体育彩票发行点8个。至2008年,利用体彩返还资金建城乡居民健身场所6处,配置健身器材价值20余万元。

卷二十五

文化　科技

卷二十五　文化　科技

1985年后，县内民间文艺团体相继成立，乡级文化站全部建成，社会各界和居民家庭文化活动日趋活跃。1996年，省政府授予德安"社会文化先进县"称号，丰林、聂桥、林泉3乡镇文化站被命名为省百强文化中心站。2005年，集演出、电影放映、会议等功能为一体的县文化影视艺术中心投入使用。2007年，成立县非物质文化遗产保护中心。至2008年，建成社区文化活动基地6个。

县文化部门经常举办各类节庆文艺演出和专题文化活动。县内文学刊物《博河文学》《敷阳诗词》等发表各类文学作品3000余件。县文化馆先后完成县内民间故事、歌谣、谚语三大集成。县档案馆收藏档案5万多卷(册)，年均接待查档1600多人次。

境内文物丰富。至2008年，发现夏商以来各期文化遗址239处，近、现代重要史迹及代表性建筑50处，列为省级文物保护单位3处。县博物馆被评为国家重点县级博物馆，并定为省爱国主义教育基地，收藏各类文物及标本近万件，其中国家一级文物39件(套)。制作完成《中国文物地图集江西卷德安文物地图集》。德安潘公戏被列入省首批非物质文化遗产代表目录。

电视事业发展迅速、文化市场在规范管理中发展。至2008年，拥有有线电视用户1.3万户，县电视台自办节目13个；对10类文化经营活动进行检查2600余次，开展"扫黄打非"专项整顿200余次。

1986年，加入湘鄂赣边区10县科技协作网，积极开展科技交流活动。1989年以来，通过开办科技培训课堂、实施跨世纪青年农民科技培训工程，培训干部和农民10多万人次。1996年起，先后3次编制全县科技发展规划，实施科技兴县战略。2001年，被中国科协授予"全国科普示范县"称号。通过建立产学研联合体、项目攻关协作关系和科研教学基地，开展科技合作。至2008年，取得主要科技成果782项，获授权专利185件。

第一章　群众文化

第一节　文化馆(站)

县文化馆

1985年,县文化馆位于永兴路老十字街路口,馆舍面积1100平方米,有扩音机、手风琴、钢琴等设备。县评剧团撤销后,6名演职员调入文化馆,馆内人员增加到14人。1997年,县文化娱乐中心并入,机构级别、经费渠道、隶属关系不变。2005年8月,馆舍迁至文化广电大楼,有多功能文化艺术中心、排练厅、展览厅、培训室、综合活动室、艺术档案室、非物质文化遗产展示室和800平方米室外活动场地。2007年,设办公室、群众文化辅导培训部、文化艺术中心和非物质文化遗产保护中心。2008年,被文化部评定为三级文化馆。

乡镇文化站　1985年,有乡镇文化站19个,均配有3室(办公室、图书室、娱乐活动室)、1场(体育活动场)、1栏(宣传栏)、1刊(站办刊物)。1995年,文化站与广播电视站合并,实行文化、广播、电视、电影、体育五位一体。2002年撤乡并镇,有文化站13个。2007年,乡镇综合文化站建设列入文化建设规划,由中央拨款、县财政补贴、乡镇自筹,共筹资413.7万元,建设多功能文化站。行政村和有条件的自然村,建有文化室或文化娱乐场所。

第二节　表演团体

博河艺术团

1985年,文化馆以原评剧团业务骨干为基础,吸纳部分业余文艺爱好者,组建博河艺术团,有成员20人。2003年,自编自导文艺节目,先后在10余个乡镇、53个行政村巡回演出。至2008年,为城乡居民送戏300余场。主要节目有现代舞《看我七十二变》、哑剧《吃鸡》、京剧《沙家浜》选段、小品《核心诊所》《林兴促和谐》《家和万事兴》、快板情景剧《森林防火插曲》、快板《夸夸农村新面貌》和红歌联唱。

老年艺术团

1997年9月成立,原名"金秋歌舞团""老干局艺术团",由爱好文艺活动的退休干部、职工自发组成。每周定期排练节目,把社会变化和生活中新鲜事物编成小节目,用快板、说唱、锣鼓词等形式进行宣传表演。除按计划下乡巡回演出外,还经常应邀参加庆典活动。节目有歌舞《采茶舞》《东北三套秧歌》《欢乐腰鼓》《亲亲茉莉花》《开门红》《海派一套》《海派三套》等。

戏曲票友协会

2005年成立,成员由最初几人发展到20余人,逐步形成行当齐全、具有一定专业水准的演出队伍。多次参加县文化部门组织的大型文艺表演及"三下乡"服务演出,并在县办春节晚会中承担演出任务。2007年,在建军80周年庆祝活动中演出的京剧《杜鹃山》剧照,刊登在《浔阳晚报》头版,该项演出获省戏曲票友大赛最佳演唱奖和市文化艺术节一等奖。2008年,汶川大地震发生后,与县义工联合会等单位举办大型义演活动,积极为灾区筹款捐物。

丰林镇黄婻村文艺协会

2005年成立,成员以热心公益事业的中老年人为主。自筹资金购置文艺器材和音响设备,由最初以跳舞锻炼身体发展到自编自演文艺节目，主要表演形式有舞蹈、快板、腰鼓、三句半等。除自娱自乐外，还经常走村串户进行演出，曾多次参加县、镇组织的文艺活动。

德艺音乐组合

2007 年，由县内省民族器乐研究会、市音乐家协会会员和器乐爱好者组成，当年参加县庆祝建军 80 周年晚会和赴驻县部队慰问演出。2008 年，演奏的现代舞剧《红色娘子军》《女战士和炊事班长的舞蹈》曲目，获市第二届音乐艺术节器乐专业中老年组小合奏金奖。原创作品有《雁家湖之歌》《送哥去开劳模会》《农村新貌》《森林卫士之歌》《博阳河美丽的母亲》《岳山垅是个好地方》。曾参与县采茶戏唱腔挖掘整理。

1997～2008 年德安县文艺表演团体一览表

表 25－1－1　　单位：人

名称	组建时间	人数	名称	组建时间	人数
博河艺术团	1985 年	30	戏曲票友协会	2005 年	30
老年艺术团	1997 年	80	高塘乡顾田村西河弹腔剧团	2006 年	16
高塘乡大垅村民歌队	1999 年	12	塘山乡塘山村八组采茶戏团		15
林泉乡清塘村文艺协会	2000 年	22	德艺音乐组合	2007 年	15
磨溪乡南田村黄梅剧团	2001 年	8	大家乐艺术团	2007 年	20
邹桥乡“百家乐”黄梅剧团	2004 年	15	塘山乡枫树陈村南河戏班	2007 年	14
丰林镇黄婻村文艺协会	2005 年	60	河东乡河东村六组表演队	2007 年	20
吴山乡布帐傩表演队	2005 年	20			

第三节　文化活动

节庆文化活动

1985 年，在重大节日举办文艺活动渐成常态。1997 年，举行庆祝香港回归大型庆典和游行活动，游行队伍由 27 个方队、22 辆彩车、4 条龙灯组成，共有 2000 多人参加表演。2007 年，首次自办春节晚会。

1986～2008 年德安县主要节庆文艺演出活动一览表

表 25－1－2

年份	活动内容及名称	举办单位
1986	春节文艺联欢、庆“五一”博阳之春业余歌手大奖赛、庆“七一”文艺联欢晚会、纪念红军长征胜利 50 周年文艺晚会	县委、县政府、县委宣传部
1990	庆“七一”文艺晚会	县委宣传部、文广局
1996	国庆文艺演出	县委、县政府
1997	庆“七一”迎香港回归系列文艺活动	县委、县政府
1998	龙狮闹元宵踩街巡游、庆“八一”军民联欢会	县委、县政府
1999	“喜庆澳门回归”文艺晚会	县委宣传部、文广局

续表 25-1-2

年份	活动内容及名称	举办单位
2000	庆"三八"文艺晚会、庆"五一"文艺晚会、庆"七一"文艺晚会、庆"八一"文艺晚会、国庆文艺晚会	县委、县政府
2001	庆"三八"文艺晚会、庆"五一"文艺晚会、庆"七一"文艺晚会、庆"八一"文艺晚会、国庆歌舞比赛	县委宣传部、文广局
2002	庆"八一"军民联欢文艺晚会	县委宣传部、文广局
2003	建军节军民联欢激情广场文艺演出、庆"八一"促和谐创建激情广场文艺演出、国庆节文艺晚会	县委宣传部、文广局
2004	庆"六一"文艺演出、庆"八一"文艺演出、2005 年元旦戏曲专场晚会	县委宣传部、文广局
2005	"八一"军民联欢会、建军 78 周年"一家亲"文艺演出	县委宣传部、文广局
2006	庆"三八"松安杯秧歌大赛、庆"五一"农家乐广场文艺会演、庆祝建党 85 周年和县第十六次党代会召开文艺晚会、文广系统建军节慰问演出	县委宣传部、文广局
2007	县首届"春晚"、庆祝建党 86 周年暨香港回归 10 周年文艺晚会、建军节慰问演出、中秋茶话会文艺演出、喜迎党的十七大及庆祝建国 58 周年文艺晚会、喜庆十七大欢庆重阳节激情广场文艺演出	县委宣传部、文广局
2008	县第二届"春晚"	县委宣传部、文广局

专题文化活动

1990 年后,县内举办的专题文化活动主要有:1992 年"银河杯"歌舞大奖赛;1995 年山里片区民间戏曲会演;1996 年农村小品会演;2001 年送戏下乡文艺演出;2002 年"'凯达杯'践行'三个代表',兴我美好德安"文艺调演,中国计划生育协会网络建设项目评估会文艺演出;2003 年市"第二届金秋艺术节小戏、小品大赛"、文化下乡文艺演出;2004 年"迎新春,庆两会"文化调演汇报演出、"时代商城杯"卡啦OK 大奖赛;2005 年"廉政之歌"汇报演出、首届儿童舞蹈大赛、"和谐,创业,发展"文艺晚会、"青春激扬,警徽闪光"文艺晚会、首届"礼泉杯"国家公职人员礼仪大赛;2006 年博河艺术团送戏下乡巡回演出、第二届儿童舞蹈大赛、"科学发展,和谐创业"全县青年歌手大奖赛、"建新村,创新城,促和谐"文艺会演;2007 年首届龙狮大赛、第三届儿童舞蹈大赛、中央电视台《星光大道》—德安农村合作银行之夜综艺晚会、"青藤轩杯"首届青少年美术书法大赛、"送文化进军营"文艺会演;2008 年"建设秀美新村,守护绿色家园,共享森林美景"送戏下乡文艺演出、"人文德安,和谐家园"经典吟诵大赛、纪念改革开放 30 周年大型音乐话剧《红杉》演出。

企业文化活动

20 世纪 80 年代~90 年代,企业配有分管文化工作的领导和专(兼)职文化员或宣传员。部分企业有合唱、舞蹈队和美术、书法、摄影、写作、演讲兴趣小组,利用业余时间开展活动。有的企业建有广播站(室)、宣传橱窗、篮球场、乒乓球室、健身房、职工俱乐部(文艺活动室)、歌舞厅、图书室等文化体育场所。水泥厂图书室有图书 5000 余册。棉纺厂建有大型玻璃宣传橱窗,篮球场设有面积近千平方米的看台;多次举办以"爱祖国,爱岗位"为主题的演讲比赛、以"情献纺织,热爱纺织"为主题的书法比赛、以"颂祖国,爱企业"为主题的歌咏比赛。水泥厂每年订货会均举办歌舞晚会。2003 年,江西通达电器公司组建合唱队。2006~2008 年,文化部门与企业多次联合举办文化活动,有"全友之夜"卖场文艺晚会、"富阳春天"音乐歌舞晚会等。重大节庆期间,企业经常以文艺晚会、会演、比赛等形式举办文化活动。

社区文化活动

2003年，县文广局制定《德安县文广局文化进社区实施意见》，成立“文化进社区”工作领导小组，并与蒲亭镇政府商定，率先在东风、义峰社区建立综合文化活动室，组建文艺宣传队和文艺服务队。同时，制定管理制度，配备文体设施，做到场地、设施、人员、活动4到位。文化活动主要有：2003年“文化进社区”激情广场文艺演出、2005年“礼仪在德安，文明伴我行”激情广场大家唱等。2005～2008年，每逢“五一”节均举办社区文艺展演。至2008年，建成社区文化活动基地6个，曾家洼、大西门社区建有农家书屋。

农村文化活动

1985年，元旦、春节期间，农村常有不同形式的文艺活动。乡镇组织联欢文艺晚会、电影放映，民间有彩灯表演、舞龙狮、唱戏等。1991年国庆节期间，举办首届农村戏剧小品大奖赛，有20个戏剧小品参赛。1995年10月，组织农村文艺会演，有18个代表队、180余名演员参加演出。同年，县政府为各乡镇配备价值2万余元的文化站设施，推动组建活动队伍。1996年2月，丰林、聂桥、林泉3个文化站被命名为“江西省百强文化中心站”。11月，举办县第二届农村戏剧小品调演，有19个队参加。同年，邀请省杂技、歌舞、话剧团和新疆阿勒泰歌舞团、安庆市黄梅戏剧团、市歌舞团来县农村巡演。2008年，县电影公司组建5支农村电影放映队，深入农村巡回放映电影，为村民喜庆活动提供点映影片服务，与乡镇文化站合办电影放映周，实现全县行政村每月放映一场电影的目标。2008年启动农家书屋工程，投资280余万元，建成农家书屋90个，每个书屋至少配有图书2000册，音像制品200盒。

2005～2008年德安县农村三项文化活动一览表

表25－1－3　　单位：场、人、万元

年度	送戏		送电影		自办活动		经费
	演出场次	观众	放映场次	观众	活动次数	观众	
2005～2006	42	12600	709	106350	52	109200	46.3
2006～2007	97	29100	467	70150	18	4515	58.5
2007～2008	58	17980	1062	159300	33	7360	54.0

校园文化活动

1985年后，各中小学利用黑板报、宣传橱窗、广播电视台（站、室），定期或不定期展示学生文艺作品。二中电视台开设“师生风采”“校园点歌台”“校园新闻”等栏目，由小记者自选、自录、自编、自播节目，反映校园新人新事。2005年起，电影公司每年深入农村中小学巡回放映电影。至2008年末，一中校报《博河》出刊136期。各校有学生艺术团（队）、合唱团（队）、鼓乐队、舞蹈队、礼仪队和绘画、书法、器乐、文学、诗歌等兴趣班，配有专职培训老师，定期指导学生学习技艺、排练节目。部分学校自办有文化艺术节、科技节、师生才艺大赛、文学艺术讲座、各种展览和节庆文艺会演。历届市青少年美术书法大赛，县内均有学生作品参赛。同时，选送节目和作品参加各级文化部门主办的文化活动。全县中小学生各类文艺作品获国家级奖项21个、省级奖项33个、市级奖励146项。

个人和家庭文化活动

1991年，金茂昇家8人参加省妇联、建行、广播电视厅举办的“建行杯家家乐”音乐比赛，获一等奖。1992年，柯宁安参加全国第二届民间艺术节，获广播电视部、文化部颁发的“个人演唱繁荣奖”。2000年11月，唐山东参加省首届器乐重奏、小合奏比赛，获专业组优秀演奏奖。2007年12月，唐山东在省音乐家协会举办的“江西省首届少儿二胡独奏比赛”中，获优秀园丁奖。

第四节 文艺培训

1985年后,县文化馆每年举办培训班2期,内容涉及文学创作、美术摄影、戏曲表演、少儿舞蹈、演出化妆、成人交谊舞和故事讲座等。面向社会的各类培训班以少儿为主要对象,每年举办4期,有舞蹈、器乐、美术和书法专业。进入21世纪后,乡镇文化站业务骨干培训和社会各类文化艺术培训逐渐增多,培训对象以社区文艺骨干和农村文艺骨干为主。除传统培训项目外,还有广场舞、影视表演、演讲等。

第五节 民间文艺

民 歌

1985年,有《德安民歌集》,收集民歌44首。2004年5月,开展非物质文化遗产普查,收集整理新民歌10首。德安民歌曲种有山歌(田歌)、车歌、灯歌、茶歌、风俗礼仪歌、童谣、小曲、采茶曲、丧歌等,常见的为五音阶,少数为四音阶和三音阶。

彩灯舞

龙灯 德安龙灯起源于宋代,以板凳龙流传最早,发展为竹龙、草龙、纸龙、布龙。现以布龙为主,特点是轻便耐用。舞龙时以鼓、锣、钹协同演奏,分快(急)板、慢板。2007年,省体委授予德安“龙狮之乡”称号。

采莲灯 彩船以竹篾和彩纸扎粘而成,表演时模拟采莲情节和行船动态。船宽近1米,长约2米,船体中空,装有彩架,架上饰莲花、莲蓬及彩带,船帮下方围有蓝布代表水。表演时,一女子双手提船立于船中,肩负彩带减轻重量,一老者扮艄公,两人配合作行船动作。有时配一丑角,持蒲扇打趣逗笑,也有戴面具表演的。夜间表演时,在船帮和莲花内点燃蜡烛,又名“船灯”。若与竹马灯一起表演,便称“马船灯”。

竹马灯 又名“马灯”“跑马灯”。用竹片扎成前后两截成马形,再用布或彩纸粘贴。颈部柔软有弹性,可使马头自由晃动。马头系铜铃,马腹下围彩色布至表演者脚跟。表演者把两截马灯分别系于腰部前后,执鞭提缰,载歌载舞,铃铛作响。表演时,由一马独舞发展为数马群舞。有的表演者脚穿木质响板,踩着跳跃节奏,像骏马飞奔。传统的竹马灯表演有生、旦、丑角之分。竹马分红、绿、黄、白、黑5色,少则数十阵,多则108阵。夜间表演时,在竹马的胸部和臀部内点有蜡烛,灯火如流,十分好看。

蚌壳灯 又叫“玩蚌壳”,是灯会中最受欢迎的形式之一。蚌壳由竹篾和彩绸扎裱而成,两片蚌壳可以开闭。表演时,一女子扮演蚌壳精,张合蚌壳逗引渔翁,渔翁张网屡次不能得手,而身手反被蚌壳夹住,令观众嬉笑不止。

第六节 民间工艺

纸 扎

德安纸扎源于古代民间祭祀、驱病消灾活动,逐渐衍生为节日装饰艺术,有近200年历史,融刻纸、泥塑、扎制、粘贴、彩绘等技艺为一体,品种繁多,有人物、动物、花灯、灵屋、器具等,可扎出反映故事情节的戏曲场景。工艺过程先用竹篾编出造型,再行裱纸、镂刻、烘干、磨光、着色、上油。吴山乡蔡河村村民简光福为德安纸扎传承人,代表作品有《薛仁贵破摩天岭》《杨门女将》《牛郎织女》等,人物造型奇异,栩栩如生,乡土情趣浓郁。

玉　雕

至20世纪90年代中期,全县有玉雕艺人80余人,其中:中国工艺美术学会会员2人,省工艺美术学会会员1人,工艺美术师1人,助理工艺美术师2人。均掌握完整的琢玉技艺,以紫英玉、岫玉为主要原料进行工艺品创作设计和生产加工。产品有人物、花鸟、炉瓶、杂件四大类,用于出口创汇,部分销往北京、上海、广州等地。至1995年末,有30余件玉雕工艺品被省工艺美术馆收藏,2件被中国工艺美术馆收藏。

第二章　文艺创作

第一节　创作活动

文　学

1985年3月,对县内流传的民间故事、歌谣和谚语进行搜集整理;5月,由县文化馆、文学协会和上海文艺出版社《故事报》举办的新故事创作艺术研讨会在共青召开;8月,金湖乡、邹桥乡、黄婻乡文化站分别创作的《池塘风波》《一对寡人》《果园笑声》戏曲剧本,参加市戏曲创作评奖会,均获三等奖。1986年6月,宝塔乡文化站收集整理的纪实文学《杨超的故事》出版。1993年《政教与民俗》获省文联民间文学研究一等奖。同年,《博阳河》报创刊。1996年10月,省第三届民间文学与民俗理论研讨会在德安县召开。1997年6月12日,市"庆七一,迎回归"故事创作演讲大赛在德安县举行。2006年10月,《博河文学》创刊,设"小说天地""散文视野""诗舞星空""杂文漫笔""山水德安""人生感悟"栏目。2007年11月7日,县文学创作协会举办首次"文学沙龙",邀请市作家协会、《九江日报》社、市浔阳文化论坛等单位作家、专家和学者授课,协会全体会员和会外部分文学爱好者参加活动。至2008年,《博河文学》出刊4期,发表小说、诗歌、散文等文学作品20余万字。

诗　歌

1989年,县诗词学会成立后,每年举办1次谷雨诗会或重阳诗会。1991年,邀请上海师大文史研究员吴绍烈到共青垦殖场、县水泥厂和学会举办诗词讲座。2008年5月,与获全国"优秀森林公安局"称号的县森林公安局举行"警民共建"活动,到彭山、关山森林派出所采风。至2008年,共出会刊《敷阳诗词》10期,刊登诗、词、曲、联作品3000余首(副),会员诗词作品散见于《中华诗词》《江西诗词》等。有14名会员出个人诗词专集。县内有一批自由体诗作者,经常在《博阳河》报和《博河文学》期刊发表诗作,亦有作品见诸于《星星》《江西日报》《浔阳江》等省内外报刊。

美术　书法　摄影

1985年后,县内美术、书法、摄影爱好者逐渐增多,作品水平不断提高,交流日趋活跃。1999年10月,中国文联和文化部艺术科研所组织的全国业余书法美术等级考试评估工作在德安设立考务工作站,考试科目有硬笔书法、国画、素描、水彩画、儿童画和篆刻,有42人通过考试。2005年6月1日,县文化馆选送美术、书法、摄影作品30幅,参加市少儿美术、书法、摄影展览。2005年6月和2007年6月,县文化馆分别选送作品50幅和100余幅,参加省艺术节青少年美术、书法、摄影九江分赛区展览。以上3次参展作品全部获奖。2006年7月,县摄影协会举办首次优秀摄影作品展;8月,县书画协会举办庆祝建党85周年暨纪念长征胜利70周年书画艺术展览。2007年7月8日,由县委宣传部、九江文艺创作室、县文联、市美术家协会和市书法家协会联合主办的"九江·德安书画精品拍卖会"在德安宾馆开锤,有50余件作品拍卖成功,占参拍品50%以上,成交额5万余元。

音乐　舞蹈　戏曲

进入20世纪80年代,县内音乐、舞蹈、戏曲爱好者根据生活不断进行创作,部分作品和表演项目获市、省及全国奖项。1985年8月,王先春、王新国、戴建铭创作的《池塘风波》《一对寡人》《果园笑声》获市戏曲文学创作评奖会三等奖。同年11月,陈泽龙、周玉林创作的歌曲《大海和太阳》《鄱阳湖—百鸟的乐园》分获市创作歌曲评奖会二、三等奖。1987年,周玉林创作的《萤石美》《回来了天鹅》获省厂歌、校歌、矿歌评比三等奖。1993年6月,何建平创作的歌曲《还您一片真情》获全国首届新儿歌大奖赛二等奖。2003年11月,陈正昌编导的小品《春暖隔离楼》获市第二届金秋艺术节小戏小品比赛编导二等奖。2004年,张忠平、何日连创作的歌曲《鄱湖月色》获市金秋艺术节"三个一"文艺调演优秀节目创作二等奖。2006年11月,况涵玥、王佳楠、胡婧怡表演的拉丁舞获省第十三届体育舞蹈国际舞蹈锦标赛第二名;12月,在刘丽华、金承梅指导下表演的国标舞分获第二届华东6省1市体育舞蹈锦标赛第一、二名。2007年7月,吴玉斌、周玉龙、周斌创作的小品《牵手》获市"创新创业,共建和谐"主题教育文艺调演创作奖。2008年,李云霞获市第二届音乐艺术总决赛京剧专业中年组演唱金奖。同年,县二中学生的《金色木鼓敲起来》声乐表演获第三届全国校园文艺会演二等奖。

故事　歌谣　谚语

至1986年,对全县民间文化艺术进行全面调查、收集和整理,完成民间故事、歌谣、谚语三大集成,并制作樟树傩舞和黄婻竹马灯录像资料。

1985～2008年县内著作选目

表25－2－1

书目	编(著)者	出版单位	出版时间
德安县志	德安县志编纂委员会	上海古籍出版社	1991年5月
可爱的家乡—德安县	傅伯言	团结出版社	1991年10月
管理艺术	江　斌	江西人民出版社	1992年5月
企业职业道德修养教育	王需民等	武汉测绘科技大学出版社	1992年5月
开拓腾飞共青城	陈飞林等	海潮摄影艺术出版社	1993年1月
创造美好的人生	王需民	江西人民出版社	1994年5月
半边天诗词选	孙自诚	上海书店出版社	1995年8月
中国文物分布·德安卷	周迪人	中国文物出版社	1997年
中国博物馆志·德安卷	周迪人	中国文物出版社	1998年11月
涧底松赞	王需民	香港天马图书有限公司	1998年11月
中共德安县组织史资料	张久祥、夏鼎卿	中国文史出版社	1999年11月
德安周氏墓	周迪人	江西人民出版社	1999年12月
林泉吟稿	杨运森	深圳市冰形品牌整合机构	2002年9月
孙自诚诗词选	孙自诚	香港天马图书有限公司	2002年12月
现代绘画作品	宫　良	北京七色空间文化发展有限公司	2003年8月
第一宫	罗　英	中国文联出版社	2004年11月
蒲塘浪花	方　明	香港天马出版有限公司	2004年12月
从大山中走来	邓木林	香港天马出版有限公司	2004年12月
义门陈文史考	陈月海	江西人民出版社	2006年3月
碧窗闲吟集	朱德群	国际炎黄文化出版社	2006年11月
范振华雕塑	孙晓晨	江西人民出版社	2006年12月
中国名碑名贴	冯德良	江西美术出版社	2007年3月

1985～2008 年县内部分获奖文学作品

表 25－2－2

类别	作(编)者	作品、刊物名称	获奖年份	奖项
散文	林兴贵	老磨	1989	全国首届微型文学大赛二等奖
报告文学	陈正昌	夺标、爱才胜爱妻	1989	全国企业文化评比优秀奖
文艺评论	王需民	政教与民俗	1993	省文联、省民协评比一等奖
故事	方　明	风雪豪怀	1997	市“迎七一、迎回归”故事大赛创作三等奖
校报	一中博河文学社	博河	2003	全国中小学最佳校报一等奖
校报	一中博河文学社	博河	2006	全国中小学最佳校报二等奖
校报	汪　洋	博河	2007	第二届全国中小学优秀校内报刊活动最佳编辑奖
小小说	方　明	丈夫的名字	2008	全国第二届“百花杯”精短文学大赛优秀作品奖

1985～2008 年县内部分获奖诗、词、联作品

表 25－2－3

类别	作者	获奖作品	获奖年份	奖项
自由诗	孙自诚	天涯海角情	1991	全国首届作家诗人“天涯海角”笔会一等奖
对联	钟希逵	对联	2001	庆祝建党 80 周年“宁电杯”全国书法、美术、诗词大赛三等奖
格律诗	钟希逵	诗词	2005	首届“人文杯”(滕王阁篇)全国书法、美术、诗词大赛等三等奖
格律诗	孙自诚	抗日诗文	2005	纪念中国人民抗日战争暨世界反法西斯战争 60 周年诗词征文活动优秀奖
格律诗	周明忠	喜“国、亲”两党访问大陆	2005	“海峡杯”两岸和平诗词联大赛二等奖
格律诗	周明忠	贺“神六”载人航天成功	2006	“神舟颂”诗词联大赛优秀奖
格律诗	孙自诚	诗词	2007	“嫦娥奔月颂”全国诗人专题创作活动优秀作品奖
格律诗	朱德群	云锦览胜	2007	龙虎山·国际诗词联大赛优秀奖
词	朱德群	调寄采桑子·慢咏茶	2007	省丁亥年谷雨诗会咏茶诗赛三等奖
格律诗	谢育泉	诗词	2008	第四届“星光杯”中华廊坊诗词大赛二等奖

1985～2008 年县内部分获奖书法作品

表 25－2－4

作者	获奖作品	获奖年份	奖项
马　骁	书法作品	1990	首届国际“秦俑杯”书画大赛一等奖
孙法平	硬笔书法作品	1990	中国硬笔书法大展一等奖
胡世荣	破体书法作品	1993	中国破体书法国际赛三等奖
胡世荣	硬笔书法作品	1995	省师范生“三笔字”比赛粉笔字组一等奖、钢笔字组二等奖

续表 25－2－4

作者	获奖作品	获奖年份	奖项
孙家骥	书法条幅	1995	全国总工会书画摄影艺术大展特等奖
王向晖	书法作品	1995	省师范生"三笔字"比赛粉笔字组一等奖、钢笔字组二等奖
冯德良	书法作品	1996	"华宝杯"省书法大赛一等奖
马　骁	毛泽东诗词书法	2000	首届江西农民艺术节一等奖
冯德良	书法作品	2004	第六届中国深圳文博会银奖
帅起涌	书法作品	2005	"夕阳红"中国老年书画精品名作大展评比金奖
刘劲楠	书法作品	2005	市首届反腐倡廉摄影书画作品展三等奖
吴先海	书法作品	2007	第三届"金鼎奖"全国美术书法大展赛银奖
蔡春水	书法作品	2007	首届"八一杯"文学艺术大奖赛书法组一等奖
蔡春水	毛泽东诗词书法作品	2007	"毛泽东诗词"全国书法大赛金奖
蔡泽新	毛泽东诗词书法作品	2007	《美术教育作品汇编》优秀奖
二中学生	书法作品	2007	全国中小学生优秀美术书法摄影大赛金奖
孙法平	书法作品	2008	市"质量与我同行"书法摄影作品竞赛三等奖

1985～2008 年县内部分获奖歌曲、戏剧、舞蹈项目

表 25－2－5

类别	作者	作品名称	获奖年份	奖项
戏曲创作	王先春	池塘风波	1985	市戏曲文学创作评奖会三等奖
戏曲创作	王新国	一对寡妇	1985	市戏曲文学创作评奖会三等奖
戏曲创作	戴建铭	果园笑声	1985	市戏曲文学创作评奖会三等奖
歌曲创作	陈泽龙　周玉林	大海和太阳	1985	市创作歌曲评奖会二等奖
歌曲创作	陈泽龙　周玉林	鄱阳湖—百鸟的乐园	1985	市创作歌曲评奖会三等奖
歌曲演唱	柯宁安	走上高高的兴安岭	1986	市"九炼杯"第三届青年业余歌手大奖赛一等奖
歌曲创作	周玉林	萤石美　回来了天鹅	1987	省厂歌、校歌、矿歌评比三等奖
歌曲演唱	余莉珍、汤志强、李鸿敏	歌曲独唱	1988	市第三届青年业余歌手"青竹杯"大奖赛三等奖
歌曲演唱	柯宁安	草源上升起不落的太阳	1991	省民歌选拔赛一等奖
歌曲演唱	柯宁安	唱起山歌好痛快	1992	全国第二届民间艺术节民歌类"繁荣奖"
歌曲创作	何建平	还您一片真情	1993	全国首届新儿歌大奖赛二等奖
歌典创作	周玉林	共青路	1997	市庆祝香港回归文艺会演优秀奖
小品编导	陈正昌	春暖隔离楼	2003	市第二届金秋艺术节小戏小品比赛编剧、导演二等奖
舞台主持	周立荣		2003	市第二届金秋艺术节"民生杯"主持人大赛青年组优秀奖
歌曲创作	张忠平 何日连	鄱湖夜色	2004	市金秋艺术节"三个一"文艺调演优秀节目创作二等奖

续表 25－2－5

类别	作者	作品名称	获奖年份	奖项
小品创作	周斌	不讲理的收费站	2005	市消防系统“军心聚在党旗下”文艺调演三等奖
歌曲演唱	闵媛春	歌曲独唱	2006	市青年歌手大赛二等奖
歌曲演唱	宋婷婷	歌曲独唱	2006	市青年歌手大赛二等奖
歌曲创作	罗　芸	通俗歌曲	2006	市“科学发展、和谐创业”青年歌手大赛通俗唱法优秀奖
京剧演唱	李云霞	京剧选段	2006	省戏曲票友大赛市“联盛杯”选拔赛最佳演唱奖
舞蹈辅导	刘丽华 金承梅	国标舞	2006	第二届华东 6 省一市体育舞蹈锦标赛第一名：况涵玥、胡婧怡，第二名：王佳楠
舞蹈表演	况涵玥、王佳楠、胡婧怡	拉丁舞	2006	省第十三届体育舞蹈国际舞蹈锦标赛第二名
舞蹈表演	况涵玥、王佳楠、胡婧怡	灿烂如花	2007	市首届舞蹈大赛少儿组优秀辅导老师奖
小品创作	胡玉斌、周立荣、周　斌	牵手	2007	市“创新创业，共建和谐”主题教育文艺调演创作奖
声乐表演	二中学生	金色木鼓敲起来	2008	第三届全国校园文艺会演二等奖
歌曲演唱	杨　霞		2008	第八届全国声乐比赛九江选拔赛优秀奖
京剧演唱	李云霞	京剧选段	2008	市第二届音乐艺术总决赛京剧专业中年组演唱金奖

1985～2008 年县内部分获奖绘画、摄影作品

表 25－2－6

类别	作者	作品名称	获奖年份	奖项
绘画	陈姚瑶	画作	1987	全国“峨眉山杯”迎春书画展二等优秀奖
摄影	张祖和	普天同庆	2000	省首届农民艺术节三等奖
炭画	陈钰芳	夕阳红	2002	省第五届美术家作品展三等奖
漆画	陈钰芳	生命之际	2003	省第六届女画家作品展一等奖
国画	袁定英	虾	2003	省第六届女画家作品展优秀奖
绘画	胡思思	画作	2006	第七届“雏鹰杯”全国青少年儿童书画大赛铜奖
绘画辅导	万园		2006	第十九届“双龙杯”全国少年儿童书画大赛二等园丁奖
油画	王明森	陶瓷的记忆		全国教师油画作品大赛一等奖
科幻画	程薇	辅导老师	2006	市第十届青少年“小星星杯”科技创新大赛三等奖
国画	蔡泽新	绿山随鸟飞，清涧任虾乐	2006	《美术教育作品汇编》优秀奖
摄影	张祖和	摄影作品	2007	中国星子（庐山）温泉旅游节“与美同在”摄影大赛优秀奖
蜡笔画	缪铁青	我们的祖国是花园	2008	第二十一届“双龙杯”全国少年儿童书画大赛银奖
国画	袁定英	残荷	2008	省第九届女美术家作品展特邀作品奖

第二节　艺文选录

散　文

悠悠博阳河

张绪佑

一脉山坳里的清泉,历尽沧桑岁月,载着古今,载着清浊,载着欢乐,千回百转,从我的心头流过……

博阳河,母亲的河。你是一尊屹立的历史,你是一曲苦涩的渔歌。沉重的生活之犁拖累了你的脚步,艰辛无涯的岁月压弯了你的腰。你的汗水浇沃了脚下贫瘠的土地,你的乳汁繁衍了两岸儿孙多少。奔腾不息的生命是你的必然,只有必然才有沉重;所以沉重便有价值。母亲就意味着牺牲一切,做母亲是你生活的最高目标。

博阳河,光荣的河。多少年清与浊的抗争,多少代生与死的拼搏,壮士的热血曾几何时染红过你,大江大河的风暴牵动你一起奔腾咆哮。于是,一种突来的庆幸,一种狂乱的欣喜,还有自由和新生带来的欢乐。神奇的足迹,任何人也无法抹掉。

博阳河,智慧的河。你是望夫山下一眼聪明的心泉,既有农民的憨厚,也有农民的狡诈。汇集了几千年的古文明,将智慧之花一路泼撒。科技昌明的现代脚步,可惜并未踏碎愚昧,对世界知之太多却又生吞活剥。你却总有你的那份自信,只要有落差,智慧能不闪烁?

博阳河,希望的河。你有千年重创的瘢迹,你有万般无怨的忍耐,能承受那背负万山的磅礴。多少年,一群群鱼鹰日夜在掏尽你的秘密,一条条满载索取的帆船争相驶过,几片破旧的舢板在浪涛中摔得粉碎,而你昂首阔步不屑一顾,带着你心中的希望,去闯荡大江大河……

悠悠博阳河,从我心中流过,如今我已是你的儿女,记住了你的清澈,也记住了大江大河的浑浊。

冻米糖

骆名坤

许久没有吃自家做的冻米糖了。妈妈说做糖麻烦,过年买个三五斤的做点心就够了。就是这三五斤也还没人吃,出去拜年也没看到哪家有。家乡的冻米糖,橙黄色泽、酥脆口感、甘甜味道的冻米糖快要在我们的记忆中成为历史了。

记得小时候村里几乎家家户户都要做冻米糖的。我家每年都要做好几大缸,差不多可以吃到端午节。对那时农村的小孩来说,冻米糖是最主要的零食。我读初中的时候,是拿它当早餐和宵夜吃的。也因此,对它的怀念亦蕴含了儿时对零嘴的渴望和饥饿感。

在我的感觉里,过年的气氛是从做冻米糖开始的。刚进腊月,家里便开始准备做冻米糖。做糖的工序十分繁琐。先做好冻米,所谓冻米是由糯米蒸熟后晒干而成。再熬薯糖,熬糖用的薯是老早就藏在窖里的。一般只用白薯,红薯吃起来虽甜,实际熬不出多少糖来的。熬糖最为关键,如果糖汁熬得不好,做出来的冻米糖就不好吃也不好看了。熬糖的过程很复杂。先把白薯洗净蒸熟,然后加麦芽捣碎成糊状,在锅中闷半天左右,再把糊糊装入一个长条形密封的布袋揉,把汁揉出来,这叫推糖。推糖用的工具很特别,不好形容,可以架在灶上。揉出来的汁直接流到锅里,再用武火熬薯汁,要熬很久。越熬到后来,火候越关键,浓到快成膏状时,改用文火收糖。收糖这一道工序,我从未亲眼见过,因为一般要等到下半夜两三点钟。我只知道第二天早上一起来,就能吃到甜得发腻的糖汁和糖窝巴(窝底的糖)了。然而是不能多吃的,怕做糖的时候不够。小时候,我为了偷吃糖汁可没少挨过妈妈的骂。

有了这两样主料就可以开始做冻米糖了。配料则随便,可以放芝麻、花生、瓜子仁等。但这等有配料的高级糖一般是待客用的,能大块朵颐一顿是儿时比较奢侈的愿望。做糖那可是项集体活动,得好几个人搭手。冻米要炒熟,糖汁要热好,再把糖和米拌在一起。这拌糖绝对是项技术活,糖汁要放得不多不少,火候也要掌握好,否则成不了形,做出的糖容易散块。拌好的糖是可以成球状用手捧到碾子里的。这碾子是由一个长方形木框和一个中间粗两头有细把手的木槌组成。碾糖是个力气活,以前我在家里就负责碾糖。当然,糖碾得好也可以玩出花样,不会碾的只碾一面,会碾的可以“翻糖”,就可以两面都碾了。“翻糖”要求速度快,力道准,要不里面的大糖会飞出来,我碾了两年才学会这招。碾好的大糖块再切细就可以了。我特别爱听切糖时沙沙的声音。爸爸是切糖高手,你只见他手起刀落,几下就把一架碾好的糖给切完了,不仅速度快,而且切得又薄又匀。奇怪的是,爸爸却不会切菜。从早上忙起,等把冻米糖做好就到深夜了,却从没感觉过累,第二天早上起来才知道腰酸背痛。

做好的糖块放进大缸,一层炒米一层冻米糖。炒米可以吸水防潮,糖块就可以长放而不失其酥脆。看着满满的几大缸糖块,心里有种充实的感觉,半年的零食有了保障。现在生活条件好了,花样繁多的工业化冻米糖满大街都有卖,大家已经不屑于吃更不屑于做了。若干年后,不知还有几人识得那推糖架子和碾子为何物?

熊十力故居寻访记

刘劲楠

2001 年立秋过后,冒着绵绵细雨,笔者一行专程前往芦塘畈,寻访曾被毛泽东主席称赞其“哲学著作可以一字不改”的当代著名哲学家、“新唯识论”创立人熊十力先生故居。从丰林镇沿着一条石子路,车行两华里,便看见一个氤氲在烟雨中的村落。那里便是十力先生曾经生活过的地方,现在还住着他的侄孙熊宗起等熊氏后裔,过着自食其力的生活,名人的光辉似乎并未照射到这些普通劳动者身上。村支书领着我们径直走进熊宗起的家,里面已聚满了人,主人捧出早已准备好的花生和瓜子,热情地接待我们。

熊十力先生原名升恒,字子真,有兄弟七人,他排行第三。清光绪三十三年(1907),因地少人多,生活困难,由其长兄带领全家 12 人,从湖北黄冈到德安落户。当时,除十力先生在武汉参与密谋推翻清廷的革命活动外,其余兄弟均同时到达德安,且谢世后都葬于此地。1914 年,十力先生退出湖北军政府,在德安乌石芦塘畈(现丰林镇芦塘村)建房置业,并开始治学。期间,先后独居于望夫山双峰寺和九仙岭阳居寺,精研诸学,其后著述不断。因此,德安实是十力先生哲学思想发祥之地。

十力先生有一个儿子,两个女儿和一个养女。儿子熊世菩 1920 年生于芦塘,1960 年后在交通部上海船舶运输科研所任高级工程师、科研办公室副主任,1988 年 4 月病逝,其妻仍健在。熊世菩有两个儿子和两个女儿,长孙女就读于复旦大学,即将毕业,有志于钻研并弘扬曾祖父的学说。

熊宗起对我们说:“我三爷那一根子人三两年总要回德安来看看我们,并去祭拜祖坟,而我们家庭比较困难,很少去上海。但我们也从不想到要靠他接济,人毕竟要自食其力,这也是我三爷的遗训。”这个汉子说的话就像他本人一样朴实。笔者问,十力先生给亲人们留下印象最深刻的是什么事,最有“发言权”的熊世旺老人(熊十力之侄)眨巴着已不怎么灵便的眼睛,怀着激动的心情,追忆了三伯在民国 23 年拉粮熬粥救济村民的两则故事。当问及先生的归葬处时,熊宗起的外甥李本华接过话茬,颇为自豪地说:“我们这一根子人,只有我 1991 年 9 月份,跟随在湖北的堂舅熊宗炯一起到他老人家墓前祭拜过”。

十力先生一直视德安为故里,曾盼望回德安颐养天年,死后同他的兄弟们安葬在一起。为了随时关注家乡的发展,从 1955 年起,先生便与县委书记朱宝荣和县长万瑞世等人不断书信往来,直到“文化大革命”开始后中断。为了加强联系、增进感情,德安县委于 1962 年 5 月派党史县志办公室负责人孙自诚专程到上海探望先生。先生对德安人民的深情厚意表示感谢,留孙自诚同吃同住一个星期,并详细询问新中国成立后德安县的生产建设情况。1963 年,朱宝荣写信请先生回德安养老,并拨一幢小洋楼让他居住。在当时困难的情况下,能做到这样实属不易,先生接信后非常感动。1964 年春,先生欲回德安故里,征求董老(必武)意见,董老劝他“再等两年回德安”。但后因“文化大革命”浩劫来临,先生未能如愿,此事也成为德安人民积年之憾。1985 年,黄冈县政府在上巴河镇熊坳村张家塆修建了十力先生墓园,现列为黄冈市重点文物保护单位。

熊氏后裔告诉我们,先生原在芦塘畈有一老宅,1959年失火烧毁后由先生出资经子侄辈重建,现已毁。目前,县政府正筹备在芦塘村兴建“熊十力故居”和立碑建馆,以便社会各界人士凭吊哲人英灵。

被一些人怀念

陈玉霞

今年是路遥逝世15周年,网上有很多纪念他的文章,陕西的一些作家也都自发举行了一些纪念他的活动。陈忠实在他的博客中写道:路遥是一颗璀璨的星,从中国的天宇间陨落了。贾平凹在他的博客中写道:他是一个优秀的作家,他是一个出色的政治家,他是一个气势磅薄的人。但他是夸父,倒在干渴的路上。

这两种评价足以把一个伟人的形象刻画得完美。当我们手捧《人生》《平凡的世界》,被那里面荡气回肠的文字所感动,一遍一遍,虽历尽年月,但文字的光芒依然四射。路遥于1992年11月17日8时20分这个寒冷的早晨安静地离开了。虽然他永远地保持了沉默,十五年来,他的《平凡的世界》依然翻印,依然躺在书架最醒目的位置上。当我们虔诚地捧起他的书,依然能感觉到路遥文字中为实现理想的坚忍不拔和艰苦卓绝的耐力,一字一句,充分显示出路遥最优秀内在的品质。时光会带走一切,然而文字所散发的魅力却是无法抵挡的。也许对很多人来说,这是平淡的一天,但此时总想为怀念路遥写下些什么,虽然我的文字在他老人家面前过于苍白,但我还是想表示我的敬重。

认识路遥始于他的《人生》。《人生》犹如凝视着一幅厚重的画卷,沉重中蕴涵着精彩,暗淡中酝酿着深刻。高加林是农村环境中知识分子的典型形象,他热切地向往着新的广阔天地,他不甘一辈子被土地牵住,他想要挣断那副无形的枷锁,可是人生的残酷现实却一刻也不放松地钳住了他梦想的翅膀,他又不得不低头于那个封闭而又沉滞的大环境。他还被喜悦的眩晕迷失了奋斗的方向,最后,像只苍蝇一样转了一圈,又回到了土地上。高加林艰难曲折的人生告诉了我:一个人如果缺少了积极进取,奋斗向上的锐气,生命的航向只能让别人随意拨转。高加林最终被人生无情地捉弄了,他失去了事业,失去了爱情,他还能从头开始吗?路遥没有告诉我们,我想:他也许是让我们这群渴望人生的人自己慢慢去领悟吧!读他的《平凡的世界》犹如倾听一曲生命的乐章,质朴的感情,对生活的热爱,使人既想流泪,又想歌唱。孙少平,孙少安,一个平凡的世界里平凡的两兄弟,他们求知若渴,却苦于贫困的家境,为人师、打小工、做家工,生活漂泊不定……他,选择了一条最为艰难的道路进行人生的顽强拼搏;他在改变自己生存条件的同时又在追求着一种更高的生活意义,他的奋斗,他的追求,他的爱情,给平凡注释了另外一种含义!也许这就是路遥留给我们深深的思考。路遥的文字里常会有这样的文字在回想:苦难不是罪过,而是一种灵魂的赞歌,人生只有经过苦难的锻造,身经百战之后,灵魂才会升华,才会远离浮华,找到最本质的自己。从这点来说,路遥的文字是朴素的,只有具有朴素的情感的人才会发出最真实的声音。这也许是这么多年以来,依然被一些人怀念的真正原因。处在喧嚣世界之中的我们,离这些真实的声音真是太远了。

因此,一直会怀念,一直会在每年的这个日子,重读《平凡的世界》,重新给自己的心灵打上安宁的补丁。浮华的背后,内心的安宁是多么可贵,而这个角落留给一些值得怀念的人,是多么的不易。路遥是值得庆幸的,15年过后,这个世界还有很多的人在怀念他,还有很多的人被他的作品所感悟。这不仅是来自于他的文字,还有内在人性的光辉,这种光辉将会被几代人传颂。

这个世界,仍有很多行走于文字之中的人。百年之后,他们是否会被一些人感动,被一些人怀念。我不知道,只知道,油然而生的怀念胜过刻意的追忆,只知道,优秀的思想与灵魂永远不会被历史埋葬。

长者与达者

王瑞风

我看书有个坏习惯，总不大愿花脑子去记住诸如时间、地点以及人名之类的细节，就是世人常说的囫囵吞枣；但也有一个好习惯，就是书中阐述的人生哲理总要让自己的思想过滤一番。

比如有这么一个典故，说的是有两个书生游历道观，见太上老君像，观中道人持拂尘请书生跪拜老君。甲书生说，不过一木雕耳，何须跪拜；乙书生说，此君长我数千岁，理当拜之。故事发生在何朝何代，道观地处何处，书生道人姓甚名谁，现在都不记得了。不过这个故事总在我脑中挥之不去。这是一个简单得不能再简单的故事，或许我们可以理解为：不同的行为实际上折射的是不同的人生态度和处世原则。

道观里的太上老君像是用木头雕成的，甲书生一语道破，坚持不拜，这是达者的言行；乙书生并不是不知道这个事实，但在他的眼里，既然已经雕成数千年前的太上老君，拜一拜又何妨，这是长者的言行。

达者与长者有共同的地方，他们都是拥有大智慧的人，通晓自然法则和人类社会变迁的规律。同样都拥有与生俱来的高尚品格，不因处境的变化而改变自己的信念。他们的不同在于：达者不惧怕向世人坦陈自己的思想，不掩饰自己对错误、虚伪的厌恶和愤慨；长者则不然，他们在“世事洞明皆学问”之后，表现的是“人情练达即文章”。但达者不同于狂悖，如祢衡之视天为屋宇，地为床榻，裸衣而鼓；长者不同于圆滑，不分是非善恶，只知见风使舵趋利避害。

达者是雄辩的，因为自信，他们不屈从于任何世俗的迷信，宗教、权威或者偏见，有时喜欢滔滔不绝，一层层剥去外衣，向人们揭示赤裸裸的事实；有时喜欢慷慨激昂，像被激怒的角斗士，将身上所有的武器毫不留情地掷向对手；有时喜欢一针见血，像一道闪电穿透人们思想的迷雾。长者是木讷的，因为自持，他们不喜欢随便地发表自己的看法，看起来总是不善言辞，在他们表示赞同的时候，你看到的是一个仿佛憨厚的微笑；即使有什么事情引起他们强烈的反对、厌恶甚至愤怒，他们也不会激动，更多的时候是沉默不语。

孔子说：“仁者乐山，智者乐水。”长者近乎仁者，他们的本性像山一样，稳重而厚实，表象木讷而内涵生机。颜色随四季而变化时，我们可以体察到它包容一切的本性；形状经风雨而不改时，我们又可以体察到它坚忍不拔的操守。仁者或者说长者之所以爱山，也许正是因为他们与山有着同样的秉性吧。至于智者或者说达者，他们的性情正像水一样，丰富的游历增长了他们的见闻，使他们具备洞察一切的智慧，经历坎坷，锻造了他们不屈不挠的品格，使他们纵游五湖四海，任凭天崩地塌而不改本色。

与长者相处和与达者相处给人的感受是不一样的。与长者相处如似和风拂面，平实的语调常让你浮躁的心趋于宁静，大智若愚的姿态使你始终保持仰视的目光；与达者相处如与闪电骤遇，丰富的阅历将你迅速引领到一个广阔的天空，精辟的论证会为你的心灵开启一条通往真理的隧道。

这个世界不能没有真理，当真理被完全淹没，谎言和虚伪弥漫空中的时候，总会有人发出一声呐喊，达者就是承担这种天职的，所以世上不能没有达者。这个世界也不能时时处处都让真理霸占，就像纯净水不能养活鱼一样，有时候需要用道德的外衣裹住真理的锋芒，长者就理所当然地承担起这个责任，所以世上也不能没有长者。

小　说

香　艾

陈正昌

艾蒿是一种草药，多功能。

岵山村多长艾蒿，一带村人俗称为“香艾”。每年端午节，村人也拔些香艾到镇上卖。一分钱两根，卖得一分钱一根算是好价钱了。谁也没有把艾蒿当作发财的门道。

九叔说，三天内有人来收香艾，香艾能卖好价钱了。他说，垦荒时遇上一个过路陌生人，二十元买去两捆艾,又给二十元作押金,三天后来收小村子里的艾。惊人。不信。村人围九叔家,把留作押金的两张大团结对着灯泡照。是真的!不假。顿时,村人倾巢出动,长在田埂堰坝荒坡山地上的艾蒿拔净。剩下祖坟上几蓬绿绒绒的艾蒿未拔。但,夜里却有人偷拔。缺德的。谁干的。大家干的。祖坟上也竟断了绿。

结果是:三天过了又三天,也没见收艾人。受骗,上当。粗言污语从各家门窗喷出:骗子,二流子,劳改犯,下地狱的。骂中,男人女人生儿养女的器官也受株连。村人野,从不禁污人耳目的言语。

九叔随时被提审。是骗子啵。脸上有麻子啵。坑人。九叔痛心。三天三夜抢拔香艾没落后,血亏。不能用气补。罢罢,莫把心肌梗了。庄稼人的力气不花钱。庄稼人就是挣点力气钱。叼念气,叼念钱,叼念香艾。

收香艾人来了!石小三!脸上还真有点小X,那个字谁都不出口。是广林人吧,广林合一为“麻”字,背说。山里人情野、真、素。本都想咬他一块肉来。见人了,牙反酸了醋。两颊肉松。众对收艾人恭维讨好的笑中窥见盛情。

收香艾罢

四个字落在黄昏的晒坪上,铮铮有声。石小三眉毛好威人,眼睛勾引女人魂;石小三嘴唇多实——守信用人的嘴、厚道人的嘴;石小三身上有股“泥气”,义气!

人忙:记码、报数,称艾人叫出怪嗓音来,闹人出泪。莫慌手慌脚啊。忘不了你这一份。哈哈哈、嘻嘻嘻。黄昏留得住,太阳落山和起山时的亮光一样长久。

嗜嘻闹的山妇,总爱在人堆里挑兴。

石老板,您的媳妇有她俊啵。

眼睛没有。

铁硬、冷着脸说—石小三幽默得象一位相声演员,引人死笑。他望着众多死笑的脸,竟也忘了愁。

众多人喜爱相声演员般喜爱石小三。

石老板,收这多香艾,往那运?

不知道。

又让人死笑。但,石小三的嘴角荡出一丝苦涩的笑。谁知道?人都醉了。

把钱一张张数给用力气挣来的人。发钱人的手不颤,接钱人的手却抖,兴啊!又数一遍,怕差分角。

九叔的手出众地抖。萍水相逢,一面之交,守信用,实在。血亏、有补。激动、谢恩,家酿米酒有、鸡一杀。设宴款待他,表表小山村人的薄情。

石小三这回没幽默,啄头。

黄昏收进林子。晒坪上渐断去笑声。最后一个人—颈脖上长着大肉疱的老人。他没拔艾没卖艾,没从石小三手里接过半子香艾钱。他一直站在冷角看,象一位老人察看骚动在清晨林子里的鸟,又好象有几分蔑视那种没有价值且又调皮的鸟。一个精怪的老人。

老人喜欢孤独地说冷话。

听说香艾能治癌吗?

石小三兀地发现这位脸黄目深的老人,一怔。疑惑,不安,象做坏事的人发现对方眼里的刀光。寒禁,倏又定神。石小山回答老人的话,真诚、坦然。

骗人的!艾灰捂在小儿肚脐眼上能治冷痛,这您老人家该是知道的。

谁明白石小三的话?老人。老人深陷的眼窝忽然很亮,光里含着绵绵脉脉忧忧情。情渐收去,蓝色的夜幕罩着小村,罩着老人的眼,灰。

初夏的夜风吹动着酒香、醉语、梦里的笑声;香艾苦涩的清香氤氲着明月、星光和温情的蓝天。

清早,村人恍然大悟。昨夜里艾香为何那么烈那么浓?原来石小三收的那堆香艾已化为灰烬。谁?是石小三点着的火!为什么花钱买堆火?喔——石小三受骗了!

村人都在找石小三。他受骗了咱们不该要他的钱。冤枉钱不能收啊。又不是和我们铁定了合同的,何必。怕人背后咒。他被人骗了不该骗我们是对的。冤枉烧掉几百元。害,如今做生意的人有的是钱,不该花的还是不该花。要名声还是要钱。石老板不象是苍蝇盯着臭肉那样盯着钱的人。没有半句污言粗语,人的感情顿时丰富了许多。

石小三在那里—

突然有人喊,众目眺望。太阳升起那个山峰口颠荡着一个人—颈脖上长着大肉疱的老人,手指着远处。

丈夫的名字

方明

郝文志,她丈夫的名字。平素在外看到或听到是那么的亲切和赋予好奇感,遇上在哪家报刊或光荣榜上出现,还多少带点激动的心跳。有时还会把内容看个究竟。今天在违纪建私房专栏里出现,怎么就觉得这么不顺眼和害怕,以致感到怀疑,她几乎不想承认,那就是她丈夫的名字—郝文志。然而,白纸黑字,还有职务,硬的。

她的心怎么也平静不下来,一排长长的专栏里写的具体内容她似乎没有记下来,眼睛盯在墙上,心里却在回思二年前"造业"的一情一景。

当初,如果不是急于为上大学的儿子过早考虑安乐窝的话,也不会遇上这一天,建房的家私也不会公之于众,丈夫的名字也不会在这种场合出现。尤其是一笔笔数据,公布得那么详细,好在丈夫任建设局长期间,与弟弟砖瓦厂做的那笔买卖没有算进去,否则,还要把丈夫的名字登在榜首。

那可是一大笔啊,自己和丈夫原来盘算过,除了公布的那几笔数据外,起码还要加二倍,足有 5 位数。不幸中的万幸,这笔帐是无论如何也查不出来的,除非弟弟不认我这个姐姐了。

正在这时,同事阿香在她后肩猛拍了一下。

"屈阿姨,你在这愣什么?"

她猛地惊了一下:

"鬼丫头,吓死我了,你上哪去?"

"下班了,回家吃饭吧?"

这时,她才回过神,定下心继续往下看完。

她越看越不对劲,在结尾处,清房办又补充了几点,上面写着:县委党校校长郝文志经过几天的认真反思,于昨天下午又补交了五千元的砖瓦款,请还存有侥幸心理的同志,尽早向组织交心,协助清房办搞好工作。

顿时,她看呆了,心扑咚扑咚地跳得厉害,觉得周围有很多人都围着她在看。郝文志,这个她即熟悉又亲切的名字,现在好像陌生了。

格律诗词

郭国吉博士回乡探亲感怀

缪世海

一泯恩仇远客来,满城春色笑颜开。风云际会和平日,海陆同欢握手回。

德安磨溪行

熊汉川

十八滩连十里湾,行人一路听潺潺。漫言三伏天炎热,过此才知心地宽。

补拙山房怀古

詹伟操

苍狗云翻岁月迁,山房兴废百余年。道崇白鹿传薪泽,品列丹墀衣锦缘。
一卷灵犀多补拙,千秋碑石自旌贤。文章道德遗风在,彭岭葱茏桃李妍。

敬献敷阳诗社会员大会

郭隆瓒

一辟吟坛响不凡,两年四辑闯诗关。高朋胜会篇连捷,白雪阳春和最难。
创作群争当任重,讴歌老岂学偷闲。同攀绝顶期相勉,山外奇峰更有山。

聂桥梓坊葡萄园

周明忠

剔透玲珑簇簇鲜,村兴一品壮时观。年收万担行销远,果熟千家致富甜。
创业犹欣前路阔,兴农更仗众心坚。春风化雨荣新岁,试看珠圆梦更圆。

蒲塘小学

杨运淼

辟新场地建新楼,拔得江西第一筹。今日影机兼电脑,昔年木板架砖头。
校园已变沧桑巨,环境堪称内外优。寄语学童当立志,未来报国竞风流。

一剪梅·雁家湖之晨

张自强

四季湖光不用夸,树上鲜花,草上鲜花。枝头百鸟唱喳喳:此处吾家,彼处吾家。
赏景人常在水涯,迎是云霞,送是云霞。湖边老少舞姿佳,醉了年华,忘了年华。

鹧鸪天·访石门陈

朱德群

不为山林看落英,轻车直向岭根行。琦塘眨眼灵波动,古木连阴野鹭停。
尘未染,水尤清。竹篱新织卜居情。村民见客殷勤语,指认枫樟各有名。

吊抗日德安万家岭大捷战场

孙自诚

连天炮火昼昏黄,抗日捐躯上战场。歃血救亡心似铁,磨刀斩敌刃如霜。
凶残倭寇军威灭,忠义雄师浩气长。爱国精神千古颂,万家岭上尽朝阳。

磨溪乡五星村蚕桑养殖基地

左漆琳

五星村里起桑园,千亩田畴绿接天。茧价今年又新涨,蚕农心似蜜糖甜。

夜战牛角湾

卢赣生

无须月色照军帏,已是通明不夜晖。半壁挑灯分远近,全师挥汗夺时机。

通宵合力寒星隐，苦战临身笑语飞。治水从来因造福，敢教霜露染征衣。

春游湖塘水库

邓木林

崇山峻岭出平湖，潋滟波光满眼铺。库纳溪流成宝镜，闸悬瀑布溅龙珠。
俯观叠嶂偕云卧，静听群鱼结伴呼。更喜电源输远处，游人俱在画中徒。

歌　曲

雁家湖之歌

刘伍拾 词
赵铁生 曲

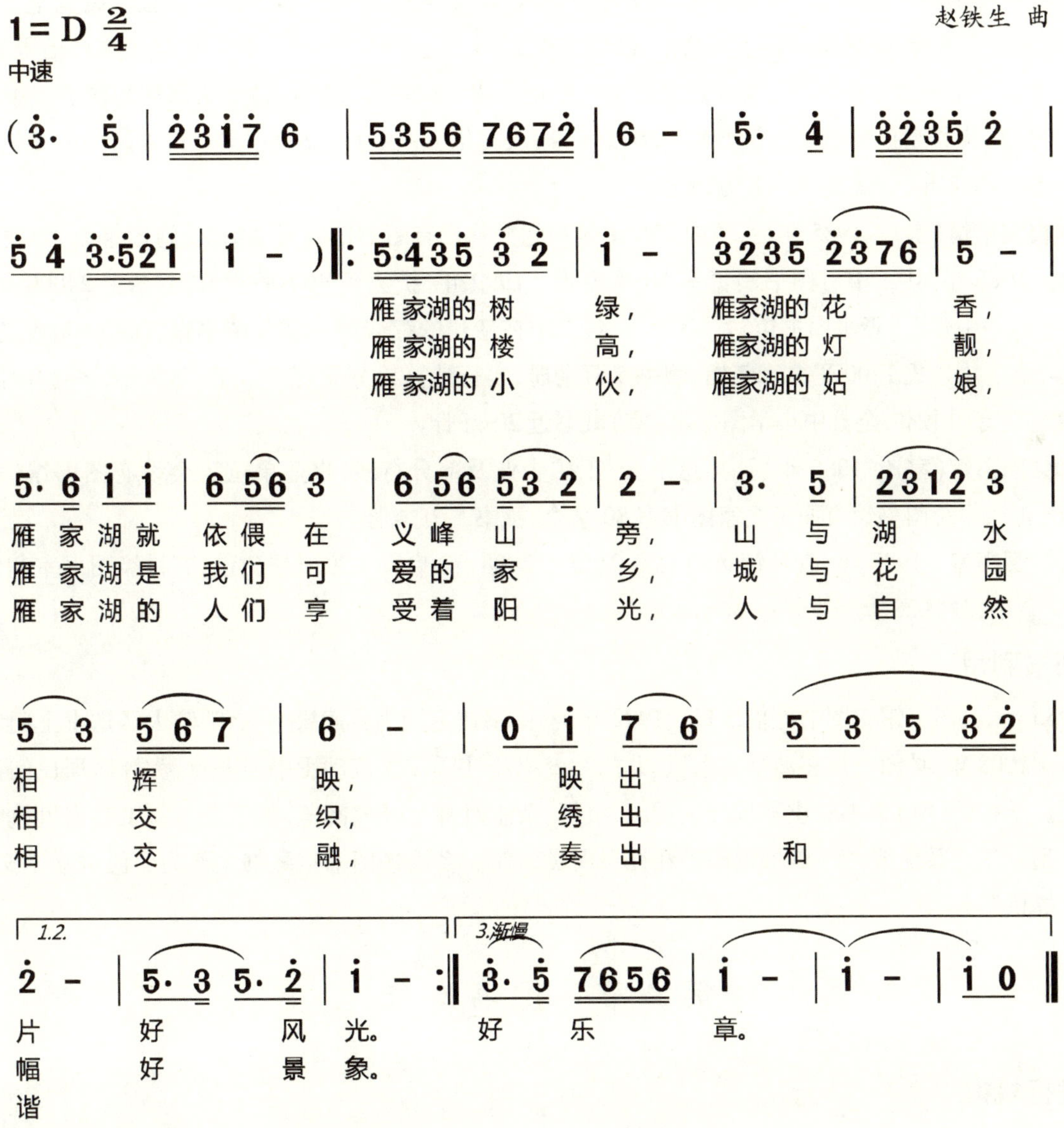

第三章 图书 史志 档案

第一节 图书馆藏与利用

图书馆藏

县图书馆 前身为县文化馆图书阅览室。1987年5月,在原文艺工作站场院内搭建临时图书室,次年开展部分图书外借业务。1989年,购进上海古籍出版社影印《四库全书》1套。1991年8月,位于石桥路的新图书馆大楼竣工,建筑面积2500余平方米,设有外借、咨询等服务窗口和报刊阅览室。1995年底,藏书近3万册,办理借书证700余个,阅览证近1000个。1997年,在人民剧院设图书外借服务部,接待读者2万余人次。1998年,馆舍因遭受洪灾停止开放。1999年10月,被文化部评为国家三级图书馆。2002年,大楼划拨给伍家山微波站。2005年,搬入文化影视中心。2006年8月,重新开展阅览和借书等业务。2008年,馆藏图书4.8万册。

学校图书馆(室) 1985年后,境内完全中学和党校均设有图书馆或图书室,设施逐年改善,藏书逐年增多。1988年,县二中有图书阅览室60平方米。1999年,扩大到400平方米,有图书24000余册。2002年,县一中建设"隆平图书馆"。2003年,县二中在新建的综合楼3楼设图书馆,面积800平方米。2007年,县一中建成1200平方米新馆,藏书5万余册,实行计算机分类管理。至2008年,乡镇中学、中心小学均建有图书室,全县中小学图书馆(室)藏书近20万册。

工会图书馆(室) 1985年后,县总工会、工矿企业及部分行政、事业单位工会设有图书馆(室)。2008年,工会系统图书馆有职工之家图书室80余个,藏书5万余册。

农村图书室 1985年,有乡镇场图书室21个。2008年,启动农家书屋建设,有村级图书室和农家书屋90余个,藏书20余万册。

图书利用

1985年,县图书馆有图书外借窗口。1992年,县图书馆定期为县武警中队、消防大队送书上门和更换书籍。2008年,县图书馆在蒲亭镇东风、北门和曾家洼社区设立流动图书服务点,为社区居民阅读提供方便。学校馆(室)藏书专供本校师生借阅,报纸、杂志对师生开放阅览,教工资料室工具书供教师和职工查阅。工会系统馆(室)藏书供职工和社会人员借阅。乡镇场图书室藏书主要为农民群众学文化、学科技提供服务。

第二节 图书发行

发行机构

1985年,县新华书店负责全县一般图书、音像制品和中小学教材发行工作。1994年,县新华书店改由省新闻出版局垂直管理。2004年,由省出版集团管理。2005年,由省新华书店垂直管理。2007年,江西新华集团对各市、县新华书店实行人事、劳动用工和收入分配制度改革,重设机构和岗位,全员竞聘上岗,分流富余人员。

发行方式

1985～2003年,主要有计划批发、门市零售、流动供应和网点发行。2004年起,实行连锁经营,由省新华书店统一配货,发行各类图书、图片、刊物,兼营文化、体育用品和电子音像产品。

发行网点

1985年后,农村供销社设有图书代销点,城镇陆续建有书报亭。1991年,县新华书店在永兴路兴建营业综合大楼,建筑面积2500平方米。2005年,在宝塔大道建新综合大楼,建筑面积1200平方米。2008年,全县有私营书店13家,年销售额750万元,约与新华书店持平。

1985～2008年县新华书店销售收入一览表

表25－3－1　　　　单位:万册、万元

年份	销量	收入	年份	销量	收入
1985	39.48	160.47	1997	67.57	366.77
1986	40.58	169.48	1998	63.44	344.87
1987	41.57	175.81	1999	68.16	370.47
1988	45.77	197.54	2000	69.14	379.55
1989	49.58	214.82	2001	70.45	399.88
1990	52.28	266.78	2002	72.47	401.89
1991	54.29	288.19	2003	74.89	411.12
1992	56.43	297.55	2004	79.75	490.17
1993	57.12	303.22	2005	84.56	520.15
1994	57.41	305.20	2006	87.11	575.11
1995	57.83	308.54	2007	88.45	600.23
1996	59.82	311.49	2008	97.62	706.06

第三节　史志编纂

党史编纂

1990年10月,县委组织部、党史办、县档案馆合编《中国共产党江西省德安县组织史资料》,由中国文史出版社出版,记载1925～1987年中共德安组织演变史实。主编张久祥、夏鼎卿,16开,290千字。2003年11月,县党史办修订后的《德安县人民革命史》出版(由解放军上将萧克于1995年题签书名),记载1919年5月至1949年10月德安人民革命斗争史实,32开,150千字。

地方志编纂

县志编纂　1991年5月,新中国第一部《德安县志》由上海古籍出版社出版(由郭沫若于1960年题签书名,1981年启动编纂),主编孙自诚,16开,1366千字。1993年9月6日,在全国新编地方志首次评奖中获优秀成果三等奖。

部门志编纂 1991年,《德安县工商行政管理志》成书,内部发行,16开,110页。1993年8月,《共青垦殖场志》由人民出版社出版,公开发行,主编宋希淮,16开,400千字。1996年9月,《德安一中校志》成书,副省长黄懋衡和中国工程院院士袁隆平分别题词,主编涂勇源,16开,400千字。1998年8月,《德安邮电志》成书,内部发行,精装本,16开,300千字。1999年9月,《江西省德安县第二中学》成书,内部发行,主编朱忠安,16开,400千字。2006年10月,《德安县政协志》成书,内部发行,主编谈远荣,16开,450千字。

族谱编修

20世纪80年代中后期,族谱编修遍及全县,持续不断。至2008年,有丁、万、方、王、邓、文、孔、仇、尹、冯、卢、叶、刘、朱、权、汤、邬、江、伍、孙、汪、邱、陈、李、吴、余、岑、张、杨、邹、邵、闵、沈、扶、何、杜、周、金、郑、易、林、罗、官、胡、骆、钟、赵、洪、祝、施、高、殷、袁、桂、聂、郭、倪、唐、夏、陶、晏、桑、涂、凌、容、徐、贾、黄、梁、章、梅、程、谢、董、曾、傅、简、虞、詹、熊、蔡、缪、廖、潘、燕、穆、戴共87个姓氏续修族谱,其中半数编修2次。

第四节 档案管理与利用

机构设施

1985年后,大部分县级机关和乡镇建有档案室,配有专(兼)职档案员。1994年后,县档案馆添置铁质档案柜48组、档案橱106个及相关配套设施。2006年,开展档案室升级达标工作,县公安局、法院、国税局、建设银行、农业银行达省一级单位;供水公司、烟草专卖局、森林公安关山派出所和彭山派出所达省二级单位;县委办、县人大办、交通局、粮食局、教育局、地税局、丰林镇、河东乡、邹桥乡、湖塘水库管理所达省三级单位。至2008年,县级机关和乡镇建有单位档案室125个,配有专(兼)职档案员。

收集整理

至2008年,县档案馆收藏各类档案、资料81个全宗54869卷(册),分民国时期和新中国成立后两大部分。其中,民国时期1个全宗365卷,涉及政治、经济、军事、科技、文化、教育、社会发展等方面资料;新中国成立后档案80个全宗,专业档案213卷,声像档案136册,资料26410册。馆藏新中国成立前后多种报纸、杂志、图书、地图、县情统计资料、史料汇编、史志和《诗经》等古书,1953年土改中土地、房产证存根286册,1956年上海垦荒人员登记表13册,"文化大革命"后外出务工人员人事档案。县档案馆制订民国前历史档案抢救征集计划,对馆藏民国历史档案和革命历史、勘界、地名档案进行抢救整理。全县118个县直部门和乡镇办理档案登记。县直部门整理档案目录42896卷,基层档案室收藏档案、资料98764卷(册)。

资料利用

2003年,县档案局获全省档案工作先进单位。2005年,县内开始林权制度改革,为有关部门查阅原始案卷487卷,复印资料11万多份。至2008年,年均接待查阅档案1648人次,累计查阅档案62467卷(册)。

第四章　历史文化遗产

第一节　文物普查

1985年,第二次全国文物普查结束。境内发现文物点17处,其中石灰山商代遗址出土一批重要文物,1987年被列为省级文物保护单位。2004年,市开展第三次文物普查,县内发现商周遗址3处、古桥梁4座、古墓4座、古建筑2处,明代祠堂、古石刻、古城堡、疑似冶矿遗迹各1处和历代文物67件。2007年开始第三次全国文物普查,成立县普查领导小组和普查队,深入乡镇场和共青开展文物普查,发现古遗址43处、古墓葬57处、古建筑95处、石刻10处。其中吴山乡彭家山商代遗址面积大,遗存丰富。

第二节　考古发掘

发掘活动

1994年5月,在高塘乡境内京九铁路修建工地,抢救性发掘商周遗址4处和汉至清代墓葬80处,出土大批文物。至2008年,县博物馆会同省博物馆考古队及考古研究所,先后对石灰山遗址、南宋周氏墓、明代熊氏墓、猪山垅遗址、黄牛岭遗址、陈家墩遗址、蚌壳山遗址、九岗岭汉墓群和共青余村宋元聚落遗址进行考古发掘,出土大量石器、陶器、木器、青铜器、铁器、玉器、金银器、钱币、纸质品、丝绸和棉麻服饰、化妆用品、首饰等珍贵文物。

发掘项目选介

明代熊氏墓　位于爱民乡红岩村新屋罗家南面约1千米处螺丝山(旧称东南山)山坡。1991年4月发现被盗后,县博物馆工作人员和公安人员赶赴现场,进行勘察和发掘。该墓为夫妻合葬,长方形竖穴,外圹用石灰糯米浆封闭,内为双砖椁,砖隙用石灰勾缝,上盖榫槽压石条,棺与椁之间充填石灰,墓圹上方铺木炭并设石灰。木棺为长方形,前高后低,独板制作,转角处以楔卯合,生漆填缝,盖口与棺盖子母槽衔接处用铁钉契合。棺内外均用麻布、油灰、生漆密封。左侧墓被盗,右侧墓起获完整棺木一具,油漆完好,颜色鲜红。棺木运抵县博物馆后,县博物馆和省考古研究所人员联合开棺,清理出一具保存完好的女尸和一批丝麻棉质服饰、首饰和墓志等。尸长162厘米,仰面直肢,肌肤呈灰色,关节尚能活动。死者穿着整齐,戴金耳环一对,高髻上插银鎏发簪2支,外用黑纱包裹。共出土随葬品84件。

北宋墓彩绘壁画　2006年5月,据报聂桥镇望夫山东南麓一古墓被盗,县博物馆派员前往勘察。墓前约300米处,有北宋枢密副使王韶家族墓6座和石翁仲。被盗墓封土高约5米,墓后半圆形护墙高1米,无墓碑,为双室合葬墓。同月16日,县博物馆与省考古研究所联合进行抢救性发掘。两墓室口各高1.62米,相距3.5米;墓长3.06米,墓底距地面2.5米。墓为南北向,砖室结构,拱顶。两墓间有一心状孔相通。墓底平铺青砖,棺木、骨骸无存。右侧墓室出土较为完整彩绘人物画,墓壁中彩绘星宿图与1988年9月在宝塔乡杨桥村南宋周氏墓出土的丝绸彩绘星宿图十分相似,纵3米,横0.8米,题材以人物为主,构图极为繁复,线条精炼,色彩浓丽。墓室顶部彩绘有三足赤鸟、太阳、月亮、星宿、云朵,形成一幅华丽壮观场景。画中人物形象生动传神,衣纹勾描细致流畅,颜色多为朱、紫、兰、黑、白;贵妇形体匀称,美貌多姿;星宿形象古朴,对比强烈,画面清晰。是研究民族、民俗、天文、考古学的珍贵实物资料。

第三节　文化遗址

遗址规模

境内发现夏商周时期文化遗址23处,三国时期文化遗址1处,晋代文化遗址10处,唐代文化遗址7处,宋、辽、金时期文化遗址24处,元代文化遗址1处,明清时期文化遗址158处,民国时期文化遗址22处,现代重要史迹和代表性建筑物50处。其中商代文化遗址为研究商代文化过长江、人类迁徙、文化聚落分布、文化区域类型、文化谱系和古锡矿遗址找寻,提供宝贵资料。

遗址选介

石灰山遗址　位于聂桥镇聂桥村蒋家垅南150米处,面积5万平方米,文化层厚0.3~1.8米,属夏商文化遗址。1982年试掘,发现水井、房基、灰坑等遗迹。出土有陶器残片、夹砂灰陶、泥质灰陶、挂黑衣陶、原始瓷和印纹硬陶。陶器纹饰有绳纹、云雷纹、S形纹、叶脉纹、席纹、菱形纹、方格纹、篦纹、剔刺纹和刻划纹。可复原器有鬲、豆簋、罐、缸、纺轮等,出土石器有斧、锛、刀、凿、镞、范。出土铜器有青铜斧。1998年进行第二次发掘。

秧塘山遗址　位于吴山乡樟树村竹蓬11组西南1千米处,面积3000平方米,文化层厚约2米。出土有陶托、陶纺轮、鼎腿、石铲等碎片。

师古墩遗址　位于吴山乡樟树村竹蓬2组东北2千米处,面积5000平方米,文化层厚1~2米,属典型商周文化遗址。采集有夹砂红陶、夹砂灰陶、几何印纹和曲折纹陶片。

彭家山遗址　位于吴山乡张塘村下屋张家南30米处,面积1.6万平方米。属典型商周文化遗址。采集标本有夹砂红陶、夹砂灰陶、鬲腿、方格纹和游纹陶片等。

乌龟山遗址　位于宝塔乡桂林村东500米,面积2000平方米,文化层厚0.3~1.8米。属商文化吴城文化类型。采集到的陶器残片,陶质有夹砂红陶、泥质灰陶,纹饰有云雷纹、回字纹、菱形纹、漩涡纹等;可辨器形有鬲、罐。石器有镞和砺石。因京九铁路建设,已全面发掘。

蛇墩遗址　位于共青金湖镇黄桥村东1500米处,面积5000平方米,文化层厚0.5~1米,地表暴露遗物较多。是九江地区一处极为重要的西周晚期至春秋早、中期遗址,应为古艾邑军事屏障。出土陶器有鬲、鼎、尊、罐,石器有刀、镞、砺石。陶器有泥质灰陶、夹砂红陶,纹饰有回旋纹、曲折纹等。

蚌壳山遗址　位于宝塔乡桂林村东北600米处,发掘面积525平方米,属商吴城文化类型。出土石器7件,为生产工具和兵器,有环状穿孔石刀、石锛、石戈、石锄、砺石等。陶器为生活用具,均为残片,可辨器形有鬲、罐、尊、豆、器盖等。陶片纹饰有绳纹、方格纹、指甲纹、弦纹、叶脉纹、"S"形纹与弦纹组合、绳纹与附加堆纹组合等,质地有夹砂灰陶、泥质灰陶、黑皮陶和印纹硬陶等。

陈家墩遗址　位于共青甘露镇,面积1110平方米。1993年、1994年,县博物馆会同省考古研究所2次进行抢救性发掘,清理出水井11口,出土有木器、陶器、青铜器、青瓷器等,其中3、4号周代水井的木垂球和木觇标橔,是国内至今发现的时代最早的测量工具,汲水提升工具为考古界商周时期深水井汲水课题研究提供实物依据。

罗汉桥　位于蒲亭镇朝阳村4组。长13米,宽4.2米,单孔拱形。用花岗岩石块砌成,石块间用银锭榫衔接和石灰糯米砂浆填缝。桥拱券文字记载建造时间为宋大观元年(1107),是省内有确切纪年的古桥之一。

万家岭战役遗迹　分布于磨溪乡南田村万家岭及周边区域。民国27年(1938)10月,中国军队在此歼灭日军万余人。该遗迹为万家岭战役实证,是具典型意义的近现代重要史迹。

第四节　馆藏文物

机　构

1988年10月,成立县文物管理所,与博物馆合署办公,两块牌子一套人员。1990年5月,县博物馆被国家文物局和省政府授予文物保护先进集体称号。2006年12月,被国家文物局评为重点县级博物馆,为省爱国主义教育基地。收藏各类文物及重要标本近万件,其中国家一级文物39件(套),二级文物62件(套),三级文物159件(套)。

文物选介

商木垂球、木觇标墩　垂球高7.5厘米,木觇标墩高14.5厘米,为配套使用的测量工具。1993年在米粮铺乡陈家墩商周遗址出土。国家一级文物。

商双系汲水器　高11.5厘米,口径18厘米,为整木刳成。内底留存凿痕,两侧有系。造型古拙,显示先秦时代木质用器特点。1993年在米粮铺乡陈家墩出土。国家一级文物。

商青铜纺轮　高1.8厘米,口径3.4厘米,底径3.4厘米。纺轮两端为平面,整体呈折腰式算珠型,中间有一贯穿圆孔(孔径0.6厘米)。铜质纯正,通体油亮,无腐蚀痕迹,折腰处有一制作时残留气孔。1993年在米粮铺乡陈家墩遗址出土。国家一级文物。

南宋绢地彩绘星宿图　纵60厘米,横200厘米。绢地彩绘,色泽鲜丽。图中南北向绘有一条弯曲银河,其间及两边分布57颗行云星辰,同一星宿的星之间用一直线相连。以铅粉着色为主,以墨色勾画星宿和行云轮廓,以银白色金属片标志星辰位置,形象地反映中国古天文学在南宋时期发展实况,为古代科技文物珍品。1988年在宝塔乡杨桥村向阳山出土。国家一级文物。

南宋彩印褐色如意朵花双片罗夹裙　通长89厘米,腰高11厘米,腰宽128厘米,上幅宽84厘米,下摆宽150厘米,裙带长84厘米、宽4厘米。双片合裙,黄褐色罗质。饰有如意朵花纹样,里素绢。裙有上下两片,各由两幅罗织物拼缝而成。1988年在宝塔乡杨桥村向阳山出土。国家一级文物。

元青花八棱玉壶春瓷瓶　高27.9厘米,足径8.8厘米。敞口,细长颈,流肩垂腹,圈足。器身分四层,每层以棱分成八个平面,层与层以棱交错相顶。瓶口饰缠枝纹,各层纹饰不一。圈足稍向外移。底内部未施釉。胎体厚重,胎质洁白细腻,色蓝浓艳。1980年4月在望夫山老鼠洞出土。国家一级文物。

商鸭形陶埙　高4.7厘米,长8厘米,宽5.4厘米。器物呈无头鸭形,中空,平底。颈为一圆形口(直径0.8厘米),翅旁有一圆形出气小孔(直径0.12厘米)。陶质。经测定,有三音阶,为古代乐器。器物口沿部分用白色石膏修补。1993年在米粮铺乡陈家墩商周遗址中出土。国家二级文物。

北宋青白釉石榴盒　通高5厘米,口径5.5厘米,底径3.5厘米,呈石榴形,子母口,弧腹壁下收,平底。配圆弧形盖,纽为石榴状,瓷细胎较薄,釉色明亮,稍闪黄色。造型优美,设计精巧,为化妆品盛盒。1985年在河东乡出土。国家二级文物。

南宋钗符　长10厘米。发钗为双股,弯曲部分焊有若干对称提刺。中段为圆形,较长。钗头扁圆形,略短,金质。香包为方形,由褐色罗制成,外有小珍珠制作的网罩。因走路时随着步履而摇动,故又称步摇。造型别致,制作精美。出土时插于墓主头部,丝线断裂,网罩残破。1988 年在宝塔乡杨桥村向阳山出土。国家二级文物。

民国纪念国耻白釉瓷碗 通高 9.8 厘米,碗高 7 厘米,口径 10.4 厘米,足径 4.5 厘米,由盖、碗、托盘组成。盖高 2.7 厘米,直径 9.2 厘米,剖面呈喇叭状,纽内中空,内篆刻有“江西瓷业公司”铭文蓝色印记,圈足下书黑色行楷“五月七日”“永远勿忘”“国耻纪念”字样,并有方形、半圆形、椭圆形各一红色篆刻印记间随其中,文字内容相同。碗即茶杯,侈口,直腹下收,圈足,杯身上的黑色行楷和红色篆刻印记文字同盖盘。托盘高 3 厘米,口径 10.9 厘米,底径 4.4 厘米,为荷叶形,正中有一凹形平足托圈,腹内用黑色行楷书“提倡国货”“挽回利權”字样,并有两枚红色篆刻印记间随其中,文字内容相同。胎体薄而细腻,釉润,洁白似玉。1980 年建县委招待所时,在“燕北平窖藏”中出土。国家二级文物。

第五节 文物保护

保护措施

至 2008 年,对县内不可移动文物进行 3 次普查。对其中具有特别历史、艺术、科学价值和纪念意义的文物进行国保、省保和县保申报。对所有文物单位作 GPS 全球卫星定位,绘制地形图和平、剖面图,拍摄照片和建立完善“四有”档案。

省级文物保护单位

石灰山遗址、罗汉桥、万家岭战役遗迹。

县级文物保护单位

1987 年 11 月,县政府发出《关于公布文物保护单位的通知》,公布县级文物保护单位 17 个。

1987 年县级文物保护单位一览表

表 25－4－1

名称	时代	地址	保护范围
石灰山遗址	夏商	聂桥镇聂桥村	距遗址周围 30 米
乌龟山遗址	商	宝塔乡	距遗址周围 30 米
蛇墩遗址	西周	共青开放开发区	距遗址周围 30 米
蚌壳山遗址	西周	宝塔乡	距遗址周围 30 米
袁家嘴遗址	西周	共青开放开发区	距遗址周围 30 米
郑善果墓	唐	吴山乡	距墓周围 20 米
刘日章墓	宋	磨溪乡	距墓周围 20 米
王韶妻墓及石翁仲	宋	聂桥镇大屋蔡村	距墓周围 50 米
芦溪廊桥	元	聂桥镇芦溪村	距遗址周围 20 米
一字园	明	爱民乡岩泉村	距遗址周围 50 米
周振墓	明	宝塔乡团山村	距遗址周围 20 米

续表 25－4－1

名称	时代	地址	保护范围
石鼓殿	清	吴山乡张塘村	距殿周围 30 米
贞节牌坊	清	林泉乡小溪山村	距坊周围 20 米
侍卫府	清	义峰山	距围墙外 10 米
文华塔	清	宝塔乡附城村	距塔周围外 50 米
杨超墓	近代	宝塔乡梅桥村	距墓周围 50 米
革命烈士纪念塔	现代	义峰山	距塔周围 10 米

第六节　文物展览与交流

县博物馆设有“德安县历史文物陈列展”，常年展出各个历史时期文物 100 余件，专题陈列有南宋周氏墓和明代熊氏墓出土保存完好的女尸及随葬品。1985 年 5 月，与省博物馆在德安联合举办“江西明代藩王墓出土文物展”。1986 年 7 月 26 日至 8 月 9 日，选送 15 件文物精品参加省“庐山之夏”文化艺术博览会。1988 年 4 月，北宋青瓷折肩鉢参加“中国江西省文物展”，并赴日本展出。1991 年 4 月 4 日，在北京故宫博物院参加“九江市德安南宋周氏墓、庐山、星子文物精品展”，历时 4 个月，接待中外观众 8 万余人次。1993 年 3 月起，“德安南宋周氏墓出土文物展”和“德安明代熊氏墓出土文物展”相继在北京故宫博物院乾清宫、自然博物馆连续展出 10 年。开展之日，故宫博物院和自然博物馆均召开新闻发布会，人民日报、中央电视台等 20 家媒体予以宣传报道。并应邀到东北三省和山东、河北等十几个省、市进行巡展，接待观众 500 余万人次。同年底，与省考古研究所联办“京九德安段抢救出土文物展”。1997 年 8 月，选送南宋绢地彩绘星宿图和商代冶炼坩埚参加国家文物局、中国历史博物馆举办的“中国古代科技文物展”。同时，采取以展换展、联合办展等多种形式进行展览和交流。同年，编写《江西德安南宋周氏墓》专著，由江西人民出版社出版。1999 年 6 月，创办网上博物馆，达成展览协议 3 次。2002 年，与宁波服装博物馆联办“南宋周氏墓出土服饰展”。2006 年 7 月，制作完成《中国文物地图集江西卷德安文物地图集》。2008 年起，县博物馆实行免费开放。至 2008 年，博物馆在职人员撰写论文、著作 60 余篇，相继在《东南文化》《文物》《南方文物》等报刊发表。国家文物局领导吴济民、马自树，著名文物专家罗哲文、冯先铭、张忠倍，美国、瑞典、俄罗斯等国家博物馆（艺术馆）负责人先后到县博物馆视察指导和参观交流。

第七节　非物质文化遗产

普查和保护

2005 年 7 月，启动非物质文化遗产保护工作。10 月，完成布帐傩《德安潘公戏》省级和国家级非物质遗产保护名录申报。2006 年 4 月，非物质文化遗产普查工作全面展开；6 月，德安潘公戏列入省首批非遗代表目录。2007 年，义门陈文化、西河戏、德安八景民间传说列入市非遗代表目录。2008 年 5 月，“义门陈”被列为省级非物质文化遗产。

德安潘公戏

当地人称锣鼓潘太公戏,或叫潘太公游春,盛行于吴山乡一带。包括棚上杖头傀儡与棚前面具化妆两种表演,整场表演约需2小时。潘公戏保存了唐代音乐、宋代杂剧和街市傀儡歌舞等多种元素,是宋代肉傀儡的遗存。有完整的文学剧本、原始的表演形式、珍贵的傀儡造型和古朴的戏剧面具。是一份难得的原生态文化遗产,对于认识宋金时期演剧风貌和中国戏曲发生发展的历史演变,有着活性与静态的双重文化价值。

德安八景民间传说

景点分布于蒲亭镇、丰林镇、宝塔乡、河东乡境内,由流传于全县的“蒲塘落雁”“涟塘晓钟”“阳居仙迹”“义峰耸翠”“钓台渔唱”“南庄耕叟”“金带河流”“乌石清泉”传说故事组成。传说与景观有机结合是其重要特征,传说为自然景观注入鲜活生命,自然景观则为传说提供传播平台。传说凭借生动的故事情节塑造了许多典型人物形象,诸如舍身助人、淡泊名利、孝义治家、不畏权贵、为民除害、追求爱情自由等。是千百年来德安人民集体创造的口头民间文学结晶,具有广泛的群众性和久远的民间传承性,对培育人们良好的精神信仰和价值取向有着重要意义。

德安西河大戏

又称西河弹腔,当地人称“大戏”。是以三国、隋、唐、宋、明历史故事为主,集汉调、宜黄腔之精华,融合土语小调形成的地方传统戏剧,属板腔体制戏曲剧种。剧目为整本袍带戏。唱腔以二凡(二黄)、西皮为主,腔调热烈奔放、浑厚质朴。表演古朴生动,武打粗犷刚健,节奏感强,多用虚拟动作。念白一般为中州韵,杂以本地方言。脸谱色彩鲜明,个性突出,以红、黑、白为基本色调。角色分十行,其中生行5个,老旦不作正行当。仍保持“报台”“登二场”等传统演出方式。源于清道光末年,由著名艺人汤大乐与其兄带回故里高塘汤家畈,组织汤家戏班,以“徒弟戏”的方式传授技艺,并结合德安地方土语小调逐步形成西河大戏,经常在德安、星子、瑞昌、九江等地演出,深受观众喜爱。1950年,汤家畈成立西河大戏业余剧团。“文化大革命”期间被禁演,剧团解散。1978年,汤家畈村民自筹资金,再度组成业余剧团,得以传承。

德安南河戏

发源于塘山乡,形成于清中后期。据陈氏家谱记载,居住塘山的陈氏后裔陈彦泽自幼受祖传戏风熏陶,酷爱戏曲,创建塘山戏班,为区别长江北岸湖北黄梅戏班,故名南河戏班。正本唱腔有平板、汉腔、还魂腔、西皮、二黄等,俗称“九板十三腔”。唱词多为7字、10字句。主要剧目有《双贵图》《补背褡》等30余大本、70余小本。

第五章　大众传媒

第一节　电　影

机　构

1985年,电影公司隶属文广局,负责全县影片发行、放映和管理。有乡镇放映队21个,厂矿放映队

4 个,专(兼)职放映员 79 人。20 世纪 90 年代中期,电影公司开办劳动服务公司。2002 年 7 月,公司办公大楼(电影院)被征用拆除,电影放映停止。2005 年,组建基层电影放映队 5 支。

设　施

1985 年,县电影院地处县城解放路中段,建筑面积 2200 平方米,座位 1250 个。各乡镇场矿均有大礼堂作放映场地。全县有 35 毫米放映机 5 部、16 毫米放映机 23 部、8.75 毫米放映机 18 部。2004 年,位于文化广场的文化影视艺术中心投入使用,内设座位 1000 个。

放映活动

20 世纪 80 年代,电影放映事业进入全盛发展时期,放映网点遍布城乡,看电影成为城乡居民文化生活主要内容。至 1993 年,共放映电影 9200 余场,观众达 273 万余人次,县电影公司连续 15 年被评为地市级先进单位。20 世纪 90 年代,随着电视、录像及各种文化娱乐活动发展,电影观众大量流失,放映场次逐年减少。2000 年,国家发改委、广电总局、文化部联合发出《关于进一步实施农村电影放映"2131"工程的通知》,要求在 21 世纪初基本实现一村一月放映一场电影,县电影公司按要求积极开展农村电影放映活动。2004 年,开始在新建的文化影视艺术中心放映电影。2005 年,以"农村文化三项活动"为契机,筹资 3 万元,更新和维修电影放映设备,依靠新组建的 5 支农村放映队到全县农村巡回放映电影。2008 年 7 月,在县城文化广场举办"纪念中国人民抗日战争德安万家岭大捷 70 周年"抗日题材电影周活动,放映影片 7 部,观众 3000 余人次。同年,电影公司创新举措,开展村民点播影片、喜庆电影放映等服务活动,《中国文化报》《江西日报》分别以《德安科教影片点播备受农民青睐》《农民享受点播影片服务》为题予以报道。

第二节　广　播

机　构

1985 年,有县广播站,各乡镇均有广播站。1997 年,县广播站与有线电视台、电视差转台、教育电视台合并,成立广播电视台。

设　施

20 世纪 80 年代,县广播站有广播大楼 1 栋、建筑面积 600 平方米,配有扩大机设备 2 套,录音机 4 台,频率仪等仪器 5 台,载波放大机 1 套,并对载波设备进行技术改造,由"15KC"改为"75KC"。乡镇广播站配有 250 瓦以上扩大机和配套设施。有两对广播专线 22 千米,乡村专线 425 千米,其中小水泥杆线 380 千米,入户喇叭 6840 只。1990 年,县政府拨专款维修和新建广播专线,新架水泥杆专线 49 千米,新装高音喇叭 68 只,通播率提高 8.8%。1991～1993 年,每年拨款 10 万元,用于农村广播恢复和发展,在原有线路基础上,延伸线路 130 千米,整修线路 42 千米,新建广播站 1 个,实现乡乡通广播,通播率 81%。此后,随着有线电视快速发展,广播事业逐步萎缩。1994 年,广播工作全部停止。

节　目

1985 年后,县广播站每天开播 5.5 小时,分早、中、晚 3 次。转播节目主要有中央人民广播电台"新闻和报纸摘要""各地人民广播电台联播""对农村广播"等。自办节目有"本县新闻""科学知识""理论学习""为听众服务""文艺生活""德安文化"。农村广播站以转播中央人民广播电台、省人民广播电台

"新闻和报纸摘要""对农村广播"节目及县广播站"本县新闻"等节目为主,并为本地党政部门提供政策宣传、工作部署、会议通知等服务。每天早、中、晚播出3次,约5小时。

第三节　电　视

机　构

1991年,建有分米波电视差转台。1994年成立有线电视台。1997年与县广播站合并,成立广播电视台。内设新闻部、总编室、办公室、广告部、专题部和技术播出部。2003年12月,实行网台分离,分设广电网络分公司和广播电视台。

设　施

1986年6月,有10瓦电视差转机1台、发射天线1套,转播江西电视台节目2套。1988年,装配卫星电视接收装置,电视信号明显改善。1991年10月,在义峰山建成发射铁塔1座,高61.48米,装有差转机2台,转播中央电视台节目1套和省电视台节目2套。1992年,扩建义峰山机房。同年,建成聂桥电视差转台,覆盖5个行政村和彭山锡矿。1993年筹建有线电视台,播出机房按300兆宽带设计,改建成广电播出中心,传输节目25套,当年有收视用户2000余个。1997年,建乌石门伍家山微波站,与庐山大微波联网,发展用户1000余个。2002年,建白果有线电视站,架设干线19.5千米,完成35个自然村1600多户转、联网。2004年3月,启动城区电视传输主干线网络改造,网络宽带由300兆升级为700兆,传输网络改为HFC光缆网络,新建光缆管道10千米,杆路43千米。2005年10月,启动城乡联网工程,高标准建设和改造乡镇有线电视网络,架设水泥杆有线电视专用线路360千米,县城至乡、镇为一级光纤链路。

自办节目

1993～1999年:《德安新闻》《一周新闻联播》《点歌台》《电视剧场》。2000年:《德安新闻》《一周新闻联播》《天气预报》《文艺大看台》《点歌台》《黄金剧场》。2001～2004年:《德安新闻》《一周新闻联播》《天气预报》《文艺大看台》《点歌台》《廉政之窗》《黄金剧场》《国际影院》《农村直通车》。2005年:《德安新闻》《一周新闻联播》《天气预报》《文艺大看台》《点歌台》《廉政之窗》《黄金剧场》《国际影院》。2006年:《德安新闻》《一周新闻联播》《天气预报》《点歌台》《廉政之窗》《健康之路》《黄金剧场》《国际影院》《乡镇访谈》。2007年:《德安新闻》《一周新闻联播》《天气预报》《点歌台》《缤纷视野》《下周屏幕》《健康之路》《黄金剧场》《好剧快车》《国际影院》。2008年:《德安新闻》《一周新闻联播》《新闻话题》《天气预报》《法治德安》《点歌台》《综艺荟萃》《缤纷视野》《下周屏幕》《健康之路》《黄金剧场》《好剧快车》《国际影院》。

1986～2008年德安县广播电视节目、稿件获奖一览表

表25－5－1

获奖节目、稿件名称	年份	奖项	举办单位	获奖人
《深山落下夜明珠》	1986	振兴九江宣传报道评奖会三等奖	市委宣传部	雷必兴
《鲁班门前弄斧人——记德安义峰羽绒厂》	1987	市广播节目评选《对农村广播》二等奖	市广播电视局	雷必兴
《现代文明之家——访共青青年之家》	1987	全省好新闻评选二等奖	省新闻工作者协会 省新闻学会	雷必兴、郭学柱
《一个农民的见识和胸怀》	1989	市第六届优秀广播节目评选二等奖	市广播电视局	雷必兴
《在金钱和权力面前》	1989	市优秀广播电视奖(广播类)一等奖	市广播电视局 市广播电视学会	雷必兴
《县委县政府虚心接受新闻单位意见,认真处理萤石生产中的污染问题》	1989	市第七届优秀广播电视节目评选三等奖	市广播电视局	雷必兴
《县第二粮站出售变质大米被及时制止》	1990	市优秀广播电视(节目)三等奖	市广播电视局	赍伟南
《他时刻不忘党的宗旨》	1990	首届全省县级广播台、站优秀专题节目评选二等奖	省广播电视局	雷必兴、郭学柱
《三万元与三千元的选择》	1990	省第七届优秀广播节目评选二等奖	省广播电视学会	雷必兴、郭学柱
《一位"破烂王"的风格》	1990	市"新联杯"征稿三等奖	江西人民广播电台	雷必兴、郭学柱、赍伟南、杜鹏、陈少莲
《他时刻不忘党的宗旨》	1991	全国首届县级广播站优秀专题节目评选三等奖	广播电影电视部地方管理司	雷必兴、赍伟南、陈少莲
对农村广播节目	1991	全省优秀广播节目评选三等奖	省广播电视学会	雷必兴、郭学柱
《义峰神警》	1991	市优秀广播电视(专辑)三等奖	市广播电视局	黄林、雷必兴
《对农村广播》	1991	市优秀广播电视(节目)三等奖	市广播电视局	黄林、雷必兴
《严防狂犬继续伤人》	1991	市优秀广播电视(消息)三等奖	市广播电视局	黄林、雷必兴
《博河明珠》	1992	市优秀广播电视(语言文字)单项奖	市广播电视局	黄林、雷必兴
《乔石委员长视察德安美蛙养殖场》	1993	广播电视(对农村广播)一等奖	市广播电视局	盛广炎、雷必兴

续表25-5-1

获奖节目、稿件名称	年份	奖项	举办单位	获奖人
《小事不忍酿成大祸》	1993	市优秀广播电视(评论)二等奖	市广播电视局	雷必兴、赍伟南
《一花引来百花香》	1993	市优秀广播电视(对农村广播)三等奖	市广播电视局	雷必兴、郭学柱
《群众自治联防威力大》	1994	市优秀广播电视(节目)二等奖	市广播电视局 市广播电视学会	雷必兴
《阵痛之后的喜悦》	1994	市优秀广播电视(新闻专题)一等奖	市广播电视局 市广播电视学会	雷必兴
《人造的福地》	1994	市优秀广播电视(节目)三等奖	市广播电视局 市广播电视学会	雷必兴、郭学柱
《还债厂长》	1995	市第六届优秀广播(作品)三等奖	市广播电视局	雷必兴
《评干部断皇粮办企业》	1995	市优秀广播电视(作品)三等奖	市广播电视局 市广播电视学会	雷必兴
《吴明海的十二字经》	1995	1994年市优秀广播电视(播音作品)三等奖	市广播电视局	罗其高
《邹桥乡计划生育出生负增长》	1995	市优秀广播电视(作品)三等奖	市广播电视局 市广播电视学会	郭学柱
《生命为人民燃烧》	1995	市优秀广播电视播音作品三等奖	市广播电视局	罗其高
《曙光初照永丰桥》	1996	市优秀广播电视(广播类)一等奖	市广播电视局 市广播电视学会	雷必兴、盛广炎
《建好村支部,开发致富路》	1996	市优秀广播电视(电视类)二等奖	市广播电视局 市广播电视学会	赍伟南、童颖冰、陈少莲
《市委副书记余松生对我县招商引资高度评价》	1997	市优秀广播电视(广播类)三等奖	市广播电视局 市广播电视学会	雷必兴
《一份报纸一份情,致富信息暖人心》	2003	2002年度九江广播电视奖优秀电视节目三等奖	市广播电视局 市广播电视学会	罗其高、刘阳、万莉
《德安合力兴修水利,夯实农业发展基石》	2004	2003年度九江广播电视奖优秀电视节目三等奖	市广播电视局 市广播电视学会	罗其高、钟一粟
《高山头上引清泉》	2004	2003年度九江广播电视奖优秀电视节目三等奖	市广播电视局 市广播电视学会	钟一粟
《昌九高速德安段突发山体滑坡》	2005	第十三届江西新闻奖二等奖	省新闻工作协会 省新闻学会	陈松瑞、罗其高
《昌九高速德安段突发山体滑坡》	2005	江西广播电视奖(新闻类)二等奖	省广播电视厅	陈松瑞、罗其高

续表 25－5－1

获奖节目、稿件名称	年份	奖项	举办单位	获奖人
《德安聂桥芦溪村发现两座北宋壁画墓》	2007	2006 年度九江广播电视奖优秀电视节目二等奖	市广播电视局 市广播电视学会	李骊
《建起活动中心,村民更加文明》	2007	2006 年度九江市广播电视奖优秀电视节目三等奖	市广播电视局 市广播电视学会	钟一栗
《归去来兮南山翠,隐逸诗宗》	2008	2007 年度九江广播电视奖优秀电视节目三等奖	市广播电视局 市广播电视学会	钟一栗、胡一卿

第四节　网　络

机　构

2003 年 12 月,成立省广播电视网络传输有限公司德安县分公司和省广播电视信息网络有限公司德安县分公司。内设行政财务部、工程技术部、农网部、业务开发部、城网管理部。县文广局负责公司业务指导和管理。

业　务

1993 年 6 月,启动模拟电视传输网络建设。当年,有用户 2000 余户。2005 年,模拟有线电视节目由 16 套增加到 55 套。同年,进行网络整合,筹建数字电视系统。

收　费

有线模拟电视入网费初期为年 240 元/终端,后逐步调整为 270 元、290 元、350 元、500 元。收视维护费初期为月 5 元/终端,后逐步调整为 10 元、12 元、15 元。

第六章　文化市场管理

第一节　管理机构

1985 年 12 月,撤销县音像管理领导小组,成立社会文化活动管理委员会,下设办公室,与文广局合署办公,负责全县各类文化经营登记审批、许可证发放和监督检查,由文广局业务股承办。1991 年 12 月,成立县“扫黄打非”工作领导小组。1994 年 7 月,成立县文化稽查大队,隶属文广局。1997 年 5 月,文化稽查大队更名文化广播电视稽查大队。1999 年,社会文化活动管理委员会更名文化市场管理委员会。2001 年 4 月,文化市场管理委员会与“扫黄打非”工作领导小组实行两块牌子一套人员。2008 年,县委、县政府两办联合发文,对“扫黄打非”工作领导小组进行调整,由公、检、法、司法、工商、建设、交通、教育、财政、文广、邮政和移动分公司各部门分管领导组成,下设办公室,处理日常事务。

第二节　市场监管

市　场

1985年,全县有电子游戏厅3家,书刊销售点2个,录像放映室1个,规模小,设施较差。1991年,有书刊经营点9个,音像制品销售点6个,歌舞娱乐场所3家,桌球娱乐室7家,电子游戏厅6家,录像放映室和其他文化经营场所8家。1999年,文化经营项目发展到九大类。其中,歌舞娱乐场所13家,音像制品销售点46个,桌球娱乐室20家,电子游戏厅18家,书刊经营点15个,印刷企业(含打字、复印)16家,其他文化经营场所8家。2008年底,有网吧23家,歌舞娱乐场所14家,电子游戏厅16家,音像制品经营点13个,书刊经营点11个,印刷业(含打字、复印)19家,其他文化经营场所72家。

监　管

20世纪80年代,文化市场发展初期,由县文广局业务股管理。1994年后,由县文化稽查大队负责管理,主要是与公安、工商等部门一起,审查娱乐场所的经营条件,发放"经营许可证"和"治安许可证"。2002年7月,县文广局接替电信局管理网吧。此后,在公安、工商等部门配合下,对文化市场进行3个月清理整顿,取缔电脑屋和无证经营网吧16家。2003年11月,棋牌娱乐室纳入文化市场管理。2007年,启动文化市场"诚信工程"建设,建立一户一档诚信档案,实行日常监管和联合检查相结合;建立网吧视频监控系统,组织星级网吧评比;开启"4·26"知识产权保护活动。至2008年,开展日常检查1258次,联合行动50余次,音像、印刷业、娱乐场所、网吧、演出市场等专项整治102次,立案查处非法经营152起,取缔无证经营场所31家;分类别组织业主法规培训54次;成立网吧等协会6个,聘请义务监督员36名。

第三节　"扫黄打非"行动

1987~2008年,对10类文化项目经营户进行日常检查2473次,组织联合检查183次,专项整治229次;取缔非法经营80家,关停60家,限期整改75家,罚款97家,其他处罚95家;收缴赌博机94台、电脑29台、音像制品49867盒、书刊14622册、盗版教辅教材2406册、其他571件;送市集中销毁3次,组织县内销毁10次。

1987~2008年德安县"扫黄打非"行动一览表

表25-6-1　　　　单位:次、户、台(件、册)

年份	市场类别	检查			处理			收缴			销毁
		日常	联合	专项	取缔	限改	罚款	赌博机	音像制品	书刊	
1987~1991	3~5	306	31	22	9	2	5	35	14210	2100	—
1992	7	84	11	8	3	2	3	9	871	243	1
1993	7	87	9	9	1	4	2	4	733	235	—
1994	8	105	13	11	2	5	3		809	347	1(市)
1995	8	121	11	13	4	3	4		765	428	1
1996	9	119	8	12	2	1	2	7	1456	538	1(市)
1997	9	121	9	14	3	4	5	5	689	439	1

续表 25－6－1

年份	市场类别	检查			处理			收缴			销毁
		日常	联合	专项	取缔	限改	罚款	赌博机	音像制品	书刊	
1998	9	119	7	13	19	5	2		1883	543	—
1999	9	120	9	13	3	2	3		976	598	1
2000	9	123	7	11	3		4		1359	314	1
2001	9	119	6	14		6	3	5	5686	1423	1
2002	9	118	14	9	8	5	4	3	1837	337	1
2003	9	116	5	14	3	6	5		1850	1441	—
2004	10	124	7	13	5	4	6	6	2910	901	1
2005	10	121	8	12	3	5	7	3	1833	735	1(市)
2006	10	180	9	6	7	15	15	3	2000	400	1
2007	10	190	8	14	4	3	20	4	4000	1600	—
2008	10	200	11	20	1	5	4	10	5000	2000	1

第七章　科学技术

第一节　发展规划与项目申报

发展规划

1996～2006年，先后编制《德安县“九五”科技发展规划》《德安县“十五”科技发展规划》《德安县“十一五”科技发展规划》，结合全县工农业社会经济发展战略重点，全面规划技术推广体系建设、人才引进培养机制、科技投入增长比例机制、科技成果支撑经济发展贡献率等。

项目申报

1985～2008年，全县申报各类科技项目186个，其中国家级6个、省级32个、市级43个、县级105个。

1985～2008年德安县申报国家级科技项目一览表

表 25－7－1

年份	项目	种类	单位
2006	联合收割机成果转化	农业成果转化	江西柳林机械有限公司
2007	文石晶型涂布级轻质碳酸钙中试	中小企业创新基金	九江富通化工有限公司
2008	有机胖姜基地建设及产业化开发	科技富民强县专项	九江鸿立食品有限公司
	有机胖姜标准化种植及加工技术示范	星火计划	九江鸿立食品有限公司
	郎德鹅养殖及深加工技术示范	星火计划	德安凯发生态农业科技有限公司
	大客车空调离合器中试	中小企业创新基金	九江东洋空调器有限责任公司

第二节　科技活动

科普活动

20世纪80年代,聂桥乡老屋聂村、磨溪乡港口郑村创办科普文化夜校,《科协通讯》《江西日报》《科普创作》等报刊先后予以报道。1985年,聂桥乡科普员卢赣生获中国科协成绩显著奖,出席华东6省1市农村科普工作经验交流会作重点发言;县科协办有《科技通讯》《信息窗》刊物,举办科普图片展,观众1000余人次,获"全国农村科普工作先进集体"称号。同年,乡镇电影队开展科教影片巡回放映。1989年4月,县科协被国家科协再次评为"全国农村科普工作先进集体"。1990年,全县有省、市、县科普文明村23个。1998年,启动创建"全国科普示范县"活动。1999年,成立县创建21世纪科普致富示范村领导小组。山江湖德安聂桥综合开发被科技部列为可持续发展实验项目;乡镇场和相关单位加强科技推广硬件建设,制作科普宣传牌、板报和长廊;县委组织部为河东乡石桥村配置科教设备,帮助建立乡、村、组三级科普网;县委农工部利用农经网资源,启动"跨世纪青年农民科技培训工程",编发科技信息2万余份;县电视台在相关栏目开展科普宣传活动;县园艺场被中科协命名为首批"全国科普示范基地"。至2000年,全县副科级以上干部听科技报告16场;90%以上农村党员和村组干部参加过各类农技培训班,掌握1～2门实用农业科学技术。2001年6月,德安被中国科协授予"全国科普示范县"称号。至2007年,河东乡石桥村、磨溪乡五星村、宝塔乡杨桥村、爱民乡柏树村分别被省、市科协授予"科普示范村"称号,丰林蛋鸡养殖协会被授予"全省优秀农村专业技术协会"称号。

科技下乡

1996年3月,省、市科委和科协组织10家省内科研院所、大专院校100余人到林泉乡、邹桥乡开展科技"三下乡"活动,咨询450人次,发放资料600余份,举办专题讲座及培训班各1个。1997年4月18日,南昌市、九江市、江西农大、县科协共同举办"科技大篷车"科技下乡活动,参加活动的专家、教授38人,其他科技人员100余人,为林泉、聂桥、邹桥3个乡镇送科技图书、资料、图表4万余件,新农药、新种子、新机械30余件。

科技交流

1985年10月和1986年8月,县二小气象科技小组先后到九江、星子县和南京紫金山天文台参观学习。1986年,县科协加入湘、鄂、赣边区10县科技协作网。同年,北京、上海、四川等11省市40多名县科协代表在德安召开全国第二次地方科协工作研讨会。1992年10月,湘、鄂、赣边界县(市)科技交流协作网年会在德安召开,与会50余人,宣读论文12篇。2003年11月,县科技局承办省菌物学会年会,到会专家40余人,围绕食用菌标准化生产技术交流论文8篇,并参观河东乡和蒲亭镇食用菌种植基地。2007年7月,成立"袁隆平研究学会",国家杂交水稻技术研究中心副主任邓华凤到会作专题报告,会议期间开设"学习袁隆平精神,推进科技创新"论坛。2008年10月,江西柳林机械有限公司"高效多功能全喂入式联合收割机"项目参加第五届中国—东盟博览会,获农村先进适用技术暨高新技术展优秀参展项目奖。

科技合作

建立产学研联合体　1988年,高塘福利花炮厂与市科技情报研究所建立安全鞭炮技术联合体。1989年,丰林粉丝厂与江西大学建立粉丝下脚料综合利用协作组。2006年,九江鸿立食品有限公司与省科学院建立胖姜加工技术工程中心,与江西农业大学建立姜糕加工协同创新联合体。2007年,九江东洋空调离合器有限责任公司与南昌航空学院建立空调离合器技术中心。

建立项目攻关协作关系　1986～2008年,县内企事业单位同科研院所、大专院校建立项目攻关协作关系13个,对接科研院所及大专院校16家、项目13个。

1986～2008 年德安县主要科技协作攻关项目一览表

表 25－7－2

时间	项目名称	项目单位	协作单位
1986	果树高位嫁接技术开发	九江市果树研究所	江西农业大学
1987	电瓶废液无害化处理	彭山林场安瓶厂	江西工业大学
1987	冰箱温控器新产品开发	九江浔阳电子仪器表	南昌航空学院、江西工学院
1990	微型安全鞭炮技术研发	高塘福利花炮厂	九江市科技情报研究所
1991	粉丝下脚料综合利用技术	丰林粉丝厂	江西大学
1995	常见多发病治疗	县人民医院	九江学院
1996	教学医院实训基地建设	县中医院	江西中医学院
1996	教学医院实训基地建设	县人民医院	九江学院、赣南医学院
1999	远程医疗系统平台建设	县人民医院	南昌大学附属第一、第二医院
2003	胖姜有机姜糕技术研发	九江鸿立食品有限公司	江西农业大学
2008	农村沼气系统工程技术应用	江西省德邦牧业有限公司	南昌大学
2008	精密钢管制造技术开发	德安永立精密钢管有限公司	九江学院
2008	蛋鸡生态养殖技术示范	德安敷阳蛋鸡养殖有限公司	江西省农科院

建立科研教学基地

1985～2008 年，有黄婻科技示范乡，南昌大学德邦牧业研究生实习基地，江西农大鸿立食品教学实习基地，九江学院、九江卫校、南昌卫校、省卫校、江西医学院抚州分院、赣南医学院县医院教学实习基地，省中医学院县中医院教学实习基地。

科技培训与推广

开办培训课堂　1985～2008 年，利用农函大、乡镇党校和农民夜校作为科普培训平台，实施农村职业技术教育和农技人员在岗培训，开办各类培训班 500 多期，培训干部和农民 9 万余人次；有科普学校 11 所，共授课 35 学期，入校受训 1230 人次。

建立示范推广基地　至 2008 年，有各类科技示范户 450 家，形成以彭山林场、园艺场为中心的优质林果业，以聂桥镇为中心的可持续发展农业，以宝塔、邹桥乡为中心的绿色大棚蔬菜，以吴山乡蔡河村为中心的高产油菜，以岳山垅、牛角湾为中心的特种水产等 16 个科技示范基地；各乡、镇、场、村组重点户基本完成科技示范、普及、提高和推广布点工作。

第三节　科技测报与服务

气象测报

1985 年，县内有国家气象观测站 1 个，位于义峰山南坡。1988 年，建立农村气象灾害警报发射系统。1991 年，开始制作农作物产量预报。1996 年起，开展高炮人工增雨作业。1997 年，启用计算机电视预报系统，开通天气预报自动咨询电话。1999 年，天气预报人机交互处理系统投入使用，随着雷达、卫星、电子计算机等气象信息分析预报产品应用，天气预报时效性和准确率显著提高。2001 年，成立县人工影响天气领导小组，办公室设气象局内。2002 年，利用德安与共青农村经济信息网（后更名新农村网),向乡镇信息站及用户发布各类气象信息。2003 年 11 月,实现电子元件传感连续监测自动化,建成 6 要素(气压、气温、相对湿度、降水量、风向风速、地湿)CAWS600 型自动站 1 个。2006 年,建立天气雷达同步终端,纳入全国地面大气探测台站网,气象观测从全人工操作阶段进入实时自动上传探测阶段,实现网络化公众气象服务。2007 年起,有标准化移动式火箭作业分队,初步建成人工影响天气作业指挥系统和覆盖境内大部区域的作业网络。境内有聂桥、爱民、邹桥、塘山、车桥、磨溪、湖塘水库 7 个加密自动气象站,探测气温和降水。至 2008 年,测报内容有天气现象(晴、阴、雨、雾、雪)、气温、风向风速、各种气象灾害预警、年景天气趋势、中期天气预报及春播汛期、高温干旱、寒露风、霜冻等专题天气预报。预报时效以 48 波动时内短期天气过程预报为主,同时,开展年、月、旬雨量和温度变化趋势中长期天气预报(以市台指导为主)。

水文测报

1985 年,境内有梓坊水文站,钟村(塘山)、李树桥(爱民)、竹林下(车桥)、枣树李(磨溪)、山脚下陈(吴山)代办雨量站和高塘、石门、上易、城门、新田、蔡山垅、红桥、东山、德安水位监测点。梓坊水文站属省重点水文站和鄱阳湖区域代表站,集水面积 626 平方千米,观测项目为降水量、蒸发量、水位、流量、水质等。德安、高塘水位监测点由市水文局直管。

农作物病虫害测报

1985～1992 年,县内农作物病虫害测报以水稻为主,油菜、蔬菜和果树为辅。1992 年实行水改旱,棉花种植面积扩大,主要病虫害测报改以水稻、棉花为主。水稻病虫害测报重点为稻瘟病、纹枯病、稻曲病、白叶枯病、二化螟、三化螟、稻纵卷叶虫和稻飞虱。棉花病虫害测报重点为炭疽病、立枯病、枯萎病、棉铃虫、红铃虫、红蜘蛛等。根据农作物生长特性、天气形势和病虫害发生规律,发布病虫害发生期、发生量和迁飞性害虫预测通报。短期预报在 20 天以内,中期预报为 20 天到 3 个月,长期预报为 3 个月以上。

森林病虫害测报

1987 年,成立县森林病虫害防治检疫站,隶属县林业局,负责林业有害生物监测、预报、防治及检疫,下设马尾松毛虫、松材线虫、松褐天牛、思茅松毛虫、白蚁等一般测报点 19 个及省级综防林测报点 1 个,监测森林面积 4.67 万公顷。2000 年后,建立以乡镇林业工作站技术员为主,村林管员、造林和育苗大户为辅的测报队伍,每年开展一次测报人员业务培训。2003～2005 年,开展林业有害生物普查,查出马尾松毛虫、松褐天牛、松毒蛾、思茅松毛虫、星天牛、杨二尾舟蛾、樟叶蜂等有害生物 10 余种。2006 年始,每年与测报员签订《德安县林业有害生物监测协议书》,明确监测对象、范围、面积,形成县、乡、村、组、林农 5 级监测网络。

第四节 科技经费管理

“三项经费”管理

1990 年,制定《德安县科技“三项经费”管理办法》,县审计局每年对“三项经费”进行专项审计。上级财政下达科技经费,由县科技管理部门及财政局派员对项目单位进行现场查看,防止套取项目资金,并根据项目管理程序,由上级科技管理部门进行项目监理和中期检查。中央财政科技项目资金先期拨付 70%,余下 30% 连同省、市配套资金,待项目验收后一同拨付。1996 年,德安县被评为市科技工作先进单位和科技三项经费达标单位。

经费使用

项目经费,依据科技合同约定使用范围合理开支。设立专门核算账户,专款专用。1985～2008 年,县财政投入科技"三项"经费128.8万元,中央及省市财政下拨项目经费588万元。累计增值6.5亿元,上缴利税0.98亿元。

第五节　科技成果与专利

科技成果

1985年,获市科技奖9项。1989年,获省科技奖1项。2003年,德安凯灵制冷离合器有限公司大客车空调电磁离合器项目被列入国家火炬计划,并获市科技进步三等奖和实用新型专利1件;2004年,项目通过省科技厅验收,投产后,实现年销售收入1875万元、利润253万元、税收95万元。2007年,江西柳林机械有限公司生产的4LZ系列稻、麦、油菜兼用型全喂入履带式联合收割机被评为省和国家优秀重点新产品。至2008年,全县取得科技成果782项,获省、市、县科技进步奖56项。有18项医药卫生科技成果通过市科技管理部门验收。

1985～2008年德安县农业科技成果获奖一览表

表25－7－3

年份	项目	单位	获奖人	奖励等级
1985	在日粮中添加苜蓿草等饲料对蛋黄色泽影响的研究	共青蛋鸡场	周玉龙 万斌诚等	市优秀科技成果 二等奖
1985	早稻配方施肥示范推广	县农牧局	曾庆亚 蒋新林等	市优秀科技成果推广 四等奖
1985	杂交水稻大面积高产推广	县种子公司	余清河 刘贤根	市优秀科技成果推广 四等奖
1986	良种鸭引进示范推广	县科委	陈传满 周增旺	市科技进步二等奖
1988	综合治理中低产田技术经济效益评价	县农牧局 县土管局	杜文祥 曾庆亚等	市科技进步三等奖
1989	良种鸭引进示范推广	县科委	陈传满 周增旺	省科技进步三等奖
1990	柑橘高位嫁接技术应用推广	市果树研究所 县农牧局	陈家政 陈礼柏等	市科技进步三等奖
1992	鹅鸭工程配套及示范	共青富华山实业总公司	熊以宓 程普盛等	市科技进步三等奖
1994	板栗芽变单系—"田铺双季板栗"生长结果特征及栽培技术研究	县农牧局 县科委	桂训跃 左家池等	市科技进步三等奖
1994	草甘膦防除棉田杂草实验示范推广	县农牧局	孙法政 官守学等	市科技进步三等奖
1994	三改柑橘容器育苗技术	市果树科研所	肖茂元 郑绍东等	市科技进步三等奖

续表25－7－3

年份	项目	单位	获奖人	奖励等级
1994	“泗棉三号”新品种大面积推广应用	县种子公司	王泽国 刘贤根等	市科技进步三等奖
1995	奈李引种示范	市果树科研所 县科委	肖茂元 左家池等	市科技进步三等奖
1997	万亩“四季鲜”果园示范基地	县园艺场	肖茂元 郑绍东等	市科技进步三等奖
1998	聂桥镇科技综合示范基地建设	聂桥镇政府	李甫勇 金启忠	市科技进步三等奖
2002	百喜草在国土保护“三高”农业中的应用及推广	省农业大学 县园艺场	肖茂元等	市科技进步二等奖
2004	聂桥板栗主要病虫生物防治	山江湖聂桥可持续农业技术推广站	张咏 代黎湘等	市科技进步三等奖

1985～2008年德安县工业科技成果获市级奖励一览表

表25－7－4

年份	项目	单位	获奖人	奖励等级
1985	YQH－3351型矿用回柱器	宝塔煤矿机械厂	程运钿 马德荣等	优秀科技成果三等奖
1985	YQW－I矿用喷雾器	宝塔煤矿机械厂	程运钿 陈越升等	优秀科技成果三等奖
1985	851、852型脚踏风琴	共青机械厂	周瑞红 袁安安等	优秀科技成果三等奖
1985	DHF－25型电磁换向阀	县半导体厂	陈浙金 戴玉华等	优秀科技成果三等奖
1985	利用粉丝下脚料研制酱油	丰林粉丝厂	杨贵先 李秀木等	优秀科技成果三等奖
1985	冷挤压新工艺推广	县内燃机配件厂	翟辅君 吕宪章等	优秀科技成果推广四等奖
1987	全铜质大白扣生产的研制	共青冲压件厂	何秋涛 涂带青等	科技进步三等奖
1988	微型电光安全鞭炮	高塘福利花炮厂 县科委	雷其付 张家兴等	科技进步三等奖
1989	万盛牌产蛋鸡全价配合料	县粮食局饲料厂	潘裕国 王国强等	科技进步三等奖
1989	ZQ6450汽车制动器总成	县制动器厂	张玉成 胡锁柱等	科技进步三等奖

续表 25－7－4

年份	项目	单位	获奖人	奖励等级
1990	延长普通啤酒保质期的研究实验	共青酒厂	汪传广 虞励先等	科技进步三等奖
1991	无水氟化氢	县致冷剂厂	吕正中 周乐林等	科技进步三等奖
1991	铁醋精矿脱硫实验研究	江西彭山锡矿	刘斌 章征利等	科技进步三等奖
1992	水泥生料配比微机控制系统	县水泥厂	方国雄 袁建中等	科技进步三等奖
1994	气相漂新技术应用	县棉纺厂	刘要业 岳杏玲等	科技进步三等奖
1994	烘干机高压静电除尘	县水泥厂	方国雄 袁建中等	科技进步三等奖
1997	计算机程序控制保险柜	共青江南保安设备有限公司	陈金斌 余金龙等	科技进步一等奖
2003	大客车车用 3FY、6FY 空调电磁离合器	德安凯灵制冷离合器有限公司	胡水根 胡凯	科技进步三等奖

2005～2008 年德安县医疗卫生科技成果一览表

表 25－7－5

年份	成果名称	项目负责人	成果单位
2005	经外周中心静脉导管在临床的应用	刘瑞荣、郭锋、杨礼勇、孙家水、陈守生	县人民医院
	继发性贫血病的防治研究	胡胜兰、孙家水、燕长花、郭锋	县人民医院
2006	腹腔镜辅助行脑室腹腔分流术的临床应用	郭锋、刘瑞荣、杨明海	县人民医院
2007	低分子肝素钙治疗 COPD、肺源性心脏病疗效研究	黄伟华	县人民医院
	腹腔镜术中胆道造影在具有胆总管相对探查指征病例中的应用	陈守生、郭锋、刘瑞荣	县人民医院
	三孔法腹腔镜胆囊联合阑尾炎切除术临床应用	陈守生、寇勋、曾起	县人民医院
2008	锁定加压钢板在复杂性腓骨骨折中的运用	曾起、余伟宏、杨美琴	县人民医院
	膝前正中切口镍钛记忆合金聚髌器治疗髌骨骨折	寇勋、陈霞、许真	县人民医院
	银杏达莫治疗急性脑梗死疗效研究	郭宝明、周桂枝、曹锦绣	县人民医院
	无创正压通气在儿科急性呼吸窘迫综合症中临床应用	曾令礼	县人民医院

专　利

1989 年启动县专利管理工作。至 2008 年，全县共申请专利 305 件，获授权 185 件，其中发明专利授权 61 件，实用新型专利授权 110 件，外观设计专利授权 14 件。

1985～2008年德安县获授权专利一览表

表25－7－6

专利号	专利标题	专利类型	申请人
CN88203608.4	生命节律计算器	实用新型	柯美友
CN91200248.4	两用斗笠	实用新型	柯美友
CN91203817.9	全封闭结构脱胆保暖服	实用新型	共青羽绒厂
CN92217052.5	一种叶轮式雾化节油装置	实用新型	共青运输公司
CN93201538.7	一种汽车防滑装置	实用新型	共青运输公司
CN94115861.6	解酒保健茶及其制备方法	发明	徐学勤
CN95218530.X	一次性餐巾	实用新型	邓银鑫
CN97212657.0	遥控彩电电源切断器	实用新型	叶明周
CN97219263.8	浮力自动提水装置	实用新型	叶明周
CN98121636.6	瓷上感光肖像画彩色肤色颜料粉	发明	吴荣林
CN98219389.0	加压式家用淋浴装置	实用新型	李良友
CN99122294.6	风洞风力发电技术和方法	发明	何正根
CN99122279.2	风洞风力能发电技术和方法	发明	何正根
CN99219046.0	节能重力驱动轮	实用新型	桂金水
CN00242852.0	节能增力传动系	实用新型	叶祥林
CN01208877.3	车用防滑器	实用新型	邵平孙、兰清安、赵基明
CN01211080.9	手握式无后座力火焰喷射器	实用新型	李良友
CN01251957.X	车用电磁离合器	实用新型	胡水根、胡玮
CN01302793.X	包装袋(绿豆粉丝)	外观设计	王文栋
CN01302794.8	包装袋(纯豆粉丝)	外观设计	王文栋
CN01328363.4	包装袋(卫生纸)	外观设计	王泉水
CN01328364.2	包装纸(卫生纸)	外观设计	王泉水
CN01339363.4	包装袋(绿豆粉丝)	外观设计	王文栋
CN02229533.X	汽车空调电磁离合器	实用新型	程运钿、吴峰
CN03335084.1	包装纸(1)	外观设计	王泉水
CN03335085.X	包装纸(2)	外观设计	王泉水
CN03344101.4	包装袋(10卷装)	外观设计	王泉水
CN03344102.2	包装袋(18卷装)	外观设计	王泉水
CN200320118086.5	皮面电脑键盘	实用新型	李伟高
CN200320118092.0	皮面电脑鼠标	实用新型	李伟高
CN200320119681.0	一种荧光贴片键盘按键	实用新型	李伟高
CN200320119682.5	一种人体工学鼠标	实用新型	李伟高
CN200320119683.X	一种透光字符电脑键盘	实用新型	李伟高
CN200320119684.4	一种人体工学鼠标	实用新型	李伟高
CN200320119685.9	激光指示鼠标	实用新型	李伟高
CN200320119686.3	一种自动控制的发光电脑键盘	实用新型	李伟高
CN200330106230.9	包装纸(卫生卷筒纸)	外观设计	林云雁
CN200410015363.9	热缩性鞋套装置	发明	李伟高

续表 25 -7 -6

专利号	专利标题	专利类型	申请人
CN200410026441.5	一种定位光电鼠标	发明	李伟高
CN200410027504.9	浮船式摇摆床	发明	李伟高
CN200410052699.2	高杆彩色树及其培植方法	发明	肖茂元
CN200410066714.9	一种以鸡粪为原料的高效生态有机肥	发明	何耀湖
CN200410067230.6	高楼逃生装置	发明	李良友
CN200420015554.0	热缩性鞋套装置	实用新型	李伟高
CN200420015555.5	软性鼠标	实用新型	李伟高
CN200420015556.X	一种反光字符电脑键盘	实用新型	李伟高
CN200420015557.4	一种光控发光电脑键盘	实用新型	李伟高
CN200420015558.9	一种光纤电脑音箱	实用新型	李伟高
CN200420015559.3	复合面壳鼠标	实用新型	李伟高
CN200420015560.6	一种光纤电脑机箱	实用新型	李伟高
CN200420015562.5	可在液体中工作的电脑键盘	实用新型	李伟高
CN200420015563.X	一种光纤电脑键盘	实用新型	李伟高
CN200420015564.4	一种光纤电脑鼠标	实用新型	李伟高
CN200420043402.1	滚动式定位光电鼠标	实用新型	李伟高
CN200420043403.6	移动式定位光电鼠标	实用新型	李伟高
CN200420044794.3	可接收无线鼠标信号的电源直充式电脑键盘	实用新型	李伟高
CN200420044795.8	可接收无线鼠标信号的电池充电式电脑键盘	实用新型	李伟高
CN200420044796.2	紫外线消毒电脑键盘	实用新型	李伟高
CN200420044797.7	可装文具的电脑键盘	实用新型	李伟高
CN200420071783.4	密闭式电脑键盘	实用新型	李伟高
CN200420072414.7	交叉支架键帽防脱机构	实用新型	李伟高
CN200420072415.1	太极式交叉支架按键结构	实用新型	李伟高
CN200420072416.6	烟雾感应煤气自动控制装置	实用新型	李伟高
CN200420091521.4	母子两轮车	实用新型	鲁小鸣
CN200420095634.1	无线鼠标导电装置	实用新型	李伟高
CN200420095643.0	一种冷光鼠标垫	实用新型	李伟高
CN200430075200.0	建筑装饰板	外观设计	鲁小鸣
CN200420117524.0	带有伸缩式尾部行李箱和顶门的汽车	实用新型	何新长
CN200510026578.5	整体型自动滑升脚手架装置	发明	徐印南
CN200510035147.5	缩放式电脑机箱	发明	李伟高
CN200510035148.X	滚动式定位控制光电鼠标	发明	李伟高
CN200510036698.3	夜光高尔夫球	发明	李伟高
CN200510036699.8	带球体的固定式光电鼠标	发明	李伟高
CN200510036700.7	互感充电式无线光电鼠标	发明	李伟高
CN200510037432.0	分体式无线光电鼠标	发明	李伟高
CN200510037433.5	带发光球的座式光电鼠标	发明	李伟高
CN200510037434.X	拼音快速输入专用电脑键盘	发明	李伟高

续表 25－7－6

专利号	专利标题	专利类型	申请人
CN200510037435. 4	伸缩式鼠标	发明	李伟高
CN200510120613. X	带滚球的座式防水光电鼠标	发明	李伟高
CN200510120615. 9	多功能网络游戏键盘	发明	李伟高
CN200510120899. 1	带滚球的多功能座式光电鼠标	发明	李伟高
CN200510120900. 0	四防式电脑键盘	发明	李伟高
CN200510120901. 5	一种贴片电脑键盘	发明	李伟高
CN200510120902. X	变形鼠标	发明	李伟高
CN200520013942. X	万向风轮	实用新型	张火顺
CN200520053362. 3	全自动充电互感无线鼠标	实用新型	李伟高
CN200520053621. 2	人体工学助动鞋	实用新型	李伟高
CN200520054829. 6	验钞电脑键盘	实用新型	李伟高
CN200520054830. 9	验钞鼠标	实用新型	李伟高
CN200520055253. 5	多功能 USB－HUB 鼠标垫	实用新型	李伟高
CN200520056471. 0	一种新型多功能电脑键盘	实用新型	李伟高
CN200520056472. 5	多功能无线键盘信号及无线鼠标信号接收器	实用新型	李伟高
CN200520059607. 3	缩放式电脑机箱	实用新型	李伟高
CN200520059608. 8	滚动式定位控制光电鼠标	实用新型	李伟高
CN200520059609. 2	扫描鼠标	实用新型	李伟高
CN200520063387. 1	夜光高尔夫球	实用新型	李伟高
CN200520063389. 0	互感充电式无线光电鼠标	实用新型	李伟高
CN200520064920. 6	分体式无线光电鼠标	实用新型	李伟高
CN200520064921. 0	带发光球的座式光电鼠标	实用新型	李伟高
CN200520064922. 5	拼音快速输入专用电脑键盘	实用新型	李伟高
CN200520064923. X	伸缩式鼠标	实用新型	李伟高
CN200520117128. 2	整体型自动滑升脚手架装置	实用新型	徐印南
CN200520120365. 4	带滚球的座式防水光电鼠标	实用新型	李伟高
CN200520120366. 9	多功能网络游戏键盘	实用新型	李伟高
CN200520136024. 6	多功能液压制动泵	实用新型	丁裕夫
CN200520136823. 3	有两条排水管的洗衣机	实用新型	鲁小鸣
CN200610034054. 5	带蓝牙键盘及蓝牙鼠标功能的手机	发明	李伟高
CN200610034055. X	夜视反光键盘	发明	李伟高
CN200610034056. 4	自由调节人体工学键盘	发明	李伟高
CN200610034057. 9	翻转式键盘多媒体工作台	发明	李伟高
CN200610034058. 3	带外套的光电鼠标	发明	李伟高
CN200610034059. 8	抽插式复合键盘	发明	李伟高
CN200610034060. 0	网络电话复合键盘	发明	李伟高
CN200610034061. 5	浸塑鼠标	发明	李伟高
CN200610034062. X	浸塑键盘	发明	李伟高
CN200610034063. 4	浸塑机箱	发明	李伟高

续表 25－7－6

专利号	专利标题	专利类型	申请人
CN200610036157.5	空气清新机上积尘片的加工方法	发明	黄义洪、王家勇、程广荣、邓铁
CN200610061546.3	折叠式键盘	发明	李伟高
CN200610061547.8	组合发光键盘	发明	李伟高
CN200610061548.2	带电话的鼠标	发明	李伟高
CN200610063137.7	异形切割竹筒鼠标壳	发明	李伟高
CN200610063138.1	电脑周边暖热装置	发明	李伟高
CN200610064560.9	笔记本电脑防水键盘	发明	李伟高
CN200610064562.8	不同硅胶力及不同感应力的人体工学键盘	发明	李伟高
CN200610064563.2	防水发光键盘	发明	李伟高
CN200610064564.7	键盘防水薄膜	发明	李伟高
CN200610064565.1	切割式硅胶片及其加工方法	发明	李伟高
CN200610124738.4	蚕砂药物保健蚕丝被	发明	吴道贵
CN200620015253.7	异形切割竹筒鼠标壳	实用新型	李伟高
CN200620015254.1	电脑周边暖热装置	实用新型	李伟高
CN200620016855.4	折叠式键盘	实用新型	李伟高
CN200620016858.8	组合发光键盘	实用新型	李伟高
CN200620016859.2	带电话的鼠标	实用新型	李伟高
CN200620055752.9	带蓝牙键盘及蓝牙鼠标功能的手机	实用新型	李伟高
CN200620055753.3	夜视反光键盘	实用新型	李伟高
CN200620055754.8	自由调节人体工学键盘	实用新型	李伟高
CN200620055755.2	翻转式键盘多媒体工作台	实用新型	李伟高
CN200620055756.7	带外套的光电鼠标	实用新型	李伟高
CN200620055757.1	抽插式复合键盘	实用新型	李伟高
CN200620055758.6	网络电话复合键盘	实用新型	李伟高
CN200620055759.0	浸塑鼠标	实用新型	李伟高
CN200620055760.3	浸塑键盘	实用新型	李伟高
CN200620055761.8	浸塑机箱	实用新型	李伟高
CN200620061033.8	空气清新机上的积尘片	实用新型	黄义洪、王家勇、程广荣、邓铁
CN200620062738.1	一种带数据存储设备的点火装置	实用新型	胡远胜
CN200620145364.X	防水发光键盘	实用新型	李伟高
CN200620145365.4	键盘防水薄膜	实用新型	李伟高
CN200620145367.3	切割式硅胶片	实用新型	李伟高
CN200710074038.3	一种屏幕扩展手机	发明	李伟高
CN200710074361.0	动态装饰鼠标	发明	李伟高
CN200710075578.3	手提电脑键盘罩	发明	李伟高
CN200710075579.8	人性化键盘	发明	李伟高

续表25－7－6

专利号	专利标题	专利类型	申请人
CN200710075580.0	充气鼠标	发明	李伟高
CN200710077115.0	打包片式多媒体键盘	发明	李伟高
CN200710077116.5	暗线式迷你型便携键盘	发明	李伟高
CN200710077117.X	导流式防水键盘	发明	李伟高
CN200710090297.5	高低差风洞风能发电技术和方法	发明	何正根
CN200710124846.6	发光键盘变化光源	发明	李伟高
CN200720002052.8	能注脱洗涤的洗衣机	实用新型	鲁小鸣
CN200720048408.1	音频功率放大器	实用新型	陈俊
CN200720106506.6	一种烟嘴	实用新型	宋江云
CN200720109676.X	自动锁定保护防盗开锁头及钥匙	实用新型	徐忠祥
CN200720109677.4	自动隐蔽锁孔防盗开锁头及钥匙	实用新型	徐忠祥
CN200720109678.9	一种多功能衣架	实用新型	徐忠祥
CN200720112216.2	一种防盗锁头及钥匙	实用新型	徐忠祥
CN200720112217.7	新型组合式警示灯	实用新型	徐忠祥
CN200720120183.6	动态装饰鼠标	实用新型	李伟高
CN200720120605.5	警示灯(新型长排)	外观设计	徐忠祥
CN200720122098.3	手提电脑键盘罩	实用新型	李伟高
CN200720122099.8	人性化键盘	实用新型	李伟高
CN200720122100.7	充气鼠标	实用新型	李伟高
CN200720171676.2	打包片式多媒体键盘	实用新型	李伟高
CN200720171677.7	暗线式迷你型便携键盘	实用新型	李伟高
CN200720171678.1	导流式防水键盘	实用新型	李伟高
CN200810065183.X	光纤导光式电脑周边通用发光装置	发明	李伟高
CN200810106867.X	一种婚车装饰品的制备方法	发明	万小鹏
CN200810107053.8	沸水保温盘	发明	李洲
CN200820091606.0	光纤导光式电脑周边通用发光装置	实用新型	李伟高
CN200820101328.2	一种抑制过电压的自耦减压起动装置	实用新型	方圆(德安)矿业投资有限公司
CN200820112842.6	一种带锁的调制解调器	实用新型	李小兵
CN200820112843.0	一种新型防腐蚀滴管	实用新型	李小兵、杨艺
CN200820112850.0	可调离合间隙式车用空调电磁离合器	实用新型	九江东洋空调离合器有限责任公司
CN200820137510.3	沸水保温盘	实用新型	李洲
CN200830261444.6	鞋帮	外观设计	朱曙光
CN200830261445.0	鞋底	外观设计	朱曙光

卷二十六

义门陈文化

卷二十六　义门陈文化

义门陈文化是德安县特有的文化现象。唐开元九年(721),陈伯宣由泉州(今福建省泉州市)至南康(今江西省南康市)访友,后结庐隐居匡山,注司马迁《史记》。开元十九年(731),至德化凤凰山(今江西省九江县狮子牌楼门)筑室建寨,招聚避祸泉州的眷属聚居于斯,形成江州陈氏聚族而居、同炊同饮的家族公有制形态。唐大和六年(832),陈伯宣孙陈旺因官置产于蒲塘场太平乡常乐里艾草坪(今江西省德安县车桥镇)后,其家族公有制益加完善。从唐咸通元年(860)家族公推第一任家长陈青,至唐中和元年(881)第三任家长陈崇主持家政时,已经7代同居,击鼓传餐,百犬同槽,族产共有,家无私财,共同劳作,平均分配,不蓄仆妾,上下姻睦,以至远近叹异,名动朝野。中和四年(884),被唐僖宗李儇旌表为“义门陈氏”。大顺元年(890),陈崇制订家法33条、家范12则、家训16条,并创办中国历史上最早的书院东佳书堂,延大儒教子弟,实现“男司耕读,女司纺织”,使家族孝义传家、耕读立世之风更臻完美。至北宋嘉祐七年(1062)奉旨分庄,创造了一个15代3900余口,历时332年的氏族公有制社会,成为一个不曾为马克思和恩格斯所发现的真实乌托邦。20世纪末,部分科学家和诺贝尔奖获得者在巴黎发表宣言,称如果人类社会要在21世纪以后生存下去,必须回首到中国古代“普遍和谐”思想中求得启示,江州义门陈无疑给这种探求提供了一个完美范例。开展义门陈文化研究,必然给人类社会的文明进步带来重要启迪。

第一章　文化渊源

第一节　义门源流

颖川世系

清同治十年(1871)《德安县志・义门遗址》称江州义门陈始祖陈伯宣为汉太丘陈寔29世孙,故义门陈应源于颖川世系。陈寔(104～187),颖川许(今河南许昌东)人。东汉名士,少作县吏,为都亭佐,有志好学,县令邓邵使人太学就业,后复为吏,汉桓帝(147～167)时为太丘长。党锢祸起,人多逃避求免,唯陈寔自请囚禁,后遇赦得出。灵帝(168～184)初,大将军何进、司徒袁隗辟为属吏,皆辞不就。陈寔平心率物,乡人有争讼,则求判正,谓"宁为刑罚所加,勿为陈君所短"。陈寔及其长子纪(元方)、四子谌(季方),合称"三君子",曾为封建道德典范而"图像百城"。陈寔曾携子孙访荀淑,同游许昌西湖,感德星聚奎,灵帝特建"德星亭",故陈氏家族有"德星堂"名号,陈寔殁,追封颖川侯。至陈匡迁居曲河共传7代,称颖川世系。

长城世系

陈匡子陈逵,东晋元常建武初(317)曾为丞相属贞历太子洗马,出任长城令,悦其山水而定居长城(今浙江长兴),陈逵至陈文赞共传11代,称长城世系。

陈朝世系

陈文赞生谈先、霸先、休先三子,次子陈霸先于557年建立陈朝,为陈武帝。长子陈谈先,原为南梁东宫直阁将军,陈朝立,武帝追赠其太傅,谥始兴昭烈王,后被其子陈宣帝追封为帝。谈先生二子,长子陈蒨,为陈文帝;次子陈顼为陈宣帝。宣帝陈顼生四十二子,长子陈叔宝即陈后主,祯明三年(589)被隋所并。六子陈叔明(555～618),太建五年(573)封为宜都王,授宣惠将军,历任中东郎将、东扬州刺史,升迁轻骑将军、卫尉卿。后主时,为侍中、翊右将军,晋号安右将军。入隋为鸿胪少卿。自陈文赞至陈叔宝、陈叔明辈,共传四代,称为陈朝世系或始兴世系。陈叔明生五子,长子陈志高,隋时任会稽郡(今浙江绍兴)司马。陈志高生陈才,唐会稽郡司马。陈才生三子,长子陈蕴圭,官晋陵郡(今江苏常州)司功参军,后隐居山林自乐。陈蕴圭生陈兼,陈兼为唐进士,翰林学士,官居右补阙,赠秘书少监。陈兼六世孙即陈伯宣。

江州义门世系

陈伯宣(？～743),又称陈阔,名主敬,号真隐先生,陈兼五世孙陈瓌第五子,陈瓌曾官唐临海令,赠太保,因避难隐居今福建省泉州市仙游县。陈伯宣自幼随父居泉州仙游,敏而好学,博涉经史。泉州别驾马总见其才奇,与之结为金兰之交。唐开元间,马总移官南康(今江西省南康市),陈伯宣随游,见庐山"幽深静旷",遂于唐开元九年(721)结茅晦迹,潜心注司马迁《史记》。至唐开元十二年(724),注成78卷,名闻朝野,尝以著作使郎召,辞不就。同年于老君岩下筑室建寨。十五年(727),召其父瓌和兄淇、洪、渊、浩及子孙于此团聚。十九年(731)春三月初六,道家九天采访使者欲以其寨建九天御使之宫,陈伯宣与之另择宅居之地,登峰巅俯瞰近麓,见德化县甘泉乡泉水垅(今九江县狮子镇牌楼)之凤凰山鸟聚鹿逐,以为胜地,便于四月丙寅捐出原寨而改迁凤凰山下。开元二十一年(733),泉州仙游陈氏族人相继而至,故该地自此又称"齐集里"。天宝二年(743),陈伯宣殁于齐集里,葬凤凰山。陈伯宣为陈氏家族由闽入赣,定居江州之第一人,故被尊为江州义门陈之一世祖。陈伯宣生三子,长子陈隐,又名檀,字逸民,官至福州刺史。陈隐生三子,其长子旺,即为德安之义门陈庄园开基之祖。陈旺(753～

836)，字天相，唐授江州牧，因官置产于蒲塘场太平乡常乐里永清村(今德安县车桥镇义门村)，并于唐太和五年(832)率眷属迁居是地。唐文宗开成元年(836)，陈旺殁于此。开成四年(839)，其妻孙氏亦殁于此，均葬义门正宅之东皋岭龙池山。

陈旺生二子：机、棋。长子陈机，字师孟，登进士，官至中书舍人。次子陈棋，迁陕西。陈机生子陈感(785～840)，字伯通，迪功郎。陈感生子陈蓝(802～848)，字源发。陈蓝生子陈青。

陈青(820～888)，字仁卿，号德彦，唐僖宗中和(881)举进士，授直云阁大学士，官朝散大夫。陈青自唐懿宗元年(860)被公推主持家政，至唐僖宗乾符三年(876)，执掌义门家政16年，被推为义门陈集族而居之第一任家长。陈青生六子：伉、侍、仲、俛、伟、伸，江州义门陈世系六大房由此而分。自此，义门人丁兴旺，家道大昌。陈青长子陈伉，字世高，唐进士，授光禄大夫，仕虞部丞，为义门陈第二任家长，主持家政四年，和睦有声。在位时立祠堂敬祀先祖，设增贤堂，以礼贤士。伉侄陈崇，为义门陈第三任家长。

陈崇，陈青第三子陈仲长子，字克遵，号术模，又号锦生。后唐明宗天成三年(926)戊子科举人，任荆州通判有功，超升大理寺永守，任江州刺史，授银青光禄大夫、右散骑常侍兼御史大夫，上柱国赐紫金鱼袋。自唐僖宗中和元年(881)执掌家政，治家有方，四年(884)其家族被朝廷首次旌表为"义门陈氏"。陈崇任家长28年，并于唐昭宗大顺元年(890)立家法33条，大顺二年(891)又建东佳书堂。自此始，江州义门陈如日中天，名震朝野。陈崇亦被誉为义门显祖。陈崇之后，有第四任家长陈让、第五任家长陈衮、第六任家长陈昉、第七任家长陈鸿、第八任家长陈兢、第九任家长陈肱、第十任家长陈逵、第十一任家长陈袭、第十二任家长陈旭、第十三任家长陈蕴、第十四任家长陈泰，历唐、五代十国、宋3个朝代。陈泰主持家政41年。宋仁宗天圣四年(1026)，诏本县建祠堂，以祀其生。宋庆历四年(1044)，义门陈全家达3700余口，至宋嘉祐七年(1062)，达3978口。是年，宰相文彦博及大臣吕蒙正、范师道、吕诲等上疏，论陈泰家朝野太盛，宜令分析以保全之。

自陈旺于唐太和五年(832)至德安开基建庄，至宋嘉祐七年(1062)奉旨分庄，德安江州义门陈世系历时230余年，而自陈伯宣于唐开元十九年(731)正式定居江州，合族同居则有300余年，历15代，创造了"三千余口文章第，五百年来孝义家"的中国乃至世界人文奇迹。

第二节　奉旨分庄

分庄缘由及方式

自731年定居江州至1063年正式分析，江州义门陈合族聚居330余年，人口达3900余口，田庄300余处，构成一个生产资料公有制的特立独行的社会形态，为抑制其"朝野太盛"，恐其日益壮大，危及朝廷封建统治，成为朝臣建议将其分析的主要原因。同时，义门陈举家和睦相处，孝义传家，屡受朝廷旌表，将其分析各地，亦可教化天下，是朝臣建议将其分析的重要理由。此外，封建社会小农经济形态不适应生产资料公有制，至使生产力低下，也是其合久必分的内在因素。

宋嘉祐七年(1062)，宋仁宗下旨将江州义门陈分析。七月初三日，江南西路转运使谢景初、郡牧吕诲、户曹吏刘献、邑令穆恂、湖口镇巡检范彬、会计使王大远奉旨临门监护，劝令分析。遂于是月进行首次分析，即以宋太宗至道三年(997)所赐"知、守、宗、希、公、汝、才、思、彦、承、延、继"12字为世派，每世派又按"成、先、迁、升、仁、悦、大、通、琉"9字列1组，合计达108庄。

同年九月，江南西路转运使谢景初向朝廷再奏，请将江州义门陈"再予细分"，宋仁宗赵祯准奏，并赋诗"江州久著义门庄，庄上分庄世派长"云云，于是在原分108庄基础上再分183庄，谓之小庄。

至嘉祐八年(1063)三月，经临门监护与陈氏家长商议数月，终议定以朝廷时辖72州郡，144县，依派拈阄，共分291庄，有田宅计江南110处，楚地接壤91处，两直、川、浙、两广、闽因官立产90处。奉旨市买43处不在分内。随后以291人名编字号拈阄分迁。291庄及庄主分别为：知成迁赤土官庄，知先迁株岭庄,知迁迁东垄庄,知升迁崇阳宏上庄,知仁迁石门庄,知悦迁原政庄,知大迁开化庄,知通迁黄陂庄,知琉迁芜湖庄,知明迁新建庄,知本迁广信庄,知十迁宝坻庄,知高迁归德庄,知良迁鄞县庄,知用迁金堂庄,知柏迁祥符庄,知炜迁归化庄,知隆迁徐州庄,知宗迁秀水庄,知宁迁赤岭庄,知问迁青州庄,知翰迁临清庄,知致迁长乐庄,守成迁罗溪庄,守操迁安福庄,守仁迁芳兰庄,守迁迁上石庄,守旺迁东莞庄,守韶迁濮州庄,守琉迁蕲春庄,守通迁太湖庄,守权迁常熟庄,守悦迁黄墉庄,守大迁攸宁庄,守升迁武昌庄,守先迁乐安庄,守昌迁将乐庄,守晋迁六合庄,守宗迁永嘉庄,守义迁自成庄,宗成迁赤冈庄,宗仁迁景祐庄,宗俞迁果石庄,宗臣迁果石庄,宗琉迁蔡山庄,宗元迁金华庄,宗昌迁太兴庄,宗通迁望江庄,宗悦迁虎溪庄,宗大迁分宁庄,宗升迁蒲圻庄,宗令迁叙州庄,宗逵迁瓯宁庄,宗和迁侯官庄,宗华迁崇德庄,宗先迁湖口庄,宗迁迁马头庄,宗才迁龙安庄,宗斗迁当涂庄,宗邱迁莱阳庄,宗芳迁湘乡庄,宗兢迁江州庄,希成迁桐城庄,希先迁太平庄,希琉迁军粮庄,希博迁平阳庄,希通迁下寨庄,希升迁新店庄,希仁迁新恩庄,希大迁筠州庄,希崇迁江都庄,希让迁弋阳庄,希悦迁黄梅庄,希远迁兰溪庄,希作迁西安庄,希宝迁山阳庄,希玉迁海宁庄,希亮迁赣州庄,希真迁火田庄,希寿迁栗阳庄,希迁迁赤湖庄,希乾迁宜兴庄,希儒迁曲江庄,希前迁平乐庄,希品迁江阴庄,公明迁光州庄,公成迁回归庄,公先迁石乌庄,公升迁官溪庄,公迁迁宛溪庄,公谦迁青蒲庄,公长迁铜梁庄,公仁迁东源庄,公大迁高安庄,公全迁镇海庄,公通迁宿松庄,公琉迁行塘庄,公良迁博罗庄,公悦迁石蟹庄,公实迁会稽庄,汝琉迁车顺庄,汝升迁嘉鱼庄,汝迁迁西城庄,汝生迁太仓庄,汝径迁清流庄,汝仁迁双陂庄,汝大迁新昌庄,汝先迁石塘庄,汝通迁赤山庄,汝德迁福州庄,汝悦迁牛公庄,汝隆迁西关庄,汝秀迁余姚庄,汝成迁舒城庄,汝尚迁慈溪庄,汝心迁怀宁庄,汝良迁洛阳庄,汝凤迁忠州庄,汝优迁保昌庄,才成迁鄱阳庄,才琉迁土伏庄,才宿迁潜山庄,才通迁安化庄,才外迁江陵庄,才迁迁新城庄,才仁迁东陂庄,才美迁宜春庄,才大迁大冶庄,才先迁乌石庄,才悦迁枫林庄,才典迁新化庄,才英迁泰州庄,才达迁海康庄,才星迁金溪庄,思通迁汉阳庄,思琉迁松口庄,思大分柏山庄,思迁迁兴国庄,思仁分新港庄,思先分平塘庄,思悦分神陂庄,思九迁昆山庄,思升分南昌庄,思德分海盐庄,思俸迁宣城庄,思美迁德清庄,思正迁兴村庄,思忠迁宁都庄,思献迁政和庄,思诏迁温泉庄,思元迁仪征庄,思一迁麻城庄,思成迁永兴庄,彦成迁河塘庄,彦先迁东溪庄,彦悦迁长泰庄,彦豪迁上坑庄,彦琉迁三角庄,彦通迁汉川庄,彦纬迁石桥庄,彦光迁同安庄,彦君迁礼宁庄,彦仁迁自兴庄,彦德迁孝感庄,彦柯迁高塘庄,彦大迁佛图庄,彦升迁沙坊庄,彦迁迁西贤庄,彦相迁嘉定庄,彦谦迁德兴庄,彦郁迁南安庄,彦舜迁蓬莱庄,承成迁万福庄,承悦迁星子庄,承琉迁六水庄,承通迁周陂庄,承迁迁先生庄,承可迁归安庄,承用迁惠州庄,承仁迁自成庄,承享迁华容庄,承先迁太源庄,承大迁牛洪庄,承升迁新桥庄,延成迁三台庄,延辖迁马迹庄,延坤迁高淳庄,延福迁句容庄,延迁迁蟠塘庄,延仁迁兴置庄,延悦迁寿宁庄,延琉迁宝庆庄,延斯迁赤岩庄,延礼迁赤岩庄,延桢迁荣塘庄,延兆迁港口庄,延大迁龙潭庄,延玉迁上高庄,延青迁山阴庄,延梧迁常州庄,延赏迁陈家湖庄,延晤迁沔阳庄,延省迁宿松庄,延盛迁建宁庄,延鼎迁新喻庄,延文迁建德庄,延通迁鄂州庄,延圣迁万载庄,延先迁深坑庄,延升迁江夏庄,延广迁成都庄,延陵迁蜀山庄,延科迁开州庄,延甫迁贵溪庄,延禄迁崇明庄,延英迁兴化庄,延瞻迁江浦庄,延欣迁乐昌庄,延瑞迁晋江庄,延又迁永新庄,延寿迁广昌庄,延万迁新会庄,延祚迁崇安庄,延椒迁古田庄,延铨迁龙门庄,延选迁马路庄,继平迁金坛庄,继元迁城子驿庄,继升迁石桥庄,继迁迁尖山庄,继成迁巴陵庄,继铭迁南桥庄,继钊迁留市庄,继镗迁鄱阳西庄,继钟迁永丰庄,继铠迁黄金山庄,继琉迁谢浦庄,继兴迁丹徒庄,继通迁火巷庄,继圭迁火巷庄,继仁迁绿水庄,继登迁湖州庄,继长迁无为庄,继先迁塘西庄,继大迁萍乡庄,继悦迁百顷庄,继归迁梧州庄,继宣迁桐乡庄,继衮迁顺德庄,继定迁桃源庄,继全迁上元庄,继育迁海洋庄,继祥迁处州庄,继表迁东昌庄,继道迁玉山庄,继忱迁丹阳庄,继肃迁嘉兴庄,继宇迁严州庄,继绣迁歙南庄,典成迁善化庄,学成迁蒲城庄,光大迁罗田庄,向大迁高安庄,吉先迁江山庄,德先迁铜陵庄,觉先迁泾县庄,时先迁龙游庄,蕴先迁山头庄,显先迁邵武庄,舜先迁无锡庄,立迁迁宜黄庄,常迁迁松江庄,尊迁迁武斗庄,兴迁迁丽水庄,国迁迁宝莲庄,泰迁迁宝应庄,安迁迁龙安庄,运升迁丰城庄,世升迁辰溪庄,帮大迁松滋庄,必大迁琼山庄，明通迁南平庄，起悦迁贵池庄，端琉迁永宁庄，相琉迁大河口庄，文琉迁通城庄，圣琉迁衡州庄，昭琉迁闽县庄，嘉琉迁黄安庄，参琉迁汀州庄，尧则迁南丰庄。

安置状况

宋嘉祐七年（1062）七月初三至八年（1063）三月，江州义门陈氏按宋仁宗赵祯御赐12个派行分析为大小291庄，依派拈阄分迁全国70多个州、郡，其中江南110庄，楚地接壤91庄，两直、川、浙、广、闽因官置产90庄。从此，这291庄义门陈氏遍布各地，门首均挂“义门世家”匾额。

江州义门陈氏分省安置一览表

表26-1-1

省（市）名	庄祖	房系	庄名	始迁地
江西（97庄）	彦成	大房	河塘	武宁县巾口乡洪泉村蒿港，又称蒿溪庄
	思成	大房	永兴	兴国县富川果流
	承成	大房	万福	永修县陈桥
	才成	大房	鄱阳	鄱阳、余干、乐平3县交界处，又称马尾港庄
	尧则	大房	南丰	南丰县双井
	守成	大房	罗溪	奉新、靖安、安义3县交界处，雇埠
	守仁	大房	芳兰	抚州市临川区
	继元	大房	城子驿	九江市
	继升	大房	石桥	进贤县七里乡，又称进贤庄
	继迁	大房	尖山	德安县白水乡，后迁宝泉，又称宝泉庄
	宗成	大房	赤冈	新建县大塘乡赤岸山
	继通	大房	火巷	德安县车桥义门故居，又称留守庄
	继珪	大房	火巷	同上，与继通同分一庄
	延辖	大房	马迹	武宁县鲁溪镇南冲
	希先	大房	太平	彭泽县太平镇邻波村
	公先	大房	石乌	永丰县竹牌门打鼓冲
	知仁	大房	石门	德安县磨溪乡新田，一称为浙江石门庄
	承悦	大房	星子	星子县
	汝琉	大房	车顺	崇仁县，又名崇仁庄
	延斯	二房	赤岩	吉安县东赤岩
	延礼	二房	赤岩	吉安县西赤岩
	延桢	二房	荣塘	丰城市荣塘镇
	延选	二房	马路	永新县马口镇
	才琉	三房	土伏	鄱阳县
	承珣	三房	赤澜	临川县
	继铭	三房	南桥	都昌县汪墩乡
	延兆	三房	港口	九江县港口镇
	延大	三房	龙潭	瑞昌市望仙乡

续表 26-1-1

省(市)名	庄祖	房系	庄名	始迁地
江西(97庄)	延玉	三房	上高	上高县
	延庆	三房	土溪湖	九江县
	知成	三房	赤土	高安市大城镇赤土村大田,官庄
	知本	三房	广信	上饶市
	知明	三房	新建	吉安县(庐陵)
	运升	三房	丰城	丰城市石滩镇,后迁纸坊庄
	延赏	三房	陈家湖	高安市陈安湖,又称上罗庄
	知迁	三房	东垄	九江县
	继钊	三房	留市	湖口县流芳乡留市村
	继镗	三房	鄱阳西	鄱阳县
	继钟	三房	永丰	永丰县
	继铠	三房	黄金山	鄱阳县
	承一	三房	泰和	泰和县
	守迁	三房	上石	武宁县莆田上石村
	尊迁	三房	武斗	武宁县,又称湖北江陵赤湖庄,待考
	汝迁	三房	南城	南城县,又称北京燕山西城庄,待考
	向大	三房	高安	高安市,又称广东高要庄,待考
	立迁	三房	宜黄	宜黄县凤冈镇
	守操	三房	安福	安福县平都镇
	延鼎	三房	新喻	新余市对河陈村
	思迁	三房	兴国	兴国县
	汝仁	四房	双陂	永修县虬津镇
	才仁	四房	东陂	宜黄县,又称湖北黄岗东陂庄,待考
	才春	四房	芳宁	德安县高塘乡
	才美	四房	宜春	宜春市彬江镇
	延圣	四房	万载	万载县
	彦纬	四房	石桥	南昌市,又称筷子巷庄、石原庄
	思仁	四房	新巷	樟树市,又称新港彭邑庄
	汝大	四房	富顺	宜丰县,又称浙江绍兴富顺庄,待考
	汝先	四房	石塘	安义县
	才先	四房	乌石	黎川县新城
	才悦	四房	枫林	南丰县,又称浙江永嘉庄、江苏江都庄,待考
	思悦	四房	神陂	安义县新民乡乌溪村
	承先	四房	太源	赣州市滨江镇,又称浙江富阳太源庄,待考
	延先	四房	深坑	瑞昌市深坑
	继先	四房	塘西	瑞昌市塘西,又称江苏常熟庄,待考

续表 26－1－1

省(市)名	庄祖	房系	庄名	始迁地
江西 (97 庄)	知先	四房	株岭	九江县狮子乡,又称蓝桥庄
	守悦	四房	黄墉	高安市,又称武功庄
	宗悦	四房	虎溪	吉安市
	宗大	四房	分宁	修水县石坳乡
	希大	四房	筠州	高安市,又称玉山筠州庄
	希让	四房	弋阳	弋阳县(先迁贵溪,后迁弋阳长湖)
	继大	四房	萍乡	萍乡市安源,后迁回马迹,又称马迹庄
	道公	四房	广丰	广丰县
	思升	五房	南昌	南昌市铁树宫棉花街
	彦升	五房	沙坊	峡江县,又称吉水枫山庄
	光升	五房	万福	永修县陈桥,又称山西孝义公众庄、浙江奉化象公庄,待考
	思昊	五房	南昌	南昌市铁树宫棉花街
	承升	五房	新桥	武宁县甫田乡
	执方	五房	南昌	南昌市,官庄
	执礼	五房	南昌	南昌市,官庄
	公悦	五房	石蟹	瑞昌市石蟹
	宗先	五房	湖口	湖口县,又称乐安庄
	汝悦	五房	中公	吉水县
	汝隆	五房	石塘	新建县,与汝先同分一庄,又称西关庄
	继悦	五房	百顷	永修县九合乡,又称江苏丹阳百顷庄,待考
	希亮	五房	赣州	赣州市
	希真	六房	火田	铅山县汪二镇,又称铅山庄
	希迁	六房	赤湖	瑞昌市赤湖
	守先	六房	乐安	瑞昌市乐山,又称乐安县乐安庄
	蕴先	六房	山头	鄱阳县
	彦谦	六房	德兴	德兴市砺居
	延稷	六房	新义	吉安县,又称瑞昌新义庄
	才星	六房	金溪	金溪县,又称浙江开化县金溪庄,待考
	继道	六房	玉山	玉山县
	思忠	六房	宁都	宁都县,又称渝州庄
	延甫	六房	贵溪	贵溪市
	延又	六房	永新	永新县胜业乡石陂
	延寿	六房	广昌	广昌县
湖北 (44 庄)	守义	大房	自成	武穴市
	延迁	大房	蟠塘	通城县蟠塘
	公成	大房	回归	浠水县蔡桥
	延仁	大房	兴置	荆州市城区(白马寺),又称荆州庄
	文琉	大房	通城	通城县

续表 26-1-1

省(市)名	庄祖	房系	庄名	始迁地
湖北(44庄)	嘉琉	三房	黄安	红安县觅儿寺镇
	彦通	三房	汉川	汉川市田二河镇
	承通	三房	周陂	巴东县,又名巴东庄
	希通	三房	下寨	襄阳,又称江苏长岭庄,又称湖南湘阳庄,待考
	守殿	三房	石岭	武昌雷山
	思通	三房	汉阳	武汉市汉阳区
	宗俞	三房	果石	阳新县洋港镇
	宗臣	三房	果石	阳新县洋港镇
	公升	三房	官溪	咸宁市,又称咸宁庄
	汝升	三房	嘉鱼	嘉鱼县
	才升	三房	江陵	荆州市
	延晤	三房	沔阳	仙桃市
	继琉	三房	谢浦	黄冈市
	思大	三房	柏山	通山县湄港镇北山,后裔分布鄂、陕、赣、湘等地
	公仁	四房	东源	阳新县富川,又称江西鄱阳县富川,待考
	守琉	四房	蕲春	蕲春县漕河镇大河口
	宗琉	四房	蔡山	黄梅县蔡山
	延通	四房	鄂州	鄂州市
	彦君	四房	礼宁	蕲春县,又称湖南礼宁庄,待考
	继仁	四房	绿水	枣阳市,又称江苏溧水庄,待考
	知通	四房	黄陂	武汉市黄陂区仓埠街
	彦德	四房	孝感	孝感市
	才大	四房	大冶	大冶市灵乡镇,又称云才大庄
	光大	四房	罗田	罗田县
	先大	五房	罗田	罗田县,与兄光大同迁一庄
	公琉	五房	行塘	黄梅县
	延升	五房	江夏	武汉市江夏区
	知升	五房	崇阳宏上	崇阳县宏上
	守升	五房	武昌	武汉市武昌区,又称松滋庄
	宗升	五房	蒲圻	蒲圻县
	希悦	五房	黄梅	黄梅县
	希远	六房	兰溪	浠水县
	帮大	六房	松滋	松滋县
	知悦	六房	原政	武穴市
	思诏	六房	温泉	咸宁市,又称官塘庄
	思一	六房	麻城	麻城县白果镇
	思亮	六房	安陆	安陆县
	延德	六房	通山	通山县
	延义	六房	新堤	洪湖市新堤街道,又称北京通州庄,待考

续表 26－1－1

省(市)名	庄祖	房系	庄名	始迁地
浙江(35 庄)	彦先	大房	东溪	临海市东溪
	承琉	大房	六水	临安市,又称笕桥庄
	延盛	三房	海州	临安市,又称江苏连云港海州庄,待考
	承可	三房	归安	湖州市,陈立夫、陈果夫为承可 27 世裔孙
	知大	三房	西岗	开化市,又称开化庄
	延文	三房	建德	建德市
	延禧	四房	杭州	杭州市
	诚迁	四房	衢州	衢州市
	继登	四房	湖州	湖州市吴兴区
	公全	四房	镇海	宁波市镇海区、北仑区
	彦仁	四房	自兴	长兴县,又称湖南岳阳自兴(南村庄)、江苏自兴庄,待考
	吉先	四房	江山	江山市坛石镇
	辉	四房	常山	常山县
	承烈	四房	常山	常山县
	承漠	四房	常山	常山县
	显	四房	处州	湖州市
	公实	五房	会籍	绍兴市
	宗华	五房	崇德	德清县
	汝秀	五房	馀姚	余姚市
	继肃	五房	嘉兴	嘉兴市
	希玉	五房	海宁	海宁县
	继宣	五房	桐乡	嘉兴市
	继宇	五房	严州	建德市
	继祥	五房	处州	湖州市
	继表	五房	东昌	东阳市
	知良	五房	鄞县	鄞县下寨镇
	兴迁	六房	丽水	嘉兴市
	汝尚	六房	慈溪	慈溪县
	时先	六房	龙游	龙游县
	知宗	六房	秀水	嘉兴市
	希博	六房	平阳	平阳县
	思德	六房	海盐	海盐县原武
	思美	六房	德清	德清县
	守宗	六房	永嘉	永嘉县上垅
	宗元	六房	金华	金华市

续表 26－1－1

省(市)名	庄祖	房系	庄名	始迁地
福建(30庄)	学成	大房	蒲城	蒲城县
	彦悦	大房	长泰	漳州长泰县
	延悦	大房	寿宁	寿宁县,又称浙江寿宁庄,待考
	昭琉	三房	闽县	闽侯县
	汝经	三房	清流	清流县
	参琉	四房	汀州	宁化县石壁镇
	彦光	四房	同安	同安县
	明通	四房	南平	南平市安济,又称湖北荆州南平庄,待考
	达	四房	蒲城	蒲城县
	宗逵	五房	欧宁	建瓯市
	宗和	五房	侯官	闽侯县
	宗迁	六房	马头	建瓯市
	道大	六房	建阳	建阳县徐墩镇丰乐村
	知炜	六房	归化	归化
	彦迁	六房	漳州	漳州市
	知致	六房	长乐	长乐市,又称广东长乐庄,待考
	延寿	六房	双陂	将乐县
	彦郁	六房	南安	南安市,又称江西信丰庄,待考
	彦豪	六房	上杭	上杭县
	汝德	六房	福州	福州市,又称浙江宁波慈城庄,待考
	显先	六房	邵武	邵武市莲塘
	思献	六房	政和	政和县
	延正	六房	建宁	建宁县
	延瑞	六房	晋江	泉州市晋江县
	延琏	六房	长汀	长汀县,又称广东番隅庄,待考
	守昌	六房	将乐	将乐县
	延祚	六房	崇安	武夷山市
	延淑	六房	古田	古田县
	宗兢	六房	汀州	宁化县,又称江州庄、云南桥庄,待考
江苏(30庄)	守威	大房	吴县	吴江市
	延坤	大房	高淳	高淳县
	延福	大房	句容	句容市
	身先	大房	无锡	无锡市,又称西贤庄
	美先	大房	武进	镇江市丹徒区,又称丹徒庄
	延青	三房	山阴	江阴市,又称长洲庄
	延梧	三房	常州	吴县

续表 26－1－1

省(市)名	庄祖	房系	庄名	始迁地
江苏(30庄)	延林	三房	吴江	吴江市
	继兴	三房	丹徒	镇江市丹徒区。又称广东保昌庄,待考
	汝生	三房	太仓	太仓县
	彦和	四房	苏州	苏州市
	守权	四房	常熟	常熟市
	思九	四房	华亭	昆山市(上海辖区)
	希崇	四房	江都	江都县
	希宝	五房	山阳	阜宁县
	继全	五房	上元	南京市江宁区
	延瞻	六房	江浦	南京市浦口区
	希寿	六房	溧阳	溧阳县茶亭
	希乾	六房	宜兴	宜兴市
	知隆	六房	徐州	徐州市,又称柳泉庄
	延爵	六房	车坊	苏州市吴中区车坊港
	才英	六房	泰州	泰州市
	希品	六房	江阴	江阴市清江
	舜先	六房	无锡	无锡市惠山
	继忱	六房	丹阳	丹阳市
	继平	六房	金坛	金坛市
	思元	六房	仪征	仪征市,又称仪真庄
	延英	六房	兴化	兴化市,又称扬州高邮庄、福建仙游兴化庄,待考
	守晋	六房	六合	南京市六合区
	泰迁	六房	宝应	扬州市宝应县
安徽(28庄)	希成	大房	宿松	宿松县,又称松江庄
	延秉	二房	太平	黄山市黄山区,又称江西彭泽太平庄,待考
	公迁	三房	宛溪	安庆市太湖县
	公长	三房	铜梁	安庆市,又称四川铜梁庄,待考
	延省	三房	宿松	宿松县九姑岭
	继绣	三房	南征	歙县
	知琉	四房	芜湖	芜湖市
	宗通	四房	望江	望江县,又称湖北浠水望江庄,待考
	继长	四房	无为	无为县
	守通	四房	太湖	太湖县花亭
	彦柯	四房	高塘	宿松县(原名高塘)
	思先	四房	平塘	东至县平塘,后迁湖南平江
	公通	四房	宿松	宿松县

续表 26-1-1

省(市)名	庄祖	房系	庄名	始迁地
安徽(28庄)	汝通	四房	赤山	霍山县,又称江西永新赤山庄,待考
	德先	四房	铜陵	铜陵市义安区钟仓
	觉先	四房	泾县	泾县
	起悦	四房	贵池	池州市贵池区
	守大	四房	休宁	休宁县临溪
	承大	四房	牛洪	枞阳县,又称湖北当阳牛洪庄,待考
	延陵	五房	蜀山	合肥市
	宗斗	六房	当涂	当涂县
	汝成	六房	舒城	舒城县
	汝心	六房	怀宁	潜山县,陈独秀为其后裔
	延势	六房	亳州	亳州市
	才达	六房	潜山	潜山县
	才宿	六房	潜山	潜山县
	论先	六房	青阳	青阳县蓉城
	思俸	六房	宣城	宣城市
湖南(16庄)	典成	大房	善化	望城县罗陵界山
	延琉	大房	宝庆	邵阳市邵井
	端琉	大房	永宁	湘阴,又称福建蒲田庄,待考
	希琉	大房	军粮	茶陵县
	圣琉	大房	衡州	衡阳市
	才通	三房	安化	安化县
	继成	三房	巴陵	岳阳市
	希仁	四房	新恩	邵阳市
	承享	四房	华容	华容县
	公大	四房	武陵	常德市,又称南安庄
	世升	五房	辰溪	辰溪县,又称福建霞浦辰溪庄,待考
	继定	五房	桃源	桃源县
	知宁	六房	赤岭	长沙市
	延定	六房	岳阳	岳阳市
	才典	六房	新化	新化县
	宗芳	六房	湘江	湘乡市
广东(16庄)	继育	大房	海洋	潮州市,又称凤城庄
	宗仁	大房	景佑	佛山市
	宗仁	大房	南海	佛山市
	彦琉	大房	三角	梅县
	承用	三房	惠州	惠州市,又称湖南宁乡庄,待考

续表 26－1－1

省(市)名	庄祖	房系	庄名	始迁地
广东 (16 庄)	思琉	三房	松口	梅县,又称福建闽县庄,待考
	守旺	三房	东莞	东莞市
	知务	四房	湛江	湛江市
	公诠	四房	广州	广州市
	公良	四房	博罗	惠州市
	继衮	五房	顺德	佛山市顺德区
	希儒	六房	曲江	韶关市下桥
	汝优	六房	保昌	南雄市
	延兴	六房	乐昌	乐昌市
	延万	六房	新会	江门市新会区
	延铨	六房	龙门	龙门县
河南 (12 庄)	延成	大房	三台	固始县,又名东江庄
	尧叟	二房	官庄	尧叟为宋端拱二年(989)状元,分河南官庄
	尧佐	二房	官庄	尧佐为宋端拱元年(988)进士,官至宰相,分河南官庄
	尧咨	二房	官庄	尧咨为宋咸平三年(1000)状元,官至节度使,分河南官庄
	思韶	二房	东原	中牟县
	希升	三房	新店	信阳市新店
	守韶	三房	濮州	范县濮城镇
	承仁	四房	自成	潢川县,又称湖北广济武穴自成庄,待考
	公明	五房	光州	光山县
	知柏	五房	祥府	开封市祥符区
	汝良	六房	洛阳	洛阳市新安,又称河南庄
	国迁	六房	宝莲	安阳市宝莲寺镇
四川 (8 庄)	延科	三房	开州	开县,又称贵州开州庄,待考
	彦大	四房	佛图	巴县,又称广东佛图庄,待考
	延广	五房	成都	成都市双流区
	宗令	五房	叙州	宜宾市,又称瑞州庄
	知用	五房	金堂	成都市,又称为江西南康庄,待考
	安迁	六房	龙安	绵阳市安州区
	安才	六房	龙安	绵阳市安州区东北
山东 (5 庄)	攸迁	六房	朝城	莘县朝城镇
	宗邱	六房	莱阳	莱阳市,又称义阳庄
	知问	六房	青州	青州市
	知翰	六房	临清	临清市
	彦舜	六房	蓬莱	蓬莱市
广西 (4 庄)	相琉	大房	天河	天峨县,又称江苏六合县大河口庄、山西福缘庄,待考
	继归	五房	梧州	苍梧县
	知高	五房	归德	邕宁县归德,又称河南商丘归德庄,待考
	希前	六房	平乐	平乐县,又称江苏宜兴灵谷庄,待考

续表 26－1－1

省(市)名	庄祖	房系	庄名	始迁地
河北 (2 庄)	思正	四房	兴村	涧县
	才迁	四房	新城	高碑店市隆化县,又称石城庄、江西丰城新城庄
陕西 (1 庄)	希作	五房	西安	西安市,又称浙江西安庄,待考
海南 (1 庄)	必大	六房	琼山	海口市琼山区
北京 (1 庄)	宗昌	四房	大兴	北京市大兴区,又称江苏通州大兴庄、福建泉州大兴庄,待考
上海 (5 庄)	公谦	三房	青浦	青浦区
	常迁	六房	松江	松江区
	延禄	六房	崇明	崇明区
	承迁	六房	先生	崇明区,又称德化先生庄,待考
	彦相	六房	嘉定	嘉定县,又称四川嘉定庄,待考
天津 (1 庄)	知十	五房	宝坻	宝坻区
重庄 (1 庄)	汝凤	六房	忠州	忠县

第三节　后裔播衍

播衍综情

自嘉祐七年(1062)奉旨分庄,嘉祐八年(1063)陆续分析,江州义门陈后裔按大小庄 291 庄、奉旨市买 43 庄及后续分 44 庄等播迁至各省诸路。此后,陈氏后裔又因居官置业或求职避祸等不断播衍,遍布中国各地乃至海外,以至难以查考。至 2008 年,共查明 185 庄后裔分布状况。

分布状况

石塘庄　始迁祖汝先,始迁地江西省安义县。分布江西省:新建、安义、永修、奉新、靖安、都昌、九江县。

赤土官庄　始迁祖知成,始迁地江西省高安市大城镇赤土村大田。分布江西省:高安、丰城、瑞昌、抚州市,南昌市昌北、宜春市袁州区,新建、奉新、上高、宜丰、万载、铜鼓、南昌、九江、安义、余干县;云南省:保山、昭通市。贵州省:六盘水、毕节市,纳雍县;河南省宝丰县;湖北省:江陵、公安、阳新县;湖南省:浏阳市,平江、华容县;四川省秀山县;广西壮族自治区;重庆市;云南省以及缅甸。

牛公庄　始迁祖汝悦,始迁地江西省吉水县。分布湖北省:仙桃、洪湖、钟祥市,监利县;安徽省:南陵县;湖南省:双峰县。

官溪庄　始迁祖公升,始迁地湖北省咸宁市和江西省余江县琯溪。分布湖北省:咸宁市咸安、武汉市江夏区,嘉鱼、云梦县;江西省:抚州市临川区,余江、弋阳县,贵溪市;湖南省:张家界市永定区,慈利、泸溪、桃源、辰溪、桑植、凤凰、麻阳、沅陵、临湘、龙山县;四川省:梁平、永川、合川、渠县、涪陵、垫江、巴县、合江县;贵州省福泉市;安徽省宿松县;福建省:建宁、连江县。

南桥庄　始迁祖继铭,始迁地江西省都昌县汪墩乡。分布江西省:乐平市,九江市庐山区,都昌、星子、鄱阳、弋阳、余干、永修、湖口县；安徽省：宿松、舒城县；陕西省商南县；湖北省：仙桃、鄂州市。

果石庄　始分祖宗臣、宗俞，始迁祖思澄、思洪，始迁地湖北省阳新县洋港镇上保。分布湖北省：大冶、黄石、咸宁、蒲圻、黄冈、麻城、武穴、洪湖、仙桃市，武汉市江夏、武昌、黄陂、新洲区，鄂州市鄂城、梁子湖区，阳新、嘉鱼、通山、圻春、英山、稀水、黄梅、郧西、郧县、房县、竹山、竹溪、钟祥、谷城、洪湖、大悟县；江西省：萍乡、抚州、樟树、瑞昌市，九江、星子、德安、武宁、靖安、泰和、新建县；福建省：福清、莆田市；浙江省临海市。湖南省：浏阳、湘乡、永州市，常德市鼎城区，桃源、慈利、平江县；河南省：固始、商城、光山、新县；江苏省南京市；广西壮族自治区；安徽省：六安市，金寨、霍山、青阳、宿松县；陕西省：安康市，山阳、商南、镇安、平利、白河、紫阳、洵阳县；四川省：成都、内江、达州市，大竹、万源县；重庆市：自贡、宜宾市，广安市广安区，古蔺、富顺县；贵州省：遵义、仁怀、六盘水市，大方、盘县、习水、金沙、桐梓、息峰、黔西、织金、赫章、纳雍、兴文、湄潭、威宁、绥阳、镇雄县；辽宁省大连市。

黄梅庄　始迁祖希悦，始迁地湖北省黄梅县。分布湖北省：黄梅、武穴市；陕西省：西安市、商南县；江西省德安县；安徽省宿松县。

黄安庄　始迁祖嘉琉，始迁地湖北省黄安县。分布湖北省：新洲区，红安县；江西省：九江市庐山区，九江县。

永宁庄　始迁祖端琉，始迁地湖南省湘阴。分布江西省：吉安、永新县；湖北省红安县。

汀州庄　始迁祖参琉(魁)，始迁地福建省宁化县石壁镇。分布福建省：龙岩市新罗区，德化、永定、宁化、漳浦、南靖、尤溪、沙县、周宁、蒲田、武平、长汀、平和、诏安、永泰县；广东省：信宜、兴宁、深圳、潮阳、东莞市，广州市白云区，惠州市惠阳区，云浮市云城、花都区，丰顺、平远、和平、始兴、蕉岭、梅县、南雄、紫金、五华、归善、博罗、惠东、海丰、大埔、阳山、清新、乳源、乐昌、英德、饶平、曲江、云安、郁南县；江西省：赣州、萍乡、瑞金市，抚州市临川区，宜春市袁州区，修水、上犹、崇义、奉新、靖安、芦溪、莲花、上栗、寻乌、宁都、兴国、全南、龙南、定南、泰和、遂川、万安、安远、于都、万载、弋阳、铜鼓、会昌、赣县、黎川、广昌、崇仁县；四川省：邻水、大竹、梁坪、古蔺、仪陇、泸县、隆昌、温江、武胜、宜宾、南溪、万源、富顺县。重庆市：万州市江津区，荣昌、綦江、涪陵县；浙江省：嵊州市、遂昌、龙泉县；贵州省仁怀市。海南省儋州市；湖南省：浏阳、湘乡市、平江、宁远、醴陵、道县、桂东、攸县、汝城、炎陵、江华、江永、双峰县；台湾：苗栗、桃园、台北、新竹、屏东县；广西壮族自治区：南宁、防城港、钦州、玉林、来宾、梧州、桂林、桂平市，阳朔、临桂、邕宁、合浦、博北、宾阳、上林、马山、武鸣、永淳、贵县、武宜、藤县、博白、平南、恭城、平乐、钟山县；香港；越南。

东赤崖庄　始迁祖延斯，始迁地江西省吉安县东赤崖，分布江西省德安县。

永丰庄　始迁祖继钟，始迁地江西省永丰县。分布江西省：九江市庐山区，九江县；湖北省公安县；安徽省南陵县；重庆市；四川省：汶川、隆昌县。

马头庄　始迁祖宗迁，始迁地福建省建瓯市。分布江西省瑞昌市；湖北省：武汉市汉阳区，黄梅、通山、阳新县；陕西省：白鹤、山阳县；安徽省：太湖、望江县。

赤冈庄　始迁祖宗成，始迁地江西省新建县大塘乡赤岸山。分布江西省：瑞昌市，南昌市湾里区，新建、南昌、安义、星子、峡江县。

太平庄　始迁祖希先，始迁地江西省彭泽县太平镇邻波村。分布江西省：彭泽、湖口县；安徽省：黄山、马鞍山市，太湖县；湖北省：广水、应山、汉川县；贵州省福泉市；四川省：合江县。

深坑庄　始迁祖延先，始迁地江西省瑞昌市深坑。分布江西省瑞昌市；湖北省：武穴市，黄梅县。

双陂庄　始迁祖汝仁，始迁地江西省永修县虬津镇。分布江西省：丰城市，德安县；湖北省蕲春市。

罗溪庄　始迁祖守成，始迁地江西省奉新县干洲(安义、靖安、奉新3县交界处)。分布江西省：南昌市红谷滩新区，新建、靖安、德安、永修、湖口、都昌、彭泽、弋阳县；安徽省太湖县；福建省建宁县；湖北省：嘉鱼市，咸宁市咸安区，江陵县。

马迹庄　始迁祖延辖，始迁地江西省武宁县鲁溪镇南冲。分布江西省瑞昌市，武宁、靖安县；湖北省:大冶市,通山县;安徽省霍山县。

东源庄 始迁祖公仁,始迁地湖北省阳新县东源乡。分布湖北省:武汉市江夏区,阳新、广济县;江西省:瑞昌市,南昌市高新开发区,九江、余干县。

蕲春庄 始迁祖守琉,始迁地湖北省蕲春县河口。分布湖北省:蕲春、麻城、罗田、竹溪、竹山、郧县、郧西、英山县。安徽省:合肥市,太湖、潜山、宿松、岳西、金寨县;河南省:新县、光山县;浙江省:临安市、桐庐县;四川省万源市;重庆市城口县;陕西省:安康、汉中市,平利、山阳、镇安、蓝田、旬阳、白河、宁陕、柞水、岚皋县;江西省:彭泽、星子县;贵州省赫章县。

乌石庄 始迁祖才先,始迁地江西省黎川县新城。分布江西省:德安、永修、九江县;湖北省蕲春县。

河塘庄 始迁祖彦成,始迁地江西省武宁县巾口乡,分布江西省:武宁、修水、靖安、南昌、铜鼓、吉安县;湖南省浏阳市;湖北省通山县;浙江省金华市。

留市庄 始迁祖继钊,始迁地江西省湖口县流芳乡。分布江西省湖口县;安徽省:太湖、怀宁、潜山、金寨、望江、宿松、岳西县;陕西省山阳县;江苏省:南京市,泗洪县;广东省东莞市。

寿宁庄 始迁祖延悦,始迁地福建省寿宁县。分布湖南省:浏阳市醴陵市、攸县;江西省萍乡市;云南省;贵州省铜仁县。

上元庄 始迁祖继全,始迁地江苏省南京市江宁区。分布江西省:南昌、瑞金市,德安县;河南省:郑州市,唐河县;广西壮族自治区阳朔县;广东省东莞市。

尖山庄 始迁祖继迁,始迁地江西省德安县白水乡尖山。分布江西省:武宁、新建、德安、星子、九江县;湖北省监利县。

芳兰庄 始迁祖守仁,始迁地江西省抚州市临川县南隅。分布江西省:九江市庐山区、抚州市临川区,万年县;湖北省:仙桃、天门市,汉川、京山、应城、洪湖县;湖南省岳阳市;广东省:东莞、深圳、佛山市。

汉川庄 始迁祖彦通,始迁地湖北省汉川市田二河镇燕子湾。分布湖北省:武汉市汉阳区、孝感、洪湖、石首、仙桃、随州、当阳、汉川市,云梦、应城、京山、公安、监利县;江西省:丰城、樟树、高安、瑞金市,新干县;四川省富顺县;贵州省赫章县;河南省;广西壮族自治区。

蒲圻庄 始迁祖宗升,始迁地湖北省赤壁市。分布湖北省:应城、赤壁、洪湖市,嘉鱼县;云南省永善县;湖南省:临湘市,平江县;安徽省宣城市。

崇阳宏上庄 始迁祖知升,始迁地湖北省崇阳县宏上(陈友谅是其庄之后)。分布湖北省:武汉市武昌区,崇阳、赤壁、荆州、仙桃、洪湖、宜昌、石首市,江陵、通城、蕲春、通山、监利、公安、潜江县;江西省:抚州市临川区,武宁、九江、修水、金溪县;湖南省:临湘市,华容、石门县;四川省蓬安县;海南省临高县;浙江省:嘉兴、舟山市等。

陈家湖庄 始迁祖延赏,始迁地江西省高安市陈家湖。分布江西省:高安市,宜春市袁州区,奉新、宜丰、上高、广丰、弋阳、余江、东乡、崇义、金溪县;湖北省:江陵、浠水县。湖南省:浏阳市,桃源县、龙山县。

神陂庄 始迁祖思悦,始迁地江西省安义县新民乡乌溪村。分布江西省:鹰潭市,安义、进贤、横峰、弋阳县;湖北省监利县。

开化庄 始迁祖知大,始迁地浙江省开化市,又称西岗庄。分布江西省:新建、星子、永修、安义县。

石桥庄 始迁祖继升,始迁地江西省进贤县七里乡。分布江西省:南昌、丰城市,九江、东乡、湖口县;湖北省:武汉市汉阳区,麻城、襄阳、天门、仙桃、洪湖市,红安县;江苏省南京市;湖南省平江县;广东省兴宁县。

万载庄 始迁祖延盛,始迁地江西省万载县。分布江西省万载县;湖北省监利县。

石乌庄 始迁祖公先,始迁地江西省吉安永丰县竹牌门打鼓冲。分布江西省:德安、吉水县;湖北省武穴市。

芜湖庄 始迁祖知琉,始迁地安徽省芜湖市。分布湖北省:武穴市、蕲春县;江西省九江市;安徽省肥东县。

万福庄　始迁祖承成，始迁地江西永修县。分布江西省：南昌、瑞昌市，抚州市临川区，修水、德安、星子、九江、安义县；湖北省：麻城、武穴、咸宁、鄂州市，武汉市新洲、黄陂区，大悟、黄梅、团风、红安县；河南省：光山、商丘、罗山、潢川县；四川省万县；重庆市铜梁县；陕西省华州区。

土伏庄　始迁祖才琉，始迁地江西省上犹县。分布江西省：九江市浔阳区、庐山区，九江县；湖北省黄梅县。陕西省平湖。

龙潭庄　始迁祖延大，始迁地江西省瑞昌市望仙乡。分布江西省：瑞昌市，九江、武宁、德安县。

株岭庄　始迁祖知先，始迁地江西省九江县狮子乡。分布江西省：九江、星子县；湖北省：黄梅、鹤峰县；安徽省宿松县；湖南省：石门、桑植县；陕西省平利县；四川省太平县。

火巷庄　留守祖继通、继珪，始居地江西省德安县车桥镇义门村，又名留守庄。分布江西省：吉安、南昌市，德安、九江、永丰县；贵州省：清镇市，纳雍、大方、安顺、金沙、平坝、织金县；四川省：都江堰、南充、达州、巴中市，营山县；湖北省：武穴、荆门（陈士渠为该支后裔）、仙桃市，黄梅、钟祥县。

新喻庄　始迁祖延鼎，始迁地江西省新余市。分布江西省：新余、瑞昌市，九江市庐山区，德安县；湖北省：广水、随州市，京山、云梦县；湖南省：醴陵市、株州市芦松区；河南省信阳市平桥区；陕西省：西安市，商南县；安徽省：宣城市，铜陵县；广东省：深圳、广州市；山西省夕阳县大寨（陈永贵乃该支后裔）；广西壮族自治区钦州市；陕西省西安市。

黄墉庄　始迁祖守悦，始迁地江西省高安市。分布江西省：瑞昌市，德安、九江县；安徽省：望江、岳西县；湖北省黄梅县；贵州省。

赤湖庄　始迁祖希迁，始迁地江西省瑞昌市赤湖。分布江西省德安县；湖北省仙桃市。

石门庄　始迁祖知仁，始迁地江西省德安县磨溪乡新田。又称鄱阳县石门庄。分布江西省：德安、浮梁、九江县；湖北省武汉市武昌区。

火田庄　始迁祖希真，始迁地江西省铅山县汪二镇。分布江西省铅山县；湖南省浏阳市。

松滋庄　始迁祖邦大，始迁地湖北省松滋市，又称安徽省宿松松滋庄。分布江西省：抚州市，东乡、德安县；安徽省：宿松、怀宁县；湖北省蕲春县；湖南省平江县。

泾县庄　始迁祖觉生，始迁地安徽省泾县（庐江）。分布江西省德安县；浙江省建德市；安徽省：六安市，庐江、岳西县。

谢浦庄　始迁祖继琉，始迁地湖北省武汉市新洲区新集街。分布湖北省：武汉市新洲、黄陂区，麻城县；江西省德安县；河南省：商城、光山、新县；安徽省金寨县。

大冶庄　始迁祖才大，始迁地湖北省大冶市。分布湖北省：大冶、咸宁、沙市、汉川市，阳新、通山、竹山、南樟县；四川省大竹县；陕西省：山阳、商洛县；安徽省：金寨、潜山、临泉县；江西省：修水、武宁县。

丹阳庄　始迁祖继忱，始迁地江苏省丹阳县。分布江苏省丹阳县；浙江省：温州市，温岭县；福建省莆田县；广东省南雄市；江西省铅山县；台湾；上海市。

南昌庄　始迁祖思升、思昊，始迁地江西省南昌县铁树宫棉花街。分布江西省：丰城、樟树市，南昌、进贤、东乡、吉水县；湖北省：石首、仙桃市，英山县；湖南省：邵阳、津市、武冈市、长沙市，桃源、华容、慈利县；四川省乐至县（陈毅乃该支后裔）。

保昌庄　始迁祖汝优，始迁地广东省南雄市。分布广东省：顺德、东莞市，德庆县。

丰城庄　始迁祖运升，始迁地江西省丰城市石滩。分布江西省：瑞昌、丰城、南昌市，九江、星子、南昌县；河南省；湖北省：武穴市、公安、黄梅县；湖南省：长沙、常德、张家界市，攸县、茶陵、华容县。

东陂庄　始迁祖才仁（群），始迁地江西省宜黄县。又称福建省长汀县东陂庄。分布江西省：九江、瑞金、萍乡、吉安、赣州、抚州、樟树、新余市，万载、石城、会昌、兴国县；福建省：邵武、永安、三明、福州、厦门、漳州、龙岩市，长汀、上杭、武平、永定、建宁、泰宁、清流、顺昌、宁化、浦城、将乐、松溪县；广东省：梅州、深圳、南雄市，潮州市揭阳区，兴宁县；浙江省：丽水市，云和、龙泉、遂昌、常山、松阳县；广西壮族自治区:贡城、南宁县;云南省:昆明、瑞丽市;江苏省:苏州、南京市;山西省太原市;陕西省宝鸡市;北京市;上海市;台湾;美国、加拿大等地。

石桥庄 始迁祖彦纬,始迁地江西省南昌市市汊,又称石原庄。分布江西省:樟树市,永修、都昌、九江县;湖北省:咸宁、仙桃、天门市,嘉鱼、京山县。

虎溪庄 始迁祖宗悦,始迁地江西省吉安市。分布江西省:樟树、吉安、丰城市,九江、靖安县。

德兴庄 始迁祖彦谦,始迁地江西省德兴市砺居。分布江西省:上饶市,九江县;河南省:光山、新县。浙江省嘉兴市。

金溪庄 始迁祖才星,始迁地江西省金溪县。分布江西省:抚州市,九江县;湖北省武汉市新洲区。

蟠塘庄 始迁祖延迁,始迁地湖北省通城县蟠塘。分布江西省武宁县。

回归庄 始迁祖公成,始迁地湖北省浠水县关口镇蔡家桥(陈潭秋为此庄后裔)。分布湖北省:武汉市武昌、新洲区,仙桃、武穴、鄂州市,孝感市孝南区,浠水、团风、孝昌、大悟、云梦、罗田、英山、郧西、竹山、黄梅、京山、蕲春、麻城、应城县;江西省:乐平市,九江、永修县;河南省:信阳、商丘市,泌阳、谷城、新县、固始、商城县;安徽省:六安市,金寨、宿松、霍山、青阳县;陕西省:白鹤、洵阳县;甘肃省金川县;天津市;湖南省浏阳市;江苏省:苏州、盐城市。

兴置庄 始迁祖延仁,始迁地湖北省荆州市城区白马寺。分布湖北省:荆州市。

礼宁庄 始迁祖彦君,始迁地湖北省蕲春县,又称湖南省醴陵庄。分布湖北省黄梅县;河南省新县;江西省九江县;安徽省宿松县。

兰溪庄 始迁祖希远,始迁地湖北省浠水县。分布江西省九江县。

麻城庄 始迁祖思一,始迁地湖北省麻城市白果。分布湖北省:麻城市,武汉市黄陂区,孝感市孝南区,孝昌、大悟县;河南省:信阳市,光山、罗山县;陕西省:西乡县;四川省;重庆市:巫山、巫溪县;贵州省。

自兴庄 始迁祖彦仁,始迁地浙江省长兴县。分布湖南省:汨罗、临湘市,湘阴、岳阳县;湖北省监利县;四川省;重庆市奉节市;福建省;广东省南雄市;台湾。

崇德庄 始迁祖宗华,始迁地浙江省德清县。分布江西省彭泽县;安徽省怀宁县。

嘉兴庄 始迁祖继肃,始迁地浙江省嘉兴市。分布江西省:九江县。

江都庄 始迁祖希崇,始迁地江苏省江都县。分布江西省:九江市庐山区,星子县。

星子庄 始迁祖承悦,始迁地江西省星子县。分布江西省星子县。

新店庄 始迁祖希升,始迁地河南省信阳市新店。分布江西省:九江市,星子、九江县。

永嘉庄 始迁祖守宗,始迁地浙江省永嘉县上垅。分布江西省:瑞昌市,九江、湖口县;湖北省黄梅县。

太湖庄 始迁祖守通,始迁地安徽省太湖县花亭。分布安徽省:太湖、宿松、望江、怀宁县;江西省彭泽县;浙江省:杭州市,陕西省;河南省;湖北省大悟县。

将乐庄 始迁祖宗昌,始迁地福建省将乐县。分布江西省:抚州市临川区、南城县。

宝应庄 始迁祖泰迁,始迁地江苏省宝应县。分布江苏省泗洪县。

宛溪庄 始迁祖公迁,始迁地安徽省安庆太湖县。分布江西省:丰城市,抚州市临川区、南昌市湾里区,万年、安义、余干、南昌县;安徽省:太湖、桐城、宿松、青阳、望江、霍丘、潜山县;陕西省:平利、石泉县;河南省:信阳市,内乡、淅川、光山、罗山、桐柏县;湖北省:武汉、广水、荆州市,孝感市孝南区,黄梅、大悟、孝昌、松滋县;江苏省盐城市。云南省。

永新庄 始迁祖迁又,始迁地江西省永新县。分布江西省:景德镇市,永新县;湖北省:红安、大悟县;河南省:洛阳市,新县;陕西省绥德县;台湾。

柏山庄 始迁祖思大,始迁地湖北省通山县通阳镇德船村。分布湖北省:通山、崇阳、咸宁县;江西省:武宁、修水、铜鼓、靖安县;陕西省紫阳县;湖南省:平江、岳阳县。

归安庄 始迁祖承可,始迁地浙江省湖州市。分布浙江省湖州市。

沙坊庄　始迁祖彦升，始迁地江西省峡江县。分布江西省：景德镇市，抚州市临川区，进贤、东乡、南昌、资溪、万年、余干、铅山、鄱阳、都昌县；江苏省南京市；湖南省临湘市；四川省；广东省。

鄱阳西庄　始迁祖继镗，始迁地江西省鄱阳县江右。分布江西省：宜春市袁州区，鄱阳、石城、广昌、会昌、南丰、宁都、弋阳、上饶、黎川、横峰、于都、宁都、芦溪县；安徽省：太湖、望江县；福建省：邵武市，建宁、宁化县；湖南省浏阳市。

石岭庄　始迁祖守殿，始迁地湖北省武昌府雷山石牌岭。分布湖北省广水市。

广信庄　始迁祖知本，始迁地江西省上饶市。分布江西省：上饶市，石城、兴国、玉山县；福建省：邵武市，建宁县；浙江省：建德市，江山、常山县。

汉阳庄　始迁祖思通，始迁地湖北省武汉市汉阳区凤栖山南（陈昌浩为该庄后裔）。分布湖北省：孝感市，武汉市蔡甸区，英山县；安徽省：怀宁、舒城、潜山、太湖、岳西县；江西省进贤县。

黄金山庄　始迁祖继铠，始迁地江西省鄱阳县。分布陕西省：洛南、山阳县；安徽省：太湖、岳西县。

光州庄　始迁祖公明，始迁地河南省潢川县。分布河南省：光山、新县、商城县；江西省：德安、石城、兴国县；安徽省金寨县。

嘉鱼庄　始迁祖汝升，始迁地湖北省嘉鱼县。分布湖北省：嘉鱼、崇阳、蕲春县；湖南省平江县。

鄂州庄　始迁祖延通，始迁地湖北省鄂州市。分布湖北省：鄂州市，黄梅县。

泰和庄　始迁祖承一，始迁地江西省泰和县。分布江西省：修水、万载县；广东县增城市。

曲江庄　始迁祖希儒，始迁地广东省曲江市下桥。分布湖北省：汉川、天门、洪湖、石首市，黄梅、公安、京山、潜江、监利县；江西省：丰城市，兴国县；湖南省常德市。

新化庄　始迁祖才典，始迁地湖南省新化县。分布江西省：瑞昌市，九江县；湖北省武穴市。

石塘庄　始迁祖汝隆，始迁地江西省安义县。分布江西省：景德镇市鹅湖区，九江、星子县；湖北省：仙桃、洪湖、武穴市，黄梅县。

赤山庄　始迁祖汝通，始迁地安徽省霍山县。分布江西省九江县；湖北省黄梅县；陕西省。

永兴庄　始迁祖思成，始迁地江西省兴国县富川果流松江。分布江西省九江市庐山区；湖北省：天门市，荆州市沙市区，公安县；湖南省：南县、华容县。

三角庄　始迁祖彦琉，始迁地广东省梅县。分布江西省：修水县；江苏省：徐州、丹阳市；湖北省麻城县。

兴国庄　始迁祖思迁，始迁地江西省兴国县。分布江西省：南昌、高安市，新建、兴国、泰和县。

望江庄　始迁祖宗通，始迁地安徽省望江县，又称湖北省浠水县望江庄。分布湖北省：浠水、英山、蕲春县；陕西省镇安县；浙江省长兴县；安徽省：霍山、金寨县；江西省德安县；河南省。

行塘庄　始迁祖公琉，始迁地湖北省黄梅县。分布湖北省黄梅县。

怀宁庄　始迁祖汝心，始迁地安徽省潜山县。分布安徽省：安庆（陈独秀为该庄后裔）、怀宁、桐城、黄山、池州市，潜山、岳西、东至县；湖北省黄梅县。浙江省安吉县；河南省西峡县；陕西省；新疆福海县。

原政庄　始迁祖知悦，始迁地湖北省武穴市。分布湖北省：黄梅县。

城子驿庄　始迁祖继元，始迁地江西省九江县城子镇。分布江西省九江县。

东垄庄　始迁祖知迁，始迁地江西省九江县。分布江西省九江县；湖北省：武昌市，黄梅县。

宿松庄　始迁祖公通，始迁地安徽省宿松县。分布安徽省宿松县；湖北省：咸宁、鄂州、广水市，蕲春、黄梅县，江西省：九江、德安县；陕西省平利县；海南省三亚市。

南丰庄　始迁祖尧则，始迁地江西建昌军南丰庄（今抚州南丰县）。分布江西省：鹰潭市，抚州市临川区，余干、鄱阳、贵溪、南城、玉山县；重庆市忠州市；湖南省：岳阳、长沙、张家界、娄底市，湘乡、炎陵、安化、涟源、攸县；湖北省荆门市；陕西省蓝田县；广东省英德县；河南省光山县。

萍乡庄　始迁祖继大，始迁地江西省萍乡市安源区。分布江西省武宁县。

建宁庄　始迁祖延正，始迁地福建省建宁县。分布江西省铅山县。

黄陂庄 始迁祖知通,始迁地湖北省武汉市黄陂区仓埠。分布湖北省:仙桃、枣阳、随州市,武汉市黄陂区,大悟、应城、京山县;河南省桐柏县;陕西省;四川省利川县;台湾。

平塘庄 始迁祖思先,始迁地安徽省东至县平塘。分布湖北省通城县;湖南省:长沙、浏阳、岳阳市,平江、汨罗、湘阴、醴陵县;台湾;加拿大。

攸宁庄 始迁祖守大,始迁地安徽省休宁县临溪。分布江西省:宜丰、湖口县;安徽省宿松县。

贵溪庄 始迁祖延甫,始迁地江西省贵溪市。分布江西省贵溪市。

弋阳庄 始迁祖希让,始迁地江西省弋阳县。分布江西省弋阳县;福建省。

枫林庄 始迁祖才悦,始迁地江西省贵溪市鸿塘镇枫林村。分布江西省:贵溪市,弋阳县。

罗田庄 始迁祖光大、先大,始迁地湖北省罗田县平湖邮亭寺。分布湖北省:罗田、麻城、英山、浠水、团风县;安徽省金寨县;河南省商城县;天津市;四川省;江苏省;新疆维吾尔自治区;台湾;美国、加拿大等国。

长泰庄 始迁祖彦悦,始迁地福建省长泰县。分布江西省德安县。

大源庄 始迁祖承先,始迁地江西省赣州市滨江镇或浙江省富阳市。分布江西省丰城市。

新城庄 始迁祖才迁,始迁地河北省新城县,又称江西省丰城市新城庄。分布江西省:丰城市,新干县;湖北省:天门、仙桃市。

分宁庄 始迁祖宗大,始迁地江西省修水县石坳乡。分布江西省:修水、分宜县;湖北省:洪湖市,黄梅县;湖南省临湘市。

宁都庄 始迁祖思忠,始迁地江西省宁都县。分布江西省宁都县。

西赤崖庄 始迁祖延礼(以崇),始迁地江西省吉安西赤崖。分布江西省:永新、德安县。

巴陵庄 始迁祖继成,始迁地湖南省岳阳市。分布湖南省岳阳市;湖北省武穴市。

湖口庄 始迁祖宗先,始迁地江西省湖口县。分布湖北省公安县;河南省光山县。

南昌官庄 始迁祖执方,始迁地江西省南昌市。分布江西省:丰城市,崇仁县;湖北省监利县。

苏州庄 始迁祖彦和,始迁地江苏省苏州市。分布海南省:海口市,文昌、琼山、澄迈县。

江陵庄 始迁祖才升,始迁地湖北省荆州市。分布湖北省荆州市。

港口庄 始迁祖延兆,始迁地江西省九江县港口街镇。分布湖北省:天门、广水市,随州市曾都区;安徽省宣城市。

六水庄 始迁祖承琉,始迁地浙江省临安市。分布浙江省临安市;湖北省天门市。

高塘庄 始迁祖彦柯,始迁地安徽省宿松县。分布安徽省宿松县。

鄱阳庄 始迁祖才成,始迁地江西省鄱阳县马尾港。分布安徽省:宿松、东至、岳西县;湖北省:麻城、仙桃市,罗田、团风县;陕西省;江西省:萍乡市,鄱阳县;湖南省醴陵市。

上杭庄 始迁祖彦豪,始迁地福建省上杭县。分布福建省上杭县;安徽省宿松县;江西省:宜春市袁州区,彭泽、修水、靖安县;重庆市:璧山、巴县;台湾。

宿松庄 始迁祖希成,始迁地安徽省宿松县,又名松江庄、桐城庄。分布安徽省:宿松、桐城县;湖南省华容县;四川省古蔺县。

无锡庄 始迁祖身先,始迁地江苏省无锡市,又称西贤庄。分布江苏省无锡市;安徽省:宿松、太湖县;江西省鄱阳县;湖北省蕲春县。

句容庄 始迁祖延福,始迁地江苏省句容县。分布江苏省句容县;安徽省宿松县;湖北省:蕲春、浠水、郧西、房县;甘肃省临洮县;陕西省:宝鸡、西安市,平利、旬阳、宁陕、凤翔、潼关、洛南县;江西省。

宝庆庄 始迁祖延疏,始迁地湖南省邵阳市邵井。分布江西省:德安、星子、九江县;湖北省:武穴市,黄梅、龙坪县;四川省:自贡市,富顺县;贵州省:遵义、毕节市,仁怀、纳雍县。

舒城庄 始迁祖汝成,始迁地安徽省舒城县。分布安徽省:舒城、六合、霍山、金寨县;江西省德安县。

新港庄　始迁祖思仁，始迁地江西省樟树市。分布江西省樟树市；贵州省普定县。

洛阳庄　始迁祖汝良，始迁地河南省洛阳市新安，又称河南庄。分布河南省新县；湖北省郧西县。

石蟹庄　始迁祖公悦，始迁地江西省瑞昌市。分布江西省德安县。

嘉定庄　始迁祖彦相，始迁地嘉定县。又称四川嘉定庄。分布湖北省：鄂州、黄石市；四川省达县。

华容庄　始迁祖承享，始迁地湖南省华容县。分布湖南省：岳阳市，华容、汉寿县。

新建庄　始迁祖知明（铭），始迁地江西省吉安县。分布江西省东乡县；湖南省：澧县、临澧、石门县；贵州省。

湘乡庄　始迁祖宗芳，始迁地湖南省湘乡市。分布湖南省：湘乡市，双峰县；湖北省武汉市江夏区。

铜梁庄　始迁祖公长，始迁地安徽省安庆市，又称重庆市铜梁庄。分布安徽省：合肥、六安、铜陵、桐城市，舒城、霍山、肥西、庐江、肥东县；广西壮族自治区南宁市；江苏省南京市江宁区。

玉山庄　始迁祖继道，始迁地江西省玉山县。分布江西省：上饶、弋阳、德安县。

太兴庄　始迁祖宗昌，始迁地福建省泉州市。分布福建省：泉州、厦门、龙岩市，永定、南靖县；广东省东莞市。

武陵庄　又名南安庄，始迁祖公大，始迁地湖南省常德市。分布江西省：抚州市临川区，宜黄县；台湾：台北、基隆市。

兴化庄　始迁祖延英，始迁地江苏省兴化县，又称扬州高邮庄或福建省仙游兴化庄。分布江西省：抚州市临川区，上饶县；福建省：古田、仙游县。

三台庄　始迁祖延成，又名延才，始迁地河南省固始县。分布江西省樟树市；贵州省福泉市；安徽省金寨县。

宜春庄　始迁祖才美，始迁地江西省宜春市彬江镇。分布江西省：宜春市，分宜县。

邵武庄　始迁祖显先，始迁地福建省邵武市莲塘。分布江西省石城县。

德清庄　始迁祖思美，始迁地浙江省德清县。分布湖北省咸宁市咸安区。

海洲庄　始迁祖延盛，始迁地浙江省临安市，又称江苏省连云港海州庄、江西省万载庄。分布四川省邻水县。

归德庄　始迁祖知高，始迁地广西壮族自治区南宁市。分布广西壮族自治区南宁市。

棉田庄　始迁祖念九，始迁地江西省抚州市圩江棉田（义门陈房系不清，待考）。分布江西省：丰城市，抚州市临川区，东乡、进贤县；湖北省天门市。

潭州官庄　始迁祖端公（陈旺八世孙），唐僖宗时，因功封威烈将军，任节度使，镇湖南潭州。分布湖南省：长沙、浏阳、临湘市，湘阴、茶陵、平江、汨罗县、湘西。

佛图庄　始迁祖彦大，始迁地四川省巴县。又称广东佛图庄或湖南岳阳巴陵佛图庄，待考。分布江西省宜春市袁州区。

蔡山庄　始迁祖宗琉，始迁地湖北省黄梅县蔡山。分布湖北省黄梅县；江西省分宜县；湖南省：株州市，炎陵、茶陵县。

山头庄　始迁祖温先，始迁地江西省鄱阳县。分布湖北省：武汉市新洲区、大悟县；上海市；浙江省德清县；江苏省南京市。

乐安庄　始迁祖守先，始迁地江西省瑞昌市乐山。分布江西省瑞昌市范镇。

太平庄　始迁祖延秉，始迁地安徽省黄山市黄山区永丰乡。分布安徽省：合肥、宣城、六安市，黄山市黄山区，舒城、霍山、霍邱、石台、长百、祁门、广德县；浙江省：绍兴、宜兴市，宁海县；江西省：彭泽、永丰县；陕西省：安康市，镇安、商南、竹谷、旬阳、紫阳县；湖北省：武昌市，松滋县；福建省；台湾。

江夏庄　始迁祖延升，始迁地湖北省武昌区鹄山。分布湖北省：武汉市江夏区、咸宁市咸宁区，通山、谷城县；安徽省金寨县；陕西省：西安市，山阳县。

西安庄　始迁祖希作，始迁地陕西省西安市。分布湖北省襄阳市；四川省会东县。

天河庄 始迁祖相琉,始迁地江苏省六合县大河口,又称山西省福缘庄。分布江西省:抚州市临川区,黎川、宜黄县;陕西省横山县。

青州庄 始迁祖知问,始迁地山东省青州市。分布江西省:弋阳、余干县。

长乐庄 始迁祖知致,始迁地福建省长乐县,又称广东省长乐庄。分布江西省弋阳县。

孝感庄 始迁祖彦德(崇仁),始迁地湖北孝感市。分布湖北省:武汉市新洲区,孝昌县;江西省弋阳县;重庆市。

河南官庄 始分祖尧叟。分布安徽省庐江县。

河南官庄 始迁祖尧佐。分布江西省:乐平、贵溪、樟树市,抚州市临川区,鄱阳、东乡、进贤、崇仁县;湖南省;安徽省舒城县。

沔阳庄 始迁祖延晤,始迁地湖北省仙桃市沔城。分布湖北省仙桃市。

安福庄 始迁祖守操,始迁地江西省安福县。分布四川省:会东、会理县。

武昌庄 始迁祖守升,始迁地湖北省武昌。分布湖北省:仙桃、洪湖、赤壁市,监利县。

赤澜庄 始迁祖承恂,始迁地江西省抚州市赤澜门。分布江西省:乐安、南丰、吉水、新干县。

吴江庄 始迁祖延林,始迁地江苏省吴江市。分布安徽省五河县。

蒲城庄 始迁祖知务,始迁地福建省莆田市。分布广东省:湛江、吴川市;广西壮族自治区。

西贤庄 始迁祖彦文,分布安徽省霍山县。

常州庄 始迁祖延梧,分布江苏省邳州市。

芳宁庄 始迁祖才春,始迁地江西省德安县高塘乡。分布湖南省:岳阳、平江县;湖北省:通山县,通城县。

归化庄 始迁祖知炜,始迁地福建省归化县。分布江苏省:阜宁、滨海、射阳、建湖、宝应县,盐城市盐都区,东台、大丰、连云港市;山东省日照市;江西省吉水县。

长汀庄 始迁祖延琏。始迁地福建省长汀县。分布江西省抚州市临川区,宜黄、乐安、崇仁、广昌县;四川省。

丽水庄 始迁祖兴迁,始迁地浙江省嘉兴市。分布河南省商城县。

木环庄 始迁祖继振,居德安县木环垅。分布江西省:靖安县、南昌市;上海市。

衢州庄 始迁祖诚迁,始迁地浙江省衢州市。分布湖南省浏阳市。

新桥庄 始迁祖承升,始迁地江西省武宁县莆田镇,又称高安庄。分布湖北省:武汉、仙桃、洪湖市、嘉鱼县;湖南省岳阳市;重庆市;江西省吉水县。

上高庄 始迁祖延玉,始迁地江西省上高县。分布湖南省:浏阳、长沙、株洲市,长沙县。

第二章 文化遗产

第一节 文献遗存

家族规范

家法 唐大顺元年(890)四月陈崇撰立,计 33 条:

一、立主事一人,副主事两人,掌管内外诸事。内则敦睦九族,协和上下,束辖弟侄,日出从事,必令各司其职,毋相夺论;照管老少应需之资,男女婚嫁之给;三时茶饭,节朔聚饮,如何布办;组配诸庄费用多寡,一依下项规则施行。外则迎接亲姻,礼待宾客,吉凶筵席,迎送之仪,一依下项规则施行。此三人不拘长少任之,或有干父之子,或有克家之人,但择廉谨立操仁恕者委之,不限年月。倘有辞状乞替,请众详之。其年力稍优者,家长则且举晋,或年有弱者,众则择人替之。仍不论长少,务在得其人而已。

二、立库司二人,作一家之纲领,为众人之表率,握赏罚之二柄,立公私之两途。惩劝上下,勾当庄宅,掌一户版籍,税粮及诸庄书契等。应每年送纳王租、公门费用钱物,发给男女衣妆,考校诸庄课绩,差役弟侄,一依下项规则施行。此二人亦不以长幼论,择公干刚毅之流,能任其事者任之。

三、诸庄各立一人为首,一人为副,量其田地广狭以次安排。弟侄各令首副安排,共同经营。仍不得以父子同处,远嫌疑也。凡出入归省,须候庄首指挥,给限去著。自年四十以下归家限一日,外赴须同例。执行农役,应出市肆买卖,使用银钱,须具账目向库司示明,稍有不遵,禀上命责以常刑。有功勤者,则举之,委以事务,各须务在节用。诸庄除纳王租外,田产、添修仓廪实宝者,庄首、副衣妆上次第加赏;其或怠惰以致败阙者,则剥落衣妆,重加刑治,所以惩恶劝善也。应每年收到谷斛,至岁晚须具账目归家,以据考课并库司检点者。

四、差定弟侄十人,名曰宅库人,付主事手下共同勾当。一人主酒醋曲蘗等;二人知仓碓,交领诸庄代应谷斛,并管辖庄客逐日舂米粮,出入上簿,主事监之;二人知园、圃、牛、马、猪、羊等事,轮日抽雇庄客锄佃蔬菜,以充日用;一人知晨昏,开闭门户,早晚俟候弟侄出入勾当;四人管束近家四源田土,监收禾谷、桑、柘、柴薪以充日用。其出入优劣共同酌量,一依主庄者次第施行。

五、立勘司一人,卜勘男女婚嫁之事,并排定男女第行。置长生簿一本,逐年先抄上每月大小、节气,转建于簿头,候诸房诞生男女令书时申报,则当司应随时上簿至排定第行,男为一行,女为一行,不论孙、侄、姑、叔,但依所生先后排之,贵在简要。自一至十,周而复始。男年至十八以上则与占勘婚姻,配仪诸事项,则待主事依则施行。皆一室,不得置蓄仆隶。女则候他家求问,亦属勘司酌当。但此一人须择谙阴阳数术者任之。

六、丈夫除令出差勾当外,并付主事手下管辖,逐日随主事差使去执行农役等,稍有不遵者,具名申上,候家长处分科断。

七、弟侄除差役执作外,凡出入门户及晨昏定省事,须具巾带衫裳,稍有乖仪,当行科断。

八、立书堂一所於东佳庄,弟侄子姓有赋性聪敏者,务令入学,稍有与功业应举者,除现置书籍外,须令添置。于书生中立一人掌书籍,出入须令照管,不得遗失,或者宾客寄止修业者,供应并出东佳庄。

九、立书屋一所於住宅之西,教授童蒙。每年正月择吉日起馆,至冬十二月解散。童子七岁令入学,至十五岁出学。有能者令入东佳。逐年於学堂内次第抽二人诱训,一人为先生,一人为副。其纸墨笔砚,并出宅库收买应付者。

十、先祖道院一所,司祝之子,代有其人,或有继者听之,令旦夕焚修,上以祝圣寿,下以保家门,应有斋醮事须差请者,众俗可也。

十一、先祖符法亭一所,历代祀之。有继者听其自便。凡有造屋宇、埋葬、龟筮、祈祷等事,一一委之。

十二、命二人学医,以备老幼疾病。须择谙药性、方术者为之。药料之资,取给主事者。

十三、厨内差定十人掌庖厨炊灶事。三人收羹菜,二人炊饮,二人知汤水和摆布堂内等事,此不限期,迎娶新妇则以次替之。

十四、每日三时茶饭,丈夫于外廊下同坐作两次,自年四十以下至十五岁者,作先次坐,取其出差勾当,故在前也;至年四十以上与家长同坐后次,以其闲缓,故在后也。并差新冠童子二人排有侍候茶汤蔬菜等事。妇人则在后堂坐,长幼以作两次,并出厨内新妇只候茶汤等。其盐酱、菜蔬、腥鲜等,并出在正副主事,取给酌当。

十五、节序眷属会饮於大厅同坐,主事及时差后生二十人排布侍候。先次学生、童子一坐,已束发髻女孩一坐,费用物资唯冬至、清明,主事组配诸庄供应,馀则出自宅库,随其所有置办,许令周全者。

十六、非节序丈夫外出勾当,五夜一会,酒一磁瓯,所以劳其勤也,尊长取便,仍令知酒人别醞好酒,以侍老上取给者。

十七、诸房每月令主事各给油一斤，并茶盐等，以便老疾取便，须令周全。

十八、会宾客事。凡嫁娶仰主事组配诸庄布办，吉凶筵席，官员达客，迎送之礼，并出自宅库，取令如法周全，仍逐自抽书生一人，归知宾客。

十九、新妇归甯者。三年之内，春秋两度发遣，限一十五日回；三年外，则至岁节一例发遣，即二十日回。出在主事指挥，馈送之礼，临时酌当。

廿、男女婚嫁之礼，凡仪定用钗子一对，绯绿彩二段，餉仪钱五贯，定色绢五疋，彩绢一束，酒肉临时酌当。迎娶者，器皿、靴履、花粉匣、箱笼等各一副，巾带钱一贯文，并出主事组配。女则银子一十两，随意打造物色，市买钱三贯文，出库司组配诸庄应付。

廿一、男女冠笄之事。男则十五岁裹头，各给巾带一副，女则十四岁合头髻，各取钗子一双，俱出库司给付者。

廿二、养蚕事若不制之以法，虑多少不均。今立都蚕院一所，每年春首，每庄抽一后生丈夫，从事桑柘，中择一年长为首，束辖修理蚕桑等事。婆母及年至四十五岁以上至四十八岁者，名曰蚕婆：四十五岁以下者，名曰蚕妇。於都蚕院内，每蚕婆各给房一间，蚕妇二人同看。桑柘仰都蚕院首组配诸庄应付。其女孩各令于蚕婆房内同看桑柘。待成茧后，权其多寡，公同抽取。令蚕首将丝帛均平给付，以见成功。有以得茧多者，除给外别赏之，所以相激励也。其蚕种仰都蚕院首留下，候至来年春，每蚕婆各给二两。

廿三、每年夏税，抽所细绢，仰库司组配诸庄，丝帛归於蚕妇织造。新妇年四十八以下者，另各织绢二匹，缎一匹；女孩各给付织绢一匹，蚕婆四十八岁以上者免。

廿四、丈夫衣着，二月中给春衣一领，每人给付丝十一两，夏各给葛衫一领，秋之寒衣，相时给付。自年至四十以上至尊长者，各给绢一匹，绵五两，四十以下给丝十两，绵五两，冬各给头巾一领，并出库司组配者。

廿五、每年鞋履。冬至、岁节、清明三时，不论男女三岁以上者各给一双，草履丈夫每月各给三双，出库司组配给付者。

廿六、妇人脂粉、针花等事，每年冬至、岁节、清明，仰库司专人收买付给。

廿七、妇人染帛，每年各与染一匹，任意染色，钱出库司组配诸庄应付，专差一人勾当。

廿八、草席，每年冬库司组配诸庄，每户各给一副。

廿九、立刑杖厅一所，凡弟侄有过，必加刑责，等差列后。

卅、诸误过失及酗酒而不干人者，虽书云："有过无大"。然恐不行刑，无以惩劝，此等各拭笞五下，放。

卅一、恃酒干人及无礼妄触犯人，各决杖十下，放。

卅二、不遵家法，不从上命，妄作是非，逐诸赌博，斗争相损者，各杖笞一十五下，剥落衣妆，归役一年，改则复之。

卅三、诸妄使庄司钱谷，入於市肆，淫于酒色，行止耽滥，勾当败坏，斗争相损者，各决杖二十下，剥落衣妆，归役三年，知过复之。

家范　唐大顺元年（890）四月陈崇撰立，计12则：

一、尊朝廷：太平之世，声教覃敷。谊隆轩冕，恩彻泥涂，普天率土，莫不沾濡。矧吾宗支，被泽尤殊。金门赐爵，玉册蠲租。稽颡顿足，鼓腹含哺。何以仰答，远者宏谟。出励名臣，处为硕儒。安兹作息，意乃公输。扬栩大化，嬉游唐虞。

二、敬祖宗：陈氏先代，渊源宏远。冥索遐稽，殊深缱绻。德为畴立，功为孰建。宜都以来，滋培不浅。司马参军，日恣流衍。补阙才高，秘监闻显。著作贤嗣，庐峰绝巘。徙乎江州，始基是践。自斯而遥，其绪日展。俎豆勿忘，咸相绳勉。

三、孝父母：父母生我，鞠育劬劳。顾复之恩，自少而髦。几经艰难，以养以教。冀其克遂，悲喜相交。与言及此，中心如刀。谓地盖厚，谓天盖高。跼蹐无报，徒属裹毛。遐思古人，其乐陶陶。养为其志,不为其肴。致其慕者,涕泣而号。

四、和兄弟:鹡原志喜,雁序分行。维礼与诗,盖有名章。矧跻圣世,跻乎大唐。荆花芳馥,接叶联芳。埙篪韻协,手足相将。惟其耽乐,庶顺高堂。追惟先代,阙有二方。惟其难也,实在名彰。无歌偏反,以致阋墙。千古以来,被止眠薑。

五、严夫妇:人伦伊始,兆自闺门。阴阳之义,亘古常尊。好合可乐,狎暱宜峻。正位内外,各以其分。鸡鸣致警,戒旦时闻。以乐钟鼓,以友瑟琴。梁妻举案,冀妇如宾。惟鸡与缺,道行於身。不知其然,以亵而亲。脱辐至矣,则又何云。

六、训子孙:翳为义族,后启联翩。兰含春媚,桂馥秋妍。何以栽培,让其性天。巍巍桢干,饱科云烟。诗书有经,农亩有田。耕食凿饮,为育为弦。终身远到,基於少年。循规斯方,受规在圆。非规非矩,遗羞昔贤。父兄之教,在乎宜先。

七、隆师儒:圣贤之道,与孰为明。千秋统绪,任在儒生。发聋振聩,鼓振金鸣。石渠白虎,木铎传声。惟其义备,斯感至情。游杨二子,立雪于门。苏章千里,不惮遥程。跋涉艰难,荷笈而行。吾陈东佳,无骛乎名。隆宠师儒,以植群英。

八、谨交游:古人所忌,独处居幽。慧眼以发,思无以抽。士农工贾,惟其匹俦。或出或处,气类同求。戒勿知己,比匪非俦。声气是诩,他是为尤。与其为滥,毋宁隘收。金兰善谱,不类盟鸥。少壮一诺,终当白头。风雨契阔,意致绸缪。

九、联族党:江州一族,异流同源。阅十一世,和处笑喧。非吾伯叔,即我弟昆。长幼上下,无寒无暄。驰驱皇路,退伏高原。咸敦一脈,岂有嫌言。二百馀口,饔餐同轩。时勤课教,李笃训勉。有才足论,有勳与展。何疏何戚,维此义门。

十、睦邻族:古者八家,同井相助。由近而远,情谊攸著。为邻为里,居游以聚。疾病相扶,死丧与赴。患难忧急,戒惊恐惧。謦欬欢逢,寿考构娶。伏腊周旋,心融情豫。岁酒同甘,烹宰饱饫。阛阓里门,倒屣解履。诗称浴比,殷其景慕。

十一、均出入:生财之难,期其恒足。制用有经,积施相续。积而不施,施而不毂。侈靡吝慳,均为薄俗。生齿云多,资用繁缛。老疾殡祭,莫敢不肃。以膳耕稼,以资诵读。家庭内外,持筹仆仆。惟均惟平,度其盈缩。乾糇以愆,为汝曹勖。

十二、戒游惰:凡人之生,畴无担荷。均在四民,责无敢堕。行必期为,志惟务果。奋进而前,犹不与我。矧其嬉游,安而偷惰。既历艰危,无挫坎坷。丈夫志雄,磅礴磊落。进止帷幄,了如观火。既乃自戕,手足委弹。家范谆谆,铭为佩左。

家训　唐大顺元年(890)四月陈崇撰立,计16条:

一、敦孝悌以重人伦;二、笃宗族以昭雍穆;三、和乡党以息争讼;四、重农桑以足衣食;五、尚节俭以惜财用;六、隆学校以端士气;七、黜异端以崇正学;八、讲法律以儆愚顽;九、务本业以定民志;十、训子弟以禁非为;十一、息诬告以全善良;十二、诫匿逃以免株连;十三、完钱粮以免催科;十四、联保甲以弭贼盗;十五、解仇忿以重身命;十六、明礼让以厚风俗。

朝廷旌表

唐代旌表　唐中和年间,江州陈氏一门崛起,九世陈崇为银青光禄大夫,十世陈衮为文渊阁大学士,人才辈出。尤其中和元年(881),陈崇任第三任家长,治家谨严,200余口义风挺然,唐僖宗李儇于中和四年(884)特赐旌表,御笔亲题"义门陈氏"。并赠联:"九重天上旌书贵,千古人间义字香。"题诗"金城宴罢月如银,环珮锵锵出凤城。问道江南谁第一,咸称惟有义门陈。"

唐大顺元年(890),陈崇撰《家法》垂示族人,创一国之先,唐昭宗李晔特赐旌表,御笔亲题"旌表义门陈氏",并以其《家法》率化朝野。

唐天祐元年(904),文渊阁大学士陈衮出任江州司户参军,唐哀帝李祝特赐诰"朕履此多艰,寤寐簪缨之彦,永持社稷之安,乃眷尔辈久居外域,爰锡奖善之宠,近班常伯之尊,矢主为阙,即日届迁,既不惮於暑行,宜速依於宸告。”

五代南唐旌表 南唐升元元年(937),陈氏一门除陈衮为江州司户参军,还有蒲圻令陈勋、德安令陈玟、礼部侍郎陈日方、兵部尚书陈党,累世簪缨,义风昌著,先主李昇为之旌表,敕筑旌表台,赐匾一块,上书“义门”。

北宋旌表 宋淳化四年(993),宋太宗赵光义会见陈兢,问“汝义门所以义聚,何也?”兢答:“公也。公则无私,无私方可义聚。”赵光义非常赞同,遂赐匾一块,上御书“至公无私”。并下诏:“朕闻尧舜之世,比屋可封不过孝悌而已矣。上下之间相视为善,亦有教劝之,何如且夫嘉言善行,载诸简编者虽多曷若修身齐家,按诸耳目者尤切于此,加恩而示劝庶,几见贤以思齐。故江州义门陈氏,自兼至唐秘书少监京迨今陈炳隆至河南太守何同居十八世,相处五百年,养不二于田财,义无分于尔我。呜呼,昔张公艺九世同居,敬书百忍。今陈炳隆自其陈兼至秦付,四朝合食,义协一诚,宣赐华章,以规盛世,可旌表其间曰:陈氏行义之门,仍赐行义钱二千五百缗,以优异之主旨施行。”赵光义还赋诗二首以赠:“水阁山斋架碧虚,亭亭华表耀门闾。祖宗遗下林泉地,子孙相承孝义庐。原上鹡鸰常救难,庭前棠棣每添辉。颖川郡派传千古,芳播江州绍舜虞。”(《赞江州义门》)“积善由来庆必长,卿家历世羡贤良。长幼一心联族属,内外同忾淑乡邦。龙钟鹤发皆人瑞,麟趾凤雏悉德群。雍雍济济三王志,世世代代克后昌。”(《旌陈兢》)

北宋至道二年(996),太宗赵光义派内侍裴愈赉散御书,陈氏所得御赐书典33卷,裴愈到义门获《陈氏家法》2篇献于太宗。至道三年(997),太宗赵光义御封义门陈“真良家”,且敕联一副:聚族三千口天下第一,同居五百年世上无双。并赐“知、守、宗、希、公、汝、才、思、彦、成、延、继”12字为义门派行。得到太宗赐字后,义门陈第十二代家长陈旭赴京谢恩,赵光义甚喜,赐以器物,又以飞白亲书“义居人”赐之。即日命陈旭为江州助教,重加旌表。

北宋大中祥符四年(1011)四月,因陈旭致力于东佳书堂办学,得到宋真宗赵恒诰敕:“早彰联履,克茂清规。儒业传于世家,义风激于闾里。宜膺霈泽保耆年,特颁纶之荣,式光庠序之列,可特授将仕郎,守江州助教。”并赐联于义门:“三千口余文章地,五百年来孝义家”。

北宋天圣元年(1023)七月,宋仁宗赵祯趁朝廷追美之典,赠封义门陈氏先祖五世公爵,特许立祠堂,赠箴一幅曰:“颖川派远,江州泽新。累世同爨,惟兹有陈。犬犹让食,何况於人。故知孝悌,陋巷长春。苟无礼义,金谷灰尘。贤愚之异,兴替之因。攸覆攸叙,均此彝伦。既长其长,亦亲其亲。勉为秀士,共作良民。钦哉汝族,永绥礼明。”

天圣二年(1024),陈蕴继陈旭为义门十三任家长,宋仁宗赵祯特赐其诰敕:“敦儒术以修身,笃义风以睦族。乡邑所尚,年德可嘉。俾备考稽于郡庠,用昭荣于里闾。钦成朝渥,益懋成名。特授将仕郎,守江州助教”。

天圣三年(1025),宋仁宗赵祯敕联一副于义门,谓:“萃族三千九百余口天下第一,合爨五百八十多年世上无双”。

北宋嘉祐七年(1062)七月,鉴于江州义门陈合族同居十余世,宋仁宗接受朝臣建议,着令进行分庄,七月初三下达诏书:“奉天承运,皇帝诏曰:惟尔江州德安县义门陈氏,同居一十五世,不为不久,义居三千九百,不为不多。朝廷恩赐盖已有年,各属安存已非一日,窃虑尔民生齿日众,难为统属之方;年谷不登,得无饥馁之患。但世道颓靡,已匪唐虞之日;人心不古,岂皆尧舜之民。恐后失于检束,变起不虞,上负德于朝廷,下遗羞于厥祖。朕为尔等恤之怀之,特诏尔民分居,硕业析俭营生,保持已往之仁,以杜将来之患。尔等各宜殷勤是务,毋辜堂构之谋;棺悌同泽,弗负丝纶之贵。鸟兽有异巢之日,蜂虿有散处之时,物类犹然合离,人生岂可长群?盍各遵依,勿怀晋变。特诏。”诏下后,七月始,首分108庄;九月后,又续分183庄。仁宗赵祯特作《赐江州义门分庄诗》予以表彰与安慰:“江州久著义门庄,庄上分庄世派长。蒂固根深谁与併?珠辉玉廊孰同行。漫夸诗礼追邹鲁,须信簪缨赛谢王。子孙各知遵义范,永承舜德有重光。”

名家题赠

赞江州义门

北宋·赵普

击鼓传餐岂异初，江州义族不差殊。当朝采察观风致，特为高门大揭书。敕表历朝皆盛迹，旌诏屡世悉成模。如今诚信古人语，积善之家庆有余。

赵普(922～992)，北宋初大臣，字则平，河南洛阳人，乾德二年(964)任宰相。

过义门山庄

北宋·李昉

孝义冠乡间，门多长者车。收贮千仓粟，家积一楼书。待客开新酒，娱亲煮嫩蔬。三公老且病，无暇访山居。

累朝都羡义门陈

乔木苍苍发古春，累朝都羡义门陈。绿筠耸翠栖金凤，碧水扬波跃锦鳞。朱实熏庭红橘熟，清香袭座紫微新。他年如卜芳邻住，喜葺吾庐落水滨。

李昉(925～996)，北宋初大臣，字明远，深州饶阳(今河北饶阳)人，后汉乾祐(948)进士，宋初翰林学士加中书舍人，累官至中书侍郎。曾主编《太平御览》。

如今义门义更深

北宋·吕蒙正

叠奏华门聚德星，朱霞飞锦绕江城。太和鼓畅淳风美，大顺熏蒸景物新。千石赐回天上粟，五车读遍匣中经。只知雍睦当年盛，哪知如今义更深。

赞义门陈兢

北宋·吕蒙正

公之心思，青天皦日；公之襟怀，光风霁月；公之行止，和风甘雨；公之节概，苍松翠柏。

吕蒙正(946～1011)，北宋大臣，字圣功，河南洛阳人，北宋太平兴国进士，曾三度为相。

赞义门

北宋·吕端

八百头牛耕日月，三千灯火读文章。永清潭底观鱼变，东佳冈上听莺吭。

吕瑞(935～1000)，北宋大臣，字易直，幽州安次(今河北安次)人，至道元年(995)继吕蒙正为相。

题义门宅

北宋·王禹偁

华阁遥遥信不虚，义居风范孰能如？力田岁积千仓粟，儒学家藏万卷书。簇对杯盘烧野笋，别开池沼养溪鱼。吾生未有林泉计，空愧高贤卧草庐。

王禹偁(954～1001)，北宋官吏，文学家，字元之，济州巨野(今山东巨野)人，太平兴国进士，曾官中书侍郎。有《小畜集》。

题义门陈氏

北宋·胡旦

三千余口烟霞地，五百年来孝义家。待我归朝朝拜罢，与君奏请赐恩华。

胡旦，字明远，渤海(今山东惠民)人，北宋太平兴国三年(978)状元，累官兵部尚书，余不详。时作于咸平四年(1001)。

九华却逊义门高

北宋·王冕

锦笺字字千年红,青史昭昭万代褒。历诣江州陈氏寨,九华却逊义门高。

王冕,北宋工部尚书,余不详。

题江州义门陈

北宋·寇准

文明魁天下,孝义盖乡闾。岁赐三千粟,楼藏万卷书。朗吟开绿酒,雅叙煮青蔬。长吟云天外,家和庆有余。

寇准(961～1023),北宋大臣,字平仲,华州下邽(今陕西渭南)人,太平兴国进士,景德元年(1004)为相。作诗时为太子太傅中书令。有《寇忠愍公诗集》。

过义门山寨

北宋·陈尧叟

旌阙书亭焕水乡,四时烟景似沧浪。浔阳霁色连莎砌,庐岳清荫覆草堂。田里芨蓉应逊畔,儿孙游戏亦成行。吾君致理刑天下,谁拾风谣缀乐章。

陈尧叟(961～1017),北宋大臣,字唐夫,阆州阆中(今四川阆中)人,大中祥符五年(1012)拜同平章事充枢密使。有《请盟录》3集。

题东佳书院

北宋·杨亿

闻说东佳院,名将阙里偕。生徒似东阁,书籍胜西斋。俎豆儒风盛,埙篪乐韵谐。门庭双桂茂,编籍九流排。讲学褰纱幔,题诗挂粉牌。荀陈传旧族,游夏结同侪。红实州生橘,清荫市种槐。夜蝉穿牖户,晴瀑泻岩崖。远客来千里,新恩出两阶。横红定有日,凭此寄幽怀。

杨亿(974～1020),北宋文学家、史学家,字大年,建州浦城(今福建浦城)人,淳化进士,历任翰林学士、工部侍郎等,有《武夷新集》。

赞武邑太君夏夫人

北宋·吕夷简

聪懿端慧,妇道衷兮。温俭慈和,家法隆兮。训导诸子,母仪崇兮。寿考好德,五福终兮。木环之野,远山宫兮。殓葬俱美,归一同兮。

吕夷简(979～1044),北宋大臣,字坦夫,寿州(今安徽寿县)人,仁宗天圣七年(1029)为相。夏夫人为陈延赏母。木环,今德安木环乡,时为义门庄田。

题三孝图

北宋·夏竦

世之孝义,惟陈为最。如三子者,忠孝两至。笃义训於萱庭,遂联芳於天陛。知北堂,怀咬指之思;荷丹宸,有解组之退。衣锦而归,欢洽慈帏,鹤髦燕然,彩舞春晖。既游玩以娱乐,亲负荷而驰驱。一萼向暖风而含笑,三枝被化日以交辉。神桑榆之暮景,萃宇宙之和曦,蔼天伦之乐事,复身外之何为。如此图者,世岂有几。

夏竦(985～1051),北宋官吏,字子乔,江州德安(今江西德安)人,官枢密使,曾一度召为宰相,有《文庄集》。三孝,指义门陈诏、陈显、陈颁。

赠东佳书院

北宋·晏殊

西斋辉赫亘山隅,佳致清风世莫如。乡党名流依绛帐,烟萝幽景似仙居。趋庭子弟皆攀桂,弹铗宾朋遍食鱼。翰简传经亚邹鲁,粉牌留咏尽贤儒。杯盘互敬先生馔,门巷偏多长者车。坟籍岂惟精四部,弦歌屡见习三余。玳簪珠履延髦士,缥帙牙签列赐书。碧沼暮凉浮菡萏,纱窗秋尽漏蟾蜍。闲庭潇洒移泉水，华表峥嵘冠里间。我恨羁身在台阁，不陪诸彦曳长裾。

晏殊（991～1055），北宋大臣，词人。抚州临川（今江西抚州）人，庆历二年（1042）拜宰相兼枢密使。

访义门山庄

北宋・张齐贤

五百年来烟爨同，衣冠江左慕家风。儿童歌舞诗书内，乡党优游礼乐中。孝悌筠编争纪录，门闾天诰赐褒崇。莫将六阙方朱紫，叶叶相承奉始终。

张齐贤，北宋江南西路转运使。余不详。

东佳书院拜陈伯宣先生墓

北宋・柳宏

马蹄特就访贤来，隔日红尘喜自开。古冢有踪经岁久，残碑没字被云埋。八龙道学传遗绪，千古文星照夜台。嘱咐义门陈氏子，年年此处扫莓苔。

赞著作郎陈伯宣

江州开拓，庐山来焉。天赐神师，教尔必迁。流泉基脉，九百三千。旌表义门，嗣尚万年。

柳宏，北宋太常博士，余不详。

赞义门陈氏

北宋・文彦博

御笔亲题灿锦霞，满封官职满天涯。名垂万古应不朽，庆衍千秋宰相家。

左仆射继铭公赞

公之才，足以补天浴日。公之德，足以济世安民。始以金榜联捷，继以玉署蜚声。政绩彪炳古今，文章卓越群伦。清白嚼然，不负竖立寰中，亭亭为昭阳之灵。秀繇江州而入江滨。包罗万象，继武云礽，瓜瓞麟趾，面无既崧高，甘棠拟其真。嘻，百世之后，仰高标而寸衷激发，展遗像而奕世芳馨。

文彦博（1006～1097），北宋大臣，字宽夫，汾州介休（今山西介休）人，哲宗元祐初（1086）与司马光同居相位。有《潞公集》

寄居东佳书院

北宋・宋琪

群贤肆业文方盛，孝友传家族更豪。旌表异恩门第贵，史书新册姓名高。课孙有德荣非幸，待士无疏众岂劳。我想东佳终未到，只因胜概属仙曹。

宋琪，北宋官吏，曾任右朴射，余不详。

赞东佳胜景岩台

北宋・欧阳修

奇峰巍峨，三岩突兀。一岩如堡，临空北悬。中岩赤壁，陡然下坠。一岩如虎，伏颠东腾。

欧阳修（1007～1072），北宋大臣，文学家、史学家，庐陵（今江西永丰）人，天圣进士，嘉祐五年（1060）任枢密副使，次年任参知政事。此为欧阳修庆历四年（1045）游历东佳书院所写。

咏东佳书院

北宋・苏轼

曾至东佳书院来，紫岩洞口荔枝阶。藏书楼阁萦泉水，洗砚池潭连石岩。寄咏舒中朝对奕，一字园内夜含杯。八方亭外五株桂，岁岁秋风一度开。

苏轼（1036～1101），北宋文学家，眉州眉山（今四川眉山）人，嘉祐进士，元祐元年（1291）召为翰林承旨，后作地方官吏。诗文有《东坡七集》等。

赞宣义郎纪纲公

南宋·宗泽

江州遗裔,敦睦世宗,蔼乎其气之清,肃乎其貌之恭,服圣贤之遗训,慕隐逸之高风,孝称全族,惠及穷困,赈饥千钟余粟,旌义七品荣封。意芳斯人,宜其合终。

宗泽(1060~1128),南宋抗金名将,婺州义乌(今浙江义乌)人,元祐进士,以龙图阁学士知襄阳。

赠三孝堂

南宋·岳飞

黄河曾有几番清,未见人间有此荣。文章昨夜朝金阙,翠盖今朝拥帝京。千里旌旗迎五马,一门黄榜中三名。且喜状元登榜眼,探花又是弟与昆。

岳飞(1103~1142),南宋抗金名将,相州汤阴(今河南汤阴)人,累官枢密副使。"三孝"即陈诏、陈显、陈颁三兄弟,北宋乾德三年(965)同榜进士。

义风追思

南宋·周必大

家世传来几百年,九江分派尚绵绵。义门事迹千年在,颍水家声百世传。唐宋封题多宠赐,古今兵燹几更迁。贻谋燕翼皆当宝,后代子孙好勉旃。

周必大(1126~1204),南宋大臣,文学家,字子充,吉州庐陵(今江西吉安市)人,绍兴进士,淳熙十四年(1187)拜右丞相,次年拜左丞相。有《平园集》。

义门流芳

南宋·朱熹

唐宋令名久著,义门孝德流芳。冠盖文章渊薮,子孙百世其昌。

朱熹(1130~1200),南宋理学家,婺源(今江西婺源)人,曾任枢密院编修官,知南康军。

赞义门处士陈兢

南宋·陆秀夫

代不乏贤,冠伦为先。子孙克绍,万古绵绵。

陆秀夫(1236~1279),南宋末大臣,字君实,楚州盐城(今江苏盐城)人,宝祐进士,累官左丞相,有《陆忠烈集》。

赞宋文林郎陈恭

元·陈浩

义门之秀,江南名臣。第及进士,官授文林。曾掌洪州,亦守咸宁。安边十策,奉为宝箴。镇定疆域,扭转乾坤。

陈浩(1260~1341),元理学家,字可大,号经归,南康军都昌(今江西都昌)人,著《礼记集说》,为明清"御定"教材,世称陈子,入祀孔庙。

题义门寿安堂

元·揭傒斯

匡庐之荫彭蠡涯,七百余载真良家。冲和郁勃吹不散,飞落南山萱草花。往时冠盖如流水,撞钟鼎食三万指。诏书十载复租庸,每岁朝廷仍贷米。父慈子孝则四方,纪净纲明照闾里。蓬莱水浅昆明空,天开地辟元气通。张公百忍泽未竭,王母千年桃始红。南山筑台三百步,翠竹屯云森玉树。忠厚必有神明扶,淳朴自是期颐具。方瞳绿鬓红氍毹,春酒摇荡香扶疏。公侯子孙始必复,日为大夫人起居。

揭傒斯(1274~1344),元文学家、史学家,字曼硕,龙兴富州(今江西丰城)人,为翰林侍讲学士,参与修辽、金、宋史,为总裁官。有《揭文安公集》。

文人笔记

东佳书堂记

南唐·徐锴

古之学者，家有塾，党有庠，术有序，国有学，此系乎人者也。昔圣王之处士也，就闲燕，孟母之训子也，择芳邻。元豹隐南山而成文章，成连适东海而怡性情，此系乎地者也。然则稽同合异，别是与非者，地不若人，陶均气质渐润心灵者，人不若地，学者察此，可以有意于其居矣。浔阳庐山之阳，有陈氏东佳书堂，参军君元钦名衮之所建也。其先盖有陈氏宜都王叔明之后，曰兼，秘书少监，生京给事中。以从子褒为嗣，至盐官令。生灌为高安县丞，其孙避难于泉州仙游，生伯宣，注《史记》行於世。与马总友善，总移官南康，伯宣亦随来居庐山，征诏不起，就拜著作郎。其孙旺，遂占籍于德安县太平乡常乐里，合族同处，迨今千人。室无私财，厨无异馔，长幼内外，怡怡如也。男女以属会食，日出从事，不蓄仆夫奴隶焉。大顺中，崇为江州长史。乾宁中，崇弟勋为蒲圻令，次弟玫为本邑令。衮为本州曹椽，能嗣其业。如是者百年，我唐列祖中兴之际，诏复除而表揭之，以旌其义也。衮以为族既庶矣，居既睦矣，当诗书以文之，祀乐以固之，遂于居之左二十里东佳，因胜居奇，是卜是筑，为书楼、堂庑数十间，聚书数千卷於其中，置田二十顷以为学者之资。子弟之秀者，弱冠以上皆就学焉。自龙纪以降，崇(佗)之子蜕，衮子昉，从子渤，族子乘，皆登进士第。近有蔚文尤出表焉，曰逊、曰范者，并以文学著四方。四方游学者，自是宦成名立盖有之。人文蔚起，盖既有之，於戏！文如麻菽求焉。斯至道如江海酌焉，满腹学而不及仁远乎哉！昔北海有郦郑之风，离骚有以江山之助者，皆此故也。门生进士章谷，尝於其所肄业，走笔见告，思为之碣，会陈氏之令子曰恭，自南昌椽入仕之至都下，将还，因来告别，援翰以授之。开宝二年太岁已巳十月九日记。

徐锴(920～974)，南唐训诂学家，字鼐臣，又字楚全，扬州广陵(今江苏扬州)人。后主李煜时，集贤殿学士，终内史舍人。著有《说文解字系传》《说文解字韵谱》等。记作开宝二年(969)年。

御书楼记

北宋·杨亿

庐山之西，诸真所宅。江州有县，名曰德安。风俗淳美，草木奇秀。十室尚有忠信，邑固多存孝慈。储庆炳灵，有自来矣。故陈氏一十三世义居，闻於朝廷，群从相聚者二百多年，缌麻共炊者数千口，门闾既连旌表，乡里咸推敦睦。太宗皇帝盛德，高千古体风，播四遐以天从之多，能焕日新之大也，睿文宸翰，旷无比伦，布在环宇之间，皎若日星之下。所谓礼不根於教化，未尝立言；学不造於寒微，岂为垂范。至道元年，命以秘藏御书，急就成章，并千文真篆书数千轴，冠大江之南，藏诸书楼，以示后世。其或时有知识，愿传授者，皆给赐焉。陈氏长幼拜授，欢得而窥金简玉笥之典，珍藏任袭，缄认琅嬛，宝为神物。明年春，陈旭诣阙致谢，太宗甚喜，询问久之，赠之袍笏，副以器弊。又以飞白笔亲书"义居人"三字、"真良家"三字以赐之。又赠以御书五十轴，共前一〇四卷。即日命旭为江州助教，重加旌表，以奖中原。旭以为，家有帝王之书，第厕簪裳之列，求之编简，增署前文，垂之云：初是光后裔，义居山顶特取前谯，藏圣制壮侔，云构高裁，飞鸟轩豁沈雁；伊咫尺之间，闾阖错绣互赫耳。取平原之逶迤，牙签玉轴，罗列於其上，缥裳缃帙，纷纶乎其间。外而观者，皆浣手而后开；内而靓者，必稽颡而致敬。永为千载殊遇，百代之家光也者。上集群贤之作，召号太元者，未免当时之嘲，曷若兹文，御赐地书天章，宝墨尽萃於此也。亿迹玷近班，身存胜概，空系节於能书，诚面见颜于刻石，纪圣叙美，皆非所长，且以大栋讳旭，自远致书，敏公名蕴，未尝请教，言著撰耶，聊以寒二公之意。时维大宋景德二年岁次已巳孟秋吉日，左司迁知制诰总裁翰林院学士杨亿谨志。

义门记

北宋·胡旦

孔子曰：君子喻于义，小人喻于利。孟子曰：孳孳为善者，舜之徒也；孳孳为私者，蹠之徒也。义利之辨，入圣域赞闻者，盖详言之矣，是以帝王莫不以义率天下。良见有于义者，利之和也。和其义即所以和天下国家矣，义中而未尝弗利也。概自周德渐衰，列国各峙，百派分波，争涸其源。视此景象，义乎？弗义乎？又敢谓利乎？及广明来中原，几荡江表。无虞庐岳崔巍，号曰南障，豫章据其南，浔阳塞其北，彭蠡汇其左，九江注其右。其延袤一带，山高水澄，秀甲他郡；土沃水阜，名闻四方。家崇孝悌之风，门尚敦睦之义，其中必有钟乾坤之气，萃山海之英者，则惟义门陈氏是也。

窃闻旌门者，亦有之矣。而江州陈氏独以义门赐之，何以故？按其家谱，陈宜都王叔明之后，曰兼，唐玄宗时，举进士为右补阙。生京，进士及第，官给事，秘书少监，集贤院学士，无子，以从子褒为嗣，官至盐官令。生瓘，为高安县丞。生瓌，避难于泉州之仙游县。生伯宣，昔与马总友善。总移南康，伯宣因游庐山，悦其山峦耸秀，遂隐居。日为著述，征召不起，拜著作佐郎。其孙旺，徙居于德安之太平乡常乐里。旺生机，机生感，感生兰，兰生青。青生六子，曰伉、侍、仲、俛、伟、伸，六生十九，亦生三十二。自是，家益昌、族益盛矣。

大顺中，仲子崇以治家之道必从孝悌始，乃撰家法垂示将来。故其序云：吾家袭秘监之累功，承著作之贻训，代传孝悌，业继典坟，由是子孙众多，上下雍睦，于今存殁十一代，曾元数百人，恐昆云渐众，愚智不同，苟无敦睦之方，虑乖负荷之理，深雕远计，今设之以局务，垂之以规程，推功任能，惩恶劝善，必令子孙世守家规，永蹈和睦。于是，立主事以专家政，置库司以掌家财，立庄长以督赋税，勘司以序男女，东皋书堂以教童稚，道院以业焚修，医士以供药石，东佳书院以待学者，德安廨宇以奉公门。其余油盐酱米之储，巾履笄箱之用，三时饮食之节，四序宴会之期，长幼出入之仪，晨昏定省之礼，婚姻吊丧，送往迎来，赏以劝善，罚以惩恶，凡诸纤悉，莫不周详。然而，臧获不入其门，鹰犬不为其玩，夭文图忏之学，纵横权变之谋，佛图教门之言，商贾营贩之利，禁之不习。是以室无私财，厨无异馔，大小知教，内外如一。庭闱之内，无有间言，少长一并，合德同风，皆崇之功也。夫家法既行子孙，孝义自播朝庭。唐僖宗旌以“义门陈氏”御笔金字，见于唐中和四年也。至衮为江州司户参军，陈氏孝义之风愈加昌著。南唐李昇旌表孝悌，标揭门闾，诏复除而表揭之，旌其义也。义门之立，始见於南唐昇元丁酉也。昇卒璟立，璟故煜立，复蒙蠲免沿征徭役。

开宝末，江南平。太平兴国七年，右补阙直史馆张齐贤为江州转运使，奏言陈氏积世之门，全家孝行，在李煜时尚蒙蠲免，今归圣朝，岂合征收。宜免本户沿征杂役，庶彰德化。诏可。淳化初，殿中丞康戬理江州事，又奏陈氏一宗千口，近年乏食，饥贫难济，请每岁春首贷粟二千石以赡之，俟丰年还官。从之。至道初，太宗遣内侍裴愈敕颁御书，凡名山寺观德义之家皆赐一本，陈氏所得凡三十三卷。愈复上《陈氏家法》二篇，太宗赞曰，天下有此人家，真良家也。敕送史馆缮写，赐王公大臣各一本，使知孝义之风焉。愈遂言：陈氏每岁租米四千斛，距江州二百余里，舟车不通，常告二千斛脚值，若就德安仓输纳，以充军马驿料，则天恩加惠义门者厚矣。太宗许之。自是陈氏省费，官民称便。

始者，陈氏二百人而家法行，三百余口而义门立。开宝之末，计七百四十口。咸平三年，增至千四百七十八口。然则，青，显祖也；伉，二世长也；崇，三世长也；让，四世长也；衮，五次长也；昉，六世长也；鸿，七世长也；逵，八次长也；兢，九次长也；肱，十次长也；袭，十一次长也；旭，十二次长也。春秋传曰：五世其昌，并与正卿，八世之后，莫之与京。猗欤，盛哉。自旺至青五世矣，至衮八世矣。让、衮、昉，皆兄弟，共为一世。由鸿以下，又昆弟也。衮立义门，昉主家事，三十五年最盛。若崇为江州长史，勋为蒲圻令，玟为本邑令，礼为吉王府司马，衮为司户参军，昉试奉礼郎，恭为洪州掌书院，密知舞阳县事，赏为渭州军事推官，皆衣冠之荣者也。若玞为都知兵马使，让为衙前兵马使，缪、渥、蔼为节度总管，部为感义都军头，彰、巨、辉为讨击副使，谦为馆驿使，瓘为教练使，皆宦职之崇者也。若戬为三史，用为三礼，绍、昱、琛、卓为三傅，逊、俨、度、渐、永、岳、绩、延年并举进士，乔、省、象、诰、策、谂、碧、位、延芝俱擅词场，皆文学英者也。俱以教义相传，儒业相尚，尊五教，睦九族，斯乃五世其昌，八世而大，非独田完之在齐比矣。昔天兵之讨江州，陈氏昆弟七人在围中，及城破，军民杀伤殆尽，而七人异处同归，一无所伤，义感也。至道以来，仍岁饥荒，陈氏举宗啜粥，杂以藻菜，怡然相存，义之所至也。

予观陈氏之宗，天地一气，政教一体也。清而纯，善而和，义而仁也。才者不矜，技者不衔，清而纯也；富则不骄，贫则不怨，善而和也；勇而不犯，刚而不折，义而正者也。历代名家，未敢若陈氏者也，谓其敦尧舜之道，循汤武之法，守文王之化，承召公之训欤。传曰：一家仁，一国兴仁；一家让，一国兴让。此谓之也。夫缘唐僖宗之始，迨至圣朝，连旌表其门闾，屡蠲除其科役，且又贷其粟济其族，美其义而高其门，累朝之恩，则名公之赞颂，历历载诸简牍，愈久愈新，岂虚语乎哉。丁酉岁夏，予以兵部尚书郎掌制诰持史笔，措字命词不当，连贬岭表。已亥岁会赦东归。辛丑春过浔阳，登庐阜，因访名家，得诣陈旨。览世谱，阅家法，询事实，俱知其状，因为之记。

内阁兵部尚书制诏总裁胡旦撰。咸平五年壬寅月壬戌朔五日丙寅。

按：宋真宗咸平二年(999)，胡旦由岭表返京途中于咸平四年(1001)过浔阳访义门陈家族后，写此记于咸平五年(1002)。

陈氏族谱序

南宋·朱熹

余仰观乾象，北辰为中天之枢，而三元九曜旋绕归向，譬若君之尊，无敢不拱焉。俯察地理，昆仑为华夏之镇，而五岳人表，逶迤顾盼，譬犹祖之亲，无敢不本焉。此君亲大理，忠孝大道，忘之者，谓之逆；遗之者，谓之弃；慢之者，谓之亵。无上之戒，莫大于不忠；五刑之属，莫大于不孝。为人臣者，当鞠躬尽瘁；为人后者，当追远慎终，而不可一毫或忽。今陈氏，望族也，太邱长，望人也。其自妫满始，陈族源不亦远且大哉。自史奏德星聚，而江州异人始满颂于海内齿颊间，岂非是所观望者乎。熹治学书史，以熟读其事，第知陈氏自河南开封至颖川而江州，不识螽斯已繁衍于八闽矣。一日，宦游漳州，览地连舆，问八闽望族，更得好音，则盛德于东，大族于南矣。溯其源由，临海令瓖先迁浦城，后任侯官，避难迹于泉州三乌石处。生伯宣兄弟六，曰淇、曰洪、曰渊、曰浩、曰阔、曰玉。淇，字伯通，徙侯官。洪，字伯大，徙蒲田。渊，字伯源，徙建阳。浩，字伯奇，闽县、沙县、龙溪等地名宦接踵，闻皆四公之裔。以流寓者也，伯宣名阔，其季子也，因官至南康，庐阜而居焉。唐征著作郎，屡召不起，传五世，族繁而大，德盛而光，则颖川松柏，分枝于八闽，且复兆于江州德安。良由种不远不芳，不深不旺，不然，何以称望地而载望与望人哉。熹卒业白鹿洞，游云山，过德安太平乡常乐里永清村，适淮西统制兵马使司陈彦衡，字士尹者，守忠君报国之余，廑孝亲修谱之念，嘱余为序，余即以治学所熟者及宦游漳州所习闻者，详而记之，以弁其端，使知其源而分，派而舍也。若非其望人太邱长之大德足以垂永久，而何以得其地之吉，至今传有陈不朽哉。大宋光宗绍熙元年庚戌蒲月望日，知南康府军事晦庵氏朱熹谨书于陈氏五福轩。

庐陵蘅塘陈氏族谱序

南宋·文天祥

我宋自权奸诱致点虏以腥秽江淮，太皇太后诏予出使军前再讲和好，将作，监丞庐陵陈骧独力止余行，余以太后懿旨义不得避，及至虏营，骁酋见余气慷慨，执不屈，果被拘留。遂悔不用骧言之晚。赖先帝盛灵以计得遁。历关於海道，脱万死以还朝。时德祐二年四月八日也。因上书关下备陈恢复大计，诏余右揆，余力辞。得请督师附征海隅。不意垂集一蹶，收拾散亡，直超南剑四视，门生故吏阒然涣陈骧也。为人涉犯於孙吴，智巧而机辩，遂留参决军事，一日千余日。骧本江州义门陈氏五世祖拊始徙隆兴大樟树树下，四传渝剌史於闽，而调官於吉，见庐陵忠孝之邦，文物之盛，以建中靖国元年退老交坑，后徙居蘅塘，距今百七十五年。骧生长蘅塘，然江州祖墓未常绝，岁时之祭扫。不自意解官谪此获侍麾下，谱牒幸存请公一言以识之。庶几庐陵隆兴江州后来继今，子孙不致相视如途之人，是维护我宗族恩爱，不忘於百世者，公也。呜呼，由乘兴南渡而来，诏书叠下募议勤王，今百四十五六年竟俾羯涯益炽者，天下其无义民乎。实由权奸格沮，使卒不果一伸其义为尔。如江州陈氏，自竞祖褒十世同居，而南唐旌表其门，自褒至炳隆又四世，而有宋亦优奖其义。夫陈褒宗族，当干戈扰攘之处，尚克保和其义聚，南唐君臣举国家搽孤之馀，犹知旌异其义民于时，上下之间相尚以义，及我太祖皇帝一举合义，而中外翕然。以爱戴归往者，天下虽乱而仁义不绝故也。太宗皇帝深究其然，诏锡行义钱於炳隆，迨使覆载之中举知江州为义邦，陈氏为义旌。岂非升元。祥符二诏赫照人耳目者存乎。陈渝剩吉，而竟家於吉。义岂非见吉为忠义大邦欤？其后之人，耳濡目染於其间，建忠效节於其后，以配江州之义，而具美乎。今宗社不竞，皇舆迁播,正臣子仗义报君之时也,勖哉陈骧,尔尚协心以相余,卓越厥义举,剪彼旗裘致我宋,玉历重延於万世。则昔日为江州之义族,今日为庐陵之忠臣。忠义两全,将见宗族恩爰,可以仪型於天下矣,岂为三郡而已哉。庐陵文天祥书于揭阳楼。祥兴元年戊寅岁十月四日。

史书列传

陈兢传

陈兢,江州德安人,陈宜都王叔明之后。其先祖伯宣,避难泉州,与马总善,注司马迁《史记》行于世。后游庐山,因居德安。尝以著作佐郎召,不起,大顺初卒。仲子崇为江州长史,益置田园。为家法戒子孙,择群从掌其事,建书堂教诲之。僖宗时尝诏旌其门,南唐又为立义门,免其徭役。崇子衮,江州司户。衮子昉,试奉礼郎。昉家十三世同居,不蓄仆妾,上下姻睦,人无间言。每食,必群坐广堂,未成人者别为一席。有犬百余,亦置一槽共食,一犬不至,群犬亦皆不食。建书楼于别墅,延四方之士,肄业者多依焉。乡里率化,争讼稀少。开宝初,平江南,知州张齐贤上请仍旧免其徭役,从之。昉弟之子鸿。太平兴国七年,江南转运使张齐贤又奏免杂科。兢即鸿之弟。淳化元年,知州康戬又上言兢家常苦食不足,诏本州每岁贷粟二千石。后兢死,其从父弟旭每岁止受贷粟之半,云省啬而食,可以及秋成。属岁俭谷贵,或劝其全受而粜之,可邀善价,旭曰:朝廷以旭家群从千口,轸其乏食,贷以公粟,岂可见利忘义,为罔上之事乎。至道初,遣内侍裴愈就赐御书,还,言旭家孝友俭让,近于淳古。太宗尝对近臣言之,参知政事张洎对曰:旭宗族千余口,世守家法,孝谨不衰,闺门之内,肃于公府。且言及旭受贷事。上以远民义聚,复能固廉节,为之叹息。大中祥符四年,以旭为江州助教。旭卒,弟蕴主家事。天圣元年,又以蕴继为助教。蕴卒,弟泰主事。

《宋史·列传·孝义》卷四五六。

第二节　故址遗存

家政遗址

百柱堂　建于宋真宗咸平年间(998～1003)。为陈氏家族议事聚会之所,因"九梁十架,百柱落地"而得名,又名广堂。东依碑亭,南接火巷街口,西止三门,北连太公堂,制度壮丽,彩绘精工,内悬御赐匾额,常令看管检点,以使节序聚会。该建筑毁于明初,基址尚存部分柱础。

旺公祠　五代后梁开平元年(907)建,因在正宅之东,又名东皋祠,宋太祖建隆元年(960)回禄之变,迁于永清寺之北(旺公山右侧),内立先祖碑,每岁重九之祭,家长越日斋沐,次早秉香,合族祭拜。明初毁于战乱。

德星楼　位于义门正宅东南山下,是为追祀颖川始祖陈寔所建,为义门陈首座祭祀型建筑物。南宋建炎二年(1128)李成袭义门时毁。

望迎亭　位于正宅东约2千米余,因家人经常外出读书、为官、办事,特建此亭用于迎送,后因东佳书堂扩建,读书不需外出而改为义门陈第一处接官厅。

旌表台　唐中和四年(884),僖宗李儇首旌"义门陈氏",太平乡常乐里艾草坪改称"义门"。唐光启二年(886),家长陈崇遂于正宅之南建此受诏仪式台。唐、五代、宋3朝,义门陈氏屡受旌表,均在此台受诏。后扩建,置3门,第一门门额"义门陈氏",楹联"九重天上旌书贵,千古人间义字香"为唐僖宗李儇题赠;第二门门额"真良家",楹联"聚族三千口天下第一,同居五百年世上无双",为宋太宗赵光义题赠;第三门门额"义居人",楹联"三千人口文章第,五百年来孝义家",为宋真宗赵恒题赠。旌表台为义门陈氏荣誉象征,甚为壮观,毁于明初兵燹。

接官厅　为义门陈专供接待官宦、名流之所,有3处:义门老宅一处即望迎亭,东佳书堂一处(尚存今岩泉桂村）、德安县城北门河边一处。每处设专人接待。接官厅均悬有北宋江州知府李源颖所题楹联“接官厅内尽是进士博士大学士，迎宾路上又来侍郎礼郎尚书郎”。

廨宇　为义门第七任家长陈鸿主建，位于今德安县城义峰山麓。廨宇为专供接待吃住之所，类似今之宾馆，毁于清。

击鼓楼　五代后梁贞明年间（915～920）建于义门正宅南面山顶，楼中置大鼓一面。不同鼓点传递不同信息，作为义门家族号令之用。使用最频繁的是“餐鼓”，四周田畈间劳作的家众闻鼓而归于馈食堂就餐，称为“击鼓传餐”。

兰宫　位于今义门村十组，北宋至道二年（996）义门第十一任家长陈袠主建，为专供来客游乐休闲之所。当地人仍称其遗址为花园兰宫，尚存墙基。

义仓　北宋淳化四年（993）义门第九任家长陈肱主建。位于洗米池右侧。其时义门人口已近3000人，每年朝廷特供救济粮3000担以解决粮食不足，该仓专贮此粮。义门为回报皇恩，节约用粮，将每年多余近千担粮返回官府。至第十四任家长陈泰，曾写下《谢贷粟状》贴于义仓。义仓管理严格，帐目清楚，不准父子同管以避嫌言。门前有楹联“货粟赈饥急救荒之政惟德义之族，旌门劝善为治世之策仅真良之家”。

大公堂　宋淳化四年（993）癸巳，宋太宗宣义门陈氏家长陈兢入朝，询之：“汝义门所以义聚，何也?”兢答曰：“公也，公则无私，无私方可义聚。”太宗赞之，遂赐匾一块，上书“至公无私”。义门家族乃建养匾楼于正宅之东。名“大公堂”，表大公无私之意。内置议事厅，是家族管理者议事场所。议事厅内置粗木长桌1台，议事席13座（6大房每房2座，家长1座），周壁垂示家法33条、家训16则、家范12条等家规条例，作为议事之依凭。

五祖道院　位于今文史馆北侧，北宋天圣二年（1024）义门第十三任家长陈蕴主建。唐宋两朝追赠义门陈迁德安之一世祖陈旺为晋国公、二世祖陈机为燕国公、三世祖陈感为许国公、四世祖陈兰为吴国公、五世祖陈青为齐国公，道院则专以追祀五祖。第十四任家长陈泰曾撰《五祖碑铭》，镌刻石碑，立于院旁。南宋建炎二年（1128）李成袭义门时毁，墙基仍存。

刑杖所　唐乾宁二年（895）陈崇主建，位于大公堂内，是义门执行家法场所。族人有违家法即在此绳之以法，杖之以刑，大门有楹联“家秉三尺法，官省五条刑”。毁于元初。

生活遗址

义门正宅　唐穆宗长庆元年（821），陈旺因官置产蒲塘场太平乡常乐里后，将族人由德化“齐集里”（今属九江县）迁徙于常乐里艾草坪（今义门村委会对面）。后因人口剧增，逐渐扩建。其开基始住地于后梁乾化二年（912）除岁之日，合族生男32人，又将此地命名“诸子巷”，巷通百犬牢、洗米池、馈食堂等处。

火巷街　又名义门坊、石板街。自打鼓山脚至百柱堂，长1千米余，旁有沟水，四季涓然，为义门陈氏当时主要的聚居处所。

馈食堂　为义门陈第一任家长陈青主持始建，位于义门正宅东、洗米池西。后随人口增多而不断扩建，是义门家族会餐场所，人口高峰时期席开400余桌，以鼓声为号，击鼓传餐，青壮年、妇幼、老人分席而坐，饮食不同，但同类饮食“均平”。门前有楹联“独食赐梨合族品味悟公意，同啖御鸽满门欣尝知天恩”，为宋秘阁内侍裴愈所撰，典出淳化四年（993）冬，第八任家长陈兢被宣入朝，太宗赵光义赐梨1只，陈兢当即1人独食，谓其陈氏永不分梨（离）；又赐其鸽1只，陈兢则带回吩咐剁碎和入酒中，全族3000余人以猪鬃蘸酒，共尝御赐，裴愈亲历此事，故撰入联中。

洗米池　位于馈食堂对面、义仓左侧的一个池塘，面积亩余。义门陈3000余人同炊共饮，遂将此塘专用于淘米，故称“洗米池”。此塘依然存在，当地人仍称其旧称。

都蚕院　位于正宅东约2千米，建于北宋初年。是义门家族妇女养蚕缫丝，纺纱织布的劳动场所。义门家法规定：“婆母及年至四十五岁以上至四十八岁者，名曰蚕婆；四十五岁以下者，名曰蚕妇。于都蚕院内,每蚕婆各给房一间,蚕妇二人同看。”高峰时有数百妇女在此操作。遗址已毁。

义井 陈旺初迁艾草坪时,掘井于正宅之内,水源充沛,从不干涸。遇干旱之年,四邻缺水,向陈门讨要,一概允之,用水者众,此井竟愈加充盈,众人怪之,视为感应,遂称此井为“义井”。义门随着人口增长,所掘水井也不断增加,总计32口。现除陈旺所掘义井及义门陈文史馆门前水田中1口水井外,其余均被填埋,遗迹难寻。

东佳别墅 又称一字园,五代后梁乾化二年(914)义门第五任家长陈衮主建。位于东佳书院西0.5千米处东佳山半山腰处,别墅前瀑布飞溅,别墅后喷泉涌流,并有溶洞名甘泉洞,为当年陈衮休闲读书之所。再上20米有一溶洞名“百鸟洞”,相传深近百里,与瑞昌峨眉山溶洞相通。东佳别墅在宋朝时已成为文人墨客休闲观光之所,并为义门陈留下无数传世诗文,苏东坡游学东佳书院所留墨迹“一字园”依然存在。东佳别墅后虽被改为寺庙,遗迹尚存。

秋千院 建于北宋初,位于今磨溪乡尖山村杨家,距义门妇女劳作之所“都蚕院”0.5千米许。院内置秋千、毽子、跷板等简易运动设施,是家族妇女劳动之余休闲娱乐与健身之所。至今当地居民仍称该地名“秋千院”。

大戏院 位于旺公山陈旺墓前开阔地。义门陈氏德安开基祖陈旺一生喜好观戏,且常以戏中人事教育子孙。唐开成元年(836)去世时,后人在其墓塚前开阔地修筑戏台1座,请戏班唱戏3昼夜。此地遂被称作“嬉戏台”或“戏台”。后经多次扩修,逐步形成当地一带最有规模的戏楼,称“大戏院”。遗址犹存。

民医俗院 北宋太平兴国元年(976)义门第七任家长陈鸿主建,位于今义门小学校址,是中国最早的家庭医院之一,曾名噪一时。后屡毁屡建,清末尚存。

公婆坵田 宋乾化二年(912)壬申岁除日,义门购得黄忠铺田,计3800步,当晚全家生男32人,视为瑞应,立为“义田”,递年谷斛,令庄司舂米别储,用作除岁饮饭和祭祀专用。该田至今仍名“公婆坵”。

百婴堂 宋乾化三年(913)建于都蚕院之侧,以表二年壬申岁除日诞男32事,亦便于婴儿哺乳照管。初称育婴堂,后因婴幼增多,方改称“百婴堂”。百婴堂虽安排专人照管,但凡幼婴饥啼,无论是否亲生,都蚕院妇女皆主动哺乳,哺乳者众,以致小儿未谙生母,遂有“三岁孩儿不识母”一说,史称“百婴同堂待哺”。

寿安堂 宋天圣元年(1023)义门第十三任家长陈蕴主建,位于今义门村小组花园处,是家族老人颐养天年之所,凡义门失去劳动能力、辞官退隐老人,一律在此由家族集体供养。为怡情养性,设置琴棋书画用具及健身器械。此堂存续至元明之际,尚镌元翰林侍讲学士揭奚斯题诗“南山筑台三百步,翠竹屯云森玉树”于堂门侧。明初毁。

酒坊 唐广明元年(880)由义门第二任家长陈伉主建,位于今义门村九组樟树塘对面。初名常乐里酒坊,后因赐义门,改称义门酒坊,沿用陈氏祖传酿酒秘方,选料考究,工艺独特,尤其宋淳化四年(993)陈兢“御鸽和酒”后,义门声名远彰,酒坊益加兴隆,酿酒业也成为义门重要经济支柱,酒坊一直存续至清,尚有远销30万斤精酿至南洋(东南亚)一说。毁于清末战乱。

百犬牢 宋淳化四年(993)由义门第八任家长陈兢主建。位于义门正宅南,今义门村十一组金鸡山麓,为义门家犬驯养收纵之所。义门为看家护院,蓄犬百余,《宋史》卷四五六《陈兢传》载:“有犬百余,亦置一槽共食,一犬不至,群犬亦皆不食”,该奇观当时即被朝野传闻,并在传世史书、方志、谱牒中有大量记载。牢内百犬槽石质,长4米余,宽1.3米。百犬牢大门两侧有楹联“一犬不至百犬不食牢内异物皆效义,一吠突起百吠齐怒寨中同声共护门”,横批“犬通人性”。

书堂遗址

陈氏书屋 唐僖宗光启二年(886)陈崇主建。时全族已有200多人,学龄儿童30多人,为启童蒙而建此陈氏私塾,专供7～15岁儿童学习,因地址位于今邹桥乡石门村彭家畈,此处至今仍被呼作“学堂畈”。

东佳书堂　后改称书院，唐昭宗大顺二年(891)陈崇主建。书堂位于东佳庄(今爱民乡岩泉村岩前桂家)故名。初只从书屋招收15岁以上"有赋性聪敏者"，后对外开放，"延四方学者，伏腊皆资焉。江南名士，皆肆业于其家"。鼎盛时有学生400余人，庑房(教室)30多间。东佳书堂设立早于庐山白鹿洞书院50年。书堂有学田20顷，作为教育专项经费，是全世界最早设立学田的院校，比英国设立学田早700余年。宋开宝二年(969)大学士徐锴到此游历，写下《东佳书堂记》。书院历唐、五代、宋三朝几百年，毁于明初。

御书楼　北宋咸平元年(998)陈旭主家政时主建，位于东佳书院内。至道二年(996)宋太宗特赐御书33卷，派内侍裴愈送临义门，裴愈从太宗赠联中取"天下第一"意，题"天下第一家"。后又接受御赐书50轴，合104卷。为妥善保管御赠图书，特建此书楼。楼门有楹联"天书屡降叠见太室之祥，玉牒新颁何止尧门之瑞"。宋咸平五年(1002)，兵部尚书、状元胡旦游东佳书院，登此楼写下名篇《义门记》。景德二年(1005)，制诏总裁杨亿访义门，亦登此楼留下名篇《御书楼记》。嘉祐八年(1063)义门奉旨分析后，因疏于管理而倒塌。今人仍称其遗址为"学堂官楼"。

太学院　北宋开宝五年(972)，义门第六任家长陈昉主建，位于正宅之右，是供退职还乡者研习儒学、颐养天年的专用场所。毁于明初。

第三节　文物遗存

传世文物

义门通宝　铜币，五代南唐时义门第五任家长陈衮时铸，为义门陈自铸之货币。陈衮将陈家拟制铜币上奏朝廷，得到南唐先主李昪允许。铜币内方外圆，曰"义门通宝"，外径3.6厘米，内孔0.7×0.7厘米，厚0.13厘米，重约11克。在历史上家制货币极为罕见，"义门通宝"印证义门陈其时已构成独立社会单位。

义记金钱　江州义门陈分庄纪念铜币，为让家族不忘332年聚族而居历史，不忘家范，延续义风，宋嘉祐八年(1063)，家长召集家族长老、各庄庄主在议事厅作出重要决议，铸造义门分析纪念钱币。纪念币采用外圆内方宽缘铜钱，外径3.6厘米，内孔0.7×0.7厘米，缘宽0.5厘米，重约14.3克。正面铸"义记金钱"4字，因系分庄信物，钱币所铸字和图案均有特殊含义：其"义"字，上两点向两侧耷拉如悲伤状，成为"分"字头；其"金"字，采用"人"字头，为"日进斗金"意，以图吉利；背面为"离"字与"方胜纹"组合；方胜纹是借用古钱币一种常用图案，但此处别有含义，方胜纹为两个"口"字组合，相互交织，难舍难分，又暗隐"回"字，寓睹离思亲、遇财思义，不忘回家之意。尤其"离"字，左侧已变形为头戴斗笠，单膝跪地，双手揖拜的人状，似寓意离别家园，拜别祖先之意。铜币铸造数量无考，现存该币者为黄墉庄守悦之31世孙陈德成所持有，已捐中华义门陈联谊总会，现存义门陈文史馆。

分庄锅片　宋嘉祐七年(1062)分庄时，相传将祖堂1口大锅悬于义门祠堂大梁，让其摔下以决定分庄数，铁锅摔成291块，于是各持1片，按天意分庄而去。今多数锅片失考，但仍发现有3片存世，其中1片为南昌县塔城乡义门陈后裔保存。另2片存于江西进贤及四川。

旌表诏书　长200厘米，宽100厘米，深蓝色锦缎质地，金水书写。北宋至道二年(996)太宗赵光义赐。现由修水县溪口义门陈分宁庄后裔收藏。

墓　冢

陈伯宣墓　唐天宝二年(743)，伯宣殁，葬德化(今九江)齐集里凤凰山麓。后梁开平元年(901)迁葬德安常乐里东佳书院旁，宋初又迁瑞昌金城乡白石渡北山仓绣球墩。2008年，迁瑞昌市夏畈镇三眼桥村。

陈旺及夫人孙氏墓　位于义门正宅东约1千米许之东皋山南麓(今德安县车桥镇义门陈村旺公山)。

陈兟墓 位于德安县车桥镇义门陈旺公山。

陈晞墓 位于德安县车桥镇义门陈旺公山。

陈兰及夫人李氏墓 位于九江县港口镇刘仓村高家嘴东园山西麓。

陈青夫人郑氏、刘氏墓 位于湖北省黄梅县蔡山镇江心寺卓壁峰。

残 垣

位于义门陈文史馆院内,高3米,长11米,青砖灰砌,岩石立门。

桥 梁

现存2座。一称石崖桥,5孔,位于磨溪乡南田村义门都蚕院遗址处,属乱石拱形桥;一称陈家桥,位于爱民乡西泉村,亦属乱石拱形桥,单孔,为“旱桥”,建于溪流之上,供山洪暴发时越流使用。另一桥位于义门铺河上游,已毁,尚存桥墩。此外,磨溪乡秋千院遗址处,还有3处义门陈断桥残存。

古 树

柏树14棵,最大树高20.1米,树围3.8米,均位于艾草坪。樟树6棵,1棵位于一字园,高18.8米,树围5.7米,树冠占地2.5亩;5棵位于东佳书院,最大树围4.5米,树龄均在千年以上。磨溪石门陈有古树群,主要树种为樟树和枫香。

第三章 文化活动

第一节 研究机构

德安县江州义门陈文化研究会

2003年在县民政局注册登记,挂靠县文化局。后并入江西省江州义门陈文化研究会,与中华义门陈联谊总会、江西省义门陈文史研究专业委会员合署办公,4块牌子1套人员。

江西省江州义门陈文化研究会

2000年,江西省江州义门陈文化研究会于南昌成立,并由省民政厅注册登记。2002年,江州义门陈文化研究会在德安县车桥义门陈故居成立。2003年3月20日,经江西省民政厅批复同意,定名为江西省江州义门陈文化研究会。2006年,原于南昌成立的江西省江州义门陈文化研究会办公地址转德安,两会合并,负责收集整理义门陈文化史料及文物,组织举办江州义门陈文化论坛,编辑出版义门陈文化研究资料集、论文集。

中华义门陈联谊总会

2006年初,成立义门陈宗亲联谊会。在此基础上,组建中华义门陈联谊总会。12月23日,在德安义门陈正式挂牌成立。负责联谊全中国及世界各义门陈后裔,共同开发义门陈文化产业,筹资修复重建义门陈部分故居及历史文化遗存。相继成立江西、湖北、安徽、浙江、云南、四川、湖南、河南、贵州、广东、广西、福建、河北、台湾等15个分会,县级分会达300余个。

义门陈文史馆

位于车桥镇义门村,2006年10月建成开馆,台湾地区八闽书画院院长蔡鼎新题写馆名。占地面积4公顷,建筑面积2800平方米,为混凝土仿古建筑,主要负责收藏、保管义门陈文化历史文物、研究资料,并对外展出。展馆设有4个展厅,分12个专题展示义门陈文化。第一展厅:聚族同居的世界奇观—天下第一家,历朝君主旌表的忠义典型—义门陈氏,历代名流赞颂的名门望族—义门陈家族。第二展厅:桃花源式的和谐社会—江州义门,世代传颂的千古一绝—百犬同槽,中国古代家族法规的典范—义门陈家法。第三展厅;古代史上创办最早的书院—东佳书院,义门陈文风昌盛真良家人才辈出,灿若繁星的义门陈著作书刊和谱记。第四展厅:世界上最悲壮最恢宏的大迁徙—义门陈大分析;江州义门陈大事记;义门陈一家繁衍成万户,万户代代出名流。至2008年,有实物展台展柜17套,展出传世文物及出土文物1000余件。

江西省义门陈文史研究专业委员会

2007年,由省民政厅注册,挂靠江西省谱牒研究会。学术归口江西省教育学院。是专门从事义门陈氏谱牒研究和文史研究机构。2008年2月,在上海交通大学世界遗产学研究中心文化研究中心挂牌成立,与江西省义门陈文史研究会专业委员会发生横向联系。

九江市江州义门陈文化研究会

2006年组建九江市义门陈文化研究会筹备组,2007年7月成立。致力研究江州义门陈始祖陈伯宣由闽入赣及江州义门陈聚族而居发源地齐集里(今九江县狮子镇牌楼)历史。

其他义门陈文化机构

2006年始,抚州、宜春和湖北黄梅县、湖南平江市等省内外义门陈文化中心(研究会)相继成立,并在民政部门注册登记。

第二节　重要活动

非遗申报

2006年,义门陈文化申报县级非物质文化遗产保护。

2007年,义门陈文化申报市级非物质文化遗产保护。

2008年,义门陈文化申报县级非物质文化遗产保护获批准。同年5月,义门陈文化申报省级非物质文化遗产保护获批准。

文化论坛

2006年10月12日,中华义门陈联谊总会举办的江州义门陈宗亲恳谈会在德安宾馆举行,来自全国各地陈氏宗亲200余人出席。

2006年12月,中共德安县委宣传部会同江西省江州义门陈文化研究会,组织省内外专家在县大剧院举办义门陈文化专题讲座,全县干部群众1800余人参加。考古学家、全国第八届和第九届政协委员、原江西省社会科学院副院长陈文华,江苏省作家协会作家陈斯高分别作专题学术报告。

2007年4月28~29日,江西省江州义门陈文化研究会、县社科联在县委招待所会议厅举办江州义门陈文化论坛。原江西省社会科学院副院长陈文华,广东省文化传播策划专家陈仁科,江西教育学院教授、书院史研究专家李才栋,江西教育学院教授、谱碟研究专家王炯尧,江西师范大学教授、宋史研究专家曹涛等学者分别对义门陈文化发表论述。湖北、广东、安徽、湖南、福建、四川等地义门陈后裔及全县各局负责人及相关人员300余人出席论坛活动并听取学术报告。

2008年9月,为策应义门陈文化工程,上海交通大学世界遗产学研究中心决定将“中华姓氏文化研究基地”设于义门陈故里德安县车桥镇义门陈村。17~18日,由县政协、县委宣传部主持,县台办、县社会科学联合会、县文化广播局协办,江西省江州义门陈文化研究会承办,在德安宾馆六楼大会议室举办“中华义门陈文化讲座暨中华姓氏文化研究基地成立大会”,来自全国各地义门陈文化研究学者500余人参加大会。上海交通大学教授、世界遗产学研究中心主任陈英明,上海交通大学教授、世界遗产学研究中心副主任余晋岳,湖南省社会科学院研究员、教授、中国文化研究专家何光岳,江西师范大学教授、中国地方史研究所、客家研究所所长许怀林,江西省高校出版社主任陈冬林,江西省社会科学院研究员、教授、原副院长陈文华,江西省教育学院教授、中国书院史研究专家李才栋,江苏省作家协会作家陈斯高,江西省教育学院教授、省谱牒研究会会长王炯尧,江西省教育学院教授曹涛参加会议,并分别就义门陈文化研究作专题学术报告。县委书记叶心林、县政协主席张学英出席大会。

交流宣传

1986年,《文汇报》《风流一代》《信息日报》相继发表《我国千年前就有私办大学》,肯定东佳书院是人类最早的私立大学。

2006年10月10日,江州义门陈故居恢复工程第一期竣工暨义门陈文史馆开馆庆典在车桥镇义门陈村举行,来自全国12个省市和香港、澳门、台湾地区及美、日、韩、新加坡等国家陈氏后裔千余人参加。《人民日报》《江西日报》《信息日报》《江南都市报》《南方晚报》《九江日报》《浔阳晚报》《今日家庭报》等平面媒体记者到场作专题报道。同年始,编辑出版《中华义门陈》报。

2007年6月中旬,南昌电视台到德安摄制《义门陈的理想社会》专题片。12月,中央电视台第四套"走遍中国"栏目主编王贵亮一行3人,到德安调研并拍摄义门陈文化专题片。同年始,编辑出版《中华义门陈》刊物,向社会各界印赠义门陈文化挂历。

2008年4月,台湾地区编剧陈文贵夫妇和香港陈氏盛世股份有限公司董事长一行5人,就电视剧《义门陈》创作及义门陈文化产业园项目开发事项到德安考察。4月11日20时,中央电视台第四套"走遍中国"栏目首播义门陈文化专题片《义门陈传奇》。此后,又多次播放。

后裔寻根

2006年,中国台湾地区行政官员陈世圯到德安义门寻根祭祖。同年,陈立夫孙女陈梅月到德安义门陈祭祖。

2007年,陈独秀孙陈长琦、孙女陈长璞到德安义门陈寻根问祖。同年,人民日报副总编陈俊宏、国内贸易部部长陈邦柱及工商界名流陈光标相继到德安寻根。

2008年,南京军区政委、上将陈国令到德安寻根。

名人题赠

2006年9月26日,中国台湾地区行政官员、中华道路协会理事长陈世圯参观义门陈文史馆并题赠:"凝结两岸义门情,共襄中华兴邦业"。

2006年10月,台湾师范大学教授陈大络题:"忠孝之门","江州世界、义门天下"。

2006年,台湾书画家、八闽书画社社长蔡鼎新为义门陈文史馆题写馆名:"江州义门陈文史馆"。

2006年,北京故宫博物院院长单国强为义门陈赠书唐僖宗李儇联:"九重天上旌书贵,千古人间义字香"。

2007年4月5日,国内贸易部部长陈邦柱题义门陈文史馆:"弘扬义门文化,构建和谐社会"。

2008年9月22日,国务院台湾事务办公室副主任孙亚夫参观义门陈文史馆并题赠:"两岸同胞共同弘扬中华文化优秀传统"。

2008年9月,上海交通大学教授陈以鸿题义门陈文史馆:"义理修明辉赤县,门庭昌盛著江州"。

2008年,中国书画研究院副院长李璞题赠江州义门陈研究会:"江州陈,礼义之门,粤五百岁,聚三千人,同室餐饭,同田耕耘,上下和睦,小大德邻,前皇旌表,后世咸钦,林林振起,以欣以荣"。

文物发掘收集

2006年9月,义门陈文史馆建设施工期间,挖掘出义门陈馈食堂建筑遗址,出土大量唐宋时期云雷纹、钱纹砖、布纹和绳纹板瓦、宋代滴水、瓦当等,并有大量执壶、双耳壶、酒盅、粉盒、饭碗、斗笠碗等瓷器器皿。存义门陈文史馆。

2006年,收集到林泉乡小溪山村赤石堰陈家贞节牌坊"圣旨"楣额和义门陈九里殿香炉,存县博物馆。

保护开发

1989 年,德安义门陈后裔合族重修陈旺墓。

1990 年,武宁、瑞昌各庄筹资重修陈旺、陈兢、陈晞墓。1994 年,瑞昌近县各地陈氏后裔集资重修陈伯宣墓。1997 年,九江及瑞昌、湖北广济、阳新、通山等县(市)各庄集资重修陈兰夫人李氏墓。1998 年,武宁、德安、瑞昌各庄出资复建陈旺墓碑。

2003 年,义门陈后裔于义门原址建义门陈氏开基祖陈旺祖孙五代纪念祠“五祖祠”。该祠仿明清建筑风格,占地 0.03 公顷,祠内供放宋朝敕封义门陈氏五祖晋国公陈旺、燕国公陈机、许国公陈感、吴国公陈兰、齐国公陈青雕像。

2004 年,车桥义门村重建义门祠。2005 年始,启动义门陈文化保护开发工程,当年成立义门陈文化研究会,并集资 330 万元,开始义门陈故居第一期恢复工程及义门陈文史馆建设。文史馆为钢筋混凝土仿古建筑,占地面积 1.3 公顷,建筑面积 1800 平方米。计一门厅、四展室。另建有义柱、石香炉、“天下第一家”石碑、洗米池等。整修义门第一井“旺井”。

2006 年 10 月,义门陈文史馆建成开放。同年,成立义门陈宗亲联谊会,更大规模展开资金筹集和具体制订义门陈非物质文化遗产保护规划,计划筹资兴建中华义门陈“义门堂”。同年由中华义门陈联谊总会发起修建陈旺陵园倡议,占地 0.67 公顷,拟兴建主墓,新建圣旨台、休闲亭、铜像及小停车场等功能齐全的陈氏后裔寻根祭祖场所。

2008 年 3 月,因瑞昌市码头工业园经济开发用地需要,将义门陈始祖陈伯宣墓从瑞昌金城乡白石渡北岭村绣球墩迁至瑞昌市夏畈镇三眼桥村。同年开工建设义门陈分庄广场,占地 3.3 公顷,广场内建有旌表台 1 座,仿唐宋敕封门楼 3 座,文化长亭 2 座,陈旺巨型铜铸雕像 1 座,大型花岗岩文化石碑 12 块,汉白玉石刻宋胡旦《义门记》等。另建各庄分庄亭 50 座,庄亭均为花岗岩材质。

书刊编研

江州义门文献　资料汇编,1983 年始,湖北省黄梅县义门陈行塘庄后裔陈雁南倾其积蓄,跑遍国内 20 多个省市的图书馆和博物馆,并徒步 10 余次到义门陈旧址考察,至 1992 年历时 9 年,收集有关史、志、谱牒 170 多种藏本,信函 300 多件,辑成文献 150 余万字,分源流、义风、奏疏、胜迹、分庄、名人、表彰、文艺 8 卷。其中第八卷文艺篇于 1998 年印刷发行,陈立夫题写书名。其余 7 卷因同年陈雁南病故未能付梓。

江州义门陈氏大成宗谱　谱牒,1994 ~ 1998 年,由义门后裔陈美生等人在湖北武穴大文玉垸主持编修。为新中国成立后义门陈联宗首次试修。

中华义门陈　报刊。2006 年始编辑,初为 4 开 4 版报。2007 年改为刊物,16 开本,至 2008 年,共出版 22 辑。

义门陈文史考　论文集,2006 年 3 月版,主编陈月海、陈刚。

中华义门陈大成谱　谱牒,2007 年 4 月启动编修。同月 28 ~ 29 日,在德安县委招待所召开编修筹备会议,江西、湖北、广东、安徽、湖南、福建、四川等省义门陈后裔派代表参加。2008 年编成,同年 10 月由江西人民出版社出版发行。总编陈峰,主编王炯尧,副主编陈德友、陈斯高、黄时璋、王需民,责任编辑陈建达、陈金麟、陈良明,学术顾问李才栋,许怀林、曹涛、何光岳,美术编辑廖冰。890 × 1240 厘米开本,72 万余字,分卷首、源流、族风、教育、俊彦、文萃、后记 7 篇,19 章 57 节。

义门陈文史画册　画册。2006 年义门陈文化研究会编,主编廖冰,由江西省高校出版社出版发行。

义门陈的故事　书籍。2008 年义门陈文化研究会编,主编廖冰,由江西省高校出版社出版发行。

义门陈诗词　书籍。2006 年义门陈文化研究会编,主编吴道新,由江西省高校出版社出版发行。

解读义门陈　书籍。2006 年义门陈文化研究会编,主编吴道新,由江西省高校出版社出版发行。

义门陈史志谱选 书籍,2006年义门陈文化研究会编,主编吴道新,由江西省高校出版社出版发行。

义门陈文化挂历 画册,2003年由县义门陈文化研究会始编,此后每年1册。

义门陈文化简报 刊物,2003年由县义门陈文化研究会始编,此后每年1期。

义门陈文献选集(御封、题赠、盟联) 书籍,2006年由义门陈文化研究会编。由江西高校出版社发行。

义韵千秋 报刊,湖北省仙桃市义门陈文化研究会会刊。

黄梅义门陈 报刊,湖北省黄梅县文化研究中心刊物。

高安义门陈 报刊,江西省高安县义门陈文化研究会会刊。

义门陈寻根文化园中心区概念性详细规划 画册,2006年由上海安图(国际)设计有限公司、泛华建设集团有限公司编制。内设项目背景、概况、用地现状及存在的问题、规划依据,规划概念、规划意义、规划原则、规划指导思想、规划目标、总体规划、义门寻根文化园中心区概念性详细规划11目。详细规划设功能分区、交通组织、动静分区、景观分析、种植分区、民俗园。主要项目(人文胜迹、自然景观)6目。并附相关设计示意图36幅,分别为效果图18幅,规划模型图4幅,中心区概念性详细规划图5幅,总集规划图9幅。

1985～2008年义门陈文化研究部分文章目录

表26－3－1

目录	作者	发表时间	书刊
书院的起源和宋代书院的发展	李才栋	1985	华东师大学报·3期
唐末的私家学院—东佳书院	许怀林	1988	景德镇方志·2期
早于白鹿洞学馆的东佳书堂	孙家骅	1999	历史知识
宜丰发现中国版“乌托邦”史料	李忠、熊俊萍	2006	江西都市报6.2.A版6
德安出土大量唐宋陶瓷碗片	孙永保、钱真真	2006	九江日报10.10. 第二版
寻根义门陈	陈米欧	2006	江西日报10.11. B1版
“天下第一家”德安义门陈揭秘	毛江凡、洪怀峰	2006	信息日报10.16第十版
南昌惊现义门陈完整族谱	毛江凡、洪怀峰	2006	信息日报10.18第四版
江州义门陈文史馆开放		2006	人民日报11.7华东新网
陈人赣首站在庐山	曹小亮、黄浦江	2007	江西都市报9.24.B4版
天下第一大家庭	何光岳	2008	中华义门陈氏大成谱
中国古代书院的一个原型	平板谦二	2008	中华义门陈氏大成谱
唐宋时期江南第一家德安义门陈	王需民	2008	中华义门陈氏大成谱
天下第一家神奇义门陈	廖冰	2008	中华义门陈氏大成谱
对中华义门陈文化的认识与思考	余晋岳	2008	中华义门陈氏大成谱

网站建设

2006年5月,中华义门陈联谊总会网站登记建立。网站设走进义门陈、新网中心、寻根探源、国谱统修、祭祀先祖、访问留言、义门论坛、义门产业8个栏目。随后,全国各地以义门陈氏名义建立网站30余家,其中知名的有福建汀州庄宗亲网、广西义门陈文化大联盟网、安徽义门陈网、义门陈氏乐园网等,均与中华义门陈联谊总会网衔接。

卷二十七

医疗　卫生

卷二十七　医疗　卫生

1985 年后,县内医疗卫生事业进入全面快速发展时期,卫生防疫体系渐趋完备,基本建成三级妇幼保健网络。进入 20 世纪 90 年代,传染病、地方病防治取得明显成效。1995 ~ 2004 年,全县先后达到基本消灭麻风病、消灭丝虫病、血吸虫病传播阻断标准,实现大灾之后无大疫。至 2005 年,全县所有医疗卫生单位实行传染病网络直报,城乡公共卫生环境不断改善。2006、2007 年,分别通过市级卫生县城考核和除“四害”工作考评验收。至 2008 年,全县改厕 1. 8 万户,农户改水率达 95. 8% ,受益分别为 7. 4 万人和 10. 4 万人;0 ~6 岁儿童国家扩大免疫规划疫苗接种率达 90% 以上,含麻疫苗接种率达 95% 以上,各疫苗针对性传染病得到有效控制。

在医疗卫生体制改革推动下,县内医疗卫生经费投入逐渐加大,资源总量持续增长。至 2008 年,全县医疗机构有业务用房 3. 86 万平方米,医疗设备总值 2800 余万元,分别是 1985 年的 2. 1 倍和 4. 9 倍。医务人员数量增加,素质提高。全县医卫人员中级以上职称 233 人,占总数 25% ;居民每万人拥有医卫人员比 1985 年增加 10. 6 人。医疗服务能力不断增强:新生儿、婴幼儿死亡率大幅下降,急诊危重病人抢救成功率达 95. 7% ,比 1985 年提高 1. 9 个百分点;孕产妇住院分娩死亡率为 0。新农合制度全面推行,德安先后被评为市新农合先进单位和省农合先进县,全县参合 9. 9 万余人,参合率达 93. 5% 。

第一章 机构 设施 队伍

第一节 机 构

县直医疗卫生单位

1985年,有县人民医院、中医院、妇幼保健站、卫生防疫站、血防站。1991年10月,成立结核病防治所。1995年1月,成立县行政事业单位职工医疗保险管理局。1997年,妇幼保健站更名妇幼保健院。2001年,蒲亭镇及河东乡、木环乡防疫保健所并入县卫生防疫站。2006年1月,成立新型农村合作医疗管理局。同年9月,县卫生防疫站与结核病防治所合并成立县疾病预防控制中心,同时成立县卫生监督所。2008年,县直医疗卫生单位有人民医院、中医院、妇幼保健院、疾病预防控制中心、血吸虫病防治站、卫生监督所、新型农村合作医疗管理局。

乡镇卫生院

1985年,全县有乡级卫生院17所,其中中心卫生院5所。1992~1993年,米粮铺、金湖乡卫生院先后并入共青。2002年撤乡并镇,全县乡镇有卫生院12所,其中中心卫生院6所。至2008年,丰林、聂桥、高塘、吴山、爱民、塘山、蒲亭7个乡镇新建卫生院,磨溪、邹桥、林泉、车桥4个乡镇在原址重建或改建。2008年,全县有乡镇卫生院12所,其中中心卫生院4所。

村卫生所(室)

1985年,有村合作医务所(室)119个,乡村医生129人,卫生员183人,接生员89人。1986年,开展村级卫生组织和乡村医生队伍整顿,乡村医生121人、卫生员138人、接生员91人通过考核。1995年,县政府印发村级卫生所管理暂行办法,县卫生局制定乡级卫生院对村卫生所实行行业管理的暂行规定,实行县、乡、村医疗卫生一体化管理。乡镇卫生院实行医务人员聘任制,对所辖村卫生所(室)实行组织领导、聘任调配、工作布置、工作职责、工作例会、购药渠道、财务管理、报酬待遇"八统一"管理。至2008年,有村级卫生所(室)62个,乡村医生125人,每千人业务用房80~120平方米。卫生所(室)有诊疗室、治疗室、药房、观察室、值班室,医疗设备有高压消毒锅、毁形器、体重秤、氧气瓶、输液架、病床等。

单位医疗所(室)

1987年,县萤石矿、棉纺厂、水泥厂、锑矿、付山煤矿、彭山锡矿、四五八厂、江西轮胎厂、爱民机械厂、江西锻压机床厂有医院或医务室,共有医生59名、护士66名、病床34张。

个体诊所

1985年后,个体诊所逐渐进入医疗市场。2000年,全县有个体诊所18家,其中牙科5家、内科8家、中医3家、中西医结合2家。2006年,全县有个体诊所11家,医务人员17人。其中,牙科诊所4家,医务人员7人;中医诊所2家,医务人员2人;中西医结合诊所1家,医务人员1人;内科诊所4家,医务人员7人。

医疗卫生机构选介

县人民医院 位于蒲亭镇建设路。1996年,定为九江医专教学实习医院,5人聘为兼职副教授。1997年,评为二级甲等医院。1999年,省政府授予省级文明单位称号;市委、市政府授予"1998~1999年救灾防病治病先进集体"称号。2002年,通过I09001(2000版)国际标准质量体系认证,评为全省"质量万里行”示范县级医院。2006 年，定为九江学院附属医院教学实习医院。2008 年，占地 1.27 公顷，建筑面积 1.6 万平方米，其中住院大楼 8000 平方米；有急诊、内、内儿、妇产、检验、放射、药剂、烧伤、骨伤、传染科等，大外科有矫形、泌尿、脑外、胸外科；有医务人员 248 人，其中高级职称 21 人，中级 105 人；检验科 HIV 初筛实验室建设通过省卫生厅达标验收，获省卫生系统行风建设和市医院管理年活动、基层爱国卫生工作、药监局药品不良反应监测先进单位称号。

县中医院　1985 年，由宝塔乡田塘村迁至县城东风路 50 号。院内设“国医堂”，由名老中医常年坐诊。2006 年，被江西中医学院定为教学实习医院。2008 年，建筑面积 7364 平方米，医疗用房 2970 平方米；有急诊、内儿、外、妇产、麻醉、药剂、医学检验、医学影像科等；有医务人员 102 人，其中高级职称 5 人，中级 35 人。

县妇幼保健院　1992 年，县妇幼保健站由县城南门路迁至东风大道，更名县妇幼保健所。1997 年，更名县妇幼保健院。2000 年 8 月，迁至朝阳路 213 号新大楼，占地 0.09 公顷，建筑面积 2600 平方米。为县危急孕产妇急救中心。有医务人员 37 人，其中高级职称 1 人，中级 19 人。

县疾病预防控制中心　2006 年 9 月在原县卫生防疫站基础上成立，位于县城东风路 93 号。2008 年，占地 0.25 公顷，建筑面积 1500 平方米；有传染病防治、结核病防治、免疫规划、检验科和预防接种门诊部；有医务人员 38 人，其中高级职称 1 人，中级 10 人。

县血吸虫病防治站　位于县城东风路 106 号。1985 年，有防治和医防科。2008 年，有医疗用房 2210 平方米，病床 10 张；主要设备有 X 线机、B 超仪和半自动生化分析仪；有医务人员 17 人，其中高级职称 1 人。

红十字医院　位于县城石桥路东段。1998 年，蒲亭镇卫生院更名县红十字医院。同年，香港红十字会捐资 24.8 万元，县财政配套 6.8 万元，将原江西轮胎厂供销大楼改建成医院大楼。2000 年，省红十字会批复冠名。2001 年，香港红十字会捐款 35 万元，扩建医院大楼。2008 年，有床位 15 张，医务人员 12 人，其中中级职称 3 人。

第二节　设　施

医疗用房

1985 年，全县有医疗用房 1.83 万平方米。1993 年后，逐步对乡镇卫生院进行改造和新建。2006 年，县人民医院新综合住院大楼投入使用。至 2008 年，全县医疗机构有医疗用房 3.86 万平方米。

医疗用床和救护车辆

1985 年，全县有病床 409 张。2008 年，全县有病床 455 张，救护车 5 辆。

医疗器械

县人民医院　主要有麻醉机、B 超机、脑电图机、全自动尿液分析机、牙科综合治疗机、红外线乳腺扫描仪、肺功能仪、生物组织自动脱水机、心电工作站、CT 机、牙科摄片机、胎心监护仪、生物组织切片机、腹腔镜、血液透析机、半自动血凝仪、彩超、多参数监护仪、全自动生化仪、呼吸机、汽化电切镜、全套视光中心设备、电子阴道镜、高频电刀、胎儿监护仪、电子胃镜、动态血压监护仪、连体式牙科治疗机、电子综合手术台、血球仪、体外起搏器、血液净化系统、心电记录分析系统记录器、婴儿呼吸机、婴儿恒温辐射床。

中医院　主要有血凝仪、宫颈激光治疗仪、阴道镜、螺旋 CT、300 毫安 X 光机诊断仪、麻醉呼吸机、高频电刀、碎石机、X 线数字成像 CR、C 型臂 X 光机、腹腔镜、B 超机、心电监护仪、自动选片机、红外线乳腺扫描仪、全自动生化仪、电子胃镜、血球计数仪。

妇幼保健院　主要有彩色 B 超、多功能麻醉机、心电监护仪、胎心多普勒、数码电子阴道镜、红外线乳腺诊断仪、胎儿监护仪、尿液分析仪、荧光电子显微镜、无痛分娩仪、新生儿黄疸治疗仪、新生儿抢救台、麻醉机、电动吸引器。

红十字医院 主要有自动血液细胞分析仪、尿液化学分析仪、多参数监护仪、全数字多普勒彩色超声诊断仪、臭氧妇科治疗仪、微波治疗机、培养箱、离心机、电子阴道镜、电动人工吸引器、心电图机、盆腔治疗仪、微电脑脊椎牵引床。

乡镇卫生院 主要有自动血液细胞分析仪、尿液分析仪、多参数监护仪、全数字多普勒彩色超声诊断仪、臭氧妇科治疗仪、微波治疗机、培养箱、离心机、电子阴道镜、心电图机、电动人工吸引器、双目显微镜、X 光机、多功能手术床、自动洗胃机、神灯、理疗仪。

第三节 队 伍

人员来源

1985～1989 年,新增医卫人员主要为国家分配的大中专院校毕业生。进入 20 世纪 90 年代,各医疗卫生单位根据需要可自行招聘临时人员。1996 年起,以定向委培方式补充部分人员。2000 年,取消大中专毕业生分配和定向委培,以公开招聘为主。2006 年始,申报和接收支医人员。

队伍结构

1985 年,全县有医卫人员 709 人,其中医师(士)137 人、护理 68 人、乡村医生(卫生员)332 人。1995 年,有医卫人员 748 人,其中医师(士)209 人、护理 88 人、乡村医生(卫生员)282 人。2008 年,有医卫人员 931 人,其中医师(士)294 人、护理 175 人、乡村医生(卫生员)261 人。期间,护理人员增加明显,药剂和检验人员数量变化不大。乡村医生在全县医卫人员中所占比例由 1985 年 46.83% 下降至 2008 年 28.03%。全县每万人拥有医卫人员由 1985 年 46.49 人增至 2008 年 57.12 人。

1985～2008 年德安县卫生系统医技人员技术职称一览表

表 27－1－1　　单位:人

年份	西医			中医			助产		护理			其他卫技人员	
	高级	中级	初级	高级	中级	初级	中级	初级	高级	中级	初级	高级	中级以下
1985	—	8	124	—	2	3	—	8	—	2	66	—	99
1986	—	8	132	—	2	5	—	8	—	3	72	—	97
1987	—	14	133	—	3	6	—	8	—	6	70	—	93
1988	—	15	132	—	3	8	—	10	—	8	63	2	97
1989	1	16	131	—	4	9	—	8	—	9	70	2	100
1990	1	19	135	—	4	8	—	9	—	12	73	2	96
1991	1	23	139	—	5	5	—	9	—	12	74	2	96
1992	1	29	143	—	5	5	—	9	—	13	76	2	95
1993	1	33	146	—	6	6	—	10	—	15	72	2	98
1994	3	37	146	—	6	6	—	11	—	16	70	2	95
1995	3	40	154	—	7	5	—	12	—	17	71	2	93
1996	5	40	150	—	8	4	—	10	—	23	74	2	95
1997	7	49	156	—	8	4	—	10	—	23	76	2	97
1998	7	54	151	1	9	5	—	11	—	25	74	2	95
1999	9	58	150	2	8	6	—	12	—	28	79	2	101
2000	10	66	153	3	8	6	—	10	—	33	82	2	103

续表 27-1-1

年份	西医			中医			助产		护理			其他卫技人员	
	高级	中级	初级	高级	中级	初级	中级	初级	高级	中级	初级	高级	中级以下
2001	10	75	147	3	9	8	—	11	—	35	86	2	99
2002	12	78	154	3	10	7	—	12	—	36	86	2	99
2003	14	78	158	3	10	7	—	15	—	41	83	2	98
2004	16	87	158	4	8	4	—	15	—	43	87	2	99
2005	17	92	161	4	6	2	—	13	—	50	93	2	92
2006	19	88	167	4	5	2	—	14	—	55	97	2	96
2007	21	97	174	4	3	3	—	12	—	56	106	2	102
2008	23	99	164	4	3	3	1	12	1	59	115	2	104

医技培训

在岗进修　1985年后，卫生部门通过举办学术讲座、召开学术会议、离岗短训、外出进修和组织参加全国自考及成人高考等形式，强化医技人员在岗继续教育。1990年后，医疗科室项目逐步细化，新科目不断出现，医疗单位外出进修人员大幅增加。2004年始，卫生系统每年举办医技人员继续教育培训班2期，聘请市、县专家授课，经考试合格，发继续教育培训证书，作为晋升、晋级、调资、调岗必备条件。至2008年，与江西中医学院、江西护理职业技术学院合作，先后为县医疗机构培养中医专业本科生13人、大专生127人、中专生172人；全县专业医技人员接受继续教育率为100%。

专业培训　1992年，成立乡村医生函授站。1995年，成立县卫生职业学校，负责乡村医技人员培训。至2000年，培训乡村医生13学期25批次1198人次。2001~2003年，培训15批次1200余人次，登记注册乡村医生254人。2004~2008年，培训20批次1500余人次。期间，组织乡村医生82人参加中等学历教育。至2008年，每年对乡村医生进行一周专业知识培训，乡村医生受训率94%；每年组织乡镇卫生院防保、产儿科人员进行县内和上级部门举办的专业培训，培训率100%。对培训合格人员分别发放“预防接种培训合格证”“母婴保健技术服务合格证”。

第二章　医　疗

第一节　门诊　检查

科室设置

人民医院　1985年后，门诊部设有内、外、眼、妇、口腔、心电图、内窥镜、检验、放射、急诊等常规科室。1998年，增设CT室。2000年，增设烧伤治疗中心。2004年，增设病理科。2006年，增设传染科和发热门诊部。2007年，分设儿科。

中医院　1985年，设有中医、内、外、妇、儿、骨伤、五官、口腔、皮肤科。20世纪90年代中期，增设皮肤科和五官科。2000年，增设急诊科。2003年，增设发热门诊部。2004年，增设CT室和病理科。

妇幼保健院　1985年，设有儿童、妇女保健科。1986年，设婚前医检室。1992年，设儿童生长监测室和儿童营养科。2005年，增设发热门诊部。

乡镇卫生院　1996年，乡镇中心卫生院一般设有内、外、妇产、中医、放射、药剂、生化检验等科室。2001年后，部分卫生院增设B超、心电图室。

检查诊断

县级医院 1985年,可开展3大常规检查和X线摄片、乙肝两对半、病理切片、心电图、脑电图、B超、胃镜、肝肾功能及电解质等检测。至2008年,县人民医院可开展CT、内窥镜、半自动血凝仪、彩超、多参数监护仪、全自动生化仪、汽化电切镜、视光设备、综合检眼台、电子阴道镜、高频电刀、胎儿监护仪、动态血压监护仪、鼻窦镜、连体式牙科治疗机、CR放射成像系统、电子综合手术设备、血球仪、血液净化系统、高频拍片机、酶免检验、病理彩色图文系统等检查;县中医院可开展CT、彩超、24小时动态心电监护仪、电子胃镜、肺功能检测仪、骨密度测定仪、颈颅多普勒、全自动生化分析仪、全自动血液分析仪、尿液分析仪、血凝仪、红外线乳腺诊断仪、数码电子阴道镜等检查;县妇幼保健院可进行彩超、胎儿监护仪、胎心多普勒、数码电子阴道镜、红外乳腺诊断仪、荧光电子显微镜、新生儿恒温箱等检查和监测。

乡镇卫生院 20世纪80年代,一般卫生院能开展3大常规检查。中心卫生院可开展X线摄片、胸腹透视、A超、心电图、一般生化及3大常规等检查,进行胃肠造影和肝、胆、脾超声诊断。后陆续配置100毫安X光机、200毫安X光机、B超、半自动生化仪、尿液分析仪等设备。90年代后,大部分乡镇卫生院可开展X线胸腹透视摄片、心电图及一般生化检查,胃肠造影和肝、胆、脾超声诊断。2008年,中心卫生院可开展彩超检查。

门诊量 1985年后,随着医疗质量和服务能力提高,各医院门诊量逐年增加。2008年,县人民医院、中医院和妇幼保健院门诊量分别为1986年的10.5、3.2、8.3倍。

1986～2008年部分年份县级医院门诊量一览表

表27－2－1　　单位:人次

医疗单位	1986年	1990年	1995年	2000年	2005年	2008年
人民医院	15493	25226	39569	64954	119033	162102
中医院	18506	20428	28365	35012	40138	58272
妇幼保健院(所)	5043	5872	6265	21800	18378	42036

第二节　住院　治疗

科室设置

1985年后,县级医院住院部设有内、外、妇产、儿、骨伤、血透、麻醉、手术等常规科室。至2008年,人民医院大内科分设儿、心血管、神经、消化、呼吸、风湿免疫、内分泌、肾脏、肿瘤等科室,大外科分设普通、胸、泌尿、脑、骨、神经等科室;中医院设有内、外(含骨伤)、妇产、麻醉等科室;妇幼保健院设有手术室、麻醉室、抢救室、待产分娩室。乡镇卫生院大多设有内、外、妇产等科室,其他卫生院设有诊疗室、输液室等。

医疗能力

内科 1985年后,县人民医院可开展慢性阻塞性肺病、上消化道出血、脑梗死、脑出血、肾盂肾炎、尿毒症、农药中毒、结缔组织病、高血压、冠心病、不稳定型心绞痛、心肌梗死、血栓性脉管炎、糖尿病及并发症、腺垂体功能减退症、甲状腺疾病等疾病救治。新疗法有长托宁救治有机磷农药中毒、血液灌流抢救农药中毒、血液灌流治疗白癜风、无创机械通气治疗呼吸衰竭、动静脉内瘘成形术。1990年后,县中医院对于慢性支气管炎、心脏病、糖尿病、中风及后遗症、类风湿性关节炎、肾炎、肝病、胃病等常见病、多发病的治疗取得较大进展。进入21世纪后,县中医院开展肿瘤化疗及免疫疗法、心梗病人早期诊断及中药诊治等特色疗法。至2008年,乡镇卫生院可开展常见病诊治和肺炎、农药中毒、小儿中毒性消化不良、过敏性休克等救治。

外科　1985年后,县人民医院普外科可开展甲状腺、乳腺、胃肠道肿瘤和消化道穿孔、腹腔脏器破裂、急性肠梗阻等手术;在全市率先引进腹腔镜治疗技术,主要进行胃十二指肠穿孔修补,结、直肠癌根治,胆囊切除(LC)和胆总管切开取石等。泌尿外科可开展肾结石、肾囊肿输尿管结石、膀胱结石、膀胱肿瘤、前列腺增生、隐睾等手术和前列腺等离子切除术、经皮肾镜气压弹道碎石取石术、经尿道输尿管镜气压弹道碎石取石术、膀胱肿瘤电切术、腹腔镜肾囊肿去顶减压术等;胸外科可施行肺癌、食管肿瘤等手术,引进食管癌根治术、肺叶切除术、胸腔镜肺大泡套扎术。县中医院于2000年引进县内首台腹腔镜设备,率先施行胆囊微创手术;引进"泌尿系微创治疗"技术,可开展气压弹道碎石治疗泌尿系结石、等离子电切术治疗前列腺增生症、腹腔镜胆总管切开取石术、颈椎前后路手术、骨盆骨折手术,运用肛肠治疗仪治疗内痔、外痔、混合痔、直肠粘膜脱垂及肛门息肉。20世纪80年代后,乡镇中心卫生院可开展疝修补、阑尾切除等普通外科手术。

妇产科　1985年后,县级医院可开展人流、输卵管结扎、子宫切除、卵巢囊肿切除、尿瘘修补等妇科常规手术和异位妊娠术。1997年,引进腹部横切口剖宫产技术。2004年起,先后引进阴式子宫切除、腔镜卵巢囊肿切除、异位妊娠微创手术、无痛分娩、导乐分娩、陪伴分娩、自由体位分娩、无保护接生、晚断脐等新技术,可开展腹腔镜微创子宫肌瘤剔除、卵巢囊肿剥除、宫外孕剥离、子宫次切、子宫全切和宫颈、卵巢、子宫内膜、输卵管等癌症治疗手术。乡镇卫生院可开展妇科常见病诊治和顺产接生,中心卫生院可开展剖腹产和卵巢囊肿摘除。

儿科　1985年后,可开展小儿腹泻、肺炎、肾病、肾炎及过敏性紫癜等常见病治疗,利用呼吸机、多功能监护仪、辐射仪、蓝光治疗仪、机械通气等设备,治疗少儿疾病。

传染科　至2008年,可开展多种肝病(病毒性肝炎、药物性肝病、酒精性肝病、自身免疫性肝病、中毒性肝损伤、代谢性肝病)和感染性疾病(呼吸道感染、消化道感染、脓毒血症、颅内感染、未明原因发热)治疗。可开展颈外周置中心静脉导管(PICC)及护理,对胸水及顽固性腹水进行胸(腹)腔微创置管术。

护　理

1985年后,全县主要医疗机构均有护理部门和专职护理人员;对患者实行24小时负责制,责任护士根据医嘱和患者病情拟定护理计划并组织实施。1994年起,皮肤消毒由酒精消毒改为碘酒消毒,并过渡到碘伏消毒。大多数医疗用物由浸泡消毒改为高压灭菌消毒,不具备高压消毒条件的使用广谱高效戊二醛浸泡,并逐步推广使用一次性医疗用品,减少交叉感染。1998年后,由功能性护理向责任制整体护理转变,护理范围由基础护理拓展到输液、给氧、吸痰、导尿、洗胃及心肺复苏等。逐步推行优质护理服务,实行责任组长竞争上岗,强化护理人员服务理念,注重服务细节。

1985～2008年部分年份县人民医院住院治疗一览表

表27-2-2

年份	入院人数(人次)	治愈好转率(%)	病死率(%)	危重病抢救成功率(%)	平均住院日(天)	开放床位(张)	病床使用率(%)
1990	2128	95.6	0.37	93.8	11.2	100	65.3
1995	2323	94.7	0.38	94.7	11.3	120	60.0
2000	3401	95.6	0.32	95.6	10.9	120	84.6
2005	3331	95.5	0.27	95.4	11.5	180	58.3
2008	9932	96.6	0.13	95.7	7.24	230	91.3

1985～2008 年部分年份县中医院住院治疗一览表

表 27－2－3

年份	入院人数(人次)	治愈好转率(%)	病死率(%)	危重病抢救成功率(%)	平均住院日(天)	开放床位(张)	病床使用率(%)
1985	884	98.4	－	78.6	13.4	50	70.8
1990	1024	96.3	0.2	80.4	11.9	50	80.4
1995	1195	98.1	0.1	80.3	10.8	50	80.1
2000	1443	97.9	0.1	84.9	9.0	60	60.8
2005	1809	97.3	0.4	83.4	7.7	60	64.3
2008	2236	98.6	0.1	86.8	7.8	60	80.3

1995～2008 年部分年份县妇保所(院)住院治疗一览表

表 27－2－4

年份	入院人数(人次)	治愈好转率(%)	病死率(%)	平均住院日(天)	开放床位(张)	病床使用率(%)
1995	400	100	0	1.0	6	18.3
2000	493	100	0	4.0	20	27.0
2005	914	99	0.07	3.6	25	36.1
2008	1028	100	0	3.5	25	39.4

1990～2008 年部分年份乡镇卫生院住院治疗一览表

表 27－2－5

年份	入院人数(人次)	治愈好转率(%)	病死率(%)	危重病抢救成功率(%)	平均住院日(天)	病床使用率(%)
1990	578	78.5	0.60	74	5.5	35.8
1995	876	81.5	0.45	87	5.8	38.7
2000	1053	83.2	0.40	91	6.6	42.5
2005	1249	69.3	0.13	86	5.4	62.6
2008	1605	76.9	0.11	89	4.8	78.5

第三节　急诊　急救

急　诊

1985 年,县级医院在法定上班时间,由相关科室负责急诊急救工作;非法定上班时间的急诊急救工作,由急诊室负责,并设有急诊取药处。急诊室不能处理的问题,按应急预案处理。各乡镇卫生院设有急诊室、急诊取药处,出现急诊由相关医生组织急救或协同患者家属送上级医院救治。

急　救

1985 年,县人民医院、中医院配有救护车和急救医护人员,有应急处理预案。1995 年,县人民医院成立急诊科,设有“120”急救电话。2000 年,县中医院成立急诊科,设有“920”急救电话。两院均设有急诊专用通道,医护人员24小时待命;妇保院设有产科通道。至2008年,县级医院出急诊25632人次,抢救危重病人4862人次,抢救成功4654人。

第四节　特色医疗

烧伤特色治疗

1997年6月,宝塔中心卫生院成立烧伤治疗中心。1998年,医生程伟在“宏伟烧伤灵”基础上研制出“复方烧伤宁”。2000年1月,烧伤治疗中心并入县人民医院,成立烧伤专科。2002年,省中医药研究所对“复方烧伤宁”进行体外抗菌试验和药效动物观察证实:在有效浓度内,既有广谱抗菌作用,又不抑制表皮细胞生长,促进创面愈合作用明显;对各种面积火焰烧伤、热液烫伤、电烧伤、化学性烧伤、表皮外伤和溃疡治愈率高,疗程短,费用低,对四肢增生性瘢痕也有一定疗效。同年,“复方烧伤宁”被列为国家中医药管理局重点科研项目。至2008年,使用“宏伟烧伤灵”和“复方烧伤宁”临床治疗病患5000余例,治愈率99.8%。

中医特色治疗

20世纪80年代中期,县中医院汇集名老中医,在治疗肝病、内儿科、妇科、皮肤科疾病及疑难杂症等方面发挥中医药优势,同期成立针灸科。1999年,引进小针刀技术。21世纪后,陆续引进30余项康复理疗设备,成立针灸康复科,运用热敏灸、三伏灸、三九灸、穴位埋线、温针、火针、小针刀、冬病夏治等百余种传统医术为患者服务。

第五节　医院感染控制

1985年,医疗机构院感管理主要内容为医务人员无菌操作、洗手及注射用品消毒。1993年,县级医院均成立院感控制办公室,设专职管理人员。1994年后,院感管理主要落实消毒隔离措施、改进传统消毒方法,如医疗用品由浸泡消毒改为高压蒸汽消毒或使用广谱高效戊二醛浸泡消毒,皮肤消毒由酒精改为碘伏,推广使用一次性医疗用品。2003年,县级医院建立污水处理站,医疗污水经消毒无害化处理后集中排放;固态医疗废弃物通过焚烧炉处理。2004年,建立院感管理三级组织(院感管委会、院感管理科和临床院感控制小组),乡镇卫生院均相应成立院感控制办公室。2006年,各医院相继制定消毒灭菌管理制度、医疗废物管理制度。

第三章　爱国卫生运动

第一节　机构与活动

机　构

1985年,有县爱国卫生运动委员会,下设办公室。1996年5月,爱卫会办公室并入县卫生局,为副科级事业单位。有基层爱卫会组织64个,其中乡镇场15个,县直单位49个。2007年6月,成立县健康教育所,与爱卫办两块牌子一套人员。同年,县爱卫会增设健康、除四害、农村改水改厕领导小组,分管副县长任组长,卫生局局长任副组长。

活　动

1985年,爱国卫生运动主要是结合城乡建设,开展"绿化、净化、美化"环境和治理"脏、乱、差"等活动。2001年,县政府制定《德安县爱国卫生工作"十五"规划》《德安县除四害"十五"规划》。2007年6月20日申报省级卫生县城。7月30日至8月9日,县双创办、爱卫办按照《德安县卫生达标单位检查评分表》标准,对县城32家机关和企事业单位进行检查评比,评选出公安、环保、工商、财政、邮政局等"卫生单位"10家,政府大院和气象、环保、公安、邮政局等"卫生庭院"10家,县公安局、森林公安局"无吸烟单位"2家。9月12日至13日,市爱卫会在完成对县卫生创建工作技术指导、暗访、城区"四害"考核基础上,抽调市爱国卫生工作技术指导专家组成员成立考核组,对县创建市级卫生县城工作进行考核验收,10月16日正式命名德安县城为"九江市卫生县城"。2008年,调整县"创卫"工作组,设城市保护环境、爱国卫生组织管理及"除四害"、市容环境卫生、公共场所饮用水卫生及传染病防治、健康教育、单位居民区物业小区楼院卫生及民意测验6个工作督导整改组和1个宣传综合组。督导整改组定期对一镇(蒲亭镇)两乡(河东乡、宝塔乡)及县直各单位创卫工作进行督查和技术指导,负责向宣传综合组通报有关信息。

第二节　改水改厕

1986年,农村改水由政府安排资金,用于人口集中居住地解决饮水困难,改厕由农户自发进行。2005年起,按照"政府组织,部门配合,群众参与"原则,采取"民办公助,多方筹资"办法,进行农村改水改厕。改水以建简易自来水站为主。改厕以三格式化粪池和无害化户厕为主,有条件的建沼气池。至2007年,全县农村改厕14000余座,投入资金868万元,发放改厕宣传单4600份。至2008年,全县农村改水率95.8%,受益10.4万人;农村累计改厕1.8万户,改厕率62.8%,受益7.4万人。

第三节　除害防病

城乡环境整治

1985年,春节、国庆节等重大节日到来之前,各级爱卫会和机关、学校、企事业单位,发动群众开展环境卫生大扫除、清理卫生死角等爱国卫生活动。1996年始,爱卫办每年开展公共卫生周、爱国卫生月等活动,利用节假日开展创建卫生县城、乡镇、村、庭院活动,在开展对城市环境卫生治理的同时,不断完善城乡环卫基础设施。至2008年,全县有省级卫生乡(镇)1个、卫生村3个,市级卫生乡(镇)2个、卫生村2个,县级卫生乡(镇)3个、卫生村21个。

除"四害"

1985年,春秋两季,由县爱卫会协同有关部门向各乡镇发放灭鼠药品,开展群众性灭鼠活动。2005年始,每年组织开展全县范围春秋两季以灭鼠灭蟑为主和春夏两季以灭蚊灭蝇为主的"除四害"活动。实行市场化运作,采取"三统一"方法,即统一部署、统一时间、统一投放毒饵。同时开展四害孳生地综合治理,及时修缮或更换环卫基础设施。2007年10月,县内除"四害"工作通过市级考评验收。至2008年,全县围绕除"四害",开展业务培训17次;设立基层宣传站70余个、宣传主会场6个、展板130余块,张挂横幅110余条,发放《德安县爱国卫生运动宣传册》《致德安市民的一封信》等宣传材料10万多份、吐痰袋2000余个,宣传受众13万人次。

第四节　健康教育

1987年起,每年4月25日,进行"全国儿童预防接种宣传日"活动,悬挂横幅、张贴宣传画、发放宣传单。1988年4月7日,进行"世界无烟日"宣传活动(1989年起改为5月31号);12月1日进行"世界艾滋病日"宣传活动。1996年,组织以预防艾滋病、防治血吸虫病为内容的义诊和咨询活动,发放宣传材料15000余份,参与咨询5000余人次。同年起,每年3月24日进行"世界防治结核病日"宣传活动,4月7日进行"世界卫生日"宣传活动。1997年起,每年10月8日进行"全国高血压日"宣传活动。1998年洪灾发生后,立即启动应急预案,印发《如何预防汛期常见病、多发病》等宣传资料5万余份,办宣传专栏78期,入户宣传180次。2003年防非典型性肺炎期间,开展科学防病、环境卫生整治等宣传,印发宣传材料12万份。2006年,全县中小学校健康教育课开课率100%。2008年,以创建省卫生县城为契机,解决健康教育机构、人员、编制及经费问题;县爱卫会与人民医院、中医院及妇幼保健院共同编发《德安县健康教育入户手册》1万册;办健康教育知识宣传黑板报76块、海报66张(期),制作电视宣传专栏150小时;举办资料员(专、兼职健教人员)培训班6期,受训230人。

第四章　卫生监督与防疫

第一节　监防重点

1985年后,卫生防疫工作重点为:对肺结核病、手足口病、流感实行防控,对国家要求监控的"02"号病(霍乱)、碘盐缺乏(大脖子病)进行监测,对国际、国家、地区正在发生的传染病和本地可能出现的传染病、地方病实行防控,对国家要求全面开展计划免疫工作的传染病实行防控。

第二节　卫生监督

公共场所卫生

1989年,聘用公共场所卫生监督员,对宾馆、旅店、理发店、电影院、录像厅、舞厅、商场(店)、书店、图书馆、候诊室、候车室等公共场所进行卫生监督;实行卫生许可证制度,对从业人员进行卫生知识培训。1992年、1993年,两次对公共场所180余名从业人员进行体检,换发卫生许可证42个和31个。2006年,制定《关于创建省级卫生县城,食品卫生、公共场所卫生整顿行动的方案》。2007年,全年换发卫生许可证216个,其中公共场所98个;对全县1260名从业人员进行健康检查,其中公共场所从业人员386人。2008年,监测公共场所用品用具165件,合格率78.8%。

食品卫生

1985年,县卫生防疫站对全县从事食品生产、销售的企业和食品商贩进行卫生监督检查,核发"食品卫生许可证";对从业人员进行健康检查,对"五病"(痢疾、病毒性肝炎、伤寒、活动期肺结核、化脓或渗出性皮肤病)人员要求调离接触食品工作岗位。1996年10月,对《中华人民共和国食品卫生法》执行情况进行检查,对931名从业人员进行体检,检出并调离"五病"人员65人,捣毁地下食品生产作坊5个,没收销毁不洁食品760千克。至2006年8月,查处各类食品卫生事件20余起,调查处理食物中毒事件10余起；9月,成立县卫生监督所。2007年9月,开展以城乡结合部食堂、餐馆为重点的整治活动,取缔无证食品经营点12个,没收不合格食品300千克,劣质猪油100千克。2008年7月,开展30天迎奥运食品安全检查活动。同年10月,开展全县食品安全整治,查处食品违法案件28起,罚款3.15万元,取缔不合格餐饮店12户、无证食品加工点16处,没收销毁伪劣食品800千克;对1876名从业人员进行健康体检,调离“五病”人员110人。同经营户签订食品安全承诺书,建立食品原料采购索证登记等制度。

学校卫生

1990年,确定县一中、县一小为学校卫生常年监督点。此后,每年对学生进行健康检查,对学生生长发育、营养状况及常见病发生情况进行资料搜集。1991年,全县中小学生体检3526人,其中视力下降7.5%,沙眼5.6%,龋齿18.3%,营养不良重度0.32%、中度4.3%、轻度21.4%。1997年,对全县学生建立健康档案,完成13286人体格检查。2001年始,每年对学校食堂、饮用水、教室、寝室环境等开展1～2次卫生执法检查。2007年3月、9月,对全县中小学校卫生状况进行监督检查,责令28个食堂整改,销毁过期变质食品500余千克,组织65名从业人员参加体检。

职业卫生

1987～1988年,对全县有粉尘、噪音、放射线等职业危害因素存在的厂矿企业进行摸底调查,为18个厂矿企业建立单位职业卫生档案,建档率100%。1992年,对全县粉尘、噪音、放射线开展测定,监测率分别为82.3%、93%、68%。1993～1998年,对部分接触有职业危害因素人员进行健康体检。2006年9月后,县卫生监督所承担全县职业卫生监督管理工作。2007年,全县有粉尘、噪音、放射线、化学物等职业危害因素的厂矿企业48家,均重新建立单位职业卫生档案。2008年,确定县中医院为职业健康检查定点机构,全年检查368人次,未发现职业病患。

第三节　计划免疫

儿童计划免疫接种

20世纪80年代,对7周岁以下儿童进行卡介苗、脊髓灰质炎三价疫苗、百白破混合制剂和麻疹疫苗免疫接种,即“4苗防6病”。1989年,成立六病诊断小组和计免协调小组,并通过计划免疫85%目标审评,签订保偿合同书。1992年,按国家规定将乙肝疫苗接种纳入计划免疫范围,实行有偿服务。1993年始,在常规免疫基础上,按国家规定开展脊髓灰质炎强化免疫,每年12月5～6日和次年元月5～6日,对0～4周岁儿童实行两轮脊髓灰质炎糖丸强化服药。1999年,开展一次麻疹疫苗强化免疫活动,接种6353人。至2000年,共开展8次16轮糖丸强化免疫活动,累计服丸87740人次。2002年起,对新生儿实行乙肝疫苗免费接种。2008年,实施扩大免疫规划,由5苗防7病扩大至10苗防11病,全免费接种,包括乙肝疫苗、卡介苗、脊灰减毒活疫苗、乙脑减毒活疫苗、A群流脑疫苗、A+C群流脑疫苗、无细胞百白破疫苗、白破疫苗、麻疹风疹腮腺炎疫苗、麻疹风疹疫苗。

其他人群免疫接种

在实施儿童计划免疫同时,对重点人群开展乙脑、甲肝、乙肝、狂犬、流感疫苗和流脑、伤寒菌苗预防接种。

1985～2008年德安县免疫预防接种一览表

表27－4－1　　单位:剂次

年份	卡介苗	脊灰	百白破	麻苗	乙肝	白破	流脑	乙脑	甲肝	狂犬	流感
1985	1858	6754	6452	2457	58	1921	2301	2458	—	812	—
1986	1544	7052	6478	2364	72	1642	1901	2612	—	1010	—
1987	1788	6982	5988	2257	36	1584	879	1254	—	1359	—
1988	1931	7712	7421	2819	64	1847	2697	939	—	999	—
1989	1748	6548	6547	2587	21	1749	1546	1903	—	1648	—
1990	1646	7058	7149	2648	28	1684	1214	2598	—	1230	—
1991	1525	6765	4655	2840	48	1860	1989	3978	—	1110	—
1992	1297	4652	3775	2588	102	1327	2953	1986	—	1423	—
1993	1442	5902	3507	2722	228	1563	3421	1140	—	1560	—
1994	1380	5599	3396	2672	195	1482	2830	3086	—	1235	—
1995	954	4120	3135	2239	321	1221	2121	1200	—	754	—
1996	1062	5527	3954	2591	189	1390	2036	2778	—	2011	—
1997	943	4110	3021	2515	255	1207	926	1004	—	1164	—
1998	979	4846	3812	2570	90	1431	3010	3950	—	1487	—
1999	1328	5604	4550	2597	423	1472	1458	2953	56	1302	—
2000	1854	8022	7854	3042	950	1964	2210	2947	328	1987	562
2001	1745	7856	7962	2999	753	1743	5855	2548	145	1401	855
2002	765	4358	3373	2895	1953	873	2388	6563	199	1542	1305
2003	1164	8721	6283	2375	3218	1217	4174	1988	123	1001	1112
2004	1956	7237	7432	3520	6469	1956	3650	2031	289	1354	988
2005	2222	8221	8232	4221	6889	1999	2957	2125	164	1649	1254
2006	2354	8709	8246	4011	7297	2102	1942	3978	620	1521	1647
2007	2106	7792	8424	4212	6528	1854	2014	3419	356	2001	1536
2008	2996	10977	11470	5468	9909	1990	3654	3421	452	1875	1854

免疫接种成效

20世纪80年代,流脑为县内高发传染病,发病率48.52/10万。接种菌苗后,保护率92%。90年代,四苗接种预防相关传染病发病率显著下降,未发现脊髓灰质炎、白喉和新生儿破伤风病例。接种麻疹疫苗后,发病率控制在国家标准内,未出现死亡病例。2000年后,未见流脑病例报告。2008年,实行国家扩大免疫规划,脊髓灰质炎、麻疹、风疹、百日咳、白喉、新生儿破伤风、乙型脑膜炎、流行性脑膜炎和甲肝等传染病得到有效控制。

第四节　传染病防治

霍乱病防治

1985年后,县卫生防疫站对医疗机构就诊腹泻病人进行登记报告,对霍乱病实行监测,对高度可疑病人进行霍乱弧菌检查。每年5～10月,对车桥、邹桥、聂桥、林泉、蒲亭等乡镇水质进行霍乱弧菌检测。

每年对农贸市场水产品不少于40个样品霍乱弧菌检测,均未发现霍乱弧菌。

结核病防治

1985年后,全县开展肺结核病疫苗接种和诊治。1991年,成立结核病防治所。1995年,结核病防治实行归口管理。2004年,实行第四轮全球基金结核病项目。2005年起,对407名初治结核涂阳病人实行免费治疗。2006年起,对54名复治结核涂阳病人实行免费治疗。2007年7月至2008年6月,实行 Fidelis 结核病控制项目,利用激励机制,通过医防机构全面协作,不断提高对结核病人的发现率。

麻风病防治

1985年后,县内无麻风病新发病人。1992年、1995年麻风病线索调查和学生体检,均未发现可疑病例。1995年,经市麻风病鉴定组综合考核认定,全县达到基本消灭麻风病标准。

艾滋病防治

2003年,县内发现首例艾滋病病人,卫生防疫人员对该病例进行专项管理,控制疫情扩散。同年8月,卫生防疫站艾滋病初筛实验室通过省专家组考核验收。

其他传染病防治

1985年后,对呼吸道传染病、麻疹等进行监测,偶有零星病例散发,均未引起重大疫情。乙肝、肺结核、痢疾、感染性腹泻、流行腮腺炎、风疹、甲肝为县内常见传染病;出血热、伤寒、戊肝、流脑、乙脑、艾滋病较少见,无疫情暴发和流行。每年开展AFP(急性弛缓性麻痹)监测。县内未发现脊髓灰质炎病人及疑似病例,无霍乱病例发生。1991年后,县内无狂犬病病例发生。2003年,启动传染病网络直报。2005年,所有医疗单位实行传染病网络直报。2008年,手足口病散发39例。

第五节　地方病防治

丝虫病防治

1985年,基本消灭丝虫病。1986年后,开展11个乡镇丝虫病净化监测,血检1.7万人,检出微丝蚴血症66人次并治疗。重点乡镇预防服药4.4万人次。1990年,塘山乡开展海群生药盐防治,投药10.9吨,受防5421人。1995年后,开展病原学监测,对6乡镇的6个村6220人检测,未检出微丝蚴血症者。在3乡的3个村血检点开展媒蚊监测,捕蚊1753只,未检出感染蚊。2001年,全县达到消灭丝虫病标准。2008年,对塘山乡石源、郑湖、塘山村1922人次进行丝虫病血清学筛查,检出抗体阳性2人,ICT卡检测抗原为阴性。

血吸虫病防治

1985年,有血吸虫病流行乡镇场9个,涉及行政村24个,感染4220人,晚期165人。1992年,疫区总人口4.4万,感染730人,感染率1.66%,晚期39人。有螺面167公顷,阳性螺密度0.0024只/平方尺,耕牛感染率2.48%。1994年,金湖、米粮铺乡并入共青,县内疫区为6个乡镇,涉及行政村11个,感染2726人。1994年后,未发现新感染人群。1996年后,耕牛感染率为0。至1998年,查病10.09万人次,治病1383人次;查牛2014头,治牛729头;查螺面积2800万平方米,灭螺122万平方米。2000年10月,黄婻乡紫荆村查出有螺面积1.75公顷,平均密度为21只/平方尺,未发现阳性螺。2004年,查病2584人次、查螺面积504万平方米、查牛300头,均无阳性。10月,经省专家组验收达到传播阻断标准。

1985～2008年德安县血吸虫病查治一览表

表27－4－2　　单位：公顷、人

年份	查螺面积	灭螺面积	查病人数	治病人数
1985	1366.76	33.35	11386	319
1986	2133.33	133.40	13832	153
1987	1807.20	166.75	14185	264
1988	1248.66	146.74	11388	136
1989	1357.88	10.01	8456	109
1990	1657.09	169.75	10289	171
1991	2510.25	320.83	10332	104
1993	246.27	52.36	3560	25
1995	359.05	52.36	2266	1
1996	397.80	52.36	2381	18
1997	359.05	52.36	2330	20
1998	731.30	52.36	5552	35
1999	1660.03	0.53	8124	18
2000	875.60	1.75	10709	7
2001	1534.10	1.75	3100	4
2002	563.62	3.34	3045	5
2003	773.72	3.34	3300	9
2004	503.83	0	2584	11
2005	690.01	75.15	8034	252
2006	3234.50	90	10001	214
2007	213.40	100.05	10076	126
2008	200.10	0	10014	205

地氟病防治

1987年，对高氟饮水区吴山乡红桥村进行防氟改水，建村自来水厂，对村民集中供水。2005年，发现吴山乡红桥村部分村组水氟轻度超标，饮用水全部改由红桥水厂提供。2008年，实施《江西省地方病防治健教技术方案》，对吴山、河东、宝塔乡进行地氟病、碘缺乏病知识基线调查，发放传单6000份，评估实施效果；检测吴山乡何铺村水氟含量，发现该村12组水氟含量超标；对红桥村24名8～12岁氟斑牙儿童进行调查，结论正常；对红桥水厂水氟检测采集水样4个，其中出厂水1个，末梢水3个，检测结果均符合生活饮用水标准。

高砷水检测

2006年，对吴山乡、聂桥镇8个行政村、50个自然村的1000口水井进行高砷水检测，其中4个行政村水样砷含量不同程度超标。2007年，抽查吴山乡、聂桥镇9个行政村，其中5个村饮水砷超标。

碘盐监测

2005~2008年,采取随机抽样,每年对13个乡镇中的26个村庄260户食用盐抽检样品520个,结果显示:碘盐使用率100%,碘盐合格率96%以上。

第六节 应急处置

应急队伍

2004年,成立突发性公共卫生事件应急处理指挥部,县长任总指挥。下设卫生应急办公室、医疗救援组、疾病控制组、卫生监督组。2006年,建立突发性公共卫生事件应急专家库和重点传染病防治应急队伍。2007年,调整突发性公共卫生事件应急处理指挥部,成立应急委员会,建立学校防控工作协作机制。2008年6月,成立突发性公共卫生事件医疗卫生救援领导小组和专家咨询委员会,调整应急专家库,下设传染病和不明原因疾病专家组、灾害事故医疗救治专家组、食源性疾病防控救治专家组和职业中毒、化学污染物中毒、核事故防控救治专家组。

应急预案

2004年,县政府制定《德安县突发公共卫生事件应急预案》《德安县重大食品安全事故应急预案》《德安县猪链球菌病防治预案》《德安县突发人禽流感疫情应急处理预案》《德安县急性传染病防治预案》,确定乡镇卫生院防保人员负责卫生事件监测与报告,形成县、乡、村三级预防、预警、控制和处理综合应急机制。同年,县医院建立传染病隔离病区,被市确定为突发性公共卫生事件紧急救援落地医院、化学中毒和辐射应急救援基地。2008年,县政府制定《德安县突发性公共卫生事件应急预案》和《德安县突发性公共事件医疗卫生救援应急预案》。

救灾防病

1995年抗洪期间,出动县级防疫机动队4支20人次,消杀队2支10人次,对蚊蝇孳生环境和水淹后生活场所进行消杀处理,发放消杀药品价值2万余元,灾后未发生传染病流行。1998年抗洪期间,出动县级防疫机动队8支62人次、医疗救护队10支70人次、霍乱防治工作队1支9人次,乡镇卫生院出动医疗防疫小分队13支101人次,免费提供和使用漂白精片205万片、"灭菌王"476瓶、"优氯净"102千克;饮用水井消毒6212口次,受益5万余人;使用"敌敌畏"473瓶,对蚊蝇孳生环境和水淹后生活场所进行卫生处理;接种钩体菌苗68214人;义务诊治病8493人次,抢救病人203例,免费提供治疗药品价值4.07万元;接受咨询15690人;出动卫生监督员18人,监测食品摊点326户,处理42户,销毁不合格食品1823千克。同年,发生法定报告传染病631例,总发病率302.7/10万,实现大灾之后无大疫。1999年,组织74支医疗防疫队深入村组,接种钩体菌苗62244人、乙脑疫苗42950人;投放鼠药5千余包,各乡镇均购灭鼠原药12千克;发放救灾筹备药品价值4.1万元,喷雾器、矿泉水、蚊帐等救灾物资价值10万元。

"非典型性肺炎"预防

2002年底,"非典"疫病在国内南方部分地区发生,并向其他地区蔓延。2003年3月,成立县防治传染性非典型性肺炎领导小组,下设办公室、宣传组、防治组、物资保障组、卫生检疫组、专家顾问组、农村组。制定《德安县传染性非典型性肺炎应急处理预案》和工作制度,开展人员培训和应急演练,准备器械药品和防护物资;对公共场所消毒437次,发放消毒药品846千克;进行宣传103次,发放宣传手册3500份,宣传单2.5万张;设医学观察点,留置可疑"非典"病人住院观察,隔离23人,随访46人,未发现"非典"病例。

“禽流感”防治

2004年，针对县外禽流感疫情，成立领导小组，制定《人感染高致病性禽流感应急预案》，设立值班电话，明确责任分工，建立疫情报告制度，配置医疗力量，储备灭杀药品。对农贸市场、卤品加工店、餐饮行业、食品商店和超市禽蛋专柜实行每日巡检，开展卫生监督。4～7月，农贸市场停止活禽交易。当年，境内未发生“禽流感”疫情，未开展捕杀禽类行动。

第五章　卫生保健

第一节　妇幼保健

孕妇保健

1985年，基本建成三级妇幼保健网。乡镇卫生院设妇保点，对孕产妇进行围产保健检查，实行高危孕妇评分定级管理。2000年，完善基层妇幼保健网络，把降低孕产妇和婴儿死亡率纳入为民办实事内容。2001年，建立孕产妇保健卡，实行网络微机管理，按早、中、晚孕期和产褥期检查项目进行监查指导。2008年，全县孕产妇住院分娩率100%，死亡率为0，婴幼儿死亡率2.4‰，5岁以下儿童死亡率4.96‰。

妇科病查治

1985年起，对妇科病实行防治普查。同年，防治普查3053人，查出病人1220人，治疗1037人。2005年，德安被列为降低孕产妇死亡率和消除新生儿破伤风工作项目县，防治普查范围从宫颈炎扩大到其他宫颈疾患、阴道疾患、乳腺疾患、子宫疾患。2008年，防治普查6307人，查治病人3532人。妇科病查出率由40%上升到56%，治疗率由85%上升到100%，对贫困家庭女性实行免费查治。至2008年，共获得专项资金42.4万元，救助贫困孕产妇924人次，用资26.6万元。

第二节　儿童保健

健康培训与监管

1985年后，妇保所（院）与县妇联对全县幼托机构进行健康卫生指导和卫生知识宣传教育，开展营养不良调查和治疗。1991年，对3221名婴幼儿进行系统管理，管理率45%。1994年3月下旬，举办适宜技术培训班，传授母乳喂养及小儿呼吸道标准病例管理知识，受训21人。同年12月下旬，举办孕产妇学习班，各乡镇均有人参加。1997年，举办县、乡两级妇幼保健人员适宜技术学习班4期，培训47人；村级学习班4期，培训96人次。1998年起，妇保院每年不定期开展乡镇儿童保健人员学习培训。2001年，按照两个五年计划和儿童发展规划要求，婴儿和5岁以下儿童死亡率控制在省定标准17.3～21.2‰以内，新生儿破伤风发病率低于1%，“五苗”免疫接种率以乡镇为单位达90%以上，5岁以下儿童中重度营养不良患病率控制在省定标准内，儿童保健率和幼托机构卫生保健制度达标率县城90%以上，农村60%以上。2008年，妇幼保健院开展新生儿疾病筛查，对本院出生的新生儿苯丙酮尿症（PKU）和先天性甲状腺功能减低症（CH）进行筛查。

1985～2008 年部分年份德安县儿童保健系统管理一览表

表 27－5－1

年份	儿童保健覆盖		新生儿破伤风		新生儿死亡		新生儿管理		5 岁以下儿童重度营养不良	
	人	%	人	1/万	人	‰	人	%	体重＜中位数－SD 人数	%
1985	5140	35.4	0	0	55	20	1888	70.00	692	13.50
1990	7153	45.0	1	1.4	45	26	1367	80.00	686	9.60
1995	7580	70.0	0	0	33	23	1003	70.00	524	6.91
2005	6583	56.0	0	0	7	3.5	2006	99.10	186	2.71
2008	5044	68.0	0	0	22	0.99	1661	74.38	120	2.37

健康检查

1985 年后，对全县幼儿园教师、工作人员、托儿所保育员进行体检，取得合格证后方可就职；适龄幼儿经全程预防接种后，凭预防接种证方可入园入托，儿童疾病得到及早发现和有效治疗。1985 年儿童节期间，对 5140 名儿童进行体检，受检率 35.4%。1989 年，县委、县政府召集县妇联、团委、工会、教育局、卫生局召开专题研究会，决定儿童节期间对独生子女和幼托机构儿童进行集体体检，散居儿童按 30% 进行，并对儿童进行系统管理。1991 年，对 3098 名儿童进行体检，查出缺铁性贫血 686 人并进行治疗，查出佝偻病患者 42 人，经治疗，矫治率 100%。至 2000 年，对全县婴幼儿进行健康检查 15 次，监测儿童生长发育状况。2001～2008 年，全县幼儿园教师、工作人员、托儿所保育员参加体检 1157 人。

第六章　新型农村合作医疗

第一节　试点与实施

20 世纪 80 年代，随着农村生产责任制落实，农村集体经济逐步解体，以大队为单位，通过农民出资，以合医合药为主要服务形式的合作医疗逐步消亡。2005 年，德安被列为第三批新型农村合作医疗(新农合)试点县。2006 年，成立新型农村合作医疗管理局，制定《德安县新型农村合作医疗实施办法(暂行)》，同年 1 月 1 日起实施。新农合医疗基金由上级财政补助和农民自筹两部分构成，实行封闭运行；坚持收支两条线，在县农行设立新农合基金专户、新农合基金支出户，实行财政局与农医局“双印鉴”管理。补偿支出为住院统筹基金和门诊家庭账户基金：住院统筹基金来源为上级财政补助加农民自缴参合金的一部分；门诊家庭账户基金来源为农民自缴参合金提取住院统筹基金后的剩余金额，用于参合农民门诊报销，以家庭为单位使用，年终未用完可结转。农民个人自筹 15 元，其中 5 元进入住院统筹基金，10 元进入家庭账户。同年，德安被评为市新农合医疗工作先进单位。2007 年，被评为省新农合医疗工作先进县。2008 年 7 月，全县农村全面启动门诊统筹试点工作。

第二节　筹资与补偿

筹　资

2006 年，县新农合基金筹资标准人均 55 元。其中，中央配套 20 元，省级 14 元，市级 3 元，县级 3

元，个人15元。参合90866人，参合率86.26%；实际筹资455.46万元，其中个人自筹136.3万元，各级财政投入318.12万元。2007年筹资标准人均50元，其中个人调整为10元；参合94137人，参合率88.57%；实际筹资511.17万元，其中个人自筹94.16万元，各级财政投入415.25万元。2008年筹资标准人均90元，中央配套40元，省级配套34元；参合99644人，参合率93.52%；实际筹资885.61万元，其中个人自筹99.77万元，各级财政投入782.09万元。

补　偿

2006年，住院补偿设三级起付线，其中乡级150元，县级350元，县外800元；补偿比例乡级50%、县级40%、县外30%；封顶1万元。2007年，住院补偿起付线为乡级100元、县级300元、县外600元，县外非定点住院补偿比例为20%；封顶1.5万元。2008年，设四级起付线，县外定点住院为600元，县外非定点住院为800元；补偿比例乡级70%、县级55%、县外定点40%、县外非定点30%；封顶2万元。

2006～2008年德安县新农合基金使用一览表

表27－6－1　　单位：万元

年份	基金规模	住院补偿人次	补偿支出		基金结余	
			统筹账户	家庭账户	当年结余	历年结转
2006	455.46	3508	225.61	30.84	199.01	0
2007	511.17	4795	381.88	24.33	104.96	199.01
2008	885.61	6110	649.36	46.49	189.76	303.97

第七章　医疗卫生管理

第一节　医政管理

机构准入管理

1985年后，县卫生局履行对医疗卫生机构、医政药政、血液供应及公费医疗经营单位管理职责。1994年，根据《江西省清理整顿医疗机构暂行办法》，对全县医疗机构负责人、卫技人员、病床、医疗器械、医疗用房进行登记，向审查合格的153个医疗机构发放执业许可证，其中国有所有制单位24个，集体所有制单位114个，个体诊所15个，核发乡村医生许可证114个。1996年，根据国家医疗机构管理条例和医疗机构分类标准，制定《德安县医疗机构设置规划》，对全县医疗机构重新开展申报、审批、发证、清理工作。此后，按规定每年进行校验管理。2008年，全县核发医疗机构执业许可证91个，其中县级医疗卫生机构5个、乡镇卫生院13个、村卫生所62个、个体诊所11个。

卫技人员管理

1985年，全县有卫技人员709人，其中乡村医生332人。随着卫生事业发展，医护人员逐年增加。1994年，根据卫生部《护士管理办法》，对1993年前卫校毕业的护士进行资格认定。从1995年起，每年对新就业护理专业人员进行执业资格考试。2004年，通过考试，为260人办理乡村医生资格认定，进行注册管理。2006～2008年，集中对全县医疗机构取得执业（助理）医师、执业护士及药技资格人员进行培训,经考核合格,颁发继续医学教育证书。同时,建立医师执业和护士执业注册软件管理系统。2008年,有执业(助理)医师428人,注册护士557人。

医疗市场管理

1985年后,县卫生局加强医疗市场管理。1988年,恢复农村卫生协会,对农村医疗市场进行管理。2006年,成立县卫生监督所,对医疗市场秩序进行常年监管。至2008年,开展对医疗机构检查监督510次,发《告当事人通知》520份、《行政处罚决定书》36份;查处无证诊所21家,擅自聘用非卫技人员执业、超登记范围执业、非法发布医疗广告、非法从事性病诊疗活动的医疗机构15家;没收药品127箱、医疗器械及诊疗设备16台(件)、招牌9块;罚款5.68万元。

医疗纠纷与事故调处

1987年,成立县医疗技术鉴定委员会,负责医疗事故纠纷调处及伤病残等级鉴定。2002年9月,医疗事故鉴定改由市医学会组织进行,县医疗技术鉴定委员会继续负责医疗纠纷调处。2004年,制定《德安县医疗纠纷医疗事故责任追究实施方案》,强化卫技人员责任意识。2006~2008年,全县调处医疗纠纷31起,赔偿金额89.3万元,其中医疗技术事故占35%。

第二节　药政管理

药监机构

1985~2001年,有县医药管理局、卫生局药政股,对药品生产、经营履行监管职能。2001年,县政府成立药品、医疗器械打假领导小组,由卫生、医药、工商、公安、技监部门相关人员组成,负责药品管理法规贯彻实施。2002年9月,成立县药品监督所,卫生局药政股划入。药监所为副科级行政单位,负责德安、共青两地药品监管,隶属市药品监督管理局。2004年5月,药监所更名县食品药品监督管理局,为正科级行政单位。

药品监管

1985年,药品监管方式主要有质量抽验、日常性督查、专项督查。1986年7月,开展学习药品管理法活动和药品信得过单位评选活动。全年查处伪劣药品158种,价值4720元;取缔非法行医、卖药13起。1996年5月,县卫生局制定《关于开展医药市场清查整顿的实施意见》。此后,清查整顿相关单位57个,查处无证批发个体药贩3家,取缔无证行医卖药个体诊所6家,收缴销毁伪劣药品32种。2000年后,在常规监管同时,利用农村药品监督供应网络、掌上PDA稽查工作软件、远程动态监控系统、药品不良反应监测体系、药品零售企业诚信体系、零售(批发)企业GSP认证等,查处销售使用假劣药品、违法制售药品等非法行为。

药品专管

1991年起,对精神类和毒麻类药品实行专人负责、专柜加锁、专用账册、专用处方、专册登记的"五专"管理;由药检所统一组织具有医师资格人员进行相关知识考试,合格者授予处方权。2006年起,毒麻药品改归卫生局医政股管理,每年至少进行两次检查。至2008年,县内未发生重大药品安全事故。

第三节　血液管理

1985~1996年,医疗单位临床用血基本为自采自输,即采即输,使用全血,实行有偿采血;血源供应由县医院检验科负责。1997年,县医院建立中心血库,血源由市中心血站配送,再由县中心血库供给用血单位。同时,有偿献血改为无偿献血,对血液实行统一采血,统一供血,统一管理,逐步推广成份输血,实行科学用血,合理用血。至2008年,全县参与无偿献血28540人次,献血1028.2万毫升。

第四节　经费管理

经费来源

财政拨款　1986年,县财政拨款145.9万元。此后,财政拨款逐年增加。2008年,财政拨款1357万元,为1986年的9.3倍。

业务收入　按照《江西省医疗服务价格手册》及相关行政事业单位收费项目和标准执行。全县医疗业务收入随医疗服务项目扩大逐年增长。1985年,全县医疗业务收入260.2万元。2008年,增至6082.7万元,为1985年的23.4倍。

扶助资金　1989～1997年,获得世界银行贷款卫Ⅲ项目扶助资金200万元。2006～2008年,争取中央国债项目资金761万元,主要用于县直医疗单位、乡镇卫生院基本建设;获得香港慈善慈心基金会30万元,用于车桥中心卫生院、高塘卫生院建设。

1986～2008年德安县卫生系统财政拨款和业务收入一览表

表27－7－1　　单位:万元

年份	财政拨款	业务收入	年份	财政拨款	业务收入	年份	财政拨款	业务收入
1986	145.90		1994	248.50	546.77	2002	403.78	2481.54
1987	151.30		1995	289.60	654.33	2003	472.45	2779.05
1988	152.80		1996	318.53	950.82	2004	523.91	3176.22
1989	157.30		1997	325.69	1068.94	2005	558.10	3691.67
1990	179.30		1998	327.80	1239.53	2006	577.41	4172.54
1991	183.20	323.50	1999	330.01	1673.27	2007	1126.46	5090.74
1992	197.50	401.93	2000	299.31	1825.55	2008	1357.31	6082.71
1993	221.60	446.28	2001	327.05	2148.08			

经费使用

1985～1991年,卫生事业经费按单位职工、当地人口数比例下拨,主要用于在编卫技人员工资、补贴及工作经费;业务收入主要用于医疗药品支出,弥补财政拨款不足,适量用于防疫保健支出;上级扶助经费(包括项目经费)主要用于医疗用房建设、设备配置、人员培训、卫生应急处置等。1993年,县财政对乡镇卫生院防保人员实行全额拨款(每乡镇卫生院限定2人)。1999年起,实行定额拨款,即按1999年的工资标准3年内不变,不论增人与否,增资仍按1999年补助金额拨款。至2008年,经费安排向农村、边远山区、防保工作倾斜:县直医疗卫生单位中,县医院、中医院按23%拨款,疾控中心、血防站、卫监所、卫校按全额拨款;乡镇卫生院按70%拨款。

1993～2008年德安县卫生系统经费支出一览表

表27-7-2　　单位:万元

年份	工资津贴	医药支出	设备投入	卫生防疫	年份	工资津贴	医药支出	设备投入	卫生防疫
1993	302.51	698.12	14.98	84.11	2001	596.40	1984.06	57.78	199.42
1994	324.56	713.65	15.21	91.12	2002	544.65	2285.30	291.79	249.07
1995	364.78	767.45	16.80	98.61	2003	643.77	2486.24	224.60	268.54
1996	449.80	938.78	21.60	106.50	2004	727.87	2947.19	495.12	255.45
1997	450.43	1100.19	22.11	108.88	2005	752.29	3442.02	301.74	344.56
1998	460.57	1299.73	28.14	118.77	2006	1272.12	3945.05	412.74	404.81
1999	486.07	1675.31	105.81	127.97	2007	1887.78	4829.59	311.75	488.16
2000	528.86	1814.90	115.85	149.43	2008	2015.29	5904.84	259.07	604.88

经费监督

1985～2000年,乡镇卫生院设会计1人,兼职出纳1人,负责各自单位财务核算。2001～2003年,县卫生局指定县直医疗卫生单位会计对乡镇卫生院代理记账。2004年,成立卫生会计核算中心,建立统一银行账户,设会计3人,总出纳1人;取消乡镇卫生院银行账户及单位会计、出纳岗位,设报账员1人。2006年,县直卫生单位纳入县财政局国库支付中心统一做账。

卷二十八

人事劳动　社会保障

卷二十八　人事劳动　社会保障

1985年,劳动就业由国家计划分配,干部由县委组织部和劳动人事局分级管理。1987年,开始建立社会保障体系。1990年,职称改革工作划归劳动人事局。1992年后,由计划统招统分过渡到企业自主招工,实行全员劳动合同制。1993年,将结构工资制改为机关、事业单位实行各自不同的工资制度。1997年,劳动人事局更名人事劳动局,与县编办合署办公;组织公务员过渡培训;企业职工实行工伤保险。2002年,企业全面改制。2003年,按照“个人自由申报,社会公正评价,单位自主聘任,政府宏观控制”原则,实行职称评聘分开。2006年,实施公务员登记,进行公务员工资制度改革;企业工资在执行最低工资标准基础上,由经营者自主决定发放方式和标准。2008年,公务员登记856人,参照公务员法管理单位22个;全县有行政事业机构337个,编制4369名,在编4370人。至2008年,行政事业单位离退休1597人,企业退休5930人;下岗人员和农村劳动力参加免费培训37160人次,就业安置11823人;处理劳动争议案件526起,追讨拖欠农民工工资956.7万元。

第一章 机构 编制

第一节 行政单位机构与编制

1985年,全县有行政机构69个,其中县直党政群团、人大、政协机关及政法机构50个,乡镇19个;定编849名,其中县直党政群团、人大、政协机关及政法专项编制572名,乡镇277名;在编746人,其中县直党政群团、人大、政协机关及政法单位518人,乡镇228人。1996年党政机构改革后,县直党政群团、人大、政协机关及政法编制745名,乡镇由495名精简为460名。2002年党政机构改革后,县直党政群团、人大、政协机关及政法专项编制由711名精简为609名,乡镇由460名精简为348名。2004年,核增政法专项编制17名。2007年,增加行政编制25名、政法专项编制61名。2008年,全县有行政机构72个,其中县直党政群团、人大、政协机关及政法机构59个,乡镇13个;增加行政编制6名,定编1087名,其中县直党政群团、人大、政协机关及政法专项编制739名,乡镇348名;核定工勤事业编制114名;行政及工勤在编1249人,其中县直党政群团、人大、政协机关及政法单位990人,乡镇259人。

1985年德安县行政单位人员编制一览表

表28－1－1　　单位:名、人

机构名称	定编数	在编数	机构名称	定编数	在编数
县委办公室	28	24	水产局	5	4
组织部	15	12	林业局	10	9
宣传部	7	7	水利电力局	8	8
统战部	4	4	文化广播电视局	7	7
农工部	7	7	教委、体委	9	9
政法委员会	4	3	卫生局	8	8
机关党委	3	2	计划生育委员会	7	6
纪委	15	13	农业局	9	8
总工会	6	5	外经办	3	3
团委	6	4	体改办	4	3
妇联	6	4	法院	27	24
科协	3	3	检察院	21	20
人大办	20	15	公安局	90	83
政府办	32	27	司法局	20	17
政协办	14	13	蒲亭镇	19	16
计委	10	8	河东乡	14	12
经委	17	14	宝塔乡	15	12
科委	6	6	杨家桥乡	15	11
民政局	8	8	米粮铺乡	13	11
劳动人事局	21	19	金湖乡	15	12
建设局	10	10	黄婳乡	16	13
环保办	3	3	高塘乡	14	12
财政局	14	14	林泉乡	16	13

续表 28－1－1

机构名称	定编数	在编数	机构名称	定编数	在编数
审计局	6	6	聂桥乡	15	12
地方税务局	11	11	磨溪乡	20	16
粮食局	9	9	吴山乡	16	13
商业局	10	10	樟树乡	12	10
工商行政管理局	10	10	爱民乡	14	11
物价局	6	6	邹桥乡	14	12
统计局	7	7	付山乡	10	9
物资局	4	4	车桥乡	14	12
二轻局	6	5	白水街乡	12	10
交通局	7	7	塘山乡	13	11
乡镇企业管理局	9	9			

2008 年德安县行政单位人员编制一览表

表 28－1－2　　单位：名、人

机构名称	行政编制	工勤事业编制	在编数
县委办所属	24	8	30
信访局	4	1	5
台办	2	1	2
组织部	14	2	14
老干部局	4	1	4
宣传部	11	2	15
农工部	7	2	10
统战部	5	2	6
政法委	8	2	17
纪委（监察局）	25		15
人大各委办	19	5	25
政府办所属	29	8	32
政协各委办			
发改委	8	1	10
物价局	15	1	20
经贸委	14	1	19
民营经济局	6	1	16
教育局	12	1	22
体育局	2	1	4
人口和计生委	10	1	19
民政局	12	2	21
人事劳动和社会保障局	18	1	23
编办（事业单位登记局）	4	0	5
财政局	29	2	40
审计局	12	2	20

续表 28－1－2

机构名称	行政编制	工勤事业编制	在编数
国土资源局	14	3	18
统计局	7	1	8
建设局	11	1	21
环保局	6	1	21
交通局	9	2	18
农业局	10	1	20
水产局	5	1	6
林业局	9	1	16
水务局	9	1	17
广电局	8	1	14
卫生局	12	2	27
安监局	6	1	4
工业园管委会		18(参公)	14
行政服务中心		5(参公)	5
房管局		9(参公)	18
商务局(招商引资局)		13(参公)	10
档案局(档案馆)		7(参公)	7
科技局		8(参公)	12
粮食局		20(参公)	22
商管办		9(参公)	10
公共资源交易办		2	2
总工会	3	3(参公)	7
团县委	3	3(参公)	3
妇联	3	3(参公)	5
工商联	1	3(参公)	3
科协	2	3(参公)	6
社联		2(参公)	0
文联		2(参公)	0
残联		5(参公)	5
红十字会办		2	3
老龄办		3	1
计生协会		2(参公)	2
公安局	151	23	172
公安交警大队	28	4	44
检察院	34	5	40
法院	53	8	58
司法局	17	1	17
公证处	3	0	1
乡镇司法所	7	0	0

续表 28－1－2

机构名称	行政编制	工勤事业编制	在编数
森林公安局	17	2	26
蒲亭镇	33		30
丰林镇	28		24
聂桥镇	22		17
车桥镇	23		23
宝塔乡	30		26
河东乡	23		19
高塘乡	17		16
林泉乡	21		19
吴山乡	23		17
磨溪乡	20		15
爱民乡	16		16
邹桥乡	26		22
塘山乡	16		15

说明:“参公”为参照公务员管理。

第二节　事业单位机构与编制

事业单位分类

事业单位按其经费来源,划分为全额拨款、差额拨款和自收自支 3 类,机构编制、人事、财政等部门按不同经费类型实施相应的管理方式。1986 年,有事业单位 155 个,编制 2496 名,在编 2327 人。1992 年,核定宝塔开发区管委会事业编制 18 名。2003 年,核定教育系统事业编制 1414 名。2008 年,核定教育系统事业编制 1250 名。同年,有事业单位 265 个,其中乡镇 53 个;定编 3046 名,其中乡镇 244 名;在编 2998 人,其中乡镇 159 人。事业单位中,全额拨款单位 219 个,编制 2266 名,在编 2272 人;差额拨款单位 24 个,编制 675 名,在编 580 人;自收自支单位 22 个,编制 105 名,在编 146 人。

1986 年德安县县属事业单位人员编制一览表

表 28－1－3　　单位:个、人

机构名称	机构数	定编数	在编数
县委办所属	4	54	49
政府办所属	1	3	3
农牧局	9	62	60
林业局	5	38	35
水利局	8	38	37
水产局	1	5	5
乡镇企业局	1	4	4
土管局	2	5	5
卫生局	26	474	455

续表 28－1－3

机构名称	机构数	定编数	在编数
计生委	2	29	25
司法局	2	10	8
外经办	1	3	3
二轻局	1	10	7
总工会	2	5	5
文联	1	2	2
环保办	1	3	3
经委	3	13	11
交通局	2	7	6
财政局	4	37	32
劳动人事局	2	16	14
科委	3	9	7
民政局	1	4	4
工商局	6	7	7
税务局	5	53	51
建设局	7	33	32
物价局	2	6	5
统计局	1	3	2
文化局	8	78	65
矿管局	1	4	4
教育局	37	1419	1320
体委下属	1	2	2
蒲亭镇下属	3	33	26
农科所	1	15	18
彭山林场	1	12	15

2008 年德安县县属事业单位人员编制一览表

表 28－1－4　　单位：个、人

机构名称	机构数	定编数	在编数
县委办所属	8	42	36
农工部	2	9	7
政府办所属	3	14	12
农业局	26	110	122
林业局	14	78	65
水务局	9	48	54
水产局	2	9	9
财政局	18	76	66
民政局	5	16	15
国土局	11	43	48

续表 28－1－4

机构名称	机构数	定编数	在编数
科技局	3	9	6
教育局	35	1312	1430
文广局	5	63	59
卫生局	20	682	561
司法局	2	7	4
人劳局	6	55	61
粮食局	2	5	5
总工会	2	5	15
建设局	9	68	69
经贸委	4	12	13
交通局	3	13	20
民营局	2	11	11
环保局	3	11	10
计生委	2	16	16
科协	1	3	0
残联	1	3	3
老干局	1	6	3
安监局	1	6	5
统计局	1	3	3
房管局	1	10	23
体育局	1	3	4
商务局	1	3	2
公共资源交易中心	1	3	1
集贸市场管理中心	1	7	14
园艺场、向阳山经济林场	1	8	18
建材公司	1	1	2
彭山林场	1	12	22
供销社	1	20	25

2008 年德安县乡镇事业单位人员编制一览表

表 28－1－5　　单位：人

乡镇	小计		农业服务中心		文化站		计生所		民保所	
	事业编制	实有人数	事业编制	在编人数	事业编制	在编人数	事业编制	在编人数	事业编制	在编人数
蒲亭镇	23	19	11	9	3	2	3	3	3	2
丰林镇	25	18	16	11	2	1	4	3	3	3
聂桥镇	23	17	14	11	2	1	3	1	3	1
车桥镇	18	11	10	8	2	1	3	1	3	1

续表 28－1－5

乡镇	小计		农业服务中心		文化站		计生所		民保所	
	事业编制	实有人数	事业编制	在编人数	事业编制	在编人数	事业编制	在编人数	事业编制	在编人数
宝塔乡	21	15	13	9	2	1	3	3	3	2
河东乡	17	12	8	6	3	2	3	2	3	2
高塘乡	16	11	8	5	2	1	3	3	3	2
林泉乡	16	8	8	4	2	1	3	1	3	1
磨溪乡	17	8	9	5	2		3	3	3	
爱民乡	15	8	8	5	2		2	2	3	1
邹桥乡	18	11	10	7	2	1	3	2	3	1
塘山乡	14	8	7	5	2	1	2	1	3	1
吴山乡	21	14	12	8	3	3	3	2	3	1

事业单位设置和级别管理

1986 年始,副科级以下事业单位新设、更名、撤并均由县编委统一审批,并确定其机构名称、性质、工作职能、管理体制、经费来源和人员编制;副科级以上事业单位设立和调整由县编委研究,经县委常委会同意后,报市编委审批。2008 年,有正科级事业单位 22 个,副科级事业单位 47 个,其中参照公务员法管理单位 22 个。

2008 年德安县正科级事业单位一览表

表 28－1－6　　　　单位:人

单位名称	定编数	在编数	主管部门	其他
县委党校	20	17		参公
工业园管委会	18	14		参公
行政服务中心	5	5		参公
房管局	9	18		参公
商务局(招商引资局)	13	10		参公
档案局(档案馆)	7	7		参公
科技局	8	12		参公
粮食局	20	22		参公
商管办	9	10		参公
公共资源交易办	2	2	挂靠监察局	
信息办	5	4	归口政府办	
农业开发办	5	4	农工部	参公
扶贫办(老建办)	3	4	民政局	参公
教师进修学校	10	9	教育局	
第一中学	240	233	教育局	
第二中学	175	167	教育局	

续表 28－1－6

单位名称	定编数	在编数	主管部门	其他
人民医院	260	247	卫生局	
中医院	125	109	卫生局	
公有资产管理办	5	9	经贸委	参公
园艺场	8	18		
彭山林场	12	22		
供销社	20	25		参公

第三节 事业单位登记管理

1997 年，启动事业单位登记管理工作。1998 年 11 月，首次对注册登记单位年检，对新设符合法人条件的单位予以设立登记，对不符合条件的法人单位予以注销；开展全国统一的事业单位换证登记。2002 年 9 月，设立事业单位登记管理局，负责全县事业单位法人登记及年检工作。是年，符合年检登记条件的事业单位 152 个，办理年度检验 152 件，事业单位网上年检率 100%。2008 年，符合年检登记条件的事业单位 165 个，办理年度检验 165 件、变更登记 28 件、设立登记 7 件、注销合并 4 件，事业单位网上年检率 100%。

第二章 人事管理

第一节 干部管理

干部队伍

1985 年，有干部 2579 人。其中行政干部 687 人，事业干部 1892 人；女干部 663 人；中共党员 862 人；初中文化程度 289 人，中专及高中文化程度 943 人，大专以上学历 1347 人。1998 年，有干部 3220 人。其中行政干部 863 人，事业干部 2357 人；女干部 969 人；中共党员 1256 人；初中文化程度 138 人，中专及高中文化程度 1194 人，大专以上学历 1888 人。2008 年，有干部 3917 人。其中行政干部 1232 人，事业干部 2685 人；女干部 1082 人；中共党员 1554 人；初中文化程度 110 人，中专及高中文化程度 926 人，大专以上学历 2881 人。

干部调配

1985 年，由县委组织部和劳动人事局分级管理。劳动人事局负责党群、人大、政协、政法、乡镇系统外一般干部的工作调动，包括跨县调动、县内各系统间调动。1985～1991 年，县内调出人员多于调入人员，之后调入和调出基本平衡。进出人员最多年份为 1992 年，有 17 人。至 2008 年，共调进 131 人，调出 159 人。

干部培训

干部培训主要由县委党校承担。1985 年，县委党校开办中专脱产教育班，招收学员 33 人。1987 年，中央党校函授大专和本科教育在德安设立辅导站。次年，面向全县招收大专班学员 110 人。1997 年，组织公务员过渡培训 889 人。2000 年，组织公务员培训 216 人。2002 年，举办加入世贸组织 WTO

培训,参训916人。2005～2008年,以公共管理硕士MBA课程为主要教材,组织各单位公务员参训,共4065人次。期间组织专业技术人员继续教育培训2507人次;开办中央党校函授班19期,培训党政、经管、法律专业学员1522人;开办中专财会班,参学108人;开办江西农大函授班,参学87人。此外,根据县委要求,每年开办科级干部、后备干部培训班。

干部考核

干部考核由组织部门和人事部门共同负责。1994年起,根据《国家公务员考核暂行规定》,对党政群机关工作人员进行平时考核和年度考核。考核方法和程序为:单位成立考核小组,个人总结,主管领导提出考核意见,小组审核,部门负责人确定考核等次,分别报县委组织部、县人事部门备案,考核结果以书面形式通知被考核人。考核内容包括德、能、勤、绩四个方面,考核分优秀、称职、不称职三个等次,其中优秀比例控制在10%以内,最多不超过15%。事业单位工作人员考核参照行政单位方法。1995年,全县参加考核3015人。1996年,实行《事业单位工作人员考核暂行规定》。2007年,参加考核单位89个4245人,确定优秀549人。2008年,全县参加考核单位133个5054人,确定优秀641人。

干部奖惩

由县委组织部和人事部门共同办理。1996年,表彰先进个人22人。2003年,推荐1人为省"人民满意的公务员"。2006年,表彰31人。2008年,表彰85人。至2008年,党纪处分722人、政纪处分133人。其中,违反计划生育调减工资50人,工作失责撤销职务并调减工资324人,追究法律责任、开除公职57人。

人事档案管理

1985年,县委组织部负责管理全县科级干部及党群、人大、政协、政法系统、乡镇机关干部档案,教育、卫生系统人员档案分别由本系统自行管理,劳动人事局管理全县行政、事业单位、政法系统副科级以下干部和工勤人员,国有、集体企业职工及退休人员档案。县劳动人事局建有档案室,配备专职档案管理人员。2008年,管理档案14691份,其中行政、事业单位人员档案1503份(在职人员866份,退休人员637份);国有、集体企业人员档案13188份(未退休人员10051份,退休人员3137份)。

第二节 专业技术职称评聘

事业单位技术职称评聘

1985年,职称评聘工作由县科学技术委员会负责。1990年,划归县劳动人事局。同年,制定《德安县事业单位专业技术人员晋升高中级专业技术职务(职称)办法》。1991年,有专业技术职称597人,其中高级5人、中级124人、初级468人。2003年,按照"个人自由申报,社会公正评价,单位自主聘任,政府宏观控制"原则,实行评聘分开,专业技术人员申报职称不再受单位专业技术岗位数额限制。同年起,县城中小学、幼儿园教师申报中、高级职称必须参加外语考试,乡镇中小学教师免试。对申报对象工作质量和职业道德进行评估,每年须完成继续教育规定学时,作为晋升、续聘、考核的必备条件。2004年起,县城中小学从事外语类教学申报高级专业技术资格须参加A级外语考试,申报中级技术资格须参加B级外语考试,乡镇以下中小学教师免试。至2008年,全县有教育、医卫、经济、财会、农林等类别技术职称8750人,其中高级639人、中级2855人、初级5256人。

1991～2008年德安县各类专业职称资格认定一览表

表28－2－1　　单位:人

年度	高级职称	中级职称	初级职称
1991	5	124	468

续表 28－2－1

年度	高级职称	中级职称	初级职称
1992	7	117	452
1993	8	136	472
1994	4	125	456
1995	3	139	549
1996	11	179	450
1997	19	475	372
1998	26	170	265
1999	20	206	501
2000	55	295	352
2001	85	254	264
2002	30	122	152
2003	61	145	221
2004	71	141	53
2005	58	126	119
2006	74	153	55
2007	54	86	28
2008	48	62	27

企业职工技术职称评定

1987 年,成立企业职称改革领导小组,在国营和集体工业企业开展职称评聘。至 1993 年,共评定企业职工技术职称 280 人,其中高级 16 人、中级 148 人、初级 116 人。

政工人员职称评定

1990 年,根据《江西省委宣传部关于企业政治思想工作人员职称评定的通知》要求,成立企业思想政治工作人员专业职称评定工作领导小组,开展企业政工专业职称评定工作。至 2008 年,评定企业政工技术职称 114 人,其中高级 4 人、中级 40 人、初级 70 人。

农民技术人员职称评定

2000 年,全县开展农民技术职称评定工作,由农业局负责。至 2008 年,评定农技、农经、畜牧和水产专业农民技术职称 563 人,其中高级 2 人、中级 3 人、初级 558 人。

第三节 人才交流

1995 年,成立县人才交流中心,服务范围为提供人才资源开发和管理服务、促进人才合理流动和配置、管理流动人员人事档案、大中专毕业生存放档案、举办人才招聘会、提供人事代理和中介服务、办理职称评定、档案工资调整、人事调动、合同鉴证等。1999 年,面向社会考录公务员,当年录用 5 人。2005 年 6 月,为港丰实业有限公司引进奥地利畜牧专家,解决“仔母猪免疫保健”技术难题。至 2008 年,人事档案代理 510 份,公务员考录 155 人,事业单位招聘大中专毕业生 154 人,引进国外专家 5 人次,录用“三支一扶”人员 94 人,安置军转干部 24 人。

第三章　劳动管理

第一节　用工制度

1985年,县国营、集体企业用工实行计划统招统分制度。1986年,全国改革劳动制度,国有企业在劳动工资计划指标内招用常年性生产、工作岗位工人,实行劳动合同制,废止子女顶替和单位内部招收子女办法。1992年,对企业用工、工资分配、社会保险等制度进行改革,全面推行劳动合同制,就业形式有分配就业、自谋职业、安排就业、介绍就业、劳务输出等。1997年,工人身份由固定工改为合同制工,县属企业职工10381人转为合同制。企业自行制定招工简章、决定招工时间、条件、方式和数额。县内相同所有制企业之间职工调动由双方企业直接办理手续,对富余人员可采取发展第三产业、厂内转岗培训、提前离岗休养或其他方式安置,企业可以依照法律法规和有关规章制度解除劳动合同、辞退或开除职工。根据生产需要招收的短期临时工、季节工统一到县就业部门进行登记。事业单位按照《事业单位管理条例》规定,实行逢进必考,由县人力资源市场负责实施。2002年起,企业改制。根据改制相关政策,男职工55周岁、女职工45周岁以上或工龄满30年以上人员由企业发放基本生活费和缴纳保险金至退休,进行身份置换,解除劳动关系。

第二节　就业服务

服务机构

1990年6月,县劳动服务公司更名县劳动就业管理局,副科级事业单位,隶属县劳动人事局,内设人秘股、失业保险股、就业培训中心、职业介绍所(后更名人力资源服务中心)、小额贷款信用担保中心,负责劳动就业政策执行、职业介绍和职业技能培训、小额贷款审核、失业保险等工作。1995年,各乡镇设立劳动服务管理站。

就业培训

1985～1990年,培训城镇待业青年3877人次。1991年11月,成立县就业培训中心。1991～2004年,培训城镇待(失)业青年、农村富余劳动力及失业人员19138人次。县内技能培训,除企事业单位自行组织、社会力量开办电脑操作和汽车驾驶等培训外,均由县劳动就业局组织进行。同时,结合劳务输出将培训人员送往沿海地区务工。2005～2008年,县劳动就业局共开办各类技能培训班和创业培训班128期,受训10120人,涉及服装制作、食品加工等15个行业和工艺。至2008年,培训37160人次,其中下岗人员重新上岗培训15277人,参加培训人员95%得以就业。

2007年劳动就业局帮扶企业技能培训一览表

表28－3－1

参训企业	培训专业	培训时间	培训人数
丰林医材有限公司	医用敷料	2007.1	97
绎新服饰有限公司	服装制作	2007.3	137
义门陈针织有限公司	扎染	2007.3	106
欣宁制衣有限公司	服装制作	2007.3	94

续表 28－3－1

参训企业	培训专业	培训时间	培训人数
山立首饰厂	珠宝工艺	2007.3	133
荣顺汽车装潢	汽车装潢	2007.3	40
明珠职业中学	电子	2007.3～6	100
上好佳食品有限公司	食品加工	2007.4	66
义门陈针织有限公司	扎染	2007.4	152
华丰纺织有限公司	纺织	2007.4	95
达晟纺织有限公司	纺织	2007.6	200
鑫城纺织有限公司	纺织	2007.6	149
开心人大药房	销售	2007.7	18
利众针织厂	针织	2007.8	102
东樽服装厂	服装制作	2007.8	42
凤翔制衣厂	服装制作	2007.8	44
远兴汽修厂	汽车修理	2007.8～9	12
丰源制衣厂	服装制作	2007.9	23
凤翔制衣厂	服装制作	2007.10	47
蓝天鹅制衣厂	服装制作	2007.11	91
东城制衣厂	服装制作	2007.12	60
鸿立食品有限公司	食品加工	2007.12	137
春蕾服装厂	服装制作	2007.12	17

就业安置

1985 年后，鼓励和扶持国有、集体企业创办劳动服务公司，安排城镇待业青年和职工家属就业。1990 年后，县职业介绍所负责社会用工求职登记，开展就业指导，提供劳动力供需信息，定期举办劳动用工洽谈会。至 1994 年，劳动服务企业安置城镇待业青年和职工家属 729 人。1995～1999 年，向县外输出劳力 4000 余人次。2000 年起，县加大招商引资力度，民营企业发展迅速，劳务输出转为劳务输入，以满足县内企业用工需求。建立职业介绍、劳动保障、就业训练三位一体就业服务网，为城镇失业人员和农村富余劳力提供免费职业介绍、技能培训、就业援助、政策咨询、劳动保障事务代理服务，拓宽劳动就业和企业选人用人渠道。2004 年起，每年举办 2 次招聘会，缓解企业用工需求。2008 年，各乡镇劳动服务管理站更名劳动保障所，增设宝塔工业园劳动保障所。至 2008 年，办理职业介绍登记 13118 人，其中免费就业介绍 1295 人（“40、50”人员 379 人、零就业家庭 5 人），再就业 11823 人。

1985～2008 年德安县就业服务一览表

表 28－3－2　　　　单位：人

年份	求职	培训人数			劳动服务企业安置	职业介绍	清理计划外用工
		城镇待业青年	农村富余劳动力	下岗失业人员			
1985	311	582			63	256	11

续表28－3－2

年份	求职	培训人数			劳动服务企业安置	职业介绍	清理计划外用工
		城镇待业青年	农村富余劳动力	下岗失业人员			
1986	329	630			72	287	19
1987	310	645			70	241	24
1988	322	668			91	219	17
1989	355	672			84	255	15
1990	347	680			116	247	17
1991	403	717			102	198	12
1992	591	750			72	426	9
1993	1385	780			49	1053	
1994	1211	815			7	924	
1995	1007	970			3	633	
1996	775	1030				595	
1997	724	918				578	
1998	712	720		850		469	
1999	742	316		875		471	
2000	851	590		905		499	
2001	809	515		1120		524	
2002	976	410		1200		633	
2003	924	308	960	1420		584	
2004	1109	325	1126	1518		649	
2005	1113	290	1227	1670		683	
2006	1297	278	1430	1720		759	
2007	1302	256	1518	1625		801	
2008	1351	247	1510	2374		911	

第三节　劳务输出

1985年后,陆续有农村富余劳动力和城镇待业青年外出务工。1992年,县劳动部门开始组织劳务输出,在珠江三角洲地区选择生产和生活条件较好的大中型电子和鞋类企业作为劳务输出基地。至1997年,向广东省东莞市兴昂国际鞋业有限公司输出劳务人员2000余人次。2001年,全县通过劳务输出实现异地就业13340人,其中劳动部门组织输出1870人。2002年,劳务输出实现异地就业17300人,其中劳动部门组织输出2550人。2008年,劳务输出实现异地就业24200人,其中劳动部门组织输出3130人。

第四节　劳动保护

工作时间

1985年后,企业实行每日8小时、每周48小时工作制。1994年3月起,实行每日工作8小时、平均每周工作时间44小时工作制。1995年5月起,实行双休日制度,每周工作40小时,企业因工作性质或生产特点，可灵活安排周休日，部分企业实行综合计时工作制。同年，贯彻实施《中华人民共和国劳动法》，对企业职工加班工时作出明确规定，每日不得超过1小时、特殊情况最长不得超过3小时，每月不得超过36小时。

女职工保护

对从事高空、野外流动和井下作业的女职工，经期给予公假1天，不安排从事国家规定的第三级体力劳动强度的劳动。对怀孕女职工，予以减轻劳动量或安排其他劳动，怀孕满7个月的女职工不安排上夜班；在劳动时间内，安排一定的休息时间；不得延长工作时间，禁止加班加点。产假及哺乳期保护执行国家有关规定。经县以上医疗机构确诊患有更年期综合征的女职工，可暂时调做其他适当工作或减轻工作量。女职工每2～3年进行一次妇科检查，建立健康档案。1996～2008年，各基层工会在女职工中开展互助保险，参保1200人。

禁止使用童工和未成年人劳动保护

根据国务院《禁止使用童工规定》和《中华人民共和国未成年人保护法》，县劳动部门每年开展专项执法检查，对年满16周岁未满18周岁的未成年人用工按要求实行备案登记审批，督促企业执行未成年人在工种、劳动时间和劳动强度等方面保护措施。至2008年，共查处非法使用童工案件4起。

第五节　劳动监察与仲裁

劳动监察

1994年，设立县劳动监察队。1995年，开展《中华人民共和国劳动法》等法律法规宣传活动，发放宣传材料2万余份，指导和督促用人单位和劳动者依法签订劳动合同。1999年1月，《社会保险费征缴暂行条例》《失业保险条例》发布实行，劳动监察范围从劳动关系领域扩大到社会保险领域。2005年，对农民工工资支付情况进行检查。2006年，更名县劳动监察大队，建立健全追讨欠薪工作机制，保障农民工合法权益。2008年，劳动监察大队巡查企业85家，对30家企业下达整改通知书；追讨拖欠农民工工资82万元，涉及农民工350人次。至2008年，开办用工单位法人和人事经理劳动用工法规培训班8期，参训978人次，处理农民工投诉案件576起，追讨拖欠农民工工资956.7万元。

劳动仲裁

1987年，成立县劳动争议仲裁委员会，开展争议调解仲裁工作。随后，企业相继设立劳动争议调解组织。按照劳动争议处理工作"三方机制"原则，县劳动部门会同县总工会、县经贸委共同办案。至2006年，受理劳动争议案件30起，以工伤争议居多。2007年，受理韦某诉江西三环水泥有限公司工伤争议案，依法裁决该公司一次性支付韦某工伤赔偿29104元。2008年5月1日，《中华人民共和国劳动争议调解仲裁法》实施，全年共接待劳动争议咨询100余人次，受理劳动争议案件43起。至2008年，共受理劳动争议案件526起，其中撤诉22起，调解288起，依法裁决216起。

第四章　工资福利

第一节　行政事业单位工资福利

工　资

工资制度　1985年，行政机关、事业单位实行以职务工资为主的结构工资制度。1993年10月起，行政机关实行职级工资制,由职务、级别、基础、工龄工资组成;事业单位管理人员实行职员工资制,专业技术人员实行专业技术职务工资制;工勤人员中的技术工人实行技术等级工资制,普通工人实行等级工资制。2006年7月起,按照公务员制度管理和参照公务员制度管理的单位实行职级工资制,公务员工资由职务、级别工资和津贴补贴组成。事业单位实行岗位绩效工资制,由岗位、薪级、绩效工资和津贴补贴组成。

工资调整 1986年,对1966年底前参加工作、原行政十九级以下人员提高工资一级。1987年,对同年9月底前担任正科级行政职务,月工资为105、97、89元,且1985年工改后增资不满3个级差的人员,提高工资一级;乡镇副科级以上以工代干人员,任职期间工资待遇按国家干部同等职务执行。1987年10月、1988年10月,对中小学教师和幼儿园教师、护士工资标准(基础、职务工资之和)提高10%。1988年,对已受聘专业技术职务人员,月工资为113、97、89元,1985年工改后增资不满3个级差的人员,提高工资一级。1990年,对离、退休人员先提高待遇,再按普调有关规定,相应增加离、退休费;对9月30日在编在职、任职时间长、工资偏低、工作积极的干部职工,按正式职工总数5%比例使用机动指标增资。1993年10月,全县有行政机关、事业单位在职干部5123人,其中行政机关1709人,事业单位3414人,人均月增资305元;离退休人员1571人,其中行政机关657人,事业单位914人,人均月增资287元。行政机关、事业单位年度考核称职(合格)以上人员的职务工资,每2年晋档一次、每5年晋升一个级别。1993～2005年,办理调整工资标准5次、工资晋档6次。

2006年7月,根据国务院《关于改革公务员工资制度的通知》和人事部、财政部《关于印发事业单位工作人员收入分配制度改革方案的通知》精神,对干部工资进行套改。全县有行政机关、事业单位在职干部4933人,其中行政机关1373人,事业单位3560人,人均月增资324元;离退休人员1499人,其中行政机关528人,事业单位971人,人均月增资264元。公务员年度考核累积5年称职及以上的人员,从次年1月1日起,将所任职务对应工资级别晋升一级,年度考核累计2年称职及以上的人员,从次年1月1日起,将所任级别对应工资级别晋升一档;事业单位工作人员年度考核为合格及以上等次的人员,每年增加薪级工资一级。2008年,行政机关、事业单位在职干部4798人,其中行政机关1211人,事业单位3587人,年人均工资19990元;离退休人员1597人,其中行政机关566人,事业单位1031人,年人均离退休费18374元。

奖励工资 1985年后,各单位根据财务状况,对在编干部职工年终发放一定数量的福利补贴。1994年起,年终对行政机关、事业单位在职干部职工进行年度考核,考核为称职(合格)以上人员发放标准为本人当年12月份基本工资的奖金;考核为基本称职(基本合格)以下人员不予发放。每年6月30日前退休人员,享受半额奖金;7月1日后退休人员,享受全额奖金,标准为退休前一个月基本工资。对6月30日前从企业调入和新录用人员考核称职(合格)以上者,享受全额奖金;7月1日后调入和新录用的,享受半额奖金。奖金来源主要由财政拨付,部分由单位自行负担。执行期间,少数单位限于支付能力,仅发放财政拨付部分。

工资发放

1985～2003年8月,工资由财政拨付各单位自行发放。2003年9月后,全额拨款行政机关、事业单位,每月上旬到县人事、财政部门申报审核,由财政部门划入个人银行账户,实行财政统发。

津贴补贴

1994年1月,对1993年工改的行政机关、事业单位在职人员保留津贴25元、生活补贴15元、粮食补贴8元。1995年起,行政机关、事业单位人员(含离退休)每月增加补贴:正、副县(处)级人员35元,科级以下人员(含工人)30元。2005年1月起,行政机关、事业单位人员(含离退休)每月增加生活补贴100元。2006年1月起,每月增加补贴50元。2007年1月起,调整为70元。至2008年9月,由财政支付的行政机关、事业单位人员津贴为在职人员每月298元、1993年10月后的退休人员每月283元。2008年10月起,规范公务员津贴补贴,在职及离休人员年均12000元,退休人员按在职人员80%发给,不同职务分若干个标准执行。

福　利

年休假　1986年，根据中共中央、国务院《关于职工休假问题的通知》规定，凡参加工作5年以上的正式职工，均享受年休假待遇。参加工作5~15年人员，每年休假7天（不含假期内星期日和法定节假日）；15~25年人员，每年休假10天；25年以上人员，每年休假14天。假期不能跨年度使用。职工休假期间，本人工资照发，福利待遇不变。当年事假累计超过20天或病假累计超过30天，不再享受年休假；如休假后病、事假超过上述规定的，下年度不再享受年休假待遇。

婚假　1985年起，根据《中华人民共和国婚姻法》《江西省人口与计划生育条例》规定，男22周岁，女20周岁结婚，可享受3天婚假。符合晚婚年龄（男25周岁，女23周岁），增至15天。假期工资和奖金照发，福利待遇不变。

产假　1988年，女职工生育假期为90天，其中产前休假15天；难产的增加产假15天；多胞生育的，每多生育1个婴儿增加产假15天。男方可享受7天护理假，假期工资照发。女职工晚育的（已婚女子24周岁以上生育第一胎）除享受国家规定假期外，增假30天，男方护理假增加到10天。

哺乳期待遇　1988年，对哺乳未满1周岁婴儿的女职工，用人单位不得延长劳动时间或安排夜班劳动。用人单位应在每天劳动时间内为哺乳期女职工安排2次、每次半小时哺乳时间；女职工生育多胎的，每多哺乳1个婴儿每天增加1小时哺乳时间。

探亲假　1985年，根据国务院《关于职工探亲假待遇的规定》，已婚职工探望配偶者假期30天，探望父母者4年给假1次，假期20天；未婚职工探望父母者每年假期20天，若2年探亲1次，给假45天。探亲假和路程假内工资照发；已婚职工探望父母者往返路费在本人月工资30%以内的由本人自理，超过部分由单位负担。

病假　根据《国家机关工作人员病假期间生活待遇的规定》，工作人员病假在2个月以内的，工资照发。第三个月起，工作年限不满10年的发给原工资90%；工作年限满10年的工资照发。第七个月起，工作年限不满10年的发给原工资70%；工作年限满10年以上的发给原工资80%。病假期间，可继续享受所在单位生活福利待遇。

丧假　职工直系亲属（父母、配偶、子女）及岳父母或公婆死亡后，可请假料理丧事。根据具体情况，经批准，酌情给予1~3天丧假。去外地料理丧事，可根据路程远近，另给路程假。期间工资照发，交通费自理。

遗属生活困难补助　1986年，行政事业单位已故工作人员遗属生活困难补助标准：商品粮户口的每月提高至23~28元，非商品粮的每月提高至16~21元。已故第一、第二次国内革命战争时期参加工作的老红军、老干部配偶，无固定收入者每人每月补助50元；配偶有固定收入者在扣除本人必要的68元生活费后，所余部分作为遗属补助，不足部分按标准补足。2000年，在行政机关、事业单位的抗日战争、解放战争时期参加工作的老干部去世后，其无固定收入的配偶生活困难补助标准由每月100元、90元分别提高到175元、160元。行政机关、事业单位工作人员因公、病死亡后，其无固定收入的遗属生活困难补助标准调整为：城镇户口因公死亡的由75元提高到135元，因病死亡的由65元提高到115元；农村户口因公死亡的由60元提高到110元，因病死亡的由55元提高到100元。2005年4月，提高行政事业单位遗属生活补助标准：1937年7月6日抗日战争以前参加革命工作的老干部去世后，其无固定收入的配偶320元/月·人；抗日战争、解放战争时期参加工作的老干部去世后，其无固定收入的配偶255元/月·人。因公因病死亡后其无固定收入的遗属生活困难补助标准为：因公死亡的为180元/月·人，因病死亡的为170元/月·人。国有企业离休干部去世后，其无固定收入的遗属生活补助标准参照上述标准执行。至2008年，全县享受遗属生活困难补助189人。

一次性抚恤金　1986年，行政事业单位工作人员因公牺牲、病故的一次性抚恤金发放标准为：因公牺牲的20个月工资，病故的10个月工资，最高不超过3000元。1993年，在职工作人员死亡一次性抚恤金发放标准为：革命烈士40个月工资，因公死亡的20个月工资，病故的10个月工资，取消一次性抚恤金最高不超过3000元的规定。2006年7月1日后,行政机关、事业单位工作人员(含离退休)死亡一次性抚恤金发放标准为:革命烈士80个月工资,因公死亡的40个月工资,病故的20个月工资。

丧葬费 1997年1月,根据《关于调整机关、事业单位工作人员逝世后丧葬费标准的通知》规定:装殓(即服装、整容、遗体存放、运送遗体、骨灰盒、骨灰存放等)费用,本着丧事从简原则,不分职务级别由240元调整到1600元,包干使用。

第二节 企业单位工资福利

工 资

1985年,企业职工工资实行等级工资制。1989年,国有县属企业推行工资与经济效益挂钩,由市财政和劳动部门对企业核定经济效益,按照企业效益情况下达指标。1992年,在保留职工档案工资同时,自行制定岗位、计件、效益、奖励和技能工资标准。同年,开始推行企业内部“三项制度”改革。企业把全体职工固定工资和奖金、各种津贴等捆在一起,与职工的贡献大小挂钩,浮动分配,合理拉开收入差距。工资分配向生产第一线、艰苦岗位、关键岗位和技术复杂要求高的岗位倾斜,实行工效挂钩;在不突破工资总额前提下,企业自定工资分配形式,推行以岗位技能工资为主要形式的基本工资制。集体企业职工工资参照国有企业方式实行。2001年,企业普遍推行经济体制改革,由经营者决定职工工资方式和标准,劳动部门按不低于最低工资标准督促检查。2002年,县属企业开始全面改制,职工劳动关系随之解除,工资档案仍保留在劳动局。至2008年,企业共进行3次调资和工资改革,分别为1986年、1993年和1999年。私营企业、外资企业员工工资按照市场经济、劳动力市场供求关系,在不低于最低工资标准的基础上,由企业按工种自行确定发放标准,工资标准为2005年以前在500～1000元、2008年以前在800～1500元之间。

最低工资标准

1995～1997年为150元/月,1998～2000年为200元/月,2001～2004年为230元/月,2005～2006年为330元/月,2007为450元/月,2008年1月1日起为480元/月。

津贴补贴

高温补贴 每年7月1日至9月30日为高温季节,企业单位职工享受高温补贴。1987年调整高温补贴标准,按作业环境和工作岗位分甲、乙、丙等,每人每天分别补助0.6、0.4、0.2元。2000年,再次调整,分四级,每人每天分别补助1.15元、1.30元、1.75元、1.90元,其他职工每人每天0.6元。

特殊岗位津贴 对纺织、矿井、环卫、公路养护、林业生产一线及从事废旧物资回收、高空作业等人员给予特殊岗位津贴。1986年,纺织工、矿工0.6～1.2元/天·人。1987年,废品回收岗位0.3～0.8元/天·人。1997年,城市下水道工、环卫工3～7元/天·人,公路养护岗位1.5～3元/天·人。1998年,高空作业岗位1～4元/天·人。

生活补贴 1986～1999年11月,国有企业职工每月粮价补贴8元,肉价补贴6元,煤电补贴6元,洗理费8元,交通费5元,书报费8元。

福 利

企业职工探亲假、婚假、产假、丧假待遇与机关事业单位工作人员相同。

1987年,企业职工非因工死亡,丧葬费300元,其供养的直系亲属定期困难补助为城镇户口每人每月20元、农村户口每人每月15元。1994年,丧葬费调整为600元,困难补助分别调整为100元、90元。2001年7月,丧葬费调整为上年度当地职工10个月平均工资,困难补助分别调整为160元、150元。

第三节　机关事业单位离退休费

1986年起,退休费标准按1986年《江西省人民政府关于我省退休人员若干问题暂行规定》执行。1993年10月起,根据国务院办公厅《关于印发机关、事业单位工资制度改革三个实施方案办法的通知》和省人事厅《关于实施机关、事业单位工资制度改革中有关问题的处理意见》规定,实行职级工资制度人员,基础工资和工龄工资全额照发,职务工资和级别工资按本人原标准的一定比例计发,警衔津贴按比例计发。事业单位退休人员的退休费按本人职务(技术等级、等级工资)和津贴部分两项之和的一定比例计发。教师、护士退休费扣除15元保留奖金和岗位津贴,其他照发;教、护龄津贴全额发给,教师、护士提高10%工资按比例计发。2006年7月,根据《江西省机关事业单位离退休人员计发离退休费等问题的实施意见》要求,离休按本人离休前职务工资和级别工资之和或岗位工资和薪级工资之和全额计发,退休和退职人员按退休退职前工资一定比例计发。2008年,全县机关事业单位离退休1597人,其中离休37人、退休1560人。

1986~1993年9月德安县退休费计发标准一览表

表28-4-1　　单位:年、%

参加工作时间	1949年9月前	1949年10月~1952年底					1953年以后				
工作年限	>10	>30	25~30	20~25	15~20	10~15	>30	25~30	20~25	15~20	10~15
退休费比例	100	95	85	75	70	60	85	80	75	70	60

1993年10月至2006年6月德安县退休费计发标准一览表

表28-4-2　　单位:%

分类	35年以上	30~35年	20~30年	10~20年	10年以下退职
机关行政人员计发比例	88	82	75	60	40
事业单位人员计发比例	90	85	80	70	50

2006年7月后德安县退休费计发标准一览表

表28-4-3　　单位:%

分类	工作年限	机关公务员	机关工人	事业单位工作人员
退休人员计发比例	35年以上	90	90	90
	30~35年	85	85	85
	20~30年	80	80	80
	10~20年	70	70	70
	10年以下	50		
退职人员计发比例	20年以上		70	70
	10~20年		60	60
	10年以下		50	50

第五章　社会保障

第一节　基本养老保险

1987年10月,成立社会保险所,当年参保8593人。国有企业实行退休费用社会统筹,按以支定收、略有结余原则收取退休养老基金。企业缴纳退休费统筹基金比例为全县固定职工退休费统筹费用总额占全县在职固定职工基本工资总额的百分比。1990年,社会保险所更名社会保险事业管理局。实行国营、大集体企业退休费用社会统筹,统筹基金比例为参加统筹人员月工资总额与退休费总额之和21%。1995年,统筹制改为统账结合制,缴纳养老保险比例为职工工资总额23%,其中个人缴纳3%,当年参保12453人。2001年起,缴费比例按市职工平均工资逐年上调。2006年,缴纳养老保险比例为职工工资总额28%,其中个人缴纳8%。2008年,参保20140人,收缴3828万元。

1987～2008年德安县企业职工养老保险一览表

表28－5－1　　　　单位:人、万元

年度	参保人数	退休人数	基金收缴	基金支付
1987	8593	1980	63.72	29.36
1988	9567	2234	270.00	205.00
1989	11212	2580	311.49	296.98
1990	11278	2508	426.95	355.44
1991	11600	2536	462.32	372.28
1992	11980	2645	498.81	394.94
1993	12650	2710	610.56	568.95
1994	12359	2720	750.29	673.69
1995	12453	2774	798.33	910.84
1996	12501	2788	933.50	1005.65
1997	11918	3147	652.18	661.88
1998	12331	3155	719.56	974.24
1999	12416	3345	1038.00	1294.06
2000	13088	3586	1004.00	1562.00
2001	14468	3836	992.00	1676.00
2002	11049	4160	1087.00	2216.00
2003	10841	4398	1059.00	2200.00
2004	11031	4680	1135.00	2260.00
2005	11426	4741	1340.00	2901.00
2006	11980	5100	1799.00	3664.00
2007	15192	5596	2611.00	4560.00
2008	20140	5930	3828.00	5924.00

第二节　基本医疗保险

行政事业单位职工医疗保险

1985～1994年，县卫生局设有公费医疗管理办公室。行政事业单位干部职工实行公费医疗报销制度，发生大病医疗费用，由单位出具证明向公费医疗管理办公室申请，按比例报销。1994年12月，德安被列为全国“两江”（江苏镇江、江西九江）医疗保险制度改革试点县。1995年1月，撤销县公费医疗管理办公室，成立县行政事业单位职工医疗保险管理局，建立以社会统筹医疗基金和职工个人医疗账户相结合的职工医疗保险制度，并逐步调整完善。医保缴费标准为职工年工资总额8%，其中个人缴纳本人年工资总额2%，单位缴纳2%（自收自支单位6%），财政负担4%，离退休人员个人不缴费。同年参保5317人，基金收缴240.42万元。参保职工住院医疗费用报销遵循医保药品目录、诊疗项目目录和医疗服务设施目录“三个目录”规定。住院医疗费用一个医保年度报销封顶额7万元，分两个部分：第一部分为基本医疗保险（2万元以内），报销比例为5000以内，在职人员报销75%、个人负担25%，退休人员报销88%、个人负担12%；5000～10000元，在职人员报销85%、个人负担15%，退休人员报销90%、个人负担10%；10000～20000元，在职人员报销90%、个人负担10%，退休人员报销95%，个人负担5%。第二部分为大病统筹保险（5万元），报销比例不分在职和退休，2万元内报销80%、个人负担20%，20000～50000元报销85%、个人负担15%。2008年，全县医保参保6875人，缴费573万元。

企业职工医疗保险

1985年后，企业职工医疗费用由单位自行解决。1995年起，实施企业职工医疗保险。1998年，根据国务院《关于建立城镇职工基本医疗保险制度的决定》，缴费基数为职工实际年工资总额，缴费比例为单位6%、个人2%，不得高于市平均工资300%，不得低于市平均工资60%，每年7月1日调整缴费基数。2001年，制定职工大病统筹保险，每人每月缴纳5元、每年60元，其中个人每月缴纳2元、用人单位每月缴纳3元。参保人员住院医疗费用2万元以上5万元以下由大病统筹支付85%，个人负担15%。

1995～2008年德安县企业职工医疗保险一览表

表28－5－2　　　　单位：人、万元

年度	参保人数	退休人数	基金收缴	基金支付
1995	12571	2682	275.50	227.21
1996	12820	2635	471.81	365.32
1997	11699	2711	283.85	290.27
1998	10562	2855	315.72	275.07
1999	11193	3110	383.93	346.68
2000	11454	3127	167.37	138.26
2001	11002	3308	131.05	102.19
2002	9829	3510	235.68	194.40
2003	12043	3554	403.54	325.95
2004	7551	3597	413.12	384.03
2005	6984	3645	494.05	381.80
2006	7373	3910	525.72	673.84
2007	9124	4144	524.64	260.89
2008	9647	4226	637.57	733.79

城镇居民医疗保险

2007年6月,实行城镇居民基本医疗保险。筹资标准为成年人每人每年320元、未成年人250元,其中各级财政补助200元,个人缴费标准成年人每人每年120元、未成年人50元,享受城镇低保人员个人不缴费。1个医保年度内医保统筹基金累计最高支付限额为基本医疗保险5万元,大病统筹7万元。2007年收缴基金130万元,支付7万元。2008年参保3.47万人,收缴基金264万元,支付87万元。

2008年德安县城镇居民医保住院统筹支付比例一览表

表28－5－3　　单位:%

医院级别	统筹支付	个人负担
乡级医院	90	10
县级医院	75	25
市级医院	60	40
转市外医院	50	50

第三节　失业保险

1986年起,实行国有企业职工待业保险,当年参保9030人,缴费比例为工资总额1%,由单位缴纳。1999年,待业保险改称失业保险,缴费比例为工资总额3%,单位缴纳2%、个人缴纳1%。参保单位扩展到事业单位、城镇集体单位、外资及私人企业。发放标准由原来每月45元调整为352元(含医疗补助32元),标准随生活水平提高相应调整。领取失业保险金条件为按照规定参加失业保险、所在单位和本人已按照规定履行缴费义务满1年的,非本人意愿中断就业的,已办理失业登记,并有求职要求的。2008年,全县失业保险参保1.2万人(其中事业单位2500人),累计结余失业保险基金300万元,发放失业保险金150万元,领取失业保险金4500人次。

第四节　工伤保险

1997年,实行企业职工工伤保险。2003年,《中华人民共和国工伤保险条例》及相关配套政策出台,工伤保险每人每月缴纳比例为市上年度职工月平均工资0.5～2.5%,由单位缴纳。2008年,参保4997人,基金收缴65万元,支出45万元。同年4月,启动事业单位、民间非营利组织工作人员工伤保险,缴费标准为市职工年工资总额0.5%,由单位缴纳,当年参保3068人。

第五节　农村社会养老保险

1993年3月,成立县农村社会养老保险事业管理所(农保所),属民政局管理事业单位。1998年,农保缴费业务停止,发放工作仍进行。2002年,根据国务院通知,对农村社会养老保险进行整顿规范,保险业务停止。2008年10月,农保所划入县人事劳动和社会保障局。同年,参保15989人,基金总额437.16万元。

卷二十九

民　　政

卷二十九　民　　政

1985 年,民政工作主要有优抚安置、社会事务、救灾救济、行政区划、基层政权建设等。1990 年后,社会事务及救济工作中有关残疾人、农村社会养老保险、移民、城乡最低生活保障等工作相继划出,设立独立机构。农村和城镇基层政权建设工作成为自我管理、自我教育、自我服务群众性自治组织。期间进行 7 届村民委员会和居民委员会选举,每届选民参选率达 94% 以上。2006 年起,移民扶持工作从“两江”延伸至所有大中型库区。

至 2008 年,投入支援驻县部队建设资金 630. 3 万元、走访慰问驻县部队资金 38 万元;发放“三属”(烈士遗属、因公牺牲军人遗属、病故军人遗属)抚恤金 53. 82 万元、低保金 34. 36 万元、救灾金 2217. 87 万元、医疗救助金 33. 15 万元;实现福利彩票销售 1517 万元,筹集本级公益金 174 万元;接收安置退伍复员军人 2302 人;财政投入扶持资金 1017. 8 万元、以工代赈 263 万元、扶贫贴息贷款 5050 万元;省、市、县单位帮扶 100 余批次,帮扶资金 2200 万元;实施项目 825 个,项目资金 2600 万元;社会福利和慈善事业逐年加强;婚姻登记由分散到集中办理;社团管理依法进行;殡葬改革稳步推进。

第一章 基层政权组织建设

第一节 村级选举

1990~1993年,依据《中华人民共和国村民委员会组织法》《中华人民共和国城市居民委员会组织法》,选举产生第一、二届农村村民委员会和城镇居民委员会。

1996年10月,全县101个村选举产生第三届村民委员会。登记选民66891人,参选64765人,参选率98.6%。依法选举产生村委会委员461人,平均年龄35岁;高中文化179人、占39%,初中文化244人、占53%;女性101人,占22%;中共党员234人,占51%。

1999年,全县102个村(增加彭山林场彭山村)选举产生第四届村民委员会。登记选民73069人,参选70861人,参选率97%。依法选举产生村民代表1996人,其中女性代表181人。依法选举产生村委会委员372人,高中文化123人、占33%,初中文化222人、占60%;女性93人,占25%;中共党员258人,占69%。

2002年,全县102个村选举产生第五届村民委员会。登记选民74434人,参选70715人,参选率95%。依法选举产生村民代表2352人,其中女性代表265人。依法选举产生村委会委员331人,平均年龄38.8岁;大专文化3人,高中文化125人、占38%,初中文化200人、占61%;女性83名,占25%;中共党员235人,占71%。

2005年,全县81个村选举产生第六届村民委员会。登记选民81070人,参选76511人,参选率94.4%。依法选举产生村委会委员268人,平均年龄42.2岁;大专文化2人,高中文化141人、占52.6%,初中文化113人、占42%;女性58人,占22%;中共党员217人,占81%。

2008年,全县81个村选举产生第七届村民委员会。登记选民86965人,参选83595人,参选率95%。选举产生村委会委员258人,平均年龄42岁;女性72人,占28%;中共党员197人,占76%。同年,全县9个社区居委会和聂桥镇夏家铺居委会进行第一次换届选举,涉及72个居民小组、13820户55199人。10个居委会中,蒲亭镇雁家湖社区居委会实行直接选举,大西门和北门社区居委会实行户代表选举,其余居委会采取居民代表选举。选举产生居委会委员38人,平均年龄38岁;高中以上文化23人、占60%,初中文化15人、占39%;女性29人,占76%;中共党员28人,占74%。

第二节 社区建设

城镇社区建设

2003年,全面展开社区建设工作,主要内容:核心工程建设(党支部、党员队伍、群团组织、群众自治组织),素质工程建设(创建学习型社区、市民道德建设、树立文明新风、普及科学知识、遵守行为规范、制定市民公约、繁荣社区文化、倡导文明健康生活方式),久安工程建设(开展社区防范、社区创安、社区法制、社区调解、社区帮教),民心工程建设(救助弱势群体,做好优抚、低保工作、拓展第三产业,开展社区便民活动、社会化服务、扩大再就业、完善社区功能,提高自治水平),健康工程建设(开展以疾病预防、医疗、保健、康复、健康教育、心理卫生、计划生育为主要内容的社区卫生服务,改善卫生条件,开展社区体育、国有健身等活动），美化工程建设（净化、美化、亮化社区，落实城市规划，清除脏、乱、差）。相继制定《关于加强社区建设和社区党建工作的意见》《关于成立德安县社区建设"六项工程"协调工作小组的通知》《关于调整德安县社区建设工作领导小组的通知》等文件。2006年，制定《关于进一步加强和改进社区建设的意见》，在城镇社区开展创建"五好社区"（领导班子好、党员干部队伍好、工作机制好、工作业绩好、群众反映好）活动，构建新型社区组织体系。2008年，以蒲亭镇东风社区为示范点，开展廉政文化进社区工作。社区党组织把廉政文化建设纳入基层党组织建设总体规划，与党建工作同步协调进行；扩大居民群众反腐倡廉知情权，树立守廉、倡廉、助廉意识，增强支持和参与反腐倡廉工作自觉性。

农村村落社区建设

2003年，制定《德安县农村村落社区建设实施意见》，村落社区建设主要为建设"一会六站"（志愿者协会，农业生产信息交流站、公益事业服务站、环境卫生监督站、文体活动联络站、民间纠纷调解站和社区互助救助站）。2004年8月，制定《关于进一步加强全县农村村落社区建设工作意见》，要求村委会创办村落社区示范点1个，先行试点的蒲亭镇、丰林镇、宝塔乡每个村均创办村落社区示范点2个以上，当年打造30个村落"星级"社区。2006年，制定《关于积极策应社会主义新农村建设，确保我县农村村落社区建设可持续发展的意见》，开展星级社区、示范村落社区和中心村落创建工作。

第三节　村务公开

1997年起，逐步推行村务公开和民主管理工作。2004年6月，成立县村务公开和民主管理工作领导小组，各村、组成立村务公开民主管理领导小组、监督小组和民主理财小组。2005年，村委会实行村务公开和民主管理，推行"三保五化"工作模式：加强领导、提供组织保障，健全和完善村务公开和民主管理制度、提供制度保障，丰富村务公开和民主管理载体、提供措施保障；公开内容规范化，公开程序严格化，公开时间效率化，公开形式多样化，公开监督大众化。2008年，制定《德安县村务公开民主管理工作考核方案》。

第二章　拥军　优待　抚恤　安置

第一节　拥　军

支持驻县部队建设

1985年，县军事机构和驻县部队有县人武部、武警德安中队、武警公安消防大队、海军后勤部队、空军导航站、驻企业军代表室和预备役营。每年八一建军节、春节，县政府组织县直机关单位对驻军官兵进行走访慰问，县委组织部、人事劳动局积极做好部队转业军官安置，优先解决驻军家属就业。林泉乡干群与驻军官兵经常开展体育比赛和联欢活动，林泉中小学为驻军子女就近入学提供方便。高塘乡长垅村小学教师邓梅花每年春节邀请空军导航站官兵到家中作客，与驻地官兵结下深厚情谊。2000年，县委、县政府"双拥"工作领导小组拨出专款18.6万元支援部队基础设施建设。同年，林泉乡政府获市"拥军优属先进单位"称号，武警县中队获市"拥政爱民先进单位"称号。2002年，县委、县政府制定《关于开展科技拥军活动实施意见》,县科技局、教育局、农业局、经贸委等部门分别为驻县部队建立"科技信息咨询中心""科技文化培训基地""军事科技项目""实用农业技术培训基地"。同年,开展军地结对共建活动,县人武部与县党校、教育局结对,县消防大队与农业局、文化局结对,县武警中队与新华书店结对,其他县直单位自行与驻县部队单位结对。2005年,林泉乡政府、县工商局获市"拥军优属先进单位"称号。2007年,拨专款501.85万元,建设武装部营房4498平方米,维修部队道路0.5千米。至2008年,支援县人武部和驻县部队建设投入630.3万元,走访慰问驻县部队用资38万元。

烈士褒扬

1985年,登记在册烈士645人。1987年11月,县政府将义峰山纪念塔(碑、亭)和杨超烈士墓列为重点文物保护单位。1998年,柯亨逵为保护县邮电局财产被歹徒杀害,省政府追认为烈士。1999年,程先万、杨海滚在边防缉私斗争中牺牲,被公安部批准为烈士。为缅怀革命烈士,民政部门陆续对全县烈士陵墓进行修葺。每年清明节期间,机关单位干部、学校师生前往烈士墓和纪念场所开展悼念活动。2006年10月,对义峰山革命烈士纪念塔再次进行修葺。同年,修建一条宽4米、长3000米水泥路通往杨超烈士墓园。

第二节 优 待

1985年,现役义务兵家属优待金按兵役法规定发放。1995年,优待金标准分农业户籍和非农业户籍,农业户籍优待金按不低于当地农民上年度人均纯收入70%发给,非农业户籍优待金按当地职工上年度平均工资10~15%发给;进藏优待金按其他义务兵标准3倍发给。优待金来源实行社会统筹、以支定收、平衡负担原则。1998年,按照《江西省优待金社会统筹办法》,优待金实行县级统筹。1999年,全县农村义务兵家属优待金为1100元/年,城镇为400元/年。2003年,农村费改税后,农业人口不再缴纳优待金。2006年,全县农村义务兵家属优待金为1800元/年,城镇为800元/年。2008年,全县农村义务兵家属优待金为2000元/年,城镇为1000元/年。

第三节 抚 恤

死亡军人抚恤

一次性抚恤 1985年10月,烈士按其牺牲时月工资标准发40个月工资抚恤金;因公牺牲者按其牺牲时月工资标准发20个月工资抚恤金;病故人员按其病故时月工资标准发10个月工资抚恤金。月工资或津贴低于排职少尉军官工资标准的,均按排职少尉军官工资标准发放抚恤金。2004年10月起,提高抚恤金标准,烈士抚恤金标准为80个月工资,因公牺牲抚恤金标准为40个月工资,病故抚恤金标准为20个月工资。

定期抚恤 1985年,"三属"定期定量补助改为定期抚恤,抚恤金标准全省统一。1988年,全县有"三属"抚恤对象82人,发放抚恤金22572元。1998年,全县有"三属"抚恤对象65人,发放抚恤金43512元。2008年,县"三属"抚恤金标准:烈属城镇每人每年6900元、农村每人每年4140元,因公牺牲军人遗属城镇每人每年6180元、农村每人每年3960元,病故军人遗属城镇每人每年5820元、农村每人每年3780元。当年,全县享受"三属"抚恤130人,发放抚恤金538200元。

1988～2008年德安县"三属"人员抚恤金发放一览表

表29－2－1　　　　单位:人、元

年份	烈属	因公牺牲军人遗属	病故军人遗属	抚恤金额	年份	烈属	因公牺牲军人遗属	病故军人遗属	抚恤金额
1988	78	1	3	22572	1999	63	2	6	78636
1989	72	1	8	32280	2000	63	2	6	78636
1990	69	1	8	31440	2001	69	2	6	94356
1991	63	1	10	30420	2002	79	2	6	157560
1992	65	1	5	28368	2003	80	2	6	158556
1993	66	0	6	36276	2004	80	4	6	237600
1994	55	1	6	35832	2005	100	4	6	290400
1995	58	1	6	39552	2006	105	4	6	358800
1996	58	1	6	39552	2007	113	4	6	442800
1997	58	1	6	39552	2008	120	4	6	538200
1998	58	2	5	43512					

伤残抚恤

1988年7月,国务院颁布《军人抚恤优待条例》,规定退出现役后没有参加工作的革命伤残军人由民政部门发给伤残抚恤金,退出现役后参加工作或享受离退休待遇的革命伤残军人由民政部门发给伤残保健金,特等、一等革命伤残军人由国家供养终身。全县享受在乡革命伤残军人定期抚恤68人,发放抚恤金13719元。1991年,有伤残军人69人,发放抚恤金16105元。2004年,新的《军人抚恤优待条例》规定将原伤残军人等级改为1～10级。当年,全县有伤残军人82人,发放抚恤金266120元。2008年,全县有伤残军人89人,发放抚恤金550560元。

1988～2008年德安县伤残军人抚恤金发放一览表

表29－2－2　　　　单位:人、元

年份	分类、等级													金额
	因战				因公						因病			
	5	6	7	8	5	6	7	8	9	10	4	5	6	
1988	2	3	3	6	6	9	19	17					3	13719
1989	2	3	3	6	6	9	19	18					4	13931
1990	2	3	3	6	7	9	19	16					4	13849
1991	2	3	3	6	7	9	19	16					4	16105
1992	2	3	3	6	7	9	18	16					4	15689
1993	2	3	3	6	8	9	16	16					5	15689
1994	2	3	3	6	8	9	19	17					5	23003
1995	2	3	3	6	8	9	20	18					5	26493
1996	2	3	3	6	8	9	23	18					5	28676

续表 29－2－2

年份	分类、等级													金额
	因战				因公						因病			
	5	6	7	8	5	6	7	8	9	10	4	5	6	
1997	2	3	3	6	8	9	23	19					5	29100
1998	2	3	3	6	8	9	23	19					5	33100
1999	2	3	3	6	8	9	23	19					5	36410
2000	2	3	3	6	8	10	24	20					5	48415
2001	2	3	3	6	8	10	24	19				1	5	48415
2002	2	3	3	6	8	10	23	16				1	5	118030
2003	2	3	3	6	8	10	25	16				1	5	118030
2004	2	3	3	6	8	10	25	18	1			1	5	266120
2005	2	3	3	6	8	11	25	20	1			1	5	275120
2006	2	3	3	6	7	11	20	20	1		5	3	8	351260
2007	3	2	3	5	7	11	18	20	3	1	5	3	8	458580
2008	3	2	3	5	7	11	18	20	3	1	5	3	8	550560

定期定量补助

1985 年，全县定期定量补助对象为红军失散人员(苏区老干部)、在乡复员军人、带病退伍回乡军人。1988 年，有苏区老干部 7 人，在乡复员军人 134 人、带病退伍回乡军人 21 人，分别发放补助 1992 元、36984 元、4536 元。2007 年起，对回乡且年满 45 岁的农村“6 类”(对越自卫反击战、中印战争、珍宝岛战役、抗美援越战争、援寮抗美战争、西沙群岛保卫战)参战人员给予每人每月 100 元生活补助。同年新增 1954 年 11 月以来其他 8 类参战、参试涉核退役人员定期定量补助。2008 年，全县有“两参”人员 225 人，补助标准提高为每人每月 145 元，其中城镇失业参战人员提高为 200 元。

1988～2008 年德安县优抚对象定期定量补助一览表

表 29－2－3　　单位：人、元

年份	红军失散人员(苏区老干部)		在乡复员军人		带病退伍回乡军人	
	人数	金额	人数	金额	人数	金额
1988	7	1992	134	36984	21	4536
1989	4	1260	163	49878	21	4662
1990	4	1260	159	48654	20	4440
1991	4	1260	171	52326	20	4440
1992	4	1260	169	51714	20	4440
1993	4	1260	185	56610	21	4662
1994	4	2160	162	68040	21	5544
1995	4	2160	166	69720	21	5544

续表 29-2-3

年份	红军失散人员(苏区老干部)		在乡复员军人		带病退伍回乡军人	
	人数	金额	人数	金额	人数	金额
1996	4	2160	166	69720	21	5544
1997	4	2160	166	69720	21	5544
1998	4	3360	166	69720	21	5544
1999	4	3360	176	158400	23	8280
2000	4	4320	176	158400	23	8280
2001	4	5280	178	160200	23	8280
2002	1	1800	172	278640	27	9270
2003	1	1800	172	278640	27	9720
2004	1	1800	172	278640	77	27720
2005	1	1800	170	346800	137	49320
2006	0	-	168	383040	217	208320
2007	0	-	168	483840	292	350400
2008	0	-	168	544320	370	777000

临时救济补助

2005 年起，对享受国家定期抚恤、定期定量补助，且在生活、医疗、住房等方面存在实际困难的重点优抚人员实行临时救济补助。当年，解决 26 户在乡老复员军人和 3 户烈属住房困难，投入修(建)房屋临时救济资金 12200 元。2006 年，解决 39 户重点优抚对象住房困难，修(建)住房 2986 平方米，投入临时救济资金 5 万元。2007 年，解决 3 户在乡重点优抚对象住房困难，发放临时救济资金 5100 元；为生活困难的在乡重点优抚对象，发放救助资金 42000 元；为 690 人减免医疗费 41400 元，为 690 人补助医疗费 310500 元，大病救助 38 人 50584 元。2008 年，重点解决 5 户在乡重点优抚对象住房困难，投入临时救济资金 13500 元；为生活困难的在乡重点优抚对象发放救助金 45000 元。至 2008 年，投入 72 万元重点解决 95 户在乡重点优抚对象住房难问题，救助生活困难的在乡重点优抚对象 55 万元，补助重点优抚对象医疗费 81 万元。

第四节　安　置

接收安置

1985 年，退伍 77 人。50 名农村义务兵按照“从哪里来回哪里去”的原则安置；27 名城镇义务兵，服役期间荣立二等功(含二等功)以上的安排工作，入伍前未参加工作的按系统包干安置。2001 年，实行退伍军人安置工作改革，鼓励退伍军人自谋职业，给予安置补偿金，安置补偿金因服役年限及立功受奖等情况而每人不同。同年，全县退伍 119 人，安置 65 人，回乡 50 人，4 人申请自谋职业，发放安置补偿金 24000 元。2005 年，退伍 101 人，安置 31 人，回乡 56 人，自谋职业 14 人，发放安置补偿金 12 万元。2008 年，退伍 120 人，安置 11 人，回乡 93 人，自谋职业 16 人，发放安置补偿金 15 万元。至 2008 年，全县共安置复员退伍军人 1000 余人；自谋职业 96 人，发放安置补偿金 234.8 万元。

军地两用人才开发

1985年,退伍军人两用人才服务中心和乡镇服务站加强对军地两用人才管理服务和开发使用。乡(镇)、村组织和乡镇企业选拔人员时,优先录用退伍军人两用人才。2001年后,鼓励城镇退伍义务兵自谋职业,免费参加多种技能培训班,提高科学文化和职业技能素质,增强就业竞争能力。至2008年,全县选拔录用退伍军人400余人到工厂就业和乡镇、村级组织任职,有100余人自行创业。

第三章　社会救助

第一节　救灾赈灾

1985年6月,部分乡镇发生洪涝灾害,发放救灾款15.8万元,救济物资价值2.4万元,救助受灾群众7000余人次。1995年7月,暴雨造成洪涝灾害,发放救灾款75.3万元,救济受灾群众3.52万人次。1998年,发生特大洪涝灾害,发放救灾款714万元、衣被30000余件、帐蓬50顶和大批粮食、生活必需品,救济受灾群众9.72万人次。2000年,旱灾造成局部农田绝收,发放救灾款51.87万元,救济受灾群众7000余人次。2005年11月,受九江县地震影响,境内成灾,发放救灾款157.9万元、衣被5000余件、帐篷30顶,救济受灾群众4.01万人次。2008年1月,遭受雪灾和冰冻灾,且历时较长,发放救灾款326万元,紧急转移安置1800余人,救济受灾群众6.3万人次。至2008年,各种自然灾害造成直接经济损失30亿元,共投入救灾资金2276.18万元。

1985~2008年德安县自然灾害救济一览表

表29-3-1　　单位:万元、万人次

年份	主要灾害	救灾资金	救灾物资折款	救助群众
1985	洪涝	15.8	2.4	0.70
1986	风雹	10.0	—	0.47
1987	旱灾	20.0	—	1.20
1988	洪涝	17.0	2	1.05
1989	洪涝	17.0	1	0.62
1990	旱灾	21.0	1	4.20
1991	旱灾	20.4	—	1.43
1992	洪涝	21.3	—	1.49
1993	洪涝	15.0	—	1.07
1994	旱灾	40.2	—	0.50
1995	洪涝	75.3	5	3.52
1996	洪涝、风雹	15.5	1	2.10
1997	洪涝	12.5	—	3.11

续表 29 - 3 - 1

年份	主要灾害	救灾资金	救灾物资折款	救助群众
1998	洪涝	714.0	150	9.72
1999	洪涝	62.0	—	2.10
2000	旱灾	51.87	—	0.70
2001	旱灾、洪涝	17.2	—	3.40
2002	旱灾、洪涝	22.0	—	2.80
2003	旱灾、风雹	34.0	—	1.71
2004	旱灾、洪涝、风雹	128.0	—	3.39
2005	洪涝、风雹、地震	157.9	15	4.01
2006	旱灾、风雹	66.5	2	1.53
2007	旱灾、风雹	131.0	2	1.19
2008	雪灾和低温冷冻	326.0	25	6.30

第二节　最低生活保障

城市低保

1997 年 5 月，城市居民最低生活保障工作开始试点。将无生活来源，无劳动能力，无法定赡养、抚养、扶养义务人的“三无”人员和常年生活困难居民列为最低生活保障对象。当年，保障对象 95 户 108 人，人均补助 15 元/月。1999 年 6 月，城市居民最低生活保障工作全面铺开，核定保障对象 2015 户 4102 人，人均补助 30 元/月。2003 年，设城市居民最低生活保障办公室，保障对象分为常补（人均补助 140 元/月）和非常补（人均补助 120 元/月）。全县核定保障对象 2805 户 5612 人，其中常补对象 241 人。2007 年，提高补助标准，常补对象人均补助 180 元/月，非常补对象人均补助 140 元/月。当年对保障对象进行清理，调整为 2679 户 5482 人，其中常补对象 111 人，发放保障金 926.4 万元。2008 年，补助标准比上年度增加 20 元/月，核定保障对象 2514 户 5063 人，其中常补对象 117 人，发放保障金 978 万元。

农村低保

1985 年，对农村困难群众实行临时救济制度。2006 年起，城市最低生活保障办公室更名城乡最低生活保障办公室，农村低保工作正式启动。同年，核定农村贫困户 1125 户 2387 人为保障对象，人均补助 70 元/月。2008 年，核定保障对象 1787 户 3818 人，人均补助 90 元/月，发放保障金 34.36 万元。

第三节　临时救助

城乡居民最低生活保障人员、县政府认定的其他特殊困难人员等临时救助对象，在日常生活中因自然灾害、意外事件或其他原因造成基本生活出现困难的，给予非定期、非定量临时生活救助。

救助标准：最低生活保障家庭一次性救助最高 3000 元，全年临时生活救助最高 6000 元；最低生活保障边缘家庭一次性救助 1000 元，全年临时生活救助最高 4000 元；其他特殊困难家庭一次性救助最高 1000 元，全年临时生活救助最高 2000 元。聂桥镇芦溪村大屋蔡村低保户蔡某夫妇均为残疾人，2008 年家中失火，电视机、家具及生活用品全被烧毁，民政局组织人员入户调查，根据临时救助政策救助资金 1000 元，帮其度过难关。2008 年，全县临时救助 21 人次，救助资金 2.1 万元。

第四节　医疗救助

2004年,制定《关于印发德安县农村医疗救助实施细则的通知》,开展农村医疗救助工作。2005年,制定《德安县城乡居民医疗救助实施细则》,民政局设城乡居民医疗救助办公室,救助对象为五保户、农村特困户和享受城市居民最低生活保障的人员、县属国有企业下岗且未参加医疗保险的职工、因灾害导致严重伤残的人员以及无能力参加医疗保险的困难人员等。五保户(分散供养)一次性医疗费500元以上的,按核定医疗费30%救助;农村特困户对象和城市居民最低生活保障常补对象,一次性医疗费1000元以上的,按核定医疗费25%救助;城市居民最低生活保障非常补对象,一次性医疗费4000元以上的,按核定医疗费20%救助;其他对象,一次性医疗费10000元以上的,按核定医疗费20%救助。2005年,发放城乡医疗救助金58.975万元,救助315人次,其中,城市救助金8.09万元、救助129人次,农村救助金50.885万元、救助186人次。2008年,发放城乡医疗救助金333.15万元,救助11241人次,其中,城市救助金187万元、救助6040人次,农村救助金146.15万元、救助5485人次。

第五节　收容救助

1985年,对城市流浪乞讨人员实行收容遣送。2003年6月,国务院公布《城市生活无着的流浪乞讨人员救助管理办法》,《城市流浪乞讨人员收容遣送办法》同时废止,改收容遣送为救助管理。2006年,成立流浪乞讨人员救助管理站。至2008年,救助4800余人次。

第四章　社会福利与慈善事业

第一节　社会福利

五保户和"三无"人员供养

1985年,有五保户和"三无"人员444人,供养标准为每人每年400元,供养费用17.76万元。1991年,有五保户和"三无"人员468人,供养标准每人每年600元,供养费用28.08万元。1994年,有五保户和"三无"人员476人,供养标准每人每年800元,供养费用38.08万元。1999年开始,五保户供养分集中(入敬老院)、分散(居家)两种形式,集中供养标准每人每年1200元,分散供养标准每人每年800元。2006年起,五保户集中供养标准每人每年1800元,分散供养标准每人每年1200元。城镇"三无"人员供养标准,按不低于城镇最低生活保障标准实行。2008年,供养五保户和"三无"人员556人,供养费用58.36万元。

1985~2008年德安县五保户和"三无"人员供养一览表

表29-4-1

年份	集中供养			分散供养	
	敬老院(家)	人数(人)	年费用(元)	人数(人)	年费用(元)
1985	8	68	27200	376	150400
1986	8	69	27600	378	151200

续表 29-4-1

年份	集中供养			分散供养	
	敬老院(家)	人数(人)	年费用(元)	人数(人)	年费用(元)
1987	8	70	28000	378	151200
1988	8	68	27200	380	152000
1989	9	81	32400	383	153200
1990	9	79	31600	387	154800
1991	9	81	48600	387	232200
1992	9	80	48000	388	232800
1993	10	97	58200	377	226200
1994	10	98	78400	378	302400
1995	10	98	78400	378	302400
1996	10	97	77600	380	304000
1997	12	97	77600	380	304000
1998	12	130	79200	380	304000
1999	13	165	160800	348	278400
2000	13	179	177600	355	284000
2001	13	178	176400	357	285600
2002	13	177	175200	356	284800
2003	13	194	195600	345	276000
2004	13	193	194400	348	278400
2005	13	195	196800	346	276800
2006	14	221	342000	326	228000
2007	14	228	345600	322	230400
2008	14	230	349600	326	234000

敬老院　福利院

1985 年，全县有敬老院 8 所，入院集中供养五保户 68 人。1989 年新建高塘乡敬老院，占地 0.23 公顷，建筑面积 210 平方米，床位 14 个。1993 年，新建黄埇乡敬老院，占地 0.27 公顷，建筑面积 200 平方米，床位 10 个。1997 年，新建城镇福利院，占地 0.47 公顷，建筑面积 1072 平方米，床位 26 个。同年，新建白水街乡敬老院（2005 年将原白水街乡政府办公楼与原敬老院改建扩大为车桥中心敬老院，占地 0.53 公顷，建筑面积 1184 平方米，床位 40 个）。1999 年，新建河东乡敬老院，占地 0.1 公顷，建筑面积 200 平方米，床位 12 个。2003 年，塘山乡、爱民乡敬老院在原址改建，共占地 0.53 公顷，建筑面积 1180 平方米，床位 34 个。2005 年，聂桥镇敬老院选址新建，占地 0.33 公顷，建筑面积 800 平方米，床位 20 个。2006 年，新建磨溪乡敬老院，占地 0.33 公顷，建筑面积 1400 平方米，床位 26 个。至 2008 年，有敬老院和福利院 14 所，占地 4.13 公顷，建筑面积 7246 平方米，床位 247 个，入院集中供养五保户和“三无”人员 230 人。

福利企业

1985～1995 年，先后创办高塘福利花炮厂、聂桥望夫山福利造纸厂、农科所福利彩印厂、民政局福利服装厂、福利工艺美术厂、爱民乡西泉福利花炮厂、彭山生姜食品加工厂和国营群星服装厂 8 家福利企业。20 世纪 90 年代后期，福利企业大多倒闭或改制。2004 年，创办福利企业江西能平电化有限公司，主产电子原件。2008 年，公司有残疾职工 50 名，占职工总数 48%，产值 600 万元。

第二节　慈善事业

慈善捐赠

1985年后,慈善捐赠工作由县民政局和县红十字会负责。2003年起,每年组织全县党团组织、行政事业单位干部职工和社会各界人士开展扶贫济困捐赠活动。2003年,接收捐赠16.5万元。2004年,接收捐赠13.71万元,捐赠款均由县政府统筹下拨至乡镇用于农村困难群众救助。2005年起,每年开展"慈善一日捐"活动,当年接收捐赠21.16万元,用于支援瑞昌地震灾区。2006～2007年接收捐赠18.88万元,用于敬老院建设。2008年初,遇雨雪冰冻灾害,开展"抗冰雪、送温暖、献爱心"捐赠活动,接收捐赠22.84万元,由县政府统筹下拨至各乡镇用于抗冰雪救灾。同年5月12日,四川汶川发生8级地震,开展向地震灾区捐赠活动,接收捐款217.27万元,全额上缴市慈善总会集中汇往灾区。同年11月,成立德安县慈善会。

福利彩票

1991年起,以销售即开型彩票为主。2001年,开始销售电脑福利彩票。2003年,彩票公益金由省统筹。2004年5月,取消即开型大奖组现场彩票销售。至2008年,全县共销售彩票1517万元,其中即开型彩票680万元,电脑彩票837万元,筹集本级公益金174万元。福利彩票公益金用于城乡社会福利设施建设。先后资助新建城镇福利院100万元、塘山乡敬老院10万元、车桥镇敬老院15万元、聂桥镇敬老院15万元、磨溪乡敬老院15万元、爱民乡敬老院10万元,改扩建宝塔乡敬老院3万元、吴山镇敬老院3万元、河东乡敬老院3万元。

第五章　社会事务

第一节　老龄工作

敬老宣传

1987年,成立老龄问题委员会(1989年更名老龄工作委员会)。1988年起,每年重阳"老年节"期间,举行座谈会、文艺演出、文体竞赛、走访慰问,组织中小学生和青年团员为孤寡老人做好事、送温暖,开展"敬老好儿女"评比表彰活动。1990年,开展"老有所为先进个人"评比表彰活动。1994年,开展"老有所为先进集体"评比表彰活动。1999年,开展"敬老好干部"评比表彰活动。至2008年,开展"敬老好干部"评比表彰活动。期间,共表彰老有所为先进个人38人、敬老好儿女67人、敬老好干部26人。二轻局退休干部胡世盛获省"老有所为精英奖",粮食局退休干部张凤卿获全国"老有所为奉献奖"。

走访慰问

1989年"老年节",县委、县政府对全县机关、企事业单位和农村40多位老人进行走访慰问。1994年"老年节",走访慰问敬老院83位老人,每人发放慰问金30元。1997年"老年节",走访慰问高龄、特困老人25位,发放慰问品及慰问金。2000年"老年节",走访慰问百岁老人和部分老教师、老医务工作者、老台胞、老村干部。2004年起,向90岁以上高龄老人发放每人每月100元长寿补贴。

合法权益保障

1991年,制定《江西省保护老年人合法权益条例》。1992年、1994年,县老龄委组织涉老部门对全县维护老年人合法权益状况进行调研,并将调研情况向县人大常委会报告。司法局设立老年人法律援助站,法院对困难老年人减免诉讼费用。1996年,县老龄委在农村开展签订"家庭赡养协议书"活动,赡养协议由村委会和村老年人协会监督执行。2002年,《江西省实施〈中华人民共和国老年人权益保障法〉办法》开始实施,县老龄委印发《中华人民共和国老年人权益保障法》宣传画和手册1000余份,发至村组、居委会、学校和工厂。

第二节 扶 贫

重点扶贫

1985年,爱民乡列为省级贫困乡。1994年,国家实施"八七"扶贫攻坚计划,塘山乡和付山乡列为县重点扶贫乡。"十五"期间,付山乡付山村列为省级重点贫困村。"十一五"期间,省级重点贫困村调整为邹桥乡源口村和吴山乡大岭村。

扶贫项目

1985~2008年,安排财政扶持资金1017.87万元,以工代赈资金263万元,扶贫贴息贷款5050万元,用于扶助贫困乡村基础设施建设、产业发展和劳动技能培训。新修塘山至张坑水泥路、付山至岩上水泥路、爱民乡集镇至西泉水泥路、爱民乡集镇至南山公路、邹桥集镇扩改公路、樟树至大岭公路和聂桥集镇至刘家山等乡、村、组公路100余千米;新建付山余家岭和吴山集镇供水工程50余处,解决5860人饮水困难;新建和维修付山张坑、邹桥石门菜洼里、大岭杨桥垄等水库20余座,新增和改善灌溉面积84.8公顷;架设聂桥至彭山、樟树至大岭等高压输电线路30余千米;新建和改建邹桥石门民族小学、吴山山湾小学和付山中心小学等8所学校,建筑面积18600平方米;扶持塘山小山竹基地、爱民花生基地、磨溪大棚蔬菜基地、吴山万头山羊养殖基地、河东花卉基地、丰林和聂桥蛋鸡养殖基地及宝塔莲藕基地发展。

1985~2008年德安县扶贫资金一览表

表29-5-1　　单位:万元

年份	扶持资金	其中			年份	扶持资金	其中		
		财政扶助资金	以工代赈资金	扶贫贴息贷款			财政扶助资金	以工代赈资金	扶贫贴息贷款
1985	17.0	17.0	—	—	1997	20.5	20.50	—	—
1986	15.0	15.0	—	—	1998	27.50	27.50	—	—
1987	15.0	15.0	—	—	1999	36.70	36.70	—	—
1988	12.0	12.0	—	—	2000	94.40	94.40	—	—
1989	11.0	11.0	—	—	2001	98.00	98.00	—	—
1990	10.5	10.5	—	—	2002	882.40	62.40	—	820
1991	12.0	12.0	—	—	2003	545.70	55.70	—	490
1992	10.0	10.0	—	—	2004	79.10	79.10	—	—
1993	10.2	10.2	—	—	2005	3758.20	38.20	20	3720
1994	11.7	11.7	—	—	2006	89.31	87.31	90	—
1995	14.2	14.2	—	—	2007	128.40	128.40	50	—
1996	34.2	14.2	—	20	2008	126.86	126.86	103	—

移民扶贫

1999~2000年,县政府安排资金30万元,按照每人600元补助标准,通过自愿、自找、自费和政府适当补助“三自一补”办法进行移民扶贫试点,对付山乡53户172人实行移民搬迁扶贫。大多数移民通过投亲靠友、联姻挂靠和经济往来等途径,搬迁到条件较好的地方落户。

2008年,按每人3500元标准,省、市、县三级财政安排专项资金66.15万元,对居住环境较差的塘山乡石源村杨山里和吴山乡红桥村舒家自然村61户189人进行整体搬迁扶贫,对搬入区域采取统一选址、统一规划设计、统一调剂宅基地和耕地、统一基础设施建设,共建房8460平方米,户均拥有宅基地120~140平方米;人均拥有水田0.5亩以上和适量菜地、山地;硬化道路、完善水电等生活设施。

单位帮扶

1995年起,开展县直单位3年一轮包村帮扶工作。“九五”期间,68个县直单位参与帮扶,帮扶资金600万元。“十五”期间,74个单位参加帮扶,帮扶资金950万元。“十一五”期间,76个单位参与帮扶,帮扶资金1100万元。通过5轮包村帮扶,实施项目825个。

期间,省、市有关单位先后参与贫困乡村帮扶。省级帮扶单位有保险公司、经贸委、财政厅,市级帮扶单位有人大机关、纪委、政法委、九江学院、团市委、审计局、交通局、台办、广电台、太平洋保险支公司、稽征局、中医院、供销社、纺织公司、财保公司、执法局和地方海事局。帮扶项目有:乡村学校新(改)建、敬老院建设、村部建设、公路改造、桥梁建设、水利等农田基础设施建设、输电线路建设及林果、药材、大棚蔬菜、葡萄、花卉种植和畜禽养殖等农业产业。帮扶工作组每年对帮扶村贫困户走访慰问。至2008年,省、市、县帮扶单位帮扶资金2200余万元,争取资金2600万元。

第三节　婚姻登记

1985年,各乡镇依据《中华人民共和国婚姻法》办理婚姻登记,由办公室办理。凡结婚、离婚、复婚登记的,须出具申请书、婚姻状况证明、男女双方户口簿等资料。1988年起,还须出具双方身份证。1990年后,由乡镇民政所办理。1999年,县民政局设立婚姻登记处。2000年,开始推行婚前检查。2003年10月,《婚姻登记条例》颁布,全县婚姻登记由民政局统一办理,婚检实行自愿,婚姻登记只需提供身份证、户口簿原件、复印件。

1985~2008年德安县婚姻登记一览表

表29-5-2　　单位:对

年份	结婚	离婚	年份	结婚	离婚
1985	840	16	1998	1420	80
1987	990	30	1999	1442	86
1988	1084	34	2000	1470	94
1989	1174	40	2001	1514	110
1990	1184	44	2002	1400	112
1991	1216	48	2003	2218	170
1992	1240	52	2004	1774	340
1993	1280	54	2005	2802	386
1994	1304	60	2006	3318	388
1995	1340	62	2007	3270	466
1996	1350	66	2008	3340	530
1997	1390	72			

第四节　收养登记

1985年，城乡居民收养弃婴、孤儿，须持村委会、居委会或相关单位证明到县民政局进行登记后，到公安部门办理户口登记。1992年4月，《中华人民共和国收养法》实施。至2008年，依法办理收养弃婴、孤儿57例。

第五节　社会团体登记

1992年，登记社会团体有消费者协会、农学会、个体私营经济协会。至2008年，登记社会团体35个，均为非营利性社会组织。社会团体每年进行年检1次。

1992～2008年德安县社会团体登记一览表

表29－5－3

社团名称	登记时间	办公地点	主管单位	法人代表
消费者协会	1992.12.3	工商局	县工商局	刘彩云
农学会	1992.12.9	农业局	县农业局	王文根
个体私营经济协会	1992.12.10	工商局	县工商局	魏阳君
门球协会	2002.11.11		县体育局	张文卿
民营企业重点行业协会	2003.4.5	民营局	县民营企局	戴毅卿
药学会	2004.8.9	药监局	县食品药品监督管理局	徐根应
县生态畜牧业协会	2004.9.24		县科技局	江林根
再生资源行业协会	2004.10.10		县供销社	缪　辉
梓坊葡萄协会	2004.12.1	梓坊村	农业局	付南京
烟花爆竹协会	2004.12.3	供销社	县供销社	吴永进
养猪协会	2005.4.1		县农业局	张南生
地方税务研究会	2005.8.7	地税局	县地税局	刘克贵
佛教协会	2005.12.6		县统战部	释德心
丰林镇蛋鸡养殖协会	2006.4.13	丰林镇	县农业局	余函昌
农产品经济人协会	2006.5.16		县供销社	陈贞宝
县计划生育协会	2006.7.19	计生委	计生委	吴国庆
县摄影协会	2006.7.19		县文广局	张祖和
县书画协会	2006.7.19		县文广局	马　骁
县义工联合会	2006.12.1	民政局	县民政局	邓新国
林泉桑家堰区灌区农民用水协会	2007.1.1	林泉乡	县水务局	陈德南
林泉曹家畈灌区农民用水协会	2007.1.1	林泉乡	县水务局	熊绍禄
林泉乡沙溪畈灌区农民用水协会	2007.8.28	林泉乡	县水务局	章德吉
园艺场龙尾堰灌区农民用水协会	2007.12.19	园艺场	县水务局	余静贝

续表 29－5－3

社团名称	登记时间	办公地点	主管单位	法人代表
宝塔九里黄家山灌区农民用水协会	2007.12.20	九里村	县水务局	王金水
塘山乡石源村牛湾水库灌区农民用水协会	2008.4.28	石源村	县水务局	李飞凤
河东乡河东村陈家湾灌区农民用水协会	2008.4.28	河东村	县水务局	雷绪松
高塘乡高塘村石畈塘水库灌区农民用水协会	2008.8.26	高塘村	县水务局	刘华木
高塘乡顾田村黄家山水库灌区农民用水协会	2008.8.26	顾田村	县水务局	戴建人
高塘乡罗桥村丰首垅水库灌区农民用水协会	2008.8.26	罗桥村	县水务局	王宝升
高塘乡大垅村大垅水库灌区农民用水协会	2008.8.26	大垅村	县水务局	骆名学
高塘乡长垅村八字垅水库灌区农民用水协会	2008.8.26	长垅村	县水务局	汤恒文
爱民乡西泉水库农民用水协会	2008.9.18	西泉村	县水务局	桂贤良
县慈善会	2008.11.6	民政局	县民政局	钟第文
县党外知识分子联谊会	2008.11.6	中医院	县统战部	张景明
县江州义门陈文化研究会	2008.11.6	东风路	县文广局	陈峰

第六节　地名管理

1985 年,《德安县地名志》编印出版。20 世纪 90 年代起,随着城乡建设扩展、撤乡并镇、机构增减、新经济组织建立,出现新区划、新道路,县政府根据《中华人民共和国地名管理条例》,分别进行变更。公安局根据变更情况,重新发放门牌号码。县城主干道装钉 240×180 毫米门牌,居民区和小街巷装钉 200×140 毫米门牌,工业园区部分企业及沿街行政事业单位装钉 350×450 毫米门牌。至 2008 年,制作装钉门牌 21972 块。

第七节　殡葬管理

1985 年,城乡居民按传统习俗为死者实行土葬。20 世纪 90 年代起,少数居民将死者送邻县火化。1999 年,省民政厅批准县民政局建立经营性公墓区申请。2000 年 9 月,省政府《关于划定九江市土葬改革区和火葬区的批复》划定全县行政区域为火葬区,随后进行公墓区选址。2003 年 3 月,成立县青山陵园建设领导小组。2008 年,确定在宝塔乡八一村四组、九里村五组和园艺场二分场马屋李村交界的青山南麓征地 9 公顷,筹建青山陵园殡仪馆、火葬场、公墓区等配套设施。

第六章　库区移民

第一节　移民分布

移民核查

1986 年,全县 15 个乡镇场、73 个行政村、537 个村民小组,有 12 个县内外大中型水库库区移民

6963人,其中县外5103人、县内1860人。2006年6月,库区移民人口核查登记,全县有库区移民农业人口3411户,16650人。

分布地点及人数

湖塘水库移民 1986年,有库区移民1518人。分布在邹桥乡源口村、杨坊村、石门村、邹桥村,白水街乡白水村、长庆村、昆山村,塘山乡石源村,磨溪乡五星村,园艺场一分场。

林泉水库移民 1986年,有库区移民342人。分布在林泉乡小溪山村、大溪畈村、清塘村,蒲亭镇朝阳村。

浙江新安江水库移民 1986年,有库区移民3038人。分布在农科所丰林村,河东乡上畈村,爱民乡土塘村、红岩村、南山村,磨溪乡尖山村、曙光村、南田村、宝泉村、五星村、董家村、磨溪村、港口村,宝塔乡九里村,杨家桥乡杨桥村,白水街乡昆山村、九井村,车桥乡义门村,聂桥乡聂桥村、芦溪村、柳田村、宝山村,邹桥乡石门村,吴山乡蔡河村、红桥村、山湾村,园艺场,樟树乡樟树村,米粮铺乡和金湖乡。

永修、武宁柘林水库移民 1986年,有库区移民1824人。分布在宝塔乡桂林村,河东乡石桥村、上畈村,杨家桥乡杨桥村,聂桥乡聂桥村、柳田村,高塘乡大垅村,黄婦乡大畈村,车桥乡车桥村、城门村、潘坊村、白羊村、义门村,白水街乡长庆村、白水村、昆山村、九井村,吴山乡山湾村、张塘村、何铺村、蔡河村,爱民乡土塘村,邹桥乡邹桥村、石门村、杨坊村,磨溪乡磨溪村、南田村、董家村、曙光村、五星村、宝泉村、新田村,宝塔乡田塘村、团山村、岳山垅村、梅桥村。

修水东津水库移民 1986年,有库区移民98人。分布在杨家桥乡八一村。

瑞昌高泉水库移民 1986年,有库区移民58人。分布在吴山乡杨柳村,塘山乡新塘村,邹桥乡付山村,爱民乡土塘村。

瑞昌幸福水库移民 1986年,移民因婚嫁迁入4人。分布在车桥乡长庆村,塘山乡石源村。

河南商城铁佛寺水库移民 1986年,有库区移民5人。分布在林泉乡林泉村。

河南光山石山口水库移民 1986年,有库区移民2人。分布在宝塔乡团山村。

河南光山泼陂河水库移民 1986年,有库区移民5人。分布在宝塔乡梅桥村。

河南光山五岳水库移民 1986年,有库区移民61人。分布在宝塔乡岳山垅村,磨溪乡曙光村、宝泉村,农科所畈上王村,聂桥乡宝山村,邹桥乡杨坊村,河东乡石桥村,吴山乡山湾村。

湖南湘乡水府庙水库移民 1986年,有库区移民4人。分布在吴山乡蔡河村。

河南商城鲇鱼山水库移民 1986年,有库区移民2人。分布在林泉乡林泉村,宝塔乡桂林村。

安徽太湖花凉亭水库移民 1986年,有库区移民2人。分布在农科所丰林村。

第二节 移民扶持

1998年,根据国家库区移民政策,新安江水库移民专项资金按年度下达,用于移民安置区农田水利、地方交通等基础建设项目。2002年,新安江水库移民安置区实施水库移民扶持6年规划。2006年起,库区移民政策扶持扩大到所有大中型水库移民。同年,对全县大中型水库移民进行核查登记,有移民农业人口16650人,其中核查登记到人11267人,登记到村组5383人。对核查登记到人的实施现金直补,每年每人600元;对登记到村组的实施项目扶持,按每人每年600元标准,在移民安置村组实施基础设施项目建设。至2008年,实施项目建设847个,下达扶持资金2243.48万元,移民人均年纯收入4000元,人均住房面积33平方米。

1998～2008年德安县新安江水库移民扶持一览表

表29－6－1

年份	项目(个)	项目资金(万元)	硬化公路(千米)	修建塘库(座)	修建水渠(千米)	饮水安全(户)
1998	25	97	4.2	5	3.8	50
1999	36	112	11	10	8	68
2000	40	110	8.5	12	4.3	105
2001	35	110	7.9	15	3	60
2002～2008	284	736.6	42.5	36	26	350

2006～2008年德安县移民扶持一览表

表29－6－2

年份	直补资金(万元)	项目(个)	项目资金(万元)	硬化公路(千米)	修建塘库(座)	修建水渠(千米)	饮水安全(户)
2006	322.7	54	83	5.2	8	3.5	95
2007	647.85	194	441.9	21.3	17	8.5	158
2008	647.845	179	552.98	32.5	25	13.3	275

卷三十

精神文明建设

卷三十　精神文明建设

1985年,成立县“五讲四美三热爱”办公室,“全民文明礼貌”活动由固定月份改为全年开展。1986年,成立创建文明卫生城办公室,在城镇开展“门前三包”和“门内达标”活动,在农村抓乡村卫生和改水改厕。1996年,根据市委要求,实施创建农村精神文明“5552工程”,全县创建文明家庭36户、文明乡镇企业5个、文明村5个、文明集镇2个。1997年,开展“讲文明、树新风”创建全省文明卫生城市活动。先后获“九江市1998~1999年度创建文明城市(城区、县城)进步奖”“九江市2002~2003年度创建文明城市工作进步奖”、“九江市2004~2005年度创建文明城市工作先进县”。2004年,启动创建文明村镇竞赛活动,宝塔乡岳山垅村被授予“江西省文明村镇”,丰林镇和河东乡上畈村被授予“全省创建文明村镇工作先进村镇”。2006年4月,启动“文明德安”活动;7月,启动创建省级卫生、园林城市活动。2007年,市爱卫会命名德安为“九江市卫生县城”;全县精神文明建设工作表彰大会召开,表彰“十佳文明单位”7个。

至2008年,全县有国家文明村镇1个(宝塔乡岳山垅村);省文明村镇2个,省创建文明村镇工作先进村镇2个;省文明单位7个,市文明单位24个,县文明单位13个。

第一章　公民思想道德建设

第一节　爱国主义教育

教育基地

2004年,县苏维埃政府旧址石鼓殿、县博物馆列为申报“全省第三批爱国主义教育基地”项目。2005年,在石鼓殿举行县人民革命史陈列馆揭牌仪式。2007年,县委宣传部命名县苏维埃政府旧址石鼓殿、“万家岭大捷”遗址、县档案馆、博物馆为首批爱国主义教育基地。2008年,县委、县政府在南浔铁路博阳河大桥东西两端废址兴建“万家岭大捷纪念园”。

乡土教材

1991年,《可爱的家乡—德安县》出版。1995年,县文联编印《万家岭大捷》。2003年,《德安人民革命史》再版发行。2006年,县政协出版发行《万家岭大捷》。

重大主题教育活动

1990年,上海电影制片厂以革命烈士、中共德安县委第一任书记杨超事迹为题材的电影《满天风雪》,在德安举行首映式。1991年,开展“献礼片”展映活动,放映《焦裕禄》《周恩来》等影片,观看影片人数达到11万余人次。1992年,围绕培养“四有”新人目标,组织学习延安精神和井冈山精神,开展学习焦裕禄、张秉贵活动。1997年,举办大型游行、卡拉OK大赛、知识竞赛、文艺晚会、图片展览等庆祝香港回归活动。1999年,开展弘扬“抗洪精神”宣传教育、迎接建国50周年和澳门回归、纪念“五四”运动80周年活动。2005年,开展抗日战争胜利60周年纪念活动:县电视台开办“纪念抗战胜利60周年”专栏节目,各中小学校组织抗战歌曲汇演,举行纪念抗战胜利60周年游行,举办纪念抗战胜利60周年历史图片展。2008年,举办“纪念中国人民抗日战争德安万家岭大捷70周年”电影周活动。同年10月,九江图书馆“浔庐讲坛”与县图书馆在县一中联合举办“浔庐讲坛进德安、纪念万家岭大捷70周年特别活动”讲座,社会各界近千人参加。

第二节　社会公德教育

公共文明建设

每年3月5日为学雷锋日,各单位和广大群众参与整治环境卫生和维护公共秩序,开展便民服务活动,形成惯例。1986年,成立创建文明卫生城活动办公室(创卫办),印发《关于进一步落实“门前三包”“门内达标”责任制的通知》,城镇机关、团体、部队、企事业单位和个体工商户承担门前三包和门内达标任务,签订责任书。1989年,“五讲四美三热爱”活动委员会更名精神文明建设活动委员会。1990年,县委印发《关于在全县深入持久地开展学雷锋活动的意见》,倡导开展为民、便民、利民学雷锋活动。1993年,开展“社会主义在中国,雷锋在我们身边”活动。1997年,团县委组织志愿者开展“我为人人、人人为我”和扶弱助小社会公益活动。同年,设精神文明建设活动委员会办公室(文明办)。2005年12月,由社会爱心人士邓新国发起组建县内第一个民间志愿服务组织—德安县义工联合会,开展各种公益活动。2008 年,县总工会启动“爱心工程”,开展“爱心猪肉”“爱心药房”等活动。

公共道德建设

1992 年,以“迎接龙舟赛,当好东道主”和“笑迎天下客,满意在德安”为主题,开展文明意识和移风易俗教育。1994 年,在干部职工和中学生中发起学习“党的十四大精神”和争当“四有新人”读书活动。1996 年,县文明办编印《德安县市民文明公约》《村民文明守则三字经》。1997 年,开展“讲文明、树新风”、创建省文明卫生城市、“树文明市民形象”知识竞赛和演讲比赛活动。2000 年,在中小学生中开展“告别不文明行为”“我是文明使者”系列活动,举办“加强社会公德、争做文明市民”演讲比赛和“崇尚科学文明、反对封建迷信”大型图片巡回展。2005 年,开展“学隆平爱家乡,学院士爱科学”主题教育活动;以“礼仪在德安,文明伴我行”为主题,举办“礼泉杯”首届国家公职人员礼仪大赛活动。2006 年 4 月,开展为期 2 个月“文明德安”行动,在文化广场组织“文明德安我先行”万人签名,举办“文明九江”报告会;在“双创”活动中,编发《国有健康教育读本》等宣传材料 3 万余份,开展“我们都是主人翁,创建人人当先锋”“小手大手同携手,共为德安增靓色”等十大系列活动。2008 年,开展“讲文明话、办文明事、做文明人、建文明城”系列活动,举办“人文德安,和谐家园”读书节暨捐书赠书活动。

第三节　职业道德教育

创建“青年文明号”

1994 年,在人事、公安、邮政等 20 多个窗口服务部门开展“青年文明号”创建活动。组织“青年文明号”开展“慰老、扶弱、敬先”活动,与社会弱势群体、低保人员、下岗特困职工结成帮扶对子,长期帮扶。至 2008 年,全县有市级“青年文明号”36 个,县级“青年文明号”80 个。

1994～2008 年德安县获市级“青年文明号”单位一览表

表 30－1－1

年份	单位
1994	德安县邮电局市话机务班、德安县委招待所团支部、德安县国税局郊区分局
1995	德安县棉纺织厂后纺车间、中国工商银行德安县支行东风路储蓄所、中国农业银行德安县支行城郊储蓄所、中国建设银行共青支行房地产信贷部
1996	德安县农资公司
1998	德安县工商局桥东所、德安县国税局邹桥分局、德安县公安局
2005	德安县供电公司营业班、德安县烟草专卖局配送部
2007	德安县公安消防大队、德安县公安局吴山派出所、德安县森林公安局彭山派出所、德安县公路段路政大队、德安县供电公司营业班、德安县国税局稽查局、德安县国税局办税服务厅、德安县地税局聂桥分局、德安县地税局办税服务厅、德安县地税局丰林分局、中国电信德安县分公司营业班、中国电信德安县分公司维修班、德安县移动通信分公司永兴路营业厅、德安县供水公司用水管理所、德安县城市建设和管理监察执法大队、中国人寿保险股份有限公司德安分公司、德安县烟草公司专卖局配送部
2008	德安县第二中学、德安县建设局、德安县市政公司、德安县消防大队、德安县武警中队、德安县人保公司

评选职业道德标兵

1992年,围绕培养"四有新人"目标,开展文明竞赛活动。县财政局牵头组织金融、财贸系统等单位开展优质服务竞赛,文广局牵头开展文化娱乐场所净化社会风气竞赛,蒲亭镇牵头在各街道商户中开展"门前三包"竞赛,整治市容市貌,实现"道路常洁、秩序常好、服务常优、镇容常新"。1997年,在创建省文明卫生城活动中,开展以加强职业道德建设、纠正行业不正之风为主要内容的文明服务竞赛活动。各行业、窗口单位完善职业道德规范,组织开展"文明柜台""文明班组""青年文明号""百城万店无假货"和"满意在我店"活动,评选"十佳服务明星""十佳工商税务人员"和"十佳民警"。工商部门在个体经营者中开展评选"文明门店"和"文明摊位"活动;党政机关结合"三讲",开展"创建优质服务、优良作风、优美环境、做人民满意公务员"活动。2002年,县卫生系统获"九江市文明行业"称号。2006年,开展"十佳文明单位""十佳文明经营户""十佳文明家庭""十佳文明卫士""十佳文明市民""十佳文明司机""十佳文明少年"评选活动。2007年,对评出的十佳单位、家庭和个人进行表彰。

第四节　家庭美德教育

创建"五好(文明)"家庭

1985年起,开展"五好家庭"和"文明家庭"评选活动,评出"五好(文明)"家庭550户。1987年,评出五好家庭3791户、文明家庭600户。至1990年,共评出"五好(文明)"家庭10049户。1992年,开展精神文明建设和"五好家庭""文明楼院"竞赛活动。1996年,评出"文明家庭"36户。1999年,评出文明楼院2个、五好文明家庭35户。2000年,开展义务星、守法星、节育星、和睦星、敬老星、教子星、新风星、文化星、卫生星、致富星创建活动,评出"十星文明户"4000户。2005年,开展创评"文明信用农户"活动,评出一级信用农户10户、二级100户、三级500户。2006年,县妇联组织"十佳文明家庭"评选,评出"德安县十佳文明家庭"10户、"全省五好文明家庭"3户、"全国五好文明家庭"1户。

其他主题教育

1987年,开展"勤俭新婚夫妻"评选活动,教育妇女移风易俗、婚姻自主、婚事新办。1995年,在中、小学发起"中国母亲"读书活动。1998年,县妇联开展"尊老爱幼活动月"活动;倡导抵制塑料袋活动,向市民赠送环保纸袋2000余个。1999年,开展纪念"母亲节"暨"家庭文化月"活动,为老人"献爱心、送温暖",为母亲"办好事实事"。2003年,开展学习型家庭进社区活动,在街心广场开展"远离麻桌、走近书桌"万人签名活动。2004年,建立县级"学习型家庭""美德在农家"示范点6个。2005年起,塘山乡每年开展"孝顺好儿女(媳)"敬老爱老先进评选和表彰活动。2006年,开展"和谐平安家庭"创建、"文明新德安·孝顺好儿女"评选活动,评出德安孝顺好儿女11人,5人评为市"孝顺好儿女";塘山乡新塘村被评为"全国敬老模范村"。2007年,设立由富阳春天商住小区开发商捐赠的"德安县春蕾助学基金",获资助"春蕾母女"48对。2008年,宝塔乡八一村石子岭自然村被评为县"平安家庭"示范村。

第二章　青少年革命传统与思想品德教育

第一节　革命传统教育

1986年，开展纪念红军长征胜利50周年“红军杯”竞赛活动，教育青少年学习红军艰苦奋斗、勇于献身的精神。1989年，县一中举办“国家美、家乡美”主题演讲和迎国庆40周年“祖国在我心中”诗歌朗诵等活动。1993年，团县委组织少先队开展“三爱（爱党、爱国、爱军）”主题教育和少先队知识大赛等活动。1999年，在青少年中开展“辉煌50年，跨进新世纪”读书教育和组织演讲、征文、主题班会、主题团日等活动，举办庆祝新中国成立50周年知识竞赛。2005年，组织青少年参观“德安革命史陈列展”和“纪念中国人民抗日战争暨世界反法西斯战争胜利60周年历史图片展”，举行抗战歌曲汇演。2006年，组织中小学生观看优秀教育影片《背着爸爸上学》《隐形的翅膀》，举办《走进红色江西》《红色之旅》《红色之旅江西行》《红色的故事》读书活动。

第二节　思想品德教育

1985年，在中小学开展以方志敏为楷模，学雷锋、争先进、做新时代小主人和“五讲四美三热爱”活动，成立文艺、体育等兴趣小组。在青年中开展争做文明青年、建设文明岗位、创造文明生活竞赛。1987年，在少先队中开展以“五爱”（爱祖国、爱人民、爱科学、爱劳动、爱社会主义）为主题的“希望杯”竞赛活动。1996年，成立县少儿合唱队、舞蹈队、乐队等，学员120人，每周开展活动2次。2000年，在全县中小学生中开展“告别不文明行为”“我是文明使者”活动，举办“加强社会公德、争做文明市民”演讲比赛和“崇尚科学文明、反对封建迷信”大型图片巡回展。2001年，县图书馆开办中小学音像电子馆暨少儿阅览室，接待中小学生1万余人次，借阅书刊2.7万册。2004年，县委宣传部、团县委、教育局等8家机关单位干部和中小学生近300人参加清理京九铁路沿线塑料袋等白色垃圾活动。2005年，“六一”儿童节期间开展“德安县首届儿童舞蹈大赛”；彭山林场关工委在居民楼院成立关工小组，开辟青少年活动阵地；蒲亭镇关工委聘请义务网吧监督员12名，对未成年人上网进行监督。2006年，开展“中华魂”读书活动，组织中小学生开展作文和演讲比赛，赴市参赛获奖2个；开展“留守儿童致外出务工父母一封信”征文比赛，优秀作品编印成册；团县委、司法局、法院和检察院在县明珠职高联合举办青少年法律知识讲座，赠送法律知识读本，参加听课学生400余人。2007，实施“基础工程、免疫工程、爱心工程”三大工程，通过创建青少年维权岗、建立青少年志愿者队伍，搭建青少年工作平台，以“手拉手”“一帮一”等形式，开展留守儿童托管、流浪儿童救助保护、劣迹青少年帮教扶助、困难伤残青少年家庭扶贫帮困等工作；关工委报告团到全县中学作报告26场、科普讲座12场，举行“科普之冬”青少年科学知识教育活动。

第三章 创建活动

第一节 创建文明卫生县城

1997年,成立创建省文明卫生城领导小组,制定《关于开展“讲文明树新风”、创建全省文明卫生城市活动的决定》。1998年9月,洪灾过后,县爱卫会、文明办开展除四害灭鼠活动。1999年起,重点抓主干道绿化、硬化、美化、亮化建设;落实路段包干责任制,清除卫生死角,垃圾袋装率85%以上;加强市容市貌、交通秩序、户外广告、饮食摊点、农贸集市、建筑工地与余土、殡葬等规范管理。2000年,获“九江市1998~1999年度创建文明城市(城区、县城)进步奖”。2004年,获“九江市2002~2003年度创建文明城市工作进步奖”。2006年,获“九江市2004~2005年度创建文明城市工作先进县”称号。7月,启动创建省级卫生、园林城市活动,成立“双创”工作领导小组和办公室,印发《德安县创建省级卫生城市、园林城市工作实施方案》《德安县市容环境卫生暂行规定》《德安县人民政府关于城区公共环境卫生整治的通告》和《德安县城区“门前五包”责任制实施办法》。县直及驻县各单位对城区19条路段实行包干负责制,部门一把手任路段长。2007年10月,德安县城被评为“九江市卫生县城”。2008年2月,召开县“双创”工作调度暨创建省级卫生县城迎检动员大会,表彰2007年度“双创”先进个人。

第二节 创建文明村镇

1996年,成立县实施创建农村精神文明建设“5552工程”领导小组,制定《德安县农村精神文明建设“5552工程”创建实施方案》:通过3年时间创建文明家庭36个、文明村5个、文明乡镇企业5个、文明集镇2个。同年,木环乡岳山垅村、丰林镇丰林村通过文明村达标验收;聂桥集镇、丰林集镇相继通过文明集镇达标验收。1998年,在“5552工程”创建活动中,丰林企业集团、车桥造纸厂、聂桥油脂有限公司、杨桥羽绒厂、木环煤矿机械厂、黄婻轧花厂和林泉轻钙厂7家企业达“文明乡镇企业”标准。2004年,各乡镇制定规划,开展村容整治,完善公共设施,开展“文明集镇”“文明小康示范村”“十星文明户”等评比活动。2005年,县政府下发《关于蒲亭镇桂林村10组等10个小康文明示范村规划编制的批复》。2006年,印发《德安县新农村文明手册》。同年,丰林镇和河东乡上畈村荣获“江西省创建文明村镇工作先进村镇”;宝塔乡岳山垅村被授予“江西省文明村镇”。2008年,宝塔乡岳山垅村被评为全国创建文明村镇工作先进村镇。

第三节 创建文明单位

1986年,有省级文明单位3个,市级文明单位7个,县级文明单位(村)56个。同年,对市级以上文明单位进行复查,原市级文明单位浔阳电子仪器厂报送为省级文明单位。7个市级文明单位重获命名。1994年,新命名省级文明单位4个,其中文明村1个;市级文明单位7个,其中文明村1个。同年,原56个县级文明单位(村)通过审查复核。1995年,有省级文明单位5个、市级文明单位8个、县级文明单位33个。1998年,县农发行等23个单位被评为县级文明单位,县工行等4个单位被评为省级文明单位。2008年,有省级文明单位7个,市级文明单位24个,县级文明单位13个。

1996～2008年德安县获省级文明单位一览表

表30－3－1

年份、届别	文明单位
1996～1997 江西省第六届	人民银行德安县支行、工商银行德安县支行、县工商行政管理局、县交通稽查征费所
1998～1999 江西省第七届	县工商局、县气象局、县人民医院、县聂桥镇
2000～2001 江西省第八届	县气象局、县人民医院、工商银行德安县支行、县运管所、县邮政局、县聂桥镇
2002～2003 江西省第九届	县电信局、县人民医院、县邮政局、县地方税务局、县运输管理所、县气象局、县国税务局
2004～2005 江西省第十届	省高管局田塘管理所、县电信分公司、县人民医院、县邮政局、县地方税务局、供电公司
2006～2007 江西省第十一届	县国税局、县供电公司、县人民医院、县邮政局、江西省电信公司德安分公司、县地税局、德安公路分局

1998～2008年德安县获市级文明单位一览表

表30－3－2

年份	文明单位
1998～1999	县运管所、县公路段、聂桥派出所、聂桥镇中心医院、县粮油工业公司、省交警总队直属支队蒲亭大队、县供电局、农发行德安县支行、江西浔阳电子仪器厂、县交通稽征所、工商银行德安县支行、省高管局田塘管理所、县国税局、县水泥厂、县新华书店、县电信局、县邮政局、县消防大队
2000～2001	缺
2002～2003	县人武部、德安公路分局、省高管局田塘管理所、县消防大队、县教育局、县中医院、磨溪乡政府、工商银行德安县支行、丰林镇政府、县烟草局、河东乡政府、聂桥地税分局、蒲亭镇派出所、县供电局、交通稽征所、四五八厂、县新华书店、农发行德安县支行、县建设局、县地税局丰林分局、德安港行管理所、移动公司德安分公司、市长运总公司德安公司
2004～2005	县国税局、县消防大队、宝塔工业园管委会、县环保局、县交通稽征所、县广播电视台、县检察院、县财政局、县运管所、县烟草专卖局、县安监局、管德安公路分局、县地税局丰林分局、县地税局邹桥分局、县地税局聂桥分局、移动公司德安分公司、县新华书店、长运德安公司、县建设局、蒲亭镇政府机关、磨溪乡政府机关、丰林镇政府机关、河东乡政府机关
2006～2007	广电网络德安分公司、长运德安分公司、德安公路分局、县地税局邹桥分局、县地税局聂桥分局、县地税局丰林分局、县安监局、农行德安支行、县房管局、县交通稽征所、县二小、县新华书店、县国税局、县残联、县广电台、县工业园、县气象局、县检察院、县一中、县财政局、县建设局、县烟草专卖局、县港航管理所、县供水公司

2002~2008 年德安县获县级文明单位一览表

表 30-3-3

年份	文明单位
2002~2003	蒲亭镇政府、县检察院、县委招待所、县博物馆、县武警中队、县环卫所、县公路分局杨桥养路队、县公路分局白果养路队、县港航监理站、县城管监察执法大队、县信访局、县地税局邹桥分局、县地税局稽查分局、县地税局征收局、县地税局管理局、磨溪乡政府、河东乡政府、丰林镇政府、县国税局稽查分局、县国税局丰林分局、县财保公司
2004~2005	宝塔乡政府、县公安局、县卫生局、县房管局、农行德安支行、县行政服务中心、县商管办、县残联、广电网络德安分公司、团县委、县博物馆、县一中、县东佳中学、县供水公司、县地税局稽查分局、县地税局蒲亭分局、县地税办税服务厅
2006~2007	县人民法院、县卫生局、县行政服务中心、县商管办、团县委、县博物馆、县东佳中学、县农合行、县食药监局、德安地方海事处、县地税局稽查局、县地税局蒲亭分局、县地税局办税服务大厅

第四节　文明共建活动

军民共建

1985 年后,县文化部门于每年“八一”建军节组织文艺工作者到驻县部队慰问,开展形式多样的文化进军营活动,受到官兵欢迎。驻县海后 38574 部队与林泉乡、黄婻乡一直保持拥政爱民、军民共建的优良传统。每年建军节、中秋节、春节期间,乡政府组织村民、民兵、学校师生及乡文艺演出队慰问驻军,开展联欢活动;部队官兵关心当地群众的生产和生活,为学校修整操场和课桌椅,为群众义务治病,关心帮助孤寡老人,农忙季节帮困难户耕种,为地方政府和农户提供运输帮助。在开展军民共建活动中,着重抓理想、法制、职业道德教育,努力培育“四有”公民。1999 年,县人武部机关在民兵中开展“一连扶一户,同走致富路”扶贫帮困活动。2000 年,成立县军民共建社会主义精神文明领导小组,制定《关于开展“军民共建文明村镇”活动的实施意见》,部队团、营单位包挂乡镇、村。同年,驻县海后 38574 部队与林泉中学获市文明委表彰。2004 年,县人武部成立以政委为组长的“三建两扶”领导小组,落实部党委成员定点帮扶责任制,开展“三建两扶”活动。2006 年,开展“军民一家亲,创建当标兵”军民共建活动。

城乡共建

2004 年,省文明委决定,组织省文明委成员单位和部分省级文明单位帮建文明村镇示范点。省财政厅、新闻出版局分别将吴山乡樟树村、丰林镇乌石村定为帮建对象;县运管所将河东乡上畈村定为帮建对象,县直各单位根据县文明委要求实行包乡蹲村,开展帮扶活动。同年 5 月,省财政厅投资 500 余万元帮助樟树村修水泥路、架“连心桥”,建起 27 公顷竹园和 7 公顷板栗园;投资 55 万元改造樟树小学教学楼、新建学生宿舍,建筑面积 900 平方米,购置钢架床 100 张;厅机关干部为樟树村小学筹集爱心款 2.3 万元,赠送书包、文具盒 120 套。经过 3 年帮建,吴山乡樟树村、丰林镇乌石村、河东乡上畈村整体面貌得到改善,成为文明村示范点。2007年,县人民医院、供电公司获省文明帮建先进单位称号。

第四章　美德新风事例

第一节　敬业奉献

塘山小学教师陈爱娇,在丈夫因车祸去世后,含辛茹苦赡养婆婆和父母,将2个孩子抚养成人,扎根塘山小学新塘村教学点36年,所教学生品行端正、成绩优良,赢得社会良好口碑。县交警大队警员徐心友,身患淋巴癌,矢志不渝坚守工作岗位,认真处置每一起案件,文明执法,深受群众爱戴。县蒲塘小学教师张瑞珍,为500余名留守儿童和单亲家庭孩子建立爱心档案,随时掌握学生情绪变化,2008年作为九江市代表参加中国妇女第十次代表大会。吴山乡敬老院院长吴宗礼,带领仍有一定劳动能力的老人养猪、养鸡、种菜,并自费千元请人帮工,年创收7000余元,改善老人伙食,添置彩电等文化娱乐设施,丰富老人文化生活,2003年被省民政厅评为"三院"建设先进个人。

第二节　孝老爱亲

宝塔乡东山村村民戈莲英,1988年起,20多年关心赡养一个从外地漂泊到此神智不清的老人,让这个没有任何血缘关系的老人享受到家的温暖,2008年被评为"德安县道德模范",当选第二届"感动九江十大人物"。河东乡河东村雷竹英,20年如一日先后赡养4位80高龄老人(其中一位孤寡老人),多次获市、县"孝顺好儿女"和"五好文明家庭"称号。车桥镇长庆村黄桂英,精心护理因车祸高位截瘫的儿子十来年,为儿子战胜病魔树立信心,得到乡邻称赞。蒲亭镇东风社区吴峰,帮助下肢瘫痪的儿子大小便、穿衣洗脸、上学放学,陪伴儿子在求学路上艰难前行,从没迟到一分钟,他说"这辈子就做儿子的腿"。

第三节　助人为乐

县二中教师邓新国,中国志愿者协会注册会员,德安义工联发起人,发展会员110人,组织义务服务工时累计超16000小时,其个人奉献6000余小时,用于组织发展、慈善捐款近3万元,2008年被评为省城乡社区优秀志愿者。县二中退休教师辜惠兰,在县少儿活动中心等处办班13年,免费开展少儿书法教学。县福华矿业有限公司董事长祝福洲,致富不忘乡亲,先后资助39名贫困学生,为73户饮水困难群众接通自来水,捐款37万元修建村级水泥公路。车桥镇退休干部吴方耀,十多年来义务救治病人数以千计。

第四节　拾金不昧

出租车司机陈辉,2006年4月10日拾得乘客遗忘在车内的16000余元现金和贵重物品,主动联系并归还失主曾某。高塘乡村民熊水香,2006年5月28日在路边拾得装有近万元现金和重要证件的手提包一个,首先找到村支书,然后通过证件上的联系方式,将失物归还失主孙某。县“天下一绝”餐馆店主,2007年9月4日晚发现到县投资考察的福建客商将手提包遗忘在店内,即刻赶至宾馆,将手提包交到客商手里,不留姓名,令几位远道而来的客商感动不已。

第五节　艰苦创业

吴山乡园艺场洪有女,由15棵桃树苗起步,种植规模发展到20多公顷,并带动周边村民种植果树67公顷,引进优良水果品种30多种,建起一个农民自己开发的“园艺场”,先后当选乡、县、市、省人大代表和县政协委员,被评选为省劳模、全国“双学双比”女能手。鸿立食品有限公司董事长任珍秀,下岗后自谋职业创建公司,安排下岗职工和社会人员300余人就业,公司年产生姜系列产品1000多吨,产值2000多万元,创汇300多万元,获省优秀女企业家称号,公司被评为市级龙头企业。聂桥镇宝山村何耀湖,自幼患小儿麻痹,但他自强自立,创办敷阳综合养殖场,养殖蛋鸡10余万只,安排就业近20人。县萤石公司朱曙光,曾在企业子弟学校任教,后辞职经商,2000年注册经营“福泰欣”布鞋店,自主开发布鞋千余种,吸纳加盟店500余家。蒲亭镇北门社区戴荣华,幼时双目失明,通过在外所学按摩技术,2003年回县城开设盲人按摩中心,多年来为困难患者减免按摩治疗费8000多元,同时无偿为其他盲人传授按摩技术,帮助解决就业。江西轮胎厂下岗职工郭小平,自主创业建立德安矮子板鸭厂,安置就业50人,所制板鸭系列产品获消费者好评,2008年获省食品博览会优秀企业奖。

卷三十一

居民生活

卷三十一　居民生活

1985年，德安县农民人均年纯收入388元，国有单位职工年均工资1054元，城镇集体单位职工年均工资625元，城乡居民人均储蓄存款117元。随着农业产业结构调整、农村剩余劳动力外出务工经商、农业税费取消等系列惠农政策落实，农民收入不断增加；企业改制和就业渠道拓宽，城镇职工工资稳步增长。行政机关和事业单位经过两次工资改革，职工工资逐步提高；全县居民收入和生活消费发生历史性变化，居民生活从温饱型向小康型转变。2008年，农民人均年纯收入4560元，比1985年增长10.8倍；国有单位职工年均工资18740元，比1985年增长16.8倍；城镇企业职工年均工资14730元，比1985年增长22.57倍。城乡居民人均储蓄存款12885元，比1985年增长109.1倍。全县居民消费水平指标值9989万元，其中城镇居民6003万元，农村居民3986万元。

县内佛教、道教、伊斯兰教、天主教、基督教在传播与发展过程中求同存异，和谐共存。2008年，全县经政府批准的宗教团体2个，宗教活动场所41处，宗教教职人员63人，信教群众8000余人。

随着改革开放步伐加快，物质与文化交流日益频繁，居民思想观念和传统习俗顺应潮流，移风易俗，形成新旧糅合、内外兼容的民风民俗。

德安话（方言）属赣语昌靖片区，以县城话为代表，有新、老派之分。老派县城话受北方话影响较大；新派县城话受南昌话影响较大，赣语特点更明显一些。改革开放后，普通话日渐普及，青少年普遍接受普通话教育，方言呈减弱和替代趋势。

第一章　居民收入与消费

第一节　居民收入

农民收入

20世纪80年代,随着农村生产责任制落实、国家提高农产品收购价格,农业连年增产,农民逐年增收。1985年,农民人均年纯收入388元。1990年,人均年纯收入708元,比1985年增加320元。1991年起,扩大棉花种植面积、发展特色产业,经济效益逐步提高。1997年,农民人均年纯收入2348元,比1990年增加1640元。1998年,全县遭受特大洪灾,当年农民人均年纯收入1768元,比上年减少580元。2001年后,农业产业化经营规模不断扩大,农村外出务工人员增加,工资性收入明显增长,根据县统计局对农村70户抽样记账调查,农民收入稳定上升。2004年,农民人均年纯收入2980元。2008年,农民人均年纯收入4560元,是1985年的11.8倍。

1985～2008年抽样调查农民家庭人均年纯收入一览表

表31－1－1　　单位:人、元

年份	户均人口	人均总收入	家庭经营收入	人均纯收入
1985	5.54	503.08	474.07	388
1986	5.41	546	523.14	416
1987	5.27	556	514.28	449
1988	5.21	659	606.05	468
1989	5.28	865	791.67	569
1990	5.1	1013	626.57	708
1991	5.03	1099	1001.88	810
1992	4.84	1270	1124.07	900
1993	4.67	1554	1307.10	1020
1994	4.88	2234	1929.26	1425
1995	4.88	2623	2305.99	1646
1996	4.73	2793	1578.70	2002
1997	4.36	3161	2558.78	2348
1998	4.53	2561	1281.00	1768
1999	4.49	2357	902.8	2010
2000	4.31	2451	1110.00	2014
2001	4.36	2536	1559.54	2070
2002	4.46	2665	1674.97	2222
2003	4.26	2992	166.40	2479
2004	4.06	3516	1944.40	2980
2005	4.37	3879	2108.41	3345
2006	4.4	4556	2579.67	3546
2007	4.36	5030	2950.24	3988
2008	4.26	6203	3619.00	4560

职工收入

1985年后,国家进行两次工资制度改革和多次工资调整,国家机关和事业单位工作人员工资逐步提高;随着企业改革逐步深化,经济效益不断提高,职工收入逐年增加。1985～1997年,国有单位职工工资平均年递增11.5%;城镇企业职工工资平均年递增15.5%。1998～2008年,国有单位职工工资平均年递增14.8%,其他从业人员工资平均年递增13.7%;城镇集体职工工资年均递增12.5%,其他从业人员工资平均年递增10.8%。

1985～1997 年德安县城镇单位职工收入一览表

表 31－1－2　　　　单位：人、万元、元

年份	国有单位职工			城镇企业职工		
	人数	工资总额	人均工资	人数	工资总额	人均工资
1985	13731	1447.0	1054	3068	192.0	625
1986	20812	2328.9	1119	3220	246.3	765
1987	22680	2726.1	1202	3379	255.8	757
1988	24457	3605.0	1474	3319	293.7	885
1989	24942	3773.7	1513	2993	352.6	1178
1990	24921	4209.2	1689	2894	361.8	1250
1991	26257	4805.0	1830	3491	440.2	1261
1992	31307	6014.1	1921	2764	338.9	1226
1993	35961	7961.8	2214	2823	390.7	1384
1994	31362	9280.0	2959	3390	695.0	2050
1995	46915	15421.0	3287	4695	1216.5	2591
1996	44309	17471.0	3943	3737	1766.1	4726
1997	44033	17194.9	3905	3661	1291.6	3528

1998～2008 年德安县城镇单位职工收入一览表

表 31－1－3　　　　单位：人、元

年份	国有单位职工				城镇企业职工				其他单位	
	从业人数	其中在岗人数	在岗职工平均工资	其他从业人员平均劳动报酬	从业人数	其中在岗人数	在岗职工平均工资	其他从业人员平均劳动报酬	从业人数	平均劳动报酬
1998	15554	15448	4697	2330	3207	3207	4542		182	4486
1999	15225	14930	5083	5018	3195	3195	4771		190	4700
2000	14960	13678	5345	5244	3255	3245	5266	3500	152	4974
2001	14327	13012	7962	4238	2940	2926	5656	4928	152	3974
2002	10780	9839	9068	6098	2817	2817	5541		230	6104
2003	7956	7318	8775	7294	1243	1201	8220	7404	2788	8657
2004	8019	7369	9573	7903	1275	1229	8326	6490	2900	8686
2005	8740	8042	10432	10260	1274	425	10740		3086	9609
2006	9803	9119	12130	12434	1277	432	11609	9311	3193	10505
2007	9906	9038	14866	9359	1035	425	11509	8462	3215	11680
2008	13292	12754	18740	8424	743	743	14730		6660	12510

第二节　居民消费

食　品

20 世纪 80 年代初，居民食品消费以解决温饱为主。80 年代中后期，随着居民收入水平提高，饮食由吃得饱转向吃得好、吃得健康，讲究口味、营养，水果大量进入普通居民家庭。2008 年，食品消费额比 1985 年增长 2.89 倍；其中主食消费额占 21.63%，比 1985 年下降 4.2 百分点。

衣　着

20世纪80年代,城乡居民衣着以裁缝师傅量体裁衣制作为主;90年代起,向购买成衣转变。面料、花色、款式逐步多样化、高档化,城乡居民衣着打扮逐渐趋于一体化。

居　住

1985年,农村人均住房面积21.59平方米,住房大多为土木或砖木结构;城镇居民住房大多数由单位分配或房管部门出租公房。上世纪90年代末,城镇居民住房向单位集资建房或购买商品房转变,有少量私人建房,并注重室内个性化装修。2008年,城镇居民人均住房面积比1985年增长2.7倍;农村人均住房面积35.97平方米,比1985年增长66.6%,住房以钢筋混凝土结构为主。

交通　通讯

20世纪80年代,城乡客运班次偏少,乡镇居民出行多以自行车代步;通讯以信函、有线电话为主。1990年,全县人均交通费5.94元,通讯费0.17元。随着居民收入不断提高,交通、通讯业快速发展,居民消费观念和结构随之发生变化。摩托车、电动车逐步取代自行车,小汽车开始进入普通家庭;城乡客运班次增多,出租车、公交车成为城区代步工具;传统书信、电报逐渐淡出,家庭电话和手机逐渐普及。2008年,全县有摩托车6987辆,家庭小汽车465辆;固定电话用户31250户,手机用户79524户。

文教娱乐

1985年,农村人均文教娱乐消费13.54元。20世纪90年代起,投入逐年增加。1997年,人均消费243.06元,是1985年17倍。其中,学杂费186.65元,占76.79%;技术培训费24.94元,占10.26%;文化娱乐31.47元,占12.93%。随着物质生活改善,城乡居民文教娱乐方式、水平发生改变和提升。县城相继办起网吧、电玩、歌厅、舞厅、录像厅,吸引城乡青年娱乐消费。外出旅游成为时尚消费,在每年"五一""十一"、春节长假期间都会形成旅游热。文化教育消费也逐年提高,县新华书店发行收入由1989年125.6万元增长到2008年706.06万元。

1985~2008年部分年份抽样调查农民家庭人均生活消费一览表

表31-1-4　　单位:元/人

年份	人均支出	其中:物资消费						
		小计	食品	衣着	居住	交通通讯	日用品	燃料
1985	346	333	170	25	95		31	11
1990	910	548	343	49	65		70	20
1996	2281	1471	821	133	189	27	171	-
2002	2212	1686	852	—	—	—	—	—
2006	3901	2827	1047	—	—	—	—	—
2008	5041	3411	1292	—	—	—	—	—

1985~1997年部分年份抽样调查农民家庭人均食物消费一览表

表31-1-5　　单位:千克/人

年份	稻谷	蔬菜	食用油	肉类	蛋类	鱼类	水果	酒类	
								白酒	啤酒
1985	344	185	5.1	12.7	1.9	2.0	4.0	3.8	
1990	340	175	8.7	16.6	2.2	2.8	4.3	4.0	0.6
1997	281.4	148.5	11.5	16.0	1.3	3.9	68.4	13.4	15.5

1985～2008 年部分年份抽样调查农民家庭主要商品百户拥有量一览表

表 31－1－6　　单位：台、只、辆、部/百户

年份	黑白电视机	彩色电视机	收录机	钟表	组合音响	洗衣机	电风扇	电冰箱	空调	自行车	摩托车	电话	手机	缝纫机
1985	13	—	116	177	—		17			52				60
1990	68	2	80	232		1	102			98				78
1997	57	11	15	136		4	95	24		71	1			66
2002	47	30	7		1	4	121	6		57	10	44	7	
2006	7	72	—		5	5	152	8		22	33	65	65	
2008	1	77	—			11		13	6	26	41	56	88	

第三节　居民储蓄

1985 年，城乡居民储蓄存款余额 1572 万元，人均 117 元。1986 年后，存款额大幅增长。1990 年，存款余额 7058 万元，比 1985 年净增 5486 万元，增长 3.5 倍。1995 年，存款余额 46676 万元，比 1985 年、1990 年分别净增 45104 万元、39618 万元，增长 28.69 倍、5.61 倍，人均 3070 元。2005 年，存款余额 137239 万元，比 1995 年增长 1.94 倍，净增 90563 万元。2006 年后，存款增长迅速。2008 年，存款余额 210102 万元，比 2005 年净增 72863 万元，增长 53.1%。

1985～2008 年德安县居民储蓄存款余额一览表

表 31－1－7

年份	城乡居民储蓄存款余额			年份	城乡居民储蓄存款余额		
	存款（万元）	年递增（%）	人均（元）		存款（万元）	年递增（%）	人均（元）
1985	1572		117	1997	50618	7.04	3275
1986	2181	38.74	160	1998	48525	－4.13	6044
1987	3070	40.76	222	1999	66574	37.19	4237
1988	4181	36.19	294	2000	67690	1.67	4308
1989	5100	21.98	351	2001	76281	12.69	4834
1990	7058	38.39	483	2002	86877	13.89	5478
1991	9640	36.58	656	2003	102134	17.56	6356
1992	12267	27.25	830	2004	116254	13.82	7172
1993	17728	44.51	1210	2005	137239	18.05	8808
1994	31610	78.30	2121	2006	154210	12.36	9749
1995	46676	47.66	3070	2007	168881	9.51	10522
1996	47286	1.3	3061	2008	210102	24.41	12885

第二章 宗 教

第一节 佛教信众与活动

佛教信众

1985 年,境内有香山寺(观音阁)、元阳寺、金山寺、一字园、宝塔寺、广修寺、清静庵、红庙等寺庙,每座寺庙有 1~2 名僧(尼),另有居士常来寺庙。2008 年,全县有登记寺庙、庵堂 24 处,备案僧尼 47 人,香山寺、元阳寺、清净庵、广修寺均有 3~5 名僧人或比丘尼,其他寺庙有 1~2 名僧(尼),皈依佛门居士 1000 余人。

主要活动

20 世纪 80 年代,元阳寺恢复重建,建有大殿一座,寮房一栋。1992 年,香山寺(观音阁)由东林寺方丈果一法师赠送文殊菩萨一尊,永由德安香山寺供奉。1993 年 8 月,香山寺前殿落成,广大信众礼请省佛协会长、东林寺方丈果一法师主持开光典礼法会。1996 年 3 月,红庙批准为宗教活动场所。同年 8 月,东林寺监院释德心到香山寺(观音阁)指导佛事和香山寺后殿开光仪式。1999 年 4 月,县宗教部门批准释德心住持香山寺。2000 年,比丘尼释普净主持清静庵事务。2005 年 12 月,成立县佛教协会,会址设香山寺。2006 年,清静庵寮房、客房及海会塔竣工,举行庆贺和开光典礼。同年 10 月,经宗教主管部门批准,红庙更名弘法寺。2007 年,清静庵山门竣工,举行庆贺典礼。2008 年 5 月,清静庵大殿、斋堂、大寮重建竣工。同年 8 月,香山寺举行千手观音殿开光仪式。

寺庙由出家僧尼住持,实行斋戒,定时念经、持咒、礼拜三宝,以供佛、斋僧、说法等仪式开展法事活动,在合法场所举行各种法会。皈依佛门居士则在家诵经礼佛,定期到寺庙看望师父、文明烧香、科学放生、参加早课和发心帮助寺庙建设。

第二节 道教信众与活动

道教信众

1985 年,有道观 2 座。位于宝塔乡梅桥村十二组的乾寿宫,原名仙姑殿,清雍正元年(1723)始建,历时近 300 年,屡经兴废;民国初年,为方便当地香客信众和采聚风水,迁建现址,更名乾寿宫;1992 年扩建,有教职人员 3 人。位于林泉乡清塘村七组的芙蓉寺,有教职人员 1 人。至 2008 年,有登记道观 2 处,授徒皈依 24 人,有信教群众 300 余人。

主要活动

道士居家修行,执行早晚功课,履行、传授正一教法,从事抽签卜卦、推衍五行,上门为信众祈禳消灾、超度亡灵等。传播范围主要在宝塔乡梅桥、八一、东山、九里等村和永修县梅棠镇一带及林泉乡清塘村周边。

第三节 伊斯兰教信众与活动

伊斯兰教信众

伊斯兰教信众主要为河南、江苏、安徽籍回族。1945 年抗战胜利后,有回族难民辗转德安落户。

1952年,回族教民王怀德由市商业局下派德安,组建县食品公司,开办清真食品业务,后举家迁居德安。1955年,有金姓回民因工作调动落户德安。1963年,有江苏、安徽籍回民4户24人分别到宝塔、萤石矿和共青垦殖场落户。1968～1970年,“文化大革命”期间,九江下放德安立新镇、宝塔乡、河东乡、彭山林场回族居民6户32人。1985年,全县有回族18户92人。至2008年,有回族居民21户87人。

主要活动

伊斯兰教信众遵循5项宗教功课,即“五功”:念清真言、礼拜、斋戒、天课、朝觐。每周五为“会礼”日,即“主麻”日,穆斯林群众集中在清真寺做礼拜。开斋节(肉孜节)、宰牲节(古尔邦节)、圣纪为伊斯兰教三大节日。每年教历9月为封斋月,10月1日为开斋日,即开斋节,当日穆斯林群众到清真寺参加会礼,欢度开斋节。县内回民宗教活动主要集中在九江清真寺举行。

1985～2008年德安县宗教活动场所一览表

表31－2－1

宗教类别	活动场所		登记年份	宗教类别	活动场所		登记年份
	名称	地址			名称	地址	
佛教	元阳寺	车桥镇昆山村六组	1996	佛教	德慧寺	林泉乡小溪山村四组	2007
佛教	正观寺	磨溪乡新田村九组	1996	道教	乾寿宫	宝塔乡梅桥村十二组	1996
佛教	金山寺	磨溪乡磨溪村五组	1996	道教	芙蓉寺	林泉乡清塘村七组	2000
佛教	法云寺	宝塔乡田塘村五组	1996	基督教	聚会点	车桥镇九井村信众家	1996
佛教	黄原寺	吴山乡何铺村十一组	1996	基督教	福音堂	蒲亭镇义峰南路	1998
佛教	广修寺	吴山乡红桥村六组	1996	基督教	聚会点	邹桥乡杨坊村信众家	2006
佛教	朝天寺	邹桥乡杨坊村一组	1996	基督教	聚会点	爱民乡红岩村信众家	2006
佛教	普严寺	邹桥乡邹桥村一组	1996	基督教	聚会点	蒲亭镇附城村信众家	2006
佛教	香山寺	丰林镇乌石门村	1996	基督教	聚会点	聂桥镇宝山锑矿信众家	2006
佛教	云水寺	彭山林场彭山宋家	1996	基督教	聚会点	林泉乡小溪山村信众家	2006
佛教	清静庵	宝塔乡岳山垅村四组	1996	基督教	聚会点	车桥镇车桥村信众家	2006
佛教	清安寺	林泉乡清塘村七组	1996	基督教	聚会点	车桥镇义门村信众家	2006
佛教	红庙	宝塔乡岳山垅村	1996	基督教	聚会点	邹桥乡石门村信众家	2006
佛教	宝塔寺	蒲亭镇附城村六组	2005	基督教	聚会点	磨溪乡尖山村信众家	2006
佛教	太平寺	塘山乡新塘村十一组	2005	基督教	聚会点	磨溪乡董家村信众家	2006
佛教	宝绩寺	丰林镇黄婳村白云岭	2005	基督教	聚会点	河东乡河东村信众家	2006
佛教	双峰寺	聂桥镇芦溪村六组	2005	基督教	聚会点	车桥镇白水村信众家	2006
佛教	一字园	爱民乡红岩村二组	2005	基督教	聚会点	宝塔乡杨桥村信众家	2006
佛教	青山寺	爱民乡土塘村七组	2006	基督教	聚会点	高塘乡顾田村信众家	2006
佛教	大林寺	宝塔乡团山村	2007	天主教	活动小组	宝塔乡岳山垅村四组	2006
佛教	万福寺	邹桥乡杨坊村	2007				

第四节　天主教信众与活动

天主教信众

20世纪初,天主教由荷兰神父传入德安,县城东门洲建有天主教堂1座。抗日战争时期,教务活动停止。1951年,教堂收为公产。20世纪90年代,县城有少数信徒,宗教活动一般到南昌或九江教堂参加。1994年,有信教群众30余人。2006年,经县宗教主管部门批准,成立县天主教活动小组,有信徒80余人。

主要活动

洗礼、礼拜、"四大瞻礼(圣诞节、复活节、圣神降临节、圣母升天节)"是天主教主要活动。20世纪90年代,县城有少数信众,宗教活动一般到南昌或九江教堂参加。2000年起,宗教活动由活动小组自行组织,分散在信众家中举行,重大教务活动和"四大瞻礼"邀请九江天主教神父、修女来德安主持,指导读经、讲道,开展活动。

第五节　基督教信众与活动

基督教信众

清宣统三年(1911),基督教传入德安,县城南门码头建有福音堂。民国27年(1938)8月,日寇入侵德安,教务活动停止。新中国成立初,有少数信徒、居民小范围活动。1997年,基督教信徒增至500余人,分散在教徒家中开展活动。1999年12月,经县宗教主管部门批准,设立基督教县城聚会点,由县城聚会点牧养聚会场所16处,分布部分乡镇。至2008年,有登记活动场所16处,信教群众1300余人。

主要活动

2004年8月,义峰南路福音堂落成庆典,成立县基督教"三自"爱国运动委员会、县基督教协会。基督教主要活动有洗礼、圣餐、礼拜等。洗礼表示受礼者与耶稣同死、同葬、同复活,成为新人,是入教者必须领受的第一件圣事,洗礼后才算是正式信徒。圣餐在每月最后一个星期日举行。礼拜是教会主要活动,在每个星期日举行,包括祈祷、诵经、唱诗、讲道等内容,因耶稣在星期日复活,故星期日又称"主日"。

第三章　民　俗

第一节　节日习俗

传统节日

春节　为一年中最重要的节日,国家设公休假3天。外出者一般情况下都在节前回家与亲人团聚。居民多以农历腊月二十四日为小年,部分以二十三日为小年,一般在小年前张罗年货,杀年猪、磨豆腐、打糍粑、炸馃子、炒花生和豆子、切米糖,扫扬尘,祭灶神。浙江移民过年兴包粽子,做米粿。从腊月二十五日起,不同姓氏按传统习俗"还年福"(吃年饭)。年饭前要先敬祖宗神灵或上坟祭奠先人,吃年饭不许催促,不许说不吉利的话。大年三十(除夕),家家张贴春联,有的悬挂红灯笼。除夕夜,全家人围坐火炉旁通宵“守岁”，长辈给未成年晚辈发压岁钱。正月初一早晨“出天方”，由家中主事男性略备茶酒点心，放鞭炮、焚香揖拜四方天地，为新年祈福；然后，到祠堂拜祖宗，给家中长辈拜年，向同村人拜年。初二亲友间互相拜年。初三“拜大年”，即向头年去世的亡人表示哀悼。初七（上七日）后，拜年基本结束，开展玩龙灯、唱戏等娱乐活动，直至元宵节，期间亲友互相宴请。改革开放后，过年习俗由繁到简，农村家庭待客糕点大多到城里购买，县城部分居民年夜饭在酒店订席，打电话、发短信拜年成为时尚。党政机关举行“团拜会”“茶话会”，邀请离退休或回乡探亲人员座谈联欢，组织向军烈属、劳模拜年，向五保户、困难户送慰问金或礼品等活动。

元宵节　正月十五日，又称“上元节”。旧俗这天晚上家中各个房间，包括厨房、厕所、畜圈及阴暗地方都要点灯烛，山里人家大都点枞光（有油脂的松柴片），黄昏时送灯到亲人墓前，焚香礼拜。自古有“三十晚的火，月半夜的灯”的说法。现在人们多以电灯笼代替蜡烛。城乡都有玩龙灯、跑竹马、划彩船、舞狮子等娱乐活动。晚餐之丰富一如年夜饭，元宵（汤圆）必不可少。出远门者，大都在元宵节后启程。

花朝节　为农历二月十五日。旧时青年人都选择在这天结婚。还有以二月初二日或二月十二日为“小花朝”。

清明节　即农历二十四节气的“清明”日，公历每年4月4日或5日。国家设公休假1天。相传清明前后各3日，加之清明当天，山神不管事，人们带着祭品和工具，为亲人扫墓、迁葬或立碑。届时，天气转暖，春意浓郁，人们都在清明期间外出“踏青”，游玩赏景。党政机关、团体、学校组织祭扫烈士陵园（墓）活动。

立夏节　即农历二十四节气的“立夏”日。县城及周边有在这天蒸米粉肉的习惯，以示有粮有肉，五谷丰登。

端午节　又称“端阳节”，为农历五月初五日。国家设公休假1天。家家大门插艾蒿，挂菖蒲，以艾蒿喻旗，菖蒲喻剑，以示辟邪驱鬼，并在房檐角洒雄黄酒，熏苍禾烟以除疫气。节宴一般设在中午，十分丰盛，除鱼肉外，必不可少的是糯米粽子，发粑、茶蛋、咸蛋、熟大蒜。用彩色丝线编蛋箩（篓），然后装上用祭红（染料）涂抹外壳的红蛋，吊在小孩胸前玩耍，用雄黄为小孩点额头。现在，在家门插艾蒿挂菖蒲习俗依旧，也有政府或群众团体组织龙舟比赛。

天贶节　又叫“六月六”，为农历六月初六日。旧时民间有在这天吃发粑的习俗。由于梅雨季节已经过去，人们争相翻晒衣物，以防蛀除霉。

吃新日　为农历六月的第一个卯日。这时稻熟在望，新蔬盈市，旧俗各家于这天摘谷穗三根放一碗饭上祭祖，吃肉加餐，谓之“过年吃新，每人一斤”。

七夕节　也叫“乞巧节”，为农历七月初七。相传为牛郎织女一年一度鹊桥相会之时，旧俗女子在星光下引线穿针，谓之“乞巧”。现在有人把它叫作“中国情人节”，恋人之间会在这天赠送鲜花和礼物。

中元节　也叫“七月半”“盂兰会”，为农历七月十五日。此节由佛教法事演变而来。俗传七月初一祖先亡灵回阳间，十五返阴间，人们在此前1～2天祭祀祖先。常见做法是“烧包袱”：将纸钱用纸包好，写上先人和送包袱人姓名焚烧。也有人家请道士做法事，超度亡灵。还有人用蜡纸折成船形油灯置蜡烛点燃放入河中，谓之放河灯，以吊溺亡之人。

中秋节　也叫“仲秋节”或“团圆节”，为农历八月十五日。国家设公休假1天。旧时人家多在当晚于门口或庭院摆设香案，呈贡月饼等果品，焚香拜月，然后围坐赏月吃饼。亲友间常以月饼作礼物相馈赠。

重阳节　也称“重九”，为农历九月初九日。民间有重九登高免灾的说法，旧时读书人爱在这天登高赋诗。当今各地诗社也在这天开展活动，谓之“重阳诗会”。1996年，国务院将重阳节定为中国“老年节”，借助传统节日孝亲敬老。政府部门多于此日走访慰问离退休老同志、长寿老人和敬老院老人，县老年体协多在此期间组织老年人开展体育健身比赛活动。

冬至节　即农历二十四节气中的“冬至日”。旧时把这天当作新一年开始,因此有祭天祭祖的习俗,有人选择这天修坟或立碑。

腊八节　为农历腊月初八。旧时人们用籼米、糯米、豆子、红枣、花生、芝麻、红薯、芋头混合煮成粥,称“腊八粥”。现在仍流行煮“腊八粥”,只是原料根据各自喜好而不同。

现代节日

元旦　公历1月1日,俗称“阳历年”。国家设公休假1天。机关单位多举行文化娱乐活动。

国际劳动妇女节　公历3月8日。国家为女性公民设公休假半天,各级妇联组织在此前后开展文化娱乐和体育活动。

植树节　公历3月12日。机关、团体、学校大多组织开展植树造林活动。

国际劳动节　公历5月1日。国家设公休假1天,各级工会常在此前后评选劳动模范,表彰先进人物。

五四青年节　公历5月4日。机关、学校多在当日开展各种纪念活动,或组织入团(共青团)宣誓。

国际儿童节　公历6月1日。学校、幼儿园多组织少年儿童开展娱乐活动,或组织入队宣誓。

中国共产党诞生纪念日　公历7月1日。各级党组织开展表彰先进、慰问老党员活动,举行新党员入党宣誓。

中国人民解放军建军节　公历8月1日。县委、县政府组织慰问县武装部和驻县部队官兵,开展拥军优属、拥政爱民活动。

中国教师节　公历9月10日。县乡领导到学校走访慰问,教育部门表彰优秀教师。

中华人民共和国国庆节　公历10月1日。国家设公休假3天。机关单位张灯结彩,举办各种文体活动,欢度节日。有越来越多的人借此长假外出旅游或走亲访友。

外来节日

进入20世纪80年代后,国外的一些节日逐渐在域内流行,如公历2月14日情人节、5月第二个星期日母亲节、6月第三个星期日父亲节、12月25日圣诞节,人们大多模仿外国风俗赠送礼物,致以问候和祝福。

第二节　礼仪习俗

婚　嫁

传统婚嫁需履行议婚、订婚、报日、迎娶四个程序。

旧时议婚需请媒人从中说合,双方家长互相了解,男女双方见面后建立恋爱关系。当今男女自由恋爱,“现成媒人”居多,父母意见仅作参考,不再具有包办因素。

订婚时有些人家还要看属相,“大相不合”者一般不结亲。多数人家则是男方同媒人将订婚礼品及礼金一起送往女家。旧时订婚日将男方鞋样送至女方,女方按鞋样为男方做布鞋,又称“送样”;现多为男女双方互换信物,如戒指、项链等贵重金属物品。

报日是由男方长辈代表偕同媒人将聘礼聘金送至女方家,俗称“送大礼”。还要送女方外婆、舅舅及伯叔、姑姑家礼品。并告知选定迎亲日期,以便女方家做好婚嫁的各项准备工作。

迎娶时女方办出嫁筵,男方办结婚筵。部分家庭为子女办结婚筵席时,请专业司仪主持,男女双方父母出席婚礼,主婚人、证婚人致辞,亲友点歌祝贺。迎娶时,大多有车辆接娶新娘,21世纪后迎亲车辆增多,档次越来越高,设有主婚彩车,配有摄影师,拍摄迎亲场景并制作影碟,留作纪念。旧时新娘打扮穿红装，盖红巾，如今请专业化妆师化妆，身穿洁白婚纱，佩戴“新娘”鲜花礼扣，以中西婚俗融合的方式与宾客见面。

拜　师

为人之师，历来受人们尊敬，有“一日为师，终身为父”之说。学徒拜师，首先要请拜师饭，学徒期限一般2～3年，第一年师傅管饭，第二年师傅给点零花钱，第三年赚点微薄工资。学艺期间，春节、端午节、中秋节须给师傅送礼，平常要帮师傅承担部分家务劳动。出师须办“脱师酒”。脱师后有的还要帮师一年，报答师傅，师傅则介绍和分给适当受业范围并赠送一套手艺工具，帮助徒弟独立从艺谋生。改革开放后，学徒学艺方式发生变化，除师傅面授外，还有专业培训、专业书籍自学等，但授受双方同样保持特殊师徒关系。

寿　诞

庆贺寿诞做生日筵由来已久。男女年届60称花甲，子孙要给老人办酒席庆贺。一般做虚（虚一岁）不做实。旧俗寿堂陈列寿烛寿花、寿鱼寿肉等物。今俗子孙和亲戚前往送礼拜寿，主人设酒席以致谢意。城里人有的在电视台点歌、打字幕为老人祝寿，农村有请剧团或电影队在本村演戏、放电影祝寿并答谢亲友。

筑　造

私人建房沿袭请风水先生择基定向，择日开工（起手）、上梁（封顶），鸣放鞭炮，举行相关仪式，设筵款待工匠、亲邻以示庆贺。乔迁新居称“过屋”，择吉日吉时，新屋门前摆放楼梯一架或新竹一对，以示节节攀高。搬家具时，要先进柴（财）、米、油、盐之类。亲朋好友、邻里族人携带壁镜、画匾或礼金前来祝贺，主人设筵致谢。20世纪90年代起，城区居民乔迁新居时，在饭店酒楼设筵，招待前来祝贺的亲朋好友。

丧　葬

旧时民间丧葬习俗有停尸、入殓、吊香、出殡、安葬、复三、做七、“拜大年”、做周年等礼仪。“文化大革命”期间有所简化，当今传统风俗复行。世人去逝后，即焚香烧纸，为死者沐浴更衣，将遗体移放厅堂木板上，用白布和草纸掩盖身面，如遇酷暑炎夏，便用冰棺停尸。一般都要请地仙看“风水”，选葬地和安葬日期。入殓时，死者口中含铜钱一枚，在鞭炮声中“封棺”。入殓后，有些人家请道士念经，请乐队放哀乐、唱哀歌。出殡时，红毯覆盖棺材，上面有纸扎白鹤1只。子孙身穿孝衣，腰系草绳，脚穿孝鞋，头戴孝帽，手执“哭丧棒”，长子背负“万年粮”，长子或长媳端灵牌，长媳或其他儿子端遗像，送葬人等胸佩白花，由幡帐、挽联领头，花圈随后，沿途抛撒纸钱，鸣锣放炮，逶迤前行，直至坟场。安葬时用粑果祭穴，芝麻秆烧灰“暖井”，井底垫铜钱、硬币若干。下葬三天内每晚到坟上焚烧烟把，第三天“复三”，后辈上坟添土、烧纸祭奠。“五七”时，后辈上坟烧纸祭奠，部分还请道士焚香念经。第二年正月初三，在家设祭台，亲朋上门“拜大年”，办“新香酒”。20世纪90年代后，丧葬礼仪中掺入不少现代元素，祭奠时焚烧电冰箱、彩电、洗衣机、收录机、小汽车等纸扎品。

第三节　民间信仰

神　龛

旧时农村民居厅堂正中多设有神龛，挂“天地君亲师”神榜，配有对联，神台上祀奉先祖牌位和遗像。有的在出远门求财、升学或遇凶吉事时，在神台前作揖，“打珓”问卜，或双手合掌祷告，祈求出门大吉，凡事顺心，耕种丰收，消灾避祸。当今，此俗已不常见。

宗　祠

旧时宗祠是家族祭祖、修谱、家教和议事场所,有祠堂地租维持祠内开支。20 世纪 50 年代后,祠堂作为公产征用,后随着公益事业发展,多数祠堂闲置,有的因年久失修倒塌。20 世纪 80 年代后,部分祠堂得到维修和恢复,成为家族成员联络感情的活动场所。至 2008 年,全县有 89 个姓氏建有 386 座祠堂和分支祖堂。其中,蒲亭镇 6 座、丰林镇 74 座、聂桥镇 39 座、车桥镇 13 座、宝塔乡 31 座、河东乡 23 座、高塘乡 46 座、林泉乡 38 座、吴山乡 41 座、磨溪乡 23 座、爱民乡 18 座、邹桥乡 21 座、塘山乡 56 座、彭山林场 6 座、园艺场 2 座。塘山乡郑湖村 10 组吴氏祠堂修建于清代同治六年(1867),历时 140 余年仍保存完好。

第四章　方言　谚语　歇后语

第一节　方　言

区域特点

本域语言属赣语昌靖片区。南片金湖话,因与星子县交界,受星子话影响较大;米粮铺、共青及宝塔乡部分村与永修县毗邻,语言受永修话影响;东北片林泉清塘话因与九江县接壤,受九江话影响较大;西片车桥、西北片塘山、北片吴山大岭等地毗邻瑞昌市和武宁县,受瑞昌及武宁话影响。

县城话为德安话代表方言。县城话又有新派、老派之分,老派县城话受北方官话影响较大,新派县城话受南昌话影响较大,赣语特点更明显一些。有些乡镇受外来人员语言影响,形成具有一定特色的地方语言。

语音特点

(一)保留了一套送气浊塞音、塞擦音声母:(b‘、d‘、dz‘、dʐ‘、dʑ‘、g‘)

(二)n、l 分明。普通话 n、l 拼齐齿呼时德安话读 ȵ 或 t‘、d‘。如“泥”读꜀ȵi,“岭”读꜂t‘iaŋ,“林”读꜀d‘lin,

(三)声母平舌、翘舌分明,但翘舌音无 ʐ,普通话 ʐ 声母字德安话读 l。如“然”读꜀lɛn,“热”读 lɛe,

(四)韵母无撮口呼 y,普通话撮口呼字德安话读高央元音 ʉ。如“云”读꜀ʉn,

(五)入声韵中老年人发音大多带有喉音塞尾 ʔ,年轻人塞尾消失。

(六)调类有 9 个。阳平和阴去的送气与否直接影响发音的调值,从而形成不同的调类。阳平如“时”的调值为 44,“穷”的调值为 24;阴去如“送”的调值为 45,“唱”的调值为 214。

以下记述的老派县城语的语音系统。

声母　德安话共有声母 29 个。

P 波布	p‘怕匹	b‘盘步	m 门买
f 风胡	t 到德	t‘太踢	d‘道夺
n 南纳	l 兰闰	ts 糟邹	ts‘仓醋
dz‘从锄	s 散山	ts 招主	ts‘昌处
dz‘虫潮	s 书扇	tc 精经	tc‘秋丘
dz‘齐杰	n 年女	c 先线	k 贵举
k‘开缺	g‘葵跪	n 岸暗	h 河合

韵母　德安话共有韵母 59 个。

ɿ 资 ʅ 知	i 皮比	u 猪故	
a 爬蛇	ia 霞野	ua 瓜寡	ʉa 靴
o 科河	uo 锅过		
ɛ 锯	iɛ 爹	uɛ 喂	
ai 开介		uai 歪块	
ɑu 桃保	iɑu 交巧		
eu 烧亩	ieu 条叫		
	iu 牛有		
ui 亏桂	ui 居区		
au 间胆	uan 关万		
on 短酸	uon 管碗		
真成	in 林紧	温魂	un 云军
庚展	莲烟	权园	
帮党	良响	王光	
争生	命饼	横梗	
朋东	穷胸		
吸逼	织湿	发八	壁吃
各作	药脚	革侧	接月
欲绿	福木	桔	袜刮
国阔	缺决		
二耳	m 姆	n 你	n 五

声调　德安话共有 9 个声调

阳平:˦˨	42	诗天高粗
阴平:˦	44	时农寒麻
阳平:˨˦	24	穷唐铜白
上声:˧˨	32	古月女碗
阴去:˦˥	45	盖送寄汉
阴去:˨˩˦	214	痛抗唱菜
阳去:˨	22	电洞用汗
阴入:˥	5	百七绿急
阳入:˩˨	12	十活局服

结构特点

亲属称谓,人称代词和指示代词有独特的词形与读音,如"他"都说"佢"。区别动物性别的语素往往放在动物名称的后面,如"牛牯""鸡婆"。有些并列关系的合成词,其排列顺序与普通话不同,如普通话的"热闹""喜欢",德安话为"闹热""欢喜"。保留了一些古汉语词汇,如"戏"(玩要)、"欠"(想念)。双宾语大多直接宾语在前、间接宾语在后,如"借一块钱给我"。可将补语的位置与中心动词分离,置于宾语之后,如"我挑得两百斤起"。比较句,用介词或动词引进比较对象,如"这棵树长似那棵树""这女的跑得过男的"。疑问句一般把否定词放后面,如"你今天到城里去不?""你吃饭没?"。否定句用否定副词"非"表示双重否定的肯定内容,如"你非要去,我也有得办法"。是非句惯用反问,如"你不来是不?”。名词或称谓后面往往后缀以“里”或“得”,如“崽里”“妹得”。形容词后往往缀以“咯”,如“天气墨黑咯”“碗里的水沸滚咯”。虚词方面,一般不用动态助词“着”“了”“过”。单音节词丰富,保持一些古汉语语法特点。

方言词汇举隅

说明:以下所录方言词汇,有音无字的,以普通话中的同音字、近音字或同义近义字代替,不考求本字。

日头(太阳)　月光、凉月(月亮)　龙雹子(冰雹)　摄获、打获、打闪(闪电)　落雨(下雨)　上冻、上凌、起凌、结凌冰里(结冰)　日上、日里(白天)　黑早(早晨)　上昼(上午)　中时(中午)　夜边、断黑边上(傍晚)　今昼、今日(今天)　门朝、明昼、明日(明天)　后日(后天)　晏后日、外后日(大后天)　前日(前天)　线前日、大前日(大前天)　昨日(昨天)　旧年(去年)　爹(祖父)　嫲、婆(祖母)　家公(外祖父)　家婆(外祖母)　爷、爹(父亲)　嗯妈、姨(母亲)　丈老(岳父)　丈母(岳母)　母舅(舅舅)　舅母(舅妈)　姑爷(姑父)　姑(姑母)　姨爷(姨父)　姨(姨母)　大爷(伯父)　大娘(伯母)　细爷(叔父)　细娘(叔母)　外头人、男客(丈夫)　里头人、马马、女客、屋里(妻子)　老弟、老、老妹(弟弟、妹妹)　崽(儿子)　崽里(男孩、小孩)　女(女儿)　妹得、女得(女孩)　老旦里(男老人)　老嫲里(女老人)　新妇(儿媳)　郎(女婿)　郎中(医生)　博师(木匠)　砌匠(泥瓦工)　剃头咯(理发匠)　大师傅(厨师)　捡家婆、接生婆(接生员)　花子、告化里、讨米咯(乞丐)　拐子(跛子)　憨咯(傻子)　克膝坡(膝盖)　后跟(脚跟)　奶(乳房、奶水)　鼻孔(鼻子)　脚骨里(腿)　胳骨(胳臂)　手指米、手指丫得(手指)　脚趾米、脚趾丫得(脚趾)　螺蛳骨(踝骨)　酒凼里(酒窝)　指鸭逢里(指甲、趾甲)　寒蟮里(蚯蚓)　檐老鼠(蝙蝠)　夜火虫、夜末虫里(萤火虫)　梁山伯(蝴蝶)　康斤里(蜻蜓)　灶蚂里(蟑螂)　灶蚂蟋蟀(灶蚂蟋)　推屎虫里(屎克郎)　黄屎(神)　遛里(黄鼬)　疙蚤(跳蚤)　扁老(臭虫)　蜈归虫里(蜈蚣)　牛牯、牯牛(公牛)　牸牛(母牛)　牛崽(小牛)　伢猪(公猪)　郎猪、脚猪(公种猪)　草猪、猪婆(母种猪)　鸡公、鸡公头里(公鸡)　线鸡(阉公鸡)　鸡婆(母鸡)　赖鸡婆(抱窝母鸡)　伢狗(公狗)　草狗(母狗)　走栏(牛发情)　走槽、走窠(猪、狗发情)　赶样(鸡交合)　发粑(馍)　清汤(馄饨)　洋芋头(马铃薯)　谷(稻谷)　芦粟(高粱)　粟米(小米)　胡椒(辣椒)　变瓜(南瓜)　洋茄里(西红柿)　屋场(村庄)　灶屋(厨房)　茅司(厕所)　被服(被子)　袱里、袱得(毛巾)　叫骨里(哨子)　笤帚(扫帚)　潲水(泔水)　色气(颜色)　气色(味道)　上底、下底(上面、下面)　边上(旁边)　跟下(附近)　摞转(周围)　徛倒(站立)　客气(漂亮)　溶(稠)　跍倒(蹲下)　赖呆、劣屑、吓人(肮脏)　好过(舒服)　有得事(没关系)　打皮寒(发疟疾)　哇事(说话)　确病哇里(聊天)　我几、俺几(我们)　我哩(咱们)　嗯几(你们)　佢几(他们)　么事(什么)　而是缠、么样缠(怎么办)　个把客(一位客)　双把筷子(一双筷子)　客眼将、刚一脚(刚刚)　碰香(很香)　梆硬(很硬)　费臭(很臭)　极痒(很痒)　苕(傻)　崭新(很新)　打乱哇里(胡说)　打破嘴(劝人不做某件事)　猪婆癫(癫痫)　默到(料到)　焓水(烧水)　添饭(盛饭)　舞饭(做饭)　困醒(睡觉)　栽瞌困(打盹)　反手(左手)　顺手(右手)　脚板(脚掌)　肚巴骨(肋骨)　老庚(同龄)　老华(同姓)　磙子(轮子)　鸡橱(鸡笼)　摇窠(摇床)　菜绺(菜苔)　枞树(松树)　下崽(动物分娩)　蒂把(果实顶端的梗)　搭谷(脱粒)　发棵、发兜(分蘖)　逗把(故意打岔)　斗风(逆风)　麻纷雨(毛毛雨)　天光(天亮)　鸦鹊(喜鹊)　团鱼、脚鱼(甲鱼)　老鸦(乌鸦)　筑气(关节受伤)　塌车(误车)　盘(玩弄)　潽(液体溢出)　醒(融化)　哈、兴(蒸煮)　嗦(吸吮)　扑倒(反过来)　扯潮(受潮)　造恶、造孽(做坏事)　撇断(折断)　短住(拦截)　驮打(挨打)　行时(运气好)　背时(运气差)　不好过(生病)　肉巴(柔软)　邪皮(喜欢动手动脚)　段人(骂人)　驮段(挨骂)　锯琴、扯琴(拉琴)　钳毛(拔毛)　找角头、找骆壳(找岔子)　摞(叠)　爬开(扒开)　斗(凑)　撇脱(干脆)　脱卵（糟糕）　耿板（不开窍）　秋（薰）　嚼蛆、跳蛆（乱说）　抻敨（平整、好看）　叶壳（空瘪）　赤人（冰凉）　打痴（打滑）　喜得（幸好）　歹设、醒、撤（骗人）　扯草（拔草）　斫柴（砍柴）　恰饭（吃饭）　样牛（放牛）　捏（玩）　高猪（杀猪）　饮汤（米汤）　绰气（生气）　屌里（鸟）

第二节　谚语　歇后语

谚　语

人争气，火争焰。

理不亏，嘴不软。

爷不死，崽不乖。

穷算命，富烧香。

看花容易绣花难。

小时不动，大了有用。

年怕中秋，月怕十五。

千金买屋，万金买邻。

田怕秋干，人怕老穷。

养儿防老，积谷防饥。

胸中无志，枉活一世。

不怕事难，只怕志短。

开水不响，响水不开。

酒须少饮，理要多知。

浇花浇根，教人教心。

戏在人唱，地在人种。

一日三笑，不用吃药。

不气不愁，活到白头。

立夏拔草，秋后吃饱。

不知绳短，但怨井深。

吃着碗里，看着锅里。

牛急乱挤，人急乱说。

挺着肚子，装饱汉子。

柳树开花，冇得结果。

劈柴看纹，抬脚看路。

书要精读，田要细管。

舌头无骨，翻进翻出。

生成的相，沤成的酱。

火要空心，人要实心。

晴带雨伞，饱带饥粮。

王瞎子算命照直来。

一样泥种出百样花。

瞌睡碰到枕头。

一勤生百巧,一懒生百病。

寒从脚上起,病从口中入。

人情大似债,头顶锅来卖。

人情似把锯,拉过来扯过去。

种田怕误时,读书怕过考。

是非终日有,不听自然无。

好牛在力气,好汉在志气。

两脚站得牢,不怕大风摇。

笑破不笑补,笑过不笑改。

儿不嫌母丑,狗不嫌家贫。

开铺的纸贵,种田的屎贵。

人引着不走,鬼拉着飞跑。

好树结好果,好铁铸好锅。

物是新的好,人是旧的好。

要想人心足,除非黄土筑。

新妇堂前拜,爷娘一身债。

上屋搬下屋,去掉三箩谷。

菜没盐无味,话没理无力。

打铁看火候,种田看季节。

为了一片篾,斫掉一根竹。

镰刀挂上壁,屋里冇饭吃。

远处捉鱼不如近处摸虾。

一进山门就想做大和尚。

万事半知,不如一事全知。

眼过千遍,不如手过一遍。

翘棍子打蛇,总有一头落实。

请客莫请鸡婆客(女客),请五十来一百。

远路从近处走,大事从小处看。

心急等不得人,性急钓不到鱼。

蛮干不如巧干,迟干不如早干。

自己东西当宝,人家东西当草。

根不正、苗必歪;少不学,老必呆。

牛耕田,马吃谷;爷做事,崽享福。

一锄头是动土,两锄头也是动土。

隔夜想起千条路,早起依旧走现路。

好崽不要爷田地,好女不穿嫁时衣。

渴时一滴如甘露,醉后添杯不如无。
柴堆里藏不住火,筛子里装不住水。
活要活得有奔头,死要死得有分量。
天上无云不下雨,胸中无志不成材。
粉往自己脸上抹,灰往人家身上撒。
爱叫的鸟做不了巢,爱吹的人干不了事。
按倒的母鸡不下蛋,强按的牛头不喝水。

歇后语

老虎拉车——谁赶(敢)
泼油救火——帮倒忙
哑巴蚊虫——暗咬人
孔子徒弟——贤(闲)人
花圈出店——不是好事
快刀切葱——两头空
狗吃牛粪——贪大堆
黄瓜打鼓——一锤子买卖
麻杆抬轿——担当不起
甘蔗吹火——一窍不通
吊死鬼要账——逼命
下雨挑稻草——越挑越重
财神爷讨饭——装穷
后娘打崽俚——暗地使劲
乌鸦笑猪黑——自丑不觉
舌头舔鼻子——高攀不上
喉咙里的痒——抓不着
丫鬟坐椅子——偷空
搽粉进棺材——死要脸
针头上抹油——又尖(奸)又滑
叫花子唱戏——穷开心
裁缝丢剪刀——光剩尺(吃)
麻布袋绣花——底子差
麻袋装钉子——个个都出头
瘦田的芋头——个个都是爷
门神卷灶爷——画(话)里有画(话)
卤汤罐里卤肉——有盐(言)在先
对着大风吃面——张不开嘴
阎王爷出水痘——尽是鬼点子
捂着肛门放屁——假斯文

一个人拜兄弟——你算老几
叫花子泻肚子——入不敷出
老头儿的拐杖——早晚得扔
哈巴狗坐椅子——假充人丁
六个指头搔痒——多一道子
要饭的借算盘——穷有穷的打算
戴着斗笠亲嘴——差得远
独木桥上遇仇人——冤家路窄
豆腐掉进灰罐里——吹打不得
半天云里挂口袋——装风(疯)
清明坟上捡钱用——要不得
八十岁老太嫁人——图利不图名
三十晚上捡个兔子——有它无它都过年

卷三十二　人物

卷三十二　人　　物

德安山川灵秀，文化昌盛，人才辈出。各时期优秀人物对德安经济和社会发展做过重要贡献，本卷收录909人次，其中人物传收录本志时限内逝世的红军、抗日战士及社会知名人士9人，以卒年为序；人物简介收录中国工程院院士、抗日战士、社会知名人士及县外德安籍专家学者112人，同类人员以出生年月为序；人物表收录本志时限内烈士3人，在县内工作生活的市级以上劳模（"五一"劳动奖章获得者）、省部级以上先进个人96人次、副高级以上专业技术职称人士578人，县外德安籍县（团）级人士和副高级以上专业技术职称人士111人；烈士表以烈士牺牲时间为序，劳模、先进人物表以获荣誉称号时间为序，其他各类人员以姓氏笔划为序；前志补遗2人。

长期在德安工作和生活的客籍人士，本卷收录时一并视为本籍人士。同时具备收录职务、职称条件的，不重复收录。已在人物传和人物简介中收录的，不再列入相关人物表中。多次获得荣誉的，分别予以收录。

第一章　人物传

匡文志(1905~1991)　吉安县人,中共党员。1930年在家乡参加中国工农红军。历经3次反围剿、二万五千里长征、抗日战争、解放战争。长征途中背着一口大铁锅,爬雪山、过草地,历经艰难到达延安。在革命工作中,坚守平凡岗位,任劳任怨。新中国成立后,在省军区后勤部工作。1955年因身体原因转地方供养休息。1962年安排到德安休养。1985年离休,厅级待遇。1991年5月4日逝世。

陈　琴(1919~1992)　曾用名陈裕光,广东省钦县人,中共党员。1938年参加革命。1940年后,历任中央军委二局校对员、中央社会部工作员、张家口铁路局运输科副科长。1946年下半年参加东北地区肇州、青冈县土改工作。1947年1月后,历任青冈县第四区区委书记、县委执委、县委组织部副部长。1948年随军南下。1949年6月11日,率南下干部第八大队到德安开辟新区工作,任德安县军管会主任、工委书记。他不顾疲劳深入农村宣传党的政策,收缴民间枪支弹药,取缔黑市交易,全面接管国民党的县、乡政权,建立人民政府。8月初,在剿匪斗争中,亲自带队向匪特活动中心地区的岷山、彭山、付山进军,所到之处,匪特溃败。在陈琴的领导下,共惩治恶霸112人、地主334人,清剿土匪688名,受到全县人民拥戴。9月后历任县委代理书记、书记,兼任县第一、二、三届各界人民代表会议主席。1952年7月调中南局党校。1955年8月后,历任武建机电公司党委书记、武建机装公司党委书记、国家第一冶金建设公司党委副书记。1981年离休,厅级待遇。为新中国成立后德安县首任县委书记。在德安工作期间勤政务实,作风朴素,平易近人。1992年1月12日逝世。

余立博(1914~1993)　又名光怡,河南省新县人。1929年在河南省罗山县博济医室当学徒。1934年9月起行医于德安县城乡和九江县马回岭一带。1952年参加组建县中医联合诊所。1953年起为县医院临床医师。1979年调入县中医院任主治医师。1980年获省劳动模范称号。曾连续7年获县劳动模范及先进卫生工作者称号。余立博一生行医,服务热情,博采民间单方、验方,屡起沉疴,深受群众称赞。退休后收集整理医案600余例,以嘉惠后学,造福乡里。其医疗经验被收入《江西省名老中医经验录》。其在遗嘱中云:"珍惜晚年,退而不休,振兴中医,是我所求。"1982年退休。为第二届县人大代表、第一届县政协委员。1993年5月逝世。

吴庭兰(1916~1999)　河北省隆尧县人,初中文化,中共党员。1937年10月参加革命,历任八路军15师10旅30团班长、排长、副连长,新四军3师10旅30团连长、副营长、代理营长,西蒲军区第一医院科长,黑龙江省克山县粮食科科长。1949年随军南下。6月11日,与德安县军管会主任陈琴一道到德安开辟新区工作。面对当时残留的敌特、土匪和地主分子相互勾结的严峻形势,他不计个人安危,大胆开展剿匪清匪斗争。除与陈琴一起向匪特活动中心地区进军外,9月6日,又率11名战士,追剿逃散在胜利乡等地的14名匪徒,生俘匪徒4名,击伤3名,缴枪5支。9月15日,以"德安县长亲率战士追剿残匪,歼匪七名"为题的报道刊登于《江西日报》第一版。这些卓有成效的剿匪斗争,有力地保卫了德安县新生的革命政权。历任德安县军管会副主任、公安局局长、县政府县长兼第四届各界人民代表会议常务委员会副主任,都昌县委书记,九江地委工业部副部长,九江行署副专员,江西蚕桑场场长,柘林水电工程局书记,九江地区国防工办副主任,九江行署副专员。为新中国成立后德安县首任县长。1982年离休。1999年逝世。

沈　霖(1924~2000)　蒲亭镇人,国民党军队中将,大学文化。1946年考入海军军官学校,毕业后赴美国留学深造。历任国民党海军中荣、中鼎、中兴、大昭、太仓等舰艇部门主管,海军军官学校、舰训部、两栖部队、海军总部等作战及训练主管,永昌、浮图、临淮、华山一级舰舰长,海军第三军区司令,“国防部”总务局长,舰队副司令,海军第一军区司令。1983 年 12 月退役,任台中港务局局长。1993 年退休。2000 年 3 月在台湾逝世。

杨 恬(1920~2002) 原名德明,宝塔乡梅桥村人,祖籍河南省新县,中共党员。1936 年在北平参加中华民族解放先锋队,当年赴西安参加东北军张学良部学兵队。1937 年 5 月由党组织派往延安抗大学习,期满后留校工作,历任区队长、股长、文工团长、科长。1943 年冬调任八路军总部副科长、科长,之后历任晋冀鲁豫军区司令部副处长、处长,华北军区南线(邯郸)办事处副主任。抗日战争时期,不畏艰险,积极参加根据地的反扫荡斗争,为培养抗日骨干力量做了大量的工作。解放战争时期,于陇海线出击作战中指挥晋冀鲁豫军区司令部直属队圆满完成围困开州敌人及渡河等任务。新中国成立后,历任军委总后勤部处长、局长、副参谋长,抗美援朝战争爆发后,任中国人民志愿军后勤部副部长。1955 年授大校衔。1958 年后,历任解放军总后勤部司令部副参谋长兼后勤部技术装备研究院院长、党委书记。1964 年晋少将衔。1965 年任总后勤部司令部参谋长。1979 年任国务院、中央军委国防科委后勤部部长、党委书记。获中华人民共和国二级八一勋章、二级独立自由勋章、一级解放勋章、一级红星功勋荣誉章,朝鲜民主主义人民共和国二级独立自由勋章。和平建设时期,积极探索新形势下后勤保障和管理的路子,为军队后勤正规化建设作出了贡献。杨恬热爱家乡,关心家乡建设;不忘战友情谊,将一名烈士遗孤抚养成人,培育成才。1985 年离休,正兵团级待遇。2002 年 5 月 8 日逝世。当月,《解放军报》为其发表纪念文章。

戚善宏(1944~2005) 江苏省高邮市人,高中文化,中共党员。1960 年 2 月,在县八里垦殖场南湖畜牧场参加工作。历任共青板鸭厂副厂长、厂长、党支部书记,共青垦殖场副场长兼羽绒厂党总支书记、厂长,共青垦殖场党委副书记、场长。1985 年,有人要为他的父母安排工作,被他拒绝。1989 年,共青酒厂要把他弟弟由厂办公室主任提拔为副厂长,被他阻止。任场长期间,常常深入基层调研,解决各种问题,并鼓励大家“大胆地干,只要能够让共青发展,就什么都不要怕,咱们不过是放鸭的出身嘛”。1992 年 7 月调入九江市工作,历任市委副书记,代市长、市长。1998 年 2 月后,历任省委农工部副部长、省政府农办副主任。为第九、十届全国人大代表,省政协第九届常委,曾获全国“五一”劳动奖章。2003 年,主动提出把自己担任的省委农工部副部长的位置让给更合适的人选,此后,带着肝癌病痛在省政协常委任上继续工作。2005 年 10 月 29 日逝世于天津,入棺衣物仅为平时常穿的圆领衫和的卡布衣,没有一件贵重物品。

李 静(1922~2006) 女,江苏省淮安市人,初中文化,中共党员。1941 年参加革命,历任新四军淮北军区政治部文书和军区独立团卫生队党支部书记,解放军华东野战军 10 纵 87 团机关党支部书记、团供给处党支部书记。1944 年,为了粉碎日伪军对淮北抗日根据地的扫荡,随部队进行大范围战略转移。为不耽误战地救护,把刚出生的儿子托付给亲戚照料,带领团卫生队在激烈的战斗中救治伤员。解放战争时期,参加了开封战役、淮西战役等战役。新中国成立后,历任淮安县城区党支部书记,中国人民银行上海虹口办事处人事科长,石油工业部炼油司人事科副科长,江西体育学院党委委员兼人事科长,德安县民政局局长、医药公司党支部书记、县供销社副主任、县委党校领导小组成员、卫生局副局长。1983 年离休,副厅级待遇。2005 年,获中共中央、国务院、中央军委颁发的“中国人民抗日战争胜利 60 周年”纪念章。2006 年逝世。

龚兆富(1932~1962 **前志补遗**) 奉新县人,高中文化,中共党员。1950 年 8 月参加工作,历任德安县一区政府财粮助理、共青团一区工委组织委员、县委组织部干部、县纪律监察委员会干事、第三区区委副书记、县委组织部干事、县委秘书、县人委民政科长、县委农工部副部长和部长、县委委员。1953 年感染肺疾。1954年,为抗击特大洪水,不顾个人安危,两次跳入湍急的洪水中抢救群众生命财产。在洪峰到达县城时,坚守2天2夜不下圩堤,与群众一起抗击洪水。1958年5月,县第三届人民代表大会,选举担任县人委副县长。"社会主义大跃进"大炼钢铁时期,担任全县后勤总指挥,负责全部物资总调度,夜以继日,呕心沥血,渡过许多不眠之夜。1958年12月,县第三届二次人民代表大会补选担任县人民委员会县长。因长期带病坚持工作,积劳成患,力不从心,于1959年12月辞去县长职务,改任县经济计划委员会主任兼县物价委员会主任、党史编辑委员会主任。带病组织《德安县志》《德安县人民革命史》《德安县革命烈士传》编纂工作,并完成《德安县革命烈士传》编纂。1962年7月逝世,县人民委员会根据内务部《革命工作人员伤亡褒恤暂行条例》,于同年9月以【(62)会民字第14号】文,向省人民委员会、省民政厅、九江行署民政处申报,要求追认龚兆富为革命烈士,以褒扬其为德安社会事业所做的贡献。

第二章　人物简介

第一节　中国工程院院士

袁隆平　1930年9月生,蒲亭镇人。1953年7月毕业于西南农学院,任教于湘西安江农校。1964年开始杂交水稻研究,经过不懈努力,闯过雄性不孕、三系配套等难关,于1974年育成强优组合"南优二号"杂交水稻,并于次年种植成功,在全国推广。之后十年,全国累计种植杂交水稻56亿亩,增产5.2亿吨。1986年,杂交水稻研究列入国家"863"计划,袁隆平任专题组组长。1995年,当选中国工程院院士。曾应邀到美、日、法、意、埃及、菲律宾、澳大利亚讲学和传授技术,全世界100多个国家和地区引种杂交水稻。1998年,越南和印度种植面积分别达到10万公顷和20万公顷以上。1999年10月,国际小星体命名委员会将北京天文台发现的一颗小行星命名为"袁隆平"星。2000年后,全国每年种植杂交水稻1500万公顷,平均产量7.2吨/公顷,比常规水稻增产20%以上。杂交水稻大面积种植,为人类解决粮食问题做出了巨大贡献,袁隆平被誉为"世界杂交水稻之父"。2004年,被中央电视台评为"感动中国"十大人物之一。至2008年,获首届国家最高科技奖等国家级奖项4个和联合国教科文组织科学奖等国际奖项14个。为全国政协常委、湖南省政协副主席、联合国世界粮农组织首席顾问、美国科学院外籍院士。

第二节　抗日战士

张兴龙　1910年生,山东省鱼台县人,中共党员。1938年参加八路军。历任永城独立大队宣传员,八路军第四纵队3团2营6连班长,新四军第4师3团2营6连排长、总队管理员,解放军第三野战军6团连长。1949年随军南下,历任德安县粮食局局长、党总支书记。1972年离休,处级待遇。1997年逝世。

钱呈祥(前志补遗)　1918年生,江苏省淮安市淮安区人,初中文化,中共党员。1941年参加革命。抗日战争时期历任乡农委委员,区民兵中队指导员、联防主任,区委副书记,县抗联青年、农民委员。1943年,在参军动员和征粮工作中各受奖励1次。解放战争时期历任盐城地委巡视组干部、土改工作队书记、区委书记。新中国成立后,历任中行上海中心支行农贷科长,华东区银行干校队长、教导处副主任，石油工业部教育司干部科副科长、北京设计院党办副主任，江西体育学院办公室副主任，德安县城关镇公社党委书记，县统战部副部长，县邮电局、贸易公司、印刷厂党支部书记和革委会主任。1976 年逝世。

蔡振东　1919 年生，河北省迁西县人，小学文化，中共党员。1944 年在迁安县高各庄伪警察署起义后参加八路军，历任班长、排长、副连长、团军训股股长、营参谋长。1952 年任德安县武装部副部长。1954 年转业，历任德安县税务局局长、县检察院检察长，柘林水电工程局六工区党委书记、土建大队党委书记，县萤石矿党委书记。“文化大革命”后历任磨溪供销社主任、县民政局副局长。1983 年 4 月离休，副厅级医疗待遇。1999 年 4 月逝世。

国茂财　1920 年生，山东省莱州市人，中共党员。1942 年参加八路军，历任排长、管理员。1958 年转业，历任德安县民政局副局长，五交化公司经理，食品公司经理。1981 年离休。在战争年代立二等功、三等功各 1 次，四等功 2 次。1989 年 3 月逝世。

费家骥　1920 年 11 月生，江苏省涟水县人，高中文化，中共党员。1941 年 5 月参加革命。历任涟水县岳桥小学负责人、唐吉乡武装联队队长、青救会会长、抗日先锋队负责人，涟东县独立团武宣队分队长、团供给处酒厂厂长，新四军 3 师供给部军需科科员，东北西满军区供给部军械科科长，黑龙江省财政厅科长、办公室主任、面粉公司经理。随军南下后，历任九江专署财委秘书长、财政科长、税务分局局长，德安县委书记和县第四、五届各界人民代表会议主席。1953 年调离。

朱冠五　1922 年生，曾用名朱鸿金，江苏省淮安市人，初中文化，中共党员。1942 年参加革命。历任淮安县乡助理员，乡长、区长。1945 年 4 月起在淮北中学、建设大学学习。1946 年 4 月后，历任苏皖边区公营商店主任，苏北支前司令部粮站会计，山东省日照县芦山区粮仓管理员、井邱办事处副指导员，华东第 6 军校政治处技术书记、民运干事，山东警备第 19 团政治处、上海铁路警备处第 4 团政治处民运干事，华东公安师第 4 团、华东公安部海防大队炮舰中队指导员，华东公安部边防部科员，上海边防检查站检查员。1956 年 1 月转入地方，历任武昌造船厂干部科股长、副科长，一机部 9 局教育处副科长，九江仪表厂人事科科长、技工学校副校长。1968 年 11 月下放永修等地农村。1972 年 5 月任 458 厂工会主席。1981 年 3 月离休，副处级待遇。在解放战争支前中立功 1 次。1998 年 9 月逝世。

刘愈鍪　1923 年 8 月生，丰林镇人。1938 年抗日部队薛岳兵团 19 师驻扎德安蔡坊垅李村时，投笔从戎，在 19 师后方医院工作。曾参加万家岭战役、长沙大会战。抗战胜利后，考入江西医专，开始与中共地下党接触，参加地下党活动。1948 年 2 月经地下党组织介绍，带妻子及 5 位革命青年，从九江偷渡长江参加解放军第二野战军，历任皖西军区医校教员、川东军区医校教导主任。1954 年转业，历任重庆医校校长，重庆职工医学院教导主任、副教授。副厅级待遇离休。

李步宏　1924 年 6 月生，江苏省盐城县人，中共党员。1942 年春在盐城县参加新四军，历任 3 师 11 中队战士、班长，师后勤部战士。1947 年因病回乡务农。1957 年落户磨溪乡董家村。1972 年任村党支部书记，1988 年离任。

张同春　1924 年 7 月生，江苏省盱眙县人，初中文化，中共党员。1940 年 6 月参加新四军，历任班长、排长。1945 年后，历任黑龙江省公安厅公安大队指导员，北安县公安局指导员、股长。1949 年随军南下，历任彭泽县公安局、庐山公安科、九江公安处股长。1953 年 4 月入中央人民公安学院学习。1954 年 3 月后，历任湖口县公安局局长，九江公安处科长，武山垦殖场党委副书记，赤湖水产场科长，省药材公司科长，省商业厅运输部主任。1966 年 12 月下放永修县白槎公社劳动。1972 年 5 月任江西轮胎厂办公室主任。1982 年离休。曾在剿匪中立功 1 次。

刘守贤　1924 年 12 月生，山东省平邑县人，中共党员。1944 年 8 月参加八路军，历任晋中三军分区区中队班长、排长。1951年后,历任解放军炮兵28团3营9连指导员、362团3营教导员。1969年12月后,历任江西生产建设兵团3团政治处副主任,德安县人武部副政委。1982年9月离休,团级待遇。在解放战争辽沈战役中获战功1次,抗美援朝上甘岭战役中立三等功1次。

刘国祥 1925年8月生,河南省襄城县人。1940年7月在家乡征入国民革命军暂编30师。曾参加莱芜火车站保卫战等对日军作战,后随部队到徐州接受日军投降。1948年离开部队。1950年到德安,后进县铁器社工作至退休。

祝寿昌 1925年生,浙江省淳安县人。1941年征入国民革命军,随部在苏浙皖赣开展对日游击作战。1943年因病离队回乡务农。不久,被征入国民革命军21军147师441团,驻防景德镇,后编入146师。新中国成立前夕,离队回乡务农。1969年,因新安江水库建设移居德安。

穆占江 1926年生,江苏省淮安市淮阴区人,中共党员。1943年参加革命。抗日战争时期,历任淮阴大兴区队和淮海军分区战士、上士、文书、宣传员,新四军3师28团司令部收发员,东北民主联军5师3团政治处宣传干事。解放战争时期,任解放军四野三十九军116师346团2营机炮连指导员。新中国成立后,历任空军10团、4师修理厂、辽阳场站警卫连和崇安场站保卫干事、指导员、协理员。1966年2月转业,历任德安县医院党支部书记,县医药公司副经理。1983年12月因身体原因提前离休,副处级待遇。在战争年代立三等功2次,获独立奖章和解放奖章各1枚。1998年9月27日逝世。

许万传 1926年生,江苏省盱眙县人,初中文化,中共党员。1945年6月参加革命。1946年参加解放军,历任班长、分队长、新闻摄影干事、团政治部干事。1958年6月转业,历任省地质局上饶地质队组织干事,抚州地质大队208队队长、党支部书记,903地质大队工会秘书,赣西北地质大队工会秘书,江西轮胎厂党支部书记。解放战争时期立功3次,获解放奖章1枚。1980年12月离休。2003年2月逝世。

杨金福 1926年6月生,上海市人,中共党员。1945年6月参加新四军。1952年5月转业到上海市青浦县工作。1955年志愿参加第二批上海知青垦荒队到德安红桥乡务农,历任农业社主任,宝塔乡副乡长,县耐火砖场、东山采石场、县化工厂干部,县航运公司副经理,县锅炉社党支部书记兼主任,县农机厂、三机厂干部,县汽车配件厂副厂长。1983年3月离休,副厅级医疗待遇。

刘明伦 1927年生,山东省黄县人,初中文化,中共党员。1943年4月在家乡参加八路军,历任班长、排长、副连长、连长、参谋、队长、军需助理员、管理员、军械助理员。1963年8月转业,历任县贸易货栈经理,财政局副局长,日杂经理部党支部书记,五交化商店党支部书记,交通局副局长、局长、调研员。1987年离休,副处级待遇。在抗日战争和解放战争中立三等功3次,获自由勋章和解放奖章各1枚。1996年12月逝世。

杜庆藻 1927年9月生,河北省临西县人,初中文化,中共党员。1945年3月参加八路军,为晋冀鲁豫4分区11团团部警卫员。1947年4月后,历任解放军2野2纵政治部警卫员,安徽霍邱县独立团9连指导员,南京大校场警卫团3营10连指导员,上海探照灯团2营7连指导员,福州军区雷达225团3营教导员,福州军区空后汽车营副教导员。1963年3月转业,历任九江专区血防站副站长,爱民机械厂后勤处处长、工会主席、纪委副书记。1983年12月离休。

徐　兴 1928年8月生,江苏省启东县人,初中文化,中共党员。1944年2月参加新四军,历任新四军3师8旅24团1营2连班长,黑龙江省铁力县县大队2连治安队代理队长、县公安局外勤组组长,永修县公安局治安股股长,江西国营机械农场保卫科负责人,永修县砖瓦厂负责人,江西芙蓉农场政治干事,德安县公安局股长、协理员,县法院院长,米粮铺公社“五七”大军指导员,县民政局局长,县七届人大常委会副主任。1988年离休,副厅级医疗待遇。

王龙根 1928年9月生,浙江省长兴县人,中共党员。1945年7月参加新四军,历任号长、通讯参谋、排长、连指导员、机关协理员、营教导员。1976年4月转业,历任德安县林业局副局长、调研员。1990年12月离休,副处级政治生活待遇和副厅级医疗待遇。获抗日独立奖章、鲁南战役纪念章、淮海战役纪念章、解放战争奖章、渡江战役纪念章、抗日70周年纪念章、抗美援朝战争纪念章。在抗美援朝战争中立三等功、四等功各1次。

第三节 社会知名人士

战福宏 1925年4月生,山东省莱州市人,初中文化,中共党员。1945年10月参加解放军,历任黑龙江省双城县保安大队战士,东北松江10团副连长、438团连长和营长,南昌步兵学校队列处助理员,福州军区工程兵司令部参谋、独立舟桥营营长、第一招待所所长。1966年转业,历任德安县工交政治部副主任,经委主任,立新镇革委会主任和党委书记,县机械局局长兼县农机厂厂长,县革委组织、计划、行政组组长,县委办公室负责人,县总工会主席,县人大常委会副主任。1984年离休,副厅级待遇。

伍启流 1927年1月生,蒲亭镇牌楼村人,中学高级教师,中共党员。1949年参加革命。历任县委工作队队员、聂桥区政府秘书、县政府科长、文教局局长、德安中学校长。1964年后,历任九江地委宣传部理论教员,德安中学校长,修水县文教局局长。1968年12月下放修水县良种场。1970年9月后,历任德安县革委会"五七"大军办公室干部,县一中校长、党支部书记。1990年9月离休。

孙自诚 1928年6月生,林泉乡林泉村人,副编审,中共党员。1949年6月参加革命。历任县公安局干事、文书,洞霄小学教师,县委党史编辑部负责人,县文化馆和图书馆干部,县志领导小组办公室主任兼八修《德安县志》主编。为省考古学会会员、省第一届考古学会名誉理事、省历史学会会员、中国作家协会江西分会会员、中华诗词学会会员。有文章、诗词、歌词、考古报告等在《人民日报》《大公报》《江西文艺》《文物》等报刊发表。曾编纂、主编《德安县考古要览》《德安县革命烈士传》《德安县人民革命史》,选编《半边天诗词选》《德安历代诗词选》。《厦门鼓浪屿吊郑成功》《天涯海角情》等诗词作品获全国首届诗词大赛佳作奖、全国作家诗人天涯海角笔会一等奖、首届"艾青杯"创作奖、"海峡杯"两岸和平诗词大赛一等奖。主编的《德安县志》获全国新编地方志优秀成果三等奖。1992年5月离休。

熊汉川 字野松,1931年2月生,丰林镇白云村人,高中文化,中共党员。1949年7月参加工作,历任县政府民政科科长兼人事科科长、二区区长和区委书记、县委农工部部长、八里综合垦殖场党委书记,省委党校助理研究员,空军修建部六分部干部处干事,九江县沙城区区委书记、县委宣传部部长。1973年后,历任瑞昌县委副书记、县革委会主任、县政府县长、县政协主席、县人大常委会主任。1987年当选九江市浔阳区人大常委会主任。1994年离休,副厅级待遇。

黄福田 1932年9月生于永修县柘林镇,祖籍河南省信阳县,幼年随父母迁居丰林镇乌石门村,高中文化,中共党员。1951年9月参加工作,历任共青团南昌市委干事、副科长、科长、学工部部长、常委、市学联秘书长,南昌市人委宗教、民族、华侨事务处处长和办公厅党组成员、党总支副书记兼人民问事处主任,南昌市政协副秘书长及市工商联副秘书长。1966年12月下放劳动。1971年11月后,历任南昌市统战系统领导小组副组长,市革委政治部统战组组长,市委材料组第二专案组组长、统战部办公室主任、落实统战政策办公室主任,省工商联副秘书长、副主委、党支部书记,省政府外事(侨务、旅游)办公室副主任、党组副书记(主持工作),省旅游局局长、党组书记。期间,兼任省政府决策咨询委员会常委、省政协常委和"三胞"联谊委员会副主任,为省旅游协会会长、中国旅游协会理事。1994年退休。

骆传瑯 1933年7月生,高塘乡大垅村人,读私塾10年,中共党员。1949年6月参加革命,历任乡农会文书、民兵中队长,县二区民政助理员、宣传干事,县委秘书室文书、秘书,县委办公室副主任、主任,县委副书记。1969年后,历任省委党校理论教员,省革委政治部审干办公室巡视组副组长,省四机局政治处主任。1980年5月任中共南昌市郊区区委书记。1987年9月任九江市副市长。1989年3月任省政府对外经济协作办公室副主任(主持工作)。1993年2月任省电子工业局副局长,8月离休。

万联义 1933年7月生,高塘乡大垅村人,高中文化,中共党员。1950年9月参加工作。历任德安县二区公安员、县委组织部干事、二区区委书记、县委农工部部长、县人委副县长、县机械厂书记和厂长、县委农工部部长、金湖公社党委书记、县政府副县长。"文化大革命"时期任县抓革命促生产指挥部组长、县革委会办公室负责人、县农业局革委会主任、车桥公社革委会主任和党委书记、县革委会副主任。1980年任县委副书记,县政府副县长。1982年后任武宁县委副书记、县委顾问。1985年任德安县委顾问。

卢　勇 1935年3月生,宝塔乡人,高中文化,中共党员。1949年7月参加革命,历任德安县公安局文书、副股长,县法院审判员、秘书,九江地区中院审判员,德安县法院副院长、县委及县革委办公室主任、政治部负责人、米粮铺公社党委书记、县公安局局长,省外事办公室副处长,省对外友好协会副秘书长,省旅游局办公室主任,省海外旅游总公司党委书记,青山湖宾馆有限公司董事长、总经理。1995年8月离休,副厅级待遇。

许光正 1935年3月生于德安,祖籍九江市,初中文化,中共党员。1949年11月参加工作,历任德安县委组织部干事,县直机关党总支书记,黄婻区、聂桥区、城郊区区委书记,县公安局副局长、局长。1968年10月下放山湾公社劳动。1972年6月调九江地区革委会保卫部工作。1973年1月后历任九江地区公安局副局长,九江市委(原县级市)副书记、市公安局局长,瑞昌县委副书记,九江市公安局局长。1993年1月后任市政协副主席、调研员。1998年11月退休。

于维忠 1936年4月生,祖籍江苏省邗江县,中共党员。1950年4月参加工作。1953年1月任上海闸北区649弄居委会主任。1955年10月,参加上海市第一批青年志愿垦荒队,到县八里乡拖沟岭垦荒,是共青垦殖场创建者之一。同年11月,团中央书记胡耀邦到拖沟岭看望垦荒队员时,在其笔记本上题词"有志者事竟成"。历任共青垦殖场金湖机米电厂厂长,场党委委员,共青板鸭厂革委会主任、党支部书记,共青羽绒厂革委会主任、党支部书记。1975年5月任共青垦殖场党委副书记。1984年7月任共青垦殖场党委书记,12月,中共中央总书记胡耀邦再到共青,在其笔记本上题词"为共产主义奋斗"。1988年起兼任中国鸭鸭羽绒(集团)公司副董事长。1990年4月任德安县委副书记、共青垦殖场党委书记。1993年1月当选市人大常委会副主任。1994年1月当选市第十届人大常委会副主任。为省第七届人大常委会委员。1998年12月退休。曾获"全国劳动模范"称号。

陈绍铨 1936年8月生,浙江省绍兴市人,高中文化,中共党员。1955年10月响应国家号召,参加上海市第一批青年志愿垦荒队,到德安八里乡拖沟岭垦荒。1956年转干,历任县农牧局干部,县委农工部干事,县委办公室秘书。"文革"后期任县革委会抓革命促生产指挥部组长,县委秘书,县农牧局革委会主任,狮子公社革委会主任、党委书记。1972年7月任九江地委秘书组干部、秘书。1980年7月后,历任德安县委副书记、县革委会副主任、县政府县长、县委书记。1987年6月起,历任市委政法委书记,市委常委、副书记,市政协主席、党组书记。

王全志 1936年10月生,吴山乡樟树村人,高级工程师,中共党员。1963年于上海交通大学毕业后参加解放军,历任洛阳总字352部队工程科技术员,军委工程兵后勤部驻武汉办事处军事代表,瑞昌6214厂军事代表室总军事代表,总参工程兵驻郑州军事代表室总军事代表。大校衔,正师级。立三等功1次。1997年7月退休。

帅起涌　1937年6月生，蒲亭镇人。先后在县商业局、供销社、外贸公司从事文字工作。利用业余时间研习书法，为省书协会员、县书协副主席。作品多次参加省市和国家级展出活动，发表于多种刊物，入选《夕阳红·中国书画名作精品收藏宝典》。

胡锁柱　1941年4月生，祖籍南昌县，初中文化，工程师，中共党员。1960年8月参加工作，为县农机厂发电车间维修电工。1961～1980年，先后在县电厂、电机厂工作。1984年6月任电机厂副厂长。后任江西制动器厂副总工程师。1996～2008年，主持开发新产品10余个，使企业年产值由几十万元上升到3千多万元，实现年利税300多万元。先后获省"突出贡献工人""劳动模范"和市"企业技术能手"称号。多次获省、市新产品开发奖，市、县科技进步奖。

杨运淼　1942年9月生，林泉乡大溪畈村人，大学文化，中共党员。毕业于江西师范大学。1967年参加工作。历任瑞昌县南阳中学教师、公社干部、县革委会秘书组干部，德安县革委会组织组干部，县委党校组教室副主任，县科委秘书，县科协副主席、主席，县政府办公室主任，县计委主任。1995年任县人大常委会副主任。1998年任县政协副主席。2002年退休，任县老年科协副会长和县关工委、咨询委主任。任县科协主席时，该单位被评为全国科协系统先进单位。工作期间多次被评为全县先进个人。2005年被市关工委和市老科协评为先进个人。为县第四届诗词联学会副会长。

戴进焱　1944年10月生，丰林镇紫荆村人，大学文化，中共党员。1962年参加工作。1963年参加解放军。1985年于国防大学大专毕业。历任解放军驻福州铁路分局军事代表办事处参谋，永安铁路地区军事代表办事处主任，福州铁路地区军事代表办事处主任，福州军区后勤部军事运输部运输处副处长，南京军区后勤部军事运输部交通战备处处长、军事运输部高级工程师，南京军区国防动员委员会交通战略办公室副主任，上海铁路局军事代表办事处高级工程师。专业技术5级，大校衔，副军级工资待遇。2003年9月退休。

蒋仲平　1944年12月生，安徽省含山县人，大专文化，中共党员。1959年9月在县南湖畜牧场参加工作，历任共青板鸭厂车间主任、团支部书记、副厂长、厂长、党支部书记，共青羽绒厂厂长、党支部书记，共青垦殖场党委副书记、革委会副主任，德安县委候补委员，共青垦殖场党委书记、场长，德安县委副书记兼共青垦殖场党委书记、场长。1984年6月后，历任南昌市委副书记，市政府党组副书记、市政府常务副市长，代市长，市长、市政府党组书记。1993年8月起，历任省政府省长助理、副省长。2003年1月当选省人大常委会副主任。为第八届全国人大代表、中共十六大代表。曾获"全国劳动模范"称号。

曹筱凤　女，1945年2月生，九江县人，幼年随父母迁居德安，大学文化，中共党员。1960年参加工作。历任县邮电局话务员、县广播站工作人员、县邮电局办事员，省邮电设备厂党总支委员、革委会成员、政工组负责人，团省委副书记兼省青年联合会主席，省商业厅副厅长，省口岸办主任，省人防办主任，省政协常委。1963年、1966年分别被评为全国邮电系统先进工作者、省"五好"职工和省劳动模范。在全国第五次人防工作会议上被评为"十五"期间全国人民防空建设先进个人。

吕　峻　字事熙，号博阳溪人，1945年12月生，磨溪乡人，祖籍九江市庐山区，大学文化，高级编辑。毕业于江西师范大学，1968年下放。历任军垦战士，中专教师，剧团编剧，县文艺创作组、县委报道组组长，九江县委秘书，省外事侨务办公室科长，省旅游管理局科长、副处长，《现代旅游报》社社长兼总编，江西日报社《今日家庭报》首任总编、文卫体采编部第一副主任兼管《新周末》报、版面与稿件质量评审委员、高级编辑，中国旅游文化学会理事，中国赣文化研究会常务理事，省新闻学会和新闻工作者协会（省记者协会）理事。发表论文、文学作品、剧本、通讯、言论、著作等1000余万字。散文《杨梅镇》获中国记者采风征文大赛一等奖，通讯《让生命更辉煌》获省好新闻一等奖。主编或参与编辑大中型书籍数十种，其中《江西旅游资源》获省科技进步一等奖。获中华新闻工作者协会颁发的资深新闻工作者荣誉证书。

安珍清 1948年5月生,湖北省黄梅县人,大专文化,中共党员。1963年参加工作,历任共青板鸭厂车间主任,共青垦殖场生产供销科科员,共青板鸭厂革委会副主任,共青酒厂厂长、党支部副书记、书记,共青垦殖场场长办公室副主任、副场长兼行政办公室主任(期间兼政法委书记、纪委书记)、常务副场长,共青开放开发区管委会副主任(期间兼政法委书记、纪委书记、人武部长),市政协副主席。

张友南 1948年9月生,吴山乡张塘村人,大专文化,中共党员。1968年参加解放军,历任陆军84师政治部保密员、干事、股长。1981年11月转业,历任省委工交政治部干部和组织部干部三处干部、科长、副处长、处长和公务员管理处处长,省委组织部助理巡视员、副部长。2001年起,兼任省预备役师副政委,大校衔。2007年任省委巡视组组长。2008年任省人大法制委员会副主任。

程福良 1949年4月生,江苏省南京市人,中学教师。1994年辞去在县二中的工作,到黄娓乡依塘村办养鸡场。1995年3月19日。中共中央总书记江泽民到养鸡场视察,对他的事业给予肯定。在他的带领下,2005年,丰林养殖小区有养殖户200余户,蛋鸡存栏100多万羽。他在向村民传授养殖技术的同时,带头成立丰林蛋鸡养殖协会,使养殖户得以提高抵御市场风险能力。2006年和2007年,相继建起种鸡场和饲料厂,以低于市场的价格向会员提供优质鸡苗和饲料。2008年冰雪灾害期间,设法购得150吨玉米,加工成饲料赊销给会员,帮助大家渡过难关,自己损失数万元。市创业先进事迹巡回报告团曾邀请其作事迹报告,江西电视台也对其事迹予以报道。

郑贞福 1950年7月生,浙江省淳安县人,1970年因新安江水库建设移居车桥镇义门村。1999年底,利用在上海打工时学到的花卉种植技术,开始在河东乡上畈村7组培育非洲菊。2001年,在后田村建大棚120个,成立九江东城花卉苗木有限公司。2002年,基地有苗木3.33公顷,年产鲜切花360万株,产值180万元;4月,省委书记孟建柱到基地视察,给予赞扬;6月,中央电视台《新闻联播》节目对河东乡花卉基地作了专题报道。2004年,在他的带动下,河东乡花卉苗木大棚发展到200多个,增加百合、仙人球、剑兰等10多个盆景品种,形成较有影响的特色产业。产品除销往南昌、九江外,还远销省外。

余修炎 1951年2月生于南昌,祖籍奉新县,大专文化,中共党员。少年随父母迁居德安。1968年参加工作,历任共青垦殖场汽车队队长,共青羽绒厂副厂长、厂长,共青垦殖场副场长兼羽绒厂党委书记、厂长,共青开放开发区管委会党委书记、主任,市人大常委会副主任。兼职有中农信鸭鸭(集团)公司副总经理、江西庐山大厦(厦门)副董事长、中国农业银行江西信托投资公司副董事长、江南证券公司副董事长、香港康阳公司董事长。为省工商联第六届常委,全国工商联第六、七届执委,第八、九届全国人大代表。是全国有突出贡献的中青年专家,享受国务院特殊津贴。曾获全国"五一"劳动奖章。

宋才火 1952年7月生,河东乡河东村人,祖籍星子县,大学文化,中共党员。1968年8月下放彭山林场劳动,历任林区副主任、党支部书记,场生产科科长。1977年入九江师范就读,毕业后在德安一中任教。1982年8月任县二中副校长。1983年入省委党校学习,任政经专业本科班党支部书记。1985年8月后历任德安二中校长、县政府办公室主任、县纪委书记,武宁县委副书记、书记,九江市政府副市长,新余市常务副市长、市委副书记,省政法委副书记。

赵达炘 1952年10月生,林泉乡小溪山村人,大专文化,中共党员。1970年10月参加工作,历任458厂车间副主任、厂办公室和企管办主任、厂党委副书记、厂长,九江船舶工业公司副总经理、纪委书记。为县第十、十一、十二、十三届人大代表和市第十一届人大代表。省造船工程学会理事长。

王世英 1953年2月生,高塘乡高塘村人,大学文化,高级工程师,中共党员。1973年参加工作,任高塘公社工业管理站会计。1974年入长春地质学院学习,毕业后历任省地质科学研究所第二矿产研究室技术干部，省地质局助理工程师，省地矿局党委组织部副部长，省地矿厅政治部组织处副处长，省地质矿产物资总公司总经理、党委书记，地矿厅政治部副主任兼组织处处长、人教处负责人（期间兼任地矿局稽查办公室主任、书记），省地矿局纪委书记。

孙法育　1953年9月生，高塘乡长垅村人，高中文化，经济师，中共党员，高塘法育园艺场场长。曾任生产队、大队会计，村党支部书记，高塘花炮厂厂长，高塘乡工业党支部书记。2001年，退出花炮厂岗位，从浙江引进南方优质早熟梨树苗进行种植，取得较好经济效益。2004年，经村委会、乡政府同意，利用荒山种植早熟梨40余公顷。个人致富后，利用多种形式开展早熟梨种植技术传送活动，牵头组织县早熟梨专业技术协会和万家岭早熟梨专业合作社，帮助乡亲们致富，并应邀到周边5县传授早熟梨种植技术。先后获"德安县种植能手""全国绿色小康户"和省、市劳动模范称号。

万普海　1953年10月生，高塘乡大垅村人，大学文化，中共党员。1971年任高塘公社罗桥小学教师。1974年就读江西共大云山分校，1976年留校任团委副书记。1978年就读江西农业大学，1980年留校任学生科干部。1984年后，历任省高招办研究生科科长，省教育厅高教二处副处长，弋阳县副县长（挂职），省教育厅政教处、社管处处长，省教育厅副巡视员。

管荣升　1954年2月生，共青甘露镇前山村人，祖籍河南省新县，大学文化，中共党员。毕业于省财会学校。历任省财政厅科长、副处长，九江县政府副县长（挂职），省财政厅办公室主任、商贸处处长，省国有资产管理局局长，省财政厅副厅长，国盛证券有限责任公司董事长。

黄德涛　1954年2月生，河南省光山县人，中学文化，中共党员。1972年迁至宝塔乡岳山垅村务农。1991年，创办德涛特种水产合作社，进行甲鱼养殖，义务为村民传授养殖技术，1995年3月19日，中共中央总书记、国家主席江泽民，在省委书记毛致用、省长吴官正等陪同下视察德涛特种水产合作社，并与黄德涛全家合影留念。为宝塔乡人大代表、市第十届人大代表、省第八届人大代表。1995年4月被国务院授予全国劳动模范称号。

李　安　1954年生于台湾屏东县，祖籍丰林镇乌石门村。1991年，执导的电影《推手》获台湾最佳剧情片奖。至2007年，其执导的电影相继获柏林电影节金熊奖、奥斯卡金像奖、威尼斯电影节金狮奖，获评美国《时代周刊》"影响世界的一百人"。2007年，两次应邀回大陆，当县有关领导在中央电视台《艺术人生》节目录制现场给他送上故乡礼品"乌石清泉"泉水、"家"字书法、"福"字木雕时，李安说："我晓得乌石门，父亲告诉过我，我家就在乌石门。"

陈绵水　1954年10月生，吴山乡红桥村人，博士，教授，中共党员。1976年入读江西大学，毕业后任教于江西财经学院。1997年毕业于荷兰阿姆斯特丹大学，获经济学博士学位。回国后历任江西电力学校教师，江西财经大学基础课部教师和办公室副主任、国际贸易教研室主任、国际贸易系副主任和主任、国际贸易学院院长，省外贸厅副厅长，九江学院院长、党委书记。为省国际贸易专业职称评审委员会主任、省对外经济贸易合作企业协会会长、省国际教育交流协会常务理事、国家公派留学生评审专家组成员、荷兰阿姆斯特丹大学中国问题特邀研究员、省决策咨询委员会特邀研究员，南昌大学、江西财经大学、江西农业大学、华东交通大学、南昌航空大学兼职教授。为省"十一五"重点学科带头人，承担多项国家和省级研究基金项目、国家教育规划项目、省咨询委重大招标项目。专著有《国际贸易》《欧洲七国失业与社会援助制度》《涉外合同的签订与中英文范本》《江西大开放战略研究》等10余种，在国家、省级刊物发表论文40余篇。获省政府征文三等奖、省重大课题招标二等奖各1项。

孙家骅　1955年12生，林泉乡林泉村人，大学文化，硕士，中共党员。1973年下放农村。1979年后，历任县图书馆干部、县政府办秘书。1982年在上海师大进修，兼任助教。1984年后，历任县政府办政务秘书，市委整党办公室巡视员，高塘乡党委副书记，庐山白鹿洞书院管委会主任，庐山文教卫生处副处长、副研究馆员，庐山文广电视处处长，省文物局副局长兼省博物馆馆长，省文物局局长，省文化厅博物馆处处长。为中国博物馆常务理事、中国文物保护基金会博物馆专业委员会副主任、中国宋史研究会会员、省博物馆学会理事长、省旅游规划专家库成员，《江西通史》(11卷本)编委和编办主任。在《江西日报》《学术月刊》《文史知识》《农业考古》等报刊发表学术文章、作品近百篇，《手铲下的文明》获华东地区优秀哲学社科成果二等奖。为省十、十一届政协委员。

夏修全 1956年11月生，车桥镇长庆村人，大学文化，中共党员。1976年参加解放军。历任团政治处书记员、宣传股干事，副指导员，团组织股干事，指导员，师政治部组织科干事，旅政治部组织科副科长，集团军副营职党委秘书，教导员，副团职党委秘书处秘书、处长，群联处处长，组织处处长，师政治部主任，景德镇军分区政委。大校衔。1979年2月和1984年7月先后赴广西、云南参加对越自卫反击战。立三等功7次。在《解放军报》《领导科学》等军内外报刊发表文章300余篇。

曾宪国 1956年12月生，塘山乡石源村人，初中文化，中共党员。1975年参加工作，任村小教师，独自负责1～3年级复式班教学。30多年来，写下20多本读书笔记、近百篇教学经验总结和论文，部分论文在报刊上发表。所在村小适龄儿童入学率、巩固率、语数双科合格率均为100%，所教学生中有30名大学生、2名研究生、2名博士生。在致力乡村教学的同时，创办家长文化夜校。在妻子久病、生活困难的情况下，仍资助贫困学生，把省里发的5000元奖金为学校购买电脑。多次获县“先进个人”“先进教师”称号。2006年获“江西省中小学师德先进个人”“江西省第四届师德先进个人”称号。2007年获“全国模范教师”称号。

简明龙 1957年2月生，吴山乡蔡河村人，研究生，中共党员。1980年毕业于江西政法学院。1987年毕业于中央政法领导干部管理学院法学专业。历任省公安厅九处干警，省政法委秘书处副处长、办公室副主任，分宜县委副书记(挂职)，省综治委办公室副主任、副处长。2003年任省司法厅副巡视员。

黄建新 1957年3月生，河东乡上畈村人，祖籍安义县，大专文化，中共党员。毕业于省邮电学校，1978年留校任教。1984年后历任分宜县邮电局秘书、股长、副局长、局长，鹰潭市邮电局党委副书记、代局长，新余市邮电局局长，省邮电管理局副局长，省通信管理局局长。兼任省国防动员委员会信息办公室主任。被评为南京军区动员工作先进个人，受国家国防动员委员会表彰。

程　伟 1958年2月生，吴山乡山湾村人。1976年参加工作，历任吴山乡卫生院和宝塔乡中心卫生院院长、县医院烧伤科主任。1998年在研制治疗烧伤药物“宏伟烧伤宁”基础上研制出“复方烧伤宁”。临床证明:用“复方烧伤宁”治疗烧伤及各种原因创伤，比常规疗程可缩短50%，费用减少80%；深Ⅱ度创面愈后不留瘢痕，Ⅲ度大创面不需植皮即可修复。与省中医药研究院共同申报的《复方烧伤宁治疗深Ⅱ度及小面积Ⅲ度烧伤的临床新方法研究》，被列为国家中医药管理局重点科研项目。至2008年，治疗烧伤患者5000余人，治愈率99.8%。事迹见诸《江西科技日报》《中国技术市场报》《九江日报》等报刊。获市委统战部、组织部、科委举办的“兴浔杯”百项成果竞赛活动优秀奖，被县委、县政府授予“德安县科技进步工作做出重大贡献者”称号和“突出贡献人才奖”。为第五届县政协委员。

孙法平 1958年6月生，丰林镇黄婻村人，大专文化，中共党员。1979年参加工作，历任县玉雕厂会计、厂长、党支部书记，县粮食局人秘股长、工会主席、副局长、主任科员，县文联副主席。自小喜爱书法，克服重度小儿麻痹后遗症带来的困难，勤于研习，书法作品多次在全省、全国书法比赛中获奖。为县书协副主席、市书协常务理事、省书协和中国书协会员。1994年4月，省长吴官正在聂桥蹲点调研期间，曾至其家看望并题词。

李家贞 1959年1月生，丰林镇丰林村人，大专文化，中共党员。1978年参加解放军。历任南京陆军学校后勤部助理、军事教员、参谋，南昌陆军学校后勤干部训练大队教育技术中心主任，解放军81医院主任医师，机关部主任。大校衔，副师级，正师级待遇，文职3级。

余晓明　女，1959年3月生，蒲亭镇人，大学文化，在职研究生，中共党员。1975年参加工作，任彭山林场分场团支部书记。1980年入读九江师专。毕业后，历任永修县江益乡党委委员，团市委干部，市妇联组宣部副部长、部长，市妇联副主席。1998年入复旦大学哲学与经济管理专业学习。2000年后，历任庐山管理局党委副书记兼纪委书记、副局长、助理巡视员、局长。

李国华　1960年3月生，邹桥乡杨坊村人，硕士研究生，中共党员。1981年毕业于省邮电学校，历任德安县邮电局技术员，市邮电局宣传干事、团委书记、办公室主任、副局长。1984年于江西农业大学脱产学习。1997年入中央党校函授学院经济管理专业，南昌大学、法国普瓦提埃大学联合办学机构和中央党校进修班学习。历任抚州市邮电局局长，省邮电管理局副局长，省邮政局副局长、局长，国家邮政局副局长，中国邮政集团公司副总经理。曾获省劳动模范称号和全国“五一”劳动奖章。为第十届全国人大代表。

余卫国　1961年4月生，邹桥乡付山村人，硕士研究生，中共党员。1984年武汉电力学院水电动力设备专业毕业。1987年于中国科学院水利电力科学研究院水力发电工程专业毕业后参加工作，历任水利电力部电力生产司水电处干部，能源部电力司技术经济处主任科员，电力部安全司生产协调处主任科员、副处长，国家电力公司安全运行与发输电部综合管理处副处长和处长、发输电运营部副主任，国家电网公司生产运营部副主任、生产技术部主任、生产部副主任和招投标管理中心、安全监察部主任。

王九龙　1961年10月生，蒲亭镇人，军事学硕士，中共党员。1979年参加解放军。1988年毕业于南昌陆军学院政治工作专业。2002年9月入南京陆军指挥学院政治工作专业学习。2003年入国防科技大学学习。2005年9月入读南京政治学院政治工作学院研究生。历任排长、副指导员、指导员、团干部股长、团政治处副主任、营教导员、师部科长、团政委、师政治部主任。大校衔。

万桂火　1962年7月生，林泉乡大溪畈村人，大学文化，中共党员。1980年毕业于空军第三飞行学院。历任空军航空兵第11师33团飞行三大队正排职飞行员，飞行二大队副连职飞行员，飞行一大队中队长，飞行三大队副大队长、大队长，团副参谋长，飞行一大队副团职大队长，副团长、团长、师参谋长、副师长。大校衔。立二等功2次、三等功3次。

王金林　1962年10月生，高塘乡高塘村人，大学文化，中共党员。1983年毕业于江西大学数学系，任南昌气象学校教师。1991年后，任省归国华侨联合会办公室副主任、主任。1997年任市浔阳区委副书记（挂职）。1998年入复旦大学哲学系学习。2003年2月任省国有资产管理委员会处长。2006年2～10月入清华大学企业高级管理研修班学习。2008年5月任省国资委副巡视员。

张成卓　1962年12月生，塘山乡郑湖村人，大学文化，中学高级教师，江西省特级教师，中共党员。1979年7月参加工作，1984年于永修师范毕业后分配到聂桥中学任教。1989年、1995年先后选调到县一中和九江一中任教。1998年任校办公室主任。2000年后历任市教育局督导室主任、市三中副校长、市六中校长。在《中国教育报》和省级以上学术期刊发表《琥珀山头的传承与创新》《探讨高中语文基础知识教学重要性及优化策略》等论文36篇，其中《浅议打造高效课堂》等10余篇获省级以上一等奖。主持省级以上教研课题8项，结题6项并获奖。担任主编、副主编和参与编辑出版书籍10部，出版个人专著1部。先后受聘为市中小学教师高、中级专业资格评审委员会主任委员，教师资格认定工作教育教学基本素质与能力测试专家评议组成员，市教科所课题评审专家，市教育学会高中语文教学专业委员会理事会理事长。获省高中语文学科带头人、教育科研先进个人、优秀校长和全国教育科研百强校长等称号。

万金陵　1963年10月生，塘山乡郑湖村人，研究生，中学高级教师，中共党员。1984年参加工作。

历任市第三中学教师、团委书记、校办主任、副校长,市教育局教研室主任、党总支书记,市第三中学校长。为省政治思想课教学研究会副理事长、省首届中小学学术委员会委员、中国科学管理院特约研究员。获中国教育改革管理创新杰出校长、全国教育科研先进个人、全省十大人民满意校长、省特级教师、全国第五届十佳高中校长等荣誉称号,享受省政府特殊津贴。为省十二次党代会代表。

胡昌义 1963年10月生,共青金湖镇大塘村人,博士,教授,博士生导师,中共党员。1985年毕业于中南大学金属物理专业,在昆明贵金属研究所参加工作,任贵研铂业股份有限公司研发中心副主任、主任。期间获硕士、博士学位。为国际贵金属学会会员、中国有色金属学会理事、《贵金属》杂志编委。2003年被评为云南省技术创新人才,享受省政府特殊津贴。

聂泽旭 1963年11月生,聂桥镇聂桥村人,经济学硕士,中共党员。1984年江西大学数学系毕业后入解放军通信指挥干部培训班学习。同年参加解放军,历任解放军电子工程学院一系副连级区队长、干部处干事、五队副队长和队长、办公室主任、政治部干部处处长,总参谋部第四部政治部干部处处长、副主任。大校衔。

汪开华 1964年1月生,共青甘露镇人,祖籍安徽省无为县。大学文化,中共党员。1983年毕业于南京步兵学校,历任排长、指导员、组织股股长,省军区党委秘书兼组织处副处长、正团级联络专员、组织处处长,新建县人武部政委,九江军分区政治部主任。大校衔。

周德武 1965年6月生,河东乡后田村人,大学文化,中学高级教师,中共党员。1986年于江西师大化学系毕业后分配到九江一中任教。1989年起历任团校委副书记、团校委书记、教务处副主任、副校长。2005年7月,作为省第五批援疆干部,赴新疆克孜勒苏克尔克孜自治州第二中学支教3年,连续3年被州政府评为优秀援疆干部,被新疆自治区评为优秀援疆教师。多次受邀参加省、市化学教科书及配套练习册的编撰工作,参与国家、省、市级课题研究,结题4项。在国家、省、市级刊物发表论文10余篇。被评为中国化学协会优秀竞赛辅导员。担任团校委书记期间,学校获"全国十面红旗团委"称号。

蒋　斌 1968年1月生,共青人,祖籍安徽省含山县,硕士研究生,副教授,中共党员。1988年毕业于南昌市警察学校。1989年入西南政法学院刑侦专业学习。历任南昌市公安局十五处民警,青山湖区扬子洲乡党委委员(挂职),共青团南昌市委组织部副部长、宣传部部长,团省委统战部主任科员、办公室副主任,团省委青农部副部长、部长。1995年入中央党校函授学院经济管理专业学习。任团中央青农部部长助理兼林牧处处长(挂职)。1998年后,历任团省委青农部部长、副书记,省青年联合会副主席,新余市政府副市长、常务副市长,吉安市委副书记兼市委党校校长。

吕　燕 女,1981年10月生,萤石矿人,祖籍湖北省黄梅县。1999年进入时尚圈。2000年赴法国巴黎参加世界超级模特大赛获亚军,境外多家媒体跟踪采访,《江西日报》《九江日报》均予报道,先后接受中央电视台《聊天》《东方之子》《半边天》等节目专访。分别签约巴黎、纽约、米兰、东京等多家国际模特经纪公司,被法国、英国等多种国际时尚杂志拍摄为封面及全版彩页。出席奥迪、拉夸等诸多品牌时装秀,担任"爱马仕""贝纳通""欧莱雅"等品牌形象代言人。

第四节　县外德安籍专家学者

郭国吉 字周士,1920年1月生,宝塔乡徐河村人,博士。早年毕业于上海国防医院,1949年去台湾,晚年居住台北。获台湾"简任一级(医科技正)"职称,为美国卫生行政首长学院院士。历任内科主任、医务长、卫生大队长、陆军教学医院院长、荣军医学院院长、中华学术院职业病医学会副秘书长、中华学术院职业病研究所教授、中华行政学会常务理事。研究项目有"直升机和战车急救装备""氧气治疗电脑管理”“战地卫生勤务”“战车兵自救改进”等。论文有《职业性皮肤病》《水卫生和健康》《登革热的预防与治疗需从社区做起》《工厂职工医病》等。回乡探亲期间,热心公益事业,为家乡建设捐款10多万元。

张友梅 女,1933年2月生,河东乡上畈村人。大学文化,副教授。毕业于湖南师范学院,于东北师大进修动物地理学。1957年参加工作。1981年参加图门江流域森林生态系统考察。1989年任湖南师范大学资源与环境科学学院副教授。致力于土壤动物研究,在《生态学报》《地理学报》《土壤学报》等发表论文。其组织的“土壤污染对土壤动物群落的影响”“土壤动物生态毒理学研究”项目分获国家自然科学基金和湖南省自然科学基金资助,“湘江流域工业污染区环境污染对土壤动物影响的系列研究”项目获湖南省教委科技进步一等奖、国家教委科技进步二等奖。与中国科学院合作完成中国自然科学基金重点项目“中国亚热带土壤动物研究”“中国典型地带土壤动物研究”。参加编写《中国亚热带土壤动物》《中国土壤动物》,获中国科学院自然科学奖二等奖。1990年退休。

余春明 1936年1月生,蒲亭镇人,大学文化,中共党员。1958年10月参加工作,历任湖北宜昌二专教师兼团支部副书记,武汉重型机床厂设备动力科工程师兼副科长、动力车间主任、厂基建规划办第一主任、副厂长、高级工程师兼厂房地产开发公司总经理。为中国动力工程学会工厂动力与节能学会理事、工业煤气专委会副主任。1996年12月退休,副厅级待遇。

孙家驹 1949年12月生,林泉乡林泉村人,大学文化,研究员,中共党员。1968年下放农村。1972年就读于四川大学,毕业后历任国营西南高峰机械厂子弟学校教师、厂党委秘书。1980年起,历任458厂政治部组织、宣传干事,县委党校教师,省委党校《求实》编辑,省职称改革办公室科员,省委党校助理研究员、副研究员,铜鼓县委副书记(挂职),省委党校理论研究室主任、科研部主任、学术委员会副主任兼秘书长、研究员。发表论文200余篇,出版著作17种,完成省部级研究课题20余项。获省部级优秀科研成果一、二等奖9项,享受省政府“科学研究事业突出贡献”特殊津贴。

谭锦泉 1956年9月生,蒲亭镇人,祖籍湖南省衡山县,教授,博士生导师。1972年下放狮子公社大畈大队劳动。1975年考入九江卫校医士专业。1977年任县医院外科医生。1979年考入江西医学院,毕业后分配到九江医专附属医院任医生。1988年获中国医学院硕士研究生学位。1991年获丹麦国立大学博士学位,任丹麦国立医院免疫学副教授、过敏研究中心研究员。1997年任安徽省医科大学免疫学教研室主任、教授、博士生导师、肿瘤研究所所长。1998年任同济医科大学免疫学教研室主任、教授、博士生导师、肿瘤研究所所长兼中国免疫学会理事会理事。2002年任武汉大学医学生物结构中心主任、免疫系主任,入选国家百千万人才工程第一、二层次。2005年任武汉大学基础医学院院长。为“长江学者”特聘教授,获国家教育部自然科学一等奖、中华医学科技二等奖。

万幼川 1960年4月生,浙江省淳安县人,少年随父母迁至车桥镇九井村,教授、博士生导师、享受国务院特殊津贴专家,中共党员。1984年于武汉测绘科技大学毕业后留校任教。1993年获硕士学位,1994年破格晋升为副教授。1995年参加中国首次南极内陆冰盖科学考察。1999年获博士学位并晋升为教授。2000年任武汉大学遥感信息工程学院院长。2001年后,任中国测绘学会理事、湖北省测绘学会理事、中国测绘学会摄影测量与遥感专业委员会主任。2003年在国内率先申办“遥感科学与技术”专业。2006年任教育部测绘学科教学指导委员会委员、武汉大学数学领域研究中心主任和《武汉大学学报》(信息版)《测绘学报》《遥感信息》《测绘科学与技术》等报刊编委。同年主持国家863计划“遥感影像自动匹配”和国家科技支撑计划“村镇地理信息采集技术与设备研发”项目。2007年主持国家863计划“机载激光雷达数据处理软件平台”(专题)和国家博士点基金“机载激光雷达数据处理研究”项目。主持和参加的科研项目多次获奖,其中“基于最优能理论的地名注记智能化和自动化”“三峡水库航空摄影,DFM 制作及库容复核计算”获国家测绘局科技进步二等奖,“CASMlmagelnfo 一体化遥感综合处理平台及工程应用”获一等奖。在国内外学术刊物发表学术论文 100 余篇,参与编辑《中国大百科全书》《辞海》《大辞海》《测绘词典》。

危起伟 1960 年出生,祖籍南昌市,幼时随父母迁居德安,理学博士,中国水产科学研究院长江水产研究所研究员(国家二级),中国水产科学研究院首席科学家、院资源学科主任、所学术委员会主任,农业部淡水生物多样性保护重点实验室主任,华中农业大学、西南大学、南京农业大学教授,博导;中国科学院水生生物研究所博导。1984 年 6 月毕业于江西大学(现南昌大学)生物系,分配至中国水产科学研究院长江水产研究所工作。2000 年师从曹文宣院士及美国麻省大学 B. Kynard 教授攻读博士学位。2004 年获中国科学院水生生物研究所博士学位。长期从事濒危鱼类保护研究,并致力于鲟鱼类的可持续利用研究,与美、日、德、捷克同行建有长期合作关系。承担科技部基础工作重点专项、公益性研究、国家支撑计划、973 计划、农业及水利行业科研专项以及国家自然科学基金等各类科研项目 200 余项。学术兼职主要有:国际自然保护联盟物种生存委员会成员、世界鲟鱼保护学会理事、国家级自然保护区评审委员会委员、国家湿地科学技术委员会委员、农业部濒危动植物种科学委员会委员、农业部自然保护区评审委员会委员、湖北省自然保护区评审委员会委员,以及 Current Zoology(SCI)、J Applied Ichthyology(SCI)、《水利学报》(EI)、《水产学报》等期刊编委。在中国水生态和资源保护研究工作,尤其在濒危水生动物(包括中华鲟、白鲟、达氏鲟、胭脂鱼、鲥鱼、秦岭细鳞鲑、川陕哲罗鲑和大鲵等物种)的保护生物学、物种保护技术研究以及保护工程实践上做出了重要贡献,在国际国内发表学术论文 300 余篇。为国务院特殊津贴获得者。2007 年,获国家科技进步二等奖。

周泽甫 1961 年 10 月生,车桥镇人,主任医师,硕士,中共党员。1980 年考入江西医学院九江分院大专班。1983 年分配至共青医院任医师。1985 年调县医院工作,历任内科副主任、主任、副院长、院长、党支部书记、副主任医师。1999 年获全国医药卫生系统先进个人称号。2001 年任县卫生局局长兼县医院院长。2002 年 12 月调任市中医院院长兼书记。2004 年 11 月晋升为主任医师。2007 年,在职进修取得软件工程硕士学位。至 2008 年,主持、参与完成“江西区域肾小球疾病临床与病理”“消渴肾宝汤治疗Ⅲ、Ⅳ期糖尿病肾病的临床研究”等研究课题 10 余项,其中五项获科技进步奖;主持编辑出版《家庭安全用药 200 问》《老年病防治手册》等书籍 7 种;发表学术论文 20 余篇;先后获“全国卫生系统先进工作者”“九江市十大杰出青年”“九江市为人民服务标兵”“全国医院优秀院长”“九江市优秀专业技术拔尖人才”“全国百姓放心示范医院优秀管理者”“九江市劳动模范”称号。

杨耀防 1962 年 2 月生,萤石矿人,祖籍湖北省黄梅县,研究生,教授,硕士生导师,中共党员。1978 年考入江西医学院医疗专业。1983 年参加工作。历任九江医学专科学校人体解剖学教研室助教、讲师、副主任、校长助理兼教务处处长、副校长,九江学院医学院院长,九江学院校长助理兼医学部部长、留学生管理中心主任。为教育部高等学校文职高专医学类专业教学指导委员会委员、全国高等医学教育学会理事、全国高等医学教育科学研究分会理事、中华医学会医学教育分会委员;省“百千万人才工程”第一、二层次人选和学科带头人,南昌大学硕士生导师,享受国务院特殊津贴。获省优秀留学归国人员、全国优秀教师、全国先进工作者称号和省“五一”劳动奖章。发表学术论文 70 余篇,主、参编著作 10 余部,获国家级优秀教学成果奖二等奖 1 项,省优秀教学成果奖一等奖 2 项、二等奖 4 项。为市第八、九届党代会代表。

朱儒远 1962 年 9 月生,湖北省黄梅县人,少年随父母迁入共青甘露镇,硕士,副教授,中共党员。1985 年毕业于第一军医大学医疗系。历任解放军总医院(301)外科医生,神经外科住院部医师、主治医师、副主任医师。大校衔,文职 3 级。专长颅脑、脊柱、脑肿瘤治疗。曾参加过余秋里等中央领导的医疗手术，获中央军委保健委多次嘉奖。2008 年参加四川汶川抗震救灾。主要著作有《颅脑损伤核磁共振检查》。

邓致荣 1962 年 9 月生，蒲亭镇人，研究生，中共党员。1978 年参加解放军。历任第二炮兵部队青岛疗养院技术员，防护防疫环境监测队主管技师、副队长、队长。2006 年国防大学后勤指挥专业研究生毕业后任主任医师。技术 4 级，大校衔。先后参加“98”抗洪、“5・12”汶川抗震救灾和国庆阅兵等防护防疫保障。承担多项全军后勤研究项目，在军队疾病防控、核卫生防护等专业拥有多项技术研究成果，获首届中华医学会公共卫生与预防医学发展贡献奖，“二炮”十大科技工作卓越贡献奖，国家科技进步一等奖 1 项，军队科技进步一等奖 2 项、二等奖 4 项、三等奖 8 项。获国家实用新型专利 2 件。立二等功 1 次、三等功 2 次。

胡星斗 1962 年 10 月生，河东乡人，祖籍进贤县，研究生，经济学教授。1978 年考入华中工学院。1985 年入北京理工大学任教。著有《问题中国》等书，提出建立“弱势群体经济学”“公平市场经济”“现代农村制度”等系列论点。主张同命同价，废除二元户籍制度、行政型信访制度和劳动教养制度，取消高考地域歧视。为教育部留学归国人员基金评审专家，建设部中国国际城市化发展战略委员会委员，中国商学院联盟研究员，国际管理工程学会研究员。

章新友 1962 年 11 月生，丰林镇人，博士，教授，硕士生导师，中共党员。1980 年 12 月参加工作。历任江西中医学院物理教研室主任、党支部书记、数理学科组组长、实验中心主任、教务处副处长、统战部部长、机关工委书记、“计算机科学与技术（医药软件开发）本科专业负责人。为教育部学校医药公共基础课程教学指导委员会委员、教学研究组副组长，中国医药物理与中医工程专业委员会主任。

詹德新 1962 年 11 月生，丰林镇黄婻村人 ，博士，教授。1983 年毕业于北京大学，1986 年获华中工学院硕士学位，于武汉理工大学参加工作，1997 年取得该校博士学位。2002 年为加拿大国家科学院海洋动力研究所访问学者，从事计算流体力学研究。2004 年任武汉理工大学交通学院教授、流体力学研究所所长。2006 年为加拿大过程模拟研究公司访问科学家，从事绿色锅炉清洁燃烧计算研究。先后参与四川省“二滩水电站木材过坝机械实验研究”、铁道部“京沪高速铁路南京沉管隧道与沉放水动力实验研究”、中船总军工“某潜艇长导管浆水动力模型实验研究”、加拿大国家自然科学“复杂螺旋桨的湍流模拟”试验。

彭芳春 1963 年 1 月生，车桥镇长庆村人，博士，教授，硕士生导师，中共党员。1987 年参加工作。历任武汉工学院物理教研室教师，中国建设银行湖北分行会计师、行长秘书、支行副行长、信贷部经理，中国信达资产管理公司武汉办事处高级会计师、投资银行部经理，兼任东风汽车股份有限公司、美尔雅股份有限公司等公司股东代表、董事、监事。2006 年后，任湖北工业大学金融学教授、硕士生导师。为湖北省高新技术企业认定评审专家和金融发展研究中心主任。

傅义珠 1964 年 1 月生，邹桥乡源口村人，硕士，研究员级工程师，中共党员。先后就读于江西大学物理系和西安交大工程系。1990 年 8 月入职南京五十五所，任微波功率研究中心、工艺技术部主任和副总工程师。主持完成 10 余项科研项目，其中“掺砷多晶硅生长应用研究”“发射极双镇流功率晶体管制造技术”等分获电子工业部科技进步二等奖、中国电子科技集团公司科技进步奖。获发明专利授权 6 件。发表的主要科研论文有《双层金属电极对硅微波功率晶体管结温的改善》《微波硅双极型管脉冲顶降和增益压缩特性分析》等。

戴和冰 1964 年 4 月生，高塘乡人，博士。1986 年于山东大学毕业后参加工作。历任中国艺术研究院科研处副处长、院办副主任，《戏曲研究》常务副主编，《艺术科学通讯》编辑负责人。主要从事戏曲声腔研究。在《文艺研究》《戏曲艺术》等刊物发表系列论文多篇。参与国家重点课题《昆曲艺术大典》

编纂,负责其中“文学剧目典”现代剧目部分。

陈　群　1964年4月生,蒲亭镇人,博士,教授,博士生导师,中共党员。1979年考入复旦大学数学系。1983年参加工作。历任长沙理工大学教师,华中师范大学数学系副主任、教授、博士生导师,武汉大学数学与统计学学院教授、博士生导师、数学研究所副所长。主要从事基础数学专业集合与拓扑方向教学和研究,为联合国教科文组织国际理论物理中心室客座研究员。主持国家博士后科学基金项目1项、国家自然科学基金项目3项、教育部科研基金项目3项。获武汉市自然科学优秀论文一等奖,湖北省自然科学优秀论文特等奖和湖北省“优秀博士后”称号。

李伟高　1964年12月生,上海市人,幼年随家迁至爱民机械厂,大专文化。毕业于江西广播电视大学。1980年参加工作,为爱民机械厂翻砂车间融化工、检验科技术员。1990年起,先后任深圳民营晖邦电子厂工程师、科王注塑厂厂长、伟建塑胶有限公司董事长。长期潜心于电脑零部件、生活用品等发明创造和革新。至2008年,获国家专利授权128件,其中发明专利48件,实用新型专利80件。

王军武　1965年3月生,付山煤矿人,博士,教授。1984年考入南京工业大学。1988年参加工作。历任武汉理工大学教师、土木工程建筑学院工程管理系主任。2002年获武汉理工大学结构工程专业博士学位。为湖北省土建学会理事、统筹协会副理事长、建筑工程造价协会常务理事,武汉市房地产估价师协会常务理事,清华大学国际工程项目管理研究院特邀教授。主持和参与多项国家级和省部级科研项目,在国内外核心期刊发表学术论文50余篇,有专著1部。

万水生　1965年4月生,邹桥乡源口村人,大学文化,研究员,中共党员。1987年于华中工学院毕业后入职上海船舶研究设计院任研究员,2005年任副院长。为美国船级社中国技术委员会和英国劳氏船级社中国技术委员会委员。至2008年,主持和参与的“3500TEU集装箱船”“‘河北创新’单壳VICC改装大型矿砂船”“17.5万吨好望角型化散货船研制”等5个项目,分获国防科学技术一等奖、中船集团公司科技进步一等奖、上海科技进步二等奖、工业和信息化部二等奖等8项。在《船舶设备通讯》《上海造船》等刊物发表的主要论文有《船舶设计流程控制》《1700TEU集装箱船设计特点》《运输船的发展与展望》。

董肇杨　1965年10月生,磨溪乡董家村人,博士。1989年毕业于第一军医大学军医系和第二军医大学附属长海医院烧伤专业。历任沈阳军区第235医院外一科医师,武警上海总队医院外三科(烧伤整形科)主治医师、副主任医师、主任医师。为中华医学会上海市烧伤外科专业委员会委员,武警部队第四届医学科学技术委员会烧伤与整形外科专业委员会委员,复旦大学医学院附属中山医院硕士答辩评委,上海交通大学附属瑞金医院、上海市第九人民医院、宝钢医院、南昌大学医学院硕博研究生论文评委,安徽省皖南医学院、天津武警医学院副教授。在上海中医药杂志和大学学报等刊物发表论文20余篇。获武警部队科学技术进步三等奖、上海市科学技术进步二等奖、解放军总后勤部医疗成果三等奖。2007年起享受军队专业技术人才三类岗位津贴。文职副师级待遇。

王红英　女,1966年11月生,蒲亭镇人,大学文化,教授,博士生导师,中共党员。1984年考入江西农业大学农业工程系。1988年参加工作,任省农业机械研究所技术员。1993年9月获北京农业工程大学系统工程与管理工程专业硕士学位。1996年获中国农业大学机械工程学博士学位和农业机械化专业博士学位并留校任教,历任农业工程系副主任、教授、博士生导师。为中国农业工程学会高级会员,北京农业学会理事,农业部农业行业国家职业标准编制专家、饲料添加剂和添加剂预混合饲料生产许可证专家审核委员会委员、农业工程建设项目专家库农业工程类专家、工程建设项目畜牧工程类评审专家、全国农业机械化与设施农业工程技术专家库畜牧业机械化生产技术类专家。

李素矿　1967年2月生,蒲亭镇人,祖籍山东省鱼台县,博士,副研究员,硕士生导师,中共党员。

1987年于中国地质大学毕业后参加工作。历任中国地质大学(武汉)人事处科员、副科长、科长、副处长,汉口分校办公室副主任、党委宣传部部长,中国地质大学(武汉)党委宣传部部长。主持和参与国家自然科学基金项目、省部级科技攻关项目、世界银行贷款项目、企事业单位科研项目近20个。专著有《我国地质学青年拔尖人才培养模式战略研究》,主编或参编(译)著作、教材资料8种,发表学术论文30余篇。

付金荣　女,1967年4月生,聂桥镇柳田村人,博士,教授,博士生导师,中共党员。1989年于江西中医学院中医专业毕业后参加工作。历任上海中医药大学附属龙华医院妇科医生、主任医师、教授。为第二批名老中医学术继承人,师从妇科名家蔡小荪教授,从事中西医结合妇科医疗、教学、科研工作。2006年获上海中医药大学研究生院中医妇科专业博士学位,多次被评为上海中医药大学"优秀教师",为博士生导师。承担部、局级研究课题4项,参加"十五攻关"等国家级课题2项,并通过成果鉴定。参加编写《中国医籍大辞典》《实用妇科中西医诊断治疗学》等6种,发表论文20余篇。

董豫赣　1967年12月生,蒲亭镇人,祖籍河南省罗山县,硕士,教授。1991年毕业于西北建筑工程学院建筑系。1995年获清华大学建筑学院建筑历史与理论工学硕士学位。2000年起,在北京大学城市与环境学院任教。开设的通选课"现当代建筑赏析",为北大精品课程之一。在各类杂志发表论文80余篇。专著《极少主义》多次出版。为教学实践而建的几幢建筑,被国内外多种报刊推介。部分造园设计作品连续数年入选《中国建筑艺术年鉴》。建筑代表作有:北京水边宅、北京清水会馆、北京红砖美术馆、江西德安耳里庭、福建泉州小岞美术馆。

查亚兵　1968年6月生,蒲亭镇人,祖籍星子县,博士,中共党员。1985年考入国防科技大学,毕业后留校任教。1997年晋升副教授,2002年晋升教授,2003年任博士生导师,2004年任教务处处长。大校衔。多次荣获军队科技成果奖。出版多部学术专著,发表学术论文10余篇。

李　春　1969年12月生,车桥镇潘坊村人,博士。1991年毕业于北方交通大学通信与控制工程系并参加工作。历任中国铁路通信信号上海工程公司工长、工号长、副段长、项目经理、总工程师、办公室主任、副总经理。2003年9月,获国际项目管理专业资质论证IPMP C级证书。为教授级高级工程师、国际注册一级建造师。获茅以升科技奖、上海市科技进步二等奖。

付　湘　女,1971年4月生,蒲亭镇人,祖籍抚州市临川区,博士,副教授,硕士生导师。1993年毕业于南昌大学土木建筑系水利水电工程专业。1996年获武汉水利电力大学水文学及水资源专业硕士,1999年获该专业博士学位并留校任教。2007年赴美国加州大学访问,合作研究流域水文环境模拟、水资源规划与管理、水灾害风险管理。在国内外刊物发表论文50余篇。为中国水利学会减灾专业委员会委员,《水利学报》《武汉大学学报》《中国农村水利水电》《水利水电科技进展》《水电能源科学》审稿专家,国家自然科学基金项目评议专家。主持和参与国家、省部级科研课题10余项,获湖北省自然科学二等奖、三等奖各1项。专著有《洪灾风险及经济分析》《洪水灾害风险与保险》。

陈泽中　1971年11月生,蒲亭镇人,祖籍河南省光山县,博士,教授,研究生导师,中国致公党党员。1992年于南昌大学毕业后参加工作,任首钢集团江苏镇江船舶工业公司助理工程师。1998年后,历任南昌大学机电工程学院讲师、副教授、研究生导师。2002年9月获南昌大学材料加工工程专业工学博士学位,于上海交大从事博士后研究。2005年,受国家留学基金选派任捷克共和国捷克技术大学访问教授。2008年,任上海理工大学材料加工与模具技术研究所副所长。先后主持和参加国家级、省部级国际企业合作科研项目10余项。发表学术论文30余篇。获省自然科学奖1项,国家软件著作版权1项。主、合编教材各1部。

张晓东　1974年1月生,蒲亭镇人,博士,副教授。1999年毕业于武汉测绘科技大学摄影测量与遥感专业,获硕士学位并进入本校测绘遥感信息工程国家重点实验室工作。2005年获武汉大学博士学位和副教授职称。2006年起,为国家海洋局第二海洋研究所博士后。主持完成国家海洋局重点业务化运行“国家海域动态监视监测应用系统”、湖北省自然科学基金“基于3S技术的山区耕地持续利用评价决策系统”等项目20个,参与国家部委和解放军总装备部研究开发项目10个。在国内外刊物发表学术论文30余篇。获发明专利3件,软件著作权1项。

伍　麟　1975年2月生,蒲亭镇牌楼村人,博士,教授,博士生导师,中共党员。1995年毕业于江西师大教育管理系。1998年获吉林大学心理学硕士学位,任教于福建省公安专科学校。2002年6月获吉林大学科技博士学位并留校任教。2003年公派赴韩国汉城大学为高级访问学者。2004年晋升副教授,任硕士生导师。2008年晋升教授,任博士生导师。同年,任吉林大学哲学社会学院副院长。发表学术论文20余篇。为中国心理学会理论心理学与心理学史委员会委员,《社会心理科学》编委。

程　健　1977年10月生,爱民乡红岩村人,博士。1998年毕业于武汉大学。2001年取得硕士学位,2006年获博士学位。历任中国科学院自动化研究所助理研究员、副研究员。主要从事图像与视频分析、机器学习研究,为国家自然科学基于图理论的目标分割识别研究、国际合作项目基于移动平台的体育视频个性化定制项目负责人,IEEE会员,中国图像学会会员。发表学术论文多篇。

桂　林　1978年10月生,爱民乡柏树村人,博士,教授,研究生导师。1996年考入中国海洋航空工程学院导弹控制与测试工程专业。历任海军92840部队导弹助理工程师、分队长。2006年退役,任教于江西财经大学。为中国人民大学企业与组织研究中心兼职研究员,研究成果发表于《经济研究》《经济学季刊》。参与国家级课题多项,主持国家社科基金课题1项。获教育部高等学校科学研究优秀成果三等奖,省社会科学优秀成果一等奖、二等奖各1次,省优秀人文社科研究成果一等奖。

余来明　1978年12月生,共青金湖镇寨下村人,祖籍浙江省淳安县,博士,副教授。2000年毕业于赣南师范学院,同年就读武汉大学文学院。2005年留校任教。2006年获文学博士学位。2007年进入校历史学院博士后流动站,任中国传统文化研究中心副教授,主要从事元明清文化研究。为美国哈佛大学东亚系访问学者。主持国家社科基金项目、中国博士后科学基金特别资助项目和教育部重点研究基地项目多个。参与撰写和主编《元代科举与文学》《嘉靖前期诗坛研究》《中国文学编年史·元代卷》《中华大典·明清文学分典》等10余种。在《光明日报》《中国教育报》等发表论文70余篇。获武汉大学人文社会科学优秀成果一等奖等奖项。

祝明霞　女,1979年2月生,聂桥镇聂桥村人,祖籍浙江省淳安县,博士,工程师,中共党员。1997年考入江西师范大学教育专业。2001年就读厦门大学物理化学专业,相继取得硕士和博士学位。就职于厦门大学生命科学院分析测试中心,主要从事对所有小分子代谢物进行检测分析以发现其动态变化的研究。参与“低碳烷烃、临氧活化和催化转化”“表面和纳米孔材料的构筑、结构化学与应用”国家基金重点项目、国家基金创新研究项目各1个,国家自然科学基金项目2个,福建省重大研究计划项目1个。

郑　翔　1980年11月生,磨溪乡港口村人,博士,中共党员。1996年考入解放军理工大学通信工程学院。2003年获硕士学位并留校任教,2007年获博士学位。获省部级科技进步二等奖3项,三等奖5项,国家发明专利4件。在《通信学报》《计算机科学》等刊物发表学术论文30余篇,其中SCI、EI检索10余篇。

第三章 人物表

第一节 烈 士

1985～2008 年德安县烈士名录

表 32－3－1

姓名	性别	籍贯	单位、职务	出生年月	牺牲时间	牺牲地	牺牲原因
柯亨逵	男	武宁县	德安县邮电局保安	1943.10	1998.2.3	德安	勇斗歹徒
杨海滚	男	德安县	海南省公安边防总队海警二支队战士	1977.6	1999.11.9	南海	缉私执勤
程先万	男	德安县	海南省公安边防总队海警二支队战士	1976.9	1999.11.9	南海	缉私执勤

第二节 市级以上劳动模范 省部级以上先进个人

1985～2008 年德安县全国劳动模范名录

表 32－3－2

姓名	性别	单位	职务	颁奖单位	获奖时间
于维忠	男	共青垦殖场	党委书记	国务院	1989
黄德涛	男	宝塔乡	养殖专业户	国务院	1995

1985～2008 年德安县全国“五一”劳动奖章获奖者名录

表 32－3－3

姓名	性别	单位	职务	颁奖单位	颁奖时间
余修炎	男	共青垦殖场	副场长	全国总工会	1986
戚善宏	男	共青垦殖场	场长	全国总工会	1989
熊克来	男	县水泥厂	厂长	全国总工会	1993
陈妹妹	女	共青羽绒厂	职工	全国总工会	1996

1985～2008年德安县省、市劳动模范和省"五一"劳动奖章获得者名录

表32－3－4

姓名	性别	单位	职务	颁奖单位	获奖时间	荣誉称号
吴宗萍	女	县棉纺厂	车间主任	省政府	1990	省劳动模范
程远钿	男	煤矿机械厂	厂长	省政府	1990	省劳动模范
肖茂元	男	县园艺场	场长	省政府	1995	省劳动模范
杨万根	男	磨溪宝山村	农户	省政府	1995	省劳动模范
张南生	男	共青畜牧场	场长	省政府	1995	省劳动模范
张玉成	男	制动器厂	厂长	省政府	1995	省劳动模范
陈妹妹	女	共青羽绒厂	职工	省总工会	1998	省"五一"劳动奖章
熊克来	男	县水泥厂	厂长	省总工会	1998	省"五一"劳动奖章
周桃英	女	共青羽绒厂	职工	省政府	2000	省劳动模范
徐年德	男	邹桥农技站	农技员	省政府	1978	省劳动模范
胡锁柱	男	制动器厂	副厂长	省政府	2000	省劳动模范
洪有女	女	吴山园艺总场	专业户	省政府	2000	省劳动模范
孙法育	男	高塘法育园艺场	场长	省政府	2005	省劳动模范
刘诗平	男	县一中	教师	省政府	2005	省劳动模范
余志忠	男	共青金湖乡	专业户	省政府	2005	省劳动模范
熊雪娇	女	共青乘风纺织	职工	省政府	2005	省劳动模范
童小花	女	吴山乡山湾村	农户	市政府	1994	市劳动模范
王存木	男	萤石公司	总经理	市政府	1994	市劳动模范
李秀木	男	丰林镇	镇长	市政府	1994	市劳动模范
黄德涛	男	宝塔乡	专业户	市政府	1994	市劳动模范
王生新	男	百胜纺织公司	总经理	市政府	2000	市劳动模范
张主保	男	萤石公司	总经理	市政府	2000	市劳动模范
周桃英	女	共青羽绒厂	职工	市政府	2000	市劳动模范
孙法育	男	高塘法育园艺场	场长	市政府	2005	市劳动模范
余志忠	男	共青金湖乡	专业户	市政府	2005	市劳动模范

1985～2008年德安县省部级以上先进个人名录

表32－3－5

姓名	性别	单位	职务	颁奖单位	获奖时间	荣誉称号
卢赣生	男	聂桥镇	科普员	中国科协	1985	成绩显著奖
杨德旺	男	宝塔小学	教师	省政府	1985	优秀教师
陈飞林	男	共青垦殖场	副科长	共青团中央	1985	全国新长征突击手
陈太福	男	县二中	教师	省政府	1985	优秀教师
李千铎	男	县二小	教师	省政府	1988	先进少儿工作者
倪启拥	男	农业局	副局长	农业部	1988	丰收二等奖
王充仁	男	县二小	校长	国家教委	1989	优秀教育工作者

续表 32－3－5

姓名	性别	单位	职务	颁奖单位	获奖时间	荣誉称号
朱忠安	男	县二中	校长	国家教委	1989	优秀教师
胡　坤	男	城郊学区	主任	国家教委	1989	先进工作者
胡茂倩	女	县妇联	主任	全国妇联	1989	荣誉证书
胡焕莲	女	米粮铺小学	教师	国家教委	1989	全国优秀教师
龚绵国	男	县一中	教师	国家教委	1989	优秀教师
于少先	男	博物馆	退休干部	国家文物局、省政府	1990	先进个人
余　健	男	公安局	干警	国家文物局、省政府	1990	先进个人
肖茂元	男	县园艺场	场长	省政协	1990	先进工作者
				农业部		广播电视学用标兵
胡泽云	男	义峰羽绒厂	厂长	国家文物局、省政府	1990	先进个人
周迪人	男	博物馆	馆长	国家文物局、省政府	1990	先进个人
赵令海	男	共青垦殖场	副场长	省政府	1990	优秀企业家
郭盛碧	男	政协文史委	主任	省政协	1990	先进工作者
王修炳	男	县科协	主席	中国科协	1991	先进工作者
余建军	男	公安局	民警	公安部	1991	情报资料先进个人
李根深	男	公安局	民警	公安部	1991	颁证工作先进个人
彭海潮	男	磨溪乡林场	专业户	共青团中央	1991	青年绿化祖国突击手
盛广炎	男	科技局	情报站长	国家科委	1992	科技情报先进工作者
程远钿	男	煤矿机械厂	厂长	民政部	1992	军地两用人才先进个人
王贤惠	男	爱民小学	教师	省政府	1993	先进个人
胡克桢	男	县一中	教师	教育部	1993	全国优秀教师
刘茂忠	男	磨溪农技站	站长	省政府	1994	先进工作者
徐其芳	男	农业局	干部	农业部	1994	丰收二等奖
黄荣征	男	轮胎厂	干部	化工部	1994	先进个人
李秀木	男	丰林镇	镇长	农业部	1995	优秀乡镇企业家
殷林火	男	河东乡	干部	民政部	1995	优秀村委会主任
聂善祥	男	聂桥小学	校长	国家教委	1995	优秀教师
孙普根	男	县一中	教师	教育部	1998	全国优秀教师
骆名远	男	公安局	局长	公安部	1998	抗洪救灾先进个人
袁春海	男	物价局	局长	省政府	1998	抗洪抢险先进个人
龚敬文	男	水务局	副局长	省委、省政府	1998	抗洪抢险先进个人
周泽甫	男	县医院	院长	卫生部	1999	先进个人
赵令海	男	共青垦殖场	副书记	环保总局	1999	生态建设优秀领导
袁隆环	男	县科协	主席	中国科协	1999	先进个人
程世桂	男	磨溪小学	教师	省政府	1999	德育先进个人
李桂生	男	蒲亭派出所	所长	公安部	2000	全国优秀人民警察
蔡凤华	女	磨溪计生办	主任	国家计生委	2000	优秀工作者

续表 32－3－5

姓名	性别	单位	职务	颁奖单位	获奖时间	荣誉称号
兰年春	男	邹桥乡	村主任	省政府	2000	民族团结先进个人
蔡锁香	女	宝塔计生办	主任	国家计生委	2001	婚育新风先进个人
袁姗玲	女	计生服务站	副站长	国家计生委	2003	科技工作先进个人
余志忠	男	共青金湖	专业户	农业部	2004	全国粮食生产大户
兰年春	男	邹桥乡	村主任	省政府	2005	民族团结先进个人
徐从辉	男	农业局	干部	农业部	2006	丰收三等奖
徐树英	女	磨溪乡	妇女主任	全国妇联	2006	优秀女能手
谈远华	男	安全监察局	局长	省政府	2006	安全生产先进个人
孙法育	男	法育园艺场	场长	林业部	2007	全国绿色小康户
沈　谦	男	县人民银行	行长	中国人民银行	2007	“知识型职工”标兵
聂　辉	男	林业公安	局长	公安部	2007	优秀人民警察
曾宪国	男	塘山小学	教师	教育部	2007	全国模范教师
刘伟东	男	商务局	局长	省政府	2008	招商引资先进个人
朱金花	女	欣祥包装厂	董事长	全国妇联	2008	“三八”红旗手
李国辉	男	458 厂	厂长	国防科工委	2008	改革脱困先进个人
李桂生	男	交警大队	大队长	省委、省政府	2008	抗冰救灾先进个人
尚茶芬	女	移动公司	员工	中国移动集团公司	2008	百佳服务明星
罗　颖	女	高塘乡	党委书记	全国妇联	2008	先进工作者
柯宁安	男	文广局	局长	国家广电总局	2008	先进个人
曾令义	男	教育局	干部	省政府	2008	“两基”工作先进个人
张友荣	男	河东乡中心小学	教师	省政府	2008	“两基”工作先进个人
邱守安	男	林泉乡中心小学	教师	省政府	2008	“两基”工作先进个人

第三节　副高级以上专业技术职称人员

1985～2008 年德安县教育系统副高级以上职称教师名录

表 32－3－6

姓名	性别	出生年月	工作单位	职称	业务专长
丁志宏	男	1963.1	丰林学校	中学高级教师	英语
丁　泉	男	1969.7	高塘学校	中学高级教师	语文
万波平	男	1934.4	县一中	中学高级教师	数学
万学林	男	1947.4	县二中	中学高级教师	物理
万宗贵	男	1958.11	县二中	中学高级教师	语文

续表 32-3-6

姓名	性别	出生年月	工作单位	职称	业务专长
万新焰	男	1959.9	县二中	中学高级教师	政治
万宗文	男	1962.6	县一中	中学高级教师	语文
万月梅	女	1962.10	县一中	中学高级教师	历史
万秋宏	男	1965.10	林泉中学	中学高级教师	物理
万秋香	女	1967.10	县二中	中学高级教师	数学
万　峰	男	1972.2	县二中	中学高级教师	化学
马遇良	男	1943.9	教育局	中学高级教师	语文
王金宝	男	1946.9	县一中	中学高级教师	语文
王景梅	女	1946.11	县一中	中学高级教师	数学
王元春	男	1955.3	磨溪中学	中学高级教师	物理
王　魁	男	1955.8	县一中	中学高级教师	英语
王全国	男	1956.8	县一中	中学高级教师	语文
王全木	男	1956.11	县二中	中学高级教师	历史
王全松	男	1958.5	县二中	中学高级教师	英语
王修银	男	1959.1	县一中	中学高级教师	政治
王庭明	男	1961.12	县一中	中学高级教师	数学
王新民	男	1963.7	县一中	中学高级教师	物理
王文全	男	1963.11	县一中	中学高级教师	数学
王南京	男	1963.12	教育局	中学高级教师	化学
王修普	男	1964.6	县一中	中学高级教师	语文
王晓鸣	男	1966.3	林泉中学	中学高级教师	语文
王春生	男	1966.4	高塘学校	中学高级教师	物理
王铭森	男	1966.4	县一中	中学高级教师	美术
王任生	男	1966.8	聂桥中学	中学高级教师	语文
王水平	男	1968.10	县一中	中学高级教师	英语
王贤平	男	1969.5	聂桥中学	中学高级教师	数学
王晓玲	女	1970.1	县二中	中学高级教师	英语
王　静	女	1970.6	教育局	中学高级教师	历史
王志华	男	1970.9	县二中	中学高级教师	数学
王佳玉	女	1973.4	县二中	中学高级教师	数学
方春海	男	1947.4	聂桥中学	中学高级教师	化学
方向明	男	1963.5	聂桥中学	中学高级教师	语文
方应荣	女	1971.10	县一中	中学高级教师	物理
文工胜	男	1962.1	县二中	中学高级教师	政教
毛德祥	男	1963.3	县二中	中学高级教师	中文
毛丽云	女	1968.3	县一中	中学高级教师	生物

续表32－3－6

姓名	性别	出生年月	工作单位	职称	业务专长
尹建春	男	1965.1	县一中	中学高级教师	语文
邓顺娥	女	1946.11	县一中	中学高级教师	化学
邓安庆	男	1955.8	丰林学校	中学高级教师	语文
邓京生	男	1966.6	县二中	中学高级教师	中文
邓新国	男	1968.1	县二中	中学高级教师	数学
邓荣娇	女	1968.10	县二中	中学高级教师	中文
占美兰	女	1958.8	县一中	中学高级教师	化学
古庆佑	男	1944.8	县一中	中学高级教师	语文
冯贵珍	女	1936.11	县一中	中学高级教师	英语
冯美珍	女	1953.1	林泉中学	中学高级教师	语文
冯远银	男	1965.2	县一中	中学高级教师	数学
冯连胜	男	1973.4	县一中	中学高级教师	数学
印世清	男	1946.5	县一中	中学高级教师	物理
田桂华	女	1941.10	县一中	中学高级教师	数学
田　廓	男	1966.11	县一中	中学高级教师	语文
田正宜	男	1967.6	县一中	中学高级教师	数学
叶明周	男	1952.5	磨溪中学	中学高级教师	语文
兰江玉	男	1947.2	县二中	中学高级教师	数学
伍天雄	男	1937.10	县一中	中学高级教师	语文
伍浔浔	男	1947.9	县二中	中学高级教师	政治
伍立义	男	1970.3	县一中	中学高级教师	数学
齐声心	男	1956.2	县二中	中学高级教师	历史
朱忠安	男	1946.2	县二中	中学高级教师	中文
朱　斌	男	1966.8	县二中	中学高级教师	体育
朱庆九	男	1969.4	县一中	中学高级教师	物理
朱　剑	男	1978.5	林泉中学	中学高级教师	语文
权木水	男	1965.9	塘山中学	中学高级教师	化学
江青兰	女	1956.1	县二中	中学高级教师	化学
江国平	男	1967.9	县一中	中学高级教师	政治
汤善渠	男	1954.2	县一中	中学高级教师	物理
汤增凯	男	1961.5	丰林学校	中学高级教师	语文
汤木枝	女	1961.11	聂桥中学	中学高级教师	数学
汤从江	男	1966.3	县二中	中学高级教师	数学
汤小池	男	1968.7	县一中	中学高级教师	政治
汤海生	男	1974.2	高塘学校	中学高级教师	语文
毕兆亨	男	1952.10	县二中	中学高级教师	中文

续表 32－3－6

姓名	性别	出生年月	工作单位	职称	业务专长
邬 鹰	男	1964.9	丰林学校	中学高级教师	数学
刘 鑫	男	1936.5	县一中	中学高级教师	物理
刘江江	男	1944.1	县二中	中学高级教师	数学
刘茂财	男	1956.4	丰林学校	中学高级教师	语文
刘诗平	男	1956.7	县一中	中学高级教师	英语
刘克泉	男	1957.1	林泉中学	中学高级教师	语文
刘石松	女	1970.8	县二中	中学高级教师	中文
刘小平	男	1962.7	县二中	中学高级教师	计算机
刘 红	男	1962.12	县二中	中学高级教师	物理
刘秋元	男	1963.8	县二中	中学高级教师	化学
刘茂炎	男	1964.9	县二中	中学高级教师	生物
刘秀英	女	1966.5	车桥中学	中学高级教师	语文
刘炉生	男	1966.7	县二中	中学高级教师	数学
刘军华	女	1966.10	县一中	中学高级教师	英语
刘俊贵	男	1967.10	磨溪中学	中学高级教师	数学
刘克诚	男	1968.1	林泉中学	中学高级教师	化学
刘欣英	女	1968.10	丰林学校	中学高级教师	语文
刘启新	男	1969.10	县一中	中学高级教师	物理
刘泉东	男	1970.11	邹桥学校	中学高级教师	数学
刘涛生	男	1972.3	爱民中学	中学高级教师	数学
刘显强	男	1974.6	县一中	中学高级教师	语文
孙昌群	女	1936.1	县一中	中学高级教师	数学
孙普根	男	1946.1	县一中	中学高级教师	数学
孙法泉	男	1953.10	林泉中学	中学高级教师	政治
孙学柱	男	1955.9	县二中	中学高级教师	化学
孙利锋	男	1965.9	进修学校	中学高级教师	生物
孙传森	男	1967.2	丰林学校	中学高级教师	数学
孙法明	男	1969.4	高塘学校	中学高级教师	数学
孙亿和	男	1974.11	高塘学校	中学高级教师	语文
何河生	男	1957.2	县一中	中学高级教师	地理
何恩勤	女	1968.4	爱民学校	中学高级教师	化学
余龙彪	男	1957.3	县一中	中学高级教师	历史
余 蓉	女	1963.3	县二中	中学高级教师	历史
余素英	女	1964.12	县二中	中学高级教师	英语
余德来	男	1968.10	县一中	中学高级教师	语文
余 英	女	1971.12	县一中	中学高级教师	语文

续表 32－3－6

姓名	性别	出生年月	工作单位	职称	业务专长
余花瓶	女	1975.10	县二中	中学高级教师	英语
吴谓贤	男	1930.5	县二中	中学高级教师	生物
吴逢友	男	1957.1	塘山中学	中学高级教师	数学
吴炳南	男	1958.1	车桥中学	中学高级教师	数学
吴丰林	男	1962.6	县二中	中学高级教师	英语
吴新育	男	1962.12	磨溪中学	中学高级教师	数学
吴　祥	男	1966.1	邹桥学校	中学高级教师	语文
吴宜海	男	1966.2	丰林学校	中学高级教师	语文
吴家发	男	1969.1	县一中	中学高级教师	物理
吴敦旭	男	1969.3	县二中	中学高级教师	数学
吴文虎	男	1970.12	聂桥中学	中学高级教师	数学
岑木苟	男	1958.9	县一中	中学高级教师	物理
张云鹏	男	1928.4	县二中	中学高级教师	英语
张素珍	女	1949.9	县一中	中学高级教师	语文
张才火	男	1958.1	丰林学校	中学高级教师	语文
张教龙	男	1958.4	县一中	中学高级教师	英语
张辉政	男	1958.10	县二中	中学高级教师	政治
张言理	男	1961.10	县一中	中学高级教师	政治
张友付	男	1961.10	县二中	中学高级教师	中文
张绪钧	男	1963.2	县一中	中学高级教师	数学
张国凤	女	1963.10	县二中	中学高级教师	英语
张贵芳	男	1963.10	县一中	中学高级教师	体育
张　翼	男	1964.9	县二中	中学高级教师	中文
张友龙	男	1966.9	县一中	中学高级教师	政治
张吉凤	男	1967.1	磨溪中学	中学高级教师	语文
张友贤	男	1967.10	县一中	中学高级教师	数学
张晓英	女	1967.11	县一中	中学高级教师	语文
张利军	男	1968.11	县一中	中学高级教师	数学
张四龙	男	1970.7	县一中	中学高级教师	语文
张远明	男	1071.2	邹桥学校	中学高级教师	计算机
张　洁	女	1971.5	县二中	中学高级教师	政治
张发武	男	1974.2	县二中	中学高级教师	体育
扶太源	男	1950.9	吴山中学	中学高级教师	语文
扶晓峰	男	1967.5	县一中	中学高级教师	体育
宋从平	男	1964.10	县二中	中学高级教师	英语
宋晓春	女	1966.3	县二中	中学高级教师	英语

续表 32－3－6

姓名	性别	出生年月	工作单位	职称	业务专长
宋冬根	男	1967. 12	县二中	中学高级教师	数学
李金炉	男	1945. 6	县二中	中学高级教师	物理
李殿英	女	1954. 3	县一中	中学高级教师	生物
李大才	男	1956. 1	县二中	中学高级教师	英语
李启明	男	1962. 6	聂桥中学	中学高级教师	生物
李汉贵	男	1962. 6	磨溪中学	中学高级教师	语文
李卫宁	男	1963. 4	县二中	中学高级教师	政治
李冬生	男	1963. 12	聂桥中学	中学高级教师	数学
李慧芳	女	1964. 1	县一中	中学高级教师	英语
李友固	男	1964. 2	县一中	中学高级教师	语文
李海桂	女	1964. 11	县一中	中学高级教师	语文
李振彪	男	1965. 5	县二中	中学高级教师	体育
李书菊	女	1966. 6	县二中	中学高级教师	中文
李凤珍	女	1966. 7	教育局	中学高级教师	体育
李海华	男	1966. 8	县二中	中学高级教师	物理
李琼花	女	1966. 11	邹桥学校	中学高级教师	化学
李　斌	男	1966. 12	县一中	中学高级教师	英语
李桂枝	女	1967. 7	县二中	中学高级教师	中文
李英江	男	1967. 7	县一中	中学高级教师	数学
李永忠	男	1969. 9	聂桥中学	中学高级教师	政治
李　洁	女	1970. 11	教育局	中学高级教师	语文
李健闵	男	1973. 2	县二中	中学高级教师	政治
李自胜	男	1973. 10	县一中	中学高级教师	数学
李小兵	男	1976. 9	县一中	中学高级教师	化学
杨德晌	男	1941. 4	县一中	中学高级教师	数学
杨　磊	男	1961. 9	县一中	中学高级教师	数学
杨求根	男	1964. 5	县一中	中学高级教师	数学
杨　平	男	1966. 1	县一中	中学高级教师	英语
杨翠珍	女	1966. 10	聂桥中学	中学高级教师	语文
杨金莲	女	1967. 1	县二中	中学高级教师	英语
杨晓英	女	1067. 8	县二中	中学高级教师	中文
杨　刚	男	1969. 3	县一中	中学高级教师	物理
杨同玉	女	1976. 2	塘山中学	中学高级教师	英语
汪仲乐	男	1931. 1	县一中	中学高级教师	语文
汪　洋	男	1959. 3	县一中	中学高级教师	英语
汪德贵	男	1966. 1	进修学校	中学高级教师	语文

续表32－3－6

姓名	性别	出生年月	工作单位	职称	业务专长
汪　玲	女	1970.5	县二中	中学高级教师	中文
沈森森	男	1948.3	县一中	中学高级教师	物理
沈桂宝	男	1964.6	县一中	中学高级教师	地理
肖尤模	男	1933.3	教育局	中学高级教师	语文
肖　艾	男	1955.9	教育局	中学高级教师	数学
肖　玲	女	1966.6	县一中	中学高级教师	语文
肖翠湘	女	1968.10	县一中	中学高级教师	政治
肖巧莲	女	1969.7	邹桥学校	中学高级教师	地理
邵加木	男	1950.11	县一中	中学高级教师	英语
邵和国	男	1963.9	县一中	中学高级教师	政治
邵志忠	男	1970.1	聂桥中学	中学高级教师	物理
闵漱溟	男	1923.1	县一中	中学高级教师	英语
闵期良	男	1960.6	县二中	中学高级教师	中文
闵武卫	男	1967.11	县一中	中学高级教师	地理
陈家旺	男	1937.3	县一中	中学高级教师	地理
陈太福	男	1939.3	县二中	中学高级教师	物理
陈大为	男	1940.10	县一中	中学高级教师	物理
陈以宝	男	1955.1	磨溪中学	中学高级教师	语文
陈向阳	男	1956.8	县一中	中学高级教师	英语
陈良坤	男	1956.9	丰林学校	中学高级教师	数学
陈　捷	女	1960.2	县二中	中学高级教师	英语
陈　玲	女	1962.3	县一中	中学高级教师	语文
陈香兰	女	1962.3	县一中	中学高级教师	物理
陈德江	男	1962.7	县一中	中学高级教师	数学
陈宗伦	男	1962.11	县一中	中学高级教师	化学
陈艳金	男	1963.2	县一中	中学高级教师	数学
陈　剑	男	1963.6	县二中	中学高级教师	物理
陈翠霞	女	1964.6	县二中	中学高级教师	政史
陈雪平	男	1964.8	县一中	中学高级教师	物理
陈鉴深	男	1965.11	县一中	中学高级教师	物理
陈永荣	男	1966.1	县一中	中学高级教师	物理
陈大平	男	1966.3	教育局	中学高级教师	英语
陈永昌	男	1967.10	县一中	中学高级教师	数学
陈晓萍	女	1967.10	县一中	中学高级教师	体育
陈　燕	女	1968.2	县一中	中学高级教师	政治
陈素芸	女	1968.2	丰林学校	中学高级教师	语文

续表 32－3－6

姓名	性别	出生年月	工作单位	职称	业务专长
陈　阳	男	1968.12	县一中	中学高级教师	历史
陈用学	男	1969.4	丰林学校	中学高级教师	语文
陈德和	男	1969.9	县一中	中学高级教师	英语
陈　箐	女	1969.9	进修学校	中学高级教师	体育
陈　颖	女	1969.10	县二中	中学高级教师	中文
陈科平	男	1970.4	县二中	中学高级教师	中文
陈桂莲	女	1971.9	聂桥中学	中学高级教师	英语
陈叶军	男	1972.7	县一中	中学高级教师	语文
陈　林	男	1974.8	县一中	中学高级教师	体育
陈真平	男	1976.9	高塘学校	中学高级教师	物理
陈　英	男	1979.2	林泉中学	中学高级教师	语文
杜炳炎	男	1958.12	丰林学校	中学高级教师	语文
邱洪贵	男	1967.11	进修学校	中学高级教师	数学
邹阳华	男	1969.10	邹桥学校	中学高级教师	物理
邹时福	男	1970.11	进修学校	中学高级教师	政治
邹燕平	男	1974.8	邹桥学校	中学高级教师	数学
周芳谷	男	1936.8	县一中	中学高级教师	数学
周木应	男	1958.11	进修学校	中学高级教师	数学
周翠萍	女	1958.12	丰林学校	中学高级教师	语文
周明保	男	1963.7	聂桥中学	中学高级教师	语文
周永顺	男	1965.2	邹桥学校	中学高级教师	语文
周金球	男	1967.11	县二中	中学高级教师	数学
周翠娥	女	1968.5	县二中	中学高级教师	数学
周宇文	男	1969.6	塘山中学	中学高级教师	物理
周曙光	男	1971.1	邹桥学校	中学高级教师	政治
周景萍	女	1974.8	县一中	中学高级教师	数学
罗会铨	男	1938.9	县二中	中学高级教师	数学
罗会俊	男	1941.1	县二中	中学高级教师	中文
罗兴仁	男	1945.10	县二中	中学高级教师	语文
罗明生	男	1957.11	县一中	中学高级教师	历史
罗时焰	男	1958.10	林泉中学	中学高级教师	数学
罗华锌	男	1961.5	爱民学校	中学高级教师	物理
罗时强	男	1966.3	县一中	中学高级教师	生物
罗词谷	男	1966.11	车桥中学	中学高级教师	语文
罗文海	男	1967.9	邹桥学校	中学高级教师	语文
罗平华	男	1968.4	县一中	中学高级教师	语文

续表32－3－6

姓名	性别	出生年月	工作单位	职称	业务专长
罗来凉	男	1968.7	塘山中学	中学高级教师	语文
罗玉清	男	1971.5	县二中	中学高级教师	体育
罗贤香	女	1972.12	磨溪中学	中学高级教师	语文
易金泉	男	1954.3	磨溪中学	中学高级教师	语文
宗小明	男	1970.10	县一中	中学高级教师	历史
林　青	女	1966.3	县一中	中学高级教师	体育
郑树立	男	1944.10	县二中	中学高级教师	中文
郑远东	男	1956.8	县二中	中学高级教师	数学
郑绍春	男	1959.2	教育局	中学高级教师	语文
郑淼才	男	1966.3	县一中	中学高级教师	政治
郑由兰	女	1972.9	县二中	中学高级教师	中文
金玉成	男	1957.3	县二中	中学高级教师	历史
金世富	男	1966.1	县一中	中学高级教师	生物
郁庭斌	男	1953.1	县二中	中学高级教师	中文
侯东明	男	1963.11	县一中	中学高级教师	体育
姚长水	男	1954.7	县一中	中学高级教师	英语
姜红文	男	1967.9	县一中	中学高级教师	化学
段明镜	男	1927.8	县一中	中学高级教师	化学
祝学红	男	1958.11	吴山中学	中学高级教师	数学
祝孝鹏	男	1963.1	县一中	中学高级教师	语文
祝国刚	男	1966.12	吴山中学	中学高级教师	数学
祝小利	男	1971.8	聂桥中学	中学高级教师	物理
祝根美	女	1973.9	县二中	中学高级教师	数学
胡敦莉	女	1936.7	县一中	中学高级教师	数学
胡克桢	男	1939.2	县一中	中学高级教师	语文
胡凤梅	女	1941.2	县一中	中学高级教师	生物
胡文正	男	1949.6	县二中	中学高级教师	数学
胡神生	男	1956.12	教育局	中学高级教师	语文
胡新华	男	1960.1	县一中	中学高级教师	化学
胡木荣	男	1964.7	教育局	中学高级教师	物理
胡友平	男	1964.11	县一中	中学高级教师	数学
胡遵才	男	1964.11	县一中	中学高级教师	数学
胡明亮	男	1965.10	教育局	中学高级教师	化学
胡迎春	男	1969.3	高塘学校	中学高级教师	历史
胡伟卿	男	1969.7	县二中	中学高级教师	中文
胡少平	男	1969.11	县一中	中学高级教师	物理

续表 32-3-6

姓名	性别	出生年月	工作单位	职称	业务专长
胡雪珍	女	1970.4	吴山中学	中学高级教师	英语
赵金姣	女	1968.5	县一中	中学高级教师	英语
钟希逵	男	1926.9	县一中	中学高级教师	语文
钟海全	男	1956.8	县二中	中学高级教师	数学
钟友朋	男	1963.4	县二中	中学高级教师	生物
钟孝爱	男	1967.8	爱民学校	中学高级教师	语文
费仕敏	男	1971.3	县二中	中学高级教师	化学
闻炳照	男	1932.10	县一中	中学高级教师	物理
洪和平	男	1969.3	丰林学校	中学高级教师	教育技术
宣 筱	女	1968.2	进修学校	中学高级教师	数学
柯红霞	女	1965.7	县二中	中学高级教师	体育
唐丽清	女	1967.2	县一中	中学高级教师	语文
夏敬华	男	1955.2	县二中	中学高级教师	数学
夏松爱	男	1961.11	县一中	中学高级教师	语文
夏爱庆	男	1963.5	县二中	中学高级教师	政治
夏米松	男	1966.1	车桥中学	中学高级教师	数学
夏冬明	男	1970.12	县二中	中学高级教师	数学
夏小明	男	1971.8	县一中	中学高级教师	数学
夏淼英	女	1971.8	县二中	中学高级教师	历史
夏祥茂	男	1972.9	县一中	中学高级教师	英语
席丛梅	女	1956.2	县一中	中学高级教师	数学
徐恩忠	男	1936.10	县一中	中学高级教师	地理
徐人彦	男	1947.12	车桥中学	中学高级教师	数学
徐观浩	男	1949.4	县二中	中学高级教师	历史
徐义来	男	1961.1	县二中	中学高级教师	历史
徐 冲	男	1962.12	县一中	中学高级教师	体育
徐国彬	男	1965.8	县二中	中学高级教师	政治
徐 宏	男	1965.12	县一中	中学高级教师	物理
徐宝桃	女	1968.12	县二中	中学高级教师	数学
徐 清	女	1970.4	县二中	中学高级教师	英语
徐剑波	男	1975.10	聂桥中学	中学高级教师	语文
桂家范	男	1936.12	县二中	中学高级教师	语文
桂家胜	男	1954.8	县二中	中学高级教师	教育学
桂育武	男	1971.8	教育局	中学高级教师	政治
桂云清	男	1971.11	县一中	中学高级教师	生物
殷绍贵	男	1963.1	高塘学校	中学高级教师	英语

续表32-3-6

姓名	性别	出生年月	工作单位	职称	业务专长
殷志军	男	1964.11	县二中	中学高级教师	中文
殷小红	女	1967.1	县一中	中学高级教师	语文
聂　志	男	1958.6	县二中	中学高级教师	政治
聂善斌	男	1965.1	县一中	中学高级教师	地理
涂勇源	男	1955.3	县一中	中学高级教师	数学
涂其玉	男	1971.8	丰林学校	中学高级教师	生物
袁金龙	男	1963.5	塘山中学	中学高级教师	物理
袁海华	男	1963.10	县一中	中学高级教师	化学
袁为平	男	1963.12	塘山中学	中学高级教师	数学
袁礼明	男	1964.7	县二中	中学高级教师	中文
袁有孝	男	1966.6	县二中	中学高级教师	数学
袁隆兰	女	1968.10	县一中	中学高级教师	历史
袁　华	女	1968.12	县一中	中学高级教师	数学
袁根生	男	1972.3	高塘学校	中学高级教师	英语
都和平	男	1964.1	县一中	中学高级教师	物理
钱　福	男	1964.4	县一中	中学高级教师	化学
高友云	男	1968.10	县一中	中学高级教师	物理
高利林	男	1969.9	丰林学校	中学高级教师	语文
郭庆生	男	1949.8	塘山中学	中学高级教师	数学
郭作华	男	1956.8	教育局	中学高级教师	化学
郭小平	男	1965.4	县二中	中学高级教师	历史
郭玉叶	男	1970.1	邹桥学校	中学高级教师	数学
郭世华	男	1970.10	林泉中学	中学高级教师	语文
秦艳华	女	1963.7	磨溪中学	中学高级教师	语文
顾新宽	男	1949.10	教育局	中学高级教师	英语
曹志平	男	1928.8	县一中	中学高级教师	政治
曹秋琴	女	1970.8	教育局	中学高级教师	语文
梅慧玲	女	1954.10	进修学校	中学高级教师	政治
梅雪艳	女	1955.9	县二中	中学高级教师	中文
梅小平	男	1968.10	县一中	中学高级教师	数学
梅恩红	女	1972.7	县一中	中学高级教师	政治
章德欣	男	1967.3	县一中	中学高级教师	数学
黄河清	男	1940.4	县二中	中学高级教师	数学
黄光贞	男	1956.9	县一中	中学高级教师	数学
黄荣火	男	1961.3	林泉中学	中学高级教师	数学
黄经练	男	1964.11	县一中	中学高级教师	体育

续表 32－3－6

姓名	性别	出生年月	工作单位	职称	业务专长
黄华初	男	1966.11	县一中	中学高级教师	数学
黄荣兴	男	1966.12	吴山中学	中学高级教师	生物
黄敬春	男	1967.1	县二中	中学高级教师	数学
黄泉君	男	1967.12	县二中	中学高级教师	体育
黄　源	男	1968.10	县一中	中学高级教师	数学
黄仕祥	男	1969.1	县二中	中学高级教师	英语
黄朝东	男	1969.4	吴山中学	中学高级教师	语文
黄全忠	男	1970.3	吴山中学	中学高级教师	历史
黄振生	男	1970.9	聂桥中学	中学高级教师	体育
龚绵国	男	1930.12	县一中	中学高级教师	数学
龚来宝	男	1965.4	吴山中学	中学高级教师	政治
龚　燕	女	1970.9	县二中	中学高级教师	中文
龚思平	男	1972.10	吴山中学	中学高级教师	语文
曾宪平	男	1951.7	塘山中学	中学高级教师	语文
曾仁淼	男	1957.10	进修学校	中学高级教师	数学
曾仁友	男	1959.10	林泉中学	中学高级教师	物理
曾庆柏	男	1962.8	县一中	中学高级教师	英语
曾令臣	男	1962.9	县一中	中学高级教师	化学
曾铁流	男	1962.11	县二中	中学高级教师	物理
曾昭晖	男	1963.9	塘山中学	中学高级教师	政史
曾宪龙	男	1963.10	县一中	中学高级教师	化学
曾令义	男	1965.5	教育局	中学高级教师	政治
曾　瑜	男	1966.8	林泉中学	中学高级教师	生物
曾践德	男	1966.10	丰林学校	中学高级教师	化学
曾春荣	女	1968.2	聂桥中学	中学高级教师	地理
程世淮	男	1947.11	磨溪中学	中学高级教师	语文
程福良	男	1949.4	县二中	中学高级教师	历史
程世贵	男	1949.8	县一中	中学高级教师	数学
程木香	女	1956.3	爱民学校	中学高级教师	数学
程世波	男	1961.2	教育局	中学高级教师	语文
程秋生	男	1964.8	县一中	中学高级教师	英语
程世平	男	1965.9	聂桥中学	中学高级教师	英语
程　薇	女	1967.7	县二中	中学高级教师	美术
程萍娥	女	1969.12	县二中	中学高级教师	中文
傅焰生	男	1961.12	县一中	中学高级教师	物理
傅义金	男	1966.12	县一中	中学高级教师	政治

续表32－3－6

姓名	性别	出生年月	工作单位	职称	业务专长
傅自全	男	1967.8	聂桥中学	中学高级教师	语文
傅义南	男	1972.10	磨溪中学	中学高级教师	语文
董肇干	男	1967.3	县一中	中学高级教师	化学
董先锋	男	1969.8	磨溪中学	中学高级教师	体育
葛光天	男	1937.4	县二中	中学高级教师	地理
蒋华棣	男	1935.8	县一中	中学高级教师	政治
蒋建平	男	1965.12	县一中	中学高级教师	化学
彭宏岚	女	1966.10	县二中	中学高级教师	英语
谢　辉	男	1944.3	邹桥学校	中学高级教师	数学
谢庆林	男	1956.11	高塘学校	中学高级教师	物理
谢定康	男	1962.8	车桥中学	中学高级教师	语文
谢德华	男	1967.8	县二中	中学高级教师	历史
谢万红	男	1970.12	县一中	中学高级教师	地理
谢启凤	女	1971.2	县一中	中学高级教师	体育
詹伟仁	男	1958.6	县二中	中学高级教师	语文
詹德峰	男	1965.6	县一中	中学高级教师	数学
詹德红	女	1968.2	县一中	中学高级教师	政治
雷代浩	男	1946.6	进修学校	中学高级教师	语文
雷玲玲	女	1963.6	县一中	中学高级教师	英语
路志松	男	1973.10	县一中	中学高级教师	英语
熊文辉	男	1936.2	县二中	中学高级教师	物理
熊小平	女	1959.1	教育局	中学高级教师	语文
熊卫东	男	1959,10	县二中	中学高级教师	物理
熊海鹰	男	1965.11	县一中	中学高级教师	地理
熊　平	男	1967.4	县一中	中学高级教师	语文
熊　莹	女	1967.12	县一中	中学高级教师	化学
熊晓明	男	1967.12	县一中	中学高级教师	政治
熊　群	女	1968.4	县一中	中学高级教师	英语
熊小平	男	1968.10	县一中	中学高级教师	英语
蔡源芳	女	1965.3	县二中	中学高级教师	中文
蔡安义	男	1966.1	县二中	中学高级教师	数学
蔡亚军	男	1969.12	磨溪中学	中学高级教师	语文
蔡锦宝	男	1970.2	吴山中学	中学高级教师	物理
欧阳明华	男	1966.3	林泉中学	中学高级教师	音乐
欧阳代栋	男	1968.11	磨溪中学	中学高级教师	数学
司徒鹏	男	1943.8	县一中	中学高级教师	数学

续表32－3－6

姓名	性别	出生年月	工作单位	职称	业务专长
潘隆军	男	1964.10	县一中	中学高级教师	物理
潘秋生	男	1971.10	县一中	中学高级教师	语文
黎洪武	男	1967.2	县一中	中学高级教师	微机
燕　雄	男	1954.6	县二中	中学高级教师	数学
薛晓平	男	1965.8	聂桥中学	中学高级教师	化学
魏长贵	男	1946.2	县二中	中学高级教师	数学
魏德才	男	1972.9	县一中	中学高级教师	历史
魏方凌	男	1975.6	县一中	中学高级教师	地理
戴先坦	男	1936.9	县一中	中学高级教师	历史
戴玉良	男	1964.6	县二中	中学高级教师	政教
戴进彬	男	1965.8	县二中	中学高级教师	英语
戴和明	男	1966.12	吴山中学	中学高级教师	化学
戴明胜	男	1967.5	县一中	中学高级教师	化学
戴建阳	男	1967.11	高塘中学	中学高级教师	语文
戴小江	男	1969.1	县二中	中学高级教师	中文
戴进健	男	1969.1	县二中	中学高级教师	物理
文桂枝	女	1938.12	蒲塘小学	小学特高教师	语文
文　君	女	1971.1	蒲塘小学	小学特高教师	语文
王贤慧	男	1956.2	蒲塘小学	小学特高教师	自然科学
王　英	女	1961.8	县一小	小学特高教师	语文
刘金林	男	1943.1	河东小学	小学特高教师	语文
刘华兴	男	1968.1	县一小	小学特高教师	语文
刘秀英	女	1973.5	蒲塘小学	小学特高教师	语文
余雁冰	女	1962.4	蒲塘小学	小学特高教师	语文
吴梅英	女	1970.4	蒲塘小学	小学特高教师	语文
张友荣	男	1963.1	河东小学	小学特高教师	语文
张梅红	女	1974.4	县一小	小学特高教师	语文
李千铎	男	1947.6	蒲塘小学	小学特高教师	语文
邱守安	男	1963.1	林泉小学	小学特高教师	语文
陈珊红	女	1954.1	县一小	小学特高教师	思想品德
陈音璇	女	1970.3	县一小	小学特高教师	数学
陈大朝	男	1971.12	县一小	小学特高教师	数学
徐小珍	女	1971.11	蒲塘小学	小学特高教师	语文
高国平	男	1968.10	蒲塘小学	小学特高教师	数学
程水生	男	1973.2	宝塔小学	小学特高教师	语文
熊　燕	女	1969.4	蒲塘小学	小学特高教师	语文

1985~2008年德安县卫生系统副高级以上职称医师名录

表32-3-7

姓名	性别	出生年月	工作单位	职称	专长
刘瑞荣	男	1962.1	县医院	主任医师	外科
杨　环	男	1962	中医院	主任医师	儿科
林道文	男		中医院	主任医师	内科
胡胜兰	女	1960.1	县医院	主任医师	内科
郭　锋	男	1961.6	县医院	主任医师	外科
桑明辉	男	1963.3	中医院	主任医师	外科
马以寅	男	1938.12	县医院	副主任医师	内科
马　龙	男	1958.3	县医院	副主任医师	内科
文国新	男	1934.10	县医院	副主任医师	普外科
文莉群	女	1955.3	县医院	副主任医师	感染科
王绍琳	女	1935.12	县医院	副主任医师	药剂
邓金保	男	1962.2	县医院	副主任医师	内科
冯后喜	男	1965.8	血防站	副主任医师	外科
关　健	男	1935.2	血防站	副主任医师	内科
刘秀英	女	1941.7	县医院	副主任医师	护理
孙家水	男	1958.9	县医院	副主任医师	儿科
孙溢欣	男	1969.11	县医院	副主任医师	骨外
朱文璋	男	1937.7	县医院	副主任医师	内科
严为信	男	1939.11	疾控中心	副主任医师	中医
余天墀	男	1929.9	中医院	副主任医师	中医内儿科
余春时	男	1941.3	中医院	副主任医师	中医内儿科
余爱华	女	1955.1	县医院	副主任医师	护理
吴盛教	男	1960.2	县医院	副主任医师	麻醉科
张友云	男	1938.10	中医院	副主任医师	中医内儿科
李秀文	男	1950.10	中医院	副主任医师	外科
杨礼勇	男	1956.3	县医院	副主任医师	消化内科
杨　硕	男	1968.9	县医院	副主任医师	心血管
杨国正	男	1965.5	县医院	副主任医师	儿科
汪作春	男	1956.10	县医院	副主任医师	皮肤科
陈金广	男	1942.11	中医院	副主任医师	中西医结合
陈干付	男	1968.3	县医院	副主任医师	外科
陈守生	男	1969.5	县医院	副主任医师	外科
周淑珍	女	1935.7	县医院	副主任医师	中医
周海涛	女	1946.11	县医院	副主任医师	内科
孟宪荣	男	1940.1	县医院	副主任医师	外科

续表 32－3－7

姓名	性别	出生年月	工作单位	职称	专长
孟志敏	男	1963. 12	中医院	副主任医师	内科
郑济良	男	1930. 11	中医院	副主任医师	西医外科
胡海水	男	1961. 6	卫生局	副主任医师	内科
赵元生	女	1942. 11	中医院	副主任医师	西医内科
唐月娥	女	1937. 9	县医院	副主任医师	药剂
桂金华	男	1965. 3	县医院	副主任医师	内科
袁定斌	男	1969. 9	疾控中心	副主任医师	公共卫生
郭学兵	男	1969. 3	中医院	副主任医师	骨科
曹依美	男	1934. 8	县医院	副主任医师	眼科
盛武平	男	1964. 10	县医院	副主任医师	外科
黄慧娟	女	1941. 3	县医院	副主任医师	内科
黄伟华	男	1968. 11	县医院	副主任医师	内科
曾春莲	女	1951	县医院	副主任医师	中医
程靖荪	女	1943. 11	县医院	副主任医师	护理
程文莉	女	1969. 5	县医院	副主任医师	妇产科
鲁国英	男	1937. 11	疾控中心	副主任医师	公共卫生
熊海华	女	1967. 3	县医院	副主任医师	儿科
管荣高	男	1964. 2	中医院	副主任医师	中医内儿科
蔡纪平	女	1945. 1	县医院	副主任医师	中医
潘　蜀	男	1975. 10	中医院	副主任医师	针灸康复
薛永芬	女	1932. 11	县医院	副主任医师	内科
戴前锦	男	1965. 9	县医院	副主任医师	普外

1985～2008 年德安县其他副高级以上专业技术职称人员名录

表 32－3－8

姓名	性别	出生年月	工作单位	职称	业务专长
仇保荣	男	1963. 7	农业局	高级畜牧兽医师	畜牧兽医
方国雄	男	1953. 1	水泥厂	高级工程师	水泥工艺
王　周	男	1931. 12	农业局	高级工程师	农机
王瑞华	男	1947. 2. 10	氟化总厂	高级工程师	化工
孙自诚	男	1928. 6	县志办	副编审	古代史研究
刘贤根	男	1938. 2	农业局	高级农艺师	农技
刘爱民	男	1957. 3	文广局	高级讲师	马列哲学
刘英龙	男	1962. 2	水务局	高级水电工程师	工程管理
吕正清	男	1945	建设局	高级工程师	建筑
许立新	男	1945	工信委	高级工程师	机械

续表32－3－8

姓名	性别	出生年月	工作单位	职称	业务专长
齐为为	男	1956.6	水务局	高级水利工程师	水工设计
严　正	男	1937.2	二轻局	高级工程师	机械
吴国良	男	1941.6	林业局	高级林业工程师	林业
张安民	男	1945.8	县人大	高级工程师	工程管理
张　咏	男	1973.3	农业局	高级农艺师	种植
李秀银	男	1962.11	水务局	高级水电工程师	工程管理
杨　文	男	1971.9	林业局	高级工程师	林业
汪德东	男	1968.11	农业局	高级畜牧兽医师	畜牧兽医
肖茂元	男	1945.2	县政协	高级农艺师	园艺
苏明富	男	1939.4	水务局	高级水利工程师	工程管理
陆建珠	女	1962.6	总场报社	高级政工师	政工
陈圣华	男	1939.5	经贸委	高级经济师	地矿
陈寿康	男	1939.9	水务局	高级水电工程师	水力水电
陈瑞良	男	1939.9	农业局	高级工程师	农机
周增旺	男	1934.12	科技局	高级农艺师	农业技术
周迪人	男	1942.10	博物馆	副研究员	文物
宗志华	男	1939.12	党校	高级讲师	政治经济学
官守学	男	1965.11	植保站	高级农艺师	植保
郑绍东	男	1967.12	农工部	高级农艺师	园艺
金永生	男	1962.10	党校	高级讲师	经济管理
姚镇财	男	1939.2	党校	高级讲师	马列哲学
查鹏舒	男	1964.2	财政局	高级会计师	财会
查海林	男	1967.8	公路分局	副教授	公路工程
胡华珍	男	1936.2	农业局	高级农艺师	农技
胡建宏	男	1969.10	县党校	高级讲师	经济管理
倪启拥	男	1962.9	农业局	高级畜牧兽医师	畜牧兽医
唐先学	男	1944.12	公安局	副主任法医	法医鉴定
涂保林	男	1949.10	星晨氟化	高级经济师	经济管理
龚敬文	男	1943.4	水务局	高级水电工程师	水力水电
曾庆亚	男	1938.10	国土局	高级农艺师	农学
韩南祥	男	1963.10	水务局	高级水电工程师	水工建筑
简秉良	男	1945	经贸委	高级工程师	机械
解思廉	男	1939.2	萤石公司	高级工程师	地质
熊大逸	男	1936.6	制动器厂	高级工程师	机械制造
熊　健	男	1962.9	食品药品监管局	副主任药师	药品检验
翟辅君	男	1944.8	制动器厂	高级工程师	机械
魏任同	男	1939.8	水务局	高级水利工程师	水力水电
魏桢贤	男	1963.12	国土局	高级农艺师	农技

第四节　县外德安籍县(团)级人士

1985～2008年县外德安籍县(团)级人士名录

表32－3－9

姓名	性别	出生年月	单位	职务、专业
丁　青	女	1958.1	省交通科学研究院	书记
丁　新	男	1959.10	省出入境检验检疫局	处长
丁　庆	男	1963.9	庐山人民医院	院长
万　涛	男	1981.6	外交部驻葡萄牙大使馆	秘书
万水生	男	1965.4	上海船舶研究设计院	副院长
万联耀	男	1956.10	江西航空学院	处长
马德福	男	1949.9	德福电子材料有限公司	董事长
马毛女	女	1950.4	国家外汇管理局省分局	处长
巴惠萍	女	1964.3	市政协提案委员会	主任
王宅森	男	1942	九江柴油机厂	厂长
王忠才	男	1958.2	中银保险公司江西分公司	部门经理
付义珠	男	1963.12	南京55研究所	处长
付　军	女	1975.8	上海浦东新区科委科技处	处长
叶　琪	男	1964.1	省青年职业学院	处长
田万联	男	1945.10	浙江省永康工商银行	行长
伍伟平	男	1960.6	南昌海关现场办公处	处长
伍冬根	男	1967.12	深圳平安银行	行长
吕少军	男	1963.3	省体育局科研所	所长
孙小明	男	1963.12	九江学院电子工程学院	党委书记
孙法军	男	1973.7	农业部办公厅办公室	主任
朱　峰	男	1973.10	武警福建消防总队	处长
余江银	男	1963.3	福州市供销社	主任
吴宗仁	男	1968.1	省林业有害生物检疫局党委	书记
张林生	男	1954.8	市林业局	局长
张立亭	男	1966.11	南城县人民政府	副县长(挂职)
李秀全	男	1933.12	市公路局	工会主席
李建国	男	1950.7	省交警总队直属支队	支队长
李跃生	男	1960.11	省劳动厅保险福利处	党委书记
李天涛	男	1962.1	河北省驻深圳办公室	主任
李莉安	女	1964.1	市检察院	副检察长
李天凯	男	1965.2	河北省公安厅治安处	副处长

续表32－3－9

姓名	性别	出生年月	单位	职务、专业
杜玉东	男	1963.10	省高级法院立案庭	庭长
肖　明	男	1959.12	市政府	副秘书长
肖平学	男	1963.6	省委组织部干教处	处长
肖　峰	男	1969.9	南昌航空大学保卫处	处长
陆　旭	男	1962.12	省财政大学计算机中心	主任
陈德全	男	1932.5	市妇女儿童医院	党委书记
陈友才	男	1949.9	市机关工委	书记
陈兆荣	男	1946.9	市机关工委	调研员
陈广安	男	1947.5	市政府办公厅	副秘书长
陈郭华	男	1957.9	九江石油分公司	经理
陈礼东	男	1979.1	央视海外传播中心综合部	主任
闵长泉	男	1951.7	市国土局	副局长
周水胜	男	1954.3	省地矿局老干处	处长
周世敏	男	1963.11	省委宣传部理论处	处长
武固香	女	1942.10	省高级法院机关党委	副书记
罗文江	男	1969.3	瑞昌市政府	市长
胡金姣	女	1952.6	省外事侨务办公室	处长
胡茂勇	男	1953.11	市检察院	副检察长
饶　勇	男	1972.7	南昌大学组织部	副部长
骆长春	男	1949.10	南昌铁路局九江地区	党委书记
桂家祥	男	1959.8	省出入境检验检疫局	主任
桂华菊	女	1963.1	江西农业大学软件学院	党委书记
殷　琦	男	1962.9	天津市红口区政府	秘书长
秦　结	男	1970.3	浙江省委组织部三处	处长
聂松时	男	1953.5	市冶煤公司	总经理
聂和菊	女	1954.10	九江学院政法学院	党委书记
郭庆舜	男	1967.2	江西农大后勤集团	总经理
陶自应	男	1938.9	中共浔阳区委	书记
龚小江	男	1956.9	省消防总队科技处	处长
程先发	男	1950.12	省新闻出版局人事处	处长
彭　敏	男	1963.3	市发改委	主任
韩仕龙	男	1964.4	九江学院附属医院	院长
熊志琦	男	1946.3	中央储备粮共青城直属库	主任
熊建冰	男	1970.12	中央储备粮上高直属库	主任
燕开钊	男	1953.3	市交通运输局	调研员
魏晓奎	男	1969.1	省木材流通监督管理局	局长

第五节　县外德安籍副高级以上专业技术职称人员

1985～2008年县外德安籍副高级以上专业技术职称人士名录

表32－3－10

姓名	性别	出生年月	单位	职称	专业
方　亮	男	1963.10	九江学院生命科技学院	副教授	生物
王　琦	男	1962.12	九江学院	教授	临床医学
王炎平	男	1962.12	上海电力学院数学系	副教授	数学
王贤森	男	1962.4	九江学院文传学院	教授	中文
邓　峰	男	1964.8	上实集团	高级工程师	工程建设
邓金龙	男	1963.11	温州大学	教授	
古南荣	女	1963.12	广州仲恺农业工程学院	高级会计师	财务
付达奇	男	1975.10	中国农业大学	副教授	农作物种植
左升发	男	1941.6	市教育学会小学研究会	中学高级教师	语文
龙　群	男	1973.8	九江日报社	主任记者	新闻专业
任光铭	男	1952.9	上海农科院研究所	副教授	林业
伍小华	女	1962.6	南昌第三医院	副主任医师	内科
刘林生	男	1963.11	上海钢铁总公司	副教授	冶金
刘瑜琦	女	1966.10	九江学院	高级实验师	生物
刘雅凌	女	1968.12	九江学院	副主任医师	临床
孙家驰	女	1965.4	市气象局	高级工程师	天气气象
孙晓霞	女	1970.11	广州白云国际机场	高级工程师	工程建设
吴道明	男	1962.7	省社会科学院	副研究员	科教
李英杰	男	1946	美国桑尼维尔洛克希德公司	高级工程师	
李院生	男	1949.4	市第一医院	副主任医师	外科
李玲霞	女	1956.1	中国石化南京化工研究院	高级工程师	化工
李朝霞	女	1964.6	江西大学第一附属医院	副主任医师	听力治疗
肖尤谟	男	1933.3	市教育局	中学高级教师	数学
肖　玮	男	1966.12	北京建筑工程集团	高级工程师	建筑
邵小玲	女	1969.11	深圳金大鹏建筑工程公司	高级经济师	
陈德芸	女	1942.1	浔阳区教师进修校	中学高级教师	数学
陈典全	男	1966.11	厦门雅迅网络有限公司	高级工程师	通讯
周磊萱	男	1938.1	九江电大	副教授	中文
周　旸	女	1971.4	中国丝绸博物馆	副研究员	文博
林慧珍	女	1932.11	中央团校教务科	副教授	行政

续表 32 -3 -10

姓名	性别	出生年月	单位	职称	专业
洪宝剑	男	1977.9	南京工程学院	副教授	数学
祝小军	男	1972.10	南昌大学	副教授	英语
胡江银	男	1945.1	省广播电台	高级编辑	文字编撰
徐丽萍	女	1961.11	市第一医院	主任医师	内科
徐　戎	男	1963.4	南昌大学杂志社	副教授	自动化
徐　刚	男	1973.1	广州市建筑设计院	高级工程师	民房建筑
袁　晖	男	1962.1	广州市第二人民医院	主任医师	外科
陶宏宾	男	1967.6	九江学院建工系教研室	副教授	建材
梅黄普	男	1946.6	九江石化总厂子弟学校	中学高级教师	语文
黄维勤	男	1965.5	九江日报社	主任记者	新闻采编
曾宪安	男	1962.2	湖北十堰东风动力机械厂	高级工程师	动力机械
熊巧浔	女	1946.7	九江三中	中学高级教师	语文
戴　婕	女	1969.6	江西青年职业学院	副教授	古代文学
端木和芸	女	1974.2	国家开发银行江西分行	高级经济师	金融

卷三十三

共青开放开发区

卷三十三　共青开放开发区

共青开放开发区成立于1992年,由1955年上海垦荒队创办的共青社演变而来。境内有商周文化遗存、汉唐时期古驿道以及宋元时期先民聚落遗址,历史底蕴深厚。作为全国唯一以“共青团”名义命名的城市,共青的发展充满活力。创业初期,共青建设者经过3次垦荒、2次迁徙、3住茅草棚,锻造出开拓进取的垦荒精神。党中央、国务院对共青的发展十分关心,先后有80多位党和国家领导人、200多位省部级领导亲临视察,为共青创造出特殊发展环境。原中共中央总书记胡耀邦两次视察共青并三题其名(共青社、共青垦殖场、共青城),逝世后骨灰安葬在共青。

20世纪80年代,共青抓住改革开放有利时机,大力发展羽绒产业,产值连年翻番并进入国际市场。1985年产值突破1亿元。1988年产值4.05亿元,“鸭鸭”品牌成为国内外市场知名品牌。1990年,兴建“鸭鸭”大厦服装生产线和肉鸡饲养基地等一批项目,企业发展带动市场经济繁荣,服装、酒类、纺织印染、建材行业相应发展,当年产值4.5亿元。2002～2007年,根据自身资源和优势,重点发展纺织服装、文化旅游、教育与高新技术三大产业,有亿元以上项目17个,自主创新服装品牌40多个,高校2所,经济社会发展步入快车道。2007年底,有企业245家、GDP11亿元、财政收入9120万元、农民人均年收入3700元,实现从农垦经济到工业经济、从农村城镇到新型城市的跨越。

2008年,工农业总产值43.3亿元,实现财政收入14031万元。随着经济发展,社会事业全面进步,基础设施不断改造升级,城乡商贸繁荣,文化旅游兴旺。共青从一个血吸虫肆虐的荒草洲嬗变为候鸟聚集的绿色家园,从一个只能生产简单农产品的企业成长为农工商兼备的雄厚经济实体,从一个占地31.7平方千米的小型场社发展到区域面积159.66平方千米的省级开放开发区。

第一章 沿革 机构

第一节 沿 革

1955年10月,上海第一支青年志愿垦荒队到德安县八里乡掩沟岭开荒造田。同年11月,共青团中央第一书记胡耀邦专程到驻地看望垦荒队员,并为垦荒队创办的农业社题写"共青社"社名。1957年11月,"共青社"与其他农业社合并为金湖农场,同年12月更名九江德星第一农场。1958年3月,九江德星第一农场更名国营德安共青综合垦殖场。全场面积31.7平方千米,场部设在金湖张家湾,以种植粮食作物为主,林果牧渔并举,还兴建了一些小型工业企业。同年7月,与金湖公社所属的6个农业社实行场社合一,全场面积增至49.4平方千米。1964年3月,德安县南湖公社划归共青综合垦殖场。1965年8月,共青综合垦殖场更名金湖垦殖场。1969年6月,恢复"国营德安共青综合垦殖场"场名,与金湖公社场社分家,场部从张家湾搬迁到南湖茶山寺。1971年6月,米粮铺乡双桥大队六、七生产队划归共青综合垦殖场。1978年9月,中共中央组织部部长胡耀邦在京听取共青综合垦殖场情况汇报,并题写"共青垦殖场"场名。1984年6月,江西农业大学所属南湖农场划归共青垦殖场。同年12月,中共中央总书记胡耀邦到垦殖场视察,题写"共青城"。1985年,德安县国营共青垦殖场更名江西省共青垦殖场。同年6月,米粮铺乡郑泗村三、四、五、六村民小组和国营米粮铺垦殖场郑泗分场划归共青垦殖场。1992年4月,德安县米粮铺乡划归共青垦殖场,更名甘露区。同年5月,成立共青开放开发区管理委员会;9月,共青垦殖场更名共青城。1993年,永修县江益镇和德安县金湖乡先后划归共青。1995年底,国家科委、国家环保局把共青正式列为全国生态示范区。1999年,成为江西省唯一的国家级生态示范区。2008年8月,省委、省政府联合团中央成立了支持共青城发展领导小组,高位推动共青城建设。共青被纳入省经济发展总体规划,成为江西省"99+1"区域模式中99个县区之外具有特殊意义的"1"。

第二节 机 构

1985年,共青垦殖场为县直属农垦单位,下设办公室、组织科、宣传科、人武部。1992年5月,共青开放开发区管理委员会成立,与共青垦殖场两块牌子一套人员;7月,设中共共青垦殖场党委常委会。1994年5月,成立共青开放开发区党委。2003年,共青开放开发区党委和共青开放开发区管理委员会为市政府正处级派出机构。2008年,内设工作机构12个:党政办公室、宣传统战部、组织人事部(机构编制委员会)、政法委、经济发展局、社会发展局(民政局)、农林水利局、国土资源局、环保和城乡建设局、财政局、审计局、司法局;下辖甘露镇、江益镇、金湖镇、茶山街道办事处。

第二章　地理　资源

第一节　地　理

位于县域东南部,博阳河下游,鄱阳湖西岸,昌九工业走廊中段。东北与星子县蛟塘镇交界,南与永修县艾城镇、吴城镇毗邻,西与永修县燕坊镇接壤,北与河东乡、宝塔乡、蒲亭镇相连,面积159.66平方千米。京九铁路、昌九城际铁路和昌九高速公路穿境而过,水路经鄱阳湖可直抵长江。

区内地势西北高、东南低,属低丘陵、平原洲地。最高点海拔200.2米,最低处海拔12米。博阳河由西北向东南流入南湖,丰水期水深7~9米,河床宽200米以上。南湖面积1800公顷,往东与蚌湖和鄱阳湖相连。

属中亚热带湿润季风气候区,四季分明,光照充足。年均气温16.7℃,年均蒸发量1554毫米,年均相对湿度78.8%,年均风速2.5米/秒,年均降水量1366毫米,以春雨、梅雨及台风雨为主,年均日照时数1885小时,无霜期约200天。

第二节　资　源

1985年,人口1967户7540人;耕地433.2公顷,其中水田377.2公顷、旱地56公顷。1997年,人口16208户56295人;耕地2323公顷,其中水田2002公顷、旱地321公顷。2008年,人口31028户66763人;耕地2390公顷,其中水田2348公顷、旱地42公顷;林地3474公顷;湿地7340公顷;有小(一)型水库2座,小(二)型水库12座,塘堰213座,水资源总量1.29亿立方米,水域面积5583公顷,其中捕捞水域3783公顷,养殖面积1800公顷。

第三章　乡镇　街道

第一节　甘露镇

原为德安县米粮铺乡,1992年5月划归共青后更名甘露区,2006年撤区设镇。地处共青西部,东有发展大道与茶山街道相连,西经甘杨公路连105国道通德安县城,南有工业大道通江益镇。

2008年,区域面积26.26平方千米,辖双塘、双桥、甘露、前山、燕坊、坪塘6个行政村和双桂居委会,有林场、园林场各1个,村民小组73个,人口14108人。耕地534公顷,林地2000公顷,水域256公顷。主产大米,农副产品主要有柑橘、杨梅、草莓和西瓜。"米粮铺"牌柑橘获中国果品行业协会第八届全国果品交易会"中华名果"称号及农业部绿色食品质量"无公害绿色食品"证书。境内有服装工贸城、台商创业园、"鸭鸭"创新基地,主要从事纺织服装、电子电器、新能源生产和物流服务。南昌理工学院共青校区坐落镇内。

第二节　金湖镇

原为德安县金湖乡,1993年11月划归共青后更名金湖区。2001年1月,撤区设镇。地处共青东北部,东与星子县泽泉乡为邻,南毗茶山街道,西与甘露镇相连,北与河东乡、蒲亭镇交界。多河港湖汊,水草资源丰盛。有县道、乡道分别通往德安、茶山街道;2007年,境内博阳河渡改桥工程竣工通车,交通条件得到改善。

2008年,区域面积24.89平方千米,辖黄桥、寨下、大塘、固村、凤凰、五合、江流7个行政村,有水产场1个,村民小组56个,自然村41个,人口9915人。耕地575公顷,山林593公顷,养殖水面147公顷。圩堤6座,长14.7千米(其中共青联圩5.6千米)。所产优质大米远销深圳、香港等地,有隆平超级稻种植基地60余公顷、苗木花卉种植基地97公顷,特种养殖有"网箱养鳝"。2008年,有金湖板鸭厂等5家企业,就业近千人。

第三节　江益镇

原为永修县江益乡,1993年6月划归共青更名江益区,2000年12月撤区设镇。地处共青西南部,东与永修县吴城镇为邻,南与永修县恒丰企业集团交界,西与永修县燕坊镇相连,北与甘露镇接壤。昌九高速公路、京九铁路、昌九城际铁路穿境而过,有青丰、江军、江共3条乡道。

2008年,区域面积85.21平方千米,下辖江益、栗畈、红林、爱国、跃进、荷塘、增垅、南湖、红星9个行政村,有居委会、茶林场和水产场各1个,村民小组94个,人口11609人。耕地1000公顷,林地933公顷,水面2933公顷,湿地1333公顷。以种植水稻、棉花、花生为主,有杂交油茶373公顷、草莓67公顷,养殖蛋鸡35万羽。

第四节　茶山街道

2006年,经省政府批准,同意德安县设立茶山街道办事处,为县政府派出机关。茶山街道面积20.09平方千米,人口3.95万人,其中非农业人口3.75万人。辖东湖、南湖、西湖、北峰、富华5个居委会。办事处驻共青大道,内设政工科、社会事务办、综治办、计生办4个科室,由共青开发区管理。

第四章　城市建设

第一节　城市规划

1990年,城市格局初步形成。2006年,制定《共青城总体规划》《共青城产业发展规划》。2008年,编制《共青城土地利用总体规划修编大纲》《青年创业基地(台商创业园)控制性详细规划》《共青城区域发展协调规划》和《金湖镇规划》等8个新农村示范点建设规划。

2008年7月,《共青城规划与建设管理暂行规定》明确规划区范围为东至南湖湖岸,南至江益村燕窝和上湾自然村,西至前山村莲塘李家、包塘燕自然村,北至凤凰村大屋赵自然村,面积61.23平方千米,人口20万。规划区分为一、二级控制区,规划范围外为三级控制区。

第二节　基础设施

公　路

1985年,境内有公路45千米,东至共青码头,南至江益,西至杨桥与105国道相连,北至三合圩。

1993年,昌九无隔离带双向两车道汽车专用线在甘露镇设有出入口。1996年,拓宽为双向四车道高速公路。至2008年,有县道33.7千米,乡道16.9千米,村道339.5千米。其中,城市主干道路43.61千米,水泥路251.5千米,砂面路76.5千米。

铁　路

1985年,境内南浔铁路设有米粮铺乘降所。1991年,与永修县江益站合并设立米粮铺站。1997年,共青城站建成启用。2008年,境内有京九铁路、南九城际铁路,长14.8千米。

航　道

1985年,水运航道主要是博阳河季节性行洪河道,有行人渡口和金湖石山、毛厂、共青一号货运码头3处,汽车运输公司水运队有60吨机驳船2艘,航政由德安港航管理所负责,后分别由共青汽车运输公司、交通局配合管理。1989年,有机驳渡船1艘,日载客量千余人次。1993年,有行人渡口4处,渡船4艘。

桥　梁

1990年,杨棋线境内有一号桥、二号桥。2006年,博阳河大桥建成,长394米,为共青最长桥梁。2008年有公路桥梁18座,总长1274米。

2008年共青桥梁一览表

表33－4－1　　　　单位:米、吨

桥梁名称	位置	建造年份	长度	宽度	荷载	其他
一号桥	江益镇	1990	40	12		拱桥
二号桥	江益镇	1990	30	10		
江益公跨铁桥	江益镇	1992	40	12		T型结构
梓垅桥	江益镇	1992	8	4		混凝土结构
江益公跨铁人行桥	江益镇	1994	70	4		水泥桥
拖沟岭公跨铁桥	甘露镇	1995	46	12	15	双向2车道
高速公路出口公路桥	甘露镇	1995	40	60	20	双向4车道
高速公路出口铁路桥	甘露镇	1995	70	50	20	双向6车道
李家桥	金湖镇	1998	15	4	5	单车道
寨下桥	金湖镇	1998	9	4	5	单车道
毛连桥	江益镇	1998	8	4		混凝土结构
小南湖桥	江益镇	1998	8	4		混凝土结构
清明桥	江益镇	1998	5	4		水泥混凝土桥
珍珠湖桥	珍珠湖	1999	160	10		石拱景观桥
毛厂桥	城区	1999	80	12		石拱桥
跃进桥	江益镇	1999	5	5		水泥混凝土桥
博阳河大桥	毛竹山	2006	394	12	公路Ⅱ级	投资1200万元
金湖石山大桥	博阳河石山渡口	2008	246	7	公路Ⅱ级	投资815万元

给排水

1985年,自来水厂年供水量267万立方米,日均供水量7315立方米。水源为博阳河水。2004年,自来水厂实行改制。2006年,成立共青城道道水务公司,水源改为柘林湖水。2008年,年供水量366.6万立方米,供水管道34.8千米。境内有小(一)型水库2座,库容466万立方米,均为城市供水水源;小(二)型水库12座,装机3400千瓦;圩堤12座;排涝站28座,污水处理厂1个。

供　电

1985年,有河东变电站10千伏专线至共青电厂。1986年,共青变电站投入运行。1988年,从永修军山架设35千伏专线14千米,引入柘林水电站电力。1990年,用电1264万千瓦时。1993年,35千伏富华山变电站投入运营。1999年,共青电厂更名共青电力公司。2002年,公司改制,成立九江共青供电有限责任公司。同年,实施富华山变电站改造工程。2003年10月,共青一、二期农村电网改造完成,城乡居民生活用电实现同网同价。2008年,完成农村电网建设扩增工程,输电线路193.9千米,配电变压器487台,改造户表13448户,供电8955万千瓦时。

街　道

1985年,共青街道建设初具规模。至1991年,建成共青路、南湖路、上海路等街道15条,总长7540米。此后,新建和改造九仙、南湖、发展等8条大道,路宽均在20米以上,其中共青大道宽60米,双向6车道。2008年,基本形成铁路以东老城区和铁路以西新城区(全国青年创业基地)城市格局,新老城区有跨高速公路立交桥连接。老城区街道框架为“四纵三横”,“四纵”为九仙大道、纬九路、南湖大道、富华大道,“三横”为共青大道、发展大道、高尔夫大道;新城区以工业大道为主干,北连宝塔乡杨桥村,南接永修县燕坊镇,有支道多条。

2008年共青主要街道一览表

表33-4-2　　单位:米

街道名称	起止地点	建设年份	长度	宽度	车道
共青大道	高速公路口—鸭鸭集团	1991~2001	6000	60	双向6车道
发展大道	鸭鸭大厦—火车站	2001~2005	5800	24	双向4车道
南湖大道	农行—共青学院	1992~1993	2800	30	
陵园大道	东城企业—鸭鸭大厦	1991~1993	3200	24	
高尔夫大道	农行分理处—高尔夫门口		3600	28	双向2车道
纬九路	余家—九仙岭	2001~2004	3800	40	
九仙大道	九仙岭—城雕		3000	30	双向4车道
创业路	粮食局—回圆广场		2000		
城区东经一路	纬九路西侧		295	18	
城区东经二路	纬九路西侧		170	18	
城区东经三路	纬九路西侧		300	24	

房　屋

1985年,共青房屋以砖瓦和砖混结构为主。1993年,共青一中实验大楼、鸭鸭羽绒服装大厦、南昌大学共青学院建成。随后,移民建镇建成桃园新村、郑泗新村、江益新村、区北新村和甘露新村等。2002年,引进房地产企业12家,开发碧水华庭等一批房地产项目,开发土地10.84公顷,建筑面积19万平方米。2006年起,先后在发展大道两侧建成拆迁安置房、农民公寓安置房共12栋、623套、42724平方米。2007年,经济适用房开工建设,鄱阳湖生态研究中心建成,启动服装工贸城15万平方米厂房、服装综合市场及配套设施建设,建成面积10万平方米,竣工项目有回圆大厦、深傲大厦、华远大厦。2008年,有房地产企业15家，开发乘风御景园等大型商品房楼盘26个，开发土地27.76公顷，建筑面积12万平方米。

园　林

绿化　1985年，有绿化队1个。1990年，在居民区、街道修建花坛172个1.4万平方米；铺草坪1.9万平方米；植树41.6万株；城区绿化面积21万平方米，绿化覆盖率38%。至2008年，在共青大道、富华大道、发展大道等路段种植花卉草皮12万平方米、香樟等3万多株。

街心公园　建于1983年，位于开发区办公楼前，植有花草树木，园中心有“飞牛”雕塑。

青年之家　建于1981年，位于共青路中段，为园林式公园。占地9.8公顷，园内有假山、亭台、人工湖及娱乐活动场所。

共青城城雕　建于2004年，位于高速公路进城入口处，采用四环设计，占地12.86公顷。象征朝气蓬勃、迈向未来，是共青标志性建筑。

第三节　城市环境

环境卫生

1985年，由环卫所负责清扫城区。1991年，城区清扫面积24.6万平方米，日清运垃圾12.5吨，在各主、支干道及小区安装果壳箱，改造、新建公厕16座和居民区垃圾池100余个。2000年起，先后修建垃圾中转站3个、垃圾处理场1个、公厕3座，购置各种环卫设备、车辆16台(辆)，主次街道及小区均安装果壳箱。2006年，成立城管执法大队，负责市容市貌、环境卫生管理执法。

“三废”治理

1988年，整治农贸市场摊点，对废水、废气、废弃物及噪音进行治理。鸡鸭宰杀、羽毛加工、日常生活废水用于生物糖化养鱼，印染废水实施沉淀净化，酿酒废水用于农田灌溉；酒厂、印染厂锅炉实施水磨除尘，羽毛加工厂锅炉实施旋风除尘。2000年后，环保部门对天骏印染厂、共青酒厂、九江华达医药材料厂等进行重点监管。2005年，关停废水超标排放的顺风造纸厂。2008年，责令除尘设施不达标企业停产整顿，关停砖瓦厂3家；新建日处理2万吨的污水处理厂1座。当年，共青城区大气环境质量Ⅱ级达标，地表水环境质量Ⅲ级达标，城区固体废弃物处理率90%，工业污染源排放达标率100%，城市噪音状况控制在各功能区标准范围内。

环境保护

境内有各类湿地7400公顷，适应候鸟栖息、繁殖。每年越冬候鸟60多种，约20000只，有国家一级保护鸟类白鹤、白头鹤、东方白鹳，国家二级保护鸟类白枕鹤、灰鹤、小天鹅、白额雁。1999年，被评为国家生态示范区。2000年，建立“江西共青南湖自然保护区”，面积3333公顷，其中核心区666公顷、缓冲区1000公顷、实验区1667公顷，主要保护对象为湿地候鸟及其生态；新修水利150余处，移民搬迁2000户；平圩4座，还湖面积773公顷，投入湿地建设保护资金3000万元。2005年，通过全国生态示范区复核验收。2008年，鄱阳湖生态经济区建设启动，鄱阳湖湿地研究中心动工。

第五章　经济建设

第一节　第一产业

农业总产值

1985年,农业总产值255.35万元,其中农林业101.17万元、牧渔业154.18万元。2002年,农业总产值9574万元,其中农林业5188万元、牧渔业4386万元。2008年,农业总产值20416万元,其中农林业5769万元、牧渔业14647万元。

种植业

粮食作物　1985年,以传统水稻种植为主,种植面积433.2公顷,总产6910吨。1999年起,推广早稻直播和联合收割机、插秧机等农机作业。2001年,早稻直播面积100%。2004年,引进杂交稻品种P88S/0293,1公顷试验田创平均亩产750千克记录。2007年,全面实现机械化收割,农业机械总动力21978千瓦,有大型拖拉机89台、小型拖拉机30台、联合收割机55台。2008年,粮食播种面积3066公顷,总产18115吨。

经济作物　1985年,经济作物主要为油菜。1993年推广棉花,种植面积37公顷。2002年,江益镇大面积种植油茶。2007年,引进转基因抗虫棉,种植面积583公顷,总产1664吨。2008年,油菜种植面积556公顷,总产1022吨;油茶种植面积300公顷。

1985～2008年共青粮油棉作物面积及产量一览表

表33－5－1　　单位:亩、吨、公斤/亩

年份	粮食作物			油料作物			棉花		
	播种面积	总产量	单产	播种面积	总产量	单产	播种面积	总产量	单产
1985	9615	3516	365.5	2225	143	64.3			
1986	8981	330.6	368.1	1865	112	60.0			
1987	8591	3462	403.0	1949	148.8	76.4			
1988	8367	3429	400.0	1682	100.9	60.0			
1989	8800	3628	405.9	1513	116.2	76.8			
1990	9050	3685	406.6	1850	129.3	70.0			
1991	7096	2909	409.9	3507	337	96.2			
1992	7861	2810	357.4	3011	287	95.6			
1993	12148	4622	380.5	4091	381	93.3	561	76	135.7
1994	39291	15524	395.1	14076	1366	97.1	6175	866	140.3
1995	4101	1519	370.3	11899	1081	90.9	7980	964	120.9
1996	44799	18394	410.6	12579	1153	91.7	8163	1152	141.2
1997	42963	17004	395.8	13603	1284	94.4	7836	1129	144.1
1998	43697	3528	306.8	14537	1484	102.1	8380	924	110.3
1999	41882	17662	421.7	11901	1184	99.5	7631	1187	155.6
2000	35011	14197	405.5	12754	1225	96.1	9176	1380	150.4
2001	36118	14494	401.3	10873	1019	93.8	8573	1302	151.9
2002	39919	16806	421.0	13112	1185	90.4	9570	1411	147.5

续表 33－5－1

年份	粮食作物			油料作物			棉花		
	播种面积	总产量	单产	播种面积	总产量	单产	播种面积	总产量	单产
2003	38716	15517	400.8	11598	1058	91.3	9011	1442	160.1
2004	39517	16079	406.9	12670	1211	95.6	8303	1322	159.3
2005	35575	14589	410.1	13589	1344	93.9	8197	1169	142.7
2006	38461	14754	383.6	14677	1333	90.8	8288	1224	148.8
2007	37263	14916	400.2	11585	1164	100.5	8754	1664	190.1
2008	45990	18115	437.0	13515	1420	114.1	8340	1705	204.4

林　业

用材林　20 世纪 80 年代末，有林面积 235.7 公顷，其中杉树林 51.6 公顷、松杂林 162.8 公顷、泡桐林 21.3 公顷。20 世纪 90 年代起，组织实施“灭荒造林”“在山上造个江西”“跨世纪绿色工程”“退耕还林工程”等造林绿化工程建设，森林资源面积大幅增加，其中退耕还林工程造林 2000 亩。

经济林　1985 年，林果公司有竹园 11 个。1990 年，有竹林 8.67 公顷，油茶林 31 公顷。1998 年，有竹林 37.74 公顷，年蓄积量 36000 株。2008 年，江益镇有杂交油茶 373 公顷。

果园　葡萄：20 世纪 80 年代中期，有种植面积 66.67 公顷；1990 年，因羽毛厂、煤气库建设征地，葡萄种植面积减至 43.3 公顷；1994～2005 年，因珍珠湖、葡萄园小区商品房开发等原因，葡萄园全部被征用。柑橘：1986 年 3 月，从浙江慈溪引进果苗种植；1989 年，扩大柑橘种植 5.3 公顷；1990 年，有柑橘园 10 公顷；1992 年，县八里园艺场划归共青，有优质高产橘园 87 公顷；1998 年 3 月，林果业公司有柑橘园 100 公顷，产量 1800 吨；2001 年起，因移民建镇及城区建设征用果园，柑橘园逐年减少。

苗木　2003 年，河南一方生态林业工程公司在共青试种马褂木，并建有种苗基地。至 2008 年，全区有种苗基地 6.7 公顷，育苗量 100 万株。

畜牧业

鸭　1987 年，实施“鸭鸭工程”项目，成立畜禽公司，建立肉鸭饲养基地。1990 年，养鸭 14.35 万只。2003 年，出笼肉鸭 35 万只，年末存笼 15 万只。2008 年，出笼肉鸭 51 万只，年末存笼 24 万只，加工板鸭 35 万只，出售肉鸭苗 90 万只。鸭种有农杂四号和小麻鸭。所养肉鸭上半年外销南昌煌上煌公司，下半年用于加工板鸭。

鸡　1985 年，有蛋鸡养殖场，养鸡 2.2 万只，产鲜蛋 33 万千克。1990 年，养鸡 3 万只。1991 年，鸡场迁至陈家岭。1992 年，有 3 层鸡舍 5 栋，面积 7035 平方米；幼雏、育成鸡舍 6 栋，面积 4290 平方米。1995 年，有种鸡场 1 个，种鸡 7000 套、孵化器 8 台、出雏机 2 台，年产商品鸡苗 56 万只。2008 年，有种鸡 2 万余套、孵化器 16 台，年产商品鸡苗 170 万只，年末存笼商品蛋鸡 35 万只。

1985～2008 年部分年份共青禽蛋及肉类产量一览表

表 33－5－2　　单位：吨

年份	禽蛋产量	肉类产量	年份	禽蛋产量	肉类产量
1991	514.5	1836.3	2001	1395.00	2857.10
1994	790.3	2293.0	2004	2440.00	3909.55
1996	1039.8	2519.0	2006	3270.00	5618.08
1998	1208.0	2609.3	2008	3591.00	5735.00

牲畜 1985年,畜牧场在南湖建有猪舍26栋,建筑面积1132平方米。规模养猪场以加工配合饲料为主,散养户以混合饲料为主。生猪品种以三元杂交商品猪品系和土杂猪为主,牛、羊以农户散养为主。1991年,有生猪12950头,牛493头,羊338只。2008年,生猪存栏40750头,牛1298头,羊887只。

1985~2008年共青猪、牛、羊存栏一览表

表33-5-3 单位:头、只

年份	猪	牛	羊	年份	猪	牛	羊
1985	2630	340	—	1997	26470	2150	684
1986	3053	269	—	1998	26530	2095	739
1987	3122	277	—	1999	29800	2187	715
1988	4073	251	—	2000	30980	2293	731
1989	3650	249	—	2001	31300	2280	765
1990	5109	246	—	2002	31800	2250	730
1991	12950	493	338	2003	32000	2105	710
1992	13470	512	364	2004	33000	2110	760
1993	21450	1590	570	2005	35000	1186	540
1994	23470	2090	582	2006	38000	1260	830
1995	24630	2270	628	2007	39800	1058	950
1996	25490	2230	671	2008	40750	1298	887

水产业

1985年,成立水产场,水产品总产28吨。1991年,为维护鄱阳湖生态平衡,下发《关于加强水产养殖保护,严禁非法偷、毒、炸鱼的布告》,在春夏之交鱼类繁殖期值班巡逻,保护鱼类顺利产卵繁殖。20世纪90年代起,逐步实行养殖承包责任制。2002年,养殖水面1619公顷,总产4905吨。2005年起,实行鄱阳湖区"春季禁渔",对传统捕捞渔民发放生活补贴,并投放鱼苗20万~50万尾。2008年,养殖水面1600公顷,总产8600吨。有专业捕捞人员158人;渔船79艘,总吨位158吨、功率754马力。

1985~2008年部分年份共青养殖及捕捞产量一览表

表33-5-4

年份	养殖水面(公顷)	总产量(吨)	养殖产量(吨)	占总产量比重(%)	捕捞产量(吨)	占总产量比重(%)
1991	1053	1800	1220	67.8	580	32.2
1993	1323	2450	1630	66.5	820	33.4
1995	1481	2550	1500	58.8	1050	41.2
1998	1481	3800	1900	50.0	1900	50.0
2000	1480	4002	2042	51.0	1960	49.0
2002	1619	4905	3420	69.7	1479	30.3
2004	1600	6510	4610	70.8	1900	29.2
2006	1600	7500	6500	86.7	1000	13.3
2008	1600	8600	7600	88.4	1000	11.6

第二节　第二产业

工业总产值

1985 年，工业总产值 8197.7 万元。2002 年，工业总产值 89004 万元，利税 342 万元。2008 年，工业总产值 413000 万元，利税 17300 万元。

所有制结构

国有企业　1985 年，企业以国有为主，主要有电厂、机械厂、建材厂、板鸭厂、酒厂、羽绒厂、包装箱厂、服装厂、自来水厂。1995 年，有国有企业 20 家，为财政收入主体。

乡镇企业　1992～1993 年，米粮铺、金湖、江益划归共青，乡镇企业或与共青国有企业接轨，或因经营不善退出市场，保留的乡镇企业有金湖乡羽绒服装厂、第三板鸭厂、萤石厂和江益乡春江服装厂、建材厂、鞭炮厂。

民营企业　1996 年后，民营企业发展迅速。2002 年，有服装、纺织、新能源、新材料、电子电器企业 47 家。2005 年，有民营企业 134 家。2008 年，民营企业增至 271 家。

合资及外资企业　1993 年，有中港合资东城木业有限公司。此后，有中日爱高股份有限公司、香港独资东盛集团有限公司。

企业改制

2002 年，茶山宾馆由香港嘉利投资有限公司经营，更名茶山假日酒店。2004 年，金马纺织公司进行改制试点，资产整体转让共青宝山纺织公司，802 名职工置换身份。2005 年，富华山公司、板鸭厂、饲料厂、畜牧场改制，311 名职工置换身份。2006 年，成立国有企业改制工作领导小组，设公有资产经营管理中心，化解羽绒厂、东诚木业厂、共青酒厂等企业银行债务 4 亿多元，公开拍卖机械厂、酒厂等企业闲置设备，盘活资产 200 万元。同年，启动共青乐器厂、共青服装大厦破产保护。2007 年，燃料总公司破产，职工置换身份。2008 年，假日酒店资产转让给江西鼎诚实业投资有限公司，更名茶山迎宾馆；燃料总公司资产拍卖，50 名职工置换身份；共青酒厂资产拍卖给江西长江啤酒有限公司；共青印染厂破产，736 名职工置换身份。至 2008 年，改制企业 27 家。

企业选介

鸭鸭股份公司　前身为江西共青羽绒厂，属国家大二型企业，从事羽绒服装生产。公司占地 10 公顷，总资产 7.2 亿元，员工近 6000 人，拥有专业生产设备 4000 台（套）和 CAD 设计打版系统，年生产能力 1000 万件。全国各地有销售网点 3000 个，产品远销 80 个国家和地区，为国家外贸出口基地之一，拥有自营外贸进出口权，“鸭鸭”商标在国家工商局和世界 80 个国家及地区注册。企业先后获“地方财税特别贡献奖”“全国服装行业百强企业”“中国羽绒工业协会特别贡献奖”和商务部“最具市场竞争力品牌”等荣誉称号和奖项。“鸭鸭”牌羽绒服曾作为国礼赠送外国元首。

江西挪宝电器有限公司　2005 年由香港东盛集团有限公司投资创办。总投资 2500 万美元，一期占地 20 公顷，主要从事新能源领域 SSHR－280 地源热泵空调商用机和家用机研发、设计、生产、销售，拥有自主知识产权。

第三节　第三产业

商　业

1985 年，农工商联合企业公司共青分公司拥有对内、对外物资批发经营权；德安县供销合作联社设有共青供销贸易公司。1986年,有个体工商户54家。1989年,有农贸市场2个。1990年,有个体工商户152家。1991年,社会消费品零售总额662万元,出口交货值15440万元。1992年,出口服装500万件(套)。1994年8月,撤销县共青贸易公司,成立共青供销合作社联合社,下辖金湖、米粮铺、江益供销社。2004年,接待游客50万人次。至2005年,出口产品主要有羽绒服装、皮夹克、医用纱布、板鸭、瘦肉型生猪等,出口交货值47.22亿元。2008年,有从事服务行业店面及企业728家。其中,餐饮283家,宾馆55家,运输仓储33家,修理54家,设计55家,广告32家,物业管理41家,美发美容93家,其他82家。社会消费品零售总额32288万元。

金　融

银行　1985年,中国农业银行德安县支行、德安县农村信用合作联社在共青设有办事机构。1988年7月,农业银行德安县支行共青营业所升格为市支行办事处。1989年,增设闵家山分理处、南湖储蓄所。1990年,农行信贷资金14416.9万元,个人储蓄1303万元。此后,中国银行、中国建设银行、中国工商银行德安县支行先后在共青开设分支机构。2000年起,建行、工行分支机构先后撤销,中行分支机构降格。2008年,有中国农业银行共青支行、中国银行共青支行、共青城农村信用社和恒信小额贷款股份有限公司,农行共青支行存款余额44889万元,中行共青支行存款余额美元17万元、人民币16601万元,农村信用社存款余额22633万元、贷款余额23247万元,恒信公司累计发放贷款19567.6万元。

保险　1992年,中国人民保险公司共青支公司成立。1996年,人寿险业务分离,成立中国人寿保险公司共青支公司,中国人民保险公司共青支公司更名中国人民财产保险公司共青支公司。

邮　电

1985年,德安县邮电局共青邮电所负责办理邮政、电信业务。1987年,增加载波机1套,装机容量386部。1988年,邮电所升格共青邮电支局。1993年,新增程控交换机3000门,实现电话程控化。1995年7月,划归市邮电局管辖,更名市邮电局共青分局。1998年12月,邮电分营。2005年,建成市话端1个,农话中心局1个,接入网4个,容量10112门,实装9189门。2008年,有邮政局、电信局、移动分公司、联通分公司,设江益邮电所和邮政投递点4个,信筒6个,报刊亭4个,邮票代售点4个。

第四节　招商引资

1992年,成立共青开发区管理委员会招商局。2002年,制定《江西省共青开放开发区管理委员会关于进一步鼓励外商投资的若干规定》。2005年,制定《关于促进共青城开放开发区外向型经济发展的意见》。2006年,制定《共青城开放开发区招商引资优惠办法》。2007年,成立开发区重大项目办公室。2008年8月,省委和团中央成立支持共青城发展领导小组,省委副书记王宪魁任组长,团中央书记处书记贺军科、副省长洪礼和任副组长,省直33个厅局为成员单位,同年成立海关事务联络办公室。至2008年,组团出访、考察港澳台地区20余次,引进企业57家,投资总额5亿美元;赴广东、福建、上海、江苏等省市招商,对接长珠闽产业梯度转移,引进长江酒业、挪宝空调、拼牌服装等电子电器、纺织服装、现代农业项目60余个,投资总额78.2亿元,实际进资53亿元。

第六章　社会事业

第一节　民政　社会保障

民　政

1985年,民政工作由办公室、工会、人武部共同负责。1996年4月,成立救灾救济办公室,负责救灾、报灾、查核工作。有长期救助对象442户1326人，发放救助款13.26万元；临时救助223户669人，发放救助款3.345万元。2002年，实施城镇居民最低生活保障。2003年9月，社会发展局设民政科、移民办。2006年，实施农村居民最低生活保障，实施城乡低保户、五保户、重点优抚对象等特困和特殊家庭医疗救助；江益镇红林小学改建镇敬老院，占地0.3公顷，建筑面积800平方米。2007年，成立社会救助办公室；引进九江信华公司资金100万元新建甘露镇敬老院，占地0.6公顷，建筑面积1600平方米。2008年，有精简退职对象15人，五保对象129人，敬老院老人67人；发放冰雪灾害救济款48万元；请省医院专家对93名白内障患者免费施行复明手术。

社会保障

1987年，社会保障工作由县社会保险所负责。1995年，成立共青城职工医疗保险工作领导小组，下设办公室。2003年，医保办隶属社会发展局。2004年，根据省人力资源和社会保障厅关于农垦企业职工参加城镇基本养老保险政策，成立专项办公室，实行离退休养老保险社会统筹，城镇基本养老保险参保9134人，征收养老保险费2680万元；企业养老保险参保7700人。2005年，成立社会保险事业管理局。同年，参加医保1.2万人，行政、事业、企业单位全部纳入医疗保险。2008年，成立医疗保险局，参保3.9万人，征收基金1400万元，支付800余万元；基本养老保险参保4576人，征收养老基金1200万元。

第二节　教　育

学前教育

1985年，有公办中心幼儿园，在园幼儿近200人。1997年，首个民办幼儿园开办，入园幼儿109人。2008年，有公办幼儿园1所，教职工31人；民办幼儿园15所，教职工176人；入园幼儿2216人，入园(班)率91%。

2008年共青民办幼儿园一览表

表33－6－1　　　　单位：个、人

名称	办学地址	班级数	学前班	大班	中班	小班
双桥学前班	双桥村曾家	3	79	30	—	—
小博士幼儿园	益和花园内	11	145	10	32	178
鸭鸭幼儿园	三米田宾馆内	8	24	37	32	17
红太阳幼儿园	工业园区内	4	36	46	35	27
南湖幼教部	金纺路	4	36	55	34	—
群星幼儿园	甘露小学大门旁	7	107	89	67	26
西街幼儿园	江益镇西街	2	—	47	35	—
金星幼儿园	江益镇中学旁	3	—	29	21	19
启明星幼儿园	交警大队旁	10	105	55	71	30
小天使幼儿园	体育馆小区内	14	184	147	133	23
贝比佳幼儿园	珍珠湖小区内	4	37	37	36	18
小龙人幼儿园	共青酒厂旁	4	36	37	35	22
金湖幼儿园	金湖镇	4	—	50	35	26
开心幼儿园	上海路	4	27	29	27	21
小灵童幼儿园	江益红林村	4	19	26	24	29

基础教育

1985年,有场办子弟学校、小学共3所,学生2097人,教职工118人。1986年,职工子弟学校分为共青中学和共青中心小学。1990年,有中小学校6所,其中中学1所,完小2所、初小3所。1998年,调整教学网点,撤并部分村小,多渠道筹集资金对农村校舍进行危房改造或重建。2005年,启动农村远程教育工程。2006年,新建小学2所,改造乡镇6所小学校舍及饮水设施,全面消除一、二类危房。2008年,有中小学20所,学生9126人,其中,小学生6535人,专任教师276人;初中生2591人,专任教师115人。适龄儿童入学率和巩固率100%。

高等教育

1985年,与江西大学联合创办江西大学共青职业学院,设会计与统计、政治与宣传2个专业。1986年,首次面向全省招生,录取学生92人。1988年,改为面向全省农垦系统招生,并招收以共青职工子弟为主的代培进修生,新设企业管理、对外经济贸易、服装设计和畜牧水产专业。至1990年,培养各类专业人才299人,其中代培生127人。2004年,创办南昌理工大学共青分校。2008年,有高等院校2所,教师500余人,在校学生10000余人。

教育机构选介

中心幼儿园 建于1983年,位于场部中心。占地0.8公顷,建筑面积2314平方米,总投资36万元。有幼儿卧室、厨房、餐厅、卫生间、洗手间及14间幼儿活动室,装有"游龙戏水""飞船登月"大型现代化玩具,绿化率50%,为市级示范园所。1984年、1988年两次获市托幼工作先进集体称号。

西湖小学 原名共青垦殖场子弟学校,始建于1958年,位于金湖乡固村。后历迁金狮巷、张家湾、南湖茶山寺、戴家村等处。1986年,中、小学分设,成立共青中心小学。1988年,中心小学迁至西湖区东南侧。1989年9月,占地面积1.33公顷,有教学楼4栋,建筑面积2868平方米。同年,获农牧渔业部先进教育单位。1990年,有学生1100人,教职员工67人。1993年,获全国少工委、全国妇联、中国残联授予的少先队先进集体奖。1995年7月,被团省委、省少工委定为少先队"创五星雏鹰行动"教育基地。2006年,更名西湖小学。2008年,有学生2100人,教职员工91人。

共青城中学 原名共青垦殖场子弟学校。1986年,中、小学分设,成立共青中学。1990年,有学生1319人,教职工108人。1992年更名共青中学。2003年更名共青城中学。2007年,被评为市高考质量单项评估优胜单位。2008年,获市普通中学高考质量评估上线量化优胜单位、市县(市、区)高考质量评估二本以上净增长及体艺专科以上录取率优胜单位称号。

南昌大学共青学院 1985年2月创办江西大学共青职业学院。1991年更名江西大学共青学院。1993年更名南昌大学共青学院。2003年,学院通过省教育厅和国家教育部检查评估,批准为独立学院。占地112公顷,建筑面积21万余平方米。图书馆藏书31.4万册,实验室设备价值4000万元。为全国双新人才办公室双新人才计划专项培训基地、省高技能人才培养示范基地。设信息工程系、工程技术系、经济贸易系、工商管理系、英汉语言文学系、艺术与设计系、公共教学部、实验中心、艺术与设计研究所,有计算机科学与技术及服装设计等37个专业(其中本科14个),覆盖文、理、工、经济、法律等多个学科。2008年,有学生近万名,教职工400余人。

第三节 科 技

1986年,成立科学技术协会,有会员96人。1988年,在全省首次评聘工作中,有639人获得各类专业技术职称,其中高级职称12人。1990年,有各类科技人员820人。2008年,社会发展局设立科技科。至2008年,开展科研13项,其中获省市以上奖项或通过省市级鉴定的科研成果10项,在省级以上报刊发表科技论文14篇。

1985～2008年共青主要科研成果一览表

表33－6－2

项目名称	鉴定情况	奖励情况	主持人
饲料酵母的中间试验	1985年1月通过省级鉴定	1985年获江西省科技成果三等奖	徐恢龙
双风牌851、852型脚踏风琴	1985年11月通过市级鉴定	1985年获九江优秀新产品奖	周瑞红
鸡新城疫免疫程序制定试验	1985年通过省级鉴定	—	周玉龙 熊以密
庐山可乐	1986年6月通过省级鉴定	1987年获江西省新产品奖	袁兴志
“葵花牌”49键儿童钢琴	1986年10月通过市级鉴定	1987年获全国儿童生活用品新产品金鹿奖	周瑞红
DBKH－1512型全铜质大白扣	1988年5月通过省级鉴定	1989年获江西省科学进步三等奖	何秋涛 周　平
延长普通啤酒保存期	1990年12月通过省级鉴定	—	汪传广

第四节　卫生　体育

卫　生

1985年，卫生工作由文卫科负责。有共青职工医院，医技人员54人；村级医疗点1个，医技人员4人。1988年，文卫科更名教育卫生委员会。1990年，成立共青城卫生防疫站。1992年，职工医院更名共青人民医院，挂牌“江西医学院第一附属医院协作医院”。1993年，成立血防站。1994年，成立结核病防治所。1995年，成立共青城卫生局。1996年，成立妇幼保健站和计划生育服务站。1997年，江益镇中心卫生院被市卫生局评为一级甲等乡镇卫生院。1998年，卫生防疫站获市抗洪防病救灾先进集体。2002年起，对涂阳肺结核病患者实行免费治疗。2003年，卫生局并入社会发展局，卫生防疫站更名疾病预防控制中心。2005年，预防接种工作实现计算机信息化管理。2006年，设社区卫生服务站。2008年，有医疗、预防、保健及公共卫生服务机构52家，其中二级综合性医院1家，妇幼保健、防疫、血防及结防机构各1家，乡镇卫生院3家，社区卫生服务机构7家，个体诊所5家，村卫生所(室)32家，医技人员200余人。同年，血防工作经国家血防考核专家小组验收，达到血吸虫病疫情控制标准。

体　育

1991年起，各中小学均按国家部颁标准开设体育课，配备相应体育设施，举办秋季校运会。中学组建有篮球队、排球队和田径兴趣小组，利用课余时间开展活动。1992年，羽绒厂组建鸭鸭龙舟队、老年门球队参加省农垦系统比赛获优胜奖。1993年，获全国第七届运动会“全国群众体育先进单位”称号。1994年，获北京中日友好龙舟邀请赛女子组800米、600米直道竞赛第一名。1995年，承办国际“庐山杯”“鸭鸭杯”钓鱼赛。2003年，有木兰扇、太极拳、太极球、健身操等队伍11个。2006年，建成容纳5000名观众民营体育馆1座；5月1日，承办美国东西部篮球明星对抗赛；7月25日，由国家体育总局篮球运动管理中心主办，省体育竞赛管理中心、省篮球协会、共青体育局和共青光耀实业发展有限公司承办的“天沐杯”2006年全国女篮俱乐部联赛(共青城赛区)在共青体育馆开赛。2008年，承办全国毽球锦标赛。同年，获市第五届网球公开赛男子单打亚军。

1992～1995 年共青鸭鸭龙舟队获奖一览表

表 33－6－3

年份	赛事名称	竞赛项目	名次
1992	第 6 届屈原杯中国庐山国际龙舟邀请赛	1000 米	第一名
1992	首届中国长江三峡国际龙舟拉力赛		第一名
1992	第 6 届屈原杯全国龙舟赛	女子 600 米	第一名
1992	第 6 届屈原杯全国龙舟赛	女子 1000 米	第三名
1993	炎黄杯世界华人龙舟系列赛	女子组 800 米直道竞速赛	第一名
1993	炎黄杯世界华人龙舟系列赛	女子 600 米直道	第一名
1994	香港国际龙舟邀请赛	国际女子龙舟邀请赛	第二名
1994	北京中日友好龙舟邀请赛	女子 800 米直道竞速	第一名
1994	北京中日友好龙舟邀请赛	女子 600 米直道竞速	第一名
1995	香港国际龙舟邀请赛	国际女子锦标赛	第三名

第五节　文化与名胜古迹

文　化

1985 年,位于共青路 20 号南湖影剧院建成,占地 1.23 公顷,建筑面积 3420 平方米。1986 年,电视差转台投入使用,差转机功率 50 瓦;《共青报》创刊,当年发行 300 份。1987 年,建成电视卫星地面接收站,有闭路电视用户 2000 户。1988 年,成立广播电视台,有共青新闻、理论学习、文化生活等自办节目。1993 年,成立新华书店。1995 年 11 月,新建新华大楼 1500 余平方米。1997 年,组建文化市场稽查队,负责管理文化市场。2003 年,南昌大学共青学院、南昌理工学院共青校区有校园文化活动团体 26 个。当年,共青新华书店与德安新华书店合并。2008 年,有回圆等文化广场 5 个,甘露、江益、金湖镇均设有综合文化站,有农家书屋 11 个。文化稽查执法先后收缴黄色光盘 2034 张、盗版书籍 4378 本和一批邪教出版物。

名胜古迹

富华山景区　始建于 1989 年,占地 68 公顷,由耀邦陵园、耀邦事迹陈列馆、共青城发展史陈列馆组成。耀邦陵园坐落于共青东南面富华山巅,海拔 42.32 米,濒临鄱阳湖。陵园绿地 45.8 公顷,草坪 1.54 公顷,植物 70 多种,形成"春有花赏、夏有荫凉、秋有硕果、冬有绿装"优美景观:有萧克将军题名的仿古式"富华亭"。

南湖湿地保护区及候鸟观赏区　湿地保护区面积约 900 公顷,由大湖池和蚌湖组成。保护区水草茂盛,鱼类丰富,气候适宜,是优良的候鸟越冬栖息地,有候鸟 60 余种,其中白鹳、黑鹳等国家一类保护鸟类 10 余种,天鹅等国家二类保护鸟类 40 余种。候鸟总数 2 万多只,仅白鹤种群就有 1500 余只。

甘露寺　位于甘露林场内。建于五代吴国顺义年间,元毁。明天顺间正大和尚重建,几度兴废。改革开放后,在原址新建。寺院占地 0.67 公顷,寺门外双株古桂枝繁叶茂,寺旁有竹林,环境清幽。

夫安寺　原为夫人庵,1995 年更名夫安寺。位于江益镇栗畈村,建于清乾隆年间。有大殿 2 间,寺院面积 200 余平方米。寺旁有清乾隆四年(1739)所立碑刻"敕赐朝天一品夫人娘娘之墓"。

附　录

一、文件选编

中共德安县委　德安县人民政府
关于加速发展乡镇企业的意见

德发〔1985〕14号

各乡镇党委、县委各部门、县直各单位党组织：

党的十一届三中全会以来，我县乡镇企业有了较大发展。一九八四年，全县乡镇企业总收入达到1059万元，比一九七八年增长2.07倍，实现税利162.29万元，比一九七八年增长1.41倍。但是，由于我县乡镇企业基础差，起步晚，路子窄，发展速度还较缓慢，在全县工农业总产值中所占的比重也比较小。与先进地区相比，我们有着十分明显的差距，乡镇企业已经成为我县国民经济的两条"短腿"之一。对此，各级领导必须有十分清醒的认识，增强加速发展乡镇企业的责任感和紧迫感，下大决心，花大气力，使乡镇企业在近期内有一个突破性的发展。总的要求是：一九八五年全县乡镇企业总收入要在一九八四年的基础上翻一番，达到2150万元；一九八八年翻两番，达到4300万元，使乡镇企业真正成为我县农村经济的重要支柱，广大农民劳动致富的重要途径，国营工业的重要补充和国家财政收入的重要来源。为此，特提出如下十条意见：

一、统一思想认识，加强组织领导。全县各级党委、政府和各部门领导同志要充分认识发展乡镇企业的意义以及乡镇企业的性质、地位和作用；充分认识一个县的经济要上去，主要是靠乡镇工业。只有发展乡镇企业才能为农村生产力开辟新的途径，尽快使农民富裕起来，才能适应城市经济发展的客观要求，进而为农村商品经济的发展提供条件。因此，我们必须继续清除"左"的思想影响，改变过去对乡镇企业的种种偏见和错误看法，纠正"保国营、限集体、挤个体"的错误观点，把乡镇企业当作第一位的工作来抓。为乡镇企业的发展大开绿灯，真正做到全县上下一致，把乡镇企业作为振兴我县经济的头阵来打。

乡镇企业要担负起打头阵的重担，关键是要加强领导，组织一支强有力的班子。乡镇党委、政府领导成员要有三分之一的力量并组织三分之一的乡镇干部抓乡镇企业，各乡（镇）要成立"农工商联合公司"（或经济联合社）作为乡镇政府管理乡镇企业的职能机构，也可以是经济实体，按乡的大小和企业发展情况配备3~5名工作人员，公司主要负责人按乡级干部配备，由县委任免。"农工商联合公司"（或经济联合社）的主要任务是对全乡乡镇企业的发展进行规划指导，协调服务和监督管理，同时对乡镇企业主要生产指标进行全面、准确、及时的统计分析和上报，还可以直接参与所属各企业原材料的组织和产品销售。要选拔一批思想好、有知识、懂工业、会经营、敢创新、有干劲的干部充实到乡镇企业管理机构，同时调整充实企业的领导班子，依靠"明白人"治厂。

二、发展乡镇企业要坚持乡（镇）办，村办、户办、联户办这"四个轮子"一起转，一齐上。当前尤其要重视鼓励农民兴办家庭工业。各地应根据自己的特点总结出一整套办法、措施，从信息、技术、资金、流通各方面提供服务，积极引导，允许他们工商登记、银行开户、单独纳税、独立经营，并作为乡镇企业的重要组成部分,切实帮助他们解决产前、产中、产后的实际困难,提供各种方便,严禁任何人特别是各级干部利用各种手段向乡镇企业及兴办家庭工业和联户办工业的农户强行借、赊、拿、占、吃,强行向他们兴办的企业安插亲属,强行入股或干股分红,坚决保护他们的合法权益,力争在今年内使全县有10%的农户参加兴办家庭工业和联户办工业,户平均产值达到五千元以上。

三、努力抓好现有乡镇企业的改革,不断提高企业管理水平和经济效益。企业改革的中心问题是政企脱钩,“一包三改”,彻底改变乡镇办的企业是乡镇政府附属物的状况,还权于民,还利于民,让企业享有真正的经营管理自主权。企业有权选择自己的经营方式,有权安排自己的产供销活动,有权支配自留资金,有权任、聘、选厂长和管理人员以及招工和确定工资奖励形式等等。乡镇政府不得随意干预乡镇企业利润的分配,原则上是照章纳足国家的税,按照规定交够有关部门的费,剩余全归企业自己支配。任何单位和个人都不得平调。在企业内部要全面推行经济承包责任制,改干部委派、任命为选举、聘请,改固定工为合同工,改固定工资为浮动工资,把干部职工的工资同企业经济效益挂起钩来,工资奖金上不封顶,下不保底,对管理好、效益高、贡献大的厂长、经理要重奖,对从事乡镇企业工作并取得显著成绩的乡镇领导,干部经报批应允许他们得双奖(即行政奖金和企业超产奖金)。“包”的形式可以多种多样,可以由厂长经理为首集体承包,也可以由厂长经理个人承包,适合分散经营的手工业、修理业和服务业也可以包到个人或租赁给个人经营。承包要采取投标的办法,基数要合理,要有产品、产量、产值、成本、利润等指标。在抓好改革的同时,对现有企业要有计划、有重点地分期分批进行挖潜、革新、改造工作,以发挥其更大的经济效益,使现有乡镇企业成为乡镇企业发展的扎实基础和前进阵地。与此同时,有条件的乡镇可以有计划、有步骤地兴办一批骨干企业。

四、重视智力投资,大力培养人才,建设好乡镇企业自己的技术队伍、管理队伍、销售队伍。各地要广开才路,利用多种渠道,各种形式发现人才,培养人才。提倡乡镇企业自费选送职工到大中专院校深造,鼓励职工自学成才。县乡镇企业管理局待条件成熟时要建立技术培训中心,分期分批、分专业培训人才。乡镇企业主管部门可向企业收取当年工资总额的1%的教育基金和从乡办企业产品销售收入提取0.5%的管理费用,作为培训职工、技术鉴定、科研活动和技术交流所需的资金。提倡乡镇企业与科研单位、大专院校、国营大企业广泛挂钩,进行技术协作并逐步建立起乡镇企业系统的科研、信息、检验的服务中心。人事部门要对口分配一部分大中专毕业生到乡镇企业工作,保留国家干部待遇,取消见习期,工资可以上浮1~2级,允许乡镇企业按国家颁布的标准对科技人员进行考核,评定职称,由科技干部主管部门审核并发给证书,享受国营技术人员同等待遇。允许企业用优厚待遇千方百计从外地招聘引进人才,允许技术人员利用业余时间为乡镇企业服务,按合同获得合理报酬。县直各有关部门也要分别与一个乡镇挂钩,县属国营企业要与一个乡镇骨干厂挂钩,签订技术协作、原料代购、产品代销等合同,给予相应报酬。为了鼓励人才向乡镇企业流动,凡愿意到乡镇企业工作的工程技术人员,可以关系不转、性质不变、户粮不迁、住房不退、家属不带,一定3年,并向上浮动1级工资,成绩显著者可以再向上浮动1级。

五、要广泛发动群众,依靠各方面的力量,筹集发展乡镇企业的资金。今明两年,县里准备拿出一定数额的贴息贷款用于发展乡镇企业。但是,发展乡镇企业资金的来源主要是依靠群众集资和引进外资。集资形式可以实行资金入股、保息分红或以劳带资、以资带劳、股金分红,劳力领取工资,同时,要采取互利甚至让利的办法大力引进外资。金融部门要充分运用税收、信贷等经济杠杆,支持乡镇工业发展,农行贷款和信用社资金要从过去重点用于种植业转到重点用于乡镇企业上来,各项支农资金和老区建设资金也要重点用于发展乡镇企业,有的可以单独划归县乡镇企业局管理。

六、积极发展各种形式的横向经济联系,实行“内联外引”。县属国营企业要有计划地将一些劳动密集型产品转到乡镇企业,农民也可以进城办厂、开店。现有乡镇企业可以搞厂外加工,通过横向经济联系,发挥各自的优势。应当允许乡、村、村民小组或农民携带土地、山林参与外单位的联营。同时,注意经常走出去,请进来,虚心学习外地的先进经验。

七、发展乡镇企业要坚持实事求是。根据市场需要并从本县资源和实际出发,既注意发挥本地资源优势，又要突破“三就地”的旧框框，要尽可能把路子想得宽一点，能办什么就办什么。从目前情况看，我县乡镇企业可搞的项目很多，如各种农产品的加工、采矿业、建材业、建筑业、轻化工业，以及能源、有色金属、冶炼、机械、传统工艺品等，但尤其要注意发展食品工业、饲料工业，搞好乡镇建设，组织农民赶集，发展第三产业。

八、要努力搞好工贸结合，建立乡镇企业自己的供应、销售、信息系统，努力搞好服务工作。本着政企分设的原则，县乡镇企业管理局应根据全县乡镇企业的发展情况和实际需要，设立若干集体企业性质的专业公司，实行自主经营、独立核算、自负盈亏。公司的管理人员，可由乡镇企业局招聘考察、任免。专业公司的主要任务是：帮助乡镇企业解决产供销问题和组织人才、技术、资金、设备的引进以及县内外的经济协作。乡镇企业供销机构要积极为企业组织原材料、推销产品、提供信息和扶助重点产品，逐步建立多渠道、少环节，纵横交错、四通八达的流通网络，县公司要开展批发业务，乡镇有条件的可开设门市部和销售点，使乡镇企业产品广泛与群众见面，以活跃市场，推销产品，搞活流通。议价原材料和燃料生产的产品，允许在一定范围内实行浮动价格，优质产品实行优质优价，试销产品可以执行试销价格。

九、认真落实对乡镇企业的各项扶持措施。主要是：（一）在税收上应本着“先予后取”的原则，培植、涵养税源，该减的要减，该免的要免，超越规定范围的减免应按管理权限报批。具体减免办法由县税务局按省税务局对乡镇企业和农民个人征税优惠的有关规定提出具体实施意见。（二）在贷款上要优惠，对饲料工业、食品工业、小能源工业和某些企业的技术改造、新建、扩建项目，银行应给予优惠照顾，对农民家庭企业，允许用财产抵押的办法申请银行贷款。（三）要维护乡镇企业的合法权益，凡是不经销产品、不安排生产业务、不扶持服务的，不得向乡镇企业收取任何费用。（四）应根据有关矿产法规，鼓励农民在国家的统一指导下发展采矿业。有关管理部门要定出必要的章程和管理办法，既要保护矿产资源，又要防止对农民采矿不应有的限制与干涉。开采的范围包括小矿、大矿的尾矿和大矿周围划定的地方，做到“有水快流”。国营矿冶企业要通过收购产品和协作联营、技术指导等办法给予支持，但是，凡国营矿山正在生产的区域，任何集体和个人均不得擅自进入，乱采乱挖。

十、各行各业都要大力支持发展乡镇企业。各部门必须认真贯彻执行党中央、国务院以及省委、省人民政府关于加快发展乡镇企业的一系列方针、政策，把各自的工作纳入到发展乡镇企业、帮助农民致富的轨道上来。总的原则是，能放宽的放宽，能松动的松动，能照顾的照顾，能变通的变通，一切立足于支持、扶持、帮助乡镇企业发展壮大。国家计划供应的统管、统配物资，如煤、焦、柴油、生铁、钢材、木材等，都应切块归乡镇企业管理部门分配下拨。经委要把发展乡镇工业企业纳入工业总体规划，作为全县工业发展的重要组成部分，要在工艺上、技术上、设备上积极支持，热情帮助，并组织工业企业在自愿互利的基础上同乡镇企业联营，积极做好乡镇企业引进项目的审理、审批和申报。今后，国营工业不再在农村兴办以农副产品为原料的加工业，以利乡镇企业的迅速发展。财政金融部门要切实加强对乡镇企业的扶助，对乡镇企业市场销路好、而周转金不足的，要及时发放生产流动资金，要积极参与新上企业的可行性调查，和乡镇企业主管部门共同协商扶助乡镇企业资金的分配办法。财政金融部门对乡镇企业应是有偿扶助、限期使用、到期收回、经常周转。商业供销部门要帮助乡镇企业疏通供销渠道，对集体和个体商户经商要一视同仁，优惠批发商品，粮食部门要支持、指导乡镇发展粮油加工业、饲料工业。工商管理部门对申请兴办企业的集体或个人除少数特殊行业外，都应准予开办，并允许主营一业、兼营多业。要简化发证手续，放宽发证范围。公安部门要为乡镇企业提供刻印方便，并改革乡镇企业聘用外地技术人员的管理办法。司法公证部门要主动为乡镇企业签订合同鉴证，受理乡镇企业的经济纠纷。对有关部门单位向乡镇企业收费的情况要认真清理，不合理的收费要取消，收费标准过高的要降低，要缩小收费范围，纠正重复收费。城建部门要为乡镇建筑队培养技术人员。科委、科协要面向乡镇企业，主动为乡镇企业提供技术、信息。宣传部门和文化广播单位要加强对乡镇企业的宣传报道和信息传播。县人民政府的各个职能部门也应根据自己的工作范围制定支持乡镇企业的计划措施，大力支持乡镇企业。

一九八五年三月二十日

德安县人民政府
关于印发《德安县农村财务管理制度》的通知

德政发〔1987〕第60号

各乡(镇)人民政府、彭山林场、县农科所:

为了切实加强我县农村的财务管理,进一步建立、健全农村财务管理制度,促进农村财务管理制度化、规范化,以利更好地密切干群关系,巩固和发展农村经济。县人民政府批准县农牧局拟订的《德安县农村财务管理制度》。现印发给你们,从一九八七年九月一日起执行。各地在执行中出现的新情况和新问题,望及时报告,以便不断完善。

本制度各条款具体的解释授权县农牧局负责。

一九八七年八月三十一日

德安县农村财务管理制度

第一章　总则

第一条:遵照中共中央办公厅、国务院办公厅中办发〔1986〕27号文件中"要尽快把集体财务制度健全起来"的指示精神,以适应农村"两个转化"的需要,特根据我县农村实际情况制定本制度。

第二条:财务管理是农村经济管理的重要组成部分,它包括计划管理、固定资产管理、产品物资管理、现金管理、费用管理、资金管理、会计档案管理等。

第二章　计划管理

第三条:农村各级经济组织在筹集资金和摊派提留款以及组织经营收入时,应本着"取之有理,取之有度"和"定项限额"的原则。农民负担包括纳入承包合同内提留款加临时性集资之和的总额。不得超过当地人均年收入的3%～4.5%。

第四条:各项计划指标的规定。要坚持实事求是,留有余地。农村各级经济组织要加强计划理念,积极筹集和合理安排使用资金,大力组织各项收入,严格控制各项开支。

第五条:承包合同是现阶段农村经济实行计划管理的一种手段。它通过书面形式,把双方的权责确定下来,合同签订后,双方必须严格履行,承包合同管理要做到年初签订承包合同,按季度预交,年终结算兑现。

第六条:村委会向农户的合理摊派。其负担项目主要是:①村组干部报酬。②民办教师报酬。③军烈属优待金。④五保户供养费。⑤公务费。⑥养路人员工资。

第七条:年终时,各级经济组织要组织力量。对承包合同进行一次全面清理,结清账目,信守合同,兑现合同。村委会、村民小组对于完成了全年包干任务的农户,应给予表扬,以资鼓励。对于那些没有完成包干任务的农户,应查明原因,做好思想教育工作,动员他们积极完成全年的包干任务;对于那些没有任何原因,拒不完成承包合同规定的包干任务者,要向他们讲清合同签订原则,申明利害关系,经教育无效者,要进行严肃处理。

第三章　固定资产管理

第八条:凡单价在30元以上,使用年限在1年以上的固定财产,不论生产性或非生产性的财产都要进行全面清理,登记建账。建立保管使用、维修、盘点制度。以提高固定财产的完好率和使用率。

第九条:各级经济组织的固定资产(除用于行政管理方面的以外)必须提取折旧费,并要建立固定资产折旧制度,以便正确反映经营成本和盈利水平。为了简便会计核算手续和核算工作量,企业的固定资产折旧,可实行固定资产综合折旧率。综合折旧一般不应低于固定资产总值的5%。按月计算,摊入经营生产成本。

第十条:不需用的固定资产。包括房屋、仓库、猪牛栏、厕所、水泥晒场、机房等可以租借给农户或别单位使用,使用都要负责维修和交纳折旧费,也可以作价出售,收回价款。

第四章　产品物资管理

第十一条:用于生产方面的材料,物资、生产出来的产品和为农户代购的生产资料,都要建立入库。保管、领用出库的手续,会计要有帐,要加强保管责任制,切实防止霉烂变质,徇私舞弊和盗窃现象发生。

第十二条:筹集用于照顾性、公益性的粮油,一般随筹随用。当面交付,可不入库但要入账。

第五章　现金管理

第十三条:坚持会计管账不管钱,严禁钱账两管或几人兼管。一切货币资金都必须由出纳员一人交付存取。会计、出纳应在每月终交接一次单据,核对一次库存现金余额,并当场盘点实有库存现金。如果相符会计、出纳员应互相在账簿上现金余额处盖章。如果不符,应及时查清处理。

第十四条:库存现金要实行限额管理。要执行当地营业所、信用社的有关规定。与其他单位的经济往来,要按规定通过营业所、信用社办理非现金结算。

第十五条:严格控制借支。平时除因病危、伤亡和天灾人祸外,不准任何人借用公款。病危、伤亡和天灾人祸借用公款,也应有一定限额并作出还款计划。到期出纳员要主动催收,借款人也应主动归还。

干部因公出差预借旅差款,要严格控制数额。返回后要在3天内办理报账手续,余额要及时交回,不得占用。

没有经过审批的借支或者暂借,都由出纳员负责收回。

第六章　费用管理

第十六条:各级经济组织的一切经费开支。要经过严格的审批手续,每张付出凭证都要有经手人、批准人签字,没有上述手续的不准付款记账。

第十七条:因特殊情况(第十五条规定)必须借支时,农户借五十元以下(含本数),由村长批准;借一百元以下(含本数)由村委会批;借一百元以上由村民代表会批。村干部和企业人员的借支,应控制在本人全年工资总额的百分之三十以内,最多不得超过百分之五十。其借支五十元以下的由主管领导批,借五十元以上的由领导班子集体研究审批。

第十八条:经费开支应反对铺张浪费。反对大吃大喝,任何人不得用集体财物请客送礼,不得以任何名义用公款滥吃喝乱补贴。要勤俭节约,勤俭办一切事业。

第十九条:村委会的经费开支主要是:

①村、组干部报酬。村定编干部每人每年补贴标准以相当于本地同等劳动纯收入的60%～70%为宜;村其他干部实行误工补贴;补贴合计总额不得超过一名村定编干部补贴金额。村小组干部原则上误工记工、年终结算误工工资加补贴金额不得超过村定编干部补贴金额的12%。

②民办教师报酬。民师报酬标准。应根据上级有关文件规定参照村定编干部同等待遇实行。

③军烈属优待金。按民政部门的规定执行。

④五保供养费。按民政部门的规定执行。

⑤养路人员工资。可参照村级定编干部每人每年补贴金额的70%～80%发给。也可根据具体情况,自行安排。

⑥公务费。包括办公费、邮电费、旅差费、会议费等,应按定编人数计算,每人每年控制在200～300元以内。

因公出差的旅差费报销标准参照财政部门的规定执行。

每个定编干部每2年可发1支电筒,每季度发1对电池,每3年发1双解放鞋。出纳员每5年可发简便公用包1个。除此以外,不准用公款购买商品发给个人,不准以任何名义用公款购物私分、私发奖金辛劳费,不准用公款游山玩水,以上事项谁违犯谁付钱,集体违犯,不仅要全额退赔还要追究领导人的责任。

第七章　资金管理

第二十条:对历年拖欠的贷款,要与营业所或信用社核对清楚,要根据贷款性质和现有经济条件积极偿还。

第二十一条:对内外暂收,暂付款,每年要及时清理结算一次。应收的要组织力量抓紧收回,应付的要按期偿还,特别是对村民小组。村委会个人的旧欠款,要组织人员抓紧催收,对长期拖欠数额较大者,要采取有力措施,严格处理。

第二十二条:临时性自筹资金兴建农田水利基本建设和公共福利设施。如安装电灯、自来水、建学校等要根据现有的经济状况,按政策规定,合理筹集。

第二十三条:上级下拨的有关专项水利经费、林业费、扶贫经费、社会经济建设费严格按照上级有关规定,做到专款专用,不准挪作他用,还要量入而出,防止超支。

第八章　会计档案管理

第二十四条:会计账册、凭证、报表、分配方案,合同书、产权所有证,会计员移交记录等经济资料,都要装订成册,分册建立档案,妥善保管。

第二十五条:会计档案、保管年限。凭证、账簿、月报、移交清单,保存10年以上。抵押股金账、固定资产帐、年报和各种契约合同,产权所有证要永远保存。保存期满,编制“销毁清单”,经批准后,在有代表监督下销毁,并由监销人在“销毁清单上”签名后归档。

第九章　会计员任免

第二十六条:要加强对农村会计的培训和考核工作,建立一支相对稳定的会计队伍。培训、考核和管理由县经管站归口负责。

第二十七条:聘任农村财会人员,由村委会推荐,乡政府审核,经县农牧局考核。凡符合会计员标准的,发给会计员证书,各乡、村方可聘用。

第十章　附则

第二十八条:独立核算企业的财务管理,颁发了财务管理制度的,按主管部门的制度执行,无制度的参照本制度执行。

第二十九条:本制度从一九八七年九月一日起执行,过去的制度与本制度相抵触的一律废止。

中共德安县委　德安县人民政府
关于印发《德安县全民所有制工业企业转换经营机制实施办法》的通知

德发〔1993〕11 号

县直各部门、各厂(矿)、公司：

现将《德安县全民所有制工业企业转换经营机制实施办法》印发给你们，望认真贯彻执行。

一九九三年四月二十六日

德安县全民所有制

工业企业转换经营机制实施办法

第一条　为了切实推动我县全民工业企业转换经营机制，增强活力，提高经济效益，全面落实好企业十四项自主权，根据国务院《全民所有制工业企业转换经营机制条例》(以下简称“条例”)和江西省人民政府《全民所有制工业企业转换经营机制实施办法》(以下简称“实施办法”)，结合我县实际，制订本实施办法。

第二条　我县企业转换经营机制的目标是：适应市场要求，使企业成为依法自主经营、自负盈亏、自我发展、自我约束的商品生产和经营单位，成为独立享有民事权利和承担民事义务的企业法人。

第三条　继续坚持和完善企业承包经营责任制。全民所有制工业企业实行生产经营目标管理责任制，考评指标一年一定。

第四条　企业根据市场需要有自主确定生产经营决策权。企业根据国家产业政策，可以自主调整生产经营范围，可以跨行业、跨地区经营，政府部门不得阻挠，工商行政管理部门应积极给予办理变更登记手续。

第五条　企业对其生产的产品、提供劳务的自主定价权。企业在随行就市调整产品价格时，任何部门不得干预。企业生产经营产品属于政策性亏损的，可以作挂帐处理。

第六条　企业在全国范围内自主销售自行生产产品的销售权。企业对品种规格不对路的原辅材料和超储积压的原材料，可以自行调剂、串换，也可以按市场价格销售。售价高于进价的，税务部门则按现行税收规定征税。

企业对长期积压和严重滞销的产品，可以实行“一品一策”。

第七条　企业对生产经营、基本建设、技术改造等所需物资有物资采购自主权。在市场同等价格、同等质量、同等信誉的前提下，企业有优先采购使用本地名优产品的义务。对任何部门和单位或个人强行指定供货单位和渠道，企业有权拒绝。

第八条　企业有进出口权。企业有权在全国范围内自行选择外贸代理企业从事进出口业务，有权直接与外商谈判，有权与外商共同商定企业出口产品价格，有权进口企业自用的设备和物资，任何部门不得干预，不得封锁。

企业出口产品应退的税金应当及时全部返还。任何部门和单位不得以任何方式平调或截留企业的留成外汇和有偿上交外汇后应当返还的人民币。

第九条　企业有权在国家产业政策指导下，以留用资金和自筹资金进行技术改造项目建设，能自行解决建设和生产条件的，企业可以自主决定，但须报主管部门备案。

政府有关部门应当简化投资审批手续。各级计划、土地管理、城市规划、环境保护等部门对企业投资项目要实行一条龙服务,在接到企业报告后,应当及时予以批复。

企业技改项目竣工投产后,其新增利润两年内全部留给企业。由外资或银行贷款投入的技改项目竣工投产后,其新增利润应在税前全部还贷。

企业有权在不影响上缴利税的前提下,在销售收入中提取1%技术开发费用于新产品开发,被列为省经委开发的新产品,投产出品后,税务部门应给予减免产品税两年。企业对减免的税款应全部用于归还开发新产品贷款或转入新产品开发基金。

企业有权按照国家规定选择具体的折旧办法,经财政部门批准确定后,可以按照1%～3%的幅度提取加速折旧。新增的固定资产折旧,免交"两金"。

第十条 企业有留用资金支配权。在保证国有资产保值、增值的前提下,有权自主确定税后留用利润中各项基金的比例,但生产发展基金不得低于70%。可以将生产发展基金用于购置固定资产、进行技术改造、开发新产品和补充流动资金,也可以将折旧费、大修理费合并用于技术改造或生产性投资。任何部门和单位不准无偿调拨企业留用资金或者强令企业以折旧费、大修理费补充上缴利润和弥补亏损。

第十一条 企业对一般性固定资产,有决定出租、抵押或有偿转让的自主权。对关键设备、成套设备和重要建筑物可以出租,在政府主管部门批准后也可以用作抵押或者有偿转让。

企业对处置固定资产的所得收入,必须全部用于设备更新、技术改造、新产品开发、归还技改贷款或者其他生产性投资和建设,并免交"两金"。

第十二条 企业有跨地区、跨部门、跨所有制兼并其他企业的自主权。企业与企业间可以自主订立联营合同,共同经营,组建企业集团。

优势企业兼并劣势企业,在同一所有制性质、同一隶属关系、同一上缴渠道,可按实划转,兼并后的企业承担原企业债权、债务。跨所有制企业的兼并,实行有偿转让。企业兼并须报政府主管部门备案。兼并亏损企业,纳税有困难的经税务部门批准,可以适当减免所得税。允许产品无销路、转产无门路、长期亏损、资不抵债的企业,达到法定破产条件的,应当依法破产。并按《中华人民共和国破产法》处理财产和债务。允许破产企业公开拍卖,或者转让给集体或个人经营。

第十三条 企业有自行制定招工简章、决定招工时间、条件、方式、数量的自主权。企业招工应按照面向社会、公开招收、全面考核、择优录用的原则,录用人员要报劳动部门备案。

企业有权决定用工形式,在做好定员、定额的基础上,可以实行合同化管理,全员劳动合同制或其他用工形式。

企业对富余人员,可以采取发展第三产业、厂内转岗培训、提前退出岗位休养等方式。对安置富余人员兴办的经济实体,不核减原工资总额。对安置富余人员兴办的独立核算、从事第三产业的企业,可向税务部门及时申请减免税,税务部门对其应给予税收优惠政策。富余人员可以自谋职业。富余人员停薪留职,要同企业签订合同书,按月向企业缴纳不低于本人工资总额80%的管理费和社会保险金。提前离岗退养的富余人员,企业可根据本行业或工种规定的退休年龄标准放宽4～5年提前厂内退休。

企业有权依照法律、法规和企业规章解除劳动合同、辞退、开除职工。对被解除合同、辞退和开除的职工,待业保险机构应当按规定发给待业保险金。

第十四条 企业享有人事管理权。企业对管理人员和技术人员可以自行聘用。实行聘用、考核制,不称职的管理人员和技术人员,可以安排到工人岗位上工作,工人中的优秀人才可以聘调到管理、技术岗位。企业有权打破地域、所有制界线,在全省、全国范围内公开招聘各类技术、管理人员,经政府批准也可以到境外招聘。政府及劳动、人事、公安等部门要大力支持,从简从快办理手续。

企业厂长、矿长、经理(法定代表人)经主管部门考核提名,组织部门考核,由政府任命。企业副厂级人员,由厂长提名,经厂党组织考察,企业行政领导会议讨论,由厂长决定任免(聘任、解聘),报政府主管部门备案。企业中层行政管理人员,经厂行政领导集体讨论,由厂长决定任免(聘任、解聘)。

企业有权设置在本企业内有效的专业技术职务,待遇由企业自主决定。

第十五条　企业有权按照精简、高效的原则，自主确定内部机构的设立、调整、撤并、人员编制，实行岗位管理。有权拒绝任何部门和单位提出的设置对口机构、规定人员编制和级别待遇的要求。

第十六条　企业有权拒绝任何部门和单位向企业摊派非国家政策和国家法律、法规规定的人力、物力、财力。企业有权拒绝未经政府批准的部门和单位以各种借口对企业进行的检查评比、评优达标、升级考评等活动。任何部门和单位不得强要企业做广告、订杂志。对违反上述规定的部门、单位和个人，一律按违纪处理。

第十七条　企业对国家授予的经营管理财产，有保值增值的责任。对全面完成目标管理经营责任指标的盈利企业，以审计事实为依据，每年度由政府主管部门和财政部门考核发给企业综合达标奖，对超额完成上缴利税有突出贡献的企业，可按净超比例奖励企业厂长及副厂级领导成员。

企业实现利税和上缴利税连续两年高于全县平均增长比例15个百分点，厂长总收入可高于本企业职工总收入的2－3倍。

盈利企业当年发生亏损额10万元以内的，企业要停发厂长当年奖金；亏损额在10万元以上，除停发厂长奖金外，扣发厂长当年工资总收入20%，连续两年亏损应就地免去厂长职务。

企业未完成上缴利税任务，应从企业工资储备基金、留利补交。

企业职工的工资、奖金、津贴及其他工资性收入全部纳人工资总额，进入成本，取消工资总额以外的一切单项奖。企业工资总额可以根据企业的经济效益有升有降。亏损企业发放的工资总额不得突破劳动部门核定数。厂长调升工资必须报主管部门审批。

实行厂长调离审计制度。企业厂长因工作需要调离时，必须经审计部门依法对企业资产进行全面审计后，有关部门方可办理调动手续。

第十八条　实行厂长奖励基金制。厂长奖励基金，按销售收入1000万元以上1‰、1000万元以下1.5‰的比例计提，由企业按季拨给企业主管部门统筹管理，专款专用。

实行支工基金制度，帮助企业储能蓄劲。每年由县财政安排给企业的支工资金，由企业主管部门会同县财政部门根据企业生产发展需要，提出资金投入计划，报经政府审批，实行有偿分配，企业应遵照借贷合同的规定按期归还。县财政部门把企业逐年归还的资金应与当年增拨的支工资金一并转入对企业再投入。

第十九条　政府主管部门要按照政企分开的原则，以签订企业目标管理经营责任制的形式，做好“规划、协调、监督、服务”，对企业管好“三个一”，即：签订落实好一个经营承包合同；认证确定好一个工资总额与经济效益挂钩的分配方案；选聘配备好一个经营领导集体。

第二十条　政府和有关部门要为企业创造良好的社会生产环境，为企业保驾护航。司法、公安部门要确保企业经营者的人身安全和行使合法权益，对干扰企业正常生产经营活动的肇事人要及时处置。企业所在地的公安派出所在接到企业报案后的两个小时内，要派员赶赴案发现场，主动受理企业权限外的各种刑事案件。

第二十一条　企业违反《条例》、《实施办法》和本办法的规定，政府或者政府有关部门应当责令其改正；情节严重的，对厂长（经理）、其他厂级领导和直接责任人员，分别追究行政责任、给予经济处罚，并依照有关法律、法规，对企业给予相应的行政处罚；构成犯罪的，由司法机关依法追究刑事责任。

第二十二条　国务院《条例》和省政府《实施办法》有明确规定，本实施办法未涉及的，遵照《条例》和《实施办法》执行。有关文件与本实施办法相抵触的，以本实施办法为准。

第二十三条　二轻等其他工业企业可参照本办法执行。

第二十四条　本实施办法自发布之日起施行。

第二十五条　本实施办法由县经委负责解释。

德安县人民政府
关于征用土地和拆迁部分房屋建设“农民街”的通告

德府字〔1993〕46号

有关乡(镇)人民政府、县直有关单位:

为了发展我县城乡经济,搞活流通,遵照县“党代会”“人大会”决议要求,并根据县城总体规划的安排,决定兴建一条从集贸市场至新火车站货场的街道,街道暂定名为“农民街”。为此,需征用部分土地和拆迁少量房屋。现将有关事项通告如下:

一、征用土地范围

以柘林灌区仓库至桂林村委会为中心线,幅宽56.6米,长约1600米以内的土地(以道路中心桩为准两边各28.3米),均属征用范围。

二、征用土地时间

(一)一九九三年六月十六日至二十日测定道路中心线,并设标志为据,进行土地使用权属丈量、登记;

(二)一九九三年七月十五日以前,按照国家规定的补偿标准,办完土地征用、补偿等手续;

(三)整个土地征用工作,由县土管局负责。

三、拆迁房屋范围:

以柘林灌区仓库至陈德生家住房为中心线,两边各28.3米范围内的所有房屋及有关建筑(以中心桩为准)。

四、拆迁房屋时间和要求

(一)凡未经规划部门批准的违章建筑和到期的临时建筑,限定于一九九三年六月底全部自行无偿拆除;

(二)一九九三年七月十日以前,根据《德安县城镇房屋拆迁管理试行办法》(以下简称《试行办法》)(德府发〔1991〕49号)规定的工作程序和补偿、安置标准,完成上述地段所有需拆迁房屋的勘丈、登记和作价评估工作;

(三)从通告之日起,上述地段内的被拆迁单位和住户,必须主动携带土地证、房产证(或准建证)和户口本等有关证件到县拆迁办公室办理登记等有关手续。要求七月十五日前全部搬迁完毕,十六日全面开拆。逾期不搬拆者,视同拒拆,县拆迁办将组织力量进行强制拆除,并从拆迁补偿费中扣除拆迁工资;

(四)被拆迁户必须在搬迁完毕的同时交清水、电、房租费,并凭发票随同房屋钥匙一起交县拆迁办查验,本着先搬迁、先安置、先补偿的原则,按照搬迁户送交钥匙的顺序安排住房或补偿费;

(五)被拆迁户在搬迁时,严禁拆除房屋建筑上的任何构件(包括砖、瓦、门、窗)。否则按价扣款;

(六)整个拆迁工作,由县建设局负责。

五、“农民街”建设由县工商局具体承办。负责和处理建设中的一切事务,并按《试行办法》规定,承担征地、拆迁费用和被拆迁户安置工作。

六、各被拆迁单位及住户必须顾全大局，按要求自找房屋过渡。不需要或不予以还房的被拆迁户，一律按《试行办法》规定的标准加价补偿；需要还房的被拆迁户一律按《试行办法》规定，实行过渡费补偿和房屋成新折算。

七、在实施征地、拆迁中，所有工作人员均必须秉公办事，不徇私情，不得随意提高或压低补偿面积和标准，否则按情节轻重严肃查处。

八、在土地征用和房屋拆迁工作中，对漫天要价，滋事生非，无理取闹，故意设障，影响和破坏征地拆迁者，要采取果断措施，情节严重者交司法部门依法追究刑事责任。

特此通告

一九九三年六月十七日

中共德安县委　德安县人民政府
关于印发《德安县住房制度改革实施方案》的通知

德发〔1993〕36号

各乡（镇）党委、政府、县直各单位：

《德安县住房制度改革实施方案》及配套方法已经江西省住房制度改革领导小组和九江市住房制度改革领导小组批准，现印发给你们，请认真贯彻执行。

住房制度改革是整个经济体制改革的一个重要组成部分，是一项复杂的系统工程，希望你们切实加强领导，认真做好宣传工作，使广大干部群众能理解房改工作的必要性和可行性，从而增强房改意识和心理承受能力，积极参与这项改革。各有关单位要密切配合，通力协作，确保房改工作的顺利进行，对房改方案实施过程中出现的情况和问题，要及时报告县房改办，以便不断总结经验，使房改方案更加完善。

附件：

《德安县住房制度改革实施方案》及配套办法

一九九三年十二月十五日

德安县住房制度改革实施方案

为积极稳妥地推进我县城镇住房制度改革步伐，加快小康居住水平战略目标的早日实现，根据国务院发国〔1988〕11号、国发〔1991〕30号、国办发〔1991〕73号有关文件精神，以及省委、省政府、市委、市政府关于住房制度改革的部署，结合德安实际情况，特制定本方案。

一、改革的基本原则

1. 坚持国家、单位、个人三者共同负担的原则，在保持现有住房建设投资渠道和建设规模的前提下逐步增加个人在住房建设中的投资比重。

2. 坚持售、租、建并举的原则，形成一个积极出售公房，提高租金，回收资金，推动建房和加强管理服务的联带序列。

3.坚持机制转换的原则,改革低租金、无偿分配住房的旧制度,建立体现社会主义市场经济的新的运行机制。

4.坚持多住房多拿钱住好房多拿钱的原则,抑制不合理的住房需求,纠正住房领域中的不正之风。

5.坚持属地管理的原则,除经国务院房改领导小组批准的军队、铁路系统外,本县内所有单位,不论隶属关系,都要执行县政府统一规定的房改政策、方法和步骤。

二、房改的目的

城镇住房制度改革是经济体制改革的重要组成部分,其根本目的是要缓解居民住房困难,不断改善住房条件,正确引导消费,逐步实现住房商品化,发展房地产业。

我县房改的分阶段目标

1.“八五”期间目标

(1)积极出售公房,实行标准价和优惠政策。

(2)以改变低租金、无偿分配为基本点,公有住房租金标准达到折旧费、维修费、管理费三项因素的计租水平。

(3)重点解决危房户、无房户和人均居住面积在6平方米以下困难户的住房问题,使住房成套率达60%以上。

(4)建立城镇、单位、个人三级住房基金,使住房建设有一个比较稳定的资金来源,为住房机制的转换奠定基础。

2.“九五”期间目标

(1)继续出售公有住房。

(2)第一步公有住房租金标准达到折旧费、维修费、管理费、投资利息四项因素的计租水平,第二步2000年达到五项因素(前四项加房产税)计租成本租金水平。

(3)解决人均居住面积在8平方米以下困难住房问题,使住房成套率达80%以上。

(4)建立健全住房资金的融资体系,加速机制的转换,初步实现住房资金投入产出的良性循环。

3.长期目标

(1)公有住房租金标准达到八项因素(上述五项因素的基础上加土地使用费、保险费和利润)计租的商品租金水平。

(2)住房成套率大大提高,每户有一套经济、实用、舒适的住房。

(3)完善房地产市场和住房融资体系,完成住房商品机制的转换,实现住房商品化、社会化。

三、改革的实施范围

1.地域和单位范围。除军队、铁路系统以外,县域规划区(包括河东乡、木环乡、宝塔乡在县城规划区内部分)、建制镇建成区和县属独立工矿区内的省、市、县属党政机关、人民团体、事业单位、全民所有制和集体所有制企业按本方案执行。爱民厂、四五八厂、彭山锡矿可根据本方案和自己的实际情况制订方案报经县房改办批准执行。

2.住房范围。房改地域和单位范围内的县房管部门的直管公有住房和各单位的自管公有住房,包括原系非住房,后经产权单位同意,作为居民和职工租住使用的房屋。

四、房改的基本内容

1.分步提租相应补贴:

(1)自本方案实施之日起,公有住房的租金,按德府发〔1991〕32号文件基础上适当提租,不发补贴,即各种结构的住房按每平方米使用面积月租金加0.10元。

(2)1995年起按三项因素计租,在提租的同时,相应发给住房职工住房补贴。

(3)1998年起按四项因素计租相应增加发给职工住房补贴。

(4)2000年达到五项因素计租的成本租金水平,发给职工的住房补贴相应到位。

2.优惠出售公有住房

出售公有住房是推进住房商品化的基本措施之一,自本方案实施之日起,单位自管和房地产部门直管的公有住房除近期列入旧城改造的住房,临街可改造为营业用房的住房,产权产籍未确定的住房,有纪念意义和历史保护价值的住房以及平房不出售外,其他住房均可出售。

公有住房出售一律执行标准价。新房标准价按建筑造价加征地拆迁费计算。旧房按重置价计算。超标准面积按标准价加10元,并不予优惠。

单家独户的住房,在规定出售价格的基础上共墙的上浮5%,不共墙的上浮8%。有院子的,按院子面积另收抵押金。

旧房年代成新折扣应按以下规定:90年代100%,80年代90%,70年代80%,60年代以前的住房(含60年代)70%。

向职工出售公有住房的价格和优惠比例,随着物价指数的变化,每年调整公布一次。

方案实施的当年,职工购买公有住房按标准价优惠15%,一次性付清房款的,给予房款20%的利息补偿,优惠比例逐年递减。

离休老干部购房除享受一般职工的优惠购房政策外,每户还给予一次性减免。

房管部门直管公房和单位自管公房的出售工作,第一步先在县城规划区推行,第二步在取得经验后再在建制镇和独立工矿区铺开。

3.推行住房公积金制:

为了扩大住房建设资金的融通渠道,提高职工解决住房的能力,推行住房公积金制,这不仅是一项义务性的定期储蓄,也是一项重要的社会住房保障制度。住房公积金由单位和职工个人,分别按职工月基本工资的一定比例计算,为简化手续,分别按二元至五元逐月缴存。均归职工所有,单位、职工缴存的公积金,比照同期银行活期存款利率计息。职工离退休或调离本县时,其结余公积金的本息,全部退还本人。职工在职期间死亡,所结余的公积金的本息,由继承人或受遗赠人使用或提取。

在房改地域范围内有常住户口的各级机关、人民团体、全民和集体所有制企、事业单位的干部、职工、合同制工人,均属实行公积金制度的范围。

已离、退休的干部、职工、临时工、计划外用工以及三资企业的外籍职工,不实行公积金制度。

4.租房实行保证金制

(1)新旧房时间划分,仍按德安县人民政府德府发〔1991〕32号文件规定的时间执行,即一九九一年七月一日以前职工交付使用的公有住房为旧房,七月一日(含)以后竣工交付使用的和腾空后重新分配的公有住房为新房,按新房制度的规定执行。

(2)租房一律实行保证金制度,保证金按使用面积计,新房在标准面积内每平方米20元,超标部分为30元;腾空后的公有住房在标准面积内每平方米10元,超过标准部分的15元。原住户租住公有旧住房从方案实施之日起,分砖混(含钢混)、砖木、简易结构每平方米分别按5、4、3元收取保证金,并按规定交纳房租,承租人不居住时,人走交房,本金退回。

5.建立三级住房基金

为做好住房资金的转化,把围绕住房生产、经营、消费所发生的资金集中起来,变无序为有序,使之规范化、合理化、制度化,实现住房资金的良性循环,必须分别建立县、单位、个人三级住房基金。

住房基金要在县住房制度改革领导小组的领导下,由财政部门会同有关部门进行核定和划转,并分别计入各级住房基金。

住房基金只能专项用于住房制度改革的提租补贴和住房的生产、维修与管理,以及房改的其他用途,不得挪作他用。

6. 加强住房资金管理

(1)要逐步建立能集中调度、统筹使用,可供融通的住房资金体制,按现行金融管理体制,区别房改政策性金融业务和经营性金融业务,政策性金融业务由县政府委托指定的建设银行、工商银行房地产信贷部办理。经营性金融业务要充分发挥各金融机构的积极性,按现行金融政策规定拓展房地产金融业务。

(2)为加强对住房资金的统一管理,充分发挥资金效益,县住房制度改革领导小组对全县住房资金实行规范化管理。

(3)房地产信贷部在县房改领导小组的领导下开展工作,业务上接受房改办和人民银行的指导、监督。

7. 鼓励集资、合作建房

为把现行由国家、企业统包的住房投资体制转换成国家、集体、个人三者共同负责的住房投资体制。多渠道、多层次、多形式筹集建房资金,组织职工集资,合作建房,是解决住房困难的有效途径。

自本方案实施之日起,集资、合作建房,需报经县房改办审核批准,并由房改办实行统一管理,根据国家有关规定,在税费方面实行减免政策。

8. 健全机构、加强领导

(1)县住房制度改革领导小组是房改决策和监督实施的机构,房改领导小组下设办公室,负责日常工作的处理,成立县房地产管理局,与县房改办合署办公,两块牌子,一套人马,列为县政府的常设机构,行使房改、房地产行政管理、行业管理职能。房改办、房管局的经费列入县财政预算。

(2)住房制度改革是一项长期性的工作,政策性强,涉及面广,直接关系到人民群众的切身利益,各部门和单位,要切实加强房改工作的领导,主要领导亲自抓,精心组织,缜密安排,及时协调,解决房改中的困难与问题。

(3)为增加房改的透明度,提高广大群众对房改的重要性和必要性的认识,宣传部门要积极配合,宣传房改政策,引导群众参与房改,支持房改。

五、本方案及其配套办法从一九九四年元月一日起正式实施,原实施的三个单项办法,与本方案有抵触的地方按本方案执行。

六、本方案由德安县住房制度改革领导小组办公室负责解释。

中共德安县委 德安县人民政府
关于全面推行土地使用制度改革的决定

德发〔1995〕8 号

各乡(镇)党委、政府,县委各部门,县直各单位:

土地是重要的自然资源和生产资料,是国家最大、最重要的资产。充分开发和合理利用土地,以地生财,以地引资,以地改貌对促进经济发展和深化改革的重要作用逐渐被全社会所认识,得到了党和政府的高度重视,全面推行土地使用制度改革势在必行、势在可行。随着京九铁路和南九公路的贯通,我县经济建设将面临新的发展契机,土地将不断增值。我县土地使用制度改革刚刚起步,应充分认识到起步过程中存在着一些诸如有偿使用范围不广、出让比重不大、土地收益不多;非农业建设用地占用耕地比重较高;土地市场行为不规范,土地收益严重流失以及不同程度存在的违法用地等问题。必须通过加速深化土地使用制度改革予以解决。为充分发挥土地的资产效益功能,全面推行土地使用制度改革,强化土地管理,根据中共九江市委、九江市人民政府《关于深化土地使用制度改革的决定》精神,特作如下决定:

一、提高认识,转变观念,站在全局的高度来重视土地问题

土地使用制度改革是经济体制改革的重要组成部分,土地市场是社会主义市场经济体系中不可缺少的重要部分。加快和深化土地使用制度改革是各级党委、政府的重要职责。各级党委、政府要从关系到经济建设、关系到子孙后代的生存和发展、关系到社会稳定的全局战略高度出发,充分认识土地使用制度改革的必要性和重要意义,统一思想认识,全面推行这项改革,要像抓好计划生育工作一样切实抓好,摆到与计划、财政、金融等调控手段同等重要的地位。

二、坚决贯彻土地基本国策,合理利用土地,切实保护耕地

经济要发展,人口在增长,耕地在减少。这是一个不容忽视,无法回避的关系到中华民族生存和发展的重大课题。党中央和国务院提出将“十分珍惜和合理利用每寸土地、切实保护耕地”作为一项基本国策,足以说明保护耕地问题的重要性。我们要认真贯彻这一国策,严格执行国家用地计划,严格控制农业用地转为非农业用地。非农业建设尽量做到利用荒地、劣地,少占耕地,坚决刹住乱占滥用耕地、违法批地、越权批地的歪风,严禁抛荒耕地。

县人民政府建立保护耕地责任制。每年下达保护耕地量化指标,与乡(镇)政府签订责任状,并把保护耕地作为考核乡(镇)领导干部政绩的内容之一。同时每年对保护耕地突出的单位和个人予以表彰奖励,对不落实耕地保护措施的单位和个人给予通报批评,并对有关责任人给予必要的行政处分,对违法用地严格按《中华人民共和国土地管理法》的有关规定处理。

乡(镇)政府要继续开展创“三无”(无违法批地、无违法管地、无违法用地)活动,增强群众保护耕地意识,把保护措施落到实处。

三、全面推行土地有偿使用,政府高度垄断土地一级市场,强化土地二级市场的监督管理

坚持社会主义土地公有制是深化土地使用制度改革必须坚持的基本原则。县土地管理局代表县人民政府高度垄断土地一级市场,对土地供应、出让、土地收益高度垄断,同时建立规范的土地二级市场,强化对土地二级市场的宏观调控,使之健康、有序地发展。

1. 强化对行政划拨土地管理,严禁行政划拨土地直接进入二级市场。目前,全县城镇国有土地属于行政划拨的土地,使用权的管理将逐步纳入有偿使用轨道,用地单位只有使用权,没有处置权,确需转

让、出租、抵押或改变使用性质的，都必须按法律、法规的规定，依法到土地管理局办理有关手续，补交出让金。凡违反规定擅自用行政划拨土地与其他单位和个人进行联营开发的，将由土地管理局依法责令缴纳土地使用权出让金，没收违法所得并处以罚款。

2. 新增建设用地由县政府实行"统一规划、统一征地、统一开发、统一出让、统一管理"。严禁用地单位和个人直接到农村征地，规划部门不再先于统一征地前，向用地单位和个人发放规划选址定点通知书，所有用地应向县土地管理部门提出书面申请，经政府集体研究，按法定程序报批办理划拨或出让手续，颁发国有土地使用证后，再按城市规划部门的要求进行建设。在此之前凡规划部门已批准定点，但没有依法批准使用土地的，规划通知一律收回。对已批准使用的国有土地，逾二年未动工开发建设的，由土地管理部门代表政府依法收回，另行安排划拨或出让。

3. 扩大土地使用权有偿使用范围。根据现行的国家土地管理政策，除国家机关、军事、城市基础设施用地和国家重点扶持的能源、交通、水利等项目和法律规定可以批准为划拨使用土地的以外，其他用地均以出让方式供应。具体操作按《德安县城镇国有土地出让和转让暂行规定》及有关法律规定执行。

4. 盘活土地资产，为推进现代化企业制度创造条件。我县国有企业占用的土地绝大多数属行政划拨方式取得的，使用权是国有财产。在企业改制或产权变动时，应搞好土地清查估价工作，明晰土地产权关系，正确显化土地资产价值量。

5. 加强对集体土地流转的管理，严格控制农用土地转为非农业用地。集体土地不得用于房地产开发，集体土地转让、出租、联营、入股用于非农业建设的必须依法征为国有。要妥善安置被征地农民的生产和生活。

6. 培育、规范土地二级市场。房地产开发单位以出让方式取得土地使用权并完成开发投资总额25%以上；属成片开发土地形成了工业、住宅或其他建设用地条件的，需经县土地管理局出具证明后方可进入土地交易市场依法转让。需改变出让合同规定的应报县以上土地管理部门批准，否则未达到法律规定和合同约定的转让条件的土地使用权不得转让。认真开展对土地市场的清理整顿，严禁以划拨方式取得的土地使用权私自非法转让、出租、抵押。

四、认真做好对土地出让金、土地收益的收缴和管理工作

土地出让金和土地收益是国家收入，应由县土地管理局集中收取、直接全额进入财政专户管理。土地出让金和土地收益不得减免，原则一次付清，确需分期付款的应经县人民政府批准。对拒不交纳土地出让金和土地收益的，县土地管理局可以通知其开户银行直接划拨，直至注销土地使用证，收回土地使用权。

五、加强对土地使用制度改革的领导，确保土地管理和土地执法职能到位

为了有效推进我县土地使用制度改革，县人民政府成立德安县土地使用制度改革领导小组，负责有关土地管理的决策、协调工作，组长由常务副县长邹建飞担任，副县长魏建忠为副组长，成员由县土地管理局、县计委、县财政局、县城建局、县物价局、县工商局、县房产局、县国有资产管理局等单位的主要领导组成，办公室设在县土地管理局。同时，建立土地集体研究"一支笔"审批制度，成立德安县建设用地审批小组，负责审查全县建设用地的报批工作，组长由副县长魏建忠担任，成员由县土地管理局、县计委、县城建局等部门主要负责人组成。为加强土地行政执法职能和加强地价管理，在县土管局分别成立德安县土地监察队和地价评估所。

每乡(镇)解决1名土地管理员编制，并在乡镇设立土地管理所作为县土地管理局的派出机构。

乡(镇)党委、政府、县直有关部门应根据全国、全省土地使用制度改革会议精神，依照国家土地管理的有关法律规定，统一认识，相互配合，共同努力，全面推行土地使用制度改革。

一九九五年四月三日

德安县人民政府关于印发
德安县基本农田保护区管理规定的通知

德府发〔1996〕37 号

各乡(镇)人民政府,县直有关单位:

现将“德安县基本农田保护区管理规定”印发给你们,请遵照执行。

一九九六年九月十五日

德安县基本农田保护区管理规定

第一条　为了稳定我县耕地面积,特对基本农田实行特殊保护,保障我县国民经济持续、快速稳定、健康发展,根据国务院《基本农田保护条例》和《江西省基本农田保护办法》的规定,结合本县实际,制定本规定。

第二条　基本农田保护区一经划定,任何单位和个人不得擅自改变区内耕地利用状况,搞非农业建设,如国家重点工程确需征用,必须严格按照江西省基本农田保护办法有关规定申请《征用基本农田保护区耕地许可证》办理审批手续,交纳征地费。

征用一级保护区耕地的一律报省政府批准,征用二级保护区耕地的按土管法规定的批准权限审批,未经批准征用保护区耕地搞建设的,责令限期拆除,并处以每平方米 5 元以上 10 元以下的罚款。

第三条　严禁在基本农田保护区内建房、建窑、取土、葬坟、采矿、排放污染物等,违者除责令限期治理恢复种植外,并处以每平方米 5 元以上 10 元以下罚款。

第四条　保护区内耕地不得改作果园林地,确需要开挖鱼塘从事养殖业 5 亩(0.35 公顷)以下的,由乡政府批准,并报县备案;5 亩以上 100 亩(6.67 公顷)以下的报县批准,100 亩以上的报省批准。批准后还应负责开垦补足相同数量的新耕地。

第五条　保护区耕地的承包人,要重视培养地力,科学种田,提高生产效益,严禁抛荒、粗放耕作。抛荒地按当地上年产值的两倍收取土地闲置费。

第六条　禁止破坏和擅自改变保护标志,违者除责令其恢复原状外,并处以 200 元以上 500 元以下罚款。

第七条　各级政府应把保护基本农田作为政府领导任期目标责任的重要内容,乡、村每年应向县汇报本区域内基本农田保护区数量、质量等变化情况。县政府每两年由土管、农业部门联合检查基本农田保护区管理执行情况,对认真负责管理基本农田的有功人员给予表彰奖励,对违反管理规定的责任主管人员和其他直接责任人员,给予批评或由其所在单位的上级机关给予行政处分,属个人违反的依法处理。

第八条　建立基本农田保护基金,每年从县、乡土地管理费中提取一定比例的资金,作为保护区管理基金。经费由县土管局统一掌握,以奖励保护耕地的有功人员。

第九条　本规定由县土地管理部门负责解释。

第十条　本规定自发布之日起施行。

中共德安县委　德安县人民政府
关于印发《德安县鼓励外商投资优惠办法》的通知

德发〔1999〕5 号

各乡(镇)党委、政府,县委各部门,县直各单位:

经县委、县政府研究,现将《德安县鼓励外商投资优惠办法》印发给你们,请遵照执行。

一九九九年六月十一日

德安县鼓励外商投资优惠办法

为进一步扩大对外开放,加快德安的经济发展,鼓励外商来我县投资兴业,开展经济交流与合作,根据国家和省、市鼓励外商投资的法律、法规及有关政策,结合我县实际,特制定本办法。

第一条　外商可来我县投资兴办各类工商企业和其他产业,本着自愿的原则,可以采取以下投资形式:

1. 兴办独资企业;

2. 兴办合资、合作经营企业;

3. 承包、租赁、兼并、收购国有和集体企业;

4. 开展补偿贸易、来料加工、来样生产、来件装配业务;

5. 法律、法规允许的其他投资形式。

第二条　根据国家法律、法规和有关政策规定,切实保护外商及外商投资企业合法权益。

1. 外商投资企业的生产经营及企业内部管理,由其依法自主决定。

2. 尊重外来投资者的生活方式和习惯,保护其人身安全。

3. 对在县内投资 50 万美元以上的外商投资企业,由县政府进行挂牌重点保护。

4. 县招商引资局设立外商投资企业投诉中心,负责外商投诉事项的受理、调查、协调及移送有关单位处理,对违反规定侵害外商权益的单位和个人,由纪检、监察部门严肃处理。

第三条　为外商在我县投资办企业提供生产便利和居留条件。注册资本 20 万美元以上企业的外商及其配偶、子女可入城镇户口、免收城市增容费,子女上学享受城镇居民同等待遇,免交借读费。

第四条　对外商投资企业实行土地优惠。

1. 外商投资企业申请用地,经省、市、县人民政府批准,通过出让、转让、租赁等方式取得土地使用权。土地使用最长年限:工业、科技、教育、文化、卫生、种养业用地可达 50 年;商业、旅游、娱乐用地可达 40 年;居住用地可达 70 年;综合和其他用地可达 50 年;期满后需继续使用的,经批准可延续使用。

2. 外商取得土地使用权后,所开发土地兴建的厂房和生活设施,可以自用,也可以转让、出租和抵押或依法用于其他经济活动。

3. 外商投资兴办种植业、养殖业、畜牧业的免征土地使用税,开发“五荒”及水土保护项目,土地使用税 10 年内免征,10 年后按标准的下限执行。

4. 外商在县城内投资的生产型企业,其土地出让金县内部分减免 60%,征用土地除上交省、市的规费及各种补偿费外,属县内收取的各项规费减免 60%。

5. 乡镇集体土地按出让程序,在保证土地补偿和办理用地手续的前提下,可采取边建边交或先建后交的办法,即在企业投入生产(营业)后1年内交清。

第五条 对外商投资企业的税费实行优惠。

1. 按照税法和国家有关规定,可以免征企业所得税的,地方所得税同时给予免征;减征企业所得税的,地方所得税同时给予相同幅度的减征。

2. 经营期10年以上的生产型企业,从开始获利年度起,第1年至第2年免征企业所得税;第3年至第5年减半收缴;第6年至第10年开始按标准缴纳所得税。经营期不足10年的外商投资企业应当补缴已免征、减征的企业所得税税款。凡从事农、林、牧业的,第1年至第5年免征地方所得税,第6年至第10年减半征收地方所得税;当年出口产品产值达到70%以上的外商投资企业,享受以上优惠政策后,经批准可继续减半缴纳所得税。

3. 在我县内投资兴办两个以上(含两个)生产型项目,第二个项目从投产开始所交缴的增值税的地方所得部分,3年内由财政列支返还50%。

4. 外商投资的生产型企业免征固定资产投资方向调节税。凡从事农、林、牧、渔业,开发荒山、荒坡、荒水的,且经营期在10年以上,从有收入起免征两年农业特产税。经营期不足10年的企业,应补缴已免征的农业特产税。

5. 外商投资的生产型企业在兴建过程中,免交建筑管理费、合同签证费、市政设施配套费、教育附加费、招标投标费、工商行政管理费、噪声污染费、地下水资源费、防洪保安基金、墙体更新材料推广费。对外商投资企业的各种行政性和事业性收费,在下限基础上优惠30%。供水增容费优惠50%,供电增容费(除上交大电网增容费外)优惠50%。

第六条 提高办事效率,实行优惠服务。

1. 以上项目实行一站式服务。外商办理投资项目的各种手续,由县招商引资局按项目审批权限统一代办,配合做好项目审批工作,负责代理承办登记、注册等有关手续。县内手续6个工作日内办完,必要时由招商引资领导小组牵头,召集有关部门联合办公,集中办理投资项目有关审批手续;需报省、市及有关部门审批的项目,在收齐材料后,3个工作日内上报。

2. 收费实行一个账号管理。外资项目申办过程中,应交的各种费用,由县招商引资局统一收取,全额缴入财政专户,然后根据规定和需要返还给各部门。项目建成后,所有向外资企业的收费单位必须办理"收费许可证"后,方可凭证收费。同时县招商引资局会同县财政局、县物价局向外商投资企业颁发"收费登记卡",企业凭卡交费,收费单位收费时应逐项填写,以备检查。对无证收费或任意增加收费项目,任意提高收费标准的,企业有权拒交或投诉,由监察、物价部门严肃查处。

3. 检查实行一个口子把关。有关部门和单位须经县招商引资领导小组批准后,方可进入企业进行检查。未经申报批准的,企业有权拒检。对擅自到外商投资企业进行检查的,一经查实,将追究部门领导和当事人的责任。

第七条 县外客商来我县投资兴办实业的可参照享受本办法的税费优惠政策,实行先征收后由财政返还。

第八条 凡科技含量高、投资额度大的项目,要求突破本规定优惠政策的,根据具体情况,可一项一议,一项一策,由县招商引资领导小组另行酌情研究决定。

第九条 为鼓励社会各界为我县招商引资牵线搭桥,凡为我县引进县外资金的境内外人士及团体,对引资成功的单位和个人按以下不同类型和奖励标准给予奖励:

1. 引进无偿资金和捐赠款,用于支持经济建设项目的,按引进额(外币以当时银行汇介折算人民币,下同)的4%计奖;用于兴办社会公益事业的,按2%的标准给予一次性奖励。

2. 引进无息、需还本金的资金使用期5年以上(含5年,下同)的,按引资额2%计奖;使用期3年以上的,按引资额1%计奖;使用在1年以上的,按0.8%计奖。

3. 引进外国政府、国际金融机构贷款的,按实际到位资金额千分之四计奖。

4.引进来料加工、装配业务项目,按受益方实得加工费收入的1%计奖。

5.引进补偿贸易项目,按实际补偿额的1%计奖。

6.引进国家《外商投资产业指导目录》鼓励类项目,按实际进资额千分之四计奖,属允许和限制类项目按实际进资额千分之二计奖。

7.引进科技新成果、新技术和高科技产品的项目,使企业增加了效益,由接受单位视不同情况,按技术转让费的5%～10%给予引进者一次性奖励,如技术转让费偏低,效益较高的,可按投产后见效年度新增利润的1%给予一次性奖励。

第十条　一次性引进50万美元以上者,中介人除享受本办法有关奖励外,另可解决1～2名直系亲属农转非指标;一次性引进100万美元以上者,除享受上述优惠待遇外,另奖给使用面积为60～70平方米商品房一套。

第十一条　已在我县投资兴办的企业,中介人使外商追加投资,按其实际追加投入金额,依照本办法有关规定给予奖励。

第十二条　外商未经任何人介绍,直接前来我县投资的,且实际投入资金符合本办法有关条款规定的,给予投资者同样的奖励和优惠待遇。

第十三条　引资奖金兑现办法:

1.引进外资兴办合资、合作企业,引资奖金由我方受益企业负担。

2.引进外资兴办独资企业的,引资奖金待项目投产或开业后,由财政兑现给引资单位或个人。

3.引进无偿资金或接受捐赠,受益方为部门或单位的,引资奖金由受益部门或单位负责兑现。

第十四条　按规定提取的引资奖金,企业可摊入生产成本,行政事业单位可在业务经费中列支。

第十五条　引资奖金的分配原则是:属单位引资的,30%用于弥补活动经费开支,70%用于奖励引资有功人员;属个人引资的,全部发给个人。

第十六条　积极向国家、省、市及有关单位和部门争取资金(除计划内),由受益单位按项目、资金总额,无偿的按2%提取奖金,有偿的按2‰给予奖励。其中30%用于奖励争取项目资金单位的主要负责人,40%用于奖励争取项目资金的有功人员,另30%用于建设单位的负责人和有功人员。

第十七条　领取奖金办法:引进资金到位后,由中介人写出书面申请;外商或外商投资企业出具引资证明,受益单位签署意见;由审计或会计师事务所出具验资报告;提供工商执照、税务登记复印件;由招商引资领导小组审定,经县政府批准后,凭招商引资领导小组办公室签发的奖励通知书,领取奖金。

第十八条　引资受奖者符合本办法规定条件的,需安排城镇户口指标的,可凭招商引资领导小组办公室签发的奖励通知书,到有关部门办理手续。

第十九条　凡由几个单位(人员)共同引资的奖励,由牵头单位或牵头人提出分配意见,按程序申报,审批后进行奖励。

第二十条　引资奖励中出现纠纷,由当事人提出异议申请,招商引资领导小组负责协调、仲裁。

第二十一条　凡国家分配资金、银行之间的拆借、带资承包工程财政担保的借款等资金不享受本奖励办法。

第二十二条　本办法所涉及到的返还和奖励,由同级财政承担。

第二十三条　本办法自公布之日起施行。县委、县政府及有关部门以前发布的规定与本办法不符的,按本办法执行。

第二十四条　本办法解释权属县招商引资局。

中共德安县委　德安县人民政府
关于大力整治经济发展环境的决定

德发〔2000〕4 号

各乡(镇)党委、政府、县委各部门、县直各单位:

为创造良好条件,吸引各方投资,促进经济的进一步发展,县委、县政府研究决定,大力整治我县经济发展环境。

一、明确目标,全面开展整改活动

1. 总体目标。在继续加强交通、绿化、卫生、供水、供电等硬性基础环境建设的同时,集中一年时间,以整顿行政执法机关、经济管理部门和各事业单位的服务工作为重点,以公开查处“乱收费、乱罚款、乱摊派”和吃拿卡要等违纪行为为突破口,全面整治我县经济发展的软环境,形成政策稳定、执法公正、服务周全、办事方便、买卖公平的良好局面。

2. 宣传发动。各级党政组织必须高度重视,把整治经济发展环境作为扩大对外开放、加速经济发展的战略任务认真扎实地抓好抓出成效。主要领导同志要负总责、亲自抓。要加强学习教育,使广大党员干部群众充分认识整治经济发展环境的重大现实意义,切实增强法纪观念、全局观念和宗旨意识。要结合“三讲”教育活动,认真对照检查,组织系统整改,进一步简化办事程序,提高办事效率,推行“限时服务”和优质服务,严厉查处一些破坏环境的害群之马,使人人都成为经济发展的助动器,处处都是经济发展的好环境。

二、完善制度,切实健全制约机制

1. 完善优惠政策。由县委、县政府两家办公室牵头对改革开放以来出台的有关鼓励招商引资和经济发展(包括个体私营经济)的优惠政策进行一次全面清理,办不到的予以废止,该办和应当做到的,重新发文明确,确保落实,取信于民。

2. 实行收费审核登记制度。由县物价局牵头,会同法制局和有关部门,对照中央、省、市、县有关规定,对全县各单位所有的行政事业性收费项目,定期清理登记,标准偏高的进行核减,不合理的予以废止。核减后报县政府审定,向社会公布。所有收费部门、人员进行收费时,必须出示“收费许可证”,超出规定范围的,缴费单位和个人可拒绝并举报。由县法制局牵头,经贸委、乡企局、招商局和工商局分头负责,分别向国有企业、集体企业、外资企业和个体私营企业印发“企业检查登记册”和“收费罚款登记册”,所有收费、检查、处罚均需签名登记。由整治经济发展环境领导小组办公室牵头,协调纪检监察机关和法制督查机构定期对“两册”进行抽查,发现问题,及时处理。

3. 实行“项目审批”和“证照年审”委托代办制度。“三资”企业由县招商局负责代办,个体私营企业由县乡企业局代办。凡经营者委托代办,并证件齐全的,被委托单位必须一周内办好全部手续,需经市级以上(含市级)部门批准的不得超过 15 天,免收代办费。积极创造条件,实现“一条龙”集中办证、收费。

4. 实行个体工商户税费负担公开评定制度。由县工商局和乡企局牵头,整治领导小组成员参加,组织业主代表,会同国税、地税和有关收费部门,分片组织基层税、费评议小组,对实行定期定额征收的个体工商户,按生产经营状况确定依法纳税。收费数额,每年一定,定后不再追加,真正做到公平、公正和公开。

5. 实行部门和执法人员形象评议制度。由县纪委牵头,有关主管部门和个体私营经济协会和工商联分头实施,组织国有、集体、私营企业负责人,个体工商户代表,以不记名投票方式,评议“不受欢迎的部门”和“不受欢迎的人”。每年评议一次,评定结果通过电视台或书面通报公开发布,并报送上级主管部门。对群众反映大、意见多的部门和单位列为重点整改对象,集中整顿。对连续两年被评为“不受欢迎部门”的负责人,属县管单位的,停职检查;属条管单位的,要求主管部门撤换。对连续两年被评为“不受欢迎的人”,属县管单位的下岗一年;属条管单位的,要求调离或下岗一年。

6. 实行严格的“收支两条线”管理制度。充分发挥预算外资金管理机构的职能作用,进一步强化预算外资金监管,确保各类收费、罚款使用财政部门制发的统一收据,收入全额上缴国库,杜绝私设“小金库”、坐收坐支现象。对收费、罚款不开收据或不按要求开具统一收据的,一律按贪污论处。政府不向行政执法部门下达收费、罚款任务,工作经费不与收费和罚没收入挂钩,从根本上解决“利益驱动”问题。

7. 实行行政执法操作程序规范制度。由县法制局牵头,根据有关法规,结合现实情况,对各类检查处罚行为,制定具体的执法程序。执法人员必须挂牌上岗,持执法证执行检查。检查中发现一般性问题应先行教育或警告,限期整改,属经营者主观故意,且逾期不改的才能处罚,罚款额执行规定的最低限;吊销证照、责令停产停业、封存商品物资和万元以上的大额罚款,要在作出处罚决定前,书面向县政府和企业主管部门通报;严格划分管理权限和检查范围,可检查可不检查的不检查,可处罚可不处罚的不罚,杜绝同一系统多级检查、同一项目重复检查和跨区域越权执法;必要的例行检查要在每年初将年度检查计划报县法制局和企业主管部门备案;临时进行突击性检查和对外资企业进行检查、处罚,要经县政府分管领导批准,切实杜绝执法操作的随意性。

8. 实行政务公开制度。经济管理部门、执法执收单位全面实行工作岗位化,定岗、定人、定职责。岗位名单对外公开,方便群众。除有规定要保密的外,所有的办事依据、操作程序、最后结果都应公开,接受群众监督。

三、强化监督、严肃查处违纪现象

1. 从严从重惩治违规执法者。县纪委、监察局等部门要加强监督检查,对违规执法的单位和责任人,特别是“乱收费、乱罚款、乱摊派”的,要处以违纪金额等同金额的罚款,同时给予相应的纪律处分和组织处理。第一次对单位和直接行为人进行通报批评和新闻曝光;第二次单位主要负责人和分管负责人停职检查,直接行为人安排待岗一年;三次以上的单位主要负责人和分管负责人免职,直接行为人行政“开除留用”,并调离执法部门。

2. 成立全县整治经济发展环境领导小组。负责整治活动的具体安排部署、组织协调、督促检查,抓好本《决定》的实施。由县委常委、县纪委书记岳永香任组长,副县长李秀木和县纪委副书记伍建平任副组长,组织宣传、政法、经贸、监察、物价、财政、审计、乡企、法制等有关部门负责同志为成员,领导小组下设办公室(设在县纪委),从有关部门抽调人员集中办公,由县监察局副局长黄岗同志任主任,并设立举报电话。

3. 本《决定》由县整治经济发展环境领导小组办公室负责解释。

二〇〇〇年三月二日

中共德安县委
关于贯彻《公民道德建设实施纲要》的意见

德发〔2001〕12号

各乡镇党委，县委各部门，县直属各单位党组织：

为了认真贯彻落实中央15号文件精神，切实抓好《公民道德建设实施纲要》的学习、宣传和贯彻，使基本道德知识、道德规范家喻户晓、人人皆知，使建设有中国特色社会主义的思想观念和道德要求，成为广大党员和干部群众的行动规范，根据中央和省、市委要求，特提出如下实施意见。

一、指导思想

以马克思列宁主义、毛泽东思想、邓小平理论为指导，全面贯彻江泽民同志“三个代表”和“以德治国”的重要思想，紧密结合我县实际，紧紧围绕加快发展这个主题，以党员领导干部为表率，以干部队伍、青少年、经营单位、行政执法部门为重点，以各种教育和道德实践活动为载体，以建立与社会主义市场经济发展要求相适应的道德体系为目标，坚持重在建设、以人为本的方针，坚持务求实效的原则，坚持分类指导方法，大力倡导“爱国守法、明礼诚信、团结友善、勤俭自强、敬业奉献”的基本道德规范，努力把《纲要》提出的各项任务落到实处，将我县公民道德建设工作提高到一个新水平，促进全县经济社会快速、健康全面发展。

二、主要工作

1. 在全县迅速掀起学习贯彻《纲要》的高潮。全县各级党组织要把学习宣传贯彻《纲要》作为当前精神文明建设和思想道德建设的大事来抓。各行各业、各部门、各单位都要组织广大干部职工认真学习《纲要》，领会《纲要》的精神实质，并联系实际提出本部门、本单位、本系统贯彻落实《纲要》精神，加强思想道德建设的切实可行的、既有明确目标又有具体措施的实施意见。县委宣传部、县文明办在适当的时候对全县贯彻落实《纲要》情况进行督查。

2. 加大贯彻实施《纲要》宣传力度。宣传舆论部门要按照中央和省、市、县委要求，制定贯彻实施《纲要》的宣传报道计划。县广播电视台要坚持团结、稳定、鼓劲、正面宣传为主的方针，开辟公民道德建设专栏、专题，大力宣传公民道德建设的重要性，宣传公民道德建设的指导思想，宣传公民道德建设的主要内容和方式方法，宣传各部门、各单位、各行业贯彻落实《纲要》的具体动作和措施，宣传道德建设的先进典型，宣传社会各界和广大群众对道德建设的意见和建议。重点推出一批高质量的理论文章，一批有针对性的评论，一批有份量的、生动感人的通讯报道，一批有说服力、感染力的专题节目。要围绕社会普遍关注的道德热点问题和思想道德建设中的突出问题，组织几次有影响的专家访谈、劳模访谈、群众讨论等专题节目。同时，要充分发挥舆论监督作用，有力批评背离社会主义道德的错误言行和丑恶现象。要通过强大的舆论攻势，在全社会形成学习、宣传、贯彻实施《纲要》的浓厚氛围。

3. 组织开展贯彻实施《纲要》的系列活动。一是要召开全县贯彻落实《纲要》工作暨思想政治工作经验交流会。二是要在全县开展学习《纲要》的读书教育活动。读书活动以《纲要》和中宣部编写的《〈公民道德建设实施纲要〉学习读本》和省委宣传部、省文明办编写的《公民道德修养简要读本》为基本教材。利用中心组学习、二五日学习、集中培训和党校、学校、夜校、文明学校等多种形式，掀起一个学《纲要》、用《纲要》的高潮。三是组织开展学习贯彻《纲要》的征文比赛、演讲比赛、知识竞赛活动。2002年3月组织一次全县性学习贯彻《纲要》知识竞赛。四是举办贯彻《纲要》学习班。县直各部门要结合创评文明单位和文明机关，农村要结合创评“十星文明户”，树立一批先进典型。

4. 全面推进社会公德、职业道德、家庭美德建设。大力倡导以文明礼貌、助人为乐、爱护公物、保护环境、遵纪守法为主要内容的社会公德,鼓励人们在社会上做一个好公民;大力倡导以爱岗敬业、诚实守信、办事公道、服务群众、奉献社会为主要内容的职业道德,鼓励人们在工作中做一个好建设者;大力倡导以尊老爱幼、男女平等、夫妻和睦、勤俭持家、邻里团结为主要内容的家庭美德,鼓励人们在家庭做一个好成员。要通过家庭、学校、机关、企事业单位和社会各方面,坚持不懈地在全体公民中进行道德教育,把建设有中国特色社会主义的思想观念和道德要求,不断灌输到全体党员和干部群众的头脑之中,使他们懂得什么是对的,什么是错的,什么是可以做的,什么是不应该做的,什么是必须提倡的,什么是坚决反对的。高尚品德要从小开始培养,从娃娃抓起,充分发挥家庭教育和学校教育的作用。各级各类学校必须把德育教育和素质教育放在首位,坚持贯彻学生日常行为规范,加强校风校纪建设,培养学生良好的道德情操。

5. 进一步强化市民行为规范的宣传教育。要把贯彻落实《纲要》和加大《九江市民文明守则》《九江市民文明公约》和《九江市民"十不准"行为规范》有机地结合起来。要利用黑板报、宣传栏、墙报、宣传车和各种文艺形式及文明学校等阵地,大力宣传《纲要》和《守则》、《公约》、"十不准"行为规范,使之家喻户晓、妇孺皆知,真正成为广大党员干部和群众的行为准则。

6. 广泛深入开展公民道德实践活动。贯彻《纲要》重在实践。各单位要在学习、宣传、贯彻《纲要》过程中,把教育和实践有机结合起来,积极开展各种道德实践活动。要深入开展"讲文明、树新风"活动,开展创文明城市、文明行业、文明村镇、文明机关、文明学校、文明社区活动,深入开展"军警民共建设""送温暖""献爱心""手拉手""希望工程""春蕾计划""扶残助残""扶贫帮困""青年志愿者"等活动。努力通过道德实践活动,强化道德要求,熏陶思想感情,充实精神生活,升华道德境界。

三、几点要求

1. 加强对思想道德建设的领导。各级党委政府要从全面贯彻江泽民总书记"以德治国"和"三个代表"重要思想的战略高度,把《纲要》的学习、宣传和贯彻作为当前和今后一个时期宣传思想工作和精神文明建设的大事来抓,认真安排,精心组织,切实抓出成效。

2. 充分发挥各级领导在道德建设中的示范带头作用。道德建设首先要抓好"官德"建设。各级领导干部要带头讲学习、讲政治、讲正气,带头实践党的宗旨,带头执行廉洁从政的有关规定,带头加强自身道德修养,用良好的道德形象取信于民,示范于民。

3. 充分发挥有关部门在道德建设中的积极作用。宣传、教育、文化、科技、组织人事、纪检监察等党政部门、工会、团委、妇联等群众团体及社会各界,都应在党委的统一领导下,各尽其责,相互配合,把道德建设与业务工作紧密结合起来,纳入目标管理责任制,制定规划,完善措施,扎实推进。同时,还要充分发挥各民主党派和工商联在公民道德建设中的作用。

4. 要力戒形式主义,讲求实效。贯彻《纲要》要讲究方法,注重实效。一是要多用群众喜欢的形式和手段,多用群众的声音、语音,多用群众身边的生动事迹,吸引群众参与,增强说服力,吸引力和感染力。二是与贯彻落实江总书记"七一"讲话和党的十五届六中全会精神结合起来,与各项群众性文明创建活动结合起来。三是要深入实际,调查研究,了解新情况,分析新问题,及时发现、总结、推广群众创造的新经验,探索道德建设规律,开创我县思想道德建设和精神文明建设工作的新局面。

二○○一年十二月十九日

中共德安县委　德安县人民政府
关于进一步加快宝塔工业园区建设的决定

德发〔2002〕10号

为进一步加强宝塔工业园区建设，充分发挥工业园在发展县域经济中的龙头作用，经县委、县政府研究，特作如下决定：

一、指导思想

1. 按照工业化、城市化"两个轮子一起驱动"的现代经济发展思路，在规划上立足高起点、高标准，在推进方式上采取引凤筑巢、分步实施，举全县之力，加快宝塔工业园区的建设进程，努力把宝塔工业园区建设成为招商引资、启动民间资金的载体和实现德安工业经济跨越式发展的平台。

二、总体规划

2. 宝塔工业园区位于县城南部，地处昌九高速公路和105国道交汇处，总体规划占地面积2000亩（133.33公顷）。

3. 园区用地及园区道路、给（排）水、电子通讯、绿化等基础设施建设按县政府批准的规划设计方案执行。

三、进入园区企业的基本条件

4. 符合下列条件的县内、外企业均可以进入园区：(1)固定资产投资100万元以上生产型企业；(2)无污染或污染排放达标的项目。

5. 为发挥园区聚集效应，新上招商引资项目和县内民营企业在选址时应优先进入园区。

四、土地征用与使用

6. 土地使用。外商投资企业或县内民营企业均可通过出让方式获得园区土地使用权，或通过出租方式使用园区土地。

7. 依法取得出让国有土地使用权的土地，可以在使用年限内依法转让、出租或抵押，但受让者必须按合同规定建设，在投入资金占总开发建设成本25%，形成建设用地条件后，方可依法转让。

五、优惠政策

8. 用地政策。凡新建固定资产投资100万以上的项目，一般要求向园区发展。严格控制园区外新建项目单独选址。

土地有偿使用，工业用地按开发成本价优惠出让。

9. 财政奖励政策。园区内企业上缴的增值税，5年内由受益财政同级政府按20%奖励给企业；企业从获利年度起，依税率征收的所得税地方所得部分，前5年由受益财政列支全额奖励。

10. 零规费政策。凡是在工业园区内新办的企业，实行"十年零规费"。即各种规费一律免收，只收取工本费。

11. 行政保护政策。凡进入园区的企业一律由县委、县政府颁发保护牌进行重点保护，县公安局发放给企业业主"绿卡"。并实行"四个不准"，即：(1)不准实行行业限制。除国家法律、行政法规明确规定外，投资者有权决定从事任何工业生产行业；(2)不准实行行业垄断，维护自由竞争的市场秩序；(3)不准强行向企业安置人员，充分尊重企业用人自主权；(4)不准随意检查收费，除依法征税和安全生产检查外，未经管委会批准，任何单位不得向园区企业进行检查或收费。

12. 用水用电政策。在园区落户的企业，水费标准执行优惠价，免收供水增容费。水价按届时工业用水现行价优惠12%。园区内电力设施按产权分界,属供电部门产权的,由供电部门投资。凡园区内企业申请用电,供电部门必须优先受理申请,优先进行现场查勘和工程施工。凡进工业园区的企业一律免交供电增容费,免收供电贴费,电价按届时现行价优惠8%(不含变损)。

13. 户籍、就医政策。凡在园区内投资的项目,给予业主及其家属无偿办理农转非手续;园区内落户的民营企业主在子女入托、上学、就业等方面享受当地城镇居民同等待遇。

14. 引资奖励政策。凡引进固定资产投资100万元以上项目到工业园区的乡(镇)和县直单位,除可以算其本年度内的招商引资任务外,另分别奖励单位党政一把手各1000元,同时奖励单位3000元,由单位按贡献大小奖励给相关人员。凡固定资产投资在1000万元以上的非资源性工业生产项目或新增扩改资金1000万元以上的非资源性扩改项目,一次性给予引资者投资额5‰的奖励。

凡在2002年1月1日至2005年1月1日期间,由社会各界人士、县外德安籍人士及完成本年度单位招商引资任务外的机关单位干部、职工个人义务引资进入工业园区的项目,在项目建成后,其产生的增值税按5‰连续5年奖励给引资人。

凡在2002年1月1日至2005年1月1日期间由乡(镇、场)引进工业园区的项目,该企业实现税收的70%归由引进项目乡(镇、场)。

15. 对高新技术,固定资产投资1000万元以上的大项目,能带动3家以上配套企业的龙头企业,归国留学人员创业项目,本着特事特办的原则,实行更加优惠的政策。

六、加强领导

16. 成立宝塔工业园区管理委员会。在县委、县政府领导下,全权负责工业园区的建设和各项管理工作。管委会下设办公室,具体负责园区建设和管理的日常工作。

17. 管委会另设"三部、一室、一公司"。即服务部、工程部、招商部、公安执勤室、园区开发有限责任公司。

二〇〇二年七月十八日

德安县人民政府
关于印发德安县切实减轻村集体和农民负担暂行规定的通知

德府发〔2003〕21号

各乡(镇)人民政府,县直有关单位:

县政府已同意《德安县切实减轻村集体和农民负担暂行规定》,现印发给你们,请认真遵照执行。

二〇〇三年三月十八日

德安县切实减轻村集体和农民负担暂行规定

第一条 为切实减轻村集体和农民负担,保证农村税费改革试点工作顺利实施,促进农村经济发展,维护农村社会稳定,特制定本规定。

第二条　禁止一切要村集体和农民出钱、出物、出工的达标升级活动。不得以任何形式搞变相达标升级。

第三条　严禁任何形式的乱收费、乱集资、乱罚款。不准出现没有法律依据的行政事业性乱收费。凡向村集体和农民收费，必须经县物价局、财政局、减负办审核批准公布后方可执行。禁止非法向村集体和农民集资摊派和罚款。开展有偿服务，必须坚持自愿、平等原则，严禁任何形式的强行服务、强行收费和搭车收费。

第四条　严禁各种摊派行为。在农村开展报刊征订、保险业务、合作医疗，必须坚持自愿的原则，任何单位和部门不得借助行政手段和管理权限，进行强行摊派。不准以任何形式下达保险指标。各单位各部门的内部资料不得向农村基层收费发行。大力压缩村集体报刊费开支，集体经济纯收入不足3万元的村，每年的报刊费不得超过400元，集体经济纯收入超过3万元的村，每年的报刊费不得超过600元，乡(镇)不得强行代订报刊、书籍，上级主管部门不得强行要求基层订阅报刊、书籍。

第五条　禁止截留、平调和挪用村集体资金。以农业税附加和农业特产税附加方式收取的资金属于村集体资金，由乡(镇)农村经营管理站监督管理。实行乡管村用，专户储存、专款专用。任何单位和个人不得以任何理由截留、平调和挪用村集体资金，不得以还债付息等为理由，克扣和挤占村集体资金。

第六条　取消村组招待费。严格干部下乡接待制度，接待上级来人，要严格按照《德安县关于进一步规范和加强村级财务管理的意见》执行。

第七条　切实精减各类行政性检查评比活动。各乡(镇)、各部门要采取坚决措施，大力精减和压缩面向农村的各项行政性检查评比活动。确需组织检查评比的，必须在年初提出预算，报经县委或县政府审定，予以统筹安排。农忙季节不得组织检查评比活动。检查评比所需费用，一律不得转嫁给村集体和农民。

第八条　取消村组干部参加学习培训和会议的费用负担。各级、各部门面向农村举办的各种学习班、培训班和会议，凡要求村组干部参加的，其学习、培训、开会费用、原则上均由举办单位解决，不得由村集体负担。确因学习、培训、开会需村级承担不足的经费，必须首先由收款单位申请，报物价、财政、减负办三家共同核定审批后，方可收取。

第九条　严格控制村组干部人数和村集体资金支出。根据村组规模、经济发展状况和村级收入水平，合理确定村组干部人数和补贴标准。受固定补贴干部为3～5人，村组干部可实行交叉任职，村民小组只设1名组长，可由村干部兼任。村组规模偏小，可通过撤并村组、村组干部兼任等办法减少干部人数。撤并村组要因地制宜，坚持自愿、合理原则，充分尊重群众意见，严禁强迫命令。村组干部的工资报酬标准由各乡(镇)人民政府根据本地人民生活的实际收入水平以及县政府〔2003〕8号文规定核定标准发放。要严格按照规定条件确定五保户对象及供养标准。村集体资金首先要保证村组干部报酬的兑现和村级组织办公经费、五保户供养经费以及军烈属补助的落实。个别地方原由县、乡(镇)负担的村干部补贴、五保户供养经费，仍维持不变；原由乡统筹支出的村计划生育费用，列入乡(镇)财政的一般预算支出。

第十条　认真抓好"一事一议"资金的筹集、管理和监督。实行农村税费改革后，村内兴办集体生产和公益事业所需资金、要严格按照《德安县村级组织"一事一议"筹资筹劳暂行办法》筹集，实行专款专用，分项列支，不得用于村组干部报酬，办公开支和五保户供养，年终做出决算，向村民会议报告，并张榜公布，接受群众监督。县、乡两级农民负担监督管理部门要切实加强对"一事一议"资金筹集、管理、使用的监督和审计。

第十一条　进一步规范涉农收费。农村义务教育、农村生活和排灌用电用水、农民建房、婚姻登记、计划生育、畜禽防疫检疫等涉农收费，严格按照省委、省政府2002年7月致全省农民朋友第二封公开信的标准执行。并将涉农税收和涉农价格全面实行公示制，各乡(镇)、行政村都要设立公示牌。

第十二条　妥善处理村集体的历史债权债务。对因历史原因形成的村集体债权债务，要在清理核实的基础上分类研究解决办法。对1996年以来所借债务要逐笔登记,逐一排查。在彻底清查基础上,对已形成的不良债务,按照3至5年内完成处置目标,逐一研究制定具体措施、方法,明确时限,并狠抓落实。处置要依法进行,严格掌握收欠还债、核销减债、拍卖还债、划转债务的政策界限,正确处理国家、集体和个人的经济利益关系。对乡、村两级集体经济组织所欠债务,不准向农民转嫁或摊派,不准借还款之名向农民乱收费。对农民群众欠缴乡、村集体经济组织的款项,不合理的要坚决取消,不准再催缴;合理的应帮助群众发展生产,制定计划,逐步催缴,防止因工作方法简单强硬激化矛盾。

第十三条 全面推行和不断完善村级财务公开制度。切实加强村集体财务的监督和审计,加大民主理财制度建设的工作力度,全面实行村级财务公开。要按照农业部、监察部《村集体经济组织财务公开暂行规定》(农经发〔1997〕5号文)要求,从公开内容、公开程序、公开时间等各个环节抓紧抓实。

第十四条 建立健全减轻农民负担工作责任制。

(1)健全减轻农民负担工作领导责任制,各级党政负责人和各单位行政负责人为本乡(镇)、本单位减轻农民负担工作第一责任人。

(2)健全"三乱"专项治理责任制,对发生"三乱"现象的单位,由其主管部门负责治理。

第十五条 严肃查处加重农民负担的行为。切实加强对农民负担状况的党纪监督、行政监督和社会舆论监督。各级纪检监督机关和农民负担监督管理部门都要积极受理干部群众的举报和投诉。严肃查处加重农民负担的各种违法违纪行为,依照国家有关规定以及省《关于对违反农村税费改革试点政策实施纪律处分的规定(试行)》,对有关单位和责任人给予相应处理。

德安县人民政府
关于印发德安县农村医疗救治实施细则的通知

德府发〔2004〕18号

各乡(镇)人民政府,县直各单位;

《德安县农村医疗救助实施细则》已经县政府同意,现印发给你们,请按实施细则要求,认真抓好落实。

二〇〇四年十一月五日

德安县农村医疗救助实施细则

为更好地落实"三个代表"重要思想,切实帮助农村困难群众减轻因大病医疗费用带来的生活压力。根据市民政局、市财政局、市卫生局《关于在全市建立农村医疗救助制度的实施意见》文件精神,结合我县实际,特制定如下实施细则:

一、工作目标

农村医疗救助制度是政府拨款和社会各界自愿捐助等多渠道筹资,对患大病的农村五保户和贫困农民家庭实施医疗救助的制度,是党和政府的一项德政工程、民心工程。建立农村医疗救助制度,从最困难和最急需救助的贫困农民中开始实施,低标准起步,逐步发展完善,以缓解农村贫困人口医疗难的问题,促进农村社会稳定。

二、救助原则

1. 坚持政府救助与社会互助相结合的原则。

2. 坚持公开、公正、公平的原则。

3. 坚持属地和动态管理的原则。

4. 坚持救助大病重症患者的原则。

三、救助对象

1. 农村五保户;

2. 农村特困群众常年救助对象;

3. 农户家庭成员发生重大疾病造成生活严重困难,基本生存受到影响的人员;

4. 有下列情形之一的疾病不列入本救助范围:

①交通事故造成的伤病;

②因服用、吸食、注射国家严禁使用的精神类药品导致的疾病;

③已享受国家免费治疗等相关优惠政策的疾病。

四、救助方法

1. 救助对象有住院病历,且医药费用每年(以公历年度为计算区间),农村五保对象在1000元以上的,特困常救对象在4000元以上的,其他困难群众在1万元以上的。

2. 住院病例须是在县医院、中医院治疗或经县医院、中医院转院到市级以上公立医院治疗的病例。

五、救助标准

1. 农村五保户,一次性医疗费在1000元以上的,按核定医药费的30%救助。

2. 农村特困群众常年救助对象,一次性医疗费在4000元以上的,按核定医药费的20%救助。

3. 其他农村困难群众,一次性医疗费在一万元以上的,按核定医药费的20%救助。

4. 医疗救助对象全年个人累计享受医疗救助金额原则上不超过医疗救助标准的最高限额4000元整。

六、申请、审批程序

1. 个人申请。申请人(患者或户主)要向户口所在地村民委员会提出书面申请和提供下列证明材料:居民身份证、疾病证明书、医疗费用收据、出院小结、必要的病史材料等。属农村五保对象或特困常救对象人员的,还需提供五保供养证或农村特困群众救助证。

2. 村民代表会议评议。村委会接到申请后,要组织必要的调查、核实、召开村民代表会议对申请对象进行评议,对符合条件的填写“医疗救助申请审批表”,并张榜公布,无异议后报乡(镇)政府。

3. 乡(镇)政府审核。乡(镇)政府要对村委会上报的材料和“医疗救助申请审批表”进行认真审核,对有疑问的人员要采取入户调查、邻里访问以及信函索证等方式,对申请人的医疗支出和家庭经济状况等有关材料进行调查核实。对符合条件的签署审核意见,并由乡(镇)长签名后上报县民政局。

4. 县民政局审批。县民政局对乡镇上报的有关材料进行复审核实,根据医疗救助经费情况、救助对象人数以及救助对象贫困程度、个人承担医药费情况,签署审批意见,报县农村医疗救助领导小组审定。对符合医疗救助条件的家庭批准其享受医疗救助,并书面通知申请人。对不符合享受医疗救助的申请人,也要通过书面形式通知其本人。

5. 医疗救助金由乡(镇)人民政府发放,原则上每位对象一年只能享受一次救助,采取现金形式,由乡(镇)民政所根据审批的救助对象及救助金额填制“农村医疗救助发放单”,并由救助对象签名,一次性发放到救助者手中,也可采取社会化发放或其他发放办法。

七、医疗救助服务

享受医疗救助的对象由户口所在地乡(镇)卫生院和县级医院以下医疗救助服务:

1. 乡(镇)卫生院免收挂号费、注射费、换药手续费;

2. 县级医院免收挂号费,注射费、换药手续费、综合处置费、透视、彩超、CT、核磁共振减收40%(不含药费),床位费减收50%。

八、救助资金的筹集和管理

1. 农村医疗救助金来源主要是通过财政专项拨款和社会各界自愿捐助等多渠道筹集,对各级财政拨付的专项资金和多渠道筹集资金,要及时进入专户,并严格按照有关规定管理使用;

2. 县财政每年安排农村医疗救助资金15万元拨入专户,并列入财政预算,实行不够追补,结余转存;

3. 县民政局可从留归部门使用的福彩公益金和社会捐助中按一定比例提取,作为农村医疗救助资金的补充;

4. 医疗救助资金必须实行专户管理,专款专用,单独核算;

5. 医疗救助资金的使用由县民政局根据年度医疗救助人数和所需金额,向县财政所提出用款计划,县财政局根据县民政局的用款报告,将医疗救助资金拨入县民政局设立的医疗救助专户,由县民政局通过乡(镇)政府组织发放;

6. 县民政局必须建立医疗救助资金使用台账、接受县财政局的监督和审计部门的审计,每年年底向财政部门提交决算报告。

九、组织实施

农村医疗救助工作在县委、县政府领导下,由县民政局管理,并具体组织实施。财政、卫生等有关部门各负其责,主动配合,共同抓好落实。

1. 县民政局要认真履行职责,主动与有关部门协调,认真组织开展农村医疗救助调查摸底及其他有关工作,掌握情况,建章立制,规范工作程序,将各项工作做深做细;

2. 县财政局会同民政局,制定医疗救助资金管理办法,落实好农村医疗救助资金的预算安排,根据审核确定的用款计划及时将医疗救助金拨付到位;

3. 县卫生局要加强对提供医疗救助服务的医疗卫生机构的监督管理、规范医疗服务行为,落实好享受医疗救助对象因病就医的各项优惠政策;

4. 县监察、财政、审计局要对医疗救助资金的管理、使用情况进行定期监管和审计,确保医疗救助资金的安全和合理使用,杜绝挤占挪用等现象;

5. 各有关部门要对医疗救助药品质量和医疗价格进行监督,确保定点医疗救助机构药品质量和药品价格、医疗费用公正、合理。

十、其他

1. 本细则由县民政局负责解释。

2. 本细则自印发之日起施行。

中共德安县委　德安县人民政府
关于德安县林业产权制度改革的实施方案

德发[2005]10号

为进一步激活林农参与林业建设的积极性,促进林业生产力的快速发展,根据《中华人民共和国农村土地承包法》《中华人民共和国森林法》,中共中央、国务院《关于加快林业发展的决定》,省委、省政府《关于加快林业发展的决定》及《关于深化林业产权制度改革的意见》,按照省、市统一部署,结合实际,制定本实施方案。

一、改革的指导思想、目标要求和原则

（一）指导思想。以邓小平理论和“三个代表”重要思想为指导，树立和落实科学发展观，坚持“多予、少取、放活”的方针，进一步明晰林地使用权和林木所有权，放活经营权，落实处置权，保障收益权，调动广大农民和社会各方面参与林业建设的积极性，保护好森林资源和生态环境，促进全县经济社会全面、协调、可持续发展，加快农村全面奔小康步伐。

（二）基本原则。实行“四个坚持”。即：坚持权益平等，集体山林属集体经济组织内部成员共同所有。通过均股、均山、均利等形式，使每个村民平等享有集体山林的权益。

坚持尊重历史，保持林业政策的连续性。本次改革是对林业“三定”的进一步规范和完善，不得以借改革之名打乱重来，重新分配。对改革中出现的问题，应按照有关法律、法规或通过协商方式予以解决，确保林区社会的稳定。

坚持公开、公平、公正，尊重群众意愿，在改革中要做到内容、程序、方法、结果公开，公平竞争，公正操作，充分尊重大多数群众的意愿，确保广大群众的知情权、参与权、决策权和监督权。

坚持因地制宜，形式多样。各乡（镇、场）可根据本地实际，因地制宜，自主选择改革的形式和方法，不搞一刀切。

（三）目标要求。2005 年 5 月上旬至 2006 年 3 月底，全面完成林业产权制度改革工作，建立经营主体多元化，权、责、利相统一的集体林经营管理新机制，努力实现“五个确保”：确保林农的合法权益得到有效保护，确保农民负担明显减轻，确保林区乡村组织和林业部门正常运转，确保森林资源总量增长和生态环境改善，确保林区社会稳定。

二、改革的范围

改革范围主要是全县已界定的商品林。林权有争议的山林，暂不纳入本次改革范围。公益林不列入本次改革范围，但应换发林权证。

强化权属有争议的山林和公益林的监管。对权属有争议的山林，各地应做好调处工作，在争议未解决之前，任何一方都不得进入争议地从事除森林防火之外的其他林事活动。待争议调解，明确权属后，依照本次改革后的政策要求进行确权发证。

三、改革的主要内容

（一）明晰产权。林业产权的范围包括：森林、林木的所有权或者使用权和林地的使用权，林地的所有权为国有的不需发证，林地所有权为集体的，林地所有权证发给归属的集体经济组织。明晰集体的产权主要采取以下七种形式：

1. 自留山稳定不变。继续实行“生不补、死不收”长期无偿使用、允许继承的政策。被集体以行政手段收归统一经营的自留山，大部分群众强烈要求归还的，应当归还农户经营；自留山、责任山已“两山并一山”的，若多数群众有要求，允许按原状予以区分；林业“三定”时未划定自留山的，大多数群众要求划定自留山且集体山场条件允许的，可按当时政策补划自留山。

2. 已分包到户的责任山稳定不变。承包期限 30 ~ 70 年，山上林木归责任山主所有，承包期内允许继承；面积、四至不清楚的，在进一步明晰的基础上，完善承包合同；被集体以行政手段收归统一经营的，群众要求以责任山形式承包经营的，应当恢复原状。

3. 落实“谁造谁有”。自留山和责任山抛荒后，由集体收回统一组织造林的，要落实“谁造谁有”政策。在稳定自留山和责任山使用权不变的前提下，所造林木可由集体与农户协商确定分成比例，集体分成比例应不低于 70%。林木采伐后，林地的使用权归还农户。

4. 家庭承包经营。对集体统一经营的山林，可按人口折算人均山林面积，以户为单位划片承包经营或自由组合联户承包经营。

5. “分股不分山、分利不分林”。对集体统一经营且群众比较满意的山林，经村民会议或村民代表会议讨论通过,可以继续实行集体统一经营。但要将现有林地、林木折股分配给集体内部成员均等持有,明确经营主体,财务单独核算,收益70%以上按股分配。

6. 有偿转让经营。可将现有山林评估作价,通过公开招标租赁、拍卖等方式转让给集体经济组织内部成员,或内部自由组合,联户承包,或其他社会经营主体承包。转让费按年计收,70%以上由集体内部成员平均分配,剩余部分用于林业发展和公益事业。

7. 稳妥处理已经流转的集体山林。对已经流转的集体山林,凡程序合法、合同规范的,要予以维护;对群众意见较大的,要本着尊重历史、依法办事的原则,妥善处理。集体山林流转收益70%以上应平均分配给本集体经济组织内部成员。

无论采取何种形式,都要召开村民会议或村民代表会议,经村民会议三分之二以上成员或村民代表会议三分之二以上代表同意,并依法完善或补签林地承包(流转)合同,换发林权证书。

国有(含国乡联营,下同)山林,要稳定权属。国有林场山林可以按有关法律、法规、规章的规定,经职工代表大会讨论通过,由内部职工竞标承包,或吸引社会法人、自然人以资金、技术、管理等方式入股实行股份制经营。或者向社会公开转让。

(二)减轻税费。实行"两取消、两调整、一规范"。取消木竹农业特产税,由此形成的缺口,由财政通过转移支付解决。取消县、乡、村出台的所有木竹收费项目。

调整育林基金计费价格,根据赣财综〔2004〕80号文件的规定:

1. 定向培育的工业原料林、10厘米(含10厘米)以下间伐林育林基金计费价格为180元。

2. 商品木材育林基金计费价格分三档计征:10～14厘米商品材计费价格为360元,16～20厘米商品材计费价格为380元,22厘米以上的商品材计费价格为400元,其中:20厘米以上(含20厘米)的阔叶树(杂树)计费价格为450元;

3、标准竹(含尺竹以上)每根征收育林基金1元,小于标准竹的按每1寸0.1元计算。

调整集体林育林基金分成比例。省、市共让利7%,全部补助给乡镇,即省、市、县、乡(镇)四级分成比例为8%∶15%∶70%∶7%。

规范增值税、所得税征收范围。从事木竹生产的单位和个人自产自销的原木、原竹取得的收入,依法免增值税,暂免征收所得税。

(三)放活经营。木竹采伐指标分配实行公示制,林木采伐许可证由林木所有者直接申请,领证时预交育林基金。

毛竹和10厘米以下间伐材不纳入生产计划管理,由县级林业主管部门按照市批准下达的采伐限额控制,符合条件的即申即批。对成熟的人工用材林、定向培育的工业原料林,在限额内优先解决,符合条件的即申即批。

加强对公益林、库区水源涵养林的采伐管理。公益林中的阔叶树和自然保护区内的林木严禁采伐。对公益林毛竹要科学经营,经批准允许进行抚育和更新性质的要限伐。

打破木竹垄断经营和地区封锁,允许林权所有者自主销售木竹。各乡(镇)政府和有关部门不得制订任何限制林权所有者自主经营的政策措施,已经制订的必须坚决取消。

在搞活经营的同时,各级林业部门要加强对森林资源的监管,严肃查处在林业产权制度改革中出现的乱砍滥伐,破坏森林资源的行为。

(四)规范流转。山林流转要充分尊重承包经营者的主体地位,山林是否流转以及流转的方式由经营者自主决定,任何组织和个人不得强迫或者阻碍流转。凡自愿流转的,要依法签订流转合同,办理林权变更手续。已经流转但手续不完备的,应当补充完善。采取有偿转让或互换方式进行流转的,要依照《江西省森林资源转让条例》规定的方法和程序进行,并报林业部门批准;转让国有、集体森林资源的,还要由有资质的森林资源资产评估机构提供的资源评估报告。集体经营山林的转让,应经村民大会或村民代表会议三分之二以上成员同意。国有森林资源的转让,必须经林业主管部门审核后,报同级国有资产管理部门批准,依法采用拍卖、招标方式进行,并在依法设立的产权交易机构中公开进行。山林流转必须遵循下列原则:有利于保护、培育合理利用森林资源;有利于保护水土,保护和改善生态环境;自愿、平等、合法;不得改变林地的性质;不得损害国家、集体和社会公共利益。

四、林改人口计算截止时间:2005 年 5 月 31 日

五、改革的方法和步骤

第一阶段:准备阶段(5 月初至 6 月中旬)

(一)成立机构(5 月底至 6 月初)。成立县林业产权制度改革领导小组。同时成立 15 个工作组赴 15 个乡(镇、场)指导、督促各乡(镇、场)开展林改工作,各乡(镇、场)要相应成立领导小组和办事机构配备专职人员开展工作。

(二)宣传发动(6 月初至 6 月底)。要充分利用各种媒体,采取丰富多彩的宣传形式,讲清改革的目的和意义,讲明改革的步骤和程序,讲透改革的政策和方法,使林业产权制度改革工作家喻户晓、深入人心,使广大林农了解、支持、参与改革。

(三)调研摸底(6 月 1 日至 6 月底)。深入开展调研摸底工作,掌握林业产权现状及相关情况。全面清理整顿涉林税费项目,测算林改前后税费变化,为制定切实可行、操作性强的乡(镇)、村、组实施方案提供依据。

(四)组织培训(6 月初至 6 月下旬)。对县、乡、村林改工作人员进行林业产权制度改革业务培训,使参与改革的各级工作人员和基层干部都成为林业产权制度改革的"明白人"。

(五)制定方案(6 月底至 7 月初)。在调查摸底和充分研讨的基础上,各乡(镇、场)和村集体经济组织要结合实际,制定切实可行的实施方案。乡(镇、场)的实施方案报县政府批准,村、组集体经济组织的实施方案经村民大会或村民代表大会三分之二以上票决通过,经村委会、乡(镇)政府审核后,报县政府批准。经批准后的实施方案要予以公开,增加透明度。同时,制定重大群体突发性事件预案。

第二阶段:全面实施阶段(2005 年 6 月 1 日至 2005 年 12 月 31 日)。

(一)公开税费,承诺服务(2005 年 6 月 10 日前)。向社会公布保留的各类涉林税费项目、标准和收取方法,公布木材采伐审批服务承诺制、一次性告知制、限时办结制、责任追究制,公布投诉举报电话。

(二)明晰产权,确权发证(2005 年 6 月中旬至 2005 年 12 月底)

1. 6 月中旬,县乡工作组协助村、组按照批准的改革方案实施,由林改人员组织村民搞好本组调查摸底,再由技术人员按摸底情况进行勾图,9 月底以前完成林改技术勾绘;

2. 2005 年 12 月初,完成明晰山林权属,签订承包合同,核发林权证书工作。

(三)放活经营,加强林政管理。在明晰产权、确权发证的同时,切实加强林政管理,严肃查处破坏森林资源的违法犯罪行为,对可能发生的重大群体性突发事件列入 24 小时预警状态,确保不发生重大森林案件和突发性群体纠纷械斗事件。

(四)进一步规范流转,放手发展非公有制林业(2005 年 6 月下旬至 7 月底)。依据《江西省森林资源转让条例》进一步修订完善《德安县林地林木流转管理办法》,积极鼓励林地林木使用权的依法有序流转,大力发展股份制林业、民营林业、个私林业,积极培育龙头企业和支柱产业,形成市场带公司、公司建基地、基地连农户的产业化山区资源经营格局,做大做强山区经济总量,提升林业经济发展质量,带动农民增收致富奔小康。

第三阶段:总结提高阶段(2006 年元月 1 日—元月 31 日)

(一)开展"回头看"(2006 年元月 1 日—元月 10 日)。乡(镇、场)要按照改革的政策规定和检查验收标准,对辖区内改革工作组织一次"回头看",开展"查漏补缺"的后续工作,力求圆满完善,不留后遗症,达到改革的预期目的。

(二)全面总结提高(2006 年元月 11 日至元月 20 日)。各乡(镇、场)负责对所辖村进行检查验收,形成总结材料报县林权制度改革领导小组。县林权制度改革领导小组检查验收工作组,对各乡(镇、

场)进行检查验收。

(三)迎接检查验收(2006元月21日至元月31日)。县林权制度改革小组办公室综合各乡(镇、场)改革情况,总结好的做法、经验及存在的问题,形成总结汇报材料。县领导小组向省市汇报,迎接省市检查验收。

六、相关配套改革

(一)加快林业体制改革和机制创新,实行政事、政企分开,减人减事减开支。实施林业体制改革的同时,要积极稳妥地推进林业体制改革,实现创新体制,激活机制。

进一步强化林业管理职能。深化林业产权制度改革,对林业管理提出了更新更高的要求,要根据改革发展的需要,进一步稳定和加强林业管理队伍建设。要完善森林公安双重领导和内部管理体制。

推进林业行政综合执法改革,整合林业执法队伍,建立林业执法分片包干责任制。搞好木材检查站区域调整,建立以固定检查为主、流动检查为辅的木材运输检查体系,强化木材流通领域的管理。

转变林业管理职能,全面提升林业管理和服务水平。强化林业社会化服务管理,将森林防火、病虫害防治、造林规划指导、林权登记、市场信息化服务等纳入公用事业管理,提高服务水平。减少审批环节,改进工作作风,提高服务质量和办事效率。对符合即申即批条件的采伐申请,应即时办理采伐许可证,其他林木采伐申请原则上应在10个工作日内办结。向社会公布举报电话,畅通基层反映问题的渠道,凡群众举报经核实无误的,要按照有关规定对责任人进行处理。

加强国有场圃和森工企业的改革步伐。可以采取承包、租赁、拍卖等形式搞活经营。通过资产变现、流转山林等办法筹措资金进行改制。

(二)确保林业部门和乡镇组织正常运转。从2005年元月份起,林业部门的行政事业经费纳入同级财政预算。乡(镇)政府因改革形成的经费缺口,主要通过发展经济和精简机构、减少人员开支等途径加以解决。

(三)建立健全林农负担监督机制。坚决贯彻落实赣发〔2004〕19号文件有关减轻税费的政策规定。清理整顿辖区内各种涉林税费项目,向社会公布现行涉农收费项目、标准和收取办法。抓紧建立健全林农负担监测、信访举报、检查监督、案件查处等各项工作制度,严肃查处各种乱收费加重林农负担的行为。

(四)建立森林资源培育和发展激励机制。大力发展小山竹,采取一改二扩三造的方式,鼓励林农发展小山竹,对新栽小山竹连片50亩(3.33公顷)以上的,未享受项目资金补助的造林,县财政按每亩50元予以补助,同时列入各乡(镇、场)年终目标考评内容。

(五)建立健全林业社会化服务体系。在林业产权制度改革的同时,加快林业社会化服务体系的建设。以市场为导向,从立体式大林业的高度,吸引全社会力量投身林业建设。在信息、资金、技术、管理上为林农提供全方位的服务。金融部门要加大对林业信贷投放的力度,为林农发展生产给予必要的小额贷款支持。要建立和规范活立木拍卖和木竹交易市场、林权流转市场等中介服务组织,推动林业行业协会和林农合作组织的发展,鼓励公司带基地、基地连农户的产业化经营形式,努力拓宽农民进入市场的渠道、要尽快建立林木资产评估机构,开展有偿、有资质、有权威性的林木资产评估工作。实施科教兴林战略,进一步完善林业科技推广服务机制。要支持和鼓励社会各界建立起方便快捷的林业社会化服务体系,为林农提供全程服务。

(六)建立森林、林木管理的科学体系。林业产权制度改革后,将会极大的调动林农精心管理森林、林木的积极性,同时也会暴露出一些深层次的矛盾和问题,如植树造林积极性不平衡、特殊季节竹木的重点看管,林地流转的随意性,森林防火、护林、育林责任意识不强,偷盗树木、乱砍滥伐现象的发生等,各地要结合自身实际情况,认真研究制定一套切实可行的管理办法,充分调动全县林农造林、育林的积极性,增强森林、林木科学管理的责任意识,只有这样才能真正达到确保森林资源总量增长,生态环境改善和林农合法权益得到有效落实。

七、几点要求

（一）统一思想，加强领导。各乡（镇）党委、政府和县直相关部门要从全局和战略的高度，充分认识深化林业产权制度改革的重要性、艰巨性和复杂性、把改革作为解决“三农”问题的一件大事来抓。按照“县直接领导、乡镇组织、村组具体实施、部门搞好服务”的工作机制，层层落实领导责任制，做到党政一把手亲自抓、负总责，分管领导具体抓。县委、县政府决定将林业产权制度改革督查形成制度。各级领导要深入第一线，加强调查研究，不断总结改革经验，及时发现和解决改革中出现的新问题。林业部门要积极当好参谋，搞好服务；财税部门要落实林业行政事业经费，做好转移支付、规范税费征收工作；宣传部门要通过各种媒体，加大对改革的舆论宣传，营造良好的改革氛围；政法部门要及时发现和处置改革中出现的矛盾和纠纷，维护好林区治安秩序；其他各部门要各司其职，通力合作，形成合力，确保改革取得成功。

（二）严肃纪律，规范操作。林业产权制度改革是事关广大林农切身利益的一件大事，必须牢固树立“立党为公、执政为民”的思想，做到公开、公平、公正，决不允许暗箱操作，损害群众利益。在改革过程中，必须坚持按政策办事，不允许违背政策另搞一套，不允许借改革之机，利用职权为亲友捞取好处。要正确处理好改革质量与进度的关系，保质保量完成改革工作任务。要明确改革程序，统一技术标准，严格规范操作。坚决防止应付了事、走过场的不良行为。

（三）保护资源，维护稳定。高度重视维护森林资源和社会稳定工作，把防止乱砍滥伐、纠纷械斗，维护森林资源管理秩序贯穿于改革的全过程。各乡（镇、场）必须严格执行国家有关森林资源保护管理的法律法规，坚持采伐限额管理制度不动摇；继续实行凭证采伐、凭证运输和凭证经营加工的管理制度；坚持保护森林资源，严禁乱砍滥伐、所有山场上的林木资源，林农平等享有集体山林的权益，决不允许砍光重分。在改革过程中，要加大林业执法力度，制定切实可行的处理重大案件和群体突发性事件的预案，及时查处森林案件，调解山林纠纷；森林公安要充分发挥职能作用，建立林区治安防控体系和快速反应的出警机制，为改革保驾护航。各乡（镇、场）要高度重视群众来信来访工作，对林农反映的问题，要及时采取有效措施，把矛盾化解在基层，解决在萌芽状态，决不能相互推诿扯皮，酿成事端。在改革中发生乱砍滥伐、纠纷械斗等重大案件的，要追究领导责任。要通过努力，杜绝群体事件和纠纷械斗的发生，把上访和越级上访减少到最低程度，以稳定的社会环境确保改革顺利进行。

二〇〇五年六月二日

中共德安县委　德安县人民政府
关于加快建设社会主义新农村的实施意见

德发〔2006〕4 号

建设社会主义新农村，是党中央统筹城乡发展的重大战略决策，是我国社会主义现代化进程中的重大历史任务。根据党的十六届五中全会和中央农村工作会议精神，围绕“建设和谐富裕新德安”的宏伟目标，结合我县实际，提出如下实施意见。

一、指导思想

以邓小平理论和“三个代表”重要思想为指导，全面贯彻落实科学发展观，坚持统筹城乡发展，切实贯彻“多予少取放活”的方针，按照“生产发展、生活宽裕、乡风文明、村容整洁、管理民主”的总要求，以发展农业、富裕农民为中心，以加强基础设施建设为重点，以政府补助为手段，以提高农民文明卫生素质为抓手，大力推进农村物质文明、精神文明、政治文明协调发展，把我县农村建设成为环境友好、社会和谐、人民富裕的社会主义新农村。

二、基本原则

1. 坚持因地制宜，分类指导。新农村建设必须从实际出发，不搞齐步走、一刀切，不强求一律。

2. 坚持统筹规划，逐步推进。防止一哄而起。急于求成，搞形式主义。既要坚持规划先行，一村一规划，把发展“一村一品”产业作为新农村总体规划的重要内容，又要从经济条件好、群众积极性高的乡村抓起，分步实施，逐步突破。

3. 坚持依靠群众，量力而行。要尊重农民意愿，不搞强迫命令，注重引导扶持，切实发挥农民主体作用，维护好农民权益，使农民真正得到实惠。

4. 坚持讲究科学，突出特色。尊重农村经济社会发展规律和自然规律，注重体现农村自然风光特色，传承地方优秀历史文化，实现人与自然的和谐。

三、目标任务

1. 按照建设社会主义新农村总的目标要求，到2008年完成全县自然村规划编制，经过10～15年的努力，逐步使全县农村实现发展新产业，形成新机制，建设新村镇，树立新风尚，培育新农民，创建好班子“五新一好”的目标。2006年全县重点抓好20个自然村庄的整治试点工作。

2. 围绕新农村建设做好农业和农村工作，今年农业总产值达到4.3亿元，粮食总产达到4.4万吨，农民人均纯收入增加300元，达到3645元。

四、具体要求

建立“村庄自愿申请，乡镇审核批准，县级统一备案”的自然村建设申报制度，科学抓好村镇规划。对纳入编制的自然村庄，切实抓好“六改”：改房，做到房屋整洁，有保留价值的房子要进行整修，有历史意义的建筑和名胜古迹要注意保护；改栏，做到人畜分离，有条件的地方提倡发展畜牧小区；改水，做到逐步饮用上卫生安全的自来水；改厕，大力推广水冲厕；改路，农民修好路基，通过验收后补助水泥，做到村内道路硬化；改环境，大力开展清淤泥、清垃圾、清污水、清路障活动，做到环境优美、村容整洁。逐步推进“五普及”：普及沼气，推行“猪—沼—果(菜)”等生态模式，2006年继续实施农村沼气建设国债项目，计划修建沼气池1380座；普及有限电视，进一步完善县、乡、村有限电视传输网络，提高农村的入户率；普及电话，加强农村通信网络和互联网建设，提高电话普及率和网络覆盖率；普及太阳能，积极发展清洁能源；普及庭园经济，做到林果成荫。先选择经济条件较好、工作基础扎实、农民积极性较高的村庄进行试点，逐年推进。

五、措施办法

1. 强化科学技术服务。大力实施“科技兴农”战略，搞好“科技入户”工程。县农业部门和各乡(镇)农技推广中心要围绕本地主导产业开展农业技术和职业技能培训，广泛开展“送科技下乡”活动。大力推广测土配方施肥、棉花无土育苗等新农业技术，推行节水灌溉，科学使用肥料、农药。推广农业机械化，提高农业生产效率。大力培养乡土人才，建立提高农民整体素质的运行机制，力争使科技对农业的贡献率提高到50%以上。

2. 推进农业结构调整。按照“希望在山、潜力在水、重点在田、后劲在畜、出路在工”的思想和品种特色化、基地规模化、生产标准化、经营产业化、投入科学化的要求，积极发展现代农业，加快形成新的产业格局。2006年全县在稳定粮棉生产和优化其品质的基础上，大力发展蛋鸡、早熟梨、小山竹、花卉苗木、生猪、蔬菜等特色产业。各乡(镇、场)要做大做优本地的特色产业，重点建好示范基地，发挥其示范带头作用。实行最严格的耕地保护制度，切实保护好基本农田，确保耕地占补平衡。按照“依法、自愿、有偿”的原则搞好土地流转，发展适度规模经营。

3. 搞活农产品流通和加工。发挥我县现有22个农村专业合作经济组织和营销大户、农民经纪人的流通主导作用。立足特色产业,加大农业招商引资力度,培育以农业产业化龙头企业、产业协会等为主体的农村合作经济组织。2006年要建立10个专业化合作组织,培育100个农民经纪人或营销大户。实施农产品品牌战略。今年要做好早熟梨和蛋鸡两种农产品申报“万家岭”牌绿色食品品牌的工作。

4. 推进以农田水利为重点的基础设施建设。全力以赴实施好附城圩堤改造工程。尽力争取林泉中型水库和红桥、新田二座小(一)型水库除险加固立项。完成18座小(二)型水库的除险加固。实施好丰林、河东1.2万亩(800公顷)中低产田改造。加快农村道路建设。力争实现50%的村民小组,95%的行政村通水泥路或柏油路的目标。加强农村通信、广播、电视网络建设,打造农业综合信息服务平台,不断完善农村信息化服务功能。

5. 加大对新农村建设的扶持力度。对当年新发展早熟梨集中连片50亩以上的,无偿提供树苗;对当年新移栽小山竹集中连片50亩以上的,每亩奖励50元;对获得无公害农产品品牌的,每个奖励3000元;对获得绿色食品、有机食品品牌的,每个奖励1.5万元;对新建水库库容超过1万立方米的,按每万立方米1500元给予奖励,库容量小于1万立方米的,奖励600元;对小(二)型水库除险加固每座补助2万元;对农村公路建设,除国家补助款以外,按修建每千米水泥路补助2万元。为促进蛋鸡产业的发展,今年对新建鸡舍新增规模养殖蛋鸡给予适当补助,对蛋鸡养殖的公共服务体系给予适当补助。在不改变资金基本用途和管理的前提下,整合农村公路建设、农田水利建设、农业综合开发、扶贫开发、能源、农村劳动力培训“阳光工程”等项目资金,捆绑使用,向新农村建设倾斜,提高资金使用效率。2006年县财政安排新农村建设专项配套资金100万元,重点用于20个示范村庄建设,由县新农村建设领导小组根据示范点工作进展情况对基础设施建设给予适当补助,具体政策是“两补两免一简化”:对改善自然村通村委会所在中心村和自然村内道路通行条件,给予适当补助;对农户改水、改厕、建沼气池,给予适当补助。免除自然村和农户改建生产生活基础设施的各种规费;免费向自然村提供规划图纸和向农户提供房型设计图纸。各有关部门要进一步简化审批手续,为新农村建设提供方便、快捷、规范的服务。

6. 加强农村精神文明建设。广泛动员,精心部署,大张旗鼓对新农村建设进行宣传,在全社会形成人人关心新农村建设、人人参与新农村建设的浓厚氛围。各乡(镇、场)要以提高农民的文明卫生素质为抓手,积极开展文明村镇、和谐村组、和谐家庭等形式多样的创评活动。开展群众喜闻乐见、寓教于乐的各种形式的文体活动,满足农民群众多层次、多方面的精神文化需求。积极组织农民开展破除封建迷信,革除生活陋习,扫除黄、赌、毒,扫除文盲“四除”活动,树立勇创家业的理念,倡导文明、科学的生活方式,形成积极向上、健康文明的新风尚。要着重从学生抓起,培养学生,引导家庭。

六、组织保障

1. 建立强有力的组织领导机构。成立县新农村建设工作领导小组,领导小组下设办公室,办公室设在县委农工部,负责新农村建设工作的具体指导。各乡镇也要成立相应的领导机构和工作机构。领导小组成员单位要充分发挥职能作用,制定具体方案和措施,确实履行好工作职责。

2. 进一步推进村民自治。社会主义新农村建设是一项长期的工作,不可能一蹴而就,一劳永逸,需要建立长效管理机制。要逐步健全村党组织领导、充满活力的村民自治机制,组建村民理事会,让群众去做群众的工作,群众去办群众的事情,使农民真正成为新农村建设的主体。要搞好村务公开和民主议事,完善村民“一事一议”制度,健全农民自主筹资投劳的机制。要强化村民自我管理、自我服务的能力,把集中整治与日常整理结合起来,建立健全村规民约、监督制度、门前“三包”责任制以及全体村民共同保护环境、爱护卫生的责任机制和约束机制。

3. 建立科学严格的目标考核体系。领导小组办公室要制定目标考评方案,将新农村建设工作纳入乡镇和县直单位年度综合目标考评,并设立单项奖。

二〇〇六年三月六日

中共德安县委　德安县人民政府
关于进一步鼓励外商投资的若干规定

德发〔2008〕2 号

为在新形势下更加积极、合理、有效地吸引外商投资,促进我县经济又好又快发展,根据国家、省、市鼓励外商投资的有关政策,结合我县实际,制定本规定。

第一章　产业政策

第一条　投资方向

(一)鼓励投资产业

1. 工业产业类。主要依托现有的产业、资源和经营机制优势,着重发展纺织服装、机械电子、农副产品精深加工(含食品加工)、矿产品加工为主导及其上下游产品开发的工业产业。

2. 第三产业类。主要有旅游、商贸、物流(不含交通运输业)等。

(二)禁止投资产业

国家明令禁止和污染严重的项目。

第二条　投资方式

1. 合资、合作或独资经营。

2. 国家法律允许的其他投资方式。

第二章　土地政策

第三条　工业园区及工业项目用地出让原则

(一)园区内的土地及工业项目用地,由县政府授权工业园管委会实行统一规划,统一管理。

(二)入园企业必须依法取得土地使用权。工业用地价格按每亩不低于 5.6 万元标准依法出让,土地出让金一次性付清。土地出让年限为 50 年。

(三)企业在取得土地后,原则上每亩固定资产投资额不少于 100 万元。必须在签定正式入园合同后 2 个月内开工建设,12 个月内竣工投产。企业厂房建设必须符合工业园区规划要求,原则上不少于三层,重型机械厂房原则上不少于二层;低层厂房用地面积(含办公、生活设施)建筑密度不少于 42%,容积率不低于 0.8;多层厂房用地面积(含办公、生活设施)建筑密度不少于 35%,容积率不低于 1.4。

(四)企业受让土地性质为工业用地,企业不得擅自改变土地用途和私自转让土地使用权。新入园的企业有下列情况之一的,将由国土部门依法解除土地出让合同,并按土地出让合同有关规定收回国有土地使用权,退还企业已交纳土地使用权出让金的 80%(不计利息):

1. 企业在取得土地证后 6 个月内仍未开工建设厂房的;

2. 企业承诺投产之日起逾 1 年以上仍未投产的;

3. 自土地交付使用之日起至企业承诺投产日期,投资额不足投资总额三分之二,或超过承诺投产日期一年,企业投资额仍未达到合同约定投资额的;

4. 企业投资项目如分期投资,每期投资额未达到合同约定的每期投资总额的三分之二;

5. 擅自改变土地使用性质的。

第四条　工业园区企业转让原则

（一）园区内的企业转让，由县政府授权工业园管委会实行统一安排，统一协调，统一管理。

（二）新入园企业必须依法取得转让企业的所有权。在工业园管委会的协调和监督下，由买卖双方委托中介机构对转让企业的土地、厂房、设备等固定资产进行评估，转让金经买卖双方协商达成一致后，买方企业必须将转让金按转让合同的约定打入县工业园区管委会指定的帐户，由工业园区管委会负责处理转让金的分配及其他相关事项。

（三）企业在取得土地后，原则上每亩固定资产投资额不少于100万元。必须在签定正式入园合同后1个月内开工建设，6个月内竣工投产，12个月内完成投资总额。新企业建设厂房必须符合工业园区总体规划要求和园区建设标准。

（四）企业签订转让合同后，必须在15日内与县政府签订正式入园合同。

（五）转让后的土地使用权使用年限是原企业土地使用权年限的延续。

（六）企业受让土地性质为工业用地，企业不得擅自改变土地用途和私自转让土地使用权。新入园的企业有下列情况之一的，将由国土部门依法解除企业合同，并按合同有关规定收回国有土地使用权：

1. 企业签订转让合同后，在15日内仍未与县政府签订正式入园合同的；

2. 企业在签订正式入园合同后2个月内仍未开工建设厂房的；

3. 企业承诺投产之日起逾期6个月以上仍未投产的；

4. 符合第二章第三条第四款中3、4、5所规定的。

第三章　税费政策

第五条　园区内企业或园区外各乡（镇、场）新上固定资产投资1000万元以上的生产型企业，从建成投产（经营）之日起，按现行国家财政体制，年依税率足额缴纳的企业所得税县财政地方所得部分，连续五年由县财政全额奖励给企业，后5年减半奖励给企业用于扩大再生产；从生产（经营）之日起，按现行国家财政体制，年依率按期足额申报缴纳增值税总额达20万元以上，地方所得部分的80%由县财政连续5年奖励给企业用于扩大再生产，地方所得部分的20%由县财政连续3年奖励给引资乡镇和县直单位用于开展招商安商工作。矿山资源型采矿、选矿加工企业不享受税费奖励政策。

第六条　新办生产型企业办证收费实行“免、降、补”政策：

1. 实行免费的办证项目：（工商个体）私营企业团体会员费、环境监察服务费、城市建设基础设施配套费、建筑余土清扫费、建设方的建设工程质量监督费和建设管理费、建筑企业职工劳动保险基金、房产初始登记费；

2. 实行按现行标准下调的办证收费项目：土地登记费（100元）、房产测绘费（最低标准减至0.816元/㎡）、房产评估费（最低标准减至0.2%）、房产抵押交易手续费（最低标准减至0.2%）、土地公证费（200元）、设备评估费（最低标准减至0.4‰）、施工方的建设工程质量监督费和建设管理费（按40%收取）；

3. 入园企业用水价格按工业用水当年水价执行，用电价格按省发改委规定的当年电价执行。

第七条　新办一般纳税人的物流、商贸类企业，从开业之日起，年依率按期足额申报缴纳税款总额达100万元以上的，按现行国家财政体制，地方所得部分的60%由县财政连续3年奖励给企业用于发展壮大。

第四章　引资奖励

第八条　企业升级奖励

在德安投资的企业，产品创省著名商标和省名牌产品的，一次奖励2万元；创国家驰名商标和中国名牌产品的，一次性奖励5万元。当年获多项奖励按最高单项标准奖励。

第九条 引入项目奖励

凡为引进外资(含县外资金、境外资金)项目落户本县牵线搭桥,并促成项目开业经营的境内外个人(不含县内在职在岗公务员)、团体及中介组织均使用本奖励办法。

(一)引入县外资金投向符合国家产业政策的项目,由县财政按实际固定资产投入总额的2‰(1000万元～5000万元)、3‰(5000万元～1亿元)、5‰(1亿元～10亿元)、8‰(10亿元以上)给予奖励;

(二)引入境外资金投向符合国家产业政策的项目,固定资产投入在2000万美元以上的,按注册资本金的6‰给予奖励;

(三)奖励年限:以合同约定时间为准,超出合同约定时间增加的实际固定资产投资额不予奖励。

(四)计算方法:

1. 合同约定时间为一年,引进项目在该年内实际固定资产投入总额达到奖励标准的,则:奖励金额为实际固定资产投入总额乘以相关系数。

2. 合同约定时间为两年以上,引进项目在第1年内实际固定资产投入总额达到奖励标准的,则:

第1年奖励金额为实际固定资产投入总额乘以相关系数;

第2年奖励金额为两年实际固定资产投入总额乘以相关系数再减去第1年奖励金额;

第3年奖励金额,依次类推。

(五)固定资产投资额由县发改委、监察、财政、工业园区管委会、审计、物价、统计、房管、建设、国土、招商部门共同验资认定,纳税额由县财政、国税、地税部门共同认定,并按有关程序批准。

第十条 奖励兑现

在项目开工后的第2年年初召开的全县经济工作会上给予兑现奖励。

第五章 服务政策

第十一条 办证服务

新办企业从政策咨询、项目洽谈、合同签约、项目审批到证照办理,实行收费价格公示、"一站式"审批、"一窗口"收费、"一条龙"服务,全面实施全程代理制,由引资单位全程代理服务,招商局协助企业办理相关业务手续。凡申办证照材料齐全,县内审批手续必须在3个工作日内限时完成,涉及省、市审批手续由政府职能部门派专人申报并负责跟踪审批。

第十二条 招工服务

企业可自主招收培训员工,也可委托县就业局培训和免费招工,并可根据有关法律、法规及合同规定解雇、辞退、处分员工。

第十三条 行政服务

县政府为重点外来投资企业颁发"重点企业保护牌",实行封闭管理;县开放型经济领导小组为投资商发放"绿卡",实行特别保护,尊重投资商的宗教信仰、生活习惯。严格入园检查准入制度,相关部门的日常检查要在年初制定计划报经县委、县政府批准后严格按计划和规定程序进行;如因特殊工作需要必须入园的,必须事先经县委、县政府领导批准。严格执行优化环境"七不准"规定,即:1. 任何单位和个人未经县委、县政府批准(安全生产检查和税务检查除外),不准到外资(个私)企业进行检查;2. 公安干警未经公安局长批准,不准对持有"绿卡"或有"保护牌"的外商和企业进行人身、车辆、住宿检查;3. 所有行政审批事项由县行政服务中心受理收费和办证,任何单位不准私自在服务中心外收费和办证;4. 任何单位和个人不准利用职务之便,对外资(个私)企业进行敲诈勒索,吃、拿、卡、要或恶意刁难、打击报复,一经发现,从严查处;5. 任何单位和个人不准干扰、破坏外资(个私)企业的正常生产经营活动,对外资(个私)企业所需原材料采购进行刁难、垄断或干扰者予以严厉打击;6. 任何单位未经县委、县政府批准,不准查封外资(个私)企业的财产和账目;7. 与外资(个私)企业发生矛盾难以协调统一意见的,应提交县政府协调解决,任何单位不准激化矛盾和私自处理。各有关部门要及时处理企业的各类投诉,县经济环境投诉中心接到投诉后,以最快速度赶到现场进行调处,原则上3个工作日内拿出处理结果。

第十四条　工程监理

外来投资企业所有建设工程(含厂房及附属设施),可自主选择有相应资质的设计单位和施工队伍,但应按国家有关规定接受相关部门审查和监督,并按优惠政策规定办理环保、建管、质监、安检、消防等手续。

第十五条　户籍、子女就学

企业投资商及其配偶、子女,在县城有固定住所或相对稳定工作的企业员工,可按规定自愿办理城镇户口,子女上学享受本县城镇居民同等待遇。

第十六条　政治荣誉

凡在我县固定投资1亿元或1000万美元以上,且年纳税额超300万元的企业,以及在海内外有重要影响并对德安经济建设和公益事业做出贡献的客商,可授予"德安荣誉市民"称号并颁发证书,根据实际情况和工作需要可授予更高的政治荣誉。

第六章　附　则

第十七条　本规定适用于在我县投资的国内外投资商。本县范围内的投资者参照执行。

第十八条　本规定自2008年1月1日起执行。此前出台的有关政策与本规定不符的,按本规定执行。2008年1月1日之前引进项目仍按原合同执行。

第十九条　本规定中企业享有的企业所得税优惠政策,如国家有新的政策出台,则按照国家新的政策执行。

第二十条　外商来德安投资置业,除享受国家和省有关政策外,同时享受本办法中的各项政策。

第二十一条　本规定由县招商局负责解释并督促落实。

二〇〇八年一月十七日

德安县人民政府 关于印发《德安县2008年深山区移民搬迁工作实施方案》的通知

德府字〔2008〕7号

各乡(镇)人民政府;县直有关单位:

经研究,现将《德安县2008年深山区移民搬迁工作实施方案》印发给你们,请认真贯彻执行。

二〇〇八年四月三日

德安县2008年深山区移民搬迁工作实施方案

为扎实有效地搞好移民搬迁扶贫工作,完成省、市下达我县189人的移民搬迁安置任务,结合我县实际,特制定我县2008年深山区移民搬迁工作实施方案。

一、指导思想和主要原则

(一)指导思想:

以科学发展观为统领,以搬得出、稳得住、能致富为目标。主要采取集中安置的方法,逐步帮助深山区群众实施移民搬迁。

(二)工作任务:

一是以自然村或居住点为单位,搬迁深山区群众189人。二是逐步完善安置地生产性基础设施建设和必要的社会公益设施,基本解决移民的生产生活问题。

(三)工作原则:

一是坚持"政府引导,群众自愿,部门参与,乡村落实"的原则。移民个人是搬迁的主体,安置地村委会是接收的主体,无论是搬迁还是安置都要尊重群众意愿。政府在资金和项目上予以适当的支持和扶持。在县政府统一安排。指导和协调基础上,乡村做好具体工作。

二是坚持以居住点或自然村为基本单位整体搬迁。

三是坚持"量力而行,稳步推进,统一规划,合理布局"的原则。科学选点,合理规划。在统一规划设计、统一调剂土地、统一资金管理、统一配套建设的基础上由移民户分户建房。

四是坚持"部门支持,资源整合,自力更生,艰苦创业"的原则。整合有关部门支农项目,支持安置地基础设施建设。教育移民自力更生、艰苦奋斗,提高解决自身问题的能力。

二、搬迁范围和审批程序

(一)搬迁范围和对象

1. 邹桥乡付山村十组和吴山乡红桥村十七组。

2. 搬迁对象

在搬迁范围内,确定搬迁对象必须符合以下条件:

(1)2008年4月31日以前出生;

(2)有当地常住户口的农业人口,且目前仍居住和生产生活在深山区;

(3)本人自愿申请异地安置。

(二)审批程序

坚持"公正、公开、公平"的原则,实行"阳光操作"。按照"户申请,村评议,乡审查,县批准"的程序,由自然村、村民委员会、乡镇政府将移民条件和移民对象分别实行张榜公布5天无异议后,再报县领导小组办公室批准。

三、安置地和审批程序

(一)安置地

邹桥乡付山村十组搬迁至爱民乡红岩村上藩(德白公路旁)。吴山乡红桥村十七组搬迁至吴山乡萤石矿社区(吴山乡派出所旁)。

(二)审批程序

接收安置地的党委政府及村两委会在做好村民小组、村民工作的基础上,由村向乡政府写出接收移民的申请(含田土调剂表),再由乡政府向县领导小组办公室写出申请报告。

四、迁出地和安置地乡镇政府的主要职责

(一)迁出地乡镇政府的职责

1. 宣传发动。上门上户,鼓励群众积极搬迁。

2. 严审资格。在审核报审表和户籍资料的基础上,对搬迁对象要实行"三榜公布",谁审查谁签字谁负责。

3. 组织参观。组织山区群众到安置地参观建房地址。

4. 做好移民思想稳定工作。

5. 搬迁验收。对移民户搬迁进行检查验收。

(二)安置地政府的主要职责

1. 确定建房地点。

2. 调剂好田地和山场。办理好田地调整手续。

3. 帮助、协调群众搞好宅基地的“三通一平”。

4. 指导、督促移民建房。协调解决移民安置的相关问题。

5. 搞好移民扶贫资金的管理与发放。

6. 基础配套。结合新农村建设,搞好基础设施配套工作。

7. 将移民户的适龄儿童和少年接受九年义务教育、移民群众就医和安置点的社会治安以及生产开发等,纳入当地政府的经济社会发展规划。

8. 协调处理好移民与当地群众的关系,做好稳定工作。

五、资金管理

1. 严格管理移民扶贫资金,做到专户储存、专人管理、专人审批。

2. 资金发放。建房补助实行“一卡通”管理,实行预借制。补助资金分四次下拨:地基打好经验收后拨付 30%;一层建好后拨付 30%;二层建好后拨付 30%;旧房拆除平整后再拨 10%。

3. 移民扶贫资金使用管理实行乡镇长负责制。

六、政策措施

1. 移民搬迁实施政府一次性建房补助政策,标准为每人 3500 元(省级补助 3000 元,市级配套 400 元,县级配套 100 元),在补助资金中按每人 500 元提取,用于安置点公共基础设施投建设资金,由安置点乡政府统一管理。

2. 移民搬迁后,财产搬走;原有旧房拆平;原有耕地、山林经营权不变,仍归移民户所有,不增加新的耕地、山林,原有拆平后的宅基地实行退耕还林。移民在安置地拥有永久性居住权和土地的长期使用权。

3. 允许移民在自留山上依法采伐木材(每人 1 立方米),作为建房自用材,凭县移民扶贫办公室的准迁证明予以放行,林业部门和乡镇免收各种税费;移民拆迁的旧木料允许自行销售或带至安置地使用,免交有关税费;移民建房自采沙石及自制砖瓦的,在当地有关部门指定的范围内进行,免收有关规费。

4. 移民搬迁扶贫工程实行“零税费”管理。移民建房免交耕地占用税、土地使用税、房产税、建筑安装营业税、防洪保安资金、造地等各种税费。对各有关部门应收取的税费,采取“各司其职、各算其账,各记其功,不带走一分钱”的办法,作为部门对移民扶贫工作的支持。

5. 同等条件下,对安置移民的乡、村、组,在农业综合开发、农村能源建设、退耕还林、公路建设、人畜饮水、学校建设、以工代赈等项目方面优先安排。在发展农业产业化经营、举办社会公益福利事业发展等方面给予政策优惠。

6. 鼓励县挂钩扶贫单位实行对口帮扶,特别注重解决特困群众的搬迁困难,为移民扶贫做好事、办实事,提供更多的支持和帮助。

7. 将安置小区纳入下年度新农村建设示范点。

七、工作步骤和时间安排

(一)前期准备阶段(2008 年 1 月 1 日至 3 月 31 日)

1. 成立办事机构。有搬迁和安置任务的乡镇要成立移民扶贫工作领导小组,抽调工作能力强、有事业心的同志专门负责日常工作。

2. 详细调查摸底。一是在本乡范围内对移民对象有针对性地开展认真细致的调查摸底。对符合条件的群众逐一识别,张榜公布,集中审核,分村登记,分乡造册,建档立卡。二是对各村的基础设施状况、人均耕地占有量进行调查摸底。掌握安置地的承受能力,选择和确定拟作移民安置的具体安置地点、安置方式、安置人数等。

3. 制定工作计划。迁出地乡政府在充分调查摸底的基础上,制定搬迁计划,移民户与县移民办签订《移民搬迁协议》。

(二)组织实施阶段(2008 年 4 月 1 日至 10 月 31 日)

1. 迁出地政府组织移民户到安置地察看建房地址。

2. 办理好水田、旱地、山场的调拨手续。安置点乡村要组织为移民建房地址搞好"三通一平",确保施工用水、用电到点,道路畅通,场地平整,同步搞好、规划设计,该项目工作 4 月底完成。

3. 指导移民建房。在"四统一"(即统一地面正负零高、统一楼高、统一外墙漆、统一坡面顶)的前提下,由移民按照规划设计自主建房。5 月份所有移民建房必须动工,9 月份住房基本竣工。11 月底配套公共设施等项目完成。

(三)检查验收阶段(2008 年 11 月 1 日至 11 月 30 日)

1. 组织对安置小区的竣工验收和工作审计。

2. 组织移民有序搬迁,颁发土地使用证、房产证和新户口簿。

3. 组织对移民原居住地验收。旧房拆除由移民户各自进行,如果未在规定时间内拆除的,由迁出地乡政府强行拆除,拆除费用在移民扶贫补助费用中扣减。

八、工作要求

1. 统一思想,提高认识。移民扶贫工作不仅是新时期扶贫工作的重要内容,也是深山库区群众的迫切要求,是落实科学发展观,构建和谐社会,推进我县经济社会又好又快发展的重要举措。各有关单位要进一步统一思想,提高认识,增强做好移民扶贫工作的紧迫感和责任感。

2. 认真组织,加强领导。由于搬迁工作时间紧、任务重,涉及面广,为顺利推进此项工作的开展,经县政府研究,决定成立德安县深山区、库区移民搬迁工作领导小组(组成人员名单略),下设办公室,负责搬迁事务的协调和日常工作。

3. 强化协调,明确责任。为确保移民搬迁工作顺利实施,移民建房时施工用水、用电力争到点到位,道路通畅,场地平整。有关单位要履行好各自职责,相互配合,齐心协力把这件好事办实、实事办好。

县扶贫办要全程协调相关部门,及时掌握移民搬迁动态,会同县财政局和有关乡镇管理好资金。

县发改委要及时为移民搬迁安置申报项目、争取资金。

县建设局对整个安置区要按照高起点、低成本的要求进行统一规划、合理布局、统一设计,为移民户提供建房设计和施工图纸。

县供电公司、县电信公司、县文广局、县网络公司要把电线、电话和有线电视连接到户。

县交通局要负责将路修建至移民安置点。

县水务局和县农业开发办要为移民户落实改水项目和农田、村庄水沟水渠治理。

县国土资源局、县农业局要把造地、沼气项目同步实施。

县林业局也要力所能及地为移民扶贫提供政策支持和优质服务。

县金融部门也要力所能及地为移民扶贫提供政策支持和优质服务。

4、严明纪律,加强监督。移民扶贫工作要接受群众监督,县领导小组办公室和县监察局设立举报电话,各乡镇要设立举报电话,县监察局、县审计局要依法对移民扶贫工作进行全面监督,对搬迁对象把关不严,搬迁任务不能按时完成,转移、挤占、挪用移民扶贫办专项资金的,必须如数追回,并追究有关领导和当事人的责任。对虚报冒领、贪污私分移民扶贫资金的,要依法追究当事人的法律责任。严格做到"五个不",即:不吃一顿饭,不喝一碗水,不饮一杯酒,不吸一支烟,不挪一分钱。

5、提前实施,塘山乡石源村洋山里组和彭山林场张十八组列入二○○九年以后移民扶贫范围,两组可从二○○八年起对照本方案先行实施移民搬迁。

二、本志审查验收批复文件

九江市史志办公室关于《德安县志(1985～2008)》的复审意见

九史志字〔2018〕13 号

德安县志办：

你办报来《关于请示对 <德安县志(1985～2008)>稿进行复审的请示》收悉，我办组织专家进行了认真审读，现回复如下：

一、志稿全面、客观地记述了德安县 1985 至 2008 年自然、经济、政治、文化和社会各方面历史与现状，涵盖了本行政区域内各项事物发展变化情况，史料丰富、系统、翔实，具有较强的时代特色和地方特色，是一部重要的区域综合性文献。

二、志稿坚持以马列主义、毛泽东思想、中国特色社会主义理论体系为统领，系统反映了在县委、县政府的正确领导下，全县广大干部群众紧密团结，艰苦奋斗，取得了环境优美、经济发展、政治清明、文化昌盛、人民生活水平普遍提高等成绩，造就了德安县历史上一个重要的发展阶段，热情讴歌人民创造历史的主旋律。

三、志稿体裁完备，体例结构严谨，归类科学，层次分明，语言规范，符合志书文体要求。图照选用得当，有较高的存史价值。

为此，我办复审通过志稿，请按照专家提出的建议，对志稿作进一步修改和完善，报请县地方志编纂委员会审核通过后，出版发行。

九江市史志办公室

2018 年 6 月 25 日

德安县人民政府办公室
《德安县志》稿终审会会议纪要

德府办纪要〔2018〕23号

2018年11月7日，县志编纂委员会主任、县委副书记、县长周三连在县政府九楼常务会议室主持召开《德安县志》稿终审会。参加会议的有：县志编纂委员会常务副主任、县委常委、常务副县长徐永平，县人大常委会党组成员、县总工会主席桂天华，县志编纂委员会副主任、县政协副主席洪英，县志编纂委员会副主任、县人大常委会原副主任、县志主编邓木林，县志编纂委员会副主任、县委办主任张国华，县志编纂委员会副主任、县政府党组成员、县政府办公室主任周洁；县志编纂委员会专职副主任、县广电台书记、县志办主任郭任初，县志编纂委员会其他成员以及县委统战部、县民宗局负责人。现将会议主要内容纪要如下：

会议认为：

县志办提请终审的《德安县志(1985～2008)》稿，坚持以马列主义、毛泽东思想、邓小平理论、“三个代表”重要思想和科学发展观为指导，全面系统地记述了1985年至2008年德安县自然、政治、经济、文化和社会各方面的发展历程，客观反映了全县人民在县委、县政府的正确领导下，在改革开放、经济建设和社会发展进程中所取得巨大成就，充分展示了德安人民的聪明智慧和艰苦创业精神，具有很强的时代特征和地方特色。

志稿观点正确，文体规范，体例严谨，归类科学，层次分明，内容全面，资料翔实，表达通顺，图照选用得当，是一部权威的县域资料性文献，具有重要的资政、存史、育人价值。

会议明确：

原则通过《德安县志(1985～2008)》终审稿的审查验收，按会议意见作进一步修改完善后交付印刷、出版。

2018年11月9日

三、编纂机构与人员

(一)县志编纂委员会

2009年2月

顾　　　　问:赵　伟
主 任 委 员:叶心林
副主任委员:袁有福
专职副主任委员:官定喜
委　　　　员:王需民　江清华　罗时生　杨国兴　胡向前　沈良政
王瑞凤　胡茂席　柯宁安　李建华　祝子根　罗　颖
林江萍　吴从利　曾金水　金小学　黄崇禧
办公室主任:官定喜(兼)

2012年2月

顾　　　　问:叶心林
主 任 委 员:骆效农
副主任委员:洪碧霞
专职副主任委员:郭任初
委　　　　员:王需民　丁际文　蔡孝丽　张吉民　熊仁湖　甘　姝
陈　宁　罗　颖　周平清　薛　磊　柯宁安　沈良政
闵期彤　颜　安　熊　锴　余金元　毕月英
办公室主任:郭任初(兼)

2013年2月

顾　　　　问:叶心林

主　任　委　员:骆效农
常务副主任委员:鲁卫东
副　主　任　委　员:丁际文　桂天华
专职副主任委员:郭任初
委　　　　员:王需民　蔡孝丽　熊仁湖　陈　敏　陈　宁　李良左
周平清　薛　磊　柯宁安　沈良政　闵期彤　颜　安
熊　锴　余金元　毕月英
办　公　室　主　任:郭任初(兼)

2015 年 8 月

顾　　　　问:骆效农
主　任　委　员:熊晋喜
常务副主任委员:鲁卫东
副　主　任　委　员:邓木林　洪　英　桂天华　金士海
专职副主任委员:郭任初
委　　　　员:蔡孝丽　苏建华　吴鹤平　郭　勇　姚　昆　李良左
陈　敏　伍宏海　毕月英　余自然　张　军　闵期彤
颜　安　徐国林　赵　云　薛　磊　柯宁安　吴　浩
熊　锴　余修明　龚浙江
办　公　室　主　任:郭任初(兼)

2018 年 1 月

顾　　　　问:熊晋喜
主　任　委　员:周三连
常务副主任委员:徐永平
副　主　任　委　员:甘　姝　洪　英　邓木林　张国华　周　洁
专职副主任委员:郭任初
委　　　　员:杨　威　陶　辉　姚　昆　李良左　吴鹤平　金士海
魏　敏　毕月英　李　萍　张　军　颜　安　周水应
徐国林　李英富　薛　磊　刘劲楠　吴　浩　熊　锴
郑小玲　王　晋
办　公　室　主　任:郭任初(兼)

(二)县志编辑部

2009 年 2 月

主　　编:王需民(2009 年 2 月 ~2015 年 4 月)

编　　辑(以姓氏笔划为序):

万宗许(2009 年 10 月 ~2015 年 4 月)

王盛和(2009 年 2 月 ~2009 年 10 月)

孙家骏(2009 年 2 月 ~2015 年 4 月)

朱德群(2009 年 2 月 ~2010 年 5 月)

祝选君(2010 年 5 月 ~2015 年 4 月)

詹伟彬(2009 年 2 月 ~2015 年 4 月)

2015 年 5 月

主　　编:邓木林(2015 年 5 月 ~2018 年 12 月)

文字编辑(以姓氏笔划为序):

王建华(2015 年 5 月 ~2018 年 12 月)

朱德群(2015 年 5 月 ~2018 年 12 月)

岑法满(2016 年 8 月 ~2018 年 12 月)

赵冯星(2015 年 8 月 ~2018 年 12 月)

祝选君(2015 年 5 月 ~2018 年 12 月)

詹伟彬(2015 年 5 月 ~2016 年 7 月)

图片编辑(以姓氏笔划为序):

孙家骏(2015 年 5 月 ~2018 年 12 月)

李诗彪(2015 年 5 月 ~2018 年 12 月)

工作人员:梅红姣(2016 年 9 月 ~2017 年 5 月)

张玉芳(2017 年 6 月 ~2018 年 4 月)

(三)县志编辑部编纂人员分工

卷　次	卷　名	纂稿人
图　照		李诗彪　孙家骏
凡　例		邓木林
概　述		邓木林　岑法满
大事记		邓木林
卷　一	建置　区划	朱德群
卷　二	乡　镇　场	祝选君
卷　三	自然环境	朱德群
卷　四	自然资源	朱德群
卷　五	人　口	祝选君
卷　六	城乡建设	岑法满
卷　七	水利　电力	祝选君
卷　八	环境保护	朱德群
卷　九	体制改革	岑法满　王建华　朱德群　赵冯星　祝选君
卷　十	农　业	祝选君
卷十一	林　业	祝选君
卷十二	工　业	詹伟彬　岑法满
卷十三	商贸　旅游	王建华
卷十四	交通　邮电	詹伟彬　岑法满
卷十五	财税　金融	岑法满
卷十六	经济管理	詹伟彬　岑法满
卷十七	中国共产党地方组织	王建华
卷十八	人民代表大会	王建华
卷十九	人民政府	王建华
卷二十	人民政协	王建华
卷二十一	民主党派　社会团体	王建华
卷二十二	政　法	王建华
卷二十三	军　事	王建华
卷二十四	教育　体育	朱德群
卷二十五	文化　科技	朱德群
卷二十六	义门陈文化	邓木林　王建华　朱德群　岑法满　祝选君
卷二十七	医疗　卫生	朱德群
卷二十八	人事劳动　社会保障	赵冯星
卷二十九	民　政	赵冯星
卷三十	精神文明建设	赵冯星
卷三十一	居民生活	祝选君
卷三十二	人　物	赵冯星　朱德群
卷三十三	共青开放开发区	赵冯星
附　录	文件选录	王建华

(四)提供照片单位与人员

单位:

电视台　县志办　卫计委　农业局　水务局　林业局　文广局　教育局　旅游局　供电公司
高塘乡　塘山乡　园艺场　博物馆　文化馆　义门陈研究会

人员:

李诗彪　孙家骏　岑法满　朱德群　戴和智　徐浩儒　宋家清　王　俊　陈福东
晏　华　程勇军　葛婧煜　杨丽君　孙永保　黄　伟　张祖和　许朦朦

(五)2009~2015年各单位提供资料人员名单

(以姓氏笔画为序)

丁祖武　万宗鑫　万春林　万普炎　万联锦　方　荣　文　静　文学群　王　博　王立胜
王先明　王芳青　王定荣　王金宝　王姣英　王玲玲　王烈华　王雪珍　毛先龙　叶民华
卢　勤　卢赣生　冯　静　冯子华　江　骏　江兰洲　江昌道　江雨晴　刘　丹　刘　平
刘　高　刘　靖　刘玉堂　刘再龙　刘志景　刘罗孙　刘明辉　刘诚波　刘彦祺　刘桂林
刘堂进　刘新生　许承柱　孙从勇　孙永保　孙家友　孙晓春　朱毅丽　宋功发　何　方
陈　坚　陈　剑　陈　俊　陈小云　陈义剑　陈永钊　陈光猛　陈传蛟　陈修芳　陈智来
冷大友　李千铎　李卫林　李秀英　李诗彪　李晓勇　李鸿闽　余　虹　余烈碧　余策杞
吕少荣　汪　洋　汪国凤　汪德贵　张　平　张　荣　张久祥　张五星　张立慧　张进华
张晓东　吴方耀　吴林林　吴宝勤　吴道新　邹秀明　邱　海　苏　刚　桂婀婷　欧先明
周庆春　周运柳　周泽焦　周润玉　周琦男　杨　宪　杨行山　杨泽俭　罗　刚　罗华荣
罗晓雯　罗卿霞　郑宗华　郑绍春　赵　谱　姚　昆　施筱颖　胡　海　胡　燕　胡华珍
胡美玲　胡荣新　胡雪芬　胡海松　骆名安　倪启爱　钟　冰　钟丁巳　涂梦遥　徐　杰
徐国新　徐继斌　郭任初　凌　霄　凌幼庆　饶文华　高　原　殷爱兰　桑焱平　夏卫兵
夏爱国　夏新文　夏童友　钱万胜　章良揆　唐颖秋　袁　刚　袁炎生　袁隆寿　梁新海
曹　锋　黄　伟　黄　蓓　黄九龄　黄远敏　黄淑雯　黄德金　黄福生　龚娟娟　曾凡金
程　峰　彭龙利　蔡泽武　蔡锦林　熊　亮　熊训栋　熊克平　熊贻荣　廖国凤　潘丽珍
潘盛荣

(六)2015～2018年提供资料单位与人员

县志编纂期间,全县各单位和负责收集、整理资料的人员,积极配合编辑部做了大量工作,为志书编纂提供了大量的原始资料。由于时间较长,人员变动较大,未能全面收录;还有老领导和社会各界人士,义务搜集并提供了大量宝贵资料,未能一一列出。在此一并表示感谢!

单位	人员	单位	人员
县委办公室	曾金水	县食品药品监督局	姚　昆
县人大办公室	陈光猛	县矿管局	刘　洪
县政府办公室	熊崇涛	县房管局	黄金清
县政协办公室	周礼胜	县城乡规划局	胡水甘
县纪委	黄　岗	县城市管理执法局	曾繁荣
县人武部	陈倩捷	县商务局	李江　曹思勤
县委组织部	曾金水　陈意剑	县旅游局	王泽荣
县委宣传部	张　帆	县工业园管委会	黄　蓓
县委政法委	李仁雅	县行政服务中心	查　辉
县委统战部	陈节峰	县物价局	王焱平
县委农工部	徐昌志	县商管办	黄远敏
县法院	李英荣	县文联	胡美玲
县检察院	涂华英	县社联	徐继斌
县委党校	刘茂竹	县航港分局	王晓燕
县编办	黎洪文	长运分公司	廖国凤
县精神文明办	陈　敏	民进支部	袁　俊
县工商联	余　剑	县烟草局	王　宇
县总工会	方建华	县防震减灾局	刘　辉
团县委	刘文奇	县邮政局	李小平
县妇联	王姣英	县电信局	刘光友
县残联	黄　胜	县供销社	王世标
县档案局	李　勇	水文站	桂良友
县发改委	郑婷　陆奕	县盐务局	闵其青
县工信委	周宪章	县红十字会	王海英
县建设局	罗小青	银监局	杨行衡
县财政局	余庚陵	县人民银行	汪国风
县民政局	胡海松　曾珺	农业银行	陈普修
县审计局	李刚　陈新	中国银行	潘宁宇
县公安局	张崇叶	工商银行	王书波
县司法局	万宗鑫	建设银行	孙德利　陈坚

单位	人员	单位	人员
县人社局	陶沁敏	农业发展银行	潘希勇
县统计局	吴林林	农村合作银行	刘旺生
县教育局	李千铎	九江银行	张　亮
县科技局	桑焱平	邮政储蓄银行	王　慧
县科协	张晓林　陈庶吾	县新华书店	陈名霞
县文广局	凌霄　周迪人　王芬	县供电公司	桂文波
县老干局	曾金水	县石油公司	张政平
县扶贫移民办	曾金水　代贤成	县人保公司	唐颖秋
县国税局	涂凌凌	县财保公司	施筱颖
县地税局	孙　刚	县移动公司	陈佳　张毓
县工商局	余新华	县联通公司	冯　鹏
县质监局	孙传方	县网络公司	吕少荣　黄丹红
县气象局	叶民华	县物资公司	袁　智
县党史办	李妍辉	县医药公司	李鸿闵
县交警大队	王新国	蒲亭镇	余静元
县消防大队	谭立炳	丰林镇	刘汉民　詹德坤
县政研室	万　菁	聂桥镇	彭龙利　卢赣生
县市管办	周鸣宇	车桥镇	吴方耀　徐舒笠
县公路分局	夏启平　丁而毛	宝塔乡	孙午林
县台办	杨　威	河东乡	王义全
县人防办	骆素滢	高塘乡	孙家友
县卫生局	曾维力	林泉乡	孙法林
县人口和计生委	王海英	吴山乡	陈修芳　杨泽俭
县交通局	潘丽华　葛崇华	磨溪乡	黄德金
县国土资源局	赖呈祥	爱民乡	蔡泽武
县农业局	方　荣	邹桥乡	周泽寅
县林业局	张娟娟	塘山乡	陈智来
县水务局	夏卫兵	彭山林场	陈月刚
县环保局	杨　慧	园艺场	吴文超　陈海军
县粮食局	王　燕	共　青	共青市志办
县安监局	徐向南		

编　后

本志是1949年后,在中共德安县委领导下,由县人民政府主持编修的第二部德安县地方志书,也是自明正统八年(1443)邑人周振创修德安县志以来的九修德安县志,上限为1985年,下限为2008年。

2008年,县委、县政府决定启动县志编纂工作,并于年内聘任主编,组建县志编辑部,起草《德安县志(1985～2008)纲目和实施意见》。2009年2月25日,县委办公室和县政府办公室联合发出《关于成立德安县志(续)编纂委员会的通知》。27日,县政府常务副县长袁有福主持召开由县属、驻县单位分管领导和资料收集整理人以及编辑部成员参加的县志编纂工作动员大会。由此,县志编纂工作全面铺开。3月16日,县政府办公室发出《关于征集续编〈德安县志〉资料有关问题的通知》。4月6日,县志办发布公告,向社会征集有关图片、文字、人物等资料;7日,市志办复函县政府办公室,同意将共青开放开发区志稿列为本志专卷。为进一步拓宽资料来源渠道,编纂委员会分别于5月11日和6月6日发出《给回乡观光视察的老领导的一封信》《致曾在德安工作过的领导的一封信》。8月5日,编纂委员会致函共青、各驻县单位和企业,对相关情况和要求作了通报。此后,县志编辑部文字编辑开始撰稿,至2014年10月,形成县志"送审稿"。2015年3月,"送审稿"未通过市史志办审查;4月,根据市史志办的意见和建议,县政府决定重组编辑部,聘请县人大常委会副主任邓木林任主编。5月4日,重组后的编辑部召开首次会议,明确今后工作要另起炉灶,从头做起,做好与前志对接,在广泛搜集素材的基础上,充分尊重史实,认真选取存史价值较高的资料入志;严格遵循志书编纂体例,力求文字精练准确、章节设置合理,整书不贪大求长;7日,请市史志办领导和专家到县授课指导,用以会代训形式对编辑人员进行培训;8日和19日,县志办组织编辑部全体人员先后赴修水县和高安市取经。8月初,经反复讨论、修改,拟定县志新纲目;4日,召开部分老领导座谈会,征求关于县志纲目和大事记、人物、艺文入志标准等意见;14日,县政府调整编纂委员会成员;30日,县政府召开常务会,通过了县志编辑部关于《德安县志(1985～2008)纲目、大事记、人物、艺文入志标准诸项建议讨论稿》。9月11日,县政府常务副县长鲁卫东主持召开县志编纂工作第二次部署会,会议分发县志新编纲目、资料补充提要和编写指南等相关材料,并对新编纲目所需资料收集工作作出具体安排。与此同时,各文字编辑根据分工,加强与单位联系和对基层撰稿人指导。至2016年1月,部分初稿出炉。为保证质量,少走弯路,编辑部将这些稿件送市史志办审阅。6月初,为进一步把好质量关,县志办会同编辑部将已形成的部分初稿合订成册,分发各编辑通看,查找问题。7月6日,市史志办领导和专家来县,对所送稿件进行点评,认为这些初稿符合志书体例,章节安排合理,内容翔实,文字简洁,并指出了存在的不足。此后,根据市史志办的指导意见,编辑部将工作重点放在对志稿体例和文字的把握上;至10月底,全书正文初稿基本形成,进入打磨阶段。此前,各文字编辑对既定纲目作了少量增、删、调、并,使之更趋合理。11月下旬,编辑部将经过初步修改的志稿进行总纂,分发各编辑通看互查。2017年1月上旬,编辑部开始集中人员利用投影设备对志稿进行逐段逐句斟酌修改,至11月中旬结束,志稿质量得以大幅提升。12月,修改后的总纂稿完成。期间,县政府常务副县长徐永平多次到县志编辑部看望全体编辑人员,了解情况,解决问题。2018年1

月28日，县志办将总纂稿电子版发给县志编纂委员会成员进行初审。根据初审意见，编辑部对志稿再次进行修改，于4月上旬形成复审稿；8月9日，通过复审。此后根据市史志办的复审意见和北京方志出版社的修改意见，再次修改志稿，形成验收稿，于11月7日通过县志编纂委员会终审，县政府同意付印出版。

本志编纂工作得到县委、县政府高度重视，得到市史志办的诸多关心和指导，各乡镇场、县委各部门、县直及驻县各单位（企业）积极配合，特别是县委办、县政府办、县志办、统计局、档案局给予大力支持，还得到曾在德安工作的老领导、老同志以及在外地工作、生活的德安籍人士的热情关注和帮助。编纂期间，市史志办专家邵天柱多次到县具体指导，省地矿局赣西北大队总工程师罗小洪热情提供地质资料，县财政局退居二线主任科员曾金水为本志部分卷章提供资料初稿，县政府老干部熊崇涛为本志“人物”卷搜集整理资料达数月之久而不要任何报酬。在此，一并表示诚挚的谢意！

本志编纂历经诸多艰难挫折，尤其2015年重组编辑部后，编辑人员大多为退休或退居二线的老同志，面临时间紧、任务重的挑战，有的带病工作，有的因各种缘故中途加入或退出，他们都为修志付出了心血，令人感佩。

本志时限内，改革风潮迭起，社会发生重大变化。因此，任凭卷帙浩繁，亦难概其全貌，加之洪灾侵害、人员调动等原因，原始资料多有缺失，虽经努力补救，终难免疏漏之处。加之编纂人员水平所限，书中定有舛讹谬误，敬祈读者见谅与指正。

编　者

2018年11月